国家出版基金项目
NATIONAL PUBLICATION FOUNDATION

中国历代图书总目

艺术卷

11

李致忠　主编

北京国图书店有限责任公司
北京广臻文化艺术有限公司　编纂

文物出版社

第十一分册目录

绘　画

各国绘画作品

各国绘画作品综合集

J0085550

奥地利画家埃贡·席勒　（画册）（奥）埃贡·席勒（Schiele, E.L.A）绘

沈阳 辽宁美术出版社 1986年 89页 26cm（16开）统一书号：8161.0926

定价：CNY5.00

　　埃贡·利奥·阿道夫·席勒（1892—1918），奥地利著名画家。内收其作品 90 幅。

J0085551

毕加索青少年时期的绘画　（西）毕加索绘；丁伯奎编译

石家庄 河北美术出版社 1986年 38+64页 19cm（32开）统一书号：8087.1445

定价：CNY3.00

　　本书是介绍毕加索从幼年到 20 岁以前学生时代在绘画上的成长过程。毕加索（Pablo Picasso, 1881—1973），西班牙画家、雕塑家。出生于西班牙马拉加，毕业于皇家圣费南多美术学院，法国共产党党员。西方现代派绘画的主要代表。代表作品《斗牛士》《格尔尼卡》《和平鸽》《梦》《亚威农少女》等。

J0085552

德加　（法）德加（Degas, E.）绘；杨诎人，平野编译

广州 岭南美术出版社 1986年 30页 34cm（5开）统一书号：8260.1692 定价：CNY14.00

（世界名画家画丛）

　　本画集收入彩图 15 幅，黑灰双色图 21 幅，并附有评介文章，详细介绍了画家的生平、思想和作品的艺术性。本书与三联书店香港分店合作出版。作者埃德加·德加（Hilaire-Germain-Edgar De Gas, 1834—1917），法国画家、雕塑家。生于法国巴黎，毕业于巴黎艺术学院。印象派艺术大师。代表作品有《舞蹈课》《贝里尼一家》《会计师和女儿们》等。

J0085553

德加　杨诎人，平野编译

香港 三联书店香港分店 1986年 30页 有图 35cm（5开）ISBN：962-04-0446-7

定价：HKD48.00

（世界名画家画丛）

J0085554

德拉克罗瓦　曾宪才等编译

广州 岭南美术出版社 1986年 26页 34cm（10开）统一书号：8260.1693 定价：CNY14.00

（世界名画家画丛）

　　本书与三联书店香港分店合作出版。德拉克罗瓦，现通译为：德拉克洛瓦（Ferdinand Victor Eugene Delacroix, 1798—1863），法国浪漫主义画家。代表作品《自由引导人民》《十字军占领君士坦丁堡》《希奥岛的屠杀》。

J0085555

德拉克罗瓦　曾宪才等编译
香港　三联书店香港分店　1986 年　26 页　有图
35cm（18 开）ISBN：962-04-0457-2
定价：HKD46.00
（世界名画家画丛）
　　外文书名：Delacrix. 本书与岭南美术出版社
合作出版。

J0085556

迪菲　上海人民美术出版社编
上海　上海人民美术出版社　1986 年　62 页
18cm（15 开）统一书号：8081.14183
定价：CNY2.00
（世界美术家画库）
　　迪菲（Raoul Dufy，1877—1953），另有译名：
杜斐、杜飞，法国野兽派画家。

J0085557

法国近代绘画选　世界美术作品编委会编辑
沈阳　辽宁美术出版社　1986 年　25cm（15 开）
精装　统一书号：8161.0927　定价：CNY23.00

J0085558

非洲美术作品选　世界美术作品选集编委会
编辑
沈阳　辽宁美术出版社　1986 年　25cm（15 开）
精装　定价：CNY20.00

J0085559

华多　布歇　弗拉贡纳　华多（Watteau, A.）
等绘；叶承泗编
北京　人民美术出版社　1986 年　26cm（16 开）
统一书号：8027.9730　定价：CNY1.60
（外国美术介绍丛书）
　　本书收入法国罗可可艺术的代表画家的 48
幅作品。介绍 18 世纪法国画家华多、布歇、弗
拉贡纳的作品。华多（Jean-Antoine Watteau，
1684—1721），法国画家。全名让－安东尼·华
多。代表作品《舟发西苔岛》《热而桑的画店》
等。布歇（Francois Boucher，1703—1770），法国
洛可可风格代表画家。出身于巴黎饰带工人家
庭。曾任路易十五的宫廷画师，作《蓬巴杜夫人
画像》。1765 年任法国皇家美术学院院长。弗拉
贡纳（J·H·Fragonard，1732—1806），法国画家，

布歇的弟子。代表作《浴女们》《偷吻》《秋千》
《灵感》等。

J0085560

惠斯勒　杨诎人，平野编译
广州　岭南美术出版社　1986 年　28 页　34cm（10 开）
统一书号：8260.1450　定价：CNY14.00
（世界名画家画丛）
　　本书是惠斯勒的绘画集，共收入惠斯勒作品
18 幅。并附惠斯勒简介、艺术年表及作品介绍。
本书与三联书店香港分店合作出版。惠斯勒
（James Abbott McNeill Whistler，1834—1903），
美国画家。生于美国马萨诸塞州的洛威尔城。
代表作品有铜版画《法国组画》，肖像画《母亲》，
组画《泰晤士河》等。

J0085561

惠斯勒　杨诎人，平野编译
香港　三联书店香港分店　1986 年　28 页　有图
35cm（18 开）ISBN：962-04-0448-3
定价：HKD86.00
（世界名画家画丛）
　　本书与岭南美术出版社合作出版。外文书
名：Whistler.

J0085562

霍默　（1836—1910）上海人民美术出版社编
上海　上海人民美术出版社　1986 年　80 页
20cm（32 开）统一书号：8081.13961
定价：CNY2.20
（世界美术家画家）
　　温斯洛·霍默（Winslow Homer，1836—
1910），美国画家。本书是其绘画作品选集。

J0085563

马蒂斯　（1869—1954）上海人民美术出版社编
上海　上海人民美术出版社　1986 年　18cm（15 开）
统一书号：8081.13595　定价：CNY2.45
（世界美术家画库）
　　亨利·马蒂斯（Henri matisse，1869—1954），
法国画家、雕塑家、版画家。出生于法国北部皮
卡第地区。野兽派创始人和主要代表人物。代
表作有《豪华、宁静、欢乐》《生活的欢乐》《开
着的窗户》《戴帽的妇人》等。

J0085564

蒙卡奇　北京人民美术出版社编
北京　人民美术出版社 1986 年 26cm（16 开）
统一书号：8027.9900 定价：CNY1.50
（外国美术介绍）

　　本书介绍 19 世纪匈牙利画家蒙卡奇的作品，收 39 幅画。米哈伊·蒙卡奇（Mihaly Munkacsy, 1844—1900），匈牙利民族画家。代表作品《死囚牢房》。

J0085565

蒙克　（1863—1944）上海人民美术出版社编
上海　上海人民美术出版社 1986 年 18×16cm
统一书号：8081.13383 定价：CNY2.45

　　爱德华·蒙克（Edvard Munch, 1863—1944），挪威表现主义画家。被称为版画复制匠，现代表现主义绘画的先驱。毕业于奥斯陆皇家艺术和设计学院。主要作品有《呐喊》《生命之舞》《卡尔约翰街的夜晚》等。

J0085566

诺亚·诺亚　（高更大溪地画集）（法）高更著；张依依译
台北　艺术家出版社 1986 年 144 页　有图
21cm（32 开）定价：TWD180.00

　　保罗·高更（Paul Gauguin, 1848—1903），法国画家、雕塑家。后印象派的主要代表，又是纳比派的精神导师，象征主义潮流的发端人之一和野兽派的启发者。与梵高、塞尚并称为后印象派三大巨匠。作品有《我们从哪里来？我们是谁？我们往哪里去？》《雅各及天使》《两个塔希提妇女》《塔希提的街道》等。

J0085567

日本人体绘画选　邬永柳编
桂林　漓江出版社 1986 年 104 幅 26cm（16 开）
统一书号：8256.227 定价：CNY15.00
（人体美术丛书）

　　本书选入日本艺术家加山又造等人的人体作品 104 幅，包括加山又造的《黑色的网》、三谷青子的《女人们》以及森本草介的《眠》等。有油画、版画、色粉笔画、丙烯画、水墨画，在一定程度上反映了日本人体艺术的概貌。这些具有东方情调的表现人体美的艺术品，既有鲜明东方民族特色，又具浓郁现代气息。

J0085568

什瓦宾斯基　（1873—1962）上海人民美术出版社编
上海　上海人民美术出版社 1986 年 18cm（32 开）
统一书号：8081.13824 定价：CNY2.45
（世界美术家画库）

　　什瓦宾斯基（Max Svabinsky, 1873—1962），捷克斯洛伐克著名画家、版画家和邮票设计家。

J0085569

世界人体绘画选　王大豪编
桂林　漓江出版社 1986 年 205 页 26cm（16 开）
统一书号：8256.206 定价：CNY26.00
（人体美术丛书）

　　本书收入世界著名人体绘画 205 幅，包括安格尔的《泉》、波提切利的《维纳斯的诞生》、毕加索的《亚威农少女》、库尔贝的《画家画室》等。

J0085570

西洋静物画　北京人民美术出版社编
北京　人民美术出版社 1986 年 1 册 26cm（16 开）
定价：CNY2.50
（外国美术介绍）

　　本书介绍 17 世纪至现代欧美各国画家的静物画作品 42 幅。

J0085571

西洋肖像画百图　北京人民美术出版社编
北京　人民美术出版社 1986 年 100 幅
19cm（32 开）统一书号：8027.8978
定价：CNY2.25
（美术百图丛书）

　　本书介绍西欧 500 年间 67 位最具体表性画家的肖像画作品 100 幅。每幅作品均附有对其艺术特色和历史价值的评述。

J0085572

夏凡纳　莫罗　上海人民美术出版社编
上海　上海人民美术出版社 1986 年 1 册
18cm（32 开）统一书号：8081.1325
定价：CNY2.25
（世界美术家画库）

　　介绍了法国象征派绘画代表夏凡纳和莫罗的代表作品以及艺术活动。

J0085573

伊贡·席勒作品选 （奥）伊贡·席勒绘；全山
石，谭永泰编
南昌 江西人民出版社 1986年 74页 有肖像
26cm（16开）统一书号：8110.924
定价：CNY4.20
　　席勒（Egon Schiele，1890—1918），另有译
名：埃贡·席勒。奥地利画家，是20世纪初表现
主义画派的代表。代表作品有《斗士》《红衣主
教与修女》《家人》等。本书是其绘画作品选集。
编者全山石（1930— ），画家，教授。浙江宁波
人，毕业于中央美术学院华东分院。历任中国油
画学会副主席、中国美术家协会油画艺术委员会
副主任、中国美术学院教授、俄罗斯列宾美术学
院荣誉教授等。代表作有收藏在中国革命博物
馆的《英勇不屈》《井冈山上》《娄山关》《重上井
冈山》《历史的潮流》等。

J0085574

英国风景画大师 （泰纳）（苏）涅克拉索娃著；
张荣生，刘泽善译
长沙 湖南美术出版社 1986年 167页
19cm（32开）统一书号：8233.988
定价：CNY1.33
　　本书研究的画家泰纳，现通译为透纳（Jo-
seph Mallord William Turner，1775—1851），英
国风景画家。毕业于英国皇家美术学院。代表
作品《被拖去解体的战舰无畏号》《海上渔夫》。

J0085575

朱晨光画集 （美）朱晨光绘
北京 中国友谊出版公司 1986年 30页
18cm（15开）统一书号：8309.15 定价：CNY5.00

J0085576

1988：东山魁夷作品选 （挂历）（日）东山魁
夷绘
南宁 广西人民出版社 1987年（3开）
定价：CNY8.50

J0085577

毕沙罗 （法）科尼著；默耕译
北京 人民美术出版社 1987年 31页 有附图
19cm（32开）统一书号：8027.10344
定价：CNY1.20

　　卡米耶·毕沙罗（Camille Pissarro，1830—
1903），法国印象派画家。

J0085578

布拉克 （法）布拉克（Braque，G.）绘；蒋志栋，
芮连侠编
北京 人民美术出版社 1987年 ［28］页
26cm（16开）定价：CNY1.70
（外国美术介绍）
　　本书介绍19-20世纪法国画家布拉克的
作品，收48幅画。作者乔治·布拉克（Georges-
Braque，1882—1963），法国立体派画家，雕塑家。

J0085579

康斯太勃和透纳 （英）康斯太勃（Constable，
J.），（英）透纳（Turner，J.M.W.）绘；黄幼钧编
北京 人民美术出版社 1987年 26cm（16开）
统一书号：8027.10399 定价：CNY1.80
（外国美术介绍）
　　本书介绍18-19世纪英国两位风景画家康
斯太勃和透纳的作品，收42幅画。约翰·康斯
太勃（John Constable，1776—1837），英国风景画
家。代表作品《干草车》《白马》《斯特拉福特磨
坊》《水闸》。约瑟夫·马洛德·威廉·透纳（Joseph
Mallord William Turner，1775—1851），英国风景
画家。毕业于英国皇家美术学院。代表作品《被
拖去解体的战舰无畏号》《海上渔夫》。

J0085580

拉斐尔前派 （英）罗赛蒂（Rossetti，D.G.）等绘
北京 人民美术出版社 1987年 ［40］页（16开）
定价：CNY1.80
（外国美术介绍）
　　拉斐尔前派，19世纪中叶出现于英国的一
个画派。因认为真正（宗教）艺术存在于拉斐尔
之前，企图发扬拉斐尔以前的艺术来挽救英国绘
画而得名。本书对该画派有代表性的画家作品
作了介绍。

J0085581

列奥纳多·达·芬奇 吴泽义编著
北京 人民美术出版社 1987年 35+26页
19cm（32开）统一书号：8027.9661
定价：CNY0.90
　　列奥纳多·迪·皮耶罗·达·芬奇（Leonardo di

ser Piero da Vinci, 1452—1519), 意大利画家。

J0085582
路易·大卫 （苏）库兹涅佐娃著；平野译
北京 人民美术出版社 1987 年 104 页 有图版
19cm（ 32 开 ）统一书号：CN8027.9688
定价：CNY1.15

雅克·路易·大卫（ Jacques-Louis David, 1748—1825 ），法国画家，新古典主义画派的奠基人。

J0085583
马蒂斯 （法）马蒂斯(Matisse, H.)绘
北京 人民美术出版社 1987 年 1 册(43 幅)
26cm（ 16 开 ）统一书号：8027.10439
定价：CNY1.80
（外国美术介绍）

作者亨利·马蒂斯(Henri matisse, 1869—1954)，法国画家、雕塑家、版画家。出生于法国北部皮卡第地区。野兽派创始人和主要代表人物。代表作有《豪华、宁静、欢乐》《生活的欢乐》《开着的窗户》《戴帽的妇人》等。

J0085584
马蒂斯 （法）马蒂斯绘；新疆人民出版社编辑
乌鲁木齐 新疆人民出版社 1987 年 [12] 页
26cm（ 16 开 ）定价：CNY0.50
（世界画家系列画典）

J0085585
马奈 （ 1832—1883 ）（法）马奈作；上海人民美术出版社编
上海 上海人民美术出版社 1987 年 96 页
19cm（ 32 开 ）统一书号：8081.15478
定价：CNY2.80
（世界美术家画库）

作者马奈(Édouard Manet, 1832—1883)，法国画家。全名爱德华·马奈，生于巴黎。代表作品有《父母肖像》《弹吉他的人》《草地上的午餐》等。

J0085586
慕尼黑女子肖像画廊 陈钰鹏著
上海 上海文艺出版社 1987 年 52 页 有彩图
19cm（ 32 开 ）定价：CNY2.20

（艺术世界丛书）

J0085587
日本绘画百图 刘晓路编著
北京 人民美术出版社 1987 年 200 页
19cm（ 32 开 ）ISBN：7-102-00229-7
定价：CNY2.70

本书选取日本弥生文化、古坟文化、飞鸟时代、奈良时代、江户时代等不同时期，2000 年来日本具有代表性的画家和绘画作品 100 幅。每幅作品均附有介绍文字，从绳纹、铜器纹到佛绘、唐绘、大和绘、汉画、幛壁画、文人画、净世绘、日本画等反映日本绘画艺术的发展演变脉络、内容和特色。

J0085588
日本现代绘画欣赏 邓惠伯编著
西安 陕西人民美术出版社 1987 年 80 页
26cm（ 16 开 ）定价：CNY8.25

编者邓惠伯(1938—)，画家，教授。四川绵阳人。历任中央美术学院教授、中国艺术研究院美术研究所、清华大学美术学院兼任教授等。

J0085589
日本现代美人画选 邓惠伯编著
西安 陕西人民美术出版社 1987 年 80 页
26cm（ 16 开 ）定价：CNY7.95

J0085590
塞尚 （法）塞尚(Cezanne, P.)绘
北京 人民美术出版社 1987 年 [29] 页
26cm（ 16 开 ）统一书号：8027.10508
定价：CNY1.95
（外国美术介绍）

本书介绍 19-20 世纪初法国画家塞尚的作品。保罗·塞尚(Paul Cézanne, 1839—1906)，法国著名画家。后期印象派的主将，西方现代画家称他为"现代艺术之父"。又与高更、凡·高并称后印象派三大家。代表作品有《果盘》《玩纸牌者》《圣维克图瓦山》《浴女们》《自画像》等。

J0085591
十八及十九世纪中国沿海商埠风貌 香港艺术馆编
香港 香港市政局 1987 年 152 页 有图

25×25cm ISBN: 962-215-081-0
定价: HKD38.00
　世界绘画作品集。外文书名: Gateways to China-trading Ports of the 18th and 19th Centuries.

J0085592
世界名画 （画片辑）（俄）克拉姆斯柯依等绘
哈尔滨 黑龙江美术出版社［1987年］
10张（60开）定价: CNY0.95

J0085593
世界名画 （画片辑 汉英对照）王瑞青编辑
北京 华夏出版社 1987年 10张（25开）
定价: CNY1.50

J0085594
世界名画 （画片辑 汉英对照）
成都 四川美术出版社 1987年 10张（25开）
定价: CNY1.45

J0085595
世界新潮美术作品集 （JCA日本国际创造者协会作品精选）永柳等编
南宁 广西人民出版社 1987年 1册（249幅）
26cm（16开）ISBN: 7-219-00222-X 定
价: CNY17.50
　日本国际创造者协会JCA是由4000多位肖像画家、插图画家、摄影家和广告、工业、服装设计家等组成的大型艺术集团，自1974年开始出版年鉴，本书从中精选出插图广告画佳作247幅。

J0085596
维纳斯三千年 陈长华编著
台北 艺术图书公司 1987年 160页 21cm（32开）
（精致生活丛书 12）
　世界现代绘画作品集。

J0085597
西欧人体绘画选 梁光泽, 何均衡编
桂林 漓江出版社 1987年 1册（196幅）
26cm（16开）ISBN: 7-5407-0095-5
定价: CNY26.00
（人体美术丛书）

　本书共收西欧各个时期的人体绘画代表作196幅。其中有古典主义、写实主义、象征主义和表现主义的作品，从多个层面反映了西欧人体艺术的面貌。

J0085598
中外著名科学家音乐家肖像画
上海 上海人民美术出版社 1987年 12页
定价: CNY1.40

J0085599
佐恩 （1）（瑞典）佐恩绘；新疆人民出版社编
乌鲁木齐 新疆人民出版社 1987年 26cm（16开）
定价: CNY0.50
（世界画家系列画典）
　安德斯·佐恩（Anders Zorn, 1860—1920），瑞典画家、蚀刻师和雕塑家。毕业于斯德哥尔摩皇家美术学院。水彩画代表作《夏天的娱乐》，雕塑代表作《农牧神和仙女》等。

J0085600
佐恩 （2）（瑞典）佐恩绘；新疆人民出版社编
乌鲁木齐 新疆人民出版社 1987年 26cm（16开）
定价: CNY0.50
（世界画家系列画典）

J0085601
佐恩 （3）（瑞典）佐恩绘；新疆人民出版社编
乌鲁木齐 新疆人民出版社 1987年 26cm（16开）
定价: CNY0.50
（世界画家系列画典）

J0085602
1989：世界人物名画 （摄影挂历）
上海 上海书店 1988年 78cm（3开）
定价: CNY7.90

J0085603
80年代美国实用绘画 朝花美术出版社编
北京 朝花美术出版社 1988年 17×17cm
ISBN: 7-5056-0048-6 定价: CNY2.60

J0085604
达利 （英）埃兹（Ades, D.）著；吕澎译
长沙 湖南美术出版社 1988年 186页 有图版

19cm（32 开）ISBN：7-5356-0135-9
定价：CNY5.90
（国外现代画家译丛）

　　萨尔瓦多·达利（Salvador Dali, 1904—1989），西班牙超现实主义绘画大师。出生于西班牙加泰罗尼亚菲格雷斯。代表作品《记忆的永恒》《一条安达鲁狗》《内战的预兆》等。外文书名：Dali.

J0085605
德拉克罗瓦作品集　（法）德拉克罗瓦绘
长沙 湖南美术出版社 1988年 8张 15cm（64开）
定价：CNY1.60
（世界美术名作集粹）

　　德拉克罗瓦，现通译为：德拉克洛瓦（Ferdinand Victor Eugene Delacroix, 1798—1863），法国浪漫主义画家。代表作品《自由引导人民》《十字军占领君士坦丁堡》《希奥岛的屠杀》。

J0085606
怀斯的艺术　（美）科恩（Corn, W.M.）编；刘兰汀译
重庆 重庆出版社 1988年 108页 有彩图
20cm（32 开）ISBN：7-5366-0448-3
定价：CNY2.05

　　安德鲁·怀斯（Wyeth Andrew, 1917—2009），美国20世纪最伟大的画家之一，超级写实主义绘画的代表人物。15岁开始学画，擅长于干笔画和蛋胶粉画。主要作品有《恋人》《克莉斯汀娜的世界》等。外文书名：The Art of Andrew Wyeth.

J0085607
美洲人体绘画选　金立德，泮长臻编
桂林 漓江出版社 1988年 156页 26cm（16 开）
统一书号：8256.342 ISBN：7-5407-0192-7
定价：CNY20.00
（人体美术丛书）

　　收入美洲著名画家的人体佳作156幅，有詹·德卢斯的《穿蓝晨衣的少女》、斯契米德的《人体系列》，以及依·谢利尔的《壁挂前的小女孩》等。美洲人体艺术在吸收欧洲艺术精髓的同时，以其独有的民族气质和审美趣味引人入胜，别具一格。

J0085608
日本浮世绘画精选　余林编
南宁 广西人民出版社 1988年
（世界美术丛书）

　　本书收有日本浮世绘作品108幅，包括铃木春信、喜多川 歌麿、鸟居清长等浮世绘大家的作品。

J0085609
世界风景画选　周楷编
南宁 广西人民出版社 1988年 26cm（16 开）
ISBN：7-219-00760-4
（世界美术丛书）

　　本书收入150幅世界当代风景画，其中包括莫奈、卢梭、透纳、康定斯基等人的作品。

J0085610
世界风俗画选　周楷，姚秦编
南宁 广西人民出版社 1988年 26cm（16 开）
ISBN：7-219-00847-3
（世界美术丛书）

　　本书收入150幅世界近现代风俗画，有雷诺阿的《烘饼磨坊》、马奈的《穿西班牙服装的少女》、凡·高的《阿勒的红葡萄园》及德加的《苦艾酒》等。

J0085611
世界建筑画选　（1）秦毓宗等编
西安 陕西人民出版社 1988年 116页
26cm（16 开）定价：CNY13.00

J0085612
世界静物画选　黄菁等编
南宁 广西人民出版社 1988年 26cm（16 开）
ISBN：7-219-00757-4
（世界美术丛书）

　　本书收有139幅世界现代静物画，包括塞尚、雷东、高更、马蒂斯、毕加索等人的作品。

J0085613
世界名画　（二 汉英对照）
福建 福建美术出版社 1988年 10张
15cm（25 开）定价：CNY1.60
　　中国现代工艺美术作品，明信片。

J0085614
世界名画 （风景）
北京 经济日报出版社［1988 年］10 张
15cm（25 开）定价：CNY1.80
中国现代工艺美术作品，明信片。

J0085615
世界名画 （人物）
北京 经济日报出版社［1988 年］10 张
15cm（25 开）定价：CNY1.80
中国现代工艺美术作品，明信片。

J0085616
世界名画 （汉英对照）
北京 外文出版社 1988 年 10 张 15cm（25 开）
定价：CNY1.70
明信片，中国现代工艺美术作品。

J0085617
世界名画 （二 汉英对照）
北京 外文出版社 1988 年 10 张 15cm（25 开）
定价：CNY1.70
明信片，中国现代工艺美术作品。

J0085618
世界名画 （三 汉英对照）
北京 外文出版社 1988 年 10 张 15cm（25 开）
定价：CNY1.50
明信片，中国现代工艺美术作品。

J0085619
世界名画选集
石家庄 河北美术出版社 1988 年 重印本 102 页
25×26cm 统一书号：8087.1240
ISBN：7-5310-0161-6 定价：CNY15.00
本书共收入 15 世纪至 20 世纪西方 40 位绘
画大师的 102 幅作品。分别介绍了文艺复兴初
期意大利画家波提切利；17 世纪巴洛克画派；18
世纪古典主义画派；19 世纪法国浪漫主义画家；
20 世纪法国印象主义画家，俄国巡回画派，挪威
表现主义画家，法国野兽派画家，巴黎派画家，
西班牙画家立体派的创始人毕加索等。

J0085620
世界人体艺术作品选 丘玮等编

南昌 江西人民出版社 1988 年 112 页
26cm（16 开）ISBN：7-210-00139-5
定价：CNY19.50
编者丘玮（1949—　　），美术编辑。别名阿兴，
福建上杭人。历任江西人民出版社美术编辑，江
西美术出版社。作品连环画《送棉被》《秦始皇
的专利》《光辉的旗帜》。

J0085621
世界现代绘画选 邬永柳，余亚万编
南宁 广西人民出版社 1988 年 26cm（16 开）
ISBN：7-219-00759-0 定价：CNY28.00
（世界美术丛书）
本书收入 150 幅现代绘画，如让·杜布菲的
《小溪》、达利的《鸟》、毕加索的《草地上的午餐》
及安德烈·马宋的《画家与时间》等。

J0085622
世界肖像画选 邵伟光等编
南宁 广西人民出版社 1988 年 26cm（16 开）
ISBN：7-219-00758-2
（世界美术丛书）
本书收有从文艺复兴到现代的 59 位画家的
肖像画 138 幅，包括头像、半身像、全身像、群
像等。

J0085623
瓦洛通 瓦洛通绘
上海 上海人民美术出版社 1988 年 79 页
19×19cm（24 开）ISBN：7-5322-0374-3
定价：CNY3.60
（世界美术家画库）
瓦洛通，现通译为瓦洛东（Felix　Vallotton，
1865—1925），法国纳比派代表画家。生于瑞士
洛桑，1882 年赴巴黎，进入朱利安美术学院，随
儒尔·勒菲佛尔学习绘画。1900 年成为法国公民。
作品有《游行》《咖啡馆》《暴雨》等。

J0085624
外国美术集 （尼德兰、弗兰德斯及荷兰的绘
画）杨蔼琪编著
北京 人民美术出版社 1988 年 30cm（10 开）
定价：CNY19.70

J0085625

学院派绘画选　胡德智，许国庆编

南宁 广西人民出版社 1988年 1册 26cm（16开）

ISBN：7-219-00848-1

（世界美术丛书）

　　本书收入学院派绘画 160幅，如路易斯的《灿烂的百合花》、卡吕斯·迪兰的《枫丹白露》、布雷特的《打石料》等。

J0085626

海外画廊　林声光主编

广州 岭南美术出版社 1989年 23cm（10开）

J0085627

梦幻的彼岸　（超现实主义艺术名人名作）徐累编撰

南京 江苏美术出版社 1989年 76页

21cm（32开）定价：CNY5.50

（现代视觉艺术精选丛书）

　　世界现代绘画作品综合集。

J0085628

现代艺术画丛　（插图）杨声光编

广州 岭南美术出版社 1989年 65页

20×18cm（24开）ISBN：7-5362-0312-8

定价：CNY9.15

J0085629

现代艺术画丛　（招贴画）杨石友编

广州 岭南美术出版社 1989年 74页

20×18cm（24开）ISBN：7-5362-0313-6

定价：CNY8.85

J0085630

钟耕略　（美）钟耕略绘

广州 岭南美术出版社 1989年 99页 有照片

23cm（10开）ISBN：7-5362-0469-8

定价：CNY36.00

（海外画廊）

　　本书收入旅美画家钟耕略作品 98幅，包括油画和素描，他以写实的手法表现美国的建筑、广场、树木、影子、窗、白墙，作品以静制动，着重描绘树与影交错的效果，形成由线、形对比所构成的富于动感的世界，光和影的有力的紧密结合，给人以美的享受。钟耕略（1964— ），教授、

画家。生于四川成都，毕业于浙江美术学院油画系和中国美术学院油画系硕士研究生班。中国美术学院油画系主任、教授。

J0085631

安德鲁·怀斯画集《海尔格》　（美）怀斯绘；常虹，庞开立编译

沈阳 辽宁美术出版社 1990年 89页 26cm（16开）

ISBN：7-5314-0219-X 定价：CNY25.00

J0085632

巴黎派画家

北京 人民美术出版社 1990年 26cm（16开）

ISBN：7-102-00479-6 定价：CNY5.90

（外国美术介绍）

　　本书介绍了巴黎派画家莫迪里阿尼、帕尚、夏加尔、基斯林、苏丁等的绘画特点，并收入他们的代表作 36幅。

J0085633

吉姆·戴安女人体绘画　（美）格兰编；邱秉钧译

长沙 湖南美术出版社 1990年 42页

27cm（大16开）定价：CNY9.80

J0085634

吕霞光画集　（法）吕霞光绘

长沙 湖南美术出版社 1990年 76页 有照片

26cm（16开）精装 ISBN：7-5356-0389-1

定价：CNY49.00

　　收辑吕霞光自 1930年至 1950年的素描、油画习作和油画创作共 70幅，并辑录作者珍藏的部分照片。作者吕霞光（1906—1994），画家。临泉县吕寨人，毕业于上海艺术学校。

J0085635

美国当代画家哈博·芬克作品集　（美）芬克绘；左映雪编

长春 吉林美术出版社 1990年 102页 26cm（16开）

ISBN：7-5386-0195-3 定价：CNY10.00

　　哈博·芬克，画家。美国南伊利诺州立大学美术系执教，提夫尼基金会和约翰·米基尔基金会以及马特文博物馆董事。

J0085636

梦幻艺术世界名作　埃卡特·萨克曼著；李惠

康，黄少荣译

西安 陕西人民美术出版社 1990年 30cm（10开）

ISBN：7-5368-0204-8 定价：CNY23.00

　　美国现代绘画画册。

J0085637

色彩 贝默达等编绘

南宁 广西民族出版社 1990年 112页

19cm（32开）ISBN：7-5363-0893-0

定价：CNY11.00

（现代实用美术丛书）

　　世界现代绘画作品选。

J0085638

西方现代绘画雕塑百图 邢啸声，张荣生编著

北京 人民美术出版社 1990年 101页

19cm（32开）ISBN：7-102-00286-6

定价：CNY8.70

　　本书选收西方现代绘画68幅，雕塑40幅，对西方各流派的代表人物、风格及其作品都做了介绍。

J0085639

英国绘画百图 周裕锴，蓝玉编著

北京 人民美术出版社 1990年 有插图

19cm（32开）ISBN：7-102-00547-4

定价：CNY8.45

　　本画册介绍了从16世纪到20世纪英国67位画家的100幅作品。

J0085640

佐恩 （1860—1920）上海人民美术出版社编辑

上海 上海人民美术出版社 1990年 122页

19cm（小32开）ISBN：7-5322-0373-5

定价：CNY5.30

（世界美术家画库）

　　安德斯·佐恩（Anders Zorn，1860—1920），瑞典画家、艺术家。本书为其作品的选集。

J0085641

1992：世界名画 （挂历）王铁军等摄

石家庄 河北美术出版社［1991年］76cm（2开）

J0085642

埃舍尔的魔镜 ［荷兰］布鲁诺·恩斯特著；李

述宏等译

重庆 重庆出版社 1991年

　　莫里·茨柯内里斯·埃舍尔（Escher，M.C.，1898—1972），是具有独特风格的现代绘画大师。他通晓音乐，巴赫的音乐理性化、数学秩序以及严谨的法则对他产生了极大的影响。埃舍尔的画展示的不是静态平衡而是动态平衡，其后期作品属"智力图像"创作，从一个侧面揭示现代艺术的认识特征，使艺术"步入数学领域"。

J0085643

德嘉 何肇衢主编；庞静平编撰

台北 艺术图书公司 1991年 191页 26cm（16开）

ISBN：957-9045-33-X 定价：TWD450.00

（艺术画廊丛书 5）

J0085644

罗兰珊 何肇衢主编

台北 艺术图书公司 1991年 170页 26cm（16开）

ISBN：957-672-000-1 定价：TWD450.00

（艺术画廊丛书 6）

J0085645

平山郁夫 （画册）（日）平山郁夫绘画；马木真译

香港 大道文化有限公司 1991年 220页

28cm（大16开）精装 ISBN：962-7084-82-4

J0085646

新编近代世界名画全集 （1 梵谷）光复书局编辑部编

台北 光复书局 1991年 140页 35cm（15开）

精装 ISBN：957-42-0584-3

　　梵谷，现通译为凡·高（Vincent van Gogh，1853—1890），荷兰后印象派画家。另有译名梵·高、文森特·梵·高、文森特·梵高等。代表作有《星月夜》、自画像系列、向日葵系列等。

J0085647

新编近代世界名画全集 （2 塞尚）光复书局编辑部编

台北 光复书局 1991年 141页 35cm（15开）

精装 ISBN：957-42-0585-1

　　保罗·塞尚（Paul Cézanne，1839—1906），法国著名画家。后期印象派的主将，西方现代画家称他为"现代艺术之父"。又与高更、凡·高并称

后印象派三大家。代表作品有《果盘》《玩纸牌者》《圣维克图瓦山》《浴女们》《自画像》等。

J0085648

新编近代世界名画全集　（3 雷诺尔）光复书局编辑部编

台北 光复书局 1991 年 139 页 35cm（15 开）

精装 ISBN：957-42-0586-X

皮埃尔·奥古斯特·雷诺阿（Pierre-Auguste Renoir, 1841—1919），印象画派画家、雕刻家。生于法国 Haute-Vienne 的小镇里蒙（Limoges）。以油画著称，亦作雕塑和版画。代表作品《包厢》《红磨坊街的露天舞会》《游艇上的午餐》《爱尔·潘蒂埃夫人和孩子们的肖像》《读书的女孩》等。

J0085649

新编近代世界名画全集　（4 罗特列克）光复书局编辑部编

台北 光复书局 1991 年 131 页 35cm（15 开）

精装 ISBN：957-42-0587-8

劳特累克（Henri de Toulouse-Lautrec, 1864—1901），法国画家。生于法国阿尔比。主要作品有《红磨坊－贪食者》《欢乐的莱茵河》《洗衣妇》《在穆兰大街的沙龙中》《面对面的晚餐》等。

J0085650

新编近代世界名画全集　（5 高更）光复书局编辑部编

台北 光复书局 1991 年 135 页 35cm（15 开）

精装 ISBN：957-42-0588-6

保罗·高更（Paul Gauguin, 1848—1903），法国画家、雕塑家。后印象派的主要代表，又是纳比派的精神导师，象征主义潮流的发端人之一和野兽派的启发者。与梵高、塞尚并称为后印象派三大巨匠。作品有《我们从哪里来？我们是谁？我们往哪里去？》《雅各及天使》《两个塔希提妇女》《塔希提的街道》等。

J0085651

新编近代世界名画全集　（6 毕卡索）光复书局编辑部编

台北 光复书局 1991 年 141 页 35cm（15 开）

精装 ISBN：957-42-0589-4

毕加索（Pablo Picasso, 1881—1973），西班牙画家、雕塑家。出生于西班牙马拉加，毕业于皇家圣费南多美术学院，法国共产党党员。西方现代派绘画的主要代表。代表作品《斗牛士》《格尔尼卡》《和平鸽》《梦》《亚威农少女》等。

J0085652

新编近代世界名画全集　（7 莫蒂里安尼）光复书局编辑部编

台北 光复书局 1991 年 135 页 35cm（8 开）

精装 ISBN：957-42-0590-8

莫迪利亚尼（Amedeo Modigliani, 1884—1920），意大利画家、雕塑家。作品有《大提琴手》、《新郎与新娘》等。

J0085653

新编近代世界名画全集　（8 卢梭）光复书局编辑部编

台北 光复书局 1991 年 135 页 35cm（15 开）

精装 ISBN：957-42-0591-6

J0085654

新编近代世界名画全集　（9 孟克）光复书局编辑部编

台北 光复书局 1991 年 135 页 35cm（15 开）

精装 ISBN：957-42-0592-4

孟克，现通译为爱德华·蒙克（Edvard Munch, 1863—1944），挪威表现主义画家。被称为版画复制匠，现代表现主义绘画的先驱。毕业于奥斯陆皇家艺术和设计学院。主要作品有《呐喊》《生命之舞》《卡尔约翰街的夜晚》等。

J0085655

新编近代世界名画全集　（10 马奈、窦加、秀拉、卢奥、卢顿）光复书局编辑部编

台北 光复书局 1991 年 135 页 35cm（15 开）

精装 ISBN：957-42-0593-2

J0085656

安格尔、德拉克罗瓦、维米尔画风　施达夫等编

重庆 重庆出版社 1992 年

本书收有三个画家的 140 幅图。其中安格尔作品 34 幅，德拉克罗瓦作品 47 幅，维米尔作品 59 幅。安格尔（Jean Auguste-Dominique Ingres, 1780—1867），法国画家。古典主义画派

最后的代表人物。皇家美术院院士。曾任美术学院教授、副院长、院长。对艺术和美学的基本学说和思想主要集中在其日记形式的《安格尔笔记》中。主要作品有《路易十三的宣誓》《泉》《土耳其》等；德拉克罗瓦，现通译为：德拉克洛瓦（Ferdinand Victor Eugene Delacroix, 1798—1863），法国浪漫主义画家。代表作品《自由引导人民》《十字军占领君士坦丁堡》《希奥岛的屠杀》；维米尔（Johannes Vermeer; Jan Vermeer, 1632—1675），荷兰画家。出生于荷兰代尔夫特。代表作品有《戴珍珠耳环的少女》《花边女工》《士兵与微笑的少女》。

J0085657

达利　蒙德里安画风　[西]萨尔瓦多·达利，[荷]蒙德里安绘；王红深等编
重庆　重庆出版社　1992年　21cm（32开）
精装　ISBN：7-5366-3194-4　定价：CNY48.00
（外国绘画大师画风系列）

作者蒙德里安（Piet Cornelies Mondrian, 1872—1944年），荷兰画家，风格派的创始人。出生于阿姆尔弗特，曾在阿姆斯特丹国立艺术学院学习。他以几何图形为绘画的基本元素，与杜斯堡等创立了"风格派"，提倡自己的艺术"新造型主义"对后世的建筑、设计等影响很大。主要作品《灰色的树》。作者萨尔瓦多·达利（1904—1989），西班牙画家。全名萨尔瓦多·多明哥·菲利普·哈辛托·达利 – 多梅内克（Salvador Domingo Felipe Jacinto Dali i Domenech）。出生于西班牙加泰罗尼亚菲格雷斯。代表作品《记忆的永恒》《一条安达鲁狗》《内战的预兆》等。

J0085658

大卫　提索特画风　（法）大卫（David, Jacgues Louis），（法）提索特（Tissot, James）绘；周雪凯等[编]
重庆　重庆出版社　1992年　168页　19×21cm
精装　ISBN：7-5366-2712-2　定价：CNY37.00

J0085659

德国绘画选　世界美术作品选集编委会编辑
沈阳　辽宁美术出版社　1992年　25×27cm
精装　ISBN：7-5314-2926-7　定价：CNY89.00
（世界美术作品选集 8）

J0085660

德加画风　（法）德加绘；吴松等编
重庆　重庆出版社　1992年　19×21cm　精装
ISBN：7-5366-2363-1　定价：CNY43.50

本画册共收入德加作品240余幅，书前有简要的评介。埃德加·德加（Hilaire-Germain-Edgar De Gas, 1834—1917），法国画家、雕塑家。生于法国巴黎，毕业于巴黎艺术学院。印象派艺术大师。代表作品有《舞蹈课》《贝里尼一家》《会计师和女儿们》等。

J0085661

恩斯特画风　（法）恩斯特绘；杨雪帆等编
重庆　重庆出版社　1992年　191页　19×22cm
精装　ISBN：7-5366-2150-7　定价：CNY30.00

本书收入了德国"超现实主义"画派代表恩斯特的代表作194幅。他创造了"摩拓法"和"拼贴法"等绘画表现手法。作者马克斯·恩斯特（Max Ernst, 1891—1976），德裔法国画家，雕塑家。出生于德国科隆，自学成才。作品有《自然史》《青春期》《百头女》《为一周的仁慈》《绘画之上》。

J0085662

吉田胜　科普卡画风　（日）吉田胜，[捷]科普卡绘；颜岭梅等编
重庆　重庆出版社　1992年　187页　19×21cm
精装　ISBN：7-5366-2711-4　定价：CNY37.00

作者吉田胜是一位日本画家。喜欢运用鲜明的色彩，如红、黑、黄、蓝等大量运用于画面，以取得强烈刺激的效应。这种色彩的运用，配合粗重、蛮横的笔触，那种尽兴而为、一气呵成的画法，造成一种不可一世的气势。作者科普卡（1871—1957），绘画艺术家，生于捷克，后定居法国。

J0085663

克利画风　（瑞士）克利绘；李克，王林编
重庆　重庆出版社　1992年　220页　有照片
19×21cm　精装　ISBN：7-5366-1724-0
定价：CNY24.90

本书介绍了世界著名艺术家保罗·克利的绘画风格及绘画作品。保罗·克利（Paul Klee, 1879—1940），瑞士画家。毕业于慕尼黑美术学院，曾任教于包豪斯学院。其作品多以油画、版画、水彩画为主，代表作品有《亚热带风景》《老

人像》等。

J0085664

马格里特、德尔沃画风 （比）马格里特,（比）
德尔沃绘；周小兰等编
重庆 重庆出版社 1992年 19×21cm
精装 ISBN：7-5366-2144-2 定价：CNY33.50

　　本书分两部分，第一部分为比利时画家马
格里特1926到1967年的作品，计136幅；第二
部分为比利时画家德尔沃的作品，计150幅。他
们画风特点是"梦的绘画"，即以写实的手法创
造既超越现实又超越梦境的逼真视觉幻像。作
者雷尼·马格里特(全名叫 B, Francois Guislan
Magritte, 1898—1967)，比利时绘画大师。20世
纪比利时的超现实主义画家。出生于莱西讷。
他的作品常常赋予平常熟悉的物体一种崭新的
寓意，或者将不相干的事物扭曲的组合在一起，
给人荒诞、幽默的感觉。艺术史上的成就莫过于
创立超现实主义，他是当时第一位超现实派画
家。作者保罗·德尔沃(Delvaux, 1897—1994)，
画家。生于比利时昂台特。毕业于王立美术学院。
曾任教于布鲁塞尔国立高等艺术与建筑学院，王
立美术学院院长。主要作品有《镜中的女子》《楼
梯》《The Great Sirens》等。作者雷尼·马格里
特(Rene Magritte, 1898—1967)，比利时绘画大
师。毕业于布鲁塞尔艺术学院。代表作《错误的
镜子》。

J0085665

美国当代通俗绘画资料集 （绘画、插图、精
品）高原等编选
北京 中国工人出版社 1992年 92页 17×18cm
ISBN：7-5008-1151-9 定价：CNY10.50
（外国美术资料丛书）

J0085666

米罗画风 （西）米罗绘；罗锦铨等编
重庆 重庆出版社 1992年 231页 有照片
19×21cm 精装 ISBN：7-5366-1907-3
定价：CNY33.50

　　本画册收辑米罗1916年到1980年的作品
232幅。从受印象派、野兽派、立体派、原始绘
画影响的早期作品，到形成独具风格的有机超现
实主义画风的作品，全面展示了他的绘画风貌。
作者胡安·米罗(Joan Miró, 1893—1983)，西班

牙画家、雕塑家、陶艺家、版画家，超现实主义
的代表人物。出生于西班牙巴塞罗那，毕业于
St.Luke艺术学院。代表作品《哈里昆的狂欢》《犬
吠月》《人投鸟一石子》。

J0085667

欧美当代绘画艺术　常宁生等编著
南京 江苏美术出版社 1992年 200页
26cm（16开）精装 ISBN：7-5344-0262-X
定价：CNY175.00

　　本书收录20世纪60年代至80年代欧美最
有影响的58位现代艺术家的代表作品200幅，
包括了当时西方各种现代艺术代表人物的作
品，使读者能从中了解西方现代绘画艺术的大
致状况。外文书名：Contemporary Paintings in
Europe and U.S.A.

J0085668

培根、霍克尼画风 （英）培根(Bacon,
Francis), （英）霍克尼(Hockney, David)绘；杨玉
平等编
重庆 重庆出版社 1992年 21×19cm
精装 ISBN：7-5366-2145-0 定价：CNY38.50

　　本书收英国画家弗朗西斯·培根和霍克尼的
作品293幅，包括培根的《耶稣受难的习作》系
列、《被牛肉片子包围的头像》系列、《以委拉斯
开兹"教皇英诺森十世肖像"为基础的习作》系
列，霍克尼的《飞人意大利——瑞士风景》《水
花》系列等。作者弗朗西斯·培根(Francis Bacon,
1909—1992)，英国画家。生于爱尔兰都柏林。
主要作品有《三张十字架底下人物的素描》《弗
洛伊德肖像画习作》《教皇》等。作者霍克尼
(David Hockney, 1937—　)，英国画家、摄影
家。生于布拉德福德。就读于皇家艺术学院。
代表作品有《浪子的历程》《克利斯多夫·伊修伍
德和唐·巴查笛》《克拉克夫妇俩》。

J0085669

山中旧事　库德绘；劳伦特文，林海音译
台北 远流出版事业公司 1992年 26cm(16开)
精装 ISBN：957-32-1647-7 定价：TWD220.00
（世界绘本杰作选 9）

J0085670

世界最新建筑画　李洪夫，吴明主编

哈尔滨 黑龙江科学技术出版社 1992 年 192 页 26cm（16 开）精装 ISBN：7-5388-1999-1 定价：CNY66.00

　　本书根据 80 年代末期建筑画发展动向，重点介绍日本、美国等国家的建筑师用马克笔、喷笔、粉笔、剪贴等表现形式绘制的优秀建筑画作品 300 余幅。

J0085671

魏斯、萨金特画风 （美）魏斯,（英）萨金特绘；黄茂蓉等编

重庆 重庆出版社 1992 年 312 页 有照片及彩图 19×21cm 精装 ISBN：7-5366-1926-X 定价：CNY43.50

　　本书收入魏斯和萨金特两位美国画家的作品，其中安德鲁·魏斯 229 幅，约翰·辛格·萨金特的油画作品 69 幅。作者安德鲁·怀斯（Andrew Wyeth, 1917—2009），美国超级写实主义绘画的代表人物。作品以水彩画和蛋彩画为主。曾先后被三届美国总统（肯尼迪、里根、布什）分别授予总统自由勋章、金质总统勋章和国会金质章。主要作品有《克里斯蒂娜的世界》《仔兔》《芝草》等。

J0085672

西洋绘画名作选集 （日本东京富士美术馆所藏 十六至二十世纪）河北省美术家协会编

石家庄 河北美术出版社 1992 年 90 页 有彩图 26cm（16 开）ISBN：7-5310-0522-0 定价：CNY59.00

　　本画册收集了日本东京富士美术馆所藏十六至二十世纪约 70 余幅绘画名作，附作品解说和作者简介。

J0085673

夏加尔画风 （法）夏加尔绘；刘朴, 长辉编

重庆 重庆出版社 1992 年 230 页 19×21cm 精装 ISBN：7-5366-1927-8 定价：CNY30.00

　　本书选收夏加尔的作品 230 幅。马克·夏加尔（Marc Chagall, 1887—1985），法籍俄裔画家、设计师。巴黎画派的代表人物。作品有《我与我的村庄》、《越过维捷布斯克》《生日》《蓝色天使》等。精于版画，曾为《死灵魂》和《一千零一夜》等文学名著制作插图。还曾从事过舞台设计，为芭蕾舞《火鸟》设计舞台背景和服装。

J0085674

新表现画风 王林等编

重庆 重庆出版社 1992 年 218 页 19×21cm 精装 ISBN：7-5366-1939-1 定价：CNY30.00

　　本书收入了约恩（丹麦）、阿列钦斯基（比利时）、阿佩尔（荷兰）等画家的代表作品 210 余幅，展示了 20 世纪中叶之后国外表现主义绘画的发展。作者王林，四川美术学院任教。

J0085675

艺术画廊丛书 （3 雷诺亚）王思慧编撰

台北 艺术图书公司 1992 年 再版 136 页 26cm（16 开）ISBN：957-672-020-6 定价：TWD450.00

J0085676

有趣的小妇人 蓝特绘；莫赛文, 林海音译

台北 远流出版事业公司 1992 年 23×24cm 精装 ISBN：957-32-1646-9 定价：TWD220.00 （世界绘本杰作选 10）

J0085677

安德罗·魏斯水彩、蛋彩画、素描选 （美）魏斯（Wyeth, Andrew）绘

上海 上海人民美术出版社 1993 年 53 页 26×26cm ISBN：7-5322-1236-X 定价：CNY42.00

　　外文书名：Andrew Wyeth Art. 作者魏斯，现通译为安德鲁·怀斯（Andrew Wyeth, 1917—2009），美国超级写实主义绘画的代表人物。作品以水彩画和蛋彩画为主。曾先后被三届美国总统（肯尼迪、里根、布什）分别授予总统自由勋章、金质总统勋章和国会金质章。主要作品有《克里斯蒂娜的世界》《仔兔》《芝草》等。

J0085678

陈瑞献选集 （美术卷）（新加坡）陈瑞献作；徐峰编

武汉 长江文艺出版社 1993 年 有图 20cm（32 开）精装 ISBN：7-5354-0998-9 定价：CNY9.98

　　作者陈瑞献（1943—　　），新加坡艺术家。生于印尼，原籍福建南安，毕业新加坡南洋大学现代语言文学系。主要作品有彩墨画《大中直正》。在中国的青岛，建有"一切智园——陈瑞献大地

艺术馆"。本书为作者美术方面的著述选集，内容涉及诗，小说，戏剧，绘画，雕塑，建筑，电影，宗教，哲学等诸多领域。

J0085679
俄罗斯绘画作品选 （1993）上海人民美术出版社编
上海　上海人民美术出版社［1993 年］9 张
17cm（40 开）ISBN：7-5322-1242-4
定价：CNY3.50

J0085680
画家眼中的城市风情　温蒂·理查森，杰克·理查森著；杨震译
台北 宏观文化事业公司 1993 年 48 页
29cm（16 开）精装 ISBN：957-731-016-8
定价：TWD300.00
（健康成长系列三 走进艺术的世界）

J0085681
画家眼中的动物天地　温蒂·理查森，杰克·理查森著；徐文保译
台北 宏观文化事业公司 1993 年 48 页
29cm（16 开）精装 ISBN：957-731-015-X
定价：TWD300.00
（健康成长系列三 走进艺术的世界）

J0085682
画家眼中的奋斗争战　温蒂·理查森，杰克·理查森著；刘式南译
台北 宏观文化事业公司 1993 年 48 页
29cm（16 开）精装 ISBN：957-731-025-7
定价：TWD300.00
（健康成长系列三 走进艺术的世界）

J0085683
画家眼中的各行各业　温蒂·理查森，杰克·理查森著；李长山译
台北 宏观文化事业公司 1993 年 48 页
29cm（16 开）精装 ISBN：957-731-022-2
定价：TWD300.00
（健康成长系列三 走进艺术的世界）

J0085684
画家眼中的欢娱时光　温蒂·理查森，杰克·理

查森著；王平译
台北 宏观文化事业公司 1993 年 48 页
29cm（16 开）精装 ISBN：957-731-023-0
定价：TWD300.00
（健康成长系列三 走进艺术的世界）

J0085685
画家眼中的旅中即景　温蒂·理查森，杰克·理查森著；石幼姗译
台北 宏观文化事业公司 1993 年 48 页
29cm（16 开）精装 ISBN：957-731-024-9
定价：TWD300.00
（健康成长系列三 走进艺术的世界）

J0085686
画家眼中的水景奇观　温蒂·理查森，杰克·理查森著；卢玲译
台北 宏观文化事业公司 1993 年 48 页
29cm（16 开）精装 ISBN：957-731-020-6
定价：TWD300.00
（健康成长系列三 走进艺术的世界）

J0085687
画家眼中的四季之美　温蒂·理查森，杰克·理查森著；叶眉译
台北 宏观文化事业公司 1993 年 48 页
29cm（16 开）精装 ISBN：957-731-021-4
定价：TWD300.00
（健康成长系列三 走进艺术的世界）

J0085688
画家眼中的温馨家庭　温蒂·理查森，杰克·理查森著；蔡洪波译
台北 宏观文化事业公司 1993 年 48 页
29cm（16 开）精装 ISBN：957-731-018-4
定价：TWD300.00
（健康成长系列三 走进艺术的世界）

J0085689
画家眼中的艺人群像　温蒂·理查森，杰克·理查森著；符泉生译
台北 宏观文化事业公司 1993 年 48 页
29cm（16 开）精装 ISBN：957-731-017-6
定价：TWD300.00
（健康成长系列三 走进艺术的世界）

J0085690

画家眼中的饮食百态　温蒂·理查森，杰克·理查森著；沈师光译
台北　宏观文化事业公司　1993 年　48 页
29cm（16 开）精装　ISBN：957-731-026-5
定价：TWD300.00
（健康成长系列三　走进艺术的世界）

J0085691

画家眼中的自然胜景　温蒂·理查森，杰克·理查森著；温飙译
台北　宏观文化事业公司　1993 年　48 页
29cm（16 开）精装　ISBN：957-731-019-2
定价：TWD300.00
（健康成长系列三　走进艺术的世界）

J0085692

进入莫内的国度　李梅龄编著
台北　时报文化公司　1993 年　79 页　有图
19cm（小 32 开）精装　定价：TWD250.00
（艺术护照系列丛书 1）

J0085693

诗琳通公主诗文画集　（泰）诗琳通著；顾雅炯译
北京　三联书店　1993 年　247 页　有图
21cm（32 开）精装　ISBN：7-108-00690-1
定价：CNY58.00
　　本书收入泰国诗琳通公主的诗文作品《水灾》《富饶的泰国》《三访中国》等数十篇，绘画作品《水莲》《孤独》《美人蕉》等数十幅。

J0085694

十九世纪末期中西画风的感通　（二　故宫博物院所藏同时期名家作品展）台北故宫博物院编辑委员会编辑
台北　台北故宫博物院　1993 年　161 页　有图
27cm（大 16 开）精装　ISBN：957-562-131-X
定价：［TWD1000.00］

J0085695

1995：世界名画精品　（摄影挂历）
上海　上海人民美术出版社　1994 年　有图
102x72cm　定价：CNY42.00

J0085696

1995：世界人体名画　（摄影挂历）
上海　上海人民美术出版社　1994 年　有图
77×53cm　定价：CNY36.80

J0085697

20 世纪国际现代美术精品荟萃　张明主编；中国现代文化学会艺术部编
北京　东方出版社　1994 年　488 页　29cm（16 开）
精装　ISBN：7-5060-0512-3　定价：CNY296.00
　　外文书名：The Selectlon of the 20th Century International Modern Arts.

J0085698

俄罗斯卡通故事精粹　（俄罗斯）柯斯特里娜，李普斯凯洛夫著；冯由礼译
北京　中国电影出版社　1994 年　有图　18×19cm
精装　ISBN：7-106-00940-7　定价：CNY10.80

J0085699

俄罗斯美术百年巡礼　（画册）金毓清编
北京　中国世界语出版社　1994 年　24×26cm
ISBN：7-5052-0116-6　定价：CNY40.00
　　外文书名：Russian Fine Art aHundred Years.

J0085700

近代西洋绘画　何恭上著
台北　艺术图书公司　1994 年　267 页　21cm（32 开）
ISBN：957-672-164-4　定价：TWD380.00
（西洋绘画导览 9）

J0085701

马骁的艺术　（中国艺术专辑）（日）马骁绘
北京　人民美术出版社　1994 年　29×22cm
ISBN：7-102-01368-X
　　日本现代绘画作品集。

J0085702

神哉！毕卡索　陈锦芳著
台北　艺术图书公司　1994 年　250 页　有图
21cm（32 开）ISBN：957-672-170-9
定价：TWD380.00
（西洋绘画导览 11）

J0085703
世界名画精品集　庄宝仁编
长春 吉林美术出版社 1994 年 166 页 19×21cm
ISBN：7-5386-0318-2 定价：CNY22.00

J0085704
世界名画精品集　庄宝仁编
长春 吉林美术出版社 1994 年 166 页 21×19cm
ISBN：7-5386-0318-2 定价：CNY55.00

J0085705
20 世纪欧美具象艺术　（洛佩斯）（西）安东尼
奥·洛佩斯·加西亚（AntonioLopez-Garcia）绘；啸
声编
南昌 江西美术出版社 1995 年 74 页
26cm（16 开）ISBN：7-80580-194-0
定价：CNY28.80
　　作者安东尼奥·洛佩斯－加西亚（Antonio
Lopez-Garcia, 1936—　），西班牙画家、雕刻家。
现代具象艺术的代表。代表作品有《初领圣体的
小卡门》《马德里》《男人与女人》。

J0085706
20 世纪欧美具象艺术　（纳兰霍）（西）爱德华
多·纳兰霍（Eduardo Naranjo）绘；啸声编
南昌 江西美术出版社 1995 年 74 页
26cm（16 开）ISBN：7-80580-193-2
定价：CNY28.80
　　作者纳兰霍（Eduardo Naranjo, 1944—　），
西班牙画家。

J0085707
20 世纪欧美具象艺术　（塔马约）（墨）鲁菲
诺·塔马约（Rufino Tamayo）绘；啸声编
南昌 江西美术出版社 1995 年 115 页
26cm（16 开）ISBN：7-80580-248-3
定价：CNY49.00
　　作者鲁菲诺·塔马约（1899—1991），墨西哥
著名画家。

J0085708
20 世纪欧美具象艺术　（莫拉莱斯）（尼加拉
瓜）阿尔曼多·莫拉莱斯（Armando Morales）绘；
啸声编
南昌 江西美术出版社 1995 年 74 页

26cm（16 开）ISBN：7-80580-192-4
定价：CNY28.80
　　作者莫拉莱斯（Armando Morales），尼加拉
瓜画家。

J0085709
20 世纪欧美具象艺术　（博特罗）（哥伦比亚）
费尔南多·博特罗（Fernando Botero）绘；啸声编
南昌 江西美术出版社 1995 年 67 页
26cm（16 开）ISBN：7-80580-247-5
定价：CNY33.00
　　作者费尔南多·博特罗（Fernando Botero,
1932—　），哥伦比亚著名画家、雕塑家。出生于
哥伦比亚麦德林。

J0085710
20 世纪欧美具象艺术　（菲加里）（乌拉圭）佩
德罗·菲加里（Pedro Figari）绘；啸声编
南昌 江西美术出版社 1995 年 75 页
26cm（16 开）ISBN：7-80580-249-1
定价：CNY36.00
　　作者菲加里（Pedr oFigari, 1861—1938），乌
拉圭著名画家。

J0085711
表现派绘画　刘振源著
台北 艺术图书公司 1995 年 249 页 21cm（32 开）
ISBN：957-672-199-7 定价：TWD450.00
（西洋绘画导览 5）
　　作者刘振源（1953—　），河北昌黎人，号紫
云斋主人。出版个人专辑《中国美术成就——刘
振源（1911—2011 百年书画名家专辑）》。

J0085712
查国钧画集　（混沌世界系列）[美]查国钧绘
上海 上海远东出版社 1995 年 45 页
30cm（10 开）精装 ISBN：7-80613-101-9
定价：CNY70.00
（当代画家作品大系）
　　作者查国钧（1943—　），画家。出生于
江苏昆山，毕业于上海戏剧学院。历任美国
"C.G.Rein"画廊职业画家、美国国际艺术交流会
顾问、加拿大温尼泊大学艺术学院客座教授、上
海戏剧学院客座教授。

J0085713

霍默　罗素画风　（美）温斯洛·霍默,（美）查理斯·罗素绘；田军等编
重庆　重庆出版社 1995 年　21×19cm　精装
ISBN：7-5366-3187-1 定价：CNY58.00
（外国绘画大师画风系列）

　　作者温斯洛·霍默（1836—1910），美国风景画画家、版画家。毕业于美国国家设计学院。主要作品有《疾风》《船舶遇难》《伐木工》等。作者查理斯·罗素（1864—1926），美国写实派画家。

J0085714

康定斯基　马克画风　（图册）（德）瓦西里·康定斯基,（德）弗兰兹·马克绘；李凡等编
重庆　重庆出版社 1995 年　21cm（32 开）精装
ISBN：7-5366-3191-X 定价：CNY58.00
（外国绘画大师画风系列）

　　瓦西里·康定斯基（Василий Кандинский, 1866—1944），出生于俄罗斯，毕业于莫斯科大学。代表作品有《艺术家自我修养》《关于形式问题》《论具体艺术》等。弗兰兹·马克（Franz Marc, 1880—1916），德国画家。又称弗朗兹·马克。出生在德国慕尼黑。代表作品《蓝马》《牧人》。

J0085715

劳特累克画风　（法）劳特累克绘；黄茂蓉等编
重庆　重庆出版社 1995 年　21cm（32 开）精装
ISBN：7-5366-3192-8 定价：CNY48.00
（外国绘画大师画风系列）

　　作者劳特累克（1864—1901），法国画家。全名图卢兹·劳特累克，出生于法国阿尔比。代表作品《洗衣女》《红磨坊舞会》《文森特·凡·高》《红磨坊的沙龙》。

J0085716

乐愕玛作品选集　（1991—1995 汉法文对照）
（法）乐愕玛（Lesbre.E）作
济南　山东美术出版社 1995 年　24 页　26×24cm
ISBN：7-5330-0867-7 定价：CNY30.00
　　法国现代绘画作品。

J0085717

列宾美术学院学生作品选　杜滋龄主编
天津　天津人民美术出版社 1995 年　158 页

38cm（6 开）精装 ISBN：7-5305-0534-3

　　编者杜滋龄（1941—　　），教授。生于天津，毕业于中国美术学院中国画系研究生班。历任中国画学会副会长，中国艺术研究院博士生导师，南开大学教授，天津美术家协会副主席。代表作品《帕米尔初雪》《古老的歌》《大漠行》等。

J0085718

美哉！马蒂斯　陈锦芳著
台北　艺术图书公司 1995 年　251 页　21cm（32 开）
ISBN：957-672-216-0 定价：TWD450.00
（西洋绘画导览 13）

　　亨利·马蒂斯（Henri matisse, 1869—1954），法国画家、雕塑家、版画家。出生于法国北部皮卡第地区。野兽派创始人和主要代表人物。代表作有《豪华、宁静、欢乐》《生活的欢乐》《开着的窗户》《戴帽的妇人》等。

J0085719

蒙克画风　（挪威）爱德华·蒙克绘；王剑等编
重庆　重庆出版社 1995 年　19×21cm　精装
ISBN：7-5366-3193-6 定价：CNY48.00
（外国绘画大师画风系列）

　　作者爱德华·蒙克（Edvard Munch, 1863—1944），挪威表现主义画家。被称为版画复制匠，现代表现主义绘画的先驱。毕业于奥斯陆皇家艺术和设计学院。主要作品有《呐喊》《生命之舞》《卡尔约翰街的夜晚》等。本书为其油画作品选集

J0085720

涅斯特洛夫　马列维奇画风　（俄）涅斯特洛夫,（俄）马列维奇绘；黄茂蓉等编
重庆　重庆出版社 1995 年　20×21cm　精装
ISBN：7-5366-3190-1 定价：CNY58.00
（外国绘画大师画风系列）

　　作者涅斯特洛夫（1862—1942），苏联画家。作者马列维奇（Kazimir Severinovich Malevich, 1878—1935），苏联画家。全名卡西米尔·塞文洛维奇·马列维奇，生于乌克兰基辅。代表作品有《手足病医生在浴室》《无物象的世界》，理论著作有《非客观的世界》。

J0085721

世纪末绘画　刘振源著

台北　艺术图书公司　1995年　249页　21cm（32开）
ISBN：957-672-172-5　定价：TWD380.00
（西洋绘画导览　2）

J0085722
提埃坡罗　弗拉戈纳尔画风　（意）提埃坡罗，
（法）弗拉戈纳尔绘；王剑等编
重庆　重庆出版社　1995年　20×21cm　精装
ISBN：7-5366-3182-0　定价：CNY48.00
（外国绘画大师画风系列）
　　　作者提埃坡罗（Giovanni Battista Tiepolo，
1696—1770），全名乔凡尼·巴蒂斯塔·提埃坡罗。
意大利壁画家。代表作品《全燔祭依撒格》《行
星和大陆的寓言》《圣母怀胎》《西班牙升天》。
作者弗拉戈纳尔（Jean Honore Fragonard，1732—
1806），法国画家。生于法国南部格拉塞，法国洛
可可风格画家。代表作有《秋千》《瞎子摸象的
游戏》《为情人戴花冠》等。

J0085723
希腊罗马神话　何恭上编著
台北　艺术图书公司　1995年　251页　21cm（32开）
ISBN：957-672-215-2　定价：TWD450.00
（西洋绘画导览　15）

J0085724
野兽派绘画　刘振源著
台北　艺术图书公司　1995年　247页　21cm（32开）
ISBN：957-672-195-4　定价：TWD450.00
（西洋绘画导览　3）

J0085725
20世纪欧美非具象艺术　（塔皮埃斯）（西）安
东尼·塔皮埃斯（Antoni Tapies）［作］；啸声编
南昌　江西美术出版社　1996年　99页
26cm（16开）ISBN：7-80580-335-8
定价：CNY45.00
　　　外文书名：Tapies. 作者塔皮埃斯（Antoni
Tapies，1923—2012），西班牙艺术家。出生于西
班牙卡达卢尼亚区，是继毕加索、米罗、达利之
后的又一伟大艺术天才。

J0085726
埃杜瓦尔多·路易斯画展
澳门　澳门市政厅　1996年　131页　有照片

30×28cm　精装
　　　外文书名：Eduardo Luiz.

J0085727
奥塞美术馆　（西方绘画艺术典藏）［英］罗
伯·罗森布伦（Robert Rosenblum）编著；李新，赵
镇琬主编
济南　山东美术出版社　1996年　3册（672页）
29cm（16开）精装　ISBN：7-5330-1013-2
定价：CNY1480.00
　　　本书与明天出版社合作出版。

J0085728
毕卡索　（现代艺术魔术师）何政广主编
台北　艺术家出版社　1996年　271页　有照片
21cm（32开）ISBN：957-9530-45-9
定价：TWD480.00
（世界名画家全集　11）
　　　毕卡索，现通译为毕加索（Pablo Picasso，
1881—1973），西班牙人，20世纪现代派画家。
代表作品有《生命》《斗牛士》《格尔尼卡》《和平
鸽》《梦》《亚威农少女》等。本书为毕加索传记
和绘画作品。主编何政广（1939—　　），出生于台
湾新竹县。毕业于台北师范艺术科。创办《艺术
家》杂志，担任发行人。

J0085729
勃拉克　（立体派绘画大师）何政广主编
台北　艺术家出版社　1996年　247页　有照片
21cm（32开）ISBN：957-9530-55-6
定价：TWD480.00
（世界名画家全集　12）

J0085730
杜菲　（描绘光与色大师）何政广主编
台北　艺术家出版社　1996年　247页　有照片
21cm（32开）ISBN：957-9530-37-8
定价：TWD480.00
（世界名画家全集　9）

J0085731
康丁斯基　（抽象派绘画先驱）何政广编著
台北　艺术家出版社　1996年　263页　有照片
21cm（32开）ISBN：957-9530-21-1
定价：TWD480.00

（世界名画家全集）

康丁斯基，现通译为康定斯基（Kandinsky, Waassily, 1866—1944），俄国画家、艺术理论家、诗人、剧作家。被公认为抽象绘画的先驱。曾同费宁格、克利、亚夫伦斯基组成蓝骑士派。著有《论艺术中的精神》《点、线、面》等，绘画代表作品有《带黑色拱形的画面》《梦幻即兴》《在蓝色中》等。

J0085732

克林姆魅力　洪麟风编

台北 艺术图书公司 1996年 249页 21cm（32开）

ISBN：957–672–225–X 定价：TWD450.00

（西洋绘画导览 14）

J0085733

雷诺瓦　（歌颂人体美画家）何政广主编

台北 艺术家出版社 1996年 263页 有照片

21cm（32开）ISBN：957–9530–30–0

定价：TWD480.00

（世界名画家全集 4）

雷诺瓦，现通译为皮埃尔·奥古斯特·雷诺阿（Pierre–Auguste Renoir, 1841—1919），印象画派画家、雕刻家。生于法国 Haute-Vienne 的小镇里蒙（Limoges）。以油画著称，亦作雕塑和版画。代表作品《包厢》《红磨坊街的露天舞会》《游艇上的午餐》《爱尔·潘蒂埃夫人和孩子们的肖像》《读书的女孩》等。

J0085734

立体派绘画　刘振源著

台北 艺术图书公司 1996年 249页 21cm（32开）

ISBN：957–672–197–0 定价：TWD450.00

（西洋绘画导览 4）

J0085735

罗浮宫博物馆　（欧洲绘画）Scala 编辑；伊丽莎白，陈子康译

1996年 287页 28cm（大 16 开）

J0085736

马蒂斯　马晓琳等编译

长沙 湖南美术出版社 1996年 186+40 页

有图版 19cm（小 32 开）ISBN：7–5356–0801–9

定价：CNY11.00

（国外现代画家译丛）

作者亨利·马蒂斯（Henri matisse, 1869—1954），法国画家、雕塑家、版画家。出生于法国北部皮卡第地区。野兽派创始人和主要代表人物。代表作有《豪华、宁静、欢乐》《生活的欢乐》《开着的窗户》《戴帽的妇人》等。本书据（英国）约翰·鲁塞尔、艾丽亚·布莱等人著作编译，外文书名：Matisse.

J0085737

蒙德利安　（几何抽象画大师）何政广主编

台北 艺术家出版社 1996年 247页 有照片

21cm（32开）ISBN：957–9530–56–4

定价：TWD480.00

（世界名画家全集 18）

蒙德利安（Piet Cornelies Mondrian, 1872—1944），荷兰画家。现通译为：蒙德里安。

J0085738

孟克　（北欧表现派先驱）何政广主编

台北 艺术家出版社 1996年 253页 21cm（32开）

ISBN：957–9530–26–2 定价：TWD480.00

（世界名画家全集）

孟克，现通译为爱德华·蒙克（Edvard Munch, 1863—1944），挪威表现主义画家。被称为版画复制匠，现代表现主义绘画的先驱。毕业于奥斯陆皇家艺术和设计学院。主要作品有《呐喊》《生命之舞》《卡尔约翰街的夜晚》等。

J0085739

米勒　（爱与田园的画家）何政广主编

台北 艺术家出版社 1996年 255页 有照片

21cm（32开）ISBN：957–9530–16–5

定价：TWD480.00

（世界名画家全集 1）

让·弗朗索瓦·米勒（Jean–Francois Millet, 1814—1875），法国画家。

J0085740

名画经典　（百集珍藏本 国画系列 1 张大千工笔山水）邓嘉德主编；张大千绘

成都 四川美术出版社 1996年 ［16］页

28cm（16开）ISBN：7–5410–1197–5

定价：CNY10.00

主编邓嘉德（1951—　　），美术编辑、画家。

祖籍山东潍坊，出生于四川成都。毕业于西南师范大学美术学院。中国美术家协会会员、四川省美术家协会副主席、四川美术出版社社长。作品有《童年的梦》《蓝色的梦》《长坂坡》等。作者张大千(1899—1983)，国画大师、山水画大家、书法家。四川内江人，祖籍广东番禺。代表作有《爱痕湖》《长江万里图》《四屏大荷花》《八屏西园雅集》等。

J0085741

名画经典 （百集珍藏本 国画系列 2 张大千浅绛山水）邓嘉德主编；张大千绘

成都 四川美术出版社 1996 年 29cm(16 开)

ISBN：7-5410-1196-7 定价：CNY10.00

J0085742

名画经典 （百集珍藏本 国画系列 3 张大千写意山水）邓嘉德主编；张大千绘

成都 四川美术出版社 1996 年 29cm(16 开)

ISBN：7-5410-1195-9 定价：CNY10.00

J0085743

名画经典 （百集珍藏本 国画系列 4 张大千泼墨泼彩）邓嘉德主编；张大千绘

成都 四川美术出版社 1996 年 [16]页

28cm(16 开) ISBN：7-5410-1194-0

定价：CNY10.00

J0085744

名画经典 （百集珍藏本 国画系列 5 张大千荷花）邓嘉德主编；张大千绘

成都 四川美术出版社 1996 年 [16]页

28cm(16 开) ISBN：7-5410-1193-2

定价：CNY10.00

J0085745

名画经典 （百集珍藏本 国画系列 6 张大千人物）邓嘉德主编；张大千绘

成都 四川美术出版社 1996 年 [16]页

28cm(16 开) ISBN：7-5410-1192-4

定价：CNY10.00

J0085746

名画经典 （百集珍藏本 国画系列 11 黄公望富春山居图）邓嘉德主编；(元)黄公望绘

成都 四川美术出版社 1996 年 29cm(16 开)

ISBN：7-5410-1200-9 定价：CNY10.00

作者黄公望(1269—1354)，元代画家。本姓陆，名坚，江苏苏州人。因改姓名，字子久，号大痴、大痴道人、一峰道人。传世作品有《富春山居图》《九峰雪霁图》《丹崖玉树图》《天池石壁图》等。

J0085747

名画经典 （百集珍藏本 国画系列 12 范宽溪山行旅图 郭熙早春图）邓嘉德主编；(北宋)范宽,(北宋)郭熙绘

成都 四川美术出版社 1996 年 29cm(16 开)

ISBN：7-5410-1198-3 定价：CNY10.00

作者范宽(950—1032)，宋代绘画大师。名中正，字中立。陕西华原(今陕西铜川耀州区)人。代表作品有《溪山行旅图》《雪山萧寺图》《雪景寒林图》。郭熙(约1000—约1090)，北宋画家、绘画理论家。字淳夫，河阳(今河南温县)人。代表作品《早春图》《关山春雪图》《窠石平远图》《幽谷图》等。

J0085748

名画经典 （百集珍藏本 国画系列 14 郎世宁工笔花鸟）邓嘉德主编；郎世宁绘

成都 四川美术出版社 1996 年 [16]页

28cm(16 开) ISBN：7-5410-1218-1

定价：CNY10.00

郎世宁(Giuseppe Castiglione, 1688—1766)，意大利画家、清代宫廷画家。原名朱塞佩·伽斯底里奥内，生于米兰。作为天主教耶稣会的修道士来中国传教，随即入宫，为清代宫廷十大画家之一。主要作品有《百骏图》《乾隆大阅图》《瑞谷图》《花鸟图》《百子图》等。

J0085749

名画经典 （百集珍藏本 国画系列 15 明清山水扇面）邓嘉德主编；(明)沈士充等绘

成都 四川美术出版社 1996 年 29cm(16 开)

ISBN：7-5410-1210-6 定价：CNY10.00

J0085750

名画经典 （百集珍藏本 国画系列 16 恽寿平王翚花卉山水册页）邓嘉德主编；(清)恽寿平,(清)王翚绘

成都 四川美术出版社 1996年 29cm（16开）
ISBN：7-5410-1219-X 定价：CNY10.00

　　主编邓嘉德（1951—　），美术编辑、画家。祖籍山东潍坊，出生于四川成都。毕业于西南师范大学美术学院。中国美术家协会会员、四川省美术家协会副主席、四川美术出版社社长。作品有《童年的梦》《蓝色的梦》《长坂坡》等。绘者恽寿平（1633—1690），清代画家、书法家。名格，字寿平，以字行，又字正叔，别号南田等。江苏武进人。主要作品有《红梅山茶图》《梅竹图》《玉堂富贵图》《桃花图》《三友图》《梧轩图》《蓼汀渔藻图》《林居高士图》等。绘者王翚（1632—1717），清代著名画家。字石谷，号耕烟散人、乌目山人、清晖老人等。江苏常熟人。传世作品有《秋山萧寺图》《虞山枫林图》《秋树昏鸦图》《芳洲图》等。

J0085751

名画经典　（百集珍藏本 国画系列 17 山水 人物）邓嘉德主编；（清）虚古绘
成都 四川美术出版社 1996年 29cm（16开）
ISBN：7-5410-1201-7 定价：CNY10.00

J0085752

名画经典　（百集珍藏本 国画系列 18 翎毛 走兽）邓嘉德主编；（清）虚古绘
成都 四川美术出版社 1996年 29cm（16开）
ISBN：7-5410-1202-5 定价：CNY10.00

J0085753

名画经典　（百集珍藏本 国画系列 20 蔬菜 瓜果）邓嘉德主编；（清）虚古绘
成都 四川美术出版社 1996年 29cm（16开）
ISBN：7-5410-1204-1 定价：CNY10.00

J0085754

名画经典　（百集珍藏本 国画系列 21 明清花鸟扇面）邓嘉德主编；（明）陆治等绘
成都 四川美术出版社 1996年 29cm（16开）
ISBN：7-5410-1120-7 定价：CNY10.00

J0085755

名画经典　（百集珍藏本 国画系列 22 唐宋元小品）邓嘉德主编；（唐）韩幹等绘
成都 四川美术出版社 1996年 29cm（16开）

ISBN：7-5410-1209-2 定价：CNY10.00

J0085756

名画经典　（百集珍藏本 油画系列 1 弗美尔）邓嘉德主编；（荷）约翰尼斯·弗美尔（JanVerme-er）绘
成都 四川美术出版社 1996年 29cm（16开）
ISBN：7-5410-1106-1 定价：CNY10.00

　　作者弗美尔（Johannes Vermeer; Jan Vermeer, 1632—1675），荷兰画家。出生于荷兰代尔夫特。代表作品有《戴珍珠耳环的少女》《花边女工》《士兵与微笑的少女》。

J0085757

名画经典　（百集珍藏本 油画系列 2 克里姆特）邓嘉德主编；（奥）古斯塔夫·克里姆特（GustavKlimt）绘
成都 四川美术出版社 1996年 29cm（16开）
ISBN：7-5410-1104-5 定价：CNY10.00

　　作者克里姆特（Gustav Klimt, 1862—1918），奥地利画家。又译古斯塔夫·克里姆，生于维也纳。代表作品《埃赫特男爵夫人》《接吻》《哲学》等。

J0085758

名画经典　（百集珍藏本 油画系列 3 高更）邓嘉德主编；（法）保尔·高更（PaulGanguin）绘
成都 四川美术出版社 1996年 29cm（16开）
ISBN：7-5410-1105-3 定价：CNY10.00

　　作者保尔·高更，现通译为保罗·高更（Paul Gauguin, 1848—1903），法国画家、雕塑家。后印象派的主要代表，又是纳比派的精神导师，象征主义潮流的发端人之一和野兽派的启发者。与梵高、塞尚并称为后印象派三大巨匠。作品有《我们从哪里来？我们是谁？我们往哪里去？》《雅各及天使》《两个塔希提妇女》《塔希提的街道》等。

J0085759

名画经典　（百集珍藏本 油画系列 4 美国博物馆藏—风景画精品）邓嘉德主编
成都 四川美术出版社 1996年 28cm（16开）
ISBN：7-5410-1107-X 定价：CNY10.00

J0085760

名画经典（百集珍藏本　油画系列 5　萨金特）
（美）约翰·辛格·萨金特（J.S.Sargent）绘；邓嘉德
主编

成都　四川美术出版社 1996 年 28cm（16 开）
ISBN：7-5410-1186-X 定价：CNY10.00

外文书名：Sargent. 作者约翰·辛格·萨金
特（1856—1925），美国著名画家。主编邓嘉德
（1951—　　），美术编辑、画家。祖籍山东潍坊，
出生于四川成都。毕业于西南师范大学美术学
院。中国美术家协会会员、四川省美术家协会副
主席、四川美术出版社社长。作品有《童年的梦》
《蓝色的梦》《长坂坡》等。

J0085761

名画经典（百集珍藏本　油画系列 6　印象派风
景画）邓嘉德主编

成都　四川美术出版社 1996 年 29cm（16 开）
ISBN：7-5410-1187-8 定价：CNY10.00

J0085762

名画经典（百集珍藏本　油画系列 7　法国田园
风光）邓嘉德主编

成都　四川美术出版社 1996 年　有彩图
28cm（16 开）ISBN：7-5410-1188-6
定价：CNY10.00

外文书名：The Rural Scenery of France.

J0085763

名画经典（百集珍藏本　油画系列 8　法国吉温
尼画派）邓嘉德主编

成都　四川美术出版社 1996 年　有彩图
28cm（16 开）ISBN：7-5410-1189-4
定价：CNY10.00

本册外文书名：Giverny by Impressionist.

J0085764

名画经典（百集珍藏本　油画系列 9　莫迪里阿
尼肖像画）（意大利）莫迪里阿尼（Modigliani）绘；
邓嘉德主编

成都　四川美术出版社 1996 年 28cm（16 开）
ISBN：7-5410-1190-8 定价：CNY10.00

本册外文书名：Portrait of Modigliani. 作
者亚美迪欧·莫迪里阿尼（Amedeo Modigliani，
1884—1920）。意大利画家、雕塑家。犹太人。

代表作《裸妇》《系黑领带的女子》《向左仰卧的
裸女》等。

J0085765

名画经典（百集珍藏本　油画系列 10　澳大利
亚风景画）邓嘉德主编

成都　四川美术出版社 1996 年 29cm（16 开）
ISBN：7-5410-1191-6 定价：CNY10.00

外文书名：Australian Landscape.

J0085766

名画经典（百集珍藏本　油画系列 11　英国当
代画家佛洛伊德）邓嘉德主编；（英）佛洛伊德绘

成都　四川美术出版社 1996 年 29cm（16 开）
ISBN：7-5410-1151-7 定价：CNY10.00

J0085767

名画经典（百集珍藏本　油画系列 12　拉斐尔
前派画家沃特豪斯）邓嘉德主编；（英）沃特豪斯
（Waterhouse）绘

成都　四川美术出版社 1996 年 29cm（16 开）
ISBN：7-5410-1152-5 定价：CNY10.00

J0085768

名画经典（百集珍藏本　油画系列 13　俄罗斯
风景画大师希什金）（俄）希什金绘；邓嘉德主编

成都　四川美术出版社 1996 年 28cm（16 开）
ISBN：7-5410-1150-9 定价：CNY10.00

希什金，现通译为希施金（Ivan Ivanovich
Shishkin，1832—1898），俄罗斯风景画画家。全
名伊凡·伊凡诺维奇　希施金，生于俄国的叶拉
布加。就读于莫斯科绘画雕刻建筑学校、彼得堡
皇家美术学院。彼得堡美术院院士与教授。作
品有《在平静的原野上》《橡树林》《松林的早
晨》等。

J0085769

名画经典（百集珍藏本　油画系列 14　美国
超级写实主义画家克洛斯）（美）克洛斯（Chuck
Close）绘；邓嘉德主编

成都　四川美术出版社 1996 年 28cm（16 开）
ISBN：7-5410-1154-1 定价：CNY10.00

外文书名：Chuck Close, Ultra-Realism Painter.
Usa. 查克·克洛斯（Chuck Close，1940—　　），美国
超级写实主义画家。生于华盛顿，就学于华盛

顿大学、耶鲁大学、维也纳造型艺术学院。作品有《约翰像》《自画像》《苏珊像》等。主编邓嘉德(1951—　　)，美术编辑、画家。祖籍山东潍坊，出生于四川成都。毕业于西南师范大学美术学院。中国美术家协会会员、四川省美术家协会副主席、四川美术出版社社长。作品有《童年的梦》《蓝色的梦》《长坂坡》等。

J0085770

名画经典　（百集珍藏本　油画系列　16　法国现代具象绘画大师巴尔丢斯）邓嘉德主编；(法)巴尔丢斯(Baithasar)绘

成都　四川美术出版社　1996年　29cm(16开)

ISBN：7-5410-1207-6　定价：CNY10.00

J0085771

名画经典　（百集珍藏本　油画系列　20　英国学院派画家莱顿）邓嘉德主编；(英)莱顿(Lord F.Leighton)绘

成都　四川美术出版社　1996年　29cm(16开)

ISBN：7-5410-1135-5　定价：CNY10.00

J0085772

名画经典　（百集珍藏本　国画系列　13　沈周庐山高图　王绂山亭文会图）邓嘉德主编；(明)沈周，(明)王绂绘

成都　四川美术出版社　1997年　重印本

29cm(16开)　ISBN：7-5410-1199-1

定价：CNY10.00

　　沈周(1427—1509)，明代书画家。字启南，号石田、白石翁、有居竹居主人等。长洲(今江苏苏州)人。传世作品有《庐山高图》《秋林话旧图》《沧州趣图》。著有《石田集》《客座新闻》等。王绂，明初画家。字孟端，号友石生，别号九龙山人。参与编纂《永乐大典》。代表作品有《明史本传》《画史会要》《无声诗史》《珊瑚网》等。传世有《王舍人诗集》《友石山房集》《潇湘秋意图》《芦沟晓月图》等。

J0085773

名画经典　（百集珍藏本　国画系列　19　虚谷花卉集）邓嘉德主编；(清)虚谷绘

成都　四川美术出版社　1997年　重印本

29cm(16开)　ISBN：7-5410-1203-3

定价：CNY10.00

　　虚谷(1823—1896)，清代画家。俗姓朱，名怀仁，僧名虚白，字虚谷，别号紫阳山民、倦鹤等。祖籍新安(今安徽歙县)。传世作品有《梅花金鱼图》《枇杷图》等。

J0085774

名画经典　（百集珍藏本　外国部分　25　美国原野风景画）邓嘉德主编

成都　四川美术出版社　1997年　26cm(16开)

ISBN：7-5410-1264-5　定价：CNY10.00

　　本册外文书名：The Landscape of American Country.

J0085775

名画经典　（百集珍藏本　外国部分　26　北欧静物画精品）邓嘉德主编

成都　四川美术出版社　1997年　26cm(16开)

ISBN：7-5410-1267-X　定价：CNY10.00

　　本册外文书名：Fine-arts of Still Life of North Europe.

J0085776

名画经典　（百集珍藏本　外国部分　27　北欧静物画　花卉瓜果）邓嘉德主编

成都　四川美术出版社　1997年　26cm(16开)

ISBN：7-5410-1268-8　定价：CNY10.00

　　本册外文书名：Still Life of North Europe Flowers&Fruit.

J0085777

名画经典　（百集珍藏本　外国部分　28　北欧静物画　器皿）邓嘉德主编

成都　四川美术出版社　1997年　26cm(16开)

ISBN：7-5410-1265-3　定价：CNY10.00

　　本册外文书名：Still Life of North Europe Contains.

J0085778

名画经典　（百集珍藏本　外国部分　29　澳大利亚风景画续集）邓嘉德主编

成都　四川美术出版社　1997年　26cm(16开)

ISBN：7-5410-1266-1　定价：CNY10.00

　　本册外文书名：Australia Landscape.

J0085779

名画经典（百集珍藏本　外国部分　30　俄罗斯弗拉基米尔画派）邓嘉德主编

成都　四川美术出版社　1997 年　29cm（ 16 开）

ISBN：7-5410-1318-8　定价：CNY10.00

　　主编邓嘉德（1951—　　），美术编辑、画家。祖籍山东潍坊，出生于四川成都。毕业于西南师范大学美术学院。中国美术家协会会员、四川省美术家协会副主席、四川美术出版社社长。作品有《童年的梦》《蓝色的梦》《长坂坡》等。

J0085780

名画经典（百集珍藏本　外国部分　31　19 世纪欧洲风景画续集）邓嘉德主编

成都　四川美术出版社　1997 年　26cm（ 16 开）

ISBN：7-5410-1165-7　定价：CNY10.00

　　本册外文书名 European Landscape Painting of Ninteenth Century.

J0085781

名画经典（百集珍藏本　外国部分　32　点彩派风景画）邓嘉德主编

成都　四川美术出版社　1997 年　29cm（ 16 开）

ISBN：7-5410-1361-7　定价：CNY10.00

J0085782

名画经典（百集珍藏本　外国部分　34　印象派画之父　画册）邓嘉德主编；四川美术出版社编

成都　四川美术出版社　1997 年　29cm（ 15 开）

ISBN：7-5410-1341-2　定价：CNY10.00

（名画经典）

J0085783

名画经典（百集珍藏本　外国部分　35　美国水彩画风景）邓嘉德主编

成都　四川美术出版社　1997 年　29cm（ 16 开）

ISBN：7-5410-1328-5　定价：CNY10.00

J0085784

名画经典（百集珍藏本　外国部分　39　欧美装饰画风）邓嘉德主编

成都　四川美术出版社　1997 年　29cm（ 16 开）

ISBN：7-5410-1362-5　定价：CNY10.00

J0085785

名画经典（百集珍藏本　外国部分　40　俄罗斯弗拉基米尔画派　续集）邓嘉德主编

成都　四川美术出版社　1997 年　29cm（ 16 开）

ISBN：7-5410-1319-6　定价：CNY10.00

J0085786

名画经典（百集珍藏本　外国部分　41　北美水彩画）邓嘉德主编

成都　四川美术出版社　1997 年　29cm（ 16 开）

ISBN：7-5410-1312-9　定价：CNY10.00

J0085787

名画经典（百集珍藏本　外国部分　42　北美水彩画　风景）邓嘉德主编

成都　四川美术出版社　1997 年　29cm（ 16 开）

ISBN：7-5410-1314-5　定价：CNY10.00

J0085788

名画经典（百集珍藏本　外国部分　43　北美水彩画　静物）邓嘉德主编

成都　四川美术出版社　1997 年　29cm（ 16 开）

ISBN：7-5410-1313-7　定价：CNY10.00

J0085789

名画经典（百集珍藏本　外国部分　44　北美水彩画　花卉）邓嘉德主编

成都　四川美术出版社　1997 年　29cm（ 16 开）

ISBN：7-5410-1315-3　定价：CNY10.00

J0085790

名画经典（百集珍藏本　外国部分　45　北美水彩画　船）邓嘉德主编

成都　四川美术出版社　1997 年　29cm（ 16 开）

ISBN：7-5410-1316-1　定价：CNY10.00

J0085791

名画经典（百集珍藏本　外国部分　46　英国维多利亚时代著名风景画家阿金森·格里姆肖）邓嘉德主编；（英）阿金森·格里姆肖（Atkinson Grimshaw）绘

成都　四川美术出版社　1997 年　29cm（ 16 开）

ISBN：7-5410-1363-3　定价：CNY10.00

　　主编邓嘉德（1951—　　），美术编辑、画家。祖籍山东潍坊，出生于四川成都。毕业于西南师范大学美术学院。中国美术家协会会员、四川省美术家协会副主席、四川美术出版社社长。作品有《童年的梦》《蓝色的梦》《长坂坡》等。

J0085792

名画经典 （百集珍藏本 外国部分 47 法国"纳比"派画家博纳尔 人体）邓嘉德主编；（法）博纳尔（Bonnard）绘

成都 四川美术出版社 1997 年 29cm（16 开）

ISBN：7-5410-1419-2 定价：CNY10.00

作者皮埃尔·博纳尔（1867—1947），画家。生于法国丰特奈-欧罗斯，曾就读于巴黎朱利安美术学院。代表作有油画《逆光下的女裸体》《乡间餐厅》，版画插图《 达芙尼与克罗依》《自然史》等。

J0085793

名画经典 （百集珍藏本 外国部分 48 法国"纳比"派画家博纳尔风景）邓嘉德主编；（法）博纳尔（Bonnard）绘

成都 四川美术出版社 1997 年 29cm（16 开）

ISBN：7-5410-1420-6 定价：CNY10.00

本册外文书名：Bonnard, painter of "nabis" - school, france landscape painting.

J0085794

名画经典 （百集珍藏本 外国部分 49 19 世纪美国风景画）邓嘉德主编

成都 四川美术出版社 1997 年 29cm（16 开）

ISBN：7-5410-1263-7 定价：CNY10.00

J0085795

名画经典 （百集珍藏本 中国部分 22 画竹）邓嘉德主编；（元）赵孟頫等绘

成都 四川美术出版社 1997 年 29cm（16 开）

ISBN：7-5410-1320-X 定价：CNY10.00

作者赵孟頫（1254—1322），元代著名书画家、诗人。字子昂，号松雪道人等。浙江吴兴（今浙江湖州市）人。能诗善文，精绘画艺，工书法，"楷书四大家"之一。作品有《秋郊饮马图》《秀石疏林图》《松石老子图》等，著有《松雪斋文集》等。

J0085796

名画经典 （百集珍藏本 中国部分 24 画松）邓嘉德主编；（元）曹知白等绘

成都 四川美术出版社 1997 年 29cm（16 开）

ISBN：7-5410-1321-8 定价：CNY10.00

本册作者有曹知白、戴进、王翚、李衎、蓝瑛、沈周。作者曹知白（1272—1355），元代画家，藏书家。上海青浦人。字又玄，贞素，号云西，人称贞素先生。传世作品有《寒林图》《疏林幽岫图》《群峰雪霁图》《双松图》等。

J0085797

名画经典 （百集珍藏本 中国部分 31 明四大家 沈周）邓嘉德主编；（明）沈周绘

成都 四川美术出版社 1997 年 29cm（16 开）

ISBN：7-5410-1324-2 定价：CNY10.00

沈周（1427—1509），明代书画家。字启南，号石田、白石翁、有居竹居主人等。长洲（今江苏苏州）人。传世作品有《庐山高图》《秋林话旧图》《沧州趣图》。著有《石田集》《客座新闻》等。

J0085798

名画经典 （百集珍藏本 中国部分 32 明四大家 仇英）邓嘉德主编；（明）仇英绘

成都 四川美术出版社 1997 年 29cm（16 开）

ISBN：7-5410-1327-7 定价：CNY10.00

仇英（约 1497—1552），明代绘画大师。字实父，号十洲，原籍太苍，后移居苏州。存世画迹有《汉宫春晓图》《桃园仙境图》《赤壁图》《玉洞仙源图》等。

J0085799

名画经典 （百集珍藏本 中国部分 33 明四大家 唐寅）邓嘉德主编；（明）唐寅绘

成都 四川美术出版社 1997 年 29cm（16 开）

ISBN：7-5410-1325-0 定价：CNY10.00

唐寅（1470—1524），明代画家、书法家、诗人。名寅，字伯虎，又字子畏，号六如居士等，江苏苏州人。作品有《骑驴思归图》《山路松声图》《李端端落籍图》《秋风纨扇图》《枯槎鸲鹆图》等。

J0085800

名画经典 （百集珍藏本 中国部分 34 明四大家 文徵明）邓嘉德主编；（明）文徵明绘

成都 四川美术出版社 1997 年 29cm（16 开）

ISBN：7-5410-1326-9 定价：CNY10.00

文徵明（1470—1559），明代画家、书法家、道家、文学家。原名壁(或作璧),字徵明。江苏苏州人。主要作品有《真赏斋图》《绿荫草堂图》《甫田集》等。主编邓嘉德(1951—　　),美术编辑、画家。祖籍山东潍坊,出生于四川成都。毕业于西南师范大学美术学院。中国美术家协会会员、四川省美术家协会副主席、四川美术出版社社长。作品有《童年的梦》《蓝色的梦》《长坂坡》等。

J0085801

名画经典 (百集珍藏本　中国部分　35　明四大家文徵明续集)邓嘉德主编;(明)文徵明绘

成都　四川美术出版社　1997年　29cm(16开)

ISBN:7-5410-1329-3 定价:CNY10.00

J0085802

名画经典 (百集珍藏本　中国部分　67　明代工笔花鸟画家)邓嘉德主编;(明)吕纪等绘

成都　四川美术出版社　1997年　29cm(16开)

ISBN:7-5410-1422-2 定价:CNY10.00

作者吕纪(1477—?),明代宫廷画家。生于鄞(今浙江宁波),字廷振,号乐愚。代表作品《新春双雄图》《桂花山禽图》《残荷鹰鹭图》《五德大吉图》等。

J0085803

名画经典 (百集珍藏本　中国部分　清六大家恽寿平)邓嘉德主编;(清)恽寿平绘

成都　四川美术出版社　1997年　29cm(16开)

ISBN:7-5410-1424-9 定价:CNY10.00

恽寿平(1633—1690),清代画家、书法家。名格,字寿平,以字行,又字正叔,别号南田等。江苏武进人。主要作品有《红梅山茶图》《梅竹图》《玉堂富贵图》《桃花图》《三友图》《梧轩图》《蓼汀渔藻图》《林居高士图》等。

J0085804

名画经典 (百集珍藏本　外国部分　33　欧洲人体画续集)邓嘉德主编

成都　四川美术出版社　1998年　29cm(16开)

ISBN:7-5410-1166-5 定价:CNY10.00

J0085805

名画经典 (百集珍藏本　外国部分　36　欧美水彩画)邓嘉德主编

成都　四川美术出版社　1998年　29cm(16开)

ISBN:7-5410-1317-X 定价:CNY10.00

J0085806

名画经典 (百集珍藏本　外国部分　37　英国画家詹姆斯·蒂梭特)邓嘉德主编;(英)詹姆斯·蒂梭特(JamesTissot)绘

成都　四川美术出版社　1998年　29cm(16开)

ISBN:7-5410-1323-4 定价:CNY10.00

詹姆斯·蒂梭特(James Tissot)(1836—1902年)

J0085807

名画经典 (百集珍藏本　外国部分　38　印象派绘画之父　康斯泰勃尔)邓嘉德主编;(英)康斯泰勃尔(Constable)绘

成都　四川美术出版社　1998年　29cm(16开)

ISBN:7-5410-1341-2 定价:CNY10.00

康斯泰勃尔(1776—1837),英国风景画家。英国皇家美术学院院士。作品《干草车》《白马》《斯特拉福特磨坊》《水闸》《英国的运河》。

J0085808

名画经典 (百集珍藏本　外国部分　50　荷兰小画派)邓嘉德主编

成都　四川美术出版社　1998年　29cm(16开)

ISBN:7-5410-1261-0 定价:CNY10.00

J0085809

名画经典 (百集珍藏本　外国部分　51　欧美肖像画)邓嘉德主编

成都　四川美术出版社　1998年　29cm(16开)

ISBN:7-5410-1428-1 定价:CNY10.00

J0085810

名画经典 (百集珍藏本　外国部分　52　19世纪美国水彩画)邓嘉德主编

成都　四川美术出版社　1998年　29cm(16开)

ISBN:7-5410-1262-9 定价:CNY10.00

J0085811

名画经典 (百集珍藏本　中国部分　20　画梅)邓嘉德主编;(宋)赵孟坚等绘

成都　四川美术出版社　1998年　29cm(16开)

ISBN:7-5410-1408-7 定价:CNY10.00

本册作者赵孟坚、恽寿平、陈宪章、陈洪绶、王冕。主编邓嘉德(1951—　　),美术编辑、画家。

祖籍山东潍坊，出生于四川成都。毕业于西南师范大学美术学院。中国美术家协会会员、四川省美术家协会副主席、四川美术出版社社长。作品有《童年的梦》《蓝色的梦》《长坂坡》等。

J0085812

名画经典 （百集珍藏本 中国部分 27 宋徽宗工笔画）邓嘉德主编；(宋)宋徽宗绘

成都 四川美术出版社 1998 年 29cm（16 开）

ISBN：7-5410-1454-0 定价：CNY10.00

J0085813

名画经典 （百集珍藏本 中国部分 28 宋代工笔画山水）邓嘉德主编

成都 四川美术出版社 1998 年 29cm（16 开）

ISBN：7-5410-1402-8 定价：CNY10.00

J0085814

名画经典 （百集珍藏本 中国部分 29 宋代工笔画花鸟）邓嘉德主编

成都 四川美术出版社 1998 年 29cm（16 开）

ISBN：7-5410-1400-1 定价：CNY10.00

J0085815

名画经典 （百集珍藏本 中国部分 29 宋代工笔画花鸟续集）邓嘉德主编

成都 四川美术出版社 1998 年 29cm（16 开）

ISBN：7-5410-1399-4 定价：CNY10.00

J0085816

名画经典 （百集珍藏本 中国部分 30 宋代工笔画人物）邓嘉德主编

成都 四川美术出版社 1998 年 29cm（16 开）

ISBN：7-5410-1403-6 定价：CNY10.00

J0085817

名画经典 （百集珍藏本 中国部分 36 南宋四大家）邓嘉德主编

成都 四川美术出版社 1998 年 26cm（16 开）

ISBN：7-5410-1391-9 定价：CNY10.00

　　本书收有南宋四大家、刘松年、李唐作品。

J0085818

名画经典 （百集珍藏本 中国部分 37 南宋四大家 马远）邓嘉德主编；(南宋)马远绘

成都 四川美术出版社 1998 年 29cm（16 开）

ISBN：7-5410-1393-5 定价：CNY10.00

　　马远(1140—1225)，南宋绘画大师。字遥父，号钦山。祖籍山西，后居钱塘。代表作《踏歌图》。

J0085819

名画经典 （百集珍藏本 中国部分 38 南宋四大家 夏圭）邓嘉德主编；(南宋)夏圭绘

成都 四川美术出版社 1998 年 29cm（16 开）

ISBN：7-5410-1394-3 定价：CNY10.00

J0085820

名画经典 （百集珍藏本 中国部分 39 元四大家 王蒙）邓嘉德主编；(元)王蒙绘

成都 四川美术出版社 1998 年 29cm（16 开）

ISBN：7-5410-1396-X 定价：CNY10.00

　　王蒙(1308—1385)，元末明初画家。字叔明，号黄鹤山樵、香光居士。吴兴(今浙江湖州)人。赵孟頫外孙。存世作品有《青卞隐居图》《葛稚川移居图》《夏山高隐图》《丹山瀛海图》《太白山图》等。

J0085821

名画经典 （百集珍藏本 中国部分 40 元四大家 倪瓒）邓嘉德主编；(元)倪瓒绘

成都 四川美术出版社 1998 年 29cm（16 开）

ISBN：7-5410-1397-8 定价：CNY10.00

　　作者倪瓒(1301—1374)，元末明初画家、诗人。初名倪珽，字泰宇，别字元镇，号云林子、荆蛮民、幻霞子。江苏无锡人。擅长画山水，亦工墨竹，亦擅诗文。主要作品有《渔庄秋霁图》《六君子图》《容膝斋图》《清閟阁集》等。

J0085822

名画经典 （百集珍藏本 中国部分 41 元四大家 吴镇）邓嘉德主编；(元)吴镇绘

成都 四川美术出版社 1998 年 29cm（16 开）

ISBN：7-5410-1398-6 定价：CNY10.00

　　吴镇(1280—1354)，元代著名画家。字仲圭，号梅花道人，尝署梅道人。浙江嘉善人。存世作品有《渔父图》《双松平远图》《洞庭渔隐图》等。主编邓嘉德(1951—　　)，美术编辑、画家。祖籍山东潍坊，出生于四川成都。毕业于西南师范大学美术学院。中国美术家协会会员、四川省美术家协会副主席、四川美术出版社社长。作品有《童年的梦》《蓝色的梦》《长坂坡》等。

J0085823

名画经典 （百集珍藏本　中国部分　44　赵氏一门）邓嘉德主编；(元)赵孟頫等绘

成都　四川美术出版社　1998年　29cm(16开)

ISBN：7-5410-1404-4　定价：CNY10.00

　　作者赵孟頫(1254—1322)，元代著名书画家、诗人。字子昂，号松雪道人等。浙江吴兴(今浙江湖州市)人。能诗善文，精绘艺，工书法，"楷书四大家"之一。作品有《秋郊饮马图》《秀石疏林图》《松石老子图》等，著有《松雪斋文集》等。

J0085824

名画经典 （百集珍藏本　中国部分　45　五代南唐山水画家）邓嘉德主编；(五代)荆浩等绘

成都　四川美术出版社　1998年　29cm(16开)

ISBN：7-5410-1392-7　定价：CNY10.00

J0085825

名画经典 （百集珍藏本　中国部分　46　五代南唐山水画家—巨然）邓嘉德主编；(五代)巨然绘

成都　四川美术出版社　1998年　29cm(16开)

ISBN：7-5410-1395-1　定价：CNY10.00

　　巨然，五代画家、僧人。江苏南京人。传世作品《万壑松风图》《秋山问道图》《山居图》《层崖丛树》等。

J0085826

名画经典 （百集珍藏本　中国部分　47　元代写意山水）邓嘉德主编；(元)曹知白绘

成都　四川美术出版社　1998年　29cm(16开)

ISBN：7-5410-1410-9　定价：CNY10.00

　　作者曹知白(1272—1355)，元代画家，藏书家。上海青浦人。字又玄、贞素，号云西，人称贞素先生。传世作品有《寒林图》《疏林幽岫图》《群峰雪霁图》《双松图》等。

J0085827

名画经典 （百集珍藏本　中国部分　48　元代写意山水续集）邓嘉德主编；(元)赵原等绘

成都　四川美术出版社　1998年　29cm(16开)

ISBN：7-5410-1411-7　定价：CNY10.00

J0085828

名画经典 （百集珍藏本　中国部分　49　明代华亭派大家　董其昌）邓嘉德主编；(明)董其昌绘

成都　四川美术出版社　1998年　29cm(16开)

ISBN：7-5410-1405-2　定价：CNY10.00

　　作者董其昌(1555—1636)，明代著名书画家。字玄宰，号思白，别号香光居士，松江华亭(今上海)人。主要作品有《岩居图》《秋兴八景图》《昼锦堂图》等。

J0085829

名画经典 （百集珍藏本　中国部分　49　明代华亭派大家　董其昌　续1）邓嘉德主编；(明)董其昌绘

成都　四川美术出版社　1998年　29cm(16开)

ISBN：7-5410-1406-0　定价：CNY10.00

J0085830

名画经典 （百集珍藏本　中国部分　49　明代华亭派大家　董其昌　续2）邓嘉德主编；(明)董其昌绘

成都　四川美术出版社　1998年　29cm(16开)

ISBN：7-5410-1407-9　定价：CNY10.00

J0085831

名画经典 （百集珍藏本　中国部分　50　陈洪绶隐居十六观册页）邓嘉德主编；(明)陈洪绶绘

成都　四川美术出版社　1998年　29cm(16开)

ISBN：7-5410-1436-2　定价：CNY10.00

　　陈洪绶(1598—1652)，明末清初著名书画家，诗人。字章侯，幼名莲子，一名胥岸，号老莲，别号小净名，晚号老迟、悔迟，又号悔僧、云门僧。出生于浙江绍兴。代表作品有《九歌图》(含《屈子行吟图》)《《西厢记》插图》《水浒叶子》《博古叶子》等版刻传世，工诗善书，有《宝纶堂集》。

J0085832

名画经典 （百集珍藏本　中国部分　52　李唐文姬归汉图）邓嘉德主编；(南宋)李唐绘

成都　四川美术出版社　1998年　29cm(16开)

ISBN：7-5410-1439-7　定价：CNY10.00

　　主编邓嘉德(1951—　　)，美术编辑、画家。祖籍山东潍坊，出生于四川成都。毕业于西南师范大学美术学院。中国美术家协会会员、四川省美术家协会副主席、四川美术出版社社长。作品有《童年的梦》《蓝色的梦》《长坂坡》等。

J0085833

名画经典 （百集珍藏本　中国部分　53　蓝瑛山水花鸟）邓嘉德主编；（明）蓝瑛绘

成都　四川美术出版社　1998年　29cm（16开）

ISBN：7-5410-1437-0　定价：CNY10.00

作者蓝瑛（1585—1664），明代画家。字田叔，号蝶叟，晚号石头陀。浙江杭州人。代表作品有《秋壑霜林图》《江皋话古图》《证观图》等。

J0085834

名画经典 （百集珍藏本　中国部分　54　唐五代山水画家李思训　赵幹）邓嘉德主编；（唐五代）李思训，（南唐）赵幹绘

成都　四川美术出版社　1998年　29cm（16开）

ISBN：7-5410-1438-9　定价：CNY10.00

李思训（651—716），唐代画家。字建睍，一作建景。陇西成纪（今甘肃秦安）人，唐朝宗室，唐高祖李渊堂弟长平王李叔良之孙。代表作品《江帆楼阁图》《九成宫纨扇图》等。

J0085835

名画经典 （百集珍藏本　中国部分　55　宋高宗书孝经马和之绘图册）邓嘉德主编

成都　四川美术出版社　1998年　29cm（16开）

ISBN：7-5410-1455-9　定价：CNY10.00

J0085836

名画经典 （百集珍藏本　中国部分　56　恽寿平花鸟）邓嘉德主编；（清）恽寿平绘

成都　四川美术出版社　1998年　29cm（16开）

ISBN：7-5410-1450-8　定价：CNY10.00

恽寿平（1633—1690），清代画家、书法家。名格，字寿平，以字行，又字正叔，别号南田等。江苏武进人。主要作品有《红梅山茶图》《梅竹图》《玉堂富贵图》《桃花图》《三友图》《梧轩图》《蓼汀渔藻图》《林居高士图》等。

J0085837

名画经典 （百集珍藏本　中国部分　57　清六大家　王翚）邓嘉德主编；（清）王翚绘

成都　四川美术出版社　1998年　29cm（16开）

ISBN：7-5410-1167-3　定价：CNY10.00

王翚（1632—1717），清代著名画家。字石谷，号耕烟散人、乌目山人、清晖老人等。江苏常熟人。传世作品有《秋山萧寺图》《虞山枫林图》《秋树昏鸦图》《芳洲图》等。

J0085838

名画经典 （百集珍藏本　中国部分　58　清六大家　王翚　续）邓嘉德主编；（清）王翚绘

成都　四川美术出版社　1998年　29cm（16开）

ISBN：7-5410-1168-1　定价：CNY10.00

J0085839

名画经典 （百集珍藏本　中国部分　60　明代边文进、吴彬、陶成、武宗、宣宗——翎毛走兽）邓嘉德主编；（明）边文进等绘

成都　四川美术出版社　1998年　29cm（16开）

ISBN：7-5410-1451-6　定价：CNY10.00

边文进，明代画家。字景昭，福建沙县人，明永乐年间武英殿待诏。

J0085840

名画经典 （百集珍藏本　中国部分　61　元代白描大家　王振鹏）邓嘉德主编；（元）王振鹏绘

成都　四川美术出版社　1998年　29cm（16开）

ISBN：7-5410-1453-2　定价：CNY10.00

J0085841

名画经典 （百集珍藏本　中国部分　62　明代院派画家仇英汉宫春晓图卷）邓嘉德主编

成都　四川美术出版社　1998年　29cm（16开）

ISBN：7-5410-1452-4　定价：CNY10.00

J0085842

名画经典 （百集珍藏本　中国部分　63　王翚山水小品）邓嘉德主编；（清）王翚绘

成都　四川美术出版社　1998年　29cm（16开）

ISBN：7-5410-1169-X　定价：CNY10.00

J0085843

名画经典 （百集珍藏本　中国部分　66　元代工笔山水）邓嘉德主编；（元）盛懋等绘

成都　四川美术出版社　1998年　29cm（16开）

ISBN：7-5410-1409-5　定价：CNY10.00

主编邓嘉德（1951—　　），美术编辑、画家。祖籍山东潍坊，出生于四川成都。毕业于西南师

范大学美术学院。中国美术家协会会员、四川省美术家协会副主席、四川美术出版社社长。作品有《童年的梦》《蓝色的梦》《长坂坡》等。

J0085844
名画经典 （百集珍藏本 中国部分 明代浙派之宗 戴进）邓嘉德主编；（明）戴进绘
成都 四川美术出版社 1998 年 29cm（16 开）
ISBN：7-5410-1456-7 定价：CNY10.00
　　戴进（1388—1462），明代画家。字文进，号静庵、玉泉山人。钱塘（今浙江杭州）人。擅画山水、人物、花鸟、虫草。作品有《春山积翠图》《风雨归舟图》《三顾茅庐图》等。

J0085845
名画经典 （百集珍藏本 中国部分 清六大家 吴历）邓嘉德主编；（清）吴历绘
成都 四川美术出版社 1998 年 29cm（16 开）
ISBN：7-5410-1425-7 定价：CNY10.00
　　吴历（1632—1718），清代书画家。字渔山，号墨井道人、桃溪居士，江南常熟（今属江苏）人。代表作品有《湖天春色图》《人物故事图》《山邨邨密图》，著有《墨井诗钞》《三巴集》《桃溪集》《墨井画跋》。

J0085846
名家画稿 （百集珍藏本 程丛林创作·手稿）邓嘉德主编；程丛林绘
成都 四川美术出版社 1998 年 29cm（16 开）
ISBN：7-5410-1331-5 定价：CNY10.00

J0085847
名家精品 （百集珍藏本 聂鸥水墨人物）邓嘉德主编
成都 四川美术出版社 1996 年 29cm（16 开）
ISBN：7-5410-1232-7 定价：CNY10.00

J0085848
名家精品 （百集珍藏本 程丛林油画风景）邓嘉德主编；程丛林绘
成都 四川美术出版社 1997 年 29cm（16 开）
ISBN：7-5410-1342-0 定价：CNY10.00

J0085849
名家精品 （百集珍藏本 孙为民油画人物）邓嘉德主编；孙为民绘
成都 四川美术出版社 1997 年 29cm（16 开）
ISBN：7-5410-1278-5 定价：CNY10.00

J0085850
名家精品 （百集珍藏本 中国部分 艾轩 西藏风情·油画）邓嘉德主编；艾轩绘
成都 四川美术出版社 1998 年 29cm（16 开）
ISBN：7-5410-1380-3 定价：CNY10.00

J0085851
名家精品 （百集珍藏本 中国部分 邓嘉德 工笔花鸟）邓嘉德主编
成都 四川美术出版社 1998 年 29cm（16 开）
ISBN：7-5410-1429-X 定价：CNY10.00

J0085852
名家精品 （百集珍藏本 中国部分 冷军超写实绘画）邓嘉德主编；冷军绘
成都 四川美术出版社 1998 年 29cm（16 开）
ISBN：7-5410-1430-3 定价：CNY10.00

J0085853
名家精品 （百集珍藏本 中国部分 李东鸣 凉山油画系列）邓嘉德主编；李东鸣绘
成都 四川美术出版社 1998 年 29cm（16 开）
ISBN：7-5410-1527-X 定价：CNY10.00

J0085854
名家精品 （百集珍藏本 中国部分 杨谦 油画人体）邓嘉德主编；杨谦绘
成都 四川美术出版社 1998 年 29cm（16 开）
ISBN：7-5410-1381-1 定价：CNY10.00

J0085855
名家精品 （百集珍藏本 中国部分 袁正阳 油画人物）邓嘉德主编；袁正阳绘
成都 四川美术出版社 1998 年 29cm（16 开）
ISBN：7-5410-1382-X 定价：CNY10.00
　　主编邓嘉德（1951—　　　），美术编辑、画家。祖籍山东潍坊，出生于四川成都。毕业于西南师范大学美术学院。中国美术家协会会员、四川省美术家协会副主席、四川美术出版社社长。作品有《童年的梦》《蓝色的梦》《长坂坡》等。

J0085856

名家精品 （百集珍藏本　常青油画静物）邓嘉德主编；常青绘

成都　四川美术出版社　1998 年　29cm（16 开）

ISBN：7-5410-1458-3　定价：CNY10.00

J0085857

名家精品 （百集珍藏本　程丛林历史主题画）邓嘉德主编；程丛林绘

成都　四川美术出版社　1998 年　29cm（16 开）

ISBN：7-5410-1440-0　定价：CNY10.00

J0085858

名家精品 （百集珍藏本　王合多现代重彩画）邓嘉德主编；王合多绘

成都　四川美术出版社　1998 年　29cm（16 开）

ISBN：7-5410-1488-5　定价：CNY10.00

J0085859

名家精品 （百集珍藏本　徐唯辛民族风情油画）邓嘉德主编；徐唯辛绘

成都　四川美术出版社　1998 年　29cm（16 开）

ISBN：7-5410-1457-5　定价：CNY10.00

J0085860

名家精品 （百集珍藏本　崔国强黄土高原风情油画）邓嘉德主编；崔国强绘

成都　四川美术出版社　1999 年　29cm（16 开）

ISBN：7-5410-1522-9　定价：CNY10.00

J0085861

名家精品 （百集珍藏本　杜泳樵静物·花卉）邓嘉德主编；杜泳樵绘

成都　四川美术出版社　1999 年　29cm（16 开）

ISBN：7-5410-1524-5　定价：CNY10.00

J0085862

名家精品 （百集珍藏本　傅二石写意人物）邓嘉德主编；傅二石绘

成都　四川美术出版社　1999 年　29cm（16 开）

ISBN：7-5410-1701-9　定价：CNY10.00

　　傅二石（1936—2017），画家。生于江西南昌。历任江苏省国画院一级画师、傅抱石纪念馆名誉馆长、中国美术家协会会员，出版有《傅二石画集》等。

J0085863

名家精品 （百集珍藏本　傅二石写意山水）邓嘉德主编；傅二石绘

成都　四川美术出版社　1999 年　29cm（16 开）

ISBN：7-5410-1701-9　定价：CNY10.00

　　本册收录了作者的写意山水画 19 幅，其中包括《山雨》《山居图》《白云生处有人家》等。

J0085864

名家精品 （百集珍藏本　郭北平油画人体）邓嘉德主编；郭北平绘

成都　四川美术出版社　1999 年　29cm（16 开）

ISBN：7-5410-1519-9　定价：CNY10.00

J0085865

名家精品 （百集珍藏本　郭北平油画人物）邓嘉德主编；郭北平绘

成都　四川美术出版社　1999 年　29cm（16 开）

ISBN：7-5410-1520-2　定价：CNY10.00

J0085866

名家精品 （百集珍藏本　郭维新油画风景）邓嘉德主编；郭维新绘

成都　四川美术出版社　1999 年　29cm（16 开）

ISBN：7-5410-1528-8　定价：CNY10.00

　　主编邓嘉德（1951—　　），美术编辑、画家。祖籍山东潍坊，出生于四川成都。毕业于西南师范大学美术学院。中国美术家协会会员、四川省美术家协会副主席、四川美术出版社社长。作品有《童年的梦》《蓝色的梦》《长坂坡》等。

J0085867

名家精品 （百集珍藏本　韩书力布面重彩画）邓嘉德主编；韩书力绘

成都　四川美术出版社　1999 年　29cm（16 开）

ISBN：7-5410-1525-3　定价：CNY10.00

J0085868

名家精品 （百集珍藏本　何大桥油画静物）邓嘉德主编；何大桥绘

成都　四川美术出版社　1999 年　29cm（16 开）

ISBN：7-5410-1530-X　定价：CNY10.00

J0085869

名家精品 （百集珍藏本　何冠霖油画风景）邓

嘉德主编；何冠霖绘
成都 四川美术出版社 1999 年 29cm（16 开）
ISBN：7-5410-1518-0 定价：CNY10.00

J0085870
名家精品 （百集珍藏本 胡永凯现代彩墨画）
邓嘉德主编；胡永凯绘
成都 四川美术出版社 1999 年 29cm（16 开）
ISBN：7-5410-1570-9 定价：CNY10.00
　　胡永凯（1945— ），画家。生于北京。历任
中国美术家协会会员、中国国家画院研究员、中
央文史研究馆书画院艺术委员会委员、文化部国
韵文华书画院艺委会副主席、中国人民对外友好
协会艺术交流院研究员、香港新美术学会创始会
长。代表作品有《消夏》《荷韵》《小米碗》《雪狮
子》等。

J0085871
名家精品 （百集珍藏本 龙力游草原风情·油
画）邓嘉德主编；龙力游绘
成都 四川美术出版社 1999 年 29cm（16 开）
ISBN：7-5410-1526-1 定价：CNY10.00

J0085872
名家精品 （百集珍藏本 潘晓东油画风景）邓
嘉德主编；潘晓东绘
成都 四川美术出版社 1999 年 29cm（16 开）
ISBN：7-5410-1521-0 定价：CNY10.00

J0085873
名家精品 （百集珍藏本 庞茂琨油画作品）邓
嘉德主编；庞茂琨绘
成都 四川美术出版社 1999 年 29cm（16 开）
ISBN：7-5410-1383-8 定价：CNY10.00

J0085874
名家精品 （百集珍藏本 沈嘉蔚油画肖像）邓
嘉德主编；沈嘉蔚绘
成都 四川美术出版社 1999 年 29cm（16 开）
ISBN：7-5410-1567-9 定价：CNY10.00

J0085875
名家精品 （百集珍藏本 苏百钧工笔花鸟）邓
嘉德主编；苏百钧绘
成都 四川美术出版社 1999 年 29cm（16 开）

ISBN：7-5410-1523-7 定价：CNY10.00

J0085876
名家精品 （百集珍藏本 谭涤夫油画风景）邓
嘉德主编；谭涤夫绘
成都 四川美术出版社 1999 年 29cm（16 开）
ISBN：7-5410-1566-0 定价：CNY10.00

J0085877
名家精品 （百集珍藏本 徐芒耀现代具象油画）
邓嘉德主编；徐芒耀绘
成都 四川美术出版社 1999 年 29cm（16 开）
ISBN：7-5410-1529-6 定价：CNY10.00

J0085878
名家精品 （百集珍藏本 杨飞云油画人物）邓
嘉德主编；杨飞云绘
成都 四川美术出版社 1999 年 29cm（16 开）
ISBN：7-5410-1568-7 定价：CNY10.00
　　主编邓嘉德（1951— ），美术编辑、画家。
祖籍山东潍坊，出生于四川成都。毕业于西南师
范大学美术学院。中国美术家协会会员、四川省
美术家协会副主席、四川美术出版社社长。作品
有《童年的梦》《蓝色的梦》《长坂坡》等。

J0085879
名家精品 （百集珍藏本 袁敏油画人物）邓嘉
德主编；袁敏绘
成都 四川美术出版社 1999 年 29cm（16 开）
ISBN：7-5410-1569-5 定价：CNY10.00

J0085880
莫内 （印象派绘画大师）何政广主编
台北 艺术家出版社 1996 年 247 页 21cm（32 开）
ISBN：957-9530-20-3 定价：TWD480
（世界名画家全集）

J0085881
莫内的魅力 洪麟风著
台北 艺术图书公司 1996 年 再版 247 页
21cm（32 开）ISBN：957-672-166-0
定价：TWD450.00
（西洋绘画导览 10）

J0085882
世界当代书画作品选 书柳主编
西安 陕西旅游出版社 1996 年 22+507 页
28cm（大 16 开）精装 ISBN：7-5418-1356-7
定价：CNY350.00
　　外文书名：Album of World Modern Cal-
ligraphy and Painting Works.

J0085883
世界美术画丛 （风景）
上海 上海人民美术出版社 1996 年 79 页
24×27cm 精装 ISBN：7-5322-1587-3
定价：CNY65.00

J0085884
世界美术画丛 （静物）
上海 上海人民美术出版社 1996 年 79 页
24×27cm 精装 ISBN：7-5322-1588-1
定价：CNY65.00

J0085885
世界美术画丛 （人体）
上海 上海人民美术出版社 1996 年 79 页
23×26cm 精装 ISBN：7-5322-1590-3
定价：CNY65.00

J0085886
世界美术画丛 （肖像）
上海 上海人民美术出版社 1996 年 79 页
26×26cm 精装 ISBN：7-5322-1589-X
定价：CNY65.00

J0085887
世界美术画丛 （宗教·历史）
上海 上海人民美术出版社 1996 年 103 页
24×27cm 精装 ISBN：7-5322-1550-4
定价：CNY80.00

J0085888
世界人体绘画选 王大豪等编
南宁 广西美术出版社 1996 年 205 页
26cm（16 开）ISBN：7-80625-083-2
定价：CNY68.00

J0085889
乌克兰青年画家作品选
哈尔滨 黑龙江美术出版社 1996 年 76 页
29cm（16 开）ISBN：7-5318-0336-4
定价：CNY45.00

J0085890
德加 （法）E. 德加（EdgarDegas）绘；外文出版
社编辑部，台北光复书局编辑部编著
北京 外文出版社 1997 年 118 页 有图
21cm（32 开）ISBN：7-119-02027-7
定价：CNY38.00
（家庭艺术馆典藏系列 世界名画与巨匠 第一系
列 7）
　　本书与光复书局合作出版。

J0085891
窦加 （超越印象派大师）何政广主编
台北 艺术家出版社 1997 年 239 页 有照片
21cm（32 开）ISBN：957-9530-59-9
定价：TWD480.00
（世界名画家全集 21）
　　窦加，现通译为埃德加·德加（Hilaire-Ger-
main-Edgar De Gas, 1834—1917），法国画家、
雕塑家。生于法国巴黎，毕业于巴黎艺术学院。
印象派艺术大师。代表作品有《舞蹈课》《贝里
尼一家》《会计师和女儿们》等。

J0085892
俄罗斯列宾美术学院学生优秀作品集 （色
彩卷）林瑛珊主编
沈阳 辽宁美术出版社 1997 年 150 页 37cm
精装 ISBN：7-5314-1819-3 定价：CNY240.00

J0085893
俄罗斯列宾美术学院学生优秀作品集 （素
描卷）林瑛珊主编
沈阳 辽宁美术出版社 1997 年 119 页 37cm
精装 ISBN：7-5314-1820-7 定价：CNY155.00

J0085894
法国当代画家作品选 吴士余撰文
上海 上海人民美术出版社 1997 年 120 页
38cm（6 开）精装 ISBN：7-5322-1771-X
定价：CNY300.00

J0085895

凡·高 （荷）V. 凡·高（Vincent Van Gogh）绘；外文出版社编辑部，台北光复书局编辑部编著

北京 外文出版社 1997 年 126 页 有图

21cm（32 开）ISBN：7-119-02027-7

定价：CNY38.00

（家庭艺术馆典藏系列 世界名画与巨匠 第一系列 1）

本书与光复书局合作出版。凡·高（Vincent van Gogh，1853—1890），荷兰后印象派画家。另有译名梵·高、文森特·梵·高、文森特·梵高、梵谷等。代表作有《星月夜》、自画像系列、向日葵系列等。

J0085896

高更 （法）高更（Paul Gauguin）绘；外文出版社编辑部，台北光复书局编辑部编著

北京 外文出版社 1997 年 128 页 有图版

21cm（32 开）ISBN：7-119-02027-7

定价：CNY38.00

（家庭艺术馆典藏系列 世界名画与巨匠 第一系列 9）

本书与光复书局合作出版。保罗·高更（Paul Gauguin，1848—1903），法国画家、雕塑家。后印象派的主要代表，又是纳比派的精神导师，象征主义潮流的发端人之一和野兽派的启发者。与梵高、塞尚并称为后印象派三大巨匠。作品有《我们从哪里来？我们是谁？我们往哪里去？》《雅各及天使》《两个塔希提妇女》《塔希提的街道》等。

J0085897

跨世纪中外书画艺术家辞典

北京 专利文献出版社 1997 年 11+237 页 有照片

29cm（16 开）精装 ISBN：7-80011-230-6

定价：CNY199.70

J0085898

劳特累克 （法）H.de 土鲁斯·劳特累克（Henri-deToulouse-Lautrec）绘；外文出版社编辑部，台北光复书局编辑部编著

北京 外文出版社 1997 年 128 页 有图版

21cm（32 开）ISBN：7-119-02027-7

定价：CNY38.00

（家庭艺术馆典藏系列 世界名画与巨匠 第一系列 10）

本书与光复书局合作出版。 劳特累克（Henri de Toulouse-Lautrec，1864—1901），法国画家。生于法国阿尔比。主要作品有《红磨坊 - 贪食者》《欢乐的莱茵河》《洗衣妇》《在穆兰大街的沙龙中》《面对面的晚餐》等。

J0085899

雷诺阿 （法）P.A.雷诺阿（Pierre Auguste Renoir）绘；外文出版社编辑部，台北光复书局编辑部编著

北京 外文出版社 1997 年 123 页 有图版

21cm（32 开）ISBN：7-119-02027-7

定价：CNY38.00

（家庭艺术馆典藏系列 世界名画与巨匠 第一系列 4）

本书与光复书局合作出版。 皮埃尔·奥古斯特·雷诺阿（Pierre-Auguste Renoir，1841—1919）法国印象派画家。生于法国里蒙。以油画著称，亦作雕塑和版画。主要作品有《包厢》《游船上的午餐》《煎饼磨房的舞会》等。

J0085900

列宾 （俄罗斯写实大师）何政广主编

台北 艺术家出版社 1997 年 268 页 有照片

21cm（32 开）ISBN：957-9530-42-4

定价：TWD480.00

（世界名画家全集 19）

J0085901

马谛斯 （华丽野兽派大师）何政广主编

台北 艺术家出版社 1997 年 254 页 有照片

21cm（32 开）ISBN：957-9530-58-0

定价：TWD480.00

（世界名画家全集 22）

J0085902

美国名画 许国庆，齐春晓编

长沙 湖南美术出版社 1997 年 19×21cm

ISBN：7-5356-0965-1 定价：CNY60.00

外文书名：Famous Paintings of The United States of America.

J0085903

蒙克画选 （挪）爱德华·蒙克（Edvard Munch）

绘；上海博物馆编

上海　上海书画出版社　1997年　153页　27×24cm

ISBN：7-80635-167-1　定价：CNY128.00

　　爱德华·蒙克（Edvard Munch, 1863—1944），挪威表现主义画家。被称为版画复制匠，现代表现主义绘画的先驱。毕业于奥斯陆皇家艺术和设计学院。主要作品有《呐喊》《生命之舞》《卡尔约翰街的夜晚》等。

J0085904

莫迪里阿尼　（意）A. 莫迪里阿尼（Amedeo Modiglian）绘；外文出版社编辑部，台北光复书局编辑部编著

北京　外文出版社　1997年　120页　有图

21cm（32开）ISBN：7-119-02027-7

定价：CNY38.00

（家庭艺术馆典藏系列　世界名画与巨匠　第一系列2）

　　本书与光复书局合作出版。作者亚美迪欧·莫迪里阿尼（Amedeo Modigliani, 1884—1920）。意大利画家、雕塑家。犹太人。代表作《裸妇》《系黑领带的女子》《向左仰卧的裸女》等。

J0085905

塞尚　（法）P. 塞尚（Paul Cezanne）绘；外文出版社编辑部，台北光复书局编辑部编著

北京　外文出版社　1997年　116页　有图

21cm（32开）ISBN：7-119-02027-7

定价：CNY38.00

（家庭艺术馆典藏系列　世界名画与巨匠　第一系列3）

　　本书与光复书局合作出版。保罗·塞尚（Paul Cézanne, 1839—1906），法国著名画家。后期印象派的主将，西方现代画家称他为"现代艺术之父"。又与高更、凡·高并称后印象派三大家。代表作品有《果盘》《玩纸牌者》《圣维克图瓦山》《浴女们》《自画像》等。

J0085906

世界当代艺术家画库　（阿利卡）张卫主编；（德）阿利卡（Arikha）绘

长沙　湖南美术出版社　1997年　26cm（16开）

ISBN：7-5356-1017-X　定价：CNY10.00

　　外文书名：Arikha. 主编张卫（1963—　），笔名归真、广西柳州人。柳州铁路局盆景艺术协

会理事、广西工艺美术学会石艺根艺研究会理事。阿维格多·阿利卡（Avigdor Arikha, 1929—2010），以色列当代艺术家，画家。出生于哈布斯堡公国的一个犹太家庭。主要作品有《八月的翠柏》《窗外的中心公园》《皇家广场》《玛丽亚. 凯瑟琳》等。

J0085907

世界当代艺术家画库　（巴尔蒂斯）张卫主编；（法）巴尔蒂斯（Balthus）绘

长沙　湖南美术出版社　1997年　29cm（15开）

ISBN：7-5356-1019-6　定价：CNY10.00

　　外文书名：Balthus. 巴尔蒂斯（Balthus, 1908—2001），原名巴尔塔扎尔·克洛索夫斯基·德·罗拉（Balthasar Klossowski），笔名"巴尔蒂斯"。生于巴黎，20世纪卓越的具象绘画大师。代表作品有《猫照镜子》《画家与模特》《房间》等。

J0085908

世界当代艺术家画库　（弗洛伊德）张卫主编；（德）弗洛伊德（Freud）绘

长沙　湖南美术出版社　1997年　29cm（15开）

ISBN：7-5356-1020-X　定价：CNY10.00

　　卢西安·弗洛伊德（Freud, Lucian, 1922—2011）表现派画家。奥地利精神分析学家西格蒙德·弗洛伊德之孙。生于奥地利维也纳。1933年移民英国。作品有《少女与绿叶》《女孩和白色的狗》《弗兰西斯·培根》《巴廷顿画室》《抱着猫的女孩》《椅子上的红发男》等，还曾为英国女王伊丽莎白做过肖像画。

J0085909

世界当代艺术家画库　（霍克尼）张卫主编；（英）霍克尼（Hockney）绘；

长沙　湖南美术出版社　1997年　29cm（15开）

ISBN：7-5356-1018-8　定价：CNY10.00

　　外文书名：Hockney. 作者霍克尼（David Hockney, 1937—　），英国画家、摄影家。生于布拉德福德。就读于皇家艺术学院。代表作品有《浪子的历程》《克利斯多夫·伊修伍德和唐·巴查笛》《克拉克夫妇俩》。

J0085910

世界当代艺术家画库　（契塔奇）张卫主编；

（美）契塔奇（Kitaj）绘
长沙 湖南美术出版社 1997 年 29cm（15 开）
ISBN：7-5356-1016-1 定价：CNY10.00
　　外文书名：Kitaj. 契塔奇 1932 年出生在美国俄亥俄，但他一生中的大部分时间都待在英国伦敦。他的绘画技巧，也都带有两种文化背景的印记。他是二战后表现派画家中的代表。

J0085911
世界当代艺术家画库 （克莱因）张卫主编
长沙 湖南美术出版社 1998 年 29cm（16 开）
ISBN：7-5356-1074-9 定价：CNY10.00
　　外文书名：Klein.

J0085912
世界当代艺术家画库 （沃霍尔）张卫主编
长沙 湖南美术出版社 1998 年 28cm（大 16 开）
ISBN：7-5356-1072-2 定价：CNY10.00
　　外文书名：Warhol.

J0085913
世界当代艺术家画库 （古图索）张卫主编；
（意）古图索绘
长沙 湖南美术出版社 1999 年 12 页
29cm（15 开） ISBN：7-5356-1223-7
定价：CNY10.00

J0085914
世界当代艺术家画库 （哈林）张卫主编；（美）
哈林绘
长沙 湖南美术出版社 1999 年 16 页
29cm（15 开） ISBN：7-5356-1221-0
定价：CNY10.00

J0085915
世界当代艺术家画库 （彭克）张卫主编；（德）
彭克绘
长沙 湖南美术出版社 1999 年 29cm（15 开）
ISBN：7-5356-1222-9 定价：CNY10.00

J0085916
世界当代艺术家画库 （韦塞尔曼）张卫主编；
（美）韦塞尔曼绘
长沙 湖南美术出版社 1999 年 16 页
29cm（15 开） ISBN：7-5356-1224-5

定价：CNY10.00

J0085917
世界名画与巨匠 （第一系列）吴运鸿，王富征主编；外文出版社编辑部，台北光复书局编辑部编著
北京 外文出版社 1997 年 10 册 有图
21cm（32 开） ISBN：7-119-02027-7
定价：CNY380.00
（家庭艺术馆典藏系列）
　　本书与光复书局合作出版。

J0085918
西方人笔下的中国风情画 王鹤鸣，马远良主编
上海 上海画报出版社 1997 年 151 页
29cm（16 开） ISBN：7-80530-295-2
定价：CNY44.00

J0085919
先兆 尹清仪摄影
澳门 澳门市政厅 1997 年 99 页 有彩图
28×28cm ISBN：972-97175-9-1
　　外文书名：Sinais Lugar Do Deseho.

J0085920
1999：名画集锦 （摄影挂历）蔡斯等绘
上海 上海人民美术出版社 1998 年 52×49cm
ISBN：7-5322-1941-0 定价：CNY47.50
　　世界绘画作品摄影集。

J0085921
埃及图画精选 （墓室壁画·纸草画）徐中敏编
长沙 湖南美术出版社 1998 年 46 页 17×19cm
ISBN：7-5356-1183-4 定价：CNY16.00
　　作者徐中敏（1940—　　），教授。笔名宇石，生于重庆，毕业于四川美院工艺美术系。历任湖南美术出版社副编审，中国书籍装帧研究会会员等。

J0085922
毕加索 （现代艺术魔术师）何政广主编
石家庄 河北教育出版社 1998 年 263 页
21cm（32 开） ISBN：7-5434-3154-8
定价：CNY78.00

（世界名画家全集）

　　由艺术家出版社（台北市）授权出版的现代西班牙绘画画册。

J0085923

波那尔魅力　洪麟风编
台北　艺术图书公司　1998年　217页　有图
21cm（32开）ISBN：957-672-294-2
定价：TWD450.00
（西洋绘画导览 21）

J0085924

达利　（超现实主义大师）何政广主编
石家庄　河北教育出版社　1998年　255页
21cm（32开）ISBN：7-5434-3159-9
定价：CNY78.00
（世界名画家全集）

　　由艺术家出版社（台北市）授权出版的西班牙现代绘画画册。

J0085925

大都会博物馆　邹敏讷主编
长沙　湖南美术出版社　1998年　418页
15cm（64开）精装　ISBN：7-5356-1098-6
定价：CNY58.00
（世界著名博物馆图典）

　　外文书名：Metropolitan Museum.

J0085926

大都会艺术博物馆　张云皋撰文；姚宏翔译
上海　上海人民美术出版社　1998年　55页
21cm（32开）ISBN：7-5322-2097-4
定价：CNY16.50
（世界美术馆藏画系列）

　　译者姚宏翔，主要翻译作品有《纽约现代艺术博物馆》《芝加哥艺术学院美术馆》《伦敦国家美术馆》等。

J0085927

德加　（超越印象派大师）何政广主编
石家庄　河北教育出版社　1998年　231页
21cm（32开）ISBN：7-5434-3141-6
定价：CNY78.00
（世界名画家全集）

　　本书由艺术家出版社（台北市）授权出版的法国近代油画画册。

J0085928

德拉克洛瓦　（浪漫主义的灵魂）何政广主编；黄淑玲著
台北　艺术家出版社　1998年　223页　有照片
21cm（32开）ISBN：957-8273-09-6
定价：TWD480.00
（世界名画家全集）

J0085929

杜菲　（描绘光与色大师）何政广主编
石家庄　河北教育出版社　1998年　239页
21cm（32开）ISBN：7-5434-3153-X
定价：CNY78.00
（世界名画家全集）

J0085930

俄罗斯当代版画·插图艺术　俞可编撰
桂林　漓江出版社　1998年　117页　26cm（16开）
ISBN：7-5407-2181-2
定价：CNY48.00，CNY58.00（精装）

J0085931

俄米塔希博物馆　（美）考林·艾斯勒（ColinEisler）编著
济南　山东教育出版社　1998年　3册（666页）
29cm（16开）精装　ISBN：7-5328-2742-9
定价：CNY1480.00
（西洋绘画艺术殿堂）

J0085932

梵高　（疯狂的天才画家）何政广主编
石家庄　河北教育出版社　1998年　255页
21cm（32开）ISBN：7-5434-3148-3
定价：CNY78.00
（世界名画家全集）

　　本书是由艺术家出版社（台北市）授权出版的荷兰近代油画画册。

J0085933

梵谷噢！梵谷　何恭上编
台北　艺术图书公司　1998年　修订版　281页
有图　21cm（32开）ISBN：957-672-290-X
定价：TWD450.00

（西洋绘画导览 20）

J0085934

哥雅 （西班牙伟大画家）何政广主编
台北　艺术家出版社　1998 年　223 页　有照片
21cm（32 开）ISBN：957-8273-13-4
定价：TWD480.00
（世界名画家全集）

J0085935

怀斯 （美国写实派大师　图集）何政广主编
石家庄　河北教育出版社　1998 年　223 页
21cm（32 开）ISBN：7-5434-3160-2
定价：CNY78.00
（世界名画家全集）
　　本书由艺术家出版社(台北市)授权出版的
现代美国绘画画册。

J0085936

康丁斯基 （抽象派绘画先驱）何政广主编
石家庄　河北教育出版社　1998 年　255 页
20cm（32 开）ISBN：7-5434-3150-5
定价：CNY78.00
（世界名画家全集）
　　由艺术家出版社(台北市)授权出版的苏联
现代绘画画册。

J0085937

拉图尔 （神秘的光线大师）何政广主编；陈英
德著
台北　艺术家出版社　1998 年　160 页　有照片
21cm（32 开）ISBN：957-8273-07-X
定价：TWD480.00
（世界名画家全集）

J0085938

雷诺阿 （歌颂人体美画家　图集）何政广主编
石家庄　河北教育出版社　1998 年　255 页
21cm（32 开）ISBN：7-5434-3144-0
定价：CNY78.00
（世界名画家全集）
　　皮埃尔·奥古斯特·雷诺阿（Pierre-Auguste
Renoir，1841—1919），印象画派画家、雕刻家。
生于法国 Haute-Vienne 的小镇里蒙（Limoges）。
以油画著称，亦作雕塑和版画。代表作品《包

厢》《红磨坊街的露天舞会》《游艇上的午餐》
《爱尔·潘蒂埃夫人和孩子们的肖像》《读书的
女孩》等。本书由艺术家出版社(台北市)授权
出版。

J0085939

列宾 （俄罗斯写实大师）（俄）列宾（Ilya
Efimovich Repin）绘；何政广主编
石家庄　河北教育出版社　1998 年　260 页
20cm（32 开）ISBN：7-5434-3145-9
定价：CNY78.00
（世界名画家全集）
　　由艺术家出版社(台北市)授权出版的俄国
现代绘画画册。

J0085940

列宾美术学院毕业创作选
天津　天津人民美术出版社　1998 年　有彩照
29cm（16 开）精装　ISBN：7-5305-0825-3
定价：CNY120.00

J0085941

列宾美术学院学生作品选 （续集）刘建平主编
天津　天津人民美术出版社　1998 年　117 页
38cm（6 开）精装　ISBN：7-5305-0787-7

J0085942

伦敦国家美术馆 　夏舍撰文；姚宏翔译
上海　上海人民美术出版社　1998 年　55 页
21cm（32 开）ISBN：7-5322-2069-9
定价：CNY16.50
（世界美术馆藏画系列）

J0085943

伦敦泰特美术馆 　夏舍撰文；姚宏翔译
上海　上海人民美术出版社　1998 年　55 页
21cm（32 开）ISBN：7-5322-2072-9
定价：CNY16.50
（世界美术馆藏画系列）

J0085944

罗特列克 （蒙马特传奇画家）何政广主编
台北　艺术家出版社　1998 年　207 页　有照片
21cm（32 开）ISBN：957-8273-12-6
定价：TWD480.00

（世界名画家全集）

J0085945
马蒂斯 （华丽野兽派大师）何政广主编
石家庄 河北教育出版社 1998 年 247 页
20cm（32 开）ISBN：7-5434-3151-3
定价：CNY78.00
（世界名画家全集）
　　由艺术家出版社（台北市）授权出版的法国现代绘画画册。

J0085946
马奈 （印象主义创始者）何政广主编
台北 艺术家出版社 1998 年 191 页 有照片
21cm（32 开）ISBN：957-8273-43-6
定价：TWD480.00
（世界名画家全集）

J0085947
蒙德里安 （几何抽象派大师）何政广主编
石家庄 河北教育出版社 1998 年 239 页
21cm（32 开）ISBN：7-5434-3152-1
定价：CNY78.00
（世界名画家全集）
　　由艺术家出版社（台北市）授权出版的荷兰现代绘画画册。蒙德里安（Piet Cornelies Mondrian，1872—1944 年），荷兰画家，风格派的创始人。出生于阿姆尔弗特，曾在阿姆斯特丹国立艺术学院学习。他以几何图形为绘画的基本元素，与杜斯堡等创立了"风格派"，提倡自己的艺术"新造型主义"对后世的建筑、设计等影响很大。主要作品《灰色的树》。

J0085948
蒙克 （北欧表现派先驱）何政广主编
石家庄 河北教育出版社 1998 年 245 页
21cm（32 开）ISBN：7-5434-3149-1
定价：CNY78.00
（世界名画家全集）
　　由艺术家出版社（台北市）授权出版的近代挪威绘画画册。

J0085949
米勒 （爱与田园的画家）何政广主编
石家庄 河北教育出版社 1998 年 247 页

21cm（32 开）ISBN：7-5434-3140-8
定价：CNY78.00
（世界名画家全集）
　　由艺术家出版社（台北市）授权出版的法国近代油画画册。

J0085950
米罗 （载诗载梦的画家）何政广主编
石家庄 河北教育出版社 1998 年 247 页
20cm（32 开）ISBN：7-5434-3158-0
定价：CNY78.00
（世界名画家全集）
　　由艺术家出版社（台北市）授权出版的西班牙现代绘画画册。

J0085951
名画观止
北京 红旗出版社 1998 年 2 册（400+400 页）
42cm（8 开）精装 ISBN：7-5051-0267-2
定价：CNY2080.00

J0085952
莫迪利阿尼 （礼赞生命与情爱）何政广主编
石家庄 河北教育出版社 1998 年 223 页
21cm（32 开）ISBN：7-5434-3156-4
定价：CNY78.00
（世界名画家全集）
　　由艺术家出版社（台北市）授权出版的意大利近代油画画册。

J0085953
纽约现代艺术博物馆 夏舍撰文；姚宏翔译
上海 上海人民美术出版社 1998 年 55 页
21cm（32 开）ISBN：7-5322-2073-7
定价：CNY16.50
（世界美术馆藏画系列）

J0085954
欧美静物范画精品 扬阳等编
西安 陕西人民美术出版社 1998 年 76 页
29cm（16 开）ISBN：7-5368-1064-4
定价：CNY50.00

J0085955
葡萄牙辛特拉现代艺术博物馆 夏舍撰文；

姚宏翔译
上海 上海人民美术出版社 1998 年 55 页
21cm（32 开）ISBN：7-5322-2067-2
定价：CNY16.50
（世界美术馆藏画系列）

J0085956
日林斯基　（俄）Д.日林斯基（Д.Жилинский）
绘
长沙 湖南美术出版社 1998 年 105 页
31cm（10 开）精装 ISBN：7-5356-1082-X
定价：CNY128.00
（当代俄罗斯画家作坊）

J0085957
塞尚　（现代绘画之父）何政广主编
石家庄 河北教育出版社 1998 年 255 页
21cm（32 开）ISBN：7-5434-3142-4
定价：CNY78.00
（世界名画家全集）
　　保罗·塞尚（Paul Cézanne，1839—1906），法
国著名画家。后期印象派的主将，西方现代画家
称他为"现代艺术之父"。又与高更、凡·高并称
后印象派三大家。代表作品有《果盘》《玩纸牌
者》《圣维克图瓦山》《浴女们》《自画像》等。

J0085958
世界传世名画　杨宪金，徐恩存主编
北京 西苑出版社 1998 年 2 册（586 页）
37cm 精装 ISBN：7-80108-151-X
定价：CNY3600.00

J0085959
世界当代艺术家画库　（利希滕斯坦）张卫主编
长沙 湖南美术出版社 1998 年 29cm（16 开）
定价：CNY10.00
　　外文书名：Lichtenstein. 主编张卫（1963—　　），
笔名归真、广西柳州人。柳州铁路局盆景艺术协
会理事、广西工艺美术学会石艺根艺研究会理
事。罗伊·利希滕斯坦（Roy Lichtenstein，1923—
1997），美国艺术家。波普艺术大师。出生于纽
约，1949 年在俄亥俄州立大学读硕士，先后在该
大学、纽约州立大学奥斯威分院、新泽西州新不
伦瑞克拉特格斯大学格拉斯学院任教。美国艺
术文学院成员。

J0085960
世界绘画珍藏大系　（1 文艺复兴时期绘画
一）张少侠主编
上海 上海人民美术出版社 1998 年 15+174 页
37cm（9 开）精装 ISBN：7-5322-1805-8
定价：CNY380.00
　　主编张少侠，教授。江苏人，毕业于南京师
范大学美术系和南京艺术学院美术系研究生班。
历任中国美术家协会会员。著有《欧洲美术史》
《欧洲工艺美术史纲》《亚洲工艺美术史》《非洲
和美洲工艺美术》《中国现代绘画史》等。

J0085961
世界绘画珍藏大系　（2 文艺复兴时期绘画
二）张少侠主编
上海 上海人民美术出版社 1998 年 15+175 页
37cm（9 开）精装 ISBN：7-5322-1806-6
定价：CNY380.00

J0085962
世界绘画珍藏大系　（3 巴罗克绘画 一）张少
侠主编
上海 上海人民美术出版社 1998 年 15+175 页
37cm（9 开）精装 ISBN：7-5322-1807-4
定价：CNY380.00

J0085963
世界绘画珍藏大系　（4 巴罗克绘画 二）张少
侠主编
上海 上海人民美术出版社 1998 年 175 页
37cm（9 开）精装 ISBN：7-5322-1808-2
定价：CNY380.00

J0085964
世界绘画珍藏大系　（5 巴罗克绘画 三）张少
侠主编
上海 上海人民美术出版社 1998 年 175 页
37cm（9 开）精装 ISBN：7-5322-1809-0
定价：CNY380.00

J0085965
世界绘画珍藏大系　（6 罗可可绘画）张少侠
主编
上海 上海人民美术出版社 1998 年 175 页
38cm（9 开）精装 ISBN：7-5322-1810-4

定价：CNY380.00

J0085966
世界绘画珍藏大系 （7 新古典主义绘画）张
少侠主编
上海 上海人民美术出版社 1998 年 175 页
37cm（9 开）精装 ISBN：7-5322-1811-2
定价：CNY380.00

J0085967
世界绘画珍藏大系 （8 浪漫主义绘画 一）张
少侠主编
上海 上海人民美术出版社 1998 年 175 页
37cm（9 开）精装 ISBN：7-5322-1812-0
定价：CNY380.00

J0085968
世界绘画珍藏大系 （9 浪漫主义绘画 二）张
少侠主编
上海 上海人民美术出版社 1998 年 175 页
37cm（9 开）精装 ISBN：7-5322-1813-9
定价：CNY380.00

J0085969
世界绘画珍藏大系 （10 现实主义绘画 一）
张少侠主编
上海 上海人民美术出版社 1998 年 175 页
38cm（9 开）精装 ISBN：7-5322-1814-7
定价：CNY380.00

J0085970
世界绘画珍藏大系 （11 现实主义绘画 二）
张少侠主编
上海 上海人民美术出版社 1998 年 175 页
37cm（9 开）精装 ISBN：7-5322-1815-5
定价：CNY380.00

J0085971
世界绘画珍藏大系 （12 俄罗斯绘画）张少侠
主编
上海 上海人民美术出版社 1998 年 175 页
37cm（9 开）精装 ISBN：7-5322-1816-3
定价：CNY380.00

J0085972
世界绘画珍藏大系 （13 英国绘画）张少侠主编
上海 上海人民美术出版社 1998 年 175 页
37cm（9 开）精装 ISBN：7-5322-1817-1
定价：CNY380.00

J0085973
世界绘画珍藏大系 （14 印象派绘画 一）张
少侠主编
上海 上海人民美术出版社 1998 年 175 页
38cm（9 开）精装 ISBN：7-5322-1818-X
定价：CNY380.00

J0085974
世界绘画珍藏大系 （15 印象派绘画 二）张
少侠主编
上海 上海人民美术出版社 1998 年 175 页
38cm（9 开）精装 ISBN：7-5322-1819-8
定价：CNY380.00

J0085975
世界绘画珍藏大系 （16 后印象派绘画）张少
侠主编
上海 上海人民美术出版社 1998 年 175 页
37cm（9 开）精装 ISBN：7-5322-1820-1
定价：CNY380.00

J0085976
世界绘画珍藏大系 （17 现代派绘画 一）张
少侠主编
上海 上海人民美术出版社 1998 年 175 页
37cm（9 开）精装 ISBN：7-5322-1821-X
定价：CNY380.00

J0085977
世界绘画珍藏大系 （18 现代派绘画 二）张
少侠主编
上海 上海人民美术出版社 1998 年 175 页
37cm（9 开）精装 ISBN：7-5322-1822-8
定价：CNY380.00

J0085978
世界绘画珍藏大系 （19 现代派绘画 三）张
少侠主编
上海 上海人民美术出版社 1998 年 175 页

37cm（9 开）精装 ISBN：7–5322–1823–6
定价：CNY380.00

J0085979
世界绘画珍藏大系 （20 现代派绘画 四）张
少侠主编
上海 上海人民美术出版社 1998 年 175 页
37cm（9 开）精装 ISBN：7–5322–1824–4
定价：CNY380.00

J0085980
特列恰柯夫美术馆 邹敏讷主编
长沙 湖南美术出版社 1998 年 520 页
15cm（64 开）精装 ISBN：7–5356–1099–4
定价：CNY68.00
（世界著名博物馆图典）

J0085981
瓦尔拉夫 – 里夏茨美术馆 夏舍撰文；姚宏
翔译
上海 上海人民美术出版社 1998 年 55 页
21cm（32 开）ISBN：7–5322–2070–2
定价：CNY16.50
（世界美术馆藏画系列）

J0085982
维梅尔 （荷兰黄金世纪大师）何政广主编
台北 艺术家出版社 1998 年 159 页 有照片
21cm（32 开）ISBN：957–8273–11–8
定价：TWD480.00
（世界名画家全集）

J0085983
我们一家、我们的房子和农场 （瑞典）卡
尔·拉松画并文；应红、李辉译
济南 山东画报出版社 1998 年 99 页 21×30cm
ISBN：7–80603–244–4 定价：CNY21.00
　　本画册是瑞典画家卡尔·拉松的绘画作品
选集，所选作品以家庭生活、庄园生活为主要内
容，孩子是其中的主角。

J0085984
乌菲齐美术馆 邹敏讷主编；王菁菁，张岱译
长沙 湖南美术出版社 1998 年 470 页 有彩图
15cm（64 开）精装 ISBN：7–5356–1057–9

定价：CNY62.00
（世界著名博物馆图典）
　　外文书名：Uffizi Gallery.

J0085985
乌菲齐美术馆 夏舍撰文；姚宏翔译
上海 上海人民美术出版社 1998 年 55 页
21cm（32 开）ISBN：7–5322–2071–0
定价：CNY16.50
（世界美术馆藏画系列）

J0085986
夏加尔 （乡愁与爱的画家）何政广主编
石家庄 河北教育出版社 1998 年 263 页
20cm（32 开）ISBN：7–5434–3157–2
定价：CNY78.00
（世界名画家全集）
　　由艺术家出版社(台北市)授权出版的俄
国现代绘画画册。马克·夏加尔（Marc Chagall,
1887—1985），法籍俄裔画家、设计师。巴黎画
派的代表人物。作品有《我与我的村庄》《越过
维捷布斯克》《生日》《蓝色天使》等。精于版画，
曾为《死灵魂》和《一千零一夜》等文学名著制作
插图。还曾从事过舞台设计，为芭蕾舞《火鸟》
设计舞台背景和服装。

J0085987
英国国家画廊 （英）艾瑞卡·兰姆（ErikaLa-
ngmuir）著；李新主编
济南 山东美术出版社 1998 年 8 册 30cm（10开）
精装 ISBN：7–5330–1202–X
定价：CNY880.00（全套）
　　外文书名：The Nationl Gallery. 作者艾瑞
卡·兰姆，女，美术评论家。

J0085988
赵无极绘画六十年回顾 （1935—1998）
上海 上海三联书店 1998 年 332 页 28×28cm
ISBN：7–5426–1191–7 定价：CNY280.00
　　外文书名：Zao Wou–Ki 60 Ans de Pein-
tures. 作者赵无极(1921—2013)，华裔法国画家。
生于北京，毕业于杭州艺术专科学校，后留学法
国。作品有《红》《连理》《百合》《莲花》等，出
版有《赵无极八幅石版画欣赏》

J0085989

芝加哥艺术学院美术馆 夏舍撰文; 姚宏翔译
上海 上海人民美术出版社 1998 年 55 页
21cm(32 开) ISBN: 7-5322-2068-0
定价: CNY16.50
(世界美术馆藏画系列)

J0085990

中世纪及文艺复兴早期绘画 张沈, 张澎编著
沈阳 辽宁美术出版社 1998 年 124 页
29cm(16 开) ISBN: 7-5314-2086-4
定价: CNY65.00

J0085991

'99 青岛国际美术邀请展作品集
天津 天津人民美术出版社 1999 年 309 页
29cm(16 开) ISBN: 7-5305-1101-7
定价: CNY280.00
　　本画册从展览的作品中, 选印了中外画家们的优秀作品, 有中国画、油画和版画, 外国作品以俄罗斯居多, 还有瑞典、荷兰、德国、法国等艺术家的作品。

J0085992

波蒂切利 (翡冷翠的美神) 何政广主编
台北 艺术家出版社 1999 年 207 页 有照片
21cm(32 开) ISBN: 957-8273-34-7
定价: TWD480.00
(世界名画家全集)

J0085993

波纳尔 (先知派绘画大师) 何政广主编
台北 艺术家出版社 1999 年 239 页 有照片
21cm(32 开) ISBN: 957-8273-39-8
定价: TWD480.00
(世界名画家全集)

J0085994

布欣 (洛可可绘画大师) 何政广主编
台北 艺术家出版社 1999 年 191 页 有照片
21cm(32 开) ISBN: 957-8273-30-4
定价: TWD480.00
(世界名画家全集)

J0085995

传世名画 (一) 刘素丽等主编
乌鲁木齐 新疆青少年出版社 1999 年 142 页
21cm(32 开) ISBN: 7-5371-3513-4
定价: CNY29.60
(世界美术名家名作)
　　本书收入世界著名画家的作品《了不起的美国裸体》《一篮苹果》《入睡的维纳斯》《十字军占领君士坦丁堡》等多幅。

J0085996

传世名画 (二) 刘素丽等主编
乌鲁木齐 新疆青少年出版社 1999 年 142 页
21cm(32 开) ISBN: 7-5371-3513-4
定价: CNY29.60
(世界美术名家名作)
　　本书收入世界著名画家的作品《约瑟夫的外衣》《后宫露台》《亚历山德里亚的圣凯瑟琳》《休息中的年轻女郎》等多幅。

J0085997

传世名画 (三) 刘素丽等主编
乌鲁木齐 新疆青少年出版社 1999 年 142 页
21cm(32 开) ISBN: 7-5371-3513-4
定价: CNY29.60
(世界美术名家名作)
　　本书收入世界著名画家的作品《和小爱神嬉戏的林中的仙女》《审察新来的女子》《耶路撒冷的景色》《牧羊女》等多幅。

J0085998

传世名画 (四) 刘素丽等主编
乌鲁木齐 新疆青少年出版社 1999 年 142 页
21cm(32 开) ISBN: 7-5371-3513-4
定价: CNY29.60
(世界美术名家名作)
　　本书收入世界著名画家的作品《沙乐美》《海边别墅》《陶器、杯子和水果》《热带植物》《夏都的住宅》《夏尔奈小姐像》等多幅。

J0085999

大卫 (新古典主义旗手) 何政广主编
台北 艺术家出版社 1999 年 159 页 有照片
21cm(32 开) ISBN: 957-8273-16-9
定价: TWD480.00

（世界名画家全集）

J0086000

俄罗斯当代著名画家米哈依诺夫　斯威特兰娜　鲍里斯　雅克宁作品选　（俄）米哈依诺夫等绘；俞可编
南宁　广西美术出版社　1999年　26页
29cm（16开）ISBN：7-80625-731-4
定价：CNY20.00
　　俄罗斯现代油画、水彩画名作欣赏集。

J0086001

俄罗斯画家——普拉斯托夫　[（俄）普拉斯托夫（А.А.Пластов）绘]；全山石主编
济南　山东美术出版社　1999年　167页　有图版
34cm（10开）精装　ISBN：7-5330-1361-1
定价：CNY248.00
　　本画册收有俄罗斯画家普拉斯托夫的《妻子的肖像》《下地归来》《儿子的肖像》《牧人》《春天》《星期六》《放羊》《牛群归来》《收割期》等112幅作品。作者全山石（1930—　），画家，教授。浙江宁波人，毕业于中央美术学院华东分院。历任中国油画学会副主席、中国美术家协会油画艺术委员会副主任、中国美术学院教授、俄罗斯列宾美术学院荣誉教授等。代表作有收藏在中国革命博物馆的《英勇不屈》《井冈山上》《娄山关》《重上井冈山》《历史的潮流》等。

J0086002

俄罗斯列宾美术学院建筑系学生作品集　吴成槐,（俄）奥·叶·烈米耶夫主编
沈阳　辽宁美术出版社　1999年　116页
29cm（16开）ISBN：7-5314-2120-8
定价：CNY38.00

J0086003

卡莎特　（彩绘亲情女画家）何政广主编
台北　艺术家出版社　1999年　191页　有照片
21cm（32开）ISBN：957-8273-55-X
定价：TWD480.00
（世界名画家全集）

J0086004

康斯塔伯　（英国风景画大师）何政广主编
台北　艺术家出版社　1999年　191页　有照片
21cm（32开）ISBN：957-8273-18-5
定价：TWD480.00
（世界名画家全集）

J0086005

克利　（诗意的造型大师）何政广主编
台北　艺术家出版社　1999年　207页　有照片
21cm（32开）ISBN：957-8273-38-X
定价：TWD480.00
（世界名画家全集）

J0086006

库尔贝　（写实主义大师）何政广主编
台北　艺术家出版社　1999年　207页　有照片
21cm（32开）ISBN：957-8273-15-0
定价：TWD480.00
（世界名画家全集）

J0086007

拉斐尔　（文艺复兴画圣）何政广主编
台北　艺术家出版社　1999年　191页　有照片
21cm（32开）ISBN：957-8273-42-8
定价：TWD480.00
（世界名画家全集）

J0086008

林布兰特　（绘画光影魔术师）何政广主编
台北　艺术家出版社　1999年　208页　有照片
21cm（32开）ISBN：957-8273-29-0
定价：TWD480.00
（世界名画家全集）

J0086009

欧姬芙　（沙漠中的花朵）何政广主编
台北　艺术家出版社　1999年　207页　有照片
21cm（32开）ISBN：957-8273-45-2
定价：TWD480.00
（世界名画家全集）

J0086010

普桑　（法国古典画象征）何政广主编
台北　艺术家出版社　1999年　191页　有照片
21cm（32开）ISBN：957-8273-22-3
定价：TWD480.00
（世界名画家全集）

J0086011
塞冈蒂尼 [(意)塞冈蒂尼(Giovanni Segantini) 绘];全山石主编
济南 山东美术出版社 1999年 118页 有图版 34cm(10开) 精装 ISBN:7-5330-1351-4
定价:CNY200.00
　　本画册收有意大利画家塞冈蒂尼的《篮中的水果》《牧歌》《有胡萝卜的静物》《为山羊祈祷》《蘑菇》《光的反差》《悲惨的母亲》《多一个》《生命的天使》等87幅作品。作者塞冈蒂尼(Segantini, Giovanni 1858—1899),意大利画家。出生于奥地利南部边境的阿尔科镇,毕业于布雷拉美术学院。代表作有油画《牧歌》《饮水》《被系住的牛群》《爱的女神》《春天里的牧场》《爱的果实》等。

J0086012
山石 孙恒俊编
杭州 中国美术学院出版社 1999年 16页
21×28cm ISBN:7-81019-711-8 定价:CNY8.80
(世界风景画佳作分类丛书)

J0086013
世界美术书法家作品大画册 中国中外名人文化研究会文化艺术委员会编
北京 当代中国出版社 1999年 628+12页
26cm(16开) 精装 ISBN:7-80092-810-1
定价:CNY468.00

J0086014
水 潘长臻编
杭州 中国美术学院出版社 1999年 16页
21×28cm ISBN:7-81019-710-X 定价:CNY8.80
(世界风景画佳作分类丛书)

J0086015
雅笛哥艺术 刘振源,庞静平著
台北 艺术图书公司 1999年 247页 有图
21cm(32开) ISBN:957-672-307-8
定价:TWD450.00
(西洋绘画导览 25)
　　外文书名:Art Deco.

J0086016
雅诺婆艺术 刘振源编著

台北 艺术图书公司 1999年 249页 有图
21cm(32开) ISBN:957-672-304-3
定价:TWD450.00
(西洋绘画导览 24)

J0086017
走进大师 (世界名画临本)中川编;刘智民译
南宁 广西美术出版社 1999年 6册 37cm
ISBN:7-80625-618-0 定价:CNY108.00

各国画家的中国画作品

J0086018
平定伊犁回部得胜图 (不分卷)(意)郎世宁等绘
内府 清乾隆三十至三十九年 铜版印本
　　郎世宁(Giuseppe Castiglione, 1688—1766),意大利画家、清代宫廷画家。原名朱塞佩·伽斯底里奥内,生于米兰。作为天主教耶稣会的修道士来中国传教,随即入宫,为清代宫廷十大画家之一。主要作品有《百骏图》《乾隆大阅图》《瑞谷图》《花鸟图》《百子图》等。

J0086019
郎世宁百骏图 (意)郎世宁绘
民国 影印本

J0086020
郎世宁画乾隆帝春郊试马图小照 (意)郎世宁(Giuseppe Castiglione)绘
上海 有正书局 民国 影印本 线装

J0086021
影印郎世宁百骏图 (意)郎世宁绘
民国 影印本 13页 散页
　　据清康熙间内府藏本影印。

J0086022
郎 世 宁 画 (第一集)(意)郎 世 宁(Giuseppe Castiglione)绘
北平 故宫博物院 民国二十年[1931]影印本
23张

J0086023

郎世宁画 （第二集）（意）郎世宁（Giuseppe
Castiglione）绘；北平故宫博物院编
北平 故宫博物院 民国二十年［1931］影印本
24张

J0086024

郎世宁画 （意）郎世宁（Giuseppe Castiglione）绘
北平 故宫博物院 民国二十一至二十四年
［1932—1935］影印本 平装
　　分二册。

J0086025

郎世宁画 （第三集）（意）郎世宁（Giuseppe
Castiglione）绘；北平故宫博物院编
北平 故宫博物院 民国二十一年［1932］影印本
线装

J0086026

郎世宁画 （第四集）（意）郎世宁（Giuseppe
Castiglione）绘；北平故宫博物院编
北平 故宫博物院 民国二十一年［1932］影印本
15张

J0086027

郎世宁画 （第一集）（意）郎世宁（Giuseppe
Castiglione）绘
北平 故宫博物院 民国二十三年［1934］影印本
再版线装

J0086028

郎世宁画 （第二集）（意）郎世宁（Giuseppe
Castiglione）绘
北平 故宫博物院 民国二十三年［1934］影印本
再版线装

J0086029

郎世宁画 （第五集）（意）郎世宁（Giuseppe
Castiglione）绘
北平 故宫博物院 民国二十四年［1935］影印本
线装

J0086030

郎世宁画 （第五集）（意）郎世宁（Giuseppe
Castiglione）绘；北平故宫博物院编

北平 故宫博物院 民国二十四年［1935］影印本
11张

J0086031

郎世宁艾启蒙画十骏图 （意）郎世宁（Gi-
useppe Castiglione），（捷克）艾启蒙绘
北平 故宫博物院 民国二十四年［1935］影印本
线装

J0086032

耕香馆画剩 （日本）泷谦绘
民国 影印本 线装
　　分四册。

J0086033

纪念雪舟逝世450周年特印画集 （日本）雪
舟绘；傅抱石编
北京 人民美术出版社 1956年 影印本 48页
34cm（10开）精装
　　日本古代绘画作品别集。编者傅抱石
（1904—1965），画家。原名长生、瑞麟，号抱石
斋主人。生于江西南昌，祖籍江西新余，早年留
学日本。历任南京师范学院教授、江苏国画院院
长等职。代表作品有《山阴道上》《钟馗》《屈原》
《江山如此多娇》，著有《中国古代绘画之研究》
《中国绘画变迁史纲》等。

J0086034

南画津梁 （日本）田能村直入摹
台北 艺文印书馆 1966年 影印本线装
　　分二册。

J0086035

景年花鸟画谱 （冬之部）（日）今尾景年绘
台北 艺术图书公司 1979年 52页
28cm（大16开）定价：TWD400.00
　　外文书名：Keinen Album Birds & Flowers
by Imao Keinen.

J0086036

六鹤同春图 （1982 农历壬戌年年历）（意）郎
世宁作
北京 文物出版社 1981年 ［1张］78cm（2开）
定价：CNY0.20
　　中国清代宫廷画家意大利画师朗世宁的中

国画作品。

J0086037

竹内栖凤 （画册）刘汝醴编
南京 江苏人民出版社 1982 年 29 页
25cm（小 16 开）统一书号：8100.6-002
定价：CNY0.96
　　本书简要介绍了竹内栖凤的艺术生涯及其代表作品。竹内栖凤（1864—1942），日本画家。名恒吉，生于京都。代表作品《狮子》《古都之秋》《河口》《鲭鱼》《宿鸭宿鸦》等。

J0086038

郎世宁作品专辑 （意）郎世宁作
台北［台北］故宫博物馆编辑委员会 1983 年
112+26 页 34cm（10 开）
　　中国清代宫廷画家意大利画师郎世宁的中国画作品。郎世宁（Giuseppe Castiglione, 1688—1766），意大利画家、清代宫廷画家。原名朱塞佩·伽斯底里奥内，生于米兰。作为天主教耶稣会的修道士来中国传教，随即入宫，为清代宫廷十大画家之一。主要作品有《百骏图》《乾隆大阅图》《瑞谷图》《花鸟图》《百子图》等。

J0086039

郎世宁 （意）郎世宁绘；聂崇正编著
北京 人民美术出版社 1984 年 37 页
25cm（12 开）统一书号：8027.8665
定价：CNY1.50
（中国古代美术作品介绍丛书）
　　本书是中国清代宫廷画家意大利画师的中国画画册。附图 29 幅（黑白）。

J0086040

景年花鸟画谱 （日）今尾景年绘
台北 艺术图书公司 1985 年 再版 4 册
28cm（大 16 开）
　　日本画家今尾景年的中国画作品画册。

J0086041

郎世宁画百骏图精品 （意）郎世宁绘
北京 北京工艺美术出版社 1986 年 12 幅
34cm（10 开）统一书号：8473.10 定价：CNY4.00
　　中国清代宫廷画家意大利画师郎世宁的中国画作品。

J0086042

1988 年台北故宫博物院藏画 （挂历 郎世宁工笔花鸟）
西安 陕西人民美术出版社 1987 年（3 开）
定价：CNY7.00
　　1988 年历书，中国清代宫廷画家意大利画师郎世宁的中国画作品。

J0086043

蝴蝶花 （中国画 1988 年年历）（意）郎世宁作
西安 陕西人民美术出版社 1987 年 1 张（4 开）
定价：CNY0.30
　　中国清代宫廷画家意大利画师郎世宁的中国画作品。

J0086044

牵牛 （中国画 1988 年年历）（意）郎世宁作
西安 陕西人民美术出版社 1987 年 1 张
78cm（2 开）定价：CNY0.37
　　中国清代宫廷画家意大利画师郎世宁的中国画作品。

J0086045

双栖 （中国画 1988 年年历）（意）郎世宁作
西安 陕西人民美术出版社 1987 年 1 张
53cm（4 开）定价：CNY0.30
　　中国清代宫廷画家意大利画师郎世宁的中国画作品。

J0086046

樱桃 （中国画 1988 年年历）（意）郎世宁作
西安 陕西人民美术出版社 1987 年 1 张
定价：CNY0.37
　　中国清代宫廷画家意大利画师郎世宁的中国画作品。

J0086047

幽兰 （中国画 1988 年年历）（意）郎世宁作
西安 陕西人民美术出版社 1987 年 1 张
54cm（4 开）定价：CNY0.30
　　中国清代宫廷画家意大利画师郎世宁的中国画作品。

J0086048

北京国际水墨画展作品集 北京国际水墨画

展"88"组织委员会编辑
北京 华艺出版社 1988 年 135+35 页 25×26cm
ISBN：7-80039-117-5 定价：CNY72.00
　　中国美术家协会、中国画研究院主办的画
展。外文书名：Collection Works of Beijing In-
ternational Ink and Wash Painting Exhibition.

J0086049
花鸟 （国画 1989 年年历）（意）郎世宁作
沈阳 辽宁美术出版社 1988 年 1 张 54cm（4 开）
定价：CNY0.45
　　中国清代宫廷画家意大利画师郎世宁的中
国画作品。

J0086050
竹内栖凤 （日）竹内栖凤绘画；刘奇俊撰文
台北 艺术图书公司 1990 年 93 页
28cm（大 16 开）定价：TWD380.00
（日本画之美 1）
　　本书简要介绍了竹内栖凤的艺术生涯及其
代表作品。竹内栖凤（1864—1942），日本画家。
名恒吉，生于京都。代表作品《狮子》《古都之秋》
《河口》《鲭鱼》《宿鸭宿鸦》等。

J0086051
1993：郎世宁绘画珍品 （挂历）
北京 中国电影出版社 [1992 年] 77cm（2 开）
定价：CNY19.80
　　中国清代宫廷画家意大利画师郎世宁的中
国画作品。

J0086052
枫叶奖 1992 国际水墨大赛 海外中国书画研
究协会编
台北 海外中国书画研究协会 1992 年 124 页
26×27cm 精装 ISBN：957-531-262-7
定价：TWD960.00
　　外文书名：International Wash-And-Ink Arts
Exhibition 1992.

J0086053
**西泠印社建社九十周年国际篆刻书画邀请
展作品集** 西泠印社编
杭州 西泠印社 1993 年 67 页 25×26cm
ISBN：7-80517-114-9 定价：CNY18.00

本书汇集 200 余位作者近 250 余件印、书、
画作品。

J0086054
家雄画集 （新加坡）林家雄绘
北京 北京工艺美术出版社 1994 年 117 页
38cm（6 开）ISBN：7-80526-136-9
定价：[CNY280.00]
　　北京工艺美术出版社、新加坡楼间楼书画室
联合出版的新加坡现代中国画画册，外文书名：
Chinese Paintings by Lim Kay Hiong. 作者林家
雄（1947—　），画家。字笑宾，生于广东汕头，
祖籍广东潮安县，定居新加坡。毕业于南洋美
术专科学校西洋画系。曾任新加坡中华美术研
究会会长、南洋美专校友会会长。作品有《和平
颂》等

J0086055
郎世宁画百骏图精品 （意）郎世宁绘
北京 北京市特种工艺工业公司年鉴画册组
[1995 年] 12 幅 有图 37cm（8 开）
　　中国清代宫廷画家意大利画师郎世宁的中
国画作品。

J0086056
明治花鸟画 刘奇俊编选
台北 艺术图书公司 1995 年 再版 88 页
30cm（10 开）ISBN：957-672-219-5
定价：TWD480.00
（画好国画 46）
　　外文书名：Flower and Bird Painting of the
Meiji Period.

J0086057
1997：中国名画宣纸挂历 郎世宁等绘
北京 中国电影出版社 1996 年 88×56cm
ISBN：7-106-01146-0 定价：CNY110.00

J0086058
石丹画集 [美]许石丹绘
上海 上海人民美术出版社 1996 年 84 页
25×26cm 精装 ISBN：7-5322-1671-3
定价：CNY150.00
　　现代中国画画册。

J0086059
1998：百骏图 （国画挂历）（意）郎世宁绘
北京 军事医学科学出版社 1997年 84×56cm
ISBN：7-80121-073-5 定价：CNY25.80
　　中国清代宫廷画家意大利人郎世宁的中国画翎毛走兽画作品。

J0086060
1998：郎世宁花鸟画精品 （宣纸仿真国画挂历）郎世宁绘
北京 中国文联出版公司 1997年 86×58cm
ISBN：7-5059-2725-6 定价：CNY60.00
　　中国清代宫廷画家意大利画师郎世宁的中国画作品。

J0086061
1999：御藏真迹 （郎世宁花鸟画选 国画挂历）
上海 上海画报出版社 1998年 86×58cm
ISBN：7-80530-360-6 定价：CNY60.00
　　年历形式的中国清代宫廷画家意大利画师郎世宁的中国画作品。

J0086062
1999：中国宫廷画大师 （郎世宁墨宝 国画挂历）郎世宁绘
福州 海潮摄影艺术出版社 1998年 86×56cm
盒装 ISBN：7-80562-548-4 定价：CNY58.80
　　年历形式的中国清代宫廷画家意大利画师郎世宁的中国画作品。

J0086063
第一届深圳国际水墨画双年展作品集
南宁 广西美术出版社 1998年 199页 33×37cm
精装 ISBN：7-80625-597-4 定价：CNY498.00

J0086064
故宫藏画·郎世宁
长春 吉林摄影出版社 1998年 55×43cm
ISBN：7-80606-190-8 定价：CNY48.00
　　中国清代宫廷画家意大利画师郎世宁的中国画作品。

J0086065
国际书画精品集 章祥福主编
北京 中国人事出版社 1998年 390页

26cm（16开）ISBN：7-80139-212-4
定价：CNY238.00
（世界书画家经典系列丛书）

J0086066
郎世宁画集 （意）郎世宁绘
天津 天津人民美术出版社 1998年 153页
38cm（6开）精装 ISBN：7-5305-0782-6
　　中国清代宫廷画家意大利画师郎世宁的中国画作品。郎世宁（Giuseppe Castiglione，1688—1766），意大利画家、清代宫廷画家。原名朱塞佩·伽斯底里奥内，生于米兰。作为天主教耶稣会的修道士来中国传教，随即入宫，为清代宫廷十大画家之一。主要作品有《百骏图》《乾隆大阅图》《瑞谷图》《花鸟图》《百子图》等。

J0086067
日本现代花鸟画 （1）莽野，济豫编
郑州 河南美术出版社 1998年 79页
29cm（16开）ISBN：7-5401-0713-8
定价：CNY49.00

J0086068
日本现代花鸟画 （2）莽野，济豫编
郑州 河南美术出版社 1998年 79页
29cm（16开）ISBN：7-5401-0713-8
定价：CNY49.00

J0086069
杉谷隆志中国百景画集 （日）杉谷隆志绘
上海 上海人民出版社 1998年 103页
29cm（16开）精装 ISBN：7-208-02885-0
定价：CNY70.00

J0086070
世界华人书画展作品集 邓福星主编
北京 文化艺术出版社 1998年 336页
42cm（8开）精装 ISBN：7-5039-1704-0
定价：CNY680.00
　　编者邓福星（1945— ），书画家、美术教育家。河北固安人，毕业于中国艺术研究院研究生班，获博士学位。任中国艺术研究院研究员，博士生导师，中国画学会副会长。绘画作品《周总理永远和我们在一起》《梅花欢喜漫天雪》《五体千字文》，论著《美术概论》等。

J0086071
松献英芝图　　郎世宁绘
天津　天津人民美术出版社　1998 年　1 张
72×48cm　定价：CNY12.00
　　中国清代宫廷画家意大利画师郎世宁的中国画作品。

J0086072
2000：郎世宁画选　（国画挂历）郎世宁绘
长春　吉林摄影出版社　1999 年　81×56cm
ISBN：7-80606-311-0　定价：CNY118.00
　　中国清代宫廷画家意大利画师郎世宁的中国画作品。

J0086073
2000：郎世宁真迹　（国画挂历）（清）郎世宁绘
福州　海潮摄影艺术出版社　1999 年　117×76cm
ISBN：7-80562-604-9　定价：CNY108.00
　　中国清代宫廷画家意大利画师郎世宁的中国画作品。

各国油画、漆画、涂料画作品

J0086074
特朗　　刘海粟编
上海　中华书局　1932 年　影印本　［47］页
31cm（8 开）　定价：银三元
（世界名画集　第 1 集）
　　本书内收法国画家安特莱·特朗（Andre Derain）的人物、风景画 20 幅。书前有编者写的画家小传。作者刘海粟（1896—1994），画家、美术教育家。名槃，字季芳，号海翁。江苏武进人。参与创办上海私立美术学院。曾任华东艺术专科学校校长、南京艺术学院院长。代表作《黄山云海奇观》《披狐皮的女孩》《九溪十八涧》等，有画集《黄山》《海粟老人书画集》等。

J0086075
西班牙的苦难　　加斯特拉绘；巴金编
上海　文化生活出版社　民国二十九年［1940］
1 册　有图　19cm（32 开）　定价：国币四角
（新艺术丛刊 4）

J0086076
世界名画　（苏）列宾等绘
上海［人民美术出版社］［1950—1959 年］
影印本　18cm（32 开）

J0086077
苏联经济及文化建设成就展览会纪念画册　接待苏联来华展览办公室宣传处编
北京　人民美术出版社　1955 年　31cm（12 开）
定价：CNY2.20（道林纸），CNY2.80（铜版纸平装）

J0086078
苏联经济及文化建设成就展览会图片介绍
［广州］华南人民出版社　1955 年　［1］张
15cm（64 开）　定价：CNY0.50

J0086079
参逊的婚宴　（荷）伦勃朗作
北京　人民美术出版社　1956 年　定价：CNY0.50
　　作者伦勃朗·哈尔曼松·凡·莱因（Rembrandt Harmenszoon van Rijn, 1606—1669），荷兰油画家、版画家。代表作品《木匠家庭》《夜巡》《三棵树》《浪子回头》《尼古拉·特尔普教授的解剖课》等。

J0086080
戴金盔的人　（荷）伦勃朗作
北京　人民美术出版社　1956 年　8 张（单开）
定价：CNY0.50

J0086081
伦勃朗　（荷）伦勃朗（Rembrandt）绘；唐德鉴编辑
北京　人民美术出版社　1956 年　68 页　38cm（6 开）
精装　统一书号：8027.1040　定价：CNY15.00

J0086082
莎士基亚　（荷）伦勃朗作
北京　人民美术出版社　1956 年　1 张
定价：CNY0.50

J0086083
苏联经济及文化建设成就展览会纪念画册　（苏联经济及文化建设成就）展览会广州办公室宣传处编
广东　广东人民出版社　1956 年　影印本

定价: CNY3.00

J0086084

苏联经济及文化建设成就展览会油画选集 平野编辑

北京 朝花美术出版社 1956年 影印本 20页 18cm(32 开) 定价: CNY0.16

(群众美术画库)

平野(1924—)。原名张大晖。浙江温州人,毕业于中央大学艺术系。历任人民美术出版社任编审、菏泽书画研究院名誉院长,《简明不列颠百科全书》主要译审、《中国大百科全书美术》西方美术副主编。

J0086085

自画象 (荷)伦勃朗作

北京 人民美术出版社 1956年 1张

定价: CNY0.50

J0086086

哥雅 陈允鹤编

[北京] 朝花美术出版社 1957年 有图

定价: CNY1.70

本书为其绘画作品选集。哥雅,现通译为戈 雅(Francisco Jos'e Goyay Lucientes, 1746—1828),西班牙画家。早年赴意大利学画, 1775年定居马德里, 1789年起任宫廷画师,以现实主义手法创作了王室成员的肖像画, 1824年定居法国。代表作有《着衣的马哈》《1808年5月3日:枪杀马德里保卫者》《撒旦吞食其孩子》等。编者陈允鹤(1933—),上海宝山人。笔名云鹤。结业于文化学院。曾任中国美术出版研究委员会会长、《中国艺术》季刊主编、中国美术家协会插图装帧艺术委员会委员。编著出版有《永恒之美: 谈希腊艺术》《米开朗基罗雕刻》《伦勃朗》等。

J0086087

伦勃朗 唐德鉴编

[北京] 朝花美术出版社 1957年 有图

定价: CNY1.20

伦勃朗·哈尔曼松·凡·莱因(Rembrandt Harmenszoon van Rijn, 1606—1669),荷兰油画家、版画家。代表作品《木匠家庭》《夜巡》《三棵树》《浪子回头》《尼古拉·特尔普教授的解剖

课》等。本书为其绘画作品选集。

J0086088

米列 唐德鉴编

[北京] 朝花美术出版社 1957年 有图

定价: CNY1.30

米列,现通译为: 让·弗朗索瓦·米勒(Jean-Francois Millet, 1814—1875),法国画家。巴比松画派的代表人物。作品大多表现了农民勤劳朴实的形象,歌颂他们淳朴的性格。代表作品有《播种者》《拾穗者》等。本书为其绘画作品选集。

J0086089

十八 — 二十世纪俄罗斯绘画展览会 (列宁格勒国立俄罗斯博物馆收藏的一部分) 对外文化联络局编

北京 对外文化联络局 1957年 62页

21cm(16 开)

J0086090

苏联画家描绘儿童的油画 平野编

北京 朝花美术出版社 1957年 影印本 20页 18cm(32 开) 统一书号: T8028.1396

定价: CNY0.16

(群众美术画库)

编者平野(1924—)。原名张大晖。浙江温州人,毕业于中央大学艺术系。历任人民美术出版社任编审、菏泽书画研究院名誉院长、《简明不列颠百科全书》主要译审、《中国大百科全书美术》西方美术副主编。

J0086091

苏联画家描绘青年的油画 平野编

北京 朝花美术出版社 1957年 影印本 24页 18cm(32 开) 统一书号: T8023.1897

定价: CNY0.16

(群众美术画库)

J0086092

苏联经济文化建设成就展览会美术作品选集 中苏友好协会总会编

北京 人民美术出版社 1957年 98页 19×26cm

精装 统一书号: 8027.943 定价: CNY5.00

J0086093
苏联十月革命历史画 平野编
北京 朝花美术出版社 1957年 影印本 20页
18cm(32开)统一书号:T8028.1457
定价:CNY0.16
(群众美术画库)
　　苏联现代油画作品。

J0086094
世界名画 (3 肖像画专辑)
上海 上海人民美术出版社 1958年 12张
18cm(30开)散页 统一书号:T8081.3987
定价:CNY0.60

J0086095
委拉士开兹 (西)委拉士开兹作
北京 人民美术出版社 1958年 12页
19cm(32开)统一书号:T8027.1629
定价:CNY1.80
　　西班牙油画画册。

J0086096
列宾 (画册)(俄)列宾绘;平野编
北京 人民美术出版社 1959年 [51]页
19cm(32开)统一书号:8027.2945
定价:CNY1.04
　　伊里亚·叶菲莫维奇·列宾(Илья Ефимо-
вич Репин, 1844—1930),俄国批判现实主义
画家。

J0086097
十九世纪匈牙利油画 人民美术出版社编辑
上海 上海人民美术出版社 1959年 20幅
24cm(16开)统一书号:T8081.4294
定价:CNY1.80
　　本书收入十九世纪匈牙利油画20幅。

J0086098
布吕尔街 (油画)(德)B.克雷茨许马作
上海 上海人民美术出版社 1960年 [1张]
定价:CNY0.10

J0086099
德拉克罗瓦 (法)德拉克罗瓦绘;朱章超编
北京 人民美术出版社 1960年 21幅

17cm(40开)统一书号:8027.3288
定价:CNY0.23
(群众美术画库)
　　德拉克罗瓦,现通译为:德拉克洛瓦(Ferdi-
nand Victor Eugene Delacroix, 1798—1863),法
国浪漫主义画家。代表作品《自由引导人民》《十
字军占领君士坦丁堡》《希奥岛的屠杀》。

J0086100
伦勃朗 (荷)伦勃朗绘;唐德鉴编
北京 人民美术出版社 1960年 21页
18cm(15开)统一书号:T8027.3286
定价:CNY0.23
(群众美术画库)
　　作者伦勃朗·哈尔曼松·凡·莱因(Rembrandt
Harmenszoon van Rijn, 1606—1669),荷兰油画
家、版画家。代表作品《木匠家庭》《夜巡》《三
棵树》《浪子回头》《尼古拉·特尔普教授的解剖
课》等。

J0086101
英国近七十年油画展览 中国人民对外文化
协会,中国美术家协会主办
[北京]中国人民对外文化协会 1960年
21cm(32开)
　　本书与中国美术家协会合作出版。

J0086102
不相称的夫妻 (德)莱勃尔作
北京 人民美术出版社 1962年 [1幅]
53cm(4开)定价:CNY0.50
　　本作品系德国画家莱勃尔的油画作品,原作
现藏法兰克福斯特戴尔美术陈列馆。

J0086103
村道 (荷兰)霍贝玛作
北京 人民美术出版社 1963年 [1幅]
39cm(8开)定价:CNY0.50
　　荷兰近代油画作品。

J0086104
万珠什·米奥画集 (1891—1957)(阿尔巴尼
亚)万珠什·米奥作
上海 上海人民美术出版社 1963年 32页
26cm(16开)精装 统一书号:T8081.5328

定价: CNY9.50

　　阿尔巴尼亚油画选集。

J0086105
白连的世界 (英)白连绘
香港 香港市政局 1976 年 有图 26cm(16 开)
定价: HKD4.00

　　英国油画作品。外文书名: The World of Douglas Bland.

J0086106
19、20 世纪罗马尼亚绘画选 上海人民美术出版社编辑
上海 上海人民美术出版社 1978 年 20 幅(1 函)
38cm(6 开) 统一书号: 8081.11071
定价: CNY3.30

J0086107
奥芒斯河谷 (法)阿皮尼作
北京 人民美术出版社 1978 年 53cm(4 开)
统一书号: 8027.6869 定价: CNY0.18

　　法国现代油画作品。

J0086108
德拉克罗瓦 (法)德拉克罗瓦(E.Delacroix)绘
北京 人民美术出版社 1978 年 34 幅
26cm(16 开) 统一书号: 8027.6879
定价: CNY0.55
(外国美术介绍丛书)

　　本书是法国近代油画画册。介绍 19 世纪法国画家德拉克罗瓦的作品。德拉克罗瓦，通译为: 德拉克洛瓦(Ferdinand Victor Eugene Delacroix, 1798—1863)，法国浪漫主义画家。代表作品《自由引导人民》《十字军占领君士坦丁堡》《希奥岛的屠杀》。

J0086109
纺线的奥弗涅牧羊女 (法)让·费朗索瓦·米勒作
天津 天津人民美术出版社 1978 年 53cm(4 开)
定价: CNY0.20

　　法国近代油画作品。

J0086110
放牧的羊 (法)夏尔·雅克作

天津 天津人民美术出版社 1978 年 53cm(4 开)
定价: CNY0.20

　　法国近代油画作品。

J0086111
枫丹白露森林 (法)纳西斯·维吉尔，迪亚兹·德·拉·贝纳作
天津 天津人民美术出版社 1978 年 53cm(4 开)
定价: CNY0.20

　　法国近代油画作品。

J0086112
砍柴的人 (法)让·弗朗索瓦·米勒作
天津 天津人民美术出版社 1978 年 53cm(4 开)
定价: CNY0.20

　　法国近代油画作品。

J0086113
看管得很好的奶牛 (法)爱德华·德巴 – 蓬桑作
天津 天津人民美术出版社 1978 年 53cm(4 开)
定价: CNY0.20

　　法国近代油画作品。

J0086114
朗格多克葡萄园的一角 (法)德巴 – 蓬桑作
北京 人民美术出版社 1978 年 53cm(4 开)
定价: CNY0.18

　　法国近代油画作品。

J0086115
莫雷附近的杨树林荫道 (法)阿尔弗雷德·西斯莱作
天津 天津人民美术出版社 1978 年 53cm(4 开)
定价: CNY0.20

　　法国近代油画作品。

J0086116
尼维尔内的田间劳动 (法)博纳尔作
北京 人民美术出版社 1978 年 53cm(4 开)
定价: CNY0.18

　　法国近代油画作品。作者皮埃尔·博纳尔(1867—1947)，画家。生于法国丰特奈 – 欧罗斯，曾就读于巴黎朱利安美术学院。代表作有油画《逆光下的女裸体》《乡间餐厅》，版画插图《达芙尼与克罗依》《自然史》等。

J0086117

尼维尔内的田间劳动 （法）罗萨·博纳尔作
天津 天津人民美术出版社 1978 年 53cm（4 开）
定价：CNY0.20
　　法国近代油画作品。

J0086118

农村风景 （法）阿尔弗雷德·西斯莱作
天津 天津人民美术出版社 1978 年 53cm（4 开）
定价：CNY0.20
　　法国近代油画作品。

J0086119

农女芒达·拉梅特里 （法）阿·罗尔作
北京 人民美术出版社 1978 年 53cm（4 开）
定价：CNY0.18
　　法国近代油画作品。

J0086120

农女芒达·拉梅特里 （法）阿·罗尔作
天津 天津人民美术出版社 1978 年 53cm（4 开）
定价：CNY0.20
　　法国近代油画作品。

J0086121

蓬－阿凡的洗衣妇 （法）保罗·高庚作
天津 天津人民美术出版社 1978 年 53cm（4 开）
定价：CNY0.20
　　法国近代油画作品.

J0086122

汝拉山区的牧羊女 （法）莱昂·布荣作
天津 天津人民美术出版社 1978 年 53cm（4 开）
定价：CNY0.20
　　法国近代油画作品。

J0086123

赛纳河畔的尚善鲁塞 （法）奥古斯特·雷诺阿作
天津 天津人民美术出版社 1978 年 53cm（4 开）
定价：CNY0.20
　　法国近代油画作品。作者皮埃尔·奥古斯特·雷诺阿（Pierre－Auguste Renoir, 1841—1919），印象画派画家、雕刻家。

J0086124

森林之边 （法）路易·卡巴作
天津 天津人民美术出版社 1978 年 53cm（4 开）
定价：CNY0.20
　　法国近代油画作品。

J0086125

十九世纪法国农村风景绘画 上海人民美术出版社编辑
上海 上海人民美术出版社 1978 年 38 幅 38cm（12 开）套装 统一书号：8081.11289
定价：CNY5.95
　　本书选自1978 年后中国展出的《法国十九世纪农村风景画展览》，全部彩色精印，内容有：《喂食》《纺线的奥弗涅牧羊女》《农村风景》《莫雷附近的杨树林荫道》等。

J0086126

收割的报酬 （法）莱昂·莱尔米特作
北京 人民美术出版社 1978 年 1 张 53cm（4 开）
定价：CNY0.18
　　法国现代油画作品。

J0086127

收割的报酬 （法）莱昂·莱尔米特作
天津 天津人民美术出版社 1978 年 1 张 53cm（4 开）定价：CNY0.20
　　法国现代油画作品。

J0086128

喂食 （法）让·弗朗索瓦·米勒作
天津 天津人民美术出版社 1978 年 1 张 53cm（4 开）定价：CNY0.20
　　法国近代油画作品。

J0086129

西洋名画精品总览 成文出版社编译部编译
台北 成文出版社 1978 年 100 页 26cm（16 开）

J0086130

雪景 （法）居斯塔夫·库尔贝作
天津 天津人民美术出版社 1978 年 1 张 53cm（4 开）定价：CNY0.20
　　法国近代油画作品。

J0086131

法国十九世纪农村风景画

北京 人民美术出版社 1979年 28幅 38cm(6开)

统一书号: 8027.6856 定价: CNY3.25

　　本画辑是从法国来华的"法国十九世纪农村风景画展览"(1978年)中选出的28幅油画,以彩色版印成。包括法国著名画家柯罗、米莱、库尔贝、布丹、莫奈、毕沙罗、西斯莱、雷诺阿、马尔盖、德朗、莱尔米特、巴斯蒂昂—勒帕热等人描绘法国农村的作品。其中有一些是传世名作。

J0086132

法国十九世纪农村风景画选

天津 天津人民美术出版社 1979年 24幅

52cm(4开) 套装 统一书号: 8073.50115

定价: CNY6.00

　　本书收入法国近代油画风景画24幅。

J0086133

风景 (法)埃米尔·郎比内作

天津 天津人民美术出版社 1979年 [1张]

53cm(4开) 定价: CNY0.20

　　法国现代油画作品。

J0086134

看管得很好的奶牛 (1890)(法)爱德华·德巴－蓬桑作

上海 上海人民美术出版社 1979年 [1张]

53cm(4开) 定价: CNY0.24

　　法国近代油画作品。

J0086135

库尔贝 (法)库尔贝(G.Courbel)绘;陈允鹤编

北京 人民美术出版社 1979年 36页

26cm(16开) 统一书号: 8027.7089

定价: CNY0.55

(外国美术介绍丛书)

　　本书为法国近代油画画册,介绍19世纪法国画家库尔贝的作品,收入40幅图。编者陈允鹤(1933—　　),上海宝山人。笔名云鹤。结业于文化学院。曾任中国美术出版研究委员会会长、《中国艺术》季刊主编、中国美术家协会插图装帧艺术委员会委员。编著出版有《永恒之美:谈希腊艺术》《米开朗基罗雕刻》《伦勃朗》等。

J0086136

朗格多克葡萄园的一角 (法)德巴－蓬桑,罗尔绘

北京 人民美术出版社 1979年 26cm(16开)

统一书号: 8027.6871 定价: CNY0.35

　　法国近代油画风景画作品。

J0086137

朗格多克葡萄园一角 (法)爱德华·德巴－蓬桑作

天津 天津人民美术出版社 1979年 [1张]

53cm(4开) 定价: CNY0.20

J0086138

列宾 (俄)列宾(И.репин)绘

北京 人民美术出版社 1979年 49页

26cm(16开) 统一书号: 8027.7095

定价: CNY0.55

　　本书收入并介绍了俄国画家列宾的绘画作品52幅。

J0086139

莫雷附近的杨树林荫道 (1890)(法)阿尔弗雷德·西斯莱作

上海 上海人民美术出版社 1979年 [1张]

53cm(4开) 定价: CNY0.24

J0086140

尼维尔内的田间劳动 (法)博纳尔等著

北京 人民美术出版社 1979年 [8页]

26cm(16开) 统一书号: 8027.6872

定价: CNY0.35

　　本书为法国油画作品选。

J0086141

收割的报酬 (法)莱尔米特绘

北京 人民美术出版社 1979年 26cm(16开)

统一书号: 8027.6873 定价: CNY0.35

(外国美术介绍)

　　本书为法国油画作品选。

J0086142

守林人的女儿 (罗)尼古拉·托尼查作

上海 上海人民美术出版社 1979年 [1张]

53cm(4开) 定价: CNY0.24

罗马尼亚油画作品。

J0086143
特罗瓦附近的塞纳河畔 （法）路易－埃克
托·普隆作
天津 天津人民美术出版社 1979 年 [1 张]
53cm（4 开）定价：CNY0.20
　　法国近代油画作品。

J0086144
委拉斯凯兹 （西）委拉斯凯兹（Velazquez）绘；
陈元鹤编
北京 人民美术出版社 1979 年 36 页
26cm（16 开）统一书号：8027.6952
定价：CNY0.55
（外国美术介绍丛书）
　　本书收入并介绍近代西班牙画家委拉斯凯
兹油画作品 45 幅。

J0086145
法国 250 年绘画展览作品选
上海 上海书画社 [1980 年] 12×18cm

J0086146
花 （法）雷诺阿画
上海 上海人民美术出版社 1980 年 13cm（64 开）
定价：CNY0.24
　　法国近代油画作品。

J0086147
柯罗 （法）柯罗（J.B.C.Corot）绘
北京 人民美术出版社 1980 年 39 幅
25cm（15 开）统一书号：8027.7351
定价：CNY0.55
（外国美术介绍）
　　本书介绍了法国近代画家柯罗（Corot,
Jean-Baptiste, 1796—1875）的作品及生平事迹。
作者柯罗（Camille Corot, 1796—1875），法国画
家。全名卡米耶·柯罗，出生于巴黎。主要作品
有《戴珍珠头饰的女郎》《兰衣女》《樵夫》《夕阳
的欢乐》《毕比利斯》等。

J0086148
柯洛 李荐宏编
台北 源成出版公司 1980 年 33 页 有图

30cm（12 开）定价：TWD130.00
（世界名家素描全集 18）
　　外文书名：Corot. 柯洛（Corot, Jean-Bap-
tiste, 1796—1875）， 通译为： 柯罗（Camille
Corot, 1796—1875），法国画家。全名卡米耶·柯
罗，出生于巴黎。主要作品有《戴珍珠头饰的女
郎》《兰衣女》《樵夫》《夕阳的欢乐》《毕比利
斯》等。

J0086149
鲁本斯 吴甲丰编
北京 人民美术出版社 1980 年 34 幅
25cm（15 开）统一书号：8027.7282
定价：CNY0.55
（外国美术介绍丛书）
　　本书收入佛兰德斯画家鲁本斯的绘画作
品 37 幅。鲁本斯（Peter Paul Rubens, 1577—
1640），比利时画家。出生于德国茨根。青年时
随凡·努尔特（Adamvan Noort, 1557—1641）等
画师学画。其成就在于融合尼德兰和意大利的
艺术传统，复兴了佛兰德斯画派，对欧洲绘画的
发展有重大影响。代表作品有《上、下十字架》
《复活》《爱之园》《强劫留西帕斯的女儿》等。

J0086150
伊蕾娜·卡昂 （法）雷诺阿画
上海 上海人民美术出版社 1980 年 53cm（4 开）
定价：CNY0.24
　　法国近代油画作品。

J0086151
在丛林里 （瑞典）安德斯·佐恩画
上海 上海人民美术出版社 1980 年 53cm（4 开）
定价：CNY0.24
　　瑞典油画作品。作者安德斯·佐恩（Anders
Zorn, 1860—1920），瑞典画家、蚀刻师和雕塑
家。毕业于斯德哥尔摩皇家美术学院。水彩画
代表作《夏天的娱乐》，雕塑代表作《农牧神和仙
女》等。

J0086152
波士顿博物馆美国名画原作展
北京 1981 年 179 页 28cm（16 开）

J0086153

卡米尔・毕沙罗　（法）毕沙罗（V.C.Pissarro）绘；马凤林编

天津　天津人民美术出版社 1981 年［40 页］

22cm（32 开）统一书号：8073.50210

定价：CNY0.95

（画家介绍丛书）

　　作者毕沙罗（Camille Pissarro, 1830—1903），法国印象派画家。生于安的列斯群岛的圣托马斯岛，祖籍法国波尔多。代表作品《塞纳河和卢浮宫》《雪中的林间大道》《蒙福科的收获季节》等。编者马凤林（1950—　　），天津人民美术出版社美术编辑。

J0086154

西斯莱　（1839—1899）（法）西斯莱绘

上海　上海人民美术出版社 1981 年 64 页

19cm（32 开）统一书号：8081.12223

定价：CNY1.80

（世界美术家画库）

　　本书收入并介绍了近代法国画家西斯莱的油画和生平事迹。西斯莱（Alfred Sisley, 1839—1899），法国画家。原籍英国，生于巴黎。曾在伦敦当学徒，业余学画，曾在巴黎国立高等美术学院学习，早期作品细致写实，后来着重光与色的表现，喜绘阳光中的河流和树林。印象派主要成员之一。代表作品有《鲁弗西里雪景》《塞纳河岸的乡村》《马尔利港的洪水》等。

J0086155

持花束的小姑娘　（法）雷诺阿作

上海　上海人民美术出版社 1982 年［1 张］

54cm（4 开）定价：CNY0.24

　　本作品是法国画家雷诺阿的油画。作者皮埃尔・奥古斯特・雷诺阿（Pierre-Auguste Renoir, 1841—1919）法国印象派画家。生于法国里蒙。以油画著称，亦作雕塑和版画。主要作品有《包厢》《游船上的午餐》《煎饼磨房的舞会》等。

J0086156

村路　（荷兰）凡・高作

上海　上海人民美术出版社 1982 年［1 张］

54cm（4 开）定价：CNY0.24

　　荷兰后印象派画家梵・高的油画作品。凡・高（Vincent van Gogh, 1853—1890），荷兰后印象

派画家。另有译名梵・高、文森特・梵高、文森特・梵高、梵谷等。代表作有《星月夜》、自画像系列、向日葵系列等。

J0086157

二个在读书的女孩　（法）雷诺阿作

上海　上海人民美术出版社 1982 年［1 张］

54cm（4 开）定价：CNY0.30

　　本作品是法国画家雷诺阿的油画。

J0086158

法国 250 年　（1620—1870 年绘画展览 卢浮宫博物馆和凡尔赛宫博物馆珍藏原作）梁宇编辑

上海　上海人民美术出版社 1982 年 45 页

19cm（32 开）套装 定价：CNY3.00

　　本画册为由中国展览公司主办的，在北京、上海展出的"法国 250 年绘画展览"的油画画册，均为卢浮宫博物馆和凡尔赛宫博物馆珍藏原作。

J0086159

韩默藏画选　上海人民美术出版社编辑

上海　上海人民美术出版社 1982 年 12 页

19cm（32 开）统一书号：8081.13023

定价：CNY0.75

　　本书是选自美国亚蒙・韩默博士的藏画展览会的作品。收美国实业家韩默所藏世界名画，其中有伦勃朗的《朱诺》、鲁本斯的《牧羊人的崇敬》，以及摩罗的《沙乐美》等。

J0086160

凯勒・海伦　（英）米莱司作

上海　上海人民美术出版社 1982 年［1 张］

54cm（4 开）定价：CNY0.30

　　本作品是英国画家米莱司的油画。作者约翰・埃弗里特・米莱斯（John Everett Millais, 1829—1896），英国画家。出生于英国南安普顿，毕业于英国皇家美术学院。代表作《盲女》《奥菲丽亚》《玛利安娜》。

J0086161

理查・司契米德画人体　（美）司契米德著；钟肇恒译

沈阳　辽宁美术出版社 1982 年 130 页

25cm（小 16 开）统一书号：8117.2139

定价：CNY4.60

本书通过示范图例，讲述如何改进和运用传统油画材料和技法，创造个人风格，画出优美的人体。同时还介绍了油画材料、工具和画室的使用方法，在人体造型上如何运用色调和色彩及如何构图等，并对如何运用水彩、水粉、油色、木炭、铅笔、龚戴笔塑造人体加以详细说明，最后用技法实例展示了90余幅裸体画。

J0086162

蒙特玛德大街的游行人群　（法）毕沙罗作
上海　上海人民美术出版社 1982 年［1 张］
54cm（4 开）定价：CNY0.30

　　本作品是法国画家毕沙罗的油画。作者卡米耶·毕沙罗（Camille Pissarro，1830—1903），法国的印象派画家。生于安的列斯群岛的圣托马斯。代表作品《塞纳河和卢浮宫》《雪中的林间大道》《蒙福科的收获季节》等。

J0086163

拿黑帽子的男子肖像　（荷兰）伦勃朗作
上海　上海人民美术出版社 1982 年［1 张］
54cm（4 开）定价：CNY0.30

　　荷兰画家伦勃朗的油画作品。作者伦勃朗·哈尔曼松·凡·莱因（Rembrandt Harmenszoon van Rijn，1606—1669），荷兰油画家、版画家。代表作品《木匠家庭》《夜巡》《三棵树》《浪子回头》《尼古拉·特尔普教授的解剖课》等。

J0086164

瑞恩·列菲贝荷及马尔戈　（美）玛丽·卡萨特作
上海　上海人民美术出版社 1982 年［1 张］
54cm（4 开）定价：CNY0.30

　　美国艺术家玛丽·卡萨特的油画作品。作者玛丽·卡萨特（Mary Cassatt，1844—1926），美国印象派画家、版画家。出生于宾夕法尼亚的阿勒根尼（今属匹兹堡），毕业于宾州美术学院。代表作品有《划船》《观赏歌剧》等。

J0086165

圣·雷米病院　（荷兰）凡·高作
上海　上海人民美术出版社 1982 年［1 张］
54cm（4 开）定价：CNY0.30

　　荷兰后印象派画家梵·高的油画作品。作者凡·高（Vincent van Gogh，1853—1890），荷兰后印象派画家。另有译名梵·高、文森特·梵·高、文森特·梵高、梵谷等。代表作有《星月夜》、自画像系列、向日葵系列等。

J0086166

早安·高庚先生　（法）高更作
上海　上海人民美术出版社 1982 年［1 张］
54cm（4 开）定价：CNY0.30

　　本作品是法国画家高更的油画。作者保罗·高更（Paul Gauguin，1848—1903），法国画家、雕塑家。后印象派的主要代表，又是纳比派的精神导师，象征主义潮流的发端人之一和野兽派的启发者。与梵高、塞尚并称为后印象派三大巨匠。作品有《我们从哪里来？我们是谁？我们往哪里去？》《雅各及天使》《两个塔希提妇女》《塔希提的街道》等。

J0086167

朱诺　（荷兰）伦勃朗作
上海　上海人民美术出版社 1982 年［1 张］
54cm（4 开）定价：CNY0.24

　　荷兰画家伦勃朗的油画作品。

J0086168

印象派画选
北京　人民美术出版社 1983 年 38 页
19cm（32 开）统一书号：8027.8372
定价：CNY1.95

　　本书介绍法国印象派画家马奈、德加、莫奈、雷诺阿、毕沙罗、西斯莱、塞尚、凡·高、高更、西涅克、劳特累克、朋纳、维雅等 14 人的主要作品。

J0086169

澳大利亚风景画选　上海画报编辑
上海　上海人民美术出版社 1984 年 12 幅
19cm（32 开）统一书号：8081.13874
定价：CNY0.50

J0086170

勃鲁盖尔　（画册）（荷）勃鲁盖尔（P.Bruegel）
绘；奚静之编
北京　人民美术出版社 1984 年 25cm（15 开）
统一书号：8027.9053 定价：CNY0.85
（外国美术介绍）

　　本书介绍了画家的《冬猎》《农民婚礼》及

《盲人的寓言》等杰作，构图紧凑且喜以侧面轮廓线描摹，使得画中事物看似简单，却显出极为有力的效果。外文书名：Bruegel. 作者勃鲁盖尔（Bruegel Pieter, 约1525—1569），荷兰画家。出生于荷兰北布拉邦特州。一生以农村生活作为艺术创作题材，被称为"农民的勃鲁盖尔"，欧洲美术史上第一位"农民画家"。代表作品有《洗礼者约翰布道》《农民婚礼》《农民舞蹈》等。

J0086171

打破的水壶　（法）让－巴蒂斯特·格瑞兹作
沈阳　辽宁美术出版社　1984年　53cm（4开）
定价：CNY0.20

　　本作品是18世纪洛可可风格的肖像画。作者法国画家让·巴蒂斯特·格勒兹（Jean-Baptiste Greuze, 1725—1805年），18世纪法国洛可可风格画家。出生在泥瓦工人家庭，自幼爱画画。以描写市民生活轻巧享乐方面而闻名。代表作品有《父亲为孩子们读圣经》《破水罐》。

J0086172

法国画家雷诺阿美术作品选　（法）雷诺阿作；上海画报出版社编
上海　上海人民美术出版社　1984年　15幅
18cm（15开）定价：CNY0.60
　　本书收入法国画家雷诺阿的油画作品15幅。

J0086173

法国绘画选　　世界美术作品选集编辑委员会编辑
沈阳　辽宁美术出版社　1984年　25cm（15开）
精装　统一书号：8161.0307　定价：CNY28.00
　　本书为法国油画画册。

J0086174

法国现代画展选辑
上海　上海人民美术出版社　1984年　12幅
19cm（32开）套装　统一书号：8081.13935
定价：CNY3.00

J0086175

哈乌伯爵夫人美阿莉　（英）托马斯·庚斯保罗作
沈阳　辽宁美术出版社　1984年　53cm（4开）
定价：CNY0.20

　　作者托马斯·庚斯博罗（Thomas Gainsborough, 1727—1788），英国肖像画家，风景画家。

出生于英国萨福克郡。代表作品有《蓝衣少年》《西登斯夫人》《夏洛特女王肖像》等。

J0086176

克里姆特油画　（奥）克里姆特（G.Klimt）绘
广州　岭南美术出版社　1984年　24cm（26开）
统一书号：8260.0765　定价：CNY2.80

　　本书选录奥地利画家古斯塔夫·克里姆特的50幅油画作品，作者克里姆特（Gustav Klimt, 1862—1918），奥地利画家。代表作有《吻》《里德莱尔夫人肖像》《鲍尔夫人肖像》等。

J0086177

玛尔科特·德·圣玛丽夫人肖像　（法）让－奥古斯特－多米尼克·安格尔作
沈阳　辽宁美术出版社　1984年　53cm（4开）
定价：CNY0.20

　　此画为画家的油画肖像作品。作者让·奥古斯特·多米尼克·安格尔（Jean Auguste Dominique Ingres, 1780—1867），新古典主义画家、美学理论家和教育家。出生于法国蒙托。17岁成为画家。代表作品有《泉》《大宫女》《土耳其浴室》《瓦平松的浴女》等。

J0086178

美国印象派画选
天津　天津人民美术出版社　1984年　20幅
19cm（32开）套装　统一书号：8073.70054
定价：CNY1.90

　　本书为美国现代印象画派油画作品选。

J0086179

贤明带来和平与丰收　（法）西蒙·武埃作
沈阳　辽宁美术出版社　1984年　53cm（4开）
定价：CNY0.20

　　此画为画家的画布油画。作者西蒙·武埃（Simon Vouet, 1590—1649），法国画家。出生于巴黎。代表作品有《童贞女得子》《美术的寓言》《时代的征服》等。

J0086180

谢洛夫　（画册）（俄）谢洛夫绘；奚静之编
北京　人民美术出版社　1984年　35幅
25cm（16开）统一书号：8027.9053
定价：CNY0.85

（外国美术介绍）

　　本书介绍19世纪末20世纪初俄国名画家瓦连丁·谢洛夫的生平及其代表作品。编者奚静之(1935—　)，生于江苏常州，中央工艺美术学院工艺美术史论系主任，教授、博士生导师，《中国大百科全书·美术》编委及东欧分支主编。有《俄罗斯美术史话》《俄罗斯苏联美术史》《欧洲绘画简史》等。

J0086181
伊丽娜·卡昂·安弗斯的肖像　（法）雷诺阿作
杭州　浙江人民美术出版社　1984年　76cm（2开）
定价：CNY0.35
　　此画为画家的油画肖像作品。作者皮埃尔·奥古斯特·雷诺阿(Pierre-Auguste Renoir, 1841—1919)印象派重要画家。生于法国Haute-Vienne的小镇里蒙(Limoges)。以油画著称，亦作雕塑和版画。代表作品《煎饼磨坊的舞会》《船上的午宴》《包厢》《罗曼·拉柯小姐》等。

J0086182
伊萨贝尔·柯伯丝·波尔赛肖像　（油画 1985年年历）(西)戈雅作
南昌　江西人民出版社 [1984年] 1张
54cm（4开）定价：CNY0.19
　　西班牙油画作品。

J0086183
音乐会上　（法）P.A.雷诺阿作
杭州　浙江人民美术出版社　1984年　78cm（2开）
定价：CNY0.35
　　此画为画家的油画作品。

J0086184
1986：外国油画
长沙　湖南美术出版社　1985年　53cm（4开）
定价：CNY4.00

J0086185
1986：外国油画
南昌　江西人民出版社 [1985年] 73cm（3开）
定价：CNY8.50

J0086186
爱之梦　（德）威廉·约翰内斯·马滕斯作
天津　天津美术出版社　1985年　1张　76cm（2开）
定价：CNY0.60
　　德国油画作品。

J0086187
澳大利亚风景画选　世界美术作品选集编委会编辑
沈阳　辽宁美术出版社　1985年　25cm（12开）
精装　统一书号：8161.0836　定价：CNY24.00
（世界美术作品选集）
　　本画册共收油画作品104幅。

J0086188
待风起航的油船　（英）透纳作
天津　天津美术出版社　1985年　1张　76cm（2开）
定价：CNY0.45
　　英国近代油画作品。约瑟夫·马洛德·威廉·透纳(Joseph Mallord William Turner, 1775—1851)，英国风景画家。毕业于英国皇家美术学院。代表作品《被拖去解体的战舰无畏号》《海上渔夫》。

J0086189
法国现代画展选辑　上海人民美术出版社编
上海　上海人民美术出版社　1985年　32cm（10开）
统一书号：8081.1395　定价：CNY3.00

J0086190
法国现代画展选辑
上海　上海人民美术出版社　1985年　12幅
19cm（32开）套装　统一书号：8081.13935
定价：CNY3.00

J0086191
弗拉戈纳尔　袁宝林，杜新玲编著
天津　天津人民美术出版社　1985年　34页
有图　20cm（32开）统一书号：8073.50296
定价：CNY3.60
（画家介绍丛书）

J0086192
哥雅　杨诎人，平野编译
广州　岭南美术出版社　1985年　29页　35cm（5开）
统一书号：8260.1449　定价：CNY14.00
（世界名画家画丛）

本书是哥雅绘画集。画集收集其作品 20 余幅，每幅都有介绍和评论文章，其中有不少名画，如《五月三日的枪杀》《裸体的玛哈》等。哥雅(Francisco Jose de Goya Y Lucientes，1746—1828)，西班牙画家。全名弗兰西斯柯－贺赛－德－哥雅，出生于西班牙芬德托多斯。代表作品有《裸体的玛亚》《穿衣的玛亚》《1808 年 5 月 3 日：枪杀马德里保卫者》等。本书与三联书店香港分店合作出版。

J0086193
花神 （意）提香作
上海　上海人民美术出版社 1985 年　1 张
53cm（4 开）定价：CNY0.24
　　意大利中世纪油画作品。作者提香·韦切利奥，又译提齐安诺·维伽略(Tiziano Vecelli 或 Tiziano Vecellio，约 1488/1490—1576)，意大利威尼斯画派代表画家。出生于意大利东北部阿尔卑斯山地区。代表作品有《乌比诺的维纳斯》《圣母升天》《神圣与世俗之爱》《爱神节》等 。

J0086194
卡茨基尔的黄昏 （美）托马斯·科尔作
乌鲁木齐　新疆人民出版社 1985 年　1 张
53cm（4 开）定价：CNY0.20
　　美国油画作品。

J0086195
伦勃朗 （荷兰）伦勃朗(Rembrandt，H.)绘；陈允鹤编
北京　人民美术出版社 1985 年　51 幅　有图
26cm（16 开）统一书号：8027.8947
定价：CNY4.50
（外国美术介绍）
　　本书是荷兰近代油画画册。介绍 17 世纪荷兰画家伦勃朗的油画作品。作者伦勃朗·哈尔曼松·凡·莱因(Rembrandt Harmenszoon van Rijn，1606—1669)，荷兰油画家、版画家。代表作品《木匠家庭》《夜巡》《三棵树》《浪子回头》《尼古拉·特尔普教授的解剖课》等。

J0086196
伦勃朗 （荷）伦勃朗(Rembrandt Harmensz van Rijn)绘
北京　人民美术出版社 1985 年　26cm（16 开）

定价：CNY1.00
（外国美术介绍）
　　荷兰近代油画画册。介绍 17 世纪荷兰画家伦勃朗的油画作品。

J0086197
蒙娜丽萨 （意）达·芬奇作
北京　人民美术出版社 1985 年　1 张　53cm（4 开）
定价：CNY0.24
　　意大利中世纪油画。

J0086198
莫娜·丽萨 （意）芬奇作
上海　上海美术出版社 1985 年　1 张　53cm（4 开）
定价：CNY0.24
　　意大利中世纪油画。

J0086199
森林之晨 （俄）希施金作
乌鲁木齐　新疆人民出版社 1985 年　1 张
53cm（4 开）定价：CNY0.20
　　作者希施金(Ivan Ivanovich Shishkin，1832—1898)，俄罗斯风景画画家。全名伊凡 伊凡诺维奇 希施金，生于俄国的叶拉布加。就读于莫斯科绘画雕刻建筑学校、彼得堡皇家美术学院。彼得堡美术院院士与教授。作品有《在平静的原野上》《橡树林》《松林的早晨》等。

J0086200
苏联当代画家十人集 晨朋编
郑州　河南美术出版社 1985 年　85 页
21cm（32 开）统一书号：8386.229
定价：CNY5.90
　　本书介绍了克雷切夫、卡特乔夫兄弟、波普科夫等 10 位苏联著名画家及其作品。

J0086201
苏联现代绘画选 上海画报出版社编辑
上海　上海画报出版社 1985 年　12cm（60 开）
统一书号：8431.10019 定价：CNY0.50

J0086202
苏珊娜·富尔曼 （比）鲁本斯作
北京　人民美术出版社 1985 年　1 张 53cm（4 开）
定价：CNY0.24

鲁本斯（Peter Paul Rubens, 1577—1640），比利时画家。出生于德国茨根。青年时随凡·努尔特（Adamvan Noort, 1557—1641）等画师学画。代表作品有《上、下十字架》《复活》《爱之园》《强劫留西帕斯的女儿》等。

J0086203
提香　（意）提香（Tiziano, V.）绘
北京　人民美术出版社 1985 年 54 幅
26cm（16 开）统一书号：8027.9390
定价：CNY1.20
（外国美术介绍）
　　本书收入意大利文艺复兴时期画家提香的油画作品54幅，并简要介绍了提香的生平。

J0086204
西斯莱　（法）西斯莱绘（Sisley, A.）；陈甸玉编
北京　人民美术出版社 1985 年 1 册 有图
26cm（16 开）统一书号：8027.9537
定价：CNY1.60
（外国美术介绍）
　　本书介绍了西斯莱的生平事迹，并附作品29幅。

J0086205
新英格兰家园　（美）盖利作
天津　天津美术出版社 1985 年 1 张 76cm（2 开）
定价：CNY0.45
　　美国油画作品。

J0086206
约干松　（苏）约干松（Иогансон, Б.В.）绘
北京　人民美术出版社 1985 年 有图
26cm（16 开）统一书号：8027.9557
定价：CNY1.05
（外国美术介绍）
　　本书收入 35 幅图。介绍苏联画家约干松的作品。作者约干松（Борис Владимирович Иогансон, 1893—？），苏联画家。全名波里斯·弗拉基米洛维奇·约干松，毕业于莫斯科绘画、雕刻、建筑专科学校。作品有《受审》《1919年的铁路交叉站》《苏维埃法庭》《工农预备大学学生出来了》等。

J0086207
自由领导人　（法）德拉克洛瓦作
上海　上海人民出版社 1985 年 1 张 53cm（4 开）
定价：CNY0.24
　　法国近代油画作品。德拉克洛瓦（Ferdinand Victor Eugene Delacroix, 1798—1863），法国浪漫主义画家。代表作品《自由引导人民》《十字军占领君士坦丁堡》《希奥岛的屠杀》。

J0086208
爱之梦　（德）威廉·约翰内斯·马滕斯作
郑州　河南美术出版社 1986 年 1 张 76cm（2 开）
定价：CNY0.50
　　德国近代油画作品。

J0086209
摆满鲜花的桌子　（民主德国）戈特弗利德·威廉·弗勒克尔作
郑州　河南美术出版社 1986 年 1 张 76cm（2 开）
定价：CNY0.50
　　德意志民主共和国油画作品。

J0086210
德拉克罗瓦　（法）德拉克罗瓦（Delacroix, E.）绘；曾宪才等编译
广州　岭南美术出版社 1986 年 26 页 有彩图
35cm（18 开）定价：CNY14.00
（世界名画家画丛）
　　本书收入法国画家德拉克罗瓦的油画34幅。本书与三联书店香港分店合作出版。德拉克罗瓦，现通译为：德拉克洛瓦（Ferdinand Victor Eugene Delacroix, 1798—1863），法国浪漫主义画家。代表作品《自由引导人民》《十字军占领君士坦丁堡》《希奥岛的屠杀》。

J0086211
杜米埃　姚峭丽编
北京　人民美术出版社 1986 年 39 页
16cm（25 开）统一书号：8027.9615
定价：CNY1.05
　　本书收入 42 幅图。介绍 19 世纪法国画家杜米埃的油画作品。作者奥诺雷·杜米埃（Honoré Daumier, 1808—1879），法国著名画家、讽刺漫画家、雕塑家和版画家。出生于法国马赛。代表作《三等车厢》《带孩子的洗衣妇》《威尼斯贵

族》等。

J0086212

弗拉芒克　（1876—1958）上海人民美术出版
社编
上海　上海人民美术出版社　1986年　18cm（15开）
统一书号：8081.14182　定价：CNY2.25
（世界美术家画库）

　　莫利斯·德·弗拉芒克（Maurice de Vlaminck，
1876—1958），法国野兽派画家。

J0086213

弗隆尼基　阿尔伯特·H.科林斯作
天津　天津人民美术出版社　1986年　1张
76cm（2开）定价：CNY0.22

J0086214

格列柯　（西）格列柯（Greco, E.）绘；傅文燕，
平野编译
广州　岭南美术出版社　1986年　30页　有彩图
35cm（24开）统一书号：8260.1694
定价：CNY14.00
（世界名画家画丛）

　　本书收入14幅图，是根据意大利米兰菲壁
出版社提供的原版编印。附有对作品详细分析
的文字。本书与三联书店香港分店合作出版。
作者格列柯（ElGreco, 1541—1614），绘画家，雕
塑家。出生于希腊的克里特岛，原名多米尼克
斯·希奥托科普罗斯。三十六岁时移居到西班牙。
代表作品《脱掉基督的外衣》《圣母子与圣马丁》
《托莱多风景》等。

J0086215

格列柯　傅文燕，平野编译
香港　三联书店香港分店　1986年　30页　有图
35cm（18开）ISBN：962-04-0458-0
定价：HKD48.00
（世界名画家画丛）

　　本书收入西班牙画家格列柯14幅作品，并
附有专论和对作品详细分析的文字。外文书名：
Greco. 本书与岭南美术出版社合作出版。

J0086216

卡拉瓦乔　人民美术出版社编
北京　人民美术出版社　1986年　30页

26cm（16开）统一书号：8027.9632
定价：CNY1.45
（外国美术介绍）

　　本书介绍16-17世纪意大利画家卡拉瓦
乔37幅作品。卡拉瓦乔（Michelangelo Merisi da
Caravaggio, 1571—1610），意大利画家。代表作
品有《圣乌尔苏拉殉难》《圣马太蒙召》《拉撒路
的复活》。

J0086217

米勒　（1814—1875）上海人民美术出版社编
上海　上海人民美术出版社　1986年　18cm（15开）
统一书号：8081.14106　定价：CNY2.35

　　让·弗朗索瓦·米勒（Jean-Francois Millet，
1814—1875），法国画家。

J0086218

母与子　（法）威廉·布格罗作
天津　天津美术出版社　1986年　1张
［60cm］（3开）定价：CNY0.35

　　法国近代油画作品。

J0086219

尼古拉·费申油画选　江苏美术出版社编
南京　江苏美术出版社　1986年　13幅
25cm（小16开）统一书号：8353.6.049
定价：CNY1.80

　　尼古拉·费申（Nicolai Ivanovich Fechin，
1881—1955），俄裔美籍画家。

J0086220

普桑　世界美术家画库编委会编
上海　上海人民美术出版社　1986年　72页
18cm（15开）统一书号：8081.14478
定价：CNY2.10

　　尼古拉斯·普桑（Nicolas Poussin, 1594—
1665），法国古典主义绘画领导者。

J0086221

普桑　北京人民美术出版社编
北京　人民美术出版社　1986年　37幅
10cm（64开）统一书号：8027.9664
定价：CNY1.35
（外国美术介绍）

　　本书收入17世纪法国画家普桑的作品40

幅。作者尼古拉斯·普桑（Nicolas Poussin, 1594—1665），法国古典主义绘画领导者。代表作品《阿卡迪亚的牧人》《圣玛利亚的安眠》《花神王国》《七件圣事》《所罗门的判决》《利百加》。

J0086222

苏联当代油画 晨朋编
杭州 浙江人民美术出版社 1986年 19cm（32开）
统一书号：8156.1076 定价：CNY6.50
　　本书选入苏联当代有代表性的油画作品84幅。包括风俗画、肖像画、静物风景画4大类。
外文书名：Современная советская живопись。

J0086223

苏联当代油画选 陕西人民美术出版社编
西安 陕西人民美术出版社 1986年 25cm（16开）
定价：CNY4.80

J0086224

苏联现代绘画选 世界美术作品选集编委会编辑
沈阳 辽宁美术出版社 1986年 25cm（16开）
精装 定价：CNY27.00

J0086225

委拉斯贵兹 （西）贝拉斯克斯（Velazquez, D.）绘；陈玉麟，平野编译
广州 岭南美术出版社 1986年 26页 有彩图
35cm（12开）统一书号：CN8260.1691
定价：CNY14.00
（世界名画家画丛）
　　本书与三联书店香港分店合作出版。收入西班牙画家委拉斯贵兹16幅作品。迭哥·德·席尔瓦·委拉斯贵兹（Velazquez, 1599—1660），西班牙现实主义画家。代表作有《维纳斯对镜梳妆》和《教宗英诺森十世》。

J0086226

委拉斯贵兹 陈玉麟，平野编译
香港 三联书店香港分店 1986年 26页 有图
35cm（12开）ISBN：962-04-0447-5
定价：HKD46.00
（世界名画家画丛）
　　迭哥·德·席尔瓦·委拉斯贵兹（Velazquez, 1599—1660），西班牙现实主义画家。代表作有

《维纳斯对镜梳妆》（The Toilette of Venus）和《教宗英诺森十世》（Pope Innocent X）。本书与岭南美术出版社合作出版。外文书名：Velazquez.

J0086227

午间小憩 （英）戈德华作
天津 天津人民美术出版社 1986年 1张
[60×88cm] 定价：CNY0.35
　　英国油画作品。

J0086228

夏尔丹 （1699—1779）上海人民美术出版社编
上海 上海人民美术出版社 1986年 64页
20cm（32开）统一书号：8081.14175
定价：CNY2.00
（世界美术家画库）
　　让·西梅翁·夏尔丹（Chardin, Jean-Baptiste-Siméon, 1699—1779），法国画家。

J0086229

小耶稣与小天使 （比）鲁本斯（Rubens, P.P.）作
南宁 广西人民出版社 1986年 1张 53cm（4开）
定价：CNY0.24
　　比利时中世纪油画作品。鲁本斯（Peter Paul Rubens, 1577—1640），比利时画家。出生于德国茨根。青年时随凡·努尔特（Adamvan Noort, 1557—1641）等画师学画。其成就在于融合尼德兰和意大利的艺术传统，复兴了佛兰德斯画派，对欧洲绘画的发展有重大影响。代表作品有《上、下十字架》《复活》《爱之园》《强劫留西帕斯的女儿》等。

J0086230

油画静物 （第一集）
成都 四川美术出版社 1986年 20页 37cm（8开）
统一书号：8373.687 定价：CNY6.50

J0086231

油画静物 （第二集）
成都 四川美术出版社 1986年 20页 37cm（8开）
统一书号：8373.687 定价：CNY6.50

J0086232

安格尔 （法）安格尔（Angle）绘
北京 人民美术出版社 1987年 34幅

26cm（16开）统一书号：8027.9901

定价：CNY1.50

本书介绍 19 世纪法国画家安格尔的作品，收其作品 34 幅。作者安格尔（Jean Auguste-Dominique Ingres，1780—1867），法国画家。古典主义画派最后的代表人物。皇家美术院院士。曾任美术学院教授、副院长、院长。对艺术和美学的基本学说和思想主要集中在其日记形式的《安格尔笔记》中。主要作品有《路易十三的宣誓》《泉》《土耳其》等。

J0086233

白嘴鸦归来　（俄）萨甫拉索夫绘

南京 江苏美术出版社 1987年 1张（2开）

统一书号：8353.2.339 定价：CNY0.28

俄国油画作品。

J0086234

戴皮围脖的妇人　（油画）

重庆 重庆出版社 1987年 1张（15开）

定价：CNY1.20

J0086235

厄洛斯和安泰洛斯　（德）克里斯蒂安·费·哈尔曼绘

郑州 河南美术出版社 1987年 1张（2开）

定价：CNY0.65

德国油画作品。

J0086236

干草车　（英）康斯太勃（Constable, J.）绘

南京 江苏美术出版社 1987年 1张（3开）

定价：CNY0.28

英国近代油画作品。

J0086237

哈尔斯　（荷兰）哈尔斯（Hals, F.）绘

北京 人民美术出版社 1987年 1册（34幅）

26cm（16开）统一书号：8027.9899

定价：CNY1.50

（外国美术介绍丛书）

本书介绍 17 世纪荷兰画家哈尔斯的作品。作者哈尔斯（Frans HALS，约 1580—1666），荷兰肖像画家和风俗画家。全名弗朗斯·哈尔斯。代表作品有《微笑的军官》《吉普赛女郎》《马莱·巴贝》《弹曼陀林的小丑》。

J0086238

金秋　（俄）雷罗夫绘

郑州 河南美术出版社 1987年 1张

定价：CNY0.33

J0086239

克拉姆斯柯依　（俄）克拉姆斯科伊（Крамской）绘

北京 人民美术出版社 1987年 26cm（16开）

定价：CNY1.80

（外国美术介绍）

本书收有介绍文章一篇和作品 40 余幅，部分为彩色版。作者克拉姆斯科伊（Kramskoi, Ivan Nikolaevich，1837—1887），俄国油画家。出生于沃罗涅日省。主要作品有《无名女郎》《希施金像》《护林人》等。

J0086240

莫迪利亚尼　（1884—1920）（意）莫迪利亚尼（Modigliani, A.）绘

上海 上海人民美术出版社 1987年 14页

19cm（32开）ISBN：7-5322-0173-1

定价：CNY2.60

（世界美术家画库）

本书选收了意大利画家莫迪利亚尼（1884—1920）的油画作品 48 幅。

J0086241

晚钟　（俄）列维坦绘

南京 江苏美术出版社 1987年 1张（2开）

定价：CNY0.28

俄国近代油画作品。作者列维坦（Levitan, Isaak Iliich，1860—1900），俄国写生画家、风景画大师。出生于立陶宛基巴尔塔。主要作品《弗拉基米尔卡》《墓地上空》《傍晚钟声》。

J0086242

维米尔与荷兰小画派　（荷兰）弗米尔（Vermeer, J.）等绘

北京 人民美术出版社 1987年 1册 26cm（16开）

定价：CNY1.50

（外国美术介绍）

本书收入 46 幅图，介绍 17 世纪荷兰画家维

米尔及其画派的作品。

J0086243
维纳斯 （法）蒲歇绘
西安 陕西人民美术出版社 1987年 1张（4开）
定价：CNY0.37
　　法国油画作品。

J0086244
橡树林 （俄）希什金绘
南京 江苏美术出版社 1987年 1张（2开）
定价：CNY0.28
　　俄国油画作品。希什金，现通译为希施金
（Ivan Ivanovich Shishkin, 1832—1898），俄罗斯
风景画画家。全名伊凡 伊凡诺维奇 希施金，生
于俄国的叶拉布加。就读于莫斯科绘画雕刻建
筑学校、彼得堡皇家美术学院。彼得堡美术院院
士与教授。作品有《在平静的原野上》《橡树林》
《松林的早晨》等。

J0086245
音乐 （油画）（法）布歇绘
重庆 重庆出版社 1987年 1张（12开）
定价：CNY1.20
　　作者布歇（Francois Boucher, 1703—1770），
法国洛可可风格代表画家。出身于巴黎饰带工
人家庭。曾任路易十五的宫廷画师，作品有《蓬
巴杜夫人画像》。曾任法国皇家美术学院院长。

J0086246
英国油画选 （英）荷加斯等绘；马凤林编
广州 岭南美术出版社 1987年 111页
21cm（32开） ISBN：7-5362-0099-4
定价：CNY11.00
　　本书选取英国维多利亚王朝前后200来年
的100幅有代表性的作品。

J0086247
油画风景 （画片 汉英对照）
成都 四川美术出版社 1987年 10张（64开）
定价：CNY1.50

J0086248
油画肖像 （第1集）詹建俊等绘；戴泽编选
成都 四川美术出版社 1987年 38cm（6开）

定价：CNY7.80
　　作者詹建俊（1931—　　），满族，油画家、教
授。辽宁盖平人，毕业于中央美术学院彩墨系。
历任中央美术学院教授、博士生导师，中国油画
学会主席，中国美术家协会顾问，欧洲人文艺术
科学院客座院士等。代表作品《高原的歌》《鹰
之乡》，出版《詹建俊画集》。

J0086249
油画肖像 （第2集）（法）凡代克等绘；戴泽编选
成都 四川美术出版社 1987年 38cm（6开）
定价：CNY7.80

J0086250
浴中维纳斯 桑特鲁绘
沈阳 辽宁美术出版社 1987年 1张
定价：CNY0.30

J0086251
在平静的谷地中 （俄）希斯金绘
沈阳 辽宁美术出版社 1987年 1张
定价：CNY0.60
　　俄国油画作品。

J0086252
爱之俘 布格罗作
天津 天津人民美术出版社 1988年 1张
76cm（2开） 定价：CNY0.80

J0086253
奥塞博物馆藏画选 尹戎生编
南宁 广西人民出版社 1988年 25×24cm
ISBN：7-219-00818-X 定价：CNY59.00
　　法国三大美术博物馆之一的奥塞博物馆收
藏1848—1914年间法国主要流派的代表作品，
本画册从中精选出200幅稀世之作，直接从原作
拍摄印制，比较集中地体现出奥塞博物馆藏品的
概貌和特色。

J0086254
采花的女孩 Willian Olioer画
兰州 甘肃人民出版社 1988年 1张 54cm（4开）
统一书号：8226.1305 定价：CNY0.48

J0086255
春天的快乐　（法）弗朗索瓦·布歇作
沈阳 辽宁美术出版社 1988 年 1 张 54cm（4 开）
定价：CNY0.45
　　法国油画作品。布歇（Francois Boucher, 1703—1770），法国洛可可风格代表画家。出身于巴黎饰带工人家庭。曾任路易十五的宫廷画师，作品有《蓬巴杜夫人画像》。曾任法国皇家美术学院院长。

J0086256
梵谷　衣若芬编撰
台北 艺术图书公司 1988 年 191 页 有图
26cm（16 开）定价：TWD380.00
（艺术画廊丛书 1）
　　梵谷，通译为凡·高（Vincent van Gogh, 1853—1890），荷兰后印象派画家。另有译名梵·高、文森特·梵·高、文森特·梵高等。代表作有《星月夜》、自画像系列、向日葵系列等。

J0086257
菲多拉　（法）卡巴内尔作
石家庄 河北美术出版社 1988 年 1 张 54cm（4 开）
　　法国油画作品。

J0086258
歌者　（法）布歇绘
天津 天津人民美术出版社 1988 年 1 张
54cm（4 开）定价：CNY0.40
　　法国油画作品。布歇（Francois Boucher, 1703—1770），法国洛可可风格代表画家。出身于巴黎饰带工人家庭。曾任路易十五的宫廷画师，作品有《蓬巴杜夫人画像》。曾任法国皇家美术学院院长。

J0086259
贵夫人像　（法）安格尔作
天津 天津人民美术出版社 1988 年 1 张
54cm（4 开）定价：CNY0.40
　　法国油画作品。作者安格尔（Jean Auguste-Dominique Ingres, 1780—1867），法国画家。古典主义画派最后的代表人物。皇家美术院院士。曾任美术学院教授、副院长、院长。对艺术和美学的基本学说和思想主要集中在其日记形式的《安格尔笔记》中。主要作品有《路易十三的宣誓》

《泉》《土耳其》等。

J0086260
康斯坦丁堡女郎　Kave, F.M. 画
兰州 甘肃人民出版社 1988 年 1 张 54cm（4 开）
定价：CNY0.48

J0086261
科罗　（1796—1875）上海人民美术出版社编辑
上海 上海人民美术出版社 1988 年 98 页
19cm（32 开）ISBN：7-5322-0236-4
定价：CNY4.20
（世界美术家画库）
　　让·巴蒂斯特·卡米耶·科罗（Jean Baptiste Camille Corot, 1796—1875），法国画家。代表作有《林中仙女之舞》《珍珠女》《拉提琴的修道士》《芝特的桥》等。

J0086262
库尔贝　（1819—1877）上海人民美术出版社编辑
上海 上海人民美术出版社 1988 年 78 页
19cm（32 开）ISBN：7-5322-0375-1
定价：CNY3.60
（世界美术家画库）
　　居斯塔夫·库尔贝（Courbet, Gustave, 1819—1877），法国画家，写实主义美术代表。

J0086263
女神之舞　（德）A·布劳作
天津 天津人民美术出版社 1988 年 1 张
76cm（2 开）定价：CNY0.80
　　德国油画作品。

J0086264
三个少女　埃米尔·沃尔农作
天津 天津人民美术出版社 1988 年 1 张
76cm（2 开）定价：CNY0.80

J0086265
少女与爱　布格罗作
天津 天津人民美术出版社 1988 年 1 张
76cm（2 开）定价：CNY0.80

J0086266
少女与爱　（法）玛丽·维克多·雷芒作

天津 天津人民美术出版社 1988 年 1 张
76cm（2 开）定价：CNY0.80

　　法国油画作品。

J0086267

少女与小狗　Lyhde, R. 绘
兰州 甘肃人民出版社 1988 年 1 张 54cm（4 开）
定价：CNY0.48

J0086268

世界名家油画专集　（当今世界近百位油画大师之作品专集）新形象出版事业公司编辑编著
永和［台湾］新形象出版事业公司 1988 年
35cm（6 开）精装 定价：TWD650.00

J0086269

天上之爱与人间之爱　（意）提香作
石家庄 河北美术出版社 1988 年 1 张
54cm（4 开）定价：CNY0.40

　　意大利中世纪油画作品。

J0086270

外国文学名著中的人体画欣赏　苏家杰等编
广州 花城出版社 1988 年 162 页 38cm（6 开）
精装 ISBN：7-5360-0171-1 定价：CNY68.50

　　本书为大型画册，精选文艺复兴以来，以古希腊神话、罗马神话以及圣经故事等名著中的故事为体裁所作的人体画共 160 幅，均为西方名家名作。

J0086271

维纳斯的化妆　（法）布歇作
石家庄 河北美术出版社 1988 年 1 张
54cm（4 开）定价：CNY0.40

　　法国油画作品。布歇（Francois Boucher，1703—1770），法国洛可可风格代表画家。出身于巴黎饰带工人家庭。曾任路易十五的宫廷画师，作品有《蓬巴杜夫人画像》。曾任法国皇家美术学院院长。

J0086272

委拉斯开兹　委拉斯开兹绘
上海 上海人民美术出版社 1988 年 77 页
18×17cm（24 开）ISBN：7-5322-0376-X
定价：CNY3.60

（世界美术家画库）

　　委 拉 斯 开 兹（Diego Rodriguez de Silva y Velazquez, 1599—1660），又译名委拉斯贵支，葡裔西班牙画家。

J0086273

西斯莱　陈訇玉编著
北京 人民美术出版社 1988 年
（外国美术介绍丛书）

　　介绍本书收入并介绍 19 世纪法国画家西斯莱的作品 32 幅。西斯莱（Alfred Sisley, 1839—1899），法国画家。原籍英国，生于巴黎。年轻时曾在伦敦当学徒，业余学画，受透纳及康斯太布尔的影响。1862 年在巴黎国立高等美术学院学习，和莫奈及雷诺阿相识。早期作品细致写实，后来着重光与色的表现，喜绘阳光中的河流和树林。是印象派主要成员之一。代表作品有《鲁弗西里雪景》《塞纳河岸的乡村》《马尔利港的洪水》等。

J0086274

希腊母亲　（德）文特利希·席克作
郑州 河南美术出版社 1988 年 1 张 76cm（2 开）
定价：CNY0.70

　　德国油画作品。

J0086275

摘玫瑰的少女　Tarrant, P. 画
兰州 甘肃人民出版社 1988 年 1 张 54cm（4 开）
定价：CNY0.48

J0086276

赵无极　（［画册］）赵无极绘
广州 岭南美术出版社 1988 年 121 页
25cm（小 16 开）ISBN：7-5362-0289-X
定价：CNY30.00
（海外画丛）

　　本书收入画家赵无极的绘画作品 60 幅。画集附有画评及画家创作历程的文章。中英双语对照。本书与三联书店（香港）有限公司合作出版。作者赵无极（1921—2013），华裔法国画家。生于北京，毕业于杭州艺术专科学校，后留学法国。作品有《红》《连理》《百合》《莲花》等，出版有《赵无极八幅石版画欣赏》

J0086277

赵无极　赵无极绘；林声光，黄小庚编辑
香港　三联书店（香港）1988 年　121 页　有图
25cm（小 16 开）ISBN：962-04-0587-0
定价：HKD89.00
（海外画丛 4）
　　外文书名：Zao Wou-Ki. 本书与岭南美术
出版社合作出版。

J0086278

风俗与女性生活　何怀硕主编
台北　百科文化事业公司　1989 年　再版 97 页
有图 38cm（6 开）精装　定价：TWD1000.00
（西洋裸体艺术大观）
　　作者何怀硕（1941—　　），画家、艺术理论家
和散文作家。毕业于台北师大，后留学美国并获
硕士学位，在台湾从事美术教学、评论和创作。
代表著作有《孤独的滋味》（人生论）、《苦涩的美
感》（艺术论）、《大师的心灵》（画家论），被世人
称作"怀硕三论"。

J0086279

妇女集　（外国名画名诗欣赏）
昆明　云南人民出版社［1989 年］10 张
15cm（40 开）定价：CNY1.80

J0086280

戈雅　（1746—1828）上海人民美术出版社编辑
上海　上海人民美术出版社　1989 年　19cm（32 开）
定价：CNY3.40
（世界美术家画库）

J0086281

近代裸体艺术　何怀硕主编
台北　百科文化事业公司　1989 年　再版 99 页
有图 38cm（6 开）精装　定价：TWD1000.00
（西洋裸体艺术大观）

J0086282

巨匠名画
兰州　甘肃人民出版社［1989 年］10 张
15cm（40 开）定价：CNY2.00

J0086283

康定斯基　（1866—1944）上海人民美术出版

社编辑
上海　上海人民美术出版社　1989 年　19cm（32 开）
定价：CNY3.75
（世界美术家画库）

J0086284

雷诺亚　（法）雷诺亚（Renoir, P.A.）绘；王思慧
编撰
台北　艺术图书公司　1989 年　136 页　有图
30cm（15 开）定价：TWD380.00
（艺术画廊丛书 3）
　　皮耶尔·奥古斯特·雷诺阿（Pierre-Auguste
Renoir, 1841—1919），法国印象画派的著名画
家、雕刻家。

J0086285

历史悲剧中的女主角　何怀硕主编
台北　百科文化事业公司　1989 年　再版 99 页
有图 38cm（6 开）精装　定价：TWD1000.00
（西洋裸体艺术大观）

J0086286

美国绘画选　世界美术作品选集编委会编辑
沈阳　辽宁美术出版社　1989 年　135 页　25×27cm
精装　ISBN：7-5314-0215-7　定价：CNY59.00
　　选有华盛顿·奥尔斯顿等人的油画作品
135 幅。

J0086287

人体画名作选　（从波提切利到毕加索　画册）
王小明编
北京　中国连环画出版社　1989 年　60 页
26cm（16 开）ISBN：7-5061-0182-3
定价：CNY28.00
（艺术鉴赏丛书）
　　本书收入 15 世纪中叶到 20 世纪中叶欧洲
重要的人体绘画作品 60 幅，包括波提切利的《维
纳斯的诞生》、米开朗基罗的西斯廷教堂天顶人
物作品、提香的《维纳斯》、拉斐尔的《三美神》、
委拉士开兹的《镜前的维纳斯》、吉拉尔的《爱神
和普赛克》、安格尔的《泉》、马奈的《奥林匹亚》、
雷诺阿的《泉》、毕加索的《梳妆》等。书中附画
家的艺术简历和风格简介，序文阐明了艺术表现
人体美的意义及其历史发展。

J0086288

神话世界　（美）波瑞斯·瓦莱约绘
昆明 云南人民出版社［1989 年］10 张
15cm（40 开）定价：CNY3.00
　　本画集包括《曼卡和玛木》（秘鲁神话）《珀尔修斯战胜美杜莎》（希腊神话）《女神勇士》（挪威神话）等共 10 幅作品。

J0086289

神话中的女神与妖精　何怀硕主编
台北 百科文化事业公司 1989 年 再版 99 页
有图 38cm（6 开）精装 定价：TWD1000.00
（西洋裸体艺术大观）

J0086290

圣经中的女性　何怀硕主编
台北 百科文化事业公司 1989 年 再版 99 页
有图 38cm（6 开）精装 定价：TWD1000.00
（西洋裸体艺术大观）

J0086291

淑女集　（外国名画名诗欣赏）
昆明 云南人民出版社［1989 年］10 张
15cm（40 开）定价：CNY1.80

J0086292

文学与象征中的女性　何怀硕主编
台北 百科文化事业公司 1989 年 再版 99 页
有图 38cm（6 开）精装 定价：TWD1000.00
（西洋裸体艺术大观）

J0086293

达娜亚　（法）埃乌贝利·里科姆特绘
天津 天津人民美术出版社 1990 年 1 张
76cm（2 开）定价：CNY0.50

J0086294

梵谷传　Irving Stone 著；常涛译
台北 远行出版社 1990 年［11］636 页＋图版［14］页 有彩图 21cm（32 开）ISBN：9579066019
定价：TWD320
（远行艺术 2）
　　梵谷，现通译为凡·高（Vincent van Gogh，1853—1890），荷兰后印象派画家。代表作有《星月夜》、自画像系列、向日葵系列等。

J0086295

蜂巢　（法）布格罗绘
天津 天津人民美术出版社 1990 年 1 张
76cm（2 开）定价：CNY0.50
　　法国近代油画作品。

J0086296

高更　（法）高更绘；刘俐编撰
台北 艺术图书公司 1990 年 151 页 26×19cm
ISBN：957-9045-09-7
（艺术画廊丛书 4）
　　外文书名：Galiguin. 保罗·高更（Paul Gauguin，1848—1903），法国画家、雕塑家。后印象派的主要代表，又是纳比派的精神导师，象征主义潮流的发端人之一和野兽派的启发者。与梵高、塞尚并称为后印象派三大巨匠。作品有《我们从哪里来？我们是谁？我们往哪里去？》《雅各及天使》《两个塔希提妇女》《塔希提的街道》等。

J0086297

欢乐的夏日　（法）布格罗绘
天津 天津人民美术出版社 1990 年 1 张
76cm（2 开）定价：CNY0.50
　　法国近代油画作品。

J0086298

黄昏　（澳）亨利·约翰斯顿原作；边秉贵复制
石家庄 河北美术出版社 1990 年 1 张
108cm（全开）定价：CNY2.00
　　澳大利亚油画作品。

J0086299

世界喷绘艺术
北京 外交出版社 1990 年 9 张 15cm（40 开）
ISBN：7-119-01283-5 定价：CNY2.00

J0086300

苏联青年画家新作　张荣生编著
济南 山东美术出版社 1990 年 104 页
26cm（16 开）ISBN：7-5330-0298-9
定价：CNY11.00
　　本画册汇集了苏联各地有代表性的青年画家的油画、蛋彩画新作。作者张荣生（1932—　），教授。别名荣升，辽宁营口人，毕业于哈尔滨外国语学院。任中央美术学院俄语老师、编译，共同课教研室主任、教授。编著有《非洲岩石艺术》《柯罗——艺术家·人》《非洲雕刻》《俄汉对照美术专业常用词汇编》等。

J0086301

素施、卡玛　（瑞士）卡玛（Kramer, S.）绘
香港　香港艺术中心 1990 年　21×28cm
外文书名：Susi Kramer.

J0086302

外国人体绘画百图　王裕安编
北京　人民美术出版社 1990 年 100 页
19cm（32 开）ISBN：7-102-00596-2
定价：CNY6.40
（人体美术系列 1）
　　本书选编从文艺复兴时期到 20 世纪各国描绘人体的著名绘画作品共 100 幅（其中彩色 8 幅），前面有美术评论家杨蔼琪撰写的序言，概括评介人体画的发展及一些主要的画家。

J0086303

引逗　（法）布格罗绘
天津　天津人民美术出版社 1990 年　1 张
76cm（2 开）定价：CNY0.50
　　法国近代油画作品。

J0086304

浴后的狄安娜　（法）布歇绘
天津　天津人民美术出版社 1990 年　1 张
76cm（2 开）定价：CNY0.50
　　法国近代油画作品。布歇（Francois Boucher, 1703—1770），法国洛可可风格代表画家。出身于巴黎饰带工人家庭。曾任路易十五的宫廷画师，作品有《蓬巴杜夫人画像》。曾任法国皇家美术学院院长。

J0086305

世界名画大宫女　（法）安格尔绘
沈阳　辽宁美术出版社 1991 年　1 张 76cm（2 开）
ISBN：7-5314-0665-4 定价：CNY1.40
　　作者安格尔（Jean Auguste-Dominique Ingres, 1780—1867），法国画家。古典主义画派最后的代表人物。皇家美术院院士。曾任美术学院教授、副院长、院长。对艺术和美学的基本学说和思想

主要集中在其日记形式的《安格尔笔记》中。主要作品有《路易十三的宣誓》《泉》《土耳其》等。

J0086306

世界名画故事　（赏析）庞芙蓉，陆家齐选编
石家庄　河北少年儿童出版社 1991 年　20 页
21×19cm　精装　ISBN：7-5376-0688-9
定价：CNY6.50
　　本书是一本以故事讲解名画、以名画配合故事的青少年读物。

J0086307

维纳斯的诞生　（法）卞巴奎绘
杭州　浙江人民美术出版社 1991 年　1 张
76cm（2 开）定价：CNY2.00

J0086308

哀伤的王子　（莫地里阿尼）龚田夫著
北京　大众文艺出版社 1992 年 88 页　有图
20cm（32 开）ISBN：7-80094-026-8
定价：CNY10.50
　　本书按时间顺序记述了 20 世纪上半叶巴黎画派重要画家。意大利画家莫地里阿尼（Amedeo Modigliani, 1884—1920）的一生及其各时期的代表作品等。

J0086309

安格尔　德拉克罗瓦　维米尔画风　（法）安格尔等绘；施达夫等编
重庆　重庆出版社 1992 年　21×19cm
精装　ISBN：7-5366-2362-2 定价：CNY30.00
　　本画册收入安格尔、德拉克罗瓦和维米尔三位画家的作品共 120 余幅，有简要的评介。

J0086310

高更　塞尚画风　（法）高更,（法）塞尚绘；田军等［编］
重庆　重庆出版社 1992 年 73+109 页 21×19cm
精装　ISBN：7-5366-2684-3 定价：CNY39.00
　　保罗·高更（Paul Gauguin, 1848—1903），法国画家、雕塑家。后印象派的主要代表，又是纳比派的精神导师，象征主义潮流的发端人之一和野兽派的启发者。与梵高、塞尚并称为后印象派三大巨匠。作品有《我们从哪里来？我们是谁？我们往哪里去？》《雅各及天使》《两个塔希提妇

女》《塔希提的街道》等。

J0086311

戈雅　卢梭画风　（西）戈雅，（法）卢梭绘；冉锋等［编］
重庆　重庆出版社 1992 年 有彩图 21×19cm
精装 ISBN：7-5366-2721-1 定价：CNY38.00

J0086312

巨匠的肖像艺术　（十五世纪前后肖像画 圣像画）赵红瑶编著
石家庄　河北美术出版社 1992 年 106 幅
26×26cm 精装 ISBN：7-5310-0494-1
定价：CNY59.00

　　本书收入 15 世纪前后西方艺术巨匠们的肖像作品，共 105 幅，分圣像画和肖像画两部分，包括让·富开、皮萨奈洛、汉斯·梅姆林等人的作品。

J0086313

卡隆特、蔡斯画风　杨雪帆等编
重庆　重庆出版社 1992 年 97 页 有彩图
19×22cm ISBN：7-5366-2365-8
定价：CNY35.00

　　本画册收入二位画家作品共计 170 幅。

J0086314

卡萨特、蔡斯画风　杨雪帆等编
重庆　重庆出版社 1992 年 97 页 有图 19×22cm
ISBN：7-5366-2365-8 定价：CNY35.00
（外国绘画大师画风系列）

　　卡萨特和蔡斯是 19 世纪后半叶美国绘画界奠定写实主义风格基础的两位艺术家。卡萨特出生于美国宾夕法尼亚，她的画表现了一种西方世界普遍认可的纯洁、高尚、美丽、超凡精神。蔡斯出生于美国印第安纳州，他取得的成就，在美国形成了颇具影响的"蔡斯画派"，影响了一代后起的美国写实主义画家。本书选收卡萨特、蔡斯的绘画作品 174 幅。

J0086315

柯罗　米勒　库尔贝画风　（法）柯罗等绘；杨雪帆等［编］
重庆　重庆出版社 1992 年 21×19cm 精装
ISBN：7-5366-2666-X 定价：CNY45.00

J0086316

克里姆特、席勒画风　田军等编
重庆　重庆出版社 1992 年 190 页 有彩图
19×20cm 精装 ISBN：7-5366-2364-X
定价：CNY39.00

　　本书收有克里姆特绘画作品 25 幅，收有席勒作品 130 余幅，并收有部分线描及其他作品。

J0086317

雷诺阿、佛洛伊德画风　刘成杰等编
重庆　重庆出版社 1992 年 178 页 19×22cm
ISBN：7-5366-2366-6 定价：CNY35.00

　　本画册共收入雷诺阿和佛洛伊德两位画家的作品 178 幅。

J0086318

卢浮尔博物馆藏画　尹戎生编
天津　天津人民美术出版社 1992 年 237 页
有照片 38cm（6 开）精装 ISBN：7-5305-0313-8
定价：CNY248.00

　　本画册共收入作品 237 幅。外文书名：Musee du Louvre Peinture. 作者尹戎生（1930—　），教授。四川宜宾人。毕业于北京中央美术学院。曾任中央美术学院油画系教授、中国美术家协会会员等职。主要作品有《夺取全国胜利》《老战士》《卢浮尔博物馆藏画选集》等。

J0086319

马蒂斯画风　（法）马蒂斯绘；康建邦等编
重庆　重庆出版社 1992 年 20×21cm
精装 ISBN：7-5366-3165-0 定价：CNY58.00
（外国绘画大师画风系列）

　　作者亨利·马蒂斯（Henri matisse，1869—1954），法国画家、雕塑家、版画家。出生于法国北部皮卡第地区。野兽派创始人和主要代表人物。代表作有《豪华、宁静、欢乐》《生活的欢乐》《开着的窗户》《戴帽的妇人》等。

J0086320

莫奈、马奈画风　彭逸林等编
重庆　重庆出版社 1992 年 188 页 有彩图
19×22cm ISBN：7-5366-2367-4
定价：CNY40.00

　　本画册共收有莫奈和马奈两位印象派著名画家的作品 188 幅。作者克劳德·莫奈（Claude

Monet，1840—1926），法国画家。出生于法国巴黎。毕业于夏尔·格莱尔画室。19 世纪法国印象画派主将。代表作品《日出·印象》《卢昂大教堂》《维特尼附近的罂粟花田》《睡莲》《干草堆》等。马奈（Edouard Manet，1832—1883），法国画家。代表作品《屠杀公社社员》《内战》《奥林匹亚》《版画家贝洛肖像》《左拉肖像》《咖啡馆》《摩里索肖像》《吹笛的男孩》和《弗里－贝舍尔的酒巴间》等

J0086321
外国绘画大师人体画风　李一等编
重庆　重庆出版社　1992 年　230 页　19×20cm
精装 ISBN：7-5366-2361-5 定价：CNY40.00
　　本书收集了从文艺复兴到现代艺术的一系列著名人体作品 230 幅。

J0086322
秀拉　陈美冶编撰
台北　艺术图书公司　1992 年　181 页　26cm（16 开）
ISBN：957-672-045-1 定价：TWD450.00
（艺术画廊丛书 8）

J0086323
印象派画风　张晓凌等编
重庆　重庆出版社　1992 年　206 页　20×19cm
精装 ISBN：7-5366-2360-7 定价：CNY40.00
　　本书收入 19 位印象派画家的作品 206 幅，包括印象派中的前印象派和后印象派作品。作者张晓凌（1956— ），教授。生于安徽。毕业于安徽阜阳师范学院艺术系和中国艺术研究院。曾任中国艺术研究院美术研究所副所长，中国艺术研究院院长助理、研究生院院长，中国国家画院院长等。著有《中国原始艺术精神》《中国原始雕塑》《观念艺术：解构与重建的诗学》等。

J0086324
十九世纪欧洲名画展特辑　罗桂英编辑；戴固[等]译
台北　台湾历史博物馆　1993 年　再版　159 页 有彩图 34cm（10 开）
精装 ISBN：957-00-1446-6

J0086325
爱的启示　薛义复制

天津　天津人民美术出版社　1994 年　1 张
53×77cm 定价：CNY1.20

J0086326
爱之俘　布格罗作
天津　天津人民美术出版社　1994 年　有图
77×53cm 定价：CNY1.20

J0086327
爱之梦　（德）马腾斯作
天津　天津人民美术出版社　1994 年　1 张　有图
53x77cm（4 开）定价：CNY1.20

J0086328
法庭上的普鲁内(局部)　杰罗姆作
上海　上海人民美术出版社　1994 年　1 张
77×53cm 定价：CNY3.00

J0086329
古罗马浴室　（英）阿尔马·塔德马作
上海　上海人民美术出版社　1994 年　1 张
53×77cm 定价：CNY3.00
　　英国近代油画作品。作者劳伦斯·阿尔玛－塔德玛（Lawrence Alma-Tadema，1836—1912），英国画家。出生于荷兰德龙赖普，毕业于安特卫普的艺术学院。代表作《克洛维的儿子的幼年教育》。

J0086330
化妆成达那厄的兰格　（法）吉罗代作
上海　上海人民美术出版社　1994 年　1 张
77×53cm 定价：CNY3.00
　　法国近代油画作品。作者安·路易·吉罗代·特里奥松（Anne-Louis Girodet de Roussy-Trioson，1767—18274），法国画家。作为 J.-L. 大卫的得意门生，他是跨世纪的新古典主义画家，大卫被放逐后他成为新古典主义的领袖。　他也是大画家达维特的高足之一。1789 年，正值法国大革命时期，吉罗代以一幅《被弟兄们辨认出来的约瑟》为题的圣经题材油画获得了罗马奖。1806 年，他的一幅《洪水》画得实在太美，太理想化了，圣经故事被糅进古典主义的美的境界，因而画上所展现的一切也更加显得不切实际。此画当时在沙龙露面时，得到的赞美声浪几乎与老师的那幅《抢劫萨宾妇女》一样高，形成共振

现象，这使他又一次获胜得奖。

J0086331
淮德拉　卡巴尼尔作
上海　上海人民美术出版社　1994 年　1 张
53×77cm　定价：CNY3.00

J0086332
黄瑞瑶作品选集　（1989—1994）黄瑞瑶绘
香港　1994 年　有图　28cm（大 16 开）
ISBN：962-7287-18-0

J0086333
少女与爱　布格罗作
天津　天津人民美术出版社　1994 年
有图　77×53cm　定价：CNY1.20

J0086334
世界名画　萨金特作
沈阳　辽宁美术出版社　1994 年　1 张
有图　53x38cm（4 开）定价：CNY1.00

J0086335
外国风景画精选集　（法）鲁梭等绘
天津　天津人民美术出版社　1994 年　106 页
26×26cm　精装　ISBN：7-5305-0387-1
定价：CNY56.00
　　收法国鲁梭的《春天》、德国阿道尔夫·德莱斯勒的《静静的森林》、日本高山辰雄的《月夜》等 102 幅作品。

J0086336
维纳斯和战神玛斯　（法）达维德作
上海　上海人民美术出版社　1994 年　1 张
77×53cm　定价：CNY3.00
　　法国近代油画作品。

J0086337
在纳克索斯岛熟睡的阿里阿德涅　凡达林作
上海　上海人民美术出版社　1994 年　1 张
53×77cm　定价：CNY3.00

J0086338
中央美术学院陈列馆馆藏欧洲油画原作
北京　新华出版社　1994 年　44 页　25×26cm

精装　ISBN：7-5011-2524-4　定价：CNY50.00

J0086339
阿尔玛－塔德玛画风　（荷）罗兰斯·阿尔玛－塔德玛绘；张晓凌等编
重庆　重庆出版社　1995 年　21×19cm
精装　ISBN：7-5366-3199-5　定价：CNY48.00
（外国绘画大师画风系列）
　　荷兰近代油画作品集。

J0086340
埃尔米塔什博物馆藏画　杜滋龄主编
天津　天津人民美术出版社　1995 年　38cm（8 开）
精装　ISBN：7-5305-0526-2　定价：CNY298.00
　　本书收入俄国埃尔米塔什博物馆 14 世纪到 20 世纪的藏画 105 幅，分为意大利画派、荷兰画派、德国画派、西班牙画派、法国画派、印象派及其同代画家等。外文书名：The Hermitage St Petersburg Western European Painting.

J0086341
巴尔蒂斯　（画册）（法）巴尔蒂斯（Balthus）绘；啸声编
上海　上海人民美术出版社　1995 年　35×37cm
精装　ISBN：7-5322-1418-4　定价：CNY520.00
　　法国现代油画画册。作者巴尔蒂斯（Balthus，1908—2001），原名巴尔塔扎尔·克洛索夫斯基·德·罗拉（Balthasar Klossowski），笔名"巴尔蒂斯"。生于巴黎，20 世纪卓越的具象绘画大师。代表作品有《猫照镜子》《画家与模特》《房间》等。

J0086342
毕沙罗　修拉画风　（法）毕沙罗，（法）修拉绘；陈庆等编
重庆　重庆出版社　1995 年　20×21cm
精装　ISBN：7-5366-3167-7　定价：CNY48.00
（外国绘画大师画风系列）
　　法国近代油画作品集。作者卡米耶·毕沙罗（Camille Pissarro，1830—1903），法国的印象派画家。生于安的列斯群岛的圣托马斯。代表作品《塞纳河和卢浮宫》《雪中的林间大道》《蒙福科的收获季节》等。作者修拉（Georges Seurat，1859—1891），法国印象派画家。全名乔治·修拉。代表作品有《大碗岛星期天的下午》《安涅尔浴场》。

J0086343

丁托莱托　贺加斯画风　（意）丁托莱托,（英）贺加斯绘；张晓凌等编

重庆　重庆出版社 1995 年　21cm（32 开）精装

ISBN：7-5366-3186-3　定价：CNY58.00

（外国绘画大师画风系列）

　　作者丁托莱托（Tintoretto, 1518—1594），意大利画家。原名雅各布·罗布斯蒂。代表作品有《圣马可的奇迹》《最后的晚餐》《银河的起源》等。作者贺加斯（William Hogarth, 1697—1764），英国画家、艺术理论家。全名威廉·荷加斯，或威廉·霍加斯。代表作品《时髦婚姻》《浪子回头》《卖虾女》《美分析》等。

J0086344

俄罗斯巡回画派精品集　杜滋龄主编

天津　天津人民美术出版社 1995 年　196 页　38cm（6 开）精装　ISBN：7-5305-0541-6

定价：CNY260.00

　　巡回画派，亦称做巡回展览画派、流动画派。19 世纪下半叶至 20 世纪初俄国现实主义画派。本书为巡回画派的油画作品集。编者杜滋龄（1941—　），教授。生于天津，毕业于中国美术学院中国画系研究生班。历任中国画学会副会长、中国艺术研究院博士生导师、南开大学教授、天津美术家协会副主席。代表作品《帕米尔初雪》《古老的歌》《大漠行》等。

J0086345

荷尔拜因　弗朗西斯科画风　（德）小汉斯·荷尔拜因,（意）彼耶罗·弗朗西斯科绘；晓凌等编

重庆　重庆出版社 1995 年　20×21cm

精装　ISBN：7-5366-3195-2　定价：CNY48.00

（外国绘画大师画风系列）

　　德国中世纪画册。作者小汉斯·荷尔拜因（Hans Holbein, Jr. 约 1497—1543），德国画家。擅长油画和版画，代表作品有《死神之舞》。

J0086346

惠斯勒　涅·康·怀斯画风　（图册）（美）惠斯勒,（美）涅·康·怀斯绘；田军等编

重庆　重庆出版社 1995 年　21cm（32 开）

精装　ISBN：7-5366-3184-7　定价：CNY48.00

（外国绘画大师画风系列）

　　美国近代油画作品集。作者惠斯勒（James

Abbott McNeill Whistler, 1834—1903），美国画家。生于美国马萨诸塞州的洛威尔城。代表作品有铜版画《法国组画》，肖像画《母亲》，组画《泰晤士河》等。

J0086347

卡拉瓦乔　苏巴朗画风　（意）卡拉瓦乔,（西）弗朗西斯科·德·苏巴朗绘；王剑等编

重庆　重庆出版社 1995 年　19×21cm

精装　ISBN：7-5366-3183-9　定价：CNY58.00

（外国绘画大师画风系列）

　　作者卡拉瓦乔（Michelangelo Merisi da Caravaggio, 1571—1610），意大利画家。全名米开朗基罗·梅里西·达·卡拉瓦乔。代表作品《圣乌尔苏拉殉难》《圣马太蒙召》《拉撒路的复活》《圣彼得的否认》《施洗约翰》等。

J0086348

罗浮宫　（西方绘画艺术典藏）（英）劳伦斯·葛雯（LawrenceGowing）编著；刘振清等主编

济南　山东美术出版社 1995 年　3 册（703 页）

24×29cm　精装　ISBN：7-5330-0942-8　定价：CNY1480.00

　　西方国家油画作品集。本书与明天出版社合作出版。

J0086349

苏丁风景静物画风　（俄）柴姆·苏丁绘；唐晓凌等编

重庆　重庆出版社 1995 年　19×21cm　精装

ISBN：7-5366-3185-5　定价：CNY72.00

（外国绘画大师画风系列）

　　作者柴姆·苏丁（1894—1943），俄国画家。出生于白俄罗斯明斯克。

J0086350

苏丁人物画风　（俄）柴姆·苏丁绘；唐晓渡等编

重庆　重庆出版社 1995 年　21cm（32 开）精装

ISBN：7-5366-3196-0　定价：CNY58.00

（外国绘画大师画风系列）

J0086351

透纳　康斯泰勃尔画风　（英）约瑟夫·马洛德·透纳,（英）康斯泰勃绘；广建等编

重庆　重庆出版社 1995 年　20×21cm　精装

ISBN：7-5366-3166-9 定价：CNY48.00

（外国绘画大师画风系列）

　　英国近代油画作品集。约瑟夫·马洛德·威廉·透纳（Joseph Mallord William Turner, 1775—1851），英国风景画家。毕业于英国皇家美术学院。代表作品《被拖去解体的战舰无畏号》《海上渔夫》。康斯泰勃尔（1776—1837），英国风景画家。英国皇家美术学院院士。作品《干草车》《白马》《斯特拉福特磨坊》《水闸》《英国的运河》。

J0086352

沃特豪斯画风 （英）约翰·威廉·沃特豪斯绘；王剑等编

重庆 重庆出版社 1995年 21cm（32开）精装

ISBN：7-5366-3188-X 定价：CNY38.00

（外国绘画大师画风系列）

　　英国近代油画作品集。作者约翰·威廉·沃特豪斯（1849—1917），英国画家。

J0086353

西洋绘画艺术殿堂·奥塞美术馆 罗伯·罗森布伦（RobertRosenblum）编著；杨明欣，余怡，周佳桦译

台北 阁林图书公司 1995年 3册（703页）

29cm（16开）精装 ISBN：957-9220-04-2

定价：TWD7200.00

　　外文书名：Paintings in the Musee D'Orsay.

J0086354

西洋绘画艺术殿堂·列宁美术馆 （美）考林·艾斯勒（Colin Eisler）编著；陈英琪，吴雅清，蔡纹惠［等］译

台北 阁林图书公司 1995年 3册（667页）

29cm（16开）精装 ISBN：957-9220-08-5

定价：TWD7200.00

　　外文书名：Paintings in the Hermitage.

J0086355

西洋绘画艺术殿堂·罗浮宫 （英）劳伦斯·葛雯（Lawrence Gowing）编著；庞静平，吴金城编译

台北 阁林图书公司 1995年 3册 29cm（16开）

精装 ISBN：957-9220-00-X 定价：TWD7200.00

　　外文书名：Paintings in the Louver.

J0086356

现代油画 许国庆编著

哈尔滨 黑龙江美术出版社 1995年 184页

24×26cm ISBN：7-5318-0293-7

定价：CNY78.00

（外国艺术家作品精粹）

J0086357

新加坡画家张金隆绘画展 张金隆绘

1995年 25cm（小16开）

　　外文书名：Exhibition of Paintings by Singapore Artist Teo Kim Liong.

J0086358

阿道夫·莱希滕贝格 （德）阿道夫·莱希滕贝格绘；高迎进等主编；曹育民译

石家庄 河北美术出版社 1996年 67页

28cm（大16开）ISBN：7-5310-0869-6

定价：CNY54.00

（20世纪末欧洲艺术家大系）

　　本书为德国油画画册，中英文本。

J0086359

埃娃·玛丽亚·恩德尔斯 （德）埃娃·玛丽亚·恩德尔斯绘；高迎进等主编；张民强，曹育民译

石家庄 河北美术出版社 1996年 59页

28cm（大16开）ISBN：7-5310-0875-0

定价：CNY45.00

（20世纪末欧洲艺术家大系）

　　本书为德国油画画册，中英文本。

J0086360

安特卫普皇家美术馆藏画

天津 天津人民美术出版社 1996年 38cm（6开）

精装 ISBN：7-5305-0588-2

（世界著名博物馆藏画系列）

　　外文书名：The Royal Museum of Fine Arts in Antwerpen, Western European Painting.

J0086361

高更 （原始与野性憧憬）何政广主编

台北 艺术家出版社 1996年 231页 21cm（32开）

ISBN：957——9530-25-4 定价：TWD480.00

（世界名画家全集 7）

J0086362
静物画精选　魏志刚［编］
天津　天津人民美术出版社　1996 年　106 页
26×27cm 精装　ISBN：7-5305-0448-7
定价：CNY56.00
　　世界油画静物画画册。作者魏志刚(1950—)，
生于河北省保定市。毕业于天津美术学院。中
国美术家协会会员、中国油画学会会员、天津美
术家协会会员、天津人民美术出版社审。画作
有《野火烧不尽》《大漠孤灵》《满月》《大漠组
画》等。主要著作有《魏志刚油画作品选》《风景
油画全程训练》《水粉风景—原野遗韵》。

J0086363
柯洛　（礼赞自然的画家）何政广主编
台北　艺术家出版社　1996 年　240 页　有照片
21cm（32 开）ISBN：957-9530-43-2
定价：TWD480.00
（世界名画家全集 2）

J0086364
卢梭　（朴素艺术的旗手）何政广主编
台北　艺术家出版社　1996 年　204 页　有图
21cm（32 开）ISBN：957-9530-38-6
定价：TWD480.00
（世界名画家全集）
　　外文书名：Rousseau.

J0086365
十九世纪俄罗斯风景画　湖南省图书进出口
公司编
长沙　湖南美术出版社　1996 年　318 页
30cm（10 开）ISBN：7-5356-0807-8
定价：CNY387.00

J0086366
世界风景名画临本
石家庄　河北美术出版社　1996 年　56 页
25×26cm　ISBN：7-5310-0840-8
定价：CNY59.00
　　世界油画风景画画册。

J0086367
西尔克·莱韦尔屈纳　（德）西尔克·莱韦尔屈
纳绘；邓国源等主编；曹玉璞，李津荣译

石家庄　河北美术出版社　1996 年　67 页
28cm（大 16 开）ISBN：7-5310-0874-2
定价：CNY49.00
（20 世纪末欧洲艺术家大系）

J0086368
夏卡尔　（乡愁与爱的画家）何政广主编
台北　艺术家出版社　1996 年　271 页　有照片
21cm（32 开）ISBN：957-9530-31-9
定价：TWD480.00
（世界名画家全集 17）

J0086369
现代绘画之父：塞尚　何政广编著
台北　艺术家出版社　1996 年　263 页　21cm（32 开）
ISBN：957-9530-22-X　定价：TWD480.00
（世界名画家全集 5）

J0086370
英格·梅勒尔　（德）英格·梅勒尔绘；高迎进等
主编；叶本度，史月寒译
石家庄　河北美术出版社　1996 年　82 页
28cm（大 16 开）ISBN：7-5310-0873-4
定价：CNY58.00
（20 世纪末欧洲艺术家大系）
　　本书为德国油画画册，中英文本。

J0086371
奥列格·叶列梅耶夫油画·素描作品集　（苏）
奥列格·叶列梅耶夫(О. А. Еремеев)绘
天津　天津人民美术出版社　1997 年　29cm（16 开）
ISBN：7-5305-0742-7　定价：CNY18.00

J0086372
被嘲笑的名画　黄宣勋著
台北　红蕃茄文化事业公司　1997 年　95 页
有图 28cm（大 16 开）ISBN：957-8688-33-4
定价：TWD420.00
（美的教养系列 05）

J0086373
初雪　（俄）波列诺夫绘
天津　天津人民美术出版社　1997 年　1 张
53×77cm　定价：CNY12.00
　　俄国画家瓦·德·波列诺夫的油画风景画。

著者原名：瓦·德·波列诺夫。

J0086374
杜塞尔多夫　（郊外风光）（俄）希施金绘
天津　天津人民美术出版社　1997 年　1 张
53×77cm　定价：CNY12.00
　　俄国画家伊凡·希施金的油画风景画。作者
希施金（Ivan　Ivanovich　Shishkin，1832—1898），
俄罗斯风景画画家。全名伊凡·伊凡诺维奇·希
施金，生于俄国的叶拉布加。就读于莫斯科绘画
雕刻建筑学校、彼得堡皇家美术学院。彼得堡美
术院院士与教授。作品有《在平静的原野上》《橡
树林》《松林的早晨》等。

J0086375
俄罗斯风景画　萧元，卢光明主编
北京　国际文化出版公司　1997 年　382 页
31cm（10 开）精装　ISBN：7-80105-511-X
定价：CNY48.00
（俄罗斯绘画精品系列）

J0086376
俄罗斯静物画　萧元，卢光明主编
北京　国际文化出版公司　1997 年　31cm（10 开）
精装　ISBN：7-80105-527-6　定价：CNY480.00
　　外文书名：Russian Still Life.

J0086377
俄罗斯人体、肖像画　萧元，卢光明主编
北京　国际文化出版公司　1997 年　31cm（10 开）
精装　ISBN：7-80105-512-8　定价：CNY480.00
　　外文书名：Russian Figure Painting and Por-
traiture.

J0086378
梵谷　（疯狂的天才画家）何政广编
台北　艺术家出版社　1997 年　2 版　263 页
有照片　21cm（32 开）ISBN：957-9530-12-2
定价：TWD480.00
（世界名画家全集 6）

J0086379
放牧归来　（俄）瓦西里耶夫绘
天津　天津人民美术出版社　1997 年　1 张
53×77cm　定价：CNY12.00

俄罗斯画家弗·瓦西里耶夫的油画风景画。

J0086380
黑麦　（1878）（俄）希施金绘
天津　天津人民美术出版社　1997 年　1 张
53×77cm　定价：CNY12.00

J0086381
花与果　（1836）（俄）赫鲁茨基绘
天津　天津人民美术出版社　1997 年　1 张
53×78cm　定价：CNY12.00
　　俄国画家伊·弗·赫鲁茨基的油画静物画。

J0086382
黄金印象　（奥塞美术馆名作特展）台北历史博
物馆编辑委员会编辑
台北　历史博物馆　1997 年　383 页　30cm（10 开）
精装　ISBN：957-00-8484-7

J0086383
解冻时分　（1871）（俄）瓦西里耶夫绘
天津　天津人民美术出版社　1997 年　1 张
53×77cm　定价：CNY12.00
　　俄国画家弗·阿·瓦西里耶夫的油画风景画。

J0086384
金光粼粼的河面　（1889）列维坦绘
天津　天津人民美术出版社　1997 年　1 张
53×77cm　定价：CNY12.00
　　俄国画家伊·伊·列维坦的油画风景画。

J0086385
金色的秋天　奥斯特洛乌霍夫绘
天津　天津人民美术出版社　1997 年　1 张
53×77cm　定价：CNY12.00
　　俄国画家伊·谢·奥斯特洛乌霍夫的油画风
景画。

J0086386
静物画　（俄）科罗温绘
天津　天津人民美术出版社　1997 年　1 张
77×53cm　定价：CNY12.00
　　俄国画家康·阿·科罗温的油画静物画。

J0086387
菊花 （俄）戈拉巴里绘
天津 天津人民美术出版社 1997 年 1 张
77×53cm 定价：CNY12.00
　　俄国画家伊·艾·戈拉巴里的油画花卉画。

J0086388
库因芝集 （光与色的魔术师）（俄）库因芝
（А.И.Куинджи）绘
哈尔滨 黑龙江美术出版社 1997 年 23 页
29cm（16 开）ISBN：7-5318-0420-4
定价：CNY19.80
（19 世纪俄罗斯风景画库）

J0086389
雷儒理作品回顾 （1951—1997）
澳门 澳门市政厅 1997 年 30cm（10 开）
ISBN：972-97374-0-1
　　外文书名：Julio Resende Uma Retrospectiva.

J0086390
列维坦集 （大自然抒情诗）（俄）列维坦
（И.И.Левитан）绘
哈尔滨 黑龙江美术出版社 1997 年 23 页
29cm（16 开）ISBN：7-5318-0418-2
定价：CNY19.80
（19 世纪俄罗斯风景画库）

J0086391
林中空地 （俄）希施金绘
天津 天津人民美术出版社 1997 年 1 张
53×77cm 定价：CNY12.00
　　俄国画家伊凡·希施金的油画风景画。作者
希施金（Ivan Ivanovich Shishkin，1832—1898），
俄罗斯风景画画家。全名伊凡 伊凡诺维奇 希
施金，生于俄国的叶拉布加。就读于莫斯科绘画
雕刻建筑学校、彼得堡皇家美术学院。彼得堡美
术院院士与教授。作品有《在平静的原野上》《橡
树林》《松林的早晨》等。

J0086392
林中雨滴 （1891）（俄）希施金绘
天津 天津出版社 1997 年 1 张 53×77cm
定价：CNY12.00
　　俄国画家伊凡·希施金的油画风景画。

J0086393
卢梭 （法）H. 卢梭（Henri Rousseau）绘；外文
出版社编辑部，台北光复书局编辑部编著
北京 外文出版社 1997 年 118 页 有图
21cm（32 开）ISBN：7-119-02027-7
定价：CNY38.00
（家庭艺术馆典藏系列 世界名画与巨匠 第一系
列 5）
　　法国近代画家卢梭评传与油画作品集。本
书与光复书局合作出版。亨利·卢梭（Henri
Julien Félix Rousseau，1844—1910），法国画家。
生于法国西北部的拉瓦尔市。代表作有《村中散
步》《税卡》《战争》《睡着的吉普赛姑娘》《乡村
婚礼》等。

J0086394
马奈 （法）E. 马奈（Edouard Manet）绘；外文出
版社编辑部，台北光复书局编辑部编著
北京 外文出版社 1997 年 120 页 有图版
21cm（32 开）ISBN：7-119-02027-7
定价：CNY38.00
（家庭艺术馆典藏系列 世界名画与巨匠 第一系
列 6）
　　本书与光复书局合作出版。

J0086395
漫步在林中 （俄）希施金绘
天津 天津人民美术出版社 1997 年 1 张
53×78cm 定价：CNY12.00
　　俄国画家伊凡·希施金的油画风景画。

J0086396
名画世界中的风景 宋玉成编
沈阳 辽宁美术出版社 1997 年 144 页
29cm（16 开）精装 ISBN：7-5314-1855-X
定价：CNY80.00

J0086397
名画世界中的静物 宋玉成编
沈阳 辽宁美术出版社 1997 年 132 页
28cm（大 16 开）精装 ISBN：7-5314-1646-8
定价：CNY65.00

J0086398
名画世界中的人体 宋玉成编

沈阳 辽宁美术出版社 1997 年 168 页
28cm(大 16 开) 精装 ISBN: 7-5314-1643-3
定价: CNY75.00

J0086399
莫奈 (法)C. 莫奈(Claude Monet)绘; 外文出
版社编辑部, 台北光复书局编辑部编著
北京 外文出版社 1997 年 128 页 有图
21cm(32 开) ISBN: 7-119-02027-7
定价: CNY38.00
(家庭艺术馆典藏系列 世界名画与巨匠 第一系
列 8)
　　法国近代画家莫奈的评传与油画美术评论
集。本书与光复书局合作出版。

J0086400
莫斯科郊外的晌午 (1968)(俄)希施金绘
天津 天津人民美术出版社 1997 年 1 张
77×53cm 定价: CNY12.00
　　俄国画家伊凡·希施金的油画风景画。作者
希 施 金(Ivan Ivanovich Shishkin, 1832—1898),
俄罗斯风景画家。全名伊凡 伊凡诺维奇 希
施金, 生于俄国的叶拉布加。就读于莫斯科绘画
雕刻建筑学校、彼得堡皇家美术学院。彼得堡美
术院院士与教授。作品有《在平静的原野上》《橡
树林》《松林的早晨》等。

J0086401
牧归 (1968)(俄)瓦西里耶夫绘
天津 天津人民美术出版社 1997 年 1 张
53×77cm 定价: CNY12.00
　　俄国画家弗·阿·瓦西里耶夫的油画风景画。

J0086402
欧洲古典静物画 老付翻译
深圳 海天出版社 1997 年 287 页 30cm(10 开)
精装 ISBN: 7-80615-639-9 定价: CNY358.00
　　外文书名: Classical Still Life of Europe.

J0086403
普希金造型艺术博物馆藏画 郑培英译
天津 天津人民美术出版社 1997 年 81 页
38cm(6 开) 精装 ISBN: 7-5305-0741-9
(世界著名博物馆藏画系列)

J0086404
森林远处 (1884)(俄)希施金绘
天津 天津人民美术出版社 1997 年 1 张
53×77cm 定价: CNY12.00

J0086405
圣经名画 (旧约部分)孙家骥等编著
长春 时代文艺出版社 1997 年 133 页 31×27cm
精装 ISBN: 7-5387-1141-4 定价: CNY198.00

J0086406
湿润的草地 (1872: 油画)(俄)瓦西里耶夫绘
天津 天津人民美术出版社 1997 年 1 张
53×77cm 定价: CNY12.00
　　俄罗斯近代油画作品。

J0086407
世界静物名画临本 河北美术出版社编
石家庄 河北美术出版社 1997 年 56 页
25×26cm ISBN: 7-5310-0980-3
定价: CNY45.00

J0086408
世界油画静物精选 周小英编
广州 岭南美术出版社 1997 年 252 页
29cm(16 开) ISBN: 7-5362-1626-2
定价: CNY110.00

J0086409
树林边的草地 (俄)希施金绘
天津 天津人民美术出版社 1997 年 1 张
53×77cm 定价: CNY12.00
　　俄国画家伊凡·希施金的油画风景画。

J0086410
松林 (1872)(俄)希施金绘
天津 天津人民美术出版社 1997 年 1 张
53×77cm 定价: CNY12.00
　　俄国画家伊凡·希施金的油画风景画。

J0086411
松林晨曦 (1889)(俄)希施金绘
天津 天津人民美术出版社 1997 年 1 张
53×77cm 定价: CNY12.00
　　俄国画家伊凡·希施金的油画风景画。

J0086412

索科尔尼基的麋鹿岛 （1869）（俄）萨符拉索夫绘

天津 天津人民美术出版社 1997年 1张

53×78cm 定价：CNY12.00

俄国画家阿·康·萨符拉索夫的油画风景画。

J0086413

特卡乔夫兄弟 （俄罗斯画家）（俄）阿·特卡乔夫（А.Ткачев），（俄）谢·特卡乔夫（С.Ткачев）绘；全山石主编

济南 山东美术出版社 1997年 183页

34cm（10开）精装 ISBN：7-5330-1081-7

定价：CNY280.00

作者全山石（1930—　），画家，教授。浙江宁波人，毕业于中央美术学院华东分院。历任中国油画学会副主席、中国美术家协会油画艺术委员会副主任、中国美术学院教授、俄罗斯列宾美术学院荣誉教授等。代表作有收藏在中国革命博物馆的《英勇不屈》《井冈山上》《娄山关》《重上井冈山》《历史的潮流》等。

J0086414

特列恰科夫国家画廊藏画 全山石主编

济南 山东美术出版社 1997年 161页

34cm（10开）精装 ISBN：7-5330-1060-4

定价：CNY295.00

（俄罗斯油画精品）

J0086415

文艺复兴三杰 （合订本）吴泽义，吴龙著

台北 艺术图书公司 1997年 有图 21cm（32开）

ISBN：957-672-271-3 定价：TWD840.00

（走入名画世界 11）

J0086416

沃尔森林 （俄）博格留勃夫绘

天津 天津人民美术出版社 1997年 1张

53×77cm 定价：CNY12.00

俄国画家阿·波·博格留勃夫的油画风景画。

J0086417

无名女郎 （1883）（俄）克拉母斯科依绘

天津 天津人民美术出版社 1997年 1张

53×77cm 定价：CNY12.00

俄国画家伊·尼·克拉母斯科依的油画肖像画。作者伊·尼·克拉母斯科依，俄国著名肖像画家、评论家。是俄罗斯"巡回展览画派"的杰出领袖。

J0086418

雾·秋天莫斯科的红池塘 （1871）（俄）加米涅夫绘

天津 天津人民美术出版社 1997年 1张

53×78cm 定价：CNY12.00

俄国画家加米涅夫的油画风景画。

J0086419

希施金集 （森林的歌手）（俄）希施金（И.И.Шишкин）绘

哈尔滨 黑龙江美术出版社 1997年 23页

29cm（16开）ISBN：7-5318-0419-0

定价：CNY19.80

（19世纪俄罗斯风景画库）

J0086420

橡树 （1886）（俄）希施金绘

天津 天津人民美术出版社 1997年 1张

53×77cm 定价：CNY12.00

俄国画家伊凡·希施金的油画风景画。作者希施金（Ivan Ivanovich Shishkin, 1832—1898），俄罗斯风景画家。全名伊凡·伊凡诺维奇·希施金，生于俄国的叶拉布加。就读于莫斯科绘画雕刻建筑学校、彼得堡皇家美术学院。彼得堡美术院院士与教授。作品有《在平静的原野上》《橡树林》《松林的早晨》等。

J0086421

橡树·傍晚 （俄）希施金绘

天津 天津人民美术出版社 1997年 1张

53×77cm 定价：CNY12.00

俄国画家伊凡·希施金的油画风景画。

J0086422

英国画家詹姆斯·蒂梭特 （画册）四川美术出版社编

成都 四川美术出版社 1997年 29cm（16开）

ISBN：7-5410-1323-4 定价：CNY10.00

J0086423

永寂之上 （1894）（俄）列维坦绘
天津 天津人民美术出版社 1997 年 1 张
53×77cm 定价：CNY12.00
　　俄国画家伊·伊·列维坦的油画风景画。

J0086424

油画 （总第一期）
上海 上海人民美术出版社 1997 年 31 页
29cm（16 开）ISBN：7-5322-1758-2
定价：CNY18.00

J0086425

油画集 （4 俄罗斯风景油画专辑）陈守义编
杭州 中国美术学院出版社 1997 年 42cm（8 开）
ISBN：7-81019-626-X 定价：CNY18.00
（美术作品示范系列）
　　编者陈守义（1944—　　），浙江温州人。毕业
于浙江美术学院油画系。中国美术家协会会员、
浙江美术家协会理事、浙江美术教育研究会副会
长。主要作品有《山城》《水乡的回忆》《巴黎春
色》等。

J0086426

油画集 （3 法国风景油画专辑）陈守义编
杭州 中国美术学院出版社 1997 年 42cm（8 开）
ISBN：7-81019-625-1 定价：CNY18.00
（美术作品示范系列）

J0086427

有辽阔无际的蓝天里 （1918）（俄）雷洛夫绘
天津 天津人民美术出版社 1997 年 1 张
53×77cm 定价：CNY12.00
　　俄国画家阿·阿·雷洛夫的油画风景画。

J0086428

雨后的河面 （俄）列维坦绘
天津 天津人民美术出版社 1997 年 1 张
53×77cm 定价：CNY12.00
　　俄国画家伊·伊·列维坦的油画风景画。

J0086429

在橡树林边 （俄）希施金绘
天津 天津人民美术出版社 1997 年 1 张
53×77cm 定价：CNY12.00

俄国画家伊凡·希施金的油画风景画。作者
希施金（Ivan Ivanovich Shishkin, 1832—1898），
俄罗斯风景画画家。全名伊凡·伊凡诺维奇·希
施金，生于俄国的叶拉布加。就读于莫斯科绘画
雕刻建筑学校、彼得堡皇家美术学院。彼得堡美
术院院士与教授。作品有《在平静的原野上》《橡
树林》《松林的早晨》等。

J0086430

阿利卡画集 （以）阿利卡（AvigdorArikha）绘
南京 江苏美术出版社 1998 年 46 页
28cm（大 16 开）ISBN：7-5344-0785-0
定价：CNY28.00
（西方艺术大师名作丛书）
　　著者通译：阿里卡。

J0086431

埃弗里 （美）埃弗里（Avery）著
上海 上海人民美术出版社 1998 年 62 页
有照片 17×19cm ISBN：7-5322-2058-3
定价：CNY22.80
（世界美术家画库）

J0086432

埃拉尼亚秋日早晨 毕沙罗绘
天津 天津人民美术出版社 1998 年 1 张
43×38cm 定价：CNY7.00
　　作者卡米耶·毕沙罗（Camille Pissarro,
1830—1903），法国的印象派画家。生于安的列
斯群岛的圣托马斯。代表作品《塞纳河和卢浮宫》
《雪中的林间大道》《蒙福科的收获季节》等。

J0086433

艾尔米塔什博物馆 邹敏讷主编；卫海翻译
长沙 湖南美术出版社 1998 年 435 页 有图版
14cm（64 开）精装 ISBN：7-5356-1063-3
定价：CNY58.00
（世界著名博物馆图典）
　　外文书名：Hermitage Museum.

J0086434

奥勃罗索夫 （俄）奥勃罗索夫（И.Обросов）绘
长沙 湖南美术出版社 1998 年 103 页
31cm（10 开）精装 ISBN：7-5356-1081-1
定价：CNY128.00

（当代俄罗斯画家作坊）

作者现通译为：И.奥布罗索夫。

J0086435

巴尔蒂斯画集　（法）巴尔蒂斯（Balthus）绘

南京　江苏美术出版社　1998年　46页

28cm（大16开）ISBN：7-5344-0784-2

定价：CNY28.00

（西方艺术大师名作丛刊）

作者巴尔蒂斯（Balthus，1908—2001），原名巴尔塔扎尔·克洛索夫斯基·德·罗拉（Balthasar Klossowski），笔名"巴尔蒂斯"。生于巴黎，20世纪卓越的具象绘画大师。代表作品有《猫照镜子》《画家与模特》《房间》等。

J0086436

柏林国立美术馆　邹敏讷主编；张军译

长沙　湖南美术出版社　1998年　479页

15cm（64开）精装　ISBN：7-5356-1062-5

定价：CNY62.00

（世界著名博物馆图典）

外文书名：Berlin National.译者张军，山东省艺术研究所研究员。

J0086437

勃拉克　（立体派绘画大师）何政广主编

石家庄　河北教育出版社　1998年　239页

21cm（32开）ISBN：7-5434-3155-6

定价：CNY78.00

（世界名画家全集）

J0086438

春天·大水　（俄）列维坦绘

天津　天津人民美术出版社　1998年　1张

45×38cm　定价：CNY7.00

作者列维坦（Levitan，Isaak Iliich，1860—1900），俄国写生画家、风景画大师。出生于立陶宛基巴尔塔。主要作品《弗拉基米尔卡》《墓地上空》《傍晚钟声》。

J0086439

德·库宁　（美）德·库宁（De Kooning）绘

上海　上海人民美术出版社　1998年　70页

17×19cm　ISBN：7-5322-2057-5

定价：CNY25.80

（世界美术家画库）

J0086440

德尔沃　（比）德尔沃（Delvaux）绘

上海　上海人民美术出版社　1998年　62页

有肖像　19cm（小32开）ISBN：7-5322-2056-7

定价：CNY22.80

（世界美术家画库）

作者保罗·德尔沃（Delvaux，1897—1994），画家。生于比利时昂台特。毕业于王立美术学院。曾任教于布鲁塞尔国立高等艺术与建筑学院，王立美术学院院长。主要作品有《镜中的女子》《楼梯》《The Great Sirens》等。

J0086441

俄罗斯博物馆藏画　全山石主编

济南　山东美术出版社　1998年　163+26页

34cm（10开）精装　ISBN：7-5330-1238-0

定价：CNY280.00

（俄罗斯油画精品）

作者全山石（1930—　），画家，教授。浙江宁波人，毕业于中央美术学院华东分院。历任中国油画学会副主席、中国美术家协会油画艺术委员会副主任、中国美术学院教授、俄罗斯列宾美术学院荣誉教授等。代表作有收藏在中国革命博物馆的《英勇不屈》《井冈山上》《娄山关》《重上井冈山》《历史的潮流》等。

J0086442

俄罗斯画家尼古拉·费迅油画作品　（俄）尼古拉·费迅（Nicholas Feching）绘

天津　天津人民美术出版社　1998年　29cm（16开）

ISBN：7-5305-0820-2　定价：CNY13.00

J0086443

俄罗斯近代历史名画集

天津　天津人民美术出版社　1998年　26cm（16开）

精装　ISBN：7-5305-0903-9　定价：CNY36.00

J0086444

俄罗斯近代油画精品集

天津　天津人民美术出版社　1998年　26cm（16开）

精装　ISBN：7-5305-0904-7　定价：CNY48.00

J0086445
俄罗斯巡回画派精品续集
天津 天津人民美术出版社 1998 年 102 页
38cm（6 开）精装 ISBN：7-5305-0794-X

J0086446
梵蒂冈博物馆   邹敏讷主编；冯燕译
长沙 湖南美术出版社 1998 年 427 页
有图版 14cm（64 开）ISBN：7-5356-1060-9
定价：CNY58.00
（世界著名博物馆图典）
　　外文书名：Vatican Museum.

J0086447
弗洛伊德画集   （德）弗洛伊德（Lucian Freud）绘
南京 江苏美术出版社 1998 年 46 页
28cm（大 16 开）ISBN：7-5344-0787-7
定价：CNY28.00
（西方艺术大师名作丛刊）

J0086448
高更   （原始与野性憧憬）何政广主编
石家庄 河北教育出版社 1998 年 223 页
21cm（32 开）ISBN：7-5434-3147-5
定价：CNY78.00
（世界名画家全集）

J0086449
戈雅画集   （西）戈雅（Goya）绘
南京 江苏美术出版社 1998 年 46 页
28cm（大 16 开）ISBN：7-5344-0783-4
定价：CNY28.00
（西方艺术大师名作丛书）

J0086450
国立特列恰柯夫博物馆   张晶撰文；姚宏翔译
上海 上海人民美术出版社 1998 年 55 页
21cm（32 开）ISBN：7-5322-2114-8
定价：CNY16.50
（世界美术馆藏画系列）

J0086451
海岸城堡废墟风光   尹萨贝绘
天津 天津人民美术出版社 1998 年 1 张
35×52cm 定价：CNY7.00

J0086452
花园中   （俄）波连诺夫绘
天津 天津人民美术出版社 1998 年 1 张
47×38cm 定价：CNY7.00

J0086453
华盛顿国立美术馆   邹敏讷主编；冯燕译
长沙 湖南美术出版社 1998 年 488 页 有图版
14cm（64 开）精装 ISBN：7-5356-1061-7
定价：CNY62.00
（世界著名博物馆图典）
　　外文书名：Washington Gallery.

J0086454
霍金斯   （美）霍金斯（William Hawkins）绘
上海 上海人民美术出版社 1998 年 64 页
有照片 19cm（小 32 开）ISBN：7-5322-2054-0
定价：CNY22.80
（世界美术家画库）

J0086455
静物画   庆晓编
天津 天津人民美术出版社 1998 年 44 页
29cm（16 开）精装 ISBN：7-5305-0971-3
定价：CNY25.00
（艺术画廊丛书）

J0086456
巨匠油画中的女性   金鑫编
沈阳 辽宁美术出版社 1998 年 379 页
29cm（16 开）精装 ISBN：7-5314-1939-4
定价：CNY188.00

J0086457
柯罗   （礼赞自然的画家）何政广主编
石家庄 河北教育出版社 1998 年 231 页
20cm（32 开）ISBN：7-5434-3139-4
定价：CNY78.00
（世界名画家全集）

J0086458
科 尔 热 夫   （俄罗斯画家）（俄）科尔热夫
（Г.Коржев）绘；全山石主编
济南 山东美术出版社 1998 年 106 页
34cm（10 开）精装 ISBN：7-5330-1175-9

定价：CNY210.00

　　作者全山石（1930—　），画家，教授。浙江宁波人，毕业于中央美术学院华东分院。历任中国油画学会副主席、中国美术家协会油画艺术委员会副主任、中国美术学院教授、俄罗斯列宾美术学院荣誉教授等。代表作有收藏在中国革命博物馆的《英勇不屈》《井冈山上》《娄山关》《重上井冈山》《历史的潮流》等。

J0086459

科柯什卡画集　（奥）科柯什卡（Oskar Koko-schka）绘

南京 江苏美术出版社 1998 年 46 页

28cm（大 16 开）ISBN：7-5344-0786-9

定价：CNY28.00

（西方艺术大师名作丛书）

J0086460

拉邦的浴场　1895　（俄）波希顿诺夫绘

天津 天津人民美术出版社 1998 年 1 张

35×52cm 定价：CNY7.00

　　本作品系俄国油画。

J0086461

来自佛兰德斯的著名画家佩尔梅科

天津 天津人民美术出版社 1998 年 29cm（16 开）

ISBN：7-5305-0925-X 定价：CNY68.00

　　外 文 书 名：Permeke, The Famous Artist from Flanders.

J0086462

列宾美术学院油画人体习作选　（中俄英文本）

天津 天津人民美术出版社 1998 年 88 页

29cm（16 开）精装 ISBN：7-5305-0826-1

定价：CNY72.00

　　本书选收俄罗斯圣彼得堡国立列宾美术学院人体油画 80 多幅，这些作品是从学员日常写生训练的习作中精选的。

J0086463

卢浮宫博物馆　千渠撰文；姚宏翔译

上海 上海人民美术出版社 1998 年 55 页

21cm（32 开）ISBN：7-5322-2115-6

定价：CNY16.50

（世界美术馆藏画系列）

J0086464

卢梭　（朴素艺术的旗手）何政广主编

石家庄 河北教育出版社 1998 年 197 页

21cm（32 开）ISBN：7-5434-3146-7

定价：CNY78.00

（世界名画家全集）

J0086465

罗浮宫博物馆　邹敏讷主编；熊键琴译

长沙 湖南美术出版社 1998 年 486 页

15cm（64 开）ISBN：7-5356-1056-0

定价：CNY62.00

（世界著名博物馆图典）

　　外文书名：Louvre Gallery.

J0086466

名画家笔下　（女性美名画）何恭上编著

台北 艺术图书公司 1998 年 再版 131 页

21cm（32 开）ISBN：957-672-154-7

定价：TWD280.00

（走入名画世界 1）

J0086467

莫奈　（印象派绘画大师）何政广主编

石家庄 河北教育出版社 1998 年 239 页

21cm（32 开）ISBN：7-5434-3143-2

定价：CNY78.00

（世界名画家全集）

J0086468

莫斯科的小院落　（1878）（俄）波连诺夫绘

天津 天津人民美术出版社 1998 年 1 张

38×45cm 定价：CNY7.00

J0086469

欧美风景画精品　扬阳等编

西安 陕西人民美术出版社 1998 年 77 页

29cm（16 开）ISBN：7-5368-1063-6

定价：CNY50.00

J0086470

欧洲艺术大师油画风景作品选　四川美术学院编

南宁 广西美术出版社 1998 年 29cm（16 开）

ISBN：7-80625-606-7 定价：CNY18.00

J0086471
珀米克　（比）珀米克（Permeke）绘
上海　上海人民美术出版社　1998 年　[22]+71 页
19cm（小 32 开）ISBN：7-5322-2055-9
定价：CNY28.80
（世界美术家画库）

J0086472
三月　（1895）（俄）列维坦绘
天津　天津人民美术出版社　1998 年　1 张
38×45cm　定价：CNY7.00

J0086473
十八十九世纪法国风情画集
天津　天津人民美术出版社　1998 年　206 页
38cm（6 开）精装　ISBN：7-5305-0797-4

J0086474
苏里科夫　（俄）苏里科夫绘；晨朋撰文
济南　山东美术出版社　1998 年　39cm（8 开）（散
页套装）ISBN：7-5330-1191-0　定价：CNY20.00
（俄罗斯油画名家名作临摹范本）

J0086475
特列恰科夫画廊藏画　（上）郑培英，杨新安译
天津　天津人民美术出版社　1998 年　139 页
38cm（8 开）精装　ISBN：7-5305-0739-7
（世界著名博物馆藏画系列）
　　　世界油画画册，中俄文本。

J0086476
特列恰科夫画廊藏画　（下）郑培英，杨新安译
天津　天津人民美术出版社　1998 年　141 页
38cm（8 开）精装　ISBN：7-5305-0740-0
（世界著名博物馆藏画系列）
　　　世界油画画册，中俄文本。

J0086477
外国油画风景作品选
天津　天津人民美术出版社　1998 年　38cm（6 开）
精装　ISBN：7-5305-0808-3

J0086478
乌克兰美术学院油画
哈尔滨　黑龙江美术出版社　1998 年　223 页
29cm（16 开）ISBN：7-5318-0485-9
定价：CNY108.00

J0086479
西洋淑女画　庆晓编
天津　天津人民美术出版社　1998 年　106 页
26cm（16 开）ISBN：7-5305-0827-X
定价：CNY50.00
（大众美术欣赏系列）

J0086480
谢罗夫　（俄）谢罗夫绘；晨朋撰文
济南　山东美术出版社　1998 年　8 幅　39cm（8 开）
（散页套装）ISBN：7-5330-1192-9
定价：CNY20.00
（俄罗斯油画名家名作临摹范本）

J0086481
伊万诺夫　（俄）伊万诺夫（В.Иванов）绘
长沙　湖南美术出版社　1998 年　102 页
31cm（10 开）精装　ISBN：7-5356-1080-3
定价：CNY128.00
（当代俄罗斯画家作坊）

J0086482
意大利当代超写实画家—卢西安诺·文特罗恩　（意）卢西安诺·文特罗恩（LucianoVentrone）
绘；马林编著
南昌　江西美术出版社　1998 年　80 页　有彩照
25×26cm　ISBN：7-80580-534-2
定价：CNY58.00

J0086483
阴沉的日子　（1883）（俄）瓦斯涅佐夫绘
天津　天津人民美术出版社　1998 年　1 张
30×52cm　定价：CNY7.00

J0086484
巴巴　（罗）柯尔尼留·巴巴（Corneliu Baba）绘；
崔念强等编
长春　吉林美术出版社　1999 年　102 页
27cm（大 16 开）ISBN：7-5386-0801-X
定价：CNY80.00
（环球美术家视点系列）

J0086485

布鲁格尔 （尼德兰绘画大师）何政广主编
台北 艺术家出版社 1999年 191页 有照片
21cm（32开）ISBN：957-8273-27-4
定价：TWD480.00
（世界名画家全集 12）

J0086486

俄罗斯当代油画 刘迅主编；北京国际艺苑美
术基金会编
北京 新华出版社 1999年 107页 30cm（10开）
ISBN：7-5011-4686-1 定价：CNY180.00
　　主编刘迅（1923—2007），画家。江苏南京
人，曾在延安鲁艺进修。历任北京画院副院长兼
党委书记、北京市美协副主席、北京市文联副主
席。代表作有《刘迅油画作品集》《刘迅中国画
作品集》《刘迅画集》等。

J0086487

俄罗斯画家——格里采 ［（俄）格里采（A.
Грицай）绘］；全山石主编
济南 山东美术出版社 1999年 114页 有图版
34cm（10开）精装 ISBN：7-5330-1281-X
定价：CNY230.00
　　本画册收有俄罗斯画家格里采的《雨后》
《静物》《妻儿肖像》《三月的阳光》《外廊里》
《秋天的早晨》《萌芽》《晚秋》《五月一日》《冬
天的太阳》等94幅作品。作者全山石（1930—　　），
画家，教授。浙江宁波人，毕业于中央美术学院
华东分院。历任中国油画学会副主席、中国美术
家协会油画艺术委员会副主任、中国美术学院教
授、俄罗斯列宾美术学院荣誉教授等。代表作有
收藏在中国革命博物馆的《英勇不屈》《井冈山
上》《娄山关》《重上井冈山》《历史的潮流》等。

J0086488

俄罗斯画家——莫伊谢延科 ［（俄）莫伊谢
延科绘］；全山石主编
济南 山东美术出版社 1999年 178页 有图版
34cm（10开）精装 ISBN：7-5330-1363-8
定价：CNY280.00
　　本画册收有俄罗斯画家莫伊谢延科的《多瓦
托尔将军》《自卫军》《红军来了》《主妇》《农庄
庄员》《号召》《童年》《同志们》《通讯兵》《孩
子们》等近160幅作品。

J0086489

俄罗斯列宾美术学院人体作品辑 （1）杨学
昭编
上海 上海人民美术出版社 1999年 38cm（6开）
ISBN：7-5322-2118-0 定价：CNY14.80

J0086490

俄罗斯列宾美术学院人体作品辑 （2）杨学
昭编
上海 上海人民美术出版社 1999年 38cm（6开）
ISBN：7-5322-2119-9 定价：CNY14.80

J0086491

俄罗斯列宾美术学院人体作品辑 （3）杨学
昭编
上海 上海人民美术出版社 1999年 38cm（6开）
ISBN：7-5322-2120-2 定价：CNY14.80

J0086492

风景画 庆晓编
天津 天津人民美术出版社 1999年 44页
29cm（16开）精装 ISBN：7-5305-1009-6
定价：CNY28.00
（艺术画廊丛书）

J0086493

列宾 （伏尔加河的儿子）张安吾著
天津 天津人民美术出版社 1999年 31页
29cm（16开）ISBN：7-5305-1087-8
定价：CNY18.00
（"门外汉"赏画丛书）

J0086494

卢浮宫油画精品 刘文敏主编
北京 中国三峡出版社 1999年 26cm（16开）
ISBN：7-80099-307-8 定价：CNY56.00
　　编者刘文敏，中国三峡出版社社长，曾任
人民画报社主任记者、中国画报出版社常务副
社长，中国摄影家协会会员、中国新闻摄影协会
理事。

J0086495

鲁本斯 （巴洛克绘画大师）何政广主编
台北 艺术家出版社 1999年 215页 有照片
21cm（32开）ISBN：957-8273-28-2

定价: TWD480.00
（世界名画家全集）

　　鲁本斯（Peter Paul Rubens, 1577—1640），比利时画家。出生于德国茨根。青年时随凡·努尔特（Adamvan Noort, 1557—1641）等画师学画。其成就在于融合尼德兰和意大利的艺术传统，复兴了佛兰德斯画派，对欧洲绘画的发展有重大影响。代表作品有《上、下十字架》《复活》《爱之园》《强劫留西帕斯的女儿》等。

J0086496
罗马尼亚 19-20 世纪绘画精品　　天津人民美术出版社 [编选]；崔念强译
天津 天津人民美术出版社 1999 年 114 页
38cm（6 开）精装 ISBN：7-5305-1017-7
定价：CNY160.00

J0086497
美 国 当 代 油 画 艺 术　（美）万 伯 乐（Scott Wampler）主编；张今洁译
长春 吉林美术出版社 1999 年 225 页
31cm（10 开）精装 ISBN：7-5386-0894-X
定价：CNY168.00
　　外文书名：Contemporary American Oil Painting.

J0086498
美神　欧阳桥生主编
长春 吉林摄影出版社 1999 年 2 册（759 页）
20cm（32 开）ISBN：7-80606-274-2
定价：CNY58.00

J0086499
莫兰迪　（意）乔治·莫兰迪（Giorgio Morandi）绘；啸声编
南昌 江西美术出版社 1999 年 75 页
26cm（16 开）ISBN：7-80580-554-7
定价：CNY38.00
（世界油画家之林）

J0086500
欧美近代人物画　庆晓编著
沈阳 辽宁美术出版社 1999 年 120 页
29cm（16 开）ISBN：7-5314-2199-2
定价：CNY48.00

J0086501
欧美近代肖像画　庆晓编著
沈阳 辽宁美术出版社 1999 年 120 页
29cm（16 开）ISBN：7-5314-2198-4
定价：CNY48.00

J0086502
人体画　庆晓编
天津 天津人民美术出版社 1999 年 42 页
29cm（16 开）精装 ISBN：7-5305-1008-8
定价：CNY28.00
（艺术画廊丛书）

J0086503
塞尚　（现代绘画之父）（法）塞尚（PaulCezanne）绘；赵蘅著
天津 天津人民美术出版社 1999 年 31 页
29cm（16 开）ISBN：7-5305-1084-3
定价：CNY18.00
（"门外汉"赏画丛书）

　　保罗·塞尚（Paul Cézanne, 1839—1906），法国著名画家。后期印象派的主将，西方现代画家称他为"现代艺术之父"。又与高更、凡·高并称后印象派三大家。代表作品有《果盘》《玩纸牌者》《圣维克图瓦山》《浴女们》《自画像》等。

J0086504
树　蒋跃编
杭州 中国美术学院出版社 1999 年 16 页
21×28cm ISBN：7-81019-709-6 定价：CNY8.80
（世界风景画佳作分类丛书）

J0086505
乌克兰现代油画艺术作品集　（乌克兰）米哈依尔·顾依达（МихаилГуйда）主编；孟岫岩，王梅元译
哈尔滨 黑龙江美术出版社 1999 年 130 页
29cm（16 开）ISBN：7-5318-0568-5
定价：CNY88.00

J0086506
现代绘画　（从印象派到 20 世纪先锋派）全山石主编；（意）斯特法诺·佐菲，（意）弗朗西斯科·卡斯特利亚编著；赵兴国，老安译
济南 山东美术出版社 1999 年 399 页 28×26cm

精装 ISBN：7-5330-1305-0 定价：CNY260.00

　　本画集收入了近两个世纪以来从西班牙的戈雅到抽象画派的康定斯基、博洛克等一百余位欧美画家的五百余件代表作品。主编全山石（1930—　），画家，教授。浙江宁波人，毕业于中央美术学院华东分院。历任中国油画学会副主席、中国美术家协会油画艺术委员会副主任、中国美术学院教授、俄罗斯列宾美术学院荣誉教授等。代表作有收藏在中国革命博物馆的《英勇不屈》《井冈山上》《娄山关》《重上井冈山》《历史的潮流》等。

J0086507
意大利 19 世纪绘画　　郭润文编著
南昌　江西美术出版社 1999 年 128 页
29cm（16 开）精装 ISBN：7-80580-582-2
定价：CNY116.00

J0086508
油画　（2）陈和西等绘
上海　上海人民美术出版社 1999 年 32 页
29cm（16 开）ISBN：7-5322-1903-8
定价：CNY18.00

各国油画题材的年历

J0086509
意大利女孩　（油画 1980 年年历）（俄）哈尔拉莫夫作
杭州　浙江人民出版社 1979 年［1 张］
38cm（6 开）定价：CNY0.10
　　俄罗斯油画作品。

J0086510
1983（外国风景油画专辑）
天津　天津人民美术出版社 1982 年 54cm（4 开）
定价：CNY3.50
　　外国油画风景画作品。

J0086511
1983（外国油画年历）
成都　四川人民出版社 1982 年 38cm（6 开）
定价：CNY1.80

外国油画作品。

J0086512
戈洛维娜像　（油画 1983 年年历）（俄）列宾作
昆明　云南人民出版社 1982 年 54cm（4 开）
定价：CNY0.18
　　俄罗斯油画作品。

J0086513
花　（油画 1983 年年历）（法）卢东作
上海　上海人民美术出版社 1982 年 54cm（4 开）
定价：CNY0.16
　　法国油画作品。

J0086514
花之女神　（油画 1983 年年历）（意）提香作
昆明　云南人民出版社 1982 年 54cm（4 开）
定价：CNY0.18
　　意大利中世纪油画作品。

J0086515
三月　（油画 1983 年年历）（俄）列维坦作
杭州　西泠印社 1982 年 54cm（4 开）
定价：CNY0.20
　　俄罗斯油画作品。

J0086516
无名女郎　（油画 1983 年年历）（俄）依·克拉姆斯柯依作
西安　陕西人民美术出版社 1982 年 1 张
54cm（4 开）定价：CNY0.18
　　俄罗斯油画作品。

J0086517
1984：外国油画
成都　四川人民出版社 1983 年 78cm（2 开）
定价：CNY4.50
　　外国油画作品选。

J0086518
白花瓶和花　（油画摄影〈1984 农历甲子年〉年历）（法）雷顿作
武汉　湖北人民出版社 1983 年 39cm（4 开）
定价：CNY0.10
　　法国油画作品。

J0086519
画家和她的女儿 （油画 1983 年年历）（法）维瑞·勒布伦作
杭州 西泠印社［1983 年］54cm（4 开）
定价：CNY0.20
　　法国油画作品。

J0086520
麦烟 （油画 1984 年年历）（英）康斯太勃作
天津 天津杨柳青画社 1983 年 54cm（4 开）
定价：CNY0.20
　　英国油画作品。

J0086521
情人 （油画 1984 年年历）（匈）帕尔·辛耶·默尔塞作
杭州 西泠印社 1983 年 54cm（4 开）
定价：CNY0.20
　　匈牙利油画作品。

J0086522
圣婴、约翰与二天使 （油画 1984 年年历）（比）鲁本斯作
杭州 西泠印社 1983 年 1 张 54cm（4 开）
定价：CNY0.20
　　比利时油画作品。

J0086523
苏珊娜·富尔曼肖像 （油画 1984 年年历）（比）鲁本斯作
南昌 江西人民出版社［1983 年］1 张
54cm（4 开）定价：CNY0.19
　　比利时油画作品。

J0086524
无名女郎 （油画 1984 年年历）（俄）克拉姆斯柯依作
南昌 江西人民出版社［1983 年］1 张
53cm（4 开）定价：CNY0.19
　　俄罗斯油画作品。

J0086525
月夜 （油画 1984 年年历）（俄）依·克拉姆斯柯依作
西安 陕西人民美术出版社 1983 年 76cm（2 开）
定价：CNY0.40
　　俄罗斯油画作品。

J0086526
艾娃·贡萨莱斯 （油画 1985 年年历）（法）马奈作
北京 人民美术出版社 1984 年［1 张］
39cm（6 开）统一书号：8027.9097
定价：CNY0.10
　　法国油画作品。作者马奈（Édouard Manet,
1832—1883），法国画家。全名爱德华·马奈，生于巴黎。代表作品有《父母肖像》《弹吉他的人》《草地上的午餐》等。

J0086527
鲍蕾丝 （油画 1985 年年历）（英）雷诺尔兹作
成都 四川人民出版社 1984 年 54cm（4 开）
定价：CNY0.18
　　英国油画作品。

J0086528
波特金娃像 （油画 1985 年年历）（俄）谢罗夫作
贵阳 贵州人民出版社 1984 年 54cm（4 开）
定价：CNY0.18
　　俄罗斯油画作品。

J0086529
布罗登夫人像 （油画 1985 年年历）［英］罗姆尼作
北京 人民美术出版社 1984 年 39cm（4 开）
定价：CNY0.10
　　英国油画作品。

J0086530
插着雏菊花与秋牡丹的花瓶 （油画 1985 年年历）（荷兰）凡·高作
太原 山西人民出版社 1984 年 54cm（4 开）
定价：CNY0.20
　　荷兰油画作品。作者凡·高（Vincent van
Gogh, 1853—1890），荷兰后印象派画家。另有译名梵·高、文森特·梵·高、文森特·梵高、梵谷等。代表作有《星月夜》、自画像系列、向日葵系列等。

J0086531

春之花束 （油画 1985 年年历）（法）雷诺阿作
成都 四川人民出版社 1984 年 54cm（4 开）
定价：CNY0.18
　　法国油画作品。

J0086532

德·奥松维尔夫人肖像 （油画 1985 年年历）
（法）安格尔画
南昌 江西人民出版社［1984 年］54cm（4 开）
定价：CNY0.19
　　法国油画作品。作者安格尔（Jean Auguste-
Dominique Ingres，1780—1867），法国画家。古
典主义画派最后的代表人物。皇家美术院院士。
曾任美术学院教授、副院长、院长。对艺术和美
学的基本学说和思想主要集中在其日记形式的
《安格尔笔记》中。主要作品有《路易十三的宣誓》
《泉》《土耳其》等。

J0086533

斗篷与新叶 （油画 1985 年年历）（法）科罗作
太原 山西人民出版社 1984 年 54cm（4 开）
定价：CNY0.20
　　法国油画作品。

J0086534

风景 （油画 1985 年年历）（法）莫奈作
太原 山西人民出版社 1984 年 54cm（4 开）
定价：CNY0.20
　　法国油画作品。作者克劳德·莫奈（Claude
Monet，1840—1926），法国画家。出生于法国巴
黎。毕业于夏尔·格莱尔画室。19 世纪法国印象
画派主将。代表作品《日出·印象》《卢昂大教堂》
《维特尼附近的罂粟花田》《睡莲》《干草堆》等。

J0086535

亨德里克·斯托费尔斯 （油画 1985 年年历）
（荷）伦勃朗作
北京 人民美术出版社 1984 年 54cm（4 开）
定价：CNY0.10
　　荷兰油画作品。

J0086536

画家和她的女儿 （油画 1985 年年历）（法）维
瑞 - 勒布伦画

南宁 漓江出版社 1984 年 54cm（4 开）
定价：CNY0.16
　　法国油画作品。

J0086537

劳斯兰夫人 （油画 1985 年年历）（瑞典）罗斯
林画
南昌 江西人民出版社［1984 年］54cm（4 开）
定价：CNY0.19
　　瑞典油画作品。

J0086538

罗曼诺·蒂克姑娘 （油画 1985 年年历）（法）
雷诺阿画
南昌 江西人民出版社［1984 年］54cm（4 开）
定价：CNY0.19
　　法国油画作品。

J0086539

马蒙托娃像 （油画 1985 年年历）（俄）谢罗夫作
贵阳 贵州人民出版社 1984 年 54cm（4 开）
定价：CNY0.18
　　俄罗斯油画作品。

J0086540

母爱 （油画 1985 年年历）（法）玛格丽特·拉热
尔绘
南宁 漓江出版社 1984 年 39cm（4 开）
定价：CNY0.16
　　法国油画作品。

J0086541

母爱 （油画 1985 年年历）（法）马格丽特·热拉作
杭州 西泠印社 1984 年 54cm（4 开）
定价：CNY0.20
　　法国油画作品。

J0086542

母与子 （油画 1985 年年历）（美）卡萨特画
南昌 江西人民出版社［1984 年］54cm（4 开）
定价：CNY0.19
　　美国油画作品。

J0086543

年轻的酒神 （油画 1985 年年历）（意）卡拉瓦

桥画

南昌 江西人民出版社［1984 年］54cm（4 开）

定价：CNY0.19

　　意大利油画作品。

J0086544

女孩像　（油画 1985 年年历）（法）雷诺阿作

北京 人民美术出版社 1984 年 39cm（4 开）

定价：CNY0.10

　　法国油画作品。

J0086545

普鲁古丽宫女　（油画 1985 年年历）（法）安格
尔画

南昌 江西人民出版社［1984 年］54cm（4 开）

定价：CNY0.19

　　法国油画作品。作者安格尔（Jean Auguste-
Dominique Ingres，1780—1867），法国画家。古
典主义画派最后的代表人物。皇家美术院院士。
曾任美术学院教授、副院长、院长。对艺术和美
学的基本学说和思想主要集中在其日记形式的
《安格尔笔记》中。主要作品有《路易十三的宣誓》
《泉》《土耳其》等。

J0086546

骑马女郎　（油画　1985 年年历）（俄）卡尔·勃
留洛夫作

杭州 西泠印社 1984 年 54cm（4 开）

定价：CNY0.20

　　俄罗斯油画作品。

J0086547

少女　（油画 1985 年年历）（法）莫里索作

南昌 江西人民出版社［1984 年］1 张
54cm（4 开）定价：CNY0.19

　　法国油画作品。

J0086548

威露比　（油画 1985 年年历）隆尼作

成都 四川人民出版社 1984 年 1 张 54cm（4 开）

定价：CNY0.18

J0086549

威尼斯风景　（油画 1985 年年历）（法）雷诺阿作

北京 人民美术出版社 1984 年 1 张 39cm（6 开）

定价：CNY0.10

　　法国油画作品。

J0086550

维罗皮小姐　（油画 1985 年年历）（英）乔治·罗
姆耐作

南昌 江西人民出版社［1984 年］1 张
54cm（4 开）定价：CNY0.19

　　英国油画作品。

J0086551

小台上的芍药花屏　（油画 1985 年年历）（法）
马奈作

太原 山西人民出版社 1984 年 1 张 54cm（4 开）

定价：CNY0.20

　　法国油画作品。

J0086552

依苏波娃像　（油画 1985 年年历）（俄）谢罗夫作

贵阳 贵州人民出版社 1984 年 1 张 54cm（4 开）

定价：CNY0.18

　　俄罗斯油画作品。

J0086553

阅读的少女　（油画 1985 年年历）（法）弗拉哥
纳尔作

成都 四川人民出版社 1984 年 54cm（4 开）

定价：CNY0.18

　　法国油画作品。

J0086554

在弹琴的姑娘们　（油画 1985 年年历）（法）雷
诺阿画

南昌 江西人民出版社［1984 年］54cm（4 开）

定价：CNY0.19

　　法国油画作品。

J0086555

在阳台上　（油画 1985 年年历）（法）雷诺阿作

武汉 长江文艺出版社 1984 年 54cm（4 开）

定价：CNY0.19

　　法国油画作品。

J0086556

奥布里夫人和儿子的肖像　（油画 1986 年年

历)拉鲁吉里埃路作

重庆 重庆出版社 1985 年 1 张 54cm(4 开)

定价: CNY0.20

J0086557

布劳利公爵夫人 (油画 1986 年年历)(法)安格尔作

西安 陕西人民美术出版社 1985 年 1 张 53cm(4 开) 定价: CNY0.23

　　法国油画作品。作者安格尔(Jean Auguste-Dominique Ingres, 1780—1867), 法国画家。古典主义画派最后的代表人物。皇家美术院院士。曾任美术学院教授、副院长、院长。对艺术和美学的基本学说和思想主要集中在其日记形式的《安格尔笔记》中。主要作品有《路易十三的宣誓》《泉》《土耳其》等。

J0086558

荡秋千 (油画 1986 年年历)(英)华莱士作

昆明 云南人民出版社 1985 年 1 张 54cm(4 开) 定价: CNY0.22

　　英国油画作品。

J0086559

第九次浪涛 (油画 1986 年年历)(俄)艾瓦佐夫斯基作

天津 天津人民美术出版社 1985 年 1 张 54cm(4 开) 定价: CNY0.25

　　俄罗斯油画作品。

J0086560

风景 (油画 1986 年年历)(英)透纳作

福州 福建美术出版社 1985 年 1 张 53cm(4 开) 定价: CNY0.24

　　英国油画作品。

J0086561

格雷汉姆夫人像 (油画 1986 年年历)(英)庚斯勃罗作

郑州 河南美术出版社 1985 年 1 张 78cm(2 开) 定价: CNY0.27

　　英国油画作品。

J0086562

贵妇像 (油画 1986 年年历)(法)安格尔作

昆明 云南人民出版社 1985 年 1 张 54cm(4 开) 定价: CNY0.22

　　法国油画作品。作者安格尔(Jean Auguste-Dominique Ingres, 1780—1867), 法国画家。古典主义画派最后的代表人物。皇家美术院院士。曾任美术学院教授、副院长、院长。对艺术和美学的基本学说和思想主要集中在其日记形式的《安格尔笔记》中。主要作品有《路易十三的宣誓》《泉》《土耳其》等。

J0086563

花神 (油画 1986 年农历丙寅年年历)(意)提香作

郑州 河南美术出版社 1985 年 1 张 53cm(4 开) 定价: CNY0.25

　　意大利中世纪油画作品。作者提香·韦切利奥, 又译提齐安诺·维伽略(Tiziano Vecelli 或 Tiziano Vecellio, 约 1488/1490—1576), 英语系国家常称呼为提香(Titian), 意大利文艺复兴后期威尼斯画派的代表画家。出生于意大利东北部阿尔卑斯山地区的卡多列。在提香所处的时代, 他被称为"群星中的太阳", 兼工肖像、风景及神话、宗教主题绘画。

J0086564

花与少女 (油画 1986 年年历)(法)雷东作

上海 上海人民美术出版社 1985 年 1 张 53cm(4 开) 定价: CNY0.24

　　法国油画作品。

J0086565

花之女神 (油画 1986 年农历丙寅年年历)(意)提香作; 北京美术摄影出版社编

北京 北京美术摄影出版社 1985 年 1 张 76cm(2 开) 定价: CNY0.46

　　意大利中世纪油画作品。

J0086566

津奈达尤斯波娃的肖像 (油画 1986 年年历)(俄)赛罗夫作

南京 江苏美术出版社 1985 年 1 张 78cm(2 开) 定价: CNY0.32

　　俄罗斯油画作品。

J0086567

卷发的青年妇女 (油画 1986 年年历)(比)鲁

本斯作
武汉 长江文艺出版社 1985 年 1 张 76cm（2 开）
定价：CNY0.50
　　比利时油画作品。

J0086568
卡迈耶夫人和她的孩子们 （油画 1986 年年历）（美）沙金作
南京 江苏美术出版社 1985 年 1 张 [78cm]（3 开）定价：CNY0.32
　　美国油画作品。

J0086569
卡塔雷托·哈迪的女儿 （油画 1986 年年历）劳伦斯·托马斯作
重庆 重庆出版社 1985 年 1 张 53cm（4 开）
定价：CNY0.20

J0086570
里维耶夫人像 （油画 1986 年农历丙寅年年历）（法）安格尔作；北京美术摄影出版社编
北京 北京美术摄影出版社 1985 年 1 张 76cm（2 开）定价：CNY0.46
　　法国油画作品。

J0086571
蒙娜丽莎 （油画 1986 年年历）（意）达·芬奇作
北京 人民美术出版社 1985 年 1 张 54cm（4 开）
定价：CNY0.24
　　意大利中世纪油画作品。

J0086572
缪克斯夫人像 （油画 1986 年年历）（美）惠斯勒作
昆明 云南人民出版社 1985 年 1 张 54cm（4 开）
定价：CNY0.22
　　美国油画作品。

J0086573
莫斯科近郊 （油画 1986 年年历）（俄）瓦西里·德米特里，叶维奇·波列诺夫作
天津 天津人民美术出版社 1985 年 1 张 54cm（4 开）定价：CNY0.25
　　俄罗斯油画作品。

J0086574
母与子 （油画 1986 年年历）（美）卡萨特作
上海 上海书画出版社 1985 年 1 张 53cm（4 开）
定价：CNY0.38
　　美国油画作品。

J0086575
牧羊女 （油画 1986 年年历）菲尔德兹·萨米埃尔·莱库作
重庆 重庆出版社 1985 年 1 张 54cm（4 开）
定价：CNY0.20

J0086576
拿着樱桃的女孩 （油画 1986 年年历）拉塞尔作
重庆 重庆出版社 1985 年 1 张 54cm（4 开）
定价：CNY0.20

J0086577
绕线 （油画 1986 年年历）（英）弗雷德里·洛德·莱顿作
天津 天津人民美术出版社 1985 年 1 张 54cm（4 开）定价：CNY0.25
　　英国油画作品。

J0086578
萨若·白恩哈物肖像 （油画 1986 年农历丙寅年年历）（法）克莱润作；北京美术摄影出版社编
北京 北京美术摄影出版社 1985 年 1 张 76cm（2 开）定价：CNY0.46
　　法国油画作品。

J0086579
三女郎与婚姻之神 （油画 1986 年年历）（英）雷诺兹作
福州 福建美术出版社 1985 年 1 张 53cm（4 开）
定价：CNY0.24
　　英国油画作品。

J0086580
沙尔丹那怕勒王 （油画 1986 年年历）（法）德拉克罗瓦作
西安 陕西人民美术出版社 1985 年 1 张 54cm（4 开）定价：CNY0.23
　　法国油画作品。

J0086581

少妇像 （油画 1986 年年历）（美）豪华特·钱德
勒·克利斯提作

长沙 湖南美术出版社 1985 年 1 张 53cm（4 开）
定价：CNY0.25

　　美国油画作品。

J0086582

圣母与婴儿 （油画 1986 年农历丙寅年）（西）
穆里洛作；北京美术摄影出版社编

北京 北京美术摄影出版社 1985 年 1 张
76cm（2 开）定价：CNY0.46

　　西班牙油画作品。

J0086583

圣母子 （油画 1986 年年历）（比）鲁本斯作

贵阳 贵州人民出版社 1985 年 1 张 53cm（4 开）
定价：CNY0.22

　　比利时油画作品。

J0086584

圣母子与圣约翰 （油画 1986 年年历）（意）拉
斐尔作

郑州 河南美术出版社 1985 年 1 张 108×26cm
定价：CNY0.27

　　意大利油画作品。

J0086585

史文登夫人 （油画 1986 年年历）（美）沙尔金作

上海 上海画报出版社 1985 年 1 张 85cm（3 开）
定价：CNY0.46

　　美国油画作品。

J0086586

四月之爱 （油画 1986 年农历丙寅年年历）
（英）阿瑟·休斯作；北京美术摄影出版社编

北京 北京美术摄影出版社 1985 年 1 张
76cm（2 开）定价：CNY0.46

　　英国油画作品。

J0086587

苏娜娜·雷尔曼 （油画 1986 年年历）（比）鲁
本斯作

北京 人民美术出版社 1985 年 1 张 54cm（4 开）
定价：CNY0.24

　　比利时油画作品。

J0086588

外国肖像 （油画 1986 年年历）

长沙 湖南美术出版社 1985 年 1 张 53cm（4 开）
定价：CNY0.25

J0086589

威蒙德海湾 （油画 1986 年年历）（英）康斯太
勃作

天津 天津人民美术出版社 1985 年 1 张
54cm（4 开）定价：CNY0.25

　　英国油画作品。

J0086590

温德姆姐妹 （油画 1986 年年历）（美）沙金作

南京 江苏美术出版社 1985 年 1 张 78cm（2 开）
定价：CNY0.32

　　美国油画作品。

J0086591

无名女郎 （油画 1986 年年历）（俄）克拉姆斯
科依作

西安 陕西人民美术出版社 1985 年 1 张
76cm（2 开）定价：CNY0.50

　　俄罗斯油画作品。

J0086592

无名女郎 （油画 1986 年年历）（俄）克拉姆斯
科依作

杭州 浙江人民美术出版社 1985 年 1 张
76cm（2 开）定价：CNY0.45

　　俄罗斯油画作品。

J0086593

西斯顿夫人像 （油画 1986 年年历）（英）雷诺
兹作

郑州 河南美术出版社 1985 年 1 张
［78cm］（2 开）定价：CNY0.27

　　英国油画作品。

J0086594

小女孩玛丽 （油画 1986 年年历）劳伦斯·马
斯作

重庆 重庆出版社 1985 年 1 张 53cm（4 开）

定价: CNY0.20

J0086595
伊利沙伯夫人 （油画 1986 年年历）维杰莱布朗作
重庆 重庆出版社 1985 年 1 张 53cm（4 开）
定价: CNY0.20

J0086596
椅子上的圣母 （油画 1986 年年历）（意）拉菲尔作
昆明 云南人民出版社 1985 年 1 张 54cm（4 开）
定价: CNY0.22
　　意大利油画作品。

J0086597
在海边 （油画 1986 年年历）（法）雷诺阿作
兰州 甘肃人民出版社 1985 年 1 张 53cm（4 开）
定价: CNY0.22
　　法国油画作品。

J0086598
在阳台上 （油画 1986 年年历）（法）雷诺阿作
重庆 重庆出版社 1985 年 1 张 53cm（4 开）
定价: CNY0.20
　　法国油画作品。

J0086599
着衣的玛哈 （油画 1986 年年历）（西班牙）戈雅作
上海 上海人民美术出版社 1985 年 1 张
54cm（4 开）定价: CNY0.24
　　西班牙油画作品。

J0086600
1987：外国油画 （挂历）
成都 四川美术出版社 1986 年 2 版 53cm（4 开）
定价: CNY4.80

J0086601
德·布罗里夫人像 （油画 1987 年年历）（法）安格尔作
太原 希望出版社 1986 年 1 张 53cm（4 开）
定价: CNY0.24
　　法国油画作品。作者安格尔（Jean　Auguste-Dominique Ingres，1780—1867），法国画家。古典主义画派最后的代表人物。皇家美术院院士。曾任美术学院教授、副院长、院长。对艺术和美学的基本学说和思想主要集中在其日记形式的《安格尔笔记》中。主要作品有《路易十三的宣誓》《泉》《土耳其》等。

J0086602
德·布罗里夫人像 （油画 1987 年年历）（法）安格尔作
太原 希望出版社 1986 年 1 张 78cm（2 开）
定价: CNY0.35
　　法国油画作品。

J0086603
勒·恰尔威勒风景 （油画 1987 年年历）
太原 希望出版社 1986 年 1 张 53cm（4 开）
定价: CNY0.24

J0086604
玛里夫人像 （油画 1987 年年历）（法）安格尔作
太原 希望出版社 1986 年 1 张 53cm（4 开）
定价: CNY0.24
　　法国油画作品。作者安格尔（Jean　Auguste-Dominique Ingres，1780—1867），法国画家。古典主义画派最后的代表人物。皇家美术院院士。曾任美术学院教授、副院长、院长。对艺术和美学的基本学说和思想主要集中在其日记形式的《安格尔笔记》中。主要作品有《路易十三的宣誓》《泉》《土耳其》等。

J0086605
牧歌 （油画 1987 年年历）（英）佛莱德里克·莱顿勋爵作
天津 天津人民美术出版社 1986 年 1 张
53cm（4 开）定价: CNY0.25
　　英国油画作品。

J0086606
预言者 （油画 1987 年年历）（英）弗雷德里·洛德·莱顿作
南宁 广西人民出版社 1986 年 1 张 53cm（4 开）
定价: CNY0.24
　　英国油画作品。

J0086607

约瑟芬皇后像 （油画 1986年年历）[（法）普吕东绘]

潞西 德宏民族出版社 1986年 1张 53cm（4开）

定价：CNY0.20

　　法国油画作品。

J0086608

1988：世界名画 （油画挂历）

北京 北京美术摄影出版社 1987年 76cm（2开）

定价：CNY9.70

J0086609

1988：世界名画 （油画挂历）

西安 陕西人民美术出版社 1987年 （3开）

定价：CNY7.00

J0086610

1988：世界名画 （油画挂历）

天津 天津人民美术出版社 1987年 76cm（2开）

定价：CNY10.00

J0086611

1988：外国风景油画月历

上海 上海人民美术出版社 1987年 （4开）

定价：CNY5.00

J0086612

巴库斯和阿莉阿德尼 （油画 1988年年历）（法）查理—约瑟夫·纳图瓦尔作

沈阳 辽宁美术出版社 1987年 1张 53cm（4开）

定价：CNY0.30

　　法国油画作品。

J0086613

持扇的姑娘 （油画 1988年年历）（法）雷诺阿作；朱宽涛，郭和平摄影

武汉 长江文艺出版社 1987年 1张 53cm（4开）

定价：CNY0.28

　　法国油画作品。

J0086614

吹肥皂泡的小姑娘 （油画 1988年年历）（法）皮埃尔·米尼亚尔作

郑州 河南美术出版社 1987年 1张

定价：CNY0.65

　　法国油画作品。

J0086615

打破的水壶 （油画 1988年年历）（法）巴蒂斯特·格瑞兹作

长春 吉林美术出版社 1987年 1张 78cm（3开）

定价：CNY0.40

　　法国油画作品。

J0086616

帆 （油画 1988年年历）（英）泰勒作

南京 江苏美术出版社 1987年 1张（2开）

定价：CNY0.65

　　英国油画作品。

J0086617

骑着灰狼的伊凡王子 （油画 1988年年历）（苏）B.M. 瓦斯涅佐夫作

西安 陕西人民美术出版社 1987年 1张 54cm（4开）定价：CNY0.30

J0086618

森林的早晨 （油画 1988年年历）（俄）И.И.希什金作

西安 陕西人民美术出版社 1987年 1张（4开）

定价：CNY0.30

　　俄罗斯油画作品。希什金，现通译为希施金（Ivan Ivanovich Shishkin，1832—1898），俄罗斯风景画画家。全名伊凡·伊凡诺维奇·希施金，生于俄国的叶拉布加。就读于莫斯科绘画雕刻建筑学校、彼得堡皇家美术学院。彼得堡美术院院士与教授。作品有《在平静的原野上》《橡树林》《松林的早晨》等。

J0086619

维也纳森林的早晨 （油画 1988年年历）（西德）费迪南·瓦尔德米勒作

郑州 河南美术出版社 1987年 1张 76cm（2开）

定价：CNY0.65

　　德国油画作品。

J0086620

希腊母亲 （油画 1988年年历）（西德）文特利希·席克作

郑州　河南美术出版社　1987 年　1 张(2 开)
定价：CNY0.65
　　德国油画作品。

J0086621
贤明带来和平与丰收　（油画　1988 年年历）
（法）西蒙·武埃作
郑州　河南美术出版社　1987 年　1 张　76cm（ 2 开）
定价：CNY0.65
　　法国油画作品。

J0086622
有水罐的静物　（油画　1988 年年历）（美）约
翰·斯图尔特·英格尔作
上海　上海人民美术出版社　1987 年　1 张
定价：CNY0.60
　　美国油画作品。

J0086623
在维尔纳夫·拉加雷恩　（油画　1988 年年历）
（法）西斯莱作
南京　江苏美术出版社　1987 年　1 张
定价：CNY0.32
　　法国油画作品。

J0086624
1989：名画邮票　（摄影挂历）
沈阳　辽宁民族出版社［ 1988 年］78cm（ 3 开）
定价：CNY3.00

J0086625
1989：世界画廊　（油画挂历）
天津　天津人民美术出版社　1988 年　76cm（ 2 开）
定价：CNY11.50

J0086626
1989：世界名画　（油画挂历）
北京　北京美术摄影出版社　1988 年　76cm（ 2 开）
定价：CNY11.00

J0086627
1989：世界艺术名作　（油画挂历）
北京　农村读物出版社［ 1988 年］76cm（ 2 开）
定价：CNY15.50

J0086628
1989：外国人物油画　（挂历）
长春　吉林人民出版社［ 1988 年］76cm（ 2 开）
定价：CNY9.80

J0086629
劫夺德伊阿尼拉　（油画　1989 年年历）
郑州　河南美术出版社　1988 年　1 张　76cm（ 2 开）
定价：CNY0.70

J0086630
君士坦丁堡女郎　（油画　1989 年年历）Ka-ve,
F.M. 画
西安　陕西人民美术出版社　1988 年　1 张
76cm（ 2 开）定价：CNY0.96

J0086631
君士坦丁堡女郎　（1989 年年历）弗朗索瓦·马
丹·卡弗尔作
天津　天津人民美术出版社　1988 年　1 张
54cm（ 4 开）定价：CNY0.40

J0086632
君士坦丁堡女郎　（油画　1989 年年历）弗朗索
瓦·马丹·卡弗尔作
天津　天津人民美术出版社　1988 年　1 张
54cm（ 4 开）定价：CNY0.40

J0086633
玫瑰丛中　（1989 年年历）（法）埃米尔·弗农作
天津　天津人民美术出版社　1988 年　1 张
76cm（ 2 开）定价：CNY0.80
　　法国油画作品。

J0086634
帕列达尔　（油画　1989 年农历己巳年年历）
（法）卡巴奈作
西安　陕西人民美术出版社　1988 年　1 张
54cm（ 4 开）定价：CNY0.45
　　法国油画作品。

J0086635
少女抵御爱神的靠近　（油画　1989 年年历）
（法）布格罗作
天津　天津人民美术出版社　1988 年　1 张

54cm（4 开）定价：CNY0.40

　　法国油画作品。

J0086636

小天使　（油画 1989 年年历）（比）鲁本斯作
西安 陕西人民美术出版社 1988 年 1 张
54cm（4 开）定价：CNY0.45

　　比利时油画作品。

J0086637

饮水处　（油画 1989 年年历）（美）伯基特·福斯
特·迈尔斯作
郑州 河南美术出版社 1988 年 1 张 76cm（2 开）
定价：CNY0.40

　　美国油画作品。

J0086638

摘玫瑰的少女　（油画 1989 年年历）普里
斯·泰伦作
郑州 河南美术出版社 1988 年 1 张 76cm（2 开）
定价：CNY0.70

J0086639

1990：巨匠名画　（油画挂历）
哈尔滨 黑龙江美术出版社 1989 年 76cm（2 开）
定价：CNY16.50

J0086640

1990：外国人物油画　（挂历）
西安 陕西人民美术出版社［1989 年］
76cm（2 开）定价：CNY16.50

J0086641

1990：西方油画艺术欣赏
南京 江苏美术出版社 1989 年 76cm（2 开）
定价：CNY16.00

J0086642

泉　（油画 1990 年年历）（法）安格尔绘
天津 天津人民美术出版社 1989 年 1 张
54cm（4 开）定价：CNY0.75

　　法国油画作品。作者安格尔（Jean Auguste-
Dominique Ingres，1780—1867），法国画家。古
典主义画派最后的代表人物。皇家美术院院士。
曾任美术学院教授、副院长、院长。对艺术和美

学的基本学说和思想主要集中在其日记形式的
《安格尔笔记》中。主要作品有《路易十三的宣誓》
《泉》《土耳其》等。

J0086643

浴女　（油画 1990 年年历）（法）路易斯·埃尔森绘
天津 天津人民美术出版社 1989 年 1 张
76cm（2 开）定价：CNY1.00

　　法国油画作品。

J0086644

众神的欢宴　（油画 1991 年年历）
武汉 湖北美术出版社 1990 年 1 张
定价：CNY0.30

J0086645

1993：世界油画珍品　（挂历）
北京 中国电影出版社［1992 年］77cm（2 开）
定价：CNY19.80

J0086646

1994：世界名画　（油画挂历）
石家庄 河北美术出版社 1993 年 76×53cm
定价：CNY29.80

J0086647

1994：世界名画　（油画挂历）
天津 天津人民美术出版社［1993 年］76×53cm
定价：CNY26.80

J0086648

1994：世界人体名画珍品　（油画挂历）
上海 上海人民美术出版社［1993 年］76×53cm
定价：CNY32.50

J0086649

世界名画　（油画 1995 年年历）
天津 天津人民美术出版社 1994 年 1 张
53×38cm 定价：CNY0.80

J0086650

1996：世界名画　（油画挂历）河北美术出版
社编
石家庄 河北美术出版社 1995 年 77cm（2 开）
ISBN：7-5310-0715-0 定价：CNY25.00

J0086651
1997：世界名画 （油画挂历）
天津 天津杨柳青画社 1996 年 86×57cm
ISBN：7-80503-325-0 定价：CNY30.80

J0086652
1997：世界名家名画 （油画挂历）辽宁画报
出版社编
沈阳 辽宁画报出版社 1996 年 98×69cm
ISBN：7-80601-076-9 定价：CNY31.80

J0086653
1997：西方神话传说油画作品选 （油画挂
历）上海人民美术出版社编
上海 上海人民美术出版社 1996 年 77×53cm
ISBN：7-5322-1542-3 定价：CNY27.50

J0086654
**1998：莫奈等世界著名油画家油画精品
选** （油画挂历）福建美术出版社编
福州 福建美术出版社 1997 年 76×52cm
ISBN：7-5393-0566-5 定价：CNY17.50

J0086655
1998：欧洲风景油画选 （油画挂历）上海人
民美术出版社编
上海 上海人民美术出版社 1997 年 76×52cm
ISBN：7-5322-1729-9 定价：CNY27.50

J0086656
1998：世界名画 （油画挂历）浙江人民美术
出版社编
杭州 浙江人民美术出版社 1997 年 76×52cm
ISBN：7-5340-0695-3 定价：CNY27.50

J0086657
1998：油画大师 （油画挂历）（荷兰）凡·高等绘
北京 奥林匹克出版社 1998 年 35×35cm
ISBN：7-80067-334-0 定价：CNY29.00
　　荷兰油画作品。作者凡·高（Vincent van
Gogh，1853—1890），荷兰后印象派画家。另有
译名梵·高、文森特·梵·高、文森特·梵高、梵谷
等。代表作有《星月夜》、自画像系列、向日葵系
列等。

J0086658
1999：毕加索艺术 （油画挂历）（西）毕加索绘
广州 广东科技出版社 1998 年 52×49cm
ISBN：7-5359-2080-2 定价：CNY52.00
　　毕加索（Pablo Picasso，1881—1973），西班
牙画家、雕塑家。出生于西班牙马拉加，毕业于
皇家圣费南多美术学院，法国共产党党员。西方
现代派绘画的主要代表。代表作品《斗牛士》《格
尔尼卡》《和平鸽》《梦》《亚威农少女》等。

J0086659
1999：欧洲古典油画精选 （油画挂历）美好
景象图片公司供稿
福州 海潮摄影艺术出版社 1998 年 70×100cm
ISBN：7-80562-495-X 定价：CNY34.00

J0086660
1999：欧洲人体油画精选 （油画挂历）谈尚
忍供稿
福州 福建美术出版社 1998 年 135×96cm
ISBN：7-5393-0702-1 定价：CNY180.00

J0086661
1999：世界名画 （油画挂历）
兰州 甘肃人民美术出版社 1998 年 68×63cm
ISBN：7-80588-242-8 定价：CNY198.00

J0086662
2000：俄罗斯风景油画 （油画挂历）上海书
画出版社编
上海 上海书画出版社 1999 年 43×49cm
ISBN：7-80635-396-8 定价：CNY98.00
　　俄罗斯油画作品。

J0086663
2000：凡高艺术 （油画挂历）（荷）凡·高绘
上海 上海人民美术出版社 1999 年 52×49cm
ISBN：7-5322-2179-2 定价：CNY52.00
　　荷兰油画作品。作者凡·高（Vincent van
Gogh，1853—1890），荷兰后印象派画家。另有
译名梵·高、文森特·梵·高、文森特·梵高、梵谷
等。代表作有《星月夜》、自画像系列、向日葵系
列等。

J0086664
2000：梵高 （油画挂历）上海书画出版社编
上海 上海书画出版社 1999 年 43×49cm
ISBN：7-80635-395-X 定价：CNY98.00
　　荷兰油画作品。

J0086665
2000：克里姆特 （油画挂历）（奥地利）克里
姆特著
上海 上海人民美术出版社 1999 年 39×35cm
ISBN：7-5322-2181-4 定价：CNY32.00
　　奥地利油画作品。

J0086666
2000：莫奈 （油画挂历）上海书画出版社编
上海 上海书画出版社 1999 年 43×49cm
ISBN：7-80635-394-1 定价：CNY98.00
　　法国油画作品。

J0086667
2000：欧美油画经典 （油画挂历）全美供稿
福州 福建美术出版社 1999 年 69×98cm
ISBN：7-5393-0821-4 定价：CNY34.00

J0086668
2000：欧洲人体油画 （油画挂历）
上海 上海人民美术出版社 1999 年 100×70cm
ISBN：7-5322-2170-9 定价：CNY38.00

J0086669
2000：世界绘画珍品 （油画挂历）
上海 上海画报出版社 1999 年 52×49cm
ISBN：7-80530-490-4 定价：CNY50.00

J0086670
2000：世界名画 （油画挂历）
兰州 甘肃人民美术出版社 1999 年 43×38cm
ISBN：7-80588-281-9 定价：CNY36.00

J0086671
2000：世界名画 （油画挂历）
上海 上海人民美术出版社 1999 年 58×43cm
ISBN：7-5322-2171-7 定价：CNY50.00

J0086672
2000：西画藏珍 （油画挂历）安格尔等绘
石家庄 河北美术出版社 1999 年 76×52cm
ISBN：7-5310-0991-9 定价：CNY26.80
　　作者安格尔(Jean Auguste-Dominique In-
gres, 1780—1867)，法国画家。古典主义画派最
后的代表人物。皇家美术院院士。曾任美术学
院教授、副院长、院长。对艺术和美学的基本学
说和思想主要集中在其日记形式的《安格尔笔
记》中。主要作品有《路易十三的宣誓》《泉》《土
耳其》等。

各国素描、速写作品

J0086673
米勒素描集 王济远选辑
上海 商务印书馆 1934 年 [32]页 28cm（6 开）
精装 定价：大洋二元四角
（新艺术丛刊 2）
　　本书内收法国画家米勒的素描 16 幅，书前
有傅雷的译文。

J0086674
西班牙的血 （西）加斯特拉(Castelao)绘；巴
金编
上海 平明书店 1938 年 10 页 19cm（32 开）
定价：国币一角五分
（新艺术丛刊 1）
　　本书为西班牙现代速写画册，收 10 幅速写
画，每幅均有说明文字。书前有绘者序《给散布
在全世界的加里西亚人》。作者现通译为：加斯
特劳(Castelao)，西班牙画家。绘有《西班牙的血》
《西班牙的苦难》等。

J0086675
西班牙的血 （西）加斯特劳绘；巴金编
上海 平明书店 1948 年 改订版 [54]页
20cm（32 开）
（新艺术丛刊 1）
　　本书包括《西班牙的血》《西班牙的苦难》两
集，共收图 21 幅，每幅均附说明文字。书前有
C.N.T. 全国文艺的"献辞"。

J0086676

西班牙的曙光　（西）幸门（Sim）绘；巴金编
上海　平明书店　1949 年　再版　改订版［62］页
有图　19cm（32 开）定价：金圆七角
（新艺术丛刊 2）

　　本书内收描绘 1936 年至 1939 年西班牙革命
斗争的战地速写 31 幅，每幅均有文字说明。书
前有西班牙全国劳工联盟、伊比利亚安那其主义
者联合会的"献辞"及巴金的前记。外文书名：
L'Aurora Di Spagna.

J0086677

西班牙的血　（西）加斯特劳（Castelao）绘；巴
金编
［上海］文化生活出版社　1949 年　1 册
18cm（32 开）
（新艺术丛刊 一）

J0086678

西班牙的血　（西）加斯特劳（Castelao）绘；巴
金编选
上海　平明出版社　1951 年　再版　1 册　有图
17cm（32 开）定价：旧币 3,000 元
（新时代文丛 第一辑）

J0086679

西班牙的血　（西）加斯特劳（Castelao）绘；巴
金编
上海　平明书店　1951 年　1 册　17cm（32 开）
定价：旧币 3,000 元
（新时代文丛 第一辑）

J0086680

希腊速写　（英）贺加斯（P.Hogarth）绘；唐然编译
上海　上海出版公司　1954 年　38 页　19cm（32 开）
定价：4,700 元，9,400 元（精装）

　　作者贺加斯（William Hogarth，1697—
1764），英国画家、艺术理论家。全名威廉·荷加
斯，或威廉·霍加斯。代表作品《时髦婚姻》《浪
子回头》《卖虾女》《美分析》等。

J0086681

在中国和越南的速写　（波）亚·柯布兹德依作
北京　人民美术出版社　1954 年　37 页
20cm（32 开）定价：旧币 8,500 元

波兰现代速写画册。

J0086682

在新中国的素描　（英）保罗·荷加斯绘；人民
美术出版社编辑部辑
北京　人民美术出版社　1955 年　影印本　50 页
24cm（26 开）定价：CNY1.40

　　英国现代素描画册。

J0086683

在新中国的素描　［英］保罗·荷加斯作
北京　人民美术出版社　1955 年　［1］张
26cm（16 开）定价：CNY1.40

　　英国人荷加斯素描画作品。

J0086684

俄罗斯美术家人体解剖素描集　（苏）伊·莫·
勒节罗夫等辑；北京师范大学图画制图系译
北京　朝花美术出版社　1956 年　41 页　38cm（6 开）
定价：CNY3.20

　　本书包括俄罗斯名画家所绘的人体解剖名
作，并附文字介绍。

J0086685

门采尔素描大师原作展览　（1815—1905）对
外文化联络局主办
［北京］对外文化联络局　1956 年　影印本　92 页
22cm（30 开）

　　作者阿道夫·门采尔（1815—1905），德国油
画家、版画家、插图画家，尤以素描见长。19 世
纪现实主义美术在德国的代表人物。主要作品
有《轧铁工厂》《无忧宫的宴会》《舞会晚餐》等。

J0086686

门采尔素描选集　（德）门采尔绘；人民文学出
版社编
北京　人民美术出版社　1958 年　影印本　190 页
25cm（小 16 开）精装　统一书号：8027.1258
定价：CNY6.50

J0086687

康·马克西莫夫在中国的写生　（苏）马克西
莫夫，K.绘；人民美术出版社编
北京　人民美术出版社　1959 年　10 幅　38cm（6 开）
活页精装　统一书号：8027.1317　定价：CNY4.80

J0086688

素描作品选 （意）达·芬奇等作；上海人民美术出版社编辑

上海 上海人民美术出版社 1960 年 85 页 21cm（32 开）统一书号：T8081.4956

定价：CNY1.50

本书收入意大利画家达·芬奇等的素描作品 85 幅。

J0086689

素描肖像 （意）达·芬奇等绘

上海 上海人民美术出版社 1962 年 20 幅 39cm（8 开）活页 统一书号：T8081.8778

定价：CNY2.60

J0086690

门采尔的素描 安亚编

北京 朝花美术出版社 1963 年 ［77］页 18cm（15 开）精装本 统一书号：8028.1889

定价：CNY1.00

（美术丛书）

本书系德国素描画册。作者阿道夫·门采尔（1815—1905），德国油画家、版画家、插图画家，尤以素描见长。19 世纪现实主义美术在德国的代表人物。主要作品有《轧铁工厂》《无忧宫的宴会》《舞会晚餐》等。

J0086691

门采尔素描 （德）门采尔绘

北京 人民美术出版社 1977 年 41 幅 26cm（16 开）定价：CNY0.34

（外国美术介绍丛书）

本书系德国近代素描画册。介绍 19 世纪德国画家门采尔的素描作品。

J0086692

伦勃朗素描 （荷）伦勃朗绘

北京 人民美术出版社 1978 年 60 幅 26cm（16 开）统一书号：8027.6748

定价：CNY0.34

作者伦勃朗·哈尔曼松·凡·莱因（Rembrandt Harmenszoon van Rijn，1606—1669），荷兰油画家、版画家。代表作品《木匠家庭》《夜巡》《三棵树》《浪子回头》《尼古拉·特尔普教授的解剖课》等。

J0086693

门采尔素描 （德）门采尔绘；上海人民美术出版社编辑

上海 上海人民美术出版社 1978 年 117 幅 24cm（26 开）统一书号：8081.11111

定价：CNY1.35

本书收录门采尔素描画 117 幅，大致可分 3 部分：人物、小景、动物花卉。其中人物素描 70 余幅，有《国务大臣封·豪依特》《典礼官施提尔弗雷德—阿坎特拉伯爵》等。小景 30 余幅，有《一个古老皇宫里的过道》《一座祭坛的右上方》等。

J0086694

日本景年画谱 孙奇峰绘

天津 天津市艺术学院工艺美术系 1978 年 33cm（5 开）

J0086695

现代画家素描选 庄修田编著

台湾 台北艺术图书公司 1978 年 112 页 有图 21cm（32 开）

J0086696

1870—1871 巴黎围城和巴黎公社时期的速写 （法）洛比达（A.Robida）绘；沈琪译

北京 人民美术出版社 1979 年 26cm（16 开）统一书号：8027.7090 定价：CNY2.45

J0086697

费欣素描头像选 （美）费欣（N.Fechin）绘

南京 江苏人民出版社 1979 年 16 幅 26cm（16 开）统一书号：8100.3.222

定价：CNY0.74

作者费欣现通译为：费申（Fechin，Nicolai Ivanovich，1881—1955），美籍俄裔画家。生于俄罗斯喀山。1922 年移民美国。绘有《砍白菜时期》《无名女士肖像》等。

J0086698

尼古拉·菲钦素描选 ［美］菲钦（N.Fechin）绘

上海 上海人民美术出版社 1979 年 16 幅 38cm（6 开）统一书号：8081.11408

定价：CNY2.10

作者费欣现通译为：费申（Fechin， Nicolai

Ivanovich, 1881—1955), 美籍俄裔画家。

J0086699
外国素描参考资料　全山石, 谭永泰编
南昌　江西人民出版社 1979 年 50 页
26cm (16 开) 统一书号：8110.319
定价：CNY0.78
　　作者全山石（1930—　　），画家，教授。浙江宁波人，毕业于中央美术学院华东分院。历任中国油画学会副主席、中国美术家协会油画艺术委员会副主任、中国美术学院教授、俄罗斯列宾美术学院荣誉教授等。代表作有收藏在中国革命博物馆的《英勇不屈》《井冈山上》《娄山关》《重上井冈山》《历史的潮流》等。

J0086700
外国素描参考资料　上海人民美术出版社编辑
上海　上海人民美术出版社 1979 年 100 页
24cm (16 开) 统一书号：8081.11469
定价：CNY1.40

J0086701
外国素描艺术　（15–20 世纪）路坦, 马文启编
沈阳　辽宁美术出版社 1979 年 226 20cm (32 开)
统一书号：8117.1685 定价：CNY2.30

J0086702
文艺复兴时期名家素描　（1）人民美术出版社编
北京　人民美术出版社 1979 年 34 页
26cm (16 开) 统一书号：8027.7237
定价：CNY0.45
　　本书收意大利、德国、法国等国画家在中世纪文艺复兴时期的素描画册。

J0086703
安格尔　陈银辉编
台北　源成出版公司 1980 年 34 页 有图
30cm (12 开) 定价：TWD130.00
（世界名家素描全集 16 ）
　　本书介绍了法国画家安格尔的素描作品。外文书名：Ingres. 作者让·奥古斯特·多米尼克·安格　尔（Jean Auguste Dominique Ingres, 1780—1867), 法国画家。生于法国蒙托, 擅长肖像画。代表作品《里维耶夫人肖像》《大宫女》《瓦平松

的浴女》《贝尔登肖像》等。

J0086704
布雷克　李荐宏编
台北　源成出版公司 1980 年 34 页 有图
30cm (15 开) 定价：TWD130.00
（世界名家素描全集 14 ）
　　本书是布雷克的素描画册。外文书名：Blake.

J0086705
布鲁各　李荐宏编审
台北　源成出版公司 1980 年 34 页 有图
29cm (15 开) 定价：TWD130.00
（世界名家素描全集 9 ）
　　本书是布鲁各的素描画册。外文书名：Bruegel.

J0086706
达芬奇　陈景容编
台北　源成出版公司 1980 年 30 页 有图
30cm (10 开) 定价：TWD130.00
（世界名家素描全集 1 ）
　　外文书名：Leonardo.

J0086707
德拉克洛瓦　林瑞蕉编
台北　源成出版公司 1980 年 33 页 有图
30cm (15 开) 定价：TWD130.00
（世界名家素描全集 17 ）
　　德拉克洛瓦（Ferdinand Victor Eugene Delacroix, 1798—1863), 法国浪漫主义画家。代表作品《自由引导人民》《十字军占领君士坦丁堡》《希奥岛的屠杀》。外文书名：Delacroix.

J0086708
丁多列托　陈景容编
台北　源成出版公司 1980 年 34 页 30cm (10 开)
定价：TWD130.00
（世界名家素描全集 5 ）
　　丁托雷托（Tintoretto, Jacopo Robusti 1518—1594), 意大利画家。外文书名：Tintoretto.

J0086709
丢勒　陈景容编
台北　源成出版公司 1980 年 35 页 有图

30cm（15 开）定价：TWD130.00

（世界名家素描全集 7）

　　丢勒（Durer, Albrecht, 1471—1528），德国油画、版画家。外文书名：Durer.

J0086710

窦加　苏茂生编

台北 源成出版公司 1980 年 33 页 有图

30cm（15 开）定价：TWD130.00

（世界名家素描全集 24）

　　外文书名：Degas. 窦加，现通译为埃德加·德加（Hilaire-Germain-Edgar De Gas, 1834—1917），法国画家、雕塑家。生于法国巴黎，毕业于巴黎艺术学院。印象派艺术大师。代表作品有《舞蹈课》《贝里尼一家》《会计师和女儿们》等。

J0086711

杜米埃　林瑞蕉编

台北 源成出版公司 1980 年 32 页 有图

30cm（15 开）定价：TWD130.00

（世界名家素描全集 20）

　　外文书名：Daumier. 奥诺雷·杜米埃（Honoré Daumier, 1808—1879），法国著名画家、讽刺漫画家、雕塑家和版画家。出生于法国马赛。代表作《三等车厢》《带孩子的洗衣妇》《威尼斯贵族》等。

J0086712

哥雅　陈银辉编

台北 源成出版公司 1980 年 33 页 有图

30cm（15 开）定价：TWD130.00

（世界名家素描全集 13）

　　戈 雅（Francisco Jos'e Goyay Lucientes 1746—1828），西班牙画家。外文书名：Goya.

J0086713

辜留奈瓦德　苏茂生编

台北 源成出版公司 1980 年 34 页 有图

30cm（10 开）定价：TWD130.00

（世界名家素描全集 6）

　　马蒂亚斯·格吕内瓦尔德（Matthias Grunewald, 1470？ -1528？年），德国画家，晚期哥特艺术的大师。外文书名：Grunewald.

J0086714

克拉那赫　苏茂生编

台北 源成出版公司 1980 年 34 页 有图

30cm（10 开）定价：TWD130.00

（世界名家素描全集 8）

　　外文书名：Cranach.

J0086715

拉斐尔　陈银辉编审

台北 源成出版公司 1980 年 34 页 有图

30cm（12 开）定价：TWD130.00

（世界名家素描全集 3）

　　外文书名：Raffaello.

J0086716

林布兰　李荐宏编

台北 源成出版公司 1980 年 33 页 有图

30cm（15 开）定价：TWD130.00

（世界名家素描全集 11）

　　外文书名：Rembrandt. 林布兰，现通译为：伦勃朗·哈尔曼松·凡·莱因（Rembrandt Harmenszoon van Rijn, 1606—1669），荷兰油画家、版画家。代表作品《木匠家庭》《夜巡》《三棵树》《浪子回头》《尼古拉·特尔普教授的解剖课》等。

J0086717

卢本斯　陈景容编

台北 源成出版公司 1980 年 34 页 有图

30cm（10 开）定价：TWD130.00

（世界名家素描全集 10）

　　外文书名：Rubens. 卢本斯，现通译为：鲁本斯（Peter Paul Rubens, 1577—1640），比利时画家。出生于德国茨根。青年时随凡·努尔特（Adamvan Noort, 1557—1641）等画师学画。其成就在于融合尼德兰和意大利的艺术传统，复兴了佛兰德斯画派，对欧洲绘画的发展有重大影响。代表作品有《上、下十字架》《复活》《爱之园》《强劫留西帕斯的女儿》等。

J0086718

鲁东　苏茂生编

台北 源成出版公司 1980 年 34 页 有图

30cm（10 开）定价：TWD130.00

（世界名家素描全集 10）

　　外文书名：Redon.

J0086719

罗丹　李荐宏编

台北 源成出版公司 1980 年 34 页 有图

30cm（10 开）定价：TWD130.00

（世界名家素描全集 23）

　　外文书名：Rodin.

J0086720

米开兰基罗　陈银辉编

台北 源成出版社 1980 年 36 页 有图

30cm（10 开）定价：TWD130.00

（世界名家素描全集 2）

　　外文书名：Michelangelo.

J0086721

米勒　李荐洪编

台北 源成出版公司 1980 年 33 页 有图

30cm（10 开）定价：TWD130.00

（世界名家素描全集 19）

　　外文书名：Millet.

J0086722

摩洛　林瑞蕉编

台北 源成出版公司 1980 年 34 页 有图

30cm（10 开）定价：TWD130.00

（世界名家素描全集 21）

　　外文书名：Moreau.

J0086723

彭特莫　苏茂生编

台北 源成出版公司 1980 年 34 页 有图

30cm（10 开）定价：TWD130.00

（世界名家素描全集 4）

　　外文书名：Pontormo.

J0086724

人物画创作选　春华编

香港 大方图书公司［1980—1989 年］159 页

22cm（32 开）

J0086725

人物素描图集　（一本为建筑师 室内设计师

插画家 广告设计师 服装设计师编纂的）王淑蓉

编译

［台北］王淑蓉［自刊］［1980—1989 年］256 页

有图 28cm（16 开）精装

　　本书收入黑白素描画作，按题材分为：人物

篇、车辆篇、舟艇篇。

J0086726

泰纳　陈银辉编审

台北 源成出版公司 1980 年 33 页 有图

30cm（10 开）定价：TWD130.00

（世界名家素描全集 15）

　　外文书名：Turner.

J0086727

图画参考资料　（美）萨波绘

上海 上海人民美术出版社 1980 年 152 页

19cm（32 开）统一书号：8081.11966

定价：CNY0.42

J0086728

瓦都　林瑞蕉编审

台北 源成出版公司 1980 年 34 页 有图

29cm（16 开）定价：TWD130.00

（世界名家素描全集 12）

　　外文书名：Watteau.

J0086729

文艺复兴时期名家素描　（2）

北京 人民美术出版社 1980 年 32 页

26cm（16 开）统一书号：8027.7290

定价：CNY0.45

（外国美术介绍）

J0086730

文艺复兴时期名家素描　（3）

北京 人民美术出版社 1980 年 32 页

26cm（16 开）统一书号：8027.7291

定价：CNY0.45

（外国美术介绍）

J0086731

现代人物画创作选　春华编

香港 大方图书公司［1980 年］159 页 有图

20cm（32 开）定价：HKD12.00

J0086732

法国画家素描

北京 人民美术出版社 1981 年 52 幅
19cm（32 开）统一书号：8027.7646
定价：CNY0.80
（外国美术介绍丛书）

　　本书收入素描画 52 幅。介绍自 17 世纪至
20 世纪法国画家的素描作品。

J0086733
十八 — 十九世纪俄罗斯素描选 （俄）苏柯
洛夫等绘
天津 天津人民美术出版社 1981 年 12 幅（套）
53cm（4 开）统一书号：8073.70022
定价：CNY1.60

J0086734
德加素描 （法）德加绘；全山石，谭永泰译著
上海 上海人民美术出版社 1982 年 89 页
19cm（小 32 开）统一书号：8081.12765
定价：CNY1.30

　　本书简要介绍了德加的生平及其艺术活动。
选录了德加的素描作品 89 幅。作者埃德加·德加
（Hilaire-Germain-Edgar De Gas，1834—1917），
法国画家、雕塑家。生于法国巴黎，毕业于巴黎
艺术学院。印象派艺术大师。代表作品有《舞蹈
课》《贝里尼一家》《会计师和女儿们》等。作者
全山石（1930—　　），画家，教授。浙江宁波人，
毕业于中央美术学院华东分院。历任中国油画
学会副主席、中国美术家协会油画艺术委员会副
主任、中国美术学院教授、俄罗斯列宾美术学院
荣誉教授等。代表作有收藏在中国革命博物馆
的《英勇不屈》《井冈山上》《娄山关》《重上井冈
山》《历史的潮流》等。

J0086735
外国素描艺术 （15-20 世纪）路坦，马文启编
沈阳 辽宁美术出版社 1982 年 重印本 226 页
17×19cm 统一书号：8117.1685 定价：CNY2.30

J0086736
英国素描及水彩画展 香港市政局，英国文化
协会主办
菲尔门印刷公司 1982 年 174 页 22×23cm
　　外文书名：British Drawings and Watercolours.

J0086737
男人体画法 切帕迪（Chepard，J.）著
台南 综合出版社 1984 年 159 页 有图
20cm（32 开）定价：TWD100.00
　　外文书名：Drawing the Male Figure.

J0086738
女人体画法 切帕迪（Chepard，J.）著
台南 综合出版社 1984 年 159 页 有图
21cm（32 开）定价：TWD100.00
　　外文书名：Drawing the Female Figure.

J0086739
毕加索线描 杨律人编
桂林 漓江出版社 1985 年 26cm（16 开）
统一书号：8256.203 定价：CNY3.85

J0086740
女性人体素描专集 （美）薛伯德绘；施华辕译
台北 梵谷图书出版公司 1985 年 3 版 修订本
167 页 有图 26cm（16 开）精装
（梵谷美术丛书）
　　外文书名：Drawing the Female Figure.

J0086741
女性素描
台南 综合出版社 1985 年 192 页 有图
20cm（32 开）定价：TWD100.00

J0086742
西洋素描百图 蒋淑均编著；（意）曼特尼亚等
原绘
北京 人民美术出版社 1986 年 1 册
19×13cm（32 开）统一书号：8027.9007
定价：CNY2.25

　　本书共收 100 幅图。选自 15 世纪文艺复兴
时期至 20 世纪欧美各国著名画家的素描作品，
大部分是人物动态或肖像，也有少数风景、静物
题材。画家主要有达·芬奇、米开朗基罗、拉斐
尔、提香、鲁本斯、伦勃朗、哥雅、安格尔、德拉
克罗瓦、米莱、马奈、凡·高、列宾、马蒂斯、毕
加索等，展现了不同国家、不同作者的艺术特
色。每幅图附有简明的作者和本图的介绍。

J0086743

现代人体素描　莱德曼(Laidman, H.)著；叶朝苍译

台南　综合出版社　1986年　160页　有图

26cm(16开)　定价：TWD160.00

J0086744

加山又造人体绘画选　邬永柳，余亚万编

南宁　广西人民出版社　1987年　26cm(16开)

ISBN：7-219-00336-6　定价：CNY15.50

J0086745

加山又造人体艺术　(日)加山又造著

成都　四川美术出版社　1987年　[60]页

19cm(32开)　ISBN：7-5410-0015-9

定价：CNY4.20

J0086746

列宾　(俄)列宾绘；新疆人民出版社编辑

乌鲁木齐　新疆人民出版社　1987年　26cm(16开)

定价：CNY0.50

(世界画家系列画典)

　　伊里亚·叶菲莫维奇·列宾(Илья Ефимович Репин, 1844—1930)，俄国批判现实主义画家。

J0086747

马蒂斯线描　(法)马蒂斯绘；吴长江编

成都　四川美术出版社　1987年　19cm(32开)

ISBN：7-5410-0035-3　定价：CNY4.80

J0086748

马约尔人体素描　(法)马约尔绘

成都　四川美术出版社　1987年　[42]页

19cm(32开)　ISBN：7-5410-0016-7

定价：CNY2.20

J0086749

赛洛夫与弗鲁贝尔的素描　(俄)赛洛夫，(俄)弗鲁贝尔绘；全山石，谭永泰编

南昌　江西人民出版社　1987年　98页

27cm(16开)　统一书号：8110.1380

定价：CNY2.30

　　作者全山石(1930—　　)，画家，教授。浙江宁波人，毕业于中央美术学院华东分院。历任中国油画学会副主席、中国美术家协会油画艺术委员会副主任、中国美术学院教授、俄罗斯列宾美术学院荣誉教授等。代表作有收藏在中国革命博物馆的《英勇不屈》《井冈山上》《娄山关》《重上井冈山》《历史的潮流》等。

J0086750

现代大师线描选　剑维等编

南宁　广西人民出版社　1987年　247页

19cm(32开)　ISBN：7-219-00432-X

定价：CNY5.00

J0086751

大师素描选　(第一辑)上海人民美术出版社编

上海　上海人民美术出版社　1988年　12幅

35cm(18开)　ISBN：7-5322-0380-8

定价：CNY3.60

　　本书共3册，收入鲁本斯等大师的素描72幅图。

J0086752

大师素描选　(第二辑)上海人民美术出版社编

上海　上海人民美术出版社　1988年　12幅

35cm(18开)　ISBN：7-5322-0381-6

定价：CNY3.60

　　本书共3册，收入鲁本斯等大师的素描72幅图。

J0086753

大师素描选　(第三辑)上海人民美术出版社编

上海　上海人民美术出版社　1988年　12幅

35cm(18开)　ISBN：7-5322-0382-4

定价：CNY3.60

　　本书共3册，收入鲁本斯等大师的素描72幅图。

J0086754

门采尔素描　(德)门采尔绘

北京　人民美术出版社　1988年　2版　26cm(16开)

定价：CNY0.90

(外国美术介绍)

　　作者阿道夫·门采尔(1815—1905)，德国油画家、版画家、插图画家，尤以素描见长。19世纪现实主义美术在德国的代表人物。主要作品有《轧铁工厂》《无忧宫的宴会》《舞会晚餐》等。

J0086755
世界素描大师　王裕安编
北京　人民美术出版社　1988 年　19cm（32 开）
ISBN：7-102-00253-X　定价：CNY2.70

J0086756
西洋素描选　胡德智，何方编
南宁　广西人民出版社　1988 年　1 册　26cm（16 开）
ISBN：7-219-00845-7
（世界美术丛书）
　　本书收入西洋素描作品 264 幅，包括大卫、凡·高、德加、列宾、马约尔等大师的作品。

J0086757
世界素描活页选人物 100 幅　（一）薄贯休编
北京　对外贸易教育出版社　1989 年　100 页
26cm（16 开）ISBN：7-81000-290-2
定价：CNY20.00

J0086758
毕加索画风　罗锦铨等编
［重庆］重庆出版社　1990 年　214 页　有图
21cm（32 开）精装　ISBN：7-5366-1151-X
定价：CNY17.00
（外国绘画大师画风系列）
　　本书选编了毕加索晚年的素描作品四百余幅，包括毛笔水墨、钢笔画、炭笔画、淡彩和线描等。

J0086759
世界名画家速写选　许国庆，姚重庆编
天津　天津人民美术出版社　1990 年　258 页
26cm（16 开）ISBN：7-5305-0191-7
定价：CNY22.50

J0086760
世界名家素描　高宗英等编
济南　山东美术出版社　1990 年　4 册
　　选收世界各国历代绘画、雕塑、工艺美术等方面的大师的素描作品 896 幅，按头像、肖像、人体、景物 4 个门类分册，并依据作者的生存年代编次。本书引人有着雄厚历史遗产和光辉成就的西方素描。编者高宗英（1932—　），教授。出生于北京。历任中央美术学院油画系和壁画系教授，中国美协会员。著有《谈绘画构图》《画

好素描的关键》《世界名家素描》《世界大师素描技法》等。

J0086761
世界名家素描　（景物）高宗英，许国庆编
济南　山东美术出版社　1990 年　168 页　26×24cm
ISBN：7-5330-0308-X　定价：CNY15.00
　　本书为《世界名家素描》之景物分册。《世界名家素描》收入世界各国历代绘画、雕塑、工艺美术等方面的大师的素描作品 896 幅，按头像、肖像、人体、景物 4 个门类分册，并依据作者的生存年代编次。

J0086762
世界名家素描　（人体）高宗英，许国庆编
济南　山东美术出版社　1990 年　202 页　26×24cm
ISBN：7-5330-0307-1　定价：CNY18.00
　　本书为《世界名家素描》之人体分册。

J0086763
世界名家素描　（头像）高宗英，许国庆编
济南　山东美术出版社　1990 年　202 页　26×24cm
ISBN：7-5330-0305-5　定价：CNY18.00
　　本书为《世界名家素描》之头像分册。

J0086764
世界名家素描　（肖像）高宗英，许国庆编
济南　山东美术出版社　1990 年　204 页　26×24cm
ISBN：7-5330-0306-3　定价：CNY18.00
　　本书为《世界名家素描》之肖像分册。

J0086765
素描·速写　何溶等编绘
南宁　广西民族出版社　1990 年　114 页
19cm（32 开）ISBN：7-5363-0872-8
定价：CNY6.00
（现代实用美术丛书）
　　作者何溶（1921—1989），满族，教师。姓"赫舍里"，号伯英，笔名山碧，生于吉林市。曾就读于上海大同大学、上海圣约翰大学和中央美术学院绘画系，留校任教。创办《美术》杂志，任编辑部主任。代表作品有《雪》《杉》《白玉兰》《高山之松》等。

J0086766
外国人体素描百图　王玉山编
北京 人民美术出版社 1990 年 123 页
19cm（32 开）ISBN：7-102-00597-0
定价：CNY6.30
（人体美术系列 3）

J0086767
中国和中国人　徐新，约瑟·毕垣括尔译；博尔
杰绘画
澳门 澳门文化学会 1990 年 有图 54cm（4 开）
绢面精装 ISBN：972-35-0074-4
　　汉英对照读物。

J0086768
德国素描大系　（画册）刘天呈编著
天津 天津人民美术出版社 1991 年 180 页
26cm（16 开）精装 ISBN：7-5305-0262-X
定价：CNY21.00
　　本书介绍 16—20 世纪德国素描的发展概况，
选编了具有代表性的 11 位画家的 152 幅素描作
品，其中最具世界影响的画家有：阿尔布莱希
特·丢勒、汉斯·荷尔拜因、阿道夫·门采尔、凯
绥·珂勒惠支等。作者刘天呈（1936—2017），油
画家、学者、美术教育家。河北顺平人，毕业于
浙江美术学院油画系。历任解放军艺术学院美
术系教授，中国美术家协会会员。

J0086769
课堂人体素描　（1763—1917）刘天呈编译
南宁 广西美术出版社 1991 年 71 页
26cm（16 开）ISBN：7-80582-194-1
定价：CNY4.80
（俄罗斯大师素描系列）

J0086770
课堂人体素描　（1763—1917）刘天呈编译
南宁 广西美术出版社 1995 年 2 版 71 页
26cm（16 开）ISBN：7-80582-194-1
定价：CNY12.00
（俄罗斯大师素描系列）

J0086771
名家素描动物　石焕编
杭州 浙江人民美术出版社 1991 年 54 页

26cm（16 开）ISBN：7-5340-0291-5
定价：CNY3.50
　　本书选编了西方画家鲁本斯、伦勃朗、席里
柯、德拉克洛瓦、赛罗夫、高更、劳特累克等人
的动物写生作品。

J0086772
名家素描风景　（画册）殷杰编
杭州 浙江人民美术出版社 1991 年 54 页
26cm（16 开）ISBN：7-5340-0292-3
定价：CNY3.50
　　本书选编西方风景画家鲁依斯达尔、凡·高、
康斯泰勃尔、希施金、列维坦、门采尔、柯罗、杜
比尼等人的素描风景画作品近 60 幅。

J0086773
毕加索画风　（西）毕加索绘；罗锦铨等编
重庆 重庆出版社 1992 年 214 页 有图
21×21cm 精装 ISBN：7-5366-1151-X
定价：CNY17.00
　　本书选编了毕加索晚年的素描作品四百余
幅，包括毛笔水墨、钢笔画、炭笔画、淡彩和线
描等。毕加索（Pablo Picasso，1881—1973），西班
牙画家、雕塑家。出生于西班牙马拉加，毕业于
皇家圣贲南多美术学院，法国共产党党员。西方
现代派绘画的主要代表。代表作品《斗牛士》《格
尔尼卡》《和平鸽》《梦》《亚威农少女》等。

J0086774
俄国素描大系　许国庆，江汉编
天津 天津人民美术出版社 1993 年 302 页
26cm（16 开）精装 ISBN：7-5305-0324-3
定价：CNY38.20
（世界素描大系）
　　本画集收入了俄国自 18 世纪 70 年代至 20
世纪 80 年代，89 位画家的 308 幅素描作品。

J0086775
风景素描　（1771—1917）刘天呈编译
南宁 广西美术出版社 1993 年 76 页 有图
26cm（16 开）定价：CNY5.90
（俄罗斯大师素描系列）
　　本画册共收希施金、列维坦、列宾等俄罗斯
素描大师作品 98 幅。

J0086776

肖像素描 （1788—1940）刘天呈编译
南宁 广西美术出版社 1993 年 96 页
26cm（16 开）ISBN：7-80582-654-4
定价：CNY7.80
（俄罗斯大师素描系列）

　　本书收有俄罗斯大师素描肖像作品 90 余幅。

J0086777

二百年俄罗斯素描精典　杜滋龄主编
天津 天津人民美术出版社 1995 年 90 页
38cm（6 开）精装 ISBN：7-5305-0513-0

　　作者杜滋龄（1941—　），教授。生于天津，毕业于中国美术学院中国画系研究生班。历任中国画学会副会长、中国艺术研究院博士生导师、南开大学教授、天津美术家协会副主席。代表作品《帕米尔初雪》《古老的歌》《大漠行》等。

J0086778

风景素描 （1771—1917）刘天呈编译
南宁 广西美术出版社 1995 年 2 版 76 页
26cm（16 开）定价：CNY13.20
（俄罗斯大师素描系列）

J0086779

生活素描 （1807—1920）刘天呈编译
南宁 广西美术出版社 1995 年 80 页
26cm（16 开）ISBN：7-80582-665-X
定价：CNY13.80
（俄罗斯大师素描系列）

J0086780

现代素描　许国庆编
哈尔滨 黑龙江美术出版社 1995 年 186 页
24×26cm ISBN：7-5318-0280-5
定价：CNY36.80
（外国艺术家作品精萃）

J0086781

肖像素描 （1788—1940）刘天呈编译
南宁 广西美术出版社 1995 年 2 版 96 页
26cm（16 开）ISBN：7-80582-654-4
定价：CNY16.20
（俄罗斯大师素描系列）

J0086782

大师素描画廊 （第一辑 达·芬奇 米开朗琪罗 拉斐尔素描艺术）（意）达·芬奇（Leonardda Vinic）等绘；陈平编著
上海 上海人民美术出版社 1996 年 76 页
26cm（16 开）ISBN：7-5322-1624-1
定价：CNY15.00

J0086783

大师素描画廊 （第二辑 伦勃朗素描艺术）（荷）伦勃朗（Rembrandt Harmensz van Rijn）绘；陈平编著
上海 上海人民美术出版社 1996 年 75 页
26cm（16 开）ISBN：7-5322-1652-7
定价：CNY15.00

　　作者伦勃朗·哈尔曼松·凡·莱因（Rembrandt Harmenszoon van Rijn，1606—1669），荷兰油画家、版画家。代表作品《木匠家庭》《夜巡》《三棵树》《浪子回头》《尼古拉·特尔普教授的解剖课》等。

J0086784

大师素描画廊 （第三辑 列宾 谢罗夫素描艺术）（俄）列宾，（俄）谢罗夫著
上海 上海人民美术出版社 1996 年 75 页
26cm（16 开）ISBN：7-5322-1653-5
定价：CNY15.00

J0086785

大师素描画廊 （第四辑 门采尔素描艺术）（德）A.F.E.V.门采尔（Adolph Friedrich Erdmann Von Menzel）绘；欧阳英编文
上海 上海人民美术出版社 1998 年 76 页
26cm（16 开）ISBN：7-5322-1877-5
定价：CNY15.00

　　作者阿道夫·门采尔（1815—1905），德国油画家、版画家、插图画家，尤以素描见长。19 世纪现实主义美术在德国的代表人物。主要作品有《轧铁工厂》《无忧宫的宴会》《舞会晚餐》等。作者欧阳英，浙江美术学院任教。

J0086786

大师素描画廊 （第六辑 马蒂斯 毕加索素描艺术）（法）马蒂斯（Matisse），（西）毕加索（Picasso）绘；欧阳英编著

上海　上海人民美术出版社　1998 年　76 页
26cm（16 开）ISBN：7-5322-1928-3
定价：CNY15.00

J0086787

大师素描画廊　（第七辑　安格尔　德拉克洛瓦
素描艺术）（法）安格尔（Ingres），（法）德拉克洛
瓦（Delacroix）绘；姚尔畅撰
上海　上海人民美术出版社　1998 年　77 页
26cm（16 开）ISBN：7-5322-2034-6
定价：CNY15.00

　　作者安格尔（Jean Auguste-Dominique Ingres,
1780—1867），法国画家。古典主义画派最后的
代表人物。皇家美术院院士。曾任美术学院教授、
副院长、院长。对艺术和美学的基本学说和思想
主要集中在其日记形式的《安格尔笔记》中。主
要作品有《路易十三的宣誓》《泉》《土耳其》等。
德拉克洛瓦（Ferdinand Victor Eugene Delacroix,
1798—1863），法国浪漫主义画家。代表作品《自
由引导人民》《十字军占领君士坦丁堡》《希奥岛
的屠杀》。

J0086788

大师素描画廊　（第八辑　戈雅素描艺术）（西）
戈雅（Goya）绘；王大根撰
上海　上海人民美术出版社　1998 年　93 页
26cm（16 开）ISBN：7-5322-2033-8
定价：CNY18.00

J0086789

大师素描画廊　（第九辑　凡·高素描艺术）（法）
凡·高（VanGogh）绘；姚宏翔撰
上海　上海人民美术出版社　1998 年　78 页
26cm（16 开）ISBN：7-5322-2050-8
定价：CNY15.00

　　作者凡·高（Vincent van Gogh, 1853—1890），
荷兰后印象派画家。另有译名梵·高、文森
特·梵·高、文森特·梵高、梵谷等。代表作有《星
月夜》、自画像系列、向日葵系列等。

J0086790

大师素描画廊　（第十辑　德加素描艺术）（法）
德加（EdgarDegas）绘；刘亚平撰
上海　上海人民美术出版社　1998 年　94 页
26cm（16 开）ISBN：7-5322-2051-6

定价：CNY18.00

J0086791

法国素描大系　（图册）刘天呈编著
天津　天津人民美术出版社　1996 年　39+396 页
26cm（16 开）精装　ISBN：7-5305-0420-7
定价：CNY60.00
（世界素描大系）

　　作者刘天呈（1936— 2017），油画家、学
者、美术教育家。河北顺平人，毕业于浙江美术
学院油画系。历任解放军艺术学院美术系教授、
中国美术家协会会员。

J0086792

素描集　（4）中国美术学院出版社图书编辑部编
杭州　中国美术学院出版社　1996 年　42cm（8 开）
ISBN：7-81019-508-5　定价：CNY18.00
（美术作品示范系列）

J0086793

素描集　（5）陈守义，于振平编
杭州　中国美术学院出版社　1996 年　42cm（8 开）
ISBN：7-81019-507-7　定价：CNY18.00
（美术作品示范系列）

　　编者陈守义（1944— ），浙江温州人。毕业
于浙江美术学院油画系。中国美术家协会会员、
浙江美术家协会理事、浙江美术教育研究会副会
长。主要作品有《山城》《水乡的回忆》《巴黎春
色》等。

J0086794

素描集　（6）陈守义，于振平编
杭州　中国美术学院出版社　1996 年　42cm（8 开）
ISBN：7-81019-513-1　定价：CNY18.00
（美术作品示范系列）

J0086795

素描人物　（乌克兰）叶甫盖尼·巴甫洛维奇·叶
戈洛夫（ЕвгенийПавловичЕгоров），（乌克兰）维
克多·尼古拉耶维奇·乔斯（ВикторНиколаевич-
Чаус）绘
哈尔滨　黑龙江美术出版社　1996 年　12 幅
37cm（8 开）套装　ISBN：7-5318-0331-3
定价：CNY13.80

　　作者叶甫盖尼·巴甫洛维奇·叶戈洛夫，乌克

兰画家。作者维克多·尼古拉耶维奇·乔斯，乌克兰画家。

J0086796
外国素描选集（二）　陈允鹤，蒋淑均编
北京　人民美术出版社　1996 年 2 版 192 页
26×23cm ISBN：7-102-01576-3
定价：CNY28.00
　　编者陈允鹤（1933—　），上海宝山人。笔名云鹤。结业于文化学院。曾任中国美术出版研究委员会会长、《中国艺术》季刊主编、中国美术家协会插图装帧艺术委员会委员。编著出版有《永恒之美：谈希腊艺术》《米开朗基罗雕刻》《伦勃朗》等。

J0086797
外国素描选集（三）　陈允鹤，蒋淑均编
北京　人民美术出版社　1996 年 2 版 160 页
26×23cm ISBN：7-102-01577-1
定价：CNY28.00

J0086798
外国素描选集（一）　陈允鹤，蒋淑均编
北京　人民美术出版社　1996 年 2 版 160 页
26×23cm ISBN：7-102-01575-5
定价：CNY28.00

J0086799
美国素描大系　庆晓编
天津　天津人民美术出版社　1997 年 356+12 页
26cm（16 开）精装 ISBN：7-5305-0550-5
定价：CNY77.00
（世界素描大系）
　　外文书名：The Pandect of American Sketch.

J0086800
眺望无垠　莫里斯（Jo.oMoniz）；Elsa Boto.Alves，曾永秀译
澳门　澳门市政厅　1997 年 46 页 有图
30cm（10 开）ISBN：972-97374-6-0

J0086801
奥地利素描精品　刘天呈编著
南宁　广西美术出版社　1998 年 103 页 有图
25×26cm ISBN：7-80625-595-8

定价：CNY48.30
（世界素描精品系列）

J0086802
大师素描画廊　（第五辑　鲁本斯素描艺术）
（比）鲁本斯（Peter Paul Rubens）绘；陈平编著
上海　上海人民美术出版社　1998 年 76 页
26cm（16 开）ISBN：7-5322-1929-1
定价：CNY15.00
　　鲁本斯（Peter Paul Rubens, 1577—1640），比利时画家。出生于德国茨根。青年时随凡·努尔特（Adamvan Noort, 1557—1641）等画师学画。其成就在于融合尼德兰和意大利的艺术传统，复兴了佛兰德斯画派，对欧洲绘画的发展有重大影响。代表作品有《上、下十字架》《复活》《爱之园》《强劫留西帕斯的女儿》等。

J0086803
德国素描精品　刘天呈编著
南宁　广西美术出版社　1998 年 127 页 有图
25×26cm ISBN：7-80625-596-6
定价：CNY55.80
（世界素描精品系列）

J0086804
俄罗斯素描精品　刘天呈编著
南宁　广西美术出版社　1998 年 123 页 有图
25×26cm ISBN：7-80625-592-3
定价：CNY52.00
（世界素描精品系列）

J0086805
法国素描精品　刘天呈编著
南宁　广西美术出版社　1998 年 135 页 有图
25×26cm ISBN：7-80625-594-X
定价：CNY60.20
（世界素描精品系列）

J0086806
海上画梦录　（一位外国画家笔下的旧上海）
（奥）F. 希夫（Friedrich Schiff）绘；（奥）G. 卡明斯基（Gerd Kaminski）著；钱定平编译
沈阳　辽宁教育出版社　1998 年 190 页 19×19cm
精装 ISBN：7-5382-5248-7 定价：CNY40.00

J0086807
老人头像　　A.H.拉克基奥诺夫绘
天津　天津人民美术出版社　1998 年　1 张
77×53cm　定价：CNY12.00

J0086808
柳齐亚·维拉头像　　M.A.萨拉多夫绘
天津　天津人民美术出版社　1998 年　1 张
77×53cm　定价：CNY12.00

J0086809
美国当代素描艺术　　刘丛星等主编
长春　吉林美术出版社　1998 年　104 页　37cm
ISBN：7-5386-0642-4　定价：CNY75.00

J0086810
美国素描精品　　刘天呈编著
南宁　广西美术出版社　1998 年　141 页　有图
25×26cm　ISBN：7-80625-591-5
定价：CNY63.50
（世界素描精品系列）

J0086811
男人侧身像　　B.P.加利莫夫绘
天津　天津人民美术出版社　1998 年　1 张
77×53cm　定价：CNY12.00

J0086812
女人体　　伊格拉舍夫绘
天津　天津人民美术出版社　1998 年　1 张
77×53cm　定价：CNY12.00

J0086813
欧美速写集　　张文斌著
南京　江苏美术出版社　1998 年　151 页　19×21cm
ISBN：7-5344-0769-9　定价：CNY25.00

J0086814
世界大师素描　（1）开立，义春编著
沈阳　辽宁美术出版社　1998 年　184 页
29cm（15 开）ISBN：7-5314-1851-7
定价：CNY35.00

J0086815
世界大师素描　（2）开立，义春编著
沈阳　辽宁美术出版社　1998 年　188 页
29cm（15 开）ISBN：7-5314-1980-7
定价：CNY36.00

J0086816
世界经典速写赏析　（1）梦婵编
沈阳　辽宁美术出版社　1998 年　254 页
20cm（32 开）ISBN：7-5314-2075-9
定价：CNY22.00

J0086817
世界经典速写赏析　（2）郑羽编
沈阳　辽宁美术出版社　1998 年　254 页
20cm（32 开）ISBN：7-5314-2076-7
定价：CNY25.00

J0086818
童话名著人物简笔画　　吴涛编绘
赤峰　内蒙古科学技术出版社　1998 年　14×21cm
ISBN：7-5380-0499-2　定价：CNY3.00

J0086819
乌克兰美术学院素描
哈尔滨　黑龙江美术出版社　1998 年　147 页
29cm（16 开）ISBN：7-5318-0496-4
定价：CNY48.00

J0086820
西班牙素描精品　　刘天呈编著
南宁　广西美术出版社　1998 年　111 页　有图
25×26cm　ISBN：7-80625-593-1
定价：CNY48.80
（世界素描精品系列）

J0086821
印象派画家素描　　春晓编著
哈尔滨　黑龙江美术出版社　1998 年　231 页
25×26cm　ISBN：7-5318-0564-2
定价：CNY48.00

J0086822
站立模特儿　　契斯恰科夫绘
天津　天津人民美术出版社　1998 年　1 张

77×53cm 定价：CNY12.00

J0086823
站姿女人体　詹姆斯·列维绘
天津　天津人民美术出版社 1998 年　1 张
77×53cm 定价：CNY12.00

J0086824
着装的女模特儿　拉库廷绘
天津　天津人民美术出版社 1998 年　1 张
77×53cm 定价：CNY12.00

J0086825
着装女妇人　布罗伊夫绘
天津　天津人民美术出版社 1998 年　1 张
77×53cm 定价：CNY12.00

J0086826
坐姿男人体　加利莫夫绘
天津　天津人民美术出版社 1998 年　1 张
77×53cm 定价：CNY12.00

J0086827
德国素描新选　刘天呈主编
武汉　湖北美术出版社 1999 年　123 页
29cm（18 开）ISBN：7-5394-0814-6
定价：CNY40.00，CNY54.00（精装）
（世界素描新选系列）

J0086828
俄国素描新选　刘天呈主编
武汉　湖北美术出版社 1999 年　119 页
29cm（18 开）ISBN：7-5394-0817-0
定价：CNY39.00，CNY52.00（精装）
（世界素描新选系列）

J0086829
俄罗斯列宾美术学院学生肖像素描集　吴
成槐，（俄）奥·叶烈米耶夫主编
沈阳　辽宁美术出版社 1999 年　68 页
29cm（16 开）ISBN：7-5314-2111-9
定价：CNY25.00

J0086830
法国素描新选　刘天呈主编

武汉　湖北美术出版社 1999 年　119 页
29cm（18 开）ISBN：7-5394-0810-3
定价：CNY39.00，CNY52.00（精装）
（世界素描新选系列）

J0086831
荷兰　波兰素描新选　刘天呈主编
武汉　湖北美术出版社 1999 年　119 页
29cm（18 开）ISBN：7-5394-0813-8
定价：CNY39.00，CNY52.00（精装）
（世界素描新选系列）

J0086832
鲁本斯　（画集）（比）鲁本斯（Pieter Raul Rubens）
绘；王文彬编著
北京　中国文联出版公司 1999 年　47 页
26cm（16 开）ISBN：7-5059-3284-5
定价：CNY9.20
（世界大师素描技法　第三辑）
　　鲁本斯（Peter Paul Rubens，1577—1640），
比利时画家。出生于德国茨根。代表作品有《上、
下十字架》《复活》《爱之园》《强劫留西帕斯的
女儿》等。编者王文彬（1928—2001），教授、画家。
字弋人，山东青岛人，中央美术学院油画系。历
任中央美术学院教授、中国美协壁画艺术委员会
委员。著有《油画自修》《壁画绘制工艺》《安格
尔》《米勒》《王文彬画集》等。

J0086833
美国素描新选　刘天呈主编
武汉　湖北美术出版社 1999 年　119 页
29cm（18 开）ISBN：7-5394-0811-1
定价：CNY39.00，CNY52.00（精装）
（世界素描新选系列）

J0086834
米哈依诺夫素描集　（俄）米哈依诺夫绘；俞可
编撰
南宁　广西美术出版社 1999 年　72 页 24×26cm
ISBN：7-80625-698-9
定价：CNY46.00，CNY56.00（精装）
（俄罗斯当代画家丛书）

J0086835
世界素描新选系列　刘天呈主编

武汉 湖北美术出版社 1999年 8册 29cm（16开）

J0086836

西班牙素描新选 刘天呈主编
武汉 湖北美术出版社 1999年 119页
29cm（18开）ISBN：7-5394-0816-2
定价：CNY39.00，CNY52.00（精装）
（世界素描新选系列）

J0086837

意大利古典人体素描 全山石编
济南 山东美术出版社 1999年 76页
30cm（10开）ISBN：7-5330-1277-1
定价：CNY68.00

　　作者全山石（1930—　　），画家，教授。浙江
宁波人，毕业于中央美术学院华东分院。历任中
国油画学会副主席、中国美术家协会油画艺术委
员会副主任、中国美术学院教授、俄罗斯列宾美
术学院荣誉教授等。代表作有收藏在中国革命
博物馆的《英勇不屈》《井冈山上》《娄山关》《重
上井冈山》《历史的潮流》等。

J0086838

意大利素描新选 刘天呈主编
武汉 湖北美术出版社 1999年 119页
29cm（18开）ISBN：7-5394-0815-4
定价：CNY39.00，CNY52.00（精装）
（世界素描新选系列）

J0086839

英国素描新选 刘天呈主编
武汉 湖北美术出版社 1999年 119页
29cm（18开）ISBN：7-5394-0812-X
定价：CNY39.00，CNY52.00（精装）
（世界素描新选系列）

各国水彩、水粉画、粉画、蜡笔画作品

J0086840

现代英国水彩画选集 唐德鉴编
北京 人民美术出版社 1958年 [34]页
19×26cm（16开）统一书号：8027.2022
定价：CNY4.00

J0086841

英国水彩画选集 李剑晨编
上海 上海人民美术出版社 1958年 22页
25cm（小16开）统一书号：T8081.318
定价：CNY3.60

　　本书选编自19世纪初期至今，英国一些著
名水彩画家的作品，包括风景17幅、人物3幅、
静物1幅、禽鸟1幅。其中有《古建筑大门》《泰
姆士河上的严冬》《黎明》《夏的海浜》等。图背
面均有文字说明，介绍作者，讲解画面，叙述作
图方法与技巧。作者李剑晨（1900—2002），教授、
画家。原名李汝骅，字剑晨，河南内黄县人，毕
业于北平国立艺术专科学校。历任东南大学建
筑系教授、江苏省美术家协会副主席、江苏省水
彩画研究会会长、中国水彩画协会名誉会长、国
际水彩画联盟理事、亚洲画会主席等。出版有《水
彩画创作技法》《李剑晨中国画集》等。

J0086842

克里马申水彩画小辑 （苏）克里马申作
上海 上海人民美术出版社 1960年 1套（12幅）
16cm（25开）统一书号：T8081.8188
定价：CNY0.60

J0086843

西西里的风光 （水粉画）（德）W.伏马卡作
上海 上海人民美术出版社 1960年 ［1张］
定价：CNY0.10

J0086844

英国水彩画展览 中国人民对外文化协会，中
国美术家协会编
北京 中国人民对外文化协会 1963年
17cm（40开）
　　本书与中国美术家协会合作出版。

J0086845

荷马水彩专辑 （美）荷马（Homer，W.）绘；（古
德里奇）Goodrich编，刘其伟译
台北 艺术家出版社 ［1980—1989年］144页
有图 21cm（32开）定价：TWD110.00
（艺术家丛刊8）
　　本书系美国现代水彩画家作品及生平事迹。

J0086846
美国水彩画 （美）J.C.佩卢绘；何振志选译
上海 上海人民美术出版社 1980年 16幅
25cm（小16开）统一书号：8081.11828
定价：CNY1.40

J0086847
十九世纪英国水彩画 周淑英编
北京 人民美术出版社 1980年 24页
26cm（16开）统一书号：8027.7361
定价：CNY1.30
（外国美术介绍丛书）
　　本书收入24幅图。介绍19世纪英国水彩画家的作品。

J0086848
程及水彩画 （美）程及绘
上海 上海人民美术出版社 1981年 44页
39cm（4开）精装 统一书号：8081.11918
定价：CNY21.00
　　本书选作者代表作品44幅，其中有40年代在美国时所作的《死亡》《卖唱》《人》等，揭露了生存线上劳动人民的凄苦情形。风景画《春花季节》《漓江》《春渔水乐》等，色彩瑰丽，酣畅淋漓。画集中还收录了作者在中国绘制的《长城秋色》《上海外滩》《故宫一角》等多幅作品。作者程及（1912—2005），画家。原名程杰，生于江苏无锡。曾入上海白鹅画会研习西画，后入沪江大学研读中国史及哲学等科目。在上海交通大学建立"程及美术馆"。曾在圣约翰大学等教授素描及水彩画课。出版《程及水彩画集》《二三行》《回家行》等。

J0086849
外国水彩画选 唐莘选编；贺起译
杭州 浙江人民美术出版社 1983年 119页
22cm（16开）统一书号：8156.288
定价：CNY3.40
　　本书选编了美国、加拿大等国的七位水彩画家的60幅水彩画，并有画家简历及作品的文字介绍。

J0086850
英国水彩画选 世界美术作品选集编辑委员会编辑
沈阳 辽宁美术出版社 1983年 25cm（小16开）

精装 统一书号：8161.0112 定价：CNY24.00
　　本书收有英国水彩画64幅。附录《略论英国水彩画》和《画家简介》。

J0086851
罗丹水彩人体 （法）罗丹绘；四川美术出版社编
成都 四川美术出版社 1986年 18cm（15开）
统一书号：8373.775 定价：CNY3.50

J0086852
苏联当代水彩画选 浙江人民美术出版社画册编辑室编辑
杭州 浙江人民美术出版社 1986年 69页
25cm（16开）精装 统一书号：8156.1072
定价：CNY8.80
　　本书选编苏联画家的水彩画代表作品，比较系统地反映了苏联当代水彩画的艺术风貌。其中既有风景、静物，又有肖像、风俗画作品，技巧也多种多样，传统技法与现代手法交相辉映。

J0086853
流行服饰图画集 蓝萍编译
台南 信宏出版社 1987年 126页 21cm（32开）
定价：TWD170.00

J0086854
名家水彩作品专集 （2 世界水彩作品大展）
新形象出版公司编辑部编著
永和[台湾]新形象出版公司编辑部 1987年
35cm（15开）精装 定价：TWD650.00

J0086855
少女集 （画片）（日）东乡青儿绘
昆明 云南人民出版社 1987年 10张
15cm（40开）定价：CNY1.50
　　日本现代绘画作品选集。

J0086856
世界名家水彩 新形象出版公司编辑部编著
永和[台湾]新形象出版公司 1987年
有图 35cm（6开）精装 定价：TWD600.00
　　外文书名：World Watercolor.

J0086857
世界名家水彩专集 （5）新形象出版公司编

辑部编著
永和［台湾］新形象出版公司 1987 年
有图 35cm（6 开）精装
　　外文书名：World Watercolor.

J0086858
世界名家水彩作品专集 （4）新形象出版公
司编辑部编著
永和［台湾］新形象出版公司 1987 年
有图 35cm（6 开）精装 定价：TWD650.00
　　外文书名：World Watercolor.

J0086859
金色童年 （日）藤城清治绘
昆明 云南少年儿童出版社［1988 年］5 张
15cm（64 开）定价：CNY1.10

J0086860
快乐时光 （日）藤城清治绘
昆明 云南少年儿童出版社［1988 年］
10 张 15cm（64 开）定价：CNY2.00

J0086861
日本当代水彩画选
杭州 浙江人民美术出版社 1988 年 68 页
25×26cm 精装 ISBN：7-5340-0072-6
定价：CNY19.80
　　本书选编日本 60 余位水彩画家的优秀作品
68 幅，展示了当代日本水彩画多样的艺术风貌。

J0086862
少女梦 （日）久里洋二绘
昆明 云南少年儿童出版社 1988 年 5 张
15cm（40 开）定价：CNY1.10
　　日本现代蜡笔画作品。

J0086863
世界水彩画家特集 （3）新形象出版公司编
辑部编著
永和［台湾］新形象出版公司 1988 年
有图 35cm（15 开）精装 定价：TWD650.00

J0086864
世界著名水彩画家 辽宁美术出版社编
沈阳 辽宁美术出版社 1988 年 99 页 24×25cm

ISBN：7-5314-0041-3 定价：CNY19.50
　　本书收集世界 25 位著名水彩画家的精彩
作品 50 幅，其中有风景、花卉、静物、裸体、人
像等。

J0086865
我的故事 （日）藤城清治绘
昆明 云南少年儿童出版社 1988 年 5 张
15cm（64 开）定价：CNY1.10
　　日本现代水彩画作品。

J0086866
中外人体水彩画选 金立德编
桂林漓江出版社 1988 年 118 页 26cm（16 开）
统一书号：8256.343 ISBN：7-5407-0193-5
定价：CNY20.00
（人体美术丛书）
　　本书收入人体水彩作品 118 幅，有查理
斯·雷德的《爱玛》、凯特怀恩的《孕妇》、塞尚的
《浴女》、林风眠的《人体》等。

J0086867
游荣光水彩集 游荣光绘；区佩仪等译
香港 游荣光创作室 1990 年 112 页 有图
29cm（16 开）定价：HKD100.00
　　外文书名：Watercolours by Stephen Yau.

J0086868
水彩 （第二十辑）上海人民美术出版社编辑
上海 上海人民美术出版社 1993 年 有彩图
26cm（16 开）ISBN：7-5322-1235-1
定价：CNY5.80
　　本画册收中外画家作品 59 幅。

J0086869
曾景文水彩画 曾景文著；郁斐斐译
台北 艺术家出版社 1994 年 159 页 有图
30cm（10 开）ISBN：957-9500-74-6
定价：TWD480.00
　　外文书名：Dong Kingman's Watercolors.

J0086870
外国水彩 罗兰德·罗伊克拉夫特等绘
上海 上海人民美术出版社 1994 年 105 页
22×26cm ISBN：7-5322-1317-X

定价: CNY90.00

　　本书收有水彩画作品 105 幅。

J0086871

列宾美术学院水彩画作品选

天津 天津人民美术出版社 1998 年 64 页

29cm(16 开) 精装 ISBN: 7-5305-0792-3

定价: CNY48.00

J0086872

泰纳 （英国水彩画大师）何政广主编

台北 艺术家出版社 1999 年 223 页 有照片

21cm(32 开) ISBN: 957-8273-37-1

定价: TWD480.00

（世界名画家全集）

各国版画作品

J0086873

近代木刻选集 （1）朝花社选

上海 合记教育用品社 1929 年 [48]页 有图

26cm(16 开) 定价: 大洋四角

（艺苑朝华 第一期 1）

　　本书内收《高架桥》(英，C.C. 惠勒),《田兔》
(英，E.F. 达格力秀),《拉勃来书中插画》(法，哈
曼 . 普耳),《罗勒多的艺文神女》(意，B. 迪绥尔
多黎),《岛上的庙》(美，C.B. 富耳斯)等 12 幅木
刻画。

J0086874

近代木刻选集 （2）朝花社选

上海 合记教育用品社 1929 年 26cm(16 开)

定价: 大洋四角

（艺苑朝华 第一期 3）

　　本书为世界近代木刻画册。

J0086875

没有字的故事 （比）麦绥莱勒作

上海 良友图书公司 1933 年 [120]页

15cm(40 开)

（木刻连环图画故事 4）

　　本书收木刻连环图画 60 幅。外文书名:
Geschichteohne Worte. 作 者 麦 绥 莱 勒(Franz

Masereel, 1889—1972），比利时画家。生于勃
兰根堡，全名法朗士·麦绥莱勒。擅长版画，主
要作品有连环木刻《一个人的受难》《光明追
求》等。

J0086876

没有字的故事 （比）麦绥莱勒作

上海 良友图书公司 1936 年 再版 [120]页

15cm(40 开)

（木刻连环图画故事 4）

　　本书收木刻连环图画 60 幅。

J0086877

我的忏悔 （木刻画一百六十五幅）(比）麦绥莱
勒作

上海 良友图书公司 1933 年 [330]页

15cm(40 开) 定价: 大洋五角

　　本书为比利时木刻连环画册。作者麦绥莱
勒(Franz Masereel, 1889—1972），比利时画家。
生于勃兰根堡，全名法朗士·麦绥莱勒。擅长版
画，主要作品有连环木刻《一个人的受难》《光明
追求》等。

J0086878

一个人的受难 （比）麦绥莱勒作

上海 良友图书公司 1933 年 1 册 有图

15cm(40 开) 精装 定价: 大洋三角

（木刻连环图画故事 第一种）

　　本书是比利时木刻家麦绥莱勒的的连环木
刻画本。收入 25 幅图。在德国出版时的德文书
名为: Mein Stunden Buch. 全书是由 165 页木
刻画连接起来的一册图画小说。1933 年由鲁迅
介绍到中国来翻印出版，并为之作序，称它“乃
是写实之作，和别的图画故事都不同”。在这本
画册里，作者不借一字之助，全用画面来叙述一
个人的遭遇。

J0086879

引玉集 鲁迅编

上海 三闲书屋 1934 年 [127]页 19cm(32 开)

精装

　　本书内收密德罗辛、克拉甫兼珂、毕斯凯来
夫、法复尔斯基、冈察罗夫、亚历克舍夫等 11 人
的木刻画 59 幅。

J0086880

引玉集 鲁迅编

上海 三闲书屋 1935年 再版 [127]页
19cm(32开)

本书内收密德罗辛、克拉甫兼珂、毕斯凯来夫、法复尔斯基、冈察罗夫、亚历克舍夫等11人的木刻画59幅。

J0086881

版画选集 (德)凯绥·珂勒惠支作；亚格纳斯·史沫德黎序；鲁迅选画并作序目

上海 三间书屋 1936年 影印本 45cm(5开)
线装 定价：旧币三元二角

本书为德国现代版画画册。作者凯绥·珂勒惠支(Kaethe Kollwitz, 1867—1945)，德国版画家、雕塑家。原名凯绥·勒密特(Kaethe Schmidt)，出生于俄罗斯加里宁格勒，毕业于慕尼黑女子艺术学院。代表作品有《自画像》。

J0086882

光明的追求 (比)麦绥莱勒(F.Masereel)作

上海 良友图书公司 1936年 2版 有图
15cm(40开) 定价：大洋一角
(木刻连环图画故事 2)

本书为比利时木刻连环图画，共63幅。书前有叶灵凤的序及作者简介。

J0086883

凯绥·珂勒惠支版画选集 鲁迅编

上海 文化生活出版社 1936年 21页 27cm(16开)
(新艺术丛刊 1)

本书收凯绥·珂勒惠支版画21幅，鲁迅选画并作序目。凯绥·珂勒惠支(Kaethe Kollwitz, 1867—1945)，德国版画家、雕塑家。原名凯绥·勒密特(Kaethe Schmidt)，出生于俄罗斯加里宁格勒，毕业于慕尼黑女子艺术学院。代表作品有《自画像》。

J0086884

庶联的版画 韦太白编

上海 多样社出版部 1936年 104页 19cm(32开)
定价：五角
(多样丛书 1)

本书收104幅木刻画。书前有鲁迅的《记庶联版画展览会》一文，书末附："写在后面"。

J0086885

死魂灵——尼古拉·果戈理的诗篇 (一百图)

(苏)A.阿庚画；培尔那尔特斯基刻；孟十还译
文化生活出版社 1936年 250页 26cm(16开)

本书为苏联现代版画插图画册，收长篇小说《死魂灵》的插图100幅，每图均有文字解释。书末附图像12幅，由(俄)P.梭可罗夫(P. Sokolov)画。书前有鲁迅的《小引》、尼古拉·里斯珂夫的序及《关于〈死魂灵〉的插画》。

J0086886

死魂灵一百图 (苏)阿庚(A.Aгин)作画；培尔那尔特斯基(Бернардский)木刻；鲁迅编辑

上海 文化生活出版社 1936年 27cm(16开)

J0086887

苏联版画集 鲁迅辑

上海 良友图书印刷公司 1936年 影印本
32+159页 有图 21cm(32开) 精装
定价：国币二元

本书为苏联现代版画画册，收《玛单造船厂运木船之下水礼》《基洛夫像》《文盲之消灭》等版画159幅。书前有赵家璧译的《苏联的版画》。

J0086888

苏联版画集 鲁迅辑

上海 良友图书印刷公司 1936年 32+159页
有图 21cm(32开) 精装 定价：三元四角

本书收《玛单造船厂运木船之下水礼》《基洛夫像》《文盲之消灭》等版画159幅。书前有赵家璧译的《苏联的版画》。外文书名：Soviet Graphics.

J0086889

苏联版画集 鲁迅辑

上海 良友复兴图书印刷公司 1940年
再版 [318]+32页 22cm(16开) 精装
定价：国币五元

本书内收180余幅版画，其中一小部分为彩印。所收作品由鲁迅选自苏联版画展览会。卷首有赵家璧译的《苏联的版画》一文。

J0086890

苏联版画集 鲁迅辑

上海 晨光出版公司 1949年 影印本 117页

有图［20×14cm］

J0086891

苏联版画集　鲁迅选序

上海 晨光出版公司 1949 年 33+117 页 21cm（32 开）

　　本书收版画 118 幅。书前有赵家璧译的《苏联的版画》。书后有《出版者言》，为鲁迅与赵加璧的通信，记录了本书出版与重印的经过。

J0086892

苏联版画集　鲁迅选

上海 晨光出版公司 1950 年 再版 117 页 21cm（32 开）定价：CNY16.00

　　本书收入 234 幅图。1936 年良友出版公司初版，有鲁迅作序 1 篇。收有法复尔斯基作《演剧家奥洛夫像》《梅里美集》《人生》《普希金像》《高尔基画像》《斯大林像》等。

J0086893

苏联版画新集　（附油画及雕刻）外山选编

上海 天马书店 1936 年 54+203 页 19cm（32 开）定价：国币七角

　　本书为苏联现代版画画册，收版画百余幅。书前有《记苏联版画展览会》（鲁迅），《序苏联版画展览会》（徐悲鸿），《苏联版画》（作者不详），《苏联的版画艺术》（契果达叶夫）4 篇文章。

J0086894

苏联的版画　韦太白编

上海 多样社出版部 1936 年 104页 19cm（32 开）（多样丛书）

　　本书为苏联现代版画画册，收 104 幅木刻画。书前有鲁迅的《记庶联版画展览会》一文，书末附："写在后面"。

J0086895

苏联国的版画　（英汉对照）苏联国版画展览会编

上海 中华书局(印) 1936 年 79 页 19cm（32 开）

　　本书为展览会目录，并收《苏俄版画》（郭曼译）一文。展览会由苏联对外文化协会、中苏文化协会、中国美术会、中国文艺社主办。

J0086896

维拉米耳·法复尔斯基选集　（苏）法复尔斯基（В.А.фаворский）作；未名木刻社选辑

上海 未名木刻社 1937 年［30］页 26cm（16 开）定价：大洋一元五角

　　本书收作者 1919 至 1935 年间创作的木刻作品 15 幅。书前有柳涯的小引。

J0086897

哥耶画册　（西班牙）哥耶（Francuscode GoyaLucientes）著

香港 新艺社 1940 年 43 叶 18×21cm 定价：港币五角

（新艺社丛书 2）

　　本书辑录西班牙画家哥耶的 85 幅铜版画《战争的灾难》中的 46 幅。书前有"谨献给以画笔服务抗战的同志们"字样，并有叶灵凤《哥耶和他的战争的灾难》一文。

J0086898

凯绥·珂勒惠支画册　（德）珂勒惠支（K.Kollwitz）作

［香港］新艺社 1940 年 3 版 32 叶 22cm（32 开）定价：港币三角

　　本书为德国版画册，收版画 32 幅。书前有叶灵凤的序。作者凯绥·珂勒惠支（Kaethe Kollwitz, 1867—1945），德国版画家、雕塑家。原名凯绥·勘密特（Kaethe Schmidt），出生于俄罗斯加里宁格勒，毕业于慕尼黑女子艺术学院。代表作品有《自画像》。

J0086899

凯绥·珂勒惠支画册　（德）珂勒惠支（K.Kollwitz）作

［香港］新艺社 1940 年 4 版 32 叶 22cm（32 开）定价：HKD0.40

　　本书为德国现代版画册，收版画 32 幅。书前有叶灵凤的序。

J0086900

西洋木刻选集　（2 肖像）

［1940—1949 年］1 册 25cm（16 开）

J0086901

中外木刻集　刘铁华编

重庆 东方书店 1944 年 65 页 25cm(小 16 开)
　本书收野夫、刘铁华、古元、(英)亚塞尔、(德)凯绥·珂勒惠支、(苏)斯达洛诺索夫、(苏)巴甫洛夫等人的木刻画 64 幅。书末附刘铁华的《木刻艺术史略》。外文书名: The Collection of Chinese & Foreign Woodcuts.

J0086902
凯绥·珂勒惠支画册　(德)珂勒惠支(K.Koll-witz)作
[香港][新艺社][1947年][64]页 22cm(32开)
　本书收版画 32 幅。书前有叶灵凤的序。

J0086903
苏联木刻　葛一虹编
上海 天下图书公司 1947 年 影印本 37 页 有图 26cm(16 开)精装
　本书内收法服尔斯基、康士坦诺夫、波列珂夫、沙赫诺夫斯卡娅、史塔罗诺索夫、苏沃洛夫、克拉甫兼珂、巴甫洛夫、毕珂夫、梭科洛夫等 10 人的木刻画 39 幅。

J0086904
英国版画集　萧乾编选
上海 晨光出版公司 1947年 148页 22cm(30开)精装 定价:一百二十元
　本书为英国版画画册。外文书名: British Graphic Arts.

J0086905
法国木刻选集　王琦编
上海 开明书店 1948 年 41 页 有图 26cm(16 开)定价:国币一元五角

J0086906
法国木刻选集　王琦编
上海 开明书店 1949 年 再版 41页 26cm(16 开)定价: 0.50

J0086907
凯绥·珂勒惠支之画　(1897—1932 作品选)
(德)珂勒惠支(K.Kollwitz)作
九龙 人间画会 1949 年 37 页 有图[16×26cm]定价:四元五角
　本书收凯绥·珂勒惠支版画 37 幅。书前有

谢子真的《人民艺术家凯绥·珂勒惠支》一文。

J0086908
版画选集　(德)珂勒惠支(SchmidtKaetheKoll-witz),(德)梅斐尔德(CarlMeffert)作;鲁迅编辑
上海 上海出版公司 1950年 影印本 有图 21cm(32 开)精装 定价:旧币四十五元
　本书内容为德国现代版画画册,为鲁迅遗编。作者凯绥·珂勒惠支(Kaethe Kollwitz, 1867—1945),德国版画家、雕塑家。原名凯绥·勋密特(Kaethe Schmidt),出生于俄罗斯加里宁格勒,毕业于慕尼黑女子艺术学院。代表作品有《自画像》。

J0086909
死魂灵一百图　(苏)阿庚(А.Агин)作画;培尔那尔特斯基(贝纳尔德斯基)木刻;鲁迅编辑
上海 上海出版公司 1950年 影印本 有图 22cm(32 开)精装 定价:八十七元
　本书系苏联现代版画插图。

J0086910
小说士敏土之图　(德)梅斐尔德(CarlMeffert)作;鲁迅编译
上海 上海出版公司 1950年 影印本 10 页 有图 21cm(32 开)精装 定价:六元五角
(鲁迅遗编 I)
　德国版画插图,鲁迅选编。

J0086911
引玉集　鲁迅编辑
上海 上海出版公司 1950年 影印本 1 册 有图 22cm(32 开)定价:六十三元
　本书苏联版画集,共收五十九幅作品,为鲁迅遗编影印本。

J0086912
引玉集　鲁迅编辑
上海 上海出版公司 1950年 影印本 66 页 有图 21cm(32 开)精装 定价:二十五元
(鲁迅遗编 IV)
　本书为苏联版画集,共收五十九幅作品。

J0086913

日本人民版画集　日本人民反帝斗争图片·木刻展览会展出委员会编辑

上海 晨光出版公司 1951 年 影印本 141 页 有图 21cm（32 开）定价：旧币 14,000 元

　　本书收入 66 幅图。作品选自"日本人民反帝斗争图片、木刻展览会"。有《高狄煤矿事件》《饥》《孩子》《码头工人》等。附录日本古典木刻作品 7 幅。

J0086914

皇帝的"新衣"　（日）泷平二郎作

北京 人民美术出版社 1953 年 影印本 有图 18cm（15 开）定价：旧币 17,000 元

　　日本现代版画画册。

J0086915

日本人民艺术家木刻选集　中华全国美术工作者协会辑

北京 人民美术出版社 1953 年 影印本 35 页 有图 26cm（16 开）定价：旧币 12,000 元

　　本书的作品选自 1953 年 5 月于北京举办的"日本木刻家作品展览会"，选编作品 31 幅。反映了日本人民在战后为民族解放而斗争的现实生活。附有日本木刻团体介绍及作者简历。

J0086916

法、英、意、美现代木刻选集　江丰编

北京 朝花美术出版社 1954 年 影印本 63 页 有图 21cm（32 开）定价：旧币 13,000 元

　　本书为世界现代木刻版画画册。作者江丰（1910—1982），版画家、美术教育家、美术评论家。原名周熙，笔名高岗、固林、江烽、介福。上海人。历任《前线画报》编辑、鲁迅艺术学院美术部主任、中华全国美术工作者协会副主席、中央美术学院院长、中国美术家协会主席。出版有《江丰美术论集》。

J0086917

捷克斯洛伐克版画选　中国美术家协会编辑部编辑

北京 人民美术出版社 1954 年 影印本 47 页 有图 25cm（小 16 开）定价：旧币 24,000 元

J0086918

凯绥·珂勒惠支　（德）珂勒惠支作；朝花美术出版社编辑

北京 朝花美术出版社 1954 年 影印本 98 页 有图 24cm（26 开）定价：旧币 35,000 元

　　本书是德国现代版画作品画册。收入 98 幅图。珂勒惠支（1867—1945），德国女画家。鲁迅在多年前向中国人民介绍了她的作品，因此对中国初期木刻家曾产生重大影响。她的作品充满激情，有令人震颤的力量。画册有 92 幅版画与 6 件雕塑作品。

J0086919

十九世纪的俄国石版画　（苏）A·Φ·柯罗斯丁著；严摩罕译

［上海］中央美术学院华东分院研究室［1954 年］12 页 有图 26cm（16 开）

（美术参考资料 59 史料介绍）

J0086920

德意志民主共和国版画和雕塑展览　对外文化联络局编

北京 对外文化联络局 1955 年 影印本 26 页 有图 15×21cm

J0086921

德意志民主共和国凯绥·珂勒惠支版画展览会　对外文化联络局等编

北京 对外文化联络局 1955 年 有图 19×21cm

　　德国现代版画画册

J0086922

芬兰版画艺术展览　中国人民对外文化协会，中国美术家协会编

北京 中国人民对外文化协会 1955 年 有图 19cm（32 开）

　　本画册与中国美术家协会合作出版。

J0086923

捷克斯洛伐克版画选　中国美术家协会编辑部编

北京 人民美术出版社 1955 年 定价：CNY5.00

J0086924

凯绥·珂勒惠支画选　（德）珂勒惠支作

北京 人民美术出版社 1955 年 25 幅
15cm（40 开）统一书号：1069 定价：CNY0.80

J0086925
花冈惨案 （日本木刻连环画）（日）新居广治，
（日）泷平二郎木刻；李平凡编译
北京 人民美术出版社 1956 年 52 页
15cm（40 开）统一书号：T8028.1014
定价：CNY0.17

J0086926
凯绥·珂勒惠支版画选集 （德）珂勒惠支作；
鲁迅编辑
北京 人民美术出版社 1956 年 影印本 11 页
有图 25cm（15 开）统一书号：8027.1052
定价：CNY2.50

J0086927
凯绥·珂勒惠支版画选集 （德）凯绥·珂勒惠
支绘；鲁迅编
上海 人民美术出版社 1956 年 21 页
26cm（16 开）精装 统一书号：8027.1052
定价：CNY4.40
　　本书有亚格纳斯·史沫德黎序，并由鲁迅选
画并作序目。

J0086928
墨西哥版画展览 中国人民对外文化协会等编
北京 中国人民对外文化协会 1956 年 22 页
有图 18cm（15 开）

J0086929
日本木刻选集 力群编
北京 人民美术出版社 1956 年 影印本 104 页
有图 21cm（32 开）统一书号：8027.1050
定价：CNY5.40

J0086930
日本人民木刻 李平凡编
北京 朝花美术出版社 1956 年 影印本 20 页
有图 17cm（32 开）统一书号：T8028.805
定价：CNY0.16
（群众美术画库）
　　作者李平凡（1922—2011），版画家。原名李
文琨，别名里肯，天津津南人。历任人民美术出

版社编辑、编审，《版画世界》主编、日本国际版
画研究会顾问、平凡友好画院名誉院长。出版有
《平凡木刻版画》《李平凡画文集》《李平凡画集》
等，编辑《中华人民版画集》《中国古代木刻画选
集》《中国水印版画》等。

J0086931
英国版画展览 （1450—1956）中国人民对外
文化协会，中国美术家协会主办
北京 中国人民对外文化协会 1956 年 影印本
有图 17×18cm
　　本书与中国美术家协会合作出版。

J0086932
德意志民主共和国版画选集 力群编
北京 人民美术出版社 1957 年 影印本 103 页
有图 21cm（32 开）统一书号：8027.1060
定价：CNY2.50

J0088786
俄罗斯铜版画 （苏）柯尔尼洛夫著；赵琦译
北京 朝花美术出版社 1957 年 影印本 75 页
有图 20cm（32 开）统一书号：8028.1264
定价：CNY1.10

J0086933
芬兰版画选集 人民美术出版社编辑
北京 人民美术出版社 1957 年 影印本 54 页
有图 21cm（32 开）统一书号：8028.1165
定价：CNY1.70

J0086934
罗马尼亚现代版画选 人民美术出版社编辑
北京 人民美术出版社 1957 年 影印本 50 页
有图 25cm（小 16 开）统一书号：8027.1186
定价：CNY3.00

J0086935
墨西哥版画选 （墨）孟德斯（LeopoldoMendez）
等作；冯香生，佟坡编辑
北京 人民美术出版社 1957 年 87 幅 有图
25cm（小 16 开）统一书号：8027.1084
定价：CNY4.60

J0086936

南斯拉夫现代版画艺术展览会 （画册）
南斯拉夫现代版画艺术展览会 1957 年
有图 25cm（小 16 开）

J0086937

我的忏悔 （木刻）（比）麦绥莱勒（Frans Maser-eel）作
上海 上海人民美术出版社 1957 年 1 册
15cm（40 开）统一书号：T8081.2644
定价：CNY0.55

　　本书是比利时木刻家麦绥莱勒的自传式的连环木刻画本。德国原版书名为：Mein Stunden Buch，是由 165 页木刻画连接起来的一册图画小说。1933 年间翻印到中国来，郁达夫为之作序。作者麦绥莱勒（Franz Masereel, 1889—1972），比利时画家。生于勃兰根堡，全名法朗士·麦绥勒。擅长版画，主要作品有连环木刻《一个人的受难》《光明追求》等。

J0086938

一个人的受难 （比）麦绥莱勒（Frans Maseerel）作
上海 上海人民美术出版社 1957 年 影印本
49 页 有图 15cm（40 开）精装
统一书号：T8081.2645 定价：CNY0.48

　　本书是比利时木刻家麦绥莱勒的的连环木刻画本。收入 25 幅图。是由 165 页木刻画连接起来的一册图画小说。1933 年由鲁迅介绍到中国来翻印出版，并为之作序，称它"乃是写实之作，和别的图画故事都不同"。在这本画册里，作者不借一字之助，全用画面来叙述一个人的遭遇。

J0086939

保加利亚版画展览 对外文化联络委员会编
北京 对外文化联络委员会 1958 年 有图
22cm（32 开）

J0086940

波兰版画选 （波兰）赫罗斯脱夫斯基等著
北京 人民美术出版社 1958 年 影印本 20 页
有图 18×26cm 统一书号：8027.1352
定价：CNY1.70

J0086941

麦绥莱勒画展 （从 1917 至 1958 年作品）（比）
麦绥莱勒（Maserell）绘
［北京］中国人民对外文化协会 1958 年 28 页
20cm（32 开）

　　比利时现代版画画册。

J0086942

苏联版画选 陈朗编选
上海 上海人民美术出版社 1958 年 影印本
58 页 有图 21cm（32 开）统一书号：T8081.1878
定价：CNY2.00

　　本书收入 58 幅图。共 3 篇：一、木刻麻胶版画，收入巴甫洛夫、索柯洛夫、乌托林等版画家的 28 幅作品，其中前 7 幅为彩色版；二、石版画，收入鲍加特金、基布利克等版画家的作品 23 幅；三、铜版画，收入杰列古斯、巴拉诺夫等版画家作品 7 幅。

J0086943

保加利亚版画选 李平凡编
北京 人民美术出版社 1959 年 20 页 有图
26cm（16 开）统一书号：8027.2998
定价：CNY1.50

J0086944

保加利亚版画选 上海人民美术出版社编辑
上海 上海人民美术出版社 1959 年 37 页
有图 24cm（15 开）统一书号：T8081.4365
定价：CNY1.80

J0086945

雕刻版画 （日文选目）北京图书馆东方语文编目组编
北京 北京图书馆东方语文编目组 1959 年
油印本 9 页 19cm（32 开）

J0086946

麦绥莱勒木刻选 （比）麦绥莱勒作；人民美术出版社编辑部编辑
北京 人民美术出版社 1959 年 14 页 有图
20cm（32 开）统一书号：8027.2530
定价：CNY0.75

　　作者麦绥莱勒（Franz Masereel, 1889—1972），比利时画家。生于勃兰根堡，全名法朗士·麦绥菜勒。擅长版画，主要作品有连环木刻《一个人的受难》《光明追求》等。

J0086947

苏联著名木刻大师克拉甫钦珂木刻选　人民美术出版社编

北京　人民美术出版社 1959 年 有图
19cm（32 开）统一书号：8027.1897
定价：CNY0.15

J0086948

德意志六百年版画展览　对外文化联络委员会等编

北京　对外文化联络委员会 1960 年 有图
24cm（26 开）

J0086949

古巴版画展览　中国拉丁美洲友好协会等编
北京　中国拉丁美洲友好协会 1960 年
有图 21cm（32 开）

J0086950

乌拉圭版画家安内罗·埃尔南代斯作品选　（乌拉圭）埃尔南代斯（A.Hernandez）作；冯香生编

北京　人民美术出版社 1960 年 影印本 12 页
有图 19cm（32 开）统一书号：8027.3429
定价：CNY0.60

J0086951

夏伯阳之歌　（麻胶版）（苏）尼柯诺夫著
北京　人民美术出版社 1960 年 定价：CNY0.10
　　苏联现代木刻作品。

J0086952

挪威版画家爱德华·孟克作品展览会　中国人民对外文化协会等编

北京　中国人民对外文化协会 1961 年
有图 22cm（30 开）

　　爱德华·蒙克（Edvard Munch，1863—1944），挪威表现主义画家。被称为版画复制匠，现代表现主义绘画的先驱。毕业于奥斯陆皇家艺术和设计学院。主要作品有《呐喊》《生命之舞》《卡尔约翰街的夜晚》等。

J0086953

日本浮世绘木刻　李平凡编
北京　人民美术出版社 1961 年 ［112］页
有图 26cm（16 开）精装 统一书号：8027.2933
定价：CNY10.00

　　本书包括从 17 世纪德川时代兴起直至近代的浮世绘木刻，以反映日本人风俗为主要内容，在日本人民中广泛流传。本书选印的浮世绘作品共 83 幅，展示了浮世绘艺术的发展概貌和艺术特点。

J0086954

苏联版画　方群等编
北京　人民美术出版社 1961 年 ［92］页 有图
27cm（16 开）精装 统一书号：8027.3601
定价：CNY13.20

　　本书收集俄罗斯、乌克兰、吉尔吉斯、爱沙尼亚、拉脱维亚、立陶宛等地的苏联版画家的 71 幅作品。内容有人像、工农业生产、革命历史、卫国战争、风景、静物，还有书籍插图。有麻胶版画、石版画、铜版画、木刻等，风格多样。

J0086955

匈牙利版画展览会　对外文化联络委员会等编
北京　对外文化联络委员会 1961 年 1 册
有图 22cm（20 开）

J0086956

拉丁美洲版画　人民美术出版社编
北京　人民美术出版社 1962 年 93 页 有图
27cm（16 开）精装 统一书号：8027.3869
定价：CNY8.00

　　本书收集古巴、墨西哥、阿根廷、巴西、智利、乌拉圭等拉丁美洲国家的版画家的作品 93 幅。反映了拉丁美洲人民反对帝国主义的奴役，争取民族独立、和平、幸福的理想。画集前言为古元所撰。

J0086957

初伦铜版画选
上海　上海人民美术出版社 1979 年 12 幅
19cm（小 32 开）统一书号：8081.11440
定价：CNY0.36

　　法国近代铜版画画册。版权页书名为《初论铜版画选》。

J0086958

当代法国石版画　香港市政局，法国总领事馆编
香港　香港市政局　1979 年　32 页　23cm（10 开）
ISBN：962-215-016-0　定价：HKD5.50
　　　　法国现代石版画作品选。外文书名：Con-
temporary French Lithographs.

J0086959

外国黑白木刻　周建夫，王东海编
天津　天津人民美术出版社　1979 年　204 页
24cm（16 开）统一书号：8073.50122
定价：CNY3.00
　　　　本书是外国现代木刻画册。选编 20 个国
家 111 位版画家的黑白木刻作品共 194 幅。其
中有著名的版画家柯勒惠支、麦绥莱勒的代表作
《战争组画》《姐妹》等。这些作品反映各国的社
会生活和民情风貌。大部分作品为首次在中国
出版。

J0086960

外国黑白木刻选集　杨可扬，金逢孙编
上海　上海人民美术出版社　1979 年　248 页
24cm（16 开）精装　统一书号：8081.11588
定价：CNY3.35
　　　　本书是外国现代木刻画册。收集 40 多个
国家的 196 位作者的黑白木刻作品，共 248 幅。
有 60、70 年代的新作，也有 20、30 年代的旧作。
反映不同国家人民的生活风貌。作者杨可扬
（1914—2010），版画家。原名杨嘉昌，笔名 A 扬、
阿扬等，浙江遂昌人。历任中国木刻研究会浙区
理事、中华全国木刻协会常务理事、上海版画会
会长等。代表作品有《木合工厂》《老教师》《张
老师早!》《江南古镇》《上海，您好!》等。

J0086961

麦绥莱勒木刻选集　（比）麦绥莱勒作；马克，
卜维勤编
上海　上海人民美术出版社　1980 年　160 幅
22cm（30 开）统一书号：8081.12187
定价：CNY3.10
　　　　本书系比利时现代版画画册。作者麦绥莱
勒（Franz Masereel，1889—1972），比利时画家。
生于勃兰根堡，全名法朗士·麦绥莱勒。擅长版
画，主要作品有连环木刻《一个人的受难》《光明
追求》等。

J0086962

麦绥莱勒木刻选集　（比）法朗士·麦绥莱勒刻；
马克，卜维勤编
上海　上海人民美术出版社　1980 年　160 页
24cm（26 开）定价：CNY3.10
　　　　本集选入作者在各时期创作木刻作品，共
160 种 260 幅，包括：《城市》（1925）、《从黑到
白》（1939）、《母亲的悲哀》（1948）、《我的祖
国》（1956）、《人类的道路》（1964）、《国际歌》
（1970）等等。

J0086963

英国勃朗群画集　（英）勃朗群（F.Brangwyn）绘
上海　上海人民美术出版社　1980 年　42 幅
19cm（32 开）统一书号：8081.12050
定价：CNY0.60
　　　　本书为英国版画画册。

J0086964

外国铜版石版画集　（外国美术）铁牧编著
天津　天津人民美术出版社　1982 年　150 页
22cm（16 开）统一书号：8073.50231
定价：CNY3.10
　　　　这是一本介绍外国铜版石版画作品的画册，
选辑了外国优秀版画家的代表作品 148 幅。

J0086965

中外黑白木刻选　力群编
天津　天津人民美术出版社　1982 年　148 页
24cm（27 开）统一书号：8073.50202
定价：CNY1.80

J0086966

版画世界　（第一期）版画世界编辑组编辑
北京　人民美术出版社　1983 年　52 页
25cm（18 开）统一书号：8027.8544
定价：CNY1.20
　　　　本刊内容包括国际、国内版画鉴赏、交流、
动态、名著、技法等。

J0086967

版画世界　（第二期）版画世界编辑组编辑
北京　人民美术出版社　1983 年　52 页
25cm（18 开）统一书号：8027.8744
定价：CNY1.20

本刊内容包括国际、国内版画鉴赏、交流、动态、名著、技法等。

J0086968

版画世界 （第三期）版画世界编辑组编辑
北京 人民美术出版社 1983年 40页
25cm（18开）统一书号：8027.8801
定价：CNY1.20
本刊内容包括国际、国内版画鉴赏、交流、动态、名著、技法等。

J0086969

版画世界 （第四期）版画世界编辑组编辑
北京 人民美术出版社 1983年 40页
25cm（18开）统一书号：8027.8815
定价：CNY1.20
本刊内容包括国际、国内版画鉴赏、交流、动态、名著、技法等。

J0086970

版画世界 （第五期）版画世界编辑组编辑
北京 人民美术出版社 1984年 52页
25cm（18开）统一书号：8027.8954
定价：CNY1.20
本期收入中国儿童版画30幅、外国儿童版画50幅，同时刊有介绍日本版画教育家大田耕士的专文。

J0086971

版画世界 （第六期）《版画世界》编辑部编
北京 人民美术出版社 1984年 40页
25cm（18开）定价：CNY1.20
本期为哲里木版画及捷克斯洛伐克版画的选刊。

J0086972

版画世界 （第七期）《版画世界》编辑部编
北京 人民美术出版社 1984年 40页
25cm（18开）定价：CNY1.20
本期为解放军版画及法国版画选刊。

J0086973

版画世界 （第八期）《版画世界》编辑部编
北京 人民美术出版社 1984年 25cm（18开）
统一书号：8027.9211 定价：CNY1.20

J0086974

版画世界 （第九期 日本·香港·苏州·少儿版画选刊）李平凡主编；版画世界编辑部编辑
北京 人民美术出版社 1985年 52页 有图
26cm（16开）统一书号：8027.9178
定价：CNY1.20
编者李平凡（1922—2011），版画家。原名李文琨，别名里肯，天津津南人。历任人民美术出版社编辑、编审、《版画世界》主编、日本国际版画研究会顾问、平凡友好画院名誉院长。出版有《平凡木刻版画》《李平凡画文集》《李平凡画集》等，编辑《中华人民版画集》《中国古代木刻画选集》《中国水印版画》等。

J0086975

版画世界 （第十期 加拿大·林智信·美术院校版画选刊）李平凡主编；版画世界编辑部编辑
北京 人民美术出版社 1985年 40页 有图
26cm（16开）统一书号：8027.9578
定价：CNY1.50

J0086976

版画世界 （第十一期 华侨华裔版画·插图版画·国际展览版画选刊）李平凡主编；版画世界编辑部编辑
北京 人民美术出版社 1985年 39页 有图
26cm（16开）统一书号：8027.9598
定价：CNY1.50

J0086977

版画世界 （第十三期 塘沽·四川农民·日本藏书票选刊）版画世界编辑部编辑
北京 人民美术出版社 1986年 40页 26×23cm
统一书号：8027.9690 定价：CNY1.50

J0086978

版画世界 （第十四期 法国青年·宜春·武汉一冶工人版画选）李平凡主编；版画世界编辑部编辑
北京 人民美术出版社 1986年 40页 有图
26cm（16开）统一书号：8027.9868
定价：CNY1.50

J0086979

版画世界 （第十五期 北美·墨西哥·上饶版画

选刊）李平凡主编
北京 人民美术出版社 1986 年 40 页
26cm（16 开）定价：CNY1.50

J0086980
版画世界 （第十六期 日本竹芳洞·阿城·汉沽
版画选刊）李平凡主编
北京 人民美术出版社 1986 年 40 页
26cm（16 开）统一书号：8027.10257
定价：CNY1.50

J0086981
版画世界 （第十七期）李平凡主编
北京 人民美术出版社 1987 年 40 页 有图
26cm（16 开）统一书号：8027.10347
定价：CNY1.50

J0086982
版画世界 （第十八期 河北、湛江、美国、苏联
版画选刊）版画世界编辑部编辑
北京 人民美术出版社 1987 年 40 页
26cm（16 开）统一书号：8027.10444
定价：CNY2.50

J0086983
版画世界 （第十九期 九届版展·美编、天津
美院、费城选刊）李平凡主编；版画世界编辑部
编辑
北京 人民美术出版社 1987 年 40 页
26cm（16 开）统一书号：8027.10595
定价：CNY2.50

J0086984
版画世界 （第二十期 农垦·大庆·小版画·高木
志郎版画选刊）李平凡主编；《版画世界》编辑部
编辑
北京 人民美术出版社 1987 年 40 页
26cm（16 开）ISBN：7-102-00191-6
定价：CNY2.50

J0086985
版画世界 （第二十一期 版画选刊）李平凡主
编；版画世界编辑部编辑
北京 人民美术出版社 1988 年 40 页
26cm（16 开）ISBN：7-102-00350-1

定价：CNY2.50

J0086986
版画世界 （第二十二期 日本、苏联、瑞典、芜
湖、宜春选刊）版画世界编辑部编辑
北京 人民美术出版社 1988 年 40 页
26cm（16 开）ISBN：7-102-00384-6
定价：CNY2.50

J0086987
版画世界 （第二十三期 大兴安岭、伊犁、中国
台湾、澳大利亚版画选刊）版画世界编辑部编辑
北京 人民美术出版社［1989 年］26cm（16 开）
ISBN：7-102-00566-0 定价：CNY3.50

J0086988
版画世界 （第二十四期 冰岛、湖北、湖南、土
坷垃版画选刊）版画世界编辑部编
北京 人民美术出版社［1989 年］40 页 有图
26cm（16 开）ISBN：7-102-00618-7
定价：CNY3.50

J0086989
版画世界 （第二十五期）版画世界编辑部编辑
北京 人民美术出版社［1990 年］40 页
26cm（16 开）ISBN：7-102-00491-5
定价：CNY3.80
　　外文书名：Graphic World, 25.

J0086990
版画世界 （第二十六期 群体、工业、甘肃、美
国、日本）《版画世界》编辑部编辑
北京 人民美术出版社［1991 年］40 页
26cm（16 开）ISBN：7-102-00855-4
定价：CNY3.80
　　本期内容包括版画作品 108 幅，文稿 7 篇。
介绍了版画群体、工业版展新作，甘肃版画、赵
经寰、向思楼作品选，以及美国版画家芬克的铜
版画，日本版画院作品选刊，来稿选登等。外文
书名：Graphic World, 26.

J0086991
版画世界 （第二十七期 鲁美、广美、芬兰、黑
白）李平凡主编；版画世界编辑部编辑
北京 人民美术出版社［1991 年］40 页

21×21cm ISBN：7-102-00925-9 定价：CNY3.80

本期刊登了芬兰版画，鲁迅美院、广州美院版画，瓷砖版画，黑白版画新作，肖像木刻等。文章介绍了英国、芬兰的版画艺术活动及创作情况等。外文书名：Graphic World, 27.

J0086992

版画世界　（第二十八期 新兴版画六十年 十届版展 日本 加拿大）李平凡主编；版画世界编辑部编辑
北京 人民美术出版社 1991年 40页 有图
23×26cm ISBN：7-102-00961-5 定价：CNY3.80

本期编发纪念新兴版画运动60周年专题文章——60年的回顾与展望，选刊第十届全国版画展介绍的加拿大、日本版画家及作品。外文书名：Graphic World, 28.

J0086993

版画世界　（第二十九期 纪念新兴版画运动60周年中国当代版画新作专辑）李平凡主编
北京 人民美术出版社［1993年］40页
25×24cm ISBN：7-102-01113-X 定价：CNY3.80
外文书名：Graphic World, 29.

J0086994

版画世界　（第三十期 中国当代版画新作专辑）李平凡主编
北京 人民美术出版社［1993年］40页
25×24cm ISBN：7-102-01114-8 定价：CNY3.80
外文书名：Graphic World, 30.

J0086995

城市　（木刻组画）（比）麦绥莱勒作
上海 上海人民美术出版社 1983年 100页
16cm（25开）统一书号：8081.13185
定价：CNY0.95

本书是现代版画家麦绥莱勒1925年完成的一套木刻组画。共100幅。整个作品没有一个统一的主人公，也没有连续的情节和有头有尾的故事，而是着重从城市各个角度，对资本主义社会生活的种种罪恶进行全面深刻的揭露。作者麦绥莱勒（Franz Masereel, 1889—1972），比利时画家。生于勃兰根堡，全名法朗士·麦绥莱勒。擅长版画，主要作品有连环木刻《一个人的受难》《光明追求》等。

J0086996

外国版画百图　王琦编著
北京 人民美术出版社 1984年 1册 19cm（32开）
统一书号：8027.8897 定价：CNY1.80

本书介绍了外国版画，其中包括欧、美、亚、澳各国的重要版画家的木刻、铜版画、石版画、麻胶版画作品，既有古代的，也有现代的。

J0086997

斋藤清版画选　（日）斋藤清绘
北京 人民美术出版社［1984年］12页
有照片 35cm（15开）统一书号：8027.9649
定价：CNY2.00
（版画系列丛刊）

J0086998

肯特版画选集　（美）肯特（Kent, R.）作；马克，卜维勤编
广州 岭南美术出版社 1985年
统一书号：8260.1414 定价：CNY4.90

本书刊载美国版画家肯特的木刻、石版、锌版、黑白画作品260余幅，正文前有编者所撰长文，对作者做了详细介绍。编者卜维勤（1933—1995），版画家。辽宁铁岭人，毕业于哈尔滨外语学院，后在中央美术学院版画系、美术系学习。曾任中央工艺美术学院教授、中国版画家协会会员、中国翻译家协会会员等。代表作品《民新村》《侗乡春雨》。出版有《卜维勤画选》《美的原点：卜维勤艺术论文集》《装饰绘画基本法则》。

J0086999

唐土名胜图会　（日）冈田玉山等编绘
北京 北京古籍出版社 1985年 影印本 2册
26cm（16开）统一书号：12205.9
定价：CNY15.00

J0087000

外国黑白木刻选集　（续编）卜维勤，冒怀苏编
上海 上海人民美术出版社 1985年 250页
20cm（32开）统一书号：8081.14015
定价：CNY4.70

本书收集40多个国家的183位作者的250幅黑白木刻作品。

J0087001

德国近代版画选集　唐松阳，侯进民编译
西安　陕西人民美术出版社 1986年 40幅
26cm（16开）统一书号：8199.932
定价：CNY2.90

J0087002

鲁迅收藏苏联木刻拈花集　北京鲁迅博物馆编
北京　人民美术出版社 1986年 133页
10cm（64开）精装 统一书号：8027.9728
定价：CNY13.00

J0087003

拈花集　（鲁迅收藏苏联木刻）北京鲁迅博物馆编
北京　人民美术出版社 1986年 133页
26cm（16开）精装 定价：CNY13.00

　　本书是鲁迅先生生前收藏的苏联木刻集，编
选并定名为《拈花集》，因鲁迅逝世而未能问世。
1985年由北京鲁迅博物馆加以整理编辑而成。
全书共收苏联16位早期木刻家的作品120幅，
多数为书籍插图，也有独幅版画，附有每一作者
的小传。卷首有曹靖华、王士菁撰写的前言各1
篇和苏联木刻家赠给鲁迅木刻原拓时的亲笔说
明（影印）；书后有戈宝权、李允经撰写的出版后
记，均对鲁迅为倡导新兴木刻运动和出版这木刻
集的意义作了评述。

J0087004

日本版画藏书票选集　李平凡编
北京　人民美术出版社 [1986年] 46幅
26cm（16开）统一书号：8027.9706
定价：CNY18.50

　　本书包括木刻、铜版、孔版、平版等版画品
种，编选了日本55位版画家的852幅作品。作
者李平凡（1922—2011），版画家。原名李文琨，
别名里肯，天津津南人。历任人民美术出版社编
辑、编审、《版画世界》主编、日本国际版画研究
会顾问、平凡友好画院名誉院长。出版有《平凡
木刻版画》《李平凡画文集》《李平凡画集》等，
编辑《中华人民版画集》《中国古代木刻画选集》
《中国水印版画》等。

J0087005

斋藤清版画选集　（日）斋藤清绘；莫测，马克编
上海　上海人民美术出版社 1986年 88页

25cm（小16开）统一书号：8081.14760
定价：CNY29.50

　　本集选收作者从1938年到1984年所作套色
版画作品88幅，作品既有日本传统的民族风格，
又有强烈的现代感，形成作者独特的艺术风格。
中国美术理论家马克撰写的《单纯宁静的东方
美》作为前言，书末附录《斋藤清生平、创作表》。
编者莫测（1928—　），画家，编辑。出生于江苏
盱眙。历任中国美术家协会理事、版画艺术委员
会委员、中国版画家协会常务理事、中国水力电
力文学艺术协会副主席，一级美术师。代表作品
《拿鱼》《峡江春闹》。出版有《莫测木刻选集》《三
川新曲——莫测木刻选》《莫测黑白木刻》《莫测
版画集》等。

J0087006

佐恩铜版画　（瑞典）佐恩作；四川美术出版社编
成都　四川美术出版社 1986年 94页
25cm（小16开）统一书号：8373.735
定价：CNY1.90

J0087007

加拿大爱斯基摩绘画　徐英培译编
成都　四川美术出版社 1987年 140页
18cm（15开）ISBN：7-5410-0072-8
定价：CNY3.30

J0087008

珂勒惠支　（德）珂勒惠支（Kolwitz, K.）绘
北京　人民美术出版社 1987年 1册（36幅）
26cm（16开）统一书号：8027.9443
定价：CNY1.10

　　本书介绍19-20世纪德国女版画家珂勒
惠支的作品，收40幅画。作者凯绥·珂勒惠支
（Kaethe Kollwitz, 1867—1945），德国版画家、雕
塑家。

J0087009

克拉萨乌斯卡斯　（苏）克拉萨乌斯卡斯作；奚
静之编
杭州　浙江人民美术出版社 1988年 116页
19cm（小32开）定价：CNY4.50

　　本书收集苏联当代著名版画家克拉萨乌斯
卡斯各类作品，包括素描、锌版、石版、纸版、木
刻等110幅。其中除插图以外，还收录大量风格

独特的独幅画和组画。

J0087010

日本浮世绘精选 余林编

南宁 广西人民出版社 1988 年 112 页

26cm（16 开）ISBN：7-219-00846-5

本书收日本浮世绘作品 108 幅，包括铃木春信、喜多川歌、鸟居清长等浮世绘大家的作品。

J0087011

苏联藏书票选 戈沙，马克编

北京 人民日报出版社 1989 年 135 页 有图

12×19cm ISBN：7-80002-201-3 定价：CNY4.00

作者戈沙（1931—2015），俄罗斯族，画家、演员。黑龙江人，毕业于中央美术学院。历任《西北画报》创作室主任、《长春画报》编辑、《吉林日报》高级编辑、中国美术家协会会员、中国版画家协会常务理事。代表作品《胡杨魂》《布达拉宫》《古老的歌》《傲蕾·一兰》《幸福有梦》等。

J0087012

第四届国际版画双年展 王进炎，石瑞红

总编

台北［台湾］"行政院"文化建设委员会 1989 年

359 页 有图 27cm（16 开）

外文书名：4nd International Biennial Print Exhibit：1989 ROC.

J0087013

埃舍尔版画选 迟轲，王建国编著

广州 岭南美术出版社 1990 年 19cm（32 开）

ISBN：7-5362-0452-3 定价：CNY7.80

本书收集荷兰版画家埃舍尔的作品 125 幅。埃舍尔（Escher，Maurits Cornelis 1898—1972），荷兰著名版画家。编者迟轲（1925—2012），著名美学家、美术批评家。原名迟雁鸣，出生于天津，祖籍山东宁津，曾任广州美术学院教授、广东美学学会会长。代表作品《西方美术史话》。

J0087014

栋方志功版画集 ［日］栋方志功绘

合肥 安徽美术出版社 1990 年 170 页 12 开

作者栋方志功（1903—1975），日本版画家。代表作品有《悠闲的女性》，著有《板极道》。

J0087015

版画艺术 （第 35 期）陆宗铎主编

上海 上海人民美术出版社 1991 年 26cm（16 开）

定价：CNY2.90

作者陆宗铎（1932—1999），上海市人。现代美术史论家，毕业于四川美术学院。历任上海人民美术出版社编审、美术编辑室副主任，《版画艺术》丛刊主编。主要论文有《董克俊其人》《艺术春常在——刘海粟先生和他的艺术》《周碧初和他的艺术》《他从生活中来——杨可扬印象记》等。

J0087016

栋方志功版画集 （日）栋方志功绘；余启平等编

福州 福建美术出版社 1991 年 219 页 有照片

19×20cm ISBN：7-5393-0029-9

定价：CNY12.00

本书收入版画作品 290 幅，其中独幅作品 173 幅、插图 61 帧、小品 56 帧，书末附有栋方志功艺术年谱。作者栋方志功（1903—1975），日本版画家。代表作品有《悠闲的女性》，著有《板极道》。

J0087017

国际藏书票精选 香港藏书票协会编

香港 三联书店（香港）公司 1991 年 149 页 有图

28cm（大 16 开）精装 ISBN：962-04-0957-4

J0087018

珂勒惠支版画集 ［德］珂勒惠支作

岭南美术出版社 1991 年

本书收集了德国女版画家珂勒惠的具有代表性版画作品 70 幅，这些作品反映了不同人物姿态和各种表情，它的艺术形式和技巧本身有着重要的价值。著名美术评论家迟轲为画集写了序言。

J0087019

涅兹道夫斯基术刻装饰版画精选 （美）涅兹道夫斯基（Hnizdovsky，Jacaues）绘；朱维明编

昆明 云南人民出版社 1992 年 190 页 17×19cm

ISBN：7-222-00994-9 定价：CNY5.50

本书介绍了美国艺术家、版画家涅兹道夫斯基的木刻作品。作者雅克·涅兹道夫斯基（1915— ），美国艺术家和版画家，生于乌克兰，

1949 年移居美国。

J0087020
世界人体版画集　怀清，晓华编
沈阳　辽宁美术出版社 1993 年 159 页 17×18cm
ISBN：7-5314-1004-4 定价：CNY10.00
　　本书收有作品 152 幅。

J0087021
林布兰版画集　高玉珍总编辑
台北　台湾历史博物馆 1996 年 112 页
30cm（10 开）ISBN：957-00-6647-4

J0087022
圣经故事精品画集　（德）尤利乌斯·绍尔·卡
罗尔斯菲尔德绘；张福生撰文
北京　中国文联出版公司 1996 年 160+80 页
26cm（16 开）精装 ISBN：7-5059-1397-2
定价：CNY58.00

J0087023
唐诗选画本　（日）小林高英，（日）高进兰山选
注；（日）北尾重政等绘
北京　线装书局 1996 年 影印本 2 册
26cm（16 开）精装 ISBN：7-80106-026-1
定价：CNY296.00

J0087024
莎士比亚画廊　（名家名作四十五幅钢刻铜版
画 中英对照 珍藏版）
石家庄　河北教育出版社 1997 年 藏书票一张
38×35cm 精装 ISBN：7-5434-2831-8
定价：CNY［1800.00］
　　本画册除了莎士比亚的肖像、塑像、环球剧
场和一首十四行诗各一幅外，其余作品都是莎翁
笔下栩栩如生的人物形象，包括《朱丽叶与乳媪》
《夏洛克》《哈姆雷特》《麦克白》等。

J0087025
日本浮世绘名作选　（1）江苏美术出版社［编］
南京　江苏美术出版社 1998 年 46 页
28cm（大 16 开）ISBN：7-5344-0867-9
定价：CNY28.00

J0087026
日本浮世绘名作选　（2）江苏美术出版社［编］
南京　江苏美术出版社 1998 年 46 页
28cm（大 16 开）ISBN：7-5344-0868-7
定价：CNY28.00

J0087027
日本浮世绘名作选　（3）江苏美术出版社［编］
南京　江苏美术出版社 1998 年 46 页
28cm（大 16 开）ISBN：7-5344-0869-5
定价：CNY28.00

J0087028
时代的模版　董振平，曲德义编辑
台北　台湾艺术学院美术学系 1998 年 131 页
有画 30cm（10 开）ISBN：957-02-1976-9
定价：TWD800.00

J0087029
2000：麦绥莱勒版画　（美术挂历）千目，全
景供稿
济南　山东画报出版社 1999 年 34×26cm
ISBN：7-80603-423-4 定价：CN18.00

J0087030
城市　（比）麦绥莱勒绘；王琦序
济南　山东画报出版社 1999 年 100 页 15×11cm
精装 ISBN：7-80603-409-9 定价：CNY8.20
　　本书是现代版画家麦绥莱勒 1925 年完成的
一套木刻组画，共 100 幅。作者麦绥莱勒（Franz
Masereel, 1889—1972），比利时画家。生于勃
兰根堡，全名法朗士·麦绥莱勒。擅长版画，主
要作品有连环木刻《一个人的受难》《光明追
求》等。

J0087031
俄罗斯列宾美术学院版画系学生作品
集　吴成槐，（俄）奥·叶烈米耶夫主编
沈阳　辽宁美术出版社 1999 年 153 页
29cm（16 开）ISBN：7-5314-2131-3
定价：CNY58.00

J0088890
葛饰北斋作品　（日）葛饰北斋绘；马天牧，窦
金兰译

天津　天津人民美术出版社　1999年　29cm（16开）
ISBN：7-5305-0993-4　定价：CNY20.00
（浮世绘名家精选）

J0087032
光明的追求　（比）麦绥莱勒绘；叶灵凤序
济南　山东画报出版社　1999年　63页　15×11cm
精装　ISBN：7-80603-406-4　定价：CNY7.00
　　作者麦绥莱勒（Franz Masereel, 1889—
1972），比利时画家。生于勃兰根堡，全名法朗
士·麦绥莱勒。擅长版画，主要作品有连环木刻
《一个人的受难》《光明追求》等。

J0087033
铃木春信作品　（日）铃木春信绘；马天牧，窦
金兰译
天津　天津人民美术出版社　1999年　29cm（16开）
ISBN：7-5305-0994-2　定价：CNY20.00
（浮世绘名家精选）

J0087034
菱川师宣　一立斋广重作品　（日）菱川师宣，
（日）一立斋广重绘；马天牧，窦金兰译
天津　天津人民美术出版社　1999年　29cm（16开）
ISBN：7-5305-0991-8　定价：CNY24.00
（浮世绘名家精选）

J0087035
没有字的故事　（比）麦绥莱勒绘；赵家璧序
济南　山东画报出版社　1999年　60页　15×11cm
ISBN：7-80603-408-0　定价：CNY6.80
　　作者麦绥莱勒（Franz Masereel, 1889—1972），
比利时画家。生于勃兰根堡，全名法朗士·麦绥
莱勒。擅长版画，主要作品有连环木刻《一个人
的受难》《光明追求》等。

J0087036
美国当代版画艺术　（美）罗伯特.R.马隆
（Robert R.Malone）等主编；张今洁，王晓娜译
长春　吉林美术出版社　1999年　285页
31cm（10开）精装　ISBN：7-5386-0895-8
定价：CNY198.00
　　外文书名：Contemporary American Print-
making.

J0087037
鸟居清长作品　（日）鸟居清长绘；马天牧，窦
金兰译
天津　天津人民美术出版社　1999年　29cm（16开）
ISBN：7-5305-0992-6　定价：CNY20.00
（浮世绘名家精选）

J0087038
日本浮世绘艺术特展　（五井野正先生收藏展
中英日对照）苏启明主编
台北　台湾历史博物馆　1999年　124页
30cm（10开）精装　ISBN：957-02-3171-8

J0087039
日本原刻浮世绘　天津人民美术出版社编
天津　天津人民美术出版社　1999年　38cm（6开）
精装　ISBN：7-5305-1005-3　定价：CNY170.00

J0087040
我的忏悔　（比）麦绥莱勒绘；郁达夫序
济南　山东画报出版社　1999年　166页　15×11cm
精装　ISBN：7-80603-407-2　定价：CNY12.00

J0087041
喜多川歌麿作品　（日）喜多川歌麿绘；马天
牧，窦金兰译
天津　天津人民美术出版社　1999年　29cm（16开）
ISBN：7-5305-0995-0　定价：CNY24.00
（浮世绘名家精选）

J0087042
一个人的受难　（比）麦绥莱勒绘；鲁迅序
济南　山东画报出版社　1999年　25页　15×11cm
精装　ISBN：7-80603-405-6　定价：CNY6.50
　　本书是比利时木刻家麦绥莱勒的的连环木
刻画本。收入25幅图。是由165页木刻画连接
起来的一册图画小说。1933年由鲁迅介绍到中
国来翻印出版，并为之作序，称它"乃是写实之
作，和别的图画故事都不同"。在这本画册里，
作者不借一字之助，全用画面来叙述一个人的
遭遇。

各国宣传画作品

J0087043

苏联宣传画选集　人民美术出版社编辑

北京 人民美术出版社 1954年 影印本 161幅

26cm（16开）定价：旧币 50,000 元

J0087044

波兰宣传画和书籍插图展览　对外文化联络

局编

北京 对外文化联络局 1955年 19cm（32开）

J0087045

波兰宣传画　王朝闻著；新艺术出版社编辑

北京 人民美术出版社 1956年 23页

18cm（15开）统一书号：8027.1179

定价：CNY0.38

　　作者王朝闻（1909—2004），雕塑家、文艺理论家、美学家。生于四川合江。别名王昭文，更名王朝闻，笔名汶石、廖化、席斯珂。就读于成都艺专、杭州国立艺专。历任中央美术学院副教务长、中国美术家协会副主席、中国艺术研究院副院长等。代表作品《浮雕毛泽东像》《圆雕刘胡兰像》等。

J0087046

波兰宣传画　王朝闻著；新艺术出版社编辑

上海 新艺术出版社 1956年 23页 18cm（15开）

统一书号：T8082.0874 定价：CNY0.38

　　本书收入波兰现代宣传画 23幅图。

J0087047

波兰宣传画　张仃编辑

北京 人民美术出版社 1957年 58页

21cm（32开）统一书号：8027.1179

　　作者张仃（1917—2010），国画家、美术教育家、美术理论家。号它山，辽宁黑山人。曾任黄宾虹研究会会长，中央工艺美术学院教授、院长等。中国人民政治协商会议会徽的设计者，中华人民共和国国徽设计提议者之一。代表作品有《张仃水墨写生》《张仃画室》。

J0087048

苏联卫国战争宣传画选　云霍，文培编

北京 朝花美术出版社 1957年 影印本 20页

18cm（32开）统一书号：T8028.1214

定价：CNY0.16

（群众美术画库）

J0087049

苏联宣传画　鲁少飞编

北京 朝花美术出版社 1957年 20页

18cm（32开）统一书号：T8028.1348

定价：CNY0.16

（群众美术画库）

J0087050

朝鲜民主主义人民共和国　（1948—1958）国

立美术出版社编辑

北京 外国文出版社 1958年 34cm（10开）

J0087051

波兰电影宣传画　人民美术出版社编辑

北京 人民美术出版社 1959年 10幅

19cm（32开）统一书号：8027.1391

定价：CNY1.50

J0087052

越南宣传画

北京 人民美术出版社 1964年 8张（套）

19cm（小32开）定价：CNY0.64

J0087053

国际宣传画　张宇编

南京 江苏美术出版社 1986年 18cm（15开）

ISBN：7-5344-0019-8 定价：CNY7.70

　　作者张宇，字襄六，号赤云子、奇清逸士。河南省教育书画协会秘书长、河南省中国画研究院、河南诗词学会理事。

J0087054

国外电影海报集萃　（第一册）薛冰，白露编译

杭州 西湖摄影艺术出版社 1986年 54页

26cm（16开）统一书号：8364.19 定价：CNY2.50

J0087055

瓦格斯少女肖像画集　（美）瓦格斯绘；左华

红，胡本常编
昆明 云南人民出版社 1991 年 94 页
26cm（16 开）ISBN：7-222-00786-5
定价：CNY25.00

J0087056
小丁当机器猫益智系列 （趣味实验 趣味英语 电子迷城 趣味数学）（日）藤子·F·不二雄著
广州 广州出版社 1994 年 4 册（81+97+94+82 页）
有图 19cm（小 32 开）ISBN：7-80592-130-X
定价：CNY11.20
　　作者藤子·F·不二雄（1933—1996），日本漫画家。出生于日本富山县高冈市，本名藤本弘。毕业于富山县立高冈工艺高等学校电气科。受到漫画大师手冢治虫的启发，立志成为儿童漫画家。小学馆的代表漫画家之一。代表作《Q 太郎》《哆啦 A 梦》《小超人帕门》《超能力魔美》。

J0087057
现代招贴 （图集）春晓编
哈尔滨 黑龙江美术出版社 1995 年 116 页
25×26cm ISBN：7-5318-0316-X
定价：CNY58.00
（外国艺术家作品精萃）

J0087058
想像可爱造型画 （3 主题篇）吴菊芬编译
台南 信宏出版社 1996 年 132 页 21cm（32 开）
ISBN：957-538-135-1 定价：TWD130.00
（美术 66）

J0087059
波尔历险记 （德）威廉·布什，（英）弗尼斯著；木可编；晓红译
北京 中国民族摄影艺术出版社 1998 年
2 册（112+120 页）19cm（小 32 开）
ISBN：7-80069-246-9 定价：CNY15.60
（外国系列连环漫画精品）
　　作者威廉·布什（W.Busch，1832—1908），德国漫画家。

J0087060
世界电影海报 （1）
上海 上海人民美术出版社 1998 年 124 页
19×21cm ISBN：7-5322-2005-2

定价：CNY43.00

J0087061
世界电影海报 （2）
上海 上海人民美术出版社 1998 年 125 页
19×21cm ISBN：7-5322-2006-0
定价：CNY43.00

J0087062
电影海报 朱锷主编
南宁 广西美术出版社 1999 年 63 页
14cm（64 开）ISBN：7-80625-719-5
定价：CNY10.00
（视觉语言丛书 特集）
　　外文书名：Poster of Movie.

各国漫画作品

J0087063
柏林生活素描 （世界漫画选集之一）（德）亨利·遮勒（Heinrich Zille）绘；吴朗西选编
上海 文化生活出版社 1935 年 27cm（16 开）
定价：旧币三角五分
（文化生活丛刊）
　　本书据作者 1933 年出版的"Berliner Geschichten und Bilder"一书选编而成，收 30 幅漫画，书末有吴朗西的后记。

J0087064
青年显微镜 （漫画专刊）陈亮，陈宪锜编
中国青年协会 1938 年 26cm（16 开）
定价：CNY0.20
　　本书为选自外国报刊的漫画集，解说词为英文。

J0087065
笔征希特勒 （漫画之王 增刊第 4 号）（英）罗德维德（David Low）绘；沈默译
重庆 时与潮社 1939 年 31 页 19cm（32 开）
　　本书为漫画集。有沈默译《大卫·罗笔征希特勒》（代序），吴一凡译《大卫·罗论战争与漫画家》。

J0087066

笔征希特勒 （漫画之王 增刊第4号）（英）罗德维德（David Low）绘；沈默译
重庆 时与潮社 1940年 31页 19cm（32开）

　　本书为漫画集。有沈默译《大卫·罗笔征希特勒》（代序），吴一凡译《大卫·罗论战争与漫画家》。

J0087067

如此人生 黄嘉德, 黄嘉音编
上海 西风社 1940年 88页 22cm（25开）
定价：四角
（西风漫画 第1集）

　　本书为漫画专集，分：如此人生、现代生活、平民皇帝、强权夺理等9辑，收88组幽默讽刺画。所收漫画原载《美国幽默杰作选》《纽约客》《笨拙》《生活》《伦敦舆论》等刊物上。

J0087068

欧美漫画精选 新中华杂志社编
中华书局 1943年 20页 18cm（15开）

　　本书为世界现代漫画画册，收20幅漫画。书前有丰子恺的序言。

J0087069

凡尔赛以后的欧洲 （一部漫画家笔下的两次大战间之欧洲史）（英）大卫·罗（David Low）著
重庆 时代书局 1949年 再版 112页 20cm（32开）

　　本书为英国现代漫画册，收作者1920年3月8日至1939年9月20日间创作的漫画100幅。书前有著者的《别人怀宝剑——我有笔如刀》。外文书名：Europe Since Versailles. 作者大卫·罗，通译：戴维·洛爵士（Sir David Low, 1891—1963），英国政治漫画家。生于新西兰。作品包括《自签订凡尔赛条约以来的欧洲》《愤怒的日子》《洛的自传》。

J0087070

苏联漫画选集 刘迅主编；东北画报社编辑
沈阳 东北画报社 1949年 影印本 26cm（16开）

J0087071

波兰漫画选 古巴编辑
上海 平明出版社 1951年 73页 18cm（15开）

定价：旧币4,500元
（新时代文丛 第一辑）

J0087072

父与子 （德）卜劳恩（E.O.Plauen）著；吴朗西重编
上海 文化生活出版社 1951年 26cm（16开）
定价：旧币8,000元

　　作者卜劳恩（E.O.Plauen, 1903—1944），德国著名漫画家。原名艾里希·奥塞尔（Erich Ohser）。曾考入莱比锡绘画学院学习。代表作品有连环漫画《父与子》。

J0087073

库克雷尼克塞漫画选 （苏）库克雷尼克塞等撰；大众美术出版社编辑委员会编辑
上海 大众美术出版社 1951年 44页 19cm（32开）定价：旧币4,600元

J0087074

苏联漫画选 （第二集）宇林, 文江编
上海 火星出版社 1951年 再版 42页 19cm（32开）定价：旧币4,500元
（火星画库）

J0087075

苏联漫画选 （第三集）宇林, 文江编
上海 火星出版社 1951年 再版 40页 19cm（32开）定价：旧币4,500元
（火星画库）

J0087076

苏联漫画选 （第四集）宇林, 文江编
上海 火星出版社 1951年 再版 44页 19cm（32开）定价：旧币4,500元
（火星画库）

J0087077

苏联漫画选 宇林, 文江编
上海 火星出版社 1951年 再版 45页 19cm（32开）定价：旧币4,500元
（火星画库）

J0087078

童年与故乡　（挪）古尔布兰生（O.Gulbransson）
编绘；吴朗西译；丰子恺书
上海 文化生活出版社 1951年 影印本［90］页
26cm（16开）定价：旧币 12,000 元
　　外文书名：Es War Einmal. 作者奥纳夫·古
尔布朗松（Gulbransson, Olaf, 1873—1958），挪
威奥斯罗人，现代杰出的漫画家。作者丰子恺
（1898—1975），画家、文学家、艺术教育家。原
名丰润，又名仁、仍，字子觊，后改为子恺，笔名
TK，浙江嘉兴人。作品有《缘缘堂随笔》、画集
《子恺漫画》等。

J0087079

苏联时事漫画选　胡迪编
上海 人世间出版社 1952年 影印本 59页
19cm（32开）定价：旧币 6,000 元

J0087080

为和平而斗争的东欧漫画选　上海世界语者
协会编
上海 晨光出版公司 1952年 1册 有照片
15cm（40开）定价：旧币 2,500 元
（人民民主国家画集 4）

J0087081

库克雷尼克塞漫画选　（苏）库克雷尼克塞等
撰；大众美术出版社编辑委员会编辑
上海 新美术出版社 1953年 新1版 影印本
44页 18cm（15开）定价：旧币 3,300 元

J0087082

和平万岁　沈同衡编
上海 上海出版公司 1954年 40页 21cm（32开）
定价：旧币 7,500 元
（苏联漫画选集 1）
　　苏联现代漫画作品画册。编者沈同衡
（1914—2002），出生于江苏省宝山县，毕业于
上海新华艺术专科学校。历任《新闻漫画选刊》
主编。代表作品有《动物常识故事》《成语典
故》等。

J0087083

皮特斯脱鲁普连环漫画选　（丹麦）皮特斯脱
鲁普绘；漫画月刊编辑室编辑
上海 华东人民美术出版社 1954年 影印本
56页 21cm（32开）定价：旧币 6,000 元
（漫画丛刊）
　　本书收丹麦漫画家皮特斯脱鲁普 28套连环
漫画。表现了两个主题：一是帝国主义与好战分
子疯狂地叫嚣战争；二是广大劳动人民日渐贫
困，他们普遍地觉醒起来，要求生存，争取和平。
每套连环漫画都附简短说明。

J0087084

苏联政治讽刺画选集　刘迅编
北京 人民美术出版社 1954年 影印本 117页
25cm（16开）定价：旧币 27,000 元

J0087085

克雷洛夫寓言画集　（漫画）陈奇峰编
上海 上海人民美术出版社 1955年［1］张
定价：CNY0.20

J0087086

库克雷尼克塞的政治讽刺画　刘迅编辑
北京 朝花美术出版社 1955年 20页 有图
17cm（40开）定价：CNY0.16
（群众美术画库）

J0087087

苏联政治讽刺画选辑　（1）中苏友好协会总
会编
北京 人民美术出版社 1955年 影印本
25cm（16开）

J0087088

匈牙利漫画选集　人民美术出版社编辑
北京 人民美术出版社 1955年 影印本 42页
20cm（32开）定价：CNY0.90

J0087089

匈牙利漫画选集　人民美术出版社编辑
北京 人民美术出版社 1956年 影印本 42页
20cm（32开）定价：CNY0.90

J0087090

苏联政治讽刺宣传画　鲁少飞编
北京 人民美术出版社 1958年 20页
18cm（32开）统一书号：T8027.1478

定价: CNY0.16

（群众美术画库）

　　苏联现代漫画画册。

J0087091

十九世纪三十年代的法国政治漫画　（苏）卡利季娜，H.H 著；龙新叔译

北京　人民美术出版社　1959 年　146 页 +

图版 [32 幅] 有图] 19cm（ 32 开 ）

统一书号: T8027.2733 定价: CNY0.72

J0087092

苏联漫画展览　（六位漫画家与“战斗之笔”艺术组的作品）对外文化联络委员会主办

1959 年　34 页　26cm（ 16 开 ）

J0087093

苏联漫画展览会作品选集　人民美术出版社编辑

北京　人民美术出版社　1959 年　69 页

20cm（ 32 开 ）统一书号: 8027.2799

定价: CNY2.20

J0087094

巴黎公社的革命漫画　（画集）（苏）杰彼尔，E. 等编；李家璧译

北京　人民美术出版社　1963 年　74 页

27cm（ 16 开 ）精装　统一书号: 8027.4036

定价: CNY6.00

　　本书共选入巴黎公社时期革命漫画 80 多幅。分 4 个部分：“巴黎公社前夕”，“三月十八日的革命”，“巴黎公社在行动中”，选辑以公社的立法活动为题材的漫画；“与凡尔赛的斗争”，展现了公社社员与凡尔赛敌人之间决死战斗的情景，其中包括流血的“五月周”事件。

J0087095

波兰漫画展览　对外文化联络委员会等编

北京　对外文化联络委员会　1963 年　13×19cm

　　本书与中国美术家协会和中国波兰友好协会合作出版。

J0087096

城市猎人　（第一部）（日）北条司著

台北　丽华出版社 [1980—1989 年] 160 页

有图 17cm（ 40 开 ）定价: TWD98.00

　　作者北条司（1957—　　），日本漫画家。毕业于九州产业大学艺术系服装设计专业。主要作品有《猫眼三姐妹》《城市猎人》《非常家庭》等。

J0087097

父与子　（无字连环漫画）（德）卜劳恩绘；吴朗西编

成都　四川人民出版社　1980 年　50 页

25cm（ 15 开 ）统一书号: 8118.722

定价: CNY0.31

　　作者卜劳恩（E.O.Plauen，1903—1944），德国著名漫画家。原名艾里希·奥塞尔（Erich Ohser）。曾考入莱比锡绘画学院学习。代表作品有连环漫画《父与子》。

J0087098

父与子　（德）卜劳恩绘

天津　天津人民美术出版社　1981 年　160 页

19cm（ 32 开 ）统一书号: R8118.722

定价: CNY0.34

J0087099

铁臂阿童木　（1）（日）手冢治虫原著；周斌，姚佩君译；《铁臂阿童木》编写组编辑

北京　科学普及出版社　1981 年　13cm（ 60 开 ）

统一书号: 8051.1001 定价: CNY0.20

　　本书是日本漫画家手冢治虫创作的科幻漫画作品。作者手冢治虫（てづか おさむ，1928—1989），漫画家、动画制作人、医学博士。本名手冢治。读大阪大学附属医学专门部，获医学博士学位。代表作品《铁臂阿童木》《缎带骑士》《火之鸟》等。

J0087100

铁臂阿童木　（2）（日）手冢治虫原著；周斌，姚佩君译；《铁臂阿童木》编写组编辑

北京　科学普及出版社　1981 年　13cm（ 60 开 ）

统一书号: 8051.1002 定价: CNY0.31

　　本书是日本漫画家手冢治虫创作的科幻漫画作品。

J0087101

铁臂阿童木　（3）（日）手冢治虫原著；周斌，

姚佩君译;《铁臂阿童木》编写组编辑

北京 科学普及出版社 1981 年 13cm（60 开）

统一书号: 8051.1003 定价: CNY0.20

　　本书是日本漫画家手冢治虫创作的科幻漫画作品。

J0087102

铁臂阿童木 （4）（日）手冢治虫原著; 周斌, 姚佩君译;《铁臂阿童木》编写组编辑

北京 科学普及出版社 1981 年 13cm（60 开）

统一书号: 8051.1004 定价: CNY0.28

　　本书是日本漫画家手冢治虫创作的科幻漫画作品。

J0087103

铁臂阿童木 （5）（日）手冢治虫原著; 周斌, 姚佩君译;《铁臂阿童木》编写组编辑

北京 科学普及出版社 1982 年 13cm（60 开）

统一书号: 8051.1005 定价: CNY0.17

　　本书是日本漫画家手冢治虫创作的科幻漫画作品。

J0087104

铁臂阿童木 （6）（日）手冢治虫原著; 周斌, 姚佩君译;《铁臂阿童木》编写组编辑

北京 科学普及出版社 1982 年 124 页

13cm（60 开）统一书号: 8051.1008

定价: CNY0.20

　　本书是日本漫画家手冢治虫创作的科幻漫画作品。

J0087105

铁臂阿童木 （7）（日）手冢治虫原著; 周斌, 姚佩君译;《铁臂阿童木》编写组编辑

北京 科学普及出版社 1982 年 126 页

13cm（60 开）统一书号: 8051.102

定价: CNY0.21

　　本书是日本漫画家手冢治虫创作的科幻漫画作品。

J0087106

铁臂阿童木 （8）（日）手冢治虫原著; 周斌, 姚佩君译;《铁臂阿童木》编写组编辑

北京 科学普及出版社 1982 年 158 页

13cm（60 开）统一书号: 8051.1023

定价: CNY0.25

　　本书是日本漫画家手冢治虫创作的科幻漫画作品。

J0087107

铁臂阿童木 （9）（日）手冢治虫原著; 周斌, 姚佩君译;《铁臂阿童木》编写组编辑

北京 科学普及出版社 1982 年 117 页

13cm（60 开）统一书号: 8051.1029

定价: CNY0.20

　　本书是日本漫画家手冢治虫创作的科幻漫画作品。作者手冢治虫（てづか おさむ, 1928—1989），漫画家、动画制作人、医学博士。本名手冢治。读大阪大学附属医学专门部，获医学博士学位。代表作品《铁臂阿童木》《缎带骑士》《火之鸟》等。

J0087108

铁臂阿童木 （10）（日）手冢治虫原著; 周斌, 姚佩君译;《铁臂阿童木》编写组编辑

北京 科学普及出版社 1982 年 125 页

13cm（60 开）统一书号: 8051.1030

定价: CNY0.21

　　本书是日本漫画家手冢治虫创作的科幻漫画作品。

J0087109

铁臂阿童木 （11）（日）手冢治虫原著; 周斌, 姚佩君译;《铁臂阿童木》编写组编辑

北京 科学普及出版社 1982 年 124 页

13cm（60 开）统一书号: 8051.1032

定价: CNY0.20

　　本书是日本漫画家手冢治虫创作的科幻漫画作品。

J0087110

铁臂阿童木 （12）（日）手冢治虫原著; 周斌, 姚佩君译;《铁臂阿童木》编写组编辑

北京 科学普及出版社 1983 年 140 页

13cm（60 开）统一书号: 8051.1033

定价: CNY0.22

　　本书是日本漫画家手冢治虫创作的科幻漫画作品。

J0087111

铁臂阿童木 （13）（日）手冢治虫原著；周斌，姚佩君译；《铁臂阿童木》编写组编辑

北京 科学普及出版社 1983年 109页

13cm（60开）统一书号：8051.1034

定价：CNY0.18

本书是日本漫画家手冢治虫创作的科幻漫画作品。

J0087112

铁臂阿童木 （14）（日）手冢治虫原著；周斌，姚佩君译；《铁臂阿童木》编写组编辑

北京 科学普及出版社 1983年 119页

13cm（60开）统一书号：8051.1035

定价：CNY0.20

本书是日本漫画家手冢治虫创作的科幻漫画作品。

J0087113

铁臂阿童木 （15）（日）手冢治虫原著；周斌，姚佩君译；《铁臂阿童木》编写组编辑

北京 科学普及出版社 1984年 163页

13cm（60开）统一书号：8051.1036

定价：CNY0.25

本书是日本漫画家手冢治虫创作的科幻漫画作品。

J0087114

外国幽默漫画 江帆，马克编

北京 人民美术出版社 1981年 170页

19cm（32开）统一书号：8027.7577

定价：CNY0.72

J0087115

环球幽默画 （上册）《旅伴》编辑部编

广州 花城出版社 1982年 150页 13cm（64开）

定价：CNY0.30

（旅伴丛书）

J0087116

环球幽默画 （下册）《旅伴》编辑部编

广州 花城出版社 1982年 150页 13cm（64开）

定价：CNY0.30

（旅伴丛书）

J0087117

亭亭历险记 （金色的蟹螯）（比）埃尔杰作；贾少程译；萧如改编复制

广州 广东人民出版社 1982年 120页

20cm（32开）定价：CNY0.41

J0087118

好兵帅克历险记 （捷）雅·哈谢克原著；约·拉达绘图；杨雁鸣改编

北京 宝文堂书店 1983年 126页 13cm（60开）

定价：CNY0.23

本书是根据捷克作家哈谢克创作的一部长篇政治讽刺小说《好兵帅克》创作的漫画连环画作品。作者哈谢克（Hašek，　Jaroslav 1883—1923）。捷克作家。生于布拉格。著有长篇小说《好兵帅克》（《好兵帅克在第一次世界大战中的遭遇》），短篇小说《得救》《巴拉顿湖畔》等。作者约瑟夫·拉达（Josef Lada 1887—1957）。捷克画家。作品有《好兵帅克》、《我的字母》、《妖怪和水鬼的故事》、《小猫米凯什的故事》等。

J0087119

丁丁历险记 （红海鲨鱼 上）（比）埃尔热编绘；李秉刚等译文

北京 中国少年儿童出版社 1984年 172页 有图

10×13cm 统一书号：R8056.390 定价：CNY0.24

作者埃尔热（Herge，1907—1983），漫画家。生于比利时布鲁塞尔，原名乔治·雷米（Georges Remi）。代表作《丁丁历险记》连环漫画享誉全球。被誉为"近代欧洲漫画之父"。其作品还有《丁丁在西藏》《绿宝石失窃案》《魁可和富鲁波克的功勋》等。

J0087120

丁丁历险记 （红海鲨鱼 下）（比）埃尔热编绘；李秉刚等译文

北京 中国少年儿童出版社 1984年 189页 有图

10×13cm 统一书号：R8056.391 定价：CNY0.26

J0087121

丁丁历险记 （卡尔库鲁斯案件 下）（比）埃尔热编绘；汪茗中译；何力描绘

北京 中国文联出版公司 1984年 190页

13cm（64开）定价：CNY0.40

J0087122
丁丁历险记 （蓝莲花　上）（比）埃尔热编绘；
李秉刚译；何力描绘
北京　中国文联出版公司　1984 年　190 页
13cm（60 开）定价：CNY0.40

J0087123
丁丁历险记 （蓝莲花　下）（比）埃尔热编绘；
李秉刚译；何力描绘
北京　中国文联出版公司　1984 年　190 页
13cm（60 开）定价：CNY0.40

J0087124
丁丁历险记 （丁丁在刚果　下）（比）埃尔热编
绘；李秉刚译；何力描绘
北京　中国文联出版公司　1984 年　190 页
13cm（60 开）定价：CNY0.47

J0087125
丁丁历险记 （丁丁在美洲　上）（比）埃尔热编
绘；李秉刚译文；何力描绘
北京　中国文联出版公司　1984 年　190 页　有图
10×13cm　统一书号：8355.125　定价：CNY0.40

J0087126
丁丁历险记 （丁丁在美洲　下）（比）埃尔热编
绘；李秉刚译文；何力描绘
北京　中国文联出版公司　1984 年　190 页
13cm（60 开）定价：CNY0.40

J0087127
丁丁历险记 （独角兽号的秘密　上）（比）埃尔
热编绘；金娥，黎思译
北京　中国文联出版公司　1984 年　190 页
13cm（64 开）定价：CNY0.47

J0087128
丁丁历险记 （独角兽号的秘密　下）（比）埃尔
热编绘；金娥，黎思描绘
北京　中国文联出版公司　1984 年　190 页
13cm（64 开）定价：CNY0.47

J0087129
丁丁历险记 （海盗失宝　上）（比）埃尔热编绘；
金娥，黎思译；何力描绘

北京　中国文联出版公司　1984 年　190 页
13cm（64 开）定价：CNY0.47

J0087130
丁丁历险记 （海盗失宝　下）（比）埃尔热编绘；
金娥，黎思译；何力描绘
北京　中国文联出版公司　1984 年　190 页
13cm（64 开）定价：CNY0.47

J0087131
丁丁历险记 （卡尔库鲁斯案件　上）（比）埃尔
热编绘；汪茗中译；何力描绘
北京　中国文联出版公司　1984 年　158 页
13cm（64 开）定价：CNY0.34

J0087132
丁丁历险记 （神秘的星星　上）（比）埃尔热编
绘；张磊，李秉刚译；何力描绘
北京　中国文联出版公司　1984 年　190 页
13cm（64 开）定价：CNY0.40

J0087133
丁丁历险记 （神秘的星星　下）（比）埃尔热编
绘；张磊，李秉刚译；何力描绘
北京　中国文联出版公司　1984 年　190 页
13cm（64 开）定价：CNY0.40

J0087134
丁丁历险记 （月球探险　下）（比）埃尔热编绘；
李秉刚译；何力描绘
北京　中国文联出版公司　1984 年　189 页
13cm（64 开）定价：CNY0.47

J0087135
丁丁历险记 （“破耳朵”的故事　上）（比）埃尔
热编绘；陈泯译；何力描绘
北京　中国文联出版公司　1984 年　190 页
13cm（64 开）定价：CNY0.47

J0087136
丁丁历险记 （“破耳朵”的故事　下）（比）埃尔
热编绘；陈泯译；何力描绘
北京　中国文联出版公司　1984 年　190 页
13cm（64 开）定价：CNY0.47

J0087137
丁丁历险记 （714 班机 上）（比）埃尔热编绘；
张磊，李京刚译
北京 中国文联出版公司 1984 年 190 页
13cm（64 开）定价：CNY0.47

J0087138
丁丁历险记 （714 班机 下）（比）埃尔热编绘；
张磊，李京刚译
北京 中国文联出版公司 1984 年 190 页
13cm（64 开）定价：CNY0.47

J0087139
丁丁历险记 （神秘的"雪人"上）（比）埃尔热
编绘；金娥译
北京 中国文联出版公司 1984 年 158 页
13cm（60 开）定价：CNY0.32

J0087140
丁丁历险记 （神秘的"雪人"下）（比）埃尔热
编绘；金娥译
北京 中国文联出版公司 1984 年 190 页
13cm（60 开）定价：CNY0.37

J0087141
丁丁历险记 （丁丁在刚果 上）（比）埃尔热编
绘；李秉刚译；何力描绘
北京 中国文联出版公司 1984 年 190 页
13cm（60 开）定价：CNY0.47

J0087142
丁丁历险记 （丁丁在鲨鱼湖 下）（比）埃尔热
编绘；李秉刚译文；王小河描绘
北京 中国文联出版公司 1985 年 110 页 有图
9×13cm 统一书号：8355.437 定价：CNY0.26

J0087143
丁丁历险记 （七个水晶球 上）（比）埃尔热编
绘；李秉刚译；何力描绘
北京 中国文联出版公司 1985 年 190 页
13cm（60 开）定价：CNY0.47

J0087144
丁丁历险记 （七个水晶球 下）（比）埃尔热编
绘；李秉刚译；何力描绘

北京 中国文联出版公司 1985 年 190 页
13cm（60 开）定价：CNY0.47

J0087145
丁丁历险记 （奇怪的雪茄 上）（比）埃尔热编
绘；文心译；何力描绘
北京 中国文联出版公司 1985 年 189 页
13cm（60 开）定价：CNY0.47

J0087146
丁丁历险记 （奇怪的雪茄 下）（比）埃尔热编
绘；文心译；何力描绘
北京 中国文联出版公司 1985 年 189 页
13cm（60 开）定价：CNY0.47

J0087147
丁丁历险记 （太阳的囚徒 上）（比）埃尔热编
绘；艾藜，金娥译；何力描绘
北京 中国文联出版公司 1985 年 190 页
13cm（60 开）定价：CNY0.47

J0087148
丁丁历险记 （太阳的囚徒 下）（比）埃尔热编
绘；艾藜，金娥译；何力描绘
北京 中国文联出版公司 1985 年 190 页
13cm（60 开）定价：CNY0.47

J0087149
丁丁历险记 （丁丁在鲨鱼湖 上）（比）埃尔热
画室编绘；李秉刚译
北京 中国文联出版公司 1985 年 126 页
13cm（60 开）定价：CNY0.33

J0087150
丁丁历险记 （丁丁在鲨鱼湖 下）（比）埃尔热
画室编绘；李秉刚译
北京 中国文联出版公司 1985 年 110 页
13cm（60 开）定价：CNY0.30

J0087151
丁丁历险记 （绿宝石失窃案 上）（比）埃尔热
编绘；黄珍译；何力描绘
北京 中国文联出版公司 1985 年 190 页
13cm（60 开）定价：CNY0.40

J0087152

丁丁历险记　（绿宝石失窃案 下）（比）埃尔热
编绘；黄珍译；何力描绘

北京 中国文联出版公司 1985 年 190 页

13cm（60 开）定价：CNY0.40

J0087153

丁丁历险记　（奥托卡王的权杖 上）（比）埃尔
热编绘；李秉刚译；何力描绘

北京 中国文联出版公司 1985 年 189 页

10×13cm 统一书号：8355.134 定价：CNY0.47

J0087154

丁丁历险记　（奥托卡王的权杖 下）（比）埃尔
热编绘；李秉刚译；何力描绘

北京 中国文联出版公司 1985 年 190 页

10×13cm 统一书号：8355.134 定价：CNY0.47

J0087155

丁丁历险记　（向月球飞去 上）（比）埃尔热编
绘；吴浩源等译；何力描绘

北京 中国文联出版公司 1985 年 189 页

13cm（60 开）定价：CNY0.47

J0087156

丁丁历险记　（向月球飞去 下）（比）埃尔热编
绘；吴浩源等译；何力描绘

北京 中国文联出版公司 1985 年 190 页

13cm（60 开）定价：CNY0.47

J0087157

丁丁历险记　（在黑金之国 上）（比）埃尔热编
绘；李秉刚译文；何力描绘

北京 中国文联出版公司 1985 年 190 页 有图

10×13cm 统一书号：8355.147 定价：CNY0.47

J0087158

丁丁历险记　（在黑金之国 下）（比）埃尔热编
绘；李秉刚译

北京 中国文联出版公司 1985 年 190 页

13cm（60 开）定价：CNY0.47

J0087159

丁丁历险记　（红钳螃蟹贩毒集团破获记 上）
（比）埃尔热编绘；黄珍译文；何力描绘

北京 中国文联出版公司 1986 年 157 页

13cm（60 开）定价：CNY0.47

J0087160

丁丁历险记　（红钳螃蟹贩毒集团破获记 下）
（比）埃尔热编绘；黄珍译文；何力描绘

北京 中国文联出版公司 1986 年 190 页

13cm（60 开）定价：CNY0.47

J0087161

丁丁历险记　（黑岛 上）（比）埃尔热编绘；李
秉刚译文；何力描绘

北京 中国文联出版公司 1987 年 189 页

13cm（60 开）定价：CNY0.47

J0087162

丁丁历险记　（黑岛 下）（比）埃尔热编绘；李
秉刚译文；何力描绘

北京 中国文联出版公司 1987 年 189 页

13cm（60 开）定价：CNY0.47

J0087163

丁丁历险记　（红海鲨鱼 上）（比）埃尔热编绘；
李秉刚译文；何力描绘

北京 中国文联出版公司 1987 年 190 页

13cm（60 开）定价：CNY0.47

J0087164

丁丁历险记　（红海鲨鱼 下）（比）埃尔热编绘；
李秉刚译文；何力描绘

北京 中国文联出版公司 1987 年 190 页

13cm（60 开）定价：CNY0.47

J0087165

丁丁历险记　（"破耳朵" 的故事）（比）埃尔热
编绘；陈泯译文；何力描绘

　北京　中国文联出版公司［1987 年］2 册

13cm（60 开）

J0087166

丁丁历险记　（714 班机）（比）埃尔热编绘；张
磊，李秉刚译文；何力描绘

北京 中国文联出版公司［1987 年］2 册

13cm（60 开）

J0087167

丁丁历险记 （卡尔库鲁斯案件）（比）埃尔热编绘；汪茗中译文；何力描绘

北京 中国文联出版公司［1987年］2册（348页）

13cm（60开）

J0087168

丁丁历险记 （七个水晶球）（比）埃尔热编绘；李秉刚译文；何力描绘

北京 中国文联出版公司［1987年］2册

13cm（60开）

J0087169

丁丁历险记 （在黑金之国）（比）埃尔热编绘；李秉刚译文；何力描绘

北京 中国文联出版公司［1987年］2册

13cm（60开）

J0087170

丁丁历险记 （罪犯和猫爷）（比）埃尔热编绘；李秉刚，张磊译；何力描绘

北京 中国文联出版公司［1990年］6册

13cm（60开）ISBN：7-5059-1263-1

定价：CNY6.20

J0087171

丁丁历险记 （Ⅴ）（比）埃尔热编绘；黄珍等译文；何力描绘

北京 中国文联出版公司 1991年 6册

13cm（64开）ISBN：7-5059-0198-2

定价：CNY6.05

J0087172

丁丁历险记 （独角兽号的秘密 上）（比）埃尔热编绘；金娥，黎思译；何力描绘

北京 中国文联出版公司［1991年］190页

13cm（64开）

J0087173

丁丁历险记 （独角兽号的秘密 下）（比）埃尔热编绘；金娥，黎思译；何力描绘

北京 中国文联出版公司［1991年］190页

13cm（64开）

J0087174

法老的雪茄烟 （比）埃尔杰原作；覃少程译；林河改编复制

广州 广东人民出版社 1984年 124页

19cm（小32开）定价：CNY0.45

（亭亭历险记）

J0087175

红海鲨鱼 （比）埃尔杰原作；贾少程译；冯真改编复制

广州 广东人民出版社 1984年 124页

19cm（小32开）定价：CNY0.45

（亭亭历险记）

J0087176

集邮漫画 （联邦德国）梯恩（Thien, H.）著；马文慧译

北京 中国集邮出版社 1985年 78页

19cm（32开）统一书号：8315.15 定价：CNY0.65

J0087177

拍脑袋的发明 （美）高夫绘；小云译

北京 光明日报出版社 1985年 158页

19cm（32开）统一书号：13263.0103

定价：CNY0.98

　　本书中400幅幽默漫画向人展示那些勤于发明创造的人在想什么，显示他们智慧的火花。

J0087178

生活中的幽默 （外国幽默漫画集锦）江帆，马克编

贵阳 贵州人民出版社 1985年 118页

19cm（32开）统一书号：8115.1061

定价：CNY0.80

J0087179

外国漫画精选 范萧伯编

上海 上海文化出版社 1986年 123页

19cm（32开）统一书号：8077.3010

定价：CNY0.50

（五角丛书 第三辑）

J0087180

外国漫画人物造型选 葛春学编

上海 上海翻译出版公司 1986年 268页

20cm（32 开）定价：CNY2.30

作者葛春学（1938—2002），教授。山东潍坊人，毕业于中央工艺美术学院。历任上海美术电影制片厂设计、上海大学美术学院教授、中国漆画研究会理事、上海环境艺术研究会会长、现代美术设计家协会理事。出版有《葛春学画集》《葛春学装饰艺术集》《装饰艺术》等。

J0087181

无独有偶　（世界幽默画选）缪印堂，吴祖望编
北京　中国民间文艺出版社 1986 年 92 页
20cm（32 开）定价：CNY0.59

世界现代漫画作品选集。编者缪印堂（1935—2017），著名漫画家。江苏南京人。曾任中国科普研究所高级工艺美术师、中国美协漫画艺委会委员、中国美术家协会漫画艺委员会副主任、《漫画月刊》高级顾问、北京电影学院动画学院客座教授。漫画作品有《啊，危险》《讲经》《矛盾的统一》等。著作有《缪印堂漫画选》《漫画艺术入门》《科学漫画创作概论》等。

J0087182

小穗　（连环漫画）（日）植田正志绘画；杨凤清，江山译编
兰州　甘肃人民出版社 1986 年 96 页
18cm（32 开）统一书号：8096.1227
定价：CNY0.82

J0087183

中外幽默画选　姜云生编
昆明　云南人民出版社 1986 年 120 页
20cm（32 开）定价：CNY0.90
世界现代漫画作品。

J0087184

阿尔贝·迪布　（法）阿尔贝·迪布绘；方成主编
北京　三联书店 1987 年 190 页 19cm（32 开）
甲种本 ISBN：8002.20 定价：CNY3.00
（外国漫画家丛刊 Ⅰ）
法国现代漫画作品。

J0087185

阿尔贝·迪布　（法）阿尔贝·迪布绘
北京　三联书店 1987 年 190 页 18×18cm
ISBN：7-108-00301-5 定价：CNY4.55

（外国漫画家丛刊）
法国现代漫画作品。

J0087186

国外爱情幽默画　郑丽芬等编
西安　陕西人民美术出版社 1987 年 208 页
19cm（32 开）ISBN：7-5368-0007-X
定价：CNY1.85

J0087187

兰格仑　（波兰）兰格仑绘
北京　三联书店 1987 年 98 页 18×18cm（24 开）
ISBN：7-108-00306-6 定价：CNY2.75
（外国漫画家丛刊）
波兰现代漫画作品。作者兹比格纽·兰格仑（1911—　），波兰漫画家，作品有长篇连环漫画《菲鲁特克教授》。

J0087188

兰格仑　（波兰）兰格仑绘；方成主编
北京　三联书店 1987 年 98 页 19cm（32 开）
甲种本 定价：CNY1.90
（外国漫画家丛刊 Ⅲ）
绘者兹比格纽·兰格仑（1911—　），波兰漫画家，作品有长篇连环漫画《菲鲁特克教授》。编者方成（1918—2018），漫画家、杂文家、幽默理论专家。原名孙顺潮，杂文笔名张化。祖籍广东中山，生于北京，毕业于武汉大学。历任《观察》半月刊漫画版主编，北京《新民晚报》美术编辑，人民日报社高级编辑，中国新闻漫画研究会会长。

J0087189

皮德斯特鲁普连环漫画选　（丹麦）皮德斯特鲁普绘；缪印堂编
南京　江苏人民出版社 1987 年 117 页
26cm（16 开）统一书号：8100.116
定价：CNY1.98

作者皮德斯特鲁普（Herluf Bidstrup, 1912—1988），丹麦漫画家。出生于德国柏林。在《贝林时报》开辟了皮德漫画专栏，曾任《土地与人民》担任美术编辑，参与创建国际杜米埃漫画俱乐部并任第一副主席。1955 年到中国北京等多个城市访问，并创作了以中国见闻为主的漫画集。

J0087190

皮特斯脱鲁普 （丹麦）皮特斯脱鲁普（Bidstrup, H.）绘；方成主编
北京 三联书店 1987 年 203 页 19cm（32 开）
甲种本 定价：CNY3.10
（外国漫画家丛书 Ⅱ）

J0089050

世界漫画杰作选 王月行编
香港 中流出版社 1987 年 126 页 21cm（32 开）
定价：HKD15.00

J0087191

世界漫画精选 《参考消息》编辑部编
1987 年 110 页 26cm（16 开）定价：CNY2.90

J0087192

斯坦伯格漫画集 （美）斯坦伯格（Steinbery, S.）绘；霍兰德（Hollander, J.）著文；小文编译
北京 中国文联出版公司 1987 年 218 页
有漫画 19cm（32 开）ISBN：7-5059-0012-9
定价：CNY3.25
　　　　外文书名：Saul Steinberg—The Passport.

J0087193

亨亨历险记 （秘密基地）（比）埃尔杰原作；贾少程译；曾帆等复制
广州 新世纪出版社 1987 年 121 页 19cm（32 开）
定价：CNY0.85

J0087194

外国连环幽默画 （英）贝特曼，（美）舒尔兹等原作；蓝建安编
北京 中国连环画出版社 1987 年 140 页
18×17cm（30 开）统一书号：CN8444141
定价：CNY1.20
　　　　国外现代漫画连环画作品。

J0087195

外国连环幽默画 （英）贝特曼，（美）舒尔兹等原作；蓝建安编
北京 中国连环画出版社 1987 年 140 页
18cm（32 开）统一书号：7506101319
定价：CNY1.95
　　　　外国现代漫画连环画作品。

J0087196

外国漫画选 （讽刺·幽默 520 幅）朱刚编
上海 上海翻译出版公司 1987 年 123 页
17cm（32 开）ISBN：7-80514-064-2
定价：CNY1.85

J0087197

外国幽默画 300 幅 李乃良编
成都 四川少年儿童出版社 1987 年 189 页
19cm（32 开）定价：CNY2.28

J0087198

益智百图 （美）罗依·多蒂著；达伟编译选绘
西安 陕西人民出版社 1987 年 100 页
20cm（32 开）定价：CNY2.00
　　　　美国现代儿童漫画集。

J0087199

《父与子》全集 （德）埃·奥·卜劳恩作
南京 江苏人民出版社 1988 年 255 页
27cm（16 开）ISBN：7-214-00231-0
定价：CNY6.60
（世界著名连环漫画）
　　　　本画册是根据联邦德国康斯坦茨南方出版社大型的布劳恩纪念画册编成，由 200 组作品汇集而成，系世界系列连环漫画名著丛书《生活·爱情·幽默》之一。作者卜劳恩（E.O.Plauen，1903—1944），德国著名漫画家。原名艾里希·奥塞尔（Erich Ohser）。曾考入莱比锡绘画学院学习。代表作品有连环漫画《父与子》。

J0087200

多事狗爱我 （美）舒尔茨（Schulz, C.M.）著；任溶溶编译
上海 上海译文出版社 1988 年 128 页
19cm（32 开）ISBN：7-5327-0190-5
定价：CNY1.20
　　　　美国现代漫画作品。外文书名：Snoopy Loves Me.

J0087201

儿童幽默画集 王祖民等编
福州 福建少年儿童出版社 1988 年 92 页
17cm（40 开）定价：CNY0.95
　　　　世界现代漫画作品。编者王祖民

（1949—　），插画家。生于江苏苏州，毕业于南京师范大学美术系。江苏少年儿童出版社美术编辑。代表作绘本有《会飞的蛋》《梁山伯与祝英台》《新来的小花豹》《我是老虎我怕谁》等。

J0087202
国外幽默画　李燕生编
成都　四川美术出版社　1988 年　17 × 18cm
ISBN：7-5410-0100-7　定价：CNY2.90
　　作者李燕生（1945—　），艺术家、编辑。北京人，毕业于中央美术学院附中。历任《参考消息》报社美术编辑、首都新闻美术记者协会理事、书画篆刻艺术研究所首席专家、名誉所长。出版《汉籍名言百选》《外国黑白画小品集》《国外幽默画》《百鸟百态》《禽鸟速写技法》等。

J0087203
回教帝国的发展　（穆罕默德和回教世界）大众书局编辑部主编
台南　大众书局　1988 年　175 页　24cm（26 开）
（儿童智慧百科全书 18）
　　欧洲现代漫画作品。

J0087204
机器猫　（电光宝剑）（日）藤子·F·不二雄编绘；盛祖信译
北京　人民美术出版社　1988 年　96 页
19cm（32 开）定价：CNY0.73
　　日本现代画作品。作者藤子·F·不二雄（1933—1996），日本漫画家。出生于日本富山县高冈市，本名藤本弘。毕业于富山县立高冈工艺高等学校电气科。受到漫画大师手冢治虫的启发，立志成为儿童漫画家。小学馆的代表漫画家之一。代表作《Q 太郎》《哆啦 A 梦》《小超人帕门》《超能力魔美》。

J0087205
机器猫　（惊险飞镖）（日）藤子·F·不二雄编绘；朱青译
北京　人民美术出版社　1988 年　96 页
19cm（32 开）定价：CNY0.73
　　日本现代连环画作品。

J0087206
机器猫　（探宝玩具箱）（日）藤子·F·不二雄编绘；盛祖信译
北京　人民美术出版社　1988 年　96 页
19cm（32 开）定价：CNY0.73
　　日本现代连环画作品。

J0087207
机器猫　（捉影子）（日）藤子·F·不二雄编绘；韩宗琦译
北京　人民美术出版社　1988 年　96 页
19cm（32 开）定价：CNY0.73
　　日本现代连环画作品。

J0087208
机器猫　（吃人的房子）（日）藤子·F·不二雄原著；盛祖信译
北京　人民美术出版社　1989 年　96 页
19cm（32 开）定价：CNY0.98
　　日本现代漫画作品。

J0087209
机器猫　（人体切断机）（日）藤子·F·不二雄著；盛祖信译
北京　人民美术出版社　1989 年　96 页
19cm（32 开）ISBN：7-102-00643-8
定价：CNY0.98
　　日本现代漫画连环画作品。

J0087210
机器猫　（人体切断机）（日）藤子·F·不二雄著；盛祖信译
北京　人民美术出版社　1989 年　96 页
19cm（32 开）定价：CNY0.98
　　日本现代漫画作品。

J0087211
机器猫　（万能通用卡）（日）藤子·F·不二雄著；盛祖信译
北京　人民美术出版社　1989 年　96 页
19cm（32 开）定价：CNY0.98
　　日本现代漫画作品。

J0087212
机器猫　（野比的恐龙）（日）藤子·F·不二雄著；盛祖信译
北京　人民美术出版社　1989 年　96 页

19cm(32 开) 定价: CNY0.98

　　日本现代漫画作品。

J0087213

机器猫 (直升飞板)(日)藤子·F·不二雄著;
小双译

北京 人民美术出版社 1989 年 96 页

19cm(32 开) 定价: CNY0.98

　　日本现代漫画作品。

J0087214

碰钉先生 (日)植田正志绘;沈西城,(日)本
池滋夫译

北京 农村读物出版社 1988 年 111 页

20cm(32 开) ISBN: 7-5048-0097-X

定价: CNY1.30

　　日本现代漫画作品。

J0087215

碰钉先生 (日)植天先志原著;辛山石改编

广州 新世纪出版社 1988 年 126 页 13cm(64 开)

定价: CNY0.62

(幽默画选)

　　日本现代漫画作品。

J0087216

桑原经理 (日)源氏鸡太原著;祝暮安编绘

杭州 浙江人民美术出版社 1988 年 19cm(32 开)

定价: CNY0.70

(幽默大师丛书 3)

　　日本现代漫画作品。

J0087217

世界漫画杰作选 郑元绪编

兰州 甘肃人民出版社 1988 年 249 页

19cm(32 开) ISBN: 7-226-00166-7

定价: CNY3.40

(《读者文摘》丛书)

　　本书选收中外著名漫画家作品 1000 余幅。

J0087218

世界幽默画精选 刘兰生编

兰州 甘肃科学技术出版社 1988 年 104 页

17cm(32 开) ISBN: 7-5424-0148-3

定价: CNY2.50

　　世界漫画作品。

J0087219

外国连环幽默画 300 幅 缪印堂, 叶蓉编

成都 四川少年儿童出版社 1988 年 244 页

17×19cm(24 开) ISBN: 7-5365-0237-0

定价: CNY3.27

　　编者缪印堂(1935—2017),著名漫画家。江
苏南京人。曾任中国科普研究所高级工艺美术
师、中国美协漫画艺委会委员、中国美术家协会
漫画艺委员会副主任、《漫画月刊》高级顾问、北
京电影学院动画学院客座教授。漫画作品有《啊,
危险》《讲经》《矛盾的统一》等。著作有《缪印
堂漫画选》《漫画艺术入门》《科学漫画创作概
论》等。

J0087220

外国漫画人像选集 江帆编

成都 四川美术出版社 1988 年 1 册 19cm(32开)

ISBN: 7-5410-0023-X 定价: CNY2.90

J0087221

外国肖像漫画 王宇, 朱根华编

北京 中国文联出版公司 1988 年 130 页

19cm(小 32 开) ISBN: 7-5059-0348-9

定价: CNY3.80

　　世界现代漫画作品。

J0087222

外国幽默画 李燕生编

北京 民族出版社 1988 年 187 页

ISBN: 7-105-00322-7 定价: CNY2.40

J0087223

外国幽默画 姚秉怡编

上海 上海翻译出版公司 1988 年 118 页

19cm(小 32 开) 定价: CNY1.70

(美国报刊滑稽连环漫画人物选)

J0087224

外国幽默画 姚秉怡编

上海 上海远东出版社 1988 年 118 页

ISBN: 7-80514-241-6 定价: CNY1.70

J0087225

中外人物幽默画 300 幅　李乃良,李安军编
成都　四川少年儿童出版社 1988 年 142 页
19cm（32 开）ISBN：7-5365-0272-9
定价：CNY3.20

J0087226

21 世纪　（漫画版）（美）托佛勒（Toffer, A.）著；
小泽さヒる绘
台北　旺文社 1989 年 3 版 2 册 21cm（32 开）
定价：TWD240.00
（经营顾问系列 6～7）

J0087227

爱情幽默画　姜玉玲编
广州　新世纪出版社 1985 年 94 页 13cm（60 开）
统一书号：8430.40 定价：CNY0.26
　　世界爱情幽默漫画作品。

J0087228

爱情幽默画与格言　王俭编
武汉　湖北人民出版社 1989 年 153 页
19cm（32 开）ISBN：7-216-00484-1
定价：CNY2.45
　　世界爱情幽默画与格言选集。

J0087229

变形加菲　（23）（美）戴维斯（Davis, B.J.）绘
香港　博益出版集团公司 1989 年 14×21cm
ISBN：962-17-0627-0 定价：HKD15.00
（博益漫画丛书）
　　美国现代漫画作品。

J0087230

德国幽默画集　缪印堂,叶容编
成都　四川少年儿童出版社 1989 年 126 页
19cm（32 开）ISBN：7-5365-0370-9
定价：CNY2.91
（幽默世界）
　　德国现代漫画作品。编者缪印堂（1935—2017），著名漫画家。江苏南京人。曾任中国科普研究所高级工艺美术师、中国美协漫画艺委会委员、中国美术家协会漫画艺委会副主任、《漫画月刊》高级顾问、北京电影学院动画学院客座教授。漫画作品有《啊，危险》《讲经》《矛盾

的统一》等。著作有《缪印堂漫画选》《漫画艺术入门》《科学漫画创作概论》等。

J0087231

法国幽默画集　蓝建安编
成都　四川少年儿童出版社 1989 年 100 页
19cm（32 开）ISBN：7-5365-0366-0
定价：CNY2.46
（幽默世界）

J0087232

父与子　（卜劳恩幽默漫画集　上册）（德）卜劳
恩（Plauen, E.O.）著；曹炽康编译
上海　同济大学出版社 1989 年 159 页
19cm（32 开）ISBN：7-5608-0319-9
定价：CNY2.40
（中德文化交流丛书）
　　作者卜劳恩（E.O.Plauen, 1903—1944），德国著名漫画家。原名艾里希·奥塞尔（Erich Ohser）。曾考入莱比锡绘画学院学习。代表作品有连环漫画《父与子》。

J0087233

父与子　（卜劳恩幽默漫画集　下册）（德）卜劳
恩（Plauen, E.O.）著；曹炽康编译
上海　同济大学出版社 1989 年 163 页
19cm（32 开）ISBN：7-5608-0307-5
定价：CNY2.40
（中德文化交流丛书）

J0087234

父与子　（德）卜劳恩著；钱锋编译
上海　学林出版社 1989 年 317 页 19cm（小 32 开）
ISBN：7-80510-138-8 定价：CNY2.85
（夜读丛书）

J0087235

国外体育幽默画选　李燕生选编
北京　中国和平出版社 1989 年 93 页
17cm（40 开）ISBN：7-80037-231-6
定价：CNY1.85

J0087236

君子好逑　（阿根廷）莫迪诺（Mordillo）绘
台北　汉艺色研文化事业公司 1989 年

有图 21cm（32 开）定价：TWD100.00
（漫画精品 5）

　　阿根廷现代漫画作品。

J0087237

两性之间 （阿根廷）季诺（Qulno）绘
台北 汉艺色研文化事业公司 1989 年 有图
21cm（32 开）定价：TWD100.00
（漫画精品 3）

　　阿根廷现代漫画作品。

J0087238

鲁波——幽默丛书 林音译；刘燕萍等复制
北京 中国文联出版公司 1989 年 5 册
19cm（32 开）袋装 定价：CNY5.50

J0087239

漫画日本经济入门 （日）石森章太郎著；张杏
如，赖明珠译
香港 博益出版集团公司 1989 年 299 页
有图 17cm（40 开）ISBN：962–17–0632–7
定价：HKD30.00
（博益财经商管系列）

　　日本现代漫画作品。

J0087240

美国幽默画集 叶蓉，方楠编
成都 四川少年儿童出版社 1989 年 70 页
18cm（15 开）ISBN：7–5365–0363–6
定价：CNY1.86

　　美国现代漫画作品。编者方楠（1942—　　），
美术编辑。号普门舟人，浙江舟山普陀人。《北
京文学》美编，北京作家协会会员。

J0087241

"蒙古大夫" （阿根廷）季诺（Qulno）绘
台北 汉艺色研文化事业公司 1989 年
21cm（32 开）定价：TWD100.00
（漫画精品 4）

　　阿根廷现代漫画作品。

J0087242

青春宿舍族 （1 HI! 宿舍一族）（日）中路有纪著
香港 博益出版集团公司 1989 年 196 页
有图 17cm（45 开）ISBN：962–17–0603–3

定价：HKD18.00
（博益日本漫画）

　　日本现代漫画作品。

J0087243

青春宿舍族 （2 恋爱傻瓜）（日）中路百纪著
香港 博益出版集团公司 1989 年 有图
17cm（45 开）ISBN：962–17–0640–8
定价：HKD18.00

　　日本现代漫画作品。

J0087244

青春宿舍族 （3 同居的疑惑）（日）中路有纪著
香港 博益出版集团公司 1989 年 194 页 有图
17cm（45 开）ISBN：962–17–0641–6
定价：HKD18.00
（博益日本漫画）

　　日本现代漫画作品。

J0087245

青春宿舍族 （4 如何讲"喜欢你"）（日）中路
有纪著
香港 博益出版集团公司 1989 年 有图
17cm（45 开）ISBN：962–17–0664–5
定价：HKD18.00
（博益日本漫画）

　　日本现代漫画作品。

J0087246

青春宿舍族 （5 初吻）（日）中路有纪著
香港 博益出版集团公司 1990 年 197 页 有图
17cm（45 开）ISBN：962–17–0739–0
定价：HKD18.00
（博益日本漫画）

　　日本漫画作品。

J0087247

青春宿舍族 （6 表白心迹）（日）中路有纪著
香港 博益出版集团公司 1990 年 有图
17cm（45 开）ISBN：962–17–0747–1
定价：HKD18.00
（博益日本漫画）

　　日本漫画作品。

J0087248

日本幽默画集　缪印堂，何韦编

成都　四川少年儿童出版社　1989 年　54 页
19cm（ 32 开 ） ISBN：7-5365-0368-7
定价：CNY1.56
（幽默世界）

日本现代漫画作品。编者缪印堂（1935—2017），著名漫画家。江苏南京人。曾任中国科普研究所高级工艺美术师、中国美协漫画艺委会委员、中国美术家协会漫画艺委员会副主任、《漫画月刊》高级顾问、北京电影学院动画学院客座教授。漫画作品有《啊，危险》《讲经》《矛盾的统一》等。著作有《缪印堂漫画选》《漫画艺术入门》《科学漫画创作概论》等。

J0087249

傻兵日记　（法）柏斯克（Bosc）绘

台北　汉艺色研莎事业公司　1989 年　有图
21cm（ 32 开 ） 定价：TWD100.00
（漫画精品 6）

法国现代漫画作品。

J0087250

生活·爱情·幽默　（第一集）译林出版社编

南京　译林出版社　1989 年　198 页　19cm（ 32 开 ）
ISBN：7-80567-018-8　定价：CNY4.80
（世界系列连环漫画名著丛书）

世界现代漫画作品。

J0087251

生活·爱情·幽默　（第二集）译林出版社编

南京　译林出版社　1989 年　119 页　19cm（ 32 开 ）
ISBN：7-80567-027-7　定价：CNY3.30
（世界系列连环画漫画名著丛书）

世界现代漫画作品。

J0087252

生活·爱情·幽默　（第三集）译林出版社编

南京　译林出版社　1989 年　146 页　19cm（ 32 开 ）
ISBN：7-80567-028-5　定价：CNY3.70
（世界系列连环画名著丛书）

世界现代漫画作品。

J0087253

生活·爱情·幽默　（第四集）译林出版社编

南京　译林出版社　1989 年　113 页　19cm（ 32 开 ）
ISBN：7-80567-029-3　定价：CNY3.30
（世界系列连环漫画名著丛书）

世界现代漫画作品。

J0087254

世界漫画大奖赛作品精选　杨芳菲编

杭州　浙江美术学院出版社　1989 年　204 页
26cm（ 16 开 ） ISBN：7-81019-060-1
定价：CNY7.30

本书收入了 400 余幅日本读卖新闻国际漫画大奖赛和比利时国际漫画大赛的历届优秀作品。编者杨芳菲，女，艺术家。浙江美术学院编辑，中国作家协会浙江分会会员、杭州市美术家协会理事等。

J0087255

世界漫画小百科　鱼夫著

台北　自立报系文化出版部　1989 年　116 页
28cm（ 15 开 ） 定价：TWD140.00

J0087256

苏联幽默画集　缪印堂，叶蓉编

成都　四川少年儿童出版社　1989 年　93 页
19cm（ 32 开 ） ISBN：7-5365-0369-5
定价：CNY2.31

苏联现代漫画作品。编者缪印堂（1935—2017），著名漫画家。江苏南京人。曾任中国科普研究所高级工艺美术师、中国美协漫画艺委会委员、中国美术家协会漫画艺委员会副主任、《漫画月刊》高级顾问、北京电影学院动画学院客座教授。漫画作品有《啊，危险》《讲经》《矛盾的统一》等。著作有《缪印堂漫画选》《漫画艺术入门》《科学漫画创作概论》等。

J0087257

外国儿童幽默画集　张玉容编

成都　四川少年儿童出版社　1989 年　86 页
19cm（ 32 开 ） ISBN：7-5365-0367-9
定价：CNY2.16
（幽默世界）

国外现代漫画作品。

J0087258

外国讽刺幽默漫画精选　忠翔，承谟编

昆明 云南人民出版社 1989 年 156 页
19cm（32 开）ISBN：7-222-00158-1
定价：CNY2.50

J0087259
外国生活漫画　朱铭善编
桂林 漓江出版社 1989 年 109 页 15cm（40 开）
ISBN：7-5407-0458-6 定价：CNY2.95

J0087260
外国幽默画精选　（一）敖云, 巴义尔编
北京 民族出版社 1989 年 44 页 17cm（40 开）
ISBN：7-105-00868-7 定价：CNY1.10

J0087261
外国幽默画精选　（二）敖云, 巴义尔编
北京 民族出版社 1989 年 46 页 17cm（40 开）
ISBN：7-105-00869-5 定价：CNY1.10

J0087262
外国幽默画精选　（三）敖云, 巴义尔编
北京 民族出版社 1989 年 46 页 17cm（40 开）
ISBN：7-105-00870-9 定价：CNY1.10

J0087263
外国幽默画精选　（四）敖云, 巴义尔编
北京 民族出版社 1989 年 46 页 19cm（32 开）
ISBN：7-105-00871-7 定价：CNY1.10

J0087264
弦外之音　（德国幽默音乐漫画）（德）贺天依
（Hoffnung, G.）著
台北 汉艺色研文化事业公司 1989 年 139 页
有图 21cm（32 开）定价：TWD100.00
（漫画精品 2）

J0087265
英国幽默画集　缪印堂编
成都 四川人民出版社 1989 年 70 页
19cm（32 开）ISBN：7-5365-0364-4
定价：CNY1.86
（幽默世界）
　　编者缪印堂(1935—2017)，著名漫画家。江
苏南京人。曾任中国科普研究所高级工艺美术
师、中国美协漫画艺委会委员、中国美术家协会

漫画艺委员会副主任、《漫画月刊》高级顾问、北
京电影学院动画学院客座教授。漫画作品有《啊,
危险》《讲经》《矛盾的统一》等。著作有《缪印
堂漫画选》《漫画艺术入门》《科学漫画创作概
论》等。

J0087266
中外漫画人物造型　陈力萍编绘
上海 上海书画出版社 1989 年 203 页
19cm（32 开）ISBN：7-80512-328-4
定价：CNY3.70
（大世界画库 实用美术编）

J0087267
Fido　Dido：弗到 D 度漫画集　罗斯（Rose,
S.）, 费罗内（Ferrone, J.）著；文隽, 江半庭译
香港 创建出版公司 1990 年 128 页 14×21cm
ISBN：962-420-049-1 定价：HKD28.00
（创建文库 另类漫画）
　　本书为世界现代漫画作品画册。

J0087268
卜劳恩　（德）卜劳恩绘
北京 三联书店 1990 年 175 页 19cm（小 32 开）
ISBN：7-108-00294-9 定价：CNY4.50
（外国漫画家丛刊 Ⅳ）
　　作者卜劳恩（E.O.Plauen, 1903—1944），德国
著名漫画家。原名艾里希·奥塞尔（Erich Ohser）。
曾考入莱比锡绘画学院学习。代表作品有连环
漫画《父与子》。

J0087269
不一样先生　（日）植田正史著；戚继华等译
台北 故乡出版公司 1990 年 10 册 有图
21cm（32 开）ISBN：957-626-040-X
定价：TWD950.00
（日本幽默漫画精选 6）
　　日本漫画作品。

J0087270
聪明的傻爸爸　（到了马的国家）（日）赤塚不
二夫画；黄里译
北京 中国华侨出版公司 1990 年 95 页
19cm（32 开）ISBN：7-80074-294-6
定价：CNY1.40

日本漫画作品。

J0087271

聪明的傻爸爸 （什么都是一半）（日）赤塚不二夫画；黄里译

北京 中国华侨出版公司 1990 年 96 页

19cm（32 开）ISBN：7-80074-295-4

定价：CNY1.40

日本漫画作品。

J0087272

聪明的傻爸爸 （讨厌的牙医生）（日）赤塚不二夫画；黄里译

北京 中国华侨出版公司 1990 年 92 页

19cm（32 开）ISBN：7-80074-293-8

定价：CNY1.40

日本漫画作品。

J0087273

聪明的傻爸爸 （野马的伪装）（日）赤塚不二夫画；黄里译

北京 中国华侨出版公司 1990 年 96 页

19cm（32 开）ISBN：7-80074-296-2

定价：CNY1.40

日本漫画作品。

J0087274

聪明的傻爸爸 （捉强盗）（日）赤塚不二夫画；黄里译

北京 中国华侨出版公司 1990 年 93 页

19cm（32 开）ISBN：7-80074-300-4

定价：CNY1.40

日本漫画作品。

J0087275

国外煤矿安全漫画集 （一 采掘·支护·通风）佟恩瑞，李鸿业编

北京 煤炭工业出版社 1990 年 140 页

13cm（64 开）定价：CNY2.95

J0087276

国外煤矿安全漫画集 （二 运输·电气）佟恩瑞，李鸿业编

北京 煤炭工业出版社 1990 年 135 页

13cm（64 开）定价：CNY2.85

J0087277

国外煤矿安全漫画集 （三 地面工作）佟恩瑞，李鸿业编

北京 煤炭工业出版社 1990 年 104 页

13cm（64 开）定价：CNY2.30

J0087278

机器猫续集 （地球制造法）张秀华，刘万秋等译；张强，安吾等复制

天津 天津人民美术出版社 1990 年 28 页

19cm（32 开）ISBN：7-5305-3259-5

定价：CNY0.85

世界现代动画作品。

J0087279

机器猫续集 （地下国探险记）张秀华，刘万秋等译；增仁，建芬等复制

天津 天津人民美术出版社 1990 年 28 页

19cm（32 开）ISBN：7-5305-3260-X

定价：CNY0.85

世界现代动画作品。

J0087280

机器猫续集 （反作用器）张秀华，刘万秋等译；跃阅，柱子等复制

天津 天津人民美术出版社 1990 年 28 页

19cm（32 开）ISBN：7-5305-3262-6

定价：CNY0.85

世界现代动画作品。

J0087281

机器猫续集 （海底旅行）立新译；阿征，风岗等复制

天津 天津人民美术出版社 1990 年 28 页

19cm（32 开）ISBN：7-5305-3261-8

定价：CNY0.85

世界现代动画作品。

J0087282

机器猫续集 （家里的游泳池是太平洋）立新等译；新民，惠芬等复制

天津 天津人民美术出版社 1990 年 28 页

19cm（32 开）ISBN：7-5305-3263-4 定价：CNY0.85

世界现代动画作品。

J0087283
机器猫续集 （中彩票）立新等译；鹿泉，国珍
等复制
天津　天津人民美术出版社　1990年　28页
19cm（32开）ISBN：7-5305-3264-2
定价：CNY0.85
　　世界现代动画作品。

J0087284
蓝莲花 （比）埃尔热编绘；罗佳，张林一编译
西安　未来出版社　1990年　62页　26cm（16开）
ISBN：7-5417-0369-9　定价：CNY2.50
（连环漫画《丁丁历险记》）
　　《蓝莲花》讲述了丁丁在中国上海揭露日本
政府阴谋炸毁上海—南京铁路事件真相的故事。
本书故事生动，画面风趣，文字简洁，具有较高
的可读性，适合不同年龄层次的读者阅读。作者
埃尔热（Herge，1907—1983），漫画家。生于比
利时布鲁塞尔，原名乔治·雷米（Georges Remi）。
代表作《丁丁历险记》连环漫画享誉全球。被誉
为"近代欧洲漫画之父"。其作品还有《丁丁在
西藏》《绿宝石失窃案》《魁可和富鲁波克的功
勋》等。

J0087285
两代人之间 （上）（德）卜劳恩绘；桂馥编
北京　科学普及出版社　1990年　71页　有图
26cm（16开）ISBN：7-110-01647-1
定价：CNY2.40
　　本书为德国漫画画册。作品通过漫画反映
了两代人之间的矛盾，揭示了父母教育子女时
应注意的问题。同时，指出了人生的哲理和处
世之道。作者卜劳恩（E.O.Plauen，1903—1944），
德国著名漫画家。原名艾里希·奥塞尔（Erich
Ohser）。曾考入莱比锡绘画学院学习。代表作品
有连环漫画《父与子》。

J0087286
两代人之间 （下）（德）卜劳恩绘；桂馥编
北京　科学普及出版社　1990年　71页　有图
26cm（16开）ISBN：7-110-01648-X
定价：CNY2.40

J0087287
漫画名家 Calendar 插画特集 《神奇地带》

编辑部编
台北　尖端出版公司　1990年　29cm（16开）
定价：TWD200.00
　　本书为世界漫画名人插图文集。

J0087288
漫画日本经济入门 （2　美日经济争霸战）
（日）石森章太郎著；翁琪珍译
香港　博益出版集团公司　1990年　301页
17cm（40开）ISBN：962-17-0719-6
定价：HKD35.00
（博益财经商管系列）
　　本书系日本现代漫画画册。

J0087289
美国索格罗漫画集 （美）索格罗（O.Soglow）
绘；方成编
北京　中国华侨出版公司　1990年　125页
19cm（32开）ISBN：7-80074-199-0
定价：CNY1.90
　　本书系美国现代漫画画册专著。编者方成
（1918—2018），漫画家、杂文家、幽默理论专家。
原名孙顺潮，杂文笔名张化。祖籍广东中山，生
于北京，毕业于武汉大学。历任《观察》半月刊
漫画版主编、北京《新民晚报》美术编辑、人民日
报社高级编辑、中国新闻漫画研究会会长。

J0087290
莫尔迪略幽默画集 （阿根廷）莫尔迪略
（Mordillo, G.）作；方成编
北京　中国华侨出版公司　1990年　139页
19×17cm　ISBN：7-80074-198-2　定价：CNY2.10
　　本书系阿根廷现代漫画画册专著。

J0087291
皮德生活漫画 （丹）皮德绘；洪佩奇，卢浩编
南京　江苏人民出版社　1990年　339页
27cm（大16开）定价：CNY12.90
　　编者洪佩奇（1948—　　），画家，装帧艺术
家。江苏南京人。从事外国文学插图、书籍装帧
和图书编辑等工作，曾画过大量油画、插图和连
环漫画。著作有《美国连环漫画史》《美国连环
漫画名家》等。

J0087292

生活、爱情、幽默 （金发女郎布朗娣）（美）契克·扬,（美）迪安·扬绘；洪佩奇等编

南京 译林出版社 1990年 141页 21cm（32开）

ISBN：7-80567-057-9

定价：CNY3.70（平装），CNY5.70（精装）

（世界系列连环画漫画名著丛书）

　　中国现代漫画连环画作品。

J0087293

生活·爱情·幽默 （阿达姆松）（瑞典）雅各布生作；蓝建安,高云选编

南京 译林出版社 1990年 249页 21cm（32开）

ISBN：7-80567-056-0

定价：CNY5.80（平装），CNY7.80（精装）

（世界系列连环漫画名著丛书）

　　现代漫画连环画作品。作者雅各布生（Oscar Jacobsson, 1889—1945），瑞典漫画家。绘有《阿达姆松》。

J0087294

生活·爱情·幽默 （独眼水手波佩）（美）西格（Segar, E.C.），（美）沙根道尔夫（Sagendorf, B.）作；洪佩奇,卢浩选编

南京 译林出版社 1990年 138页 21cm（32开）

平装 ISBN：7-80567-074-9

定价：CNY3.70，CNY5.70（精装）

（世界系列连环漫画名著丛书）

J0087295

生活·爱情·幽默 （玛法达与伙伴们）（阿根廷）季诺绘；蓝建安,洪佩奇选编

南京 译林出版社 1990年 138页 20cm（32开）

精装 定价：CNY6.00

（世界系列连环漫画名著丛书）

　　阿根廷现代漫画连环画作品。

J0087296

施密特漫画全集 （连环漫画部分）（德）施密特(Schmitt, E.)绘；洪佩奇,刘小地编；翟永庚等译

南京 译林出版社 1990年 304页 26cm（16开）

ISBN：7-80567-085-4 定价：CNY9.00

（世界幽默大师丛书）

　　埃里希·施密特是德国报刊漫画家，本画册

选编他的幽默连环漫画，其中包括长篇连环漫画《加贝尔宇宙历险记》和中篇连环漫画《亚当和小夏娃》《尼克西》《库诺·维默察恩》《挪亚方舟》，以及系列连环漫画《动物园学徒爱德》《捕捉动物的爱德》《阿尔贝托马戏团》《疗养院护士莫妮卡》《护士莫妮卡》《机器人布莱希》。

J0087297

施密特漫画全集 （连环漫画部分）（德）施密特(Schmitt, E.)绘；洪佩奇,刘小地编；翟永庚等译

南京 译林出版社 1992年 304页 26cm（16开）

（世界幽默大师丛书）

J0087298

世界体育幽默画 杨芳菲编

上海 同济大学出版社 1990年 194页 20cm（32开）ISBN：7-5608-0673-2

定价：CNY6.30

J0087299

世界笑画与笑话 （一）缪印堂等选编

北京 中国和平出版社 1990年 60页 有插图 20×20cm ISBN：7-80037-409-2 定价：CNY2.10

　　本书精选各国健康、精彩而富有寓意的笑话(漫画)一百余幅和笑话二百多则。编者缪印堂（1935—2017），著名漫画家。江苏南京人。曾任中国科普研究所高级工艺美术师、中国美协漫画艺委会委员、中国美术家协会漫画艺委员会副主任、《漫画月刊》高级顾问、北京电影学院动画学院客座教授。漫画作品有《啊，危险》《讲经》《矛盾的统一》等。著作有《缪印堂漫画选》《漫画艺术入门》《科学漫画创作概论》等。

J0087300

外国发明漫画 （美）古非（Gouph, H.）原作；刘铭铨等绘编

武汉 湖北少年儿童出版社 1990年 58页 19cm（32开）ISBN：7-5353-0586-5

定价：CNY1.00

（聪明大王画库）

　　外文书名：Machinery's Pictorial.

J0087301

外国体育幽默画选 李燕生编

北京 知识出版社 1990 年 272 页 18cm（32 开）
ISBN：7-5015-0325-7 定价：CNY5.30

J0087302

外国幽默画 （第一集 爱情的幽默）《杂技与魔术》编辑部编
北京 朝华出版社 1990 年 168 页 19cm（32 开）
ISBN：7-5054-0119-X 定价：CNY3.00

　　本书通过爱情生活中时常遇到的种种活动，启示你去思索、回味，使你深感爱情生活的丰富多彩。

J0087303

外国幽默画集锦 吴祖望等编
南京 江苏美术出版社 1990 年 重印 331 页
19cm（32 开）ISBN：7-5344-0066-X
定价：CNY4.80

　　作者吴祖望（1925—　），漫画家。浙江奉化人。历任中国艺术研究院副编审，中国版画家学会会员

J0087304

外国幽默配画 365 吕尔勤译；段纪夫等配画
北京 文化艺术出版社 1990 年 365 页
19cm（32 开）ISBN：7-5039-0693-6
定价：CNY4.80
（伴随我成长丛书）

　　本书内容包括 365 则小幽默，并配以 365 幅漫画。

J0087305

威廉·布什 （德）布什（W.Busch）绘
北京 三联书店 1990 年 217 页 19（24 开）
ISBN：7-108-00295-7 定价：CNY5.85
（外国漫画家丛刊 5）

　　外文书名：Wilhelm Busch. 作者威廉·布什（W.Busch，1832—1908），德国漫画家。

J0087306

沃尔的小狗 （澳）鲍尔绘；洪佩奇编；藏斯译
南京 译林出版社 1990 年 72 页
15×26cm（16 开）ISBN：7-80567-071-4
定价：CNY1.90
（外国儿童连环漫画丛书）

J0087307

雅各布生 （第一集）（瑞典）雅各布生（O. Jacobsson）绘
北京 三联书店 1990 年 196 页 19×18cm（24 开）
ISBN：7-108-00299-X 定价：CNY5.10
（外国漫画家丛刊 4）

　　外文书名：Oscar Jacobsson. 作者雅各布生（Oscar Jacobsson，1889—1945），瑞典漫画家。绘有《阿达姆松》。

J0087308

幽默画百科大全 （体育篇 一）吴祖望等编
石家庄 河北少年儿童出版社 1990 年 104 页
19cm（32 开）ISBN：7-5376-0556-4
定价：CNY1.50

J0087309

幽默画百科大全 （体育篇 二）吴祖望等编
石家庄 河北少年儿童出版社 1990 年 104 页
19cm（32 开）ISBN：7-5376-0557-2
定价：CNY1.50

J0087310

幽默画百科大全 缪印堂等编
［石家庄］河北少年儿童出版社 1990 年 5 册

　　选编中外幽默画 600 幅，包括电视篇、医疗篇、体育篇（一）、体育篇（二）、体育篇（三）。本大全计划出书 20 册，已出 5 册，其他尚有爱情篇、渔猎篇、动物篇、烟酒篇、音乐篇、美术篇、交通篇、饮食篇、儿童篇、器物篇、自然篇、读书篇、衣着篇等将陆续出版。编者缪印堂（1935—2017），著名漫画家。江苏南京人。曾任中国科普研究所高级工艺美术师、中国美协漫画艺委会委员、中国美术家协会漫画艺委员会副主任、《漫画月刊》高级顾问、北京电影学院动画学院客座教授。漫画作品有《啊，危险》《讲经》《矛盾的统一》等。著作有《缪印堂漫画选》《漫画艺术入门》《科学漫画创作概论》等。

J0087311

幽默画百科大全 （电视篇）吴祖望等编
石家庄 河北少年儿童出版社 1990 年 104 页
19cm（32 开）ISBN：7-5376-0560-2
定价：CNY1.50

J0087312
幽默画百科大全　（医疗篇）吴祖望等编
石家庄　河北少年儿童出版社 1990 年 104 页
19cm（32 开）ISBN：7-5376-0559-9
定价：CNY1.50

J0089173
北斗神拳　（第一辑 .1　内心的呐喊）（日）武论
尊原作;（日）原哲夫绘；陈军译
太原　山西人民出版社 1991 年 95 页
19cm（32 开）ISBN：7-203-02103-3
定价：CNY1.90
　　本书是武论尊与原哲夫于 1984 年创作的日
本格斗漫画。武论尊(1947—)，日本著名漫画
脚本作家。出生在日本长野。又名史村翔，原名
冈村善行。作品有《北斗神拳》《苍天之拳》《Heat
灼热》《圣堂教父》《霸 -LORD-》等。原哲夫
（1961— ），漫画家。生于日本东京。主要作品
有《北斗神拳》《花之庆次》《蓝色机器人》等。

J0087313
北斗神拳　（第一辑 .2　秘拳！残悔拳）（日）武
论尊原作;（日）原哲夫绘；陈军译
太原　山西人民出版社 1991 年 95 页
19cm（32 开）ISBN：7-203-02103-3
定价：CNY1.90
　　本书是武论尊与原哲夫于 1984 年创作的日
本格斗漫画。

J0087314
北斗神拳　（第一辑 .3　疯狂的杀人者）（日）武
论尊原作;（日）原哲夫绘；陈军译
太原　山西人民出版社 1991 年 90 页
19cm（32 开）ISBN：7-203-02103-3
定价：CNY1.90

J0087315
北斗神拳　（第一辑 .4　执着的火焰）（日）武论
尊原作;（日）原哲夫绘；陈军译
太原　山西人民出版社 1991 年 95 页
19cm（32 开）ISBN：7-203-02103-3
定价：CNY1.90

J0087316
北斗神拳　（第二辑 .1　杀向地狱）（日）武论尊

原作;（日）原哲夫绘；陈军译
太原　山西人民出版社 1991 年 95 页
19cm（32 开）ISBN：7-203-02103-3
定价：CNY1.90

J0089178
北斗神拳　（第二辑 .2　向恶魔挑战）（日）武论
尊原作;（日）原哲夫绘；陈军译
太原　山西人民出版社 1991 年 94 页
19cm（32 开）ISBN：7-203-02103-3
定价：CNY1.90

J0087317
北斗神拳　（第二辑 .3　战胜死神）（日）武论尊
原作;（日）原哲夫绘；陈军译
太原　山西人民出版社 1991 年 92 页
19cm（32 开）ISBN：7-203-02103-3
定价：CNY1.90

J0087318
北斗神拳　（第二辑 .4　南斗的勇士）（日）武论
尊原作;（日）原哲夫绘；陈军译
太原　山西人民出版社 1991 年 95 页
19cm（32 开）ISBN：7-203-02103-3
定价：CNY1.90

J0087319
北斗神拳　（1）（日）武论尊著;（日）原哲夫绘；
晓罡译
银川　宁夏人民出版社 1991 年 19cm（32 开）
ISBN：7-227-01250-6 定价：CNY2.30

J0087320
北斗神拳　（2）（日）武论尊著;（日）原哲夫绘；
晓罡译
银川　宁夏人民出版社 1991 年 19cm（32 开）
ISBN：7-227-01250-6 定价：CNY2.30

J0087321
北斗神拳　（3）（日）武论尊著;（日）原哲夫绘；
晓罡译
银川　宁夏人民出版社 1991 年 19cm（32 开）
ISBN：7-227-01250-6 定价：CNY2.30

J0087322
北斗神拳 （4）（日）武论尊著；（日）原哲夫绘；
晓罡译
银川 宁夏人民出版社 1991 年 19cm（32 开）
ISBN：7-227-01250-6 定价：CNY2.30

J0087323
北斗神拳 （5）（日）武论尊著；（日）原哲夫绘；
晓罡译
银川 宁夏人民出版社 1991 年 19cm（32 开）
ISBN：7-227-01250-6 定价：CNY2.30

J0087324
北斗神拳 （6）（日）武论尊著；（日）原哲夫绘；
晓罡译
银川 宁夏人民出版社 1991 年 19cm（32 开）
ISBN：7-227-01250-6 定价：CNY2.30

J0087325
北斗神拳 （7）（日）武论尊著；（日）原哲夫绘；
晓罡译
银川 宁夏人民出版社 1991 年 19cm（32 开）
ISBN：7-227-01250-6 定价：CNY2.30
　　本书是武论尊与原哲夫于 1984 年创作的日
本格斗漫画。

J0087326
北斗神拳 （8）（日）武论尊著；（日）原哲夫绘；
晓罡译
银川 宁夏人民出版社 1991 年 19cm（32 开）
ISBN：7-227-01250-6 定价：CNY2.30

J0087327
北斗神拳 （9）（日）武论尊著；（日）原哲夫绘；
晓罡译
银川 宁夏人民出版社 1991 年 19cm（32 开）
ISBN：7-227-01250-6 定价：CNY2.30

J0087328
北斗神拳 （10）（日）武论尊著；（日）原哲夫绘；
晓罡译
银川 宁夏人民出版社 1991 年 19cm（32 开）
ISBN：7-227-01250-6 定价：CNY2.30

J0087329
北斗神拳 （11）（日）武论尊著；（日）原哲夫绘；
晓罡译
银川 宁夏人民出版社 1991 年 19cm（32 开）
ISBN：7-227-01250-6 定价：CNY2.30

J0089192
北斗神拳 （12）（日）武论尊著；（日）原哲夫绘；
晓罡译
银川 宁夏人民出版社 1991 年 19cm（32 开）
ISBN：7-227-01250-6 定价：CNY2.30

J0087330
北斗神拳 （13）（日）武论尊著；（日）原哲夫绘；
晓罡译
银川 宁夏人民出版社 1991 年 19cm（32 开）
ISBN：7-227-01250-6 定价：CNY2.30

J0087331
北斗神拳 （14）（日）武论尊著；（日）原哲夫绘；
晓罡译
银川 宁夏人民出版社 1991 年 19cm（32 开）
ISBN：7-227-01250-6 定价：CNY2.30

J0087332
北斗神拳 （15）（日）武论尊著；（日）原哲夫绘；
晓罡译
银川 宁夏人民出版社 1991 年 19cm（32 开）
ISBN：7-227-01250-6 定价：CNY2.30

J0087333
北斗神拳 （16）（日）武论尊著；（日）原哲夫绘；
晓罡译
银川 宁夏人民出版社 1991 年 19cm（32 开）
ISBN：7-227-01250-6 定价：CNY2.30

J0087334
北斗神拳 （17）（日）武论尊著；（日）原哲夫绘；
晓罡译
银川 宁夏人民出版社 1991 年 19cm（32 开）
ISBN：7-227-01250-6 定价：CNY2.30

J0087335
北斗神拳 （18）（日）武论尊著；（日）原哲夫绘；
晓罡译

银川 宁夏人民出版社 1991 年 19cm（32 开）
ISBN：7–227–01250–6 定价：CNY2.30

J0087336
北斗神拳 （19）（日）武论尊著；（日）原哲夫绘；
晓罡译
银川 宁夏人民出版社 1991 年 93 页
19cm（32 开）ISBN：7–227–01250–6
定价：CNY2.30
　　本书是武论尊与原哲夫于 1984 年创作的日
本格斗漫画。作者武论尊（1947—　 ），日本著名
漫画脚本作家。出生在日本长野。又名史村翔，
原名冈村善行。作品有《北斗神拳》《苍天之拳》
《Heat 灼热》《圣堂教父》《霸 –LORD–》等。原
哲夫（1961—　 ），漫画家。生于日本东京。主
要作品有《北斗神拳》《花之庆次》《蓝色机器
人》等。

J0087337
北斗神拳 （第三辑 .1 死战之旅）（日）武论尊
著；陈军译；（日）原哲夫画
太原 山西人民出版社 1992 年 95 页
19cm（32 开）ISBN：7–203–02103–3
定价：CNY1.90
　　本书是武论尊与原哲夫于 1984 年创作的日
本格斗漫画。

J0087338
北斗神拳 （第三辑 .2 怒拳四连弹）（日）武论
尊著；陈军译；（日）原哲夫画
太原 山西人民出版社 1992 年 95 页
19cm（32 开）ISBN：7–203–02103–3
定价：CNY1.90

J0087339
北斗神拳 （第三辑 .3 招灾之星）（日）武论尊
著；陈军译；（日）原哲夫画
太原 山西人民出版社 1992 年 95 页
19cm（32 开）ISBN：7–203–02103–3
定价：CNY1.90

J0087340
北斗神拳 （第三辑 .4 假面具的后面）（日）武
论尊著；陈军译；（日）原哲夫画
太原 山西人民出版社 1992 年 95 页

19cm（32 开）ISBN：7–203–02103–3
定价：CNY1.90

J0087341
北斗神拳 （第四辑 .1 没有墓碑的坟墓）（日）
武论尊著；陈军译；（日）原哲夫画
太原 山西人民出版社 1992 年 95 页
19cm（32 开）ISBN：7–203–02103–3
定价：CNY1.90

J0087342
北斗神拳 （第四辑 .2 代价沉重的睹局）（日）
武论尊著；陈军译；（日）原哲夫画
太原 山西人民出版社 1992 年 95 页
19cm（32 开）ISBN：7–203–02103–3
定价：CNY1.90
原书书名中"赌局"错印为"睹局"。

J0087343
北斗神拳 （第四辑 .3 安静的巨人）（日）武论
尊原作；（日）原哲夫绘；陈军译
太原 山西人民出版社 1992 年 95 页
19cm（32 开）ISBN：7–203–02103–3
定价：CNY1.90

J0087344
北斗神拳 （第四辑 .4 恐怖的脚步声）（日）武
论尊著；陈军译；（日）原哲夫画
太原 山西人民出版社 1992 年 95 页
19cm（32 开）ISBN：7–203–02103–3
定价：CNY1.90

J0087345
北斗神拳 （20）（日）武论尊著；（日）原哲夫绘；
晓罡译
银川 宁夏人民出版社 [1992 年] 19cm（32 开）
ISBN：7–227–01250–6 定价：CNY2.30

J0087346
北斗神拳 （21）（日）武论尊著；（日）原哲夫绘；
晓罡译
银川 宁夏人民出版社 [1992 年] 19cm（32 开）
ISBN：7–227–01250–6 定价：CNY2.30

J0087347
北斗神拳 （22）（日）武论尊著；（日）原哲夫绘；晓罡译
银川 宁夏人民出版社［1992年］19cm（32开）
ISBN：7-227-01250-6 定价：CNY2.30

J0087348
北斗神拳 （23）（日）武论尊著；（日）原哲夫绘；晓罡译
银川 宁夏人民出版社［1992年］19cm（32开）
ISBN：7-227-01250-6 定价：CNY2.30
　　本书是武论尊与原哲夫于1984年创作的日本格斗漫画。

J0087349
北斗神拳 （24）（日）武论尊著；（日）原哲夫绘；晓罡译
银川 宁夏人民出版社［1992年］19cm（32开）
ISBN：7-227-01250-6 定价：CNY2.30
　　本书是武论尊与原哲夫于1984年创作的日本格斗漫画。

J0087350
北斗神拳 （25）（日）武论尊著；（日）原哲夫绘；晓罡译
银川 宁夏人民出版社［1992年］19cm（32开）
ISBN：7-227-01250-6 定价：CNY2.30

J0087351
北斗神拳 （26）（日）武论尊著；（日）原哲夫绘；晓罡译
银川 宁夏人民出版社［1992年］19cm（32开）
ISBN：7-227-01250-6 定价：CNY2.30

J0087352
北斗神拳 （27）（日）武论尊著；（日）原哲夫绘；晓罡译
银川 宁夏人民出版社［1992年］19cm（32开）
ISBN：7-227-01250-6 定价：CNY2.30

J0087353
北斗神拳 （28）（日）武论尊著；（日）原哲夫绘；晓罡译
银川 宁夏人民出版社［1992年］19cm（32开）
ISBN：7-227-01250-6 定价：CNY2.30

J0087354
北斗神拳 （29）（日）武论尊著；（日）原哲夫绘；晓罡译
银川 宁夏人民出版社［1992年］19cm（32开）
ISBN：7-227-01250-6 定价：CNY2.30

J0089218
北斗神拳 （30）（日）武论尊著；（日）原哲夫绘；晓罡译
银川 宁夏人民出版社［1993年］19cm（32开）
ISBN：7-227-01250-6 定价：CNY2.30

J0087355
北斗神拳 （31）（日）武论尊著；（日）原哲夫绘；晓罡译
银川 宁夏人民出版社［1993年］19cm（32开）
ISBN：7-227-01250-6 定价：CNY2.30

J0087356
北斗神拳 （32）（日）武论尊著；（日）原哲夫绘；晓罡译
银川 宁夏人民出版社［1993年］19cm（32开）
ISBN：7-227-01250-6 定价：CNY2.30

J0087357
北斗神拳 （33）（日）武论尊著；（日）原哲夫绘；晓罡译
银川 宁夏人民出版社［1993年］19cm（32开）
ISBN：7-227-01250-6 定价：CNY2.30

J0087358
北斗神拳 （34）（日）武论尊著；（日）原哲夫绘；晓罡译
银川 宁夏人民出版社［1993年］19cm（32开）
ISBN：7-227-01250-6 定价：CNY2.30

J0087359
北斗神拳 （35）（日）武论尊著；（日）原哲夫绘；晓罡译
银川 宁夏人民出版社［1993年］19cm（32开）
ISBN：7-227-01250-6 定价：CNY2.30

J0087360
北斗神拳 （36）（日）武论尊著；（日）原哲夫绘；晓罡译

银川 宁夏人民出版社 [1993 年] 19cm（ 32 开 ）
ISBN：7-227-01250-6 定价：CNY2.30
　　本书是武论尊与原哲夫于 1984 年创作的日本格斗漫画。

J0089225
北斗神拳 （ 37 ）（日）武论尊著；（日）原哲夫绘；
晓罡译
银川 宁夏人民出版社 [1993 年] 19cm（ 32 开 ）
ISBN：7-227-01250-6 定价：CNY2.30

J0087361
北斗神拳 （ 38 ）（日）武论尊著；（日）原哲夫绘；
晓罡译
银川 宁夏人民出版社 [1993 年] 19cm（ 32 开 ）
ISBN：7-227-01250-6 定价：CNY2.30

J0087362
北斗神拳 （ 39 ）（日）武论尊著；（日）原哲夫绘；
晓罡译
银川 宁夏人民出版社 [1993 年] 19cm（ 32 开 ）
ISBN：7-227-01250-6 定价：CNY2.30

J0087363
北斗神拳 （ 40 ）（日）武论尊著；（日）原哲夫绘；
晓罡译
银川 宁夏人民出版社 1994 年 19cm（ 32 开 ）
ISBN：7-227-01250-6 定价：CNY2.30

J0087364
北斗神拳 （ 41 ）（日）武论尊著；（日）原哲夫绘；
晓罡译
银川 宁夏人民出版社 1994 年 19cm（ 32 开 ）
ISBN：7-227-01250-6 定价：CNY2.30

J0087365
北斗神拳 （ 42 ）（日）武论尊著；（日）原哲夫绘；
晓罡译
银川 宁夏人民出版社 1994 年 19cm（ 32 开 ）
ISBN：7-227-01250-6 定价：CNY2.30

J0087366
北斗神拳 （ 43 ）（日）武论尊著；（日）原哲夫绘；
晓罡译
银川 宁夏人民出版社 1994 年 19cm（ 32 开 ）

ISBN：7-227-01250-6 定价：CNY2.30

J0087367
北斗神拳 （ 44 ）（日）武论尊著；（日）原哲夫绘；
晓罡译
银川 宁夏人民出版社 1994 年 19cm（ 32 开 ）
ISBN：7-227-01250-6 定价：CNY2.30

J0087368
北斗神拳 （ 45 ）（日）武论尊著；（日）原哲夫绘；
晓罡译
银川 宁夏人民出版社 1994 年 19cm（ 32 开 ）
ISBN：7-227-01250-6 定价：CNY2.30

J0087369
北斗神拳 （ 46 ）（日）武论尊著；（日）原哲夫绘；
晓罡译
银川 宁夏人民出版社 1994 年 19cm（ 32 开 ）
ISBN：7-227-01250-6 定价：CNY2.30

J0087370
北斗神拳 （ 47 ）（日）武论尊著；（日）原哲夫绘；
晓罡译
银川 宁夏人民出版社 1994 年 19cm（ 32 开 ）
ISBN：7-227-01250-6 定价：CNY2.30

J0087371
北斗神拳 （ 48 ）（日）武论尊著；（日）原哲夫绘；
晓罡译
银川 宁夏人民出版社 1994 年 19cm（ 32 开 ）
ISBN：7-227-01250-6 定价：CNY2.30
　　本书是武论尊与原哲夫于 1984 年创作的日本格斗漫画。

J0087372
北斗神拳 （ 49 ）（日）武论尊著；（日）原哲夫绘；
晓罡译
银川 宁夏人民出版社 1994 年 19cm（ 32 开 ）
ISBN：7-227-01250-6 定价：CNY2.30
　　本书是武论尊与原哲夫于 1984 年创作的日本格斗漫画。

J0087373
北斗神拳 （ 50 ）（日）武论尊著；（日）原哲夫绘；
晓罡译

银川 宁夏人民出版社 1994 年 19cm（32 开）
ISBN：7-227-01250-6 定价：CNY2.30

J0087374
大卫·罗 （英）大卫·罗（David Low）绘
北京 三联书店 1991 年 13+171 页 18×19cm
ISBN：7-108-00297-3 定价：CNY7.90
（外国漫画家丛刊 Ⅶ）

　　作者大卫·罗，通译：戴维·洛爵士（Sir David Low, 1891—1963），英国政治漫画家。生于新西兰。作品包括《自签订凡尔赛条约以来的欧洲》《愤怒的日子》《洛的自传》。

J0087375
电影海报选集 （4）中国电影发行放映公司宣传处编
深圳 海天出版社 1991 年 117 页 25×25cm
ISBN：7-80542-350-4 定价：CNY22.40

　　本书内容包括近年来地区性展览中获奖的优秀作品和海外电影海报精品。外文书名：Selected Film Posters.

J0087376
根本进 （日）根本进绘
北京 三联书店 1991 年 103 页 18×19cm
ISBN：7-108-00296-5 定价：CNY4.95
（外国漫画家丛刊 Ⅵ）

J0087377
国际获奖漫画作品选粹 殷作安，王巍编
南京 江苏美术出版社 1991 年 286 页 19×17cm
ISBN：7-5344-0195-X 定价：CNY5.50

J0087378
国际幽默画欣赏 李燕生编绘
北京 北京燕山出版社 1991 年 108 页 17×17cm
ISBN：7-5402-0387-0 定价：CNY5.50

　　精选了美国、英国、法国、苏联、匈牙利、日本等国家漫画艺术家们的作品编辑成册。

J0087379
机器猫 （1）叶子译文、绘图
兰州 甘肃少年儿童出版社 1991 年 40 页
26cm（16 开）ISBN：7-5422-0506-4
定价：CNY1.80

　　本作品系现代漫画。

J0087380
机器猫 （2）叶子译文、绘图
兰州 甘肃少年儿童出版社 1991 年 40 页
26cm（16 开）ISBN：7-5422-0507-2
定价：CNY1.80

J0087381
机器猫 （3）叶子译文、绘图
兰州 甘肃少年儿童出版社 1991 年 40 页
26cm（16 开）ISBN：7-5422-0508-0
定价：CNY1.80

J0087382
机器猫 （4）叶子译文、绘图
兰州 甘肃少年儿童出版社 1991 年 40 页
26cm（16 开）ISBN：7-5422-0509-9
定价：CNY1.80

J0087383
机器猫 （5）叶子译文、绘图
兰州 甘肃少年儿童出版社 1991 年 40 页
26cm（16 开）ISBN：7-5422-0510-2
定价：CNY1.80

J0087384
佳菲大肚皮 （美）吉姆·戴维斯著；豆豆编译
海口 南海出版公司 1991 年 91 页
19cm（小 32 开）ISBN：7-80570-664-6
定价：CNY1.50
（名猫佳菲传）

　　作者吉姆·戴维斯（James Robert "Jim" Davis, 1945—　　　），美国漫画家。全名詹姆斯·罗伯特·吉姆·戴维斯。生于印第安纳州马里恩市。创作加菲猫系列漫画，出版有《蚊子格诺姆》。

J0087385
佳菲倒霉记 （美）戴维斯著；芳芳编译
海口 南海出版公司 1991 年 91 页
19cm（小 32 开）ISBN：7-80570-385-X
定价：CNY1.50
（名猫佳菲传）

J0089251

佳菲的身世 （美）戴维斯著；姗姗编译
海口　南海出版公司　1991 年　91 页
19cm（小 32 开）ISBN：7-80570-383-3
定价：CNY1.50
（名猫佳菲传）

J0089252

佳菲好运气 （美）吉姆·戴维斯著；姗姗编译
海口　南海出版公司　1991 年　91 页
19cm（小 32 开）ISBN：7-80570-667-0
定价：CNY1.50
（名猫佳菲传）

J0087386

佳菲恨减肥 （美）戴维斯著；炘炘编译
海口　南海出版公司　1991 年　91 页
19cm（小 32 开）ISBN：7-80570-386-8
定价：CNY1.50
（名猫佳菲传）

J0087387

佳菲练功夫 （美）戴维斯著；亮亮编译
海口　南海出版公司　1991 年　91 页
19cm（小 32 开）ISBN：7-80570-665-4
定价：CNY1.50
（名猫佳菲传）

J0087388

佳菲显身手 （美）戴维斯著；亮亮编译
海口　南海出版公司　1991 年　91 页
19cm（小 32 开）ISBN：7-80570-384-1
定价：CNY1.50
（名猫佳菲传）

J0087389

佳菲与主人 （美）戴维斯著；华华编译
海口　南海出版公司　1991 年　91 页
19cm（小 32 开）ISBN：7-80570-383-5
定价：CNY1.50
（名猫佳菲传）

J0087390

佳菲最爱吃 （美）戴维斯著；硬硬编译
海口　南海出版公司　1991 年　91 页

19cm（小 32 开）ISBN：7-80570-663-8
定价：CNY1.50
（名猫佳菲传）

J0087391

佳菲做美梦 （美）戴维斯著；华华编译
海口　南海出版公司　1991 年　91 页
19cm（小 32 开）ISBN：7-80570-666-2
定价：CNY1.50
（名猫佳菲传）

J0087392

节食无效的加菲猫 （美）戴维斯（Daviis, J.）
著；张定绮译
台北　加菲猫杂志社　1991 年　127 页　有图
15cm×21cm　ISBN：957-618-080-5
定价：TWD80.00
（加菲猫双语系列 7）
　　外文书名：Garfield Goes to Waist.

J0087393

看漫画学词语 （日）柴田武编；（日）森久保秋
子绘；吴晓薇译
北京　中国文联出版公司　1991 年　180 页
19cm（小 32 开）ISBN：7-5059-1502-9
定价：CNY2.70

J0087394

漫画选萃 沈同衡编
北京　光明日报出版社　1991 年　127 页　有照片
17×19cm　ISBN：7-80091-216-7
定价：CNY12.00
　　作者沈同衡（1914—2002），出生于江苏省宝
山县，毕业于上海新华艺术专科学校。《新闻漫
画选刊》主编。代表作品有《动物常识故事》《成
语典故》等。

J0087395

乔治·贝克 （美）乔治·贝克（George Baker）绘
北京　三联书店　1991 年　137 页　18×19cm
ISBN：7-108-00298-1　定价：CNY6.30
（外国漫画家丛刊 Ⅷ）

J0087396

让·艾飞 （法）让·艾飞（Jean Effel）绘

北京 三联书店 1991 年 113 页 18×19cm
ISBN：7-108-00300-7 定价：CNY5.40
（外国漫画家丛刊 X）

作者让·埃费尔（Jean Effel, 1908—1983），
通译为 J. 埃费尔，原名弗朗索瓦·列日（Francois
Lejbune），法国进步漫画家。生于巴黎。代表作
《创世纪》。

J0087397

日本 123 （日本国情漫画集）（日）佐藤三平作；
李宗惠编译
北京 中国人民大学出版社 1991 年 123 页
19cm（小 32 开）ISBN：7-300-01037-7
定价：CNY2.15

本书通过一个日本小职员富士三太郎生活
的描绘，向人们介绍了日本人日常生活中的酸甜
苦辣。

J0087398

日本家庭幽默画精选 （日）长谷川町子著；刘
畅，山琦诚久编译
北京 中国国际广播出版社 1991 年
2 册（220+220）页 19cm（小 32 开）
ISBN：7-5078-0137-3 定价：CNY6.80

作者长谷川町子（1920—1992），日本著名女
漫画家。

J0087399

生活·爱情·幽默 （桑瓦利先生）（日）铃木义
司作；洪佩奇选编
南京 译林出版社 1991 年 154 页 21cm（32 开）
ISBN：7-80567-114-1 定价：CNY4.30
（世界系列连环漫画名著丛书）

作者铃木义司（1928— ），日本著名漫画家。

J0087400

生活·爱情·幽默 （安迪·开普）（英）施密特
（Smythe, R.）作；蓝建安，洪佩奇选编
南京 译林出版社 1991 年 158 页 21cm（32 开）
ISBN：7-80567-123-0 定价：CNY4.70
（世界系列连环画漫画名著丛书）

J0087401

世界漫画大师精品珍赏 戴逸如主编
上海 上海文化出版社 1991 年 906 页

20cm（32 开）ISBN：7-80511-519-2
定价：CNY12.70
（五角丛书 豪华本）

本书展示了 52 位世界级漫画大师的漫画精
品，并介绍了各自的生平事迹、创作特色等。外
文书名：Gems of World's Great Caricaturit. 主编
戴逸如（1948— ），编辑、作家、漫画家。上海
人。历任机关刊物《上海新闻出版》编辑，《新民
晚报》主任编辑，中国创造学会理事，上海市美
协会员。著有《启锁斋笑林》《医圣张仲景》《创
造博士》，主编《世界漫画大师精品珍赏》《东方
十日谈》等。

J0087402

世界音乐幽默画 杨芳菲选编
北京 中国青年出版社 1991 年 160 页 17×19cm
ISBN：7-5006-0852-7 定价：CNY4.90

本书精选了外国音乐幽默画 250 余幅，内容
分为指挥风采、出口成歌、声东击西、自吹自擂
和狂想组曲几部分。

J0087403

世界幽默画大观 李步青编
北京 中国妇女出版社 1991 年 186 页
19cm（小 32 开）ISBN：7-80016-553-1
定价：CNY2.90

J0087404

世界幽默漫画大师作品欣赏 鲁仁，小路编
海口 南海出版公司 1991 年 218 页
19cm（小 32 开）ISBN：7-80570-387-6
定价：CNY3.40

本书荟萃了世界当代著名漫画大师季诺、霍
夫农等人作品中的精品 500 余幅。

J0087405

天才老妈 （日）植田正史绘；林媛如，魏惠妙译
台北 故乡出版公司 1991 年 3 册 21cm（32 开）
ISBN：957-626-088-4 定价：TWD283.00
（日本幽默漫画精选 7）

J0087406

铁臂阿童木 （一）（日）手冢治虫编绘；刘冬梅，
包勤立译
北京 中国连环画出版社 1991 年 74 页

19cm(小 32 开) ISBN: 7-5061-0373-7

定价: CNY1.40

　　本书是日本漫画家手冢治虫创作的科幻漫画作品。作者手冢治虫,即手冢治虫(てづか　おさむ, 1928—1989),日本漫画家、动画制作人、医学博士。本名手冢治。读大阪大学附属医学专门部,获医学博士学位。代表作品《铁臂阿童木》《缎带骑士》《火之鸟》等。

J0087407

铁臂阿童木 　(二)(日)手冢治虫编绘;刘冬梅,包勤立译

北京　中国连环画出版社 1991 年 73 页

19cm(小 32 开) ISBN: 7-5061-0374-5

定价: CNY1.40

　　本书是日本漫画家手冢治虫创作的科幻漫画作品。

J0087408

铁臂阿童木 　(三)(日)手冢治虫编绘;刘冬梅,包勤立译

北京　中国连环画出版社 1991 年 71 页

19cm(小 32 开) ISBN: 7-5061-0375-3

定价: CNY1.40

　　本书是日本漫画家手冢治虫创作的科幻漫画作品。

J0087409

铁臂阿童木 　(四)(日)手冢治虫编绘;刘冬梅,包勤立译

北京　中国连环画出版社 1991 年 75 页

19cm(小 32 开) ISBN: 7-5061-0376-1

定价: CNY1.40

　　本书是日本漫画家手冢治虫创作的科幻漫画作品。

J0087410

铁臂阿童木 　(五)(日)手冢治虫编绘;刘冬梅,包勤立译

北京　中国连环画出版社 1991 年 85 页

19cm(小 32 开) ISBN: 7-5061-0377-X

定价: CNY1.40

　　本书是日本漫画家手冢治虫创作的科幻漫画作品。

J0087411

西洋镜 　〔[漫画集]〕

昆明　云南人民出版社 1991 年 105 页

26cm(16 开) ISBN: 7-222-00880-2

定价: CNY5.00

J0087412

侠探寒羽良 　(卷一 .1 漂亮的搭档)(日)北条司原著;曼华编译

海口　海南摄影美术出版社 1991 年 112 页

19cm(32 开) ISBN: 7-80571-135-6

定价: CNY2.20

　　日本现代动漫作品。作者北条司(1957—　),日本漫画家。毕业于九州产业大学艺术系服装设计专业。主要作品有《猫眼三姐妹》《城市猎人》《非常家庭》等。

J0087413

侠探寒羽良 　(卷一 .2 将军的圈套)(日)北条司原著;曼华编译

海口　海南摄影美术出版社 1991 年 109 页

19cm(32 开) ISBN: 7-80571-135-6

定价: CNY2.20

J0087414

侠探寒羽良 　(卷一 .3 赤脚的女明星)(日)北条司原著;曼华编译

海口　海南摄影美术出版社 1991 年 110 页

19cm(32 开) ISBN: 7-80571-135-6

定价: CNY2.20

J0087415

侠探寒羽良 　(卷一 .4 钟声和命运)(日)北条司原著;曼华编译

海口　海南摄影美术出版社 1991 年 111 页

19cm(32 开) ISBN: 7-80571-135-6

定价: CNY2.20

J0087416

侠探寒羽良 　(卷一 .5 恐怖的追击)(日)北条司原著;曼华编译

海口　海南摄影美术出版社 1991 年 109 页

19cm(小 32 开) ISBN: 7-80571-135-6

定价: CNY2.20

J0087417

侠探寒羽良 （卷二.1 赌场愁云）（日）北条司原著；曼华编译

海口 海南摄影美术出版社 1991年 19cm（32开）ISBN：7-80571-136-4 定价：CNY11.00

作者北条司（1957—　），日本漫画家。毕业于九州产业大学艺术系服装设计专业。主要作品有《猫眼三姐妹》《城市猎人》《非常家庭》等。

J0087418

侠探寒羽良 （卷二.2 危险国度来的女人）（日）北条司原著；曼华编译

海口 海南摄影美术出版社 1991年 19cm（32开）ISBN：7-80571-136-4 定价：CNY11.00

J0087419

侠探寒羽良 （卷二.3 开在心中的郁金香）（日）北条司原著；曼华编译

海口 海南摄影美术出版社 1991年 19cm（32开）ISBN：7-80571-136-4 定价：CNY11.00

J0087420

侠探寒羽良 （卷二.4 海滨的回忆）（日）北条司原著；曼华编译

海口 海南摄影美术出版社 1991年 19cm（32开）ISBN：7-80571-136-4 定价：CNY11.00

J0087421

侠探寒羽良 （卷二.5 白衣天使的奇遇）（日）北条司原著；曼华编译

海口 海南摄影美术出版社 1991年 19cm（32开）ISBN：7-80571-136-4 定价：CNY11.00

J0087422

侠探寒羽良 （卷三.1 误入虎口）（日）北条司原著；曼华编译

海口 海南摄影美术出版社 1991年 107页 19cm（32开）ISBN：7-80571-160-7 定价：CNY2.20

J0087423

侠探寒羽良 （卷三.2 灰姑娘的梦想）（日）北条司原著；曼华编译

海口 海南摄影美术出版社 1991年 111页 19cm（32开）ISBN：7-80571-160-7

定价：CNY2.20

J0087424

侠探寒羽良 （卷三.3 海怪的委托）（日）北条司原著；曼华编译

海口 海南摄影美术出版社 1991年 110页 19cm（32开）ISBN：7-80571-160-7

定价：CNY2.20

J0087425

侠探寒羽良 （卷三.4 新来的女邻居）（日）北条司原著；曼华编译

海口 海南摄影美术出版社 1991年 110页 19cm（32开）ISBN：7-80571-160-7

定价：CNY2.20

J0087426

侠探寒羽良 （卷三.5 绑架公主）（日）北条司原著；曼华编译

海口 海南摄影美术出版社 1991年 111页 19cm（32开）ISBN：7-80571-160-7

定价：CNY2.20

J0087427

侠探寒羽良 （卷四.1 情人是城市猎人）（日）北条司著；曼华编译

海口 海南摄影美术出版社 1992年 19cm（32开）ISBN：7-80571-161-5 定价：CNY11.00

J0087428

侠探寒羽良 （卷四.2 公墓惊艳）（日）北条司著；曼华编译

海口 海南摄影美术出版社 1992年 19cm（32开）ISBN：7-80571-161-5 定价：CNY11.00

J0087429

侠探寒羽良 （卷四.3 海怪的爱情）（日）北条司著；曼华编译

海口 海南摄影美术出版社 1992年 19cm（32开）ISBN：7-80571-161-5 定价：CNY11.00

日本现代动漫作品。作者北条司（1957—　），日本漫画家。毕业于九州产业大学艺术系服装设计专业。主要作品有《猫眼三姐妹》《城市猎人》《非常家庭》等。

J0087430

侠探寒羽良 （卷四 .4 悲哀天使）（日）北条司
著；曼华编译

海口 海南摄影美术出版社 1992年 19cm（32开）
ISBN：7-80571-161-5 定价：CNY11.00

J0087431

侠探寒羽良 （卷四 .5 戒指的秘梦）（日）北条
司著；曼华编译

海口 海南摄影美术出版社 1992年 19cm（32开）
ISBN：7-80571-161-5 定价：CNY11.00

J0087432

侠探寒羽良 （卷五 .1 求婚狂想曲）（日）北条
司著；曼华编译

海口 海南摄影美术出版社 1992年 19cm（32开）
ISBN：7-80571-196-8 定价：CNY11.00

J0087433

侠探寒羽良 （卷五 .2 无敌女探的诞生）（日）
北条司著；曼华编译

海口 海南摄影美术出版社 1992年 19cm（32开）
ISBN：7-80571-196-8 定价：CNY11.00

J0087434

侠探寒羽良 （卷五 .3 含泪的生日）（日）北条
司著；曼华编译

海口 海南摄影美术出版社 1992年 19cm（32开）
ISBN：7-80571-196-8 定价：CNY11.00

J0087435

侠探寒羽良 （卷五 .4 恐怖的飞行）（日）北条
司著；曼华编译

海口 海南摄影美术出版社 1992年 19cm（32开）
ISBN：7-80571-196-8 定价：CNY11.00

J0087436

侠探寒羽良 （卷五 .5 幽灵的委托）（日）北条
司著；曼华编译

海口 海南摄影美术出版社 1992年 19cm（32开）
ISBN：7-80571-196-8 定价：CNY11.00

J0087437

侠探寒羽良 （卷六 .1 不断的情丝）（日）北条
司著；曼华编译

海口 海南摄影美术出版社 1992年 19cm（32开）
ISBN：7-80571-197-6 定价：CNY11.00

J0087438

侠探寒羽良 （卷六 .2 暗码的秘密）（日）北条
司著；曼华编译

海口 海南摄影美术出版社 1992年 19cm（32开）
ISBN：7-80571-197-6 定价：CNY11.00

J0087439

侠探寒羽良 （卷六 .3 黎明的决定）（日）北条
司著；曼华编译

海口 海南摄影美术出版社 1992年 19cm（32开）
ISBN：7-80571-197-6 定价：CNY11.00

J0087440

侠探寒羽良 （卷六 .4 两个城市猎人）（日）北
条司著；曼华编译

海口 海南摄影美术出版社 1992年 19cm（32开）
ISBN：7-80571-197-6 定价：CNY11.00

J0087441

侠探寒羽良 （卷六 .5 暗号在歌词中）（日）北
条司著；曼华编译

海口 海南摄影美术出版社 1992年 19cm（32开）
ISBN：7-80571-197-6 定价：CNY11.00

J0087442

侠探寒羽良 （卷七 .1 总 31 惊人的逃亡）（日）
北条司原著；曼华编译

海口 海南摄影美术出版社 1992年 112 页
19cm（32开） ISBN：7-80571-342-1
定价：CNY2.20

　　日本现代动漫作品。作者北条司（1957—　），
日本漫画家。毕业于九州产业大学艺术系服装
设计专业。主要作品有《猫眼三姐妹》《城市猎
人》《非常家庭》等。

J0087443

侠探寒羽良 （卷七 .2 总 32 奇怪的两个人）
（日）北条司原著；曼华编译

海口 海南摄影美术出版社 1992年 112 页
19cm（32开） ISBN：7-80571-342-1
定价：CNY2.20

J0087444

侠探寒羽良 （卷七 .3 总 33 洒泪的项链）（日）
北条司原著；曼华编译
海口 海南摄影美术出版社 1992 年 112 页
19cm（32 开）ISBN：7-80571-342-1
定价：CNY2.20

J0087445

侠探寒羽良 （卷七 .4 总 34 从地狱回来的人）
（日）北条司原著；曼华编译
海口 海南摄影美术出版社 1992 年 113 页
19cm（32 开）ISBN：7-80571-342-1
定价：CNY2.20

J0087446

侠探寒羽良 （卷七 .5 总 35 别了，城市猎人）
（日）北条司原著；曼华编译
海口 海南摄影美术出版社 1992 年 115 页
19cm（32 开）ISBN：7-80571-342-1
定价：CNY2.20

J0087447

侠探寒羽良 （卷八 .1）（日）北条司原著；曼华
编译
海口 海南摄影美术出版社 1992 年 112 页
19cm（32 开）ISBN：7-80571-792-3
定价：CNY2.30

J0087448

侠探寒羽良 （卷八 .2）（日）北条司原著；曼华
编译
海口 海南摄影美术出版社 1992 年 112 页
19cm（32 开）ISBN：7-80571-792-3
定价：CNY2.30

J0087449

侠探寒羽良 （卷八 .3）（日）北条司原著；曼华
编译
海口 海南摄影美术出版社 1992 年 112 页
19cm（32 开）ISBN：7-80571-792-3
定价：CNY2.30

J0087450

侠探寒羽良 （卷八 .4）（日）北条司原著；曼华
编译

海口 海南摄影美术出版社 1992 年 112 页
19cm（32 开）ISBN：7-80571-792-3
定价：CNY2.30

J0087451

侠探寒羽良 （卷八 .5）（日）北条司原著；曼华
编译
海口 海南摄影美术出版社 1992 年 112 页
19cm（32 开）ISBN：7-80571-792-3
定价：CNY2.30

J0087452

侠探寒羽良 （卷九 .1）（日）北条司原著；曼华
编译
海口 海南摄影美术出版社 1992 年 112 页
19cm（32 开）ISBN：7-227-01297-2
定价：CNY3.60

J0087453

侠探寒羽良 （卷九 .2）（日）北条司原著；曼华
编译
海口 海南摄影美术出版社 1992 年 112 页
19cm（32 开）ISBN：7-227-01297-2
定价：CNY3.60

J0087454

侠探寒羽良 （卷九 .3）（日）北条司原著；曼华
编译
海口 海南摄影美术出版社 1992 年 112 页
19cm（32 开）ISBN：7-227-01297-2
定价：CNY3.60
　　日本现代动漫作品。作者北条司（1957—　），
日本漫画家。毕业于九州产业大学艺术系服装
设计专业。主要作品有《猫眼三姐妹》《城市猎
人》《非常家庭》等。

J0087455

侠探寒羽良 （卷九 .4）（日）北条司原著；曼华
编译
海口 海南摄影美术出版社 1992 年 112 页
19cm（32 开）ISBN：7-227-01297-2
定价：CNY3.60
　　日本现代动漫作品。

J0087456
侠探寒羽良 （卷九.5）（日）北条司原著；曼华
编译
海口 海南摄影美术出版社 1992 年 112 页
19cm（32 开）ISBN：7-227-01297-2
定价：CNY3.60

J0087457
TOP 名家漫画选集 （日）清水玲子等著；涂
世坤编修
台北 巧集出版社 1992 年 3 册 21cm（32 开）
ISBN：957-662-159-3 定价：TWD130.00
（美术彩色系列 7 ~ 9）

J0087458
阿螺 （日）长谷川町子作；洪佩奇选编
南京 译林出版社 1992 年 192 页 21×18cm
ISBN：7-80567-175-3 定价：CNY5.60（平装），
CNY7.60（精装）
（生活·爱情·幽默 世界系列连环漫画名著丛书）
　　作者长谷川町子（1920—1992），日本著名女
漫画家。

J0087459
夫妻幽默 孙述强编
广州 暨南大学出版社 1992 年 223 页 有插图
19cm（小 32 开）ISBN：7-81029-154-8
定价：CNY3.60
（七彩幽默丛书 1）

J0087460
糊涂老爹 （日）植田正史画；戈红译
北京 中国妇女出版社 1992 年
2 册（117+120 页）19cm（小 32 开）
ISBN：7-80016-687-2 定价：CNY6.00
（日本幽默漫画精选）

J0087461
机器猫 （第一卷 1）（日）藤子·F·不二雄著；
亚强编译
南宁 广西民族出版社 1992 年 95 页
19cm（小 32 开）ISBN：7-5363-1645-3
定价：CNY1.98
　　本书与接力出版社合作出版。作者藤
子·F·不二雄（1933—1996），日本漫画家。出生

于日本富山县高冈市，本名藤本弘。毕业于富山
县立高冈工艺高等学校电气科。受到漫画大师
手家治虫的启发，立志成为儿童漫画家。小学馆
的代表漫画家之一。代表作《Q太郎》《哆啦A梦》
《小超人帕门》《超能力魔美》。

J0087462
机器猫 （第一卷 2）（日）藤子·F·不二雄著；
亚强编译
南宁 广西民族出版社 1992 年 100 页
19cm（小 32 开）ISBN：7-5363-1645-3
定价：CNY1.98
　　本书与接力出版社合作出版。

J0087463
机器猫 （第一卷 3）（日）藤子·F·不二雄著；
亚强编译
南宁 广西民族出版社 1992 年 98 页
19cm（小 32 开）ISBN：7-5363-1645-3
定价：CNY1.98
　　本书与接力出版社合作出版。

J0087464
机器猫 （第一卷 4）（日）藤子·F·不二雄著；
亚强编译
南宁 广西民族出版社 1992 年 97 页
19cm（小 32 开）ISBN：7-5363-1645-3
定价：CNY1.98
　　本书与接力出版社合作出版。

J0087465
机器猫 （第二卷 1）（日）藤子·F·不二雄著；
亚强编译
南宁 广西民族出版社 1992 年 96 页
19cm（小 32 开）ISBN：7-5363-1696-8
定价：CNY1.98
　　本书与接力出版社合作出版。

J0087466
机器猫 （第二卷 2）（日）藤子·F·不二雄著；
亚强编译
南宁 广西民族出版社 1992 年 99 页
19cm（小 32 开）ISBN：7-5363-1696-8
定价：CNY1.98
　　本书与接力出版社合作出版。

J0087467

机器猫（第二卷 3）（日）藤子·F·不二雄著；
亚强编译

南宁 广西民族出版社 1992 年 97 页

19cm（小 32 开）ISBN：7-5363-1696-8

定价：CNY1.98

　　本书与接力出版社合作出版。

J0087468

机器猫（第二卷 4）（日）藤子·F·不二雄著；
亚强编译

南宁 广西民族出版社 1992 年 97 页

19cm（小 32 开）ISBN：7-5363-1696-8

定价：CNY1.98

　　本书与接力出版社合作出版。

J0087469

机器猫（第三卷 1）（日）藤子·F·不二雄著；
亚强编译

南宁 广西民族出版社 1992 年 94 页

19cm（小 32 开）ISBN：7-5363-1697-6

定价：CNY1.98

　　本书与接力出版社合作出版。

J0087470

机器猫（第三卷 2）（日）藤子·F·不二雄著；
亚强编译

南宁 广西民族出版社 1992 年 99 页

19cm（小 32 开）ISBN：7-5363-1697-6

定价：CNY1.98

　　本书与接力出版社合作出版。

J0087471

机器猫（第三卷 3）（日）藤子·F·不二雄著；
阿洪编译

南宁 广西民族出版社 1992 年 89 页

19cm（小 32 开）ISBN：7-5363-1697-6

定价：CNY1.98

　　本书与接力出版社合作出版。

J0087472

机器猫（第三卷 4）（日）藤子·F·不二雄著；
阿洪编译

南宁 广西民族出版社 1992 年 93 页

19cm（小 32 开）ISBN：7-5363-1697-6

定价：CNY1.98

　　本书与接力出版社合作出版。

J0087473

机器猫（第四卷 1）（日）藤子·F·不二雄著；
阿洪编译

南宁 广西民族出版社 1992 年 95 页

19cm（小 32 开）ISBN：7-5363-1698-4

定价：CNY1.98

　　本书与接力出版社合作出版。

J0087474

机器猫（第四卷 2）（日）藤子·F·不二雄著；
阿洪编译

南宁 广西民族出版社 1992 年 101 页

19cm（小 32 开）ISBN：7-5363-1698-4

定价：CNY1.98

　　本书与接力出版社合作出版。作者藤
子·F·不二雄(1933—1996)，日本漫画家。出生
于日本富山县高冈市，本名藤本弘。毕业于富山
县立高冈工艺高等学校电气科。受到漫画大师
手冢治虫的启发，立志成为儿童漫画家。小学馆
的代表漫画家之一。代表作《Q 太郎》《哆啦 A 梦》
《小超人帕门》《超能力魔美》。

J0087475

机器猫（第四卷 3）（日）藤子·F·不二雄著；
阿洪编译

南宁 广西民族出版社 1992 年 99 页

19cm（小 32 开）ISBN：7-5363-1698-4

定价：CNY1.98

　　本书与接力出版社合作出版。

J0087476

机器猫（第四卷 4）（日）藤子·F·不二雄著；
阿洪编译

南宁 广西民族出版社 1992 年 95 页

19cm（小 32 开）ISBN：7-5363-1698-4

定价：CNY1.98

　　本书与接力出版社合作出版。

J0087477

机器猫（第五卷 1）（日）藤子·F·不二雄著；
阿洪编译

南宁 广西民族出版社 1992 年 99 页

19cm(小 32 开) ISBN：7–5363–1699–2

定价：CNY1.98

　　本书与接力出版社合作出版。

J0087478

机器猫 （第五卷 2）（日）藤子·F·不二雄著；阿洪编译

南宁 广西民族出版社 1992 年 95 页

19cm(小 32 开) ISBN：7–5363–1699–2

定价：CNY1.98

　　本书与接力出版社合作出版。

J0087479

机器猫 （第五卷 3）（日）藤子·F·不二雄著；阿洪编译

南宁 广西民族出版社 1992 年 97 页

19cm(小 32 开) ISBN：7–5363–1699–2

定价：CNY1.98

　　本书与接力出版社合作出版。

J0087480

机器猫 （第五卷 4）（日）藤子·F·不二雄著；阿洪编译

南宁 广西民族出版社 1992 年 96 页

19cm(小 32 开) ISBN：7–5363–1699–2

定价：CNY1.98

　　本书与接力出版社合作出版。

J0087481

机器猫 （第六卷 1）（日）藤子·F·不二雄著；宝钟编译

南宁 广西民族出版社 1992 年 87 页

19cm(小 32 开) ISBN：7–5363–1720–4

定价：CNY1.98

　　本书与接力出版社合作出版。

J0087482

机器猫 （第六卷 2）（日）藤子·F·不二雄著；宝钟编译

南宁 广西民族出版社 1992 年 90 页

19cm(小 32 开) ISBN：7–5363–1720–4

定价：CNY1.98

　　本书与接力出版社合作出版。

J0087483

机器猫 （第六卷 3）（日）藤子·F·不二雄著；宝钟编译

南宁 广西民族出版社 1992 年 102 页

19cm(小 32 开) ISBN：7–5363–1720–4

定价：CNY1.98

　　本书与接力出版社合作出版。

J0087484

机器猫 （第六卷 4）（日）藤子·F·不二雄著；宝钟编译

南宁 广西民族出版社 1992 年 91 页

19cm(小 32 开) ISBN：7–5363–1720–4

定价：CNY1.98

　　本书与接力出版社合作出版。

J0087485

机器猫 （第七卷 1）（日）藤子·F·不二雄著；宝钟编译

南宁 广西民族出版社 1992 年 102 页

19cm(小 32 开) ISBN：7–5363–1720–4

定价：CNY1.98

　　本书与接力出版社合作出版。

J0087486

机器猫 （第七卷 2）（日）藤子·F·不二雄著；宝钟编译

南宁 广西民族出版社 1992 年 92 页

19cm(小 32 开) ISBN：7–5363–1720–4

定价：CNY1.98

　　本书与接力出版社合作出版。

J0087487

机器猫 （第七卷 3）（日）藤子·F·不二雄著；宝钟编译

南宁 广西民族出版社 1992 年 101 页

19cm(小 32 开) ISBN：7–5363–1720–4

定价：CNY1.98

　　本书与接力出版社合作出版。

J0087488

机器猫 （第七卷 4）（日）藤子·F·不二雄著；宝钟编译

南宁 广西民族出版社 1992 年 92 页

19cm(小 32 开) ISBN：7–5363–1720–4

定价: CNY1.98

　　本书与接力出版社合作出版。

J0087489

机器猫（第八卷 1）（日）藤子·F·不二雄著；
宝钟编译

南宁 广西民族出版社 1992 年 97 页

19cm(小 32 开) ISBN: 7-5363-1720-4

定价: CNY1.98

　　本书与接力出版社合作出版。

J0087490

机器猫（第八卷 2）（日）藤子·F·不二雄著；
宝钟编译

南宁 广西民族出版社 1992 年 97 页

19cm(小 32 开) ISBN: 7-5363-1720-4

定价: CNY1.98

　　本书与接力出版社合作出版。

J0087491

机器猫（第八卷 3）（日）藤子·F·不二雄著；
宝钟编译

南宁 广西民族出版社 1992 年 92 页

19cm(小 32 开) ISBN: 7-5363-1720-4

定价: CNY1.98

　　本书与接力出版社合作出版。

J0087492

机器猫（第八卷 4）（日）藤子·F·不二雄著；
宝钟编译

南宁 广西民族出版社 1992 年 100 页

19cm(小 32 开) ISBN: 7-5363-1720-4

定价: CNY1.98

　　本书与接力出版社合作出版。

J0087493

机器猫（第九卷 1）（日）藤子·F·不二雄著；
宝钟编译

南宁 广西民族出版社 1992 年 95 页

19cm(小 32 开) ISBN: 7-5363-1720-4

定价: CNY1.98

　　本书与接力出版社合作出版。

J0087494

机器猫（第九卷 2）（日）藤子·F·不二雄著；

宝钟编译

南宁 广西民族出版社 1992 年 98 页

19cm(小 32 开) ISBN: 7-5363-1720-4

定价: CNY1.98

　　本书与接力出版社合作出版。

J0087495

机器猫（第九卷 3）（日）藤子·F·不二雄著；
宝钟编译

南宁 广西民族出版社 1992 年 101 页

19cm(小 32 开) ISBN: 7-5363-1720-4

定价: CNY1.98

　　本书与接力出版社合作出版。

J0087496

机器猫（第九卷 4）（日）藤子·F·不二雄著；
宝钟编译

南宁 广西民族出版社 1992 年 95 页

19cm(小 32 开) ISBN: 7-5363-1720-4

定价: CNY1.98

　　本书与接力出版社合作出版。作者藤
子·F·不二雄(1933—1996)，日本漫画家。出生
于日本富山县高冈市，本名藤本弘。毕业于富山
县立高冈工艺高等学校电气科。受到漫画大师
手冢治虫的启发，立志成为儿童漫画家。小学馆
的代表漫画家之一。代表作《Q 太郎》《哆啦 A 梦》
《小超人帕门》《超能力魔美》。

J0087497

机器猫（第十卷 1）（日）藤子·F·不二雄著；
宝钟编译

南宁 广西民族出版社 1992 年 97 页

19cm(小 32 开) ISBN: 7-5363-1720-4

定价: CNY1.98

　　本书与接力出版社合作出版。

J0087498

机器猫（第十卷 2）（日）藤子·F·不二雄著；
宝钟编译

南宁 广西民族出版社 1992 年 93 页

19cm(小 32 开) ISBN: 7-5363-1720-4

定价: CNY1.98

　　本书与接力出版社合作出版。

J0087499

机器猫 （第十卷 3）（日）藤子·F·不二雄著；
宝钟编译
南宁 广西民族出版社 1992 年 103 页
19cm（小 32 开）ISBN：7-5363-1720-4
定价：CNY1.98
　　本书与接力出版社合作出版。

J0087500

机器猫 （第十卷 4）（日）藤子·F·不二雄著；
宝钟编译
南宁 广西民族出版社 1992 年 93 页
19cm（小 32 开）ISBN：7-5363-1720-4
定价：CNY1.98
　　本书与接力出版社合作出版。

J0087501

机器猫 （第十一卷 1）（日）藤子·F·不二雄著；
宝钟编译
南宁 广西民族出版社 1992 年 111 页
19cm（小 32 开）ISBN：7-5363-1720-4
定价：CNY1.98
　　本书与接力出版社合作出版。

J0087502

机器猫 （第十一卷 2）（日）藤子·F·不二雄著；
宝钟编译
南宁 广西民族出版社 1992 年 85 页
19cm（小 32 开）ISBN：7-5363-1720-4
定价：CNY1.98
　　本书与接力出版社合作出版。

J0087503

机器猫 （第十一卷 3）（日）藤子·F·不二雄著；
宝钟编译
南宁 广西民族出版社 1992 年 95 页
19cm（小 32 开）ISBN：7-5363-1720-4
定价：CNY1.98
　　本书与接力出版社合作出版。

J0087504

机器猫 （第十一卷 4）（日）藤子·F·不二雄著；
宝钟编译
南宁 广西民族出版社 1992 年 101 页
19cm（小 32 开）ISBN：7-5363-1720-4

定价：CNY1.98
　　本书与接力出版社合作出版。

J0087505

机器猫 （第十二卷 第 1 集）（日）藤子·F·不
二雄著；宝钟编译
南宁 广西民族出版社 1992 年 91 页
19cm（小 32 开）ISBN：7-5363-1721-2
定价：CNY1.98
　　本书与接力出版社合作出版。

J0087506

机器猫 （第十二卷 第 2 集）（日）藤子·F·不
二雄著；宝钟编译
南宁 广西民族出版社 1992 年 104 页
19cm（小 32 开）ISBN：7-5363-1721-2
定价：CNY1.98
　　本书与接力出版社合作出版。

J0087507

机器猫 （第十二卷 第 3 集）（日）藤子·F·不
二雄著；宝钟编译
南宁 广西民族出版社 1992 年 95 页
19cm（小 32 开）ISBN：7-5363-1721-2
定价：CNY1.98
　　本书与接力出版社合作出版。

J0087508

机器猫 （第十二卷 第 4 集）（日）藤子·F·不
二雄著；宝钟编译
南宁 广西民族出版社 1992 年 98 页
19cm（小 32 开）ISBN：7-5363-1721-2
定价：CNY1.98
　　本书与接力出版社合作出版。

J0087509

机器猫 （第十三卷 第 1 集）（日）藤子·F·不
二雄著；宝钟编译
南宁 广西民族出版社 1992 年 95 页
19cm（小 32 开）ISBN：7-5363-1722-0
定价：CNY1.98
　　本书与接力出版社合作出版。

J0087510

机器猫 （第十三卷 第 2 集）（日）藤子·F·不

二雄著; 宝钟编译
南宁 广西民族出版社 1992 年 99 页
19cm(小 32 开) ISBN: 7-5363-1722-0
定价: CNY1.98
　　本书与接力出版社合作出版。

J0087511
机器猫 (第十三卷 第 3 集)(日)藤子·F·不
二雄著; 宝钟编译
南宁 广西民族出版社 1992 年 89 页
19cm(小 32 开) ISBN: 7-5363-1722-0
定价: CNY1.98
　　本书与接力出版社合作出版。

J0087512
机器猫 (第十三卷 第 4 集)(日)藤子·F·不
二雄著; 宝钟编译
南宁 广西民族出版社 1992 年 106 页
19cm(小 32 开) ISBN: 7-5363-1722-0
定价: CNY1.98
　　本书与接力出版社合作出版。

J0087513
机器猫 (第十四卷 第 1 集)(日)藤子·F·不
二雄著; 宝钟编译
南宁 广西民族出版社 1992 年 94 页
19cm(小 32 开) ISBN: 7-5363-1815-4
定价: CNY1.98
　　本书与接力出版社合作出版。

J0087514
机器猫 (第十四卷 第 2 集)(日)藤子·F·不
二雄著; 宝钟编译
南宁 广西民族出版社 1992 年 101 页
19cm(小 32 开) ISBN: 7-5363-1815-4
定价: CNY1.98
　　本书与接力出版社合作出版。

J0087515
机器猫 (第十四卷 第 3 集)(日)藤子·F·不
二雄著; 宝钟编译
南宁 广西民族出版社 1992 年 93 页
19cm(小 32 开) ISBN: 7-5363-1815-4
定价: CNY1.98
　　本书与接力出版社合作出版。

J0087516
机器猫 (第十四卷 第 4 集)(日)藤子·F·不
二雄著; 宝钟编译
南宁 广西民族出版社 1992 年 104 页
19cm(小 32 开) ISBN: 7-5363-1815-4
定价: CNY1.98
　　本书与接力出版社合作出版。

J0087517
机器猫 (第十五卷 第 1 集)(日)藤子·F·不
二雄著; 宝钟编译
南宁 广西民族出版社 1992 年 95 页
19cm(小 32 开) ISBN: 7-5363-1816-2
定价: CNY1.98
　　本书与接力出版社合作出版。

J0087518
机器猫 (第十五卷 第 2 集)(日)藤子·F·不
二雄著; 宝钟编译
南宁 广西民族出版社 1992 年 101 页
19cm(小 32 开) ISBN: 7-5363-1816-2
定价: CNY1.98
　　本书与接力出版社合作出版。作者藤
子·F·不二雄(1933—1996), 日本漫画家。出生
于日本富山县高冈市, 本名藤本弘。毕业于富山
县立高冈工艺高等学校电气科。受到漫画大师
手冢治虫的启发, 立志成为儿童漫画家。小学馆
的代表漫画家之一。代表作《Q 太郎》《哆啦 A 梦》
《小超人帕门》《超能力魔美》。

J0087519
机器猫 (第十五卷 第 3 集)(日)藤子·F·不
二雄著; 宝钟编译
南宁 广西民族出版社 1992 年 90 页
19cm(小 32 开) ISBN: 7-5363-1816-2
定价: CNY1.98
　　本书与接力出版社合作出版。

J0087520
机器猫 (第十五卷 第 4 集)(日)藤子·F·不
二雄著; 宝钟编译
南宁 广西民族出版社 1992 年 106 页
19cm(小 32 开) ISBN: 7-5363-1816-2
定价: CNY1.98
　　本书与接力出版社合作出版。

J0087521
机器猫 （第十六卷 第 1 集）（日）藤子·F·不二雄著；宝钟编译
南宁 广西民族出版社 1992 年 93 页
19cm（小 32 开）ISBN：7-5363-1799-9
定价：CNY1.98
　　本书与接力出版社合作出版。

J0087522
机器猫 （第十六卷 第 2 集）（日）藤子·F·不二雄著；宝钟编译
南宁 广西民族出版社 1992 年 103 页
19cm（小 32 开）ISBN：7-5363-1799-9
定价：CNY1.98
　　本书与接力出版社合作出版。

J0087523
机器猫 （第十六卷 第 3 集）（日）藤子·F·不二雄著；宝钟编译
南宁 广西民族出版社 1992 年 93 页
19cm（小 32 开）ISBN：7-5363-1799-9
定价：CNY1.98
　　本书与接力出版社合作出版。

J0087524
机器猫 （第十六卷 第 4 集）（日）藤子·F·不二雄著；宝钟编译
南宁 广西民族出版社 1992 年 101 页
19cm（小 32 开）ISBN：7-5363-1799-9
定价：CNY1.98
　　本书与接力出版社合作出版。

J0087525
机器猫 （第十七卷 第 1 集）（日）藤子·F·不二雄著；宝钟编译
南宁 广西民族出版社 1992 年 99 页
19cm（小 32 开）ISBN：7-5363-1800-6
定价：CNY1.98
　　本书与接力出版社合作出版。

J0087526
机器猫 （第十七卷 第 2 集）（日）藤子·F·不二雄著；宝钟编译
南宁 广西民族出版社 1992 年 97 页
19cm（小 32 开）ISBN：7-5363-1800-6

定价：CNY1.98
　　本书与接力出版社合作出版。

J0087527
机器猫 （第十七卷 第 3 集）（日）藤子·F·不二雄著；宝钟编译
南宁 广西民族出版社 1992 年 101 页
19cm（小 32 开）ISBN：7-5363-1800-6
定价：CNY1.98
　　本书与接力出版社合作出版。

J0087528
机器猫 （第十七卷 第 4 集）（日）藤子·F·不二雄著；宝钟编译
南宁 广西民族出版社 1992 年 93 页
19cm（小 32 开）ISBN：7-5363-1800-6
定价：CNY1.98
　　本书与接力出版社合作出版。

J0087529
机器猫 （第十八卷 第 1 集）（日）藤子·F·不二雄著；宝钟编译
南宁 广西民族出版社 1992 年 93 页
19cm（小 32 开）ISBN：7-5363-1801-4
定价：CNY1.98
　　本书与接力出版社合作出版。

J0087530
机器猫 （第十八卷 第 2 集）（日）藤子·F·不二雄著；宝钟编译
南宁 广西民族出版社 1992 年 102 页
19cm（小 32 开）ISBN：7-5363-1801-4
定价：CNY1.98
　　本书与接力出版社合作出版。

J0087531
机器猫 （第十八卷 第 3 集）（日）藤子·F·不二雄著；宝钟编译
南宁 广西民族出版社 1992 年 95 页
19cm（小 32 开）ISBN：7-5363-1801-4
定价：CNY1.98
　　本书与接力出版社合作出版。

J0087532
机器猫 （第十八卷 第 4 集）（日）藤子·F·不

二雄著；宝钟编译
南宁 广西民族出版社 1992年 101页
19cm(小 32 开) ISBN：7-5363-1801-4
定价：CNY1.98
　　本书与接力出版社合作出版。

J0087533
机器猫 （第十九卷 第 1 集）（日）藤子·F·不
二雄著；宝钟编译
南宁 广西民族出版社 1992年 95页
19cm(小 32 开) ISBN：7-5363-1802-2
定价：CNY1.98
　　本书与接力出版社合作出版。

J0087534
机器猫 （第十九卷 第 2 集）（日）藤子·F·不
二雄著；宝钟编译
南宁 广西民族出版社 1992年 97页
19cm(小 32 开) ISBN：7-5363-1802-2
定价：CNY1.98
　　本书与接力出版社合作出版。

J0087535
机器猫 （第十九卷 第 3 集）（日）藤子·F·不
二雄著；宝钟编译
南宁 广西民族出版社 1992年 99页
19cm(小 32 开) ISBN：7-5363-1802-2
定价：CNY1.98
　　本书与接力出版社合作出版。

J0087536
机器猫 （第十九卷 第 4 集）（日）藤子·F·不
二雄著；宝钟编译
南宁 广西民族出版社 1992年 95页
19cm(小 32 开) ISBN：7-5363-1802-2
定价：CNY1.98
　　本书与接力出版社合作出版。

J0087537
机器猫 （第 1 卷）（日）藤子·F·不二雄原著；
振华等译编
北京 人民美术出版社 1993年 190页
19cm(小 32 开) ISBN：7-102-01169-5
定价：CNY2.50
　　作者藤子·F·不二雄(1933—1996)，日本漫

画家。出生于日本富山县高冈市，本名藤本弘。
毕业于富山县立高冈工艺高等学校电气科。受
到漫画大师手冢治虫的启发，立志成为儿童漫画
家。小学馆的代表漫画家之一。代表作《Q 太郎》
《哆啦 A 梦》《小超人帕门》《超能力魔美》。

J0087538
机器猫 （第 2 卷）（日）藤子·F·不二雄原著；
丁晓玉等译编
北京 人民美术出版社 1993年 191页
19cm(小 32 开) ISBN：7-102-01170-9
定价：CNY2.50

J0087539
机器猫 （第 3 卷）（日）藤子·F·不二雄原著；
丁晓玉等译编
北京 人民美术出版社 1993年 191页
19cm(小 32 开) ISBN：7-102-01171-7
定价：CNY2.50

J0087540
机器猫 （第 4 卷）（日）藤子·F·不二雄原著；
王振华，于利译编
北京 人民美术出版社 1993年 191页
19cm(小 32 开) ISBN：7-102-01172-5
定价：CNY2.50

J0087541
机器猫 （第 5 卷）（日）藤子·F·不二雄原著；
盛祖信译编
北京 人民美术出版社 1993年 189页
19cm(小 32 开) ISBN：7-102-01173-3
定价：CNY2.50

J0087542
机器猫 （第 6 卷）（日）藤子·F·不二雄原著；
盛祖信，王振华译编
北京 人民美术出版社 1993年 191页
19cm(小 32 开) ISBN：7-102-01174-1
定价：CNY2.50

J0087543
机器猫 （第 7 卷）（日）藤子·F·不二雄原著；
季颖等译编
北京 人民美术出版社 1993年 191页

19cm（小 32 开）ISBN：7-102-01175-X
定价：CNY2.50

J0087544
机器猫 （第 8 卷）（日）藤子·F·不二雄原著；
季颖等译编
北京 人民美术出版社 1993 年 189 页
19cm（小 32 开）ISBN：7-102-01176-8
定价：CNY2.50

J0087545
机器猫 （第 9 卷）（日）藤子·F·不二雄原著；
季颖等译编
北京 人民美术出版社 1993 年 189 页
19cm（小 32 开）ISBN：7-102-01177-6
定价：CNY2.50

J0087546
机器猫 （第 10 卷）（日）藤子·F·不二雄原著；
朱青，盛祖信译编
北京 人民美术出版社 1993 年 188 页
19cm（小 32 开）ISBN：7-102-01178-4
定价：CNY2.50

J0087547
机器猫 （第 21 卷）（日）藤子·F·不二雄原著；
李波等译
北京 人民美术出版社 1994 年 191 页
18cm（小 32 开）ISBN：7-102-01277-2
定价：CNY2.50

J0087548
机器猫 （第 22 卷）（日）藤子·F·不二雄原著；
张淑清译
北京 人民美术出版社 1994 年 191 页
18cm（小 32 开）ISBN：7-102-01278-0
定价：CNY2.50

J0087549
机器猫 （第 23 卷）（日）藤子·F·不二雄原著；
朱维维等译
北京 人民美术出版社 1994 年 190 页
18cm（小 32 开）ISBN：7-102-01279-9
定价：CNY2.50

J0087550
机器猫 （第 24 卷）（日）藤子·F·不二雄原著；
刘培等译
北京 人民美术出版社 1994 年 188 页
18cm（小 32 开）ISBN：7-102-01280-2
定价：CNY2.50

J0089418
机器猫 （第 25 卷）（日）藤子·F·不二雄原著；
季颖等译
北京 人民美术出版社 1994 年 189 页
18cm（小 32 开）ISBN：7-102-01281-0
定价：CNY2.50

J0087551
机器猫 （第 26 卷）（日）藤子·F·不二雄原著；
韦小严等译
北京 人民美术出版社 1994 年 189 页
18cm（小 32 开）ISBN：7-102-01281-9
定价：CNY2.50
　　作者藤子·F·不二雄(1933—1996)，日本漫画家。出生于日本富山县高冈市，本名藤本弘。毕业于富山县立高冈工艺高等学校电气科。受到漫画大师手冢治虫的启发，立志成为儿童漫画家。小学馆的代表漫画家之一。代表作《Q 太郎》《哆啦 A 梦》《小超人帕门》《超能力魔美》。

J0087552
机器猫 （第 27 卷）（日）藤子·F·不二雄原著；
王振华等译
北京 人民美术出版社 1994 年 191 页
18cm（小 32 开）ISBN：7-102-01283-7
定价：CNY2.50

J0087553
机器猫 （第 28 卷）（日）藤子·F·不二雄原著；
丁晓玉等译
北京 人民美术出版社 1994 年 190 页
18cm（小 32 开）ISBN：7-102-01284-5
定价：CNY2.50

J0087554
机器猫 （第 29 卷）（日）藤子·F·不二雄原著；
丁一等译
北京 人民美术出版社 1994 年 191 页

18cm(小 32 开) ISBN：7–102–01285–3
定价：CNY2.50

J0087555
机器猫 （第 30 卷）（日）藤子·F·不二雄原著；
于胜利等译
北京 人民美术出版社 1994 年 190 页
18cm(小 32 开) ISBN：7–102–01286–1
定价：CNY2.50

J0087556
机器猫 （第 31 卷）（日）藤子·F·不二雄原著；
王振华等译
北京 人民美术出版社 1994 年 191 页
18cm(小 32 开) ISBN：7–102–01329–9
定价：CNY2.50

J0087557
机器猫 （第 32 卷）（日）藤子·F·不二雄原著；
丁晓玉等译
北京 人民美术出版社 1994 年 189 页
18cm(小 32 开) ISBN：7–102–01330–2
定价：CNY2.50

J0087558
机器猫 （第 33 卷）（日）藤子·F·不二雄原著；
丁一等译
北京 人民美术出版社 1994 年 191 页
18cm(小 32 开) ISBN：7–102–01331–0
定价：CNY2.50

J0087559
机器猫 （第 34 卷）（日）藤子·F·不二雄原著；
王振华等译
北京 人民美术出版社 1994 年 189 页
18cm(小 32 开) ISBN：7–102–01332–9
定价：CNY2.50

J0087560
机器猫 （第 35 卷）（日）藤子·F·不二雄原著；
王振华等译
北京 人民美术出版社 1994 年 190 页
18cm(小 32 开) ISBN：7–102–01333–7
定价：CNY2.50

J0087561
机器猫 （第 36 卷）（日）藤子·F·不二雄原著；
晓玉等译
北京 人民美术出版社 1994 年 191 页
18cm(小 32 开) ISBN：7–102–01334–5
定价：CNY2.50

J0087562
机器猫 （第 37 卷）（日）藤子·F·不二雄原著；
丁一等译
北京 人民美术出版社 1994 年 187 页
18cm(小 32 开) ISBN：7–102–01335–3
定价：CNY2.50

J0087563
机器猫 （第 38 卷）（日）藤子·F·不二雄原著；
于胜利等译
北京 人民美术出版社 1994 年 189 页
18cm(小 32 开) ISBN：7–102–01336–1
定价：CNY2.50

J0087564
机器猫 （第 39 卷）（日）藤子·F·不二雄原著；
王振华等译
北京 人民美术出版社 1994 年 191 页
18cm(小 32 开) ISBN：7–102–01337–X
定价：CNY2.50

J0087565
机器猫 （第 40 卷）（日）藤子·F·不二雄原著；
于晓玉等译
北京 人民美术出版社 1994 年 190 页
18cm(小 32 开) ISBN：7–102–01338–8
定价：CNY2.50

J0087566
机器猫 （第 41 卷）（日）藤子·F·不二雄原著；
于一等译
北京 人民美术出版社 1994 年 191 页
18cm(小 32 开) ISBN：7–102–01339–6
定价：CNY2.50

J0087567
机器猫 （第 42 卷）（日）藤子·F·不二雄原著；
于胜利等译

北京　人民美术出版社 1994 年 191 页
18cm（小 32 开）ISBN：7–102–01340–X
定价：CNY2.50

J0087568
机器猫 （第 43 卷）（日）藤子·F·不二雄原著；
王振华等译
北京　人民美术出版社 1994 年 190 页
18cm（小 32 开）ISBN：7–102–01340–8
定价：CNY2.50

J0087569
科学漫画小百科全书
北京　地质出版社 1992 年 12 册 19cm（小 32 开）
ISBN：7–116–01113–7 定价：CNY43.20
　　本连环画据日本集英社出版的《漫画科学》
编译。

J0087570
灵机一动生活添彩 （生活漫画）（美）多蒂绘；
新潮选编
上海　上海远东出版社 1992 年 157 页
20cm（32 开）ISBN：7–80514–816–3
定价：CNY3.70
　　本书汇集了美国著名漫画家罗伊·多蒂的生
活漫画 157 幅，内容涉及娱乐、室内装饰、环境
美化等。

J0087571
猫眼三姐妹 （第一卷 .1 激情的画廊）（日）北
条司原著；曼华编译
海口　海南摄影美术出版社 1992 年 95 页
19cm（小 32 开）ISBN：7–80571–199–2
定价：CNY2.00
　　现代日本动画片。作者北条司（1957—　），
日本漫画家。毕业于九州产业大学艺术系服装
设计专业。主要作品有《猫眼三姐妹》《城市猎
人》《非常家庭》等。

J0087572
猫眼三姐妹 （第一卷 .2 新来的女警察）（日）
北条司原著；曼华编译
海口　海南摄影美术出版社 1992 年 95 页
19cm（小 32 开）ISBN：7–80571–199–2
定价：CNY2.00

J0087573
猫眼三姐妹 （第一卷 .3 绅士怪盗）（日）北条
司原著；曼华编译
海口　海南摄影美术出版社 1992 年 88 页
19cm（小 32 开）ISBN：7–80571–199–2
定价：CNY2.00

J0087574
猫眼三姐妹 （第一卷 .4 父亲的肖像画）（日）
北条司原著；曼华编译
海口　海南摄影美术出版社 1992 年 91 页
19cm（小 32 开）ISBN：7–80571–199–2
定价：CNY2.00

J0087575
猫眼三姐妹 （第一卷 .5 狗的圈套）（日）北条
司原著；曼华编译
海口　海南摄影美术出版社 1992 年 92 页
19cm（小 32 开）ISBN：7–80571–199–2
定价：CNY2.00

J0087576
猫眼三姐妹 （第二卷 .1 日记中的情报）（日）
北条司原著；曼华编译
海口　海南摄影美术出版社 1992 年 95 页
19cm（小 32 开）ISBN：7–80571–224–7
定价：CNY2.00

J0087577
猫眼三姐妹 （第二卷 .2 雪天来客）（日）北条
司原著；曼华编译
海口　海南摄影美术出版社 1992 年 95 页
19cm（小 32 开）ISBN：7–80571–224–7
定价：CNY2.00

J0087578
猫眼三姐妹 （第二卷 .3 强中自有强中手）
（日）北条司原著；曼华编译
海口　海南摄影美术出版社 1992 年 94 页
19cm（小 32 开）ISBN：7–80571–224–7
定价：CNY2.00

J0087579
猫眼三姐妹 （第二卷 .4 猫被警察咬伤）（日）
北条司原著；曼华编译

海口 海南摄影美术出版社 1992 年 95 页
19cm（小 32 开）ISBN：7-80571-224-7
定价：CNY2.00

J0087580
猫眼三姐妹 （第二卷 .5 爱的烦恼）（日）北条
司原著；曼华编译
海口 海南摄影美术出版社 1992 年 95 页
19cm（小 32 开）ISBN：7-80571-224-7
定价：CNY2.00

J0087581
猫眼三姐妹 （第三卷 .1 红色情书）（日）北条
司原著；曼华编译
海口 海南摄影美术出版社 1992 年 95 页
19cm（小 32 开）ISBN：7-80571-274-3
定价：CNY2.00
　　作者北条司（1957—　　），日本漫画家。毕业
于九州产业大学艺术系服装设计专业。主要作
品有《猫眼三姐妹》《城市猎人》《非常家庭》等。

J0087582
猫眼三姐妹 （第三卷 .2 不入虎穴，焉得虎子）
（日）北条司原著；曼华编译
海口 海南摄影美术出版社 1992 年 92 页
19cm（小 32 开）ISBN：7-80571-274-3
定价：CNY2.00

J0087583
猫眼三姐妹 （第三卷 .3 让风送我一程）（日）
北条司原著；曼华编译
海口 海南摄影美术出版社 1992 年 90 页
19cm（小 32 开）ISBN：7-80571-274-3
定价：CNY2.00
　　现代日本动画片。

J0087584
猫眼三姐妹 （第三卷 .4 梦一样的使者）（日）
北条司原著；曼华编译
海口 海南摄影美术出版社 1992 年 91 页
19cm（小 32 开）ISBN：7-80571-274-3
定价：CNY2.00

J0087585
猫眼三姐妹 （第三卷 .5 超级女赌神）（日）北

条司原著；曼华编译
海口 海南摄影美术出版社 1992 年 94 页
19cm（小 32 开）ISBN：7-80571-274-3
定价：CNY2.00

J0087586
猫眼三姐妹 （第四卷 .1 油船探密）（日）北条
司原著；曼华编译
海口 海南摄影美术出版社 1992 年
19cm（小 32 开）ISBN：7-80571-329-4
定价：CNY2.00

J0087587
猫眼三姐妹 （第四卷 .2 婚礼上的意外）（日）
北条司原著；曼华编译
海口 海南摄影美术出版社 1992 年
19cm（小 32 开）ISBN：7-80571-329-4
定价：CNY2.00

J0087588
猫眼三姐妹 （第四卷 .3 白雪女王的传说）
（日）北条司原著；曼华编译
海口 海南摄影美术出版社 1992 年
19cm（小 32 开）ISBN：7-80571-329-4
定价：CNY2.00

J0087589
猫眼三姐妹 （第四卷 .4 来自离南岛的邀请）
（日）北条司原著；曼华编译
海口 海南摄影美术出版社 1992 年
19cm（小 32 开）ISBN：7-80571-329-4
定价：CNY2.00

J0087590
猫眼三姐妹 （第四卷 .5 超短裙的风波）（日）
北条司原著；曼华编译
海口 海南摄影美术出版社 1992 年
19cm（小 32 开）ISBN：7-80571-329-4
定价：CNY2.00

J0087591
猫眼三姐妹 （第五卷 .1 猫眼特搜小组）（日）
北条司原著；曼华编译
海口 海南摄影美术出版社 1992 年 94 页
19cm（小 32 开）ISBN：7-80571-344-8

定价: CNY2.00

J0087592

猫眼三姐妹 （第五卷.2　疯狂的男子宿舍）
（日）北条司原著; 曼华编译
海口　海南摄影美术出版社 1992 年 94 页
19cm（小 32 开）ISBN: 7-80571-344-8
定价: CNY2.00

J0087593

猫眼三姐妹 （第五卷.3　爱情的拳击赛）（日）
北条司原著; 曼华编译
海口　海南摄影美术出版社 1992 年 94 页
19cm（小 32 开）ISBN: 7-80571-344-8
定价: CNY2.00

J0087594

猫眼三姐妹 （第五卷.4　危险的错觉）（日）北
条司原著; 曼华编译
海口　海南摄影美术出版社 1992 年 92 页
19cm（小 32 开）ISBN: 7-80571-344-8
定价: CNY2.00
　　作者北条司（1957—　　），日本漫画家。毕业
于九州产业大学艺术系服装设计专业。主要作
品有《猫眼三姐妹》《城市猎人》《非常家庭》等。

J0087595

猫眼三姐妹 （第五卷.5　爱心只给你）（日）北
条司原著; 曼华编译
海口　海南摄影美术出版社 1992 年 95 页
19cm（小 32 开）ISBN: 7-80571-344-8
定价: CNY2.00
　　现代日本动画片。

J0087596

猫眼三姐妹 （第六卷.1　追捕持枪凶犯）（日）
北条司原著; 曼华编译
海口　海南摄影美术出版社 1992 年 5 册
19cm（小 32 开）ISBN: 7-80571-380-4
定价: CNY2.00
　　现代日本动画片。

J0087597

猫眼三姐妹 （第六卷.2　追捕持枪凶犯）（日）
北条司原著; 曼华编译

海口　海南摄影美术出版社 1992 年
19cm（小 32 开）ISBN: 7-80571-380-4
定价: CNY2.00

J0087598

猫眼三姐妹 （第六卷.3　警察的西服）（日）北
条司原著; 曼华编译
海口　海南摄影美术出版社 1992 年
19cm（小 32 开）ISBN: 7-80571-380-4
定价: CNY2.00

J0087599

猫眼三姐妹 （第六卷.4　飞来的新娘）（日）北
条司原著; 曼华编译
海口　海南摄影美术出版社 1992 年
19cm（小 32 开）ISBN: 7-80571-380-4
定价: CNY2.00

J0087600

猫眼三姐妹 （第六卷.5　黑暗的诱惑）（日）北
条司原著; 曼华编译
海口　海南摄影美术出版社 1992 年
19cm（小 32 开）ISBN: 7-80571-380-4
定价: CNY2.00

J0087601

猫眼三姐妹 （第七卷.1　甜蜜的私语）（日）北
条司原著; 曼华编译
海口　海南摄影美术出版社 1993 年 95 页
19cm（小 32 开）ISBN: 7-80571-442-8
定价: CNY2.00

J0087602

猫眼三姐妹 （第七卷.2　你只能看我）（日）北
条司原著; 曼华编译
海口　海南摄影美术出版社 1993 年 93 页
19cm（小 32 开）ISBN: 7-80571-442-8
定价: CNY2.00

J0087603

猫眼三姐妹 （第七卷.3　爱神的觉醒）（日）北
条司原著; 曼华编译
海口　海南摄影美术出版社 1993 年 95 页
19cm（小 32 开）ISBN: 7-80571-442-8
定价: CNY2.00

J0087604

猫眼三姐妹 （第七卷.4 最后的回合）（日）北条司原著；曼华编译
海口 海南摄影美术出版社 1993 年 95 页
19cm（小 32 开）ISBN：7-80571-442-8
定价：CNY2.00

J0087605

猫眼三姐妹 （第七卷.5 再爱一次）（日）北条司原著；曼华编译
海口 海南摄影美术出版社 1993 年 95 页
19cm（小 32 开）ISBN：7-80571-442-8
定价：CNY2.00

J0087606

莫迪洛漫画 （世界著名连环漫画）（阿根廷）莫迪洛（Mordillo, Guillermo）绘；洪佩奇，姚宣刚编
南京 江苏人民出版社 1992 年 295 页
26cm（16 开）ISBN：7-214-00905-6
定价：CNY11.50

　　作者吉勒摩·莫迪洛（1932—2019），漫画家。出生于阿根廷布宜诺斯艾利斯。曾获得意大利托伦蒂诺漫画银奖、意大利波伦亚漫画评论奖、国际幽默漫画家大会银质奖、阿根廷艺术家奖和凤凰奖。代表作品《大力水手》《海盗船》。

J0087607

人间笑 老琼漫画
台北 时报文化出版企业公司 1992 年 148 页
有图 19cm（小 32 开）ISBN：957-13-0432-8
定价：TWD120.00
（时报漫画丛书 129）

　　作者老琼（1953—2008），漫画家。本名刘玉。出版有《蔡田的爱》《她们》《婚姻良民》《台北开门》《尪仔册》《斗来逗去》等。

J0087608

生活·爱情·幽默 （阿格丽皮娜）（法）布莱泰歇尔（Bretecher, C）作；洪佩奇选编
南京 译林出版社 1992 年 155 页 21×17cm
ISBN：7-80567-279-6 定价：CNY4.70
（世界系列连环漫画名著丛书）

J0087609

生活·爱情·幽默 （矮瓜先生 画册）（阿根廷）

莫迪洛作；洪佩奇，王友齐选编
南京 译林出版社 1992 年 233 页 19×20cm
ISBN：7-80567-213-X 定价：CNY8.50
（世界系列连环漫画名著丛书）

　　作者莫迪洛（1932—　），幽默画家。

J0087610

世界爱情幽默画 杨芳菲选编
杭州 浙江美术学院出版社 1992 年 153 页
19×21cm ISBN：7-81019-141-1 定价：CNY5.20

　　外文书名：The World's Cartoons of Loves.
编者杨芳菲，女，艺术家。浙江美术学院编辑、中国作家协会浙江分会会员、杭州市美术家协会理事等。

J0087611

世界笑画与笑话 （儿童专辑）缪印堂，叶蓉选编；李力编文
北京 中国和平出版社 1992 年 76 页 18×21cm
ISBN：7-80037-672-9 定价：CNY3.50

　　编者缪印堂（1935—2017），著名漫画家。江苏南京人。曾任中国科普研究所高级工艺美术师、中国美协漫画艺委会委员、中国美术家协会漫画艺委员会副主任、《漫画月刊》高级顾问、北京电影学院动画学院客座教授。漫画作品有《啊，危险》《讲经》《矛盾的统一》等。著作有《缪印堂漫画选》《漫画艺术入门》《科学漫画创作概论》等。

J0087612

世界幽默笑话博览 俞彬彬编
海口 海南摄影美术出版社 1992 年 200 页
有图 19cm（小 32 开）ISBN：7-80571-151-8
定价：CNY3.95

　　本书收集了 300 多个精短的幽默笑话，并附有 400 多幅幽默漫画插图。

J0087613

小国王 （连环漫画）（美）奥托·索格洛作；洪佩奇选编
南京 译林出版社 1992 年 重印本 158 页
21cm（32 开）精装 ISBN：7-80567-131-1
定价：CNY13.00
（世界系列连环漫画名著丛书）

　　本漫画包括破土礼、恐怖之夜、针锋相对、

与民同乐、慈悲为怀、严加惩处、代做广告等。

J0087614
形象言论　肖悟了编
广州 广东旅游出版社 1992 年 158 页 有插图
13cm（64 开）ISBN：7-80521-203-1
定价：CNY1.50
（在路上丛书）

　　本书从文明旅游入手，汇编各国有关旅游者形象的格言、漫画，寓教于乐。

J0087615
雅各布生　（第二集）方成编
北京 三联书店 1992 年 141 页 20cm（32 开）
ISBN：7-108-00512-3 定价：CNY5.50
（外国漫画家丛刊）

　　编者方成（1918—2018），漫画家、杂文家、幽默理论专家。原名孙顺潮，杂文笔名张化。祖籍广东中山，生于北京，毕业于武汉大学。历任《观察》半月刊漫画版主编、北京《新民晚报》美术编辑、人民日报社高级编辑、中国新闻漫画研究会会长。

J0087616
幽默画一百家　王亦秋策划编集
北京 中国连环画出版社 1992 年 100 页
26cm（16 开）ISBN：7-5061-0460-1
定价：CNY7.30

　　本书收辑 100 位漫画家创作的 100 篇幽默画作品。画家以四格或多格漫画的形式表现一个生活片断。每篇作品附有一条画家撰写的关于幽默或幽默画的格言。百位画家都附有一帧漫画自画像。作者王亦秋（1925— ），连环画家。又名王野秋，浙江镇海人。历任前锋出版社美术编辑，上海人民美术出版社连环画创作室创作员、副审编。主要作品有《杨门女将》《小刀会》《马跃檀溪》《李逵闹东京》《清兵入塞》等。

J0087617
保险入门　（实用保险概要 漫画本）（日）山野井良民主编；（日）小杉明绘画；（日）多喜川贤一撰文；惠芙生，胡永昌译
上海 上海译文出版社 1993 年 254 页
19cm（小 32 开）精装 ISBN：7-5327-1512-4
定价：CNY7.60

（市场经济入门丛书 漫画本）

　　本书以漫画的形式对生命保险和损害保险作了基本介绍。

J0087618
伯爵千金　（第一卷 1）（日）细川知荣子编绘
海口 海南摄影美术出版社 1993 年 95 页
19cm（32 开）ISBN：7-80571-451-7
定价：CNY2.20

　　日本现代漫画连环画作品。作者细川知荣子（1935— ），日本少女漫画家之一。出生于日本大阪。她创作的漫画主题大大都是少女爱情故事，充满了温馨和幻想，许多作品包含丰富的历史和社会知识。代表作品有《爱泉》《尼罗河女儿》《伯爵千金》《星梦泪痕》（中国大陆引进名称为《灰姑娘的森林》）等。

J0087619
伯爵千金　（第一卷 2）（日）细川知荣子编绘
海口 海南摄影美术出版社 1993 年 95 页
19cm（32 开）ISBN：7-80571-451-7
定价：CNY2.20

J0087620
伯爵千金　（第一卷 3）（日）细川知荣子编绘
海口 海南摄影美术出版社 1993 年 94 页 19cm
（32 开）ISBN：7-80571-451-7 定价：CNY2.20

J0087621
伯爵千金　（第一卷 4）（日）细川知荣子编绘
海口 海南摄影美术出版社 1993 年 94 页
19cm（32 开）ISBN：7-80571-451-7
定价：CNY2.20

J0087622
伯爵千金　（第一卷 5）（日）细川知荣子编绘
海口 海南摄影美术出版社 1993 年 94 页
19cm（32 开）ISBN：7-80571-451-7
定价：CNY2.20

J0087623
伯爵千金　（第二卷 1）（日）细川知荣子编绘
海口 海南摄影美术出版社 1993 年 95 页
19cm（32 开）ISBN：7-80571-451-7
定价：CNY2.20

J0087624

伯爵千金 （第二卷 2）（日）细川知荣子编绘
海口 海南摄影美术出版社 1993 年 95 页
19cm（32 开）ISBN：7-80571-451-7
定价：CNY2.20

J0087625

伯爵千金 （第二卷 3）（日）细川知荣子编绘
海口 海南摄影美术出版社 1993 年 95 页
19cm（32 开）ISBN：7-80571-451-7
定价：CNY2.20

J0087626

伯爵千金 （第二卷 4）（日）细川知荣子编绘
海口 海南摄影美术出版社 1993 年 95 页
19cm（32 开）ISBN：7-80571-451-7
定价：CNY2.20

J0087627

伯爵千金 （第二卷 5）（日）细川知荣子编绘
海口 海南摄影美术出版社 1993 年 95 页
19cm（32 开）ISBN：7-80571-451-7
定价：CNY2.20

J0087628

伯爵千金 （第三卷 1）（日）细川知荣子编绘
海口 海南摄影美术出版社 1993 年 95 页
19cm（32 开）ISBN：7-80571-451-7
定价：CNY2.20

J0087629

伯爵千金 （第三卷 2）（日）细川知荣子编绘
海口 海南摄影美术出版社 1993 年 95 页
19cm（32 开）ISBN：7-80571-451-7
定价：CNY2.20
　　日本现代漫画连环画作品。

J0087630

伯爵千金 （第三卷 3）（日）细川知荣子编绘
海口 海南摄影美术出版社 1993 年 95 页
19cm（32 开）ISBN：7-80571-451-7
定价：CNY2.20

J0087631

伯爵千金 （第三卷 4）（日）细川知荣子编绘

海口 海南摄影美术出版社 1993 年 95 页
19cm（32 开）ISBN：7-80571-451-7
定价：CNY2.20

J0087632

伯爵千金 （第三卷 5）（日）细川知荣子编绘
海口 海南摄影美术出版社 1993 年 95 页
19cm（32 开）ISBN：7-80571-451-7
定价：CNY2.20

J0087633

伯爵千金 （第四卷 1）（日）细川知荣子编绘
海口 海南摄影美术出版社 1993 年 95 页
19cm（32 开）ISBN：7-80571-451-7
定价：CNY2.20

J0087634

伯爵千金 （第四卷 2）（日）细川知荣子编绘
海口 海南摄影美术出版社 1993 年 95 页
19cm（32 开）ISBN：7-80571-451-7
定价：CNY2.20

J0087635

伯爵千金 （第四卷 3）（日）细川知荣子编绘
海口 海南摄影美术出版社 1993 年 95 页
19cm（32 开）ISBN：7-80571-451-7
定价：CNY2.20

J0087636

伯爵千金 （第四卷 4）（日）细川知荣子编绘
海口 海南摄影美术出版社 1993 年 95 页
19cm（32 开）ISBN：7-80571-451-7
定价：CNY2.20

J0087637

伯爵千金 （第四卷 5）（日）细川知荣子编绘
海口 海南摄影美术出版社 1993 年 95 页
19cm（32 开）ISBN：7-80571-451-7
定价：CNY2.20

J0087638

伯爵千金 （第五卷 1）（日）细川知荣子编绘；
刘建军，黄海武译
海口 海南摄影美术出版社 1994 年 96 页 有图
19cm（32 开）ISBN：7-80571-451-7

定价: CNY2.30

J0087639
伯爵千金　（第五卷　2）（日）细川知荣子编绘；
刘建军，黄海武译
海口　海南摄影美术出版社 1994 年 96 页
有图 19cm（32 开）ISBN: 7-80571-451-7
定价: CNY2.30

J0087640
伯爵千金　（第五卷　3）（日）细川知荣子编绘；
刘建军，黄海武译
海口　海南摄影美术出版社 1994 年 96 页
有图 19cm（32 开）ISBN: 7-80571-451-7
定价: CNY2.30

J0087641
伯爵千金　（第五卷　4）（日）细川知荣子编绘；
刘建军，黄海武译
海口　海南摄影美术出版社 1994 年 96 页
有图 19cm（32 开）ISBN: 7-80571-451-7
定价: CNY2.30
　　日本现代漫画连环画作品。

J0087642
伯爵千金　（第五卷　5）（日）细川知荣子编绘；
刘建军，黄海武译
海口　海南摄影美术出版社 1994 年 96 页
有图 19cm（32 开）ISBN: 7-80571-451-7
定价: CNY2.30

J0087643
不动产入门　（不动产交易的注意事项　漫画
本）（日）岩田可治主编；（日）高桥正行绘画；（日）
朝比奈冬来撰文；王前译
上海　上海译文出版社 1993 年 253 页
19cm（小 32 开）精装 ISBN: 7-5327-1510-8
定价: CNY7.60
（市场经济入门丛书）
　　本书以漫画的形式，配以若干典型实例，对
不动产的经济学知识作了通俗易懂的说明。

J0087644
成本核算入门　（材料费、劳务费、经费的核算
和记帐　漫画本）（日）氏井岩主编；（日）田村良

介绘画；（日）山本邦一撰文；刘光耀译
上海　上海译文出版社 1993 年 254 页
19cm（32 开）精装 ISBN: 7-5327-1514-0
定价: CNY7.60
（市场经济入门丛书）
　　本书是通过漫画介绍制造业中的各项交易
以及相关事业是以怎样的凭证记录在怎样的票
据、账簿上的，是如何进行核算形成报告单的。

J0087645
吃与乐　（笑话·幽默·漫画小品集）杨梅良编
长春　北方妇女儿童出版社 1993 年 228 页
19cm（小 32 开）ISBN: 7-5385-0293-9
定价: CNY3.50

J0087646
从苦难到光明　（松下说）宋世亮译
台北　汉欣文化事业公司 1993 年 3 版 349 页
19cm（小 32 开）ISBN: 957-686-007-5
定价: TWD140.00

J0087647
德国戏剧广告　吕文强，夏燕靖编
南京　江苏美术出版社 1993 年 122 页
26cm（16 开）ISBN: 7-5344-0269-7
定价: CNY39.00
　　本书为德国现代戏剧宣传画画册，德文题
名: Die ausstellung der Deutschen theaterplakate.

J0087648
地震的奥秘　（新订版）（日）力武常次，（日）安
倍北夫监修；（日）藤木辉美绘；阿强译
南宁　广西民族出版社 1993 年 141 页
19cm（小 32 开）ISBN: 7-5363-2604-1
定价: CNY4.60
（学研漫画奥秘丛书）
　　日本现代漫画连环画，中文版经日本综合著
作权代理公司仲介出版。

J0087649
东京爱的故事　（一）（日）柴门文编绘
海口　海南摄影美术出版社 1993 年 232 页
19cm（32 开）ISBN: 7-80571-609-9
定价: CNY4.98
　　日本现代漫画。

J0087650

东京爱的故事 （二）（日）柴门文编绘
海口 海南摄影美术出版社 1993 年 201 页
19cm（32 开）ISBN：7-80571-609-9
定价：CNY4.98

J0087651

东京爱的故事 （三）（日）柴门文编绘
海口 海南摄影美术出版社 1993 年 202 页
19cm（32 开）ISBN：7-80571-609-9
定价：CNY4.98

J0087652

东京爱的故事 （四）（日）柴门文编绘
海口 海南摄影美术出版社 1993 年 225 页
19cm（32 开）ISBN：7-80571-609-9
定价：CNY4.98
日本现代漫画。

J0087653

风趣的笑话　幽默的漫画 范建等编译
北京 中国和平出版社 1993 年 216 页 有插图
19cm（小 32 开）ISBN：7-80037-852-7
定价：CNY2.80
（少年知识大世界）
本书收集了古今中外的一些笑话和漫画。
作者范建，北京电视台编辑。

J0087654

股票入门 （股票投资取胜要诀 漫画本）（日）
三原淳雄主编；（日）住田京绘；（日）本间正夫撰
文；吴寄南译
上海 上海译文出版社 1993 年 251 页
19cm（小 32 开）精装 ISBN：7-5327-1517-5
定价：CNY7.60
（市场经济入门丛书）
本书以漫画的形式，介绍了股票投资的预备
知识，包括如何选择证券公司和证券经纪人，如
何掌握股票的购进和抛售的时机等。

J0087655

故乡的回忆 （挪威）古尔布朗松（Gulbransson,
Olaf）著；洪佩奇编；翟永庚译
南京 江苏美术出版社 1993 年 130 页 有图
26cm（16 开）ISBN：7-5344-0336-7

定价：CNY13.60
本书包括《故乡的回忆》《田园诗－欢乐与
不幸》两部作品，前者收入配画散文 40 余篇，叙
述了作者在故乡的童年生活、初恋及军旅生活；
后者以诗配画的形式阐述了生活的哲理。作者
奥纳夫·古尔布朗松（Gulbransson, Olaf, 1873—
1958），挪威奥斯罗人，现代杰出的漫画家。

J0087656

规划制订入门 （简洁明了的规划制订方法）
（日）和田创主编；（日）田村澄与绘画；（日）世良
洋撰文；徐宝妹译
上海 上海译文出版社 1993 年 254 页
19cm（小 32 开）精装 ISBN：7-5327-1518-3
定价：CNY7.60
（市场经济入门丛书 漫画本）

J0087657

海外幽默 （体育篇）刚刚编
广州 岭南美术出版社 1993 年 16×17cm
定价：CNY5.80

J0087658

海外幽默 （艺术篇）刚刚编
广州 岭南美术出版社 1993 年 192 页 17×19cm
ISBN：7-5362-0971-1 定价：CNY6.80
外国现代漫画画册。

J0087659

花生漫画 （美）舒尔兹（Schulz, C.M.）绘
香港 博智出版社 1993 年 2 册 18cm（小 32 开）
ISBN：962-553-001-0 定价：HKD40.00

J0087660

开心乐园 （漫画笑话集锦 2）杨军编
广州 广东教育出版社 1993 年 78 页
26cm（16 开）ISBN：7-5406-2214-8
定价：CNY2.90

J0087661

漫画与幽默 韦文辑
贵阳 贵州人民出版社 1993 年 78 页 有图
26cm（16 开）ISBN：7-221-03190-8
定价：CNY2.98

J0087662

美式漫画学习法　江春枝编译

台南 信宏出版社 1993 年 189 页 21cm(32 开)

ISBN：957-538-103-3 定价：TWD120.00

（美术 60 ）

J0087663

魔兽战士 （卷一 1）（日）蛭田达也著

乌鲁木齐 新疆青少年出版社 1993 年 87 页

19cm（ 32 开 ）ISBN：7-5371-1284-3

定价：CNY2.30

　　日本现代漫画作品。作者蛭田达也(Hiruta Tatsuya, 1961—　)，日本福岛县人，日本漫画作者。创作有热血长篇《功夫旋风儿》。

J0087664

魔兽战士 （卷一 2）（日）蛭田达也著

乌鲁木齐 新疆青少年出版社 1993 年 87 页

19cm（ 32 开 ）ISBN：7-5371-1284-3

定价：CNY2.30

J0087665

魔兽战士 （卷一 3）（日）蛭田达也著

乌鲁木齐 新疆青少年出版社 1993 年 87 页

19cm（ 32 开 ）ISBN：7-5371-1284-3

定价：CNY2.30

J0087666

魔兽战士 （卷一 4）（日）蛭田达也著

乌鲁木齐 新疆青少年出版社 1993 年 87 页

19cm（ 32 开 ）ISBN：7-5371-1284-3

定价：CNY2.30

J0087667

青春宿舍族 （1 HI! 宿舍一族）（日）中路有纪著

香港 博益出版集团有限公司 1993 年 2 版

196 页 17cm（ 45 开 ）ISBN：962-17-0603-3

定价：HKD25.00

（博益日本漫画）

J0087668

青春宿舍族 （2 恋爱傻瓜）（日）中路有纪著

香港 博益出版集团有限公司 1993 年 2 版

［198］页 17cm（ 45 开 ）ISBN：962-17-0640-8

定价：HKD25.00

（博益日本漫画）

J0089537

人体的奥秘 （新订版）（日）坪田修三,（日）保志宏监修;（日）藤木辉美绘; 阿强译

南宁 广西民族出版社 1993 年 165 页

19cm（小 32 开）ISBN：7-5363-2602-5

定价：CNY4.60

　　日本现代科学漫画连环画，中文版经日本综合著作权代理公司广西万达版权代理公司仲介出版。作者坪田修三，东京慈惠医科大学任教。作者保志宏，东京大学综合研究资料馆医学部门任职。

J0087669

三国志 （1 桃园结义）（日）横山光辉著; 益文译

北京 中国华侨出版社 [1993 年] 206 页

20cm（ 32 开 ）ISBN：7-80074-890-1

定价：CNY5.00

J0087670

三国志 （2 黄巾贼退治）（日）横山光辉著; 益文译

北京 中国华侨出版社 [1993 年] 206 页

20cm（ 32 开 ）ISBN：7-80074-890-1

定价：CNY5.00

J0087671

三国志 （3 汉室风云）（日）横山光辉著; 益文译

北京 中国华侨出版社 [1993 年] 199 页

20cm（ 32 开 ）ISBN：7-80074-890-1

定价：CNY5.00

J0087672

三国志 （4 乱世奸雄）（日）横山光辉著; 益文译

北京 中国华侨出版社 [1993 年] 204 页

20cm（ 32 开 ）ISBN：7-80074-890-1

定价：CNY5.00

J0087673

世界幽默漫画精选　石翔, 公孙春编

长春 吉林美术出版社 1993 年 244 页 有插图

19cm（小 32 开）ISBN：7-5386-0337-9

定价：CNY4.30

J0087674
税款入门 （税款百事通　漫画本）（日）成田一
正主编；（日）川村忠道绘；（日）初田创撰文；柯
森译
上海　上海译文出版社　1993 年　254 页
19cm（小 32 开）精装　ISBN：7-5327-1511-6
定价：CNY7.60
（市场经济入门丛书）

J0087675
天才小钓手 （第 1 集　钓香鱼篇）（日）矢口高
雄绘；林敏生译
台北　时报文化企业公司　1993 年　347 页
19cm（32 开）ISBN：957-13-0844-7
定价：TWD120.00
（时报漫画丛书 FJ001）
　　作者矢口高雄(1939—　)，日本漫画家。
本名高桥高雄。出生于日本秋田县。代表作为
《天才小钓手》《Matagi》《萤雪时代》《野性传
说》等。

J0087676
天才小钓手 （第 2 集　钓鲫鱼篇）（日）矢口高
雄绘；林敏生译
台北　时报文化企业公司　1993 年　326 页
19cm（32 开）ISBN：957-13-0931-1
定价：TWD120.00
（时报漫画丛书 FJ002）

J0087677
天才小钓手 （第 3 集　岩鳟篇）（日）矢口高雄
绘；林敏生译
台北　时报文化企业公司　1994 年　324 页
19cm（32 开）ISBN：957-13-0932-X
定价：TWD120.00
（时报漫画丛书 FJ003）

J0087678
天才小钓手 （第 4 集　钓鲤鱼篇）（日）矢口高
雄绘；林敏生译
台北　时报文化企业公司　1994 年　392 页
19cm（32 开）ISBN：957-13-0933-8
定价：TWD120.00
（时报漫画丛书 FJ004）

J0087679
天才小钓手 （第 5 集　趣味钓鱼篇）（日）矢口
高雄绘；林敏生译
台北　时报文化企业公司　1994 年　342 页
19cm（32 开）ISBN：957-13-0934-6
定价：TWD120.00
（时报漫画丛书 FJ005）

J0087680
天才小钓手 （第 6 集　钓鳟鱼篇）（日）矢口高
雄绘；涂愫芸译
台北　时报文化企业公司　1994 年　352 页
19cm（32 开）ISBN：957-13-0935-4
定价：TWD120.00
（时报漫画丛书 FJ006）

J0087681
天才小钓手 （第 7 集　钓迷幻鱼篇　一）（日）矢
口高雄绘；廖春梅译
台北　时报文化企业公司　1994 年　344 页
19cm（32 开）ISBN：957-13-0936-2
定价：TWD120.00
（时报漫画丛书 FJ007）

J0087682
天才小钓手 （第 8 集　钓迷幻之鱼篇　二）（日）
矢口高雄绘；廖春梅译
台北　时报文化企业公司　1994 年　330 页
19cm（32 开）ISBN：957-13-0937-0
定价：TWD120.00
（时报漫画丛书 FJ008）

J0087683
天才小钓手 （第 9 集　钓石鲷鱼篇）（日）矢口
高雄绘；廖春梅译
台北　时报文化企业公司　1994 年　326 页
19cm（32 开）ISBN：957-13-0938-9
定价：TWD120.00
（时报漫画丛书 FJ009）

J0087684
天才小钓手 （第 10 集　钓鲤鱼篇　二）（日）矢
口高雄绘；廖春梅译
台北　时报文化企业公司　1994 年　347 页
19cm（32 开）ISBN：957-13-0939-7

定价: TWD120.00

（时报漫画丛书 FJ010）

J0087685

天才小钓手　（第 11 集 钓虹鳟篇）（日）矢口高雄绘; 蔡瑞乡译

台北 时报文化企业公司 1994 年 354 页
19cm（32 开）ISBN: 957–13–0940–0

定价: TWD120.00

（时报漫画丛书 FJ011）

J0087686

天才小钓手　（第 12 集 钓雷鱼篇）（日）矢口高雄绘; 蔡瑞乡译

台北 时报文化企业公司 1994 年 330 页
19cm（32 开）ISBN: 957–13–0940–0

定价: TWD120.00

（时报漫画丛书 FJ012）

　　作者矢口高雄(1939—　)，日本漫画家。本名高桥高雄。出生于日本秋田县。代表作为《天才小钓手》《Matagi》《萤雪时代》《野性传说》等。

J0087687

天才小钓手　（第 13 集 钓鲍鱼篇　一）（日）矢口高雄绘; 高嘉莲译

台北 时报文化企业公司 1994 年 343 页
19cm（32 开）ISBN: 957–13–0942–7

定价: TWD120.00

（时报漫画丛书 FJ013）

J0087688

天才小钓手　（第 14 集 钓鲍鱼篇　二）（日）矢口高雄绘; 高嘉莲译

台北 时报文化企业公司 1994 年 341 页
19cm（32 开）ISBN: 957–13–0943–5

定价: TWD120.00

（时报漫画丛书 FJ014）

J0087689

天才小钓手　（第 15 集 钓鲍鱼篇　三）（日）矢口高雄绘; 高嘉莲译

台北 时报文化企业公司 1994 年 325 页
19cm（32 开）ISBN: 957–13–0944–3

定价: TWD120.00

（时报漫画丛书 FJ015）

J0089559

天才小钓手　（第 16 集 趣味钓鱼篇）（日）矢口高雄绘; 林敏生译

台北 时报文化企业公司 1994 年 384 页 19cm
（32 开）ISBN: 957–13–0945–1 定价: TWD120.00

（时报漫画丛书 FJ016）

J0087690

天才小钓手　（第 17 集 钓花跳篇　一）（日）矢口高雄绘; 林敏生译

台北 时报文化企业公司 1994 年 344 页
19cm（32 开）ISBN: 957–13–0946–X

定价: TWD120.00

（时报漫画丛书 FJ017）

J0087691

天才小钓手　（第 18 集 钓花跳篇　二）（日）矢口高雄绘; 林敏生译

台北 时报文化企业公司 1994 年 340 页
19cm（32 开）ISBN: 957–13–0947–8

定价: TWD120.00

（时报漫画丛书 FJ018）

J0087692

天才小钓手　（第 19 集 猎香鱼篇　一）（日）矢口高雄绘; 林敏生译

台北 时报文化企业公司 1994 年 340 页
19cm（32 开）ISBN: 957–13–1066–2

定价: TWD120.00

（时报漫画丛书 FJ019）

J0087693

天才小钓手　（第 20 集 猎香鱼篇　二）（日）矢口高雄绘; 林敏生译

台北 时报文化企业公司 1994 年 354 页
19cm（32 开）ISBN: 957–13–1048–4

定价: TWD120.00

（时报漫画丛书 FJ020）

J0087694

天才小钓手　（第 21 集 溪钓篇）（日）矢口高雄绘; 林敏生译

台北 时报文化企业公司 1994 年 370 页

19cm（32开）ISBN：957-13-1049-2
定价：TWD120.00
（时报漫画丛书 FJ021）

J0087695
天才小钓手 （第22集 钓金眼鲈篇）（日）矢口
高雄绘；林敏生译
台北 时报文化企业公司 1994年 399页
19cm（32开）ISBN：957-13-1050-6
定价：TWD120.00
（时报漫画丛书 FJ022）

J0087696
天才小钓手 （第23集 甩竿毛钩钓篇 一）（日）
矢口高雄绘；沈美雪译
台北 时报文化企业公司 1994年 332页
19cm（32开）ISBN：957-13-1051-4
定价：TWD120.00
（时报漫画丛书 FJ023）
　　作者矢口高雄（1939—　），日本漫画家。本
名高桥高雄。出生于日本秋田县。代表作为《天
才小钓手》《Matagi》《萤雪时代》《野性传说》等。

J0087697
天才小钓手 （第24集 甩竿毛钩钓篇 二）（日）
矢口高雄绘；沈美雪译
台北 时报文化企业公司 1994年 338页
19cm（32开）ISBN：957-13-1052-2
定价：TWD120.00
（时报漫画丛书 FJ024）

J0087698
天才小钓手 （第25集 钓怪鱼篇）（日）矢口高
雄绘；陈毓敏译
台北 时报文化企业公司 1994年 368页
19cm（32开）ISBN：957-13-1053-0
定价：TWD120.00
（时报漫画丛书 FJ025）

J0087699
天才小钓手 （第26集 钓鲑鱼篇 一）（日）矢
口高雄绘；沈美雪译
台北 时报文化企业公司 1994年 362页
19cm（32开）ISBN：957-13-1054-9
定价：TWD120.00

（时报漫画丛书 FJ026）

J0087700
天才小钓手 （第27集 钓鲑鱼篇 二）（日）矢
口高雄绘；沈美雪译
台北 时报文化企业公司 1994年 371页
19cm（32开）ISBN：957-13-1055-7
定价：TWD120.00
（时报漫画丛书 FJ027）

J0087701
天才小钓手 （第28集 钓鲑鱼篇 三）（日）矢
口高雄绘；沈美雪译
台北 时报文化企业公司 1994年 346页
19cm（32开）ISBN：957-13-1056-5
定价：TWD120.00
（时报漫画丛书 FJ028）

J0087702
天才小钓手 （第29集 钓鳟鱼篇 一）（日）矢
口高雄绘；沈美雪译
台北 时报文化企业公司 1994年 358页
19cm（32开）ISBN：957-13-1057-3
定价：TWD120.00
（时报漫画丛书 FJ029）

J0087703
天才小钓手 （第30集 钓鳟鱼篇 二）（日）矢
口高雄绘；沈美雪译
台北 时报文化企业公司 1994年 378页
19cm（32开）ISBN：957-13-1058-1
定价：TWD120.00
（时报漫画丛书 FJ030）

J0087704
天才小钓手 （第31集 钓蓝旗鱼篇 一）（日）
矢口高雄绘；沈美雪译
台北 时报文化企业公司 1994年 378页
19cm（32开）ISBN：957-13-1059-X
定价：TWD120.00
（时报漫画丛书 FJ031）

J0087705
天才小钓手 （第32集 钓蓝旗鱼篇 二）（日）
矢口高雄绘；沈美雪译

台北 时报文化企业公司 1994 年 370 页
19cm（32 开）ISBN：957-13-1060-3
定价：TWD120.00
（时报漫画丛书 FJ032）

J0087706
天才小钓手 （第 33 集 钓蓝旗鱼篇　三）（日）
矢口高雄绘；沈美雪译
台北 时报文化企业公司 1994 年 378 页
19cm（32 开）ISBN：957-13-1061-1
定价：TWD120.00
（时报漫画丛书 FJ033）

J0087707
天才小钓手 （第 34 集 甩竿抛远篇　一）（日）
矢口高雄绘；沈美雪译
台北 时报文化企业公司 1994 年 386 页
19cm（32 开）ISBN：957-13-1062-X
定价：TWD120.00
（时报漫画丛书 FJ034）
　　作者矢口高雄（1939—　　），日本漫画家。本
名高桥高雄。出生于日本秋田县。代表作为《天
才小钓手》《Matagi》《萤雪时代》《野性传说》等。

J0087708
天才小钓手 （第 35 集 甩竿抛远篇　二）（日）
矢口高雄绘；沈美雪译
台北 时报文化企业公司 1994 年 396 页
19cm（32 开）ISBN：957-13-1063-8
定价：TWD120.00
（时报漫画丛书 FJ035）

J0087709
天才小钓手 （第 36 集 钓竹刀鲫篇）（日）矢口
高雄绘；沈美雪译
台北 时报文化企业公司 1994 年 414 页
19cm（32 开）ISBN：957-13-1064-6
定价：TWD120.00
（时报漫画丛书 FJ036）

J0087710
天才小钓手 （第 37 集 钓香鱼篇）（日）矢口高
雄绘；沈美雪译
台北 时报文化企业公司 1994 年 390 页
19cm（32 开）ISBN：957-13-1065-4

定价：TWD120.00
（时报漫画丛书 FJ037）

J0087711
天才小钓手 （第 2 集 钓鲫鱼篇）（日）矢口高
雄绘；林敏生译
台北 时报文化企业公司 1996 年 重印本
326 页 19cm（32 开）ISBN：957-13-0931-1
定价：TWD120.00
（时报漫画丛书 FJ002）

J0087712
天才小钓手 （第 3 集 岩鳟篇）（日）矢口高雄
绘；林敏生译
台北 时报文化企业公司 1996 年 重印本 324 页
19cm（32 开）ISBN：957-13-0932-X
定价：TWD120.00
（时报漫画丛书 FJ003）

J0087713
天才小钓手 （第 4 集 钓鲤鱼篇）（日）矢口高
雄绘；林敏生译
台北 时报文化企业公司 1996 年 重印本 392 页
19cm（32 开）ISBN：957-13-0933-8
定价：TWD120.00
（时报漫画丛书 FJ004）

J0087714
天才小钓手 （第 5 集 趣味钓鱼篇）（日）矢口
高雄绘；林敏生译
台北 时报文化企业公司 1996 年 重印本 342 页
19cm（32 开）ISBN：957-13-0934-6
定价：TWD120.00
（时报漫画丛书 FJ005）

J0087715
天才小钓手 （第 6 集 钓鳟鱼篇）（日）矢口高
雄绘；涂愫芸译
台北 时报文化企业公司 1996 年 重印本 352 页
19cm（32 开）ISBN：957-13-0935-4
定价：TWD120.00
（时报漫画丛书 FJ006）

J0087716
天才小钓手 （第 17 集 钓花跳篇　一）（日）矢

口高雄绘；林敏生译

台北 时报文化企业公司 1996年 重印本 344页

19cm(32开) ISBN: 957-13-0946-X

定价: TWD120.00

(时报漫画丛书 FJ017)

J0087717

天才小钓手 (第18集 钓花跳篇 二)(日)矢

口高雄绘；林敏生译

台北 时报文化企业公司 1996年 重印本 340页

19cm(32开) ISBN: 957-13-0947-8

定价: TWD120.00

(时报漫画丛书 FJ018)

J0087718

天才小钓手 (第19集 猎香鱼篇 一)(日)矢

口高雄绘；林生译

台北 时报文化企业公司 1996年 重印本 340页

19cm(32开) ISBN: 957-13-1066-2

定价: TWD120.00

(时报漫画丛书 FJ019)

J0087719

天才小钓手 (第20集 猎香鱼篇 二)(日)矢

口高雄绘；林敏生译

台北 时报文化企业公司 1996年 重印本 354页

19cm(32开) ISBN: 957-13-1048-4

定价: TWD120.00

(时报漫画丛书 FJ020)

J0087720

天才小钓手 (第21集 溪钓篇)(日)矢口高雄

绘；林敏生译

台北 时报文化企业公司 1996年 重印本 370页

19cm(32开) ISBN: 957-13-1049-2

定价: TWD120.00

(时报漫画丛书 FJ021)

J0087721

天才小钓手 (第22集 钓金眼鲈篇)(日)矢

口高雄绘；林敏生译

台北 时报文化企业公司 1996年 重印本 399页

19cm(32开) ISBN: 957-13-1050-6

定价: TWD120.00

(时报漫画丛书 FJ022)

J0087722

天才小钓手 (第23集 甩竿毛钩钓篇 一)

(日)矢口高雄绘；沈美雪译

台北 时报文化企业公司 1996年 重印本 332页

19cm(32开) ISBN: 957-13-1051-4

定价: TWD120.00

(时报漫画丛书 FJ023)

J0087723

天才小钓手 (第24集 甩竿毛钩钓篇 二)

(日)矢口高雄绘；沈美雪译

台北 时报文化企业公司 1996年 重印本 338页

19cm(32开) ISBN: 957-13-1052-2

定价: TWD120.00

(时报漫画丛书 FJ024)

J0087724

天才小钓手 (第25集 钓怪鱼篇)(日)矢口高

雄绘；陈毓敏译

台北 时报文化企业公司 1996年 重印本 368页

19cm(32开) ISBN: 957-13-1053-0

定价: TWD120.00

(时报漫画丛书 FJ025)

J0087725

天才小钓手 (第26集 钓鲑鱼篇 一)(日)矢

口高雄绘；沈美雪译

台北 时报文化企业公司 1996年 重印本 362页

19cm(32开) ISBN: 957-13-1054-9

定价: TWD120.00

(时报漫画丛书 FJ026)

J0087726

天才小钓手 (第27集 钓鲑鱼篇 二)(日)矢

口高雄绘；沈美雪译

台北 时报文化企业公司 1996年 重印本 371页

19cm(32开) ISBN: 957-13-1055-7

定价: TWD120.00

(时报漫画丛书 FJ027)

J0087727

天才小钓手 (第29集 钓鳟鱼篇 一)(日)矢

口高雄绘；沈美雪译

台北 时报文化企业公司 1996年 重印本 358页

19cm(32开) ISBN: 957-13-1057-3

定价: TWD120.00

（时报漫画丛书 FJ029）

J0087728

天才小钓手 （第30集 钓鳟鱼篇 二）（日）矢
口高雄绘; 沈美雪译

台北 时报文化企业公司 1996年 重印本 378页
19cm（32开）ISBN: 957-13-1058-1

定价: TWD120.00

（时报漫画丛书 FJ030）

J0087729

天才小钓手 （第35集 甩竿抛远篇 二）（日）
矢口高雄绘; 沈美雪译

台北 时报文化企业公司 1996年 重印本 396页
19cm（32开）ISBN: 957-13-1063-8

定价: TWD120.00

（时报漫画丛书 FJ035）

作者矢口高雄(1939—)，日本漫画家。
本名高桥高雄。出生于日本秋田县。代表作为
《天才小钓手》《Matagi》《萤雪时代》《野性传
说》等。

J0087730

天才小钓手 （第37集 钓香鱼篇）（日）矢口高
雄绘; 沈美雪译

台北 时报文化企业公司 1996年 重印本 390页
19cm（32开）ISBN: 957-13-1065-4

定价: TWD120.00

（时报漫画丛书 FJ037）

J0087731

天才小钓手 （第7集 钓迷幻鱼篇 一）（日）
矢口高雄绘; 廖春梅译

台北 时报文化企业公司 1997年 重印本 344页
19cm（32开）ISBN: 957-13-0936-2

定价: TWD120.00

（时报漫画丛书 FJ007）

J0087732

天才小钓手 （第8集 钓迷幻之鱼篇 二）（日）
矢口高雄绘; 廖春梅译

台北 时报文化企业公司 1997年 重印本 330页
19cm（32开）ISBN: 957-13-0937-0

定价: TWD120.00

（时报漫画丛书 FJ008）

J0087733

天才小钓手 （第9集 钓石鲷鱼篇）（日）矢口
高雄绘; 廖春梅译

台北 时报文化企业公司 1997年 重印本 326页
19cm（32开）ISBN: 957-13-0938-9

定价: TWD120.00

（时报漫画丛书 FJ009）

J0087734

天才小钓手 （第10集 钓鲤鱼篇 二）（日）矢
口高雄绘; 廖春梅译

台北 时报文化企业公司 1997年 重印本 347页
19cm（32开）ISBN: 957-13-0939-7

定价: TWD120.00

（时报漫画丛书 FJ010）

J0087735

天才小钓手 （第11集 钓虹鳟篇）（日）矢口高
雄绘; 蔡瑞乡译

台北 时报文化企业公司 1997年 重印本 354页
19cm（32开）ISBN: 957-13-0940-0

定价: TWD120.00

（时报漫画丛书 FJ011）

J0087736

天才小钓手 （第12集 钓雷鱼篇）（日）矢口高
雄绘; 蔡瑞乡译

台北 时报文化企业公司 1997年 重印本 330页
19cm（32开）ISBN: 957-13-0940-0

定价: TWD120.00

（时报漫画丛书 FJ012）

J0087737

天才小钓手 （第13集 钓鲗鱼篇 一）（日）矢
口高雄绘; 高嘉莲译

台北 时报文化企业公司 1997年 重印本 343页
19cm（小32开）ISBN: 957-13-0942-7

定价: TWD120.00

（时报漫画丛书 FJ013）

J0087738

天才小钓手 （第14集 钓鲗鱼篇 二）（日）矢
口高雄绘; 高嘉莲译

台北 时报文化企业公司 1997年 重印本 341页
19cm(32开) ISBN: 957-13-0943-5
定价: TWD120.00
(时报漫画丛书 FJ014)

J0087739
天才小钓手 (第15集 钓鳚鱼篇 三)(日)矢口高雄绘; 高嘉莲译
台北 时报文化企业公司 1997年 重印本 325页
19cm(32开) ISBN: 957-13-0944-3
定价: TWD120.00
(时报漫画丛书 FJ015)
作者矢口高雄(1939—),日本漫画家。本名高桥高雄。出生于日本秋田县。代表作为《天才小钓手》《Matagi》《萤雪时代》《野性传说》等。

J0087740
天才小钓手 (第16集 趣味钓鱼篇)(日)矢口高雄绘; 林敏生译
台北 时报文化企业公司 1997年 重印本 384页
19cm(32开) ISBN: 957-13-0945-1
定价: TWD120.00
(时报漫画丛书 FJ016)

J0087741
天才小钓手 (第28集 钓鲑鱼篇 三)(日)矢口高雄绘; 沈美雪译
台北 时报文化企业公司 1997年 重印本 346页
19cm(32开) ISBN: 957-13-1056-5
定价: TWD120.00
(时报漫画丛书 FJ028)

J0087742
天才小钓手 (第31集 钓蓝旗鱼篇 一)(日)矢口高雄绘; 沈美雪译
台北 时报文化企业公司 1997年 重印本 378页
19cm(32开) ISBN: 957-13-1059-X
定价: TWD120.00
(时报漫画丛书 FJ031)

J0087743
天才小钓手 (第32集 钓蓝旗鱼篇 二)(日)矢口高雄绘; 沈美雪译
台北 时报文化企业公司 1997年 重印本 370页
19cm(32开) ISBN: 957-13-1060-3
定价: TWD120.00
(时报漫画丛书 FJ032)

J0087744
天才小钓手 (第33集 钓蓝旗鱼篇 三)(日)矢口高雄绘; 沈美雪译
台北 时报文化企业公司 1997年 重印本 378页
19cm(32开) ISBN: 957-13-1061-1
定价: TWD120.00
(时报漫画丛书 FJ033)

J0087745
天才小钓手 (第34集 甩竿抛远篇 一)(日)矢口高雄绘; 沈美雪译
台北 时报文化企业公司 1997年 重印本 386页
19cm(32开) ISBN: 957-13-1062-X
定价: TWD120.00
(时报漫画丛书 FJ034)

J0087746
天才小钓手 (第36集 钓竹刀鲫篇)(日)矢口高雄绘; 沈美雪译
台北 时报文化企业公司 1997年 重印本 414页
19cm(32开) ISBN: 957-13-1064-6
定价: TWD120.00
(时报漫画丛书 FJ036)

J0087747
天下最笨 文波编
广州 岭南美术出版社 1993年 2版 164页
有插图 19cm(小32开) ISBN: 7-5362-0804-9
定价: CNY3.50

J0087748
天下最蠢 文波编
广州 岭南美术出版社 1993年 2版 164页
有插图 19cm(小32开) ISBN: 7-5362-0804-9
定价: CNY3.50

J0087749
天下最逗 文波编
广州 岭南美术出版社 1993年 163页 有插图
19cm(小32开) ISBN: 7-5362-0923-1
定价: CNY3.50

J0087750

天下最混　文波编

广州 岭南美术出版社 1993 年 2 版 163 页

有插图 19cm（小 32 开）ISBN：7-5362-0878-2

定价：CNY3.50

J0087751

天下最精　文波编

广州 岭南美术出版社 1993 年 2 版 165 页

有插图 19cm（小 32 开）ISBN：7-5362-0880-4

定价：CNY3.50

J0087752

天下最妙　文波编

广州 岭南美术出版社 1993 年 164 页 有插图

19cm（小 32 开）ISBN：7-5362-0922-3

定价：CNY3.50

J0087753

天下最傻　文波编

广州 岭南美术出版社 1993 年 2 版 164 页

有插图 19cm（小 32 开）ISBN：7-5362-0803-0

定价：CNY3.50

J0087754

天下最歪　文波编

广州 岭南美术出版社 1993 年 2 版 163 页

有插图 19cm（小 32 开）ISBN：7-5362-0879-0

定价：CNY3.50

J0087755

天下最糟　文波编

广州 岭南美术出版社 1993 年 164 页 有插图

19cm（小 32 开）ISBN：7-5362-0921-5

定价：CNY3.50

J0087756

新编机器猫小叮当　（小叮当长篇大冒险故事

第一集 1 太古大魔境）（日）藤子·F·不二雄著

北京 北京科学技术出版社 1993 年 95 页

19cm（小 32 开）ISBN：7-5304-1407-0

定价：CNY2.95

　　日本现代漫画作品。作者藤子·F·不二雄

（1933—1996），日本漫画家。出生于日本富山县

高冈市，本名藤本弘。毕业于富山县立高冈工艺

高等学校电气科。受到漫画大师手冢治虫的启

发，立志成为儿童漫画家。小学馆的代表漫画家

之一。代表作《Q 太郎》《哆啦 A 梦》《小超人帕

门》《超能力魔美》。

J0087757

新编机器猫小叮当　（小叮当长篇大冒险故事

第一集 2 太古大魔境）（日）藤子·F·不二雄著

北京 北京科学技术出版社 1993 年 103 页

19cm（小 32 开）ISBN：7-5304-1407-0

定价：CNY2.95

J0087758

新编机器猫小叮当　（第二集 1-4）（日）藤

子·F·不二雄著

北京 北京科学技术出版社 1993 年 4 册

20cm（32 开）ISBN：7-5304-1502-6

定价：CNY26.00

J0087759

新编机器猫小叮当　（小叮当长篇大冒险故事

第二集 1 大雄的恐龙传奇）（日）藤子·F·不二

雄著

北京 北京科学技术出版社 1993 年 95 页

19cm（小 32 开）ISBN：7-5304-1407-0

定价：CNY2.95

J0087760

新编机器猫小叮当　（小叮当长篇大冒险故事

第二集 2 大雄的恐龙传奇）（日）藤子·F·不二

雄著

北京 北京科学技术出版社 1993 年 103 页

19cm（小 32 开）ISBN：7-5304-1407-0

定价：CNY2.95

J0087761

新编机器猫小叮当　（小叮当长篇大冒险故事

第三集 1 恐龙骑士）（日）藤子·F·不二雄著

北京 北京科学技术出版社 1993 年 95 页

19cm（小 32 开）ISBN：7-5304-1407-0

定价：CNY2.95

J0087762

新编机器猫小叮当　（小叮当长篇大冒险故事

第三集 2 恐龙骑士）（日）藤子·F·不二雄著

北京 北京科学技术出版社 1993 年 97 页
19cm(小 32 开) ISBN：7-5304-1407-0
定价：CNY2.95

J0087763
新编机器猫小叮当 （小叮当长篇大冒险故事
第四集 1 海底鬼岩城）(日)藤子·F·不二雄著
北京 北京科学技术出版社 1993 年 94 页
19cm(小 32 开) ISBN：7-5304-1407-0
定价：CNY2.95

J0087764
新编机器猫小叮当 （小叮当长篇大冒险故事
第四集 2 海底鬼岩城）(日)藤子·F·不二雄著
北京 北京科学技术出版社 1993 年 95 页
19cm(小 32 开) ISBN：7-5304-1407-0
定价：CNY2.95
　　日本现代漫画作品。

J0087765
益智幽默 于孟晨编译
西安 西安出版社 1993 年 194 页 19cm(小 32 开)
ISBN：7-80594-116-5 定价：CNY4.50

J0087766
银行往来入门 （利用银行发展经营的诀窍 漫
画本）(日)加藤浩康主编；(日)狩野一矢绘画；
(日)高尾纯撰文；皮细庚译
上海 上海译文出版社 1993 年 254 页
19cm(小 32 开) 精装 ISBN：7-5327-1509-4
定价：CNY7.60
（市场经济入门丛书）
　　本书以漫画的形式，介绍了利用银行发展经
营的技法，具体内容有：存款、融资、担保、票据
交换、国内外汇兑、附属业务等。

J0087767
有价证券入门 （票据、支票、股票、债券 漫画
本）(日)多比罗诚主编；(日)广冈球志绘画；梁
传宝译
上海 上海译文出版社 1993 年 254 页
19cm(小 32 开) 精装 ISBN：7-5327-1516-7
定价：CNY7.60
（市场经济入门丛书）

J0087768
长谷川町子连环漫画 [(日)长谷川町子绘]；
洪佩奇编
南京 译林出版社 1993 年 264 页 26cm(16 开)
精装 ISBN：7-80567-262-8 定价：CNY24.00
（《世界连环画漫画经典》大系）
　　本册介绍了长谷川町子的生平创作及早期
作品《阿螺》。作者长谷川町子(1920—1992)，日
本著名女漫画家。

J0087769
长谷川町子漫画全集 （1）(日)长谷川町子
绘；洪佩奇，韦兴邦编；竺陡南，王新民译
南京 译林出版社 1993 年 264 页 26cm(16 开)
ISBN：7-80567-262-8 定价：CNY12.50
（世界系列连环漫画名著丛书 生活·爱情·幽默）
　　本册介绍了长谷川町子的生平创作及早期
作品《阿螺》。

J0087770
中外漫画形象大观 10000 例 王培堃编绘
桂林 漓江出版社 1993 年 230 页 26cm(16 开)
ISBN：7-5407-1291-0 定价：CNY11.35
　　本书介绍了漫画创作的知识与技巧，分为：
表情、动态、服饰、脸谱、动物、风情、故事等 7
篇。作者王培堃(1940—   )，漫画家。广西柳州
人，毕业于广西师范学院。曾任职于广西柳州市
群众艺术馆，柳州《新天地画刊》编辑部、中国美
术家协会会员、中国美术家协会连环画艺术委员
会委员。代表作品《书的故事》《小精灵画传》《书
童山》。

J0087771
资金周转入门 （高明的资金筹措和运用 漫画
本）(日)柴野直一主编；(日)池田圭一绘；(日)
江本凉撰文；沈洵澧译
上海 上海译文出版社 1993 年 253 页
20cm(32 开) 精装 ISBN：7-5327-1513-2
定价：CNY7.60
（市场经济入门丛书）
　　本书以漫画的形式，介绍了有关资金筹措与
运用的知识，如资金周转、资金运用表、计划资
金周转表等。

J0087772
38 度线上的怪物 （日）手塚治虫绘；徐雪蓉译
台北 时报文化出版企业公司 1994 年 220 页
19cm（小 32 开）ISBN：957-13-1347-5
定价：TWD95.00
（时报漫画丛书 手塚治虫漫画全集 FL149）
　　作者手塚治虫，即手冢治虫（てづか おさ
む，1928—1989），日本漫画家、动画制作人、医
学博士。本名手冢治。读大阪大学附属医学专
门部，获医学博士学位。代表作品《铁臂阿童木》
《缎带骑士》《火之鸟》等。

J0087773
IQ 博士幽默 （1）平生选编
海口 海南摄影美术出版社 1994 年 151 页
有插图 19cm（小 32 开）ISBN：7-80571-420-7
定价：CNY3.98
（IQ 急转弯系列 8）

J0087774
阿波罗之歌 （日）手塚治虫绘；李玲瑜译
台北 时报文化出版公司 1994 年 3 册 有图
19cm（小 32 开）ISBN：957-13-1210-X
定价：TWD85.00
（时报漫画丛书 手塚治虫漫画全集 FL143-5）
　　外文书名：The Song of Apollo.
　　作者手塚治虫，即手冢治虫（てづか おさ
む，1928—1989），日本漫画家、动画制作人、医
学博士。

J0087775
不朽投手金田正一 （日）永岛直树绘；李淑芳译
台北 中华职棒事业公司 1994 年 200 页
有照片 19cm（小 32 开）ISBN：957-99873-1-9
定价：TWD80.00
（名球会 2）

J0087776
创世纪 （法）让·埃费尔（Jean Effel）绘；洪佩
奇等编；平保兴、陈肇芬译
南京 江苏美术出版社 1994 年 181 页
26cm（16 开）ISBN：7-5344-0362-6
定价：CNY19.20
　　本书为法国画家让·埃费尔的漫画作品集，
分为：天空与大地、植物与动物、人类、亚当与

夏娃 4 集。作者让·埃费尔（Jean Effel，1908—
1983），通译为 J. 埃费尔，原名弗朗索瓦·列日
（Francois Lejbune），法国进步漫画家。生于巴黎。
代表作《创世纪》。

J0087777
大兵奇遇记 （瑞典）康杜德等编文；（瑞典）彼
得松等绘；陈阳译
北京 中国电影出版社 1994 年 128 页
有图 26cm（16 开）ISBN：7-106-01008-1
定价：CNY14.50

J0087778
福星小子 （笑的漫画 22）（日）高桥留美子原
著；禾菱编译
银川 宁夏人民出版社 1994 年 96 页
19cm（小 32 开）ISBN：7-227-01293-X
定价：CNY2.30
　　日本现代漫画作品。作者高桥留美子
（1957—　），女，日本漫画家。出生于日本新潟
县。小学馆的代表漫画家之一，代表作《福星小
子》《相聚一刻》《乱马 1/2》《犬夜叉》《境界之
轮回》等。

J0087779
福星小子 （笑的漫画 23）（日）高桥留美子原
著；禾菱编译
银川 宁夏人民出版社 1994 年 96 页
19cm（小 32 开）ISBN：7-227-01293-X
定价：CNY2.20

J0087780
福星小子 （笑的漫画 24）（日）高桥留美子原
著；禾菱编译
银川 宁夏人民出版社 1994 年 96 页
19cm（小 32 开）ISBN：7-227-01293-X
定价：CNY2.20

J0087781
福星小子 （笑的漫画 26）（日）高桥留美子原
著；禾菱编译
银川 宁夏人民出版社 1994 年 96 页
19cm（小 32 开）ISBN：7-227-01293-X
定价：CNY2.20
　　作者高桥留美子（1957—　），女，日本漫

画家。出生于日本新潟县。小学馆的代表漫画家之一，代表作《福星小子》《相聚一刻》《乱马1/2》《犬夜叉》《境界之轮回》等。

J0087782
福星小子 （笑的漫画 31）（日）高桥留美子原著；禾菱编译
银川 宁夏人民出版社 1994 年 96 页
19cm（小 32 开）ISBN：7-227-01293-X
定价：CNY2.20

J0087783
福星小子 （笑的漫画 32）（日）高桥留美子原著；禾菱编译
银川 宁夏人民出版社 1994 年 96 页
19cm（小 32 开）ISBN：7-227-01293-X
定价：CNY2.20

J0087784
福星小子 （笑的漫画 33）（日）高桥留美子原著；禾菱编译
银川 宁夏人民出版社 1994 年 96 页
19cm（小 32 开）ISBN：7-227-01293-X
定价：CNY2.20

J0087785
福星小子 （笑的漫画 34）（日）高桥留美子原著；禾菱编译
银川 宁夏人民出版社 1994 年 96 页
19cm（小 32 开）ISBN：7-227-01293-X
定价：CNY2.20
日本现代漫画作品。

J0087786
福星小子 （笑的漫画 35）（日）高桥留美子原著；禾菱编译
银川 宁夏人民出版社 1994 年 96 页
19cm（小 32 开）ISBN：7-227-01293-X
定价：CNY2.20

J0087787
福星小子 （笑的漫画 36）（日）高桥留美子原著；禾菱编译
银川 宁夏人民出版社 1994 年 96 页
19cm（小 32 开）ISBN：7-227-01293-X
定价：CNY2.20

J0087788
官司幽默 小宏编著；陈小雅绘画
广州 暨南大学社 1994 年 197 页 有插图
19cm（小 32 开）ISBN：7-81029-286-2
定价：CNY4.80
（七彩幽默丛书 5）

J0087789
广告幽默 桑江，紫水编著；陈小雅绘画
广州 暨南大学社 1994 年 279 页 有插图
19cm（小 32 开）ISBN：7-81029-284-6
定价：CNY5.60
（七彩幽默丛书 3）

J0087790
警察·法官和小偷 李智波等编
广州 广东旅游出版社 1994 年 190 页 有插图
19cm（小 32 开）ISBN：7-80521-510-3
定价：CNY4.50
（一看就笑幽默丛书）

J0087791
开心时分 （幽默、笑话、漫画选粹）王荣梅编
北京 中国青年出版社 1994 年 210 页
19cm（32 开）ISBN：7-5006-1549-3
定价：CNY4.60
（口袋消闲丛书）
本书辑录政治、经济、教育、文艺、体育、爱情、家庭等方面的幽默、笑话近 400 条，漫画 50 余幅。

J0087792
肯恩队长 （日）手塚治虫绘；黄介和译
台北 时报文化出版公司 1994 年 2 册 有图
19cm（小 32 开）ISBN：957-13-1205-3
定价：TWD95.00
（时报漫画丛书 手塚治虫漫画全集 FL133-4）

J0087793
篮球飞人 （21）（日）井上雄彦著；张威译
北京 人民体育出版社 1994 年 182 页 有图
19cm（小 32 开）ISBN：7-5009-1161-0
定价：CNY4.50

J0087794

连环漫画精品大观 4000 幅　王培堃主编
桂林 漓江出版社 1994 年 230 页 26cm（16 开）
ISBN：7-5407-1626-6 定价：CNY16.85

J0087795

流口水的怪物　［沃特森］（Watterson, B.）绘
香港 博智出版社 1994 年 127 页 有图 23cm
ISBN：962-553-056-8 定价：HKD40.00

J0087796

龙之谜　（1）（日）三条陆著；（日）稻田浩司漫
画；刘宁译
银川 宁夏人民出版社 1994 年 94 页 有图
19cm（小 32 开）ISBN：7-227-01308-1
定价：CNY2.30

　　作者三条陆，日本人，出生于大分县，明治
大学毕业。代表作品有《龙之谜》《冒险王比特》。
作者稻田浩司（1964—　），日本漫画家。东京都
立航空工业高等专门学校毕业。代表作《神龙
之谜》《冒险王比特》等。译者刘宁（1959—　），
油画家、摄影家、导演。江苏南京人，中国美
术家协会、中国摄影家协会、中国电影家协会
会员。

J0087797

龙之谜　（2）（日）三条陆著；（日）稻田浩司漫
画；刘宁译
银川 宁夏人民出版社 1994 年 94 页 有图
19cm（小 32 开）ISBN：7-227-01308-1
定价：CNY2.30

J0087798

龙之谜　（3）（日）三条陆著；（日）稻田浩司漫
画；刘宁译
银川 宁夏人民出版社 1994 年 94 页 有图
19cm（小 32 开）ISBN：7-227-01308-1
定价：CNY2.30

J0087799

龙之谜　（4）（日）三条陆著；（日）稻田浩司漫
画；刘宁译
银川 宁夏人民出版社 1994 年 94 页 有图
19cm（小 32 开）ISBN：7-227-01308-1
定价：CNY2.30

J0087800

龙之谜　（5）（日）三条陆著；（日）稻田浩司漫
画；刘宁译
银川 宁夏人民出版社 1994 年 94 页 有图
19cm（小 32 开）ISBN：7-227-01308-1
定价：CNY2.30

J0087801

龙之谜　（6）（日）三条陆著；（日）稻田浩司漫
画；刘宁译
银川 宁夏人民出版社 1994 年 94 页 有图
19cm（小 32 开）ISBN：7-227-01308-1
定价：CNY2.30

J0087802

龙之谜　（7）（日）三条陆著；（日）稻田浩司漫
画；刘宁译
银川 宁夏人民出版社 1994 年 94 页 有图
19cm（小 32 开）ISBN：7-227-01308-1
定价：CNY2.30

J0087803

龙之谜　（8）（日）三条陆著；（日）稻田浩司漫
画；刘宁译
银川 宁夏人民出版社 1994 年 94 页 有图
19cm（小 32 开）ISBN：7-227-01308-1
定价：CNY2.30

J0087804

龙之谜　（9）（日）三条陆著；（日）稻田浩司漫
画；刘宁译
银川 宁夏人民出版社 1994 年 94 页 有图
19cm（小 32 开）ISBN：7-227-01308-1
定价：CNY2.30

J0087805

龙之谜　（10）（日）三条陆著；（日）稻田浩司漫
画；刘宁译
银川 宁夏人民出版社 1994 年 94 页 有图
19cm（小 32 开）ISBN：7-227-01308-1
定价：CNY2.30

J0087806

龙之谜　（11）（日）三条陆著；（日）稻田浩司漫
画；刘宁译

银川 宁夏人民出版社 1994 年 94 页 有图
19cm(小 32 开) ISBN：7-227-01308-1
定价：CNY2.30

J0087807
龙之谜 （12）（日）三条陆著；（日）稻田浩司漫
画；刘宁译
银川 宁夏人民出版社 1994 年 94 页 有图
19cm(小 32 开) ISBN：7-227-01308-1
定价：CNY2.30

J0087808
龙之谜 （13）（日）三条陆著；（日）稻田浩司漫
画；刘宁译
银川 宁夏人民出版社 1994 年 94 页 有图
19cm(小 32 开) ISBN：7-227-01308-1
定价：CNY2.30

J0087809
龙之谜 （14）（日）三条陆著；（日）稻田浩司漫
画；刘宁译
银川 宁夏人民出版社 1994 年 94 页 有图
19cm(小 32 开) ISBN：7-227-01308-1
定价：CNY2.30

J0087810
龙之谜 （15）（日）三条陆著；（日）稻田浩司漫
画；刘宁译
银川 宁夏人民出版社 1994 年 94 页 有图
19cm(小 32 开) ISBN：7-227-01308-1
定价：CNY2.30

J0087811
龙之谜 （16）（日）三条陆著；（日）稻田浩司漫
画；刘宁译
银川 宁夏人民出版社 1994 年 94 页 有图
19cm(小 32 开) ISBN：7-227-01308-1
定价：CNY2.30

J0087812
龙之谜 （17）（日）三条陆著；（日）稻田浩司漫
画；刘宁译
银川 宁夏人民出版社 1994 年 94 页 有图
19cm(小 32 开) ISBN：7-227-01308-1
定价：CNY2.30

J0087813
龙之谜 （18）（日）三条陆著；（日）稻田浩司漫
画；刘宁译
银川 宁夏人民出版社 1994 年 94 页 有图
19cm(小 32 开) ISBN：7-227-01308-1
定价：CNY2.30

J0087814
龙之谜 （19）（日）三条陆著；（日）稻田浩司漫
画；刘宁译
银川 宁夏人民出版社 1994 年 94 页 有图
19cm(小 32 开) ISBN：7-227-01308-1
定价：CNY2.30

J0087815
龙之谜 （20）（日）三条陆著；（日）稻田浩司漫
画；刘宁译
银川 宁夏人民出版社 1994 年 94 页 有图
19cm(小 32 开) ISBN：7-227-01308-1
定价：CNY2.30

J0087816
龙之谜 （21）（日）三条陆著；（日）稻田浩司漫
画；刘宁译
银川 宁夏人民出版社 1994 年 94 页 有图
19cm(小 32 开) ISBN：7-227-01308-1
定价：CNY2.30

J0087817
龙之谜 （22）（日）三条陆著；（日）稻田浩司漫
画；刘宁译
银川 宁夏人民出版社 1994 年 94 页 有图
19cm(小 32 开) ISBN：7-227-01308-1
定价：CNY2.30

J0087818
龙之谜 （23）（日）三条陆著；（日）稻田浩司漫
画；刘宁译
银川 宁夏人民出版社 1994 年 94 页 有图
19cm(小 32 开) ISBN：7-227-01308-1
定价：CNY2.30

J0087819
龙之谜 （24）（日）三条陆著；（日）稻田浩司漫
画；刘宁译

银川 宁夏人民出版社 1994 年 94 页 有图
19cm（小 32 开）ISBN：7–227–01308–1
定价：CNY2.30

J0087820
龙之谜 （25）（日）三条陆著；（日）稻田浩司漫
画；刘宁译
银川 宁夏人民出版社 1994 年 94 页 有图
19cm（小 32 开）ISBN：7–227–01308–1
定价：CNY2.30

J0087821
龙之谜 （26）（日）三条陆著；（日）稻田浩司漫
画；刘宁译
银川 宁夏人民出版社 1994 年 94 页 有图
19cm（小 32 开）ISBN：7–227–01308–1
定价：CNY2.30

J0087822
龙之谜 （27）（日）三条陆著；（日）稻田浩司漫
画；刘宁译
银川 宁夏人民出版社 1994 年 94 页 有图
19cm（小 32 开）ISBN：7–227–01308–1
定价：CNY2.30

J0087823
龙之谜 （28）（日）三条陆著；（日）稻田浩司漫
画；刘宁译
银川 宁夏人民出版社 1994 年 94 页 有图
19cm（小 32 开）ISBN：7–227–01308–1
定价：CNY2.30

J0087824
龙之谜 （29）（日）三条陆著；（日）稻田浩司漫
画；刘宁译
银川 宁夏人民出版社 1994 年 94 页 有图
19cm（小 32 开）ISBN：7–227–01308–1
定价：CNY2.30

J0087825
龙之谜 （30）（日）三条陆著；（日）稻田浩司漫
画；刘宁译
银川 宁夏人民出版社 1994 年 94 页 有图
19cm（小 32 开）ISBN：7–227–01308–1
定价：CNY2.30

J0087826
龙之谜 （31）（日）三条陆著；（日）稻田浩司漫
画；刘宁译
银川 宁夏人民出版社 1994 年 94 页 有图
19cm（小 32 开）ISBN：7–227–01308–1
定价：CNY2.30

J0087827
龙之谜 （32）（日）三条陆著；（日）稻田浩司漫
画；刘宁译
银川 宁夏人民出版社 1994 年 94 页 有图
19cm（小 32 开）ISBN：7–227–01308–1
定价：CNY2.30

J0087828
龙之谜 （33）（日）三条陆著；（日）稻田浩司漫
画；刘宁译
银川 宁夏人民出版社 1994 年 94 页 有图
19cm（小 32 开）ISBN：7–227–01308–1
定价：CNY2.30

J0087829
龙之谜 （34）（日）三条陆著；（日）稻田浩司漫
画；刘宁译
银川 宁夏人民出版社 1994 年 94 页 有图
19cm（小 32 开）ISBN：7–227–01308–1
定价：CNY2.30

J0087830
龙之谜 （35）（日）三条陆著；（日）稻田浩司漫
画；刘宁译
银川 宁夏人民出版社 1994 年 94 页 有图
19cm（小 32 开）ISBN：7–227–01308–1
定价：CNY2.30

J0087831
龙之谜 （36）（日）三条陆著；（日）稻田浩司漫
画；刘宁译
银川 宁夏人民出版社 1994 年 94 页 有图
19cm（小 32 开）ISBN：7–227–01308–1
定价：CNY2.30

J0087832
龙之谜 （37）（日）三条陆著；（日）稻田浩司漫
画；刘宁译

银川　宁夏人民出版社　1994 年　94 页　有图
19cm（小 32 开）ISBN：7-227-01308-1
定价：CNY2.30

J0087833
龙之谜 （38）（日）三条陆著；（日）稻田浩司漫
画；刘宁译
银川　宁夏人民出版社　1994 年　94 页　有图
19cm（小 32 开）ISBN：7-227-01308-1
定价：CNY2.30

J0087834
龙之谜 （39）（日）三条陆著；（日）稻田浩司漫
画；刘宁译
银川　宁夏人民出版社　1994 年　94 页　有图
19cm（小 32 开）ISBN：7-227-01308-1
定价：CNY2.30

J0087835
龙之谜 （40）（日）三条陆著；（日）稻田浩司漫
画；刘宁译
银川　宁夏人民出版社　1994 年　94 页　有图
19cm（小 32 开）ISBN：7-227-01308-1
定价：CNY2.30

J0087836
龙之谜 （41）（日）三条陆著；（日）稻田浩司漫
画；刘宁译
银川　宁夏人民出版社　1994 年　94 页　有图
19cm（小 32 开）ISBN：7-227-01308-1
定价：CNY2.30

J0087837
龙之谜 （42）（日）三条陆著；（日）稻田浩司漫
画；刘宁译
银川　宁夏人民出版社　1994 年　94 页　有图
19cm（小 32 开）ISBN：7-227-01308-1
定价：CNY2.30

J0087838
龙之谜 （43）（日）三条陆著；（日）稻田浩司漫
画；刘宁译
银川　宁夏人民出版社　1994 年　94 页　有图
19cm（小 32 开）ISBN：7-227-01308-1
定价：CNY2.30

J0087839
龙之谜 （44）（日）三条陆著；（日）稻田浩司漫
画；刘宁译
银川　宁夏人民出版社　1994 年　94 页　有图
19cm（小 32 开）ISBN：7-227-01308-1
定价：CNY2.30

J0087840
龙之谜 （45）（日）三条陆著；（日）稻田浩司漫
画；刘宁译
银川　宁夏人民出版社　1994 年　94 页　有图
19cm（小 32 开）ISBN：7-227-01308-1
定价：CNY2.30

J0087841
龙之谜 （46）（日）三条陆著；（日）稻田浩司漫
画；刘宁译
银川　宁夏人民出版社　1994 年　94 页　有图
19cm（小 32 开）ISBN：7-227-01308-1
定价：CNY2.30

J0087842
龙之谜 （47）（日）三条陆著；（日）稻田浩司漫
画；刘宁译
银川　宁夏人民出版社　1994 年　94 页　有图
19cm（小 32 开）ISBN：7-227-01308-1
定价：CNY2.30

J0087843
龙之谜 （48）（日）三条陆著；（日）稻田浩司漫
画；刘宁译
银川　宁夏人民出版社　1994 年　94 页　有图
19cm（小 32 开）ISBN：7-227-01308-1
定价：CNY2.30

J0087844
漫画大学 （日）手塚治虫绘；萧永晶译
台北　时报文化出版企业公司　1994 年　165 页
19cm（小 32 开）ISBN：957-13-1024-7
定价：TWD95.00
（时报漫画丛书　手塚治虫漫画全集　FL089）

J0087845
猫怪麦克 （1 魂斗作品）张敏，许静译
南宁　广西美术出版社　1994 年　108 页　有图

19cm（小 32 开）ISBN：7-80582-723-0

定价：CNY3.98

日本现代漫画作品。

J0087846

猫怪麦克 （魂斗作品 2）张敏，许静译

南宁 广西美术出版社 1994 年 108 页

19cm（小 32 开）ISBN：7-80582-724-9

定价：CNY3.98

J0087847

梦幻精灵族 （2）（日）美树本晴彦著；萧照芳译

台北 东贩公司 1994 年 131 页 有图

21cm（ 32 开）ISBN：957-643-078-X

外文书名：Marionette Generation.

J0087848

魔兽战士 （1）（日）村形顺子著；（日）木村知生绘；张婉菇译

北京 中国华侨出版社 1994 年 190 页 有图

19cm（小 32 开）ISBN：7-80074-924-X

定价：CNY3.80

J0087849

魔兽战士 （2）（日）村形顺子著；（日）木村知生绘；张婉菇译

北京 中国华侨出版社 1994 年 198 页 有图

19cm（小 32 开）ISBN：7-80074-924-X

定价：CNY3.80

J0087850

魔兽战士 （3）（日）村形顺子著；（日）木村知生绘；张婉菇译

北京 中国华侨出版社 1994 年 202 页 有图

19cm（小 32 开）ISBN：7-80074-924-X

定价：CNY3.80

J0087851

魔兽战士 （4）（日）村形顺子著；（日）木村知生绘；张婉菇译

北京 中国华侨出版社 1994 年 195 页 有图

19cm（小 32 开）ISBN：7-80074-924-X

定价：CNY3.80

J0089722

魔兽战士 （5）（日）村形顺子著；（日）木村知生绘；张婉菇译

北京 中国华侨出版社 1994 年 191 页 有图

19cm（小 32 开）ISBN：7-80074-924-X

定价：CNY3.80

J0087852

魔兽战士 （6）（日）村形顺子著；（日）木村知生绘；张婉菇译

北京 中国华侨出版社 1994 年 204 页 有图

19cm（小 32 开）ISBN：7-80074-924-X

定价：CNY3.80

J0087853

魔兽战士 （7）（日）村形顺子著；（日）木村知生绘；张婉菇译

北京 中国华侨出版社 1994 年 197 页 有图

19cm（小 32 开）ISBN：7-80074-924-X

定价：CNY3.80

J0087854

女人作品集 （5）（日）柴门ふみ著；林虹瑛译

台北 尖端出版公司 1994 年 222 页 21cm（ 32开 ）

ISBN：957-712-543-3 定价：TWD120.00

J0087855

鸟山明的世界 鸟山明著；周颖编译

贵阳 贵州民族出版社 1994 年 2 册

26cm（ 16 开）ISBN：7-5412-0473-0

定价：CNY32.00

作者鸟山明（1955— ），日本漫画家。生于日本爱知县，成名之作《阿拉蕾》《龙珠》。作者周颖，又名阿颖，画家，一级美术师。历任中欧书画家友好联盟常务理事、香港东方文化交流中心世界名人编委会顾问、中日友好金杯、中国书画艺术研究院研究员、文化艺术报特约记者、文化部中国艺术研究院文研中心理事。

J0087856

平原太平记 （日）手塚治虫绘；徐雪蓉译

台北 时报文化出版企业公司 1994 年 165 页

19cm（小 32 开）ISBN：957-13-1344-0

定价：TWD95.00

（时报漫画丛书 手塚治虫漫画全集 FL146 ）

J0087857
破坏王 （日）村田秀雄编著；刃森尊绘
北京 中国社会出版社 1994 年 12 册 有图
19cm(小 32 开) ISBN：7-80088-495-3
定价：CNY29.40
（漫画系列）

J0087858
热门少年 （1）（日）鸟山明等著
沈阳 沈阳出版社 1994 年 80 页 有图
26cm(16 开) ISBN：7-5441-0219-X
定价：CNY3.40
（全新型漫画丛书系列）
　　作者鸟山明(1955—　)，日本漫画家。生于
日本爱知县，成名之作《阿拉蕾》《龙珠》。

J0087859
热门少年 （2）（日）鸟山明等著
沈阳 沈阳出版社 1994 年 80 页 有图
26cm(16 开) ISBN：7-5441-0219-X
定价：CNY3.40
（全新型漫画丛书系列）

J0087860
热门少年 （3）（日）鸟山明等著
沈阳 沈阳出版社 1994 年 80 页 有图
26cm(16 开) ISBN：7-5441-0219-X
定价：CNY3.40
（全新型漫画丛书系列）

J0087861
热门少年 （4）（日）鸟山明等著
沈阳 沈阳出版社 1994 年 80 页 有图
26cm(16 开) ISBN：7-5441-0219-X
定价：CNY3.40
（全新型漫画丛书系列）

J0087862
热门少年 （5）（日）鸟山明等著
沈阳 沈阳出版社 1994 年 80 页 有图
26cm(16 开) ISBN：7-5441-0219-X
定价：CNY3.40
（全新型漫画丛书系列）

J0087863
热门少年 （6）（日）鸟山明等著
沈阳 沈阳出版社 1994 年 80 页 有图
26cm(16 开) ISBN：7-5441-0219-X
定价：CNY3.40
（全新型漫画丛书系列）

J0087864
热门少年 （7）（日）鸟山明等著
沈阳 沈阳出版社 1994 年 80 页 有图
26cm(16 开) ISBN：7-5441-0219-X
定价：CNY3.40
（全新型漫画丛书系列）

J0087865
人鱼传说 （1）（日）高桥留美子著；周颖译
银川 宁夏人民出版社 1994 年 95 页 有图
19cm(小 32 开) ISBN：7-227-01315-4
定价：CNY2.30
　　作者高桥留美子(1957—　)，女，日本漫
画家。出生于日本新潟县。小学馆的代表漫画
家之一，代表作《福星小子》《相聚一刻》《乱马
1/2》《犬夜叉》《境界之轮回》等。译者周颖，又
名阿颖，画家，一级美术师。历任中欧书画家友
好联盟常务理事、香港东方文化交流中心世界名
人编委会顾问、中日友好金杯、中国书画艺术研
究院研究员、文化艺术报特约记者、文化部中国
艺术研究院文研中心理事。

J0087866
人鱼传说 （2）（日）高桥留美子著；周颖译
银川 宁夏人民出版社 1994 年 95 页 有图
19cm(小 32 开) ISBN：7-227-01315-4
定价：CNY2.30

J0087867
人鱼传说 （3）（日）高桥留美子著；周颖译
银川 宁夏人民出版社 1994 年 95 页 有图
19cm(小 32 开) ISBN：7-227-01315-4
定价：CNY2.30

J0087868
人鱼传说 （4）（日）高桥留美子著；周颖译
银川 宁夏人民出版社 1994 年 95 页 有图
19cm(32 开) ISBN：7-227-01315-4

定价: CNY2.30

　　作者高桥留美子(1957—　　)，女，日本漫画家。出生于日本新潟县。小学馆的代表漫画家之一，代表作《福星小子》《相聚一刻》《乱马1/2》《犬夜叉》《境界之轮回》等。

J0087869
人鱼传说　（5）(日)高桥留美子著；周颖译
银川　宁夏人民出版社　1994 年　95 页　有图
19cm(小 32 开) ISBN: 7–227–01315–4
定价: CNY2.30

J0087870
人鱼传说　（6）(日)高桥留美子著；周颖译
银川　宁夏人民出版社　1994 年　94 页　有图
19cm(小 32 开) ISBN: 7–227–01315–4
定价: CNY2.30

J0087871
沉默的呼唤　（日)筱原乌童绘；许碧珊译
台北　东贩公司　1994—1995 年　3 册
21cm(32 开) ISBN: 957–643–151–4
定价: TWD120.00

J0087872
圣传　（第一卷 1)(日)大川七濑绘
海口　海南摄影美术出版社　1994 年　94 页　有图
19cm(32 开) ISBN: 7–80571–765–6
定价: CNY10.00
（男孩子丛书）

　　作者大川七濑(1967—　　)，日本漫画家、插画师。东京大学大学院(修士课程)毕业。CLAMP 一员。以《圣传》出道，主要负责编写剧本及广告宣传工作，主管 CLAMP 作品的故事企划，版面设计和外交公关事宜及游戏设计

J0087873
圣传　（第一卷 2)(日)大川七濑绘
海口　海南摄影美术出版社　1994 年　93 页　有图
19cm(32 开) ISBN: 7–80571–765–6
定价: CNY10.00
（男孩子丛书）

J0087874
圣传　（第一卷 3)(日)大川七濑绘

海口　海南摄影美术出版社　1994 年　94 页　有图
19cm(32 开) ISBN: 7–80571–765–6
定价: CNY10.00
（男孩子丛书）

J0087875
圣传　（第一卷 4)(日)大川七濑绘
海口　海南摄影美术出版社　1994 年　91 页　有图
19cm(32 开) ISBN: 7–80571–765–6
定价: CNY10.00
（男孩子丛书）

J0087876
圣传　（第二卷 1)(日)大川七濑绘
海口　海南摄影美术出版社　1994 年　92 页　有图
19cm(小 32 开) ISBN: 7–80571–765–6
定价: CNY2.50
（男孩子丛书）

J0087877
圣传　（第二卷 2)(日)大川七濑绘
海口　海南摄影美术出版社　1994 年　94 页　有图
19cm(小 32 开) ISBN: 7–80571–765–6
定价: CNY2.50
（男孩子丛书）

J0087878
圣传　（第二卷 3)(日)大川七濑绘
海口　海南摄影美术出版社　1994 年　94 页　有图
19cm(小 32 开) ISBN: 7–80571–765–6
定价: CNY2.50
（男孩子丛书）

J0087879
圣传　（第二卷 4)(日)大川七濑绘
海口　海南摄影美术出版社　1994 年　92 页　有图
19cm(小 32 开) ISBN: 7–80571–765–6
定价: CNY2.50
（男孩子丛书）

J0087880
圣传　（第三卷 1)(日)大川七濑绘
海口　海南摄影美术出版社　1994 年　95 页　有图
19cm(小 32 开) ISBN: 7–80571–765–6
定价: CNY2.50

（男孩子丛书）

J0087881
圣传 （第三卷 2）（日）大川七濑绘
海口 海南摄影美术出版社 1994 年 95 页 有图
19cm（小 32 开）ISBN：7-80571-765-6
定价：CNY2.50
（男孩子丛书）

J0087882
圣传 （第三卷 3）（日）大川七濑绘
海口 海南摄影美术出版社 1994 年 95 页 有图
19cm（小 32 开）ISBN：7-80571-765-6
定价：CNY2.50
（男孩子丛书）

J0087883
圣传 （第三卷 4）（日）大川七濑绘
海口 海南摄影美术出版社 1994 年 94 页 有图
19cm（小 32 开）ISBN：7-80571-765-6
定价：CNY2.50
（男孩子丛书）

J0087884
圣传 （第四卷 1）（日）大川七濑绘
海口 海南摄影美术出版社 1994 年 94 页 有图
19cm（小 32 开）ISBN：7-80571-765-6　定 价：
CNY2.50
（男孩子丛书）

J0087885
圣传 （第四卷 2）（日）大川七濑绘
海口 海南摄影美术出版社 1994 年 94 页 有图
19cm（小 32 开）ISBN：7-80571-765-6
定价：CNY2.50
（男孩子丛书）

J0087886
圣传 （第四卷 3）（日）大川七濑绘
海口 海南摄影美术出版社 1994 年 94 页 有图
19cm（小 32 开）ISBN：7-80571-765-6
定价：CNY2.50
（男孩子丛书）

J0087887
圣传 （第四卷 4）（日）大川七濑绘
海口 海南摄影美术出版社 1994 年 93 页 有图
19cm（小 32 开）ISBN：7-80571-765-6
定价：CNY2.50
（男孩子丛书）

J0087888
圣传 （1）（日）CLMP 著；小舟译
银川 宁夏人民出版社 1994 年 95 页 有图
19cm（32 开）ISBN：7-227-01319-7
定价：CNY2.50
　　译者小舟，主要作品有《圣传》《秋色碧水
图》等。

J0087889
圣传 （2）（日）CLMP 著；小舟译
银川 宁夏人民出版社 1994 年 95 页 有图
19cm（32 开）ISBN：7-227-01319-7
定价：CNY2.50

J0087890
圣传 （3）（日）CLMP 著；小舟译
银川 宁夏人民出版社 1994 年 95 页 有图
19cm（32 开）ISBN：7-227-01319-7
定价：CNY2.50

J0087891
圣传 （4）（日）CLMP 著；小舟译
银川 宁夏人民出版社 1994 年 95 页 有图
19cm（32 开）ISBN：7-227-01319-7
定价：CNY2.50

J0087892
圣传 （5）（日）CLMP 著；小舟译
银川 宁夏人民出版社 1994 年 95 页 有图
19cm（32 开）ISBN：7-227-01319-7
定价：CNY2.50

J0087893
圣传 （6）（日）CLMP 著；小舟译
银川 宁夏人民出版社 1994 年 95 页 有图
19cm（32 开）ISBN：7-227-01319-7
定价：CNY2.50

J0087894
圣传 （7）（日）CLMP 著；小舟译
银川 宁夏人民出版社 1994 年 95 页 有图
19cm（32 开）ISBN：7–227–01319–7
定价：CNY2.50

J0087895
圣传 （8）（日）CLMP 著；小舟译
银川 宁夏人民出版社 1994 年 95 页 有图
19cm（32 开）ISBN：7–227–01319–7
定价：CNY2.50

J0087896
圣传 （9）（日）CLMP 著；小舟译
银川 宁夏人民出版社 1994 年 95 页 有图
19cm（32 开）ISBN：7–227–01319–7
定价：CNY2.50

J0087897
圣传 （10）（日）CLMP 著；小舟译
银川 宁夏人民出版社 1994 年 95 页 有图
19cm（32 开）ISBN：7–227–01319–7
定价：CNY2.50

J0087898
圣传 （11）（日）CLMP 著；小舟译
银川 宁夏人民出版社 1994 年 95 页 有图
19cm（32 开）ISBN：7–227–01319–7
定价：CNY2.50

J0087899
圣传 （12）（日）CLMP 著；小舟译
银川 宁夏人民出版社 1994 年 95 页 有图
19cm（32 开）ISBN：7–227–01319–7
定价：CNY2.50

J0087900
圣传 （13）（日）CLMP 著；小舟译
银川 宁夏人民出版社 1994 年 95 页 有图
19cm（32 开）ISBN：7–227–01319–7
定价：CNY2.50

J0087901
圣传 （14）（日）CLMP 著；小舟译
银川 宁夏人民出版社 1994 年 95 页 有图

19cm（32 开）ISBN：7–227–01319–7
定价：CNY2.50

J0087902
圣传 （15）（日）CLMP 著；小舟译
银川 宁夏人民出版社 1994 年 95 页 有图
19cm（小 32 开）ISBN：7–227–01319–7
定价：CNY2.50

J0087903
圣传 （16）（日）CLMP 著；小舟译
银川 宁夏人民出版社 1994 年 85 页 有图
19cm（小 32 开）ISBN：7–227–01319–7
定价：CNY2.50

J0087904
世界故事大王 （传说故事卷）楼飞甫编译；鲁
民改编
兰州 甘肃少年儿童出版社 1994 年 有图
17×19cm ISBN：7–5422–0972–8 定价：CNY1.80

J0087905
世界故事大王 （民间故事卷）楼飞甫编译；索
亚改编
兰州 甘肃少年儿童出版社 1994 年 有图
17×19cm ISBN：7–5422–0975–2 定价：CNY1.80

J0087906
世界故事大王 （童话故事卷）楼飞甫编译；于
加改编
兰州 甘肃少年儿童出版社 1994 年 有图
17×19cm ISBN：7–5422–0973–6 定价：CNY1.80

J0087907
世界连环漫画杰作选 郑元绪编
兰州 甘肃人民出版社 1994 年 253 页 17×18cm
ISBN：7–226–01280–4 定价：CNY7.50
（读者丛书）

J0087908
世界艺术幽默画 杨芳菲选编
武汉 湖北美术出版社 1994 年 154 页 18×21cm
ISBN：7–5394–0308–X 定价：CNY6.80
　　外文书名：The World's Cartoons of Arts.

J0087909

世界幽默画精选 365　丁坤编
石家庄　河北人民出版社　1994 年　388 页
19cm(小 32 开) ISBN：7-202-01595-1
定价：CNY7.30
(文学小丛书)

J0087910

世界著名幽默童话　刘明等改编；罗枫等绘
北京　中国连环画出版社　1994 年　有图
17×18cm　精装　ISBN：7-5061-0633-7
定价：CNY9.00

J0087911

铁臂阿童木　(7)(日)手冢治虫著；庆子译
银川　宁夏人民出版社　1994 年　94 页
19cm(32 开) ISBN：7-227-01317-0
定价：CNY2.30
　　本书是日本漫画家手冢治虫创作的科幻漫
画作品。

J0087912

铁臂阿童木　(8)(日)手冢治虫著；庆子译
银川　宁夏人民出版社　1994 年　91 页
19cm(32 开) ISBN：7-227-01317-0
定价：CNY2.30
　　本书是日本漫画家手冢治虫创作的科幻漫
画作品。

J0087913

铁臂阿童木　(9)(日)手冢治虫著；庆子译
银川　宁夏人民出版社　1994 年　91 页
19cm(32 开) ISBN：7-227-01317-0
定价：CNY2.30
　　本书是日本漫画家手冢治虫创作的科幻漫
画作品。

J0087914

铁臂阿童木　(10)(日)手冢治虫著；庆子译
银川　宁夏人民出版社　1994 年　91 页
19cm(32 开) ISBN：7-227-01317-0
定价：CNY2.30
　　本书是日本漫画家手冢治虫创作的科幻漫
画作品。

J0087915

铁臂阿童木　(11)(日)手冢治虫著；庆子译
银川　宁夏人民出版社　1994 年　91 页
19cm(32 开) ISBN：7-227-01317-0
定价：CNY2.30
　　本书是日本漫画家手冢治虫创作的科幻漫
画作品。

J0087916

铁臂阿童木　(12)(日)手冢治虫著；庆子译
银川　宁夏人民出版社　1994 年　91 页
19cm(32 开) ISBN：7-227-01317-0
定价：CNY2.30
　　本书是日本漫画家手冢治虫创作的科幻漫
画作品。

J0087917

铁臂阿童木　(1)(日)手冢治虫编绘；刘宁译
银川　宁夏人民出版社　1995 年　96 页
19cm(32 开) ISBN：7-227-01317-0
定价：CNY2.30
　　本书是日本漫画家手冢治虫创作的科幻漫
画作品。作者手冢治虫(てづか おさむ, 1928—
1989)，漫画家、动画制作人、医学博士。本名手
冢治。读大阪大学附属医学专门部，获医学博士
学位。代表作品《铁臂阿童木》《缎带骑士》《火
之鸟》等。译者刘宁(1959—　)，油画家、摄影
家、导演。江苏南京人，中国美术家协会、中国
摄影家协会、中国电影家协会会员。

J0087918

铁臂阿童木　(2)(日)手冢治虫编绘；刘宁译
银川　宁夏人民出版社　1995 年　96 页
19cm(32 开) ISBN：7-227-01317-0
定价：CNY2.30
　　本书是日本漫画家手冢治虫创作的科幻漫
画作品。

J0087919

铁臂阿童木　(3)(日)手冢治虫编绘；刘宁译
银川　宁夏人民出版社　1995 年　96 页
19cm(32 开) ISBN：7-227-01317-0
定价：CNY2.30
　　本书是日本漫画家手冢治虫创作的科幻漫
画作品。

J0087920

铁臂阿童木 （4）（日）手冢治虫编绘；刘宁译
银川 宁夏人民出版社 1995 年 96 页
19cm（32 开）ISBN：7-227-01317-0
定价：CNY2.30
　　本书是日本漫画家手冢治虫创作的科幻漫
画作品。

J0087921

铁臂阿童木 （5）（日）手冢治虫编绘；刘宁译
银川 宁夏人民出版社 1995 年 96 页
19cm（32 开）ISBN：7-227-01317-0
定价：CNY2.30
　　本书是日本漫画家手冢治虫创作的科幻漫
画作品。

J0087922

铁臂阿童木 （6）（日）手冢治虫编绘；刘宁译
银川 宁夏人民出版社 1995 年 96 页
19cm（32 开）ISBN：7-227-01317-0
定价：CNY2.30
　　本书是日本漫画家手冢治虫创作的科幻漫
画作品。

J0087923

危险关系 （日）麻り原绘里依绘；许碧珊译
台北 东贩公司 1994 年 4 册 18cm（小 32 开）
ISBN：957-643-084-4 定价：TWD70.00
（麻り原绘里依作品系列）

J0087924

小幽默精选 李昕编
广州 广东高等教育 1994 年 2 册（154+154 页）
19cm（小 32 开）ISBN：7-5361-1479-6
定价：CNY7.92

J0087925

笑话大王 （续集）李碧编；岑圣权绘
广州 新世纪出版社 1994 年 185 页 有插图
19cm（小 32 开）ISBN：7-5405-1013-7
定价：CNY3.86
　　作者岑圣权(1951—　)，画家。广东阳春人。
又名今山子。曾先后就读于广州美术学院及暨
南大学中国人物画研究生班。现为中国美术家
协会会员、广东省楹联书画院副院长。主要作品

有《珠海惊涛》《我的儿子安珂》《蔡廷锴–1932
春.上海》等。

J0087926

信天翁空战记 邹昌政，黄飞珏编文；邹勤绘
上海 上海人民美术出版社 1994 年 22 页 有图
17×19cm ISBN：7-5322-1289-0 定价：CNY1.40
（动画大王·科幻画库）

J0087927

旋风勇士 （日）东前正美原著；辰辰等编绘
贵阳 贵州科技出版社 1994 年 2 册（91+91 页）
有图 19cm（小 32 开）ISBN：7-80584-332-5
定价：CNY4.60

J0087928

遗失的世界 （日）手塚治虫绘；萧永晶译
台北 时报文化出版企业公司 1994 年 245 页
有图 19cm（小 32 开）ISBN：957-13-1022-0
定价：TWD95.00
（时报漫画丛书 FL087）

J0087929

余情未了 （1）（日）山永明子著；木暮步绘
香港 新象出版社 1994 年 21cm（32 开）
ISBN：962-641-010-8 定价：HKD30.00
（爱情组曲系列 3）

J0087930

稚童幽默 小角编著；陈小雅绘画
广州 暨南大学出版社 1994 年 197 页
19cm（小 32 开）ISBN：7-81029-287-0
定价：CNY4.80
（七彩幽默丛书 6）

J0087931

中外漫画艺术大观 刘凌主编
合肥 安徽文艺出版社 1994 年 301 页 有插图
20cm（32 开）ISBN：7-5396-1230-4
定价：CNY9.80

J0087932

动物趣味小百科 （韩）金忠元著
北京 中国电影出版社 1995 年 639 页
19cm（小 32 开）精装 ISBN：7-106-01087-1

定价：CNY26.00

　　韩国现代漫画作品。

J0087933

飞天少女猪事丁　（2 擂台上的青春）（日）池
田多惠子著；蒲公英译

香港 博益出版集团公司 1995 年 128 页

19cm（小 32 开）ISBN：962-17-1429-X

定价：HKD38.00

（博益漫画丛书）

J0087934

福星小子　（笑的漫画 25）（日）高桥留美子编绘

银川 宁夏人民出版社 1994 年 96 页

19cm（小 32 开）ISBN：7-227-01293-X

定价：CNY2.20

　　作者高桥留美子（1957—　），女，日本漫
画家。出生于日本新潟县。小学馆的代表漫画
家之一，代表作《福星小子》《相聚一刻》《乱马
1/2》《犬夜叉》《境界之轮回》等。

J0087935

父与子　（汉、维、哈、蒙、柯文对照）（德）卜劳
恩作；木拉提·苏里堂编译

乌鲁木齐 新疆人民出版社 1995 年 186 页

19cm（小 32 开）ISBN：7-228-03394-9

定价：CNY7.80

（世界著名连环漫画）

　　作者卜劳恩（E.O.Plauen，1903—1944），德国
著名漫画家。原名艾里希·奥塞尔（Erich Ohser）。
曾考入莱比锡绘画学院学习。代表作品有连环
漫画《父与子》。

J0087936

顾影自怜的加菲猫　（美）吉姆·戴维斯（Jim-
Davis）绘；张定绮译

台北 加菲猫杂志社 1995 年 125 页 15×21cm

ISBN：957-618-216-6 定价：TWD150.00

（加菲猫双语系列 19）

　　外文书名：Garfield Dishes It Out.

J0087937

国际获奖漫画选　萧继石编

乌鲁木齐 新疆美术摄影出版社 1995 年 163 页

16×19cm ISBN：7-80547-298-X 定价：CNY9.80

（国际获奖漫画选丛书 1）

J0087938

国际漫画杰作选　萧继石编

乌鲁木齐 新疆美术摄影出版社 1995 年 163 页

17×19cm ISBN：7-80547-298-X 定价：CNY9.80

（国际获奖漫画选丛书 2）

J0087939

甲龙传说　（1 日本幻想漫画）（日）隅田博之原
著；丁健，佩瑾译

北京 人民美术出版社 1995 年 204 页

18cm（小 32 开）ISBN：7-102-01468-6

定价：CNY4.80

（小刺猬漫画屋）

J0087940

甲龙传说　（2 日本幻想漫画）（日）隅田博之原
著；刘林，李威译

北京 人民美术出版社 1995 年 206 页

18cm（小 32 开）ISBN：7-102-01469-4

定价：CNY4.80

（小刺猬漫画屋）

J0087941

甲龙传说　（3 日本幻想漫画）（日）隅田博之原
著；辰华，晓玉译

北京 人民美术出版社 1995 年 203 页

18cm（小 32 开）ISBN：7-102-01470-8

定价：CNY4.80

（小刺猬漫画屋）

J0087942

甲龙传说　（4 日本幻想漫画）（日）隅田博之原
著；国英，岳元译

北京 人民美术出版社 1995 年 203 页

18cm（小 32 开）ISBN：7-102-01471-6

定价：CNY4.80

（小刺猬漫画屋）

J0087943

落第忍者乱太郎　（日）尼子骚兵卫绘著；涂愫
芸译

台北 联经出版事业公司 1995 年 3 册 有图

19cm（小 32 开）ISBN：957-08-1395-4 定

价：TWD95.00

J0087944
漫画爱因斯坦 （相对论打开了20世纪的科学大门）（日）犬上博史著；（日）山本ャクォ一绘；姚争译
香港 明窗出版社 1995年 211页 21cm（32开）
ISBN：962–357–722–2 定价：HKD38.00
（漫画系列）

J0087945
漫画达尔文 （震撼全球的万物进化论）（日）田中裕著；（日）瀬口のりわ绘；姚争译
香港 明窗出版社 1995年 211页 21cm（32开）
ISBN：962–357–724–9 定价：HKD38.00
（漫画系列）

J0087946
漫画达芬奇 （科学、艺术的全能天才）（日）千田光穗著；（日）高桥てオるまさ绘；姚争译
香港 明窗出版社 1995年 211页 21cm（32开）
ISBN：962–357–726–5 定价：HKD38.00
（漫画系列）

J0087947
漫画霍金 （轮椅上的天才物理学家）（日）鸨巢直树著；（日）岩崎ンたろう绘；姚争译
香港 明窗出版社 1995年 209页 21cm（32开）
ISBN：962–357–724–9 定价：HKD38.00
（漫画系列）

J0087948
漫画卡森 （向环境科学献上爱之颂词）（日）熊谷智美著；（日）たまだこしみつ绘；姚争译
香港 明窗出版社 1995年 211页 21cm（32开）
ISBN：962–357–725–7 定价：HKD38.00
（漫画系列）

J0087949
摩登和尚 （1 明朗气压）（日）冈野玲子绘；涂愫芸译
台北 尖端出版公司 1995年 228页
21cm（32开）ISBN：957–10–0106–6
定价：TWD130.00

J0087950
摩登和尚 （2 独断独行）（日）冈野玲子绘；涂愫芸译
台北 尖端出版公司 1995年 216页
21cm（32开）ISBN：957–10–0107–4
定价：TWD130.00

J0087951
摩登和尚 （3 奥妙之旅）（日）冈野玲子绘；涂愫芸译
台北 尖端出版公司 1995年 230页 21cm（32开）
ISBN：957–10–0108–2 定价：TWD130.00

J0087952
摩登和尚 （8 穿开碧落天）（日）冈野玲子绘；涂愫芸译
台北 尖端出版公司 1995年 187页
21cm（32开）ISBN：957–10–0113–9
定价：TWD130.00

J0087953
摩登和尚 （4 第二勺恶水更毒）（日）冈野玲子绘；涂愫芸译
台北 尖端出版公司 1996年 215页
21cm（32开）ISBN：957–10–0109–0
定价：TWD130.00

J0087954
摩登和尚 （5 末世稚子百尺竿头如何进步）（日）冈野玲子绘；涂愫芸译
台北 尖端出版公司 1996年 225页
21cm（32开）ISBN：957–10–0110–4
定价：TWD130.00

J0087955
摩登和尚 （6 淤泥深浅人不识）（日）冈野玲子绘；涂愫芸译
台北 尖端出版公司 1996年 224页
21cm（32开）ISBN：957–10–0111–2
定价：TWD130.00

J0087956
摩登和尚 （7 桃源深更深）（日）冈野玲子绘；涂愫芸译
台北 尖端出版公司 1996年 223页

21cm（32开）ISBN：957-10-0112-0
定价：TWD130.00

J0087957
摩登吸血鬼 （第一册）（日）手冢治虫著
拉萨 西藏人民出版社 1995年 95页
19cm（小32开）ISBN：7-223-00742-7
定价：CNY2.80
（怪奇漫画）
　　日本现代漫画作品。

J0087958
摩登吸血鬼 （第二册）（日）手冢治虫著
拉萨 西藏人民出版社 1995年 95页
19cm（小32开）ISBN：7-223-00742-7
定价：CNY2.80
（怪奇漫画）

J0087959
摩登吸血鬼 （第三册）（日）手冢治虫著
拉萨 西藏人民出版社 1995年 95页
19cm（小32开）ISBN：7-223-00742-7
定价：CNY2.80
（怪奇漫画）

J0087960
摩登吸血鬼 （第四册）（日）手冢治虫著
拉萨 西藏人民出版社 1995年 95页
19cm（小32开）ISBN：7-223-00742-7
定价：CNY2.80
（怪奇漫画）

J0087961
摩登吸血鬼 （第五册）（日）手冢治虫著
拉萨 西藏人民出版社 1995年 95页
19cm（小32开）ISBN：7-223-00742-7
定价：CNY2.80
（怪奇漫画）

J0087962
摩登吸血鬼 （第六册）（日）手冢治虫著
拉萨 西藏人民出版社 1995年 95页
19cm（小32开）ISBN：7-223-00742-7
定价：CNY2.80
（怪奇漫画）

日本现代漫画作品。

J0087963
全彩色世界漫画精品 王培堃彩绘·评点
桂林 漓江出版社 1995年 238页 29cm（16开）
精装 ISBN：7-5407-1821-8 定价：CNY100.00
　　作者王培堃（1940—　　），漫画家。广西柳州人，毕业于广西师范学院。曾任职于广西柳州市群众艺术馆、柳州《新天地画刊》编辑部，中国美术家协会会员、中国美术家协会连环画艺术委员会委员。代表作品《书的故事》《小精灵画传》《书童山》。

J0087964
少女以上少年未满 （日）柴门ふみ著；魏亚萍译
台北 时报文化出版企业公司 1995年 257页
有图 21cm（20开）ISBN：957-13-1644-X
定价：TWD140.00
（时报漫画丛书 FA209）

J0087965
威廉·布什漫画 （德）威廉·布什绘；洪佩奇，张继武编；胡苏萍译
南京 江苏人民出版社 1995年 440页
26cm（16开）ISBN：7-214-01492-0
定价：CNY30.00
（世界著名连环漫画）
　　外文书名：W·Busch Spott Bilder. 作者威廉·布什（W.Busch, 1832—1908），德国漫画家。

J0087966
笑话、幽默、歇后语 王莹编
北京 民族出版社 1995年 2册（78+78页）有图
26cm（16开）ISBN：7-105-02412-7
定价：CNY7.20

J0087967
新闻英雄 （3）（日）大谷昭宏；（日）大岛矢须一绘；许嘉祥译
台北 尖端出版公司 1995年 243页
18cm（小32开）ISBN：957-712-600-6
定价：TWD95.00
（菁英族）

J0087968
樱园 （日）吉田秋生著；钱亚东译
台北 时报文化出版企业公司 1995 年 169 页
有图 21cm（32 开）ISBN：957-13-1891-4
定价：TWD120.00
（时报漫画丛书 HL018）

J0087969
战车之王 （虎式战车英雄魏特曼战纪）小林源
文绘制；林大维译
台北 轻舟出版社 1995 年 151 页 有图
21cm（32 开）ISBN：957-8701-40-3
定价：TWD130.00
（品味漫画 1）

J0087970
笔情墨趣 （卖扇线墨俳句戏画 中国水墨漫画）
何韦，于人编
北京 工人出版社 1996 年 113 页 20cm（32 开）
ISBN：7-5008-1843-2 定价：CNY16.00

J0087971
茶花女 （法）小仲马原著；臧藏译；（日）渡边
雅子改编绘画
南宁 接力出版社 1996 年 259 页 19cm（小 32 开）
ISBN：7-80631-030-4 定价：CNY15.00
（漫画世界文学名著 5）
　　根据法国文学名著改编的日本现代漫画
作品。

J0087972
动物的奥秘 （日）今泉忠明主编；（日）大石容
子绘；阿强译
南宁 广西民族出版社 1996 年 135 页
19cm（小 32 开）ISBN：7-5363-3150-9
定价：CNY7.20
（学研漫画 奥秘丛书 新订版）
　　今泉忠明（1944— ），日本生物学家、作家。
生于东京，毕业于日本东京水产大学。历任日本
上野动物园解说员，日本猫科动物研究所所长等。

J0087973
发明、发现的奥秘 （日）大森实，（日）矢部一
郎主编；阿强译
南宁 广西民族出版社 1996 年 139 页

19cm（小 32 开）ISBN：7-5363-3148-7
定价：CNY7.20
（学研漫画 奥秘丛书 新订版）
　　作者大森实，日本法政大学教授。作者矢部
一郎，日本立正大学教授。

J0087974
狗的奥秘 （日）大野淳一主编；（日）林夏介绘；
阿强译
南宁 广西民族出版社 1996 年 137 页
19cm（小 32 开）ISBN：7-5363-3143-6
定价：CNY7.20
（学研漫画 奥秘丛书 新订版）
　　作者大野淳一，日本狗俱乐部理事长。

J0087975
红与黑 （法）司汤达著；孙日明译；（日）里中
满智子编绘
南宁 接力出版社 1996 年 263 页 20cm（32 开）
ISBN：7-80631-035-5 定价：CNY15.00
（漫画世界文学名著 1）
　　根据法国文学名著改编的日本现代漫画
作品。

J0087976
疾病的奥秘 （日）国分义行主编；（日）楠高治
绘；阿强译
南宁 广西民族出版社 1996 年 139 页
19cm（小 32 开）ISBN：7-5363-3151-7
定价：CNY7.20
（学研漫画 奥秘丛书 新订版）

J0087977
简·爱 （英）勃朗特原著；孙日明译；（日）花村
荣子改编、绘画
南宁 接力出版社 1996 年 265 页 19cm（小 32 开）
ISBN：7-80631-029-0 定价：CNY15.00
（漫画世界文学名著 3）
　　根据英国文学名著改编的日本现代漫画
作品。

J0087978
卡门 （法）梅里美著；臧藏译；（日）伊万里寿美
子编绘
南宁 接力出版社 1996 年 262 页 20cm（32 开）

ISBN：7-80631-036-3 定价：CNY15.00
（漫画世界文学名著 4）
　　根据法国文学名著改编的日本现代漫画作品。

J0087979
科乐的科学疑问箱 （新订版 画册）（日）佐佐木宗雄主编；（日）内山安二漫画；阿强译
南宁 广西民族出版社 1996年 157页
19cm（小32开）ISBN：7-5363-3144-4
定价：CNY7.20
（学研漫画 奥秘丛书）
　　作者佐佐木宗雄，东京都立大学名誉教授。

J0087980
科学小百科全书 （新订版 画册）（日）佐佐木宗雄主编；（日）内山安二漫画；阿强译
南宁 广西民族出版社 1996年 187页
19cm（小32开）ISBN：7-5363-3149-5
定价：CNY8.80
（学研漫画 奥秘丛书）

J0087981
恐龙的奥秘 （新订版 画册）（日）小畠郁生主编；阿强译
南宁 广西民族出版社 1996年 131页
19cm（小32开）ISBN：7-5363-3147-9
定价：CNY7.20
（学研漫画 奥秘丛书）
　　作者小畠郁生，日本国立科学博物馆任职。

J0087982
昆虫的奥秘 （日）须田孙七主编；（日）林夏介绘；阿强译
南宁 广西民族出版社 1996年 155页
19cm（小32开）ISBN：7-5363-3153-3
定价：CNY7.20
（学研漫画 奥秘丛书 新订版）
　　作者须田孙七，日本昆虫学会任职。

J0087983
靓女苏珊 王司马作；洪佩奇编
南京 译林出版社 1996年 2册（230+230页）
18×21cm ISBN：7-80567-590-2
定价：CNY24.00

（生活·爱情·幽默 世界系列连环漫画名著丛书）

J0087984
路边石亦可入药 （韩）林载鹤著；成龙哲，金莲兰翻译
延吉 东北朝鲜民族教育出版社 1996年
3册（194+192+193页）20cm（32开）
ISBN：7-5437-2560-6 定价：CNY40.00
（家庭必备中医疗法漫画集）

J0087985
罗密欧与朱丽叶 （英）莎士比亚原著；孙日明译；（日）五十岚优美子改编、绘画
南宁 接力出版社 1996年 265页 19cm（小32开）
ISBN：7-80631-031-2 定价：CNY15.00
（漫画世界文学名著 2）
　　据英国文学名著改编的日本现代漫画作品。

J0087986
漫画爱因斯坦 （相对论打开了20世纪的科学大门）（日）犬上博史著；姚争译
香港 明报出版社有限公司 1996年 211页
20cm（32开）ISBN：7-5062-2880-7
定价：CNY9.80
（漫画科学家 系列丛书）
　　本书与世界图书出版公司合作出版。

J0087987
漫画达尔文 （震撼全球的万物进化论）（日）田中裕著；姚争译
香港 明报出版社有限公司 1996年 211页
20cm（32开）ISBN：7-5062-2881-5
定价：CNY9.80
（漫画科学家 系列丛书）
　　本书与世界图书出版公司合作出版。

J0087988
漫画达芬奇 （科学、艺术的全能天才）（日）千田光穗著；姚争译
香港 明报出版社有限公司 1996年 211页
20cm（32开）ISBN：7-5062-2882-3
定价：CNY9.80
（漫画科学家 系列丛书）
　　本书与世界图书出版公司合作出版。

J0087989

漫画达芬奇 （科学、艺术的全能天才）（日）千田光穗著；（日）高桥てオるまさ绘；姚争译
台北 书林出版公司 1996年 211页 21cm（32开）
ISBN：957–586–572–3 定价：TWD150.00
（漫画科学系列 5）

J0087990

漫画霍金 （轮椅上的天才物理学家）（日）鸫巢直树著；（日）岩崎ンたろう绘；姚争译
台北 书林出版有限公司 1996年 209页
21cm（32开）ISBN：957–586–574–X
定价：HKD150.00
（漫画科学系列 3）

J0087991

漫画卡森 （向环境科学献上爱之颂词）（日）熊谷智美著；姚争译
北京 世界图书出版公司北京公司 1996年
重印本 211页 20cm（32开）
ISBN：7–5062–2884–X 定价：CNY9.80
　　本书系日本现代漫画连环画专著。

J0087992

漫画卡森 （向环境科学献上爱之颂词）（日）熊谷智美著；（日）たまだとしみつ绘；姚争译
台北 书林出版公司 1996年 211页 21cm（32开）
ISBN：957–586–571–5 定价：TWD150.00
（漫画科学系列 4）

J0087993

漫画牛顿 （建立近代科学的知识巨人）（日）犬上博史著；刘小珊译
香港 明报出版社有限公司 1996年 211页
20cm（32开）ISBN：7–5062–2885–8
定价：CNY9.80
（漫画科学家 系列丛书）
　　本书与世界图书出版公司合作出版。

J0087994

美国早期漫画中的华人 胡垣坤等编
香港 三联书店（香港）公司 1996年 183页
25cm（小16开）ISBN：962–04–1195–1
定价：HKD79.00

J0087995

牛仔 王司马作；洪佩奇编
南京 译林出版社 1996年 4册 18×21cm
ISBN：7–80567–591–0 定价：CNY48.00
（生活·爱情·幽默 世界系列连环漫画名著丛书）

J0087996

欧美连环漫画精品 洪佩奇编
南京 江苏人民出版社 1996年 291页
26cm（16开）ISBN：7–214–01707–5
定价：CNY22.00
（世界著名连环画精品）
　　外文书名：Comic Strip.

J0087997

莎乐美 （英）王尔德原作著；陈蜀阳译；（日）
牧美也子改编、绘画
南宁 接力出版社 1996年 265页 19cm（小32开）
ISBN：7–80631–033–9 定价：CNY15.00
（漫画世界文学名著 8）
　　根据英国文学名著改编的日本现代漫画作品。

J0087998

世界动物幽默画 缪印堂等选编
武汉 湖北美术出版社 1996年 156页 21×19cm
ISBN：7–5394–0594–5 定价：CNY12.00
　　外文书名：The World's Cartoons of Animal.
编者缪印堂（1935—2017），著名漫画家。江苏南京人。曾任中国科普研究所高级工艺美术师、中国美协漫画艺委会委员、中国美术家协会漫画艺委员会副主任、《漫画月刊》高级顾问、北京电影学院动画学院客座教授。漫画作品有《啊，危险》《讲经》《矛盾的统一》等。著作有《缪印堂漫画选》《漫画艺术入门》《科学漫画创作概论》等。

J0087999

世界黑色幽默画 缪印堂等选编
武汉 湖北美术出版社 1996年 156页 21×19cm
ISBN：7–5394–0592–9 定价：CNY12.00
　　外文书名：The World's Cartoons of Black.

J0088000

世界经典幽默与漫画 宏达编
成都 四川文艺出版社 1996年 25+483页

20cm（32 开）ISBN：7-5411-1460-X
定价：CNY18.80

J0088001
世界科学幽默画 缪印堂等选编
武汉 湖北美术出版社 1996 年 156 页 21×19cm
ISBN：7-5394-0595-3 定价：CNY12.00
　　外文书名：The World's Cartoons of Science.

J0088002
世界生活幽默画 缪印堂等选编
武汉 湖北美术出版社 1996 年 156 页 21×19cm
ISBN：7-5394-0593-7 定价：CNY12.00
　　外文书名：The World's Cartoons of Life.

J0088003
天气 100 问的奥秘 （新订版）（日）清水教高
主编；佐藤绘；阿强译
南宁 广西民族出版社 1996 年 138 页
19cm（小 32 开）ISBN：7-5363-3146-0
定价：CNY7.20
（学研漫画 奥秘丛书）
　　作者清水教高，日本原气象厅预报官。

J0088004
小职员周记 （第 1 集 总务是无所不做的）（日）
林律雄著；（日）高井研一郎绘；鸟山乱译
台北 尖端出版公司 1996 年 235 页 18cm（30 开）
ISBN：957-10-0447-2 定价：TWD95.00
（菁英族）
　　日本现代漫画作品。作者高井研一郎（1937—
2016），日本漫画家。出生于长崎县佐世保市。代
表作是与林律雄合作的漫画《小职员周记》。

J0088005
小职员周记 （第 2 集 运转不停的事务机器）
（日）林律雄著；（日）高井研一郎绘；鸟山乱译
台北 尖端出版公司 1996 年 237 页
18cm（30 开）ISBN：957-10-0448-0
定价：TWD95.00
（菁英族）
　　日本现代漫画作品。

J0088006
小职员周记 （第 3 集 总务课是 CIA ?）（日）

林律雄著；（日）高井研一郎绘；张光明译
台北 尖端出版公司 1996 年 231 页
18cm（30 开）ISBN：957-10-0476-6
定价：TWD95.00
（菁英族）

J0088007
小职员周记 （第 4 集 总务课暗潮汹涌）（日）
林律雄著；（日）高井研一郎绘；张光明译
台北 尖端出版公司 1996 年 233 页
18cm（30 开）ISBN：957-10-0477-4
定价：TWD95.00
（菁英族）

J0088008
小职员周记 （第 5 集 第二年的春天）（日）林
律雄著；（日）高井研一郎绘；鸟山乱译
台北 尖端出版公司 1996 年 225 页
18cm（30 开）ISBN：957-10-0542-8
定价：TWD95.00
（菁英族）

J0088009
小职员周记 （第 12 集 新春泡温泉）（日）林律
雄著；（日）高井研一郎绘；水风薰译
台北 尖端出版公司 1996 年 203 页
18cm（30 开）ISBN：957-10-1493-1
定价：TWD100.00
（菁英族）
　　作者高井研一郎（1937—2016），日本漫画
家。出生于长崎县佐世保市。代表作是与林律
雄合作的漫画《小职员周记》。

J0088010
小职员周记 （第 20 集 某小职员的婚礼）（日）
林律雄著；（日）高井研一郎绘；水风薰译
台北 尖端出版公司 1996 年 211 页
18cm（30 开）ISBN：957-10-1866-X
定价：TWD100.00
（菁英族）

J0088011
小职员周记 （第 6 集 贴心的中元礼）（日）林
律雄著；（日）高井研一郎绘；张光明译
台北 尖端出版公司 1997 年 207 页

18cm（30 开）ISBN：957–10–0559–2
定价：TWD95.00
（菁英族）

J0088012
小职员周记 （第 7 集 上班族的梦想）（日）林
律雄著；（日）高井研一郎绘；张光明译
台北 尖端出版公司 1997年 225页 18cm（30开）
ISBN：957–10–0766–8 定价：TWD100.00
（菁英族）

J0088013
小职员周记 （第 8 集 啊！上班族）（日）林律
雄著；（日）高井研一郎绘；张光明译
台北 尖端出版公司 1997年 209页 18cm（30开）
ISBN：957–10–0767–6 定价：TWD100.00
（菁英族）

J0088014
小职员周记 （第 9 集 爱情专家）（日）林律雄
著；（日）高井研一郎绘；张光明译
台北 尖端出版公司 1997年 213页
18cm（30 开）ISBN：957–10–0956–3
定价：TWD100.00
（菁英族）

J0088015
小职员周记 （第 10 集 便当战争）（日）林律雄
著；（日）高井研一郎绘；张光明译
台北 尖端出版公司 1997年 208页 18cm（30开）
ISBN：957–10–0988–1 定价：TWD100.00
（菁英族）

J0088016
小职员周记 （第 11 集 神户一日游）（日）林
雄著；（日）高井研一郎绘；刘淑玲译
台北 尖端出版公司 1998年 203页 18cm（30开）
ISBN：957–10–1406–0 定价：TWD100.00
（菁英族）

J0088017
小职员周记 （第 13 集 喔—耶！）（日）林律雄
著；（日）高井研一郎绘；水风薰译
台北 尖端出版公司 1998年 217页
18cm（30 开）ISBN：957–10–1552–0

定价：TWD100.00
（菁英族）

J0088018
小职员周记 （第 14 集 宝宝的诞生）（日）林律
雄著；（日）高井研一郎绘；水风薰译
台北 尖端出版公司 1998年 217页
18cm（30 开）ISBN：957–10–1664–0
定价：TWD100.00
（菁英族）

J0088019
小职员周记 （第 15 集 地盘之争）（日）林律雄
著；（日）高井研一郎绘；水风薰译
台北 尖端出版公司 1998年 217页
18cm（30 开）ISBN：957–10–1682–9
定价：TWD100.00
（菁英族）

J0088020
小职员周记 （第 16 集 礼拜天）（日）林律雄著；
（日）高井研一郎绘；水风薰译
台北 尖端出版公司 1998年 215页
18cm（30 开）ISBN：957–10–1723–X
定价：TWD100.00
（菁英族）
　　作者高井研一郎(1937—2016)，日本漫画
家。出生于长崎县佐世保市。代表作是与林律
雄合作的漫画《小职员周记》。

J0088021
小职员周记 （第 17 集 六平太禁烟记）（日）林
律雄著；（日）高井研一郎绘；水风薰译
台北 尖端出版公司 1998年 209页
18cm（30 开）ISBN：957–10–1790–6
定价：TWD100.00
（菁英族）

J0088022
小职员周记 （第 18 集 社长候选人！?）（日）
林律雄著；（日）高井研一郎绘；水风薰译
台北 尖端出版公司 1998年 207页
18cm（30 开）ISBN：957–10–1807–4
定价：TWD100.0
（菁英族）

J0088023

小职员周记 （第 19 集 恐龙会社）（日）林律雄
著;（日）高井研一郎绘; 水风薰译
台北 尖端出版公司 1999 年 209 页
18cm(30 开) ISBN: 957–10–1846–5
定价: TWD100.00
（菁英族）

J0088024

小职员周记 （第 21 集 敌人或朋友 …）（日）林
律雄著;（日）高井研一郎绘; 傅国忠译
台北 尖端出版公司 1999 年 215 页
18cm(30 开) ISBN: 957–10–1885–6
定价: TWD100.00
（菁英族）

J0088025

小职员周记 （第 22 集 电影之夜）（日）林律雄
著;（日）高井研一郎绘; 傅国忠译
台北 尖端出版公司 1999 年 217 页
18cm(30 开) ISBN: 957–10–1923–2
定价: TWD100.00
（菁英族）

J0088026

小职员周记 （第 23 集 松山奋斗记）（日）林律
雄著;（日）高井研一郎绘; 傅国忠译
台北 尖端出版公司 1999 年 211 页
18cm(30 开) ISBN: 957–10–1939–9
定价: TWD100.00
（菁英族）

J0088027

小职员周记 （第 24 集 总务人传说）（日）林律
雄著;（日）高井研一郎绘; 傅国忠译
台北 尖端出版公司 1999 年 215 页
18cm(30 开) ISBN: 957–10–1959–3
定价: TWD100.00
（菁英族）

J0088028

学研漫画事典丛书 （日）水谷章三主编; 毛青
兰等译
南宁 接力出版社 1996 年 10 册 19cm(小 32 开)
ISBN: 7–5363–3211–4 定价: CNY69.80

J0088029

一千零一夜 乔莹洁译;（日）伊藤结花理改编、
绘画
南宁 接力出版社 1996 年 263 页 19cm(小 32 开)
ISBN: 7–80631–034–7 定价: CNY15.00
（漫画世界文学名著 9 ）
　　日本现代漫画作品。

J0088030

有? 没有? 的奥秘 （外星人·怪兽·幽灵·奇异
功能者 新订版 画册）阿强译
南宁 广西民族出版社 1996 年 新订版 141 页
19cm(小 32 开) ISBN: 7–5363–3145–2
定价: CNY7.20
（学研漫画 奥秘丛书）
　　日本现代漫画作品。

J0088031

有毒动物的奥秘 （日）大野正男主编;（日）木
村研绘; 阿强译
南宁 广西民族出版社 1996 年 137 页
19cm(小 32 开) ISBN: 7–5363–3142–8
定价: CNY7.20
（学研漫画 奥秘丛书 新订版）
　　作者大野淳一, 日本狗俱乐部理事长。

J0088032

鱼的奥秘 （日）末广恭雄,（日）朝比奈洁主编;
（日）伊东章夫绘; 阿强译
南宁 广西民族出版社 1996 年 139 页
19cm(小 32 开) ISBN: 7–5363–3152–5
定价: CNY7.20
（学研漫画 奥秘丛书 新订版）
　　作者末广恭雄, 日本东京大学名誉教授。作
者朝比奈洁, 日本大学专任讲师。

J0088033

罪与罚 （苏）陀思妥耶夫斯基著; 杨政华译;
（日）汐见朝子编绘
南宁 接力出版社 1996 年 263 页 20cm(32 开)
ISBN: 7–80631–028–2 定价: CNY15.00
（漫画世界文学名著 6 ）
　　日本现代漫画作品。

J0088034

《父与子》全集 （德）埃·奥·卜劳恩作
济南 黄河出版社 1997 年 233 页 26cm（16 开）
ISBN：7-80558-835-X 定价：CNY19.60
（世界幽默大师连环漫画丛书）

作者卜劳恩（E.O.Plauen，1903—1944），德国著名漫画家。原名艾里希·奥塞尔（Erich Ohser）。曾考入莱比锡绘画学院学习。代表作品有连环漫画《父与子》。

J0088035

白雪皇后 （日）若谷和子改编；永田萌绘
南宁 接力出版社 1997 年 29 页 29cm（16 开）
精装 ISBN：7-80631-216-1 定价：CNY20.00

日本漫画画册，安徒生经典童话彩图本。

J0088036

迪尔伯特原则 亚当斯著；李斯，康笑宇译
海口 海南出版社 1997 年 334 页 20cm（32 开）
ISBN：7-80617-413-3 定价：CNY21.80

迪尔伯特（Dilbert），现通译为"呆伯特"，是漫画家的职场漫画系列的主人公。

J0088037

父与子 （德）卜劳恩绘
北京 中国连环画出版社 1997 年 139 页
17×19cm ISBN：7-5061-0754-6 定价：CNY9.60
（外国连环漫画精品丛书）

作者卜劳恩（E.O.Plauen，1903—1944），德国著名漫画家。原名艾里希·奥塞尔（Erich Ohser）。曾考入莱比锡绘画学院学习。代表作品有连环漫画《父与子》。

J0088038

海的女儿 （日）若谷和子改编；永田萌绘
南宁 接力出版社 1997 年 29 页 29cm（16 开）
精装 ISBN：7-80631-218-8 定价：CNY20.00

日本漫画画册，安徒生经典童话彩图本。

J0088039

好兵帅克历险记 （插图本）（捷）雅·哈谢克著；约·拉达编绘；刘星灿译
长沙 湖南少年儿童出版社 1997 年 271 页
17×19cm ISBN：7-5358-1341-0
定价：CNY10.50

本书是根据捷克作家哈谢克创作的一部长篇政治讽刺小说《好兵帅克》创作的漫画连环画作品。作者哈谢克（Hašek, Jaroslav 1883—1923）。捷克作家。生于布拉格。著有长篇小说《好兵帅克》（《好兵帅克在第一次世界大战中的遭遇》），短篇小说《得救》《巴拉顿湖畔》等。作者约瑟夫·拉达（Josef Lada 1887—1957）。捷克画家。作品有《好兵帅克》、《我的字母》、《妖怪和水鬼的故事》、《小猫米凯什的故事》等。

J0088040

花猫侦探 （1）（日）松下知良原著；崔崟译
长春 吉林美术出版社 1997 年 57 页
29cm（16 开）ISBN：7-5386-0615-7
定价：CNY16.00

日本漫画画册。

J0088041

花猫侦探 （2）（日）松下知良原著；崔崟译
长春 吉林美术出版社 1997 年 64 页
29cm（16 开）ISBN：7-5386-0616-5
定价：CNY18.00

日本漫画画册。

J0088042

花猫侦探 （3）（日）松下知良原著；崔崟译
长春 吉林美术出版社 1997 年 102 页
29cm（16 开）ISBN：7-5386-0617-3
定价：CNY28.00

日本漫画画册。

J0088043

花猫侦探 （4）（日）松下知良原著；崔崟译
长春 吉林美术出版社 1997 年 86 页
29cm（16 开）ISBN：7-5386-0618-1
定价：CNY23.00

日本漫画画册。

J0088044

凯文与虎伯十周年记念特刊 （美）比尔·华特森（Bill Watterson）著；J.T. 译
台北 唐山出版社 1997 年 208 页 21×28cm
ISBN：957-8900-68-6 定价：TWD350.00

外文书名：The Calvin and Hobbes Tenth Anniversary Book.

J0088045
玛塞林为什么会脸红?　（法）尚－贾克·桑贝
（Jean-JacquesSempe）著; 刘美钦译
台北　玉山社出版事业公司　1997 年　122 页
22cm（30 开）ISBN: 957-32-3070-4
定价: TWD350.00
（星月书房 9）
　　　外文书名: Marcellin Caillou.

J0088046
妙趣横生的发明漫画　云龙, 杨骄主编; 斌贝绘
长沙　湖南师范大学出版社　1997 年　154 页
17×19cm　ISBN: 7-81031-631-1　定价: CNY6.00
（神奇的发明世界丛书）

J0088047
莫迪洛漫画全集　（阿根廷）吉勒摩·莫迪洛
（Mordillo）作
济南　黄河出版社　1997 年　235 页　26cm（16 开）
ISBN: 7-80558-835-X　定价: CNY19.60
（世界幽默大师连环漫画丛书）
　　　作者埃·奥·卜劳恩（E.O.Plauen, 1903—1944）,
原名埃里西·奥赛尔（Erich Ohser）, 德国著名漫
画家。生于德国萨克森州福格兰特山区。毕业
于莱比锡绘画艺术学院, 代表作品《父与子》。

J0088048
女人要带刺　（刺女的诞生）罗贝塔·葛莱莉
（RobertGregory）著; 何颖怡译
台北　大块文化出版公司　1997 年　90 页　有图
21cm（32 开）ISBN: 957-8468-11-3
定价: TWD150.00
（Smile 8）
　　　外文书名: A Bitch is Born.

J0088049
皮德漫画全集　（丹）赫·皮德斯特鲁普（Bies-
dup）作
济南　黄河出版社　1997 年　235 页　26cm（16 开）
ISBN: 7-80558-835-X　定价: CNY19.60
（世界幽默大师连环漫画丛书）

J0088050
乔治·贝克《炮灰画传》全集　（美）乔治·贝克作
济南　黄河出版社　1997 年　235 页　26cm（16 开）

ISBN: 7-80558-851-1　定价: CNY19.60
（世界幽默大师连环漫画丛书 Ⅱ）
　　　本书由乔治·贝克《炮灰画传》全集与（法）
让·艾飞尔作, 刘明编的《让·艾飞尔漫画选集》
合订。

J0088051
施密特漫画全集　（德）埃里希·施密特作; 刘
明编
济南　黄河出版社　1997 年　230 页　26cm（16 开）
ISBN: 7-80558-851-1　定价: CNY19.60
（世界幽默大师连环漫画丛书 Ⅱ）

J0088052
世界爱情幽默画　缪印堂等选编
武汉　湖北美术出版社　1997 年　156 页　21×19cm
ISBN: 7-5394-0624-0　定价: CNY12.00
　　　编者缪印堂（1935—2017）, 著名漫画家。江
苏南京人。曾任中国科普研究所高级工艺美术师、
中国美协漫画艺委会委员、中国美术家协会漫画
艺委员会副主任、《漫画月刊》高级顾问、北京电
影学院动画学院客座教授。漫画作品有《啊, 危险》
《讲经》《矛盾的统一》等。著作有《缪印堂漫画选》
《漫画艺术入门》《科学漫画创作概论》等。

J0088053
世界健康幽默画　缪印堂等选编
武汉　湖北美术出版社　1997 年　156 页　21×19cm
ISBN: 7-5394-0626-7　定价: CNY12.00

J0088054
世界马戏幽默画　缪印堂等选编
武汉　湖北美术出版社　1997 年　156 页　21×19cm
ISBN: 7-5394-0625-9　定价: CNY12.00

J0089925
世界体育幽默画　缪印堂等选编
武汉　湖北美术出版社　1997 年　156 页　21×19cm
ISBN: 7-5394-0627-5　定价: CNY12.00

J0088055
泰迪和泰希的故事　布莱恩著
青岛　青岛出版社　1997 年　4 册　20cm（32 开）
ISBN: 7-5436-1606-8　定价: CNY40.00

J0088056

外国漫画大王　郑辛遥主编

上海　上海远东出版社　1997年　441页

20cm（32开）精装　ISBN：7-80613-342-9

定价：CNY16.00

　　　主编郑辛遥（1958—　），漫画家。生于上海，祖籍江苏苏州。历任中国美术家协会会员、上海漫画艺术委员会委员、《漫画世界》编委、上海市美术家协会第八届主席。代表作品有《智慧快餐》系列漫画，作品集《郑辛遥幽默画》,《慢条思理——郑辛遥智慧快餐漫画大全集》等。

J0088057

雅各布生《阿达姆松》全集　（瑞典）奥斯卡·雅各布生作；刘明编

济南　黄河出版社　1997年　235页　26cm（16开）

ISBN：7-80558-851-1　定价：CNY19.60

（世界幽默大师连环漫画丛书　Ⅱ）

　　　作者雅各布生（Oscar Jacobsson, 1889—1945），瑞典漫画家。绘有《阿达姆松》。

J0088058

野天鹅　（日）若谷和子改编；永田萌绘

南宁　接力出版社　1997年　29页　29cm（16开）

ISBN：7-80631-213-7　定价：CNY20.00

　　　日本漫画画册，安徒生经典童话彩图本。

J0088059

幽默与漫画经典　亦可编

呼和浩特　内蒙古人民出版社　1997年　454页

20cm（32开）ISBN：7-204-03356-6

定价：CNY19.80

J0088060

最感人的文明先驱　（日）长泽和俊主编；赵建平译

长春　吉林摄影出版社　1997年　124页

20cm（32开）ISBN：7-80606-165-7

定价：CNY8.00

（漫画人类史上的伟大业绩　6）

J0088061

最豪迈的世界探险　（日）长泽和俊主编；赵建平译

长春　吉林摄影出版社　1997年　124页

20cm（32开）ISBN：7-80606-135-5

定价：CNY8.00

（漫画人类史上的伟大业绩　1）

J0088062

最难解的历史谜题　（日）长泽和俊主编；赵建平译

长春　吉林摄影出版社　1997年　124页

20cm（32开）ISBN：7-80606-162-2

定价：CNY8.00

（漫画人类史上的伟大业绩　3）

J0088063

最奇妙的大千奇闻　（日）长泽和俊主编；赵建平译

长春　吉林摄影出版社　1997年　124页

20cm（32开）ISBN：7-80606-163-0

定价：CNY8.00

（漫画人类史上的伟大业绩　4）

J0088064

最勇敢的自然开拓　（日）长泽和俊主编；赵建平译

长春　吉林摄影出版社　1997年　124页

20cm（32开）ISBN：7-80606-161-4

定价：CNY8.00

（漫画人类史上的伟大业绩　2）

J0088065

最真诚的爱心奉献　（日）长泽和俊主编；赵建平译

长春　吉林摄影出版社　1997年　124页

20cm（32开）ISBN：7-80606-166-5

定价：CNY8.00

（漫画人类史上的伟大业绩　8）

J0088066

最震撼的科学发现　（日）长泽和俊主编；赵建平译

长春　吉林摄影出版社　1997年　124页

20cm（32开）ISBN：7-80606-164-9

定价：CNY8.00

（漫画人类史上的伟大业绩　5）

J0088067

最重大的创造发明 （日）长泽和俊主编；赵建平译

长春 吉林摄影出版社 1997 年 124 页

20cm（32 开）ISBN：7-80606-167-3

定价：CNY8.00

（漫画人类史上的伟大业绩 7）

J0088068

"破耳朵" 的故事 （比）埃尔热编绘；江山译

西宁 青海人民出版社 1998 年 190 页

19cm（32 开）ISBN：7-225-01489-7

定价：CNY7.50

（外国漫画丛书 丁丁历险记 18）

　　作者埃尔热（Herge，1907—1983），漫画家。生于比利时布鲁塞尔，原名乔治·雷米（Georges Remi）。代表作《丁丁历险记》连环漫画享誉全球。被誉为 "近代欧洲漫画之父"。其作品还有《丁丁在西藏》《绿宝石失窃案》《魁可和富鲁波克的功勋》等

J0088069

《父与子》全集 （德）埃·奥·卜劳恩作；方洪琦编译

北京 中国民族摄影艺术出版社 1998 年 379 页

20cm（32 开）ISBN：7-80069-203-5

定价：CNY19.80

　　作者埃·奥·卜劳恩（E.O.Plauen，1903—1944），原名埃里西·奥赛尔（Erich Ohser），德国著名漫画家。生于德国萨克森州福格兰特山区。毕业于莱比锡绘画艺术学院，代表作品《父与子》。

J0088070

714 班机 （比）埃尔热编绘；江山译

西宁 青海人民出版社 1998 年 190 页

19cm（小 32 开）ISBN：7-225-01489-7

定价：CNY7.50

（外国漫画丛书 丁丁历险记 7）

　　作者埃尔热（Hergé，1907—1983），比利时漫画家。生于比利时布鲁塞尔，原名乔治·雷米（Georges Remi）。漫画著作《丁丁历险记》。

J0088071

爱丽斯漫游奇遇记 卡罗尔原著；海燕，蓉蓉

改编

西安 未来出版社 1998 年 58 页 21×19cm

ISBN：7-5417-1798-3 定价：CNY5.40

（世界名著卡通画丛）

J0088072

奥托卡王的权杖 （比）埃尔热编绘；江山译

西宁 青海人民出版社 1998 年 190 页

19cm（小 32 开）ISBN：7-225-01489-7

定价：CNY7.50

（外国漫画丛书 丁丁历险记 22）

J0088073

办公室求生指南 （美）史考特·亚当斯（Scott Adams）著；王悦嬚译

台北 经典传讯文化公司 1998 年 225 页 有图

20cm（32 开）ISBN：957-8302-03-7

定价：TWD160.00

（呆伯特企管漫画系列 3）

　　外文书名：Clues for the Clueless.

J0088074

北海大英雄 （1）（美）狄克·布朗（Dik Browne）著；张定绮译

沈阳 辽宁画报出版社 1998 年 126 页

21cm（32 开）ISBN：7-80601-243-5

定价：CNY9.00

（看漫画学英文）

J0088075

北海大英雄 （2）（美）狄克·布朗（Dik Browne）著；张定绮译

沈阳 辽宁画报出版社 1998 年 125 页

21cm（32 开）ISBN：7-80601-244-3

定价：CNY9.00

（看漫画学英文）

J0088076

北海大英雄 （3）（美）狄克·布朗（Dik Browne）著；张定绮译

沈阳 辽宁画报出版社 1998 年 126 页

21cm（32 开）ISBN：7-80601-245-1

定价：CNY9.00

（看漫画学英文）

J0088077

北海大英雄 （4）（美）狄克·布朗（Dik Browne）
著；张定绮译
沈阳 辽宁画报出版社 1998 年 125 页
21cm（32 开）ISBN：7-80601-246-X
定价：CNY9.00
（看漫画学英文）

J0088078

北海大英雄 （5）（美）狄克·布朗（Dik Browne）
著；张定绮译
沈阳 辽宁画报出版社 1998 年 125 页
21cm（32 开）ISBN：7-80601-247-8
定价：CNY9.00
（看漫画学英文）

J0088079

布希亚 （英）克理斯·何洛克斯（Chris Hor-
rocks）著；（英）佐兰·耶夫提克（Zoran Jevtic）绘
画；王尚文译
台北 立绪文化事业公司 1998 年 178 页
21cm（32 开）ISBN：957-8453-26-4
定价：TWD195.00
（启蒙学丛书 思潮与大师经典漫画）
　　　外文书名：Baudrillard for Beginners.

J0088080

菜鸟从军 （1）（美）摩提华特（Mort Walker）原
著；吴安兰译
沈阳 辽宁画报出版社 1998 年 127 页
21cm（32 开）ISBN：7-80601-253-2
定价：CNY9.00
（看漫画学英语）
　　　作者摩提华特通译：莫特·沃克（1923—　），
美国漫画作家。

J0088081

菜鸟从军 （2）（美）摩提华特（Mort Walker）原
著；吴安兰译
沈阳 辽宁画报出版社 1998 年 127 页
21cm（32 开）ISBN：7-80601-254-0
定价：CNY9.00
（看漫画学英语）

J0088082

菜鸟从军 （3）（美）摩提华特（Mort Walker）原
著；吴安兰译
沈阳 辽宁画报出版社 1998 年 125 页
21cm（32 开）ISBN：7-80601-255-9
定价：CNY9.00
（看漫画学英语）

J0088083

菜鸟从军 （4）（美）摩提华特（Mort Walker）原
著；吴安兰译
沈阳 辽宁画报出版社 1998 年 127 页
21cm（32 开）ISBN：7-80601-256-7
定价：CNY9.00
（看漫画学英语）

J0088084

菜鸟从军 （5）（美）摩提华特（Mort Walker）原
著；吴安兰译
沈阳 辽宁画报出版社 1998 年 127 页
21cm（32 开）ISBN：7-80601-257-5
定价：CNY9.00
（看漫画学英语）

J0088085

吹牛大王奇游记 拉斯别原著；夏雨，兰征改编
西安 未来出版社 1998 年 58 页 21×19cm
ISBN：7-5417-1799-1 定价：CNY5.40
（世界名著卡通画丛）

J0088086

大力水手 （1 中英对照）（美）赛多夫（Sagen-
dorf, B.）绘；麦倩宜译
沈阳 辽宁画报出版社 1998 年 125 页
20cm（32 开）ISBN：7-80601-238-9
定价：CNY9.00
（看漫画学英）
　　　美国现代英语漫画作品。

J0088087

大力水手 （2 中英对照）（美）赛多夫（Sagen-
dorf, B.）绘；麦倩宜译
沈阳 辽宁画报出版社 1998 年 126 页
20cm（32 开）ISBN：7-80601-239-7
定价：CNY9.00

（看漫画学英文）

J0088088
大力水手 （3 中英对照）（美）赛多夫（Sagen-
dorf, B.）绘；麦倩宜译
沈阳 辽宁画报出版社 1998年 126 页
20cm（32 开）ISBN：7-80601-240-0
定价：CNY9.00
（看漫画学英文）

J0088089
大力水手 （4 中英对照）（美）赛多夫（Sagen-
dorf, B.）绘；麦倩宜译
沈阳 辽宁画报出版社 1998年 126 页
20cm（32 开）ISBN：7-80601-241-9
定价：CNY9.00
（看漫画学英文）
　　美国现代英语漫画作品。

J0088090
大力水手 （5 中英对照）（美）赛多夫（Sagen-
dorf, B.）绘；麦倩宜译
沈阳 辽宁画报出版社 1998年 126 页
20cm（32 开）ISBN：7-80601-242-7
定价：CNY9.00
（看漫画学英文）

J0088091
大力水手 （美）伊尔·克里拉·西格［著］；方洪
琦编译
西宁 青海人民出版社 1998年 258 页
20cm（32 开）ISBN：7-225-01553-2
定价：CNY16.80

J0088092
大人国和小人国 斯威夫原著；王晓燕，王辅
东改编
西安 未来出版社 1998年 58 页 21×19cm
ISBN：7-5417-1796-7 定价：CNY5.40
（世界名著卡通画丛）

J0088093
呆伯特法则 （上班异言堂）（美）史考特·亚当
斯（Scott Adams）著；张定绮译
台北 经典传讯文化公司 1998年 563 页 有图

21cm（32 开）ISBN：957-98547-7-7
定价：TWD600.00
（呆伯特系列 1）
　　外文书名：The Dilbert Principle.

J0088094
德希达 （英）杰夫·柯林斯（Jeff Collins）著；（英）
比尔·梅柏林（Bill Mayblin）绘画；安原良译
台北 立绪文化事业公司 1998年 177 页
21cm（32 开）ISBN：957-8453-32-9
定价：TWD195.00
（启蒙学丛书 思潮与大师经典漫画）
　　外文书名：Derrida for Beginners.

J0088095
丁丁和流浪汉 （比）埃尔热编绘；江山译
西宁 青海人民出版社 1998年 189 页
19cm（小 32 开）ISBN：7-225-01489-7
定价：CNY7.50
（外国漫画丛书 丁丁历险记 20）
　　作者埃尔热（Herge, 1907—1983），漫画家。
生于比利时布鲁塞尔，原名乔治·雷米（Georges
Remi）。代表作《丁丁历险记》连环漫画享誉全
球。被誉为"近代欧洲漫画之父"。其作品还有《丁
丁在西藏》《绿宝石失窃案》《魁可和富鲁波克的功
勋》等。

J0088096
丁丁历险记 （比）埃尔热编绘；江山译
西宁 青海人民出版社 1998年 23 册
19cm（小 32 开）ISBN：7-225-01489-7
定价：CNY172.50（合计）
（外国漫画丛书）

J0088097
丁丁在刚果 （比）埃尔热编绘；江山译
西宁 青海人民出版社 1998年 190 页
19cm（32 开）ISBN：7-225-01489-7
定价：CNY7.50
（外国漫画丛书 丁丁历险记 17）

J0088098
丁丁在美洲 （比）埃尔热编绘；江山译
西宁 青海人民出版社 1998年 190 页
19cm（小 32 开）ISBN：7-225-01489-7

定价：CNY7.50
（外国漫画丛书　丁丁历险记 8）

J0088099
丁丁在鲨鱼湖　（比）埃尔热编绘；江山译
西宁　青海人民出版社 1998 年 118 页
19cm（小 32 开）ISBN：7-225-01489-7
定价：CNY7.50
（外国漫画丛书　丁丁历险记 23）

J0088100
独角兽号的秘密　（比）埃尔热编绘；江山译
西宁　青海人民出版社 1998 年 190 页
19cm（小 32 开）ISBN：7-225-01489-7
定价：CNY7.50
（外国漫画丛书　丁丁历险记 5）

J0088101
父与子　（德）卜劳恩绘；王颖，夏虹编
沈阳　辽宁画报出版社 1998 年 194 页
20cm（32 开）ISBN：7-80601-195-1
定价：CNY10.80
（世界经典漫画与漫画丛书）
　　作者卜劳恩（E.O.Plauen, 1903—1944），德国
著名漫画家。原名艾里希·奥塞尔（Erich Ohser）。
曾考入莱比锡绘画学院学习。代表作品有连环
漫画《父与子》。

J0088102
父与子　（全集）（德）E.O. 卜劳恩著；曹炽康编译
上海　同济大学出版社 1998 年 2 版 192 页
17×19cm ISBN：7-5608-1920-6
定价：CNY14.00
　　（中德文化交流丛书）

J0088103
父子幽默　哈哈编
北京　中国城市出版社 1998 年 316 页
21cm（32 开）ISBN：7-5074-0760-8
定价：CNY30.00（全 2 册）
　　外文书名：Father & Son Humorous.

J0088104
国际互联网　Brunner, L. 原著；Jevtic, Z. 绘；潘
小松，王海成译

广州　广州出版社 1998 年 183 页 20cm（32 开）
ISBN：7-80592-729-4 定价：CNY18.00
（红风车经典漫画丛书）
　　现代经典漫画作品。

J0088105
海盗失宝　（比）埃尔热编绘；江山译
西宁　青海人民出版社 1998 年 190 页
19cm（小 32 开）ISBN：7-225-01489-7
定价：CNY7.50
（外国漫画丛书　丁丁历险记 3）

J0088106
海德格尔入门　（美）艾里克·勒梅，（美）詹尼
弗·皮兹著；（美）保罗·戈尔登图；王柏华译
北京　东方出版社 1998 年 118 页 20cm（32 开）
ISBN：7-5060-1034-8 定价：CNY11.00
（西方文化漫画集成　国外漫画中译本入门系列
34 种）

J0088107
黑岛　（比）埃尔热编绘；江山译
西宁　青海人民出版社 1998 年 181 页
19cm（小 32 开）ISBN：7-225-01489-7
定价：CNY7.50
（外国漫画丛书　丁丁历险记 16）
　　作者埃尔热（Herge, 1907—1983），漫画家。
生于比利时布鲁塞尔，原名乔治·雷米（Georges
Remi）。代表作《丁丁历险记》连环漫画享誉全球。
被誉为"近代欧洲漫画之父"。其作品还有《丁丁
在西藏》《绿宝石失窃案》《魅可和富鲁波克的功
勋》等。

J0088108
红海鲨鱼　（比）埃尔热编绘；江山译
西宁　青海人民出版社 1998 年 181 页
19cm（小 32 开）ISBN：7-225-01489-7
定价：CNY7.50
（外国漫画丛书　丁丁历险记 6）

J0088109
红钳螃蟹贩毒集团破获记　（比）埃尔热编绘；
江山译
西宁　青海人民出版社 1998 年 174 页
19cm（小 32 开）ISBN：7-225-01489-7

定价: CNY7.50

(外国漫画丛书 丁丁历险记 14)

J0088110

猴子菲普斯 (德)威廉·布什,(英)弗尼斯著;
木可编;晓红译

北京 中国民族摄影艺术出版社 1998年 156页
19cm(小 32 开) ISBN: 7-80069-246-9

定价: CNY7.80

(外国系列连环漫画精品)

　　作者威廉·布什(W.Busch, 1832—1908),德
国漫画家。

J0088111

后现代主义 Richard Appignanesi 原著; Chris
Garratt 绘画;黄潜诚译

广州 广州出版社 1998年 177页 20cm(32 开)
ISBN: 7-80592-731-6 定价: CNY18.00

(红风车经典漫画丛书)

　　外文书名: Postmodernism.

J0088112

计算机入门 (美)塞尔柯克文;(美)坎德勒图;
发强译

北京 东方出版社 1998年 182页 20cm(32 开)
ISBN: 7-5060-1026-7 定价: CNY14.70

　　漫画形式的计算机通俗读物。

J0088113

加菲猫 (1)(美)戴维斯绘

沈阳 辽宁画报出版社 1998年 29页
29cm(15 开) ISBN: 7-80601-263-X

定价: CNY12.80

(加菲猫彩色漫画系列丛书)

　　美国现代彩色漫画作品。

J0088114

加菲猫 (2)(美)戴维斯绘

沈阳 辽宁画报出版社 1998年 35页
29cm(15 开) ISBN: 7-80601-264-8

定价: CNY12.80

(加菲猫彩色漫画系列丛书)

J0088115

加菲猫 (3)(美)戴维斯绘

沈阳 辽宁画报出版社 1998年 36页
29cm(15 开) ISBN: 7-80601-265-6

定价: CNY12.80

(加菲猫彩色漫画系列丛书)

J0088116

加菲猫 (4)(美)戴维斯绘

沈阳 辽宁画报出版社 1998年 36页
29cm(15 开) ISBN: 7-80601-266-4

定价: CNY12.80

(加菲猫彩色漫画系列丛书)

J0088117

加菲猫 (5)(美)戴维斯绘

沈阳 辽宁画报出版社 1998年 29页
29cm(15 开) ISBN: 7-80601-267-2

定价: CNY12.80

(加菲猫彩色漫画系列丛书)

J0088118

精神病学入门 (美)戴维·布里泽文;(美)里
卡多·卡斯塔那达图;孙筱译

北京 东方出版社 1998年 168页 20cm(32 开)
ISBN: 7-5060-1012-7 定价: CNY14.00

(西方文化漫画集成 国外漫画中译本入门系列
34 种)

　　漫画形式的精神病学通俗读物。

J0088119

卡尔库鲁斯案件 (比)埃尔热编绘;江山译

西宁 青海人民出版社 1998年 174页
19cm(小 32 开) ISBN: 7-225-01489-7

定价: CNY7.50

(外国漫画丛书 丁丁历险记 15)

　　作者埃尔热(Herge, 1907—1983),漫画家。
生于比利时布鲁塞尔,原名乔治·雷米(Georges
Remi)。代表作《丁丁历险记》连环漫画享誉全球。
被誉为"近代欧洲漫画之父"。其作品还有《丁丁
在西藏》《绿宝石失窃案》《魁可和富鲁波克的功
勋》等。

J0088120

凯恩斯 Pugh.P. 原著; Garratt.C. 绘;李华夏译

广州 广州出版社 1998年 176页 20cm(32 开)
ISBN: 7-80592-732-4 定价: CNY18.00

（红风车经典漫画丛书）

　　漫画形式的经济学通俗读物。

J0088121

恐龙梦幻国 （失落的地底世界）詹姆士·杰尼（James Gurney）著；谢宜英译
台北 猫头鹰出版社 1998年 159页 25×26cm
精装 ISBN：957-9684-38-3 定价：TWD680.00
　　外文书名：Dinotopia.

J0088122

蓝莲花 （比）埃尔热编绘；江山译
西宁 青海人民出版社 1998年 190页
19cm（32开）ISBN：7-225-01489-7
定价：CNY7.50
（外国漫画丛书 丁丁历险记 4）

J0088123

老漫画 （第一辑）周立等编著；高天选图
沈阳 辽宁画报出版社 1998年 122页
20cm（32开）ISBN：7-80601-229-X
定价：CNY6.50

J0088124

老漫画 （第二辑）周立，高颖编著；李小南选图
沈阳 辽宁画报出版社 1998年 122页
20cm（32开）ISBN：7-80601-230-3
定价：CNY6.50

J0088125

两个小偷 （德）威廉·布什，（英）弗尼斯著；木可编；晓红译
北京 中国民族摄影艺术出版社 1998年 137页
19cm（小32开）ISBN：7-80069-246-9
定价：CNY7.80
（外国系列连环漫画精品）

　　作者威廉·布什（W.Busch，1832—1908），德国漫画家。

J0088126

列那狐的故事 阿希-季浩原著；周详，建辰改编
西安 未来出版社 1998年 58页 21×19cm
ISBN：7-5417-1795-9 定价：CNY5.40
（世界名著卡通画丛）

J0088127

绿宝石失窃案 （比）埃尔热编绘；江山译
西宁 青海人民出版社 1998年 190页
19cm（小32开）ISBN：7-225-01489-7
定价：CNY7.50
（外国漫画丛书 丁丁历险记 11）

　　作者埃尔热（Herge，1907—1983），漫画家。生于比利时布鲁塞尔，原名乔治·雷米（Georges Remi）。代表作《丁丁历险记》连环漫画享誉全球。被誉为“近代欧洲漫画之父”。其作品还有《丁丁在西藏》《绿宝石失窃案》《魁可和富鲁波克的功勋》等。

J0088128

绿野仙踪 鲍姆原著；周全，芳芳改编
西安 未来出版社 1998年 58页 21×19cm
ISBN：7-5417-1794-0 定价：CNY5.40
（世界名著卡通画丛）

J0088129

马蒂斯和莫里茨 （德）威廉·布什，（英）弗尼斯著；木可编；晓红译
北京 中国民族摄影艺术出版社 1998年 156页
19cm（小32开）ISBN：7-80069-246-9
定价：CNY7.80
（外国系列连环漫画精品）

J0088130

马尔科姆入门 （美）阿卜杜尔·阿尔卡利马特著；张文平译
北京 东方出版社 1998年 63页 20cm（32开）
ISBN：7-5060-1009-7 定价：CNY7.70
（西方文化漫画集成 国外漫画中译本入门系列 34种）

J0088131

女 性 主 义 Watkins，S.A.原著；Rueda，M.，Rodriguesz，M.绘；朱侃如译
广州 广州出版社 1998年 178页 20cm（32开）
ISBN：7-80592-730-8 定价：CNY18.00
（红风车经典漫画丛书）

J0088132

欧美连环漫画精品 （二）洪佩奇编
南京 江苏人民出版社 1998年 290页

26cm（16开）ISBN：7-214-02191-9
定价：CNY22.00
（世界著名连环漫画）

　　作者洪佩奇（1948—　），画家，装帧艺术家。江苏南京人。从事外国文学插图、书籍装帧和图书编辑等工作，曾画过大量油画、插图和连环漫画。著作有《美国连环漫画史》《美国连环漫画名家》等。

J0088133
七个水晶球　（比）埃尔热编绘；江山译
西宁 青海人民出版社 1998年 190页
19cm（32开）ISBN：7-225-01489-7
定价：CNY7.50
（外国漫画丛书 丁丁历险记 2）

J0088134
奇怪的雪茄　（比）埃尔热编绘；江山译
西宁 青海人民出版社 1998年 189页
19cm（32开）ISBN：7-225-01489-7
定价：CNY7.50
（外国漫画丛书 丁丁历险记 12）

　　作者埃尔热（Hergé 1907—1983），比利时漫画家。生于比利时布鲁塞尔，原名乔治·雷米（Georges Remi）。漫画著作《丁丁历险记》。

J0088135
窃取公司资源·创造优质生活　（美）史考特·亚当斯（Scott Adams）著；王悦嬿译
台北 经典传讯文化公司 1998年 107页
20×20cm ISBN：957-98547-8-5
定价：TWD200.00
（呆伯特企管漫画系列 1）

J0090007
商场漫画　丁聪等绘；任一鸣编
长沙 湖南文艺出版社 1998年 198页
20cm（32开）ISBN：7-5404-1980-6
定价：CNY12.00
（钱·权·情 漫画系列）

　　作者丁聪（1916—2009），著名漫画家、舞台美术家。生于上海。曾任《人民画报》副总编辑，中国美术家协会漫画艺术委员会主任。作品有《鲁迅小说插图》《丁聪插图》《四世同堂》《骆驼祥子》作品插图。

J0088136
神秘的"雪人"　（比）埃尔热编绘；江山译
西宁 青海人民出版社 1998年 174页
19cm（小32开）ISBN：7-225-01489-7
定价：CNY7.50
（外国漫画丛书 丁丁历险记 19）

　　作者埃尔热（Herge, 1907—1983），漫画家。生于比利时布鲁塞尔，原名乔治·雷米（Georges Remi）。代表作《丁丁历险记》连环漫画享誉全球。被誉为"近代欧洲漫画之父"。其作品还有《丁丁在西藏》《绿宝石失窃案》《魁可和富鲁波克的功勋》等。

J0088137
神秘的星星　（比）埃尔热编绘；江山译
西宁 青海人民出版社 1998年 190页
19cm（32开）ISBN：7-225-01489-7 定价：CNY7.50
（外国漫画丛书 丁丁历险记 1）

J0088138
神奇的魔雾　科万著；罗古拉绘
杭州 浙江人民美术出版社 1998年 56页
28cm（大16开）ISBN：7-5340-0819-0
定价：CNY8.80
（莫咪丛书 1）

　　本书与瑞典塞米克（Semic）公司合作出版。

J0088139
神医多立德　罗夫汀原著；李建辰，华莉改编
西安 未来出版社 1998年 58页 21×19cm
ISBN：7-5417-1797-5 定价：CNY5.40
（世界名著卡通画丛）

J0088140
史蒂芬·霍金　Mcevoy, J.P.原著；Zarete, O.绘；李精益译
广州 广州出版社 1998年 177页 20cm（32开）
ISBN：7-80592-733-2 定价：CNY18.00
（红风车经典漫画丛书）

J0088141
史努比全集　（1 复活节小狗 图画本）（美）舒尔茨（Schulz, C.M.）著；麦倩宜译
南京 江苏人民出版社 1998年 107页
20cm（32开）ISBN：7-214-02082-3

定价: CNY10.00
　　美国现代漫画作品。

J0088142
史努比全集 （2　教练奈勒斯　图画本）（美）舒
尔茨(Schulz, C.M.)著; 麦倩宜译
南京　江苏人民出版社　1998 年　107 页
20cm（32 开）ISBN: 7–214–02083–1
定价: CNY10.00
　　美国现代漫画作品。

J0088143
史努比全集 （3　训狗学校　图画本）（美）舒尔
茨(Schulz, C.M.)著; 麦倩宜译
南京　江苏人民出版社　1998 年　107 页
20cm（32 开）ISBN: 7–214–02084–X
定价: CNY10.00

J0088144
史努比全集 （4　野营　图画本）（美）舒尔茨
(Schulz, C.M.)著; 刘素香译
南京　江苏人民出版社　1998 年　107 页
20cm（32 开）ISBN: 7–214–02085–8
定价: CNY10.00

J0088145
史努比全集 （5　天使蛋糕　图画本）（美）舒尔
茨(Schulz, C.M.)著; 刘素香译
南京　江苏人民出版社　1998 年　107 页
20cm（32 开）ISBN: 7–214–02086–6
定价: CNY10.00

J0088146
史努比全集 （6　老鹰的故事　图画本）（美）舒
尔茨(Schulz, C.M.)著; 张定琦译
南京　江苏人民出版社　1998 年　107 页
20cm（32 开）ISBN: 7–214–02087–4
定价: CNY10.00

J0088147
史努比全集 （7　登山拐杖　图画本）（美）舒尔
茨(Schulz, C.M.)著; 张定琦译
南京　江苏人民出版社　1998 年　107 页
20cm（32 开）ISBN: 7–214–02088–2
定价: CNY10.00

J0088148
史努比全集 （8　父亲节的礼物　图画本）（美）
舒尔茨(Schulz, C.M.)著; 张定琦译
南京　江苏人民出版社　1998 年　107 页
20cm（32 开）ISBN: 7–214–02089–0
定价: CNY10.00

J0088149
史努比全集 （9　沙漠游戏　图画本）（美）舒尔
茨(Schulz, C.M.)著; 张定琦译
南京　江苏人民出版社　1998 年　107 页
20cm（32 开）ISBN: 7–214–02090–4
定价: CNY10.00

J0088150
史努比全集 （10　新年派对　图画本）（美）舒
尔茨(Schulz, C.M.)著; 张定琦译
南京　江苏人民出版社　1998 年　107 页
20cm（32 开）ISBN: 7–214–02091–2
定价: CNY10.00

J0088151
世界爱情幽默画　杨芳菲选编
杭州　中国美术学院出版社　1998 年　修订版
173 页　19×21cm　ISBN: 7–81019–141–1
定价: CNY15.00

J0088152
世界军事幽默画　郑化改等选编
武汉　湖北美术出版社　1998 年　156 页　19×21cm
ISBN: 7–5394–0834–0　定价: CNY12.00

J0088153
世界著名漫画经典 （A）高照编
济南　济南出版社　1998 年　268 页　26cm（16 开）
ISBN: 7–80629–309–4　定价: CNY24.80

J0088154
世界著名漫画经典 （B）高照编
济南　济南出版社　1998 年　268 页　26cm（16 开）
ISBN: 7–80629–309–4　定价: CNY24.80

J0088155
太阳的囚徒 （比）埃尔热编绘; 江山译
西宁　青海人民出版社　1998 年　190 页

19cm(小 32 开) ISBN：7-225-01489-7
定价：CNY7.50
(外国漫画丛书 丁丁历险记 13)

　　作者埃尔热(Herge，1907—1983)，漫画家。生于比利时布鲁塞尔，原名乔治·雷米(Georges Remi)。代表作《丁丁历险记》连环漫画享誉全球。被誉为"近代欧洲漫画之父"。其作品还有《丁丁在西藏》《绿宝石失窃案》《魁可和富鲁波克的功勋》等。

J0088156

童年与故乡 (挪)O.古尔布兰生(Olaf Gulbransson)绘；吴朗西译；丰子恺书
济南 山东画报出版社 1998年 86页
26cm(16 开) ISBN：7-80603-194-4
定价：CNY12.50

　　作者奥纳夫·古尔布朗松(Gulbransson，Olaf，1873—1958)，挪威奥斯罗人，现代杰出的漫画家。

J0088157

外国经典幽默漫画集萃 (珍藏版)杨君伟选编
呼和浩特 内蒙古人民出版社 1998年 438页
20cm(32 开) ISBN：7-204-04490-8
定价：CNY19.80

J0088158

我们这一家 (1 中英对照)(美)摩提华特(Walker, M.)，(美)狄克布朗(Browne, D.)原著；周腓力译
沈阳 辽宁画报出版社 1998年 123页
20cm(32 开) ISBN：7-80601-248-6
定价：CNY9.00
(看漫画学英语)

　　美国现代漫画作品。外文书名：Hi and Lois. 作者摩提华特通译：莫特·沃克(1923—　　)，美国漫画作家。

J0088159

我们这一家 (2 中英对照)(美)摩提华特(Walker, M.)，(美)狄克布朗(Browne, D.)原著；周腓力译
沈阳 辽宁画报出版社 1998年 123页
20cm(32 开) ISBN：7-80601-249-4
定价：CNY9.00

(看漫画学英语)

　　美国现代漫画作品。作者摩提华特通译：莫特·沃克(1923—　　)，美国漫画作家。

J0088160

我们这一家 (3 中英对照)(美)摩提华特(Walker, M.)，(美)狄克布朗(Browne, D.)原著；周腓力译
沈阳 辽宁画报出版社 1998年 123页
20cm(32 开) ISBN：7-80601-250-8
定价：CNY9.00
(看漫画学英语)

　　美国现代漫画作品。

J0088161

我们这一家 (4 中英对照)(美)摩提华特(Walker, M.)，(美)狄克布朗(Browne, D.)原著；周腓力译
沈阳 辽宁画报出版社 1998年 123页 20cm(32 开)
ISBN：7-80601-251-6 定价：CNY9.00
(看漫画学英语)

　　美国现代漫画作品。

J0088162

我们这一家 (5 中英对照)(美)摩提华特(Walker, M.)，(美)狄克布朗(Browne, D.)原著；周腓力译
沈阳 辽宁画报出版社 1998年 123页
20cm(32 开) ISBN：7-80601-252-4
定价：CNY9.00
(看漫画学英语)

　　美国现代漫画作品。

J0088163

向月球飞去 (比)埃尔热编绘；江山译
西宁 青海人民出版社 1998年 190页
19cm(小 32 开) ISBN：7-225-01489-7
定价：CNY7.50
(外国漫画丛书 丁丁历险记 9)

　　作者埃尔热(Herge，1907—1983)，漫画家。生于比利时布鲁塞尔，原名乔治·雷米(Georges Remi)。代表作《丁丁历险记》连环漫画享誉全球。被誉为"近代欧洲漫画之父"。其作品还有《丁丁在西藏》《绿宝石失窃案》《魁可和富鲁波克的功勋》等。

J0088164
小亨利全集 （中英对照　1）（美）卡尔·安德逊
著；谢瑶玲译
沈阳　辽宁画报出版社　1998 年　104 页
21cm（32 开）ISBN：7–80601–258–3
定价：CNY9.00
　　现代美国漫画画册。著者原名：卡尔·托马
斯（Carl　Thomas）。

J0088165
小亨利全集 （中英对照　2）（美）卡尔·安德逊
著；谢瑶玲译
沈阳　辽宁画报出版社　1998 年　104 页
21cm（32 开）ISBN：7–80601–259–1
定价：CNY9.00
　　现代美国漫画画册。著者原名：卡尔·托马
斯（Carl　Thomas）。

J0088166
小亨利全集 （中英对照　3）（美）卡尔·安德逊
著；游世龙译
沈阳　辽宁画报出版社　1998 年　104 页
21cm（32 开）ISBN：7–80601–260–5
定价：CNY9.00
　　现代美国漫画画册。著者原名：卡尔·托马
斯（Carl　Thomas）。

J0088167
小亨利全集 （中英对照　4）（美）卡尔·安德逊
著；游世龙译
沈阳　辽宁画报出版社　1998 年　104 页
21cm（32 开）ISBN：7–80601–261–3
定价：CNY9.00
　　现代美国漫画画册。著者原名：卡尔·托马
斯（Carl　Thomas）。

J0088168
小亨利全集 （中英对照　5）（美）卡尔·安德逊
著；游世龙译
沈阳　辽宁画报出版社　1998 年　104 页
21cm（32 开）ISBN：7–80601–262–1
定价：CNY9.00
　　现代美国漫画画册。著者原名：卡尔·托马
斯（Carl　Thomas）。

J0088169
性入门 （美）塞尔柯克（Selkrk, E.）著；（美）罗
森布莱特绘；陈志明译
北京　东方出版社　1998 年　215 页　20cm（32 开）
ISBN：7–5060–1010–0　定价：CNY15.30
（西方文化漫画集成）
　　漫画形式的两性知识通俗读物。

J0088170
一个青年的奇遇 （德）威廉·布什，（英）弗尼
斯著；木可编；晓红译
北京　中国民族摄影艺术出版社　1998 年　155 页
19cm（小 32 开）ISBN：7–80069–246–9
定价：CNY7.80
（外国系列连环漫画精品）

J0088171
遗传学 Jones, S. 原著；Loon, B.V. 绘；胡舜元译
广州　广州出版社　1998 年　180 页　20cm（32 开）
ISBN：7–80592–769–3　定价：CNY18.00
（红风车经典漫画丛书）
　　漫画形式的遗传学通俗读物。

J0088172
银幕风云 （上）（日）川口开治著；施凡译
台北　尖端出版社　1998 年　221 页
18cm（小 32 开）ISBN：957–10–1479–6
定价：TWD100.00
（菁英族）

J0088173
银幕风云 （下）（日）川口开治著；施凡译
台北　尖端出版社　1998 年　215 页
18cm（小 32 开）ISBN：957–10–1480–X
定价：TWD100.00
（菁英族）
　　外文书名：The　Gama.

J0088174
月球探险 （比）埃尔热编绘；江山译
西宁　青海人民出版社　1998 年　190 页
19cm（小 32 开）ISBN：7–225–01489–7
定价：CNY7.50
（外国漫画丛书　丁丁历险记 10）
　　作者埃尔热（Herge, 1907—1983），漫画家。

生于比利时布鲁塞尔，原名乔治·雷米（Georges Remi）。代表作《丁丁历险记》连环漫画享誉全球。被誉为"近代欧洲漫画之父"。其作品还有《丁丁在西藏》《绿宝石失窃案》《魁可和富鲁波克的功勋》等。

J0088175

在黑金之国 （比）埃尔热编绘；江山译
西宁 青海人民出版社 1998年 190页
19cm（小32开）ISBN：7-225-01489-7
定价：CNY7.50
（外国漫画丛书 丁丁历险记 21）

J0088176

真理 ABC 吉枝隆邦著；胜间敏夫绘图；江金龙译
台北 校园书房出版社 1998年 173页 有图
21cm（32开）ISBN：957-587-552-4
定价：TWD140.00
（校园丛书）

  外文书名：Cartoon Introduction to Christianity.

J0088177

猪朋猴友 （新加坡）方永晋编绘
北京 中国友谊出版公司 1998年 179页
20cm（32开）ISBN：7-5057-1368-X
定价：CNY12.00
  新加坡现代漫画作品。

J0088178

"钢鳕"号潜艇 （比）旺德斯蒂恩编绘；宫结实译
北京 海豚出版社 1999年 56页 26cm（16开）
ISBN：7-80138-123-8 定价：CNY13.00
（新丁丁历险记）

  比利时现代漫画连环画，著者原题：威利·旺德斯蒂恩。

J0088179

"你要证据吗？我给'你'！" （美）西德尼·哈里斯［绘］；汪冰译
长沙 湖南科学技术出版社 1999年 150页
22cm（大32开）ISBN：7-5357-2526-0
定价：CNY72.00（全套）
（西德尼·哈里斯系列漫画 3）

美国现代漫画画册。

J0088180

《父与子》全集 （德）卜劳恩作
南京 江苏人民出版社 1999年 255页
26cm（16开）ISBN：7-214-00231-0
定价：CNY15.00

  作者卜劳恩（E.O.Plauen, 1903—1944），德国著名漫画家。原名艾里希·奥塞尔（Erich Ohser）。曾考入莱比锡绘画学院学习。代表作品有连环漫画《父与子》。

J0088181

爱情的幽默 今古选编
北京 中国纺织出版社 1999年 160页
26cm（16开）ISBN：7-5064-1599-2
定价：CNY15.80
（世界经典漫画选编）

J0088182

笨拙先生 张东编译
北京 当代世界出版社 1999年 2册（560页）
20cm（32开）ISBN：7-80115-171-2
定价：CNY36.00

J0088183

别怀疑，你就是这么笨 （美）史考特·亚当斯（Scott Adams）著；彭玲娴译
台北 经典传讯文化公司 1999年 338页 有图
20×19cm ISBN：957-8302-62-2
定价：TWD220.00
（呆伯特企管漫画系列 08）

  外文书名：It's Obvious You Won't Survive by Your Wits Alone.

J0088184

传世漫画 闻一主编
北京 大众文艺出版社 1999年 2册（863页）
26cm（16开）精装 ISBN：7-80094-259-7
定价：CNY468.00

J0088185

从个人广告到克隆实验室 （美）西德尼·哈里斯［绘］；汪冰译
长沙 湖南科学技术出版社 1999年 141页

22cm（大 32 开）ISBN：7-5357-2526-0
定价：CNY72.00（全套）
（西德尼·哈里斯系列漫画 4）
　　美国现代漫画画册。

J0088186
盗音魔法师　（比）旺德斯蒂恩编绘；宫结实译
北京 海豚出版社 1999 年 56 页 26cm（16 开）
ISBN：7-80138-124-6 定价：CNY13.00
（新丁丁历险记）
　　比利时现代漫画连环画。著者原名：威利·旺
德斯蒂恩。

J0088187
东方幽默禅　方杰编绘
呼和浩特 远方出版社 1999 年 89 页 17×19cm
ISBN：7-80595-562-X 定价：CNY32.00（全套）
（幽默大本营）

J0088188
儿童的幽默　今古选编
北京 中国纺织出版社 1999 年 160 页
26cm（16 开）ISBN：7-5064-1600-X
定价：CNY15.80
（世界经典漫画选编）

J0088189
飞床　（比）旺德斯蒂恩编绘；宫结实译
北京 海豚出版社 1999 年 56 页 26cm（16 开）
ISBN：7-80138-125-4 定价：CNY13.00
（新丁丁历险记）
　　比利时现代漫画连环画。著者原名：威利·旺
德斯蒂恩。

J0088190
狗的天堂　（比）旺德斯蒂恩编绘；宫结实译
北京 海豚出版社 1999 年 56 页 26cm（16 开）
ISBN：7-80138-122-X 定价：CNY13.00
（新丁丁历险记）
　　比利时现代漫画连环画。著者原名：威利·旺
德斯蒂恩。

J0088191
国际玩笑　（国外政治漫画赏析）午马等编著
南京 江苏人民出版社 1999 年 302 页

19cm（小 32 开）ISBN：7-214-02576-0
定价：CNY15.00

J0088192
孩子也搞笑　公元人编
广州 羊城晚报出版社 1999 年
3 册（252+252+252 页）有插图 17cm（40 开）
ISBN：7-80651-013-3 定价：CNY30.00
（十元笑书）

J0088193
黑色幽默　今古选编
北京 中国纺织出版社 1999 年 160 页
26cm（16 开）ISBN：7-5064-1598-4
定价：CNY15.80
（世界经典漫画选编）

J0088194
加菲猫　（珍藏版 第 1 册）（美）戴维斯（Daviis，
J.）编
长春 吉林摄影出版社 1999 年 48 页
29cm（15 开）ISBN：7-80606-260-2
定价：CNY12.80

J0088195
加菲猫　（珍藏版 第 2 册）（美）戴维斯（Daviis，
J.）编
长春 吉林摄影出版社 1999 年 48 页
29cm（15 开）ISBN：7-80606-260-2
定价：CNY12.80

J0088196
加菲猫　（珍藏版 第 3 册）（美）戴维斯（Daviis，
J.）编
长春 吉林摄影出版社 1999 年 48 页
29cm（15 开）ISBN：7-80606-260-2
定价：CNY12.80

J0088197
加菲猫　（珍藏版 第 4 册）（美）戴维斯（Daviis，
J.）编
长春 吉林摄影出版社 1999 年 48 页
29cm（15 开）ISBN：7-80606-260-2
定价：CNY12.80

J0088198
加菲猫 （珍藏版 第 5 册）（美）戴维斯（Daviis, J.）编
长春 吉林摄影出版社 1999 年 48 页
29cm（15 开）ISBN：7-80606-260-2
定价：CNY12.80

J0088199
加菲猫 （珍藏版 第 6 册）（美）戴维斯（Daviis, J.）编
长春 吉林摄影出版社 1999 年 48 页
29cm（15 开）ISBN：7-80606-260-2
定价：CNY12.80

J0088200
加菲猫 （珍藏版 第 7 册）（美）戴维斯（Daviis, J.）编
长春 吉林摄影出版社 1999 年 48 页
29cm（15 开）ISBN：7-80606-260-2
定价：CNY12.80

J0088201
加菲猫 （珍藏版 第 8 册）（美）戴维斯（Daviis, J.）编
长春 吉林摄影出版社 1999 年 48 页
29cm（15 开）ISBN：7-80606-260-2
定价：CNY12.80

J0088202
加菲猫 （珍藏版 第 9 册）（美）戴维斯（Daviis, J.）编
长春 吉林摄影出版社 1999 年 48 页
29cm（15 开）ISBN：7-80606-260-2
定价：CNY12.80

J0088203
加菲猫 （珍藏版 第 10 册）（美）戴维斯（Daviis, J.）编
长春 吉林摄影出版社 1999 年 48 页
29cm（15 开）ISBN：7-80606-260-2
定价：CNY12.80

J0088204
简化的爱因斯坦 （美）西德尼·哈里斯［绘］；
汪冰译

长沙 湖南科学技术出版社 1999 年 154 页
22cm（大 32 开）ISBN：7-5357-2526-0
定价：CNY72.00（全套）
（西德尼·哈里斯系列漫画 1）
　　美国现代漫画画册。

J0088205
酒的幽默与漫画杰作　吴维根编
成都 四川文艺出版社 1999 年 263 页 有图
20cm（32 开）ISBN：7-5411-1816-8
定价：CNY13.80

J0088206
苦恼的小猪　如代尔著；武峥灏译
上海 少年儿童出版社 1999 年 46 页
26cm（16 开）ISBN：7-5324-3980-1
定价：CNY8.00
（法国畅销漫画 宝贝小猪 2）

J0088207
浪漫幽默　李绍平编著
北京 中国民族摄影艺术出版社 1999 年 409 页
20cm（32 开）ISBN：7-80069-189-6
定价：CNY23.00
　　外文书名：Romantic Humorous.

J0088208
老板难见，秘书难缠 （美）史考特·亚当斯
（Scott Adams）著；王悦嫌译
台北 经典传讯文化公司 1999 年 331 页 有图
20cm（32 开）ISBN：957-8302-29-0
定价：TWD220.00
（呆伯特企管漫画系列 05）
　　外文书名：Bring Me The Head of Willy the Mailboy.

J0088209
录音遗嘱 （比）旺德斯蒂恩编绘；宫结实译
北京 海豚出版社 1999 年 56 页 26cm（16 开）
ISBN：7-80138-127-0 定价：CNY13.00
（新丁丁历险记）
　　比利时现代漫画连环画。著者原名：威利·旺德斯蒂恩。

J0088210
玛法达的世界 （娃娃看天下　A 套　1-3）〔阿根
廷〕季诺（Quino）著；三毛译
北京　作家出版社　1999 年　3 册（499 页）
14×21cm　ISBN：7-5063-1554-8
定价：CNY29.70（合计），CNY9.90（单册）
（作家漫画丛书）

J0088211
玛法达的世界 （娃娃看天下　B 套　4-6）〔阿根
廷〕季诺（Quino）著；三毛译
北京　作家出版社　1999 年　3 册（525-1000 页）
14×21cm　ISBN：7-5063-1555-6
定价：CNY29.70（合计），CNY9.90（单册）
（作家漫画丛书）

J0088212
男人更搞笑　公元人编
广州　羊城晚报出版社　1999 年
3 册（252+252+252 页）有插图　17cm（40 开）
ISBN：7-80651-012-5　定价：CNY30.00
（十元笑书）

J0088213
你的幽默会转弯　方杰编绘
呼和浩特　远方出版社　1999 年　11+116 页
17×19cm　ISBN：7-80595-562-X
定价：CNY32.00（全套）
（幽默大本营）

J0088214
女人真搞笑　公元人编
广州　羊城晚报出版社　1999 年
3 册（252+252+252 页）有插图　17cm（40 开）
ISBN：7-80651-011-7　定价：CNY30.00
（十元笑书）

J0088215
欧美幽默与漫画杰作　陈硕编
成都　四川文艺出版社　1999 年　13+316 页
有插图　20cm（32 开）ISBN：7-5411-1742-0
定价：CNY16.80

J0088216
欧美幽默与漫画精选　牛星雨选编

呼和浩特　内蒙古人民出版社　1999 年　214 页
有图　23cm　ISBN：7-204-04688-9
定价：CNY18.00

J0088217
青春不老的加菲猫 （二十周年纪念专辑）
（美）吉姆·戴维斯（Jim Davis）著；张定绮译
香港　三联书店（香港）公司　1999 年　193 页
21×26cm　ISBN：962-04-1610-4
定价：HKD118.00

J0088218
商业巨鲸刮刮乐 （美）史考特·亚当斯（Scott
Adams）著；王悦嬿译
台北　经典传讯文化公司　1999 年　339 页
20×20cm　ISBN：957-8302-30-4
定价：TWD200.00
（呆伯特企管漫画系列 4）
　　　外文书名：Shave the Whales.

J0088219
世界交通幽默画　吴祖望选编
武汉　湖北美术出版社　1999 年　156 页　19×21cm
ISBN：7-5394-0835-9　定价：CNY12.00
　　　外文书名：The World's Cartoons of Com-
munications. 作者吴祖望（1925—　），漫画家。浙
江奉化人。历任中国艺术研究院副编审，中国版
画家学会会员

J0088220
世界经典漫画选编　中国服装服饰编辑中心
策划
北京　中国纺织出版社　1999 年　3 册
26cm（16 开）

J0088221
世界漫画长廊 （评析）莒人编
北京　中国戏剧出版社　1999 年　8 册
21cm（32 开）ISBN：7-104-00970-1
定价：CNY196.00

J0088222
世界幽默与漫画杰作　吴章编
呼和浩特　内蒙古人民出版社　1999 年　24+488 页
有插图　20cm（32 开）ISBN：7-204-03981-5

定价: CNY19.80

J0088223
世界专题漫画精品 远近编
呼和浩特 内蒙古人民出版社 1999 年 14+432 页
20cm (32 开) ISBN: 7-204-04086-4
定价: CNY19.80

J0088224
谁耍赖谁就是猪 如代尔著; 武峥灏译
上海 少年儿童出版社 1999 年 46 页
26cm (16 开) ISBN: 7-5324-3979-8
定价: CNY8.00
(法国畅销漫画 宝贝小猪 3)

J0088225
太空骑士 (比)旺德斯蒂恩编绘; 宫结实译
北京 海豚出版社 1999 年 56 页 26cm (16 开)
ISBN: 7-80138-126-2 定价: CNY13.00
(新丁丁历险记)
　　比利时现代连环画。著者原名: 威利·旺德斯蒂恩。

J0088226
外国漫画形象精选 天津人民美术出版社编
天津 天津人民美术出版社 1999 年 409 页
26cm (16 开) ISBN: 7-5305-1042-8
定价: CNY38.80

J0088227
威猛战舰 (比)旺德斯蒂恩编绘; 宫结实译
北京 海豚出版社 1999 年 56 页 26cm (16 开)
ISBN: 7-80138-128-9 定价: CNY13.00
(新丁丁历险记)
　　比利时现代连环画。著者原名: 威利·旺德斯蒂恩。

J0088228
西德尼·哈里斯系列漫画 (美)西德尼·哈里斯[绘]; 汪冰译
长沙 湖南科学技术出版社 1999 年 4 册
22cm (大 32 开) ISBN: 7-5357-2526-0
定价: CNY72.00

J0088229
小猪当伙伴 如代尔著; 武峥灏译
上海 少年儿童出版社 1999 年 46 页
26cm (16 开) ISBN: 7-5324-3982-8
定价: CNY8.00
(法国畅销漫画 宝贝小猪 1)

J0088230
小猪向您致敬 如代尔著; 武峥灏译
上海 少年儿童出版社 1999 年 46 页
26cm (16 开) ISBN: 7-5324-3981-X
定价: CNY8.00
(法国畅销漫画 宝贝小猪 4)

J0088231
笑典 (捧腹篇)文戈编
呼和浩特 远方出版社 1999 年 90 页 26cm (16 开)
ISBN: 7-80595-545-X 定价: CNY10.00

J0088232
新编《父与子》全集 (德)埃·奥·卜劳恩
(E.O.Plauen)图; 朱自清等文
成都 四川文艺出版社 1999 年 470 页 有图
20cm (32 开) ISBN: 7-5411-1794-3
定价: CNY23.00
　　作者埃·奥·卜劳恩(E.O.Plauen, 1903—1944), 原名埃里西·奥赛尔(Erich Ohser), 德国著名漫画家。生于德国萨克森州福格兰特山区。毕业于莱比锡绘画艺术学院, 代表作品《父与子》。

J0088233
新世纪少儿科学漫画 (韩)金锡湖著; (韩)金锡良绘; 金载铉等编译
沈阳 辽宁民族出版社 1999 年
3 册 (181+181+181 页) 20cm (32 开)
ISBN: 7-80644-048-8 定价: CNY28.50
(新世纪素质教育系列丛书 科学小博士文库)

J0088234
一见哈哈笑 方杰编绘
呼和浩特 远方出版社 1999 年 126 页 17×19cm
ISBN: 7-80595-562-X 定价: CNY32.00 (全套)
(幽默大本营)

J0088235

幽默大本营　方杰编绘
呼和浩特 远方出版社 1999 年 4 册 17×19cm
ISBN：7-80595-562-X 定价：CNY32.00

J0088236

幽默与漫画　柳永编
北京 中华工商联合出版社 1999 年 17+427 页
有插图 20cm（32 开）ISBN：7-80100-503-1
定价：CNY19.60

J0088237

原兽事典　（日）谷口次郎著；曹梅铃，章泽仪译
台北 尖端出版公司 1999 年 164 页 21cm（32 开）
ISBN：957-10-1897-X 定价：TWD150.00
（认识系列 KC002-1）

J0088238

原子化的爱因斯坦　（美）西德尼·哈里斯[绘]；
汪冰译
长沙 湖南科学技术出版社 1999 年 148 页
22cm（大 32 开）ISBN：7-5357-2526-0
定价：CNY72.00（全套）
（西德尼·哈里斯系列漫画 2）
　　美国现代漫画画册。

各国连环画作品

J0088239

高康大　（法）拉伯雷著；德桑蒂改编；狄亚作
画；贲远译文
北京 人民美术出版社 1954 年 30 页 有图
15×27cm 定价：旧币 2,700
（新译文丛刊）
　　本书系法国中世纪连环画作品。外文书名：
Les Aventures de Gargantua.

J0088240

三只小猫　（苏）符·苏介叶夫编绘；米里写说明
上海 少年儿童出版社 1956 年 30 页
13cm（60 开）统一书号：R10024.1046
定价：CNY0.11
　　苏联连环画作品。

J0088241

预防流行性感冒　（苏）斯·姆·布留克，
克·阿·密尔吉列瓦编剧；上海科学教育电影制片
厂译制
上海 上海人民美术出版社 1956 年 64 页 有图
13cm（60 开）统一书号：T8081.0940
定价：CNY0.19
（科学常识图画丛书）
　　苏联卫生宣传连环画作品。

J0088242

瓦尔特保卫萨拉热窝　（南）穆米诺奥奇编绘
北京 人民美术出版社 1979 年 88 页
19cm（32 开）统一书号：8027.7144
定价：CNY0.29
　　南斯拉夫连环画作品。

J0088243

大狼骗婚记　黄珍编译；李凯描绘
北京 中国文联出版公司 1985 年 62 页 有图
10×13cm 统一书号：8355.377 定价：CNY0.19
（卡通连环画选）
　　据联邦德国卡通连环画《米老鼠画刊》编译、
描绘。

J0088244

希腊神话故事　（英）A.M. 纳谢弗著；黎纯译
长春 吉林人民出版社 1980 年 24 页 有彩图
17×19cm（24 开）统一书号：R10091.721
定价：CNY0.33
　　本书是英国现代连环画。

J0088245

雨宫明历险记　（日）石森章太郎编绘；霍郁华
等译；杨明等改绘
天津 天津人民美术出版社 1980 年 162 页
19cm（32 开）统一书号：8073.30429
定价：CNY0.40
　　日本现代连环画作品。

J0088246

"跳跃"行动计划　（法）尼基塔·普洛戈菲耶夫
编；（法）保罗·翁家诺绘；曾宪源译
北京 海洋出版社 1982 年 23 页 20cm（32 开）
定价：CNY0.25

（法国拉鲁斯《"世界大发现"连环画集》2）
　　法国现代连环画作品。

J0088247

博芬教授的雨伞 （英）L.G. 亚历山大；贝利·佩
顿盖尔绘；陈书汉译；马丁，马兰改画
重庆 重庆出版社 1982 年 86 页 19cm（32 开）
统一书号：8114.17 定价：CNY0.25
（英汉对照连环画）

J0088248

森林大帝 （第一集）（日）手塚治虫绘画；潘桂
松等翻译
北京 广播出版社 1982 年 106 页 有图
10×13cm 统一书号：8236.046 定价：CNY0.19
　　本书是日本电视系列动画片连环画。作者
手塚治虫（てづか おさむ，1928—1989），即手
冢治虫，漫画家、动画制作人、医学博士。本名
手冢治。读大阪大学附属医学专门部，获医学博
士学位。代表作品《铁臂阿童木》《缎带骑士》《火
之鸟》等。

J0088249

森林大帝 （第二集）（日）手塚治虫绘画；潘桂
松等翻译
北京 广播出版社 1982 年 119 页 有图
10×13cm 统一书号：8236.047 定价：CNY0.21

J0088250

森林大帝 （第三集）（日）手塚治虫绘画；潘桂
生，范素琴翻译
北京 广播出版社 1982 年 119 页 13cm（60 开）
统一书号：8236.048 定价：CNY0.21

J0088251

森林大帝 （第四集）（日）手塚治虫绘画；潘桂
生，范素琴翻译
北京 广播出版社 1982 年 104 页 13cm（60 开）
统一书号：8236.049 定价：CNY0.19

J0088252

森林大帝 （第五集）（日）手塚治虫绘画；潘桂
生，范素琴翻译
北京 广播出版社 1982 年 102 页 13cm（60 开）
定价：CNY0.19

J0088253

森林大帝 （第六集）（日）手塚治虫绘画；潘桂
松等翻译
北京 广播出版社 1983 年 102 页 有图
13cm（60 开 ）统一书号：8236.051
定价：CNY0.19

J0088254

麦克白 （英）莎士比亚原著；褚伯承改编；林
聪，爱琴绘
上海 上海人民美术出版社 1983 年 197 页
13cm（60 开）定价：CNY0.23
　　本书是据英国文学作品改编的连环画作品。

J0088255

ET 外星人 国安，国伟改编；潘晋发，林峥明
绘
北京 中国文联出版公司 1985 年 158 页
10×13cm 统一书号：8355.253 定价：CNY0.39
　　根据美国同名科学幻想、电影故事片改编的
连环画。

J0088256

古堡奇案 黄珍编译；吴鹏描绘
北京 中国文联出版公司 1985 年 94 页 有图
10×13cm 统一书号：8355.534 定价：CNY0.26
（卡通连环画选）
　　据联邦德国卡通连环画《米老鼠画刊》编译、
描绘。

J0088257

故事会 （中外连环漫画专辑）上海文艺出版社
编辑
上海 上海文艺出版社 1985 年 64 页
20cm（32 开）定价：CNY0.28
　　根据中外漫画故事改编的连环画。

J0088258

两面神行动计划 晓冬，蔚兰译；孙振庭复制
西安 陕西人民美术出版社 1985 年 13cm（60 开）
定价：CNY0.25
　　根据英国同名反间谍惊险连环画翻译复制
的连环画。

J0088259
米老鼠空中历险记　黄珍编译；王力强描绘
北京 中国文联出版公司 1985 年 62 页
13cm（60 开）定价：CNY0.19
（卡通连环画选）
　　据联邦德国卡通连环画《米老鼠画刊》编译、描绘。

J0088260
唐老鸭　（1）（美）狄斯尼原著；张葳等复制
天津 天津人民美术出版社 1985 年 96 页
13cm（60 开）定价：CNY0.24
　　美国现代连环画。

J0088261
唐老鸭　（2）（美）狄斯尼原著；张泽宓等复制
天津 天津人民美术出版社 1985 年 96 页
13cm（60 开）定价：CNY0.24

J0088262
邪恶的巫婆　黄珍编译；刘勇铭描绘
北京 中国文联出版公司 1985 年 62 页
13cm（60 开）定价：CNY0.19
（卡通连环画选）
　　据联邦德国卡通连环画《米老鼠画刊》编译、描绘。

J0088263
学校里的"鬼怪"　黄珍编译；韩光描绘
北京 中国文联出版公司 1985 年 78 页 有图
10×13cm 统一书号：8355.692 定价：CNY0.23
（卡通连环画选）
　　据联邦德国卡通连环画《米老鼠画刊》编译、描绘。

J0088264
鸭小姐下乡记　黄珍，苏鸣编译；何纪平描绘
北京 中国文联出版公司 1985 年 62 页
13cm（60 开）统一书号：8355.380
定价：CNY0.19
（卡通连环画选）
　　据联邦德国卡通连环画《米老鼠画刊》编译、描绘。

J0088265
一休斗智　（日）大高行雄著；吉田忠画；李佳译
成都 四川少年儿童出版社 1985 年 5 册
19cm（32 开）定价：CNY2.00
　　日本现代连环画。

J0088266
电脑圈套　（美）保尔·库珀伯格编；迪克·艾尔斯，斯托恩绘图；林连书译
广州 岭南美术出版社 1986 年 31 页
26cm（16 开）定价：CNY0.50
　　美国现代连环画作品。

J0088267
飞鼠　（埃及）拉吉·阿纳伊特著；巴赫贾·奥斯曼画；曼立译
长沙 湖南少年儿童出版社 1986 年 24 页 有图
17×19cm 统一书号：R8280.178 定价：CNY0.36
（阿拉伯寓言故事《卡里来和笛木乃》2）
　　埃及现代连环画作品。

J0088268
鸽王　（埃及）拉吉·阿纳伊特著；巴赫贾·奥斯曼画；曼立译
长沙 湖南少年儿童出版社 1986 年 24 页 有图
17×19cm 统一书号：R8280.177 定价：CNY0.36
（阿拉伯寓言故事《卡里来和笛木乃》1）
　　埃及现代连环画作品。

J0088269
化学犯罪　（美）杜格·库珀伯格编文；吉恩·科兰，鲍勃·史密斯绘画；林连书译
广州 岭南美术出版社 1986 年 26cm（16 开）
定价：CNY0.42
　　美国现代连环画作品。

J0088270
狡猾的笛木乃　（埃及）拉吉·阿纳伊特著；巴赫贾·奥斯曼画；曼立译
长沙 湖南少年儿童出版社 1986 年 有图
17×19cm 统一书号：R8280.184 定价：CNY0.36
（阿拉伯寓言故事《卡里来和笛木乃》4）
　　埃及现代连环画作品。

J0088271

罗普运输公司　黄珍编译；王增寅描绘

北京　中国文联出版公司　1986 年　62 页　有图

10×13cm　统一书号：8355.691　定价：CNY0.19

（卡通连环画选）

　　据联邦德国卡通连环画《米老鼠画刊》编译、描绘。

J0088272

美洲豹飞行大队　（上）阿尔贝·文伯原作；白木译

北京　中国连环画出版社　1986 年　174 页

13cm（64 开）定价：CNY0.37

　　美国现代连环画作品。

J0088273

美洲豹飞行大队　（中）阿尔贝·文伯原作；白木译

北京　中国连环画出版社　1986 年　166 页

13cm（64 开）定价：CNY0.37

　　美国现代连环画作品。

J0088274

美洲豹飞行大队　（下）阿尔贝·文伯原作；白木译

北京　中国连环画出版社　1986 年　206 页

13cm（64 开）定价：CNY0.37

　　美国现代连环画作品。

J0088275

名人探案集　（连环画）（意）米拉尼文；（意）托彼绘；徐中嘉译

武汉　湖北美术出版社　1986 年　96 页

26cm（16 开）定价：CNY2.00

　　意大利现代连环画作品。

J0088276

世界名人画典　袁韶莹，木杨译

长春　北方妇女儿童出版社　1986 年　20cm（32 开）

统一书号：8377.37　定价：CNY2.40

　　国外现代连环画作品。

J0088277

逃亡的羚羊　（埃及）拉吉·阿纳伊特著；巴赫贾·奥斯曼画；曼立译

长沙　湖南少年儿童出版社　1986 年　有图

17×19cm　统一书号：R8280.183　定价：CNY0.36

（阿拉伯寓言故事《卡里来和笛木乃》3）

　　埃及现代连环画作品。

J0088278

亚力历险记　（法）戈希尼文；（法）乌代尔佐绘；朱福铮译

北京　朝华美术出版社　1986 年　48 页

30cm（10 开）定价：CNY1.95

　　法国现代连环画作品。

J0088279

一休的一生　（日）藤木辉美编绘；翟君编译

郑州　海燕出版社　1986 年　124 页　13cm（60 开）

定价：CNY0.29

　　日本现代连环画作品。

J0088280

超人　（美）奥耐尔编；（美）斯万，（美）安德森绘；丹丹译

北京　中国连环画出版社　1987 年　55 页

26cm（16 开）ISBN：7–5061–0115–7

定价：CNY0.75

（世界连环画博览）

　　美国现代连环画作品。

J0088281

大战机器人　（法）帕尔编文；别特尔绘画；李好安译

北京　农村读物出版社　1987 年　60 页

26cm（16 开）定价：CNY2.45

（《力大无比的帕尔特》系列连环画 2）

　　法国现代连环画作品。

J0088282

轰动全城的马戏团　（法）帕尔编文；瓦斯绘画；李好安译

北京　农村读物出版社　1987 年　52 页

26cm（16 开）定价：CNY2.45

（《力大无比的帕尔特》系列连环画 5）

　　法国现代连环画作品。

J0088283

红色出租车的阴谋　（法）帕尔编文；威廉绘

画；李好安译

北京 农村读物出版社 1987 年 60 页

26cm（16 开）定价：CNY2.45

（《力大无比的帕尔特》系列连环画 1）

　　法国现代连环画作品。

J0088284

机智与狡黠 （丹麦比得斯特鲁普幽默和讽刺连
环漫画选）（丹麦）比得斯特鲁普（Bidstrup, H.）著

北京 中国文联出版公司 1987 年 84 页

26cm（16 开）统一书号：8355.830

定价：CNY0.99

　　外文书名：Gewitztes und verschmitztes.

J0088285

加菲勇闯情关 （15）大卫（Davis, J.）著；李国
威主编

香港 博益出版集团公司 1987 年 有图

14×21cm ISBN：962-17-0225-9

定价：HKD12.00

（博益漫画丛书）

J0088286

力夺小偶像 （法）帕尔编文；别特尔绘画；李
好安译

北京 农村读物出版社 1987 年 43 页

26cm（16 开）定价：CNY1.85

（《力大无比的帕尔特》系列连环画 7）

　　法国现代连环画作品。

J0088287

巧护手提箱 （法）帕尔编文；瓦斯绘画；李好
安译

北京 农村读物出版社 1987 年 60 页

26cm（16 开）定价：CNY2.45

（《力大无比的帕尔特》系列连环画 4）

　　法国现代连环画作品。

J0088288

十二件杰作 （法）帕尔编文；瓦斯绘画；李好
安译

北京 农村读物出版社 1987 年 60 页

26cm（16 开）定价：CNY2.45

（《力大无比的帕尔特》系列连环画 3）

　　法国现代连环画作品。

J0088289

外国连环画精选 （法国）富春江画报社编；朱
佳强译

杭州 浙江人民美术出版社 1987 年 142 页

19cm（32 开）统一书号：8156.1314

定价：CNY4.10

　　法国现代连环画作品。

J0088290

追踪机器人 （法）帕尔编文；瓦斯绘画；李好
安译

北京 农村读物出版社 1987 年 52 页

26cm（16 开）定价：CNY2.15

（《力大无比的帕尔特》系列连环画 6）

　　法国现代连环画作品。

J0088291

米老鼠——催眠术 黄珍编译；一朴描绘

北京 中国文联出版公司 1988 年 78 页 有图

10×13cm ISBN：7-5059-0553-0 定价：CNY0.36

（卡通连环画选）

　　据联邦德国卡通连环画《米老鼠画刊》编译、
描绘。

J0088292

米老鼠——乌龟岛的秘密 黄珍编译；汀健
描绘

北京 中国文联出版公司 1988 年 78 页

13cm（60 开）定价：CNY0.25

（卡通连环画选）

　　据联邦德国卡通连环画《米老鼠画刊》编译、
描绘。

J0088293

米夏回来啦 （波）捷斯瓦夫·扬奇尔斯基著；
（波）兹比格纽·律夫力基绘画；王敏编译

南宁 广西人民出版社 1988 年 29 页

26cm（16 开）ISBN：7-219-00516-4

定价：CNY1.30

（获国际安徒生奖图画故事丛书）

　　波兰现代连环画作品。

J0088294

枪手 （法）让·克洛德·克来耶斯编绘；汤海丽译

北京 中国连环画出版社 1988 年 40 页

27cm（16开）定价：CNY0.70

（世界连环画博览）

　　法国现代连环画作品。

J0088295

人猿泰山 （第一集）（美）E.R.巴洛斯原著；

（英）B.霍加斯编绘；丹丹译

北京 中国连环画出版社 1988年 55页

27cm（16开）ISBN：7-5061-0122-X

定价：CNY1.08

（世界连环画博览）

　　美国现代连环画作品。

J0088296

人猿泰山 （第二集）（美）E.R.巴洛斯原著；

（英）B.霍加斯编绘；丹丹译

北京 中国连环画出版社 1988年 55页

27cm（16开）ISBN：7-5061-0123-8

定价：CNY1.08

（世界连环画博览）

J0088297

世界文学名著 （连环画 第十三册）浙江人民

美术出版社编

杭州 浙江人民美术出版社 1988年 376页

20cm（32开）ISBN：7-5340-0103-X

定价：CNY4.93

J0088298

世界文学名著 （连环画 第十四册）浙江人民

美术出版社编

杭州 浙江人民美术出版社 1988年 358页

20cm（32开）ISBN：7-5340-0103-X

定价：CNY4.93

J0088299

世界文学名著 （连环画 第十五册）浙江人民

美术出版社编

杭州 浙江人民美术出版社 1988年 379页

20cm（32开）ISBN：7-5340-0106-4

定价：CNY4097.00

J0088300

双剑侠传奇 （日）手塚治虫原著；孟慧娅，施

元辉译；伍志红改编；梁烽等复制

广州 新世纪出版社 1988年 2册 19cm（32开）

定价：CNY2.15

　　日本现代连环画作品。作者手塚治虫，即手

冢治虫（てづか おさむ，1928—1989），日本漫

画家、动画制作人、医学博士。本名手冢治。读

大阪大学附属医学专门部，获医学博士学位。代

表作品《铁臂阿童木》《缎带骑士》《火之鸟》等。

J0088301

斯皮鲁海底擒匪 （上）（比）弗朗甘编绘；李秉

刚译

北京 中国连环画出版社 1988年 158页

13cm（60开）定价：CNY0.55

　　比利时现代连环画作品。

J0088302

斯皮鲁海底擒匪 （中）（比）弗朗甘编绘；李秉

刚译

北京 中国连环画出版社 1988年 158页

13cm（60开）定价：CNY0.55

　　比利时现代连环画作品。

J0088303

斯皮鲁海底擒匪 （下）（比）弗朗甘编绘；李秉

刚译

北京 中国连环画出版社 1988年 158页

13cm（60开）定价：CNY0.55

　　比利时现代连环画作品。

J0088304

唐老鸭——动物旅馆 黄珍编绘；小舟描绘

北京 中国文联出版公司 1988年 78页

13cm（60开）ISBN：7-5059-0352-7

定价：CNY0.25

（卡通连环画选）

　　据联邦德国卡通连环画《米老鼠画刊》编译、

描绘。

J0088305

暾琴茨婆婆 （丹）恩奈尔德·赫鲁辛古著；（丹）

艾布·斯潘·奥尔森绘画；王敏编译

南宁 广西人民出版社 1988年 有图 26cm（16开）

ISBN：7-219-00550-4 定价：CNY1.15

（获国际安徒生奖图画故事丛书）

　　丹麦现代连环画作品。

J0088306
扬子江边的儿童 （丹）斯文·奥托·绥编绘；朱丹文译
成都 四川美术出版社 1988 年 1 册
26cm（16 开）ISBN：7-5410-0144-9
定价：CNY3.20
　　丹麦现代连环画作品。

J0088307
游侠托尼 （美）E. 爱当斯绘；白木译
北京 中国连环画出版社 1988 年 46 页
27cm（16 开）定价：CNY1.00
（世界连环画博览）
　　美国现代连环画作品。

J0088308
超人 （1 环球赛跑）陈美娜，李敏如译
北京 中国和平出版社 1989 年 24 页
26cm（16 开）ISBN：7-80037-182-4
定价：CNY1.30
　　美国现代连环画作品。

J0088309
超人 （2 星空历险）陈美娜，李敏如译
北京 中国和平出版社 1989 年 24 页
26cm（16 开）ISBN：7-80037-183-2
定价：CNY1.30
　　美国现代连环画作品。

J0088310
超人 （3 智斗巨人）陈美娜，李敏如译
北京 中国和平出版社 1989 年 24 页
26cm（16 开）定价：CNY1.30

J0088311
超人 （4 鸟蛋之谜）陈美娜，李敏如译
北京 中国和平出版社 1989 年 19 页
26cm（16 开）定价：CNY1.30

J0088312
超人 （5 神奇超女）陈美娜，李敏如译
北京 中国和平出版社 1989 年 24 页
26cm（16 开）定价：CNY1.30

J0088313
超人 （6 梅城之战）陈美娜，李敏如译
北京 中国和平出版社 1989 年 28 页
26cm（16 开）定价：CNY1.30

J0088314
超时空猴王——孙悟空 （1 大战机器人）
（美）梁挺编著；春秋出版社译
北京 春秋出版社 1989 年 35 页 26cm（16 开）
ISBN：7-5069-0205-2 定价：CNY1.70
　　美国现代连环画作品。

J0088315
超时空猴王——孙悟空 （2 铁甲堡）（美）梁挺编著；春秋出版社译
北京 春秋出版社 1989 年 35 页 26cm（16 开）
ISBN：7-5069-0205-2 定价：CNY1.70

J0088316
超时空猴王——孙悟空 （3 怪兽兵团）（美）梁挺编著；春秋出版社译
北京 春秋出版社 1989 年 35 页 26cm（16 开）
ISBN：7-5069-0205-2 定价：CNY1.70

J0088317
超时空猴王——孙悟空 （4 火星大使）（美）梁挺编著；春秋出版社译
北京 春秋出版社 1989 年 35 页 26cm（16 开）
ISBN：7-5069-0251-6 定价：CNY1.70

J0088318
超时空猴王——孙悟空 （5 星空大战）（美）梁挺编著；春秋出版社译
北京 春秋出版社 1989 年 35 页 26cm（16 开）
ISBN：7-5069-0253-2 定价：CNY1.70

J0088319
超时空猴王——孙悟空 （6 大破野心城）（美）梁挺编著；春秋出版社译
北京 春秋出版社 1989 年 35 页 26cm（16 开）
ISBN：7-5069-0205-2 定价：CNY1.70

J0088320
超时空猴王——孙悟空 （7 变形分体怪兽）（美）梁挺编著；春秋出版社译

北京 春秋出版社 1989 年 35 页 26cm（16 开）
ISBN：7-5069-0205-2 定价：CNY1.70

J0088321
超时空猴王——孙悟空 （8 勇闯魔术城）
（美）梁挺编著；春秋出版社译
北京 春秋出版社 1989 年 35 页 26cm（16 开）
ISBN：7-5069-0205-2 定价：CNY1.70

J0088322
超时空猴王——孙悟空 （9 疑幻疑真）（美）
梁挺编著；春秋出版社译
北京 春秋出版社 1989 年 35 页 26cm（16 开）
ISBN：7-5069-0205-2 定价：CNY1.70

J0088323
超时空猴王——孙悟空 （10 兰丝女超人）
（美）梁挺编著；春秋出版社译
北京 春秋出版社 1989 年 35 页 26cm（16 开）
ISBN：7-5069-0205-2 定价：CNY1.70

J0088324
超时空猴王——孙悟空 （11 追还地球）（美）
梁挺编著；春秋出版社译
北京 春秋出版社 1989 年 35 页 26cm（16 开）
ISBN：7-5069-0205-2 定价：CNY1.70

J0088325
超时空猴王——孙悟空 （12 地球末日）（美）
梁挺编著；春秋出版社译
北京 春秋出版社 1989 年 35 页 26cm（16 开）
ISBN：7-5069-0205-2 定价：CNY1.70

J0088326
超时空猴王——孙悟空 （13 三藩市大地震）
（美）梁挺编著；春秋出版社译
北京 春秋出版社 1989 年 35 页 26cm（16 开）
ISBN：7-5069-0205-2 定价：CNY1.70

J0088327
超时空猴王——孙悟空 （17 忍客之死）（美）
梁挺编著；春秋出版社译
北京 春秋出版社 1989 年 35 页 26cm（16 开）
ISBN：7-5069-0205-2 定价：CNY1.70

J0088328
超时空猴王——孙悟空 （18 回到古代）（美）
梁挺编著；春秋出版社译
北京 春秋出版社 1989 年 35 页 26cm（16 开）
ISBN：7-5069-0205-2 定价：CNY1.70

J0088329
超时空猴王——孙悟空 （19 真假猴王）（美）
梁挺编著；春秋出版社译
北京 春秋出版社 1989 年 35 页 26cm（16 开）
ISBN：7-5069-0205-2 定价：CNY1.70

J0088330
超时空猴王——孙悟空 （20 自相残杀）（美）
梁挺编著；春秋出版社译
北京 春秋出版社 1989 年 35 页 26cm（16 开）
ISBN：7-5069-0205-2 定价：CNY1.70

J0088331
超时空猴王——孙悟空 （21 海底历险）（美）
梁挺编著；春秋出版社译
北京 春秋出版社 1989 年 35 页 26cm（16 开）
ISBN：7-5069-0205-2 定价：CNY1.70

J0088332
超时空猴王——孙悟空 （22 神秘彗星）（美）
梁挺编著；春秋出版社译
北京 春秋出版社 1989 年 35 页 26cm（16 开）
ISBN：7-5069-0205-2 定价：CNY1.70

J0088333
超时空猴王——孙悟空 （23 大战隐形人）
（美）梁挺编著；春秋出版社译
北京 春秋出版社 1989 年 35 页 26cm（16 开）
ISBN：7-5069-0205-2 定价：CNY1.70

J0088334
超时空猴王——孙悟空 （24 聪明的猪仔）
（美）梁挺编著；春秋出版社译
北京 春秋出版社 1989 年 35 页 26cm（16 开）
ISBN：7-5069-0205-2 定价：CNY1.70

J0088335
超时空猴王——孙悟空 （26 博士失踪）（美）
梁挺编著；春秋出版社译

北京 春秋出版社 1989 年 35 页 26cm(16 开)
ISBN：7–5069–0205–2 定价：CNY1.70
　　美国现代连环画作品。

J0088336
超时空猴王——孙悟空 （28 北极危机）（美）
梁挺编著；春秋出版社译
北京 春秋出版社 1989 年 35 页 26cm(16 开)
ISBN：7–5069–0205–2 定价：CNY1.70

J0088337
超时空猴王——孙悟空 （29 电子陷阱）（美）
梁挺编著；春秋出版社译
北京 春秋出版社 1989 年 35 页 26cm(16 开)
ISBN：7–5069–0205–2 定价：CNY1.70

J0088338
超时空猴王——孙悟空 （14 无敌巨虫）（美）
梁挺编著；春秋出版社译
北京 春秋出版社 1990 年 35 页 26cm(16 开)
ISBN：7–5069–0205–2 定价：CNY1.70

J0088339
超时空猴王——孙悟空 （15 外星居蝉）（美）
梁挺编著；春秋出版社译
北京 春秋出版社 1990 年 35 页 26cm(16 开)
ISBN：7–5069–0205–2 定价：CNY1.70

J0088340
超时空猴王——孙悟空 （16 牛仔域）（美）
梁挺编著；春秋出版社译
北京 春秋出版社 1990 年 35 页 26cm(16 开)
ISBN：7–5069–0205–2 定价：CNY15.00

J0088341
超时空猴王——孙悟空 （25 拯救月球）（美）
梁挺编著；春秋出版社译
北京 春秋出版社 1990 年 35 页 26cm(16 开)
ISBN：7–5069–0205–2 定价：CNY1.70

J0088342
超时空猴王——孙悟空 （27 森林历险记）
（美）梁挺编著
北京 中国少年儿童出版社 1990 年 35 页
27cm(16 开) 定价：CNY1.70

J0088343
超时空猴王——孙悟空 （30 魔水晶）（美）
梁挺编著
北京 中国少年儿童出版社 1991 年 26cm(16 开)
ISBN：7–5007–1298–7 定价：CNY1.90

J0088344
超时空猴王——孙悟空 （31 海底城）（美）
梁挺编著
北京 中国少年儿童出版社 1991 年 26cm(16 开)
ISBN：7–5007–1299–5 定价：CNY1.90

J0088345
超时空猴王——孙悟空 （32 金星来客）（美）
梁挺编著
北京 中国少年儿童出版社 1991 年 26cm(16 开)
ISBN：7–5007–1312–6 定价：CNY1.90

J0088346
超时空猴王——孙悟空 （33 和平使者）（美）
梁挺编著
北京 中国少年儿童出版社 1991 年 35 页
26cm(16 开) ISBN：7–5007–1313–4
定价：CNY1.95

J0088347
超时空猴王——孙悟空 （34 智擒电子怪）
（美）梁挺编著
北京 中国少年儿童出版社 1991 年 35 页
26cm(16 开) ISBN：7–5007–1314–2
定价：CNY1.95

J0088348
超时空猴王——孙悟空 （35 宇宙运动会）
（美）梁挺编著
北京 中国少年儿童出版社 1991 年 35 页
26cm(16 开) ISBN：7–5007–1315–0
定价：CNY1.95
　　美国现代连环画作品。

J0088349
超时空猴王——孙悟空 （36 体内擒凶）（美）
梁挺编著
北京 中国少年儿童出版社 1991 年 26cm(16 开)
ISBN：7–5007–1316–9 定价：CNY1.90

J0088350

超时空猴王——孙悟空（37 沙漠魔王）（美）
梁挺编著
北京 中国少年儿童出版社 1991年 26cm（16开）
ISBN：7-5007-1317-7 定价：CNY1.95

J0088351

超时空猴王——孙悟空（38 梦幻战争）（美）
梁挺编著
北京 中国少年儿童出版社 1991年 26cm（16开）
ISBN：7-5007-1318-5 定价：CNY1.95

J0088352

超时空猴王——孙悟空（39 大破太空堡垒）
（美）梁挺编著
北京 中国少年儿童出版社 1991年 26cm（16开）
ISBN：7-5007-1319-3 定价：CNY1.95

J0088353

超时空猴王——孙悟空（40 猴王失忆）（美）
梁挺编著
北京 中国少年儿童出版社 1991年 35页
26cm（16开）ISBN：7-5007-1320-7
定价：CNY1.95

J0088354

超时空猴王——孙悟空（41 追踪未来）（美）
梁挺编著
北京 中国少年儿童出版社 1991年 35页
26cm（16开）ISBN：7-5007-1321-5
定价：CNY1.95

J0088355

超时空猴王——孙悟空（42 急冻人）（美）
梁挺编著
北京 中国少年儿童出版社 1991年 35页
26cm（16开）ISBN：7-5007-1322-3
定价：CNY1.95

J0088356

超时空猴王——孙悟空（43 微型世界）（美）
梁挺编著
北京 中国少年儿童出版社 1991年 35页
26cm（16开）ISBN：7-5007-1323-1
定价：CNY1.95

J0088357

果菲在制片厂　晓良编译；朱力描绘
北京 中国文联出版公司 1989年 62页
13cm（60开）定价：CNY0.35
（卡通连环画选）
　　据联邦德国卡通连环画《米老鼠画刊》编译、
描绘。

J0088358

机器猫（吃人的房子）（日）藤子·F·不二雄著；
盛祖信译
北京 人民美术出版社 1989年 96页
19cm（24开）ISBN：7-102-00468-0
定价：CNY0.98
　　日本现代漫画连环画作品。作者藤子·F·不
二雄（1933—1996），日本漫画家。出生于日本富
山县高冈市，本名藤本弘。毕业于富山县立高冈
工艺高等学校电气科。受到漫画大师手冢治虫
的启发，立志成为儿童漫画家。小学馆的代表漫
画家之一。代表作《Q太郎》《哆啦A梦》《小超
人帕门》《超能力魔美》。

J0088359

机器猫（万能通用卡）（日）藤子·F·不二雄著；
盛祖信译
北京 人民美术出版社 1989年 96页
19cm（24开）ISBN：7-102-00640-3
定价：CNY0.98

J0088360

机器猫（野比的恐龙）（日）藤子·F·不二雄著；
盛祖信译
北京 人民美术出版社 1989年 96页
19cm（32开）ISBN：7-102-00633-0
定价：CNY0.98
　　日本现代漫画连环画作品。

J0088361

机器猫（直升飞板）（日）藤子·F·不二雄著；
小双译
北京 人民美术出版社 1989年 96页
19cm（32开）ISBN：7-102-00475-3
定价：CNY0.98

J0088362
孔子 （日）永井道雄，（日）手塚治虫著；黄抚山，
任重编译
北京 学术期刊出版社 1989 年 144 页
20cm（32 开）ISBN：7-80045-255-7
定价：CNY3.30
（世界名人传记 连环画）
　　日本现代连环画作品。

J0088363
三只眼 （复活岛之行）（日）手塚治虫编绘；冷
璋等译
北京 中国电影出版社 1989 年 80 页
19cm（32 开）ISBN：7-106-00250-X
定价：CNY1.40
　　日本现代连环画作品。

J0088364
三只眼 （复活岛之行）（日）手塚治虫编绘；冷
璋等译
北京 中国电影出版社 1989 年 80 页
21cm（32 开）定价：CNY1.40

J0088365
三只眼 （3 复活岛之行）（日）手塚治虫编绘；
陈晓逸等译
北京 中国电影出版社 1990 年 90 页
19cm（32 开）ISBN：7-106-00467-7
定价：CNY1.50
　　本书以连环画形式介绍了主人公乌乐与六
名警探被迫上了幽灵船后，历经艰辛，来到鲍基
族的发源地鲍基岛。至此复活之行的谜才慢慢
被揭开。

J0088366
三只眼 （4 复活岛之行）（日）手塚治虫编绘；
陈晓逸等译
北京 中国电影出版社 1990 年 82 页
19cm（32 开）ISBN：7-106-00469-3
定价：CNY1.45

J0088367
三只眼 （2 复活岛之行）（日）手塚治虫编绘；
陈晓逸等译
北京 中国电影出版社 1991 年 82 页

19cm（小 32 开）ISBN：7-106-00416-2
定价：CNY1.45
（手塚治虫漫画全集）

J0088368
三只眼 （5）（日）手塚治虫编绘；冷璋，刘含义译
北京 中国电影出版社 1991 年 86 页
19cm（小 32 开）ISBN：7-106-00514-2
定价：CNY2.00
（手塚治虫漫画全集）

J0088369
三只眼 （6）（日）手塚治虫编绘；关静，丁丁译
北京 中国电影出版社 1991 年 72 页
19cm（小 32 开）ISBN：7-106-00533-9
定价：CNY1.95
（手塚治虫漫画全集）

J0088370
三只眼 （7）（日）手塚治虫编绘；吴茵波等译
北京 中国电影出版社 1991 年 62 页
19cm（小 32 开）ISBN：7-106-00534-7
定价：CNY1.90
（手塚治虫漫画全集）

J0088371
三只眼 （8）（日）手塚治虫编绘；冷璋等译
北京 中国电影出版社 1992 年 104 页
19cm（小 32 开）ISBN：7-106-00535-5
定价：CNY2.70
（手塚治虫漫画全集）

J0088372
三只眼 （9）（日）手塚治虫编绘；刘含义等译
北京 中国电影出版社 1992 年 88 页
19cm（小 32 开）ISBN：7-106-00536-3
定价：CNY2.35
（手塚治虫漫画全集）

J0088373
三只眼 （10）（日）手塚治虫编绘；关静等译
北京 中国电影出版社 1992 年 92 页
19cm（小 32 开）ISBN：7-106-00576-2
定价：CNY2.45
（手塚治虫漫画全集）

J0088374
三只眼 （11）（日）手塚治虫编绘；夏林等译
北京 中国电影出版社 1992 年 97 页
19cm（小 32 开）ISBN：7-106-00581-9
定价：CNY2.60
（手塚治虫漫画全集）

J0088375
唐老鸭开办狗浴室　黄珍编译；郁梅描绘
北京 中国文联出版公司 1989 年 110 页 有图
10×13cm ISBN：7-5059-0866-9 定价：CNY0.61
（卡通连环画选）
　　据联邦德国卡通连环画《米老鼠画刊》编译、描绘。

J0088376
唐老鸭——宽边帽寻宝记　晓良编译；沛华等描绘
北京 中国文联出版公司 1989 年 110 页 有图
10×13cm ISBN：7-5059-1054-X 定价：CNY0.69
（卡通连环画选）
　　据联邦德国卡通连环画《米老鼠画刊》编译、描绘。

J0088377
唐老鸭——宽边帽寻宝记　晓良编译；沛华等描绘
北京 中国文联出版公司 1989 年 110 页 有图
10×13cm ISBN：7-5059-1054-X 定价：CNY0.69
（卡通连环画选）
　　据联邦德国卡通连环画《米老鼠画刊》编译、描绘。

J0088378
乌鸦面包店　（日）中川李枝子著；大村百合子绘；安伟邦等译；舞晶等复制改画
天津 天津人民美术出版社 1989 年 4 册
19cm（32 开）袋装 定价：CNY2.10
　　日本现代连环画作品。

J0088379
钓鱼迷三平　（第 1 集）（日）矢口高雄编绘
北京 中国电影出版社 1990 年 116 页
19cm（32 开）ISBN：7-106-00476-6
定价：CNY2.20

日本现代连环画作品。作者矢口高雄
（1939—　　），日本漫画家。本名高桥高雄。出生于日本秋田县。代表作为《天才小钓手》《Matagi》《萤雪时代》《野性传说》等。

J0088380
飞人　（3 发现潜艇）（日）藤子·F·不二雄著；于也，于素秋编译
北京 科学普及出版社 1990 年 94 页
19cm（32 开）ISBN：7-110-01734-6
定价：CNY1.50
　　日本现代连环画作品。作者藤子·F·不二雄（1933—1996），日本漫画家。出生于日本富山县高冈市，本名藤本弘。毕业于富山县立高冈工艺高等学校电气科。受到漫画大师手冢治虫的启发，立志成为儿童漫画家。小学馆的代表漫画家之一。代表作《Q 太郎》《哆啦 A 梦》《小超人帕门》《超能力魔美》。

J0088381
飞人　（4 我是明星）（日）藤子·F·不二雄著；于也，吴学敏编译
北京 科学普及出版社 1990 年 92 页
19cm（32 开）ISBN：7-110-01735-4
定价：CNY1.50
　　日本现代连环画作品。

J0088382
飞人　（9 东京旅行）（日）藤子·F·不二雄著；于也等编译
北京 科学普及出版社 1991 年 92 页
19cm（小 32 开）ISBN：7-110-02050-9
定价：CNY1.50
　　日本现代连环画作品。

J0088383
飞人　（10 火箭袭击）（日）藤子·F·不二雄著；于也等编译
北京 科学普及出版社 1991 年 95 页
19cm（小 32 开）ISBN：7-110-02051-7
定价：CNY1.50
　　日本现代连环画作品。

J0088384
飞人　（11 智擒盗贼）（日）藤子·F·不二雄著；

于也等编译
北京 科学普及出版社 1991年 93页
19cm(小 32 开) ISBN：7-110-02052-5
定价：CNY1.50

J0088385
飞人 （12 山地之战）（日）藤子·F·不二雄著；
于也等编译
北京 科学普及出版社 1991年 94页
19cm(小 32 开) ISBN：7-110-02053-3
定价：CNY1.50

J0088386
飞人 （13 大家风度）（日）藤子·F·不二雄著；
于也等编译
北京 科学普及出版社 1991年 91页
19cm(小 32 开) ISBN：7-110-02094-0
定价：CNY1.50

J0088387
飞人 （14 温泉危机）（日）藤子·F·不二雄著；
于也等编译
北京 科学普及出版社 1991年 93页
19cm(小 32 开) ISBN：7-110-02095-9
定价：CNY1.50

J0088388
连环幽默漫画精选 （丹）皮德斯特鲁普绘；沈
蕊，沈宇编
北京 中国妇女出版社 1990年 66页
19cm(32 开) ISBN：7-80016-321-0
定价：CNY1.80
　　丹麦现代连环画作品。

J0088389
洛德·吉姆 （波）约瑟夫·康拉德著；曹子纯编译
长沙 湖南美术出版社 1990年 59页
［18cm］（42 开）ISBN：7-5356-0367-X
定价：CNY0.60
（世界名著连环画）
　　波兰现代连环画作品。

J0088390
米老鼠——神秘的侯爵夫人 黄珍编译；晓
民，婷婷描绘

北京 中国文联出版公司 1990年 125页
13cm(60 开) ISBN：7-5059-1191-0
定价：CNY0.80
（卡通连环画选）
　　据联邦德国卡通连环画《米老鼠画刊》编译、
描绘。

J0088391
七个尖角房 （美）纳撒尼尔·霍索恩著；刘少文
编译
长沙 湖南美术出版社 1990年 59页
［18cm］（42 开）定价：CNY0.60
（世界名著连环画）
　　美国现代连环画作品。

J0088392
三国志 （精美白话文大型连环画册）（日）园田
光庆画；久保田千太郎配文；续三义等译
北京 国际文化出版公司 1990年 822页
26cm(16 开) ISBN：7-80049-648-1
定价：CNY30.00

J0088393
世界著名童话故事连环画
长沙 湖南少年儿童出版社 1990年 2版 3册
19cm(32 开) ISBN：7-5358-0558-2
定价：CNY10.00

J0088394
唐老鸭——埃菲尔铁塔失踪记 谈工皎编
译；赵墨，京京描绘
北京 中国文联出版公司 1990年 109页
13cm(60 开) ISBN：7-5059-1318-2
定价：CNY0.71
（卡通连环画选辑）
　　据联邦德国卡通连环画《米老鼠画刊》编译、
描绘。

J0088395
唐老鸭——倒霉病毒 谈工皎编译；彭朋，丁
健描绘
北京 中国文联出版公司 1990年 124页
13cm(60 开) ISBN：7-5059-1190-2
定价：CNY0.80
（卡通连环画选）

据联邦德国卡通连环画《米老鼠画刊》编译、描绘。

J0088396

唐老鸭——斗鲨记　韩小编译；张维等描绘
北京 中国文联出版公司 1990 年 110 页
13cm（60 开）ISBN：7-5059-1289-5
定价：CNY0.71
（卡通连环画选）

据联邦德国卡通连环画《米老鼠画刊》编译、描绘。

J0088397

唐老鸭——短暂的盟友　晓良，徐谨编译；王增地等绘
北京 中国文联出版公司 1990 年 158 页
13cm（60 开）ISBN：7-5059-1321-2
定价：CNY0.98
（卡通连环画选）

据联邦德国卡通连环画《米老鼠画刊》编译、描绘。

J0088398

唐老鸭和旧金币　徐景田编译；增寅等描绘
北京 中国文联出版公司 1990 年 124 页 有图
10×13cm 统一书号：7-5059-1319-0
定价：CNY0.80
（卡通连环画选）

据联邦德国卡通连环画《米老鼠画刊》编译、描绘。

J0088399

唐老鸭——失踪的游客　胡程悦编译；王同辰，李挺描绘
北京 中国文联出版公司 1990 年 94 页
13cm（60 开）ISBN：7-5059-1320-4
定价：CNY0.63
（卡通连环画选）

据联邦德国卡通连环画《米老鼠画刊》编译、描绘。

J0088400

唐老鸭——运宝奇案　晓良编译；新华，津平描绘
北京 中国文联出版公司 1990 年 94 页

13cm（60 开）ISBN：7-5059-1188-0
定价：CNY0.63
（卡通连环画选）

据联邦德国卡通连环画《米老鼠画刊》编译、描绘。

J0088401

喧闹的沼泽　（澳）克拉克绘；洪佩奇编；刘新华，盛晓萍译
南京 译林出版社 1990 年 80 页 15×26cm（20 开）
ISBN：7-80567-070-6 定价：CNY2.00
（外国儿童连环漫画丛书）

澳大利亚现代连环画作品。

J0088402

鸭家族的家庭野餐会　徐景田编译；明明描绘
北京 中国文联出版公司 1990 年 110 页 有图
10×13cm 统一书号：7-5059-1324-7
定价：CNY0.71
（卡通连环画选）

据联邦德国卡通连环画《米老鼠画刊》编译、描绘。

J0088403

钓鱼迷三平　（第 2 集）（日）矢口高雄编著；杜晨等译
北京 中国电影出版社 1991 年 136 页 有图
19cm（小 32 开）ISBN：7-106-00493-6
定价：CNY2.70

J0088404

非凡小 Q 仔　（1）（日）藤子·F·不二雄原著；陶柯等绘制
南宁 广西美术出版社 1991 年 34 页
15cm（64 开）ISBN：7-80582-230-1
定价：CNY1.25
（风趣幽默系列）

本书据日本藤子·F·不二雄创作的连环画改编、绘制。作者藤子·F·不二雄（1933—1996），日本漫画家。出生于日本富山县高冈市，本名藤本弘。毕业于富山县立高冈工艺高等学校电气科。受到漫画大师手冢治虫的启发，立志成为儿童漫画家。小学馆的代表漫画家之一。代表作《Q 太郎》《哆啦 A 梦》《小超人帕门》《超能力魔美》。

J0088405

非凡小 Q 仔 （2）（日）藤子·F·不二雄原著;
陶柯等绘制
南宁 广西美术出版社 1991 年 34 页
15cm（64 开）ISBN：7-80582-231-X
定价：CNY1.25
（风趣幽默系列）

J0088406

非凡小 Q 仔 （3）（日）藤子·F·不二雄原著;
陶柯等绘制
南宁 广西美术出版社 1991 年 34 页
15cm（64 开）ISBN：7-80582-232-8
定价：CNY1.25
（风趣幽默系列）

J0088407

非凡小 Q 仔 （4）（日）藤子·F·不二雄原著;
陶柯等绘制
南宁 广西美术出版社 1991 年 34 页
15cm（64 开）ISBN：7-80582-233-6
定价：CNY1.25
（风趣幽默系列）

J0088408

非凡小 Q 仔 （5）（日）藤子·F·不二雄原著;
陶柯等绘制
南宁 广西美术出版社 1991 年 31 页
15cm（64 开）ISBN：7-80582-234-4
定价：CNY1.25
（风趣幽默系列）

J0090282

非凡小 Q 仔 （6）（日）藤子·F·不二雄原著;
陶柯等绘制
南宁 广西美术出版社 1991 年 31 页
15cm（64 开）ISBN：7-80582-235-2
定价：CNY1.25
（风趣幽默系列）

J0088409

非凡小 Q 仔 （7）（日）藤子·F·不二雄原著;
陶柯等绘制
南宁 广西美术出版社 1991 年 33 页
15cm（64 开）ISBN：7-80582-236-0

定价：CNY1.25
（风趣幽默系列）

J0088410

非凡小 Q 仔 （8）（日）藤子·F·不二雄原著;
陶柯等绘制
南宁 广西美术出版社 1991 年 31 页
15cm（64 开）ISBN：7-80582-237-9
定价：CNY1.25
（风趣幽默系列）

J0088411

格林童话 （1 彩色连环画）（德）格林著
上海 上海人民美术出版社 1991 年 2 版 10 册
19cm（小 32 开）ISBN：7-5322-0389-1
定价：CNY17.50
　　本作品系德国彩色连环画。

J0088412

国王耳朵的秘密 （日）平田昭和著;那永华译
沈阳 沈阳出版社 1991 年 47 页 19cm（小 32 开）
ISBN：7-80556-638-0 定价：CNY2.40
（世界童话名作连环画系列）

J0088413

镜子里的王国 （日）平田昭和著;那永华译
沈阳 沈阳出版社 1991 年 47 页 19cm（小 32 开）
ISBN：7-80556-638-0 定价：CNY2.40
（世界童话名作连环画系列）

J0088414

快乐的王子 （日）平田昭和著;那永华译
沈阳 沈阳出版社 1991 年 47 页 19cm（小 32 开）
ISBN：7-80556-638-0 定价：CNY2.40
（世界童话名作连环画系列）

J0088415

老鼠新娘 （日）平田昭和著;那永华译
沈阳 沈阳出版社 1991 年 47 页 19cm（小 32 开）
ISBN：7-80556-638-0 定价：CNY2.40
（世界童话名作连环画系列）

J0088416

魔鼓 （日）平田昭和著;那永华译
沈阳 沈阳出版社 1991 年 47 页 19cm（小 32 开）

ISBN：7–80556–638–0 定价：CNY2.40
（世界童话名作连环画系列）

J0088417
生活·爱情·幽默 （拉里夫莱特）（法）拉波纳
（Laborne, D.）作；洪佩奇选编
南京 译林出版社 1991 年 136 页 21cm（32 开）
ISBN：7–80567–106–0 定价：CNY3.90
（世界系列连环漫画名著丛书）

J0088418
圣经故事彩色连环画库 （美）帕森等绘；林
达生编译
沈阳 沈阳出版社 1991 年 174 页 26cm（16 开）
ISBN：7–80556–628–3 定价：CNY18.50

J0088419
世界历史五千年故事连环画库 （日）手塚治
虫原著；孙爱梅等译
北京 学苑出版社 1991 年
6 册（319、316、317、318、314、316 页）
20cm（32 开） ISBN：7–80060–890–5
定价：CNY37.20

J0088420
太空人 （怪物王国的小精灵）（日）藤子·F·不
二雄著；晓柯编译
北京 中国文联出版公司 1991 年 94 页
19cm（小 32 开） ISBN：7–5059–1419–7
定价：CNY1.30
　　日本现代连环画作品。作者藤子·F·不二雄
（1933—1996），日本漫画家。出生于日本富山县
高冈市，本名藤本弘。毕业于富山县立高冈工艺
高等学校电气科。受到漫画大师手冢治虫的启
发，立志成为儿童漫画家。小学馆的代表漫画家
之一。代表作《Q 太郎》《哆啦 A 梦》《小超人帕
门》《超能力魔美》。

J0088421
汤姆·索亚历险记 （日）平田昭和著；那永华译
沈阳 沈阳出版社 1991 年 47 页 19cm（小 32 开）
ISBN：7–80556–638–0 定价：CNY2.40
（世界童话名作连环画系列）

J0088422
阿信的童年 （日）宗美智子绘；陈耐轩译
成都 四川少年儿童出版社 1992 年
2 册（175+185）页 19cm（小 32 开）
ISBN：7–5365–0808–5 定价：CNY4.70
　　日本现代连环画作品。

J0088423
比特尔·贝雷 （美）华格（Walker Mort）作；洪
佩奇，蓝建安选编
南京 译林出版社 1992 年 150 页 19×21cm
ISBN：7–80567–144–3 定价：CNY4.75
（生活·爱情·幽默 世界系列连环画漫画名著丛书）
　　外文书名：Life·Love·Humour. 作者莫特·华
格（1923—　　），通译莫特·沃克，美国漫画作家。

J0088424
公元二十八世纪太空斗士 （第一卷 第一集
茫茫长夜）（日）田中芳树著；肖良编译
南宁 广西民族出版社 1992 年 112 页
19cm（小 32 开） ISBN：7–5363–1571–6
定价：CNY3.20
　　日本现代连环画画册。

J0088425
公元二十八世纪太空斗士 （第一卷 第二集
阿斯塔星域会战）（日）田中芳树著；肖良编译
南宁 广西民族出版社 1992 年 112 页
19cm（小 32 开） ISBN：7–5363–1571–6
定价：CNY3.20

J0088426
公元二十八世纪太空斗士 （第一卷 第三集
第十三舰队诞生）（日）田中芳树著；肖良编译
南宁 广西民族出版社 1992 年 112 页
19cm（小 32 开） ISBN：7–5363–1571–6
定价：CNY3.20

J0088427
公元二十八世纪太空斗士 （第一卷 第四集
帝国的夕阳余辉）（日）田中芳树著；肖良编译
南宁 广西民族出版社 1992 年 112 页
19cm（小 32 开） ISBN：7–5363–1571–6
定价：CNY3.20

J0088428

股票买卖 （漫画集）（日）安田二郎,（日）菅谷
充著；罗和庆,郑端译
上海 三联书店上海分店 1992 年 187 页
19cm（小 32 开）ISBN：7-5426-0492-9
定价：CNY4.90
　　本书以漫画的形式介绍了股票投资的基本
知识。

J0088429

怪侠罗平系列 （卷一）（法）莫理斯,（法）史布
朗编
海口 海南摄影美术出版社 1992 年 5 册
19cm（小 32 开）ISBN：7-80571-247-6
定价：CNY16.00（全套 5 册）
　　法国现代连环画,包括《怪盗、绅士罗平》
《奇岩城》《罗平斗福尔摩斯》《八一三的秘密》
《玻璃瓶塞之谜》。

J0088430

怪侠罗平系列 （卷二）（法）莫理斯,（法）史布
朗编
海口 海南摄影美术出版社 1992 年 5 册
19cm（小 32 开）ISBN：7-80571-248-4
定价：CNY16.00（全套 5 册）
　　法国现代连环画,包括《金三角》《三十棺
材岛》《虎牙》《八点钟》《罗平重现江湖》。

J0088431

剑魁桃太郎 （第一卷 闯入黑地狱）（日）宫下
明野著；梁俐等译
南宁 接力出版社 1992 年 102 页 19cm（32 开）
ISBN：7-80581-499-6 定价：CNY1.80
　　日本现代连环画作品。

J0088432

剑魁桃太郎 （第二卷 神剑斗赤石）（日）宫下
明野著；梁俐等译
南宁 接力出版社 1992 年 83 页 19cm（32 开）
ISBN：7-80581-500-3 定价：CNY1.80

J0088433

剑魁桃太郎 （第三卷 海岛大磨难）（日）宫下
明野著；梁俐等译
南宁 接力出版社 1992 年 83 页 19cm（32 开）

ISBN：7-80581-501-1 定价：CNY1.80

J0088434

剑魁桃太郎 （第四卷 神勇擂台）（日）宫下明
野著；梁俐等译
南宁 接力出版社 1992 年 119 页 19cm（32 开）
ISBN：7-80581-502-X 定价：CNY1.80
　　日本现代连环画作品。

J0088435

剑魁桃太郎 （第五卷 英雄本色）（日）宫下明
野著；梁俐等译
南宁 接力出版社 1992 年 123 页 19cm（32 开）
ISBN：7-80581-503-8 定价：CNY1.80
　　日本现代连环画作品。

J0088436

卡尔文与霍布斯 （美）沃特森作；洪佩奇选编
南京 译林出版社 1992 年 193 页 21×18cm
ISBN：7-80567-167-2
定价：CNY5.60（平装）,CNY7.60（精装）
（生活·爱情·幽默 世界系列连环漫画名著丛书）

J0088437

面条之花是什么颜色的? （画册）（日）加古
里子著；赵玉强译
北京 科学普及出版社 1992 年 32 页
26cm（16 开）ISBN：7-110-02440-7
定价：CNY2.20
（宝宝爱吃系列画册）
　　日本现代连环画。

J0088438

生活·爱情·幽默 （矮个先生雅可布 墨姆先
生）洪佩奇选编
南京 译林出版社 1992 年 178 页 21cm（32 开）
ISBN：7-80567-172-9
定价：CNY5.20,CNY7.20（精装）
（世界系列连环漫画名著丛书）
　　外国现代连环画,包括(德)汉·尤·普雷斯
作的《矮个先生雅可布》和(美)欧文·菲利普斯
作的《墨姆先生》。

J0088439

生活·爱情·幽默 （草包阿姨）（日）植田正志

作; 洪佩奇, 韦兴帮选编
南京 译林出版社 1992 年 189 页 18×21cm
ISBN: 7-80567-220-2
定价: CNY7.00(平装), CNY9.00(精装)
(世界系列连环漫画名著丛书)
　　外文书名: Life· Love· Humour.

J0088440
生活·爱情·幽默 (加菲猫 画册)(美)戴维斯
(Davis, Jim)作; 洪佩奇, 韦兴邦选编
南京 译林出版社 1992 年 191 页 19×20cm
ISBN: 7-80567-214-8 定价: CNY7.00
(世界系列连环漫画名著丛书)
　　作者吉姆·戴维斯(1945—), 美国著名漫
画家。

J0088441
圣狼约克 (日)佐藤晴美著
呼和浩特 内蒙古人民出版社 1992 年
3 册(159+159+143 页) 19cm(小 32 开)
ISBN: 7-204-01820-6 定价: CNY8.40
　　日本现代连环画。

J0088442
圣战 (四卷 连环画)(日)大川七濑著; 张艺译
呼和浩特 内蒙古人民出版社 1992 年 8 册
19cm(32 开) ISBN: 7-204-01787-0
定价: CNY14.85
　　译自日文的日本现代连环画。作者大川七
濑(1967—), 日本漫画家、插画师。东京大学
大学院(修士课程)毕业。CLAMP 一员。以《圣传》
出道, 主要负责编写剧本及广告宣传工作, 主管
CLAMP 作品的故事企划, 版面设计和外交公关
事宜及游戏设计

J0088443
世界大探险 ([连环画])程明, 杨大威编译
石家庄 河北科学技术出版社 1992 年 183 页
有图 19cm(小 32 开) ISBN: 7-5375-0808-9
定价: CNY4.50
　　本书包括陆地、海洋、南北极、宇宙探险的
图画故事近 20 篇。

J0088444
世界伟人画库　　徐耀庭编译

北京 科学普及出版社 1992 年 226 页
20cm(32 开) ISBN: 7-110-02709-0
定价: CNY7.00
　　本连环画以漫画形式介绍了 100 多位世界
伟人的事迹。其中有国家首脑、探险家、音乐家、
科学家等。

J0088445
太空探险记 (英)亚瑟· C·克拉克原作; 吴岩
改编; 晓冰, 关妮插图
北京 中国少年儿童出版社 1992 年 56 页
26cm(16 开) ISBN: 7-5007-1426-2
定价: CNY3.45
(世界著名科幻小说画集)
　　英国现代连环画作品。

J0088446
小小神通大百科 (上卷)(日)藤子· F·不二
雄著; 曼华编译
海口 海南摄影美术出版社 1992 年 5 册
19cm(32 开) ISBN: 7-80571-276-2
定价: CNY10.00
　　日本现代连环画作品。作者藤子· F·不二雄
(1933—1996), 日本漫画家。出生于日本富山县
高冈市, 本名藤本弘。毕业于富山县立高冈工艺
高等学校电气科。受到漫画大师手冢治虫的启
发, 立志成为儿童漫画家。小学馆的代表漫画家
之一。代表作《Q 太郎》《哆啦 A 梦》《小超人帕
门》《超能力魔美》。

J0088447
小小神通大百科 (下卷)(日)藤子· F·不二
雄著; 曼华编译
海口 海南摄影美术出版社 1992 年 5 册
19cm(32 开) ISBN: 7-80571-345-6
定价: CNY10.00
　　日本现代连环画作品。

J0088448
新奇西游记 (儿童连环画 上)(日)杉浦茂编
绘; 李天工翻译
北京 长城出版社 1992 年 重印本 93 页 有插图
19cm(32 开) ISBN: 7-80017-157-4
定价: CNY1.80

J0088449
新奇西游记 （儿童连环画 下）（日）杉浦茂编绘；李天工翻译
北京 长城出版社 1992年 重印本 111页
19cm（32开）ISBN：7-80017-158-2
定价：CNY1.80

J0088450
龙的传人在加拿大 （加）李凌翰著
济南 山东文艺出版社 1993年 有照片
19cm（小32开）ISBN：7-5329-1024-5
定价：CNY4.90
（李凌翰漫画丛书 3）
　　作者李凌翰（1923— ），本名李敬华，广东番禺人，加拿大职业漫画作者。

J0088451
漫画加拿大 （加）李凌翰著
济南 山东文艺出版社 1993年 有照片
19cm（小32开）ISBN：7-5329-1026-1
定价：CNY4.90
（李凌翰漫画丛书 1）
　　作者李凌翰（1923— ），本名李敬华，广东番禺人，加拿大职业漫画作者。

J0088452
漫画美国西部 （加）李凌翰著
济南 山东文艺出版社 1993年 有照片
19cm（小32开）ISBN：7-5329-1025-3
定价：CNY4.90
（李凌翰漫画丛书 2）

J0090327
超人怪兽大战 （日）冈崎甫雄著；木木译
北京 华语教学出版社 1994年 71页 有图
26cm（16开）精装 ISBN：7-80052-393-4
定价：CNY12.80
（奥托曼系列）
　　本书为日本电视连环画。

J0088453
聪明笨伯 （1）任溶溶译
上海 上海译文出版社 1994年 有图 26cm（16开）
ISBN：7-5327-1630-9 定价：CNY10.00
（美国幽默连环画系列）

J0088454
聪明笨伯 任溶溶译
上海 上海译文出版社 1994年 有图 29cm（16开）
ISBN：7-5327-1648-1
（美国幽默连环画系列）

J0088455
圣经连环画 （旧约卷）（美）霍斯（Hoth，I.）撰文；（美）勒贝朗绘；（美）奥姆斯特德编辑；林燕译
北京 中国对外翻译出版公司 1994年 512页
20cm（32开）ISBN：7-5001-0227-5
定价：CNY15.00
　　外文书名：The Picture Bible.

J0088456
圣经连环画 （新约卷）（美）霍斯（Hoth，I.）撰；（美）勒贝朗绘；（美）奥姆斯特德编辑；李长山译
北京 中国对外翻译出版公司 1994年 245页
20cm（32开）ISBN：7-5001-0226-7
定价：CNY9.00
　　外文书名：The Picture Bible.

J0088457
美女爱之路 （1）（韩）高幸石编绘；紫荆译
延吉 延边人民出版社 1995年 166页
19cm（小32开）ISBN：7-80599-298-3
定价：CNY5.50
　　本书为韩国现代爱情连环画作品。

J0088458
美女爱之路 （2）（韩）高幸石编绘；紫荆译
延吉 延边人民出版社 1995年 166页
19cm（小32开）ISBN：7-80599-298-3
定价：CNY5.50

J0088459
美女爱之路 （3）（韩）高幸石编绘；紫荆译
延吉 延边人民出版社 1995年 166页
19cm（小32开）ISBN：7-80599-298-3
定价：CNY5.50

J0088460
魔发道士 （韩）李斗浩编绘；陈雪鸿，朱勋译
延吉 东北朝鲜民族教育出版社 1995年 2册
19cm（小32开）ISBN：7-5437-1912-6

定价: CNY9.00

　　本书是韩国现代连环画作品。

J0088461

圣堂教父 （第一卷 光和影）（日）池上辽一绘；
（日）史村翔编；王珠惠译

台北 时报文化出版企业公司 1995 年 233 页

19cm（32 开）ISBN：957-13-1408-0

定价：TWD90.00

（时报漫画丛书 HC061）

　　外文书名：Sanctuary.

J0088462

圣堂教父 （第二卷 日本）（日）池上辽一绘；
（日）史村翔编；王珠惠译

台北 时报文化出版企业公司 1995 年 223 页

19cm（32 开）ISBN：957-13-1409-9

定价：TWD90.00

（时报漫画丛书 HC062）

　　外文书名：Sanctuary.

J0088463

圣堂教父 （第三卷 称霸）（日）池上辽一绘；
（日）史村翔编；王珠惠译

台北 时报文化出版企业公司 1995 年 215 页

19cm（32 开）ISBN：957-13-1410-2

定价：TWD90.00

（时报漫画丛书 HC063）

　　外文书名：Sanctuary.

J0088464

圣堂教父 （第四卷 战斗的序章）（日）池上辽
一绘；（日）史村翔编；王珠惠译

台北 时报文化出版企业公司 1995 年 208 页

19cm（32 开）ISBN：957-13-1411-0

定价：TWD90.00

（时报漫画丛书 HC064）

　　外文书名：Sanctuary.

J0088465

圣堂教父 （第五卷 决心）（日）池上辽一绘；
（日）史村翔编；王启在译

台北 时报文化出版企业公司 1995 年 215 页

19cm（32 开）ISBN：957-13-1412-9

定价：TWD90.00

（时报漫画丛书 HC065）

　　外文书名：Sanctuary.

J0088466

圣堂教父 （第六卷 斧）（日）池上辽一绘；（日）
史村翔编；王启在译

台北 时报文化出版企业公司 1995 年 213 页

19cm（32 开）ISBN：957-13-1413-7

定价：TWD90.00

（时报漫画丛书 HC066）

　　外文书名：Sanctuary.

J0088467

圣堂教父 （第七卷 觉醒）（日）池上辽一绘；
（日）史村翔编；王启在译

台北 时报文化出版企业公司 1995 年 203 页

19cm（32 开）ISBN：957-13-1414-5

定价：TWD90.00

（时报漫画丛书 HC067）

　　外文书名：Sanctuary.

J0088468

圣堂教父 （第八卷 攻守）（日）池上辽一绘；
（日）史村翔编；王启在译

台北 时报文化出版企业公司 1995 年 205 页

19cm（32 开）ISBN：957-13-1548-6

定价：TWD90.00

（时报漫画丛书 HC068）

　　外文书名：Sanctuary.

J0088469

圣堂教父 （第九卷 暴露）（日）池上辽一绘；
（日）史村翔编；王启在译

台北 时报文化出版企业公司 1995 年 206 页

19cm（32 开）ISBN：957-13-1548-6

定价：TWD90.00

（时报漫画丛书 HC069）

　　外文书名：Sanctuary.

J0088470

圣堂教父 （第十卷 退党）（日）池上辽一绘；
（日）史村翔编；王启在译

台北 时报文化出版企业公司 1995 年 206 页

19cm（32 开）ISBN：957-13-1549-4

定价：TWD90.00

（时报漫画丛书 HC070）
　　　外文书名：Sanctuary.

J0088471
圣堂教父 （第十一卷 新党派）（日）池上辽一绘；（日）史村翔编；王启在译
台北 时报文化出版企业公司 1995 年 212 页
19cm（32 开）ISBN：957–13–1689–X
定价：TWD90.00
（时报漫画丛书 HC071）
　　　外文书名：Sanctuary.

J0088472
圣堂教父 （第十二卷 圣党）（日）池上辽一绘；（日）史村翔编；王启在译
台北 时报文化出版企业公司 1995 年 208 页
19cm（32 开）ISBN：957–13–1757–8
定价：TWD90.00
（时报漫画丛书 HC072）
　　　外文书名：Sanctuary.

J0088473
艾凡赫 （英）司各特原著
北京 知识出版社 1996 年 61 页 21cm（32 开）
ISBN：7–5015–1453–4 定价：CNY8.00
（世界文学名著精粹 连环画版 44）

J0088474
爱伦·坡精选集 （美）爱伦·坡原著
北京 知识出版社 1996 年 61 页 21cm（32 开）
ISBN：7–5015–1453–4 定价：CNY8.00
（世界文学名著精粹 连环画版 50）

J0088475
傲慢与偏见 （英）简·奥斯汀原著
北京 知识出版社 1996 年 61 页 21cm（32 开）
ISBN：7–5015–1453–4 定价：CNY8.00
（世界文学名著精粹 连环画版 55）

J0088476
奥德赛 （古希腊）荷马原著
北京 知识出版社 1996 年 61 页 21cm（32 开）
ISBN：7–5015–1453–4 定价：CNY8.00
（世界文学名著精粹 连环画版 38）

J0088477
奥列佛·特维斯特 （英）狄更斯原著
北京 知识出版社 1996 年 61 页 21cm（32 开）
ISBN：7–5015–1422–4 定价：CNY8.00
（世界文学名著精粹 连环画版 15）

J0088478
奥塞罗 （英）莎士比亚原著
北京 知识出版社 1996 年 61 页 21cm（32 开）
ISBN：7–5015–1453–4 定价：CNY8.00
（世界文学名著精粹 连环画版 64）
　　　本书是据英国文学作品改编的连环画作品。

J0088479
奥特曼战士必胜法宝 （1）上海圆谷企画有限公司编
北京 国际文化出版公司 1996 年 48 页
26cm（16 开）ISBN：7–80105–459–8
定价：CNY18.80
　　　根据日本电视剧改编的连环画作品。

J0088480
奥特曼战士必胜法宝 （2）上海圆谷企画有限公司编
北京 国际文化出版公司 1996 年 48 页
26cm（16 开）ISBN：7–80105–460–1
定价：CNY18.80

J0088481
奥特曼战士大全 小龙译
北京 海豚出版社 1996 年 89 页 有彩图
26cm（16 开）ISBN：7–80051–589–3
定价：CNY28.80
　　　根据日本电视剧改编的连环画作品。

J0088482
八十天环游地球 （法）儒勒·凡尔纳原著
北京 知识出版社 1996 年 61 页 21cm（32 开）
ISBN：7–5015–1414–3 定价：CNY8.00
（世界文学名著精粹 连环画版 34）

J0088483
巴黎圣母院 （法）雨果原著
北京 知识出版社 1996 年 61 页 21cm（32 开）
ISBN：7–5015–1453–4 定价：CNY8.00

（世界文学名著精粹 连环画版 43）

J0088484
巴斯卡尔的猎犬 （英）柯南·道尔原著
北京 知识出版社 1996年 61页 21cm（32开）
ISBN：7-5015-1407-0 定价：CNY8.00
（世界文学名著精粹 连环画版 2）

J0088485
白鲸 （美）梅尔维尔原著
北京 知识出版社 1996年 61页 21cm（32开）
ISBN：7-5015-1416-X 定价：CNY8.00
（世界文学名著精粹 连环画版 27）

J0088486
白牙 （美）杰克·伦敦原著
北京 知识出版社 1996年 61页 21cm（32开）
ISBN：7-5015-1398-8 定价：CNY8.00
（世界文学名著精粹 连环画版 11）

J0088487
暴风雨 （英）莎士比亚原著
北京 知识出版社 1996年 61页 21cm（32开）
ISBN：7-5015-1453-4 定价：CNY8.00
（世界文学名著精粹 连环画版 70）

J0088488
本·赫尔 （美）华莱士原著
北京 知识出版社 1996年 61页 21cm（32开）
ISBN：7-5015-1453-4 定价：CNY8.00
（世界文学名著精粹 连环画版 40）

J0088489
毕利·伯德 （美）梅尔维尔原著
北京 知识出版社 1996年 61页 21cm（32开）
ISBN：7-5015-1423-2 定价：CNY8.00
（世界文学名著精粹 连环画版 28）

J0088490
碧庐冤孽 （美）亨利·詹姆斯原著
北京 知识出版社 1996年 61页 21cm（32开）
ISBN：7-5015-1453-4 定价：CNY8.00
（世界文学名著精粹 连环画版 59）

J0088491
带有七个尖角阁的房子 （美）霍桑原著
北京 知识出版社 1996年 61页 21cm（32开）
ISBN：7-5015-1453-4 定价：CNY8.00
（世界文学名著精粹 连环画版 58）

J0088492
德拉库拉 （爱尔兰）斯托克原著
北京 知识出版社 1996年 61页 21cm（32开）
ISBN：7-5015-1453-4 定价：CNY8.00
（世界文学名著精粹 连环画版 51）

J0088493
地心游记 （法）儒勒·凡尔纳原著
北京 知识出版社 1996年 61页 21cm（32开）
ISBN：7-5015-1413-5 定价：CNY8.00
（世界文学名著精粹 连环画版 33）

J0088494
第十二夜 （英）莎士比亚原著
北京 知识出版社 1996年 61页 21cm（32开）
ISBN：7-5015-1453-4 定价：CNY8.00
（世界文学名著精粹 连环画版 72）

J0088495
福尔摩斯探案 （英）柯南·道尔原著
北京 知识出版社 1996年 61页 21cm（32开）
ISBN：7-5015-1419-4 定价：CNY8.00
（世界文学名著精粹 连环画版 1）

J0088496
格列佛游记 （英）斯威夫特原著
北京 知识出版社 1996年 61页 21cm（32开）
ISBN：7-5015-1400-3 定价：CNY8.00
（世界文学名著精粹 连环画版 13）

J0088497
古国幻游记 （美）马克·吐温原著
北京 知识出版社 1996年 61页 21cm（32开）
ISBN：7-5015-1390-2 定价：CNY8.00
（世界文学名著精粹 连环画版 24）
　　作者马克·吐温，（Mark Twain, 1835—1910），
美国作家、演说家。原名萨缪尔·兰亨·克莱门
（Samuel Langhorne Clemens）。小说代表作有
《百万英镑》《哈克贝利·费恩历险记》《汤姆·索

亚历险记》《王子与贫儿》等。

J0088498
哈克贝里·费恩历险记 （美）马克·吐温原著
北京 知识出版社 1996 年 61 页 21cm（32 开）
ISBN：7-5015-1396-1 定价：CNY8.00
（世界文学名著精粹 连环画版 22）

J0088499
哈姆雷特 （英）莎士比亚原著；（美）欧立文
（Oliphant D.）绘
北京 知识出版社 1996 年 61 页 21cm（32 开）
ISBN：7-5015-1453-4 定价：CNY8.00
（世界文学名著精粹 连环画版 65）

J0088500
还乡 （英）哈代原著
北京 知识出版社 1996 年 61 页 21cm（32 开）
ISBN：7-5015-1453-4 定价：CNY8.00
（世界文学名著精粹 连环画版 60）

J0088501
海底两万里 （法）儒勒·凡尔纳原著
北京 知识出版社 1996 年 61 页 21cm（32 开）
ISBN：7-5015-1401-1 定价：CNY8.00
（世界文学名著精粹 连环画版 35）

J0088502
海蒂 （瑞士）约翰娜·史比里原著
北京 知识出版社 1996 年 61 页 21cm（32 开）
ISBN：7-5015-1453-4 定价：CNY8.00
（世界文学名著精粹 连环画版 47）

J0088503
海角一乐园 （瑞士）约翰·维斯原著
北京 知识出版社 1996 年 61 页 21cm（32 开）
ISBN：7-5015-1399-6 定价：CNY8.00
（世界文学名著精粹 连环画版 26）

J0088504
海狼 （美）杰克·伦敦原著
北京 知识出版社 1996 年 61 页 21cm（32 开）
ISBN：7-5015-1394-5 定价：CNY8.00
（世界文学名著精粹 连环画版 10）

J0088505
黑神驹 （英）安娜·斯威尔原著
北京 知识出版社 1996 年 61 页 21cm（32 开）
ISBN：7-5015-1418-6 定价：CNY8.00
（世界文学名著精粹 连环画版 12）

J0088506
红花侠 （匈）奥特西原著
北京 知识出版社 1996 年 61 页 21cm（32 开）
ISBN：7-5015-1453-4 定价：CNY8.00
（世界文学名著精粹 连环画版 46）

J0088507
红字 （美）霍桑原著
北京 知识出版社 1996 年 61 页 21cm（32 开）
ISBN：7-5015-1453-4 定价：CNY8.00
（世界文学名著精粹 连环画版 57）

J0088508
呼啸山庄 （英）爱米丽·勃朗特原著
北京 知识出版社 1996 年 61 页 21cm（32 开）
ISBN：7-5015-1453-4 定价：CNY8.00
（世界文学名著精粹 连环画版 54）

J0088509
化身博士 （英）斯蒂文森原著
北京 知识出版社 1996 年 61 页 21cm（32 开）
ISBN：7-5015-1409-7 定价：CNY8.00
（世界文学名著精粹 连环画版 19）

J0088510
荒野的呼唤 （美）杰克·伦敦原著
北京 知识出版社 1996 年 61 页 21cm（32 开）
ISBN：7-5015-1415-1 定价：CNY8.00
（世界文学名著精粹 连环画版 9）

J0088511
皇恩号反叛记 （英）威廉·布莱原著
北京 知识出版社 1996 年 61 页 21cm（32 开）
ISBN：7-5015-1391-0 定价：CNY8.00
（世界文学名著精粹 连环画版 32）

J0088512
吉姆老爷 （英）康拉德原著
北京 知识出版社 1996 年 61 页 21cm（32 开）

ISBN：7-5015-1397-X 定价：CNY8.00
（世界文学名著精粹 连环画版 29）

J0088513
简·爱 （英）夏绿蒂·勃朗特原著
北京 知识出版社 1996年 61页 21cm（32开）
ISBN：7-5015-1453-4 定价：CNY8.00
（世界文学名著精粹 连环画版 53）

J0088514
皆大欢喜 （英）莎士比亚原著
北京 知识出版社 1996年 61页 21cm（32开）
ISBN：7-5015-1453-4 定价：CNY8.00
（世界文学名著精粹 连环画版 71）

J0088515
杰克奥特曼大全 小龙译
北京 海豚出版社 1996年 73页 有彩图
26cm（16开）ISBN：7-80051-588-5
定价：CNY23.80
　　根据日本电视剧改编的连环画作品。

J0088516
金银岛 （英）斯蒂文森原著
北京 知识出版社 1996年 61页 21cm（32开）
ISBN：7-5015-1404-6 定价：CNY8.00
（世界文学名著精粹（连环画版）18）

J0088517
恺撒大帝 （英）莎士比亚原著
北京 知识出版社 1996年 61页 21cm（32开）
ISBN：7-5015-1453-4 定价：CNY8.00
（世界文学名著精粹 连环画版 61）

J0088518
科学怪人 （英）玛丽·雪莱原著
北京 知识出版社 1996年 61页 21cm（32开）
ISBN：7-5015-1453-4 定价：CNY8.00
（世界文学名著精粹 连环画版 52）

J0088519
李尔王 （英）莎士比亚原著
北京 知识出版社 1996年 61页 21cm（32开）
ISBN：7-5015-1453-4 定价：CNY8.00
（世界文学名著精粹 连环画版 62）

J0088520
鲁宾孙漂流记 （英）笛福原著
北京 知识出版社 1996年 61页 21cm（32开）
ISBN：7-5015-1395-3 定价：CNY8.00
（世界文学名著精粹 连环画版 25）

J0088521
罗密欧与朱丽叶 （英）莎士比亚原著
北京 知识出版社 1996年 61页 21cm（32开）
ISBN：7-5015-1453-4 定价：CNY8.00
（世界文学名著精粹 连环画版 67）

J0088522
麦克白 （英）莎士比亚原著
北京 知识出版社 1996年 61页 21cm（32开）
ISBN：7-5015-1453-4 定价：CNY8.00
（世界文学名著精粹 连环画版 63）

J0088523
欧·亨利精选集 （美）欧·亨利原著
北京 知识出版社 1996年 61页 21cm（32开）
ISBN：7-5015-1453-4 定价：CNY8.00
（世界文学名著精粹 连环画版 49）

J0088524
赛文奥特曼大全 小龙译
北京 海豚出版社 1996年 73页 有彩图
26cm（16开）ISBN：7-80051-414-5
定价：CNY23.80
　　根据日本电视剧改编的连环画作品。

J0088525
三个火枪手 （法）大仲马原著
北京 知识出版社 1996年 61页 21cm（32开）
ISBN：7-5015-1453-4 定价：CNY8.00
（世界文学名著精粹 连环画版 41）
　　作者大仲马（Alexandre Dumas, 1802—
1870），法国作家。生于巴黎郊区。全名亚历山
大·仲马，通称大仲马。著有《基度山恩仇记》等。

J0088526
神的食物 （英）威尔斯原著
北京 知识出版社 1996年 61页 21cm（32开）
ISBN：7-5015-1405-4 定价：CNY8.00
（世界文学名著精粹 连环画版 6）

J0088527

神秘岛 （法）儒勒·凡尔纳原著
北京　知识出版社　1996 年　61 页　21cm（32 开）
ISBN：7-5015-1402-X 定价：CNY8.00
（世界文学名著精粹　连环画版 36）

J0088528

圣诞欢歌 （英）狄更斯原著
北京　知识出版社　1996 年　61 页　21cm（32 开）
ISBN：7-5015-1420-8 定价：CNY8.00
（世界文学名著精粹　连环画版 16）

J0088529

时间机器 （英）威尔斯原著
北京　知识出版社　1996 年　61 页　21cm（32 开）
ISBN：7-5015-1410-0 定价：CNY8.00
（世界文学名著精粹　连环画版 4）

J0088530

世界文学名著精粹 （连环画版 1-36 册）
北京　知识出版社　1996 年　36 册　21cm（32 开）
ISBN：7-5015-1419-4 定价：CNY288.00（全套）

J0088531

世界文学名著精粹 （连环画版 37-72 册）
北京　知识出版社　1996 年　36 册　21cm（32 开）
ISBN：7-5015-1453-4 定价：CNY288.00

J0088532

双城记 （英）狄更斯原著
北京　知识出版社　1996 年　61 页　21cm（32 开）
ISBN：7-5015-1411-9 定价：CNY8.00
（世界文学名著精粹　连环画版 14）

J0088533

水手两年记 （美）德纳原著
北京　知识出版社　1996 年　61 页　21cm（32 开）
ISBN：7-5015-1424-0 定价：CNY8.00
（世界文学名著精粹　连环画版 31）

J0088534

泰罗奥特曼大全 小龙译
北京　海豚出版社　1996 年　65 页　有彩图
26cm（16 开）ISBN：7-80051-590-7
定价：CNY21.80

根据日本电视剧改编的连环画作品。

J0088535

汤姆·索耶历险记 （美）马克·吐温原著
北京　知识出版社　1996 年　61 页　21cm（32 开）
ISBN：7-5015-1392-9 定价：CNY8.00
（世界文学名著精粹　连环画版 21）

J0088536

堂吉诃德 （西）塞万提斯原著
北京　知识出版社　1996 年　61 页　21cm（32 开）
ISBN：7-5015-1453-4 定价：CNY8.00
（世界文学名著精粹　连环画版 39）

J0088537

铁面人 （法）大仲马原著
北京　知识出版社　1996 年　61 页　21cm（32 开）
ISBN：7-5015-1453-4 定价：CNY8.00
（世界文学名著精粹　连环画版 42）
　　作者 大仲马（Alexandre Dumas, 1802—1870），法国作家。生于巴黎郊区。全名亚历山大·仲马，通称大仲马。著有《基度山恩仇记》等。

J0088538

王子与贫儿 （美）马克·吐温原著
北京　知识出版社　1996 年　61 页　21cm（32 开）
ISBN：7-5015-1393-7 定价：CNY8.00
（世界文学名著精粹　连环画版 23）

J0088539

威尼斯商人 （英）莎士比亚原著
北京　知识出版社　1996 年　61 页　21cm（32 开）
ISBN：7-5015-1453-4 定价：CNY8.00
（世界文学名著精粹　连环画版 66）

J0088540

我的一生 （美）海伦·凯勒原著
北京　知识出版社　1996 年　61 页　21cm（32 开）
ISBN：7-5015-1453-4 定价：CNY8.00
（世界文学名著精粹　连环画版 56）

J0088541

星际战争 （英）威尔斯原著
北京　知识出版社　1996 年　61 页　21cm（32 开）
ISBN：7-5015-1406-2 定价：CNY8.00

（世界文学名著精粹 连环画版 5）

J0088542
驯悍记 （英）莎士比亚原著
北京 知识出版社 1996 年 61 页 21cm（32 开）
ISBN：7-5015-1453-4 定价：CNY8.00
（世界文学名著精粹 连环画版 69）

J0088543
伊利亚特 （古希腊）荷马原著
北京 知识出版社 1996 年 61 页 20cm（32 开）
ISBN：7-5015-1453-4 定价：CNY8.00
（世界文学名著精粹 连环画版 37）

J0088544
隐身人 （英）威尔斯原著
北京 知识出版社 1996 年 61 页 21cm（32 开）
ISBN：7-5015-1417-8 定价：CNY8.00
（世界文学名著精粹 连环画版 3）

J0088545
英勇红勋章 （美）斯蒂芬·克伦原著
北京 知识出版社 1996 年 61 页 21cm（32 开）
ISBN：7-5015-1453-4 定价：CNY8.00
（世界文学名著精粹 连环画版 45）

J0088546
勇敢的船长们 （英）吉普林原著
北京 知识出版社 1996 年 61 页 21cm（32 开）
ISBN：7-5015-1425-9 定价：CNY8.00
（世界文学名著精粹 连环画版 30）

J0088547
诱拐 （英）斯蒂文森原著
北京 知识出版社 1996 年 61 页 21cm（32 开）
ISBN：7-5015-1403-8 定价：CNY8.00
（世界文学名著精粹 连环画版 20）

J0088548
远大前程 （英）狄更斯原著
北京 知识出版社 1996 年 61 页 21cm（32 开）
ISBN：7-5015-1421-6 定价：CNY8.00
（世界文学名著精粹 连环画版 17）

J0088549
詹达堡的囚徒 （英）安东尼·霍普原著
北京 知识出版社 1996 年 61 页 21cm（32 开）
ISBN：7-5015-1408-9 定价：CNY8.00
（世界文学名著精粹 连环画版 8）

J0088550
仲夏夜之梦 （英）莎士比亚原著
北京 知识出版社 1996 年 61 页 21cm（32 开）
ISBN：7-5015-1453-4 定价：CNY8.00
（世界文学名著精粹 连环画版 68）

J0088551
最后的莫希干人 （美）詹姆斯·库珀原著
北京 知识出版社 1996 年 61 页 21cm（32 开）
ISBN：7-5015-1412-7 定价：CNY8.00
（世界文学名著精粹 连环画版 7）

J0088552
罪与罚 （俄）陀斯妥也夫斯基原著
北京 知识出版社 1996 年 61 页 21cm（32 开）
ISBN：7-5015-1453-4 定价：CNY8.00
（世界文学名著精粹 连环画版 48）

J0088553
宇宙英雄杰克·奥特曼
上海 百家出版社 1997 年 5 册 17×19cm
ISBN：7-80576-403-4 定价：CNY19.00
（日本科幻电视连续剧宇宙英雄连环画系列丛书）

J0088554
艾斯·奥特曼大全 （日）梅崎浩志绘；小龙译
北京 人民日报出版社 1998 年 26cm（16 开）
ISBN：7-80002-982-4 定价：CNY21.80
　　现代日本连环画作品。

J0088555
奥特曼大全 （日）梅崎浩志绘；小龙译
北京 人民日报出版社 1998 年 26cm（16 开）
ISBN：7-80002-981-6 定价：CNY23.80
　　现代日本连环画作品。

J0088556
奥特曼和大怪兽的秘密武器 （日）梅崎浩志
绘；小龙译

北京　人民日报出版社　1998 年　26cm（16 开）
ISBN：7-80002-983-2　定价：CNY21.80
　　现代日本连环画作品。

J0088557
不准打开绳结　（爱沙尼亚）扎都纳依斯卡原
著；王静秋，宋歌译
哈尔滨　黑龙江美术出版社　1998 年　40 页
21×18cm　ISBN：7-5318-0478-6　定价：CNY8.80
（世界童话精选）

J0088558
穿靴子的公猫　（俄）卡列，柳巴尔斯科依著；
王静，宋歌译
哈尔滨　黑龙江美术出版社　1998 年　39 页
21×18cm　ISBN：7-5318-0477-8　定价：CNY8.80
（世界童话精选）

J0088559
唠叨鬼的故事　（俄）阿法纳西耶娃原著；王静
秋，宋歌译
哈尔滨　黑龙江美术出版社　1998 年　37 页
21×18cm　ISBN：7-5318-0476-X　定价：CNY8.80
（世界童话精选）

J0088560
普太拉成长记　（彩图本　无齿翼龙的故事）
（日）平沢茂太郎编绘
上海　上海科学普及出版社　1998 年　47 页
29cm（16 开）ISBN：7-5427-1428-7
定价：CNY18.00
（恐龙世界）

J0088561
王后的怪病　（意）费尔森原著；张恩儒，宋歌译
哈尔滨　黑龙江美术出版社　1998 年　40 页
21×18cm　ISBN：7-5318-0479-4　定价：CNY8.80
（世界童话精选）
　　本作品系意大利现代连环画。

J0088562
办公室里的鸭子　让·吕克·古得雷著；菲利
普·古得雷画；田增勇等译
长春　北方妇女儿童出版社　1999 年　46 页
21cm（32 开）ISBN：7-5385-1702-2

定价：CNY5.00
（神奇动物世界）

J0088563
比邻星　（美）默里·莱恩斯特原著；吴定柏改编
上海　上海科技教育出版社　1999 年　98 页
19cm（小 32 开）ISBN：7-5428-1851-1
定价：CNY5.00
（绘图科幻精品丛书）
　　美国现代连环画画册。

J0088564
滑稽的狗　让·吕克·古得雷著；菲利普·古得雷
画；于晓野等译
长春　北方妇女儿童出版社　1999 年　44 页
21cm（32 开）ISBN：7-5385-1702-2
定价：CNY5.00
（神奇动物世界）

J0088565
滑稽的猫　让·吕克·古得雷著；菲利普·古得雷
画；田增勇译
长春　北方妇女儿童出版社　1999 年　44 页
21cm（32 开）ISBN：7-5385-1702-2
定价：CNY5.00
（神奇的动物世界）

J0088566
滑稽的企鹅　让·吕克·古得雷著；菲利普·古得
雷画；田增勇译
长春　北方妇女儿童出版社　1999 年　42 页
21cm（32 开）ISBN：7-5385-1702-2
定价：CNY5.00
（神奇动物世界）

J0088567
滑稽的野猪　让·吕克·古得雷著；菲利普·古得
雷画；于晓野等译
长春　北方妇女儿童出版社　1999 年　44 页
21cm（32 开）ISBN：7-5385-1702-2
定价：CNY5.00
（神奇动物世界）

J0088568
可爱的企鹅　让·吕克·古得雷著；菲利普·古得

雷画；于晓野等译
长春 北方妇女儿童出版社 1999 年 44 页
21cm（32 开）ISBN：7-5385-1702-2
定价：CNY5.00
（神奇动物世界）

J0088569
喜欢钓鱼的鸭子　让·吕克·古得雷著；菲利普·古得雷画；田增勇译
长春 北方妇女儿童出版社 1999 年 46 页
21cm（32 开）ISBN：7-5385-1702-2
定价：CNY5.00
（神奇动物世界）

各国组画、插图画、壁画作品

J0088570
比亚兹莱画选　［比亚兹莱绘］；朝花社选
上海 合记教育用品社 1929 年 26cm（16 开）
定价：大洋四角
（艺苑朝华 第一期 4）

J0088571
浮士德百三十图　Franz Staffen 绘；郭沫若编述
［上海］群益出版社 1947 年 268 页 19cm（32 开）
　　本书收歌德《浮士德》第 1、2 部的插图 130幅，每幅均有说明。书前有郭沫若的《〈浮士德〉简论》。编者郭沫若（1892—1978 年），文学家、历史学家。原名开贞，字鼎堂，号尚武，乳名文豹，笔名沫若、麦克昂、郭鼎堂，四川乐山人，毕业于日本九州帝国大学。历任中国科学院首任院长、中国科学技术大学首任校长、苏联科学院外籍院士。代表作《郭沫若全集》《甲骨文字研究》《中国史稿》等。

J0088572
苏联文学作品插图选集　陈朗，王伯敏编
北京 朝花美术出版社 1954 年 影印本 80+14 页
24cm（26 开）定价：CNY4.40，CNY2.30（精装）

J0088573
印度阿旃陀壁画一千五百年纪念展览　中印友好协会等主办

北京 中印友好协会 1955 年 1 册 26cm（16 开）
　　本书为阿旃陀壁画的画册。

J0088574
印度阿旃陀石窟绘画　中印友好协会编
北京 人民美术出版社 1955 年 1 册
38cm（6 开）统一书号：1075 定价：CNY7.00
　　阿旃陀石窟是印度古代壁画的重要代表，画面上出现的大量的现实生活场景，说明为宗教服务的绘画艺术，已出现世俗化倾向。画中所描绘的众多的妇女形象，体态丰满，姿态优雅，形象高贵典雅，反映了印度古典艺术的美学思想。

J0088575
印度阿旃陀石窟绘画　中印友好协会编
北京 人民美术出版社 1955 年 影印本 20 张
37cm（8 开）定价：CNY7.00

J0088576
印度阿旃陀石窟绘画　中印友好协会编
北京 人民美术出版社 1956 年 影印本 1 册

J0088577
库克雷尼塞插图选集　陈朗编
天津 天津美术出版社 1956 年 影印本 76 页
25cm（小 16 开）统一书号：8073.429
定价：CNY2.00

J0088578
"战争与和平"插图　（苏）施马里诺夫作
北京 朝花美术出版社 1957 年 影印本
25cm（15 开）统一书号：8028.1411
定价：CNY3.50

J0088579
苏联诗歌寓言插图选　陈朗编
上海 上海人民美术出版社 1957 年 影印本 78 页
21cm（32 开）统一书号：T8081.2277
定价：CNY1.80

J0088580
"堂·吉诃德"插图　（苏）库克雷尼克塞绘
北京 人民美术出版社 1958 年 影印本 31 页
25cm（15 开）统一书号：8027.1433
定价：CNY1.30

苏联现代插图(绘画)画册。

J0088581
比尔斯雷《插画全集》 （英）比尔斯雷(Beard-
sley, A.)绘；陈晓囵等编译
台北 设计家文化出版事业公司 1980 年 293 页
有图 30cm(15 开) 精装 定价: TWD600.00
　　英国画家比尔斯雷的插画画册。

J0088582
插画
台北 三豪书局有限公司 [1980— 1989 年]
152 页 21cm(32 开) 精装 定价: TWD200.00

J0088583
外国插画选
杭州 浙江人民美术出版社 1980 年 233 页
19cm(小 32 开) 定价: CNY2.30

J0088584
外国插图精选 （第一辑）李巍, 毛德玲编
贵阳 贵州美术出版社 [1980— 1989 年]
1 册 19cm(32 开) 统一书号: 8396.0080
定价: CNY4.50

J0088585
外国插图精选 （第二辑）李巍, 毛德玲编
贵阳 贵州美术出版社 [1980— 1989 年]
1 册 19cm(32 开) 统一书号: 8396.0081
定价: CNY4.50

J0088586
外国插图选 （1）浙江人民美术出版社编辑
杭州 浙江人民美术出版社 1980 年 1 册
19cm(32 开) 统一书号: 8156.1 (1)
定价: CNY2.30
　　本书收集了 19 世纪下半叶以来, 美国、苏
联、英国、德国、法国、比利时、日本、丹麦、意
大利和波兰等国的近代插图近 500 幅。

J0088587
文学作品插图辑 （上）
沈阳 辽宁美术出版社 1980 年 1 册
19cm(32 开) 统一书号: 8117.1871 (上)
定价: CNY1.50

本书选编中外古典优秀文学作品插图 131
幅。有《红楼梦》《金瓶梅词话》《水浒全传》《希
腊神话和传说》《包法利夫人》《伊索寓言》等,
包括英、法、美、德、苏、印度、奥地利、瑞士、
意大利、丹麦等国。

J0088588
现代插画精选
台北 雷鼓出版社 [1980— 1989 年] 158 页
31cm(15 开) 精装
（美工丛书）

J0088589
比亚兹莱装饰画 （英）比亚兹莱绘；张望编
沈阳 辽宁美术出版社 1981 年 102 页
22cm(32 开) 统一书号: 8117.2172
定价: CNY1.50

J0088590
文学作品插图辑 （下）
沈阳 辽宁美术出版社 1981 年 112 页
19cm(小 32 开) ISBN: 8117.1988
定价: CNY1.30 (下)
　　本书选编中外古典优秀文学作品插图 112
幅。有《子夜》《上海的早晨》《黄继光》《李自
成》《高玉宝》《林海雪原》《真正的人》《静静的
顿河》等现代优秀文学插图 112 幅。

J0088591
《英汉美术词典》插图 （1985 年年历）
上海 上海外语教育出版社 [1984 年]
54cm(4 开) 定价: CNY0.18

J0088592
外国插图选 （2）浙江人民美术出版社编辑
杭州 浙江人民美术出版社 1984 年 230 页
19cm(32 开) 统一书号: 8156.445
定价: CNY2.70 (2)
　　本书收集了 19 世纪下半叶以来, 美、英、
俄、法、德、比、丹、意、波、日等国的近现代插
图近 500 幅。

J0088593
美国现代插图选 德智编
桂林 漓江出版社 1986 年 167 页 18cm(15 开)

统一书号：8256.229 定价：CNY10.50

J0088594
诺尔曼·罗克威尔插图作品 48 幅　（美）罗克
威尔绘；吉林美术出版社编
长春 吉林美术出版社 1986 年 26cm（16 开）
统一书号：8390.9 定价：CNY5.00

J0088595
世界插画设计　（1）美工图书社编辑
台北 邯郸出版社 1986 年 20cm（32 开）
定价：CNY35.70

J0088596
世界文学名著插图选　梁玉令等编
桂林 漓江出版社 1986 年 122 页 19cm（32 开）
统一书号：8256.240 定价：CNY3.55

J0088597
苏联《星火》杂志插图作品选　（1）吉林美术
出版社编
长春 吉林美术出版社 1986 年 62 页
26cm（16 开）定价：CNY1.35

J0088598
苏联《星火》杂志插图作品选　（2）吉林美术
出版社编
长春 吉林美术出版社 1986 年 46 页
26cm（16 开）定价：CNY1.05

J0088599
苏联星火画报插图选
合肥 安徽美术出版社 1986 年 25cm（16 开）
统一书号：8381.271 定价：CNY2.10

J0088600
星火插图　天津杨柳青画社编辑
天津 天津杨柳青画社 1986 年 232 页
26cm（16 开）统一书号：7174.038
定价：CNY3.90
　　本书选编苏联《星火》杂志近 20 年插图艺
术的精粹作品 232 幅。它继承俄罗斯 19 世纪插
图艺术的优秀传统，容纳当代各种流派，生活气
息浓郁，表现风格多样。

J0088601
当代插画精选
［香港］龙和出版公司 1987 年 190 页
31cm（12 开）精装
（灵感系列 A）
　　外文书名：Modern Design Collection.

J0088602
当代插画年鉴
［香港］龙和出版公司 1987 年 191 页 31cm（12 开）
精装
（灵感系列 B）
　　外文题名：Modern Design Collection.

J0088603
当代插画专集
［香港］龙和出版公司 1987 年 192 页
31cm（12 开）精装
（灵感系列 D）
　　外文书名：Modern Desige Record.

J0088604
国外儿童美术精选　（儿童读物插图资料专辑）
陈剑英编绘
上海 上海翻译出版公司 1987 年 300 页
19cm（32 开）ISBN：7-80514-068-5
定价：CNY3.35

J0088605
日本插图小丛书　（动物篇）（日）山下秀树编；
京华译
北京 世界图书出版公司 1987 年 155 页
19cm（32 开）ISBN：7-5062-0020-1
定价：CNY1.80

J0088606
日本插图小丛书　（人物·生活篇）（日）山下秀
树编；京华译
北京 世界图书出版公司 1987 年 155 页
19cm（32 开）ISBN：7-5062-0022-8
定价：CNY1.80

J0088607
日本插图小丛书　（日本的十二月篇）（日）山
下秀树编；京华译

北京 世界图书出版公司 1987 年 155 页
19cm（32 开）统一书号：8292.017
ISBN：7-5062-0023-6 定价：CNY1.80

J0088608
日本插图小丛书 （水墨画季节篇）（日）山下
秀树编；京华译
北京 世界图书出版公司 1987 年 155 页
19cm（32 开）ISBN：7-5062-0021-X
定价：CNY1.80

J0088609
日本插图小丛书 （植物篇）（日）山下秀树编；
京华译
北京 世界图书出版公司 1987 年 155 页
19cm（32 开）ISBN：7-5062-0024-4
定价：CNY1.80

J0088610
世界名家插画专集 新形象出版公司编辑部
编著
永和［台北］［新形象出版公司］1987 年
35cm（6 开）精装 定价：TWD600.00

J0088611
世界人体插图选 胡德智编
桂林 漓江出版社 1987 年 270 页 26cm（16 开）
统一书号：8256.307 ISBN：7-5407-0020-3
定价：CNY26.00
（人体美术丛书）
　　收入欧佛罗尼师、德拉克洛瓦、马蒂斯、毕
加索等艺术大师在内的人体插图作品 270 幅。

J0088612
苏联文学插图 高莽编
杭州 浙江人民美术出版社 1987 年 224 页
19cm（32 开）统一书号：8156.730
定价：CNY4.00（平装），CNY6.40（精装）
　　共选苏联文学插图 224 幅，并附作者对苏俄
文学插图史和代表画家的介绍。

J0088613
苏联星火杂志插图选 富章等编
桂林 漓江出版社 1987 年 137 页 19cm（32 开）
统一书号：8256.310 ISBN：7-5407-0029-7

定价：CNY2.60

J0088614
外国儿童书籍封面插图选 李恒辰，李晓军
选编
南京 江苏美术出版社 1987 年 47 页
19×17cm（24 开）定价：CNY4.50

J0088615
外国现代插图 刘春明，王龙生选编
成都 四川美术出版社 1987 年 1 册
17×18cm（24 开）统一书号：8373.691
定价：CNY6.50

J0088616
现代插画专集
台北 雷鼓出版社 1987 年 159 页 31cm（15 开）
精装
（美术丛书）

J0088617
现代德国插图 余秉楠编
杭州 浙江人民美术出版社 1987 年 215 页
19cm（32 开）定价：CNY3.84，CNY6.24（精装）
　　共收有百余位画家的 200 余幅作品。主要反
映了第二次世界大战以来，现代德国插图艺术的
面貌。编者余秉楠（1933—　　），平面设计师。上
海人，毕业于民主德国莱比锡版画与书籍艺术高
等学校。历任中央工艺美术学院书籍艺术系主任、
教授，国际商标标识双年奖国际评委。装帧设计
有《我们与艺术》《小丑汉斯》等，著有《装潢设计》。

J0088618
中外插图艺术 陈若晖编著
福州 福建美术出版社 1987 年 171 页 有图
20cm（32 开）ISBN：7-5393-0004-3
定价：CNY3.50

J0088619
比亚兹莱插图艺术 金立德编
桂林 漓江出版社 1988 年 202 页 19cm（32 开）
ISBN：7-5407-0274-5 定价：CNY5.40
　　本书收入英国著名插图装饰画家比亚兹莱
的作品 202 幅。作者奥伯利·比亚兹莱（Aubrey
Beardsley，1872—1898），英国插画艺术家。出生

于英国布莱顿。作品有《亚瑟王之死》插图 300
余幅，王尔德戏剧《莎乐美》插图等。编者金立
德（1931— ），画家。浙江镇海人。历任上海教
育学院教授、上海国际交流画会副会长、中国水
彩画家协会副会长、中国美术家协会会员。作品
有《钢堡》《黄土地》等。

J0088620
外国插图 （杜宾斯基插图选）（苏）杜宾斯基绘
天津 天津杨柳青画社 1988 年 65 页
18×17cm（30 开） ISBN：7-80503-020-0
定价：CNY5.83

J0088621
插画 林声光编
广州 岭南美术出版社 1989 年 65 页 20cm（32 开）
ISBN：7-5362-0312-8 定价：CNY9.15
（现代艺术画丛）

J0088622
六大洲插图选 倪洪泉，陆杰夫编；曹琳译
南宁 广西人民出版社 1989 年 26cm（16 开）
ISBN：7-219-00993-3 定价：CNY33.00
　　作者倪洪泉（1955— ），画家。北京人。硕
士毕业于中央工艺美术学院，并任教于中央工艺
美术学院，任北京青年画会副秘书长等职。作品
有《千古传丝万代情》《心花》《七彩世界》等。

J0088623
美国插图画家 （美）苏珊·迈耶著；蒋淑均译编
北京 人民美术出版社 1989 年 有图版
18×17cm ISBN：7-102-00411-7 定价：CNY7.80
　　本书介绍了 19 世纪至现代美国的 10 位插
图画家的作品，共收入 115 幅图。书前有美国
艺术评论家苏珊·迈耶所撰专文，对每位画家
的生平简历和艺术特色作了评介。外文书名：
American Great Illustrators.

J0088624
世界插图艺术精品集 曲渊主编
北京 科学普及出版社 1989 年 315 页
20cm（32 开） ISBN：7-110-00650-6
定价：CNY11.00
　　本书收入自 19 世纪以来世界数百位画家的
黑白插图作品 700 余帧，包括版画、硬笔画、软

笔画、影画等绘画形式，其中有维多利亚时代的
复制木刻插图、法国著名插图画家居斯特夫·多
雷的复制木版画等。

J0088625
苏联现代黑白插图 施弦庚编
石家庄 河北美术出版社 1989 年 243 页
24cm（16 开） ISBN：7-5310-0186-1
定价：CNY8.90
　　本书主要收入 50 至 80 年代的《星火》《青
年一代》和《苏联妇女》等杂志的插图数百幅。

J0088626
外国黑白画小品集 李燕生编
北京 现代出版社 1989 年 121 页 13×19cm（32 开）
ISBN：7-80028-079-9 定价：CNY2.95

J0088627
外国现代插图艺术 童介眉，高燕编
北京 朝花美术出版社 1989 年 197 页 有图
17×18cm（24 开） ISBN：7-5056-0092-3
定价：CNY9.00
　　本书介绍外国现代的插图艺术，收入 197
幅插图。大多为美国画家所作，少数出自日
本、德国、法国、苏联等画家之手，所选插图绝
大多数是写实的作品。外文书名：The Modern
Illustration Art of World.

J0088628
普希金文学插图 冯春编
杭州 浙江人民美术出版社 1990 年 151 页
19×17cm ISBN：7-5340-0233-8 定价：CNY5.40
　　本书收集了俄国和苏联时期普希金作品插
图的代表作品 160 余幅。

J0088629
世界儿童文学插图 朱铭善，华石编
杭州 浙江人民美术出版社 1990 年 189 页
19cm（32 开） ISBN：7-5340-0191-9
定价：CNY5.80
　　本书选编 20 世纪 20 年代到 80 年代世界各
国儿童文学作品中的优秀插图 210 幅，其中中华
人民共和国成立前、美国、英国和捷克斯洛伐克
的作品占大多数，另外还有选自北欧、南美、非
洲和东南亚地区画家的少量作品。

J0088630

苏联文学插图 高莽编

杭州 浙江人民美术出版社 1990 年 重印 224 页
18×17cm ISBN：7-5340-0235-4 定价：CNY5.00

本书共选有苏联文学插图 224 幅，并附作者
对苏俄文学插图史和代表画家的介绍。

J0088631

苏联星火杂志最新插图集 （1985—1989）李
燕生编

西安 陕西人民美术出版社 1990 年 89 页
26cm（16 开）ISBN：7-5368-0243-9
定价：CNY5.45

本书选收原苏联大型综合性周刊《星火》杂
志的文学作品插图 126 幅。

J0088632

外国插图选 高燕编

武汉 湖北美术出版社 1990 年 102 页
17×19cm（24 开）ISBN：7-5394-0061-7
定价：CNY4.00

J0088633

现代德国插图 余秉楠编

杭州 浙江人民美术出版社 1990 年 重印本
215 页 18×17cm（24 开）ISBN：7-5340-0236-2
定价：CNY4.80

本书共收有百余位画家的 200 余幅作品。
主要反映了第二次世界大战以来，现代德国插图
艺术的面貌。编者余秉楠(1933—)，平面设
计师。上海人，毕业于民主德国莱比锡版画与书
籍艺术高等学校。历任中央工艺美术学院书籍
艺术系主任、教授，国际商标标识双年奖国际评
委。装帧设计有《我们与艺术》《小丑汉斯》等，
著有《装潢设计》。

J0088634

读者文摘题图集萃 高海军编

兰州 甘肃人民出版社 1991 年 271 页 17×19cm
ISBN：7-226-00799-1 定价：CNY5.70
（读者文摘丛书）

本书选收《读者文摘》10 年间所发表过的优
秀题图。

J0088635

今日国际时装插图艺术

南京 江苏美术出版社 1991 年 62 页 19×17cm
ISBN：7-5344-0180-1 定价：CNY8.20

J0088636

美国插图艺术 中羽编

哈尔滨 黑龙江美术出版社 1991 年 120 页
26cm（16 开）ISBN：7-5318-0116-7
定价：CNY29.80

本书收入 500 幅图，展示插图的功能和技
巧相溶合的实例，对美国注重严格的构成形式和
强烈的超现实意蕴的插图艺术作品作了详细的
介绍。

J0088637

美国当代插图 朝华出版社编

北京 朝华出版社 1991 年 78 页 26cm（16 开）
ISBN：7-5054-0121-1 定价：CNY15.00

本画册辑录插图 76 幅，其风格几乎包括了
美洲插图艺术的全部流派。外文书名：American
Illustration.

J0088638

世界杰出插画家 郑明进著

台北 雄狮图书公司 1991 年 169 页 有图
26cm（16 开）ISBN：957-9420-79-3
定价：TWD450.00
（雄狮丛书 8-11）

J0088639

世界名家儿童插画专集 新形象出版公司编
辑部编著

永和［台北］新形象出版公司编辑部 1991 年
35cm（15 开）精装 定价：TWD650.00

J0088640

外国插图选粹 李昇权，李春编

沈阳 辽宁美术出版社 1991 年 17×18cm
ISBN：7-5314-0896-1 定价：CNY8.00

J0088641

当代世界插图精选 赵维屏编

沈阳 辽宁美术出版社 1992 年 112 页
26cm（16 开）ISBN：7-5314-0974-7

定价：CNY24.00

J0088642
捷克和斯洛伐克儿童书籍插图选　白崇礼，
刘星灿编译
长沙　湖南少年儿童出版社　1992 年　100 页
33cm　精装　ISBN：7-5358-0732-1
定价：CNY60.00
　　本书从近百册捷克和斯洛伐克儿童书籍中
精选 258 幅著名画家的插图代表作，如著名小
说《好兵帅克》的插图作者约·拉达所绘的插图；
柳·弗拉、伊·特仑卡、阿·扎布朗斯基、温·赫罗
什尼克、卡·斯沃林斯基等著名画家的作品等。

J0088643
罗克威尔画风　（美）罗克威尔绘；康建邦等[编]
重庆　重庆出版社　1992 年　229 页　19×21cm
精装　ISBN：7-5366-2685-1　定价：CNY45.00

J0088644
外国书刊插画装饰精粹　川岛编
西安　陕西旅游出版社　1993 年　307 页　23×25cm
ISBN：7-5418-0726-5　定价：CNY31.50
　　外 文 书 名：The Outstanding Examples of
Illustration and Decoration in Foreign Books and
Periodicals.

J0088645
波隆那插画年鉴　（1）曾美慧译
台南　大千文化出版事业公司　1994 年　208 页
有彩图　28cm（大 16 开）ISBN：957-558-699-9
定价：TWD780.00
　　外 文 书 名：Bologna Annual：Illustrators of
Children's Books.

J0088646
波隆那插画年鉴　（2）邱孟娴译
台南　大千文化出版事业公司　1994 年　208 页
有彩图　28cm（大 16 开）ISBN：957-558-700-6
定价：TWD780.00
　　外 文 书 名：Bologna Annual：Illustrators of
Children's Books.

J0088647
波隆那插画年鉴　（3）陈慧静译

台南　大千文化出版事业公司　1994 年　208 页
有彩图　28cm（大 16 开）ISBN：957-558-701-4
定价：TWD780.00
　　外 文 书 名：Bologna Annual：Illustrators of
Children's Books.

J0088648
波隆那插画年鉴　（4）林季怡译
台南　大千文化出版事业公司　1994 年　208 页
有彩图　28cm（大 16 开）ISBN：957-558-702-2
定价：TWD780.00
　　外 文 书 名：Bologna Annual：Illustrators of
Children's Books.

J0088649
波隆那插画年鉴　（5）郑美玉主编；编辑室译
台南　大千文化出版事业公司　1995 年　149 页
有彩图　28cm（大 16 开）ISBN：957-558-719-7
定价：TWD1000.00
　　外 文 书 名：Bologna Annual：Illustrators of
Children's Books.

J0088650
波隆那儿童插画年鉴　（3）郑美玉主编；陈慧
静译
台北　美工科技公司　1994 年　174 页　有彩图
28cm（大 16 开）ISBN：957-558-701-4
定价：TWD780.00
　　外 文 书 名：Bologna Annual：Illustrators of
Children's Books.

J0088651
日本当代插图集　敬人编
合肥　安徽美术出版社　1994 年　250 页　25×26cm
ISBN：7-5398-0287-1　定价：CNY28.00

J0088652
日本当代插图集　敬人编
合肥　安徽美术出版社　1994 年　250 页　25×26cm
精装　ISBN：7-5398-0287-1　定价：CNY35.00

J0088653
神曲插图集　邢啸声编著
上海　上海人民美术出版社　1994 年　565 页
19cm（小 32 开）精装　ISBN：7-5322-0534-7

定价：CNY60.00

外 文 书 名：Illustrations of Dante's Divine Comedy.

J0088654

世界儿童书籍插图选粹　周艳翔编
南京　江苏美术出版社　1994 年　118 页　21×19cm
ISBN：7-5344-0371-5　定价：CNY32.50

J0088655

葡萄牙瓷砖壁画艺术　［葡］若泽·梅科著；姚越秀编译
北京　北京大学出版社　1995 年　125 页　有照片
21cm（32 开）精装　ISBN：7-301-02799-0
定价：CNY35.60

J0088656

欧洲环境艺术　（壁画·雕塑）任梦璋编
沈阳　辽宁美术出版社　1996 年　288 页
26cm（16 开）精装　ISBN：7-5314-1379-5
定价：CNY180.00

外 文 书 名：European Environmental Art Mural Sculpture. 作者任梦璋（1934—　　），画家，教授。河北束鹿人，毕业于中央美术学院。曾任鲁迅美术学院教授、中国美术家协会会员、辽宁美术家协会顾问。代表作品《平型关大捷》《攻克锦州》《秋色》等。

J0088657

现代文学插图艺术精品　（中国卷）钟建东编
福州　海峡文艺出版社　1996 年　229 页　19×20cm
ISBN：7-80534-910-X　定价：CNY23.00

作者钟建东（1957—　　），广东人。福建青年杂志社美术编辑、记者，《福建法制报》特约记者。

J0088658

中外插图艺术大观　刘辉煌编著
北京　中国文联出版公司　1996 年　335 页
26cm（16 开）ISBN：7-5059-2115-0
定价：CNY58.00

J0088659

现代黑白插图　华策编选
杭州　浙江人民美术出版社　1997 年　152 页

26cm（16 开）ISBN：7-5340-0732-1
定价：CNY16.00

J0088660

波隆那插画年鉴 '98　格林文化事业股份有限公司编辑
台北　格林文化事业公司　1998 年　213 页　有彩图
28cm（大 16 开）ISBN：957-745-159-4
定价：TWD1200.00

外文书名：Bologna Illustrators of Children's Books.

J0088661

波隆那插画年鉴 '99　格林文化事业股份有限公司编辑；葛雅茜译
台北　格林文化事业公司　1999 年　259 页　有彩图
28cm（大 16 开）ISBN：957-745-226-4
定价：TWD1200.00

外文书名：Bologna Illustrators of Children's Books.

J0088662

可爱插图集　（1）知更鸟设计家族编；杜惠玲译
成都　四川辞书出版社　1998 年　212 页
20cm（32 开）ISBN：7-80543-704-1
定价：CNY28.00

本书与汉湘文化事业股份有限公司合作出版。

J0088663

可爱插图集　（2）知更鸟设计家族编；杜惠玲译
成都　四川辞书出版社　1998 年　220 页
20cm（32 开）ISBN：7-80543-705-X
定价：CNY28.00

本书与汉湘文化事业股份有限公司合作出版。

J0088664

商业插画　张雪编著
重庆　西南师范大学出版社　1998 年　153 页
26cm（16 开）ISBN：7-5621-1753-5
定价：CNY65.00
（二十一世纪设计家丛书）

J0088665
世界儿童书籍插图选　　励世良等编
合肥　安徽美术出版社　1998 年　116 页　19×22cm
ISBN：7-5398-0590-0　定价：CNY28.00
（世界实用美术精品屋　第二套）

J0088666
现代商业插画创意图典　　王安江主编
郑州　河南美术出版社　1998 年　435 页
24cm（26 开）ISBN：7-5401-0660-3
定价：CNY38.50
（现代设计家丛书）

J0088667
房龙图话　　（美）房龙绘；聂作平文
成都　四川文艺出版社　1999 年　11+392 页　有插图
20cm（32 开）ISBN：7-5411-1815-X
定价：CNY19.00
　　房　龙（Hendrik Willem Van Loon 1882—1944），历史学家、作家。全名亨德里克·威廉·房龙，出生于荷兰鹿特丹。毕业于康奈尔大学和慕尼黑大学。代表作品有《人类的故事》《圣经的故事》《宽容》等。

J0088668
火星公主　　（美）伯勒斯原著；周翠堤改编
上海　上海科技教育出版社　1999 年　99 页
19cm（小 32 开）ISBN：7-5428-1836-8
定价：CNY5.00
（绘图科幻精品丛书）

J0088669
欧洲情爱插图　　（16—20 世纪初）（德）福克斯·爱德华编著；沙淇编译
桂林　漓江出版社　1999 年　17×21cm
ISBN：7-5407-2387-4
定价：CNY28.00，CNY33.00（精装）

各国动画（卡通）作品

J0088670
爱到深处彩绘画集　　（日）永田萌绘
台北　天上文化出版事业公司［1980—1989 年］
29cm（16 开）定价：TWD250.00
　　本书系日本动画作品《爱到深处彩绘画集》。

J0088671
动画资料集　　上海人民美术出版社编辑
上海　上海人民美术出版社　1980 年　142 页
19cm（32 开）统一书号：8081.12124
定价：CNY0.57
　　本书选编了国内外动画近千幅。

J0088672
红莲漫画珍藏集　　（日）河总益己绘
台北　天上文化出版事业公司［1980—1989 年］
29cm（15 开）定价：TWD250.00

J0088673
两小无猜漫画珍藏集　　（日）美树本晴彦绘
台北　天上文化出版事业公司［1980—1989 年］
29cm（16 开）定价：TWD250.00

J0088674
王者之剑漫画珍藏集　　（日）竹河圣绘
台北　天上文化出版事业公司［1980—1989 年］
1 册　26cm（16 开）定价：TWD250.00

J0090550
国外卡通艺术资料　　（1）高红润编绘
北京　北京市玩具研究所　1981 年　106 页
19cm（小 32 开）

J0088675
米老鼠　　（美）狄斯尼原著；夏静慧等复制
天津　天津人民美术出版社　1985 年　96 页
13cm（60 开）定价：CNY0.24
　　美国现代卡通画。

J0088676
超级妙妙猫西克利　　（3）盖特雷（Gately, G.）著
台北　皇冠出版社　1986 年　2 版　132 页　15×21cm
定价：TWD35.00
（皇冠漫画丛书）

J0088677
外国卡通图案 1500 幅　　沈胜勇编绘
重庆　重庆出版社　1986 年　149 页　20cm（32 开）

统一书号: 8114.438 定价: CNY2.00

J0088678
1988：米老鼠与唐老鸭 （摄影挂历）
南昌 江西人民出版社 [1987年]（4开）
定价: CNY5.40

J0088679
东方人物卡通造型 胡永光，蔡康非编绘
香港 万里书店 1987年 186页 有图 26cm（16开）
ISBN: 962-14-0301-4 定价: HKD38.00
（卡通角色造型系列）

J0088680
卡通动物形象精华 时代动画公司供稿
广州 岭南美术出版社 1987年 94页
17cm（40开）ISBN: 7-5362-0010-2
定价: CNY0.98
　　本书为世界现代动画图案。选编小朋友们
喜爱的卡通动物形象，诸如唐老鸭、米老鼠等，
许多都是在动画片中出现过的。

J0088681
卡通世界
昆明 云南人民出版社 1987年 15张
15cm（40开）定价: CNY2.40
　　世界现代动画作品。

J0088682
米老鼠与唐老鸭 （一 美国迪斯尼动画集锦）
昆明 云南人民出版社 1987年 7张
15cm（40开）定价: CNY1.25
　　美国现代动画作品。

J0088683
米老鼠与唐老鸭 （二 美国迪斯尼动画集锦）
昆明 云南人民出版社 1987年 7张
15cm（40开）定价: CNY1.25

J0088684
变形金刚 （第一集 "博派""狂派"太空激战）
《周末》画报编辑部编绘
广州 岭南美术出版社 1988年 24页
27cm（16开）ISBN: 7-5362-0343-8
定价: CNY0.78

（美国系列卡通连环画）
　　美国现代动画作品。

J0088685
变形金刚 （第二集 恐龙机器人大显神威）《周
末》画报编辑部编绘
广州 岭南美术出版社 1988年 25页
27cm（16开）ISBN: 7-5362-0344-6
定价: CNY0.80
（美国系列卡通连环画）
　　美国现代动画作品。

J0088686
变形金刚 （第三集 柯柏文巧破催眠术）《周
末》画报编辑部编绘
广州 岭南美术出版社 1988年 25页
27cm（16开）ISBN: 7-5362-0345-4
定价: CNY0.80
（美国系列卡通连环画）

J0088687
变形金刚 （1）小辛编；明明等画
上海 上海教育出版社 1988年 19cm（32开）
定价: CNY0.60
（电视动画故事画丛）

J0088688
变形金刚 （2）小辛编；明明等画
上海 上海教育出版社 1988年 21页
19cm（32开）定价: CNY0.60
（电视动画故事画丛）

J0088689
变形金刚 （3）小辛编；明明等画
上海 上海教育出版社 1988年 21页
19cm（32开）定价: CNY0.60
（电视动画故事画丛）

J0088690
变形金刚 （彩色画册 1）大春等改编；罗兴等
绘画
上海 少年儿童出版社 1988年 298页
27cm（16开）定价: CNY1.30

J0088691

变形金刚 （彩色画册 2）大春等改编；罗兴等
绘画
上海 少年儿童出版社 1988 年 350 页
27cm（16 开）定价: CNY1.30

J0088692

变形金刚 （超级燃料争夺战）马良改编；邵珊
等复制
广州 新世纪出版社 1988 年 158 页 13cm（60 开）
定价: CNY0.60

J0088693

变形金刚 （秘密武器）张华，荣家改编；杨东
升复制
广州 新世纪出版社 1988 年 94 页 13cm（60 开）
定价: CNY0.50

J0088694

变形金刚 （营救同伴）马良改编；杨东升复制
广州 新世纪出版社 1988 年 126 页 13cm（60 开）
定价: CNY0.55

J0088695

变形金刚 （真假柯柏文）潘国强改编；彭辉，
张锡南复制
广州 新世纪出版社 1988 年 158 页 13cm（60 开）
定价: CNY0.72

J0088696

多功能洗澡机 易风文；乔吉幽图
福州 福建少年儿童出版社 1988 年 19cm（32 开）
定价: CNY0.65
（米老鼠和唐老鸭系列彩色画册 5）
　　美国现代动画作品。

J0088697

发抖的蓝精灵 （比）皮约原作；王小奇改编；
梁烽绘画
广州 新世纪出版社 1988 年 15cm（40 开）
定价: CNY0.30
　　作者皮约，比利时漫画家。化名贝约，原
名皮埃尔·库利福德。连环画作品有《蓝惰惰天
堂历险》《蓝精灵故事集》《蓝精灵和嘉嘉女巫》
《蓝妹妹的红舞鞋》等。

J0088698

格格巫的发财梦 （比）皮约原作；吴纬改编；
张伟健，黄始超绘
广州 新世纪出版社 1988 年 110 页 13cm（60 开）
定价: CNY0.33
（蓝精灵故事集）

J0088699

格格巫的魔盒 （比）皮约原著；吴文胜改编；
杨东升绘
广州 新世纪出版社 1988 年 15cm（40 开）
定价: CNY0.35
（蓝精灵故事集）

J0088700

将错就错 易风文；袁哲图
福州 福建少年儿童出版社 1988 年 19cm（32 开）
定价: CNY0.65
（米老鼠和唐老鸭系列彩色画册 2）
　　美国现代动画连环画作品。

J0088701

惊险旅途 易风文；袁哲图
福州 福建少年儿童出版社 1988 年 19cm（32 开）
定价: CNY0.65
（米老鼠和唐老鸭系列彩色画册 3）
　　美国现代动画作品。

J0088702

竞选首领 易风文；乔吉幽图
福州 福建少年儿童出版社 1988 年 25 页
19cm（32 开）定价: CNY0.65
（米老鼠和唐老鸭系列彩色画册 6）
　　美国现代动画作品。

J0088703

蓝精灵和怪鸟 （比）皮约原作；苏家芳等改编
复制
广州 新世纪出版社 1986 年 158 页 13cm（60 开）
定价: CNY0.40
（蓝精灵故事集）
　　作者皮约，比利时漫画家。化名贝约，原名
皮埃尔·库利福德。连环画作品有《蓝惰惰天堂
历险》《蓝精灵故事集 》《蓝精灵和嘉嘉女巫》
《蓝妹妹的红舞鞋》等。

J0088704

蓝精灵抗灾　（蓝精灵故事集）（比）皮约原作；
思文改编；郭慈复制

广州　新世纪出版社　1987年　94页　13cm（60开）

定价：CNY0.30

J0088705

蓝精灵历险记　（蓝精灵故事集）（比）皮约原
作；李莉译编；苏家芳等复制

广州　新世纪出版社　1987年　136页　13cm（60开）

定价：CNY0.40

J0088706

蓝精灵之战　（蓝精灵故事集）（比）皮约原作；
李莉译编；苏家芳等复制

广州　新世纪出版社　1987年　156页　13cm（60开）

定价：CNY0.44

J0088707

蓝爸爸的错误　（比）皮约原著；王小奇改编；
卢卫绘

广州　新世纪出版社　1988年　15cm（40开）

定价：CNY0.35

J0090584

蓝爸爸的新武器　（比）皮约原著；晓帆改编；
黄菊芬绘

广州　新世纪出版社　1988年［14页］15cm（40开）

定价：CNY0.30

J0088708

蓝笨笨和篮灵灵　（比）皮约原著；晓帆改编；
陈湘年绘

广州　新世纪出版社　1988年　15cm（40开）

定价：CNY0.35

J0088709

蓝惰惰斗死神　（比）皮约原著；吴纬改编；黄
菊芬绘

广州　新世纪出版社　1988年　17页　15cm（40开）

定价：CNY0.35

J0088710

蓝精猴与蓝聪聪　（比）皮约原作；何厚础，宁
泉骋编；梁启金等绘

广州　新世纪出版社　1988年　15cm（40开）

定价：CNY0.48

J0088711

蓝精灵报仇　（比）皮约原著；晓帆改编；沈辨绘

广州　新世纪出版社　1988年　15cm（40开）

定价：CNY0.35

J0088712

蓝精灵采菌记　（比）皮约原作；晓帆改编；吉
子榕绘

广州　新世纪出版社　1988年　15cm（40开）

定价：CNY0.30

J0088713

蓝精灵大战绒蚁　（比）皮约原作；吴文改编；
蒙海旦复制

广州　新世纪出版社　1988年　94页　13cm（60开）

定价：CNY0.33

（蓝精灵故事集）

J0088714

蓝精灵的妙药　（比）皮约原著；王小奇改编；
冯卫民绘

广州　新世纪出版社　1988年［14页］15cm（40开）

定价：CNY0.30

J0088715

蓝精灵的新发明　（比）皮约原著；王小奇改编；
凌云志绘

广州　新世纪出版社　1988年　15cm（40开）

定价：CNY0.35

J0088716

蓝精灵斗巫士　（比）皮约原著；马兴改编；刘
文斌绘

广州　新世纪出版社　1988年　14页　15cm（40开）

定价：CNY0.30

J0088717

蓝精灵放大剂　（比）皮约原作；林易改编；马
志江复制

广州　新世纪出版社　1988年　94页　13cm（60开）

定价：CNY0.40

（蓝精灵故事集）

J0088718

蓝精灵故事集 （第 1 辑）（比）皮约原著；马兴
等改编；黎国泰等绘
广州 新世纪出版社 1988 年 5 册 15cm（40 开）
定价：CNY1.85

J0088719

蓝精灵故事集 （第 2 辑）（比）皮约原作；王小
奇改编；梁烽绘
广州 新世纪出版社 1988 年 5 册 15cm（40 开）
定价：CNY1.85

J0088720

蓝精灵故事集 （第 3 辑）（比）皮约原著；王小
奇改编；冯卫民等绘
广州 新世纪出版社 1988 年 5 册 15cm（40 开）
定价：CNY1.90

J0088721

蓝精灵故事集 （第 4 辑）（比）皮约原作；李莉，
大可改编；苏家芳等复制
广州 新世纪出版社 1988 年 5 册 15cm（40 开）
定价：CNY2.20

J0088722

蓝精灵故事集 （第 5 辑）（比）皮约原作；李莉
等译；苏紫芸等复制
广州 新世纪出版社 1988 年 5 册 15cm（40 开）
定价：CNY2.20

J0088723

蓝精灵故事集 （第 6 辑）（比）皮约原作；李莉，
大可改编；苏家芳等复制
广州 新世纪出版社 1988 年 5 册 15cm（40 开）
定价：CNY2.20
　　作者皮约，比利时漫画家。化名贝约，原
名皮埃尔·库利福德。连环画作品有《蓝惰惰天
堂历险》《蓝精灵故事集》《蓝精灵和嘉嘉女巫》
《蓝妹妹的红舞鞋》等。

J0088724

蓝精灵鬼屋历险 （比）皮约原著；吴文胜改编；
陈挺通，陈国威绘
广州 新世纪出版社 1988 年 15cm（40 开）
定价：CNY0.35

J0088725

蓝精灵航海记 （比）皮约原作；吴文胜改编；
邵珊，邵雪复制
广州 新世纪出版社 1988 年 110 页 13cm（60 开）
定价：CNY0.38
（蓝精灵故事集）

J0088726

蓝精灵和大雪怪 （比）皮约原著；吴文胜改编；
冯卫民绘
广州 新世纪出版社 1988 年 17 页 15cm（40 开）
定价：CNY0.35

J0088727

蓝精灵和龙 （比）皮约原作；吴文胜改编；邵
珊，邵雪复制
广州 新世纪出版社 1988 年 110 页 13cm（60 开）
定价：CNY0.38
（蓝精灵故事集）

J0088728

蓝精灵和梦冠 （比）皮约原作；吴文胜改编；
周文戈等复制
广州 新世纪出版社 1988 年 94 页 13cm（60 开）
定价：CNY0.38
（蓝精灵故事集）

J0088729

蓝精灵和迷童 （比）皮约原作；吴文胜改编；
凌云志复制
广州 新世纪出版社 1988 年 110 页 13cm（60 开）
定价：CNY0.40
（蓝精灵故事集）

J0088730

蓝精灵和魔戒 （比）皮约原作；雷小留改编；
曾帆绘
广州 新世纪出版社 1988 年 ［58 页］15cm（40 开）
定价：CNY0.40

J0088731

蓝精灵和魔镜 （比）皮约原作；吴纬改编；彤
彤复制
广州 新世纪出版社 1988 年 94 页 13cm（60 开）
定价：CNY0.40

（蓝精灵故事集）

J0088732
蓝精灵和魔术师　（比）皮约原著；王小奇改编；何挺进绘
广州　新世纪出版社　1988年　15cm（40开）
定价：CNY0.35

J0088733
蓝精灵和魔咒　（比）皮约原著；吴斯改编；凌云志绘
广州　新世纪出版社　1988年　15cm（40开）
定价：CNY0.35

J0088734
蓝精灵和外星人　（比）皮约原作；吴文改编；苏紫芸绘
广州　新世纪出版社　1988年　39页　15cm（40开）
定价：CNY0.35

J0088735
蓝精灵和仙子　（比）皮约原著；林易改编；炳德，明星绘
广州　新世纪出版社　1988年　16页　15cm（40开）
定价：CNY0.35
　　作者皮约，比利时漫画家。化名贝约，原名皮埃尔·库利福德。连环画作品有《蓝惰惰天堂历险》《蓝精灵故事集》《蓝精灵和嘉嘉女巫》《蓝妹妹的红舞鞋》等。

J0088736
蓝精灵和项链心　（比）皮约原作；吴纬改编；曾帆复制
广州　新世纪出版社　1988年　142页　13cm（60开）
定价：CNY0.50
（蓝精灵故事集）

J0088737
蓝精灵和妖瓶　（比）皮约原著；吴文胜改编；苏紫芸绘
广州　新世纪出版社　1988年　15cm（40开）
定价：CNY0.35

J0088738
蓝精灵和紫精灵　（比）皮约原著；吴纬改编；

陈文杰绘
广州　新世纪出版社　1988年　15cm（40开）
定价：CNY0.35

J0088739
蓝精灵乐乐　（比）皮约原著；文思改编；杨东升绘
广州　新世纪出版社　1988年　16页　15cm（40开）
定价：CNY0.35

J0088740
蓝精灵炼药　（比）皮约原作；吴文胜改编；张林婴复制
广州　新世纪出版社　1988年　110页　13cm（60开）
定价：CNY0.33
（蓝精灵故事集）

J0088741
蓝精灵梦游　（比）皮约原作；吴文胜改编；苏紫芸绘
广州　新世纪出版社　1988年　44页　15cm（40开）
定价：CNY0.35

J0088742
蓝精灵与魔鼠　（比）皮约原作；丘雪莹编写；小河等绘
广州　新世纪出版社　1988年［58页］15cm（40开）
定价：CNY0.48

J0088743
蓝精灵预告石　（比）皮约原作；吴纬改编；杨东升绘
广州　新世纪出版社　1988年　44页　15cm（40开）
定价：CNY0.35

J0088744
蓝妹妹和巫婆　（比）皮约原著；马兴改编；黎国泰绘
广州　新世纪出版社　1988年　14页　15cm（40开）
定价：CNY0.35

J0088745
蓝妹妹和小松鼠　（比）皮约原著；吴思改编；梁峰绘
广州　新世纪出版社　1988年　15cm（40开）

定价：CNY0.35

J0088746
蓝魔术师　（比）皮约原作；吴思文改编；梁烽绘
广州 新世纪出版社 1988年 15cm（40开）
定价：CNY0.35

J0088747
罗普倒霉透顶　仝爱编译
北京 中国文联出版社 ［1988年］15页
27cm（16开）定价：CNY0.55
（彩色卡通连环画选辑 10）

J0088748
罗普急救员　仝爱编译
北京 中国文联出版社 ［1988年］15页
27cm（16开）定价：CNY0.55
（彩色卡通连环画选辑 8）

J0088749
罗普奇妙的发明　仝爱编译
北京 中国文联出版社 ［1988年］15页
27cm（16开）定价：CNY0.55
（彩色卡通连环画选辑 7）

J0088750
猫和老鼠　（一）林阳文；张煤绘
北京 中国连环画出版社 1988年 22页
19cm（32开）定价：CNY0.56
　　美国现代动画作品。绘者张煤，连环画艺术
家。画有连环画《小仙女》《宴婴使楚》（张煤、
陈者），绘画连环画《神跤甄三》等。

J0088751
猫和老鼠　（二）林阳文；张煤绘
北京 中国连环画出版社 1988年 22页
19cm（32开）定价：CNY0.56

J0088752
猫和老鼠　（三）林阳文；张煤绘
北京 中国连环画出版社 1988年 22页
19cm（32开）定价：CNY0.56

J0088753
猫和老鼠　（四）林阳文；张煤绘

北京 中国连环画出版社 1988年 22页
19cm（32开）定价：CNY0.56

J0088754
猫和老鼠　（五）林阳文；张煤绘
北京 中国连环画出版社 1988年 22页
19cm（32开）定价：CNY0.56

J0088755
米老鼠和唐老鸭　（1）
石家庄 河北美术出版社 1988年 20cm（32开）
定价：CNY0.60
　　美国现代动画作品。

J0088756
米老鼠和唐老鸭　（2）
石家庄 河北美术出版社 1988年 20cm（32开）
定价：CNY0.60
　　美国现代动画作品。

J0088757
米老鼠和唐老鸭　（3）
石家庄 河北美术出版社 1988年 20cm（32开）
定价：CNY0.60

J0088758
米老鼠和唐老鸭　（4）
石家庄 河北美术出版社 1988年 20cm（32开）
定价：CNY0.60

J0088759
米老鼠和唐老鸭　（5）
石家庄 河北美术出版社 1988年 20cm（32开）
定价：CNY0.50

J0088760
米老鼠和唐老鸭　（6）
石家庄 河北美术出版社 1988年 20cm（32开）
定价：CNY0.50

J0088761
米老鼠和唐老鸭　（7）
石家庄 河北美术出版社 1988年 20cm（32开）
定价：CNY0.50

J0088762
米老鼠和唐老鸭 （8）
石家庄 河北美术出版社 1988年 20cm（32开）
定价：CNY0.50

J0088763
米老鼠和唐老鸭 （5）
北京 中国文联出版社［1988年］7册 13cm（60开）
袋装 定价：CNY2.30
（卡通连环画选）

J0088764
米老鼠和唐老鸭 （6）
北京 中国文联出版社［1988年］7册 13cm（60开）
袋装 定价：CNY2.30
（卡通连环画选）

J0088765
米老鼠和唐老鸭系列彩色画册
福州 福建少年儿童出版社［1988年］6册
19cm（32开）袋装 定价：CNY2.70

J0090643
米老鼠巧计捉贼　白松，耀中编译；沪仁，罗平绘
郑州 海燕出版社 1988年［34页］20cm（32开）
定价：CNY1.10
　　美国现代动画作品。

J0088766
米老鼠——失踪的法老像　童爱译
北京 中国文联出版社［1988年］15页
27cm（16开）定价：CNY0.55
（彩色卡通连环画选辑 3）

J0088767
米老鼠——淘气的乘客　甲子译
北京 中国文联出版社［1988年］15页
27cm（16开）定价：CNY0.55
（彩色卡通连环画选辑 1）

J0088768
米老鼠与唐老鸭　万里编文；柴万里等绘画
南宁 广西民族出版社 1988年 98页
15cm（40开）ISBN：7-5363-0259-2

定价：CNY1.25
　　本书是根据美国现代动画作品改编。作者柴万里（1954—），苗族，教授，画家。生于广西南宁，毕业于广西艺术学院美术系。历任广西艺术学院设计学院院长、教授、硕士研究生导师，兼任新岭南书画研究院院长，广西美术家协会副主席、广西民族书画院副院长、编著有《最新人体线描引导》《仕女白描画谱》《山水白描画谱》《黑白画》等。

J0088769
米老鼠与小飞象系列故事画册　陈效东改编；袁哲绘
福州 福建少年儿童出版社 1988年 3册
19cm（32开）定价：CNY1.65
　　美国现代动画作品。

J0088770
米老鼠侦破假币　白松，耀中编译；沪仁，罗平绘制
郑州 海燕出版社 1988年［38页］20cm（32开）
定价：CNY1.10

J0088771
米老鼠——智破盗窃案　晓良译
北京 中国文联出版社［1988年］15页
27cm（16开）定价：CNY0.55
（彩色卡通连环画选辑 5）

J0088772
漂流记　张丽改编；吴学东复制
广州 岭南美术出版社 1988年 22页
13cm（60开）定价：CNY0.50
（系列卡通《列奥猫与老鼠》3）
　　国外现代动画作品。

J0088773
森林卫士　易风文；乔吉幽图
福州 福建少年儿童出版社 1988年 19cm（32开）
定价：CNY0.65
（米老鼠和唐老鸭系列彩色画册 4）
　　美国现代动画作品。

J0088774
神奇的魔术师　易风文；袁哲图

福州　福建少年儿童出版社 1988 年 22 页
19cm（32 开）定价：CNY0.65
（米老鼠和唐老鸭系列彩色画册 1）
　　　　美国现代动画作品。

J0088775
生日　张丽改编；吴学东复制
广州　岭南美术出版社 1988 年 16 页
13cm（60 开）定价：CNY0.50
（系列卡通《列奥猫与老鼠》2）
　　　　国外现代动画作品。

J0088776
贪吃的蓝精灵　（比）皮约原作；马兴改编；梁峰绘制
广州　新世纪出版社 1988 年 24 页 15cm（40 开）
定价：CNY0.30
　　　　作者皮约，比利时漫画家。化名贝约，原名皮埃尔·库利福德。连环画作品有《蓝惰惰天堂历险》《蓝精灵故事集》《蓝精灵和嘉嘉女巫》《蓝妹妹的红舞鞋》等。

J0088777
唐老鸭·米老鼠　（1）徐国常译
石家庄　河北少年儿童出版社 1988 年 32 页
27cm（16 开）定价：CNY1.20
（迪斯尼画库）
　　　　美国现代动画作品。

J0088778
唐老鸭·米老鼠　（2）徐国常译
石家庄　河北少年儿童出版社 1988 年 32 页
27cm（16 开）定价：CNY1.20
（迪斯尼画库）

J0088779
唐老鸭的成功之路　（上）（美）沃尔特·迪斯尼原著；韩小译
北京　中国文联出版公司 1988 年 122 页
19cm（32 开）ISBN：7-5059-269-5
定价：CNY0.95
（唐老鸭画传连环画集）
　　　　美国现代动画作品。

J0088780
唐老鸭的成功之路　（下）（美）沃尔特·迪斯尼原著；韩小译
北京　中国文联出版公司 1988 年 122 页
19cm（32 开）ISBN：7-5059-269-5
定价：CNY0.95
（唐老鸭画传连环画集）
　　　　美国现代动画作品。

J0088781
唐老鸭海上遇难　白松，耀中编译；沪仁，罗平绘
郑州　海燕出版社 1988 年 [38 页] 20cm（32 开）
定价：CNY1.10
　　　　美国现代动画作品。

J0088782
唐老鸭井下探宝　白松，耀中编译；沪仁，罗平绘
郑州　海燕出版社 1988 年 20cm（32 开）
定价：CNY1.10
　　　　美国现代动画作品。

J0088783
唐老鸭脱险记　小川等编绘
长春　吉林美术出版社 1988 年 97 页
19cm（32 开）定价：CNY0.70
　　　　美国现代动画作品。

J0088784
唐老鸭自欺欺人　白松，耀中编译；沪仁，罗平绘
郑州　海燕出版社 1988 年 20cm（32 开）
定价：CNY1.10
　　　　美国现代动画作品。

J0088785
唐纳大帝　（上）（美）迪斯尼原著；小松译
北京　中国文联出版公司 1988 年 138 页
19cm（32 开）定价：CNY1.05
（唐老鸭画传）
　　　　美国现代动画作品。

J0088786
唐纳大帝　（下）（美）迪斯尼原著；小松译

北京 中国文联出版公司 1988 年 138 页
19cm（32 开）定价：CNY0.95
（唐老鸭画传）
　　美国现代动画作品。

J0088787
涂墙壁　张丽改编；吴学东复制
广州 岭南美术出版社 1988 年 16 页
13cm（60 开）定价：CNY0.50
（系列卡通《列奥猫与老鼠》）
　　国外现代动画作品。

J0088788
外国动画精选　高洪润编绘
石家庄 河北美术出版社 1988 年 115 页
17cm（32 开）ISBN：7–5310–0084–9
定价：CNY2.70
　　本书收入外国动画片或动画造型的广告画、
商标等。

J0088789
幸运的唐老鸭　（上）（美）沃尔特·迪斯尼原著；
童爱译
北京 中国文联出版社 1988 年 126 页
19cm（32 开）定价：CNY0.95
（唐老鸭画传）
　　美国现代动画作品。

J0088790
幸运的唐老鸭　（下）（美）沃尔特·迪斯尼原著；
童爱译
北京 中国文联出版社 1988 年 122 页
19cm（32 开）定价：CNY0.95
（唐老鸭画传）
　　美国现代动画作品。

J0088791
鸭子窝的超级头脑　晓良译文
北京 中国文联出版公司［1988 年］15 页
27cm（16 开）定价：CNY0.55
（彩色卡通连环画选辑 4）

J0088792
字母事件　（米老鼠与唐老鸭的故事）刘岚云译
改；钱逸敏，黄尚恒复制

上海 上海人民美术出版社 1988 年 30 页
19cm（32 开）定价：CNY0.71
　　美国现代动画作品。

J0088793
SOS 飞碟入侵　（上）（西）柯蒂斯·加兰原著；
张定华编绘
上海 少年儿童出版社 1989 年 19cm（32 开）
ISBN：7–5324–0853–1 定价：CNY1.50
　　西班牙现代动画作品。

J0088794
SOS 飞碟入侵　（下）（西）柯蒂斯·加兰原著；
张定华编绘
上海 少年儿童出版社 1989 年 19cm（32 开）
ISBN：7–5324–0907–4 定价：CNY1.50
　　西班牙现代动画作品。

J0088795
蝙蝠　（伊索寓言）徐寒梅译
南宁 广西人民出版社 1989 年 24 页
19cm（32 开）ISBN：7–219–01047–8
定价：CNY0.95
（动画列车丛书）
　　现代外国动画作品。

J0088796
唱吧！唐小鸭的故事　熊纳译；徐可复制
上海 上海人民美术出版社 1989 年 22 页
19cm（32 开）定价：CNY0.95
　　外国现代动画作品。

J0088797
聪明的彦一　（日本民间故事）陈丁译
南宁 广西人民出版社 1989 年 24 页
19cm（32 开）定价：CNY0.95
（动画列车丛书）
　　日本现代动画作品。

J0088798
得不偿失：唐小鸭的故事　熊纳译；任伯宏复制
上海 上海人民美术出版社 1989 年 22 页
19cm（32 开）定价：CNY0.95
　　外国现代动画作品。

J0088799
迪斯尼乐园　王玉琢，黎继德译
北京　中国文联出版公司 1989 年 15 册
26cm（16 开）袋装 定价：CNY15.00

J0088800
迪斯尼名著绘画故事　（美）沃特·迪斯尼原著；
黄抚山译
北京　民族出版社 1989 年 10 册 26cm（16 开）
袋装 定价：CNY10.00

J0088801
蓝精灵　夏雨改编；梁烽等绘画
南昌　江西少年儿童出版社 1989 年 46 页
19cm（32 开）定价：CNY1.80
（外国著名动画故事精选）

J0088802
蓝精灵　（上）沈玲玲编；陈闻等画
上海　上海教育出版社 1989 年 19cm（32 开）
定价：CNY0.67
（电视动画故事画丛）

J0088803
蓝精灵　（下）沈玲玲编；辛茂等画
上海　上海教育出版社 1989 年 19cm（32 开）
定价：CNY0.67
（电视动画故事画丛）

J0088804
猫和老鼠　史汉等编文；陈青等绘画
南昌　江西少年儿童出版社 1989 年 58 页
19cm（32 开）定价：CNY2.20
（外国著名动画故事精选）
　　中国现代动画作品。

J0088805
米老鼠和黑骑士　贺起龙译；方正复制
石家庄　河北美术出版社 1989 年 22 页
19cm（32 开）定价：CNY0.75
　　美国现代动画作品。

J0088806
米老鼠和鸵鸟奥斯克　（1）（美）沃特·迪斯尼
编绘

长沙　湖南少年儿童出版社 1989 年 26cm（16 开）
定价：CNY0.80
　　美国现代动画作品。

J0088807
米老鼠和鸵鸟奥斯克　（2）（美）沃特·迪斯尼
编绘
长沙　湖南少年儿童出版社 1989 年 26cm（16 开）
定价：CNY0.80

J0088808
米老鼠和鸵鸟奥斯克　（3）（美）沃特·迪斯尼
编绘
长沙　湖南少年儿童出版社 1989 年 26cm（16 开）
定价：CNY0.80

J0088809
米老鼠和鸵鸟奥斯克　（4）（美）沃特·迪斯尼
编绘
长沙　湖南少年儿童出版社 1989 年 26cm（16 开）
定价：CNY0.80

J0090688
米老鼠勇斗大巫师　贺起龙译；笑亭复制
石家庄　河北美术出版社 1989 年 22 页
19cm（32 开）定价：CNY0.75
　　美国现代动画作品。

J0088810
皮皮登彩虹　（日）松井纪子编绘；王敏译
南宁　广西人民出版社 1989 年 32 页
19cm（32 开）定价：CNY1.00
（小妖精皮皮　一）
　　日本现代动画作品。

J0088811
皮皮和星星　（日）松井纪子编绘；王敏译
南宁　广西人民出版社 1989 年 32 页
19cm（32 开）定价：CNY1.00
（小妖精皮皮　三）
　　日本现代动画作品。

J0088812
皮皮钻云朵　（日）松井纪子编绘；王敏译
南宁　广西人民出版社 1989 年 32 页

19cm（32开）定价：CNY1.00

（小妖精皮皮　二）

　　日本现代动画作品。

J0088813

希瑞——非凡的公主　（一）（美）蒙克·达丽编文；海芬等绘

上海　上海社会科学院出版社　1989年　18页

26cm（16开）定价：CNY1.00

（美国电视动画）

　　美国现代动画作品。

J0088814

希瑞——非凡的公主　（二）（美）蒙克·达丽编文；海芬等绘

上海　上海社会科学院出版社　1989年　18页

26cm（16开）定价：CNY1.00

（美国电视动画）

　　美国现代动画作品。

J0088815

希瑞——非凡的公主　（三）（美）蒙克·达丽编文；海芬等绘

上海　上海社会科学院出版社　1989年　18页

26cm（16开）定价：CNY1.00

（美国电视动画）

J0088816

希瑞——非凡的公主　（四）（美）蒙克·达丽编文；海芬等绘

上海　上海社会科学院出版社　1989年　14页

26cm（16开）定价：CNY1.00

（美国电视动画）

J0088817

小河马　安康译；赵磊，赵红英复制

石家庄　河北人民出版社　1989年　4册

19cm（32开）定价：CNY3.00

（卡通系列）

　　国外现代动画作品。

J0088818

宇宙巨人——希曼　（一）黄一红改编；卢恺等摄影绘画；吴呵融译

南宁　广西美术出版社　1989年　26cm（16开）

定价：CNY0.98

（美国电视动画片）

　　美国现代动画作品。本书与广西师范大学出版社合作出版。

J0088819

宇宙巨人——希曼　（二）江淳编；鲁海等摄影绘画；吴呵融译

南宁　广西美术出版社　1989年　26cm（16开）

定价：CNY0.98

（美国电视动画片）

J0088820

宇宙巨人——希曼　（三）江淳编；卢恺等摄影绘画；吴呵融译

南宁　广西美术出版社　1989年　26cm（16开）

定价：CNY0.98

（美国电视动画片）

J0088821

宇宙巨人——希曼　（四）江淳编；钟盛等摄影绘画；吴呵融译

南宁　广西美术出版社　1989年　26cm（16开）

定价：CNY0.98

（美国电视动画片）

J0088822

宇宙巨人——希曼　（五）江淳编文；鲁海等摄影绘画

南宁　广西美术出版社　1989年　26cm（16开）

定价：CNY0.98

（美国电视动画片）

J0088823

宇宙巨人——希曼　（六）江淳编；卢恺等摄影绘画；吴呵融译

南宁　广西美术出版社　1989年　26cm（16开）

定价：CNY0.98

（美国电视动画片）

J0088824

宇宙巨人——希曼　（七）黄一红改编；丘扬等摄影绘画；田野译

南宁　广西美术出版社　1989年　26cm（16开）

定价: CNY0.98
（美国电视动画片）

J0088825

宇宙巨人——希曼 （八）陆水改编；钟胜等
摄影绘画
南宁 广西美术出版社 1989年 26cm（16开）
定价: CNY0.98
（美国电视动画片）
　　美国现代动画作品。本书与广西师范大学
出版社合作出版。

J0088826

宇宙巨人——希曼 （九）陆水改编；卢海等
摄影绘画
南宁 广西美术出版社 1989年 26cm（16开）
定价: CNY0.98
（美国电视动画片）

J0088827

宇宙巨人——希曼 （十）陆水，黄一红改编；
刘绍忠等译；鲁海等摄影绘画
南宁 广西美术出版社 1989年 26cm（16开）
定价: CNY0.98
（美国电视动画片）

J0088828

宇宙巨人——希曼 （十一）黄一红改编；谢
晓莺等译；鲁海等摄影绘画
南宁 广西美术出版社 1989年 26cm（16开）
定价: CNY0.98
（美国电视动画片）

J0088829

宇宙巨人——希曼 （十二）黄一红改编；古
里平，黄平西译；钟凌等摄影绘画
南宁 广西美术出版社 1989年 26cm（16开）
定价: CNY0.98
（美国电视动画片）

J0088830

中外儿童动画集萃　姬宝瑛编绘
西安 陕西人民美术出版社 1989年 26cm（16开）
ISBN: 7-5368-0111-4 定价: CNY2.65

J0088831

Q 太郎 （新版精选本）（日）藤子·F·不二雄编绘
广州 新世纪出版社 1990年 4册 19cm（32开）
ISBN: 7-5405-0475-7 定价: CNY4.60
（卡通世界）
　　日本现代动画作品。作者藤子·F·不二雄
（1933—1996），日本漫画家。出生于日本富山县
高冈市，本名藤本弘。毕业于富山县立高冈工艺
高等学校电气科。受到漫画大师手冢治虫的启
发，立志成为儿童漫画家。小学馆的代表漫画家
之一。代表作《Q 太郎》《哆啦 A 梦》《小超人帕
门》《超能力魔美》。

J0088832

Q 太郎 （1）（日）藤子·F·不二雄编绘；陈玲等译
北京 中国戏剧出版社 1990年 91页
19cm（32开）ISBN: 7-104-00201-4
定价: CNY1.20

J0088833

Q 太郎 （2）（日）藤子·F·不二雄编绘；陈玲等译
北京 中国戏剧出版社 1990年 93页
19cm（32开）ISBN: 7-104-00202-2
定价: CNY1.20

J0088834

Q 太郎 （3）（日）藤子·F·不二雄编绘；陈玲等译
北京 中国戏剧出版社 1990年 93页
19cm（32开）ISBN: 7-104-00203-0
定价: CNY1.20

J0088835

Q 太郎 （4）（日）藤子·F·不二雄编绘；陈玲等译
北京 中国戏剧出版社 1990年 93页
19cm（32开）ISBN: 7-104-00204-9
定价: CNY1.20

J0088836

Q 太郎 （5）（日）藤子·F·不二雄编绘；陈玲等译
北京 中国戏剧出版社 1990年 92页
19cm（32开）ISBN: 7-104-00205-7
定价: CNY1.20

J0088837

Q 太郎 （6）（日）藤子·F·不二雄编绘；陈玲等译

北京 中国戏剧出版社 1990 年 92 页
19cm（32 开）ISBN：7-104-00206-5
定价：CNY1.20
　　日本现代动画作品。

J0088838
Q 太郎 （7）（日）藤子·F·不二雄编绘；陈玲等译
北京 中国戏剧出版社 1990 年 92 页
19cm（32 开）ISBN：7-104-00207-3
定价：CNY1.20

J0088839
Q 太郎 （8）（日）藤子·F·不二雄编绘；陈玲等译
北京 中国戏剧出版社 1990 年 92 页
19cm（32 开）ISBN：7-104-00208-1
定价：CNY1.20

J0088840
Q 太郎 （9）（日）藤子·F·不二雄编绘；陈玲等译
北京 中国戏剧出版社 1990 年 92 页
19cm（32 开）ISBN：7-104-00209-X
定价：CNY1.20

J0088841
Q 太郎 （10）（日）藤子·F·不二雄编绘；陈玲等译
北京 中国戏剧出版社 1990 年 92 页
19cm（32 开）ISBN：7-104-00210-3
定价：CNY1.20

J0088842
爸爸和女儿·战胜巨石怪 晓学改编；高金铭，常如愿绘
天津 天津教育出版社 1990 年 19cm（32 开）
ISBN：7-5309-1052-3 定价：CNY0.85
（"宇宙的巨人——希曼"丛书 美国电视系列动画片）
　　美国现代动画作品。

J0088843
狄斯耐卡通经典全集 （1 白雪公主）林淑慎改写
台北 远流出版公司 1990 年 63 页 29cm（15 开）
精装 ISBN：957-32-0747-8 定价：TWD250.00
　　现代儿童图画故事，外文书名：Snow White

and The Seven Dwarfs.

J0088844
狄斯耐卡通经典全集 （2 木偶奇遇记）林淑慎改写
台北 远流出版公司 1990 年 63 页 29cm（15 开）
精装 ISBN：957-32-0748-6 定价：TWD250.00
　　现代儿童图画故事，外文书名：Pinocchio.

J0088845
狄斯耐卡通经典全集 （3 小飞象）王宣一改写
台北 远流出版公司 1990 年 63 页 29cm（15 开）
精装 ISBN：957-32-0749-4 定价：TWD250.00
　　现代儿童图画故事，外文书名：Dumbo.

J0088846
狄斯耐卡通经典全集 （4 小鹿斑比）孔宝改写
台北 远流出版公司 1990 年 63 页 29cm（15 开）
精装 ISBN：957-32-0750-8 定价：TWD250.00
　　现代儿童图画故事，外文书名：Bambi.

J0088847
狄斯耐卡通经典全集 （5 仙履奇缘）白罗改写
台北 远流出版公司 1990 年 63 页 29cm（15 开）
精装 ISBN：957-32-0751-6 定价：TWD250.00
　　现代儿童图画故事，外文书名：Cinderella.

J0088848
狄斯耐卡通经典全集 （6 爱丽丝梦游仙境）孔宝改写
台北 远流出版公司 1990 年 63 页 29cm（15 开）
精装 ISBN：957-32-0752-4 定价：TWD250.00
　　现代儿童图画故事，外文书名：Alice in Wonderland.

J0088849
狄斯耐卡通经典全集 （7 小飞侠）张玲玲改写
台北 远流出版公司 1990 年 63 页 29cm（15 开）
精装 ISBN：957-32-0753-2 定价：TWD250.00
　　现代儿童图画故事，外文书名：Peter Pan.

J0088850
狄斯耐卡通经典全集 （8 小姐与流氓）纪非改写
台北 远流出版公司 1990 年 63 页 29cm（15 开）

精装 ISBN：957-32-0754-0 定价：TWD250.00

现代儿童图画故事，外文书名：Lady and the Tramp.

J0088851

狄斯耐卡通经典全集 （9 睡美人）白罗改写

台北 远流出版公司 1990 年 63 页 29cm（15 开）

精装 ISBN：957-32-0755-9 定价：TWD250.00

现代儿童图画故事，外文书名：Sleeping Beauty.

J0088852

狄斯耐卡通经典全集 （10 一〇一忠狗）黄盛璘改写

台北 远流出版公司 1990 年 63 页 29cm（15 开）

精装 ISBN：957-32-0756-7 定价：TWD250.00

现代儿童图画故事，外文书名：The 101 Dalmatians.

J0088853

狄斯耐卡通经典全集 （11 石中剑）纪非改写

台北 远流出版公司 1990 年 63 页 29cm（15 开）

精装 ISBN：957-32-0757-5 定价：TWD250.00

现代儿童图画故事，外文书名：The Sword in the Stone.

J0088854

狄斯耐卡通经典全集 （12 小熊维尼）刘思源改写

台北 远流出版公司 1990 年 63 页 29cm（15 开）

精装 ISBN：957-32-0758-3 定价：TWD250.00

现代儿童图画故事，外文书名：Winnie-The-Pooh.

J0088855

狄斯耐卡通经典全集 （13 森林王子）刘思源改写

台北 远流出版公司 1990 年 63 页 29cm（15 开）

精装 ISBN：957-32-0759-1 定价：TWD250.00

现代儿童图画故事，外文书名：Jungle Book.

J0088856

狄斯耐卡通经典全集 （14 猫儿历险记）张玲玲改写

台北 远流出版公司 1990 年 63 页 29cm（15 开）

精装 ISBN：957-32-0760-5 定价：TWD250.00

现代儿童图画故事，外文书名：The Aristocats.

J0088857

狄斯耐卡通经典全集 （15 罗宾汉）孔宝改写

台北 远流出版公司 1990 年 63 页 29cm（15 开）

精装 ISBN：957-32-0761-3 定价：TWD250.00

现代儿童图画故事，外文书名：Robin Hood.

J0088858

狄斯耐卡通经典全集 （16 救难小英雄）马波改写

台北 远流出版公司 1990 年 63 页 29cm（15 开）

精装 ISBN：957-32-0762-1 定价：TWD250.00

现代儿童图画故事，外文书名：The Rescuers.

J0088859

狄斯耐卡通经典全集 （17 狐狸与猎狗）马波改写

台北 远流出版公司 1990 年 63 页 29cm（15 开）

精装 ISBN：957-32-0763-X 定价：TWD250.00

现代儿童图画故事，外文书名：The Fox and The Hound.

J0088860

狄斯耐卡通经典全集 （18 妙妙探）蒙嘉改写

台北 远流出版公司 1990 年 63 页 29cm（15 开）

精装 ISBN：957-32-0764-8 定价：TWD250.00

现代儿童图画故事，外文书名：The Great Mouse Detective.

J0088861

狄斯耐卡通经典全集 （19 奥莉花历险记）蒙嘉改写

台北 远流出版公司 1990 年 63 页 29cm（15 开）

精装 ISBN：957-32-0765-6 定价：TWD250.00

现代儿童图画故事，外文书名：Oliver & Company.

J0088862

狄斯耐卡通经典全集 （20 小美人鱼）林淑慎改写

台北　远流出版公司 1990 年 63 页 29cm（15 开）
精装 ISBN：957-32-0593-9 定价：TWD250.00
　　现代儿童图画故事，外文书名：The Little Mermaid.

J0088863
迪斯尼乐园卡通词典 （汉语·拼音·英语三对照）莫明明改编
成都　四川文艺出版社 1990 年 135 页 有彩图
26cm（16 开）ISBN：7-5411-0637-2
定价：CNY9.80

J0088864
飞龙入侵·患难之交 晓学编；路红等绘
天津　天津教育出版社 1990 年 19cm（32 开）
ISBN：7-5309-1053-1 定价：CNY0.85
（"宇宙的巨人——希曼"丛书 美国电视系列动画片）
　　美国现代动画作品。

J0088865
怪物太郎 （棒球比赛）（日）藤子·F·不二雄著；王振华译
北京　人民美术出版社 1990 年 87 页
19cm（32 开）ISBN：7-102-00655-1
定价：CNY1.20
　　日本现代动画作品。

J0088866
怪物太郎 （大怪兽）（日）藤子·F·不二雄著；王振华译
北京　人民美术出版社 1990 年 89 页
19cm（32 开）ISBN：7-102-00680-2
定价：CNY1.20
　　作者藤子·F·不二雄（1933—1996），日本漫画家。出生于日本富山县高冈市，本名藤本弘。毕业于富山县立高冈工艺高等学校电气科。受到漫画大师手冢治虫的启发，立志成为儿童漫画家。小学馆的代表漫画家之一。代表作《Q 太郎》《哆啦 A 梦》《小超人帕门》《超能力魔美》。

J0088867
怪物太郎 （非洲的旅行）（日）藤子·F·不二雄著；王振华译
北京　人民美术出版社 1990 年 91 页

19cm（32 开）ISBN：7-102-00682-9
定价：CNY1.20

J0088868
怪物太郎 （怪物部队）（日）藤子·F·不二雄著；王振华译
北京　人民美术出版社 1990 年 90 页
19cm（32 开）ISBN：7-102-00683-7
定价：CNY1.20

J0088869
怪物太郎 （怪物太郎来了）（日）藤子·F·不二雄著；王振华译
北京　人民美术出版社 1990 年 85 页
19cm（32 开）ISBN：7-107-00654-3
定价：CNY1.20

J0088870
怪物太郎 （怪星人）（日）藤子·F·不二雄著；王振华译
北京　人民美术出版社 1990 年 85 页
19cm（32 开）ISBN：7-102-00656-X
定价：CNY1.20

J0088871
怪物太郎 （会飞的章鱼）（日）藤子·F·不二雄著；王振华译
北京　人民美术出版社 1990 年 89 页
19cm（32 开）ISBN：7-102-00685-3
定价：CNY1.20

J0088872
怪物太郎 （请上魔法塾）（日）藤子·F·不二雄著；王振华译
北京　人民美术出版社 1990 年 90 页
19cm（32 开）ISBN：7-102-00684-5
定价：CNY1.20

J0088873
怪物太郎 （神秘的蝇人）（日）藤子·F·不二雄著；王振华译
北京　人民美术出版社 1990 年 88 页
19cm（32 开）ISBN：7-102-00681-0
定价：CNY1.20

J0088874
怪物太郎 （雪孩儿）（日）藤子·F·不二雄著；
王振华译
北京 人民美术出版社 1990 年 92 页
19cm（32 开）ISBN：7-102-00657-8
定价：CNY1.20

J0088875
怪物太郎 （大怪神发怒）（日）藤子·F·不二雄
著；王振华，丁晓玉译
北京 人民美术出版社 1991 年 90 页
19cm（小 32 开）ISBN：7-102-00844-9
定价：CNY1.20

J0088876
怪物太郎 （地中怪物两兄弟）（日）藤子·F·不
二雄著；王振华，丁晓玉译
北京 人民美术出版社 1991 年 91 页
19cm（小 32 开）ISBN：7-102-00985-2
定价：CNY1.20

J0088877
怪物太郎 （肥皂泡中的世界）（日）藤子·F·不
二雄著；王振华，丁晓玉译
北京 人民美术出版社 1991 年 91 页
19cm（小 32 开）ISBN：7-102-00911-9
定价：CNY1.20

J0088878
怪物太郎 （怪兽西部片）（日）藤子·F·不二雄
著；王振华，丁晓玉译
北京 人民美术出版社 1991 年 92 页
19cm（小 32 开）ISBN：7-102-00913-5
定价：CNY1.20

J0088879
怪物太郎 （怪物同学会）（日）藤子·F·不二雄
著；王振华，丁晓玉译
北京 人民美术出版社 1991 年 91 页
19cm（小 32 开）ISBN：7-102-00982-8
定价：CNY1.20

J0088880
怪物太郎 （怪物音乐家）（日）藤子·F·不二雄
著；王振华，丁晓玉译

北京 人民美术出版社 1991 年 91 页
19cm（小 32 开）ISBN：7-102-00912-7
定价：CNY1.20

J0088881
怪物太郎 （黄金怪物）（日）藤子·F·不二雄著；
王振华，丁晓玉译
北京 人民美术出版社 1991 年 75 页
19cm（小 32 开）ISBN：7-102-00983-6
定价：CNY1.20

J0088882
怪物太郎 （猎取怪物猎人）（日）藤子·F·不二
雄著；王振华，丁晓玉译
北京 人民美术出版社 1991 年 91 页
19cm（小 32 开）ISBN：7-102-00988-7
定价：CNY1.20

J0088883
怪物太郎 （魔术镜）（日）藤子·F·不二雄著；
王振华，丁晓玉译
北京 人民美术出版社 1991 年 90 页
19cm（小 32 开）ISBN：7-102-00980-1
定价：CNY1.20

J0088884
怪物太郎 （木偶之家）（日）藤子·F·不二雄著；
王振华，丁晓玉译
北京 人民美术出版社 1991 年 84 页
19cm（小 32 开）ISBN：7-102-00882-1
定价：CNY1.20

J0088885
怪物太郎 （撒旦帽子）（日）藤子·F·不二雄著；
王振华，丁晓玉译
北京 人民美术出版社 1991 年 91 页
19cm（小 32 开）ISBN：7-102-00843-0
定价：CNY1.20

J0088886
怪物太郎 （蛇人）（日）藤子·F·不二雄著；王
振华，丁晓玉译
北京 人民美术出版社 1991 年 92 页
19cm（小 32 开）ISBN：7-102-00914-3
定价：CNY1.20

J0088887

怪物太郎　（太平洋上的一匹怪兽）（日）藤子·F·不二雄著；王振华，丁晓玉译

北京　人民美术出版社　1991 年　91 页

19cm（小 32 开）ISBN：7-102-00979-8

定价：CNY1.20

J0088888

怪物太郎　（秃鹰魔人）（日）藤子·F·不二雄著；

王振华，丁晓玉译

北京　人民美术出版社　1991 年　91 页

19cm（小 32 开）ISBN：7-102-00880-5

定价：CNY1.20

J0088889

怪物太郎　（玩具怪物）（日）藤子·F·不二雄著；

王振华，丁晓玉译

北京　人民美术出版社　1991 年　91 页

19cm（小 32 开）ISBN：7-102-00981-X

定价：CNY1.20

J0088890

怪物太郎　（小风神）（日）藤子·F·不二雄著；

王振华，丁晓玉译

北京　人民美术出版社　1991 年　90 页

19cm（小 32 开）ISBN：7-102-00879-1

定价：CNY1.20

J0088891

怪物太郎　（新年在怪物王国）（日）藤子·F·不二雄著；王振华，丁晓玉译

北京　人民美术出版社　1991 年　91 页

19cm（小 32 开）ISBN：7-102-00986-0

定价：CNY1.20

J0088892

怪物太郎　（摇摆乐四重唱）（日）藤子·F·不二雄著；王振华，丁晓玉译

北京　人民美术出版社　1991 年　91 页

19cm（小 32 开）ISBN：7-102-00915-1

定价：CNY1.20

J0088893

怪物太郎　（再见了怪物太郎）（日）藤子·F·不二雄著；王振华，丁晓玉译

北京　人民美术出版社　1991 年　91 页

19cm（小 32 开）ISBN：7-102-00987-9

定价：CNY1.20

J0088894

滑稽慧星·魔杖　晓学改编；何子等绘

天津　天津教育出版社　1990 年　19cm（32 开）

ISBN：7-5309-1007-8　定价：CNY0.85

（"宇宙的巨人——希曼"丛书　美国电视系列动画片）

　　美国现代动画作品。

J0088895

幻觉月球的女王·蒂拉的秘密　晓学改编；姜书典，李永文绘

天津　天津教育出版社　1990 年　19cm（32 开）

ISBN：7-5309-1009-4　定价：CNY0.85

（"宇宙的巨人——希曼"丛书　美国电视系列动画片）

　　美国现代动画作品。

J0088896

马戏团里的动物表演·魔鬼之王　晓学编；路红等绘

天津　天津教育出版社　1990 年　19cm（32 开）

ISBN：7-5309-1058-2　定价：CNY0.85

（"宇宙的巨人——希曼"丛书　美国电视系列动画片）

　　美国现代动画作品。

J0088897

米老鼠日记　（第一集　科隆狄科探险记）（美）沃特·迪斯尼绘；李绍勤译

昆明　云南少年儿童出版社　1990 年　32 页

26cm（16 开）ISBN：7-5414-0413-2

定价：CNY2.30

　　美国现代动画作品。

J0088898

米老鼠日记　（第二集　闪光的印度宝石）（美）沃特·迪斯尼绘；李绍勤译

昆明　云南少年儿童出版社　1990 年　32 页

26cm（16 开）ISBN：7-5414-0413-2

定价：CNY2.30

J0088899

米老鼠日记 （第三集　复活岛寻宝记）（美）沃特·迪斯尼绘；李绍勤译
昆明　云南少年儿童出版社　1990年　32页
26cm（16开）ISBN：7-5414-0413-2
定价：CNY2.30

J0088900

米老鼠日记 （第四集　奇怪的滑雪者）（美）沃特·迪斯尼绘；李绍勤译
昆明　云南少年儿童出版社　1990年　32页
26cm（16开）ISBN：7-5414-0413-2
定价：CNY2.30

J0088901

米老鼠日记 （第五集　异星之宝）（美）沃特·迪斯尼绘；李绍勤译
昆明　云南少年儿童出版社　1990年　32页
26cm（16开）ISBN：7-5414-0413-2
定价：CNY2.30

J0088902

米老鼠日记 （第六集　无底井）（美）沃特·迪斯尼绘；李绍勤译
昆明　云南少年儿童出版社　1990年　32页
26cm（16开）ISBN：7-5414-0414-4
定价：CNY2.30

J0088903

米老鼠日记 （第七集　西部奇遇）（美）沃特·迪斯尼绘；常丽，乔承伟译
昆明　云南少年儿童出版社　1990年　32页
26cm（16开）ISBN：7-5414-0415-2
定价：CNY2.30

J0088904

米老鼠日记 （第八集　石币的秘密）（美）沃特·迪斯尼绘；陶玉德译
昆明　云南少年儿童出版社　1990年　31页
26cm（16开）ISBN：7-5414-0416-0
定价：CNY2.30

J0088905

米老鼠日记 （第九集　莫尔道什的风笛）（美）沃特·迪斯尼绘；陶玉德译
昆明　云南少年儿童出版社　1990年　32页
26cm（16开）ISBN：7-5414-0417-9
定价：CNY2.30

J0088906

魔力面具·女巫的阴谋 晓学改编；李世铎绘
天津　天津教育出版社　1990年　19cm（32开）
ISBN：7-5309-1056-6　定价：CNY0.85
（美国电视系列动画片·"宇宙的巨人——希曼"丛书）
　　美国现代动画作品。

J0088907

魔石的灾害·时间的长廊 晓学改编；姜书典，路红绘
天津　天津教育出版社　1990年　19cm（32开）
ISBN：7-5309-1010-8　定价：CNY0.85
（美国电视系列动画片·"宇宙的巨人——希曼"丛书）
　　美国现代动画作品。

J0088908

鸟山明 （日）鸟山明著；丁铃译
台北　尖端出版公司　1990年　100页　29cm（16开）
精装　定价：TWD150.00
　　日本动画作品。作者鸟山明（1955—　　），日本漫画家。生于日本爱知县，成名之作《阿拉蕾》《龙珠》。

J0088909

认识你自己吗？ （米老鼠和唐老鸭新传）邹连聪，庞晖译
海口　南海出版公司　1990年　26cm（16开）
ISBN：7-80570-232-2　定价：CNY1.90
　　中国现代动画作品。

J0088910

太空儿UB （4）（日）藤子·F·不二雄著；王振华，陈曼译
海口　南海出版公司　1990年　188页　19cm（32开）
ISBN：7-80570-189-X　定价：CNY2.40
　　日本现代动画作品。作者藤子·F·不二雄（1933—1996），日本漫画家。出生于日本富山县高冈市，本名藤本弘。毕业于富山县立高冈工艺高等学校电气科。受到漫画大师手冢治虫的启

发，立志成为儿童漫画家。小学馆的代表漫画家之一。代表作《Q太郎》《哆啦A梦》《小超人帕门》《超能力魔美》。

J0088911
太空儿 UB （5）（日）藤子·F·不二雄著；王振华，陈曼译
海口 南海出版公司 1990年 190页 19cm（32开）ISBN：7-80570-190-3 定价：CNY2.40

J0088912
太空儿 UB （6）（日）藤子·F·不二雄著；王振华，陈曼译
海口 南海出版公司 1990年 190页 19cm（32开）ISBN：7-80570-191-1 定价：CNY2.40

J0088913
太空儿 UB （7）（日）藤子·F·不二雄著；王振华，陈曼译
海口 南海出版公司 1990年 188页 19cm（32开）
定价：CNY2.40

J0088914
太空儿 UB （8）（日）藤子·F·不二雄著；王振华，陈曼译
海口 南海出版公司 1990年 188页 19cm（32开）
定价：CNY2.40

J0088915
太空儿 UB （9）（日）藤子·F·不二雄著；王振华，陈曼译
海口 南海出版公司 1990年 188页 19cm（32开）
定价：CNY2.40

J0088916
太空儿 UB （1）（日）藤子·F·不二雄著；王振华，陈曼译
海口 南海出版公司 1991年 2版 188页
19cm（32开）ISBN：7-80570-093-1
定价：CNY2.90

J0088917
太空儿 UB （2）（日）藤子·F·不二雄著；王振华，陈曼译
海口 南海出版公司 1991年 2版 191页

19cm（32开）ISBN：7-80570-094-X
定价：CNY2.90

J0088918
太空儿 UB （3）（日）藤子·F·不二雄著；王振华，陈曼译
海口 南海出版公司 1991年 2版 191页
19cm（32开）ISBN：7-80570-121-0
定价：CNY2.90

J0088919
太空儿 UB （4）（日）藤子·F·不二雄著；王振华，陈曼译
海口 南海出版公司 1991年 2版 188页
19cm（32开）ISBN：7-80570-189-X
定价：CNY2.90

J0088920
太空儿 UB （5）（日）藤子·F·不二雄著；王振华，陈曼译
海口 南海出版公司 1991年 2版 189页
19cm（32开）ISBN：7-80570-190-3
定价：CNY2.90
　　日本现代动画作品。

J0088921
太空儿 UB （6）（日）藤子·F·不二雄著；王振华，陈曼译
海口 南海出版公司 1991年 2版 190页
19cm（32开）ISBN：7-80570-190-3
定价：CNY2.90

J0088922
太空儿 UB （7）（日）藤子·F·不二雄著；王振华译
海口 南海出版公司 1991年 2版 188页
19cm（32开）ISBN：7-80570-427-9
定价：CNY2.90

J0088923
太空儿 UB （8）（日）藤子·F·不二雄著；王振华译
海口 南海出版公司 1991年 2版 156页
19cm（32开）ISBN：7-80570-428-7
定价：CNY2.90

J0088924

太空儿 UB　（9）（日）藤子·F·不二雄著；王振华译

海口　南海出版公司　1991年　2版　188页

19cm（32开）ISBN：7–80570–429–5

定价：CNY2.90

J0088925

娃娃世界　（献给儿童们的礼物）曹庆婕，林军编绘

天津　天津杨柳青画社　1990年　108页

17×19cm（24开）ISBN：7–80503–076–6

定价：CNY4.20

　　本书汇集了大量中外动画片、连环画、部分儿童书籍中娃娃及动物的图案资料。

J0088926

无敌金刚　（第一集）（美）柯罗特·洛宾斯编绘；陈俊仪，吉文军译

贵阳　贵州人民出版社　1990年　40页

26cm（16开）ISBN：7–221–01835–9

定价：CNY1.70

　　美国现代动画作品。

J0088927

无敌金刚　（第二集）（美）柯罗特·洛宾斯编绘；陈俊仪，吉文军译

贵阳　贵州人民出版社　1990年　40页

26cm（16开）ISBN：7–221–01835–9

定价：CNY1.70

J0088928

小丁当　（新版精选本）（日）藤子·F·不二雄编绘

广州　新世纪出版社［1990年］8册　19cm（32开）

ISBN：7–5405–0474–9　定价：CNY12.00

（卡通世界）

J0088929

银河列车 999　（日）松本零士编绘；王振华，丁晓玉译；贺卓等复制

北京　中国文联出版公司　1990年　10册

19cm（32开）袋装　ISBN：7–5059–1355–7

定价：CNY15.00

　　日本现代动画作品。

J0088930

隐身头盔·隐身宝石　晓学改编；宋玉星，王书朋绘

天津　天津教育出版社　1990年　19cm（32开）

ISBN：7–5309–1008–6　定价：CNY0.85

（美国电视系列动画片·"宇宙的巨人——希曼"丛书）

　　美国现代动画作品。

J0088931

幽默大王——大鼻子皮福　（一）张燕译

北京　国际文化出版公司　1990年　137页

19cm（32开）ISBN：7–80049–606–6

定价：CNY2.50

　　外国现代动画作品。

J0088932

幽默大王——大鼻子皮福　（二）张燕译

北京　国际文化出版公司　1990年　131页

19cm（32开）ISBN：7–80049–607–4

定价：CNY2.50

　　外国现代动画作品。

J0088933

宇宙的巨人希曼　彦一白，王载德文；陈建明等绘

北京　国际文化出版公司　1990年　19cm（32开）

ISBN：7–80049–599–X　定价：CNY1.10

（美国系列电视动画片 2）

　　美国现代动画作品。

J0088934

宇宙的巨人希曼　（滑稽慧星·魔杖）刘明亮，金强编；常幼明等绘

北京　中国连环画出版社　1990年　16页

26cm（16开）ISBN：7–5061–0301–X

定价：CNY1.10

J0088935

宇宙的巨人希曼　（化石器·奥克叔叔）刘明亮，金强编；宋平等绘

北京　中国连环画出版社　1990年　16页

26cm（16开）ISBN：7–5061–0304–4

定价：CNY1.10

J0088936

宇宙的巨人希曼 （幻觉月球的女王·寻找希曼）刘明亮，金强编；张振纲等绘
北京 中国连环画出版社 1990 年 16 页
26cm（16 开）ISBN：7-5061-0303-6
定价：CNY1.10

J0088937

宇宙的巨人希曼 （石山法师·太阳神庙）刘明亮，金强编；陈英等绘
北京 中国连环画出版社 1990 年 16 页
26cm（16 开）ISBN：7-5061-0305-2
定价：CNY1.10

J0088938

宇宙的巨人希曼 （隐身头盔·阴谋宝石）刘明亮，金强编；刘义等绘
北京 中国连环画出版社 1990 年 16 页
26cm（16 开）ISBN：7-5061-0302-8
定价：CNY1.10

J0088939

宇宙巨人希曼 （魔鬼之王）
南京 江苏美术出版社 1990 年 70 页
19cm（32 开）ISBN：7-5344-0140-2
定价：CNY2.40

J0088940

宇宙巨人希曼 （战胜巨石怪）
南京 江苏美术出版社 1990 年 55 页
19cm（32 开）ISBN：7-5344-0140-2
定价：CNY2.00

J0088941

宇宙巨人希曼 （上）茂秋等改编；王永扬等绘
天津 天津人民美术出版社 1990 年 10 册
13cm（60 开）ISBN：7-5305-3299-5
定价：CNY4.80
（美国电视动画片）

J0088942

宇宙巨人希曼 （下）乔克等改编；冀汉等绘
天津 天津人民美术出版社 1990 年 10 册
13cm（60 开）ISBN：7-5305-3308-8
定价：CNY4.80

（美国电视动画片）

J0088943

宇宙小战争 （丁当长篇卡通故事）（日）藤子·F·不二雄编绘
广州 新世纪出版社 1990 年 2 册 19cm（32 开）
ISBN：7-5405-0472-2 定价：CNY2.65
（卡通世界）
　　日本现代动画作品。

J0088944

最新 Q 太郎系列 （一 好好狗）（日）藤子·F·不二雄著；郎樱译
北京 中国妇女出版社 1990 年 85 页
19cm（32 开）ISBN：7-80016-256-7
定价：CNY1.30
　　日本现代动画作品。

J0088945

最新 Q 太郎系列 （二 骑士 Q 太郎）（日）藤子·F·不二雄著；徐超译
北京 中国妇女出版社 1990 年 85 页
19cm（32 开）ISBN：7-80016-256-7
定价：CNY1.30

J0088946

最新 Q 太郎系列 （三 犯人是谁）（日）藤子·F·不二雄著；夏立新译
北京 中国妇女出版社 1990 年 85 页
19cm（32 开）ISBN：7-80016-256-7
定价：CNY1.30

J0088947

最新 Q 太郎系列 （四 决斗取消）（日）藤子·F·不二雄著；王树本译
北京 中国妇女出版社 1990 年 85 页
19cm（32 开）ISBN：7-80016-256-7
定价：CNY1.30

J0088948

奥克的叔叔回来了·石山法师 晓学改编；魏钧泉等绘
天津 天津教育出版社 1991 年 19cm（小 32 开）
ISBN：7-5390-1149-X 定价：CNY0.85
（"宇宙的巨人—希曼"丛书 美国电视系列动画片）

美国现代动画作品。

J0088949

奥克与戴玛·真正的友谊　晓学改编；李世铎
等绘
天津　天津教育出版社　1991 年　19cm（小 32 开）
ISBN：7-5309-1148-1　定价：CNY0.85
（"宇宙的巨人—希曼"丛书　美国电视系列动画片）
　　美国现代动画作品。

J0088950

背叛·亚当就是亚当　文泉，小雪改编；疆沙
等绘
天津　天津教育出版社　1991 年　19cm（小 32 开）
ISBN：7-5309-1161-9　定价：CNY0.85
（"宇宙的巨人—希曼"丛书　美国电视系列动画片）
　　美国现代动画作品。

J0088951

被激怒的黑玫瑰　（日）镰田幸美著；蔡彩时译
北京　中国华侨出版公司　1991 年　207 页
19cm（小 32 开）ISBN：7-80074-441-8
定价：CNY2.80
（黑玫瑰系列杰作集 4）
　　日本现代动画作品。

J0088952

别上鬼当　（斯诺皮想当大明星　汉英对照）
（美）舒尔兹原著；唐谷青编译
北京　中国文联出版公司　1991 年　118 页
19cm（小 32 开）ISBN：7-5059-1274-7
定价：CNY1.60
　　美国现代动画作品。

J0088953

博博·博贝特历险记　（一　海马王子）（比）范
德斯丁著；谈工皎译编；吴冰玉等复制
上海　上海人民美术出版社　1991 年　34 页
19cm（32 开）ISBN：7-5322-0847-8
定价：CNY1.35
　　比利时现代动画作品。

J0088954

博博·博贝特历险记　（二　石头面包）（比）范
德斯丁著；谈工皎译编；吴冰玉等复制

上海　上海人民美术出版社　1991 年　34 页
19cm（32 开）ISBN：7-5322-0848-6
定价：CNY1.35
　　比利时现代动画作品。

J0088955

布雷斯塔警长　（一）钱丽遐等编；赵辛等绘
上海　上海翻译出版公司　1991 年　34 页
19cm（小 32 开）ISBN：7-80514-765-5
定价：CNY1.35
（美国电视动画故事）
　　美国现代动画作品。

J0088956

布雷斯塔警长　（二）钱丽遐等编；赵辛等绘
上海　上海翻译出版公司　1991 年　34 页
19cm（小 32 开）ISBN：7-80514-766-3
定价：CNY1.35
（美国电视动画故事）

J0088957

布雷斯塔警长　（三）钱丽遐等编；赵辛等绘
上海　上海翻译出版公司　1991 年　34 页
19cm（小 32 开）ISBN：7-80514-767-1
定价：CNY1.35
（美国电视动画故事）

J0088958

布雷斯塔警长　（四）钱丽遐等编；赵辛等绘
上海　上海翻译出版公司　1991 年　34 页
19cm（小 32 开）ISBN：7-80514-768-X
定价：CNY1.35
（美国电视动画故事）

J0088959

布雷斯塔警长　（五）钱丽遐等编；赵辛等绘
上海　上海翻译出版公司　1991 年　34 页
19cm（小 32 开）ISBN：7-80514-769-8
定价：CNY1.35
（美国电视动画故事）

J0088960

布雷斯塔警长　（六）钱丽遐等编；赵辛等绘
上海　上海翻译出版公司　1991 年　34 页
19cm（小 32 开）ISBN：7-80514-770-1

定价: CNY1.35

（美国电视动画故事）

J0088961

大战赌城 （日）镰田幸美著；那永华译

北京 中国华侨出版公司 1991 年 183 页

19cm（小 32 开）ISBN：7-80074-438-8

定价: CNY2.50

（黑玫瑰系列杰作集 1）

　　日本现代动画作品。

J0088962

大战海怪 （斯诺皮想当大明星 汉英对照）
（美）舒尔兹原著；唐谷青编译

北京 中国文联出版公司 1991 年 118 页

19cm（小 32 开）ISBN：7-5059-1272-0

定价: CNY1.60

　　美国现代动画作品。

J0088963

风魔小次郎 （第一卷）（日）车田正美著；益文
编译

海口 海南摄影美术出版社 1991 年 5 册

19cm（小 32 开）ISBN：7-80571-154-2

定价: CNY9.50

　　日本现代动画作品。作者车田正美
（1953—　　），日本漫画家。代表作品有《圣斗士
星矢》《风魔小次郎》《拳王创世纪》等。

J0088964

风魔小次郎 （卷二 1 风林火山）（日）车田正
美著；益文编译

海口 海南摄影美术出版社 1991 年 95 页

19cm（小 32 开）ISBN：7-80571-155-0

定价: CNY1.90

　　作者车田正美（1953—　　），日本漫画家。代
表作品有《圣斗士星矢》《风魔小次郎》《拳王创
世纪》等。

J0088965

风魔小次郎 （卷二 2 呼唤战士之声）（日）车
田正美著；益文编译

海口 海南摄影美术出版社 1991 年 95 页

19cm（小 32 开）ISBN：7-80571-155-0

定价: CNY1.90

J0088966

风魔小次郎 （卷二 3 风魔家族殒落）（日）车
田正美著；益文编译

海口 海南摄影美术出版社 1991 年 93 页

19cm（小 32 开）ISBN：7-80571-155-0

定价: CNY1.90

　　日本现代动画作品。

J0088967

风魔小次郎 （卷二 4 皇帝的出现）（日）车田
正美著；益文编译

海口 海南摄影美术出版社 1991 年 93 页

19cm（小 32 开）ISBN：7-80571-155-0

定价: CNY1.90

J0088968

风魔小次郎 （卷二 5 圣剑的传说）（日）车田
正美著；益文编译

海口 海南摄影美术出版社 1991 年 93 页

19cm（小 32 开）ISBN：7-80571-155-0

定价: CNY1.90

J0088969

风魔小次郎 （卷三 1 大地裂开之时）（日）车
田正美著；益文编译

海口 海南摄影美术出版社 1991 年 94 页

19cm（小 32 开）ISBN：7-80571-156-9

定价: CNY1.90

J0088970

风魔小次郎 （卷三 2 被神选定的战士）（日）
车田正美著；益文编译

海口 海南摄影美术出版社 1991 年 94 页

19cm（小 32 开）ISBN：7-80571-156-9

定价: CNY1.90

J0088971

风魔小次郎 （卷三 3 冰的世界对火的世界）
（日）车田正美著；益文编译

海口 海南摄影美术出版社 1991 年 95 页

19cm（小 32 开）ISBN：7-80571-156-9

定价: CNY1.90

J0088972

风魔小次郎 （卷三 4 圣剑战争）（日）车田正

美著；益文编译
海口 海南摄影美术出版社 1991 年 95 页
19cm(小 32 开) ISBN：7-80571-156-9
定价：CNY1.90

J0088973
风魔小次郎 （卷三 5 燃烧着的大门）（日）车田正美著；益文编译
海口 海南摄影美术出版社 1991 年 93 页
19cm(小 32 开) ISBN：7-80571-156-9
定价：CNY1.90

J0088974
风魔小次郎 （卷四 1 四千年的梦）（日）车田正美著；益文编译
海口 海南摄影美术出版社 1991 年 93 页
19cm(小 32 开) ISBN：7-80571-157-7
定价：CNY1.90

J0088975
风魔小次郎 （卷四 2 风魔的叛乱）（日）车田正美著；益文编译
海口 海南摄影美术出版社 1991 年 93 页
19cm(小 32 开) ISBN：7-80571-157-7
定价：CNY1.90

J0088976
风魔小次郎 （卷四 3 从冥府到人间）（日）车田正美著；益文编译
海口 海南摄影美术出版社 1991 年 93 页
19cm(小 32 开) ISBN：7-80571-157-7
定价：CNY1.90

J0088977
风魔小次郎 （卷四 4 死的关键言辞）（日）车田正美著；益文编译
海口 海南摄影美术出版社 1991 年 95 页
19cm(小 32 开) ISBN：7-80571-157-7
定价：CNY1.90

J0088978
风魔小次郎 （卷四 5 风的旗帜）（日）车田正美著；益文编译
海口 海南摄影美术出版社 1991 年 95 页
19cm(小 32 开) ISBN：7-80571-157-7

定价：CNY1.90

J0088979
风魔小次郎 （5 圣剑传说）（日）车田正美著；许敏译
北京 中国连环画出版社 1991 年 183 页
19cm(小 32 开) ISBN：7-5061-0469-5
定价：CNY3.65
（超级圣斗士 圣斗士姐妹篇）

J0088980
风魔小次郎 （6 宇宙组合）（日）车田正美著；金花译
北京 中国连环画出版社 1991 年 186 页
19cm(小 32 开) ISBN：7-5061-0470-9
定价：CNY3.65
（超级圣斗士 圣斗士姐妹篇）

J0090860
风魔小次郎 （7 圣剑战争）（日）车田正美著；金花译
北京 中国连环画出版社 1991 年 188 页
19cm(小 32 开) ISBN：7-5061-0471-X
定价：CNY3.65

J0088981
风魔小次郎 （8 四千年的梦）（日）车田正美著；金花译
北京 中国连环画出版社 1991 年 185 页
19cm(小 32 开) ISBN：7-5061-0472-2
定价：CNY3.65
（超级圣斗士 圣斗士姐妹篇）

J0088982
风魔小次郎 （9 风魔族的叛乱）（日）车田正美著；金花译
北京 中国连环画出版社 1991 年 192 页
19cm(小 32 开) ISBN：7-5061-0473-3
定价：CNY3.65
（超级圣斗士 圣斗士姐妹篇）

J0088983
风魔小次郎 （10 风之旗）（日）车田正美著；金花，杜颖译
北京 中国连环画出版社 1991 年 192 页

19cm(小 32 开) ISBN：7-5061-0488-1
定价：CNY3.65
(超级圣斗士 圣斗士姐妹篇)

J0088984
复仇的故事 (日)镰田幸美著；蔡彩时译
北京 中国华侨出版公司 1991 年 191 页
19cm(小 32 开) ISBN：7-80074-440-X
定价：CNY2.60
(黑玫瑰系列杰作集 3)
　　　日本现代动画作品。

J0088985
高田明美画集 (机动警察 Patlabor)(日)高田
明美著；丁铃译
台北 尖端出版公司 1991 年 117 页 29cm(16 开)
ISBN：4-8291-9106-6 定价：TWD280.00

J0088986
怪鸭历险记 (英国 65 集电视卡通片连环画)
王向群，徐建光编
南京 南京出版社 1991 年 90 页 19cm(小 32 开)
ISBN：7-80560-413-4 定价：CNY4.50
　　　英国现代动画作品。

J0088987
国际精灵大集会 (怪物王国的小精灵)(日)
藤子·F·不二雄著；平平编译
北京 中国文联出版公司 1991 年 94 页
19cm(小 32 开) ISBN：7-5059-1421-9
定价：CNY1.30
　　　日本现代动画作品。

J0088988
国外动画造型 3000 例 子蹊选编
长春 吉林美术出版社 1991 年 184 页
26cm(16 开) ISBN：7-5386-0222-4
定价：CNY15.00
(美术设计实用丛书)

J0088989
黑玫瑰系列杰作集 (日)镰田幸美著；蔡彩时译
北京 中国华侨出版公司 1991 年 5 册
18cm(32 开)
　　　日本现代动画作品。

J0088990
坏种·地狱的考验·奥克的好叔叔 文泉，小
雪改编；章亦等绘
天津 天津教育出版社 1991 年 19cm(小 32 开)
ISBN：7-5309-1160-0 定价：CNY0.85
("宇宙的巨人—希曼"丛书 美国电视系列动画片)
　　　美国现代动画作品。

J0088991
可怕的北极熊 (斯诺皮想当大明星 汉英对
照)(美)舒尔兹原著；唐谷青编译
北京 中国文联出版公司 1991 年 118 页
19cm(小 32 开) ISBN：7-5059-1273-9
定价：CNY1.60
　　　美国现代动画作品。

J0088992
美树本晴彦画集 (日)美树本晴彦著；丁铃译
台北 尖端出版公司 1991 年 117页 29cm(16 开)
定价：TWD280.00

J0088993
奶油猴的故事 (1 巴特警长)(意)比安科尼
著；徐景田译；李华佑等绘
上海 上海人民美术出版社 1991 年 35 页
19cm(小 32 开) ISBN：7-5322-0821-4
定价：CNY1.35
　　　意大利现代动画作品。

J0088994
奶油猴的故事 (2 黑金子)(意)比安科尼著；
徐景田译；张康等绘
上海 上海人民美术出版社 1991 年 35 页
19cm(小 32 开) ISBN：7-5322-0822-2
定价：CNY1.35
　　　意大利现代动画作品。

J0088995
奶油猴的故事 (3 动物保护人)(意)比安科
尼著；徐景田译；田心等绘
上海 上海人民美术出版社 1991 年 35 页
19cm(小 32 开) ISBN：7-5322-0823-0
定价：CNY1.35
　　　意大利现代动画作品。

J0088996

奶油猴的故事 （4 大象公园）（意）比安科尼
著；徐景田译；留意，何进绘
上海 上海人民美术出版社 1991 年 35 页
19cm（小 32 开）ISBN：7–5322–0824–9
定价：CNY1.35
　　意大利现代动画作品。

J0088997

女神的圣斗士 （海皇波士顿卷 1 万岁！女神
得救）（日）车田正美著；益文编译
海口 海南摄影美术出版社 1991 年 109 页
19cm（小 32 开）ISBN：7–80571–095–3
定价：CNY1.90，CNY9.50（全 5 册）
　　日本现代动画作品。

J0088998

女神的圣斗士 （海皇波士顿卷 2 魔笛！海魔
女苏兰特）（日）车田正美著；益文编译
海口 海南摄影美术出版社 1991 年 109 页
19cm（小 32 开）ISBN：7–80571–095–3
定价：CNY1.90，CNY9.50（全 5 册）

J0088999

女神的圣斗士 （海皇波士顿卷 3 重生！金黄
色的青铜圣衣）（日）车田正美著；益文编译
海口 海南摄影美术出版社 1991 年 109 页
19cm（小 32 开）ISBN：7–80571–095–3
定价：CNY1.90，CNY9.50（全 5 册）

J0089000

女神的圣斗士 （海皇波士顿卷 4 六头怪！女
身的男子）（日）车田正美著；益文编译
海口 海南摄影美术出版社 1991 年 109 页
19cm（小 32 开）ISBN：7–80571–095–3
定价：CNY1.90，CNY9.50（全 5 册）

J0089001

女神的圣斗士 （海皇波士顿卷 5 死斗！圣剑
与黄金枪）（日）车田正美著；益文编译
海口 海南摄影美术出版社 1991 年 109 页
19cm（小 32 开）ISBN：7–80571–095–3
定价：CNY1.90，CNY9.50（全 5 册）

J0089002

女神的圣斗士 （海洋大战卷 1 不死鸟！凤凰
回来了）（日）车田正美著；益文编译
海口 海南摄影美术出版社 1991 年 111 页
19cm（小 32 开）ISBN：7–80571–096–1
定价：CNY1.90，CNY9.50（全 5 册）

J0089003

女神的圣斗士 （海洋大战卷 2 警惕！幕后的
操纵者）（日）车田正美著；益文编译
海口 海南摄影美术出版社 1991 年 110 页
19cm（小 32 开）ISBN：7–80571–096–1
定价：CNY1.90，CNY9.50（全 5 册）

J0089004

女神的圣斗士 （海洋大战卷 3 罪恶！海龙的
野心）（日）车田正美著；益文编译
海口 海南摄影美术出版社 1991 年 109 页
19cm（小 32 开）ISBN：7–80571–096–1
定价：CNY1.90，CNY9.50（全 5 册）

J0089005

女神的圣斗士 （海洋大战卷 4 崩溃！生命之
柱）（日）车田正美著；益文编译
海口 海南摄影美术出版社 1991 年 108 页
19cm（小 32 开）ISBN：7–80571–096–1
定价：CNY1.90，CNY9.50（全 5 册）

J0089006

女神的圣斗士 （海洋大战卷 5 封禁！雅典娜
宝壶）（日）车田正美著；益文编译
海口 海南摄影美术出版社 1991 年 109 页
19cm（小 32 开）ISBN：7–80571–096–1
定价：CNY1.90，CNY9.50（全 5 册）

J0089007

女神的圣斗士 （黄金圣衣卷 1 光明与黑暗的
搏斗）（日）车田正美著；益文编译
海口 海南摄影美术出版社 1991 年 109 页
19cm（小 32 开）ISBN：7–80571–091–X
定价：CNY1.90，CNY9.50（全 5 册）

J0089008

女神的圣斗士 （黄金圣衣卷 2 憎恨！皇后岛
之谜）（日）车田正美著；益文编译

海口 海南摄影美术出版社 1991 年 109 页
19cm（小 32 开）ISBN：7-80571-091-X
定价：CNY1.90, CNY9.50（全 5 册）

J0089009
女神的圣斗士 （黄金圣衣卷 3 处死！教皇的
指令）（日）车田正美著；益文编译
海口 海南摄影美术出版社 1991 年 109 页
19cm（小 32 开）ISBN：7-80571-091-X
定价：CNY1.90, CNY9.50（全 5 册）

J0089010
女神的圣斗士 （黄金圣衣卷 4 伤痕！男子汉
的勋章）（日）车田正美著；益文编译
海口 海南摄影美术出版社 1991 年 109 页
19cm（小 32 开）ISBN：7-80571-091-X
定价：CNY1.90, CNY9.50（全 5 册）

J0089011
女神的圣斗士 （黄金圣衣卷 5 战斗吧！在女
神身边）（日）车田正美著；益文编译
海口 海南摄影美术出版社 1991 年 109 页
19cm（小 32 开）ISBN：7-80571-091-X
定价：CNY1.90, CNY9.50（全 5 册）
　　日本现代动画作品。

J0089012
女神的圣斗士 （进军冥王界卷 1 强渡！阿格
龙河）（日）车田正美著；益文编译
海口 海南摄影美术出版社 1991 年 109 页
19cm（小 32 开）ISBN：7-80571-129-1
定价：CNY1.90, CNY9.50（全 5 册）
　　日本现代动画作品。

J0089013
女神的圣斗士 （进军冥王界卷 2 罪与罚！第
一狱的裁判）（日）车田正美著；益文编译
海口 海南摄影美术出版社 1991 年 109 页
19cm（小 32 开）ISBN：7-80571-129-1
定价：CNY1.90, CNY9.50（全 5 册）

J0089014
女神的圣斗士 （进军冥王界卷 3 奥路菲！传
说的圣斗士）（日）车田正美著；益文编译
海口 海南摄影美术出版社 1991 年 109 页

19cm（小 32 开）ISBN：7-80571-129-1
定价：CNY1.90, CNY9.50（全 5 册）

J0089015
女神的圣斗士 （进军冥王界卷 4 托生！冥王
的灵魂）（日）车田正美著；益文编译
海口 海南摄影美术出版社 1991 年 109 页
19cm（小 32 开）ISBN：7-80571-129-1
定价：CNY1.90, CNY9.50（全 5 册）

J0089016
女神的圣斗士 （进军冥王界卷 5 恐怖！永恒
的日食）（日）车田正美著；益文编译
海口 海南摄影美术出版社 1991 年 109 页
19cm（小 32 开）ISBN：7-80571-129-1
定价：CNY1.90, CNY9.50（全 5 册）

J0090897
女神的圣斗士 （冥王哈迪斯卷 1 背叛！黄金
圣斗士）（日）车田正美著；益文编译
海口 海南摄影美术出版社 1991 年 111 页
19cm（小 32 开）ISBN：7-80571-128-3
定价：CNY1.90, CNY9.50（全 5 册）

J0089017
女神的圣斗士 （冥王哈迪斯卷 2 奇妙！返老
还童术）（日）车田正美著；益文编译
海口 海南摄影美术出版社 1991 年 111 页
19cm（小 32 开）ISBN：7-80571-128-3
定价：CNY1.90, CNY9.50（全 5 册）

J0089018
女神的圣斗士 （冥王哈迪斯卷 3 巨蝶！地妖
星巴比隆）（日）车田正美著；益文编译
海口 海南摄影美术出版社 1991 年 111 页
19cm（小 32 开）ISBN：7-80571-128-3
定价：CNY1.90, CNY9.50（全 5 册）

J0089019
女神的圣斗士 （冥王哈迪斯卷 4 毁灭！沙罗
双校园）（日）车田正美著；益文编译
海口 海南摄影美术出版社 1991 年 111 页
19cm（小 32 开）ISBN：7-80571-128-3
定价：CNY1.90, CNY9.50（全 5 册）
　　作者车田正美（1953—　），日本漫画家。代表作品有《圣斗士星矢》《凤魔小次郎》《拳王创世纪》等。

J0089020

女神的圣斗士 （冥王哈迪斯卷 5 复活！女神的圣衣）（日）车田正美著；益文编译
海口 海南摄影美术出版社 1991 年 111 页
19cm（小 32 开）ISBN：7-80571-128-3
定价：CNY1.90, CNY9.50（全 5 册）

J0089021

女神的圣斗士 （女神的胜利卷 1 突破！叹息的墙壁）（日）车田正美著；益文编译
海口 海南摄影美术出版社 1991 年 110 页
19cm（小 32 开）ISBN：7-80571-140-2
定价：CNY1.90, CNY9.50（全 5 册）
　　　日本现代动画作品。

J0089022

女神的圣斗士 （女神的胜利卷 2 通道！地狱与极乐净土）（日）车田正美著；益文编译
海口 海南摄影美术出版社 1991 年 110 页
19cm（小 32 开）ISBN：7-80571-140-2
定价：CNY1.90, CNY9.50（全 5 册）

J0089023

女神的圣斗士 （女神的胜利卷 3 潘多啦！灰色的回忆）（日）车田正美著；益文编译
海口 海南摄影美术出版社 1991 年 110 页
19cm（小 32 开）ISBN：7-80571-140-2
定价：CNY1.90, CNY9.50（全 5 册）

J0089024

女神的圣斗士 （女神的胜利卷 4 圣衣！海皇的援军）（日）车田正美著；益文编译
海口 海南摄影美术出版社 1991 年 110 页
19cm（小 32 开）ISBN：7-80571-140-2
定价：CNY1.90, CNY9.50（全 5 册）

J0089025

女神的圣斗士 （女神的胜利卷 5 大决战！哈迪斯神殿）（日）车田正美著；益文编译
海口 海南摄影美术出版社 1991 年 110 页
19cm（小 32 开）ISBN：7-80571-140-2
定价：CNY1.90, CNY9.50（全 5 册）

J0089026

女神的圣斗士 （女神的危难卷 1 出动！黄金圣斗士）（日）车田正美著；益文编译
海口 海南摄影美术出版社 1991 年 109 页
19cm（小 32 开）ISBN：7-80571-093-7
定价：CNY1.90, CNY9.50（全 5 册）

J0089027

女神的圣斗士 （女神的危难卷 2 迷惑！勇猛的狮子）（日）车田正美著；益文编译
海口 海南摄影美术出版社 1991 年 109 页
19cm（小 32 开）ISBN：7-80571-093-7
定价：CNY1.90, CNY9.50（全 5 册）

J0089028

女神的圣斗士 （女神的危难卷 3 危急！女神中箭）（日）车田正美著；益文编译
海口 海南摄影美术出版社 1991 年 109 页
19cm（小 32 开）ISBN：7-80571-093-7
定价：CNY1.90, CNY9.50（全 5 册）

J0089029

女神的圣斗士 （女神的危难卷 4 幻影！神秘的双子宫）（日）车田正美著；益文编译
海口 海南摄影美术出版社 1991 年 109 页
19cm（小 32 开）ISBN：7-80571-093-7
定价：CNY1.90, CNY9.50（全 5 册）

J0089030

女神的圣斗士 （女神的危难卷 5 巨蟹！生与死的边界）（日）车田正美著；益文编译
海口 海南摄影美术出版社 1991 年 109 页
19cm（小 32 开）ISBN：7-80571-093-7
定价：CNY1.90, CNY9.50（全 5 册）

J0089031

女神的圣斗士 （十二神殿卷 1 凤凰与处女之战）（日）车田正美著；益文编译
海口 海南摄影美术出版社 1991 年 109 页
19cm（小 32 开）ISBN：7-80571-094-5
定价：CNY1.90, CNY9.50（全 5 册）

J0089032

女神的圣斗士 （十二神殿卷 2 冷与毒！白鸟对天蝎）（日）车田正美著；益文编译

海口 海南摄影美术出版社 1991 年 109 页
19cm(小 32 开) ISBN:7-80571-094-5
定价:CNY1.90, CNY9.50(全 5 册)
　　日本现代动画作品。

J0089033
女神的圣斗士 （十二神殿卷 3 飞向太空! 天龙架山羊）(日) 车田正美著; 益文编译
海口 海南摄影美术出版社 1991 年 109 页
19cm(小 32 开) ISBN:7-80571-094-5
定价:CNY1.90, CNY9.50(全 5 册)

J0089034
女神的圣斗士 （十二神殿卷 4 玫瑰! 剧毒的武器）(日) 车田正美著; 益文编译
海口 海南摄影美术出版社 1991 年 109 页
19cm(小 32 开) ISBN:7-80571-094-5
定价:CNY1.90, C

J0089035
女神的圣斗士 （十二神殿卷 5 善与恶! 教皇的面孔）(日) 车田正美著; 益文编译
海口 海南摄影美术出版社 1991 年 109 页
19cm(小 32 开) ISBN:7-80571-094-5
定价:CNY1.90, CNY9.50(全 5 册)

J0089036
女神的圣斗士 （银河战争卷 1 星矢! 天马小英雄）(日) 车田正美著; 益文编译
海口 海南摄影美术出版社 1991 年 109 页
19cm(小 32 开) ISBN:7-80571-070-8
定价:CNY1.90, CNY9.50(全 5 册)

J0089037
女神的圣斗士 （银河战争卷 2 白鸟! 冰原战士）(日) 车田正美著; 益文编译
海口 海南摄影美术出版社 1991 年 109 页
19cm(小 32 开) ISBN:7-80571-070-8
定价:CNY1.90, CNY9.50(全 5 册)

J0089038
女神的圣斗士 （银河战争卷 3 决斗! 天马对天龙）(日) 车田正美著; 益文编译
海口 海南摄影美术出版社 1991 年 109 页
19cm(小 32 开) ISBN:7-80571-070-8

定价:CNY1.90, CNY9.50(全 5 册)

J0089039
女神的圣斗士 （银河战争卷 4 凤凰! 死亡岛上的圣斗士）(日) 车田正美著; 益文编译
海口 海南摄影美术出版社 1991 年 109 页
19cm(小 32 开) ISBN:7-80571-070-8
定价:CNY1.90, CNY9.50(全 5 册)

J0089040
女神的圣斗士 （银河战争卷 5 黑暗四天王）(日) 车田正美著; 益文编译
海口 海南摄影美术出版社 1991 年 109 页
19cm(小 32 开) ISBN:7-80571-070-8
定价:CNY1.90, CNY9.50(全 5 册)
　　作者车田正美(1953—)，日本漫画家。代表作品有《圣斗士星矢》《风魔小次郎》《拳王创世纪》等。

J0089041
七龙珠 （贝吉塔和那巴卷 1 贝吉塔的游戏）(日) 鸟山明著; 益文编译
海口 海南摄影美术出版社 1991 年 111 页
19cm(32 开) ISBN:7-80571-158-5
定价:CNY1.90, CNY9.50(全 5 册)
　　日本现代动画作品。作者鸟山明(1955—)，日本漫画家。生于日本爱知县，成名之作《阿拉蕾》《龙珠》。

J0089042
七龙珠 （贝吉塔和那巴卷 2 悟空回来了）(日) 鸟山明著; 益文编译
海口 海南摄影美术出版社 1991 年 111 页
19cm(32 开) ISBN:7-80571-158-5
定价:CNY1.90, CNY9.50(全 5 册)

J0089043
七龙珠 （贝吉塔和那巴卷 3 两个赛亚人的决斗）(日) 鸟山明著; 益文编译
海口 海南摄影美术出版社 1991 年 111 页
19cm(32 开) ISBN:7-80571-158-5
定价:CNY1.90, CNY9.50(全 5 册)
　　日本现代动画作品。

J0089044
七龙珠 （贝吉塔和那巴卷 4 元气弹的功能）
（日）鸟山明著；益文编译
海口 海南摄影美术出版社 1991 年 111 页
19cm（32 开）ISBN：7–80571–158–5
定价：CNY1.90, CNY9.50（全 5 册）

J0089045
七龙珠 （贝吉塔和那巴卷 5 目标——那美克
星）（日）鸟山明著；益文编译
海口 海南摄影美术出版社 1991 年 111 页
19cm（32 开）ISBN：7–80571–158–5
定价：CNY1.90, CNY9.50（全 5 册）
　　作者鸟山明（1955—　　），日本漫画家。生于
日本爱知县，成名之作《阿拉蕾》《龙珠》。

J0089046
七龙珠 （大魔王之谜卷 1 大魔王恢复青春）
（日）鸟山明著；益文编译
海口 海南摄影美术出版社 1991 年 111 页
19cm（32 开）ISBN：7–80571–130–5
定价：CNY1.90, CNY9.50（全 5 册）

J0089047
七龙珠 （大魔王之谜卷 2 超神水的力量）（日）
鸟山明著；益文编译
海口 海南摄影美术出版社 1991 年 111 页
19cm（32 开）ISBN：7–80571–130–5
定价：CNY1.90, CNY9.50（全 5 册）

J0089048
七龙珠 （大魔王之谜卷 3 打败大魔王）（日）
鸟山明著；益文编译
海口 海南摄影美术出版社 1991 年 111 页
19cm（32 开）ISBN：7–80571–130–5
定价：CNY1.90, CNY9.50（全 5 册）

J0089049
七龙珠 （大魔王之谜卷 4 大魔王与神仙）（日）
鸟山明著；益文编译
海口 海南摄影美术出版社 1991 年 111 页
19cm（32 开）ISBN：7–80571–130–5
定价：CNY1.90, CNY9.50（全 5 册）

J0089050
七龙珠 （大魔王之谜卷 5 小悟空结婚）（日）
鸟山明著；益文编译
海口 海南摄影美术出版社 1991 年 111 页
19cm（32 开）ISBN：7–80571–130–5
定价：CNY1.90, CNY9.50（全 5 册）

J0089051
七龙珠 （外星赛亚人卷 1 神仙的魔封波）（日）
鸟山明著；益文编译
海口 海南摄影美术出版社 1991 年 19cm（32 开）
ISBN：7–80571–131–3 定价：CNY1.90, CNY9.50
（全 5 册）

J0089052
七龙珠 （外星赛亚人卷 2 超级冲击波）（日）
鸟山明著；益文编译
海口 海南摄影美术出版社 1991 年 19cm（32 开）
ISBN：7–80571–131–3 定价：CNY1.90, CNY9.50
（全 5 册）

J0089053
七龙珠 （外星赛亚人卷 3 孙悟空的哥哥）（日）
鸟山明著；益文编译
海口 海南摄影美术出版社 1991 年 19cm（32 开）
ISBN：7–80571–131–3 定价：CNY1.90, CNY9.50
（全 5 册）

J0089054
七龙珠 （外星赛亚人卷 4 拜访阎魔王）（日）
鸟山明著；益文编译
海口 海南摄影美术出版社 1991 年 19cm（32 开）
ISBN：7–80571–131–3 定价：CNY1.90, CNY9.50
（全 5 册）
　　日本现代动画作品。

J0089055
七龙珠 （外星赛亚人卷 5 父子大练武）（日）
鸟山明著；益文编译
海口 海南摄影美术出版社 1991 年 19cm（32 开）
ISBN：7–80571–131–3 定价：CNY1.90, CNY9.50
（全 5 册）

J0089056
七龙珠 （超级赛亚人卷 1 真假孙悟空）（日）

鸟山明著；益文编译

海口 海南摄影美术出版社 1992年 110 页

19cm（32 开）ISBN：7–80571–179–8

定价：CNY1.90，CNY9.5（全 5 册）

J0089057

七龙珠 （超级赛亚人卷 2 三个愿望）（日）鸟山明著；益文编译

海口 海南摄影美术出版社 1992年 110 页

19cm（32 开）ISBN：7–80571–179–8

定价：CNY1.90，CNY9.5（全 5 册）

J0089058

七龙珠 （超级赛亚人卷 3 得意的弗利萨）（日）鸟山明著；益文编译

海口 海南摄影美术出版社 1992年 110 页

19cm（32 开）ISBN：7–80571–179–8

定价：CNY1.90，CNY9.5（全 5 册）

J0089059

七龙珠 （超级赛亚人卷 4 贝吉塔之死）（日）鸟山明著；益文编译

海口 海南摄影美术出版社 1992年 109 页

19cm（32 开）ISBN：7–80571–179–8

定价：CNY1.90，CNY9.5（全 5 册）

J0089060

七龙珠 （超级赛亚人卷 5 20倍界王拳）（日）鸟山明著；益文编译

海口 海南摄影美术出版社 1992年 111 页

19cm（32 开）ISBN：7–80571–179–8

定价：CNY1.90，CNY9.5（全 5 册）

J0089061

七龙珠 （未来人造人卷 1 16号启动）（日）鸟山明著；益文编译

海口 海南摄影美术出版社 1992年

19cm（小 32 开）ISBN：7–80571–308–1

价：CNY1.90，CNY9.50（全 5 册）

J0089062

七龙珠 （未来人造人卷 2 邪恶的预感）（日）鸟山明著；益文编译

海口 海南摄影美术出版社 1992年

19cm（小 32 开）ISBN：7–80571–308–1

定价：CNY1.90，CNY9.50（全 5 册）

J0089063

七龙珠 （未来人造人卷 3 解开怪物之谜）（日）鸟山明著；益文编译

海口 海南摄影美术出版社 1992年

19cm（小 32 开）ISBN：7–80571–308–1

定价：CNY1.90，CNY9.50（全 5 册）

J0089064

七龙珠 （未来人造人卷 4 阻止沙鲁的阴谋）（日）鸟山明著；益文编译

海口 海南摄影美术出版社 1992年

19cm（小 32 开）ISBN：7–80571–308–1

定价：CNY1.90，CNY9.50（全 5 册）

J0089065

七龙珠 （未来人造人卷 5 超级贝吉塔）（日）鸟山明著；益文编译

海口 海南摄影美术出版社 1992年

19cm（小 32 开）ISBN：7–80571–308–1

定价：CNY1.90，CNY9.50（全 5 册）

日本现代动画作品。

J0089066

七龙珠 （战斗在那美克星卷 1 那美克星人）（日）鸟山明著；益文编译

海口 海南摄影美术出版社 1992年 111 页

19cm（32 开）ISBN：7–80571–159–3

定价：CNY1.90，CNY9.5（全 5 册）

日本现代动画作品。

J0089067

七龙珠 （战斗在那美克星卷 2 悟空起来了）（日）鸟山明著；益文编译

海口 海南摄影美术出版社 1992年 111 页

19cm（32 开）ISBN：7–80571–159–3

定价：CNY1.90，CNY9.5（全 5 册）

J0089068

七龙珠 （战斗在那美克星卷 3 那美克星大长老）（日）鸟山明著；益文编译

海口 海南摄影美术出版社 1992年 111 页

19cm（32 开）ISBN：7–80571–159–3

定价：CNY1.90，CNY9.5（全 5 册）

J0089069

七龙珠 （战斗在那美克星卷 4 基纽特种部队）
（日）鸟山明著；益文编译
海口 海南摄影美术出版社 1992 年 111 页
19cm（32 开）ISBN：7-80571-159-3
定价：CNY1.90，CNY9.5（全 5 册）

J0089070

七龙珠 （战斗在那美克星卷 5 那美克星的龙
珠）（日）鸟山明著；益文编译
海口 海南摄影美术出版社 1992 年 111 页
19cm（32 开）ISBN：7-80571-159-3
定价：CNY1.90，CNY9.5（全 5 册）

J0089071

忍者神龟大战太空人　肖平，晓帆改编；马
良，慧林摄影
广州 新世纪出版社 1991 年 4 册 15cm（64 开）
ISBN：7-5405-0492-7 定价：CNY4.30
　　日本现代动画作品。作者肖平（1926—　），
作家。原名宋肖平。山东烟台人。毕业于山东
师院中文系。曾任中国作家协会会员、烟台师范
学院院长等职。代表作品有《墓地与鲜花》《三
月雪》《寂静的黄昏》等。

J0089072

日本小猴王 （攻破雷特军总部）（日）鸟山明
著；黄京译
北京 中国华侨出版公司 1991 年 173 页
19cm（小 32 开）ISBN：7-80074-454-X
定价：CNY2.70
　　日本现代动画作品。作者鸟山明
（1955—　），日本漫画家。生于日本爱知县，成
名之作《阿拉蕾》《龙珠》。

J0089073

日本小猴王 （妖魔国大冒险）（日）鸟山明著；
黄京译
北京 中国华侨出版公司 1991 年 191 页
19cm（小 32 开）ISBN：7-80074-455-8
定价：CNY2.70

J0089074

神龙魔杰 （上）苏荣模，甘振钊编译
南宁 广西美术出版社 1991 年 19cm（32 开）

ISBN：7-80582-168-2 定价：CNY1.15
（卡通博览）
　　现代动画作品。

J0089075

神龙魔杰 （中）苏荣模，甘振钊编译
南宁 广西美术出版社 1991 年 19cm（32 开）
ISBN：7-80582-169-0 定价：CNY1.15
（卡通博览）

J0089076

神龙魔杰 （下）苏荣模，甘振钊编译
南宁 广西美术出版社 1991 年 19cm（32 开）
ISBN：7-80582-170-4 定价：CNN1.15
（卡通博览）

J0089077

圣斗士星矢　冯明等改编；赵树云等绘
广州 新世纪出版社 1991 年 5 册 13cm（64 开）
ISBN：7-5405-0517-6 定价：CNY4.80
（卡通世界）
　　本书包括：《天马圣衣》《银河擂台赛》《火
凤凰反戈》《智胜巨无霸》《搠战魔界岛》5 册。

J0089078

失踪的灰壳堡·双城记　文泉，小雪改编；王
书朋等绘
天津 天津教育出版社 1991 年 19cm（小 32 开）
ISBN：7-5309-1162-7 定价：CNY0.85
（"宇宙的巨人—希曼"丛书 美国电视系列动画片）
　　美国现代动画作品。

J0089079

谁是大侦探 （怪物王国的小精灵）（日）藤
子·F·不二雄著；晓南编译
北京 中国文联出版公司 1991 年 94 页
19cm（小 32 开）ISBN：7-5059-1420-0
定价：CNY1.30
　　日本现代动画作品。作者藤子·F·不二雄
（1933—1996），日本漫画家。出生于日本富山县
高冈市，本名藤本弘。毕业于富山县立高冈工艺
高等学校电气科。受到漫画大师手冢治虫的启
发，立志成为儿童漫画家。小学馆的代表漫画家
之一。代表作《Q 太郎》《哆啦 A 梦》《小超人帕
门》《超能力魔美》。

J0089080
苏联动画集锦　卢人等改编；汪晓曙等绘
南昌 21 世纪出版社 1991 年 164 页
19cm（小 32 开）ISBN：7-5391-0550-X
定价：CNY7.50
　　本书是根据原苏联动画片改编的卡通画册，
收 984 幅图，包括《小狗》《可怕的故事》《会魔
法的猫》《狐狸的伎俩》《航海记》等 50 个小故
事。作者汪晓曙（1956—　　），画家。江西南城人，
毕业于师范学院美术系。历任江西师范大学艺
术学院副教授、中国美术家协会会员、中国水彩
画家协会会员，江西省水彩画研究会理事、秘书
长，《东方画报》主编。著有《绘画语言》《绘画
创作》《美术创作学》等。

J0089081
挑战！第 5 条街　（日）镰田幸美著；那永华译
北京 中国华侨出版公司 1991 年 183 页
18cm（小 32 开）ISBN：7-80074-439-6
定价：CNY2.50
（黑玫瑰系列杰作集 2）
　　日本现代动画作品。

J0089082
王子的表弟·赛丽斯的歌声　晓学改编；高金
铭等绘
天津 天津教育出版社 1991 年 19cm（小 32 开）
ISBN：7-5309-1150-3 定价：CNY0.85
（"宇宙的巨人——希曼"丛书　美国电视系列动
画片）
　　美国现代动画作品。

J0089083
星星被袭记　（怪物王国的小精灵）（日）藤子·
F·不二雄著；晓晨编译
北京 中国文联出版公司 1991 年 94 页
19cm（小 32 开）ISBN：7-5059-1422-7
定价：CNY1.30
　　日本现代动画作品。

J0089084
寻找希曼·奥克显身手　晓学改编；庄秀玲等绘
天津 天津教育出版社 1991 年 19cm（小 32 开）
ISBN：7-5309-1147-3 定价：CNY0.85
（"宇宙的巨人—希曼"丛书 美国电视系列动画片）

美国现代动画作品。

J0089085
营救雅丽莎　（上）黄一红，钟孝矾译编；卢恺
等绘制
南宁 广西美术出版社 1991 年 19cm（小 32 开）
ISBN：7-80582-157-7 定价：CNY1.15
（卡通博览）

J0089086
营救雅丽莎　（下）黄一红，钟孝矾译编；卢恺
等绘制
南宁 广西美术出版社 1991 年 19cm（小 32 开）
ISBN：7-80582-158-5 定价：CNY1.15
（卡通博览）

J0089087
阿拉蕾　（卷一 1 阿拉蕾诞生）（日）鸟山明原
著；周颖编译
海口 海南摄影美术出版社 1992 年 95 页
19cm（小 32 开）ISBN：7-80571-305-7
定价：CNY2.00
（科幻幽默连续剧画）
　　日本现代动画画册，本套丛书为七龙珠姊妹
篇。作者鸟山明（1955—　　），日本漫画家。生于
日本爱知县，成名之作《阿拉蕾》《龙珠》。编译
者周颖，又名阿颖，画家，一级美术师。历任中
欧书画家友好联盟常务理事、香港东方文化交流
中心世界名人编委会顾问、中国书画艺术研究院
研究员、文化艺术报特约记者、文化部中国艺术
研究院文研中心理事。

J0089088
阿拉蕾　（卷一 2 超天才博士的野心）（日）鸟
山明原著；益文编译
海口 海南摄影美术出版社 1992 年 95 页
19cm（小 32 开）ISBN：7-80571-305-7
定价：CNY2.00
（科幻幽默连续剧画）
　　日本现代动画画册，本套丛书为七龙珠姊
妹篇。

J0089089
阿拉蕾　（卷一 3 地球的危机）（日）鸟山明原
著；周颖编译

海口 海南摄影美术出版社 1992 年 95 页

19cm（小 32 开）ISBN：7–80571–305–7

定价：CNY2.00

（科幻幽默连续剧画）

J0089090

阿拉蕾 （卷一 4 未来的模样）（日）鸟山明原著；周颖编译

海口 海南摄影美术出版社 1992 年 95 页

19cm（小 32 开）ISBN：7–80571–305–7

定价：CNY2.00

（科幻幽默连续剧画）

J0089091

阿拉蕾 （卷一 5 冒失鬼阿拉蕾）（日）鸟山明原著；周颖编译

海口 海南摄影美术出版社 1992 年 95 页

19cm（小 32 开）ISBN：7–80571–305–7

定价：CNY2.00

（科幻幽默连续剧画）

J0089092

阿拉蕾 （卷二 1 恶魔的女儿）（日）鸟山明原著；周颖编译

海口 海南摄影美术出版社 1992 年 95 页

19cm（小 32 开）ISBN：7–80571–343–X

定价：CNY2.00

（科幻幽默连续剧画）

J0089093

阿拉蕾 （卷二 2 来自宇宙的侵略者）（日）鸟山明原著；周颖编译

海口 海南摄影美术出版社 1992 年 95 页

19cm（小 32 开）ISBN：7–80571–343–X

定价：CNY2.00

（科幻幽默连续剧画）

J0089094

阿拉蕾 （卷二 3 怪盗集团）（日）鸟山明原著；周颖编译

海口 海南摄影美术出版社 1992 年 95 页

19cm（小 32 开）ISBN：7–80571–343–X

定价：CNY2.00

（科幻幽默连续剧画）

J0089095

阿拉蕾 （卷二 4 企鹅大奖赛）（日）鸟山明原著；周颖编译

海口 海南摄影美术出版社 1992 年 95 页

19cm（小 32 开）ISBN：7–80571–343–X

定价：CNY2.00

（科幻幽默连续剧画）

J0089096

阿拉蕾 （卷二 5 企鹅村大决战）（日）鸟山明原著；周颖编译

海口 海南摄影美术出版社 1992 年 95 页

19cm（小 32 开）ISBN：7–80571–343–X

定价：CNY2.00

（科幻幽默连续剧画）

J0089097

阿拉蕾 （卷三 1 帕斯卡大魔王）（日）鸟山明原著；周颖编译

海口 海南摄影美术出版社 1992 年 95 页

19cm（小 32 开）ISBN：7–80571–377–4

定价：CNY2.00

（科幻幽默连续剧画）

J0089098

阿拉蕾 （卷三 2 企鹅村 SOS）（日）鸟山明原著；周颖编译

海口 海南摄影美术出版社 1992 年 95 页

19cm（小 32 开）ISBN：7–80571–377–4

定价：CNY2.00

（科幻幽默连续剧画）

J0089099

阿拉蕾 （卷三 3 阿拉蕾捉强盗）（日）鸟山明原著；周颖编译

海口 海南摄影美术出版社 1992 年 95 页

19cm（小 32 开）ISBN：7–80571–377–4

定价：CNY2.00

（科幻幽默连续剧画）

　　日本现代动画画册，本套丛书为七龙珠姊妹篇。

J0089100

阿拉蕾 （卷三 4 妖怪之夜）（日）鸟山明原著；周颖编译

海口 海南摄影美术出版社 1992 年 95 页
19cm(小 32 开) ISBN：7-80571-377-4
定价：CNY2.00
(科幻幽默连续剧画)

J0089101
阿拉蕾 (卷三 5 职业杀手)(日)鸟山明原著；
周颖编译
海口 海南摄影美术出版社 1992 年 95 页
19cm(小 32 开) ISBN：7-80571-377-4
定价：CNY2.00
(科幻幽默连续剧画)

J0089102
阿拉蕾 (卷四 1 疯狂的蜜月旅行)(日)鸟山
明原著；周颖编译
海口 海南摄影美术出版社 1992 年 95 页
19cm(小 32 开) ISBN：7-80571-381-2
定价：CNY2.00
(科幻幽默连续剧画)

J0089103
阿拉蕾 (卷四 2 老摘一家人)(日)鸟山明原
著；周颖编译
海口 海南摄影美术出版社 1992 年 95 页
19cm(小 32 开) ISBN：7-80571-381-2
定价：CNY2.00
(科幻幽默连续剧画)

J0089104
阿拉蕾 (卷四 3 高中运动会冠军)(日)鸟山
明原著；周颖编译
海口 海南摄影美术出版社 1992 年 95 页
19cm(小 32 开) ISBN：7-80571-381-2
定价：CNY2.00
(科幻幽默连续剧画)

J0089105
阿拉蕾 (卷四 4 在鬼怪屋约会)(日)鸟山明
原著；周颖编译
海口 海南摄影美术出版社 1992 年 95 页
19cm(小 32 开) ISBN：7-80571-381-2
定价：CNY2.00
(科幻幽默连续剧画)

J0089106
阿拉蕾 (卷四 5 拯救哈呐星)(日)鸟山明原
著；周颖编译
海口 海南摄影美术出版社 1992 年 95 页
19cm(小 32 开) ISBN：7-80571-381-2
定价：CNY2.00
(科幻幽默连续剧画)

J0089107
阿拉蕾 (卷四 6 大地的礼物)(日)鸟山明原
著；周颖编译
海口 海南摄影美术出版社 1992 年 95 页
19cm(小 32 开) ISBN：7-80571-381-2
定价：CNY2.00
(科幻幽默连续剧画)

J0089108
阿拉蕾 (卷五 1 最强的对手出现了)(日)鸟
山明原著；周颖编译
海口 海南摄影美术出版社 1992 年 95 页
19cm(小 32 开) ISBN：7-80571-381-2
定价：CNY2.00
(科幻幽默连续剧画)

J0089109
阿拉蕾 (卷五 2 真诚的友情)(日)鸟山明原
著；周颖编译
海口 海南摄影美术出版社 1992 年 95 页
19cm(小 32 开) ISBN：7-80571-381-2
定价：CNY2.00
(科幻幽默连续剧画)

J0089110
阿拉蕾 (卷五 3 无敌的奶糖人 7 号)(日)鸟
山明原著；周颖编译
海口 海南摄影美术出版社 1992 年 95 页
19cm(小 32 开) ISBN：7-80571-381-2
定价：CNY2.00
(科幻幽默连续剧画)
　　日本现代动画画册，本套丛书为七龙珠姊
妹篇。

J0089111
阿拉蕾 (卷五 4 捉拿强盗)(日)鸟山明原著；
周颖编译

海口　海南摄影美术出版社 1992 年 95 页
19cm（小 32 开）ISBN：7-80571-381-2
定价：CNY2.00
（科幻幽默连续剧画）

J0089112
阿拉蕾 （卷五 5 贝贝诞生）（日）鸟山明原著；
周颖编译
海口　海南摄影美术出版社 1992 年 95 页
19cm（小 32 开）ISBN：7-80571-381-2
定价：CNY2.00
（科幻幽默连续剧画）

J0089113
阿拉蕾 （卷五 6 深夜来客）（日）鸟山明原著；
周颖编译
海口　海南摄影美术出版社 1992 年 95 页
19cm（小 32 开）ISBN：7-80571-381-2
定价：CNY2.00
（科幻幽默连续剧画）

J0089114
阿拉蕾 （卷六 1 世界第一强人大会）（日）鸟
山明原著；周颖编译
海口　海南摄影美术出版社 1992 年 95 页
19cm（小 32 开）ISBN：7-80571-394-4
定价：CNY2.00
（科幻幽默连续剧画）

J0089115
阿拉蕾 （卷六 2 可怕的苍蝇人）（日）鸟山明
原著；周颖编译
海口　海南摄影美术出版社 1992 年 95 页
19cm（小 32 开）ISBN：7-80571-394-4
定价：CNY2.00
（科幻幽默连续剧画）

J0089116
阿拉蕾 （卷六 3 奇怪的飞行物）（日）鸟山明
原著；周颖编译
海口　海南摄影美术出版社 1992 年 95 页
19cm（小 32 开）ISBN：7-80571-394-4
定价：CNY2.00
（科幻幽默连续剧画）

J0089117
阿拉蕾 （卷六 4 见义勇为的青年）（日）鸟山
明原著；周颖编译
海口　海南摄影美术出版社 1992 年 95 页
19cm（小 32 开）ISBN：7-80571-394-4
定价：CNY2.00
（科幻幽默连续剧画）

J0089118
阿拉蕾 （卷六 5 柏油路上的竞赛）（日）鸟山
明原著；周颖编译
海口　海南摄影美术出版社 1992 年 95 页
19cm（小 32 开）ISBN：7-80571-394-4
定价：CNY2.00
（科幻幽默连续剧画）

J0089119
阿拉蕾 （卷六 6 最后一次发明）（日）鸟山明
原著；周颖编译
海口　海南摄影美术出版社 1992 年 95 页
19cm（小 32 开）ISBN：7-80571-394-4
定价：CNY2.00
（科幻幽默连续剧画）

J0089120
爱的教育 （意）亚米契斯，孟德格查著；夏丏
尊译；田行等改编
上海　上海人民美术出版社 1992 年 26cm（16 开）
ISBN：7-5322-0978-4 定价：CNY3.80
（动画大王画库）

J0089121
百变恶魔 （日）桂正和原著；肖平，杨金萍编译
长春　东北师范大学出版社 1992 年
19cm（小 32 开）ISBN：7-5602-0758-8
定价：CNY1.80
（变形飞新数据 6）
　　日本现代动画作品。本书与吉林美术出版
社合作出版。

J0089122
超级刺客 （日）桂正和原著；肖平，杨金萍编译
长春　东北师范大学出版社 1992 年
19cm（小 32 开）ISBN：7-5602-0758-8
定价：CNY1.80

（变形飞人 3）
　　现代日本动画作品。本书与吉林美术出版社合作出版。

J0089123
超时空都市　（日）桂正和原著；肖平，杨金萍编译
长春 东北师范大学出版社 1992 年
19cm（小 32 开）ISBN：7-5602-0758-8
定价：CNY1.80
（变形飞人 1）
　　现代日本动画作品。本书与吉林美术出版社合作出版。

J0089124
乘胜追击　（喜十郎卷 1）（日）冈田鲷原著
成都 四川民族出版社 1992 年 96 页
19cm（小 32 开）ISBN：7-5409-0870-X
定价：CNY1.98
　　现代日本动画作品。

J0089125
出征成功：喜十郎卷　（2）（日）冈田鲷原著
成都 四川民族出版社 1992 年 96 页
19cm（小 32 开）ISBN：7-5409-0872-6
定价：CNY1.98
　　日本现代动画作品。

J0089126
大战外星人　（日）桂正和原著；肖平，杨金萍编译
长春 东北师范大学出版社 1992 年
19cm（小 32 开）ISBN：7-5602-0758-8
定价：CNY1.80
（变形飞人 2）
　　日本现代动画作品。本书与吉林美术出版社合作出版。

J0089127
菲力普的礼物　（奥）提耳克（Turk，H.）绘著；吴玛悧译
台北 东华书局 1992 年 15cm（64 开）
ISBN：957-636-617-8 定价：TWD120.00
（菲力普 1）

J0089128
复活巨神兵　（1 死海脱险）蒋晓东改编；李敏等复制
南宁 广西美术出版社 1992 年 30 页
19cm（小 32 开）ISBN：7-80582-291-3
定价：CNY1.20

J0089129
复活巨神兵　（2 殊死搏斗）蒋晓东改编；李敏等复制
南宁 广西美术出版社 1992 年 30 页
19cm（小 32 开）ISBN：7-80582-293-X
定价：CNY1.20

J0089130
复活巨神兵　（3 太空激战）蒋晓东改编；李敏等复制
南宁 广西美术出版社 1992 年 30 页
19cm（小 32 开）ISBN：7-80582-292-1
定价：CNY1.20

J0089131
复活巨神兵　（4 人、虫之战）蒋晓东改编；李敏等复制
南宁 广西美术出版社 1992 年 30 页
19cm（小 32 开）ISBN：7-80582-294-8
定价：CNY1.20

J0089132
怪医秦博士　（第一卷 1）（日）手冢治虫原著；齐生编译
海口 海南摄影美术出版社 1992 年 94 页
19cm（小 32 开）ISBN：7-80571-198-4
定价：CNY2.00
（系列画书）
　　日本现代动画作品。作者手冢治虫（てづかおさむ，1928—1989），漫画家、动画制作人、医学博士。本名手冢治。读大阪大学附属医学专门部，获医学博士学位。代表作品《铁臂阿童木》《缎带骑士》《火之鸟》等。

J0089133
怪医秦博士　（第一卷 2）（日）手冢治虫原著；齐生编译
海口 海南摄影美术出版社 1992 年 94 页

19cm(小 32 开) ISBN：7–80571–198–4
定价：CNY2.00
（系列画书）
　　日本现代动画作品。

J0089134
怪医秦博士 （第一卷 3）（日）手冢治虫原著；
齐生编译
海口 海南摄影美术出版社 1992 年 102 页
19cm(小 32 开) ISBN：7–80571–198–4
定价：CNY2.00
（系列画书）

J0089135
怪医秦博士 （第一卷 4）（日）手冢治虫原著；
齐生编译
海口 海南摄影美术出版社 1992 年 93 页
19cm(小 32 开) ISBN：7–80571–198–4
定价：CNY2.00
（系列画书）

J0089136
怪医秦博士 （第一卷 5）（日）手冢治虫原著；
齐生编译
海口 海南摄影美术出版社 1992 年 100 页
19cm(小 32 开) ISBN：7–80571–198–4
定价：CNY2.00
（系列画书）

J0089137
怪医秦博士 （第三卷 1）（日）手冢治虫原著；
齐生编译
海口 海南摄影美术出版社 1992 年 98 页
19cm(小 32 开) ISBN：7–80571–275–1
定价：CNY2.00

J0089138
怪医秦博士 （第三卷 2）（日）手冢治虫原著；
齐生编译
海口 海南摄影美术出版社 1992 年 92 页
19cm(小 32 开) ISBN：7–80571–275–1
定价：CNY2.00

J0089139
怪医秦博士 （第三卷 3）（日）手冢治虫原著；

齐生编译
海口 海南摄影美术出版社 1992 年 100 页
19cm(小 32 开) ISBN：7–80571–275–1
定价：CNY2.00

J0089140
怪医秦博士 （第三卷 4）（日）手冢治虫原著；
齐生编译
海口 海南摄影美术出版社 1992 年 90 页
19cm(小 32 开) ISBN：7–80571–275–1
定价：CNY2.00

J0089141
怪医秦博士 （第三卷 5）（日）手冢治虫原著；
齐生编译
海口 海南摄影美术出版社 1992 年 92 页
19cm(小 32 开) ISBN：7–80571–275–1
定价：CNY2.00

J0089142
怪医秦博士 （第四卷 1）（日）手冢治虫原著；
齐生编译
海口 海南摄影美术出版社 1992 年 99 页
19cm(小 32 开) ISBN：7–80571–330–8
定价：CNY2.00

J0089143
怪医秦博士 （第四卷 2）（日）手冢治虫原著；
齐生编译
海口 海南摄影美术出版社 1992 年 95 页
19cm(小 32 开) ISBN：7–80571–330–8
定价：CNY2.00

J0089144
怪医秦博士 （第四卷 3）（日）手冢治虫原著；
齐生编译
海口 海南摄影美术出版社 1992 年 92 页
19cm(小 32 开) ISBN：7–80571–330–8
定价：CNY2.00

J0089145
怪医秦博士 （第四卷 4）（日）手冢治虫原著；
齐生编译
海口 海南摄影美术出版社 1992 年 95 页
19cm(小 32 开) ISBN：7–80571–330–8

定价: CNY2.00

　日本现代动画作品。

J0089146

怪医秦博士 （第四卷 5）（日）手冢治虫原著; 齐生编译

海口 海南摄影美术出版社 1992年 95页

19cm（小32开）ISBN: 7-80571-330-8

定价: CNY2.00

J0089147

怪医秦博士 （第二卷 1）（日）手冢治虫原著; 齐生编译

海口 海南摄影美术出版社 1992年 102页

19cm（小32开）ISBN: 7-80571-225-5

定价: CNY2.00

J0089148

怪医秦博士 （第二卷 2）（日）手冢治虫原著; 齐生编译

海口 海南摄影美术出版社 1992年 94页

19cm（小32开）ISBN: 7-80571-225-5

定价: CNY2.00

J0089149

怪医秦博士 （第二卷 3）（日）手冢治虫原著; 齐生编译

海口 海南摄影美术出版社 1992年 92页

19cm（小32开）ISBN: 7-80571-225-5

定价: CNY2.00

J0089150

怪医秦博士 （第二卷 4）（日）手冢治虫原著; 齐生编译

海口 海南摄影美术出版社 1992年 90页

19cm（小32开）ISBN: 7-80571-225-5

定价: CNY2.00

J0089151

怪医秦博士 （第二卷 5）（日）手冢治虫原著; 齐生编译

海口 海南摄影美术出版社 1992年 94页

19cm（小32开）ISBN: 7-80571-225-5

定价: CNY2.00

J0089152

花生豆 （美）舒尔兹［著］; 潘志伟, 曹伟译

北京 中国国际广播出版社 1992年 4册

26cm（16开）ISBN: 7-5078-0453-4

定价: CNY9.00

（美国连环漫画精品）

J0089153

机器猫和白犬王子 （日）藤子·F·不二雄原作; 周颖译

深圳 海天出版社 1992年

5册（48+56+48+55+56页）19cm（小32开）

ISBN: 7-80542-536-1 定价: CNY13.80

（彩色科幻探险连环画 5集）

J0089154

假面骑士 （第一册 死亡约会）（日）车田正美著; 阿莲编译

海口 海南摄影美术出版社 1992年 96页

19cm（32开）ISBN: 7-80571-216-6

定价: CNY1.90

　现代日本动画作品。作者车田正美（1953— ），日本漫画家。代表作品有《圣斗士星矢》《风魔小次郎》《拳王创世纪》等。

J0089155

假面骑士 （第二册 丽娜之死）（日）车田正美著; 阿莲编译

海口 海南摄影美术出版社 1992年 96页

19cm（32开）ISBN: 7-80571-216-6

定价: CNY1.90

J0089156

假面骑士 （第三册 电波女神）（日）车田正美著; 阿莲编译

海口 海南摄影美术出版社 1992年 96页

19cm（32开）ISBN: 7-80571-216-6

定价: CNY1.90

J0089157

假面骑士 （第四册 紧急行动）（日）车田正美著; 阿莲编译

海口 海南摄影美术出版社 1992年 96页

19cm（32开）ISBN: 7-80571-216-6

定价: CNY1.90

J0089158
假面骑士 （第五册　骑士扬威）（日）车田正美
著；阿莲编译
海口　海南摄影美术出版社 1992 年 96 页
19cm（32 开）ISBN：7-80571-216-6
定价：CNY1.90

J0089159
假面骑士 （第六册　幻影少年）（日）车田正美
著；阿莲编译
海口　海南摄影美术出版社 1992 年 96 页
19cm（32 开）ISBN：7-80571-216-6
定价：CNY1.90

J0089160
恐怖的种子人 （日）桂正和原著；肖平，杨金
萍编译
长春　东北师范大学出版社 1992 年
19cm（小 32 开）ISBN：7-5602-0758-8
定价：CNY1.80
（变形飞人 4）
　　现代日本动画作品。本书与吉林美术出版
社合作出版。

J0089161
恋曲 7200 秒 （1）（日）川地由加利著；益文编译
成都　四川美术出版社 1992 年 106 页
19cm（32 开）ISBN：7-5410-0713-7
定价：CNY2.00
　　现代日本动画作品。

J0089162
恋曲 7200 秒 （2）（日）川地由加利著；益文编译
成都　四川美术出版社 1992 年 104 页
19cm（32 开）ISBN：7-5410-0713-7
定价：CNY2.00

J0089163
恋曲 7200 秒 （3）（日）川地由加利著；益文编译
成都　四川美术出版社 1992 年 102 页
19cm（32 开）ISBN：7-5410-0713-7
定价：CNY2.00

J0089164
恋曲 7200 秒 （4）（日）川地由加利著；益文编译

成都　四川美术出版社 1992 年 103 页
19cm（32 开）ISBN：7-5410-0713-7
定价：CNY2.00

J0089165
恋曲 7200 秒 （5）（日）川地由加利著；益文编译
成都　四川美术出版社 1992 年 104 页
19cm（32 开）ISBN：7-5410-0713-7
定价：CNY2.00

J0089166
猫和老鼠 （1-3）中央电视台主编
太原　北岳文艺出版社 1992 年 3 册（438 页）
（24 开）ISBN：7-5378-1335-3 定价：CNY10.80
（CCTV 电视系列动画片）

J0089167
猫和老鼠 （4-6）中央电视台主编
太原　北岳文艺出版社 1992 年 3 册（438 页）
（24 开）ISBN：7-5378-1335-2
定价：CNY8.40（4-6）
（CCTV 电视系列动画片）

J0089168
猫和老鼠 （7-9）中央电视台主编
太原　北岳文艺出版社 1992 年 3 册（438 页）
（24 开）ISBN：7-5378-1335-2
定价：CNY8.40（7-9）
（CCTV 电视系列动画片）

J0089169
猫和老鼠 （1）中央电视台主编
北京　中国广播电视出版社 1992 年 17×19cm
ISBN：7-5043-1605-9 定价：CNY2.20
（CCTV 电视系列动画片）

J0089170
猫和老鼠 （2）中央电视台主编
北京　中国广播电视出版社 1992 年 17×19cm
ISBN：7-5043-1605-9 定价：CNY2.20
（CCTV 电视系列动画片）

J0089171
猫和老鼠 （3）中央电视台主编
北京　中国广播电视出版社 1992 年 17×19cm

ISBN：7-5043-1605-9 定价：CNY2.20
（CCTV 电视系列动画片）

J0089172
猫和老鼠 （4）中央电视台主编
北京 中国广播电视出版社 1992 年 48 页
17×19cm ISBN：7-5043-1606-7 定价：CNY2.20
（CCTV 电视系列动画片）

J0089173
猫和老鼠 （5）中央电视台主编
北京 中国广播电视出版社 1992 年 48 页
17×19cm ISBN：7-5043-1606-7 定价：CNY2.20
（CCTV 电视系列动画片）

J0091055
猫和老鼠 （6）中央电视台主编
北京 中国广播电视出版社 1992 年 48 页
有彩图 17×19cm ISBN：7-5043-1606-7
定价：CNY2.20
（CCTV 电视系列动画片）

J0089174
猫和老鼠 （7）中央电视台主编
北京 中国广播电视出版社 1992 年 17×19cm
ISBN：7-5043-1607-5 定价：CNY2.20
（CCTV 电视系列动画片）

J0089175
猫和老鼠 （8）中央电视台主编
北京 中国广播电视出版社 1992 年 17×19cm
ISBN：7-5043-1607-5 定价：CNY2.20
（CCTV 电视系列动画片）

J0089176
猫和老鼠 （9）中央电视台主编
北京 中国广播电视出版社 1992 年 17×19cm
ISBN：7-5043-1607-5 定价：CNY2.20
（CCTV 电视系列动画片）

J0089177
猫和老鼠 （10）中央电视台主编
北京 中国广播电视出版社 1992 年 48 页
17×19cm ISBN：7-5043-1606-7 定价：CNY2.20
（CCTV 电视系列动画片）

J0089178
猫和老鼠 （11）中央电视台主编
北京 中国广播电视出版社 1992 年 48 页
17×19cm ISBN：7-5043-1606-7 定价：CNY2.20
（CCTV 电视系列动画片）

J0089179
猫和老鼠 （12）中央电视台主编
北京 中国广播电视出版社 1992 年 48 页
17×19cm ISBN：7-5043-1606-7 定价：CNY2.20
（CCTV 电视系列动画片）

J0089180
猫和老鼠 纪偁编制
北京 中国连环画出版社 1992 年 17×19cm
ISBN：7-5061-0160-2 定价：CNY6.50
　　美国现代动画作品。

J0089181
男坂 （1 最后的硬汉卷）（日）车田正美原著
成都 四川美术出版社 1992 年 94 页
19cm（小 32 开）ISBN：7-5410-0727-7
定价：CNY1.90
　　日本现代动画作品。作者车田正美
（1953—　　），日本漫画家。代表作品有《圣斗士
星矢》《风魔小次郎》《拳王创世纪》等。

J0089182
男坂 （2 战无不胜！斗吉登场券）（日）车田正
美原著
成都 四川美术出版社 1992 年 95 页
19cm（32 开）ISBN：7-5410-0727-7
定价：CNY1.90
　　日本现代动画作品。

J0089183
男坂 （3 男坂同盟誓言卷）（日）车田正美原著
成都 四川美术出版社 1992 年 95 页
19cm（小 32 开）ISBN：7-5410-0727-7
定价：CNY1.90

J0089184
男坂 （4 决战！不知火海岸卷）（日）车田正美
原著
成都 四川美术出版社 1992 年 95 页

19cm（小 32 开）ISBN：7-5410-0727-7

定价：CNY1.90

J0089185

男坂 （5 昭和白虎队卷）（日）车田正美原著

成都 四川美术出版社 1992 年 95 页

19cm（小 32 开）ISBN：7-5410-0727-7

定价：CNY1.90

J0089186

男坂 （6 奥羽联合卷）（日）车田正美原著

成都 四川美术出版社 1992 年 95 页

19cm（小 32 开）ISBN：7-5410-0727-7

定价：CNY1.90

J0089187

男校魁首 （一 向地狱进军之卷）（日）宫下明野著

南宁 广西美术出版社 1992 年 94 页

19cm（小 32 开）ISBN：7-80582-323-5

定价：CNY1.90

　　日本现代动画作品。

J0089188

男校魁首 （二 生死比武之卷）（日）宫下明野著

南宁 广西美术出版社 1992 年 94 页

19cm（小 32 开）ISBN：7-80582-324-3

定价：CNY1.90

J0089189

男校魁首 （三 大海岛巡回之卷）（日）宫下明野著

南宁 广西美术出版社 1992 年 94 页

19cm（小 32 开）ISBN：7-80582-325-1

定价：CNY1.90

J0089190

男校魁首 （四 美国的挑战之卷）（日）宫下明野著

南宁 广西美术出版社 1992 年 94 页

19cm（小 32 开）ISBN：7-80582-326-X

定价：CNY1.90

J0089191

男校魁首 （五 生与死的恐怖之卷）（日）宫下

明野著

南宁 广西美术出版社 1992 年 94 页

19cm（小 32 开）ISBN：7-80582-327-8

定价：CNY1.90

J0089192

男校魁首 （六 惊风大回杀之卷）（日）宫下明野著

南宁 广西美术出版社 1992 年 94 页

19cm（小 32 开）ISBN：7-80582-328-6

定价：CNY1.90

J0089193

男校魁首 （七 虎丸斗智之卷）（日）宫下明野著

南宁 广西美术出版社 1992 年 94 页

19cm（小 32 开）ISBN：7-80582-329-4

定价：CNY1.90

J0089194

男校魁首 （八 勇敢者的胜利之卷）（日）宫下明野著

南宁 广西美术出版社 1992 年 93 页

19cm（小 32 开）ISBN：7-80582-330-8

定价：CNY1.90

J0089195

尼罗河女儿 （第一卷 .1）（日）细川知荣子著

海口 海南摄影美术出版社 1992 年 110 页

19cm（32 开）ISBN：7-80571-299-9

定价：CNY2.20，CNY11.00（全 5 册）

　　日本现代动画作品。作者细川知荣子（1935—　），日本少女漫画家之一。出生于日本大阪。她创作的漫画主题大大都是少女爱情故事，充满了温馨和幻想，许多作品包含丰富的历史和社会知识。代表作品有《爱泉》《尼罗河女儿》《伯爵千金》《星梦泪痕》（中国大陆引进名称为《灰姑娘的森林》）等。

J0089196

尼罗河女儿 （第一卷 .2）（日）细川知荣子著

海口 海南摄影美术出版社 1992 年 110 页

19cm（32 开）ISBN：7-80571-299-9

定价：CNY2.20，CNY11.00（全 5 册）

J0089197
尼罗河女儿 （第一卷 .3）（日）细川知荣子著
海口 海南摄影美术出版社 1992 年 110 页
19cm（32 开）ISBN：7-80571-299-9
定价：CNY2.20, CNY11.00（全 5 册）

J0089198
尼罗河女儿 （第一卷 .4）（日）细川知荣子著
海口 海南摄影美术出版社 1992 年 110 页
19cm（32 开）ISBN：7-80571-299-9
定价：CNY2.20, CNY11.00（全 5 册）

J0089199
尼罗河女儿 （第一卷 .5）（日）细川知荣子著
海口 海南摄影美术出版社 1992 年 110 页
19cm（32 开）ISBN：7-80571-299-9
定价：CNY2.20, CNY11.00（全 5 册）

J0089200
尼罗河女儿 （第二卷 .1）（日）细川知荣子原著
海口 海南摄影美术出版社 1992 年 110 页
19cm（32 开）ISBN：7-80571-300-6
定价：CNY2.20, CNY11.00（全 5 册）

J0089201
尼罗河女儿 （第二卷 .2）（日）细川知荣子原著
海口 海南摄影美术出版社 1992 年 110 页
19cm（32 开）ISBN：7-80571-300-6
定价：CNY2.20, CNY11.00（全 5 册）

J0089202
尼罗河女儿 （第二卷 .3）（日）细川知荣子原著
海口 海南摄影美术出版社 1992 年 110 页
19cm（32 开）ISBN：7-80571-300-6
定价：CNY2.20, CNY11.00（全 5 册）

J0089203
尼罗河女儿 （第二卷 .4）（日）细川知荣子原著
海口 海南摄影美术出版社 1992 年 110 页
19cm（32 开）ISBN：7-80571-300-6
定价：CNY2.20, CNY11.00（全 5 册）

J0089204
尼罗河女儿 （第二卷 .5）（日）细川知荣子原著
海口 海南摄影美术出版社 1992 年 110 页

19cm（32 开）ISBN：7-80571-300-6
定价：CNY2.20, CNY11.00（全 5 册）

J0089205
尼罗河女儿 （第三卷 .1）（日）细川知荣子著
海口 海南摄影美术出版社 1992 年 110 页
19cm（32 开）ISBN：7-80571-312-X
定价：CNY2.20, CNY11.00（全 5 册）

J0089206
尼罗河女儿 （第三卷 .2）（日）细川知荣子著
海口 海南摄影美术出版社 1992 年
19cm（32 开）ISBN：7-80571-312-X
定价：CNY2.20, CNY11.00（全 5 册）
　　日本现代动画作品。

J0089207
尼罗河女儿 （第三卷 .3）（日）细川知荣子著
海口 海南摄影美术出版社 1992 年
19cm（32 开）ISBN：7-80571-312-X
定价：CNY2.20, CNY11.00（全 5 册）

J0089208
尼罗河女儿 （第三卷 .4）（日）细川知荣子著
海口 海南摄影美术出版社 1992 年
19cm（32 开）ISBN：7-80571-312-X
定价：CNY2.20, CNY11.00（全 5 册）

J0089209
尼罗河女儿 （第三卷 .5）（日）细川知荣子著
海口 海南摄影美术出版社 1992 年
19cm（32 开）ISBN：7-80571-312-X
定价：CNY2.20, CNY11.00（全 5 册）

J0089210
尼罗河女儿 （第四卷 .1）（日）细川知荣子著
海口 海南摄影美术出版社 1992 年 19cm（32 开）
ISBN：7-80571-313-8 定价：CNY2.20, CNY11.00
（全 5 册）

J0089211
尼罗河女儿 （第四卷 .2）（日）细川知荣子著
海口 海南摄影美术出版社 1992 年 19cm（32 开）
ISBN：7-80571-313-8 定价：CNY2.20, CNY11.00
（全 5 册）

J0089212
尼罗河女儿　（第四卷 .3）（日）细川知荣子著
海口 海南摄影美术出版社 1992 年 19cm（32 开）
ISBN：7–80571–313–8 定价：CNY2.20, CNY11.00
（全 5 册）

J0089213
尼罗河女儿　（第四卷 .4）（日）细川知荣子著
海口 海南摄影美术出版社 1992 年 19cm（32 开）
ISBN：7–80571–313–8 定价：CNY2.20, CNY11.00

J0089214
尼罗河女儿　（第四卷 .5）（日）细川知荣子著
海口 海南摄影美术出版社 1992 年 19cm（32 开）
ISBN：7–80571–313–8 定价：CNY2.20, CNY11.00
（全 5 册）

J0089215
尼罗河女儿　（第五卷 .1）（日）细川知荣子著；
邱湘军编译
海口 海南摄影美术出版社［1993 年］94 页
19cm（32 开）ISBN：7–80571–333–2
定价：CNY2.20, CNY11.00（全 5 册）

J0089216
尼罗河女儿　（第五卷 .2）（日）细川知荣子著；
邱湘军编译
海口 海南摄影美术出版社［1993 年］94 页
19cm（32 开）ISBN：7–80571–333–2
定价：CNY2.20, CNY11.00（全 5 册）

J0089217
尼罗河女儿　（第五卷 .3）（日）细川知荣子著；
邱湘军编译
海口 海南摄影美术出版社［1993 年］94 页
19cm（32 开）ISBN：7–80571–333–2
定价：CNY2.20, CNY11.00（全 5 册）
　　日本现代动画作品。

J0089218
尼罗河女儿　（第五卷 .4）（日）细川知荣子著；
邱湘军编译
海口 海南摄影美术出版社［1993 年］94 页
19cm（32 开）ISBN：7–80571–333–2
定价：CNY2.20, CNY11.00（全 5 册）

日本现代动画作品。

J0089219
尼罗河女儿　（第五卷 .5）（日）细川知荣子著；
邱湘军编译
海口 海南摄影美术出版社［1993 年］94 页
19cm（32 开）ISBN：7–80571–333–2
定价：CNY2.20, CNY11.00（全 5 册）

J0089220
尼罗河女儿　（第六卷 .1）（日）细川知荣子著；
邱湘军编译
海口 海南摄影美术出版社［1993 年］94 页
19cm（32 开）ISBN：7–80571–334–0
定价：CNY2.20, CNY11.00（全 5 册）

J0089221
尼罗河女儿　（第六卷 .2）（日）细川知荣子著；
邱湘军编译
海口 海南摄影美术出版社［1993 年］94 页
19cm（32 开）ISBN：7–80571–334–0
定价：CNY2.20, CNY11.00（全 5 册）

J0089222
尼罗河女儿　（第六卷 .3）（日）细川知荣子著；
邱湘军编译
海口 海南摄影美术出版社［1993 年］94 页
19cm（32 开）ISBN：7–80571–334–0
定价：CNY2.20, CNY11.00（全 5 册）

J0089223
尼罗河女儿　（第六卷 .4）（日）细川知荣子著；
邱湘军编译
海口 海南摄影美术出版社［1993 年］94 页
19cm（32 开）ISBN：7–80571–334–0
定价：CNY2.20, CNY11.00（全 5 册）

J0089224
尼罗河女儿　（第六卷 .5）（日）细川知荣子著；
邱湘军编译
海口 海南摄影美术出版社［1993 年］94 页
19cm（32 开）ISBN：7–80571–334–0
定价：CNY2.20, CNY11.00（全 5 册）

J0089225
尼罗河女儿 （第七卷.1）（日）细川知荣子著；
邱湘军编译
海口　海南摄影美术出版社［1993年］94页
19cm（32开）ISBN：7–80571–461–4
定价：CNY2.20，CNY11.00（全5册）

J0089226
尼罗河女儿 （第七卷.2）（日）细川知荣子著；
邱湘军编译
海口　海南摄影美术出版社［1993年］93页
19cm（32开）ISBN：7–80571–461–4
定价：CNY2.20，CNY11.00（全5册）

J0089227
尼罗河女儿 （第七卷.3）（日）细川知荣子著；
邱湘军编译
海口　海南摄影美术出版社［1993年］94页
19cm（32开）ISBN：7–80571–461–4
定价：CNY2.20，CNY11.00（全5册）

J0089228
尼罗河女儿 （第七卷.4）（日）细川知荣子著；
邱湘军编译
海口　海南摄影美术出版社［1993年］94页
19cm（32开）ISBN：7–80571–461–4
定价：CNY2.20，CNY11.00（全5册）
　　日本现代动画作品。

J0089229
尼罗河女儿 （第七卷.5）（日）细川知荣子著；
邱湘军编译
海口　海南摄影美术出版社［1993年］94页
19cm（32开）ISBN：7–80571–461–4
定价：CNY2.20，CNY11.00（全5册）
　　日本现代动画作品。

J0089230
尼罗河女儿 （第八卷.1）（日）细川知荣子著；
邱湘军编译
海口　海南摄影美术出版社［1993年］93页
19cm（32开）ISBN：7–80571–462–2
定价：CNY2.20，CNY11.00（全5册）

J0089231
尼罗河女儿 （第八卷.2）（日）细川知荣子著；
邱湘军编译
海口　海南摄影美术出版社［1993年］93页
19cm（32开）ISBN：7–80571–462–2
定价：CNY2.20，CNY11.00（全5册）

J0089232
尼罗河女儿 （第八卷.3）（日）细川知荣子著；
邱湘军编译
海口　海南摄影美术出版社［1993年］93页
19cm（32开）ISBN：7–80571–462–2
定价：CNY2.20，CNY11.00（全5册）

J0089233
尼罗河女儿 （第八卷.4）（日）细川知荣子著；
邱湘军编译
海口　海南摄影美术出版社［1993年］93页
19cm（32开）ISBN：7–80571–462–2
定价：CNY2.20，CNY11.00（全5册）

J0089234
尼罗河女儿 （第八卷.5）（日）细川知荣子著；
邱湘军编译
海口　海南摄影美术出版社［1993年］93页
19cm（32开）ISBN：7–80571–462–2
定价：CNY2.20，CNY11.00（全5册）

J0089235
尼罗河女儿 （第九卷.1）（日）细川知荣子著；
邱湘军编译
海口　海南摄影美术出版社［1993年］94页
19cm（32开）ISBN：7–80571–463–0
定价：CNY2.20，CNY11.00（全5册）

J0089236
尼罗河女儿 （第九卷.2）（日）细川知荣子著；
邱湘军编译
海口　海南摄影美术出版社［1993年］93页
19cm（32开）ISBN：7–80571–463–0
定价：CNY2.20，CNY11.00（全5册）

J0089237
尼罗河女儿 （第九卷.3）（日）细川知荣子著；
邱湘军编译

海口 海南摄影美术出版社［1993年］94页
19cm（32开）ISBN：7-80571-463-0
定价：CNY2.20, CNY11.00（全5册）

J0089238
尼罗河女儿 （第九卷 .4）（日）细川知荣子著；
邱湘军编译
海口 海南摄影美术出版社［1993年］93页
19cm（32开）ISBN：7-80571-463-0
定价：CNY2.20, CNY11.00（全5册）

J0089239
尼罗河女儿 （第九卷 .5）（日）细川知荣子著；
邱湘军编译
海口 海南摄影美术出版社［1993年］93页
19cm（32开）ISBN：7-80571-463-0
定价：CNY2.20, CNY11.00（全5册）

J0089240
尼罗河女儿 （第十卷 .1）（日）细川知荣子著；
邱湘军编译
海口 海南摄影美术出版社［1993年］94页
19cm（32开）ISBN：7-80571-464-9
定价：CNY2.20, CNY11.00（全5册）
　　日本现代动画作品。

J0089241
尼罗河女儿 （第十卷 .2）（日）细川知荣子著；
邱湘军编译
海口 海南摄影美术出版社［1993年］93页
19cm（32开）ISBN：7-80571-464-9
定价：CNY2.20, CNY11.00（全5册）

J0089242
尼罗河女儿 （第十卷 .3）（日）细川知荣子著；
邱湘军编译
海口 海南摄影美术出版社［1993年］94页
19cm（32开）ISBN：7-80571-464-9
定价：CNY2.20, CNY11.00（全5册）

J0089243
尼罗河女儿 （第十卷 .4）（日）细川知荣子著；
邱湘军编译
海口 海南摄影美术出版社［1993年］93页
19cm（32开）ISBN：7-80571-464-9

定价：CNY2.20, CNY11.00（全5册）

J0089244
尼罗河女儿 （第十卷 .5）（日）细川知荣子著；
邱湘军编译
海口 海南摄影美术出版社［1993年］95页
19cm（32开）ISBN：7-80571-464-9
定价：CNY2.20, CNY11.00（全5册）

J0089245
尼罗河女儿 （第十一卷 .1）（日）细川知荣子
著；邱湘军编译
海口 海南摄影美术出版社［1993年］93页
19cm（32开）ISBN：7-80571-465-9
定价：CNY2.20, CNY11.00（全5册）

J0089246
尼罗河女儿 （第十一卷 .2）（日）细川知荣子
著；邱湘军编译
海口 海南摄影美术出版社［1993年］93页
19cm（32开）ISBN：7-80571-465-9
定价：CNY2.20, CNY11.00（全5册）

J0089247
尼罗河女儿 （第十一卷 .3）（日）细川知荣子
著；邱湘军编译
海口 海南摄影美术出版社［1993年］93页
19cm（32开）ISBN：7-80571-465-9
定价：CNY2.20, CNY11.00（全5册）

J0089248
尼罗河女儿 （第十一卷 .4）（日）细川知荣子
著；邱湘军编译
海口 海南摄影美术出版社［1993年］95页
19cm（32开）ISBN：7-80571-465-9
定价：CNY2.20, CNY11.00（全5册）

J0089249
尼罗河女儿 （第十一卷 .5）（日）细川知荣子
著；邱湘军编译
海口 海南摄影美术出版社［1993年］92页
19cm（32开）ISBN：7-80571-465-9
定价：CNY2.20, CNY11.00（全5册）

J0089250

尼罗河女儿 （第十二卷 .1）（日）细川知荣子
著；邱湘军编译
海口 海南摄影美术出版社［1993 年］92 页
19cm（32 开）ISBN：7-80571-466-5
定价：CNY2.20，CNY8.80（全 4 册）

J0089251

尼罗河女儿 （第十二卷 .2）（日）细川知荣子
著；邱湘军编译
海口 海南摄影美术出版社［1993 年］94 页
19cm（32 开）ISBN：7-80571-466-5
定价：CNY2.20，CNY8.80（全 4 册）
　　日本现代动画作品。

J0089252

尼罗河女儿 （第十二卷 .3）（日）细川知荣子
著；邱湘军编译
海口 海南摄影美术出版社［1993 年］93 页
19cm（32 开）ISBN：7-80571-466-5
定价：CNY2.20，CNY8.80（全 4 册）
　　日本现代动画作品。

J0089253

尼罗河女儿 （第十二卷 .4）（日）细川知荣子
著；邱湘军编译
海口 海南摄影美术出版社［1993 年］92 页
19cm（32 开）ISBN：7-80571-466-5
定价：CNY2.20，CNY8.80（全 4 册）

J0089254

尼罗河女儿 （续卷 1）（日）细川知荣子编绘
海口 海南摄影美术出版社 1994 年 96 页
19cm（32 开）ISBN：7-80571-300-6
定价：CNY2.30

J0089255

尼罗河女儿 （续卷 2）（日）细川知荣子编绘
海口 海南摄影美术出版社 1994 年 96 页
19cm（小 32 开）ISBN：7-80571-300-6
定价：CNY2.30

J0089256

尼罗河女儿 （续卷 3）（日）细川知荣子编绘
海口 海南摄影美术出版社 1994 年 96 页

19cm（小 32 开）ISBN：7-80571-300-6
定价：CNY2.30

J0089257

尼罗河女儿 （续卷 4）（日）细川知荣子编绘
海口 海南摄影美术出版社 1994 年 96 页
19cm（小 32 开）ISBN：7-80571-300-6
定价：CNY2.30

J0089258

尼罗河女儿 （续卷 5）（日）细川知荣子编绘
海口 海南摄影美术出版社 1994 年 95 页
19cm（小 32 开）ISBN：7-80571-300-6
定价：CNY2.30

J0089259

尼罗河女儿 （续卷 6）（日）细川知荣子编绘
海口 海南摄影美术出版社 1994 年 95 页 有图
19cm（小 32 开）ISBN：7-80571-300-6
 定价：CNY2.30

J0089260

七笑拳 （1 乱马的秘密）（日）鸟山明著
北京 大众文艺出版社 1992 年 95 页
19cm（32 开）ISBN：7-80094-068-3
定价：CNY2.20
　　日本现代动画作品。作者鸟山明
（1955—　），日本漫画家。生于日本爱知县，成
名之作《阿拉蕾》《龙珠》。

J0089261

七笑拳 （2 立刻见分晓）（日）鸟山明著
北京 大众文艺出版社 1992 年 95 页
19cm（32 开）ISBN：7-80094-068-3
定价：CNY2.20

J0089262

七笑拳 （3 追杀乱马）（日）鸟山明著
北京 大众文艺出版社 1992 年 95 页
19cm（32 开）ISBN：7-80094-068-3
定价：CNY2.20

J0089263

七笑拳 （4 良牙变身）（日）鸟山明著
北京 大众文艺出版社 1992 年 95 页

19cm（32 开）ISBN：7-80094-068-3
定价：CNY2.20

J0089264
七笑拳 （5 双女打擂台）（日）鸟山明著
北京 大众文艺出版社 1992 年 95 页
19cm（32 开）ISBN：7-80094-068-3
定价：CNY2.20

J0089265
七笑拳 （6 冰上格斗）（日）鸟山明著
北京 大众文艺出版社 1992 年 95 页
19cm（32 开）ISBN：7-80094-068-3
定价：CNY2.20

J0089266
七笑拳 （7 背水一战）（日）鸟山明著
北京 大众文艺出版社 1992 年 95 页
19cm（32 开）ISBN：7-80094-068-3
定价：CNY2.20

J0089267
七笑拳 （8 死之吻）（日）鸟山明著
北京 大众文艺出版社 1992 年 95 页
19cm（32 开）ISBN：7-80094-068-3
定价：CNY2.20

J0089268
七笑拳 （9 猫拳之乱）（日）鸟山明著
北京 大众文艺出版社 1992 年 95 页
19cm（32 开）ISBN：7-80094-068-3
定价：CNY2.20

J0089269
七笑拳 （10 格斗演艺会）（日）鸟山明著
北京 大众文艺出版社 1992 年 95 页
19cm（32 开）ISBN：7-80094-068-3
定价：CNY2.20

J0089270
七笑拳 （11 夜市之战）（日）鸟山明著
北京 大众文艺出版社 1992 年 95 页
19cm（32 开）ISBN：7-80094-068-3
定价：CNY2.20

J0089271
七笑拳 （12 不死身少年）（日）鸟山明著
北京 大众文艺出版社 1992 年 95 页
19cm（32 开）ISBN：7-80094-068-3
定价：CNY2.20

J0089272
七笑拳 （13 姻缘成立）（日）鸟山明著
北京 大众文艺出版社 1992 年 95 页
19cm（32 开）ISBN：7-80094-068-3
定价：CNY2.20

J0089273
七笑拳 （14 邪恶复活）（日）鸟山明著
北京 大众文艺出版社 1992 年 95 页
19cm（32 开）ISBN：7-80094-068-3
定价：CNY2.20
　　作者鸟山明（1955— ），日本漫画家。生于
日本爱知县，成名之作《阿拉蕾》《龙珠》。

J0089274
七笑拳 （15 右京的真相）（日）高桥留美子著
北京 大众文艺出版社 1992 年 96 页
19cm（32 开）ISBN：7-80094-068-3
定价：CNY2.20
　　作者高桥留美子（1957— ），女，日本漫
画家。出生于日本新潟县。小学馆的代表漫画
家之一，代表作《福星小子》《相聚一刻》《乱马
1/2》《犬夜叉》《境界之轮回》等。

J0089275
七笑拳 （16 乱马鸭子计划）（日）高桥留美子著
北京 大众文艺出版社 1992 年 96 页
19cm（32 开）ISBN：7-80094-068-3
定价：CNY2.20

J0089276
七笑拳 （17 迷路的良芷）（日）高桥留美子著
北京 大众文艺出版社 1992 年 95 页
19cm（32 开）ISBN：7-80094-068-3
定价：CNY2.20

J0089277
七笑拳 （18 神龙飞天）（日）高桥留美子著
北京 大众文艺出版社 1992 年 96 页

19cm（32开）ISBN：7-80094-068-3
定价：CNY2.20

J0089278
七笑拳　（19 雪耻之战）（日）高桥留美子著
北京 大众文艺出版社 1992年 95页
19cm（32开）ISBN：7-80094-068-3
定价：CNY2.20

J0089279
七笑拳　（20 神秘的拳印）（日）高桥留美子著
北京 大众文艺出版社 1992年 95页
19cm（32开）ISBN：7-80094-068-3
定价：CNY2.20

J0089280
奇妙的冒险　（1 不死的怪物）（日）荒木飞吕
彦编绘；钱孟珊译
北京 长城出版社 1992年 99页 19cm（32开）
　ISBN：7-80017-190-6 定价：CNY1.90
　　　日本现代动画画册。

J0089281
奇妙的冒险　（2 难以忘怀的面孔）（日）荒木
飞吕彦编绘；钱孟珊译
北京 长城出版社 1992年 81页 19cm（32开）
ISBN：7-80017-197-3 定价：CNY1.90

J0089282
拳王　（第一集）（日）松田隆智作；（日）藤原芳
秀绘；蔡彩时，黄建军编译
海口 南海出版社 1992年 2册 19cm（32开）
ISBN：7-80570-692-1 定价：CNY4.40
　　　日本现代动画作品。

J0089283
拳王　（第二集）（日）松田隆智作；（日）藤原芳
秀绘；蔡彩时，黄建军编译
海口 南海出版社 1992年 2册 19cm（32开）
ISBN：7-80570-692-1 定价：CNY4.40

J0089284
拳王　（第三集）（日）松田隆智作；（日）藤原芳
秀绘；蔡彩时，黄建军编译
海口 南海出版社 1992年 2册 19cm（32开）

ISBN：7-80570-692-1 定价：CNY4.40

J0089285
拳王　（第四集）（日）松田隆智作；（日）藤原芳
秀绘；蔡彩时，黄建军编译
海口 南海出版社 1993年 2册 19cm（32开）
ISBN：7-80570-845-2 定价：CNY4.40

J0089286
拳王　（第五集）（日）松田隆智作；（日）藤原芳
秀绘；蔡彩时，黄建军编译
海口 南海出版社 1993年 2册 19cm（32开）
ISBN：7-80570-904-1 定价：CNY4.40

J0089287
拳王　（第六集）（日）松田隆智作；（日）藤原芳
秀绘；蔡彩时，黄建军编译
海口 南海出版社 1993年 2册 19cm（32开）
ISBN：7-80570-905-X 定价：CNY4.40

J0089288
日本动画片精选集　（1）盛欣等主编
北京 气象出版社 1992年 45页 14×16cm
ISBN：7-5029-1025-5 定价：CNY2.50

J0089289
日本动画片精选集　（2）盛欣等主编
北京 气象出版社 1992年 45页 14×16cm
ISBN：7-5029-1025-5 定价：CNY2.50

J0089290
日本动画片精选集　（3）盛欣等主编
北京 气象出版社 1992年 45页 14×16cm
ISBN：7-5029-1025-5 定价：CNY2.50

J0089291
神犬阿银　（白色的对手）（日）高桥吉广编绘；
唐晖译
北京 长城出版社 1992年 105页 19cm（32开）
ISBN：7-80017-186-8 定价：CNY1.90
　　　现代日本动画作品。

J0089292
神犬阿银　（出征的早晨）（日）高桥吉广编绘；
唐晖译

北京 长城出版社 1992 年 95 页 19cm（32 开）
ISBN：7-80017-187-6 定价：CNY1.90
　　现代日本动画作品。

J0089293
神犬阿银 （红毛军团的出现）（日）高桥吉广编
绘；唐晖译
北京 长城出版社 1992 年 105 页 19cm（32 开）
ISBN：7-80017-188-4 定价：CNY1.90

J0089294
神犬阿银 （两雄的相会）（日）高桥吉广编绘；
唐晖译
北京 长城出版社 1992 年 89 页 19cm（32 开）
ISBN：7-80017-189-2 定价：CNY1.90

J0089295
圣战 （卷一 上 阿修罗复活篇）（日）大川七濑
著；张艺译
呼和浩特 内蒙古人民出版社 1992 年 96 页
19cm（32 开）ISBN：7-204-01787-0
定价：CNY1.90
　　日本现代动画作品。作者大川七濑
（1967—　　），日本漫画家、插画师。东京大学大
学院（修士课程）毕业。CLAMP 一员。以《圣传》
出道，主要负责编写剧本及广告宣传工作，主管
CLAMP 作品的故事企划，版面设计和外交公关
事宜及游戏设计

J0089296
圣战 （卷一 下 阿修罗复活篇）（日）大川七濑
著；张艺译
呼和浩特 内蒙古人民出版社 1992 年 96 页
19cm（32 开）ISBN：7-204-01787-0
定价：CNY1.90

J0089297
圣战 （卷二 上 六星群岚篇）（日）大川七濑著；
张艺译
呼和浩特 内蒙古人民出版社 1992 年 96 页
19cm（32 开）ISBN：7-204-01787-0
定价：CNY1.90

J0089298
圣战 （卷二 下 六星群岚篇）（日）大川七濑著；

张艺译
呼和浩特 内蒙古人民出版社 1992 年 96 页
19cm（32 开）ISBN：7-204-01787-0
定价：CNY1.90

J0089299
圣战 （卷三 上 迦陵频伽歌姬篇）（日）大川七
濑著；张艺译
呼和浩特 内蒙古人民出版社 1992 年 96 页
19cm（32 开）ISBN：7-204-01787-0
定价：CNY1.90

J0089300
圣战 （卷三 下 迦陵频伽歌姬篇）（日）大川七
濑著；张艺译
呼和浩特 内蒙古人民出版社 1992 年 96 页
19cm（32 开）ISBN：7-204-01787-0
定价：CNY1.55

J0091183
圣战 （卷四 上 冰城火焱篇）（日）大川七濑著；
张艺译
呼和浩特 内蒙古人民出版社 1992 年 96 页
19cm（32 开）ISBN：7-204-01787-0
定价：CNY1.90

J0089301
圣战 （卷四 下 冰城火焱篇）（日）大川七濑著；
张艺译
呼和浩特 内蒙古人民出版社 1992 年 96 页
19cm（32 开）ISBN：7-204-01787-0
定价：CNY1.90

J0089302
世界装饰卡通集锦 王国梁等编绘
上海 同济大学出版社 1992 年 165 页 有图
16×18cm ISBN：7-5608-0855-7 定价：CNY4.00
　　本书介绍了英、美、德、意等国著名的卡通
形象，按不同国家的吉祥物和民间流传的卡通图
案进行分类。作者王国梁（1943—　　），教授。生
于浙江湖州市，毕业于东南大学建筑系。历任东
南大学建筑系主任、教授，中国美术家协会江苏
分会会员、江苏省水彩画会常务理事。

J0089303
司郎博士卷一　（1 大显神通）（日）鸟山明原著
成都 四川美术出版社 1992 年 94 页
19cm(小 32 开) ISBN: 7-5410-0721-8
定价: CNY1.90
　　日本现代动画画册。作者鸟山明
（1955—　），日本漫画家。生于日本爱知县，成
名之作《阿拉蕾》《龙珠》。

J0089304
司郎博士卷一　（2 时间飞行器）（日）鸟山明
原著
成都 四川美术出版社 1992 年 91 页
19cm(小 32 开) ISBN: 7-5410-0721-8
定价: CNY1.90
　　日本现代动画画册。

J0089305
司郎博士卷一　（3 突击! 阿莱之卷）（日）鸟
山明原著
成都 四川美术出版社 1992 年 93 页
19cm(小 32 开) ISBN: 7-5410-0721-8
定价: CNY1.90

J0089306
司郎博士卷一　（4 变形砰砰枪）（日）鸟山明
原著
成都 四川美术出版社 1992 年 95 页
19cm(小 32 开) ISBN: 7-5410-0721-8
定价: CNY1.90

J0089307
司郎博士卷一　（5 地球 SOS）（日）鸟山明原著
成都 四川美术出版社 1992 年 93 页
19cm(小 32 开) ISBN: 7-5410-0721-8
定价: CNY1.90

J0089308
太空三剑侠　荔红改编; 白光诚等复制
广州 新世纪出版社 1992 年 3 册 13cm(64 开)
ISBN: 7-5405-0532-X 定价: CNY3.80
（卡通世界）
　　外国现代动画画册。

J0089309
铁甲战士　（1）（日）高屋良树著; 李振洪等译编
南宁 广西美术出版社 1992 年 192 页
19cm(小 32 开) ISBN: 7-80582-345-6
定价: CNY3.60
　　日本现代动画作品。

J0089310
铁甲战士　（2）（日）高屋良树著; 李振洪等译编
南宁 广西美术出版社 1992 年 192 页
19cm(小 32 开) ISBN: 7-80582-351-0
定价: CNY3.60

J0089311
铁甲战士　（3）（日）高屋良树著; 李振洪等译编
南宁 广西美术出版社 1992 年 192 页
19cm(小 32 开) ISBN: 7-80582-352-9
定价: CNY3.60

J0089312
新人类战士——赛博　（日）三井隆一著; 童心译
北京 群众出版社 1992 年 4 册 19cm(小 32 开)
ISBN: 7-5014-0892-0 定价: CNY7.60
　　现代日本动画作品。

J0089313
银河大决战　（1 征服银河系）肖良译; 守坚等
复制
南宁 广西美术出版社 1992 年 111 页 有图
19cm(小 32 开) ISBN: 7-80582-272-7
定价: CNY2.10
（卡通博览）

J0089314
银河大决战　（2 太空帝国的诞生）肖良译; 果
田等复制
南宁 广西美术出版社 1992 年 111 页 有图
19cm(小 32 开) ISBN: 7-80582-273-5
定价: CNY2.10
（卡通博览）

J0089315
银河大决战　（3 美女争夺战）肖良译; 霜凉等
复制
南宁 广西美术出版社 1992 年 95 页 有图

19cm（小 32 开）ISBN：7-80582-274-3
定价：CNY1.95
（卡通博览）

J0089316
银河大决战 （4 阿斯塔之战）肖良译；守坚等
复制
南宁 广西美术出版社 1992 年 111 页 有图
19cm（小 32 开）ISBN：7-80582-275-2
定价：CNY2.10
（卡通博览）

J0089317
宇宙猫 （日）藤子·F·不二雄编绘
北京 兵器工业出版社 1992 年 4 册
19cm（小 32 开）ISBN：7-80038-519-1
定价：CNY12.00
（机器猫的姊妹篇）
　　日本现代动画画册。

J0089318
真假美红 （日）桂正和原著；肖平，杨金萍编译
长春 东北师范大学出版社 1992 年
19cm（小 32 开）ISBN：7-5602-0758-8
定价：CNY1.80
（变形飞人 5）
　　现代日本动画作品。本书与吉林美术出版
社合作出版。

J0089319
阿拉蕾 （第 1 卷）（日）鸟山明原著
银川 宁夏人民出版社 1993 年 95 页
19cm（小 32 开）ISBN：7-227-01478-9
定价：CNY3.60
（科幻幽默连续剧画）
　　日本现代动画作品，本套书为七龙珠姊
妹篇。

J0089320
阿拉蕾 （第 2 卷）（日）鸟山明原著
银川 宁夏人民出版社 1993 年 95 页
19cm（小 32 开）ISBN：7-227-01478-9
定价：CNY3.60
（科幻幽默连续剧画）

J0089321
阿拉蕾 （第 3 卷）（日）鸟山明原著
银川 宁夏人民出版社 1993 年 95 页
19cm（小 32 开）ISBN：7-227-01478-9
定价：CNY3.60
（科幻幽默连续剧画）

J0089322
阿拉蕾 （第 4 卷）（日）鸟山明原著
银川 宁夏人民出版社 1993 年 95 页
19cm（小 32 开）ISBN：7-227-01478-9
定价：CNY3.60
（科幻幽默连续剧画）

J0089323
阿拉蕾 （第 5 卷）（日）鸟山明原著
银川 宁夏人民出版社 1993 年 95 页
19cm（ 32 开）ISBN：7-227-01478-9
定价：CNY3.60
（科幻幽默连续剧画）

J0089324
阿拉蕾 （第 6 卷）（日）鸟山明原著
银川 宁夏人民出版社 1993 年 95 页
19cm（ 32 开）ISBN：7-227-01478-9
定价：CNY3.60
（科幻幽默连续剧画）

J0089325
阿拉蕾 （第 7 卷）（日）鸟山明原著
银川 宁夏人民出版社 1993 年 95 页
19cm（ 32 开）ISBN：7-227-01478-9
定价：CNY3.60
（科幻幽默连续剧画）

J0089326
阿拉蕾 （第 8 卷）（日）鸟山明原著
银川 宁夏人民出版社 1993 年 95 页
19cm（ 32 开）ISBN：7-227-01478-9
定价：CNY3.60
（科幻幽默连续剧画）

J0089327
阿拉蕾 （第 9 卷）（日）鸟山明原著
银川 宁夏人民出版社 1993 年 95 页

19cm（32开）ISBN：7-227-01478-9
定价：CNY3.60
（科幻幽默连续剧画）

J0089328
阿拉蕾　（第10卷）（日）鸟山明原著
银川　宁夏人民出版社　1993年　95页
19cm（32开）ISBN：7-227-01478-9
定价：CNY3.60
（科幻幽默连续剧画）
　　日本现代动画作品，本套书为七龙珠姊妹篇。

J0089329
阿拉蕾　（卷三　1　帕斯卡大魔王）（日）鸟山明原著
银川　宁夏人民出版社　1994年　19cm（小32开）
ISBN：7-227-01478-9　定价：CNY3.60
（科幻幽默连续剧画）

J0091213
阿拉蕾　（卷三　2　企鹅村SOS）（日）鸟山明原著
银川　宁夏人民出版社　1994年　19cm（小32开）
ISBN：7-227-01478-9　定价：CNY3.60
（科幻幽默连续剧画）

J0089330
阿拉蕾　（卷三　3　阿拉蕾捉强盗）（日）鸟山明原著
银川　宁夏人民出版社　1994年　19cm（小32开）
ISBN：7-227-01478-9　定价：CNY3.60
（科幻幽默连续剧画）

J0089331
阿拉蕾　（卷三　4　妖怪之夜）（日）鸟山明原著
银川　宁夏人民出版社　1994年　19cm（小32开）
ISBN：7-227-01478-9　定价：CNY3.60
（科幻幽默连续剧画）

J0089332
阿拉蕾　（卷三　5　职业杀手）（日）鸟山明原著
银川　宁夏人民出版社　1994年　19cm（32开）
ISBN：7-227-01478-9　定价：CNY3.60
（科幻幽默连续剧画）

J0089333
阿拉蕾　（卷四　1　疯狂的蜜月旅行）（日）鸟山明原著
银川　宁夏人民出版社　1994年　19cm（小32开）
ISBN：7-227-01478-9　定价：CNY3.60
（科幻幽默连续剧画）

J0089334
阿拉蕾　（卷四　2　老摘一家人）（日）鸟山明原著
银川　宁夏人民出版社　1994年　19cm（小32开）
ISBN：7-227-01478-9　定价：CNY3.60
（科幻幽默连续剧画）

J0089335
阿拉蕾　（卷四　3　高中运动会冠军）（日）鸟山明原著
银川　宁夏人民出版社　1994年　19cm（小32开）
ISBN：7-227-01478-9　定价：CNY3.60
（科幻幽默连续剧画）

J0089336
阿拉蕾　（卷四　4　在鬼怪屋约会）（日）鸟山明原著
银川　宁夏人民出版社　1994年　19cm（小32开）
ISBN：7-227-01478-9　定价：CNY3.60
（科幻幽默连续剧画）

J0089337
阿拉蕾　（卷四　5　拯救哈呐星）（日）鸟山明原著；常乐安编译
银川　宁夏人民出版社　1994年　19cm（小32开）
ISBN：7-227-01478-9　定价：CNY3.60
（科幻幽默连续剧画）

J0089338
阿拉蕾　（卷五　1　最强的对手出现了）（日）鸟山明原著
银川　宁夏人民出版社　1994年　19cm（小32开）
ISBN：7-227-01478-9　定价：CNY3.60
（科幻幽默连续剧画）
　　日本现代动画作品，本套书为七龙珠姊妹篇。

J0089339

阿拉蕾 （卷五 2 真诚的友情）（日）鸟山明原著
银川 宁夏人民出版社 1994 年 19cm（小 32 开）
ISBN：7-227-01478-9 定价：CNY3.60
（科幻幽默连续剧画）
　　日本现代动画作品，本套书为七龙珠姊妹篇。

J0089340

阿拉蕾 （卷五 3 无敌的奶糖人）（日）鸟山明原著
银川 宁夏人民出版社 1994 年 19cm（小 32 开）
ISBN：7-227-01478-9 定价：CNY3.60
（科幻幽默连续剧画）

J0089341

阿拉蕾 （卷五 4 捉拿强盗）（日）鸟山明原著
银川 宁夏人民出版社 1994 年 19cm（小 32 开）
ISBN：7-227-01478-9 定价：CNY3.60
（科幻幽默连续剧画）

J0091226

阿拉蕾 （卷五 5 贝贝诞生）（日）鸟山明原著
银川 宁夏人民出版社 1994 年 19cm（小 32 开）
ISBN：7-227-01478-9 定价：CNY3.60
（科幻幽默连续剧画）

J0089342

阿拉蕾 （卷五 6 深夜来客）（日）鸟山明原著
银川 宁夏人民出版社 1994 年 19cm（小 32 开）
ISBN：7-227-01478-9 定价：CNY3.60
（科幻幽默连续剧画）

J0089343

阿拉蕾 （卷六 1 可怕的苍蝇人）（日）鸟山明原著
银川 宁夏人民出版社 1994 年 19cm（小 32 开）
ISBN：7-227-01478-9 定价：CNY3.60
（科幻幽默连续剧画）

J0089344

阿拉蕾 （卷六 2 世界第一强人大会）（日）鸟山明原著；常乐安编译
银川 宁夏人民出版社 1994 年 95 页
19cm（小 32 开）ISBN：7-227-01478-9

定价：CNY3.60
（科幻幽默连续剧画）

J0089345

阿拉蕾 （卷六 3 奇怪的飞行物）（日）鸟山明原著
银川 宁夏人民出版社 1994 年 19cm（小 32 开）
ISBN：7-227-01478-9 定价：CNY3.60
（科幻幽默连续剧画）

J0089346

阿拉蕾 （卷六 4 见义勇为的青年）（日）鸟山明原著；常乐安编译
银川 宁夏人民出版社 1994 年 95 页
19cm（小 32 开）ISBN：7-227-01478-9
定价：CNY3.60
（科幻幽默连续剧画）

J0089347

阿拉蕾 （卷七 1 草莓衬衣大作战卷）（日）鸟山明原著；周影编译
银川 宁夏人民出版社 1996 年 128 页
19cm（小 32 开）ISBN：7-227-01478-9
定价：CNY4.60
（科幻幽默连续剧画）

J0089348

阿拉蕾 （卷七 2 黑社会前来拜访卷）（日）鸟山明原著；周影编译
银川 宁夏人民出版社 1996 年 128 页
19cm（小 32 开）ISBN：7-227-01478-9
定价：CNY4.60
（科幻幽默连续剧画）

J0089349

超级小飞童 （全集）（日）藤子·F·不二雄绘
武汉 湖北美术出版社 1993 年 17×19cm
ISBN：7-5394-0140-0 定价：CNY9.80
　　日本现代动画作品。作者藤子·F·不二雄（1933—1996），日本漫画家。出生于日本富山县高冈市，本名藤本弘。毕业于富山县立高冈工艺高等学校电气科。受到漫画大师手冢治虫的启发，立志成为儿童漫画家。小学馆的代表漫画家之一。代表作《Q 太郎》《哆啦 A 梦》《小超人帕门》《超能力魔美》。

J0089350

吹牛大王奇遇记　毕尔格著；王克澄译；以兴
改编；国强等绘画
上海 上海人民美术出版社 1993 年 38 页
14×16cm ISBN：7-5322-1174-6 定价：CNY2.00
　　外国现代动画作品。

J0089351

大笨狗　马荣等译
沈阳 辽宁民族出版社 1993 年 8 册
10cm（64 开）ISBN：7-80527-293-X
定价：CNY6.90
　　美国现代动画作品。

J0089352

第一神拳　（1 职业拳击手）（日）森川让次著；
宓晓明编译
海口 南海出版社 1993 年 160 页 18×12cm
ISBN：7-5442-0134-1 定价：CNY4.00
　　日本现代动画作品。

J0089353

第一神拳　（2 魔鬼营的计划）（日）森川让次
著；宓晓明编译
海口 南海出版社 1993 年 160 页 18×12cm
ISBN：7-5442-0134-1 定价：CNY4.00

J0089354

第一神拳　（3 闪电自拳）（日）森川让次著；宓
晓明编译
海口 南海出版社 1993 年 160 页 18×12cm
ISBN：7-5442-0134-1 定价：CNY4.00

J0089355

第一神拳　（4 9 的悬念）（日）森川让次著；宓
晓明编译
海口 南海出版社 1993 年 160 页 18×12cm
ISBN：7-5442-0134-1 定价：CNY4.00

J0089356

第一神拳　（5 第一种子手）（日）森川让次著；
宓晓明编译
海口 南海出版社 1993 年 160 页 18×12cm
ISBN：7-5442-0134-1 定价：CNY4.00

J0089357

第一神拳　（6 危险的诱惑）（日）森川让次著；
宓晓明编译
海口 南海出版社 1993 年 160 页 19cm（32 开）
ISBN：7-5442-0134-1 定价：CNY4.00

J0089358

第一神拳　（7 散弹枪的威胁）（日）森川让次
著；宓晓明编译
海口 南海出版社 1993 年 160 页 19cm（32 开）
ISBN：7-5442-0134-1 定价：CNY4.00

J0089359

第一神拳　（8 凌厉的攻击）（日）森川让次著；
宓晓明编译
海口 南海出版社 1993 年 160 页 19cm（32 开）
ISBN：7-5442-0134-1 定价：CNY4.00

J0089360

第一神拳　（9 新人王决赛）（日）森川让次著；
宓晓明编译
海口 南海出版社 1993 年 160 页 19cm（32 开）
ISBN：7-5442-0134-1 定价：CNY4.00

J0089361

第一神拳　（10 厉害的超级博士）（日）森川让
次著；宓晓明编译
海口 南海出版社 1993 年 160 页 19cm（32 开）
ISBN：7-5442-0134-1 定价：CNY4.00

J0089362

第一神拳　（11 令人害怕的拳头）（日）森川让
次著；宓晓明编译
海口 南海出版社 1993 年 160 页 19cm（32 开）
ISBN：7-5442-0134-1 定价：CNY4.00
　　日本现代动画作品。

J0089363

第一神拳　（12 超强杀手拳）（日）森川让次著；
宓晓明编译
海口 南海出版社 1993 年 160 页 19cm（32 开）
ISBN：7-5442-0134-1 定价：CNY4.00

J0089364

动物王国的欢乐　（加）罗端巴莱绘图、编文；

晓晖编译

北京 同心出版社 1993 年 19×18cm

ISBN：7-80593-062-7 定价：CNY3.20

　　加拿大动画作品。

J0089365

福星小子 （珍藏本）（日）高桥留美子绘编

南宁 广西民族出版社［1993 年］96 页

19cm（小 32 开）ISBN：7-5363-2352-2

定价：CNY2.20

　　日本现代动画作品。作者高桥留美子
（1957— ），女，日本漫画家。出生于日本新潟
县。小学馆的代表漫画家之一，代表作《福星小
子》《相聚一刻》《乱马 1/2》《犬夜叉》《境界之
轮回》等。

J0089366

华斯比历险记 （1）刘琦，达可编文；建淳等
绘画

沈阳 辽宁美术出版社 1993 年 79 页

19cm（小 32 开）ISBN：7-5314-0839-2

定价：CNY3.00

　　英国 65 集动画片。

J0089367

华斯比历险记 （2）雁敏编文；佳讯等绘画

沈阳 辽宁美术出版社 1993 年 79 页

19cm（小 32 开）ISBN：7-5314-0839-2

定价：CNY3.00

J0089368

华斯比历险记 （3）兰女编文；孟阳等绘

沈阳 辽宁美术出版社 1993 年 79 页

19cm（小 32 开）ISBN：7-5314-0839-2

定价：CNY3.00

J0089369

静斗士——翔 （第一翔 翼的记忆）（日）车田
正美著

银川 宁夏人民出版社 1993 年 163 页

19cm（小 32 开）ISBN：7-227-01069-4

定价：CNY4.60

　　日本现代动画作品。作者车田正美（1953— ），
日本漫画家。代表作品有《圣斗士星矢》《风魔
小次郎》《拳王创世纪》等。

J0089370

乱马 1/2 （卷一 .1 乱马的秘密）（日）高桥留美
子原著；周颖编译

海口 海南摄影美术出版社［1993 年］95 页

19cm（32 开）ISBN：7-80571-500-9

定价：CNY2.20

（日本大型系列画书）

　　日本现代动画作品。编译者周颖，又名阿
颖，画家，一级美术师。历任中欧书画家友好联
盟常务理事、香港东方文化交流中心世界名人编
委会顾问、中国书画艺术研究院研究员、文化艺
术报特约记者、文化部中国艺术研究院文研中心
理事。

J0089371

乱马 1/2 （卷一 .2 九能和乱马）（日）高桥留美
子原著；周颖编译

海口 海南摄影美术出版社［1993 年］95 页

19cm（32 开）ISBN：7-80571-500-9

定价：CNY2.20

（日本大型系列画书）

J0089372

乱马 1/2 （卷一 .3 追踪乱马的男孩）（日）高桥
留美子原著；周颖编译

海口 海南摄影美术出版社［1993 年］94 页

19cm（32 开）ISBN：7-80571-500-9

定价：CNY2.20

（日本大型系列画书）

J0089373

乱马 1/2 （卷一 .4 仇恨的种子）（日）高桥留美
子原著；周颖编译

海口 海南摄影美术出版社［1993 年］96 页

19cm（32 开）ISBN：7-80571-500-9

定价：CNY2.20

（日本大型系列画书）

J0089374

乱马 1/2 （卷一 .5 体操热战）（日）高桥留美子
原著；周颖编译

海口 海南摄影美术出版社［1993 年］94 页

19cm（32 开）ISBN：7-80571-500-9

定价：CNY2.20

（日本大型系列画书）

日本现代动画作品。

J0089375
乱马 1/2　（卷二.1 可爱的夏洛特）（日）高桥留美子原著；周颖编译
海口 海南摄影美术出版社［1993 年］94 页
19cm（32 开）ISBN：7-80571-285-9
定价：CNY2.20
（日本大型系列画书）

J0089376
乱马 1/2　（卷二.2 愤怒的良牙）（日）高桥留美子原著；周颖编译
海口 海南摄影美术出版社［1993 年］96 页
19cm（32 开）ISBN：7-80571-285-9
定价：CNY2.20
（日本大型系列画书）

J0089377
乱马 1/2　（卷二.3 小茜与珊璞）（日）高桥留美子原著；周颖编译
海口 海南摄影美术出版社［1993 年］94 页
19cm（32 开）ISBN：7-80571-285-9
定价：CNY2.20
（日本大型系列画书）

J0089378
乱马 1/2　（卷二.4 猫地狱之行）（日）高桥留美子原著；周颖编译
海口 海南摄影美术出版社［1993 年］94 页
19cm（32 开）ISBN：7-80571-285-9
定价：CNY2.20
（日本大型系列画书）

J0089379
乱马 1/2　（卷二.5 沐丝袭来）（日）高桥留美子原著；周颖编译
海口 海南摄影美术出版社［1993 年］92 页
19cm（32 开）ISBN：7-80571-285-9
定价：CNY2.20
（日本大型系列画书）

J0089380
乱马 1/2　（卷三.1 爆破点穴）（日）高桥留美子原著；周颖编译

海口 海南摄影美术出版社［1993 年］94 页
19cm（32 开）ISBN：7-80571-287-5
定价：CNY2.20
（日本大型系列画书）

J0089381
乱马 1/2　（卷三.2 爆破点穴）（日）高桥留美子原著；周颖编译
海口 海南摄影美术出版社［1993 年］94 页
19cm（32 开）ISBN：7-80571-287-5
定价：CNY2.20
（日本大型系列画书）

J0089382
乱马 1/2　（卷三.3 邪恶复活）（日）高桥留美子原著；周颖编译
海口 海南摄影美术出版社［1993 年］94 页
19cm（32 开）ISBN：7-80571-287-5
定价：CNY2.20
（日本大型系列画书）

J0089383
乱马 1/2　（卷三.4 八宝齐大怒）（日）高桥留美子原著；周颖编译
海口 海南摄影美术出版社［1993 年］94 页
19cm（32 开）ISBN：7-80571-287-5
定价：CNY2.20
（日本大型系列画书）

J0089384
乱马 1/2　（卷三.5 男溺泉风波）（日）高桥留美子原著；周颖编译
海口 海南摄影美术出版社［1993 年］94 页
19cm（32 开）ISBN：7-80571-287-5
定价：CNY2.20
（日本大型系列画书）

J0089385
乱马 1/2　（卷四.1 朱丽叶的把戏）（日）高桥留美子原著；周颖编译
海口 海南摄影美术出版社［1993 年］94 页
19cm（32 开）ISBN：7-80571-288-3
定价：CNY2.20
（日本大型系列画书）
日本现代动画作品。

J0089386

乱马 1/2 （卷四 .2 黑玫瑰的圈套）（日）高桥留美子原著；周颖编译

海口 海南摄影美术出版社 ［1993 年］94 页
19cm（32 开）ISBN：7-80571-288-3
定价：CNY2.20
（日本大型系列画书）
　　日本现代动画作品。

J0089387

乱马 1/2 （卷四 .3 右京的真面目）（日）高桥留美子原著；周颖编译

海口 海南摄影美术出版社 ［1993 年］94 页
19cm（32 开）ISBN：7-80571-288-3
定价：CNY2.20
（日本大型系列画书）

J0089388

乱马 1/2 （卷四 .4 捉摸不定）（日）高桥留美子原著；周颖编译

海口 海南摄影美术出版社 ［1993 年］94 页
19cm（32 开）ISBN：7-80571-288-3
定价：CNY2.20
（日本大型系列画书）

J0089389

乱马 1/2 （卷四 .5 鸭子计划）（日）高桥留美子原著；周颖编译

海口 海南摄影美术出版社 ［1993 年］94 页
19cm（32 开）ISBN：7-80571-288-3
定价：CNY2.20
（日本大型系列画书）

J0089390

乱马 1/2 （卷五 .1 八宝大华轮）（日）高桥留美子原著；周颖编译

海口 海南摄影美术出版社 ［1993 年］92 页
19cm（32 开）ISBN：7-80571-480-0
定价：CNY2.20
（日本大型系列画书）

J0089391

乱马 1/2 （卷五 .2 珊璞的包子）（日）高桥留美子原著；周颖编译

海口 海南摄影美术出版社 ［1993 年］93 页

19cm（32 开）ISBN：7-80571-480-0
定价：CNY2.20
（日本大型系列画书）

J0089392

乱马 1/2 （卷五 .3 校长回来了）（日）高桥留美子原著；周颖编译

海口 海南摄影美术出版社 ［1993 年］92 页
19cm（32 开）ISBN：7-80571-480-0
定价：CNY2.20
（日本大型系列画书）

J0089393

乱马 1/2 （卷五 .4 丘比特的圈套）（日）高桥留美子原著；周颖编译

海口 海南摄影美术出版社 ［1993 年］94 页
19cm（32 开）ISBN：7-80571-480-0
定价：CNY2.20
（日本大型系列画书）

J0089394

乱马 1/2 （卷五 .5 螺旋地狱）（日）高桥留美子原著；周颖编译

海口 海南摄影美术出版社 ［1993 年］92 页
19cm（32 开）ISBN：7-80571-480-0
定价：CNY2.20
（日本大型系列画书）

J0089395

乱马 1/2 （卷七 .1 最后的选择）（日）高桥留美子原著；周颖编译

海口 海南摄影美术出版社 ［1993 年］94 页
19cm（32 开）ISBN：7-80571-290-5
定价：CNY2.20
（日本大型系列画书）

J0089396

乱马 1/2 （卷七 .2 奇怪的上流宴会）（日）高桥留美子原著；周颖编译

海口 海南摄影美术出版社 ［1993 年］94 页
19cm（32 开）ISBN：7-80571-290-5
定价：CNY2.20
（日本大型系列画书）
　　日本现代动画作品。

J0089397

乱马 1/2　（卷七 .3 餐桌上的决斗）（日）高桥留美子原著；周颖编译

海口 海南摄影美术出版社［1993 年］94 页

19cm（32 开）ISBN：7-80571-290-5

定价：CNY2.20

（日本大型系列画书）
　　日本现代动画作品。

J0089398

乱马 1/2　（卷七 .4 爱与复仇的迷宫）（日）高桥留美子原著；周颖编译

海口 海南摄影美术出版社［1993 年］94 页

19cm（32 开）ISBN：7-80571-290-5

定价：CNY2.20

（日本大型系列画书）

J0089399

乱马 1/2　（卷七 .5 咒泉乡来的恶魔）（日）高桥留美子原著；周颖编译

海口 海南摄影美术出版社［1993 年］94 页

19cm（32 开）ISBN：7-80571-290-5

定价：CNY2.20

（日本大型系列画书）

J0089400

乱马 1/2　（卷八 .1 潘斯特流星脚）（日）高桥留美子原著；周颖编译

海口 海南摄影美术出版社［1993 年］94 页

19cm（32 开）ISBN：7-80571-519-X

定价：CNY2.20

（日本大型系列画书）

J0089401

乱马 1/2　（卷八 .2 西瓜地里的战斗）（日）高桥留美子原著；周颖编译

海口 海南摄影美术出版社［1993 年］94 页

19cm（32 开）ISBN：7-80571-519-X

定价：CNY2.20

（日本大型系列画书）

J0089402

乱马 1/2　（卷八 .3 温泉街的恶梦）（日）高桥留美子原著；周颖编译

海口 海南摄影美术出版社［1993 年］94 页

19cm（32 开）ISBN：7-80571-519-X

定价：CNY2.20

（日本大型系列画书）

J0089403

乱马 1/2　（卷八 .4 决斗——狮子对猛虎）（日）高桥留美子原著；周颖编译

海口 海南摄影美术出版社［1993 年］94 页

19cm（32 开）ISBN：7-80571-519-X

定价：CNY2.20

（日本大型系列画书）

J0089404

乱马 1/2　（卷八 .5 除夕夜的咒语）（日）高桥留美子原著；周颖编译

海口 海南摄影美术出版社［1993 年］94 页

19cm（32 开）ISBN：7-80571-519-X

定价：CNY2.20

（日本大型系列画书）

J0089405

乱马 1/2　（卷九 .1 地狱的摇篮）（日）高桥留美子原著；周颖编译

海口 海南摄影美术出版社［1993 年］94 页

19cm（32 开）ISBN：7-80571-519-X

定价：CNY2.20

（日本大型系列画书）

J0089406

乱马 1/2　（卷九 .2 胜利女神）（日）高桥留美子原著；周颖编译

海口 海南摄影美术出版社［1993 年］94 页

19cm（32 开）ISBN：7-80571-520-3

定价：CNY2.20

（日本大型系列画书）

J0089407

乱马 1/2　（卷九 .3 男子汉的誓言）（日）高桥留美子原著；周颖编译

海口 海南摄影美术出版社［1993 年］94 页

19cm（32 开）ISBN：7-80571-520-3

定价：CNY2.20

（日本大型系列画书）
　　日本现代动画作品。

J0089408
乱马 1/2　（卷九 .4　反转宝珠）（日）高桥留美子
原著；周颖编译
海口　海南摄影美术出版社［1993 年］94 页
19cm（32 开）ISBN：7–80571–520–3
定价：CNY2.20
（日本大型系列画书）
　　日本现代动画作品。

J0089409
乱马 1/2　（卷九 .5　黑色秘密武器）（日）高桥留
美子原著；周颖编译
海口　海南摄影美术出版社［1993 年］94 页
19cm（32 开）ISBN：7–80571–520–3
定价：CNY2.20
（日本大型系列画书）

J0089410
乱马 1/2　（卷十 .1　决一死战）（日）高桥留美子
原著；周颖编译
海口　海南摄影美术出版社［1993 年］94 页
19cm（32 开）ISBN：7–80571–577–7
定价：CNY2.20
（日本大型系列画书）

J0089411
乱马 1/2　（卷十 .2　失去的秘宝）（日）高桥留美
子原著；周颖编译
海口　海南摄影美术出版社［1993 年］94 页
19cm（32 开）ISBN：7–80571–577–7
定价：CNY2.20
（日本大型系列画书）

J0089412
乱马 1/2　（卷十 .3　止水桶的悲剧）（日）高桥留
美子原著；周颖编译
海口　海南摄影美术出版社［1993 年］96 页
19cm（32 开）ISBN：7–80571–577–7
定价：CNY2.20
（日本大型系列画书）

J0089413
乱马 1/2　（卷十 .4　新来的女老师）（日）高桥留
美子原著；周颖编译
海口　海南摄影美术出版社［1993 年］94 页

19cm（32 开）ISBN：7–80571–577–7
定价：CNY2.20
（日本大型系列画书）

J0089414
乱马 1/2　（卷十 .5　八宝还击炮）（日）高桥留美
子原著；周颖编译
海口　海南摄影美术出版社［1993 年］94 页
19cm（32 开）ISBN：7–80571–577–7
定价：CNY2.20
（日本大型系列画书）

J0089415
少年狂侠　（第一集　第一卷）（日）蛭田达也
著；雷鸣编译
海口　海南摄影美术出版社 1993 年 95 页
19cm（小 32 开）ISBN：7–80571–646–3
定价：CNY2.20
　　日本现代动画作品。作者蛭田达也（Hiruta
Tatsuya, 1961—　　），日本福岛县人，日本漫画作
者。创作有热血长篇《功夫旋风儿》。

J0089416
少年狂侠　（第一集　第二卷）（日）蛭田达也
著；雷鸣编译
海口　海南摄影美术出版社 1993 年 95 页
19cm（小 32 开）ISBN：7–80571–646–3
定价：CNY2.20

J0089417
少年狂侠　（第一集　第三卷）（日）蛭田达也
著；雷鸣编译
海口　海南摄影美术出版社 1993 年 95 页
19cm（小 32 开）ISBN：7–80571–646–3
定价：CNY2.20

J0089418
少年狂侠　（第一集　第四卷）（日）蛭田达也
著；雷鸣编译
海口　海南摄影美术出版社 1993 年 95 页
19cm（小 32 开）ISBN：7–80571–646–3
定价：CNY2.20

J0089419
少年狂侠　（第一集　第五卷）（日）蛭田达也

著；雷鸣编译
海口 海南摄影美术出版社 1993 年 95 页
19cm（小 32 开）ISBN：7-80571-646-3
定价：CNY2.20
　　日本现代动画作品。

J0089420
少年狂侠 （第一集 第六卷）（日）蛭田达也
著；雷鸣编译
海口 海南摄影美术出版社 1993 年 95 页
19cm（小 32 开）ISBN：7-80571-646-3
定价：CNY2.20

J0089421
少年狂侠 （第一集 第七卷）（日）蛭田达也
著；雷鸣编译
海口 海南摄影美术出版社 1993 年 95 页
19cm（小 32 开）ISBN：7-80571-646-3
定价：CNY2.20

J0089422
少年狂侠 （第一集 第八卷）（日）蛭田达也
著；雷鸣编译
海口 海南摄影美术出版社 1993 年 95 页
19cm（小 32 开）ISBN：7-80571-646-3
定价：CNY2.20

J0089423
少年狂侠 （第一集 第九卷）（日）蛭田达也
著；雷鸣编译
海口 海南摄影美术出版社 1993 年 95 页
19cm（小 32 开）ISBN：7-80571-646-3
定价：CNY2.20

J0089424
少年狂侠 （第一集 第十卷）（日）蛭田达也
著；雷鸣编译
海口 海南摄影美术出版社 1993 年 95 页
19cm（小 32 开）ISBN：7-80571-646-3
定价：CNY2.20

J0089425
威猛泰山 （第一辑）（法）雷古霍，塞莱著；陈
筱卿，陈逸译
北京 中国文联出版公司 1993 年 5 册

19cm（32 开）ISBN：7-5059-1511-8
定价：CNY7.95
　　法国现代动画作品，本辑包括：太阳的秘密
等 5 册。

J0089426
威猛泰山 （第二辑）（法）雷古霍，塞莱著；陈
筱卿，陈逸译
北京 中国文联出版公司 1993 年 5 册
19cm（32 开）ISBN：7-5059-1512-6
定价：CNY7.95
　　法国现代动画作品，本辑包括：会飞的武器
等 5 册。

J0089427
威猛泰山 （第三辑）（法）雷古霍，塞莱著；陈
筱卿，陈逸译
北京 中国文联出版公司 1993 年 5 册
19cm（32 开）ISBN：7-5059-1513-4
定价：CNY7.95
　　法国现代动画作品，本辑包括：黑夜神灵等
5 册。

J0089428
威猛泰山 （第四辑）（法）雷古霍，塞莱著；陈
筱卿，陈逸译
北京 中国文联出版公司 1993 年 5 册
19cm（32 开）ISBN：7-5059-1514-2
定价：CNY7.95
　　法国现代动画作品，本辑包括：雷电猎手等
5 册。

J0089429
苍之封印 （日）筱原千绘
南宁 广西民族出版社 1994 年 5 册
19cm（小 32 开）ISBN：7-5363-2798-6
定价：CNY11.50
　　日本现代动画作品。

J0089430
橙路 （日）松本泉编绘；邹宁译
北京 中华工商联合出版社 1994 年 18 册
19cm（小 32 开）ISBN：7-80100-101-X
定价：CNY81.00
　　日本现代动画作品。

J0089431
海盗王子　宇野比吕士原著；张美珠翻译
呼和浩特　内蒙古人民出版社　1994 年　15 册
8×11cm　ISBN：7-80506-349-6
定价：CNY8.80（每册）
　　本书系日本现代动画作品。

J0089432
机器猫智斗神亨特：怪波之谜　（日）巴豪太
郎编；（日）新桥中村绘
昆明　云南科技出版社　1994 年　58 页　17×19cm
ISBN：7-5416-0559-X　定价：CNY3.88
（超级机器猫故事系列）
　　日本现代动画作品。

J0089433
美少女战士　（卷一 1）（日）武内直子编绘
南宁　广西民族出版社　1994 年　95 页
19cm（小 32 开）ISBN：7-5363-2796-X
定价：CNY2.30，CNY11.50（全 5 册）
　　日本现代动画作品。作者武内直子（1967—　），
日本漫画家。出生于日本山梨县甲府市。结婚
后改名为富樫直子，爱称为直子姬。日本公共
医科大学药科系，持有药剂师及临床检查技师
的资格。大学毕业后曾在庆应义塾大学医院中
央检查部工作过。作品《Love Call》获得第二届
《Nakayosi》新人漫画赏，作品《美少女战士》获
得了第十七届"讲谈社"漫画赏的大奖。

J0089434
美少女战士　（卷一 2）（日）武内直子编绘
南宁　广西民族出版社　1994 年　95 页
19cm（小 32 开）ISBN：7-5363-2796-X
定价：CNY2.30，CNY11.50（全 5 册）

J0089435
美少女战士　（卷一 3）（日）武内直子编绘
南宁　广西民族出版社　1994 年　95 页
19cm（小 32 开）ISBN：7-5363-2796-X
定价：CNY2.30，CNY11.50（全 5 册）

J0089436
美少女战士　（卷一 4）（日）武内直子编绘
南宁　广西民族出版社　1994 年　95 页
19cm（小 32 开）ISBN：7-5363-2796-X

定价：CNY2.30，CNY11.50（全 5 册）

J0089437
美少女战士　（卷一 5）（日）武内直子编绘
南宁　广西民族出版社　1994 年　95 页
19cm（小 32 开）ISBN：7-5363-2796-X
定价：CNY2.30，CNY11.50（全 5 册）

J0089438
美少女战士　（卷二 1）（日）武内直子编绘
南宁　广西民族出版社　1994 年　94 页
19cm（小 32 开）ISBN：7-5363-2807-7
定价：CNY2.30，CNY11.50（全 5 册）

J0089439
美少女战士　（卷二 2）（日）武内直子编绘
南宁　广西民族出版社　1994 年　96 页
19cm（小 32 开）ISBN：7-5363-2807-7
定价：CNY2.30，CNY11.50（全 5 册）

J0089440
美少女战士　（卷二 3）（日）武内直子编绘
南宁　广西民族出版社　1994 年　95 页
19cm（小 32 开）ISBN：7-5363-2807-7
定价：CNY2.30，CNY11.50（全 5 册）

J0089441
美少女战士　（卷二 4）（日）武内直子编绘
南宁　广西民族出版社　1994 年　95 页
19cm（小 32 开）ISBN：7-5363-2807-7
定价：CNY2.30，CNY11.50（全 5 册）

J0089442
美少女战士　（卷二 5）（日）武内直子编绘
南宁　广西民族出版社　1994 年　95 页
19cm（小 32 开）ISBN：7-5363-2807-7
定价：CNY2.30，CNY11.50（全 5 册）
　　日本现代动画作品。

J0089443
魔神英雄坛　（日）矢立肇原著
济南　山东美术出版社　1994 年　20 册　17×19cm
ISBN：7-5330-0811-1　定价：CNY40.00
　　日本现代动画作品。

J0089444

汤姆和吉瑞的环游世界 人民邮电出版社等译
北京 人民邮电出版社 1994 年 26cm(16 开)
ISBN:7-115-05179-8 定价:CNY3.20
(猫和老鼠趣味连环画系列丛书 3)

美国现代动画作品。

J0089445

汤姆和吉瑞的宴会 人民邮电出版社等译
北京 人民邮电出版社 1994 年 26cm(16 开)
ISBN:7-115-05178-X 定价:CNY3.20
(猫和老鼠趣味连环画系列丛书 2)

美国现代动画作品。

J0089446

汤姆和吉瑞的一天 人民邮电出版社等译
北京 人民邮电出版社 1994 年 26cm(16 开)
ISBN:7-115-05177-1 定价:CNY3.20
(猫和老鼠趣味连环画系列丛书 1)

美国现代动画作品。

J0089447

新画王 (全新型半月画书 2《七龙珠》专号)
(日)鸟山明[绘]
北京 中国华侨出版社 1994 年 80 页
26cm(16 开) ISBN:7-80074-950-9
定价:CNY3.40

日本现代动画作品。作者鸟山明(1955—),
日本漫画家。生于日本爱知县,成名之作《阿拉
蕾》《龙珠》。

J0089448

幽游白书 (第 1 集)(日)富樫义博编绘;碧波
编译
银川 宁夏少年儿童出版社 1994 年
19cm(小 32 开) ISBN:7-80620-000-2
定价:CNY2.30

日本现代动画作品。作者富樫义博(Togashi
Yoshihiro, 1966—),日本漫画家。亦称富坚义
博,出生于山形县。集英社的代表漫画家之一,
代表作品为《幽游白书》《全职猎人》。

J0089449

幽游白书 (第 2 集)(日)富樫义博编绘;碧波
编译

银川 宁夏少年儿童出版社 1994 年
19cm(小 32 开) ISBN:7-80620-000-2
定价:CNY2.30

J0089450

幽游白书 (第 3 集)(日)富樫义博编绘;碧波
编译
银川 宁夏少年儿童出版社 1994 年
19cm(小 32 开) ISBN:7-80620-000-2
定价:CNY2.30

J0089451

幽游白书 (第 4 集)(日)富樫义博编绘;碧波
编译
银川 宁夏少年儿童出版社 1994 年
19cm(小 32 开) ISBN:7-80620-000-2
定价:CNY2.30

J0089452

幽游白书 (第 5 集)(日)富樫义博编绘;碧波
编译
银川 宁夏少年儿童出版社 1994 年
19cm(小 32 开) ISBN:7-80620-000-2
定价:CNY2.30

J0089453

幽游白书 (第 6 集)(日)富樫义博编绘;碧波
编译
银川 宁夏少年儿童出版社 1994 年
19cm(小 32 开) ISBN:7-80620-000-2
定价:CNY2.30

J0089454

幽游白书 (第 7 集)(日)富樫义博编绘;碧波
编译
银川 宁夏少年儿童出版社 1994 年
19cm(小 32 开) ISBN:7-80620-000-2
定价:CNY2.30

J0089455

幽游白书 (第 8 集)(日)富樫义博编绘;碧波
编译
银川 宁夏少年儿童出版社 1994 年
19cm(小 32 开) ISBN:7-80620-000-2
定价:CNY2.30

日本现代动画作品。

J0089456

幽游白书 （第9集）（日）富樫义博编绘；碧波编译

银川 宁夏少年儿童出版社 1994年

19cm（小32开）ISBN：7-80620-000-2

定价：CNY2.30

作者富樫义博（Togashi Yoshihiro, 1966— ），日本漫画家。亦称富坚义博，出生于山形县。集英社的代表漫画家之一，代表作品为《幽游白书》《全职猎人》。

J0089457

幽游白书 （第10集）（日）富樫义博编绘；碧波编译

银川 宁夏少年儿童出版社 1994年 19cm（32开）

ISBN：7-80620-000-2 定价：CNY2.30

J0089458

幽游白书 （第11集）（日）富樫义博编绘；碧波编译

银川 宁夏少年儿童出版社 1994年 19cm（32开）

ISBN：7-80620-000-2 定价：CNY2.30

J0089459

幽游白书 （第12集）（日）富樫义博编绘；碧波编译

银川 宁夏少年儿童出版社 1994年 19cm（32开）

ISBN：7-80620-000-2 定价：CNY2.30

J0089460

幽游白书 （第13集）（日）富樫义博编绘；碧波编译

银川 宁夏少年儿童出版社 1994年 19cm（小32开）

ISBN：7-80620-000-2 定价：CNY2.30

J0089461

幽游白书 （第14集）（日）富樫义博编绘；碧波编译

银川 宁夏少年儿童出版社 1994年 19cm（32开）

ISBN：7-80620-000-2 定价：CNY2.30

J0089462

幽游白书 （第15集）（日）富樫义博编绘；碧

波编译

银川 宁夏少年儿童出版社 1994年 19cm（小32开）

ISBN：7-80620-000-2 定价：CNY2.30

J0089463

幽游白书 （第16集）（日）富樫义博编绘；碧波编译

银川 宁夏少年儿童出版社 1994年 19cm（小32开）

ISBN：7-80620-000-2 定价：CNY2.30

J0089464

幽游白书 （第17集）（日）富樫义博编绘；碧波编译

银川 宁夏少年儿童出版社 1994年 19cm（小32开）

ISBN：7-80620-000-2 定价：CNY2.30

J0089465

幽游白书 （第18集）（日）富樫义博编绘；碧波编译

银川 宁夏少年儿童出版社 1994年 19cm（小32开）

ISBN：7-80620-000-2 定价：CNY2.30

J0089466

幽游白书 （第19集）（日）富樫义博编绘；碧波编译

银川 宁夏少年儿童出版社 1994年 19cm（小32开）

ISBN：7-80620-000-2 定价：CNY2.30

J0089467

幽游白书 （第20集）（日）富樫义博编绘；碧波编译

银川 宁夏少年儿童出版社 1994年 19cm（小32开）

ISBN：7-80620-000-2 定价：CNY2.30

J0089468

幽游白书 （第21集）（日）富樫义博编绘；碧波编译

银川 宁夏少年儿童出版社 1994年 19cm（小32开）

ISBN：7-80620-000-2 定价：CNY2.30

日本现代动画作品。作者富樫义博（Togashi Yoshihiro, 1966— ），日本漫画家。亦称富坚义博，出生于山形县。集英社的代表漫画家之一，代表作品为《幽游白书》《全职猎人》。

J0089469

幽游白书 （第22集）（日）富樫义博编绘；碧波编译
银川 宁夏少年儿童出版社 1994年 19cm（小32开）
ISBN：7-80620-000-2 定价：CNY2.30

J0089470

幽游白书 （第24集）（日）富樫义博编绘；碧波编译
银川 宁夏少年儿童出版社 1994年 19cm（小32开）
ISBN：7-80620-000-2 定价：CNY2.30

J0089471

幽游白书 （第25集）（日）富樫义博编绘；碧波编译
银川 宁夏少年儿童出版社 1994年 19cm（小32开）
ISBN：7-80620-000-2 定价：CNY2.30

J0089472

幽游白书 （第23集）（日）富樫义博编绘；碧波编译
银川 宁夏少年儿童出版社 1995年 88页
19cm（32开）ISBN：7-80620-000-2
定价：CNY2.30

J0089473

幽游白书 （日）富樫义博编绘
北京 中国社会出版社 1994年 12册
19cm（32开）ISBN：7-80088-494-5
定价：CNY29.40

J0089474

紫眸少女 （第一卷 1）（日）小原千绘
海口 海南摄影美术出版社 1994年 94页
19cm（小32开）ISBN：7-80571-724-9
定价：CNY2.30，CNY9.20（全4册）
（女孩子丛书）
    日本现代动画作品。作者小原千，日本人。擅长漫画。代表作品有《紫眸少女》《双胞少女》等。

J0089475

紫眸少女 （第一卷 2）（日）小原千绘
海口 海南摄影美术出版社 1994年 94页
19cm（小32开）ISBN：7-80571-724-9
定价：CNY2.30，CNY9.20（全4册）

（女孩子丛书）

J0089476

紫眸少女 （第一卷 3）（日）小原千绘
海口 海南摄影美术出版社 1994年 94页
19cm（小32开）ISBN：7-80571-724-9
定价：CNY2.30，CNY9.20（全4册）
（女孩子丛书）

J0089477

紫眸少女 （第一卷 4）（日）小原千绘
海口 海南摄影美术出版社 1994年 94页
19cm（小32开）ISBN：7-80571-724-9
定价：CNY2.30，CNY9.20（全4册）
（女孩子丛书）

J0089478

紫眸少女 （第二卷 1）（日）小原千绘
海口 海南摄影美术出版社 1994年 94页
19cm（小32开）ISBN：7-80571-724-9
定价：CNY2.30，CNY9.20（全4册）
（女孩子丛书）

J0089479

紫眸少女 （第二卷 2）（日）小原千绘
海口 海南摄影美术出版社 1994年 95页
19cm（小32开）ISBN：7-80571-724-9
定价：CNY2.30，CNY9.20（全4册）
（女孩子丛书）

J0089480

紫眸少女 （第二卷 3）（日）小原千绘
海口 海南摄影美术出版社 1994年 94页
19cm（小32开）ISBN：7-80571-724-9
定价：CNY2.30，CNY9.20（全4册）
（女孩子丛书）
    日本现代动画作品。

J0089481

紫眸少女 （第二卷 4）（日）小原千绘
海口 海南摄影美术出版社 1994年 93页
19cm（小32开）ISBN：7-80571-724-9
定价：CNY2.30，CNY9.20（全4册）v
（女孩子丛书）

J0089482

紫眸少女 （第三卷 1）（日）小原千绘

海口 海南摄影美术出版社 1994 年 94 页

19cm（小 32 开） ISBN：7-80571-724-9

定价：CNY2.30, CNY9.20（全 4 册）

（女孩子丛书）

J0089483

紫眸少女 （第三卷 2）（日）小原千绘

海口 海南摄影美术出版社 1994 年 93 页

19cm（小 32 开） ISBN：7-80571-724-9

定价：CNY2.30, CNY9.20（全 4 册）

（女孩子丛书）

J0089484

紫眸少女 （第三卷 3）（日）小原千绘

海口 海南摄影美术出版社 1994 年 93 页

19cm（小 32 开） ISBN：7-80571-724-9

定价：CNY2.30, CNY9.20（全 4 册）

（女孩子丛书）

J0089485

紫眸少女 （第三卷 4）（日）小原千绘

海口 海南摄影美术出版社 1994 年 94 页

19cm（小 32 开） ISBN：7-80571-724-9

定价：CNY2.30, CNY9.20（全 4 册）

（女孩子丛书）

J0089486

紫眸少女 （第四卷 1）（日）小原千绘

海口 海南摄影美术出版社 1994 年 94 页

19cm（小 32 开） ISBN：7-80571-724-9

定价：CNY2.30, CNY9.20（全 4 册）

（女孩子丛书）

J0089487

紫眸少女 （第四卷 2）（日）小原千绘

海口 海南摄影美术出版社 1994 年 94 页

19cm（小 32 开） ISBN：7-80571-724-9

定价：CNY2.30, CNY9.20（全 4 册）

（女孩子丛书）

J0089488

紫眸少女 （第四卷 3）（日）小原千绘

海口 海南摄影美术出版社 1994 年 94 页

19cm（小 32 开） ISBN：7-80571-724-9

定价：CNY2.30, CNY9.20（全 4 册）

（女孩子丛书）

J0089489

紫眸少女 （第四卷 4）（日）小原千绘

海口 海南摄影美术出版社 1994 年 94 页

19cm（小 32 开） ISBN：7-80571-724-9

定价：CNY2.30, CNY9.20（全 4 册）

（女孩子丛书）

J0089490

纵横四海 （1 令人恐惧的挑战）（日）蛭田达也著；桐琐子编译

北京 华龄出版社 1994 年 94 页 19cm（小 32 开）

ISBN：7-80082-477-2 定价：CNY2.30

　　日本现代动画作品。作者蛭田达也（Hiruta Tatsuya, 1961—　　　），日本福岛县人，日本漫画作者。创作有热血长篇《功夫旋风儿》。

J0089491

纵横四海 （2 激烈的战斗开始了）（日）蛭田达也著；桐琐子编译

北京 华龄出版社 1994 年 94 页 19cm（小 32 开）

ISBN：7-80082-477-2 定价：CNY2.30

　　日本现代动画作品。

J0089492

纵横四海 （3 绝处逢生）（日）蛭田达也著；桐琐子编译

北京 华龄出版社 1994 年 94 页 19cm（小 32 开）

ISBN：7-80082-477-2 定价：CNY2.30

　　日本现代动画作品。

J0089493

纵横四海 （4 大战前夜）（日）蛭田达也著；桐琐子编译

北京 华龄出版社 1994 年 94 页 19cm（小 32 开）

ISBN：7-80082-477-2 定价：CNY2.30

J0089494

纵横四海 （5 谁是真凶手）（日）蛭田达也著；桐琐子编译

北京 华龄出版社 1994 年 94 页 19cm（小 32 开）

ISBN：7-80082-477-2 定价：CNY2.30

J0089495

纵横四海 （6 鹿斗身怀绝技）（日）蛭田达也著；桐琐子编译

北京 华龄出版社 1994 年 94 页 19cm（小 32 开）
ISBN：7–80082–477–2 定价：CNY2.30

J0089496

纵横四海 （7 众星捧月）（日）蛭田达也著；桐琐子编译

北京 华龄出版社 1994 年 94 页 19cm（小 32 开）
ISBN：7–80082–477–2 定价：CNY2.30

J0089497

纵横四海 （8 初露锋芒）（日）蛭田达也著；桐琐子编译

北京 华龄出版社 1994 年 94 页 19cm（小 32 开）
ISBN：7–80082–477–2 定价：CNY2.30

J0089498

纵横四海 （9 难以猜测的谜）（日）蛭田达也著；桐琐子编译

北京 华龄出版社 1994 年 94 页 19cm（小 32 开）
ISBN：7–80082–477–2 定价：CNY2.30

J0089499

纵横四海 （10 赛场上的奋力拼搏）（日）蛭田达也著；桐琐子编译

北京 华龄出版社 1994 年 94 页 19cm（小 32 开）
ISBN：7–80082–477–2 定价：CNY2.30

J0089500

纵横四海 （11 惊心动魄的决斗）（日）蛭田达也著；桐琐子编译

北京 华龄出版社 1994 年 94 页 19cm（小 32 开）
ISBN：7–80082–477–2 定价：CNY2.30

J0089501

纵横四海 （12 剑次露绝技）（日）蛭田达也著；桐琐子编译

北京 华龄出版社 1994 年 94 页 19cm（小 32 开）
ISBN：7–80082–477–2 定价：CNY2.30

J0089502

纵横四海 （13 鹿死谁手）（日）蛭田达也著；桐琐子编译

北京 华龄出版社 1994 年 94 页 19cm（小 32 开）
ISBN：7–80082–477–2 定价：CNY2.30

J0089503

纵横四海 （14 功太郎被绑架了）（日）蛭田达也著；桐琐子编译

北京 华龄出版社 1994 年 94 页 19cm（小 32 开）
ISBN：7–80082–477–2 定价：CNY2.30

J0089504

纵横四海 （18 天光寺雷霆大怒）（日）蛭田达也著；桐琐子编译

北京 华龄出版社 1994 年 94 页 19cm（小 32 开）
ISBN：7–80082–477–2 定价：CNY2.30

J0089505

纵横四海 （19 最后的血战）（日）蛭田达也著；桐琐子编译

北京 华龄出版社 1994 年 94 页 19cm（小 32 开）
ISBN：7–80082–477–2 定价：CNY2.30

J0091392

纵横四海 （20 南海大冒险）（日）蛭田达也著；桐琐子编译

北京 华龄出版社 1994 年 94 页 19cm（小 32 开）
ISBN：7–80082–477–2 定价：CNY2.30

J0089506

足球小将 （第 16 卷）（日）高桥阳一著；高士平，于晓慧译

银川 宁夏人民出版社 1994 年 197 页 19cm（小 32 开）ISBN：7–227–01070–8 定价：CNY4.60

　　日本现代动画作品。作者高桥阳一（Takahashi Yōichi，1960—　　），日本漫画家。出生于日本东京都葛饰区，毕业于东京都立南葛饰高等学校。代表作《足球小将》《野狼前锋》。

J0089507

足球小将 （第 17 卷）（日）高桥阳一著；高士平，于晓慧译

银川 宁夏人民出版社 1994 年 189 页 19cm（小 32 开）ISBN：7–227–01070–8 定价：CNY4.60

J0089508

足球小将 （第 18 卷）（日）高桥阳一著；高士平, 于晓慧译

银川 宁夏人民出版社 1994 年 178 页 19cm（小 32 开）ISBN：7–227–01070–8 定价：CNY4.60

J0089509

足球小将 （第 19 卷）（日）高桥阳一著；高士平, 于晓慧译

银川 宁夏人民出版社 1994 年 196 页 19cm（小 32 开）ISBN：7–227–01070–8 定价：CNY4.60

　　作者高桥阳一（Takahashi Yōichi, 1960—　），日本漫画家。出生于日本东京都葛饰区，毕业于东京都立南葛饰高等学校。代表作《足球小将》《野狼前锋》。

J0089510

足球小将 （第 20 卷）（日）高桥阳一著；高士平, 于晓慧译

银川 宁夏人民出版社 1994 年 197 页 19cm（小 32 开）ISBN：7–227–01070–8 定价：CNY4.60

J0089511

足球小将 （第 21 卷）（日）高桥阳一著；高士平, 于晓慧译

银川 宁夏人民出版社 1994 年 19cm（小 32 开）ISBN：7–227–01070–8 定价：CNY4.60

J0089512

足球小将 （第 22 卷）（日）高桥阳一著；高士平, 于晓慧译

银川 宁夏人民出版社 1994 年 19cm（小 32 开）ISBN：7–227–01070–8 定价：CNY4.60

J0089513

足球小将 （第 23 卷）（日）高桥阳一著；高士平, 于晓慧译

银川 宁夏人民出版社 1994 年 19cm（小 32 开）ISBN：7–227–01070–8 定价：CNY4.60

J0089514

足球小将 （第 24 卷）（日）高桥阳一著；高士平, 于晓慧译

银川 宁夏人民出版社 1994 年 19cm（小 32 开）ISBN：7–227–01070–8 定价：CNY4.60

J0089515

足球小将 （第 25 卷）（日）高桥阳一著；高士平, 于晓慧译

银川 宁夏人民出版社 1994 年 19cm（小 32 开）ISBN：7–227–01070–8 定价：CNY4.60

J0089516

足球小将 （第 26 卷）（日）高桥阳一著；高士平, 于晓慧译

银川 宁夏人民出版社 1994 年 19cm（小 32 开）ISBN：7–227–01070–8 定价：CNY4.60

　　日本现代动画作品。

J0089517

足球小将 （第 30 卷）（日）高桥阳一著；高士平, 于晓慧译

银川 宁夏人民出版社 1994 年 19cm（小 32 开）ISBN：7–227–01070–8 定价：CNY4.60

J0089518

足球小将 （第 32 卷）（日）高桥阳一著；高士平, 于晓慧译

银川 宁夏人民出版社 1994 年 19cm（小 32 开）ISBN：7–227–01070–8 定价：CNY4.60

J0089519

足球小将 （第 33 卷）（日）高桥阳一著；高士平, 于晓慧译

银川 宁夏人民出版社 1994 年 19cm（小 32 开）ISBN：7–227–01070–8 定价：CNY4.60

J0089520

足球小将 （第 34 卷）（日）高桥阳一著；高士平, 于晓慧译

银川 宁夏人民出版社 1994 年 19cm（小 32 开）ISBN：7–227–01070–8 定价：CNY4.60

J0089521

足球小将 （第 35 卷）（日）高桥阳一著；高士平, 于晓慧译

银川 宁夏人民出版社 1994 年 19cm（小 32 开）

ISBN：7-227-01070-8　定价：CNY4.60

J0089522

足球小将　（第36卷）（日）高桥阳一著；高士平，于晓慧译

银川　宁夏人民出版社　1994年　19cm（小32开）

ISBN：7-227-01070-8　定价：CNY4.60

J0089523

最新机器猫野比历险　（1　沙漠奇遇）（日）藤子·F·不二雄原作

武汉　长江文艺出版社　1994年　120页

19cm（小32开）ISBN：7-5354-1103-7

定价：CNY5.40

　　日本现代动画作品。作者藤子·F·不二雄（1933—1996），日本漫画家。出生于日本富山县高冈市，本名藤本弘。毕业于富山县立高冈工艺高等学校电气科。受到漫画大师手冢治虫的启发，立志成为儿童漫画家。小学馆的代表漫画家之一。代表作《Q太郎》《哆啦A梦》《小超人帕门》《超能力魔美》。

J0089524

最新机器猫野比历险　（2　巴格达盗贼）（日）藤子·F·不二雄原作

武汉　长江文艺出版社　1994年　121-222页

19cm（小32开）ISBN：7-5354-1103-7

定价：CNY5.40

J0089525

最新机器猫野比历险　（3　飞行岛）（日）藤子·F·不二雄原作

武汉　长江文艺出版社　1994年　144页

19cm（小32开）ISBN：7-5354-1103-7

定价：CNY5.40

J0089526

最新机器猫野比历险　（4　迷宫大战）（日）藤子·F·不二雄原作

武汉　长江文艺出版社　1994年　117-222页

19cm（小32开）ISBN：7-5354-1103-7

定价：CNY5.40

J0089527

OK! 阿丽莎　（第一卷　银河女霸王）布雷乔夫

原著；王志冲编译；（日）山仁友和绘

上海　上海远东出版社　1995年　92页

19cm（32开）ISBN：7-80613-115-9

定价：CNY12.00

J0089528

OK! 阿丽莎　（第二卷　神秘的紫球）布雷乔夫原著；王志冲编译；（日）山仁友和绘

上海　上海远东出版社　1995年　284页

19cm（32开）ISBN：7-80613-115-9

定价：CNY12.00

J0089529

超长篇机器猫哆啦A梦　（4）（日）藤子·F·不二雄编绘

长春　吉林美术出版社　1995年　207页

18cm（小32开）ISBN：7-5386-0504-5

定价：CNY5.95

　　日本现代动画作品。

J0089530

国外动画图形设计3000例　萧夏等编著

长春　吉林美术出版社　1995年　重印本　184页

26cm（16开）ISBN：7-5386-0468-5

定价：CNY18.00

（万国图案系列）

J0089531

漫话遗传学　（美）戈尼克（Gonice, L.）（美）惠利斯（Mark, W.）著；尹宏义译

北京　新华出版社　1995年　209页　20cm（32开）

ISBN：7-5011-2836-7　定价：CNY11.80

（趣味科学卡通系列）

　　美国现代科学动画作品。

J0089532

暖暖日记　（纯情动物蠢蠢事）（日）五十岚三喜夫绘；萧照芳译

台北　东贩公司　1995年　2册　有图

21cm（32开）ISBN：957-643-167-0

定价：TWD120.00

J0089533

三维立体魔眼大世界　姚红编

沈阳　辽宁民族出版社　1995年　80页

28cm(大16开) ISBN：7-82527-481-9

定价：CNY32.80

现代动画作品。

J0089534

小熊打猎 （英）布朗（Browne, A.）编绘；傅大伟译

济南 明天出版社 1995年 17×19cm 精装

ISBN：7-5332-2289-X 定价：CNY12.00

英国现代动画作品。

J0089535

小熊的笔 （英）布朗（Browne, A.）编绘；傅大伟译

济南 明天出版社 1995年 17×19cm 精装

ISBN：7-5332-2288-1 定价：CNY12.00

英国现代动画作品。

J0089536

小熊进城 （英）布朗（Browne, A.）编绘；傅大伟译

济南 明天出版社 1995年 17×19cm 精装

ISBN：7-5332-2287-3 定价：CNY18.00

英国现代动画作品。

J0089537

小熊警官 常胜利等编文；李颖等绘

北京 中国电影出版社 1995年 17×19cm

ISBN：7-106-01030-8 定价：CNY7.40

世界现代动画作品。

J0089538

小熊历险 （英）布朗（Browne, A.）编绘；傅大伟译

济南 明天出版社 1995年 17×19cm 精装

ISBN：7-5332-2290-3 定价：CNY12.00

英国现代动画作品。

J0089539

夜叉鸦 （日）获野真著

呼和浩特 内蒙古人民出版社 1995年 2册 9cm

ISBN：7-204-02753-1 定价：CNY6.80

日本现代动画作品。

J0089540

动画形象大全 宣森主编

哈尔滨 黑龙江美术出版社 1996年 836页

26cm(16开) ISBN：7-5318-0354-2

定价：CNY69.80

J0089541

龙珠 （第二部）（日）乌山明绘

沈阳 辽宁民族出版社 1996年 2册

19cm(小32开) ISBN：7-80527-629-3

定价：CNY13.00

日本现代动画作品。

J0089542

神奇的森林工厂 联合国粮食及农业组织林业部林业政策与计划司村社林业处编撰；克劳福德，巴克绘；施昆山译

北京 中国林业出版社 1996年 19页

30cm(10开) ISBN：7-5038-1736-4

定价：CNY5.00

（陆鸟旅游记 4）

世界现代动画作品。

J0089543

未来的食物 联合国粮食及农业组织林业部林业政策与计划司村社林业处编撰；克劳福德等绘；杨素兰译

北京 中国林业出版社 1996年 15页

30cm(10开) ISBN：7-5038-1733-X

定价：CNY5.00

（陆鸟旅游记 1）

世界现代动画作品。

J0089544

我们的树木和森林 联合国粮食及农业组织林业部林业政策与计划司村社林业处编撰；克劳福德，巴克绘；李卫东译

北京 中国林业出版社 1996年 19页

30cm(10开) ISBN：7-5038-1734-8

定价：CNY5.00

（陆鸟旅游记 2）

世界现代动画作品。

J0089545

我太饿了，我能吃掉一棵树 联合国粮食及

农业组织林业部林业政策与计划司村社林业处
编撰；克劳福德等绘；张新萍译
北京 中国林业出版社 1996 年 19 页
30cm（10 开）ISBN：7-5038-1735-6
定价：CNY5.00
（陆鸟旅游记 3）
　　世界现代动画作品。

J0089546
阿拉蕾 （会飞的阿拉蕾卷 1 回到企鹅村）
乌鲁木齐 新疆青少年出版社 1998 年
19cm（小 32 开）ISBN：7-5371-2849-9
定价：CNY6.50
（精品卡通故事系列）
　　日本现代动画作品。

J0089547
阿拉蕾 （会飞的阿拉蕾卷 2 不寻常的决斗）
乌鲁木齐 新疆青少年出版社 1998 年 142 页
19cm（小 32 开）ISBN：7-5371-2849-9
定价：CNY6.50
（精品卡通故事系列）

J0089548
阿拉蕾 （会飞的阿拉蕾卷 3 宇宙历险记）
乌鲁木齐 新疆青少年出版社 1998 年 139 页
19cm（小 32 开）ISBN：7-5371-2849-9
定价：CNY6.50
（精品卡通故事系列）

J0089549
阿拉蕾 （会飞的阿拉蕾卷 4 会飞的阿拉蕾）
乌鲁木齐 新疆青少年出版社 1998 年 142 页
19cm（小 32 开）ISBN：7-5371-2849-9
定价：CNY6.50
（精品卡通故事系列）

J0089550
当冬天开始歌唱 （瑞士）德拉瑟作；郭恩惠译
台北 格林文化事业公司 1998 年 29cm（16 开）
精装 ISBN：957-745-153-5 定价：TWD250.00
（格林名家绘本馆）
　　外文书名：A Long Long Song.

J0089551
莫咪与海豚 Jansson.T. 著；李之义译
杭州 浙江人民美术出版社 1998 年 32 页
28cm（大 16 开）ISBN：7-5340-0820-4
定价：CNY7.50
（莫咪丛书 2）
　　本作品系外国现代动画作品。本书与瑞典
赛米克（Semic）公司合作出版。

J0089552
生命 （1）（日）本庄敬绘；赵毓桔译
上海 上海科学普及出版社 1998 年 261 页
19cm（32 开）ISBN：7-5427-1431-7
定价：CNY16.00
（科学绘画）
　　日本现代动画作品。

J0089553
新动画大世界 （非凡的男孩）平田昭吾编文；
崔维燕译
北京 中国少年儿童出版社 1998 年 238 页
17×19cm 精装 ISBN：7-5007-4285-1
定价：CNY23.00
（世界传世名著故事）
　　现代日本动画作品。

J0089554
新动画大世界 （可爱的女孩）平田昭吾编文；
崔维燕译
北京 中国少年儿童出版社 1998 年 238 页
17×19cm 精装 ISBN：7-5007-4284-3
定价：CNY23.00
（世界传世名著故事）
　　现代日本动画作品。

J0089555
新动画大世界 （梦幻、奇境）平田昭吾编文；
崔维燕译
北京 中国少年儿童出版社 1998 年 238 页
17×19cm 精装 ISBN：7-5007-4283-5
定价：CNY23.00
（世界传世名著故事）
　　现代日本动画作品。

J0089556
新动画大世界 （魔法、仙术）平田昭吾编文；
崔维燕译
北京 中国少年儿童出版社 1998 年 238 页
17×19cm 精装 ISBN：7-5007-4281-9
定价：CNY23.00
（世界传世名著故事）
　　现代日本动画作品。

J0089557
新动画大世界 （探宝、历险）平田昭吾编文；
崔维燕译
北京 中国少年儿童出版社 1998 年 238 页
17×19cm 精装 ISBN：7-5007-4282-7
定价：CNY23.00
（世界传世名著故事）
　　现代日本动画作品。

J0089558
新动画大世界 （王子、公主）平田昭吾编文；
崔维燕译
北京 中国少年儿童出版社 1998 年 238 页
17×19cm 精装 ISBN：7-5007-4280-0
定价：CNY23.00
（世界传世名著故事）
　　现代日本动画作品。

J0089559
白领拳手太郎 ［日］细野不二彦［著］；唐小
军译
香港 玉皇朝出版集团 1999 年 24 册 有图
18cm（小 32 开）ISBN：962-635-810-6
定价：CNY792.00（全 24 册）

J0089560
白雪公主 （德）格林著；（日）照沼真理惠改编；
（日）柳川茂编；（日）野田道子绘；盛欣译
北京 农村读物出版社 1999 年 48 页 12×12cm
ISBN：7-5048-2973-0 定价：CNY3.00
（世界优秀动画片画册荟萃 4）

J0089561
彼得.潘的故事 巴里著；（日）照沼真理惠改
编；（日）柿沼美浩编；（日）清水义治绘；盛欣译
北京 农村读物出版社 1999 年 48 页 12×12cm

ISBN：7-5048-2981-1 定价：CNY3.00
（世界优秀画片画册荟萃 12）

J0089562
超长篇机器猫哆啦 A 梦 （19 大雄的宇宙漂
流记）藤子 .F. 不二创作公司著；上海碧日译
长春 吉林美术出版社 1999 年 185 页
19cm（小 32 开）ISBN：7-5386-0952-0
定价：CNY5.95
　　日本现代动画作品画册。

J0089563
丑小鸭 （丹）安徒生著；（日）照沼真理惠改编；
（日）柳川茂编；（日）大坂竹志绘；崔维燕译
北京 农村读物出版社 1999 年 48 页 12×12cm
ISBN：7-5048-2976-5 定价：CNY3.00
（世界优秀动画片画册荟萃 7）

J0089564
丑小鸭 （丹）安徒生著；（日）照沼真理惠改编；
（日）柳川茂编；（日）大坂竹志绘；崔维燕译
北京 农村读物出版社 1999 年 12×12cm 精装
ISBN：7-5048-2994-3 定价：CNY8.00
（世界优秀动画片画册荟萃）
　　本书由《丑小鸭》与《海的女儿》合订。

J0089565
穿长靴的猫 贝洛著；（日）照沼真理惠改编；
（日）柳川茂编；（日）清水义治绘；盛欣译
北京 农村读物出版社 1999 年 48 页 12×12cm
ISBN：7-5048-2970-6 定价：CNY3.00
（世界优秀动画片画册荟萃）

J0089566
穿长靴的猫 贝洛著；（日）照沼真理惠改编；
（日）柳川岳编；（日）清水义治绘；盛欣译
北京 农村读物出版社 1999 年 12×12cm 精装
ISBN：7-5048-2990-0 定价：CNY8.00
（世界优秀动画片画册荟萃）
　　本书由《穿长靴的猫》与《杰克与豆蔓》合订。

J0089567
大鼻子矮怪物 豪夫原著；刘成，周详改编
西安 未来出版社 1999 年 58 页 21×19cm
ISBN：7-5417-1976-5 定价：CNY5.40

（世界名著卡通画丛）

J0089568

大灰狼和七只小羊　（德）格林著；（日）照沼真
理惠改编；（日）福岛宏志编；（日）大坂竹志绘；
崔维燕译
北京　农村读物出版社 1999 年 48 页 12×12cm
ISBN：7-5048-2979-X 定价：CNY3.00
（世界优秀动画片画册荟萃 10）

J0089569

地球大探险　藤子·F·不二雄著；（日）斋藤春
夫绘；韦瑜译
南宁　接力出版社 1999 年 127 页 20cm（32 开）
ISBN：7-80631-578-0 定价：CNY7.80
（机器猫哆啦 A 梦神奇探险系列 3）
　　日本现代动画作品。作者藤子·F·不二雄
（1933—1996），日本漫画家。出生于日本富山县
高冈市，本名藤本弘。毕业于富山县立高冈工艺
高等学校电气科。受到漫画大师手冢治虫的启
发，立志成为儿童漫画家。小学馆的代表漫画家
之一。代表作《Q 太郎》《哆啦 A 梦》《小超人帕
门》《超能力魔美》。作者斋藤春夫，主要绘制的
动画作品有《人体大探险》《地球大探险》《宇宙
大探险》等。

J0089570

地图大探险　（日）藤子·F·不二雄著；（日）斋
藤春夫绘；杨政华译
南宁　接力出版社 1999 年 127 页 20cm（32 开）
ISBN：7-80631-551-9 定价：CNY7.80
（机器猫哆啦 A 梦神奇探险系列 12）
　　日本现代动画作品。

J0089571

动画形象二全　（精品 20000 例）宣森主编
哈尔滨　黑龙江美术出版社 1999 年 832 页 26cm
（16 开）ISBN：7-5318-0706-8 定价：CNY69.80
　　本书着重介绍了各类动画图书中的新形象，
主要包括：建筑博览、科幻形象、人物形象、动
物形象、植物天地、恐龙世界等方面的内容。

J0089572

发明创造大探险　（日）藤子·F·不二雄著；（日）
斋藤春夫绘；黄天来译

南宁　接力出版社 1999 年 127 页 20cm（32 开）
ISBN：7-80631-579-9 定价：CNY7.80
（机器猫哆啦 A 梦神奇探险系列 14）
　　日本现代动画作品。

J0089573

古代大探险　（日）藤子·F·不二雄著；（日）斋
藤春夫绘；黄天来译
南宁　接力出版社 1999 年 127 页 20cm（32 开）
ISBN：7-80631-574-8 定价：CNY7.80
（机器猫哆啦 A 梦神奇探险系列 7）
　　日本现代动画作品。

J0089574

海的女儿　（丹）安徒生著；（日）照沼真理惠改
编；（日）柳川茂编；（日）宫尾抽绘；盛欣译
北京　农村读物出版社 1999 年 48 页 12×12cm
ISBN：7-5048-2977-3 定价：CNY3.00
（世界优秀动画片画册荟萃 8）

J0089575

海底大探险　（日）藤子·F·不二雄著；（日）斋
藤春夫绘；柏叙译
南宁　接力出版社 1999 年 127 页 20cm（32 开）
ISBN：7-80631-575-6 定价：CNY7.80
（机器猫哆啦 A 梦神奇探险系列 15）
　　日本现代动画作品。

J0089576

亨塞尔和格蕾特尔　（德）格林著；（日）照沼真
理惠改编；（日）柳川茂编；（日）宫尾岳绘；盛欣译
北京　农村读物出版社 1999 年 12×12cm 精装
ISBN：7-5048-2992-7 定价：CNY8.00
（世界优秀动画片画册荟萃）
　　本书由《亨塞尔和格蕾特尔》与照沼真理惠
改编的《小悟空》合订。

J0089577

亨塞尔和格蕾特尔　（德）格林著；（日）照沼真
理惠改编；（日）柳川茂编；（日）宫尾岳绘；盛欣译
北京　农村读物出版社 1999 年 48 页 12×12cm
ISBN：7-5048-2972-2 定价：CNY3.00
（世界优秀动画片画册荟萃 3）

J0089578

红舞鞋 （丹）安徒生著；（日）照沼真理惠改编；
（日）福岛宏之编；（日）杉本幸子绘；崔维燕译
北京 农村读物出版社 1999 年 12×12cm 精装
ISBN：7-5048-2997-8 定价：CNY8.00
（世界优秀动画片画册荟萃）
　　本书由《红舞鞋》与柳川茂编、野田道子绘、
盛欣译的《白雪公主》合订。

J0089579

红舞鞋 （丹）安徒生著；（日）照沼真理惠改编；
（日）福岛宏之编；（日）杉本幸子绘；崔维燕译
北京 农村读物出版社 1999 年 48 页 12×12cm
ISBN：7-5048-2983-8 定价：CNY3.00
（世界优秀动画片画册荟萃 14）

J0089580

灰姑娘 贝洛著；（日）照沼真理惠改编；（日）
柿沼美浩编；（日）别府千鹤子绘；崔维燕译
北京 农村读物出版社 1999 年 48 页 12×12cm
ISBN：7-5048-2971-4 定价：CNY3.00
（世界优秀动画片画册荟萃 2）

J0089581

灰姑娘 贝洛著；（日）照沼真理惠改编；（日）
柿沼美浩编；（日）别府千鹤子绘；崔维燕译
北京 农村读物出版社 1999 年 12×12cm 精装
ISBN：7-5048-2991-9 定价：CNY8.00
（世界优秀动画片画册荟萃）
　　本书由《灰姑娘》与《大灰狼和七只小羊》
合订。

J0089582

火星奇遇记 （美）温鲍姆原著；冯宇改编
上海 上海科技教育出版社 1999 年 99
19cm（小 32 开） ISBN：7-5428-1837-6
定价：CNY5.00
（绘图科幻精品丛书）

J0089583

交通工具大探险 （日）藤子·F·不二雄著；（日）
斋藤春夫绘；陈蜀阳译
南宁 接力出版社 1999 年 127 页 20cm（32 开）
ISBN：7-80631-580-2 定价：CNY7.80
（机器猫哆啦 A 梦神奇探险系 8）

日本现代动画作品。

J0089584

杰克与豆蔓 斯道布兹著；（日）照沼真理惠改
编；（日）茆川茂编；（日）间上绊绘；盛欣译
北京 农村读物出版社 1999 年 48 页 12×12cm
ISBN：7-5048-2987-0 定价：CNY3.00
（世界优秀动画片画册荟萃 18）

J0089585

金钥匙 托尔斯泰原著；党洁，刘华改编
西安 未来出版社 1999 年 58 页 21×19cm
ISBN：7-5417-1976-5 定价：CNY5.40
（世界名著卡通画丛）

J0089586

恐龙大探险 （日）藤子·F·不二雄著；（日）斋
藤春夫绘；乔莹洁译
南宁 接力出版社 1999 年 123 页 20cm（32 开）
ISBN：7-80631-549-7 定价：CNY7.80
（机器猫哆啦 A 梦神奇探险系列 1）
　　日本现代动画作品。

J0089587

昆虫大探险 （日）藤子·F·不二雄著；（日）斋
藤春夫绘；唐承红译
南宁 接力出版社 1999 年 127 页 20cm（32 开）
ISBN：7-80631-591-8 定价：CNY7.80
（机器猫哆啦 A 梦神奇探险系列）
　　日本现代动画作品。

J0089588

玛亚历险记 邦塞尔斯著；（日）照沼真理惠改
编；（日）茆川茂编；（日）中村光子绘；盛欣译
北京 农村读物出版社 1999 年 48 页 12×12cm
ISBN：7-5048-2986-2 定价：CNY3.00
（世界优秀动画片画册荟萃 17）

J0089589

玛亚历险记 邦塞尔斯著；（日）照沼真理惠改
编；（日）柳川茂编；（日）中村光子绘；盛欣译
北京 农村读物出版社 1999 年 12×12cm 精装
ISBN：7-5048-2998-6 定价：CNY8.00
（世界优秀动画片画册荟萃）
　　本书由《玛亚历险记》与贝戈切夫、盖尔茨

著，日本照沼真理惠改编、柳川茂编、小杉原俊绘、崔维燕译的《天鹅湖》合订。

J0089590
美少女战士原画集 （1）（日）武内直子绘；黄天来译
南宁 接力出版社 1999年 65页 26cm（16开）
ISBN：7-80631-570-5 定价：CNY28.00
　　日本现代动画作品。

J0089591
美少女战士原画集 （2）（日）武内直子绘；黄天来译
南宁 接力出版社 1999年 65页 26cm（16开）
ISBN：7-80631-570-5 定价：CNY28.00

J0089592
美少女战士原画集 （3）（日）武内直子绘；黄天来译
南宁 接力出版社 1999年 70页 26cm（16开）
ISBN：7-80631-570-5 定价：CNY28.00

J0089593
美少女战士原画集 （4）（日）武内直子绘；黄天来译
南宁 接力出版社 1999年 71页 26cm（16开）
ISBN：7-80631-571-3 定价：CNY28.00

J0089594
美少女战士原画集 （5）（日）武内直子绘；黄天来译
南宁 接力出版社 1999年 67页 26cm（16开）
ISBN：7-80631-570-5 定价：CNY28.00

J0089595
拇指姑娘 （丹）安徒生著；（日）照沼真理惠改编；（日）柳川茂编；（日）越田美喜绘；崔维燕译
北京 农村读物出版社 1999年 48页 12×12cm
ISBN：7-5048-2975-7 定价：CNY3.00
（世界优秀动画片画册荟萃 6）

J0089596
拇指姑娘 （丹）安徒生著；（日）照沼真理惠改编；（日）柳川茂编；（日）越田美喜绘；崔维燕译
北京 农村读物出版社 1999年 12×12cm 精装

ISBN：7-5048-2993-5 定价：CNY8.00
（世界优秀动画片画册荟萃）
　　本书由《拇指姑娘》与雅克布斯著、日本的照沼真理惠改编、大坂竹志绘、崔维燕译的《三只小猪》合订。

J0089597
木偶奇遇记 科罗狄著；（日）照沼真理惠改编；（日）柿沼美浩编；（日）清水义治绘；崔维燕译
北京 农村读物出版社 1999年 48页 12×12cm
ISBN：7-5048-2980-3 定价：CNY3.00
（世界优秀动画片画册荟萃 11）

J0089598
木偶奇遇记 科罗狄著；（日）照沼真理惠改编；（日）柿沼美浩编；（日）清水义治绘；崔维燕译
北京 农村读物出版社 1999年 12×12cm 精装
ISBN：7-5048-2996-X 定价：CNY8.00
（世界优秀动画片画册荟萃）
　　本书由《木偶奇遇记》与贝洛著、日本的照沼真理惠改编、宫尾岳绘、盛欣译的《小仙人与鞋匠》合订。

J0089599
奇异世界大探险 （日）藤子·F·不二雄著；（日）斋藤春夫绘；陈蜀阳译
南宁 接力出版社 1999年 127页 20cm（32开）
ISBN：7-80631-581-0 定价：CNY7.80
（机器猫哆啦A梦神奇探险系列 10）
　　日本现代动画作品。

J0089600
人体大探险 （日）藤子·F·不二雄著；（日）斋藤春夫绘；韩慧译
南宁 接力出版社 1999年 127页 20cm（32开）
ISBN：7-80631-564-0 定价：CNY7.80
（机器猫哆啦A神奇探险系列 6）
　　日本现代动画作品。作者藤子·F·不二雄（1933—1996），日本漫画家。出生于日本富山县高冈市，本名藤本弘。毕业于富山县立高冈工艺高等学校电气科。受到漫画大师手冢治虫的启发，立志成为儿童漫画家。小学馆的代表漫画家之一。代表作《Q太郎》《哆啦A梦》《小超人帕门》《超能力魔美》。作者斋藤春夫，主要绘制的动画作品有《人体大探险》《地球大探险》《宇宙大探险》等。

J0089601

人物大探险　（日）藤子·F·不二雄著；（日）斋藤春夫绘；唐承红译

南宁　接力出版社　1999 年　127 页　20cm（32 开）

ISBN：7-80631-544-6　定价：CNY7.80

（机器猫哆啦 A 梦神奇探险系列　11）

J0089602

人物大探险　（日）藤子·F·不二雄著；（日）斋藤春夫绘；柏叙译

南宁　接力出版社　1999 年　127 页　20cm（32 开）

ISBN：7-80631-598-5　定价：CNY7.80

（机器猫哆啦 A 梦神奇探险系列　13）

　　　　日本现代动画作品。

J0089603

三只小猪　雅克布斯著；（日）照沼真理惠改编；（日）福岛宏之编；（日）大坂竹志绘；崔维燕译

北京　农村读物出版社　1999 年　48 页　12×12cm

ISBN：7-5048-2974-9　定价：CNY3.00

（世界优秀动画片画册荟萃　5）

J0089604

神秘生物大探险　（日）藤子·F·不二雄著；（日）斋藤春夫绘；黄萍译

南宁　接力出版社　1999 年　127 页　20cm（32 开）

ISBN：7-80631-550-0　定价：CNY7.80

（机器猫哆啦 A 梦神奇探险系列　9）

　　　　日本现代动画作品。

J0089605

生物大探险　（日）藤子·F·不二雄著；（日）斋藤春夫绘；乔莹洁译

南宁　接力出版社　1999 年　127 页　20cm（32 开）

ISBN：7-80631-608-6　定价：CNY7.80

（机器猫哆啦 A 梦神奇探险系列　2）

　　　　日本现代动画作品。

J0089606

世界卡通图案　伟雯编选

杭州　浙江人民美术出版社　1999 年　344 页

17×19cm　ISBN：7-5340-0967-7

定价：CNY23.00

（美术工具书）

J0089607

世界寓言名著·拉封丹篇　（割去尾巴的狐狸）

白雪等文；顾域树等图

杭州　浙江少年儿童出版社　1999 年　93 页

26cm（16 开）ISBN：7-5342-1618-4

定价：CNY11.00

　　　　中国现代动画作品。

J0089608

兽医多利德　（英）罗夫汀著；程新平等编绘

天津　新蕾出版社　1999 年　90 页　19cm（小 32 开）

ISBN：7-5307-2073-2　定价：CNY4.60

（卡通故事）

J0089609

水孩子　金斯莱原著；蓉蓉，海燕改编

西安　未来出版社　1999 年　58 页　21×19cm

ISBN：7-5417-1976-5　定价：CNY5.40

（世界名著卡通画丛）

J0089610

水陆两栖人　（俄）别列夫著；冷洁编；任波绘

长春　东北师范大学出版社　1999 年　160 页

21cm（32 开）ISBN：7-5602-2460-1

定价：CNY16.80

（金卡通·科幻经典系列）

J0089611

孙悟空　吴承恩著；（日）照沼真理惠改编；（日）茆川茂编；（日）清水义治绘；盛欣译

北京　农村读物出版社　1999 年　48 页　12×12cm

ISBN：7-5048-2985-4　定价：CNY3.00

（世界优秀动画片画册荟萃　16）

J0089612

天鹅湖　贝戈切夫，盖尔茨著；（日）照沼真理惠改编；（日）茆川茂编；（日）小杉原绘；崔维燕译

北京　农村读物出版社　1999 年　48 页　12×12cm

ISBN：7-5048-2984-6　定价：CNY3.00

（世界优秀动画片画册荟萃）

J0089613

未来世界的勇士　（第一辑）（西）Royo, L. 绘

福州　福建少年儿童出版社　1999 年　1 袋
26cm（16 开）ISBN：7-5395-1701-8
定价：CNY12.00
　　西班牙现代动画作品。

J0089614
未来世界的勇士 （第二辑）（西）Royo, L. 绘
福州　福建少年儿童出版社　1999 年　1 袋
26cm（16 开）ISBN：7-5395-1702-6
定价：CNY12.00
　　西班牙现代动画画册。

J0089615
未来世界的勇士 （第三辑）（西）Royo, L. 绘
福州　福建少年儿童出版社　1999 年　1 袋
26cm（16 开）ISBN：7-5395-1703-4
定价：CNY12.00
　　西班牙现代动画画册。

J0089616
小红帽 （德）格林著；（日）照沼真理惠改编；
（日）柿沼美浩编；（日）山崎爱子绘；崔维燕译
北京　农村读物出版社　1999 年　48 页　12×12cm
ISBN：7-5048-2978-1　定价：CNY3.00
（世界优秀动画片画册荟萃 9）

J0089617
小红帽 （德）格林著；（日）照沼真理惠改编；
（日）柿沼美浩编；（日）山崎爱子绘；崔维燕译
北京　农村读物出版社　1999 年　12×12cm　精装
ISBN：7-5048-2995-1　定价：CNY8.00
（世界优秀动画片画册荟萃）
　　本书由《小红帽》与巴里著、日本的照沼真
理惠改编、清水义治绘、盛欣译的《彼得·潘的故
事》合订。

J0089618
小仙人与鞋匠 贝洛著；（日）照沼真理惠改编；
（日）柳川茂编；（日）宫尾绘；盛欣译
北京　农村读物出版社　1999 年　48 页　12×12cm
ISBN：7-5048-2982-X　定价：CNY3.00
（世界优秀动画片画册荟萃 13）

J0089619
伊索寓言 （1）伊索著；（日）照沼真理惠改编；

（日）阿谷秀夫编；（日）神户光等绘；崔维燕译
北京　农村读物出版社　1999 年　48 页　12×12cm
ISBN：7-5048-2988-9　定价：CNY3.00
（世界优秀动画片画册荟萃 19）

J0089620
伊索寓言 （2）伊索著；（日）照沼真理惠改编；
（日）神户光等绘；盛欣译
北京　农村读物出版社　1999 年　48 页　12×12cm
ISBN：7-5048-2989-7　定价：CNY3.00
（世界优秀动画片画册荟萃 20）

J0089621
伊索寓言 （1-2）伊索著；（日）照沼真理惠改编
北京　农村读物出版社　1999 年　12×12cm　精装
ISBN：7-5048-2999-4　定价：CNY8.00
（世界优秀动画片画册荟萃）

J0089622
宇宙大探险 （日）藤子·F·不二雄著；（日）斋
藤春夫绘；韩慧译
南宁　接力出版社　1999 年　127 页　20cm（32 开）
ISBN：7-80631-616-7　定价：CNY7.80
（机器猫哆啦 A 梦神奇探险系列 6）
　　日本现代动画作品。

各国其他绘画作品

J0089623
一个女人的一生 （连续黑白画）（德）鲁斯·萧
曼作
上海　星艺社　1946 年　[42] 页　15cm（40 开）
　　本书收德国现代黑白画 21 幅。

J0089624
苏联伟大卫国战争画集 邹雅编
[北京] 朝花出版社　1955 年　[1] 张
定价：CNY3.55，CNY4.60（精装）
　　作者邹雅(1916—1974)，版画家、山水画
家。江苏无锡市，毕业于延安鲁迅艺术学院。历
任人民美术出版社副社长、副总编辑，北京画院
院长。出版有《邹雅画集》。

J0089625
巴霍莫夫儿童生活画集　陈朗编
上海 少年儿童出版社 1956 年 影印本 34 页
26cm（16 开）统一书号：R10024.1199
定价：CNY0.46

J0089626
呢商同业公会理事 （荷）伦勃朗作
北京 人民美术出版社 1956 年 8 张
定价：CNY0.50
　　作者伦勃朗·哈尔曼松·凡·莱因（Rembrandt Harmenszoon van Rijn, 1606—1669），荷兰油画家、版画家。代表作品《木匠家庭》《夜巡》《三棵树》《浪子回头》《尼古拉·特尔普教授的解剖课》等。

J0089627
双红桥 （小歌舞剧）张黎编；刘芳，朱广庆作曲
长春 吉林人民出版社 1959 年 26 页
19cm（32 开）统一书号：10091.288
定价：CNY0.10
（新戏剧小丛书）

J0091515
伟大的列宁 （苏联名画选）
北京 人民美术出版社 1960 年 10 张
定价：CNY1.00
　　苏联现代绘画作品。

J0089628
越南少年儿童画　人民美术出版社编
北京 人民美术出版社 1965 年 31 幅
19cm（32 开）统一书号：8027.4553
定价：CNY1.20

J0089629
外国寓言画 （捷）拉达画；星灿，劳白译
成都 四川人民出版社 1981 年 1 册
19cm（32 开）统一书号：8118.846
定价：CNY0.23

J0089630
世界金奖童画选辑 ［台湾］"中华民国"儿童
美术教育学会总主编
台北 千华出版社 1983 年 3 册 有图

25cm（16 开）精装 定价：TWD2000.00, USD50.00

J0089631
热爱和平热爱家园 （北京国际儿童绘画展览
选集）中国儿童少年活动中心编
北京 人民美术出版社 1987 年 100 页
20cm（32 开）统一书号：8027.10413
定价：CNY9.60
　　外文书名：Love Peace Love Homeland.

J0089632
世界黑白画集萃 （1）罗力等编
成都 四川美术出版社 1987 年 [133] 页
18cm（32 开）ISBN：7-5410-0080-9
定价：CNY3.10

J0089633
世界绘画广告　王肇庆，李惠伍编
成都 四川美术出版社 1987 年 86 页
26cm（16 开）统一书号：8373.1024
ISBN：7-5410-0004-3 定价：CNY12.25

J0091522
外国贺年片选　阚文青，李巍编
桂林 漓江出版社 1988 年 60 页 有图片
19cm（32 开）ISBN：7-5407-0186-2
定价：CNY9.60

J0089634
美国儿童动物画　张晖编译
哈尔滨 黑龙江教育出版社 1989 年 19×26cm
ISBN：7-5316-0726-3 定价：CNY1.60

J0089635
欧洲当代黑白画资料集　高燕编著
北京 中国工人出版社 1990 年 257 页
19cm（32 开）ISBN：7-5008-0633-7
定价：CNY12.00
（外国美术资料丛书）
　　本书收入当代欧洲图书期刊中的黑白画，有插图、题图、连环画等，其中不乏名家的代表作。

J0089636
世界黑白画集萃 （2）罗力等编
成都 四川美术出版社 1990 年 18cm（32 开）

ISBN：7–5410–0472–3　定价：CNY4.70

J0089637
不可思议的3D迷题　（日）メイズボックス
×oh 著
台北　笛滕出版图书公司 1993 年 15×21cm
精装　ISBN：957–710–031–7　定价：TWD180.00

J0089638
立体视觉急转弯　（日）日本小学馆著
台北　尖端出版有限公司 1993 年 96 页
20cm（32 开）ISBN：957–712–205–1
定价：TWD120.00

J0089639
魔眼　3DART 研究会著；东贩编辑部译
台北　东贩公司 1993 年 31 页 30cm（10 开）
　　外文书名：Magic Eye.

J0089640
3D 魔幻炫丽　（Ⅱ）［恩特普里斯］Enterprises，
N.E.T. 著；DT 企画译

台北　笛滕出版图书公司 1994 年 32 页
23×29cm 精装　ISBN：957–710–071–6
定价：TWD250.00

J0089641
电脑绘制世界名人肖像画集　蒋敦明编绘
南宁　广西美术出版社 1996 年 158 页 17×19cm
ISBN：7–80625–066–2　定价：CNY25.00

J0089642
非洲黑白画艺术　邱秉钧编著
成都　四川美术出版社 1996 年 55 页 19×20cm
ISBN：7–5410–1149–5　定价：CNY14.80

J0089643
雅克宁的黑白世界　（苏）欧里根·雅克宁绘；
俞可编
南宁　广西美术出版社 1996 年 88 页
26cm（16 开）ISBN：7–80625–045–X
定价：CNY48.00，CNY58.00（精装）

书法、篆刻

中国书法、篆刻

J0089644
石云先生金石评考　（明）孙枝撰
姜志郐　明万历四十五年［1617］刻本　线装
　　本书由《石云先生金石评考》《石云先生印谱释考》（明）孙枝撰、《琅邪王羲之世系谱》（明）孙枝考图；（明）姜志郐编的合订。九行二十字白口四周单边单鱼尾。

J0089645
碧蕉白石馆主人题画记　（不分卷）（清）周其悫撰
清　抄本

J0089646
六艺之一录　（四百六卷　目录十卷　续编十二卷）（清）倪涛撰
清　抄本

J0089647
六艺之一录　（四百六卷　目录十卷　续编十二卷）（清）倪涛撰
［清］稿本

J0089648
六艺之一录　（四〇六卷）（清）倪涛撰
台北　商务印书馆　1983年　影印本　9册
（景印文渊阁四库全书　子部　一三六～一四四　第830～838册）

J0089649
六艺之一录　（外二种）（清）倪涛等撰
上海　上海古籍出版社　1991年　影印本　9册
19cm（小32开）精装　ISBN：7-5325-1044-1
定价：CNY221.10
（四库艺术丛书）

J0089650
六艺之一录目录　（附引得）引得编纂处编
北京　哈佛燕京学社　1940年　265+217页
26cm（16开）
（引得特刊　第十五号）
　　本书为中国古代书法目录。

J0089651
名人题画诗词　（一卷）□□辑
清　抄本

J0089652
篆字汇　（集子　亥）佟伟夫编
多山堂　清康熙三十年［1691］

J0089653
渤海藏真帖　（八卷）□□辑
清末　影印本

J0089654
鬼趣图题咏　（不分卷）（清）潘仕成辑
清咸丰元年［1851］刻本

J0089655
重刊负米读书补图题咏　（不分卷）（清）史致

昌辑

摘桂山房 清同治十三年［1874］刻本

J0089656

题画杂言 （一卷）（清）汤蕊仙撰

清光绪至民国初 刻本

（汤氏丛书）

J0089657

临池心解 （一卷）（清）朱和羹撰

仁和葛氏 清光绪二至七年［1876—1881］刻本

巾箱

（啸园丛书）

J0089658

王笈甫先生画钟进士像题记 （不分卷）（清）

王鸿朗撰

清光绪三年［1877］刻本

J0089659

历代名公真迹缩本 （四卷）（清）王寅辑

清光绪五年［1879］刻本 有图 线装

    分四册。作者王寅（约1830—？），清代画家。上元（今江苏南京）人，后留寓上海。字冶梅，以字行，王静夫弟。工人物、山水、木石、禽鱼及兰竹，尤以画梅著称。著有《兰竹谱》《冶梅石谱》《海上墨林》《冶梅兰竹谱序》《兰言》等。

J0089660

古欢室题画诗 （二卷 杂句一卷）（清）赵祖欢撰

广州岭南 清光绪六年［1880］刻本

J0089661

黄道周真迹书孝经 （一卷）（明）黄道周书

清光绪十六年［1890］石印本

    作者黄道周（1585—1646），明代书法家。初名螭若，字玄度，更字幼平、号石斋等。福建漳浦铜山人。代表作品有《儒行集传》《石斋集》《易象正义》《春秋揆》《孝经集传》等。

J0089662

疏勒望云图题咏 （五卷）（清）袁绪钦辑

望云山馆 清光绪十九年［1893］刻本

J0089663

瞎牛庵题画诗 （不分卷）金彰撰

清光绪二十五年［1899］刻本

J0089664

渤海藏真 （不分卷）□□辑

上海 千倾堂 清宣统元年［1909］石印本

J0089665

征车过关图题辞 （不分卷）陈希彭辑

清宣统 铅印本

J0089666

孝竹贞松图题咏 （不分卷）张定绘；朱照辑

清宣统二年［1910］影印本

J0089667

怀素草书千字文祝枝山小楷合璧 （一卷）

（唐释）释怀素书，（明）祝允明书

上海 古今书局 民国 石印本

    怀素（737—799年），唐代书法家。字藏真，俗姓钱，永州零陵（今湖南零陵）人。传世书法作品有《自叙帖》《苦笋帖》《圣母帖》《论书帖》《小草千文》等。祝允明（1461—1527），明代书法家。字希哲，自号枝山，世人称为"祝京兆"。江苏吴县人。主要作品《枝山文集》《祝氏集略》《祝氏小集》等。

J0089668

今夕庵题画绝句 （一卷）（清）居巢撰

上海 神州国光社 民国三年［1914］

（美术丛书）

    作者居巢（1811—1889），清代书画家。原名易，字士杰，号梅生、梅巢、今夕庵主等。广东番禺县（今广州市海珠区）人。代表作品《梨花》《含笑花图》等。

J0089669

书学史 祝嘉著

上海 教育书店 1947年 534页 18cm（32开）

定价：十八元

    本书共14章，论述自唐至明清各朝代书体演变、书法流传，并有书家传记、书学著述。书末有"历代书家一览"。著者祝嘉（1899—1995），书法家、书法理论家和书法教育家。字燕秋，海南文昌人。中国书协江苏分会顾问。代表作品有《书学》《书学史》等。

J0089670
书学史　祝嘉著
兰州 兰州古籍书店 1978年 534页 19cm（32开）
定价: CNY3.50
　　本书从发展的角度，依据历史条目辑录了唐虞三代以前，经秦汉至明清的书法历史。书中详尽地记述了书法体例的演变，分析了历代诸家及作品的风格、笔法。

J0089671
书学史　祝家著
台北 文史哲出版社 1981年 532页 19cm（32开）
精装 定价: 旧台币 5.50

J0089672
书学史　祝嘉著
成都 成都古籍书店 1984年 432页 有插图
19cm（32开）定价: CNY1.75
　　本书内容包括: 商朝以前之书学；商朝之书学；周朝之书学；秦朝之书学；汉朝之书学；三国志书学；晋朝之书学；南北朝之书学；隋朝之书学；唐朝之书学；五代之书学；宋朝之书学；元朝之书学；明朝之书学；清朝之书学。

J0089673
书学史　祝嘉著
上海 上海书店 1990年 534页 19cm（32开）
定价: CNY6.50

J0089674
书法刻印　（第一辑）张统良，韩天衡等作
上海 上海书画社 1974年 16张（套）
19cm（小32开）定价: CNY0.21

J0089675
历代写竹法　杨扬［编］
台北 艺术图书公司［1975年］112页
22cm（30开）

J0089676
中国书法大字典　林宏元主编
香港 中外出版社 1976年 修订版 影印本

1596页 26cm（16开）
　　本书收集中国历代书法家手迹310余部430余卷，以楷、行、草书为主体。

J0089677
中国书法大字典　林宏元主编
香港 中外出版社 1976年 修订版 1596页
27cm（16开）精装

J0089678
中国书法大字典　林宏元主编
上海 光华出版社 1980年 影印本 1596页
25cm（15开）精装 定价: CNY14.50

J0089679
书法　（1978年 第一期）上海书画出版社编辑
上海 上海书画出版社 1978年 48页
26cm（16开）定价: CNY0.66

J0089680
书法　（1978年 第二期）上海书画出版社编辑
上海 上海书画出版社 1978年 46页
26cm（16开）定价: CNY0.66

J0089681
书法　（1978年 第三期）上海书画出版社编辑
上海 上海书画出版社 1978年 26cm（16开）
定价: CNY0.66

J0089682
书法　（1979年 1）上海书画出版社编辑
上海 上海书画出版社 1979年 40页
26cm（16开）定价: CNY0.66

J0089683
书法　（1979年 2）上海书画出版社编辑
上海 上海书画出版社 1979年 48页
26cm（16开）定价: CNY0.66
　　法书丛刊。

J0089684
书法　（1979年 3）上海书画出版社编辑
上海 上海书画出版社 1979年 48页
26cm（16开）定价: CNY0.66
　　法书丛刊。

J0089685
书法作品选集　书法作品选集编
抚顺　抚顺市群众艺术馆　1978 年　32 页
26cm（16 开　）

J0091575
书法研究　（1979 年第一期．总第一辑）《书法》
编辑部编
上海　上海书画出版社　1979 年　112 页
20cm（32 开）统一书号：7172.113
定价：CNY0.35
　　书法基础理论

J0089686
书法研究　（1979 年第二期．总第二辑）《书法》
编辑部编
上海　上海书画出版社　1979 年　124 页
20cm（32 开）统一书号：7172.128
定价：CNY0.38
　　书法基础理论。

J0089687
书法研究　（1980 年第一期．总第三辑）《书法》
编辑部编
上海　上海书画出版社　1980 年　124 页
20cm（32 开）统一书号：7172.131
定价：CNY0.38

J0089688
书法研究　（1980 年第二期．总第四辑）《书法》
编辑部编
上海　上海书画出版社　1980 年　124 页
20cm（32 开）统一书号：7172.139
定价：CNY0.38

J0089689
书法研究　（1981 年第一期．总第五辑）《书法》
编辑部编
上海　上海书画出版社　1981 年　124 页
20cm（32 开）统一书号：7172.147
定价：CNY0.38

J0089690
书法研究　（1981 年第二期．总第六辑）《书法》
编辑部编

上海　上海书画出版社　1981 年　124 页
20cm（32 开）统一书号：7172.156
定价：CNY0.38

J0091581
书法研究　（1982 年第一期．总第七辑）书法研
究编辑部编
上海　上海书画出版社　1982 年　124 页　有图
21cm（32 开）统一书号：7172.160
定价：CNY0.38

J0089691
书法研究　（1982 年第二期．总第八辑）书法研
究编辑部编
上海　上海书画出版社　1982 年　124 页　有图
21cm（32 开）定价：CNY0.38

J0089692
书法研究　（1982 年第三期．总第九辑）书法研
究编辑部编
上海　上海书画出版社　1982 年　124 页　有图
21cm（32 开）定价：CNY0.38

J0089693
书法研究　（1982 年第四期．总第十辑）书法研
究编辑部编
上海　上海书画出版社　1982 年　124 页　有图
21cm（32 开）定价：CNY0.38

J0089694
书法研究　（1983 年第一期．总第十一辑）书法
研究编辑部编
上海　上海书画出版社　1983 年　124 页　有图
21cm（32 开）定价：CNY0.38

J0089695
书法研究　（1983 年第二期．总第十二辑）书法
研究编辑部编
上海　上海书画出版社　1983 年　124 页　有图
21cm（32 开）定价：CNY0.38

J0089696
书法研究　（1983 年第三期．总第十三辑）书法
研究编辑部编
上海　上海书画出版社　1983 年　124 页　有图

21cm（32 开）定价：CNY0.38

J0089697

书法研究 （1983 年第四期．总第十四辑）书法
研究编辑部编
上海 上海书画出版社 1983 年 124 页 有图
21cm（32 开）定价：CNY0.38

J0089698

书法研究 （1984 年第一期．总第十五辑）卢辅
圣主编；上海书画出版社编
上海 上海书画出版社 1984 年 124 页
21cm（32 开）
　　本书收录了《汉代书法风格发展的阶段性》
《二王书法异同论》《傅山与明末清初草书丕变》
《书法作品中非具象因素辩证》等文章。作者卢
辅圣（1949—　 ），编辑。浙江东阳人，毕业于浙
江美术学院中国画系。历任《朵云》《书法研究》
主编，上海书画出版社总编辑，中国美术家协会
会员，上海美术家协会顾问。代表作品有中国画
《旧游》，连环画《钗头凤》。

J0089699

书法研究 （1984 年第二期．总第十六辑）卢辅
圣主编；上海书画出版社编
上海 上海书画出版社 1984 年 124 页
21cm（32 开）

J0089700

书法研究 （1984 年第三期．总第十七辑）卢辅
圣主编；上海书画出版社编
上海 上海书画出版社 1984 年 124 页
21cm（32 开）

J0089701

书法研究 （1984 年第四期．总第十八辑）卢辅
圣主编；上海书画出版社编
上海 上海书画出版社 1984 年 124 页
21cm（32 开）
　　本书收录了《汉代书法风格发展的阶段性》
《二王书法异同论》《傅山与明末清初草书丕变》
《书法作品中非具象因素辩证》等文章。

J0089702

书法研究 （总第三十四辑 傅山与明末清初草

书丕变）上海书画出版社编
上海 上海书画出版社 1988 年 124 页
21cm（32 开）

J0089703

书法研究 （总第三十八辑 傅山与明末清初草
书丕变）上海书画出版社编
上海 上海书画出版社 1988 年 124 页
21cm（32 开）

J0089704

元朝书画史研究论集　　张光宾著
台北 台北故宫博物院故宫丛刊编辑委员会
1979 年 200 页 有图 21cm（32 开）
（故宫丛刊甲种 14）
　　中国书画艺术史研究。

J0089705

中国文字源流史 （历代书法大系）王九儒编著
台南 金川出版社 1979 年 2 册（1304 页）有图
20cm（32 开）精装 定价：TWD1200.00

J0089706

中国书法家协会贵州分会成立纪念展览
中国书法家协会贵州分会编辑
贵阳 中国书法家协会贵州分会［1980—1989 年］
126 页 有照片 26cm（16 开）

J0089707

书法丛刊 （第一辑）文物编辑委员会编
北京 文物出版社 1981 年 114 页 26cm（16 开）
统一书号：8068.705 定价：CNY1.50（凸版纸），
CNY2.50（胶版纸）
　　本丛刊发表古代书法作品及书法研究的
文章。

J0089708

书法丛刊 （第二辑）文物编辑委员会编
北京 文物出版社 1981 年 92 页 26cm（16 开）
统一书号：8068.952 定价：CNY1.30（凸版纸），
CNY2.20（胶版纸）

J0089709

书法丛刊 （第三辑）文物编辑委员会编
北京 文物出版社 1982 年 91 页 26cm（16 开）

统一书号：8068.994　定价：CNY1.30（凸版纸），
CNY2.20（胶版纸）

J0091601
书法丛刊　（第四辑）文物编辑委员会编
北京 文物出版社 1982 年 96 页 26cm（16 开）
统一书号：8068.1074　定价：CNY1.10（凸版纸），
CNY1.80（胶版纸）
　　本丛刊发表古代书法作品及书法研究的
文章。

J0089710
书法丛刊　（第五辑）文物编辑委员会编
北京 文物出版社 1982 年 93 页 26cm（16 开）
统一书号：8068.1099　定价：CNY1.10（凹版纸），
CNY1.80（胶版纸）

J0089711
书法丛刊　（第六辑）文物编辑委员会编
北京 文物出版社 1983 年 94 页 20cm（32 开）
统一书号：8068.1169　定价：CNY1.10（凸版纸），
CNY1.80（胶版纸）
　　本辑共收 12 篇文章，对古代书法作品进行
研究和评介。

J0089712
书法丛刊　（第七辑）文物编辑委员会编
北京 文物出版社 1983 年 89 页 26cm（16 开）
统一书号：8068.1202　定价：CNY1.10（凸版纸），
CNY1.80（胶版纸）
　　本辑共收历代书法珍品 40 余件，每件均有
简要说明。并发表本辑年收藏品有关专题研究
和分析文章。

J0089713
书法丛刊　（第八辑）文物编辑委员会编
北京 文物出版社 1984 年 94 页 26cm（16 开）
统一书号：8068.1227　定价：CNY1.10（凸版纸），
CNY1.80（胶版纸）
　　本辑发表的是南京博物院的部分藏品。

J0089714
书法丛刊　（第九辑）文物编辑委员会编
北京 文物出版社 1985 年 92 页 26cm（16 开）
统一书号：8068.1325　定价：CNY1.10（凸版纸），

CNY1.80（胶版纸）

J0091607
书法丛刊　（第十辑）文物编辑委员会编
北京 文物出版社 1986 年 94 页 10cm（64 开）
统一书号：8068.1429　定价：CNY1.30（凸版），
CNY1.90（胶版）

J0089715
书法丛刊　（第十一辑）文物编辑委员会编
北京 文物出版社 1986 年 94 页 10cm（64 开）
统一书号：8068.1460　定价：CNY1.30（凸版纸），
CNY1.90（胶版纸）

J0089716
书法丛刊　（第十二辑）文物编辑委员会编
北京 文物出版社 1987 年 93 页 26cm（16 开）
统一书号：8068.1483　定价：CNY1.30（凸版纸），
CNY1.90（胶版纸）

J0089717
书法丛刊　（第十三辑）文物编辑委员会编
北京 文物出版社 1988 年 96 页 26cm（16 开）
ISBN：7-5010-0145-6　定价：CNY2.90（胶版纸）

J0089718
书法丛刊　（第十三辑）文物编辑委员会编
北京 文物出版社 1988 年 96 页 26cm（16 开）
统一书号：8068.1668 ISBN：7-5010-0144-8
定价：CNY1.80（凸版纸）

J0089719
书法丛刊　（第十四辑）文物编辑委员会编
北京 文物出版社 1988 年 94 页 26cm（16 开）
ISBN：7-5010-0146-4　定价：CNY1.80（凸版纸）

J0089720
书法丛刊　（第十四辑）文物编辑委员会编
北京 文物出版社 1988 年 94 页 26cm（16 开）
ISBN：7-5010-0147-2　定价：CNY2.90（胶版纸）

J0089721
书法丛刊　（第十五辑）文物编辑委员会编
北京 文物出版社 1988 年 96 页 26cm（16 开）
ISBN：7-5010-0206-1　定价：CNY1.80（凸版纸）

J0089722
书法丛刊 （第十五辑）文物编辑委员会编
北京 文物出版社 1988 年 96 页 26cm（16 开）
ISBN：7-5010-0207-X 定价：CNY2.90（胶版纸）

J0089723
书法丛刊 （第十六辑）文物编辑委员会编
北京 文物出版社 1988 年 96 页 28cm（16 开）
ISBN：7-5010-0208-8 定价：CNY1.80（凸版纸）

J0089724
书法丛刊 （第十六辑）文物编辑委员会编
北京 文物出版社 1988 年 96 页 28cm（16 开）
ISBN：7-5010-0209-6 定价：CNY2.90（胶版纸）

J0089725
书法丛刊 （第十七辑）文物编辑委员会编
北京 文物出版社 1989 年 91 页 28cm（16 开）
ISBN：7-5010-0263-0 定价：CNY3.50（胶版纸）

J0089726
书法丛刊 （第十七辑）文物编辑委员会编
北京 文物出版社 1989 年 91 页 28cm（16 开）
ISBN：7-5010-0262-2 定价：CNY2.40（凸版纸）

J0089727
书法丛刊 （第十八辑）文物编辑委员会编
北京 文物出版社 1989 年 91 页 26cm（16 开）
ISBN：7-5010-0308-4 定价：CNY2.40（凸版纸）

J0089728
书法丛刊 （第十八辑）文物编辑委员会编
北京 文物出版社 1989 年 91 页 26cm（16 开）
ISBN：7-5010-0309-2 定价：CNY3.50（胶版纸）

J0089729
书法丛刊 （第十九辑）文物编辑委员会编
北京 文物出版社 1989 年 91 页 26cm（16 开）
ISBN：7-5010-0311-4 定价：CNY3.50（胶版纸）

J0089730
书法丛刊 （第十九辑）文物编辑委员会编
北京 文物出版社 1989 年 91 页 26cm（16 开）
ISBN：7-5010-0310-6 定价：CNY2.40（凸版纸）

J0089731
书法丛刊 （第二十辑）文物编辑委员会编
北京 文物出版社 1989 年 91 页 28cm（16 开）
ISBN：7-5010-0367-X 定价：CNY3.50（胶版纸）

J0089732
书法丛刊 （第二十辑）文物编辑委员会编
北京 文物出版社 1989 年 91 页 27cm（16 开）
ISBN：7-5010-0366-1 定价：CNY2.40（凸版纸）

J0089733
书法丛刊 （第二十一辑）文物编辑委员会编
北京 文物出版社 1990 年 91 页 26cm（16 开）
ISBN：7-5010-0393-9 定价：CNY3.50（胶版纸）

J0089734
书法丛刊 （第二十一辑）文物编辑委员会编
北京 文物出版社 1990 年 91 页 26cm（16 开）
ISBN：7-5010-0392-0 定价：CNY2.40（凸版纸）

J0089735
书法丛刊 （第二十二辑）文物编辑委员会编
北京 文物出版社 1990 年 91 页 28cm（16 开）
ISBN：7-5010-0395-5 定价：CNY3.50（胶版纸）

J0089736
书法丛刊 （第二十二辑）文物编辑委员会编
北京 文物出版社 1990 年 91 页 28cm（16 开）
ISBN：7-5010-0394-7 定价：CNY2.40（凸版纸）

J0089737
书法丛刊 （第二十三辑）文物编辑委员会编
北京 文物出版社 1990 年 91 页 26cm（16 开）
ISBN：7-5010-0417-X 定价：CNY3.50（胶版纸）

J0089738
书法丛刊 （第二十三辑）文物编辑委员会编
北京 文物出版社 1990 年 91 页 26cm（16 开）
ISBN：7-5010-0416-1 定价：CNY2.40（凸版纸）

J0089739
书法丛刊 （第二十四辑）文物编辑委员会编
北京 文物出版社 1990 年 91 页 28cm（16 开）
ISBN：7-5010-0449-8 定价：CNY3.50（胶版纸）

J0089740

书法丛刊 （第二十四辑）文物编辑委员会编

北京 文物出版社 1990 年 91 页 27cm（16 开）

ISBN：7-5010-0448-X 定价：CNY2.40（凸版纸）

J0089741

书法丛刊 （第二十五辑）文物编辑委员会编

北京 文物出版社 1991 年 91 页 28cm（16 开）

ISBN：7-5010-0504-4 定价：CNY2.40（凸版纸）

　　本辑为浙江省博物馆藏品专辑，内收元代赵孟頫行书《吴兴赋》卷，明倪元璐、黄道周书翰合册等。

J0089742

书法丛刊 （第二十五辑）文物编辑委员会编

北京 文物出版社 1991 年 91 页 28cm（16 开）

ISBN：7-5010-0505-2 定价：CNY3.50（胶版纸）

　　本辑为浙江省博物馆藏品专辑，内收元代赵孟頫行书《吴兴赋》卷，明倪元璐、黄道周书翰合册等。

J0089743

书法丛刊 （第二十六辑）文物编辑委员会编

北京 文物出版社 1991 年 91 页 28cm（16 开）

ISBN：7-5010-0539-7 定价：CNY2.40（凸版纸）

　　本辑为镇江博物馆藏品专辑。

J0089744

书法丛刊 （第二十六辑）文物编辑委员会编

北京 文物出版社 1991 年 91 页 28cm（16 开）

定价：CNY3.50（胶版纸）

　　本辑为镇江博物馆藏品专辑。

J0089745

书法丛刊 （第二十七辑）文物编辑委员会编

北京 文物出版社 1991 年 91 页 28cm（16 开）

ISBN：7-5010-0577-X 定价：CNY3.50（胶版纸）

　　本辑为扬州博物馆藏品专辑。

J0089746

书法丛刊 （第二十七辑）文物编辑委员会编

北京 文物出版社 1991 年 91 页 28cm（16 开）

ISBN：7-5010-0576-1 定价：CNY2.40（凸版纸）

　　本辑为扬州博物馆藏品专辑。

J0089747

书法丛刊 （第二十八辑）文物编辑委员会编

北京 文物出版社 1991 年 91 页 28×20cm

ISBN：7-5010-0589-3 定价：CNY3.50（胶版纸）

J0089748

书法丛刊 （第二十八辑）文物编辑委员会编

北京 文物出版社 1991 年 91 页 28×20cm

ISBN：7-5010-0588-5 定价：CNY2.40（凸版纸）

J0089749

故宫博物院历代法书选集 （一）故宫博物院编

北京 文物出版社 1982 年 定价：CNY250.00

J0089750

李骆公书法篆刻集 李骆公书

石家庄 河北美术出版社 1982 年 102 页

25cm（15 开）统一书号：8087.133

定价：CNY2.40，CNY5.00（精装）

　　本书收入李骆公的书法作品 24 件，篆刻 240 余方，秦堤石刻 2 件。

J0089751

实用书法字典 文化图书公司编辑部编著

台北［文化图书公司编辑部］1982 年 影印本

1231 页 21cm（32 开）精装

J0089752

书法艺术 赖恬昌原著；赖嘉年翻译

香港 中华书局香港分局 1982 年 重印本 241 页

有图 22cm（30 开）精装 ISBN：962-231-509-7

外文书名：Chinese Calligraphy.

J0089753

书法字典 王纲编

重庆 重庆出版社 1982 年 585 页 19cm（32 开）

统一书号：17144.3 定价：CNY2.00

　　本字典共收汉字 3690 余个每个汉字选有 12 种字体，按楷、行、草、隶、新魏、篆、仿宋、长牟、扁牟、黑体、黑变体次序竖排。作者王纲（1932—　），土家族，四川石柱县人。四川省社会科学院历史研究所副研究员。

J0089754

书法字典 王纲编

成都 成都科技大学出版社 1991 年 新编本
586 页 20cm（32 开）ISBN：7-5616-0772-5
定价：CNY10.00

J0089755
中国书法大字典
台北 大通书局 1982 年 再版 20cm（32 开）
精装 定价：TWD450.00

J0089756
中国书法史 平山观月著；阎肃译
台北 黎明文化事业股份有限公司 1982 年
406 页 有图地图 20cm（32 开）定价：TWD180.00
（史学丛书 1）

J0089757
蒋最峰写竹简明法
武汉 武汉市古籍书店 1983 年 104 页 19×27cm

J0089758
岭南书艺 （1983 年创刊号）《岭南书艺》编辑
室编
广州 岭南美术出版社 1983 年 61 页
26cm（16 开）定价：CNY0.66
　　本刊内容包括历代著名书法家、篆刻家的优
秀作品；书法、篆刻基础知识和辅导文章；书法、
篆刻理论和研究文章；当代优秀书法、篆刻作品
及其评介；古今书法名家的逸闻轶事和书坛信息
六部分。

J0089759
岭南书艺 （1984 年第 2 期）《岭南书艺》编辑
室编
广州 岭南美术出版社 1984 年 58 页
13cm（60 开）定价：CNY0.66
　　本书是中国广东地区书法与篆刻选。

J0089760
岭南书艺 （1984 年第 3 期）《岭南书艺》编辑
室编
广州 岭南美术出版社 1984 年 66 页
26cm（16 开）定价：CNY0.66
　　本书是广东地区书法作品集。

J0089761
岭南书艺 （1984 年第 4 期）《岭南书艺》编辑
室编
广州 岭南美术出版社 1985 年 64 页
26cm（16 开）定价：CNY0.66
　　中国现代书法。1984 年第四期前，由岭南
美术出版社出版，此后由中国书法家协会广东分
会出版。

J0089762
岭南书艺 （1984 年总第 8 期）《岭南书艺》编
辑室编
广州 岭南美术出版社 1985 年 64 页
26cm（16 开）定价：CNY0.66
　　中国现代书法。

J0089763
岭南书艺 （1985 年总第 6 期）《岭南书艺》编
辑室编
广州 岭南美术出版社 1985 年 64 页
26cm（16 开）定价：CNY0.66
　　中国现代书法。

J0089764
岭南书艺 （1987 年第 1 期．总第 10 期）中国
书法家协会广东分会编
广州 中国书法家协会广东分会 1987 年 64 页
26cm（16 开）定价：CNY1.90
　　中国现代书法。1984 年第四期前，由岭南
美术出版社出版。

J0089765
岭南书艺 （1988 年第 1 期．总第 11 期）中国
书法家协会广东分会编
广州 中国书法家协会广东分会 1988 年 64 页
26cm（16 开）定价：CNY1.90
　　中国现代书法。1984 年第四期前，由岭南
美术出版社出版。

J0089766
岭南书艺 （1988 年第 2 期．总第 12 期）中国
书法家协会广东分会编
广州 中国书法家协会广东分会 1988 年 64 页
26cm（16 开）定价：CNY1.90
　　中国现代书法。1984 年第四期前，由岭南

美术出版社出版。

J0089767

岭南书艺 （1989 年第 4 期 . 总第 17 期）中国
书法家协会广东分会编

广州 中国书法家协会广东分会 1990 年 64 页
26cm（16 开）定价：CNY1.90

　　中国现代书法。

J0089768

岭南书艺 （1990 年第 1 期 . 总第 18 期）中国
书法家协会广东分会编

广州 中国书法家协会广东分会 1990 年 64 页
26cm（16 开）定价：CNY1.90

　　中国现代书法。

J0089769

岭南书艺 （1990 年第 2 期 . 总第 19 期）中国
书法家协会广东分会编

广州 中国书法家协会广东分会 1990 年 64 页
26cm（16 开）定价：CNY1.90

　　中国现代书法。1984 年第四期前，由岭南
美术出版社出版。

J0089770

岭南书艺 （1990 年第 3 期 . 总第 20 期）中国
书法家协会广东分会编

广州 中国书法家协会广东分会 1990 年 64 页
26cm（16 开）定价：CNY1.90

　　中国现代书法。1984 年第四期前，由岭南
美术出版社出版。

J0089771

岭南书艺 （1991 年第 3 期 . 总第 23 期）中国
书法家协会广东分会编

广州 中国书法家协会广东分会 1990 年 64 页
26cm（16 开）定价：CNY1.90

　　中国现代书法。1984 年第 4 期前，由岭南
美术出版社出版。

J0089772

岭南书艺 （1994 年第 8 期 . 总第 24 期）中国
书法家协会广东分会编

广州 中国书法家协会广东分会 1994 年 64 页
26cm（16 开）定价：CNY1.90

中国现代书法。

J0089773

中国书法简史 钟明善编著

石家庄 河北美术出版社 1983 年 128 页
19cm（32 开）统一书号：8087.531

定价：CNY1.70

　　本书对汉字的起源，构造及中国书法艺术的
发展简史作了比较全面和概要的论述。

J0089774

中国书法简史 包备五编著

上海 上海书画出版社 1983 年 73 页
21cm（32 开）统一书号：8172.786

定价：CNY0.43

（书法知识丛书）

　　本书内容，起自先秦，迄于清代，试图对我
国的书法历史进行初步的介绍和探讨。作者包
备五（1915—1998），曲阜大学研究员。中国书法
家协会会员，山东省政协委员。擅长书法。主要
著作有《文学概论》《中国书法简史》《中国历代
书法论文集》。

J0089775

近人书学论著 （上册）康有为等撰

台北 世界书局 1984 年 4 版 影印本 15cm（40 开）
精装 定价：TWD7.00［旧台币，全 2 册］

（中国学术名著 第五辑 艺术丛编 5）

　　本书共计四种三十九卷。作者康有为
（1858—1927），中国近代思想家、政治家、书法
家。原名祖诒，字广厦，号长素，又号更生。广
东南海县人，清光绪年间进士。代表作品《新学
伪经考》《孔子改制考》《人类公理》《广艺舟双
楫》《康子篇》等。

J0089776

近人书学论著 （下册）

台北 世界书局 1984 年 4 版 影印本 16cm（25 开）
精装 定价：TWD7.00（全 2 册）

（中国学术名著 第五辑 艺术丛编 6）

　　本书共计四种三十九卷，收马宗霍撰《书林藻
鉴》《书林纪事》，蒋星煜撰《颜鲁公之书学》三种。

J0089777

明人书学论著 （明）解缙等撰

台北 世界书局 1984 年 4 版 影印本 108 页
15cm（40 开）精装 定价：旧台币 2.60
（中国学术名著 第五辑）

　　本书为中国学术名著之艺术丛编第 1 集中的中国明代法书研究。

J0089778
中国书法大辞典　梁披云主编
广州 广东人民出版社 1984 年 2 册
25cm（15 开）精装 统一书号：17111.30
定价：CNY46（上．下）

　　这是我国第一部书法辞典，计分书体、术语、书法、书迹、论著、器具六大部分。

J0089779
中国书法大辞典　梁披云主编
香港 书谱出版社 1984 年 1012+1013 页 有图
27cm（16 开）精装 定价：CNY35.00

　　本书是我国第一部书法辞典，共分为书体、术语、书法、书迹、论著、器具等六大部分。本书与书谱出版社合作出版。

J0089780
中国书法大辞典　梁披云主编
广州 广东人民出版社 1987 年 2 版 2 册（2029 页）
有图 27cm（16 开）精装 定价：CNY48.00（2 册）

J0089781
汉曹景完碑
武汉 武汉市古籍书店 1985 年 26cm（16 开）

J0089782
书法艺术　（一）王廷风主编
沈阳 辽宁美术出版社 1985 年 63 页 有肖像
35cm（15 开）统一书号：8161.0723
定价：CNY1.85

　　作者王廷风（1933—2011），书法家。辽宁海城人。历任中国书法家协会理事，辽宁书法家学会副主席，中国书法家协会理事，《书法艺术》杂志主编等。代表作品有《李世伟篆刻作品集》。

J0089783
书法艺术　（二）王廷风主编
沈阳 辽宁美术出版社 1986 年 64 页
25cm（16 开）定价：CNY1.85

J0089784
书法艺术　（三）王廷风主编
沈阳 辽宁美术出版社 1987 年 60 页 有肖像
32×19cm 统一书号：8161.1065 定价：CNY1.80

J0089785
书法艺术　（四）王廷风主编
沈阳 辽宁美术出版社 1987 年 64 页
26cm（16 开）ISBN：7-5314-0001-4
定价：CNY2.40

J0089786
书法艺术　（五）王廷风主编
沈阳 辽宁美术出版社 1987 年 60 页 有肖像
26cm（16 开）统一书号：8161.1158
ISBN：7-5314-0003-0 定价：CNY2.00

J0089787
书法艺术　（六）王廷风主编
沈阳 辽宁美术出版社 1989 年 67 页 32×19cm
ISBN：7-5314-0046-4 定价：CNY3.30

J0089788
书法字典　上海书店编
上海 上海书店 1985 年 615 页 19cm（32 开）
定价：CNY2.40

J0089789
书艺猎奇　杨涛著
台北 精美出版社 1985 年 264 页 有插图
19cm（32 开）定价：TWD90.00
（精美丛刊 K45）

J0089790
海外书迹研究　（美）傅申著；葛鸿桢译
北京 紫禁城出版社 1987 年 130 页 有图
26cm（16 开）ISBN：7-80047-026-1
定价：CNY10.00

　　中国古代书法研究。译者葛鸿桢（1946—　），书画家。又名泓正，号省之，梦龙散人。江苏苏州人，毕业于北京师范学院（现首都师大）。历任中国书法家协会培训中心教授、中国国画家协会理事。著有《中国书法全集·祝允明》《中国书法全集·文徵明》、译著《海外书迹研究》等。

J0089791
书法家　（总第七期）《书法家》编辑部编辑
郑州 河南美术出版社［1987年］96页
26cm（16开）统一书号：8386.689
定价：CNY1.30

J0089792
书法家　（总第十期）《书法家》编辑部编辑
郑州 河南美术出版社 1988年 80页
26cm（16开）定价：CNY1.30

J0089793
书法字典
上海 上海书店 1987年 影印本 重印本 615页
19cm（32开）精装 定价：CNY3.80

J0089794
中国书法电视讲座　吴炳伟，陆启明主编
南京 江苏古籍出版社 1987年 292页
19cm（32开）定价：CNY1.80

J0089795
中国书法简史　吕更荣编著
南京 江苏古籍出版社 1987年 233页 有图
19cm（32开）ISBN：7-80519-001-1
定价：CNY1.50
（书法学习丛书）

J0089796
中国书法三千年　凌云超著
南京 南京大学出版社 1987年 375页 有照片
24cm（26开）ISBN：7-305-00050-7
定价：CNY7.00
　　本书共17章，分期评述自殷周至近代3000
多年书法的发展与演变。附有作者所著《中国书
法三千多年演变史》《书法艺术与钟鼎文》。选
有作者书法作品16幅。

J0089797
中国书法史论　陈云君著
北京 人民日报出版社 1987年 364页
19cm（32开）统一书号：10132.064
ISBN：7-80002-020-7 定价：CNY2.80
　　作者陈云君（1946—　），教授。江西义宁人。
历任中华诗词学会理事、中国书法家协会会员、

天津茂林书画进修学院常务副院长。出版有《中
国书法技法概论》《陈云君诗书画选集》《陈云君
七言绝句选》等。

J0089798
中国书法史图录简编　吴鸿清编
北京 中央广播电视大学出版社 1987年 212页
26cm（16开）定价：CNY3.55

J0089799
中国书法史图录简编　吴鸿清编；刘恒，于连
成解析
北京 中央广播电视大学出版社 1988年 修订本
334页 26cm（16开）ISBN：7-304-00325-1
定价：CNY8.00
　　作者刘恒（1959—　），字树恒，北京人。任
中国书法家协会研究部副编审、中国书法家协会
学术委员会委员等职，著有《历代尺牍书法》《中
国书法全集·张瑞图卷》。

J0089800
邓石如研究资料　穆孝天，许佳琼编著
北京 人民美术出版社 1988年 402页
21cm（32开）定价：CNY3.90
（中国古代美术资料丛书）
　　邓石如（1743—1805），安徽怀宁人。清代篆
刻家、书法家，邓派篆刻创始人。

J0089801
广东书画征献录　汪宗衍著
香港 大同印务公司 1988年 235页 有照片
21cm（32开）
　　广东书法艺术评论。

J0089802
书法源流概谈　陈梗桥著
济南 山东教育出版社 1988年 124页
19cm（32开）ISBN：7-5328-0462-3
定价：CNY1.00
（中国文化史知识丛书）

J0089803
江苏书法篆刻作品选集　中国书法家协会江
苏分会编
南京 江苏美术出版社 1989年 76页

36cm(12开)定价:CNY9.80

J0089804
论书丛稿　沈尹默著
台北　华正书局　1989年　273页　21cm(32开)
定价:TWD200.00
　　本书为书法研究。作者沈尹默(1883—1971),学者、诗人、书法家、教育家。出生于陕西汉阴,祖籍浙江吴兴。初名君默、字中、号秋明。曾任北京大学文学教授、河北省教育厅厅长、中法文化交流出版委员会主任、上海市文联副主席、上海市文管会会员、上海中国书法篆刻研究会主任等职。代表作有《沈尹默手稿墨迹》《二王法书管窥》《历代名家学书经验谈辑要释义》。

J0089805
书法博览　(88.1–11)中国书法家协会河南分会《书法博览》编辑部编
郑州　河南美术出版社　1989年　319页
26cm(16开)　ISBN:7-5401-0074-5
定价:CNY8.20

J0089806
书法博览　('89.1–12)陈天然主编;中国书法家协会河南分会《书法博览》编辑部编
郑州　河南美术出版社[1989年]278页
26cm(16开)　ISBN:7-5401-0135-0
定价:CNY8.20
　　编者陈天然(1926—2018),书画家、版画家、诗人。河南巩义人。历任中国美术家协会、中国书法家协会常务理事,河南省书画院院长。代表作品有《牛群》《套耙》《山地冬播》等。

J0089807
文集书艺　史文集作
北京　春秋出版社　1989年　1册　26cm(16开)
定价:CNY2.50

J0089808
俞子鉴书法篆刻展集锦　俞子鉴著
南京　江苏出版社　1989年　104页[21×19cm]
定价:CNY3.95

J0089809
中国书法史图录　殷荪编
上海　上海书画出版社　1989年　2册(935页)
26cm(16开)精装　ISBN:7-80512-391-8
定价:CNY85.00
　　本书收入新石器时代至清末书法作品933件,按时代顺序编纂。本书注重不同的时代特色,南北朝阶段重于北碑,隋唐阶段强调楷书,五代宋阶段多用行书,明阶段突出草书,清阶段不忽视篆隶书。作者还特别重视商、周、秦、汉书法在书史上的作用,以相当的图版介绍甲骨、籀篆和隶书作品的风格。

J0089810
中国书法篆刻鉴赏辞典　王玉池主编
北京　农村读物出版社　1989年　1281页　有彩照
19cm(32开)精装　ISBN:7-5048-0819-9
定价:CNY34.00
　　作者王玉池(1931—　　),研究员。出生于河北束鹿县,毕业于中央工艺美术学院。历任中国艺术研究院美术研究所研究员、中国书法家协会学术委员会委员、中国书画函授大学教授、中国美术家协会会员。专著有《钟繇》《王羲之》《书法瑰宝谭》等。

J0089811
朵云轩藏书法篆刻选　上海书画出版社编
上海　上海书画出版社　1990年　37cm(8开)
精装　ISBN:7-80512-436-1　定价:CNY65.00
　　本书以黑白胶印为主,内夹部分彩色精印,篆刻部分全部套红、边款为黑色。收辑朵云轩所藏历代书法篆刻作品228件。

J0089812
古代长安书法　王崇人编著
上海　上海书画出版社　1990年　106页　有图
20cm(32开)　ISBN:7-80512-253-9
定价:CNY3.50
　　全书介绍了古代长安书法概貌、我国最早的书法遗迹、周甲金文书法遗存、秦汉金石书法遗产、碑林和唐碑群、名碑与摩崖刻石、历代长安书法家人名录。附图140幅。著者王崇人(1931—2009),画家。出生于甘肃平凉市。历任西安美术学院教授、中国书协理事、陕西省书协常务副主席、中国美协会员及陕西美协理事等。代表作有《人物画技法》《古都西安》《古代长安名画家及作品》。

J0089813
简明书法词典　段成桂，陈明兆编
长春　吉林文史出版社　1990年　55+528+56页
有照片　19cm（32开）精装　定价：CNY14.00
　　本辞典包括：书体、术语、常识、器具、石刻、法帖、墨迹、书家、论著、轶事共3380条。

J0089814
六艺之一录目录附引得　洪业等编纂
上海　上海古籍出版社　1990年　影印本
217+20+17页　20cm（24开）精装
ISBN：7-5325-0869-2　定价：CNY18.30

J0089815
秋实录　（傅庞如诗词篆刻书法集）傅庞如著
武汉　湖北人民出版社　1990年　95页
21cm（32开）定价：CNY11.50

J0089816
书法成语典故辞典　佟玉斌编著
北京　长征出版社　1990年　379页　20cm（32开）
精装　ISBN：7-80015-115-8　定价：CNY10.00
　　本书是书法成语典故辞典。集书法成语、典故及书法品评比喻性词语近2000条，既是辞典，也是书法史上的专著。

J0089817
书法美学史　萧元著
长沙　湖南美术出版社　1990年　361页
20cm（32开）ISBN：7-5356-0387-4
定价：CNY5.50
　　本书对字的内在结构及其关系进行了系统分析，概括了书法美学史上一系列重要范畴和命题，并结合文化史的发展，对这些范畴与命题的演化过程作了逻辑描述。作者萧元（1957—　　），湖南宁远人，毕业于武汉大学哲学系。曾任湖南人民出版社政治理论室副主任、《芙蓉》杂志主编、广州美术学院图书馆馆长等职。著有《萧元文存》。

J0089818
书法篆刻术语辞典　崔尔平撰

西安　陕西人民出版社　1990年　443页
19cm（32开）精装　ISBN：7-224-00579-7
定价：CNY8.00
　　本书共收有关书法篆刻方面的名词术语1388条，插图218幅。

J0089819
书学简史　祝嘉著
台北　华正书局　1990年　21cm（32开）
定价：TWD180.00
　　著者祝嘉（1899—1995），书法家、书法理论家和书法教育家。字燕秋，海南文昌人。中国书协江苏分会顾问。代表作品有《书学》《书学史》等。

J0089820
中国书法史话　洪丕谟编著
上海　上海教育出版社　1990年　248页　有图
19cm（32开）ISBN：7-5320-1697-8
定价：CNY2.90
　　本书叙述我国三千多年来的书体、书家、书作，乃至风格流派的演变，书法理论的创新以及趣闻轶事。作者洪丕谟（1940—2005），医生、教师。生于上海，毕业于上海市卫生局中医大专班。华东政法学院教师。中国书法家协会第一届学术委员，上海市大学书法教育学会会长等。著有《洪丕谟书法集》《中国书法史话》等。

J0089821
中国书法史简编　滕西奇编著
济南　山东教育出版社　1990年　208页　有附图
20cm（32开）ISBN：7-5328-1084-4
定价：CNY3.25

J0089822
中华书法篆刻大辞典　李国钧主编
长沙　湖南教育出版社　1990年　1273页
26cm（16开）精装　ISBN：7-5355-1206-2
定价：CNY60.00
　　本辞典著录先秦至现代书家7000余位。列目书法篆刻2万余条，收集图片2千余幅，印蜕2千余方，其规模和内容是当前同类辞书之佼佼者。

J0089823

中师书法教程 江吟主编

杭州 浙江大学出版社 1990 年 284 页

20cm（32 开）ISBN：7-308-00525-9

定价：CNY4.00

J0089824

最新书法字典 孙士熊撰书；陈器编著

重庆 重庆出版社 1990 年 504 页 20cm（32 开）

ISBN：7-5366-1273-7 定价：CNY7.70

J0089825

青少年书法丛书

南昌 百花洲文艺出版社 1991 年 19cm（32 开）

J0089826

书法题词用语辞典 董文，徐彻主编

沈阳 辽宁人民出版社 1991 年 870 页

19cm（小 32 开）精装 ISBN：7-205-01922-2

定价：CNY16.60

　　本辞典按内容共分 8 大类 47 小类。所涉及典籍自先秦至当代，重点在先秦诸子、儒家经典、历史名著及历代作家诗文集。共收入 4000 余辞条。作者董文（1946—　），教授、书法家。别署大风堂主人，辽宁沈阳市人。历任中国书法家协会理事，沈阳师范学院书法艺术研究所所长、教授，辽宁省高等院校书协副主席，辽宁省书法家协会副主席。出版《董文艺术论》《董文艺术论》《董文书法作品集》。

J0089827

书法知识千题 周俊杰等编

郑州 河南美术出版社 1991 年 990 页

20cm（32 开）精装 ISBN：7-5401-0159-8

定价：CNY24.50

　　本书所列近 800 个条目，就书法基本常识、理论提出问题，并做了简明扼要回答。本书按内容分书学、书家、书体、技法、碑帖、书论、书史、器用、篆刻等 9 个部分。

J0089828

丝绸之路与中国书法艺术　（西域书法史纲）

王乃栋著

乌鲁木齐 新疆人民出版社 1991 年 146 页

有附书影 20cm（32 开）ISBN：7-228-01200-3

定价：CNY5.20

　　本书以"丝绸之路"为主线，阐述了中国书法的演变、发展和相互联系，介绍了以西域为主的历代书法名人及出土、传世的书法作品。作者王乃栋（1946—　），书法家。笔名王乃东，生于上海，祖籍福建南安。毕业于新疆大学文博专业。历任中国书法家协会会员、新疆书法家协会理事、上海工艺美术职业学院书画鉴定专业客座教授、西域印社社长、中国书法家协会会员、中国书协新疆分会理事。出版有《王乃栋书法集》《写意甲骨文》《写意甲骨文书法》等。

J0089829

新编书法字典 王春林等编

沈阳 辽宁人民出版社 1991 年 1106 页

19cm（小 32 开）精装 ISBN：7-205-01849-8

定价：CNY27.00

　　本字典共收集单字 7700 余个，包括了《新华字典》中所有的字头文字。

J0089830

中国书法词典 马永强主编

郑州 河南美术出版社 1991 年 1158 页

28cm（大 16 开）精装 ISBN：7-5401-0043-5

定价：CNY48.00

　　本书收入具有代表性的书法词目计 7459 条，共 120 万字。并附有书家异名表、碑帖异名表、历代书家作品表等。

J0089831

中国书法名作鉴赏辞典 李名方，常国武主编

南京 南京大学出版社 1991 年 551 页

20cm（32 开）精装 ISBN：7-305-00614-9

定价：CNY14.00

　　本书选收上自先秦下迄当代的书法名作 400 篇，以作者时代为序，并阐述作者在书史上的地位和影响。

J0089832

中国书法史 钟明善著

石家庄 河北美术出版社 1991 年 478 页

20cm（32 开）ISBN：7-5310-0360-0

定价：CNY17.00

　　本书介绍汉字的起源和汉字的构造。从为

中国书法艺术奠定基础的先秦文化到"书同文字"的秦代书法；从隶书大盛的汉代书法到完成汉字书体演变的魏晋书法；从民间书家迭出的南北朝书法到书学鼎盛的唐代书法；从宋代至"书道中兴"的清代书法。全面地展示了中国书法艺术的辉煌历史。有276幅图。

J0089833

中国书法史图录 （第一卷）沙孟海编著
上海 上海人民美术出版社 1991年 影印本 440页
26cm（16开）精装 ISBN：7-5322-0524-X
定价：CNY26.50
（中国美术史图录丛书）

　　本书以历史纪年为序，收录商、西周、春秋、战国、秦、两汉、三国、西晋、东晋与十六国、南北朝等朝代的书作，包括甲骨文、钟鼎文、大篆、小篆、隶书、草书、楷书等书体，有碑碣刻石，也有墨迹。每一断代前均撰有"概说"，言简意赅，有助于对该时代书法艺术的了解。作者沙孟海（1900—1992），书法家。原名文若，字孟海，号石荒、沙村。生于浙江鄞县，毕业于浙江省立第四师范学校。曾任浙江大学中文系教授、浙江美术学院教授、西泠印社社长、西泠书画院院长、浙江省博物馆名誉馆长、中国书法家协会副主席。代表作品《集王圣教序》。

J0089834

中国书法用笔与篆隶研究 谭兴萍著
台北 文史哲出版社 1991年 362页 21cm（32开）
ISBN：957-547-057-5 定价：TWD300.00
（文史哲学集成 238）

J0089835

中国现代书法界人名辞典 佟韦等编写
郑州 河南美术出版社 1991年 356页
26cm（16开）精装 ISBN：7-5401-0149-0
定价：CNY24.50

　　本书收录范围：中国书法家协会会员，书协各分会会员，中华人民共和国成立后去世的知名度高的书法家、篆刻家、书法理论家。

J0089836

91 书法博览 河南省书法家协会编
郑州 河南美术出版社 1992年 224页
26cm（16开）ISBN：7-5401-0269-1

定价：CNY8.90

　　本书包括书坛思潮、书坛撷萃、碑帖叙录、书家研究，当代书法等栏目。

J0089837

书法精品 秦永龙主编
济南 山东文艺出版社 1992年 376页
20cm（32开）ISBN：7-5329-0872-0
定价：CNY7.95
（中国文化精华文库 文学艺术类）

　　本书介绍了中国书法从产生、发展到升华为艺术的历史过程。

J0089838

书法文化丛谈 姜澄清著
杭州 浙江美术学院出版社 1992年 142页
有照片 20cm（32开）ISBN：7-81019-195-0
定价：CNY6.80
（书法学文库 第一辑）

　　本书涉及工艺、建筑、民间习俗、科场考试、选官命吏等领域，一题一文，从文化学的视角看待书法，又从书法的视点审视文化。书末附有黑白图版10幅。作者姜澄清（1935—2018），书画艺术评论家。号三一斋主，云南昭通人。历任贵州大学古典文学副教授，贵州大学图书馆馆长，中国书法家协会学术委员等。主要著作有《中国绘画精神体系》《易经与中国艺术精神》《书法文化丛谈》《中国人的色彩观》《姜澄清散文选》等。

J0089839

书法字典
上海 上海书店 1992年 影印本 重印本 615页
19cm（32开）ISBN：7-80569-102-9
定价：CNY4.80

　　本书收集了历朝名家字体，有正、草、隶、篆4类，各体文字合计46675字，每一字下均注有出处。

J0089840

书坛旧闻 郑逸梅著
杭州 浙江美术学院出版社 1992年 154页
有照片 20cm（32开）ISBN：7-81019-171-3
定价：CNY7.50
（书法学文库 第一辑）

本书汇集了有关书法方面的掌故、轶事。作者郑逸梅（1895—1992），作家、文史学家。出生于江苏苏州，祖籍安徽歙县。曾任中孚书局编辑、上海国华中学副校长、上海晋元中学副校长等。代表作品有《艺林散叶》《文苑花絮》《书报话旧》等。

J0089841

卫门书派研究文集　贾起家主编
太原　山西高校联合出版社 1992 年 369 页
20cm（32 开）ISBN：7-81032-331-8
定价：CNY7.15
（当代书学研究文丛）

收论文 38 篇，涉及卫门书派形成的历史背影和文化背景，卫门书派的历史地位，卫门书派的艺术成就及影响等 5 个方面。

J0089842

文化生活小百科·书法　洪丕谟等编
上海　上海辞书出版社 1992 年 274 页
19cm（小 32 开）ISBN：7-5326-0180-3
定价：CNY2.60

作者洪丕谟（1940—2005），医生、教师。生于上海，毕业于上海市卫生局中医大专班。华东政法学院教师。中国书法家协会第一届学术委员、上海市大学书法教育学会会长等。著有《洪丕谟书法集》《中国书法史话》等。

J0089843

浙江近现代书法研究文集　章建明主编
杭州　浙江美术学院出版社 1992 年 470 页
20cm（32 开）精装 ISBN：7-81019-151-9
定价：CNY23.00

本文集是在 1991 年 9 月中国浙江首届书法艺术节“浙江近现代书法史论研讨会”所收论文的基础上汇编而成，反映了浙江近现代书法研究现状的概貌。

J0089844

中国古代书法史　朱仁夫著
北京　北京大学出版社 1992 年 558 页 有书影
19cm（小 32 开）ISBN：7-301-01706-5
定价：CNY9.90

本书评价了著名的书法家及其作品，介绍了汉代至清代书法艺术的发展、演变、流派形成、发展的内外条件，并附书法作品 450 余件。作者朱仁夫（1941—　），教授。湖南临湘人。中国书法协会会员、湖南理工学院美术系教授。代表作品有《中国古代书法史》《中国现代书法史》。

J0089845

中国书法大字典　《中国书法大字典》编辑组编
北京　世界图书出版公司 1992 年 修订版
影印本 1596 页 26cm（16 开）
精装 ISBN：7-5062-1419-9 定价：CNY64.00

本字典从多位中国历代书法家所书写碑碣法帖中，集字 4000 余种、47000 多字。

J0089846

中国书法与传统文化　葛承雍著
北京　中国广播电视出版社 1992 年 391 页
19cm（32 开）ISBN：7-5043-1660-1
定价：CNY11.50

作者葛承雍（1955—　），编辑、教授。出生于陕西西安，毕业于西北大学历史系。历任西北大学教师，国家文物局文物出版社总编辑、党委副书记，中国文物研究所党委书记、副所长。出版有《唐都建筑风貌》《中国书法与传统文化》《煌煌盛世——隋唐史》。

J0089847

中国书法篆刻之最　陈兆国著
北京　中国旅游出版社 1992 年 303 页
19cm（小 32 开）ISBN：7-5032-0381-1
定价：CNY7.80

收集 520 个书法篆刻之最，分：书史、书家、碑帖、论著、轶闻、篆刻、器具等 7 个部分。

J0089848

书法与篆刻　杜锡瑞著
石家庄　河北美术出版社 1993 年 92 页 有照片
13×19cm ISBN：7-5310-0573-5 定价：CNY3.80
（儿童美术大全）

本书介绍了书法、篆刻的基础知识，其中包括：书法的产生和发展、学书法的注意事项及具体技法等。作者杜锡瑞（1947—　），书画家、国家一级美术师。河北乐亭人。河北省作家协会、中国书法家协会会员、河北省书法家协会副主席、河北省民间工艺美术大师（巧雕印钮类）、河北逸书堂书画院高级顾问。代表作品有《书法与篆刻》《杜锡瑞作品集》等。

J0089849
书法与篆刻　杨耀编著
济南　山东科学技术出版社　1993年　118页
有书影　26cm（16开）ISBN：7-5331-1119-2
定价：CNY9.60
（老年人生活顾问丛书）
　　本书内容包括：古代书法简史、书写工具、学书要说、书法欣赏、古代篆刻简史、篆刻材具、篆刻简说、篆刻鉴赏。作者杨耀（1938—2017），画家。原名耀珍，字子虚，自号林泉室主。陕西延川人，毕业于山东师范学院艺术系美术专业。历任山东工艺美术学院副教授、中国美术家协会会员、山东画院高级画师。出版有《杨耀画集》《杨耀新疆山水画》《松树画法》等。

J0089850
书法知识小百科　方金秋等著
北京　世界图书出版公司　1993年　212页
有附书影　20cm（32开）ISBN：7-5062-1538-1
定价：CNY8.90
　　本书所收词条主要涉及名词术语、历代书法家、历代碑帖、历代书法著作、文房四宝等方面内容，并介绍了5大书体及其流派。

J0089851
书法篆刻辞典　田原等编著
南京　江苏人民出版社　1993年　654页　有图
20cm（32开）ISBN：7-214-01019-4
定价：CNY36.00
　　本书收辞条3200余条，并附图片1100余幅，收条目时代，上起殷商，下迄20世纪60年代末。

J0089852
五用书法字典　（检索、对照、临帖、摹写、借鉴）孙士熊撰写；陈器编著
香港　万里书店　1993年　209页　29cm（16开）
ISBN：962-14-0695-1　定价：HKD85.00

J0089853
现代中国书法史　陈振濂著；中国书法家协会学术委员会编
郑州　河南美术出版社　1993年　524页
20cm（32开）精装　ISBN：7-5401-0170-9
定价：CNY22.00
（中国书学丛书）
　　作者陈振濂（1956—　　），书法家。号颐斋。生于上海，浙江鄞县人。曾任浙江大学人文学院副院长、中国文联副主席、中国书法家协会副主席、中国文艺评论家协会副主席、浙江省文联副主席、西泠印社副社长。著作有《书法美学》《大学书法教材集成》。

J0089854
中国书法今鉴　（1949—1990）冯亦吾主编
北京　中国旅游出版社　1993年　1245页　有图
26cm（16开）精装　ISBN：7-5032-0615-2
定价：CNY112.00
　　作者冯亦吾（1903—2000），书法家、书法理论家。号逸瓮，江苏沛县人。曾任北京书法家协会理事兼评委、北京卿云书画联谊社社长等。代表作品有《冯亦吾文集》《书法丛谈》《书法探求》等。

J0089855
中国书法史　蒋文光著
台北　文津出版社　1993年　326页　有彩图
21cm（32开）ISBN：957-668-119-7
定价：TWD300.00
（中国文化史丛书5）
　　作者蒋文光（1938—　　），著名书画、金银器、碑帖鉴定专家。上海嘉定人，毕业于上海复旦大学历史系。原国家博物馆资深研究员、文物鉴定委员会委员。著有《中国书法史》《中国历代名画鉴赏》《中国碑帖艺术论》《中国古代金银器珍品图鉴》《中国历代古陶瓷珍品图鉴》《初唐四大书法家》等。

J0089856
中国书法史　蒋文光著
台北　文津出版社　1993年　326页　有彩图
21cm（32开）精装　ISBN：957-668-118-9
定价：TWD360.00
（中国文化史丛书5）

J0089857
中国书法史鉴　欧阳中石，金运昌著

北京 中共中央党校出版社 1993 年 205 页
16×26cm ISBN：7-5035-0607-5
定价：CNY29.00
　　本书介绍了我国各个朝代书法艺术的发生、
发展过程。作者欧阳中石（1928— ），著名文化
学者、书法家、书法教育家。山东肥城市人。毕
业于北京大学哲学系。历任首都师范大学教授、
博士生导师、中国书法文化研究所所长、中国书
法家协会顾问、中国画研究院院务委员。书法
作品有《欧阳中石书沈鹏诗词选》《中石夜读词
钞》，主要著作有《中国逻辑史》《书法与中国文
化》《中国书法史鉴》《章草便检》等。

J0089858
中国书法文化论　　吴国璋著
南京 南京出版社 1993 年 319 页 有图
19cm（小 32 开）ISBN：7-80560-753-2
定价：CNY5.80
　　本书评述了中国书法产生的历史渊源以及
社会心理状况，剖析了书法艺术的视觉效果及大
众时尚，对中国书法的文化特性及未来走势作出
理性的思考。

J0089859
中国书法艺术　　陈玉龙著
北京 新华出版社 1993 年 136 页 20cm（32 开）
ISBN：7-5011-1458-7 定价：CNY2.70
（神州文化集成丛书）

J0089860
中国书法艺术 （第一卷 殷周春秋战国）谷溪
编著
北京 文物出版社 1993 年 影印本 230 页
26cm（16 开）精装 ISBN：7-5010-0585-0
定价：CNY30.00
　　本书介绍了殷商至春秋战国时期我国书法
的产生和发展情况。

J0089861
中国书法艺术 （第三卷 魏晋南北朝）王靖宪
编著
北京 文物出版社 1996 年 348 页 26cm（16 开）
精装 ISBN：7-5010-0794-2 定价：CNY70.00

J0089862
中国书法艺术 （第四卷 隋唐五代）张启亚主
编；王靖宪编著
北京 文物出版社 1998 年 294 页 26cm（16 开）
精装 ISBN：7-5010-0940-6 定价：CNY82.00

J0089863
中国书法篆刻之最　　陈兆国编著
北京 中国旅游出版社 1993 年 2 版 297 页
19cm（小 32 开）ISBN：7-5032-0381-1
定价：CNY8.00
（中国之最丛书）

J0089864
中国现代书印学史 （首卷）刘阳著
北京 中国华侨出版公司 1993 年 128 页
25×27cm ISBN：7-80074-836-7
定价：CNY15.00
　　作者刘阳（1963— ），满族，笔名三者，北
京人。曾于中央美术学院、中国社会科学院研究
生院学习。专著有《刘阳画集》《刘阳诗集》《中
国动物画技法大全》《中国现代书印学史》《刘阳
艺术论》等。

J0089865
陈和年书印集　　陈和年著
昆明 云南教育出版社 1994 年 45 页
26cm（16 开）ISBN：7-5415-0753-9
定价：CNY5.00

J0089866
岭南书法史　　陈永正著
广州 广东人民出版社 1994 年 346 页 有附图
20cm（32 开）精装 ISBN：7-218-01441-0
定价：CNY19.60
（岭南文库）
　　作者陈永正（1941— ），教师。字止水，号
沚斋，广东高州市人。毕业于中山大学中文系
古文字专业研究生班。历任中山大学古文献研
究所研究员、广东省书法家协会副主席、广东中
华诗词学会副会长。著作有《李商隐诗选》《黄
庭坚诗选》《韩愈诗选》《元好问诗选》《高启诗
选》等。

J0089867
岭南书法史　陈永正著；岭南文库编辑委员会，广东中华民族文化促进会编
广州　广东人民出版社　1994年　346页　有图
20cm（32开）ISBN：7-218-01441-0
定价：CNY13.60
（岭南文库）

J0089868
书法　理缨主编
哈尔滨　黑龙江教育出版社　1994年　239页
26cm（16开）ISBN：7-5316-2226-2
定价：CNY11.80

J0089869
书法教学参考资料　欧阳中石，徐无闻主编
北京　高等教育出版社　1994年　395页
26cm（16开）ISBN：7-04-004776-4
定价：CNY21.95

　　作者欧阳中石（1928— ），著名文化学者、书法家、书法教育家。山东肥城市人。毕业于北京大学哲学系。历任首都师范大学教授、博士生导师、中国书法文化研究所所长、中国书法家协会顾问、中国画研究院院务委员。书法作品有《欧阳中石书沈鹏诗词选》《中石夜读词钞》，主要著作有《中国逻辑史》《书法与中国文化》《中国书法史鉴》《章草便检》等。作者徐无闻（1931—1993），书法家、教授。名永年，字嘉龄，四川成都人。毕业于四川大学中文系。曾任西南师范大学中文系教授、中国作家协会会员、中国书法家学会理事、四川省书法家协会副主席。代表作品《徐无闻书法集》《徐无闻印存》《徐无闻临中山王厝鼎》等。

J0089870
书法美学思想史　陈方既，雷志雄著
郑州　河南美术出版社　1994年　748页
21cm（32开）精装　ISBN：7-5401-0172-5
定价：CNY30.00
（中国书学丛书）

　　作者陈方既（1921— ），学者、理论家、画家、书法家。别名陈泽浦，湖北沔阳（今仙桃市）人。历任中国美术家协会会员、中国书协学术委员会委员、湖北省书协副主席、湖北省书学研究会副会长，一级美术师。代表作品有《我们当家

作主》。著作有《书法艺术论》《书法技法意识》《书法美学思想史》等。

J0089871
书坛纪事　佟韦著
北京　中国文联出版公司　1994年　10+158页
有照片　19cm（小32开）ISBN：7-5059-1067-1
定价：CNY8.00

　　作者佟韦（1929— ），满族，书法家。原名佟遇鹏，笔名冬韦，冬青，韦人等。辽宁昌图人。历任中国书法家协会副主席、中国诗书画研究院艺术顾问。代表作品有《书坛纪事》《佟韦书法集》等。

J0089872
王白纯书法篆刻选集　王白纯作
昆明　云南美术出版社　1994年　63页
26cm（16开）ISBN：7-80586-117-X
定价：CNY28.00

J0089873
怎样题跋·钤印　徐利明，顾敏芳著
南京　江苏美术出版社　1994年　44页　有画
26cm（16开）ISBN：7-5344-0375-8
定价：CNY4.00
（美术爱好者之友）

J0089874
中国古代书法史　朱仁夫著
台北　淑馨出版社　1994年　560页　21cm（32开）
ISBN：957-531-343-7　定价：TWD380.00

J0089875
中国书法思想史　姜澄清著
郑州　河南美术出版社　1994年　218页
21cm（32开）精装　定价：CNY15.00
（中国书学丛书）

　　作者姜澄清（1935—2018），书画艺术评论家。号三一斋主，云南昭通人。历任贵州大学古典文学副教授、贵州大学图书馆馆长、中国书法家协会学术委员等。主要著作有《中国绘画精神体系》《易经与中国艺术精神》《书法文化丛谈》《中国人的色彩观》《姜澄清散文选》等。

J0089876
中国书法艺术　刘炳森主编
北京　中国人民大学出版社 1994 年 582 页
29cm（15 开）精装 ISBN：7-300-01923-4
定价：CNY69.00
　　外文书名：The Art of Chinese Calligraphy.
　　作者刘炳森（1937—2005），书法家、国画家。字树盦，号海村，生于上海，祖籍天津武清。就读于北京艺术学院美术系中国画山水科。曾任北京故宫博物院研究员，中国书法家协会副主席，中国书画函授大学特约教授，山东曹州书画院名誉院长。出版有《刘炳森楷书千字文》《刘炳森隶书千字》《刘炳森选编勤礼碑字帖》《刘炳森主编中国书法艺术》等。

J0089877
笔走龙蛇的中国书法　谢建华著
沈阳　辽宁古籍出版社 1995 年 172 页 有图
19cm（小 32 开）ISBN：7-80507-280-9
定价：CNY43.00（艺术卷）
（中华民族优秀传统文化丛书 艺术卷）

J0089878
黑龙江日报社珍藏：书法卷　杨再立等编
哈尔滨　黑龙江美术出版社 1995 年 97 页
38cm（6 开）精装 ISBN：7-5318-0306-2
定价：CNY186.00

J0089879
书法篆刻　徐俊，牛振生编著
上海　上海画报出版社 1995 年 62 页
26cm（16 开）ISBN：7-80530-181-6
定价：CNY8.50
（少年儿童美术技法丛书）

J0089880
中国书法演义　唐大笠著
上海　上海文艺出版社 1995 年 189 页 有书影
20cm（32 开）ISBN：7-5321-1326-4
定价：CNY9.50
（文艺演义丛书）
　　作者唐大笠（1931—2010），安徽九华山人，原名象贤，号老象、笠翁等。曾任安徽日报社记者。著有《垄上堂散集》《中国书法演义》《百梅诗画》《退思集》等。

J0089881
国字　高长山编著
延吉　东北朝鲜民族教育出版社 1996 年 120 页
19cm（小 32 开）ISBN：7-5437-2593-2
定价：CNY4.35
（国史百科系列）
　　中国书法美术史。

J0089882
齐白石全集　（第八卷 篆刻）齐白石绘；郎绍君，郭天民主编；罗随祖卷主编
长沙　湖南美术出版社 1996 年 17+338+28 页
38cm（8 开）精装 ISBN：7-5356-0894-9
　　外文书名：The Collected Works of Qi Baishi.
　　作者齐白石（1864—1957），近现代中国绘画大师，国画家、篆刻家。湖南湘潭人。原名纯之，字渭青，号兰亭，后改名璜，字濒生，号白石等。历任国立北京艺术专科学校和京华美术专科学校教习、教授，中央美术学院名誉教授、中国文学艺术界联合会主席团委员、中国画研究会和中国美术家协会主席、中国画院名誉院长。代表作有《蛙声十里出山泉》《墨虾》等。著有《白石诗草》《齐白石作品集》《白石老人自述》等。

J0089883
齐白石全集　（第九卷 书法）齐白石书；郎绍君，郭天民主编；李松涛卷主编
长沙　湖南美术出版社 1996 年 11+293+40 页
38cm（8 开）精装 ISBN：7-5356-0895-7
　　外文书名：The Collected Works of Qi Baishi.

J0089884
石刻篆文编　商承祚编著
北京　中华书局 1996 年 16+680+56 页 有照片
26cm（16 开）精装 ISBN：7-101-01469-0
定价：CNY140.00

J0089885
中国现代书法史　朱仁夫著
北京　北京大学出版社 1996 年 541 页
26cm（16 开）ISBN：7-301-03182-3
定价：CNY30.00

J0089886
典雅的书法　周磊编著

广州　广州出版社　1997年　126页　19cm（小32开）
ISBN：7-80592-708-1　定价：CNY92.00（全辑）
（百科世界丛书　第四辑　66）

J0089887
马魏华书法刻字作品集　马魏华作
天津　百花文艺出版社　1997年　90页
26cm（16开）ISBN：7-5306-2528-4
定价：CNY80.00

J0089888
毛锥艺痕　（中国传统书法管窥）张扬之著
上海　百家出版社　1997年　216页　有彩图
20cm（32开）ISBN：7-80576-673-8
定价：CNY20.00
（典雅艺术普及丛书　书法分册）

J0089889
书画碑帖见闻录　马宝山著
北京　北京燕山出版社　1997年　220页　有图
19cm（小32开）ISBN：7-5402-0425-7
定价：CNY17.00
（当代文物鉴定家论丛）

J0089890
中国书法风格史　徐利明著
郑州　河南美术出版社　1997年　523页
20cm（32开）精装　ISBN：7-5401-0531-3
定价：CNY32.00
（中国书学丛书）
　　作者徐利明，南京艺术学院教授。出版有
《徐利明书画篆刻》。

J0089891
邓石如与《四赞》（清代的书法艺术）巢伟民著
上海　上海人民美术出版社　1998年　72页
19cm（小32开）ISBN：7-5322-2000-1
定价：CNY23.00（全套）
（中国历代书法博物馆）
　　作者巢伟民（1951—　），书法家。江苏常州
人，毕业于华东师大中文系。中国书法家协会会
员、上海市书法家协会会员、上海市美学学会会
员。著有《楚文化与中国书法》《试论中国书法
的民族性》等。

J0089892
二十世纪中国书法史　于茂阳等著
郑州　河南美术出版社　1998年　413页
20cm（32开）精装　ISBN：7-5401-0730-8
定价：CNY45.00

J0089893
近现代书法史　陈振濂执行主编
天津　天津古籍出版社　1998年　817页
20cm（32开）ISBN：7-80504-601-8
定价：CNY41.00
（大学书法教材集成）
　　主编陈振濂（1956—　），书法家。号颐斋。
生于上海，浙江鄞县人。曾任浙江大学人文学院
副院长、中国文联副主席、中国书法家协会副主
席、中国文艺评论家协会副主席、浙江省文联副
主席、西泠印社副社长。著作有《书法美学》《大
学书法教材集成》。

J0089894
民国书法史　孙洵编著
南京　江苏教育出版社　1998年　325页
22cm（32开）ISBN：7-5343-3377-6
定价：CNY19.60

J0089895
书法与篆刻　齐鲁编著
北京　科学普及出版社　1998年　369页　有图
20cm（32开）ISBN：7-110-04442-4
定价：CNY22.00
（夕阳红丛书）
　　本书根据老年人的特点，从理论到实践，从
简单到复杂，从基本功到鉴赏，全面系统地介绍
了书法与篆刻的入门知识。

J0089896
王羲之与《兰亭序》（先秦·两汉·魏晋的书法
艺术）胡传海著
上海　上海人民美术出版社　1998年　72页
19cm（小32开）ISBN：7-5322-2000-1
定价：CNY23.00（全套）
（中国历代书法博物馆）

J0089897
一闻艺话　刘一闻著

上海 学林出版社 1998 年 397 页 20cm（32 开）
ISBN：7-80616-343-3 定价：CNY18.00
　　作者刘一闻（1949—　），书法家、篆刻家。斋号别部斋、得涧楼。生于上海，祖籍山东日照。历任中国书法家协会理事、西泠印社社员、上海市书法家协会常务理事兼篆刻创作委员会副主任、上海博物馆副研究员。出版有《刘一闻印稿》。

J0089898
中国历代书法博物馆
上海 上海人民美术出版社 1998 年 5 册
19cm（小 32 开）ISBN：7-5322-2000-1
定价：CNY23.00

J0089899
中国书法揽胜　杨昊成编著
南京 江苏教育出版社 1998 年 306 页
26cm（16 开）精装 ISBN：7-5343-2819-5
定价：CNY70.00

J0089900
中国书法史　（日）真田但马，（日）宇野雪村著；瀛生，吴绪彬译
北京 人民美术出版社 1998 年
2 册（147+233+103 页）有图版 20cm（32 开）
ISBN：7-102-01105-9 定价：CNY46.80

J0089901
中国书画精义　蒋平畴著
北京 光明日报出版社 1998 年 272 页 有彩图
20cm（32 开）ISBN：7-80145-017-5
定价：CNY19.80
　　作者蒋平畴（1944—　），画家。字平韶，斋号远风斋，出生于福建福州，祖籍福建长乐。历任福建省书法家协会副主席、中国书法家协会会员。出版专著《书法述要》《书画要义》《中国书画精义》等。

J0089902
祝允明与《出师表》（明代的书法艺术）巢伟民著
上海 上海人民美术出版社 1998 年 69 页
19cm（小 32 开）ISBN：7-5322-2000-1
定价：CNY23.00（全套）
（中国历代书法博物馆）

　　作者巢伟民（1951—　），书法家。江苏常州人，毕业于华东师大中文系。中国书法家协会会员、上海市书法家协会会员、上海市美学学会会员。著有《楚文化与中国书法》《试论中国书法的民族性》等。

J0089903
儿童美术书法篆刻技法　刘阳编绘
北京 海豚出版社 1999 年 88 页 28cm（大 16 开）
ISBN：7-80138-083-5 定价：CNY12.00

J0089904
山西书法通鉴　柴建国著
太原 山西人民出版社 1999 年 667 页
26cm（16 开）精装 ISBN：7-203-03884-X
定价：CNY106.00
　　本书对山西书法进行鸟瞰式观照与规律性探讨，各编依时代发展顺序，从不同角度展示山西书法发展的历史情况。

J0089905
艺术钩沉　赵承楷著
北京 中国青年出版社 1999 年 218 页 有图
26cm（16 开）ISBN：7-5006-2833-1
定价：CNY20.00
（中国书法论丛）
　　作者赵承楷（1935—　），教授。山西孝义人，毕业于山西大学中文系。山西大学师范学院教授、中国书法家协会会员、山西省书法家协会副主席、山西省古典文学研究会会员。出版专著《大学书法教程》《习字启蒙》《书法断论》《艺术钩沉》《书法探求》等。

J0089906
中国书法简史　汤大民著
南京 江苏古籍出版社 1999 年 339 页
20cm（32 开）ISBN：7-80643-235-3
定价：CNY13.50

J0089907
中国书法史　（两汉卷）华人德著
南京 江苏教育出版社 1999 年 285 页
24cm（26 开）精装 ISBN：7-5343-3673-2
定价：CNY25.00
　　本书主要内容包括两汉的书法教育，两汉的

简牍(附骨签、帛书及其他墨迹),西汉的铭刻书法,东汉的碑刻(附砖文),汉代的书法家,东汉的书学等。作者华人德(1947—),研究馆员。笔名维摩,斋号维摩方丈室,江苏无锡人,毕业于北京大学图书馆学系。历任苏州大学图书馆员、江苏省文史研究馆馆员、中国书法家协会学术委员会委员等职。著有《中国书法全集·三国两晋南北朝墓志卷》《中国书法史·两汉卷》等。

J0089908

中国书法史 (清代卷)刘恒著
南京 江苏教育出版社 1999年 411页
24cm(26开)精装 ISBN: 7-5343-3672-4
定价: CNY34.00

　　本书主要介绍了晚明书风的延续与碑学的滥觞,帖学与碑学的转换,碑学的完善与发展,碑派书法的鼎盛时期,清代的书法教育和域外影响,清代的书学等内容。作者刘恒(1959—),字树恒,北京人。任中国书法家协会研究部副编审、中国书法家协会学术委员会委员等职,著有《历代尺牍书法》《中国书法全集·张瑞图卷》。

J0089909

中国书法史 (宋辽金卷)曹宝麟著
南京 江苏教育出版社 1999年 478页
24cm(26开)精装 ISBN: 7-5343-3668-6
定价: CNY40.00

　　本书主要介绍了北宋和南宋的前期、中期、后期以及辽金时期的书法发展史,各时期的代表人物及其书法特点,对中国书法艺术的发展所做出的贡献,同时还介绍了宋代的刻帖。作者曹宝麟(1946—),书法家,书法理论家,学者。 生于上海,祖籍江苏无锡。斋号晏庐。历任中国书法家协会学术委员会委员,暨南大学文化艺术中心教授等职。著有《抱瓮集》《中国书法全集·蔡襄卷》《曹宝麟书法精选》等。

J0089910

中国书法史 (隋唐五代卷)朱关田著
南京 江苏教育出版社 1999年 411页
24cm(26开)精装 ISBN: 7-5343-3671-6
定价: CNY35.00

　　本书主要介绍了隋代与初唐书法,唐太宗与书法复兴,盛中唐书法,雄秀独出的颜真卿,晚唐书法,唐代文化与书法,唐代书法的域外传播,五代杨凝式及其他书法家等内容。作者朱关田(1944—),书法家、篆刻家、书法史家。字曼倬,斋号思微室,浙江绍兴人,毕业于浙江美术学院。历任中国书法家协会常务理事、学术委员会副主任,西泠印社副社长等职。著有《中国书法全集·颜真卿卷》《中国书法全集·李邕卷》等。

汉字毛笔字

书法理论、方法、研究、评鉴

J0089911

高宗皇帝御制翰墨志 (宋)高宗赵构撰
宋 刻本
(百川学海)

　　收于《百川学海》中。作者赵构(1107—1187),即宋高宗,字德基。精于书法,初学黄庭坚、米芾,后师"二王",善真、行、草书,颇得晋人神韵。著有《翰墨志》,传世墨迹有《洛神赋》(草书)等。

J0089912

高宗皇帝御制翰墨志 (一卷)(宋)高宗赵构撰
宋 刻本
(百川学海)

J0089913

高宗皇帝御制翰墨志 (宋)高宗赵构撰
明 抄本
(百川学海)

J0089914

高宗皇帝御制翰墨志 (一卷)宋高宗撰
明 抄本
(百川学海)

　　九行二十字黑口四周双边。收于《百川学海》一百种中。宋高宗(1107—1187),南宋皇帝。名赵构,字德基,东京汴梁(今河南开封市)人。宋徽宗子。精于书法,善真、行、草书,颇得晋人神韵。著有《翰墨志》,传世墨迹有《洛神赋》(草书)等。

J0089915

高宗皇帝御制翰墨志 （一卷）宋高宗撰
无锡华氏 明弘治 刻本 线装
（百川学海）

　　十二行二十字小字双行同白口左右双边。
收于《百川学海》辛集中。

J0089916

高宗皇帝御制翰墨志 （一卷）（宋）高宗赵构撰
华珵 明弘治十四年［1501］刻本
（百川学海）

　　十二行二十字白口左右双边。收于《百川学
海》一百种十集二百七十九卷第辛集中。

J0089917

高宗皇帝御制翰墨志 （一卷）（宋）高宗赵构撰
华珵 明弘治十四年［1501］刻本
（百川学海）

　　收于《百川学海》一百种一百七十九卷中。

J0089918

高宗皇帝御制翰墨志 （一卷）（宋）高宗赵构撰
华珵 明弘治十四年［1501］刻本
（百川学海）

　　收于《百川学海》一百种十集一百七十九
卷中。

J0089919

高宗皇帝御制翰墨志 （一卷）（宋）高宗赵构撰
华珵 明弘治十四年［1501］刻本
（百川学海）

　　收于《百川学海》一百种一百七十九卷中。

J0089920

高宗皇帝御制翰墨志 （宋）高宗赵构撰
王元贞 明万历十八年［1590］刻本
（王氏书画苑）

J0089921

高宗皇帝御制翰墨志 （宋）高宗赵构撰
清 抄本
（书家要览）

J0089922

高宗皇帝御制翰墨志 （一卷）宋高宗撰

泰东图书局 民国十一年［1922］影印本 线装
（王氏书画苑）

　　据明刻本影印。收于《王氏书画苑》中。

J0089923

高宗皇帝御制翰墨志 （一卷）宋高宗撰
武进陶氏涉园 民国十六年［1927］刻本 影刻
线装
（百川学海）

　　收于《百川学海》甲集中。

J0089924

海岳名言 （一卷）（宋）米芾撰
宋 刻本
（百川学海）

　　作者米芾（1051—1107），北宋书法家、画
家、书画理论家。祖籍太原，后迁居湖北襄阳，
长期居润州（今江苏镇江）。初名黻，后改芾，字
元章，号襄阳居士、海岳山人等。代表作品有《向
太后挽辞》《蜀素帖》《苕溪诗帖》等。

J0089925

海岳名言 （一卷）（宋）米芾撰
钮氏世学楼 明 抄本
（说郛）

J0089926

海岳名言 （一卷）（宋）米芾撰
明 抄本
（说郛）

J0089927

海岳名言 （一卷）（宋）米芾撰
明 抄本
（百川学海）

　　九行二十字黑口四周双边。收于《百川学海》
一百种中。

J0089928

海岳名言 （一卷）（宋）米芾撰
华氏 明弘治 抄本
（百川学海）

J0089929

海岳名言 （一卷）（宋）米芾撰

华珵 明弘治十四年［1501］刻本
（百川学海）

　　十二行二十字白口左右双边。收于《百川学海》一百种十集二百七十九卷辛集中。

J0089930
海岳名言 （一卷）（宋）米芾撰
华珵 明弘治十四年［1501］刻本
（百川学海）

　　收于《百川学海》一百种一百七十九卷中。

J0089931
海岳名言 （一卷）（宋）米芾撰
华珵 明弘治十四年［1501］刻本
（百川学海）

　　收于《百川学海》一百种十集一百七十九卷中。

J0089932
海岳名言 （一卷）（宋）米芾撰
华珵 明弘治十四年［1501］刻本
（百川学海）

　　收于《百川学海》一百种一百七十九卷中。作者米芾（1051—1107），北宋书法家、画家、书画理论家。祖籍太原，后迁居湖北襄阳，长期居润州（今江苏镇江）。初名黻，后改芾，字元章，号襄阳居士、海岳山人等。代表作品有《向太后挽辞》《蜀素帖》《苕溪诗帖》等。

J0089933
海岳名言 （一卷）（宋）米芾撰
宗文堂 明嘉靖 刻本
（百川学海）

J0089934
海岳名言 （一卷）（宋）米芾撰
郑氏宗文堂 明嘉靖十五年［1536］刻本
（百川学海）

　　十四行二十八字白口左右双边。收于《百川学海二十卷》中。

J0089935
海岳名言 （一卷）（宋）米芾撰
郑氏宗文堂 明嘉靖十五年［1536］刻本
（百川学海）

收于《百川学海二十卷》中。

J0089936
海岳名言 （一卷）（宋）米芾撰；（明）范明泰辑
范氏清宛堂 明万历三十二年［1604］刻本 重修

　　据明万历三十二年（1604）范氏清宛堂刻舞蛟轩重修本

J0089937
海岳名言 （一卷）（宋）米芾撰；（明）范明泰辑
范氏清宛堂 明万历三十二年［1604］刻本

J0089938
海岳名言 （一卷）（宋）米芾撰
范氏清宛堂 明万历三十二年［1604］刻本

　　《海岳名言一卷》（宋）米芾撰、《米襄阳志林十三卷》（明）范明泰辑。 分四册。九行十八字白口左右双边。

J0089939
海岳名言 （一卷）（宋）米芾撰
范氏无蚊轩 明万历三十二年［1604］刻本

　　本书由《海岳名言一卷》（宋）米芾撰、《米襄阳志林十三卷》（明）范明泰辑合订。分二册。九行十八字白口左右双边。

J0089940
海岳名言 （一卷）（宋）米芾撰
范氏无蚊轩 明万历三十二年［1604］刻本

　　本书由《海岳名言一卷》（宋）米芾撰、《米襄阳志林十三卷》（明）范明泰辑合订。分四册。九行十八字白口左右双边。

J0089941
海岳名言 （一卷）（宋）米芾撰
秀州范氏无蚊轩 明万历三十二年［1604］刻本

　　本书由《海岳名言一卷》（宋）米芾撰、《米襄阳志林十三卷》（明）范明泰辑合订。分六册。九行十八字白口左右双边。

J0089942
海岳名言 （一卷）（宋）米芾撰
明末 刻本
（百川学海）

　　收于《百川学海》一百十二种一百五十四卷中。

J0089943

海岳名言 （一卷）（宋）米芾撰

李际期宛委山堂 清初 刻本 续刻

（说郛）

　　明末刻清初李际期宛委山堂续刻汇印本。收于《说郛》中。

J0089944

海岳名言 （一卷）（宋）米芾撰

清 抄本

（书家要览）

　　收于《书家要览》中。

J0089945

海岳名言 （一卷）（宋）米芾撰

〔清〕稿本

（师石山房丛书）

J0089946

海岳名言 （一卷）（宋）米芾撰

〔清〕稿本

（艺苑丛钞）

J0089947

海岳名言 （一卷）（宋）米芾撰

清 抄本

J0089948

海岳名言 （一卷）（宋）米芾撰

内府 清乾隆 写本

（四库全书）

J0089949

海岳名言 （宋）米芾撰

上海 商务印书馆 1936 年 3 册（4+6+422 页）

18cm（15 开）

（丛书集成初编 1628—1630）

　　本书为北宋书法理论专著，由《海岳名言》（宋）米芾撰、《翰墨志》（宋）宋高宗著、《宝真斋法书赞》（宋）岳珂著合订。海岳名言一卷，据百川学海本排印；翰墨志一卷，据百川学海本排印；宝真斋法书赞二十八卷，据聚珍版丛书本排印。

J0089950

海岳名言

台北 商务印书馆 1983 年 影印本

18cm（15 开）

（景印文渊阁四库全书 子部 一一九 第 813 册）

　　本书由《海岳名言》《宣和画谱》《宣和书谱》（宋）米芾撰合订。

J0089951

海岳名言 （宋）米芾撰

北京 中华书局 1985 年 新 1 版 18cm（15 开）

统一书号：17018.151

（丛书集成初编）

　　本书系米芾撰中国北宋书法理论。由《海岳名言》《翰墨志》（宋）宋高宗著、《宝真斋法书赞》（宋）岳珂著合订。

J0089952

海岳名言评注 （宋）米芾著；洪丕谟评注

上海 上海书画出版社 1987 年 44 页

19cm（32 开）定价：CNY0.40

（书法理论丛书）

　　宋代书法理论名著。

J0089953

兰亭续考 （二卷）（宋）俞松辑

宋淳祐 宋 刻本

J0089954

兰亭续考 （二卷）（宋）俞松辑

宋淳祐 刻本

　　分二册。九行十七至二十字白口左右双边。

J0089955

兰亭续考 （二卷）（宋）俞松辑

明 抄本

　　九行十八字无格。

J0089956

兰亭续考 （二卷）（宋）俞松辑

清 抄本

　　有秦更年跋。

J0089957

兰亭续考 （二卷）（宋）俞松辑

清 抄本

　　十一行二十二至二十四字无格。

J0089958
兰亭续考 （二卷）（宋）俞松辑
清 抄本
　　九行二十一字无格。

J0089959
兰亭续考 （二卷）（宋）俞松辑
长塘鲍氏 清乾隆三十七年至道光三年［1772—
1823］刻本 汇印
（知不足斋丛书）

J0089960
兰亭续考 （二卷）（宋）俞松撰
台北 商务印书馆 1983 年 影印本
（景印文渊阁四库全书 史部 四四〇 第682册）

J0089961
米元章书史 （一卷）（宋）米芾撰
宋 刻本
（百川学海）

J0089962
米海岳书史 （一卷）（宋）米芾撰
明 刻本
（王氏书画苑）

J0089963
米元章书史 （一卷）（宋）米芾撰
明 抄本
（百川学海）
　　九行二十字黑口四周双边。收于《百川学海》
一百种中。

J0089964
米元章书史 （一卷）（宋）米芾撰
华珵 明弘治十四年［1501］刻本
（百川学海）
　　十二行二十字白口左右双边。收于《百川学
海》一百种十集二百七十九卷第辛集中。

J0089965
米元章书史 （一卷）（宋）米芾撰
华珵 明弘治十四年［1501］刻本
（百川学海）
　　收于《百川学海》一百种十集一百七十九

卷中。

J0089966
米元章书史 （一卷）（宋）米芾撰
郑氏宗文堂 明嘉靖十五年［1536］刻本
（百川学海）
　　十四行二十八字白口左右双边。收于《百川
学海二十卷》中。

J0089967
书史 （二卷）（宋）米芾撰
明 刻本
（米襄阳外纪）

J0089968
书史 （一卷）（宋）米芾撰
明 刻本
（书学会编）

J0089969
书史 （一卷）（宋）米芾撰
明 刻本
（书学会编）

J0089970
书史 （一卷）（宋）米芾撰
明 刻本
（画苑）

J0089971
书史 （一卷）（宋）米芾撰
肇庆黄氏 明天顺元年［1457］刻本
（书学会编）

J0089972
书史 （二卷）（宋）米芾撰
明末 刻本
（百川学海）
　　收于《百川学海》一百十二种一百五十四
卷中。

J0089973
书史 （二卷）（宋）米芾撰
清 抄本
（书家要览）

J0089974

书史 （一卷）（宋）米芾撰

内府 清乾隆 写本

（四库全书）

J0089975

书史 （宋）米芾撰

上海 商务印书馆 1937 年 28+116 页

18cm（32 开）

（丛书集成初编 1593）

　　本书由《书史一卷》（宋）米芾撰、《姑溪题跋二卷》（宋）李之仪撰合订。据百川学海本排印。作者米芾（1051—1107），北宋书法家、画家、书画理论家。祖籍太原，后迁居湖北襄阳，长期居润州（今江苏镇江）。初名黻，后改芾，字元章，号襄阳居士、海岳山人等。代表作品有《向太后挽辞》《蜀素帖》《苕溪诗帖》等。

J0089976

书史 （宋）米芾撰

台北 商务印书馆 1983 年 影印本

［31cm］（12 开）

（景印文渊阁四库全书 子部 一一九 第 813 册）

J0089977

书史 （宋）米芾撰

北京 中华书局 1985 年 新 1 版 28+116 页

18cm（32 开）统一书号：17018.151

（丛书集成初编）

　　本书由《书史一卷》（宋）米芾撰、《姑溪题跋二卷》（宋）李之仪撰合订。

J0089978

书苑菁华 （二十卷）（宋）陈思辑

宋 刻本

　　陈思，南宋著作家。临安（今浙江杭州）人。著有《宝刻丛编》《海棠谱》《书小史》《书苑精华》《两宋名贤小集》《小字录》等。

J0089979

书苑菁华 （二十卷）（宋）陈思辑

宋 刻本

　　分六册。十一行二十字白口左右双边。

J0089980

书苑菁华 （二十卷）（宋）陈思辑

明 抄本

J0089981

书苑菁华 （二十卷）（宋）陈思辑

明 抄本

　　分六册。有明崔深、清赵烈文跋。十一行二十字。

J0089982

书苑菁华 （二十卷）（宋）陈思辑

明 抄本

　　分四册。有清朱锡庚跋。十一行十九至二十一字无格。

J0089983

书苑菁华 （二十卷）（宋）陈思辑

徐玄佐家 明万历 抄本

J0089984

书苑菁华 （二十卷）（宋）陈思辑

徐玄佐家 明万历 抄本

　　有明徐玄佐、清黄丕烈跋。

J0089985

书苑菁华 （二十卷）（宋）陈思辑

徐玄佐家 清 抄本

　　有清周星诒跋。

J0089986

书苑菁华 （二十卷）（宋）陈思辑

清 抄本

J0089987

书苑菁华 （二十卷）（宋）陈思撰

清初 抄本

　　有清周星跋。

J0089988

书苑菁华 （二十卷）（宋）陈思辑

清 抄本

　　分二册。有清周星诒跋。十一行二十字无格。

J0089989

书苑菁华　（二十卷）（宋）陈思辑
内府　清乾隆　写本
（四库全书）

J0089990

书苑菁华　（二十卷）（宋）陈思辑
上海　同文书局　清光绪十三年［1887］石印本
　　　　作者陈思，南宋著作家。临安（今浙江杭州）
人。著有《宝刻丛编》《海棠谱》《书小史》《书苑
精华》《两宋名贤小集》《小字录》等。

J0089991

书苑菁华　（二十卷）（宋）陈思撰
台北　商务印书馆　1983 年　影印本
（景印文渊阁四库全书　子部　一二○　第 814 册）
　　　　本书由《书苑菁华》《书小史十卷》合订。

J0089992

书苑菁华　（外十种）（宋）陈思撰
上海　上海古籍出版社　1991 年　影印本　848 页
19cm（32 开）精装　ISBN：7-5325-1039-5
定价：CNY23.40
（四库艺术丛书）

J0089993

续书谱　（一卷）（宋）姜夔撰
宋　刻本
（百川学海）
　　　　作者姜夔（1154—1221），南宋文学家、音乐
家。字尧章，号白石道人，饶州鄱阳（今江西省
鄱阳县）人。代表作品有《白石道人诗集》《白石
道人歌曲》《续书谱》《绛帖平》等。

J0089994

续书谱　（一卷）（宋）姜夔撰
明　刻本　线装
（百川学海）
　　　　九行二十字小字双行同白口左右双边单鱼
尾。作者姜夔（1154—1221），南宋文学家、音乐
家。字尧章，号白石道人，饶州鄱阳（今江西省
鄱阳县）人。代表作品有《白石道人诗集》《白石
道人歌曲》《续书谱》《绛帖平》等。

J0089995

续书谱　（一卷）（宋）姜夔撰
明　刻本

J0089996

续书谱　（一卷）（宋）姜夔撰
无锡华氏　明弘治　刻本　线装
（百川学海）
　　　　十二行二十字小字双行同白口左右双边。
收于《百川学海》辛集中。

J0089997

续书谱　（一卷）（宋）姜夔撰
华珵　明弘治十四年［1501］刻本
（百川学海）
　　　　收于《百川学海》一百种一百七十九卷中。

J0089998

续书谱　（一卷）（宋）姜夔撰
华珵　明弘治十四年［1501］刻本
（百川学海）
　　　　十二行二十字白口左右双边。收于《百川学
海》一百种十集二百七十九卷辛集中。

J0089999

续书谱　（一卷）（宋）姜夔撰
华珵　明弘治十四年［1501］刻本
（百川学海）
　　　　收于《百川学海》一百种十集一百七十九卷中。

J0090000

续书谱　（一卷）（宋）姜夔撰
郑氏宗文堂　明嘉靖十五年［1536］刻本
（百川学海）
　　　　收于《百川学海二十卷》中。

J0090001

续书谱　（一卷）（宋）姜夔撰
郑氏宗文堂　明嘉靖十五年［1536］刻本
（百川学海）
　　　　十四行二十八字白口左右双边。收于《百川
学海二十卷》中。

J0090002

续书谱　（一卷）（宋）姜夔撰

王元贞 明万历十八至十九年[1590—1591]刻本
（王氏书画苑）

J0090003
续书谱 （一卷）（宋）姜尧章撰
明末 刻本
（百川学海）
　　收于《百川学海》一百十二种一百五十四卷
中。作者姜夔(1154—1221)，南宋文学家、音乐
家。字尧章，号白石道人，饶州鄱阳(今江西省
鄱阳县)人。代表作品有《白石道人诗集》《白石
道人歌曲》《续书谱》《绛帖平》等。

J0090004
续书谱 （一卷）（宋）姜尧章撰
李际期宛委山堂 清初 刻本 重修 线装
（说郛）
　　明末刻清初李际期宛委山堂重修汇印本。
收于《说郛》卷第八十七中。

J0090005
续书谱 （一卷）（宋）姜尧章撰
清顺治 刻本 线装
（说郛）
　　收于《说郛》卷第八十八中。

J0090006
续书谱 （一卷）（宋）姜夔撰
缪曰藻 清雍正十年[1731]抄本
　　有清陆鸿跋罗振常跋。作者姜夔(1154—
1221)，南宋文学家、音乐家。字尧章，号白石道
人，饶州鄱阳(今江西省鄱阳县)人。代表作品有
《白石道人诗集》《白石道人歌曲》《续书谱》《绛
帖平》等。

J0090007
续书谱 （一卷）（宋）姜夔撰
内府 清乾隆 写本
（四库全书）
　　收于《四库全书》中。

J0090008
续书谱 （一卷）（宋）姜夔撰
吉林探源书舫 清光绪 刻本
（吉林探源书舫丛书）

J0090009
续书谱 （一卷）（宋）姜夔撰
上海 国学保存会 清宣统 影印本

J0090010
续书谱 （宋）姜夔撰
上海 商务印书馆 民国十六年[1927]线装
（说郛）
　　收于《说郛》卷七十六中。

J0090011
续书谱 （一卷）（宋）姜夔撰
武进陶氏涉园 民国十六年[1927]刻本 影刻
线装
（百川学海）
　　收于《百川学海》丁集中。

J0090012
续书谱 （宋）姜夔撰
上海 商务印书馆 民国十九年[1930]线装
（说郛）
　　收于《说郛》卷七十六中。

J0090013
续书谱 （宋）姜夔撰
台北 商务印书馆 1983年 影印本 1册
（景印文渊阁四库全书 子部 一一九 第813册）
　　本书由《续书谱》与(宋)岳珂撰的《宝真斋
法书赞二十八卷》合订。

J0090014
宝颜堂订正衍极 （一卷）（元）郑杓撰
明 刻本
（宝颜堂汇秘籍）
　　八行十八字白口四周单边。收于《宝颜堂汇
秘籍》四十二种八十三卷中。

J0090015
宝颜堂订正衍极 （一卷）（元）郑杓撰；(明)陈
继儒订正
绣水沈氏 明万历至泰昌 刻本
（宝颜堂秘笈）
　　陈继儒(1558—1639)，明代文学家、书画
家。字仲醇，号眉公，又号麋公。华亭(今上海
市松江县)人。主要作品有：诗文集《眉公十集》，

词集《晚香堂词》2 卷和《邵康节外纪》等。

J0090016
宝颜堂订正衍极 （一卷）（元）郑杓撰；（明）陈
继儒订正
上海 文明书局 民国十一年［1922］石印本
（宝颜堂秘笈）

J0090017
笔道通会 （二卷）（明）朱象衡等撰
明 刻本

J0090018
笔道通会 （二卷）（明）朱象衡，项道民，许光
祚等撰
明 刻本
　　　九行十八字白口左右双边。

J0090019
笔道通会 （二卷）（明）朱象衡等撰
杨兆瑛 清 抄本
　　　本书由《笔玄通旨一卷》《笔道通会二卷》合订。

J0090020
笔道通会 （二卷）（明）朱象衡等撰
杨兆瑛 清 抄本

J0090021
笔阵图 （一卷）（晋）卫铄撰
明 刻本
（续百川学海）

J0090022
笔阵图 （一卷）（晋）卫夫人撰
明 刻本 线装
（百川学海）
　　　九行二十字小字双行同白口左右双边单鱼尾。

J0090023
笔阵图 （一卷）（晋）卫铄撰
程好之 明天启 刻本
（天都阁藏书）

J0090024
笔阵图 （一卷）（晋）卫铄撰

明末 刻本
（绿窗女史）

J0090025
笔阵图 （一卷）（晋）卫铄撰
［明末］刻本 远心堂印
（绿窗女史）

J0090026
笔阵图 （一卷）（晋）卫铄撰
竹屿 明崇祯 刻本
（雪堂韵史）

J0090027
笔阵图 （一卷）（晋）卫夫人撰
李际期宛委山堂 清初 刻本 重修 线装
（说郛）
　　　明末刻清初李际期宛委山堂重修汇印本。
收于《说郛》卷第八十六中。

J0090028
笔阵图 （一卷）（晋）卫铄撰
李际期宛委山堂 清初 刻本 续刻
（说郛）
　　　明末刻清初李际期宛委山堂续刻汇印本。

J0090029
笔阵图 （一卷）（晋）卫夫人撰
清顺治 刻本 线装
（说郛）
　　　收于《说郛》卷第八十七中。

J0090030
冰阳笔诀 （唐）李阳冰撰
明 刻本 线装
（居家必备）
　　　收于《居家必备》艺学中。作者李阳冰，唐
代文学家、书法家。字少温，祖籍河北赵县。代
表作品《三坟记》《谦卦铭》《怡亭铭》等。

J0090031
冰阳笔诀 （一卷）（唐）李阳冰撰
李际期宛委山堂 清初 刻本 重修 线装
（说郛）
　　　明末刻清初李际期宛委山堂重修汇印本。

收于《说郛》卷第八十六中。

J0090032
春雨杂述 （一卷）（明）解缙撰
明 刻本
（广百川学海）

J0090033
春雨杂述 （一卷）（明）解缙撰
李际期宛委山堂 清初 刻本 续刻
（说郛）
　　明末刻清初李际期宛委山堂续刻汇印本。

J0090034
春雨杂述 （一卷）（明）解缙撰
［清］稿本
（艺苑丛钞）

J0090035
法书要录 （十卷）（唐）张彦远撰
明 刻本
　　分二册。十一行二十字白口左右双边。作者张彦远（815—907），唐代画家、绘画理论家。字爱宾，河东（今山西临猗）人。有《三祖大师碑阴记》《山行诗》等，著有《历代名画记》《法书要录》《彩笺诗集》等。

J0090036
法书要录 （十卷）（唐）张彦远撰
明 抄本
　　分四册。九行二十余字不等蓝格蓝口四周双边。

J0090037
法书要录 （十卷）（唐）张彦远撰
明 抄本
　　有清何焯跋 分五册。十行十六字。

J0090038
法书要录 （十卷）（唐）张彦远撰
王元贞 明万历十八至十九年［1590—1591］刻本
（王氏书画苑）

J0090039
法书要录 （十卷）（唐）张彦远撰

毛氏汲古阁 明崇祯 刻本
（津逮秘书）
　　分五册。有傅增湘校并跋。八行十九字白口左右双边。

J0090040
法书要录 （十卷）（唐）张彦远撰
毛氏汲古阁 明崇祯 刻本
（津逮秘书）
　　分四册。有傅增湘校。八行十九字白口左右双边。

J0090041
法书要录 （十卷）（唐）张彦远撰
毛氏汲古阁 明崇祯 刻本
（津逮秘书）
　　分六册。有清何煌校何焯批校并跋。八行十九字白口左右双边。

J0090042
法书要录 （十卷）（唐）张彦远撰
毛氏汲古阁 明崇祯 刻本
（津逮秘书）
　　收于《津逮秘书》十五集一百四十六种七百四十八卷第六集中。

J0090043
法书要录 （十卷）（唐）张彦远撰
内府 清乾隆 写本
（四库全书）

J0090044
法书要录 （十卷）（唐）张彦远辑
张氏照旷阁 清嘉庆十年［1805］刻本
（学津讨原）
　　收于《学津讨原》二十集一百七十三种一千五十一卷第十一集中。

J0090045
法书要录 （十卷）（唐）张彦远撰
台北 商务印书馆 1983年 影印本
（景印文渊阁四库全书 子部 一八八 第812册）
　　本书为中国古代法书选集。

J0090046

法书要录 （唐）张彦远辑；洪丕谟点校

上海 上海书画出版社 1986 年 312 页

20cm（32 开）统一书号：8172.1428

定价：CNY2.20

（中国书学丛书）

　　本书分 10 卷，主要介绍了唐代元和以前的书法盛世和书学成就。有后汉赵壹《非草书》、晋代卫夫人《笔阵图》、唐代虞世南《书旨述》、窦臮《述书赋》、张怀瓘《书断》等。

J0090047

法书苑 （一卷）（宋）周越撰

钮氏世学楼 明 抄本

（说郛）

J0090048

法书苑 （一卷）（宋）周越撰

明 抄本

（说郛）

J0090049

法书苑 （一卷）（宋）周越撰

李际期宛委山堂 清初 刻本 续刻

（说郛）

　　明末刻清初李际期宛委山堂续刻汇印本。

J0090050

法书苑 （一卷）（宋）周越撰

清顺治 刻本 线装

（说郛）

　　收于《说郛》卷第八十七中。

J0090051

法书苑 （一卷）（宋）周越撰

清 刻本 重编印 线装

（魏晋小说）

　　九行二十字白口左右双边单鱼尾。收于《魏晋小说》之《品藻家》中。

J0090052

法书苑 （一卷）（宋）周越撰

清 抄本

（书家要览）

J0090053

古今法书苑 （二十卷）（明）王世贞辑

明 刻本

　　分四册。十行二十字白口左右双边。作者王世贞（1526—1590），明代文学家。字元美，号凤州、弇州山人。太仓（今属江苏）人。著有《弇州山人四部稿》《读书后》等。

J0090054

古今法书苑 （七十六卷）（明）王世贞辑

明 刻本

J0090055

古今集论字学新书 （七卷）（元）刘惟志辑

徐氏铁砚斋 明 抄本

J0090056

古今集论字学新书 （七卷）（元）刘惟志辑

徐氏铁砚斋 明 抄本

　　分二册。十二行二十字白口左右双边。

J0090057

寒山帚谈 （二卷 附录一卷）（明）赵宧光撰

明 刻本

J0090058

寒山帚谈 （二卷 拾遗一卷，附录一卷）（明）赵宧光撰

明崇祯 刻本

J0090059

寒山帚谈 （二卷 拾遗一卷，附录一卷）（明）赵宧光撰

清 抄本

J0090060

寒山帚谈 （二卷 拾遗一卷，附录一卷）（明）赵宧光撰

内府 清乾隆 写本

（四库全书）

J0090061

寒山帚谈 （二卷）（明）赵宧光撰

台北 商务印书馆 1983 年 影印本

（景印文渊阁四库全书 子部 一二二 第 816 册）

本书系赵宧光撰汉字书法理论著作。

J0090062
翰林要诀 （元）陈绎曾撰；（明）程荣校
明 刻本 线装
　　九行二十字白口左右双边。

J0090063
翰林要诀 （一卷）（元）陈绎曾撰
上海 神州国光社 民国五年［1916］线装
（美术丛书后集）
　　收于《美术丛书后集》第五集中。

J0090064
翰墨志 （一卷）（宋）高宗赵构撰
钮氏世学楼 明 抄本
（说郛）

J0090065
翰墨志 （一卷）宋高宗撰
明 刻本 线装
（百川学海）
　　九行二十字小字双行同白口左右双边单
鱼尾。

J0090066
翰墨志 （一卷）（宋）高宗赵构撰
明 抄本
（说郛）

J0090067
翰墨志 （一卷）（宋）高宗赵构撰
宗文堂 明嘉靖 刻本
（百川学海）

J0090068
翰墨志 （一卷）（宋）高宗赵构撰
郑氏宗文堂 明嘉靖十五年［1536］刻本
（百川学海）
　　十四行二十八字白口左右双边。收于《百川
学海二十卷》中。

J0090069
翰墨志 （一卷）（宋）赵构撰
郑氏宗文堂 明嘉靖十五年［1536］刻本

（百川学海）
　　收于《百川学海二十卷》中。

J0090070
翰墨志 （一卷）（宋）高宗赵构撰
明末 刻本
（百川学海）
　　收于《百川学海》一百十二种一百五十四
卷中。

J0090071
翰墨志 （一卷）（宋）高宗赵构撰
李际期宛委山堂 清初 刻本 续刻
（说郛）
　　明末刻清初李际期宛委山堂续刻汇印本。

J0090072
翰墨志 （一卷）（宋）高宗赵构撰
清 抄本
　　本书由《书品一卷》（南朝梁）庾肩吾撰、《法
帖音释刊误一卷》（宋）陈与义撰、《翰墨志一卷》
（宋）高宗赵构撰合订。

J0090073
翰墨志 （一卷）（宋）高宗赵构撰
清 稿本
（师石山房丛书）

J0090074
翰墨志 （一卷）（宋）高宗赵构撰
清 稿本
（艺苑丛钞）

J0090075
翰墨志 宋高宗撰
北平 国立北平图书馆 民国 抄本 毛装
（说郛）
　　收于《说郛》卷六十九中。

J0090076
翰墨志 宋高宗撰
上海 商务印书馆 民国十六年［1927］线装
（说郛）
　　收于《说郛》卷六十九中。

J0090077
翰墨志　宋高宗撰
上海 商务印书馆 民国十九年［1930］线装
（说郛）
　　收于《说郛》卷六十九中。

J0090078
后书品　（一卷 附书品）（唐）李嗣真撰
弹琴室 明 刻本
　　作者李嗣真(？—696），唐代画家。字永胄。
赵州柏（今河南西平）人，一作滑州匡城（今河南
长垣）人。画迹有《礼图》等，著有《诗品》《书品》
《画品》及《续画品录》。

J0090079
后书品　（一卷）（唐）李嗣真撰
李际期宛委山堂 清初 刻本 重修 线装
（说郛）
　　明末刻清初李际期宛委山堂重修汇印本。
收于《说郛》卷第八十七中。

J0090080
后书品　（一卷）（唐）李嗣真撰
李际期宛委山堂 清初 刻本 续刻
（说郛）
　　明末刻清初李际期宛委山堂续刻汇印本。

J0090081
后书品　（一卷）（唐）李嗣真撰
清 刻本 重修 线装
（说郛）
　　九行二十字白口左右双边单鱼尾。收于《说
郛》卷第八十七中。

J0090082
后书品　（一卷）（唐）李嗣真撰
清 抄本
（书家要览）

J0090083
姜尧章续书谱　（一卷）（宋）姜夔撰
明 刻本
　　作者姜夔(1154—1221），南宋文学家、音乐
家。 字尧章，号白石道人，饶州鄱阳（今江西省
鄱阳县）人。代表作品有《白石道人诗集》《白石

道人歌曲》《续书谱》《绛帖平》等。

J0090084
姜尧章续书谱　（一卷）（宋）姜夔撰
明 刻本
　　本书由《唐孙过庭书谱一卷》（唐）孙过庭撰、
《姜尧章续书谱一卷》（宋）姜夔撰、《续书断二卷》
（宋）朱长文撰合订。

J0090085
姜尧章续书谱　（一卷）（宋）姜夔撰
清宣统元年［1909］石印本

J0090086
兰亭考　（十二卷）（宋）桑世昌撰
明 抄本
　　分二册。九行十八字无格。作者桑世昌，字
泽卿，江苏扬州人。辑有《兰亭考》《回文类聚》
《天台续集别编》等。

J0090087
兰亭考　（十二卷）（宋）桑世昌辑
明 刻本
　　本书由《兰亭考十二卷》《群公帖跋一卷》
（宋）桑世昌辑合订。

J0090088
兰亭考　（十一卷）（宋）桑世昌辑
明 抄本
　　本书由《兰亭考十二卷》《群公帖跋一卷》
（宋）桑世昌辑合订。

J0090089
兰亭考　（十二卷）（宋）桑世昌辑
项德弘 明万历 刻本
　　本书由《兰亭考十二卷》《群公帖跋一卷》
（宋）桑世昌辑合订。 有清江凤彝跋。

J0090090
兰亭考　（十二卷）（宋）桑世昌辑
漱六轩 清 抄本
　　本书由《兰亭考十二卷》《群公帖跋一卷》
（宋）桑世昌辑合订。

J0090091

兰亭考 （十二卷）（宋）桑世昌辑
清 抄本

　　本书由《兰亭考十二卷》《群公帖跋一卷》（宋）桑世昌辑，《续考二卷》（宋）俞松辑合订。

J0090092

兰亭考 （十二卷）（宋）桑世昌撰
清 抄本

　　分二册。九行二十一字无格。

J0090093

兰亭考 （十二卷）（宋）桑世昌辑
清 抄本

　　本书由《兰亭考十二卷》《群公帖跋一卷》（宋）桑世昌辑合订。

J0090094

兰亭考 （十二卷）（宋）桑世昌辑；（宋）高似孙
删定
内府 清乾隆 写本
（四库全书）

J0090095

兰亭考 （十二卷）（宋）桑世昌辑
长塘鲍氏 清乾隆三十七年至道光三年［1772—1823］刻本 汇印
（知不足斋丛书）

　　本书由《兰亭考十二卷》（宋）桑世昌辑、《［兰亭］续考二卷》（宋）俞松辑合订。

J0090096

兰亭考 （十二卷）（宋）桑世昌辑
上海 古书流通处 民国十年［1921］影印本
（知不足斋丛书）

　　本书据清鲍氏刻本影印。由《兰亭考十二卷》（宋）桑世昌辑《［兰亭］续考二卷》（宋）俞松辑合订。

J0090097

兰亭考 （宋）桑世昌集
上海 商务印书馆 1936年 111+31页 18cm（15开）
（丛书集成初编 1598）

　　本书由《兰亭考》（宋）桑世昌集、《兰亭续考》（宋）俞松集合订，据知不足斋丛书本排印。全书记载了大约150多种不同形式的《兰亭序》版本，是研究宋代以前《兰亭序》流传情况最为重要的文献资料。

J0090098

兰亭考 （十二卷）（宋）桑世昌撰；（宋）高似孙删定
台北 商务印书馆 1983年 影印本
（景印文渊阁四库全书 史部 四四〇 第682册）

　　本书记载了约150多种不同形式的《兰亭序》版本，是研究宋代以前《兰亭序》流传情况最为重要的文献资料。作者桑世昌，字泽卿，江苏扬州人。辑有《兰亭考》《回文类聚》《天台续集别编》等。删定者高似孙（1158—1231），鄞县（今浙江宁波）人。字续古，号疏寮，孝宗淳熙十一年（1184）进士，调会稽县主簿，历任校书郎，出知徽州，迁守处州。有《疏寮小集》《剡录》《子略》等。

J0090099

兰亭考 （宋）桑世昌集
北京 中华书局 1985年 新1版 111+34页
18cm（15开）统一书号：17018.151
（丛书集成初编）

　　本书由《兰亭考》（宋）桑世昌集、《兰亭续考》（宋）俞松集合订。全书记载了大约150多种不同形式的《兰亭序》版本，是研究宋代以前《兰亭序》流传情况最为重要的文献资料。

J0090100

隶韵辨体 （五卷）
明 刻本

J0090101

墨池编 （二十卷）（宋）朱长文辑；(明)薛晨校注
横野洲草堂 明 抄本

　　朱长文（1039—1098），北宋书学理论家。字伯原，号乐圃、潜溪隐夫，苏州吴县人（今属江苏苏州）。元祐中（1086—1094），所编著《墨池编》《续书断》等。

J0090102

墨池编 （二十卷）（宋）朱长文辑；(明)薛晨校注
［明］抄本

J0090103

墨池编 （二十卷）（宋）朱长文辑;（明）薛晨校注
李荷永和堂 明隆庆二年［1568］刻本

　　本书由《墨池编二十卷》（宋）朱长文辑;（明）薛晨校注、《［续墨池编］三卷》（明）李荷辑;（明）薛晨校注合订。

J0090104

墨池编 （二十卷）（宋）朱长文辑;（明）薛晨校注
李荷永和堂 明隆庆二年［1568］刻本

　　本书由《墨池编二十卷》（宋）朱长文辑、（明）薛晨校注、《［.墨池编］续编三卷》（明）李荷辑;（明）薛晨校注合订。十行二十字白口左右双边。

J0090105

墨池编 （二十卷）（宋）朱长文辑;（明）薛晨校注
李荷永和堂 明隆庆二年［1568］刻本

　　本书由《墨池编二十卷》（宋）朱长文辑;（明）薛晨校注、《［.墨池编］续编三卷》（明）李荷辑;（明）薛晨校注合订。十行二十字小字双行同细黑口左右双边。

J0090106

墨池编 （六卷）（宋）朱长文著;（明）李时成重订
扬州 深仁祠 万历庚辰年［1580］刻本
31cm（10 开）线装

　　分一函六册。半叶十行二十二字小字双行字同白口上双鱼尾四周双边。

J0090107

墨池编 （六卷）（宋）朱长文撰
虞德烨 明万历八年［1580］刻本

J0090108

墨池编 （二十卷）（宋）朱长文撰
宝砚山房 清 刻本

　　本书由《墨池编二十卷》（宋）朱长文撰、《印典八卷》（清）朱象贤辑合订。

J0090109

墨池编 （六卷）（宋）朱长文撰
带经园 清康熙 抄本

J0090110

墨池编 （二十卷）（宋）朱长文辑;（明）薛晨校注

清雍正 刻本

J0090111

墨池编 （二十卷）（宋）朱长文撰
清雍正十一年［1733］刻本

　　本书由《墨池编二十卷》（宋）朱长文撰、《印典八卷》（清）朱象贤辑合订。

J0090112

墨池编 （四卷）（宋）朱长文撰
内府 清乾隆 写本
（四库全书）

J0090113

墨池编 （二十卷）（宋）朱长文撰
清乾隆 刻本

　　本书由《墨池编二十卷》（宋）朱长文撰、《印典八卷》（清）朱象贤辑合订。

J0090114

墨池编 （六卷）（宋）朱长文撰
台北 商务印书馆 1983 年 影印本
（景印文渊阁四库全书 子部 一一八 第812 册）

　　本书由《墨池编六卷》（宋）朱长文撰、《德隅斋画品》（宋）李廌撰合订。

J0090115

墨薮 （二卷）（唐）韦续撰
程荣 明 刻本

　　本书由《墨薮二卷》（唐）韦续撰、《法帖音释刊误一卷》（宋）陈与义撰合订。有傅增湘跋。九行二十字白口左右双边。作者韦续，唐代书法家，著有《墨薮》《五十六种书》。

J0090116

墨薮 （二卷）（唐）韦续撰
程荣 明 刻本

　　有傅增湘跋。

J0090117

墨薮 （二卷）（唐）韦续纂;（明）程荣校
明 刻本 线装

　　本书由《墨薮二卷》（唐）韦续纂;（明）程荣校、《法帖音释刊误一卷》（宋）陈与义校正合订。分二册。九行二十字白口左右双边。

J0090118
墨薮 （一卷）题（唐）韦续撰
明 抄本
　　十一行二十字无格。

J0090119
墨薮 （二卷）（唐）韦续纂
明万历 刻本
　　分二册。

J0090120
墨薮 （二卷）（唐）韦续撰
清初 刻本

J0090121
墨薮 （一卷）（唐）韦续撰
清 抄本
　　有清丁丙跋。

J0090122
墨薮 （一卷）（唐）韦续撰
清光绪 刻本
（十万卷楼丛书）

J0090123
墨薮 （一卷）（唐）韦续撰
陆心源 清光绪十四年［1888］刻本
（十万卷楼丛书）
　　有傅增湘校并跋。十行二十字黑口四周
双边。

J0090124
墨薮 （唐）韦续纂
上海 商务印书馆 1936年 51页 18cm（15开）

（丛书集成初编 1621）
　　本书为丛书集成初编中的中国古籍法书研
究专著。

J0090125
墨薮 （二卷）（唐）韦续撰
台北 商务印书馆 1983年 影印本
（景印文渊阁四库全书 子部 一一八 第812册）
　　附法帖音释刊误。

J0090126
墨薮 （唐）韦续纂
北京 中华书局 1985年 新1版 51页 18cm（15开）
统一书号：17018.151
（丛书集成初编）
　　本书为中国古代书法研究专著。

J0090127
南阳法书表 （一卷）（明）张应文撰；（明）张丑编
［明］抄本
　　本书由《清秘藏二卷》《法书名画见闻表一
卷》《南阳法书表一卷》《清河秘箧书画表一卷》
《南阳名画表一卷》（明）张应文撰；（明）张丑编
合订。

J0090128
南阳法书表 （一卷）（明）张丑撰
李瘤叟 清 抄本
　　本书由《真迹日录三卷》《清河秘箧书画表
一卷》《南阳法书表一卷》《名画表一卷》《法书
名画见闻表一卷》（明）张丑撰、《清秘藏一卷》
（明）张应文撰合订。　分四册。九行二十三或
二十四字白口四周单边。

J0090129
南阳法书表 （一卷）（明）张丑撰
内府 清乾隆 写本
（四库全书）
　　张丑（1577—1643），明代收藏家、文学家。
原名张谦德，字青甫，号米庵。江苏昆山人。主
要作品有《清河书画舫》《瓶花谱》《论墨》等。

J0090130
南阳法书表 （一卷）（明）张丑撰
古冈刘氏藏修书屋 清同治至光绪 刻本
（述古丛钞）
　　本书由《南阳法书表一卷》《南阳名画表一
卷》《法书名画见闻表一卷》《清河秘箧书画表一
卷》（明）张丑撰合订。

J0090131
南阳法书表 （一卷）（明）张丑撰
古冈刘氏藏修书屋 清同治至光绪 刻本
（述古丛钞）

J0090132

书法 （唐）欧阳询撰

明 刻本 线装

（居家必备）

　　作者欧阳询（557—641），唐朝著名书法家。字信本，唐朝潭州临湘（今湖南长沙）人，楷书四大家之一。与同代的虞世南、褚遂良、薛稷三位并称初唐四大家。楷书有《九成宫醴泉铭》《皇甫诞碑》《化度寺碑》《虞恭公温彦博碑》，行书有《仲尼梦奠帖》《行书千字文》。书法著作有《八诀》《传授诀》《用笔论》《三十六法》。

J0090133

书法 （一卷）（唐）欧阳询撰

明 刻本 线装

（百川学海）

　　九行二十字小字双行同白口左右双边单鱼尾。

J0090134

书法 （唐）欧阳询撰

明末 刻本 线装

（正续太平广记）

　　收于《正续太平广记》之《唐人百家小说》中。

J0090135

书法 （一卷）（唐）欧阳询撰

明末 刻本

（锦囊小史）

　　收于《锦囊小史》四十一种四十二卷中。

J0090136

书法 （唐）欧阳询撰

竹屿 明崇祯 刻本

（雪堂韵史）

J0090137

书法 （唐）欧阳询撰;（明）王道焜注

清 刻本 线装

（唐代丛书）

　　九行二十一字白口四周双边单鱼尾。收于《唐代丛书》卷九中。

J0090138

书法 （一卷）（唐）欧阳询撰

清顺治 刻本 线装

（说郛）

　　收于《说郛》卷第八十七中。

J0090139

书法 （一卷）（唐）欧阳询撰;（明）王道焜注

清 刻本 重修 线装

（说郛）

　　九行二十字白口左右双边单鱼尾。收于《说郛》卷第八十六中。

J0090140

书法 （一卷）（唐）欧阳询撰

清 抄本

（书家要览）

J0090141

书法 （一卷）（唐）欧阳询撰;（明）王道焜注

清乾隆五十八年［1793］刻本 线装

（唐人说荟）

　　九行二十一字白口四周双边单鱼尾。作者欧阳询（557—641），唐朝著名书法家，字信本，唐朝潭州临湘（今湖南长沙）人，楷书四大家之一。与同代的虞世南、褚遂良、薛稷三位并称初唐四大家。楷书有《九成宫醴泉铭》《皇甫诞碑》《化度寺碑》《虞恭公温彦博碑》，行书有《仲尼梦奠帖》《行书千字文》。书法著作有《八诀》《传授诀》《用笔论》《三十六法》。

J0090142

书法 （唐）欧阳询撰;（明）王道焜注

清嘉庆 刻本 线装

（唐代丛书）

　　九行二十一字白口左右双边单鱼尾。收于《唐代丛书》三集中。

J0090143

书法 （一卷）（唐）欧阳询撰;（明）王道焜注

清同治三年［1864］刻本 线装

（唐人说荟）

　　九行二十一字白口左右双边单鱼尾。收于《唐人说荟》卷九中。

J0090144

书法 （唐）欧阳询撰;（明）王道焜注

右文堂 清同治八年［1869］刻本 线装
（唐人说荟）

　　九行二十一字白口左右双边单鱼尾。收于
《唐人说荟》三集中。

J0090145
书法 （唐）欧阳询撰；（明）王道焜注
陈其钰 清光绪 刻本 线装
（唐人说荟）

　　收于《唐人说荟》三集中。

J0090146
书法 （一卷）（唐）欧阳询撰；（明）王道焜注
上海 锦章图书局 民国 石印本 线装
（唐代丛书）

　　收于《唐代丛书》第六集第五十五帙中。

J0090147
书法 （一卷）（唐）欧阳询撰；（明）王道焜注
扫叶山房 清宣统三年［1911］石印本 线装
（唐人说荟）

　　十五行三十二字白口四周双边单鱼尾。收
于《唐人说荟》第七集中。

J0090148
书法 （一卷）（唐）欧阳询撰；（明）王道焜注
上海 铜琴铁剑书室 清宣统三年［1911］石印本
线装
（唐代丛书）

　　二十行四十二字黑口四周单边单鱼尾。收
于《唐代丛书》第六集第五十五帙中。

J0090149
书法 （一卷）（唐）欧阳询撰
扫叶山房 民国二年［1913］石印本 线装
（唐人说荟）

　　收于《唐人说荟》第七集中。

J0090150
书法 （唐）欧阳询撰
上海 扫叶山房 民国十九年［1930］石印本 线装
（唐人说荟）

　　黄纸本。收于《唐人说荟》第七集中。

J0090151
书法钩玄 （三卷）（元）苏霖撰
横野洲草堂 明 抄本

　　作者苏霖（1291—? ），元代书法评论家。
字子启，号虚静道人。江苏镇江人。至正十年历
官德平县尹。著有《书法钩玄》《翰林要诀》《有
官龟鉴》。

J0090152
书法钩玄 （四卷）（元）苏霖撰
徐氏铁砚斋 明 抄本

J0090153
书法钩玄 （四卷）（元）苏霖撰
徐氏铁砚斋 明 抄本

　　十二行白口左右双边。

J0090154
书法钩玄 （四卷）（元）苏霖撰
明 抄本

　　作者苏霖（1291—? ），元代书法评论家。
字子启，号虚静道人。江苏镇江人。至正十年历
官德平县尹。著有《书法钩玄》《翰林要诀》《有
官龟鉴》。

J0090155
书法钩玄 （四卷）（元）苏霖撰
明 刻本

　　十一行二十字白口左右双边。

J0090156
书法钩玄 （四卷）（元）苏霖撰
明 刻本

　　十行二十字白口四周双边。

J0090157
书法钩玄 （四卷）（元）苏霖撰
明 刻本

　　分三册。十行十九字白口四周双边。

J0090158
书法钩玄 （四卷）（元）苏霖撰
明 刻本
（王氏书画苑）

J0090159
书法钩玄 （四卷）（元）苏霖撰
明嘉靖 刻本

J0090160
书法钩玄 （四卷）（元）苏霖撰
严嵩 明嘉靖三十六年［1557］刻本
　　分二册。十行二十字白口左右双边。

J0090161
书法钩玄 （一卷）（元）苏霖撰
王存一 清初 刻本
　　清王存一、清钱天树跋。本书由《书法钩玄
一卷》《阁帖评语一卷》《翰林要诀一卷》（元）苏
霖撰合订。

J0090162
书法钩玄 （四卷）（元）苏霖撰
清 抄本

J0090163
书法钩玄 （四卷）（元）苏霖撰
泰东图书局 民国十一年［1922］影印本 线装
（王氏书画苑）
　　分二册。据明刻本影印。

J0090164
书法小学 （四卷）□□辑
明 刻本

J0090165
书诀 （一卷）（明）丰坊撰
明 抄本
　　本书有清翁同龢跋。作者丰坊（1492—
1563），明朝书法家、篆刻家、藏书家。字存礼，
后更名道生，字人翁，别号南禺外史，嘉靖进士。
代表作品有《砥柱行》《逍遥游》《书诀》《丰坊临
摹兰亭集序》。

J0090166
书诀 （一卷）（明）丰坊撰
明 抄本
　　有清翁同龢跋。十二行二十七字黑格白口
四周单边。

J0090167
书诀 （一卷）（明）丰坊撰
清 抄本

J0090168
书诀 （明）丰坊撰
台北 商务印书馆 1983年 影印本
（景印文渊阁四库全书 子部 一二二 第816册）
　　本书由《书诀》（明）丰坊撰、《绘事微言二
卷》（明）唐志契撰合订。

J0090169
书诀墨薮 （二卷）（唐）韦续撰
明 抄本
（说郛）
　　作者韦续，唐代书法家，著有《墨薮》《五
十六种书》。

J0090170
书诀墨薮 （唐）韦续撰
北平 国立北平图书馆 民国 抄本 毛装
（说郛）
　　收于《说郛》卷七十三中。

J0090171
书诀墨薮 （唐）韦续撰
上海 商务印书馆 民国十六年［1927］线装
（说郛）
　　收于《说郛》卷七十三中。

J0090172
书诀墨薮 （唐）韦续撰
上海 商务印书馆 民国十九年［1930］线装
（说郛）
　　收于《说郛》卷七十三中。

J0090173
书品 （一卷）（南朝梁）庾肩吾撰
弹琴室 明 刻本
　　本书由《书品一卷》（南朝梁）庾肩吾撰、《书
品后一卷》（唐）李嗣真撰合订。九行十八字白
口左右双边。

J0090174
书品 （二卷）

明 稿本
(艳雪斋丛书)
　　收于《艳雪斋丛书八种十一卷》中。

J0090175
书品 　(一卷)(南朝梁)庾肩吾撰
明 刻本
(续百川学海)

J0090176
书品 　(一卷)(南朝梁)庾肩吾撰
明天启七年[1627]刻本
(天都阁藏书)
　　收于《天都阁藏书十五种二十六卷》中。

J0090177
书品 　(一卷)(南朝梁)庾肩吾撰
清 刻本 重修 线装
(说郛)
　　九行二十字白口左右双边单鱼尾。收于《说郛》卷第八十七中。

J0090178
书品 　(一卷)(南朝梁)庾肩吾撰
清 刻本 重编印 线装
(魏晋小说)
　　九行二十字白口左右双边单鱼尾。收于《魏晋小说》之《品藻家》中。

J0090179
书品 　(一卷)(南朝梁)庾肩吾撰
清 抄本
(书家要览)

J0090180
书品 　(一卷)(南朝梁)庾肩吾撰
清 抄本
　　本书由《书品一卷》(南朝梁)庾肩吾撰、《法帖音释刊误一卷》(宋)陈与义撰、《翰墨志一卷》(宋)高宗赵构撰合订。八行二十字白口左右双边。

J0090181
书品 　(一卷)(南朝梁)庾肩吾撰
内府 清乾隆 写本
(四库全书)

J0090182
书品 　(一卷)(南朝梁)庾肩吾撰
姚氏草草巢 清乾隆二十七年[1762]刻本
(砚北偶钞)
　　收于《砚北偶钞》十二种十七卷中。

J0090183
书品 　(南朝梁)庾肩吾撰
台北 商务印书馆 1983年 影印本
(景印文渊阁四库全书 子部 一一八 第812册)

J0090184
书品后 　(一卷)(唐)李嗣真撰
弹琴室 明 刻本
　　本书由《书品一卷》(南朝梁)庾肩吾撰、《书品后一卷》(唐)李嗣真撰合订。九行十八字白口左右双边。

J0090185
书评 　(一卷)(梁)武帝萧衍撰
明 刻本
(续百川学海)

J0090186
书评 　(一卷)(梁)袁昂撰
明 刻本 线装
(百川学海)
　　九行二十字小字双行同白口左右双边单鱼尾。

J0090187
书评 　(一卷)(南朝梁)袁昂撰
明末 刻本
(百川学海)
　　收于《百川学海》一百十二种一百五十四卷中。

J0090188
书评 　(一卷)(梁)武帝萧衍撰
李际期宛委山堂 清初 刻本 续刻
(说郛)
　　明末刻清初李际期宛委山堂续刻汇印本。

J0090189
书评 　(一卷)(梁)袁昂撰

清顺治 刻本 线装
（说郛）

　　收于《说郛》卷第八十七中。

J0090190
书评 （一卷）（梁）武帝萧衍撰
清 抄本
（书家要览）

J0090191
书评 （一卷）（梁）武帝萧衍撰
清 汇印本
（五朝小说）

J0090192
书评 （一卷）（梁）武帝萧衍撰
清 抄本

J0090193
书评 （一卷）（梁）武帝萧衍撰
内府 清乾隆 写本
（四库全书）

J0090194
书谱 （一卷）（唐）孙过庭撰
明 刻本 线装
（百川学海）
　　九行二十字小字双行同白口左右双边单鱼
尾。作者孙过庭（646—691），唐代书法家、书法
理论家。名虔礼，以字行。吴郡富阳（今浙江富阳）
人。有墨迹《书谱》传世。

J0090195
书谱 （一卷）（唐）孙过庭撰
明 抄本
（百川学海）

J0090196
书谱 （一卷）（唐）孙过庭撰
明 刻本

J0090197
书谱 （一卷）（唐）孙过庭撰
无锡华氏 明弘治 刻本 线装
（百川学海）

十二行二十字小字双行同白口左右双边。
收于《百川学海》辛集中。

J0090198
书谱 （一卷）（唐）孙过庭撰
华珵 明弘治十四年［1501］刻本
（百川学海）
　　收于《百川学海》一百种十集一百七十九
卷中。

J0090199
书谱 （一卷）（唐）孙过庭撰
华珵 明弘治十四年［1501］刻本
（百川学海）
　　收于《百川学海》一百种一百七十九卷中。

J0090200
书谱 （一卷）（唐）孙过庭撰
华珵 明弘治十四年［1501］刻本
（百川学海）
　　十二行二十字白口左右双边。收于《百川学
海》一百种十集二百七十九卷第辛集中。

J0090201
书谱 （一卷）（唐）孙过庭撰
华珵 明弘治十四年［1501］刻本
（百川学海）
　　收于《百川学海》一百种一百七十九卷中。

J0090202
书谱 （一卷）（唐）孙过庭撰
郑氏宗文堂 明嘉靖十五年［1536］刻本
（百川学海）
　　收于《百川学海二十卷》中。

J0090203
书谱 （一卷）（唐）孙过庭撰
郑氏宗文堂 明嘉靖十五年［1536］刻本
（百川学海）
　　十四行二十八字白口左右双边。收于《百川
学海二十卷》中。

J0090204
书谱 （一卷）（唐）孙过庭撰
王元贞 明万历十八至十九年［1590—1591］刻本

（王氏书画苑）

J0090205
书谱 （唐）孙过庭撰
明末 刻本 线装
（居家必备）
　　收于《居家必备》艺学中。

J0090206
书谱 （一卷）（唐）孙过庭撰
明末 刻本
（百川学海）
　　收于《百川学海》一百十二种一百五十四
卷中。

J0090207
书谱 （一卷）（唐）孙过庭撰
李际期宛委山堂 清初 刻本 续刻
（说郛）
　　明末刻清初李际期宛委山堂续刻汇印本。

J0090208
书谱 （一卷）（唐）孙过庭撰
清 刻本 重修 线装
（说郛）
　　九行二十字白口左右双边单鱼尾。收于《说
郛》卷第八十七中。

J0090209
书谱 （一卷）（唐）孙过庭撰
清 抄本
（书家要览）

J0090210
书谱 （一卷）（唐）孙过庭撰
清顺治 刻本 线装
（说郛）
　　收于《说郛》卷第八十八中。

J0090211
书谱 （一卷）（唐）孙过庭撰；（清）陈奕禧等注
清 稿本
（艺苑丛钞）

J0090212
书谱 （一卷）（唐）孙过庭撰；（清）陈奕禧等注
［清］稿本

J0090213
书谱 （二卷）（唐）孙过庭撰并书
安歧 清康熙 拓印本

J0090214
书谱 （不分卷）（唐）孙过庭撰并书
传涟 清 临摹本

J0090215
书谱 （一卷）（唐）孙过庭撰
内府 清乾隆 写本
（四库全书）

J0090216
书谱 （一卷）（唐）孙过庭撰
清末 抄本

J0090217
书谱 （一卷）（唐）孙过庭撰；（清）陈奕禧等注
上海 著易堂书局 清光绪十八年［1892］石印本

J0090218
书谱 （唐）孙过庭撰
上海 有正书局 清光绪三十二年［1906］影印本
线装

J0090219
书谱 （唐）孙过庭撰
［民国］影印本 线装

J0090220
书谱 （唐）孙过庭撰并书
民国 影印本 线装

J0090221
书谱 （唐）孙过庭撰
上海 有正书局 民国九年［1920］影印本 线装

J0090222
书谱 （一卷）（唐）孙过庭撰
泰东图书局 民国十一年［1922］影印本 线装

（王氏书画苑）

据明刻本影印。

J0090223

书谱 （一卷）（唐）孙过庭撰

武进陶氏涉园 民国十六年［1927］刻本 影刻

线装

（百川学海）

收于《百川学海》丙集中。

J0090224

书谱 （唐）孙过庭撰

上海 商务印书馆 1936年［130］页 18cm（32开）

（丛书集成初编 1622）

本书为中国唐代草书书法研究，由《书谱》

（唐）孙过庭编、《续书谱》（宋）姜夔著、《法书通

释》（明）张绅编、《春雨杂述》（明）解缙辑合订。

J0090225

书谱 （唐）孙过庭撰

台北 商务印书馆 1983年 影印本

（景印文渊阁四库全书 子部 一一八 第812册）

J0090226

书谱 （唐）孙过庭撰

北京 中华书局 1985年 新1版 18cm（32开）

统一书号：17018.151

（丛书集成初编）

本书由《书谱》（唐）孙过庭编、《续书谱》

（宋）姜夔著、《法书通释》（明）张绅编、《春雨杂

述》（明）解缙辑合订。作者孙过庭（646—691），

唐代书法家、书法理论家。名虔礼，以字行。吴

郡富阳（今浙江富阳）人。有墨迹《书谱》传世。

J0090227

书谱 （唐）孙过庭著；王仁钧撰述

台北 金枫出版公司 1986年 151页 17cm（32开）

定价：TWD70.00

（经典 9）

J0090228

书谱 （唐）孙过庭书；曹军编

沈阳 辽宁美术出版社 1991年 影印本 47页

26cm（16开）ISBN：7-5314-0895-3

定价：CNY2.60

本书为书法理论的论文集，又是历史上有

影响的草书作品之一。编者曹军，中国现代硬笔

书法研究会理事，辽宁现代硬笔书法研究会副秘

书长。

J0090229

书谱 （唐）孙过庭书；周宏图编

杭州 中国美术学院出版社 1996年 26cm（16开）

ISBN：7-81019-545-X 定价：CNY4.00

（学书范本精华 孙过庭《书谱》）

J0090230

书谱 （唐）孙过庭书

长春 吉林文史出版社 1997年 66页

30cm（16开）ISBN：7-80626-188-5

定价：CNY8.50

（中国著名碑帖选集（第一集）15）

J0090231

书谱 （唐）孙过庭著

北京 蓝天出版社 1998年 251页 有图

19cm（32开）ISBN：7-80081-834-9

定价：CNY999.00（全套）

（传世名著百部 62 综艺名著）

本书由《书谱》（唐）孙过庭著、《园冶》（明）

计成著、《芥子园画谱》（清）王概等著合订。

J0090232

书谱 （唐）孙过庭［书］

北京 华夏出版社 1999年 32×20cm

ISBN：7-5080-1499-5 定价：CNY14.80

（中国历代经典名帖集成）

J0090233

书谱 （唐）孙过庭书

杭州 浙江人民美术出版社 1999年 61页

29cm（12开）ISBN：7-5340-0964-2

定价：CNY20.00

（历代法帖选）

J0090234

书谱译注 （唐）孙虔礼著；马国权译注

上海 上海书画出版社 1980年 99页

19cm（32开）统一书号：7172.140

定价：CNY0.33

（书法理论丛书）

作者孙虔礼（648—703），字过庭，以字行。唐代书法家、书法理论家。吴郡富阳（今浙江富阳）人。有墨迹《书谱》传世。

J0090235

书谱·书谱译注 （唐）孙过庭著并书；马永强注译供稿

郑州 河南美术出版社 1986 年 109 页

26cm（16 开）统一书号：8386.463

定价：CNY2.75

J0090236

书谱·书谱译注 （唐）孙过庭著并书；马永强注译

郑州 河南美术出版社 1996 年 重印本 109 页

26cm（16 开）ISBN：7-5401-0274-8

定价：CNY11.50

（书法·书法论著丛书）

J0090237

书谱解说 （唐）孙过庭著；冯亦吾注释

北京 国际文化出版公司 1992 年 112 页

26cm（16 开）ISBN：7-80049-826-3

定价：CNY7.80

本书是对中国古代著名书法论著《书谱》的解说。按原文分段予以注释、译意和解说，并将孙过庭《书谱》草书真迹影印附上。作者孙过庭（646—691），唐代书法家、书法理论家。名虔礼，以字行。吴郡富阳（今浙江富阳）人。有墨迹《书谱》传世。注释者冯亦吾（1903—2000），书法家、书法理论家。号逸瓮，江苏沛县人。曾任北京书法家协会理事兼评委、北京卿云书画联谊社社长等。代表作品有《冯亦吾文集》《书法丛谈》《书法探求》等。

J0090238

书谱解说 （唐）孙过庭著；冯亦吾注释

北京 国际文化出版公司 1999 年 2 版 222 页

26cm（16 开）ISBN：7-80105-767-8

定价：CNY25.00

本书由《书谱解说》（唐）孙过庭著；冯亦吾注释、《续书谱解说》（南宋）姜夔著，冯亦吾、刘永平注释合订。涉及中国书学的方方面面，解释了书法艺术的本质和重要规律，是一部文并茂的

书法理论著作。

J0090239

书史会要 （九卷 补遗一卷）（明）陶宗仪撰

明 抄本

十一行二十余字不等白口四周双边。作者陶宗仪（1329—约1412），元末明初文学家、史学家。字九成，号南村，浙江黄岩（清陶乡）人。工诗文，善书画。汇编《辍耕录》（或称《南村辍耕录》）。作品还有《南村诗集》《国风尊经》《沧浪棹歌》等。

J0090240

书史会要 （九卷 补遗一卷）（明）陶宗仪撰

卢祥、林应麟等 明洪武九年［1376］刻本

分二册。有清盛昱跋。十一行二十字黑口左右双边。

J0090241

书史会要 （九卷 补遗一卷）（明）陶宗仪撰

清 抄本

分六册。十一行二十字白口左右双边。

J0090242

书史会要 （九卷）（明）陶宗仪撰

台北 商务印书馆 1983 年 影印本

（景印文渊阁四库全书 子部 一二〇 第814 册）

J0090243

书史会要 （明）陶宗仪著

上海 上海书店 1984 年 467 页 19cm（32 开）

定价：CNY2.10

本书据 1929 年武进陶氏逸园影印明洪武本影印。

J0090244

书学会编 （明）黄瑜编

明 刻本

本丛书包括：《法帖释文一卷》（宋）刘次庄撰、《书史一卷》（宋）米芾撰、《法帖刊误一卷》（宋）黄伯思撰、《法帖谱系一卷》（宋）曹士冕撰。

J0090245

书学会编 （明）黄瑜编

肇庆黄氏 明天顺元年［1457］刻本

本书包括：《法帖释文一卷》（宋）刘次庄撰、

《书史一卷》（宋）米芾撰、《法帖刊误一卷》（宋）黄伯思撰、《法帖谱系一卷》（宋）曹士冕撰。

J0090246
书则 （三卷）（元）赵鱲撰
明 刻本

J0090247
唐孙过庭书谱 （一卷）（唐）孙过庭撰
明 刻本
　　本书由《唐孙过庭书谱一卷》（唐）孙过庭撰、《姜尧章续书谱一卷》（宋）姜夔撰、《续书断二卷》（宋）朱长文撰合订。作者孙过庭（646—691），唐代书法家、书法理论家。名虔礼，以字行。吴郡富阳（今浙江富阳）人。有墨迹《书谱》传世。

J0090248
唐孙过庭书谱 （一卷）（唐）孙过庭撰
明 刻本
　　本书由《唐孙过庭书谱一卷》（唐）孙过庭撰、《续书断二卷》（宋）潜溪隐夫撰、《姜尧章续书谱一卷》（宋）姜夔撰合订。十一行二十字上黑口下白口左右双边。

J0090249
唐孙过庭书谱 （唐）孙过庭撰；（宋）薛氏摹刻
上海 商务印书馆 民国十四年［1925］影印本
三版 线装

J0090250
唐孙过庭书谱 （唐）孙过庭书
北平 故宫博物院 民国二十七年［1938］影印本
线装

J0090251
唐孙过庭书谱 （唐）孙过庭书；《历代碑帖法书选》编辑组编
北京 文物出版社 1995年 26cm（16开）
ISBN：7-5010-0849-3 定价：CNY9.30
（历代碑帖法书选）

J0090252
唐孙过庭书谱 （唐）孙过庭书
天津 天津古籍出版社 1996年 影印本
26cm（16开）ISBN：7-80504-523-2

定价：CNY12.80
（历代碑帖集萃）

J0090253
新刻书法三昧 （一卷）
胡氏文会堂 明 刻本
（格致丛书）

J0090254
新刻续书谱 （一卷）（宋）姜夔撰
胡氏文会堂 明 刻本
（格致丛书）
　　姜夔（1154—1221），南宋文学家、音乐家。字尧章，号白石道人，饶州鄱阳（今江西省鄱阳县）人。代表作品有《白石道人诗集》《白石道人歌曲》《续书谱》《绛帖平》等。

J0090255
续书断 （二卷）（宋）朱长文撰
明 刻本
　　有明赵宦光批校。朱长文（1039—1098），北宋书学理论家。字伯原，号乐圃、潜溪隐夫，苏州吴县人（今属江苏苏州）。元祐中（1086—1094），所编著《墨池编》《续书断》等。

J0090256
续书断 （二卷）（宋）朱长文撰
明 刻本
　　本书由《唐孙过庭书谱一卷》（唐）孙过庭撰、《姜尧章续书谱一卷》（宋）姜夔撰、《续书断二卷》（宋）朱长文撰合订。

J0090257
学书篇 （不分卷）
明 抄本
　　八行二十二至二十六字黑格白口四周双边。

J0090258
雪庵字要 （一卷）（元）李玄晖撰
明 抄本
　　本书有清黄丕烈、邓邦述、张元济手书题记。

J0090259
衍极 （一卷）（元）郑构撰

明 刻本
（续百川学海）

J0090260

衍极 （五卷）（元）郑构撰；（元）刘有定释
沈率祖籀阁 明万历四十七年［1619］刻本
　　本书由《衍极五卷》（元）郑构撰；（元）刘有
定释、《考释一卷》（明）沈率祖撰合订。

J0090261

衍极 （一卷）（元）郑构撰
竹屿 明崇祯 刻本
（雪堂韵史）

J0090262

衍极 （二卷）（元）郑构撰；（元）刘有定释
清 抄本

J0090263

衍极 （五卷）（元）郑构撰；（元）刘有定释
清 抄本
　　清翁同龢跋 十二行二十一字黑格细黑口左
右双边。

J0090264

衍极 （五卷）（元）郑构撰；（元）刘有定释
清 刻本

J0090265

衍极 （一卷）（元）郑构撰
清 抄本
（书家要览）

J0090266

衍极 （五卷）（元）郑构撰；（元）刘有定释
周荣起 清康熙二年［1663］抄本
　　本书有清周荣起、清吴翌凤跋，清黄丕烈校
并跋。

J0090267

衍极 （五卷）（元）郑构撰；（元）刘有定释
周荣起 清康熙二年［1663］抄本
　　有清周荣起、吴翌凤跋，黄丕烈校并跋。
十二行二十三字。

J0090268

衍极 （二卷）（元）郑构撰；（元）刘有定释
翰林院 清乾隆 抄本
　　本书为四库全书底本

J0090269

衍极 （五卷）（元）郑构撰；（元）刘有定释
内府 清乾隆 写本
（四库全书）

J0090270

衍极 （五卷）（元）郑构撰；（元）刘有定释
归安陆氏 清光绪 抄本

J0090271

衍极 （二卷）（元）郑构撰；刘有定注
台北 商务印书馆 1983 年 影印本 有图
（景印文渊阁四库全书 子部 一二〇 第814册）

J0090272

衍极 ［元］郑构述；刘有定释
北京 中华书局 1991 年 19cm（32 开）
ISBN：7–101–00894–1
（丛书集成初编 1631）
　　本书为元代中国书法理论集。由《衍极》〔元〕
郑构述；刘有定释、《书品》《墨池琐录》杨慎撰、
《初月楼论书随笔》吴德旋著、《皇宋书录》董史
撰合订。

J0090273

一览知书 （二卷）（明）董其昌撰
明 刻本 套印
　　作者董其昌（1555—1636），明代著名书画
家。字玄宰，号思白，别号香光居士，松江华亭
（今上海）人。主要作品有《岩居图》《秋兴八景图》
《昼锦堂图》等。

J0090274

一览知书 （二卷）（明）董其昌撰
清 抄本

J0090275

字学新书摘钞 （一卷）（元）刘惟志撰
明 刻本
（王氏书画苑）

J0090276

圣贤道释四赞　（一卷）（明）胡琰辑
书林清江书堂 明弘治四年［1491］刻本

　　本书由《云樵草书集法二卷》《圣贤道释四
赞一卷》（明）胡琰辑合订。

J0090277

云樵草书集法　（二卷）（明）胡琰辑
书林清江书堂 明弘治四年［1491］刻本

　　本书由《云樵草书集法二卷》《圣贤道释四
赞一卷》（明）胡琰辑合订。

J0090278

试笔　（一卷）（宋）欧阳修撰
华珵 明弘治十四年［1501］刻本
（百川学海）

　　十二行二十字白口左右双边。收于《百川学
海》一百种十集二百七十九卷辛集中。作者欧阳
修（1007—1072），北宋政治家、文学家。字永叔，
号醉翁，晚号六一居士，吉州永丰（今属江西）人。
仁宗天圣八年进士。著有《欧阳文忠公全集》《欧
阳文忠公集》《新唐书》《新五代史》等。

J0090279

试笔　（一卷）（宋）欧阳修撰
华珵 明弘治十四年［1501］刻本
（百川学海）

　　收于《百川学海》一百种一百七十九卷中。

J0090280

试笔　（一卷）（宋）欧阳修撰
郑氏宗文堂 明嘉靖十五年［1536］刻本
（百川学海）

　　十四行二十八字白口左右双边。收于《百川
学海二十卷》中。

J0090281

试笔　（一卷）（宋）欧阳修撰
郑氏宗文堂 明嘉靖十五年［1536］刻本
（百川学海）

　　收于《百川学海二十卷》中。

J0090282

试笔　（一卷）（宋）欧阳修撰
明天启七年［1627］刻本

（天都阁藏书）

　　收于《天都阁藏书》十五种二十六卷中。

J0090283

书断　（四卷）（唐）张怀瓘撰
宋 刻本
（百川学海）

　　作者张怀瓘（生卒年不详），唐代书法家、书
学理论家。扬州海陵（今江苏泰州市）人。著有
《书议》《书断》《书估》《画断》《六体书论》《论
用笔十法》《玉堂禁经》《文字论》等。

J0090284

书断　（不分卷）（唐）张怀瓘撰
明 抄本
（类说）

J0090285

书断　（四卷）（唐）张怀瓘撰
华珵 明弘治十四年［1501］刻本
（百川学海）

　　十二行二十字白口左右双边。收于《百川学
海》一百种十集二百七十九卷辛集中。

J0090286

书断　（四卷）（唐）张怀瓘撰
华珵 明弘治十四年［1501］刻本
（百川学海）

　　收于《百川学海》一百种十集一百七十九
卷中。

J0090287

书断　（四卷）（唐）张怀瓘撰
华珵 明弘治十四年［1501］刻本
（百川学海）

　　收于《百川学海》一百种一百七十九卷中。

J0090288

书断列传　（三卷 杂编一卷）（唐）张怀瓘撰
郑氏宗文堂 明嘉靖十五年［1536］刻本
（百川学海）

J0090289

书断　（四卷）（唐）张怀瓘撰
胡氏文会堂 明万历 刻本

（格致丛书）

J0090290
书断 （四卷）（唐）张怀瓘撰
程好之 明天启 刻本
（天都阁藏书）

J0090291
书断 （四卷）（唐）张怀瓘撰
明末 刻本
（百川学海）
　　收于《百川学海》一百十二种一百五十四卷中。

J0090292
书断 （四卷）（唐）张怀瓘撰
明天启七年 [1627] 刻本
（天都阁藏书）
　　收于《天都阁藏书》十五种二十六卷中。

J0090293
书断 （二卷）（唐）张怀瓘撰
[清] 抄本
（百家名书）

J0090294
书断 （四卷）（唐）张怀瓘撰
清 抄本
（书家要览）

J0090295
书断 （三卷）（唐）张怀瓘撰
内府 清乾隆 写本
（四库全书）

J0090296
书断 （唐）张怀瓘撰
北平 国立北平图书馆 民国 抄本 毛装
（说郛）
　　收于《说郛》卷九十二中。

J0090297
书断 （唐）张怀瓘撰
上海 商务印书馆 民国十六年 [1927] 线装
（说郛）

收于《说郛》卷九十二中。

J0090298
书断 （唐）张怀瓘撰
上海 商务印书馆 民国十九年 [1930] 线装
（说郛）
　　收于《说郛》卷九十二中。

J0090299
书断 （三卷）（唐）张怀瓘撰
台北 商务印书馆 1983 年 影印本
（景印文渊阁四库全书 子部 一一八 第 812 册）

J0090300
中书楷诀 （一卷）（明）姜立纲撰
萃英堂周乐轩 明弘治十八年 [1505] 刻本

J0090301
书法规范 （一卷）
抚州周文奎书铺 明嘉靖四十五年 [1566] 刻本

J0090302
[续墨池编] （三卷）（明）李荷辑；（明）薛晨校注
李荷永和堂 明隆庆二年 [1568] 刻本
　　本书由《墨池编二十卷》（宋）朱长文辑；（明）薛晨校注、《[续墨池编] 三卷》（明）李荷辑；（明）薛晨校注合订。十行二十字小字双行同细黑口左右双边。

J0090303
续墨池编 （三卷）（明）李荷辑；（明）薛晨校注
李荷永和堂 明隆庆二年 [1568] 刻本

J0090304
新刻书断 （四卷）（唐）张怀瓘撰
胡氏文会堂 明万历 刻本
（百家名书）

J0090305
大书长语 （二卷）（明）费瀛撰
明万历 刻本

J0090306
墨妙纂 （六卷）（明）鄅茂材撰
明万历 刻本

分二册。九行十八字白口左右双边。

J0090307

群公帖跋 （一卷）（宋）桑世昌辑

项德弘 明万历 刻本

　　本书由《兰亭考十二卷》《群公帖跋一卷》
（宋）桑世昌辑合订。有清江凤彝跋。辑者桑世昌，
字泽卿，江苏扬州人。辑有《兰亭考》《回文类聚》
《天台续集别编》等。

J0090308

群公帖跋 （一卷）（宋）桑世昌辑

漱六轩 清 抄本

　　本书由《兰亭考十二卷》《群公帖跋一卷》
（宋）桑世昌辑合订。

J0090309

群公帖跋 （一卷）（宋）桑世昌辑

清 抄本

　　本书由《兰亭考十二卷》《群公帖跋一卷》
（宋）桑世昌辑、《续考二卷》（宋）俞松辑合订。

J0090310

书辑 （三卷）（明）陆深撰

陆楫 明万历 刻本

（俨山外集）

J0090311

新刻翰林要诀 （元）陈绎曾撰

明万历 刻本

（格致丛书）

J0090312

新刻墨薮 （二卷）（唐）韦续纂

明万历 刻本

　　作者韦续，唐代书法家，著有《墨薮》
《五十六种书》。

J0090313

新刻篆法辩诀 （一卷）题应在止辑

明万历 刻本

（格致丛书）

J0090314

游鹤堂墨薮 （二卷）（明）周之士撰

齐兴周氏游鹤堂 明万历 刻本

J0090315

[王氏书苑] 补益 （十二卷）（明）詹景凤编

王元贞 明万历十九年 [1591] 刻本

　　分四册。十行二十字白口左右双边。詹景
凤（1532—1602），书法家。字东图，号白岳山人
等，安徽休宁人。初为南丰掌教，终吏部司务。
著有《东图玄览》《东图集》《詹氏小辨》等。

J0090316

[王氏书苑] 补益 （十二卷）（明）詹景凤编

王元贞 明万历十九年 [1591] 刻本

　　本书由《王氏书苑十卷》（明）王世贞编、
《[王氏书苑] 补益十二卷》（明）詹景凤编合订。

J0090317

[王氏书苑] 补益 （十卷）（明）詹景凤编

王元贞 明万历十九年 [1591] 刻本

　　本书由《王氏书苑十卷》（明）王世贞辑、
《[王氏书苑] 补益十卷》（明）詹景凤编合订。

J0090318

[王氏书苑] 补益 （十卷）（明）詹景凤编

清 刻本

　　本书由《王氏书苑十卷》（明）王世贞辑、
《[王氏书苑] 补益十卷》（明）詹景凤编合订。

J0090319

书法三昧 （一卷）

明万历十九年 [1591] 刻本

（书学大成）

J0090320

书法三昧 （一卷）

清 抄本

J0090321

书学大成 （明）陈汝元编

陈汝元 明万历十九年 [1591] 刻本

　　本丛书包括：《字学源流一卷》（明）吕道燧
撰、《永字八法一卷》（明）李淳撰、《玄抄类摘六
卷》（明）徐渭撰；（明）陈汝元补注、《书法三昧
一卷》《文房四谱一卷》《童学书程一卷》（明）丰
坊撰。

J0090322
童学书程　（一卷）（明）丰坊撰
陈汝元　明万历十九年［1591］刻本
（书学大成）
　　作者丰坊（1492—1563），明朝书法家、篆刻家、藏书家。字存礼，后更名道生，字人翁，别号南遇外史，嘉靖进士。代表作品有《砥柱行》《逍遥游》《书诀》《丰坊临摹兰亭集序》。

J0090323
童学书程　（一卷）（明）丰坊撰
巴陵方氏　清光绪　刻本
（碧琳琅馆丛书）

J0090324
王氏书苑　（十卷）（明）王世贞辑
王元贞　明万历十九年［1591］刻本
　　本书由《王氏书苑十卷》（明）王世贞辑、《［王氏书苑］补益十卷》（明）詹景凤编合订。

J0090325
王氏书苑　（十卷）（明）王世贞编
王元贞　明万历十九年［1591］刻本
　　本书由《王氏书苑十卷》（明）王世贞编、《［王氏书苑］补益十二卷》（明）詹景凤编合订。十行二十字白口左右双边。

J0090326
王氏书苑　（十卷）（明）王世贞编
王元贞　明万历十九年［1591］刻本
　　本书由《王氏书苑十卷》（明）王世贞编、《王氏书苑十卷》（明）王世贞编、《［王氏书苑］补益十二卷》（明）詹景凤编合订。十行二十字白口左右双边。

J0090327
王氏书苑　（十卷）（明）王世贞辑
清　刻本
　　本书由《王氏书苑十卷》（明）王世贞辑、《［王氏书苑］补益十卷》（明）詹景凤编合订。

J0090328
玄抄类摘　（六卷）（明）徐渭辑；（明）陈汝元补注
陈汝元　明万历十九年［1591］刻本
（书学大成）

　　徐渭（1521—1593），明代书画家、文学家。初字文清，改字文长，号天池，又号青藤道人，田水月等，浙江山阴（今绍兴）人。传世之作《墨葡萄图》《山水人物花鸟》《牡丹蕉石图》《墨花》《黄甲图》等；主要著作有《四声猿》《南词叙录》《徐文长全集》等。

J0090329
玄抄类摘　（六卷）（明）徐渭辑；（明）陈汝元补注
陈汝元　明万历十九年［1591］刻本

J0090330
玄抄类摘　（六卷）（明）徐渭辑；（明）陈汝元补注
清　抄本

J0090331
永字八法　（一卷）（明）李淳撰
明万历十九年［1591］刻本
（书学大成）

J0090332
字学源流　（一卷）（明）吕道燨撰
陈汝元　明万历十九年［1591］刻本
（书学大成）

J0090333
翰墨会纪　（十九卷）（明）金阶撰
明万历二十四年［1596］刻本

J0090334
法书通释　（二卷）（明）张绅撰
金陵　荆山书林　明万历二十五年［1597］刻本
（夷门广牍）
　　收于《夷门广牍》一百○六种一百六十二卷中。

J0090335
法书通释　（二卷）（明）张绅撰
民国　影印本
（夷门广牍）

J0090336
笔玄要旨　（一卷）（明）徐渭撰；（明）诸夏评；（明）朱象衡辑补
渊雅堂　明万历三十二年［1604］刻本

J0090337
笔玄要旨　（一卷）（明）徐渭撰；（明）诸夏评；
（明）朱象衡辑补
杨兆瑛 清 抄本
　　本书由《笔玄通旨一卷》《笔道通会二卷》
合订。

J0090338
陈眉公重订书品　（一卷）（南朝梁）庾肩吾撰
沈氏尚白斋 明万历三十四年［1606］刻本
（尚白斋镌陈眉公订正秘籍）
　　八行十八字白口四周单边。收于《尚白斋镌
陈眉公订正秘籍》二十种四十八卷中。

J0090339
书法要录　（四卷）（明）汪其澜辑
潘时从 明万历四十年［1612］刻本

J0090340
衍极考释　（一卷）（明）沈率祖撰
沈率祖籀阁 明万历四十七年［1619］抄本

J0090341
衍极考释　（一卷）（明）沈率祖撰
沈率祖籀阁 明万历四十七年［1619］刻本
　　本书由《衍极五卷》（元）郑杓撰；（元）刘有
定释、《考释一卷》（明）沈率祖撰合订。

J0090342
辨帖笺　（一卷）（明）屠隆撰
明末 刻本
（锦囊小史）
　　收于《锦囊小史》四十一种四十二卷中。作
者屠隆（1542—1605），明代文学家、戏曲家。
浙江鄞县人，字长卿，号赤水，晚称鸿苞居士。
万历五年进士。做过青浦知县、礼部郎中。校
订成《新刊合评王实甫西厢记》4种；撰有传奇
《昙花记》《彩毫记》《修文记》，合称《凤仪阁三
种》传于世；诗文集有《由拳》《白榆》《栖真馆
集》等。

J0090343
辨帖笺　（一卷）（明）屠隆撰
汪志楱 清道光三年［1823］抄本

J0090344
辨帖笺　（一卷）（明）屠隆撰
山阴宋泽元忏花盦 清光绪十三年［1837］刻本
重印 线装
（忏花盦丛书）
　　十行二十一字小字双行同白口左右双边单
鱼尾。收于《忏华盦丛书》之《考槃余事》中。

J0090345
法书要录　（十卷）（唐）张彦远辑
明末至清初 增刻本 线装
（津逮秘书）
　　明崇祯毛氏汲古阁刻明末至清初增刻本。
分四册。九行十九字小字双行同白口左右双边。
收于《津逮秘书》第六集中。作者张彦远（815—
907），唐代画家、绘画理论家。字爱宾，河东（今
山西临猗）人。有《三祖大师碑阴记》《山行诗》等，
著有《历代名画记》《法书要录》《彩笺诗集》等。

J0090346
法书要录　（十卷）（唐）张彦远辑
上海 博古斋 民国十一年［1922］影印本 线装
（津逮秘书）
　　据明崇祯毛氏汲古阁刻版影印　分五册。收
于《津逮秘书》第六集中。

J0090347
法书要录　（唐）张彦远集
上海 商务印书馆 1936年 影印本 2册（184页）
18cm（15开）
（丛书集成初编 1626—1627）
　　本书系中国古籍丛书，内收十卷，据津逮秘
书本影印。

J0090348
法书要录　（唐）张彦远编著
北京 人民美术出版社 1964年 408页
21cm（32开）
（中国美术论著丛刊）
　　本书是传世最早的书论专集。选录了自汉
至唐书法理论著作39种。有庾元威的《论书》和
李嗣真的《后书品》等。

J0090349
法书要录　（唐）张彦远著；范祥雍点校

北京 人民美术出版社 1984 年 408 页
20cm（32 开）统一书号：8027.7551
定价：CNY2.75
（中国美术论著丛刊）

　　本书选录汉至唐论书的重要论著，共十卷，
点校者依据通行的毛晋刻《津逮秘书》本为底本，
用《王氏法书苑》本对校，同时参照他书进行勘
比，断句点校。

J0090350
法书要录　（一）（唐）张彦远集
北京 中华书局 1985 年 新 1 版 [影印本] 92 页
19cm（32 开）统一书号：17018.151
（丛书集成初编 1626）

　　本书为中国古代书法理论专著，据津逮秘书
本影印。

J0090351
法书要录　（二）（唐）张彦远集
北京 中华书局 1985 年 新 1 版 93-184 页
18cm（15 开）统一书号：17018.151
（丛书集成初编）

　　本书为中国古代书法理论专著。

J0090352
法书要录　（唐）张彦远撰；刘石校点
沈阳 辽宁教育出版社 1998 年 208 页
19cm（小 32 开）ISBN：7-5382-5118-9
定价：CNY8.30
（新世纪万有文库 传统文化书系）

J0090353
欧公试笔　（一卷）（宋）欧阳修撰
明末 刻本
（百川学海）

　　收于《百川学海》一百十二种一百五十四
卷中。

J0090354
书法必稽　（一卷）（明）胡正言撰
胡氏十竹斋 明末 刻本

　　八行十八字白口四周单边。作者胡正言，明
末书画篆刻家、出版家。字曰从，号十竹，原籍
安徽休宁。代表作品《印存玄览》《十竹斋笺谱》
《六书正伪》《印存初集》等。

J0090355
书谱　（一卷）（宋）姜夔撰
明末 刻本
（枕中秘）

　　作者姜夔（1154—1221），南宋文学家、音乐
家。字尧章，号白石道人，饶州鄱阳（今江西省
鄱阳县）人。代表作品有《白石道人诗集》《白石
道人歌曲》《续书谱》《绛帖平》等。

J0090356
书史纪原　（一卷）（明）夏兆昌撰
明末 刻本

　　十行二十字小字双行同白口左右双边。

J0090357
帖笺　（一卷）（明）屠隆撰
明末 刻本
（锦囊小史）

J0090358
帖笺　（一卷）（明）屠隆撰
明末 刻本
（锦囊小史）

　　收于《锦囊小史》四十一种四十二卷中。作
者屠隆（1542—1605），明代文学家、戏曲家。浙
江鄞县人，字长卿，号赤水，晚称鸿苞居士。万
历五年进士。做过青浦知县、礼部郎中。校订成
《新刊合评王实甫西厢记》4 种；撰有传奇《昙花
记》《彩毫记》《修文记》，合称《凤仪阁三种》传
于世；诗文集有《由拳》《白榆》《栖真馆集》等。

J0090359
书史纪原　（一卷）（明）夏浸之撰
快堂 明天启六年 [1626] 刻本
（快书五十种）

　　收于《快书五十种五十卷》中。

J0090360
陈眉公先生手评书法离钩　（十卷）（明）潘之
淙编；（明）潘之淇校
明天启七年 [1627] 刻本 线装

　　分二册。九行二十字白口四周单边单鱼尾。

J0090361
陈眉公先生手评书法离钩　（十卷）（明）潘之

淙编;(明)潘之淇校
明天启七年［1627］刻本

　　本书由《陈眉公先生手评书法离钩十卷》(明)潘之淙编,(明)潘之淇校、《历代帝王法帖释文十卷》(宋)刘次庄撰合订。分二册。

J0090362
古今书评　（一卷）（南朝梁）袁昂撰
明天启七年［1627］刻本
（天都阁藏书）
　　收于《天都阁藏书》十五种二十六卷中。

J0090363
历代帝王法帖释文　（十卷）（宋）刘次庄撰
明天启七年［1627］刻本
　　本书由《陈眉公先生手评书法离钩十卷》(明)潘之淙编;(明)潘之淇校、《历代帝王法帖释文十卷》(宋)刘次庄撰合订。分二册。

J0090364
卫夫人笔阵图　（一卷）（晋）卫铄撰
明天启七年［1627］刻本
（天都阁藏书）
　　收于《天都阁藏书》十五种二十六卷中。

J0090365
青镂管梦　（一卷）（明）项德纯撰
明崇祯 刻本
（广快书）
　　收于《广快书五十种五十卷》中。

J0090366
潞藩新刻述古书法纂　（十卷）（明）朱常淓撰
潞藩 明崇祯九年［1636］刻本

J0090367
［**论书法函稿**］（不分卷）（清）王澍撰
清 抄本
　　作者王澍(1668—1722),清代书法家。江苏金坛人。字若霖,又字箬林,号虚舟、竹云、良常山人。自署二泉寓客,别号竹云。康熙壬辰进士,官至吏部员外郎。以书名世,善楷书、行书。晚年精于鉴定古碑刻。著有《淳化阁帖考正》《古今法帖考》《竹云题跋》《虚舟题跋》等。

J0090368
［**论书法函稿**］（二件）（清）王澍撰
清 抄本 线装

J0090369
宝真斋法书赞　（二十八卷）（宋）岳珂撰
福建 清 刻本

J0090370
宝真斋法书赞　（二十八卷）（宋）岳珂撰
经鉏堂 清 抄本
　　有清吴云校,清丁丙跋。

J0090371
宝真斋法书赞　（二十八卷）（宋）岳珂撰
清 刻本

J0090372
宝真斋法书赞　（二十八卷）（宋）岳珂撰
内府 清乾隆 写本
（四库全书）

J0090373
宝真斋法书赞　（二十八卷）（宋）岳珂撰
武英殿 清乾隆 木活字印本
（武英殿聚珍版书）
　　有清翁方纲、清何绍基批校。收于《武英殿聚珍版书》中。

J0090374
宝真斋法书赞　（二十八卷）（宋）岳珂撰
武英殿 清乾隆 木活字印本
（武英殿聚珍版丛书）
　　收于《武英殿聚珍版丛书》一百四十一种二千六百五卷中。

J0090375
宝真斋法书赞　（二十八卷）（宋）岳珂撰
台北 商务印书馆 1983年 影印本
18cm（15 开）
（景印文渊阁四库全书 子部 一一九 第813册）

J0090376
宝真斋法书赞　（二）（宋）岳珂撰
北京 中华书局 1985年 新1版 145–285页

18cm（15开）统一书号：17018.151

（丛书集成初编）

　　《宝真斋法书赞》按分类法著录了岳家家藏旧帖，岳珂以每帖跋语后系赞语的形式，不仅论述了每帖的用笔、结体、精神，并且详细记录了其来历、印识、装裱等内容。传本二十八卷，共收东晋、南朝(梁、陈)、唐、五代、北宋、南宋凡二百零九家，共计七百七十九帖(种)，而且均为岳霖(岳飞之子，岳珂之父)、岳珂两代先后收藏所得的名家法帖(岳珂目为真迹者)。

J0090377

宝真斋法书赞 （三）（宋）岳珂撰

北京 中华书局 1985年 新1版 287-422页

18cm（15开）统一书号：17018.151

（丛书集成初编）

　　中国北宋书法理论集。

J0090378

笔法源流 （一卷）（明）高松撰

清 稿本

（艺苑丛钞）

J0090379

笔墨法 （一卷）（三国魏）韦诞撰；（清）王仁俊辑

[清] 稿本

（玉函山房辑佚书续编）

J0090380

笔势论略 （一卷）（晋）王羲之撰

李际期宛委山堂 清初 刻本 续刻

（说郛）

　　明末刻清初李际期宛委山堂续刻汇印本。王羲之(303—361)，东晋著名书法家。字逸少，山东临沂人。代表作《兰亭序》《黄庭经》《乐毅论》《十七帖》《兰亭集序》《初月帖》等。

J0090381

笔势论略 （一卷）（晋）王羲之撰

李际期宛委山堂 清初 刻本 重修 线装

（说郛）

　　明末刻清初李际期宛委山堂重修汇印本。收于《说郛》卷第八十六中。

J0090382

笔势论略 （一卷）（晋）王羲之撰

清顺治 刻本 线装

（说郛）

　　收于《说郛》卷第八十七中。

J0090383

笔髓论 （一卷）（唐）虞世南撰

李际期宛委山堂 清初 刻本 重修 线装

（说郛）

　　明末刻清初李际期宛委山堂重修汇印本。收于《说郛》卷第八十六中。撰者虞世南(558—638)，唐代书法家、文学家、诗人、政治家。字伯施，越州余姚(今浙江省慈溪市)人。主要作品有《虞秘监集》《孔子庙堂碑》。

J0090384

笔髓论 （一卷）（唐）虞世南撰

清 抄本

（书家要览）

J0090385

笔髓论 （一卷）（唐）虞世南撰

清顺治 刻本 线装

（说郛）

　　收于《说郛》卷第八十七中。

J0090386

笔髓论 （一卷）（唐）虞世南撰

甬上陈氏 清道光九年［1829］刻本 线装

（拜梅山房几上书）

　　九行二十字白口左右双边单鱼尾。

J0090387

笔髓论 （一卷）（唐）虞世南撰

清道光十六年［1836］刻本 增刻 线装

（拜梅山房几上书）

　　九行二十字白口左右双边单鱼尾。

J0090388

笔则 （二卷）（元）赵鱦撰

沈氏鸣野山房 清 抄本

J0090389

碧云仙师笔法录 （一卷）（清）赵执信撰

[清] 稿本

J0090390
草圣汇辨 （四卷）（清）朱宗文摹辑
嘉禾 问业堂 清 刻本

J0090391
草圣汇辨 （四卷）（清）朱宗文摹辑
清 抄本
　　本书由《草圣汇辨四卷》《草诀百韵一卷》
（清）朱宗文摹辑合订。

J0090392
草圣汇辨 （不分卷）（清）朱宗文摹辑
清顺治九年 [1652] 刻本

J0090393
草圣汇辨 （四卷）（清）朱宗文摹辑
鸳湖 香云阁 清乾隆四十八年 [1783] 刻本
　　本书由《草圣汇辨四卷》《草诀百韵一卷》
（清）朱宗文摹辑合订。

J0090394
草书备考 （四卷）（清）秦彬撰
清 刻本

J0090395
草书备考 （四卷）（清）秦彬撰
秦彬 清乾隆十三年 [1748] 手稿本

J0090396
草书备考 （四卷）（清）秦彬撰
台北 文海出版社 1974年 影印本 306页
21cm（32开）精装
（清代稿本百种汇刊 59 子部）
　　根据清乾隆戊辰（十三年）著者手稿本（楷书）
影印。

J0090397
草书考 （不分卷）（清）曾曰瑛撰
[清] 手稿本

J0090398
褚本兰亭订颖考 （一卷）（清）翁方纲撰
清 稿本

（苏斋遗稿）
　　收于《苏斋遗稿二十三卷》中。作者翁方纲
（1733—1818），清代金石学家、文学家、书法家。
字正三，号覃溪，晚号苏斋，北京大兴人，乾隆
十七年进士。著有《粤东金石略》《苏米斋兰亭
考》《复初斋诗文集》《小石帆亭著录》等。

J0090399
赐衣堂文房四事 （一卷）（清）□□撰
清 抄本
　　本书由《赐衣堂字学津要一卷》《赐衣堂文
房四事一卷》合订。

J0090400
赐衣堂字学津要 （一卷）（清）□□撰
清 抄本
　　本书由《赐衣堂字学津要一卷》《赐衣堂文
房四事一卷》合订。

J0090401
大瓢偶笔 （八卷）（清）杨宾撰；（清）杨霈辑
筼石山房 清 抄本
　　本书由《大瓢偶笔八卷》《铁函斋书跋四卷》
（清）杨宾撰；（清）杨霈辑合订。撰者杨宾（1650—
1720），字可师，号大瓢、耕夫。山阴（今浙江绍
兴）人。代表作品有《柳边纪略》《塞外诗》《大
瓢偶笔》《杂文》《力耕堂诗稿》等。

J0090402
大瓢偶笔 （八卷）（清）杨宾撰；（清）杨霈辑
清 抄本
　　本书由《大瓢偶笔八卷》《铁函斋书跋四卷》
《大瓢所论碑帖纂列总目备览一卷》（清）杨宾撰；
（清）杨霈辑合订。

J0090403
大瓢偶笔 （八卷）（清）杨宾撰；（清）杨霈辑
铁岭杨霈粤东粮道署 清道光二十七年 [1847]
刻本
　　本书由《大瓢偶笔八卷》《铁函斋书跋四卷》
《大瓢所论碑帖纂列总目备览一卷》（清）杨宾撰；
（清）杨霈辑合订。

J0090404
大瓢偶笔 （四卷）（清）杨宾撰；（清）杨霈辑

粤东粮道署 清道光二十七年［1847］刻本
　　本书由《大瓢所论碑帖纂列总目备览一卷》
《大瓢偶笔四卷》(清)杨宾撰；(清)杨霈辑合订。

J0090405
定武兰亭考　(四卷)(清)翁方纲撰
清 稿本
(苏斋遗稿)
　　收于《苏斋遗稿二十三卷》中。作者翁方纲
(1733—1818)，清代金石学家、文学家、书法家。
字正三，号覃溪，晚号苏斋，北京大兴人，乾隆
十七年进士。著有《粤东金石略》《苏米斋兰亭
考》《复初斋诗文集》《小石帆亭著录》等。

J0090406
董文敏书眼　(明)董其昌撰
清 刻本 线装
　　分二册。八行十六字小字双行同黑口左右
双边。作者董其昌(1555—1636)，明代著名书画
家。字玄宰，号思白，别号香光居士，松江华亭
(今上海)人。主要作品有《岩居图》《秋兴八景图》
《昼锦堂图》等。

J0090407
二十四书品　(一卷)(清)杨景曾撰
清 稿本
(花近楼丛书)
　　收于《花近楼丛书》七十四种九十一卷中。

J0090408
二十四书品　(一卷)(清)杨景增撰
清 刻本
　　本书由《二十四画品一卷》(清)黄钺撰、
《二十四书品一卷》(清)杨景增撰、《红雪山房画
品一卷》(清)潘曾莹撰合订。

J0090409
法书　(二卷)(清)安歧撰
清 抄本
　　作者安歧，清代书画鉴藏家。朝鲜族，天
津人。字仪周，号麓村，晚号松泉老人，室名思
原堂、古香书屋等。收藏绘画、书法名品有：展
子虔《游春图》、范宽《雪景寒林图》、董源《潇湘
图》、王献之《东山松帖》、欧阳询《卜商帖》、米
芾《参政帖》等。

J0090410
法书考　(八卷)(元)盛熙明撰
清 抄本

J0090411
法书考　(八卷)(元)盛熙明撰
清 抄本
　　十一行二十字白口左右双边。

J0090412
法书考　(八卷)(元)盛熙明撰
清康熙 刻本
(楝亭藏书十二种)

J0090413
法书考　(八卷)(元)盛熙明撰
内府 清乾隆 写本
(四库全书)

J0090414
法书考　(八卷)(元)盛熙明撰
上海 古书流通处 1921年 影印本
(楝亭藏书十二种)
　　据清康熙四十五年(1706)扬州诗局刻本影
印 十一行二十一字小字双行三十余字白口左右
双边。收于《楝亭藏书十二种六十九卷》中。

J0090415
法书考　(八卷)(元)盛熙明撰
上海 商务印书馆 民国二十三年［1934］影印本
20cm(32开)线装 定价：大洋五角五分
(四部丛刊)
　　半叶十一行二十字白口单鱼尾上下单边左
右双边。收于《四部丛刊》续编子部中。

J0090416
法书考　(八卷)(元)盛熙明撰
台北 商务印书馆 1983年 影印本
［20cm］(32开)
(景印文渊阁四库全书 子部 一二〇 第814册)
　　本书为中国书法考证。

J0090417
法书释辨　(十二卷)(清)魏维新辑
［清］稿本

J0090418

法帖附记　（十二卷）（清）翁方纲撰
清　稿本
（苏斋遗稿）

　　收于《苏斋遗稿二十三卷》中。作者翁方纲（1733—1818），清代金石学家、文学家、书法家。字正三，号覃溪，晚号苏斋，北京大兴人，乾隆十七年进士。著有《粤东金石略》《苏米斋兰亭考》《复初斋诗文集》《小石帆亭著录》等。

J0090419

方石书话　（一卷）（清）于令淓撰
清　刻本

J0090420

芳坚馆书髓　（一卷）（清）郭尚先撰；（清）郭篯龄辑
清　抄本

J0090421

非草书　（一卷）（汉）赵壹撰；（清）王仁俊辑
玉函山房　清　稿本
（玉函山房辑佚书续编）

J0090422

分隶存　（三卷）（清）钮树玉撰
清　抄本
　　有清郭麐题款

J0090423

阁帖评语　（一卷）
王存一　清初　抄本

J0090424

阁帖评语　（一卷）（元）苏霖撰
王存一　清初　刻本
　　清王存一、清钱天树跋。本书由《书法钩玄一卷》《阁帖评语一卷》《翰林要诀一卷》（元）苏霖撰合订。

J0090425

国朝书品　（一卷 附录一卷）（清）包世臣撰
杨湖张氏宛邻书屋　清　抄本　蓝格
　　本书由《述书三卷》（清）包世臣撰、《国朝书品一卷附录一卷》（清）包世臣撰合订。作者

包世臣（1775—1855），学者、作家、书法家。字慎伯，号倦翁，别署白门倦游阁外史、小倦游阁外史，安徽泾县人。著有《中衢一勺》《艺舟双楫》《管情三义》《齐民四术》，合称《安吴四种》，又著《小倦游阁文稿》。

J0090426

海字本　（一卷）（清）翁方纲撰
清　稿本
（苏斋遗稿）

　　本书由《乐毅论书势表一卷》《海字本一卷》（清）翁方纲撰合订。收于《苏斋遗稿十一种十五卷》中。

J0090427

海字本考　（一卷）（清）翁方纲撰
［清］稿本
（苏斋遗稿）

J0090428

翰林要诀　（一卷）（元）苏霖撰
王存一　清初　刻本
　　清王存一、清钱天树跋。本书由《书法钩玄一卷》《阁帖评语一卷》《翰林要诀一卷》（元）苏霖撰合订。

J0090429

翰林要诀
清　抄本　线装

J0090430

皇宋书录　（三卷 外篇一卷）（宋）董史撰
清初　抄本
　　十二行二十字白口左右双边。

J0090431

皇宋书录　（三卷 外篇一卷）（宋）董史撰
清　抄本

J0090432

皇宋书录　（三卷 外篇一卷）（宋）董史撰
孔继涵家　清乾隆　抄本
（微波榭钞书三种）

J0090433
皇宋书录 （三卷）（宋）董史撰
长塘鲍氏 清乾隆三十七年至道光三年［1772—
1823］刻本 汇印
（知不足斋丛书）

J0090434
寄云公书诀摘要 （不分卷）（清）李寄云撰；
（清）□□辑
清 稿本

J0090435
稷山论书诗 （不分卷）（清）陶濬宣撰
清 稿本

J0090436
稷山论书诗 （不分卷）（清）陶濬宣撰
清 稿本
　　九行二十一字小字双行同绿格白口四周
双边。

J0090437
稷山论书诗 （不分卷）（清）陶濬宣撰
清 手稿本

J0090438
晋楷偶记残稿 （二卷）（清）翁方纲撰
清 稿本
（苏斋遗稿）
　　收于《苏斋遗稿十一种十五卷》中。作者翁
方纲（1733—1818），清代金石学家、文学家、书
法家。字正三，号覃溪，晚号苏斋，北京大兴人，
乾隆十七年进士。著有《粤东金石略》《苏米斋
兰亭考》《复初斋诗文集》《小石帆亭著录》等。

J0090439
晋王右军笔势论略 （一卷）（晋）王羲之撰
清 抄本
（书家要览）
　　王羲之（303—361），东晋著名书法家。字逸
少，山东临沂人。代表作《兰亭序》《黄庭经》《乐
毅论》《十七帖》《兰亭集序》《初月帖》等。

J0090440
晋卫夫人笔阵图 （一卷）（晋）卫铄撰

清 抄本
（书家要览）

J0090441
九品书 （一卷）（唐）韦续撰
李际期宛委山堂 清初 刻本 重修 线装
（说郛）
　　明末刻清初李际期宛委山堂重修汇印本。
收于《说郛》卷第八十六中。作者韦续，唐代书
法家，著有《墨薮》《五十六种书》。

J0090442
九品书 （一卷）（唐）韦续撰
清顺治 刻本 线装
（说郛）
　　收于《说郛》卷第八十七中。

J0090443
九品书 （一卷）（唐）韦续撰
清 刻本 重修 线装
（说郛）
　　九行二十字白口左右双边单鱼尾。收于《说
郛》卷第八十六中。

J0090444
九品书 （一卷）（唐）韦续撰
清 抄本
（书家要览）

J0090445
九势碎事 （一卷）（清）程瑶田撰
清 刻本 重印 线装
（通艺录）
　　十行二十一字白口左右双边单鱼尾。作者
程瑶田（1725—1814），安徽歙县人。字易田，一
字易畴，号让堂，茞荷。清乾隆三十五年（1770）
中举，授太仓州学政。晚年写成《琴音记》。撰述
统名《通艺录》。

J0090446
九势碎事 （一卷）（清）程瑶田撰
清嘉庆 刻本 线装
（通艺录）
　　十行二十一字小字双行三十一字白口左右
双边单鱼尾。

J0090447

九势碎事 （卷上）（清）程瑶田撰

扬州 江苏广陵古籍刻印社 1991 年 影印本 线装

（通艺录）

　　据清道光刊本影印。作者程瑶田（1725—1814），安徽歙县人。字易田，一字易畴，号让堂，茝荷。清乾隆三十五年（1770）中举，授太仓州学政。晚年写成《琴音记》。撰述统名《通艺录》。

J0090448

楷书订讹 （一卷）（清）徐朝俊辑并书

云间义塾 清 刻本

J0090449

兰亭博议 （一卷）（宋）桑世昌撰

清 抄本

　　作者桑世昌，字泽卿，江苏扬州人。辑有《兰亭考》《回文类聚》《天台续集别编》等。

J0090450

兰亭博议 （一卷）（宋）桑世昌撰

清初 抄本

J0090451

兰亭合集字考 （一卷）（清）翁方纲撰

清 稿本

（苏斋遗稿）

　　收于《苏斋遗稿二十三卷》中。

J0090452

兰亭岭字从山本考 （一卷）（清）翁方纲撰

清 稿本

（苏斋遗稿）

　　收于《苏斋遗稿二十三卷》中。

J0090453

兰亭偶摘五字考 （一卷）（清）翁方纲撰

清 稿本

（苏斋遗稿）

　　收于《苏斋遗稿二十三卷》中。

J0090454

兰亭序考 （一卷）（宋）金滋辑

清 抄本

　　有清吴翌凤校并跋。

J0090455

乐毅论书势表 （一卷）（清）翁方纲撰

［清］稿本

（苏斋遗稿）

J0090456

乐毅论书势表 （一卷）（清）翁方纲撰

清 稿本

（苏斋遗稿）

　　本书由《乐毅论书势表一卷》《海字本一卷》（清）翁方纲撰合订。收于《苏斋遗稿十一种十五卷》中。

J0090457

隶八分辨 （一卷）（清）方辅撰

清 刻本

J0090458

隶八分辨 （一卷）（清）方辅撰

彭蠡 清乾隆五十四年［1789］刻本

J0090459

梁闻山先生评书帖 （一卷）（清）梁巘撰

清 刻本

　　作者梁巘（1710—1788）。清代书法家。字闻山，一作文山，号松斋。安徽亳州人。乾隆二十七年举人。著有《评书帖》《论书笔记》。

J0090460

梁闻山先生评书帖 （不分卷）（清）梁巘撰；（清）方士涂辑

两淮运署 清同治十一年［1872］刻本

J0090461

临池琐语 （一卷）（清）陈昌齐撰

清 刻本

（赐书堂全集）

J0090462

临池琐语 （清）陈昌齐撰

东方文化事业总委员会研究所 民国 抄本 乌丝栏 线装

J0090463

论碑帖诗 （一卷）（清）王芑孙撰

[清] 稿本
　　有清端方跋。

J0090464
论书 （一卷）题高式清撰
清 抄本
（书家要览）

J0090465
论书绝句 （一卷）（清）王芑孙撰
[清] 稿本
　　有清端方跋。

J0090466
论书浅语 （不分卷）（清）苏惇元撰
清 抄本

J0090467
鸣野山房书画记 （三卷）（清）沈复粲撰；（清）
蔡名衡校
[清] 手稿本
　　有清蔡名衡跋。

J0090468
鸣野山房书画记 （三卷）（清）沈复粲撰；周大
辅校
周氏鸽峰草堂 清末 抄本
　　有周大辅跋。

J0090469
墨池琐录 （一卷）（明）杨慎撰
李际期宛委山堂 清初 刻本 重修 线装
（说郛）
　　明末刻清初李际期宛委山堂重修汇印本。
收于《说郛续》卷第三十四中。作者杨慎（1488—
1559），文学家。字用修，号升庵，又号逸史氏、
博南山人、洞天真逸等。四川新都（今成都市新
都区）人，祖籍庐陵。主要作品有《升庵集》《江
陵别内》《宝井篇》《滇池涸》等。

J0090470
墨池琐录 （一卷）（明）杨慎撰
两浙督学周南李际期宛委山堂 清 刻本 重印
线装
（说郛续）

九行二十字小字双行同白口左右双边单鱼
尾。收于《说郛续》卷第三十四中。

J0090471
墨池琐录 （四卷）（明）杨慎撰
清 刻本 线装
　　八行十七字黑口左右双边单鱼尾。

J0090472
墨池琐录 （四卷）（明）杨慎撰
清初 抄本

J0090473
墨池琐录 （一卷）（明）杨慎撰
清 刻本 重修 线装
（说郛）
　　九行二十字白口左右双边单鱼尾。收于《说
郛》卷第六十四中。

J0090474
墨池琐录 （一卷）（明）杨慎撰
清 刻本 重修 线装
（说郛）
　　九行二十字白口左右双边单鱼尾。收于《说
郛续》卷第三十四中。

J0090475
墨池琐录 （一卷）（明）杨慎撰
清顺治 刻本 线装
（说郛）
　　收于《说郛续》卷第三十一中。

J0090476
墨池琐录 （四卷）（明）杨慎撰
李组江 清康熙五十四年 [1715] 刻本

J0090477
墨池琐录 （二卷）（明）杨慎撰
绵州李氏万卷楼 清乾隆 刻本
（函海）

J0090478
墨池琐录 （四卷）（明）杨慎撰；（清）李调元校定
绵州李调元 清乾隆 刻本 线装
（函海）

十行二十字白口四周双边单鱼尾。收于《函海》第十六集升庵著书中。

J0090479
墨池琐录　（四卷）（明）杨慎撰
内府　清乾隆　写本
（四库全书）

J0090480
墨池琐录　（四卷）（明）杨慎撰
朱照廉　清嘉庆十七年［1812］木活字印本

J0090481
墨池琐录　（二卷）（明）杨慎撰
李朝夔　清道光五年［1825］刻本　补刻
（函海）
　　据清乾隆间绵州李氏万卷楼刻本补刻。

J0090482
墨池琐录　（二卷）（明）杨慎撰
广汉钟登甲乐道斋　清末　刻本　重修　线装
（函海）
　　十行二十字小字双行同白口四周双边双鱼尾。收于《函海》第二十函中。

J0090483
墨池琐录　（二卷）（明）杨慎撰
广汉钟登甲乐道斋　清光绪七至八年［1881—1882］刻本
（函海）

J0090484
墨池琐录　（一卷）（明）杨慎撰
清光绪八年［1882］刻本　线装
（总纂升庵合集）

J0090485
墨池琐录　（四卷）（明）杨慎撰
台北　商务印书馆　1983年　影印本
（景印文渊阁四库全书　子部　一二二　第816册）
　　本书为景印文渊阁四库全书子部中艺术类第816册的中国书法。

J0090486
墨池琐录　（外四种）（明）杨慎等撰

上海　上海古籍出版社　1991年　影印本　963页
19cm（小32开）精装　ISBN：7-5325-1049-2
定价：CNY25.55
（四库艺术丛书）

J0090487
南北书派论　（一卷）（清）阮元撰
清　刻本
　　本书由《南北书派论一卷》《北碑南帖论一卷》（清）阮元撰、《汉氾胜之遗书一卷》（汉）氾胜之撰；（清）宋葆淳辑合订。作者阮元（1764—1849），清代著名学者。字伯元，号芸台、雷塘庵主，晚号怡性老人。江苏仪征人。在经史、数学、天算、舆地、编纂、金石、校勘等方面都有造诣，代表作品有《经籍纂诂》《畴人传》《小沧浪笔谈》《耄年自述卷》等。

J0090488
南北书派论　（一卷）（清）阮元撰
清　抄本
　　本书由《南北书派论一卷》《北碑南帖论一卷》（清）阮元撰、《汉氾胜之遗书一卷》（汉）氾胜之撰；（清）宋葆淳辑合订。

J0090489
南北书派论　（一卷）（清）阮元撰
清嘉庆二十四年［1819］刻本
　　本书由《南北书派论一卷》《北碑南帖论一卷》（清）阮元撰、《汉氾胜之遗书一卷》（汉）氾胜之撰；（清）宋葆淳辑合订。

J0090490
南北书派论·北碑南帖论注　（清）阮元著；华人德注
上海　上海书画出版社　1987年　57页　有冠图
19cm（32开）定价：CNY0.60
（书法理论丛书）
　　阮元（1764—1849），清代著名学者。

J0090491
南濠文跋　（四卷）（明）都穆撰
清　抄本

J0090492
倪氏杂记笔法　（一卷）（明）倪后瞻撰

宁埜堂 清 抄本

J0090493
倪氏杂记笔法 （一卷）（明）倪后瞻撰；（清）黄
文燮辑
听香室 清 刻本

J0090494
倪氏杂记笔法 （一卷）
清 稿本
（花近楼丛书）

　　收于《花近楼丛书七十四种九十一卷》中。

J0090495
倪氏杂记笔法 （一卷）（清）佚名撰；黄文燮录
听香室 民国 刻本 线装

J0090496
倪氏杂记笔法 （一卷）（明）倪后瞻撰
清宣统三年［1911］稿本
（花近楼丛书）

J0090497
倪氏杂著笔法 （一卷）（明）倪后瞻撰
清 抄本
（花近楼丛书）

　　本书有清丁敬跋。

J0090498
七颂堂识小录 （一卷）（清）刘体仁撰
清 抄本

J0090499
七颂堂识小录 （一卷）（清）刘体仁撰
仁和王氏 清道光二十年［1840］刻本 线装
（漱六编）

J0090500
七颂堂识小录 （清）刘体仁撰
台北 商务印书馆 1983 年 影印本
（景印文渊阁四库全书 子部 一七八 第872册）

J0090501
七颂堂识小录 （清）刘体仁著
扬州 江苏广陵古籍刻印社 1995 年 2 版 影印本

49–53 页 26cm（16 开）精装
定价：CNY750.00（全套）
（笔记小说大观 第十五册）

J0090502
潜研堂书品考 （不分卷）（清）钱大昕撰
清 抄本

　　作者钱大昕（1728—1804），史学家、考据学
家。江苏嘉定（今属上海）人。字及之，一字晓征，
号辛楣，又号竹汀。乾隆十九年进士。历任翰林
院编修、提督广东学政等。著有《唐石经考异》
《经典文字考异》《声类》《廿二史考异》等。

J0090503
书筏 （一卷）（清）笪重光撰
［清］稿本
（昭代丛书）

　　作者笪重光（1623—1692），清书画家。江苏
句容人。字在辛，号江上外史、郁冈、扫叶道人。
顺治进士。官御史。书画名重一时，画善山水，
兼写兰竹，精鉴赏。主要美学思想著作有《画筌》
和《书筏》。

J0090504
书筏 （一卷）（清）笪重光撰
吴江沈氏世楷堂 清末 刻本 重印 线装
（昭代丛书）

　　九行二十字白口左右双边单鱼尾。收于《昭
代丛书》埤编庚集中。

J0090505
书筏 （一卷）（清）笪重光撰
吴江沈氏世楷堂 清光绪 刻本 重印 线装
（昭代丛书）

　　九行二十字小字双行同白口左右双边单鱼
尾。收于《昭代丛书》庚集中。

J0090506
书筏 （一卷）（清）笪重光撰
吴江沈廷镛 民国八年［1919］重修本 线装
（昭代丛书）

　　清道光吴江沈氏世楷堂刻民国八年吴江沈
廷镛重修本。收于《昭代丛书》庚集埤编中。

J0090507
书法备要　（不分卷）（清）玉山樵者录
清 抄本

J0090508
书法传流　（不分卷）（清）杨永裕辑
清 稿本

J0090509
书法觳　（三卷）（清）鲁之裕辑
清 抄本

J0090510
书法管见　（一卷）（清）汪澐撰
清 刻本

J0090511
书法雅言　（一卷）（明）项穆撰
南海孔氏岳雪楼 清 抄本

J0090512
书法雅言　（一卷）（明）项穆撰
有竹斋 清 抄本

J0090513
书法雅言　（一卷）（明）项穆撰
清 抄本
（书家要览）

J0090514
书法雅言　（一卷）（明）项穆撰
内府 清乾隆 写本
（四库全书）

J0090515
书法雅言　（一卷）（明）项穆撰
金山钱氏漱石轩 清道光三十年［1850］刻本
线装
（艺海珠尘）
　　收于《艺海珠尘》癸集中。

J0090516
书法雅言　（一卷）（明）项穆撰
上海 神州国光社 民国二年［1913］线装
（美术丛书续集）

收于《美术丛书续集》第四集中。

J0090517
书法雅言　（明）项穆纂
上海 商务印书馆 1937 年 20+25+9 页
18cm（32 开）
（丛书集成初编 1624）
　　本书由《书法雅言》（明）项穆纂、《书法粹
言》（明）汪挺录、《频罗庵论书》（清）梁同书著
合订，《书法雅言》一卷，据艺海珠尘本排印；《书
法粹言》一卷，据学海类编本排印；《频罗庵论书》
一卷，据榆园丛刻本排印。

J0090518
书法雅言　（明）项穆撰
台北 商务印书馆 1983 年 影印本
（景印文渊阁四库全书 子部 一二二 第 816 册）

J0090519
书法雅言　（明）项穆纂
北京 中华书局 1985 年 新 1 版 20+25+9 页
18cm（32 开）统一书号：17018.151
（丛书集成初编）
　　本书为中国明清时代书法，由《书法雅言》
（明）项穆纂、《书法粹言》（明）汪挺录、《频罗庵
论书》（清）梁同书著合订。

J0090520
书法要诀　（明）李淳撰
清 刻本 线装
（奚囊续要）
　　九行十八字白口四周单边。收于《奚囊续要》
翰墨中。

J0090521
书法语钞　（一卷）（清）□□辑
清 抄本

J0090522
书法约言　（一卷）（清）宋曹撰
清 稿本
（艺苑丛抄）

J0090523
书法约言　（一卷）（清）宋曹撰

清 抄本

J0090524
书法约言 （一卷）（清）宋曹撰
诒清堂 清康熙三十六至四十二年［1697—1703］
刻本
（昭代丛书）

J0090525
书法约言 （一卷）（清）宋曹撰
清康熙三十六年［1697］刻本 线装
（昭代丛书）
　　九行二十字白口四周单边。收于《昭代丛书》
甲集第五帙书中。

J0090526
书法约言 （一卷）（清）宋曹撰
清乾隆 刻本 线装
（昭代丛书）
　　收于《昭代丛书》甲集第五帙书中。

J0090527
书法约言 （一卷）（清）宋曹撰
清嘉庆至宣统 刻本 重印 线装
（昭代丛书）
　　九行二十字白口四周单边。收于《昭代丛书》
甲集第五帙书中。

J0090528
书法约言 （一卷）（清）宋曹撰
吴江沈氏世楷堂 清道光 刻本
（昭代丛书）

J0090529
书法约言 （一卷）（清）宋曹撰
吴江沈氏世楷堂 清末 刻本 重印 线装
（昭代丛书）
　　九行二十字白口左右双边单鱼尾。收于《昭
代丛书》甲集第五帙中。

J0090530
书法约言 （一卷）（清）宋曹撰
吴江沈氏世楷堂 清光绪 刻本 重印 线装
（昭代丛书）
　　九行二十字小字双行同白口左右双边单鱼

尾。收于《昭代丛书》甲集第五帙书中。

J0090531
书法约言 （清）宋曹撰;（清）宋承谦等编校
上海 文明书局 清光绪二十六年［1900］铅印本
线装
　　十二行三十二字白口四周双边单鱼尾。

J0090532
书法约言 （一卷）（清）宋曹撰
吴江沈廷镛 民国八年［1919］重修本 线装
（昭代丛书）
　　清道光吴江沈氏世楷堂刻民国八年吴江沈
廷镛重修本。 收于《昭代丛书》甲集第五帙书中。

J0090533
书法正传 （十卷）（清）冯武辑
世夗堂 清初 刻本
　　作者冯武，明末清初藏书家、刻书家、书法
家。江苏常熟人。字窦伯，号简缘。刻印过冯舒
《默庵遗稿》、冯班《钝吟杂录》《评点才调集》等。

J0090534
书法正传 （十卷）（清）冯武辑
内府 清乾隆 写本
（四库全书）

J0090535
书法正传 （十卷）（清）冯武辑
清乾隆五十年［1784］重修本
　　据清初世夗堂刻本重修。

J0090536
书法正传 （十卷）（清）冯武辑
清道光八年［1828］刻本

J0090537
书法正传 （十卷）（清）冯武辑
大魁堂 清同治十一年［1872］刻本

J0090538
书法正传 （清）冯武编
上海 商务印书馆 1930年 2册（113;93页）
18cm（32开）
（万有文库 第一集 0731）

本书论述书法基本知识及源流派别，共
十卷。

J0090539

书法正传　（清）冯武编
上海　商务印书馆 1933 年 113+93 页
19cm（32 开）定价：大洋五角
（国学基本丛书）

本书分十二个部分论述书法基本知识及源
流派别。

J0090540

书法正传　（一）（清）冯武编
上海　商务印书馆 1934 年 再版 113 页
18cm（32 开）
（万有文库 第一集 0731）

本书论述书法基本知识及源流派别，共
十卷。

J0090541

书法正传　（二）（清）冯武编
上海　商务印书馆 1934 年 再版 93 页
18cm（32 开）
（万有文库 第一集 0731）

本书论述书法基本知识及源流派别，共
十卷。

J0090542

书法正传　（清）冯武编
上海　商务印书馆 1934 年 再版 113+93 页
19cm（32 开）定价：大洋五角
（国学基本丛书）

本书分十二个部分论述书法基本知识及源
流派别。

J0090543

书法正传　（清）冯武编
上海　商务印书馆 1936 年 3 版 113+93 页
19cm（32 开）定价：八元七角五分
（国学基本丛书）

本书论述书法基本知识及源流派别，共
十卷。

J0090544

书法正传　（清）冯武编

上海　商务印书馆［1936 年］19cm（32 开）
（国学基本丛书简编）

本书论述书法基本知识及源流派别，共十
卷。作者冯武，明末清初藏书家、刻书家、书法
家。江苏常熟人。字窦伯，号简缘。刻印过冯舒
《默庵遗稿》、冯班《钝吟杂录》《评点才调集》等。

J0090545

书法正传　（清）冯武著
上海　国学整理社 1937 年 164+104 页
19cm（32 开）精装 定价：国币三角

本书由《书法正传》（清）冯武著、《图绘宝
鉴》（元）夏文彦著合订。《书法正传》论述书法
的基本技法，有翰林要诀，书法三昧，永字八法、
大字结构八十四法、书家小传、名迹源流、钝吟
书要等；《图绘宝鉴》论述绘制和欣赏图画等并有
历代画家的介绍，共五卷，附补遗、续编、续补。

J0090546

书法正传　（清）冯武编
商务印书馆 1938 年 6 版 19cm（32 开）
定价：国币二角
（国学基本丛书简编）

本书论述书法基本知识及源流派别，共
十卷。

J0090547

书法正传　（清）冯武编
台北　商务印书馆 1956 年 影印本［2 册］
定价：TWD1.10
（国学基本丛书 第 1 集 105–106）

J0090548

书法正传　（清）冯武著
北京　中国书店 1983 年 影印本 164 页
21cm（32 开）定价：CNY1.00（全 2 册）

据世界书局 1937 年版影印。本书由《书法
正传》（清）冯武著、《图绘宝鉴》（元）夏文彦著
合订。

J0090549

书法正传　（清）冯武编著
上海　上海书画出版社 1985 年 359 页
20cm（32 开）统一书号：8172.1204
定价：CNY2.30

（中国书学丛书）

辑录历代书学著述，并于所录文后多参己见加以评语或补注。书中分设书学法则方面的《翰林要诀》《书法三昧》《永字八法》《大字结构八十四法》，书学理论方面的《纂言》以及《书家小传》《书家品藻》《书家记异》《名迹源流》等篇章，全书以论述楷书为主，略及篆、隶、草等书体。

J0090550
书法正传 （清）冯武编著
台北　商务印书馆　1985年 8版　影印本
130+93页　17cm（26开）定价：TWD0.60
（人人文库 056-057）

J0090551
书法正宗 （清）蒋和撰
［清］稿本
（艺苑丛钞）

J0090552
书法正宗 （清）蒋和撰
清 抄本

J0090553
书法正宗 （清）蒋和撰
清乾隆 刻本 有插图 线装

J0090554
书法正宗 （清）蒋和撰
清乾隆四十七年［1782］刻本 有插图 线装

J0090555
书法正宗 （清）蒋和撰
金邑 干云书屋 清道光十年［1830］刻本

J0090556
书法正宗 （清）蒋和撰
京师 文宝堂 清光绪五年［1879］刻本

J0090557
书家 （一卷）□□辑
清 抄本

J0090558
书家要览 □□辑
清 抄本

本丛书包括：《书史二卷》《海岳名言一卷》（宋）米芾撰、《宋高宗御制翰墨志一卷》宋高宗赵构撰、《欧公试笔一卷》（宋）欧阳修撰、《法帖谱系杂说一卷》（宋）曹士冕撰、《法帖刊误二卷》（宋）黄伯思撰、《法帖刊误十卷》（宋）陈与义撰、《晋王右军笔势论略一卷》（晋）王羲之撰、《晋卫夫人笔阵图一卷》（晋）卫铄撰、《笔髓论一卷》（唐）虞世南撰、《书法一卷》（唐）欧阳询撰、《唐李阳冰笔诀一卷》（唐）李阳冰撰、《张长史十二意笔法》（唐）颜真卿撰、《四体书势一卷》（晋）卫恒撰、《法书苑一卷》（宋）周越撰、《书谱一卷》（唐）孙过庭撰、《衍极一卷》（元）郑构撰、《论篆一卷》（唐）李阳冰撰、《书谱一卷》《书法雅言一卷》《论书一卷》题高式清撰、《淳化帖释文十卷》题吴之芳辑、□郭逸辑、《五十六种书法一卷》《九品书一卷》《续书品一卷》《书评一卷》（唐）韦续撰、《书品一卷》（梁）袁昂撰、《书品一卷》（梁）庾肩吾撰、《后书品一卷》（唐）李嗣真撰、《书断四卷》（唐）张怀瓘撰。

J0090559
书经补遗 （五卷）（元）吕宗杰撰
［清］影印本
（宛委别藏）

J0090560
书经补遗 （五卷）（元）吕宗杰撰
故宫 清嘉庆 抄本

J0090561
书经补遗 （五卷）（元）吕宗杰撰
［清嘉庆］抄本
（宛委别藏）

J0090562
书林正宗 （不分卷）（清）蒋和撰
清 刻本

J0090563
书论 （一卷）（晋）王羲之撰；（清）王仁俊辑
［清］稿本
（玉函山房辑佚书续编）

　　王羲之(303—361),东晋著名书法家。字逸少,山东临沂人。代表作《兰亭序》《黄庭经》《乐毅论》《十七帖》《兰亭集序》《初月帖》等。

J0090564
书品 (一卷)(梁)袁昂撰
清 抄本
(书家要览)

J0090565
书品 (一卷)(明)杨慎撰
清 稿本
(艺苑丛钞)
　　作者杨慎(1488—1559),文学家。字用修,号升庵,又号逸史氏、博南山人、洞天真逸等。四川新都(今成都市新都区)人,祖籍庐陵。主要作品有《升庵集》《江陵别内》《宝井篇》《滇池涠》等。

J0090566
书品 (一卷)(明)杨慎撰
清 抄本
(养素轩丛录)

J0090567
书品 (一卷)(明)杨慎撰
绵州李氏万卷楼 清乾隆 刻本
(函海)

J0090568
书品 (一卷)(明)杨慎撰
李朝夔 清道光五年[1825]刻本 补刻
(函海)
　　据清乾隆间绵州李氏万卷楼刻本补刻。

J0090569
书品 (一卷)(明)杨慎撰
广汉钟登甲乐道斋 清光绪七至八年[1881—1882]刻本

J0090570
书品优劣 (一卷)(唐)韦续撰
李际期宛委山堂 清初 刻本 重修 线装
(说郛)
　　明末刻清初李际期宛委山堂重修汇印本。

收于《说郛》卷第八十六中。作者韦续,唐代书法家,著有《墨薮》《五十六种书》。

J0090571
书品优劣 (一卷)(唐)韦续撰
清顺治 刻本 线装
(说郛)
　　收于《说郛》卷第八十七中。

J0090572
书评 (一卷)(唐)韦续撰
李际期宛委山堂 清初 刻本 续刻
(说郛)
　　明末刻清初李际期宛委山堂续刻汇印本。

J0090573
书评 (一卷)(唐)韦续撰
清顺治 刻本 线装
(说郛)
　　收于《说郛》卷第八十七中。

J0090574
书谱 (一卷)
清 抄本
(书家要览)

J0090575
书谱 (一卷)□□辑
清 抄本
(书家要览)

J0090576
书史 (十二卷)□□辑
清 抄本

J0090577
书学汇编 (十卷)(清)万斯同辑
清 抄本

J0090578
书学捷要 (二卷)(清)朱仁夫撰
清 刻本 线装
(知不足斋丛书)
　　九行二十一字小字双行同黑口左右双边。收于《知不足斋丛书》第二十四集中。朱履贞,清代嘉庆年间学者。字闲泉，号闲云，秀水(今浙江嘉兴)人，著有《书学捷要》。

J0090579
书学捷要 （二卷）(清)朱履贞撰
[清]稿本
(艺苑丛钞)

J0090580
书学捷要 （二卷）(清)朱履贞撰
长塘鲍氏 清乾隆三十七年至道光三年[1772—1823]刻本 汇印
(知不足斋丛书)

J0090581
书学捷要 （二卷）(清)朱履贞撰
长塘鲍氏 清嘉庆十三年[1808]刻本 重印 线装
(知不足斋丛书)
　　收于《知不足斋丛书》第二十四集中。

J0090582
书学捷要 （二卷）(清)朱履贞撰
清末 刻本 汇印 线装
(知不足斋丛书)
　　收于《知不足斋丛书》第二十四集中。

J0090583
书学捷要 （二卷）(清)朱履贞撰
岭南芸林仙馆 清光绪八年[1882]刻本 线装
(知不足斋丛书)
　　九行二十一字黑口左右双边。收于《知不足斋丛书》第二十四集中。

J0090584
书学捷要 （二卷）(清)朱履贞撰
苏州 振新书社 民国 影印本 线装
(知不足斋丛书)
　　收于《知不足斋丛书》第二十四集中。

J0090585
书学捷要 （二卷）(清)朱履贞撰
上海 古书流通处 民国十年[1921]影印本
(知不足斋丛书)
　　据清鲍氏刻本影印。

J0090586
书学捷要 （二卷）(清)朱履贞撰
上海 上海古书流通处 民国十年[1921]影印本
线装
(知不足斋丛书)
　　收于《知不足斋丛书》第二十四集中。

J0090587
书学捷要 （清)朱履贞辑
天津 天津市古籍书店 1991年 影印本 39页
19cm(小32开) 定价：CNY0.90
　　本书是一部实用型工具书，且并重书法理论。朱履贞，清代嘉庆年间学者。字闲泉，号闲云，秀水(今浙江嘉兴)人，著有《书学捷要》。

J0090588
书学拾遗 （一卷）(清)姚配中撰
[清]稿本

J0090589
书学拾遗 （一卷）(清)姚配中撰
清道光 木活字印本
(一经庐丛书)

J0090590
述书 （三卷）(清)包世臣撰
阳湖张氏宛邻书屋 清 抄本 蓝格
　　本书由《述书三卷》(清)包世臣撰、《国朝书品一卷附录一卷》(清)包世臣撰合订。作者包世臣(1775—1855)，学者、作家、书法家。字慎伯，号倦翁，别署白门倦游阁外史、小倦游阁外史，安徽泾县人。著有《中衢一勺》《艺舟双楫》《管情三义》《齐民四术》，合称《安吴四种》，又著《小倦游阁文稿》。

J0090591
述书 （清)包世臣撰
清 抄本 线装
(高邮阁丛书)

J0090592
四体书势 （一卷）(晋)卫恒撰
李际期宛委山堂 清初 刻本 重修 线装
(说郛)
　　明末刻清初李际期宛委山堂重修汇印本。

收于《说郛》卷第八十六中。

J0090593
四体书势　（一卷）（晋）卫恒撰
李际期宛委山堂 清初 刻本 续刻
（说郛）

　　明末刻清初李际期宛委山堂续刻汇印本。

J0090594
四体书势　（一卷）（晋）卫恒撰
清 刻本 重编印 线装
（魏晋小说）

　　九行二十字白口左右双边单鱼尾。收于《魏晋小说》之《品藻家》中。

J0090595
四体书势　（一卷）（晋）卫恒撰
清顺治 刻本 线装
（说郛）

　　收于《说郛》卷第八十七中。

J0090596
四体书势　（一卷）（晋）卫恒撰
清 抄本
（书家要览）

J0090597
四体书势　（一卷）（晋）卫恒撰
清 汇印本
（五朝小说）

J0090598
四体书势　（一卷）（晋）卫恒撰
济南 皇华馆书局 清同治十年［1871］刻本 补刻 线装
（玉函山房辑佚书）

　　九行二十字小字双行同白口四周双边单鱼尾。收于《玉函山房辑佚书》经编小学类中。

J0090599
四体书势　（一卷）（晋）卫恒撰
济南 皇华馆书局 清同治十年［1871］刻本 重印 线装
（玉函山房辑佚书）

　　九行二十字小字双行同白口四周双边单鱼

尾。收于《玉函山房辑佚书》经编小学类中。

J0090600
四体书势　（一卷）（晋）卫恒撰
济南 皇华馆书局 清同治十年［1871］刻本 补刻
（玉函山房辑佚书）

J0090601
四体书势　（一卷）（晋）卫恒撰
长沙 娜嬛馆 清光绪九年［1883］刻本
（玉函山房辑佚书）

J0090602
四体书势　（一卷）（晋）卫恒撰
楚南湘远堂 清光绪十年［1884］刻本
（玉函山房辑佚书）

J0090603
四体书势　（一卷）（晋）卫恒撰
章邱李氏 清光绪十年［1884］刻本
（玉函山房辑佚书）

　　据马氏刻本重印。

J0090604
苏米斋兰亭考　（一卷）（清）翁方纲撰
清 稿本
（苏斋遗稿）

　　收于《苏斋遗稿二十三卷》中。作者翁方纲（1733—1818），清代金石学家、文学家、书法家。字正三，号覃溪，晚号苏斋，北京大兴人，乾隆十七年进士。著有《粤东金石略》《苏米斋兰亭考》《复初斋诗文集》《小石帆亭著录》等。

J0090605
苏米斋兰亭考　（八卷）（清）翁方纲撰
［清］稿本

J0090606
苏米斋兰亭考　（八卷）（清）翁方纲撰
清 影印本

J0090607
苏米斋兰亭考　（四卷）（清）翁方纲撰
清 稿本
　　分四册。有清蒋攸铦、伊秉绶跋。四至六行

字不等无格。

J0090608
苏米斋兰亭考 （八卷）（清）翁方纲撰
清嘉庆 刻本

J0090609
苏米斋兰亭考 （八卷）（清）翁方纲撰
吴江赵氏 清道光二年［1822］刻本

J0090610
苏米斋兰亭考 （八卷）（清）翁方纲撰
清光绪 刻本
（后知不足斋丛书）

J0090611
苏米斋兰亭考 （清）翁方纲撰
上海 商务印书馆 1936年 107页 18cm（32开）
（丛书集成初编 1614）
　　本书共八卷，据粤雅堂丛书本排印，为《兰亭序》考证专著。

J0090612
苏米斋兰亭考 （清）翁方纲撰
北京 中华书局 1985年 新1版 107页
18cm（32开）统一书号：17018.151
（丛书集成初编）

J0090613
唐李阳冰笔决 （一卷）（唐）李阳冰撰
清 抄本
（书家要览）
　　作者李阳冰，唐代文学家、书法家。字少温，祖籍河北赵县。代表作品《三坟记》《谦卦铭》《怡亭铭》等。

J0090614
唐李阳冰笔诀 （一卷）（唐）李阳冰撰
清 抄本
（书家要览）

J0090615
晚清名人墨迹 （不分卷）（清）许瀚等书
［清］稿本

J0090616
王羲之笔阵图 佚名辑
聚贤堂 清 刻本 有图及像 线装
　　行款不一白口四周单边单鱼尾。

J0090617
翁阁学分书白莲女史墓表 （不分卷）（清）翁方纲撰并书
［清］稿本

J0090618
五十六种书法 （一卷）（唐）韦续撰
李际期宛委山堂 清初 刻本 重修 线装
（说郛）
　　明末刻清初李际期宛委山堂重修汇印本。收于《说郛》卷第八十六中。作者韦续，唐代书法家，著有《墨薮》《五十六种书》。

J0090619
五十六种书法 （唐）韦续撰
清 抄本 线装

J0090620
五十六种书法 （唐）韦续撰
清 抄本
（书家要览）

J0090621
五十六种书法 （一卷）（唐）韦续撰
清顺治 刻本 线装
（说郛）
　　收于《说郛》卷第八十七中。

J0090622
五十六种书法 （一卷）（唐）韦续撰
清 抄本
　　本书由《五十六种书法一卷》（唐）韦续撰、《篆法偏旁正讹歌一卷》（明）胡正言篆；（清）李登辑合订。

J0090623
五十六种书法 （一卷）（唐）韦续撰
海虞顾湘 清道光 刻本 线装
（篆学琐著）
　　九行二十一字黑口四周双边。

J0090624

五十六种书法　（一卷）（唐）韦续撰
清道光　刻本
（篆学琐著）

J0090625

楔帖综闻　（十五卷）（清）胡世安辑
毛氏汲古阁　清初　刻本

J0090626

楔帖综闻　（十五卷）（清）胡世安辑
清　抄本

J0090627

香泉论书偶记　（一卷）（清）陈奕禧撰；（清）吴
骞辑
吴氏拜经楼　清　抄本
　　作者吴骞（1733—1813），清代藏书家、文学
家。浙江海宁人。字槎客、葵里，号愚谷，别号
兔床、漫叟等。所辑《拜经楼丛书》校勘精审，著
名于世。著有《拜经楼诗集》《拜经楼诗集续编》
《愚谷文存》等。

J0090628

续书品　（一卷）（唐）韦续撰
李际期宛委山堂　清初　刻本　续刻　线装
（说郛）
　　明末刻清初李际期宛委山堂续刻汇印本。

J0090629

续书品　（一卷）（唐）韦续撰
清　抄本
（书家要览）

J0090630

续玉台书史　（四卷　首一卷）（清）李男撰；（清）
徐道贞辑
义州李放湘砚斋　清　抄本

J0090631

衍极至朴篇书法传流　（一卷）（明）李淳撰
清　抄本

J0090632

阳冰笔诀　（一卷）（唐）李阳冰撰

清　刻本　重修　线装
（说郛）
　　九行二十字白口左右双边单鱼尾。收于《说
郛》卷第八十六中。作者李阳冰，唐代文学家、
书法家。字少温，祖籍河北赵县。代表作品《三
坟记》《谦卦铭》《怡亭铭》等。

J0090633

一家翰墨　（不分卷）（清）李鸿章,（清）李瀚章书
［清］写本
　　有徐魁士跋。

J0090634

用笔法　（一卷）□□辑
［清］稿本
（玉函山房辑佚书续编）

J0090635

阅书帖记　（一卷）（宋）米芾撰
清　抄本
　　作者米芾（1051—1107），北宋书法家、画
家、书画理论家。祖籍太原，后迁居湖北襄阳，
长期居润州(今江苏镇江)。初名黻，后改芾，字
元章，号襄阳居士、海岳山人等。代表作品有《向
太后挽辞》《蜀素帖》《苕溪诗帖》等。

J0090636

张长史十二意笔法　（一卷）（唐）颜真卿撰
李际期宛委山堂　清初　刻本　重修　线装
（说郛）
　　明末刻清初李际期宛委山堂重修汇印本。
收于《说郛》卷第八十六中。颜真卿（709—785），
唐代书法家。字清臣。历任监察御史、殿中侍御
史。代表作品有《韵海镜源》《吴兴集》《庐陵集》
等，均佚。宋人辑有《颜鲁公集》。

J0090637

张长史十二意笔法　（一卷）（唐）颜真卿撰
清顺治　刻本　线装
（说郛）
　　收于《说郛》卷第八十七中。

J0090638

张长史十二意笔法　（一卷）（唐）颜真卿撰
清　抄本

（书家要览）

J0090639
重集草诀百韵　（一卷）（明）范文明撰
清　抄本

J0090640
重刊书法雅言　（一卷）（明）项穆撰
有竹斋　清　抄本
　　分二册。九行十八字黑格白口左右双边。

J0090641
重刻书法雅言　（一卷）（明）项穆撰
有竹斋　清　抄本

J0090642
重刻书法雅言　（一卷）（明）项穆撰
明万历二十七年［1599］刻本

J0090643
诸家书法　（四卷）（明）陈三策注
清　刻本

J0090644
篆法偏旁正讹歌　（一卷）（明）胡正言篆；（清）
李登辑
清　抄本
　　本书由《五十六种书法一卷》（唐）韦续撰、
《篆法偏旁正讹歌一卷》（明）胡正言篆；（清）李登
辑合订。作者胡正言，明末书画篆刻家、出版家。
字曰从，号十竹，原籍安徽休宁。代表作品《印存
玄览》《十竹斋笺谱》《六书正伪》《印存初集》等。

J0090645
篆法正宗　（不分卷）（清）邓石如书
许乃钊　清光绪　钩摹本
　　作者邓石如（1739—1805），清代著名书法篆
刻家。字顽伯，号完白山人，安徽怀宁人。篆刻
作品有《完白山人篆刻偶存》《笔歌墨舞》《城一
日长》，书法作品有《游五园诗》《篆书文轴》《篆
书中堂》。

J0090646
篆势　（一卷）（汉）蔡邕撰；（清）王仁俊辑
［清］稿本

（玉函山房辑佚书续编）
　　收于《玉函山房辑佚书续编》中。作者蔡邕
（132—192），东汉辞赋家、散文家、书法家。字
伯喈，陈留圉（今河南杞县）人。著有《蔡中郎文
集》等。

J0090647
字格　（一卷）（唐）窦臮撰
李际期宛委山堂　清初　刻本　续刻　线装
（说郛）
　　明末刻清初李际期宛委山堂续刻汇印本。
收于《说郛》中。

J0090648
法书举要　（一卷）（清）佚名撰
内府　清康熙　抄本

J0090649
十七帖述　（一卷）（清）王弘撰撰
张潮　清康熙三十四年［1695］刻本
（檀几丛书）

J0090650
笔法源流　（一卷）（明）高松撰
程氏课花书屋　清雍正　刻本
　　本书由《笔法源流一卷》《字学心传一卷》
（明）高松撰合订。

J0090651
字学心传　（一卷）（明）高松撰
程氏课花书屋　清雍正　刻本
　　本书由《笔法源流一卷》《字学心传一卷》
（明）高松撰合订。

J0090652
二王帖评释　（三卷）（宋）许开辑
洋溢堂　清雍正五年［1727］刻本
　　清姚衡跋。本书由《二王帖三卷》《二王帖
评释三卷》（宋）许开辑合订。

J0090653
字学大成　（四卷）（清）倪培撰
志经堂　清雍正十年［1732］刻本

J0090654

［书法正宗］（清）蒋和撰
清乾隆 刻本 有图 线装
　　行款不一白口四周单边单鱼尾。

J0090655

古今杂体吟　（一卷）（清）德进撰
清乾隆 抄本
　　本书由《古今字体吟一卷》《古今杂体吟一卷》《古今字书吟一卷》（清）德进撰合订。

J0090656

古今字书吟　（一卷）（清）德进撰
清乾隆 抄本
　　本书由《古今字体吟一卷》《古今杂体吟一卷》《古今字书吟一卷》（清）德进撰合订。

J0090657

古今字体吟　（一卷）（清）德进撰
清乾隆 抄本
　　本书由《古今字体吟一卷》《古今杂体吟一卷》《古今字书吟一卷》（清）德进撰合订。

J0090658

汉溪书法通解　（八卷）（清）戈守智撰
霁云阁 清乾隆 刻本

J0090659

汉溪书法通解　（八卷）（清）戈守智撰辑
清乾隆 刻本 线装
　　分六册。九行二十一字小字双行同白口四周单边单鱼尾。

J0090660

汉溪书法通解　（八卷）（清）戈守智撰辑
清乾隆 刻本 有图 线装
　　分二册。九行二十一字白口四周单边单鱼尾。

J0090661

汉溪书法通解　（八卷）（清）戈守智撰辑
清乾隆 刻本 有图 线装
　　分四册。九行二十字小字双行同白口半页四周单边单鱼尾。

J0090662

汉溪书法通解　（八卷）（清）戈守智撰
清乾隆 刻本 有图 线装
　　分四册。九行二十一字小字双行同白口半页四周单边单鱼尾。

J0090663

汉溪书法通解　（八卷）（清）戈守智撰
清乾隆 刻本 有图 线装
　　分六册。九行二十一字小字双行同白口半页四周单边单鱼尾。

J0090664

汉溪书法通解　（八卷）（清）戈守智撰
清乾隆 刻本 有图 线装
　　分四册。九行二十一字小字双行同白口半页四周单边单鱼尾。

J0090665

汉溪书法通解　（八卷）（清）戈守智撰
清乾隆 刻本 线装
　　分六册。九行二十一字小字双行同白口半页四周单边单鱼尾。

J0090666

汉溪书法通解　（八卷）（清）戈守智撰
清 刻本

J0090667

汉溪书法通解　（八卷）（清）戈守智撰
清道光十九年［1839］刻本

J0090668

汉溪书法通解　（清）戈守智纂
天津 天津市古籍书店 1986 年 19cm（32 开）
定价: CNY2.80
　　中国古代书法理论。

J0090669

汉溪书法通解校证　（清）戈守智编著；沈培方校证
上海 上海书画出版社 1986 年 201 页
20cm（32 开）统一书号: 8172.1259
定价: CNY1.50
（中国书学丛书）

《汉溪书法通解》是清代一部重要的论书著作。全书凡八卷，首卷《述古》为戈氏自撰，余七卷集辑前代论书名篇而成。第三至第八卷，皆围绕"用笔""结构"展开。最后两卷录综论书法的书谱。

J0090670

蒋氏游艺录 （二卷）（清）蒋和辑

清乾隆 刻本 线装

　　分二册。九行字数不等白口左右双边单鱼尾。

J0090671

九宫新式 （清）蒋骥撰

清乾隆 刻本 线装

（书画搜奇）

　　九行二十字白口左右双边单鱼尾。

J0090672

九宫新式 （清）蒋骥撰

清乾隆 刻本

（蒋氏游艺秘录）

J0090673

九宫新式 （清）蒋骥撰

清乾隆五十九年［1794］刻本 线装

（蒋氏游艺秘录）

　　九行字数不等白口左右双边单鱼尾。

J0090674

九宫新式 （一卷）（清）蒋骥撰

上海 广益书局 民国三年［1914］有图 线装

（古今文艺丛书）

　　收于《古今文艺丛书》第四集中。

J0090675

书法集要 （四卷）（清）皇甫鲲，（清）金大钟辑

清乾隆 刻本

J0090676

书法精言 （四卷）（清）王锡侯撰

清乾隆 刻本

J0090677

书法离钩 （十卷）（明）潘之淙撰

内府 清乾隆 写本

（四库全书）

J0090678

书法离钩 （十卷）（明）潘之淙撰

宏道书院 清道光二十六年［1846］刻本

（惜阴轩丛书）

J0090679

书法离钩 （十卷）（明）潘之淙撰

清光绪 刻本

J0090680

书法离钩 （十卷）（明）潘之淙撰

长沙 清光绪二十二年［1896］刻本

（惜阴轩丛书）

J0090681

书法离钩 （明）潘之淙著

长沙 商务印书馆 1939年 96页 18cm（32开）

（丛书集成初编 1623）

　　本书内容为明代书法专著，十卷，据惜阴轩丛书本排印。

J0090682

书法离钩 （十卷）（明）潘之淙撰

台北 商务印书馆 1983年 影印本

［31cm］（15开）

（景印文渊阁四库全书 子部 一二二 第816册）

　　本书由《书法离钩十卷》（明）潘之淙、《画史会要五卷》（明）朱谋垔撰合订。

J0090683

书法离钩 （明）潘之淙著

北京 中华书局 1985年 新1版 96页

18cm（32开）统一书号：17018.151

（丛书集成初编）

　　本书为明代书法家对古代作品及书法理论研究的文章。

J0090684

书法论 （清）蒋衡撰

清乾隆 刻本 线装

（书画搜奇）

　　九行二十字白口左右双边单鱼尾。

J0090685
书法论 （清）蒋衡撰
清乾隆 刻本 线装
（蒋氏游艺秘录）
　　九行字数不等白口左右双边单鱼尾。

J0090686
书法要诀 （四卷）（清）冯尽善撰
清乾隆元年［1736］刻本

J0090687
书录 （三卷 外篇一卷）（宋）董史撰
丁氏八千卷楼 清 抄本

J0090688
书录 （三卷 外篇一卷）（宋）董史撰
内府 清乾隆 写本
（四库全书）

J0090689
书录 （三卷）（宋）董史撰
台北 商务印书馆 1983 年 影印本
（景印文渊阁四库全书 子部 一三〇 第 814 册）
　　《书录》即《皇宋书录》，是编专记宋代书家姓氏凡三篇，上篇载帝王能书者，中篇记北宋书家凡一百八十人，下篇记南宋书家凡四十五人。诸人史传后皆有品评。另有外篇记女子能书者。所载书家及所辑评论有其他书所未见者，足为考订之资，且以体裁完善见长。

J0090690
书谱 （一卷）（清）戈守智撰
戈氏霏云阁 清乾隆 刻本
（汉溪书法通解）
　　清乾隆间戈氏霏云阁刻汉西书法通解本。

J0090691
述书赋 （二卷）（唐）窦臮撰；（唐）窦蒙注
内府 清乾隆 写本
（四库全书）

J0090692
述书赋 （二卷）（唐）窦臮撰；（唐）窦蒙注
广东真州张氏 清同治 刻本
（榕园丛书）

J0090693
述书赋 （二卷）（唐）窦臮撰；（唐）窦蒙注
民国二年［1913］重修本 线装
（榕园丛书）
　　据清同治光绪真州张允颐刻本重修，收于《榕园丛书》丙集中。

J0090694
述书赋 （一卷）（唐）窦臮撰；（唐）窦蒙注
上海 神州国光社 民国十七年至民国二十五年［1928—1936］
（美术丛书）

J0090695
述书赋 （二卷）（唐）窦臮撰；窦蒙注
台北 商务印书馆 1983 年 影印本
（景印文渊阁四库全书 子部 一一八 第 812 册）
　　本书由《述书赋二卷》（唐）窦臮撰；窦蒙注、（唐）《法书要录》张彦远撰合订。

J0090696
思陵翰墨志 （一卷）（宋）高宗赵构撰
内府 清乾隆 写本
（四库全书）

J0090697
思陵翰墨志 （宋）宋高宗撰
台北 商务印书馆 1983 年 影印本
（景印文渊阁四库全书 子部 一一八 第 812 册）
　　本书由《思陵翰墨志》（宋）宋高宗御撰、《五代名画补遗》（宋）刘道醇撰合订。

J0090698
续书法论 （清）蒋骥撰
清乾隆 刻本 线装
（蒋氏游艺秘录）
　　九行字数不等白口左右双边单鱼尾。

J0090699
续书法论 （清）蒋骥撰
清乾隆 刻本 线装
（书画搜奇）
　　九行二十字白口左右双边单鱼尾。

J0090700
续书法论 （一卷）（清）蒋骥撰
上海 广益书局 民国四年［1915］线装
（古今文艺丛书）
　　　收于《古今文艺丛书》第五集中。

J0090701
学书杂论 （清）蒋和撰
清乾隆 刻本 线装
（蒋氏游艺秘录）
　　　九行字数不等白口左右双边单鱼尾。

J0090702
学书杂论 （清）蒋和撰
清乾隆 刻本 线装
（书画搜奇）
　　　九行二十字白口左右双边单鱼尾。

J0090703
学书杂论 （一卷）（清）蒋和撰
上海 广益书局 民国三年［1914］线装
（古今文艺丛书）
　　　收于《古今文艺丛书》第四集中。

J0090704
御览书苑菁华 （二十卷）（宋）陈思辑
汪氏振绮堂 清乾隆 刻本
　　　作者陈思，南宋著作家。临安（今浙江杭州）
人。著有《宝刻丛编》《海棠谱》《书小史》《书苑
精华》《两宋名贤小集》《小字录》等。

J0090705
御览书苑菁华 （二十卷）（宋）陈思辑
汪汝琛 清乾隆四十九年［1784］刻本
　　　分八册。十行二十一字小字双行同黑口左
右双边。

J0090706
御览书苑菁华 （二十卷）（宋）陈思辑
古冈刘氏藏修书屋 清同治十三年［1874］刻本

J0090707
隶法琐言 （一卷）（清）张在辛撰
清乾隆十三年［1748］刻本 线装
（琐言）

九行十七字白口左右双边单鱼尾。

J0090708
隶法琐言 （一卷）（清）张在辛撰
清乾隆十三年［1748］刻本
（琐言）

J0090709
隶法琐言 （一卷）（清）张在辛撰
清嘉庆至宣统 刻本 重印 线装
（琐言）
　　　九行十八字白口左右双边单鱼尾。

J0090710
分隶偶存 （二卷）（清）万经撰
辨志堂 清乾隆三十四年［1769］刻本

J0090711
分隶偶存 （二卷）（清）万经撰
辨志堂 清乾隆三十四年［1769］刻本
　　　分三册。十一行二十一字黑口左右双边。

J0090712
分隶偶存 （二卷）（清）万经辑
清乾隆三十四年［1769］刻本 线装
　　　分二册。十一行二十一字小字双行同黑口
左右双边双鱼尾。

J0090713
分隶偶存 （二卷）（清）万经撰
清道光十二年［1832］刻本

J0090714
分隶偶存 （二卷）（清）万经撰
清光绪 刻本
（吉林探源书舫丛书）

J0090715
分隶偶存 （二卷）（清）万经撰
清光绪八年［1882］刻本

J0090716
分隶偶存 （二卷）（清）万经撰
台北 商务印书馆 1983 年 影印本
26cm（16 开）

（景印文渊阁四库全书 史部 四四二 第 684 册）

J0090717

论用笔十法 （一卷）（唐）张怀瓘撰；（明）陶宗仪校注

南昌彭氏知圣道斋 清乾隆三十七年［1771］抄本

　　本书由《书议二卷》《玉堂禁经一卷》《论用笔十法一卷》（唐）张怀瓘撰；（明）陶宗仪校注合订。撰者张怀瓘（生卒年不详），唐代书法家、书学理论家。扬州海陵（今江苏泰州市）人。著有《书议》《书断》《书估》《画断》《六体书论》《论用笔十法》《玉堂禁经》《文字论》等。

J0090718

书议 （二卷）（唐）张怀瓘撰；（明）陶宗仪校注

南昌彭氏知圣道斋 清乾隆三十七年［1771］抄本

　　本书由《书议二卷》《玉堂禁经一卷》《论用笔十法一卷》（唐）张怀瓘撰；（明）陶宗仪校注合订。

J0090719

玉堂禁经 （一卷）（唐）张怀瓘撰；（明）陶宗仪校注

南昌彭氏知圣道斋 清乾隆三十七年［1771］抄本

　　本书由《书议二卷》《玉堂禁经一卷》《论用笔十法一卷》（唐）张怀瓘撰；（明）陶宗仪校注合订。

J0090720

［兰亭］续考 （二卷）（宋）俞松辑

长塘鲍氏 清乾隆三十七年至道光三年［1772—1823］刻本 汇印

（知不足斋丛书）

　　本书由《兰亭考十二卷》（宋）桑世昌辑、《［兰亭］续考二卷》（宋）俞松辑合订。

J0090721

［兰亭］续考 （二卷）（宋）俞松辑

上海 古书流通处 民国十年［1921］影印本

（知不足斋丛书）

　　据清鲍氏刻本影印。本书由《兰亭考十二卷》（宋）桑世昌辑、《［兰亭］续考二卷》（宋）俞松辑合订。

J0090722

［兰亭考］续考 （二卷）（宋）俞松辑

清 抄本

　　本书由《兰亭考十二卷》《群公帖跋一卷》（宋）桑世昌辑、《续考二卷》（宋）俞松辑合订。

J0090723

王东庄先生六法心传 （一卷）（清）张昀撰

清乾隆三十九年［1774］刻本

J0090724

隶法汇纂 （十卷）（清）项怀述编

小酉山房 清乾隆四十五年［1780］刻本

J0090725

隶法汇纂 （十卷）（清）项怀述编

巴郡江氏 清同治九年［1870］刻本

J0090726

隶法汇纂 （十卷）（清）项怀述编

古渝汪氏养和堂 清同治九年［1870］刻本

J0090727

隶法汇纂 （十卷）（清）项怀述编

上海 扫叶山房 民国 石印本

J0090728

明李淳进大字八十四法札子 （一卷）（明）李淳撰

沈宗骞 清乾隆四十六年［1781］刻本

J0090729

汉碑隶体举要 （清）蒋和撰

清乾隆五十九年［1794］刻本 线装

（蒋氏游艺秘录）

　　五行字数不等小字双行字数不等白口左右双边单鱼尾。

J0090730

汉碑隶体举要 （清）蒋和辑；（清）潘浚书

上海 商务印书馆 民国十二年［1923］影印本 六版 线装

　　据清乾隆五十九年（1794）刻本影印。

J0090731
禊帖绪余 （四卷）（清）曾廷枚撰
清嘉庆　刻本
（芗屿裘书）

J0090732
禊帖绪余 （四卷）（清）曾廷枚撰
清嘉庆十二年［1807］刻本　线装
　　十行十九字黑口左右双边单鱼尾。

J0090733
飞白录 （二卷）（清）陆绍曾，张燕昌撰
海盐黄氏擘荔轩　清嘉庆九年［1804］刻本
　　分二册。九行十九字细黑口四周双边。

J0090734
书学手眼 （一卷）□□辑
蒙古西灵阿　清嘉庆十三年［1808］手抄本

J0090735
历代字法心传 （一卷）（清）丁康辑
桂芬斋　清嘉庆十七年［1812］刻本

J0090736
名帖纪闻 （一卷）（清）朱照廉撰
朱氏小云谷　清嘉庆十七年［1812］活字印本
　　十一行二十四字白口左右双边。

J0090737
名帖纪闻 （一卷）（清）朱照廉撰
朱氏小云谷　清嘉庆十七年［1812］木活字印本

J0090738
宝翰楼增订四体书法 佚名撰
清道光元年［1821］刻本　线装
　　分四册。行字不一白口四周单边鱼尾不一。

J0090739
宝翰楼增订四体书法 （不分卷）（清）郑炳也辑
清道光元年［1821］刻本

J0090740
宝翰楼增订四体书法 （清）郑炳也校订
清照斋　清道光五年［1825］刻本　线装
　　本书由《宝翰楼增订四体书法》《书法摘要

善本》《篆法偏旁正讹歌》合订。分三册。行字
不一白口四周单边单鱼尾。

J0090741
宝翰楼增订四体书法 （不分卷）（清）郑炳也辑
清照斋　清道光五年［1825］刻本
　　本书由《宝翰楼增订四体书法不分卷》（清）
郑炳也辑、《书法摘要善本三卷》《篆法偏旁正讹
歌不分卷》（清）李登辑；（清）胡正言书合订。

J0090742
砥斋题跋 （一卷）（清）王弘撰撰
蒋氏宜年堂　清道光至咸丰　刻本
（涉闻梓旧）
　　收于《涉闻梓旧》二十五种一百十九卷中。

J0090743
砥斋题跋 （一卷）（清）王弘撰撰
海昌蒋氏宜年堂　清咸丰六年［1856］刻本　重编
（涉闻梓旧）
　　据清咸丰元年海昌蒋氏宜年堂刻本咸丰六
年重编　收于《涉闻梓旧》中。

J0090744
砥斋题跋 （一卷）（清）王弘撰撰
虞山顾氏　清同治十三年［1874］刻本　补刻
（小石山房丛书）
　　据清道光间刻本补刻。

J0090745
砥斋题跋 （一卷）（清）王弘撰撰
民国　影印本
（涉闻梓旧）
　　据清海昌蒋氏刻本影印。

J0090746
砥斋题跋 （清）王弘撰撰
北京　中华书局　1991年　19cm（32开）
ISBN：7-101-00894-1
（丛书集成初编　1611）
　　本书还包括：《瘗鹤铭考》《山居新话》《遂
昌山人杂录》《雪履斋笔记》《东园友闻》《农田
余话》《东南纪闻》。

J0090747
十七帖疏证　（不分卷）（清）包世臣撰
清道光　刻本
　　作者包世臣（1775—1855），学者、作家、书法家。字慎伯，号倦翁，别署白门倦游阁外史、小倦游阁外史，安徽泾县人。著有《中衢一勺》《艺舟双楫》《管情三义》《齐民四术》，合称《安吴四种》，又著《小倦游阁文稿》。

J0090748
书学南针　（六卷）（清）钱湖编
会稽钱氏　清道光元年［1821］刻本　线装
　　分二册。

J0090749
书学南针　（六卷）（清）钱湘辑
清道光　刻本

J0090750
折肱录　（一卷）（清）周济辑
依样壶卢山馆　清道光　抄本
（绘事晬编）

J0090751
折肱录　（一卷）（清）周济撰
清光绪　刻本
（求志堂存稿汇编）

J0090752
初月楼论书随笔　（一卷）（清）吴德旋撰
上海陈氏　清道光四年［1824］刻本　重编补刻
（泽古斋重钞）
　　本书为清道光四年上海陈氏重编补刻借月山房汇钞本。

J0090753
初月楼论书随笔　（一卷）（清）吴德旋撰
清咸丰六年［1856］刻本　续刻
（别下斋丛书）
　　本书据清道光蒋氏别下斋刻本续刻。收于《别下斋丛书》二十六种九十一卷中。

J0090754
初月楼论书随笔　（一卷）（清）吴德旋撰
武进　盛氏思惠斋　清光绪二十一至三十三年

［1895—1907］刻本
（常州先哲遗书）
　　收于《常州先哲遗书》七十二种七百四十九卷集类中。

J0090755
初月楼论书随笔　（一卷）（清）吴德旋撰
武进　盛氏思惠斋　清宣统　刻本　汇印
（常州先哲遗书）
　　据清光绪二十一至三十三年武进盛氏思惠斋刻本汇印。

J0090756
初月楼论书随笔　（一卷）（清）吴德旋撰
武林竹简斋　民国　影印本
（别下斋丛书）
　　据清海昌蒋氏刻本影印。

J0090757
初月楼论书随笔　（一卷）（清）吴德旋撰
上海　商务印书馆　民国十二年［1923］影印本
（别下斋丛书）
　　据清海昌蒋氏刻本影印。

J0090758
书法摘要善本　（三卷）（清）李登辑；（清）胡正言书
清照斋　清道光五年［1825］刻本
　　本书由《宝翰楼增订四体书法不分卷》（清）郑炳也辑、《书法摘要善本三卷》《篆法偏旁正讹歌不分卷》（清）李登辑；（清）胡正言书合订。作者胡正言，明末书画篆刻家、出版家。字曰从，号十竹，原籍安徽休宁。代表作品《印存玄览》《十竹斋笺谱》《六书正伪》《印存初集》等。

J0090759
艺舟双楫　（二卷）（清）包世臣撰
清道光十年［1830］刻本
　　作者包世臣（1775—1855），学者、作家、书法家。字慎伯，号倦翁，别署白门倦游阁外史、小倦游阁外史，安徽泾县人。著有《中衢一勺》《艺舟双楫》《管情三义》《齐民四术》，合称《安吴四种》，又著《小倦游阁文稿》。

J0090760

艺舟双楫 （六卷 附录三卷）（清）包世臣撰
白门倦游阁 清道光二十六年［1846］木活字印本
（安吴四种）

J0092659

艺舟双楫 （六卷 附录三卷）（清）包世臣撰
清咸丰元年［1851］刻本
（安吴四种）

J0090761

艺舟双楫 （六卷 附录三卷）（清）包世臣撰
包诚 清同治十一年［1872］刻本
（安吴四种）

J0090762

艺舟双楫 （不分卷）（清）包世臣撰
高安邹氏玉鸡苗馆 清光绪 刻本
（玉鸡苗馆丛书）

J0090763

艺舟双楫 （六卷）（清）包世臣撰
羊城冯氏 清光绪 刻本
（翠琅玕馆丛书）
　　本书为中国清代书法理论及文史文集，包括
论文、论书两部分，共六卷。

J0090764

艺舟双楫 （不分卷）（清）包世臣撰
蒲圻但氏 清光绪八年［1882］刻本

J0090765

艺舟双楫 （不分卷）（清）包世臣撰
汗青簃 清光绪九年［1883］刻本

J0090766

艺舟双楫 （不分卷）（清）包世臣撰
安徽 聚文堂 清光绪十一年［1885］刻本

J0090767

艺舟双楫书论 （一卷）（清）包世臣撰
汉阳 清光绪十七年［1891］刻本

J0090768

艺舟双楫 （清）包世臣著
上海 广智书局 清宣统元年［1909］石印本
182 页 22cm（20 开）定价：三角五分
　　本书为中国清代书法理论及文史文集，包
括论文、论书两部分，共六卷。书末附《杂诗示
十九弟季怀》《赠山阳吴生璜》《邵生碣文》《张
尚平传》4 篇。

J0090769

艺舟双楫 （清）包世臣著
上海 古今书室 1915年 石印本 182 页
22cm（20 开）定价：四角

J0090770

艺舟双楫 （清）包世臣著
上海 有正书局 1916年 石印本 194 页
21cm（32 开）定价：大洋三角五分

J0090771

艺舟双楫 （清）包世臣著
上海 广益书室 1919年 再版 182 页
22cm（20 开）定价：大洋四角

J0090772

艺舟双楫 （清）包世臣著
上海 古今书室 1922年 182 页 22cm（20 开）
定价：三角五分
　　本书为中国清代书法理论及文史文集，包
括论文、论书两部分，共六卷。书末附《杂诗示
十九弟季怀》《赠山阳吴生璜》《邵生碣文》《张
尚平传》4 篇。

J0090773

艺舟双楫 （清）包世臣著
上海 古今书室 1923年 6 版 182 页
22cm（20 开）定价：大洋四角
　　本书为中国清代书法理论及文史文集，包括
论文、论书两部分，共六卷。

J0090774

艺舟双楫 （清）包世臣著
上海 有正书局 1923年 再版 石印本 194 页
22cm（20 开）定价：大洋三角五分

J0090775

艺舟双楫 （清）包世臣著

上海 古今图书店 1924 年 182 页 19cm（ 32 开）

本书为中国清代书法理论及文史文集，包括论文、论书两部分，共六卷。书末附《杂诗示十九弟季怀》《赠山阳吴生璜》《邵生碣文》《张尚平传》4 篇。

J0090776

艺舟双楫 （清）包世臣著

上海 文艺书社 1924 年 6 版 168 页 22cm（ 20 开）

定价：银四角

本书为中国清代书法理论及文史文集，包括论文、论书两部分，共六卷。书末附《杂诗示十九弟季怀》《赠山阳吴生璜》《邵生碣文》《张尚平传》4 篇。

J0090777

艺舟双楫 （清）包世臣著

上海 有正书局 1924 年 3 版 194 页 19cm（ 32 开）

J0090778

艺舟双楫 （一）（清）包世臣著

上海 商务印书馆 民国十八年［ 1929 ］75 页 18cm（ 32 开）

（万有文库 第一集 0730 ）

J0090779

艺舟双楫 （二）（清）包世臣著

上海 商务印书馆 民国十八年［ 1929 ］79 页 18cm（ 32 开）

（万有文库 第一集 0730 ）

J0090780

艺舟双楫 （清）包慎伯编著

上海 古今书室 民国十九年［ 1930 ］12 版 182 页 22cm（ 20 开）定价：四角

J0090781

艺舟双楫 （清）包世臣著

上海 商务印书馆 1934 年 再版 2 册（ 75+79 页）18cm（ 32 开）

（万有文库 第一集 0730 ）

J0090782

艺舟双楫 （清）包世臣著

上海 文艺书社 1934 年 11 版 168 页 20cm（ 32 开）

定价：银四角

本书为中国清代书法理论及文史文集，包括论文、论书两部分，共六卷。书末附《杂诗示十九弟季怀》《赠山阳吴生璜》《邵生碣文》《张尚平传》4 篇。

J0090783

艺舟双楫 （清）包慎伯著

上海 古今书室 1935 年 再版 182 页 21cm（ 32 开）

定价：大洋四角

本书为中国清代书法理论及文史文集，包括论文、论书两部分，共六卷。

J0090784

艺舟双楫 （清）包世臣著

上海 国学整理社 1935 年 1 册 18cm（ 32 开）

定价：CNY2.00

（艺林名著丛刊）

本书为民国时期文献，内容主要关于清代书法理论，除了署名作者以外，另含其他五人的著作。

J0090785

艺舟双楫 （清）包世臣著

上海 商务印书馆 1935 年 1 册 19cm（ 32 开）

定价：大洋二角五分

（国学基本丛书）

本书为中国清代书法理论及文史文集，包括论文、论书两部分，共六卷。书末附《杂诗示十九弟季怀》《赠山阳吴生璜》《邵生碣文》《张尚平传》4 篇。

J0090786

艺舟双楫 （仿古字版）（清）包世臣著

上海 国学整理社 1936 年 再版 1 张 18cm（ 32 开）精装

（艺林名著丛刊）

本书由《艺舟双楫》（清）包世臣著、《广艺舟双楫》康有为著、《画禅室随笔》（明）董其昌著、《画筌》笪重光著、《画诀》龚贤著合订。

J0090787

艺舟双楫 （清）包世臣著；李菊庐标点

上海 教育书店 1937 年 再版 236 页 18cm（ 32 开）

定价：国币三角

本书为中国清代书法与文史理论文集,包括论文、论书两部分,共六卷。

J0090788

艺舟双楫　(清)包世臣等著
北京 中国书店 1983 年 有图 20cm(32 开)
定价:CNY1.40
(艺林名著丛刊)

本书据世界书局 1936 年版影印,包括:《艺舟双楫》《广艺舟双楫》《画禅室随笔》《画筌》《画诀》《桐阴画诀》《桐阴论画》。

J0090789

书法粹言　(一卷)(明)汪挺撰
六安晁氏 清道光十一年[1831]木活字印本
(学海类编)

收于《学海类编》四百三十二种八百三卷集余六艺能中。

J0090790

书法粹言　(一卷)(明)汪挺撰
上海 涵芬楼 民国九年[1920]影印本
(学海类编)

据清道光十一年(1831)六安晁氏木活字印本影印。收于《学海类编》四百三十三种八百六卷中。

J0090791

书录　(明)项元汴撰
六安晁氏 清道光十一年[1831]木活字印本
(学海类编)

作者项元汴(1525—1590),明代鉴赏家、收藏家。浙江嘉兴人。字子京,号墨林、墨林山人、退密斋主、香严居士、鸳鸯湖长、漆园傲吏等。收藏法书名画甲于江南,极一时之盛,以"天籁阁"、"项墨林"等印记识之。精于鉴赏,辨别真赝,当时无人可比。工绘画兼擅书法。山水学元代黄公望、倪瓒,书法出入唐智永、元赵孟頫。著有《蕉窗九录》,刊有《天籁阁帖》。代表作品《墨林山人诗集》《蕉窗九录》等。

J0090792

书录　(明)项元汴撰
上海 涵芬楼 民国九年[1920]影印本
(学海类编)

据清道光十一年六安晁氏木活字印版影印。

J0090793

寒香馆藏真帖　(六卷)(清)梁九章辑
清道光十六年[1836]摹刻本

本书由《寒香馆藏真帖六卷》《寒香馆法帖不分卷》(清)梁九章辑合订。

J0090794

寒香馆法帖　(不分卷)(清)梁九章辑
清道光十六年[1836]摹刻本

本书由《寒香馆藏真帖六卷》《寒香馆法帖不分卷》(清)梁九章辑合订。

J0090795

董思白先生书法阐宗　(五卷)(明)董其昌撰;(清)吴荃辑
昧古书室 清道光二十年[1840]刻本

作者董其昌(1555—1636),明代著名书画家。字玄宰,号思白,别号香光居士,松江华亭(今上海)人。主要作品有《岩居图》《秋兴八景图》《昼锦堂图》等。

J0090796

翰墨卮言　(三卷)(清)胡自治撰;(清)杨焘编;(清)杨继曾辑
非能园 清道光二十四年[1844]刻本 线装

十一行二十二字白口四周双边单鱼尾。

J0090797

翰墨卮言　(三卷)(清)胡自治撰;(清)杨继曾辑
非能园 清道光二十四至二十五年[1844—1845]刻本
(杨氏家集)

J0090798

翰墨卮言　(四卷)(清)胡自治撰
非能园 清道光二十四至二十五年[1844—1845]刻本
(审岩集)

J0090799

翰墨卮言　(三卷)(清)胡自治撰;(清)杨焘编;(清)杨继曾辑
清咸丰八年[1858]刻本 汇印 线装
(杨氏家集)

十一行二十二字小字双行同白口四周双边

单鱼尾。

J0090800
书法汇钞　（八卷）（清）范承宣辑
清道光二十八年［1848］刻本

J0090801
百家楷析　（一卷）
清末　石印本

J0090802
古今书识篇　（一卷）（清）丹霞仙客辑
清末至民国初　抄本

J0090803
类帖杂考　（一卷）（清）赵亨衢辑
清末　抄本

J0090804
倪苏门笔法　题司马璞释
清末至民国初　抄本　有图　线装

J0090805
书谱释文　（清）潘霜撰
清末　刻本　线装
　　五行十字白口四周单边。

J0090806
篆法辨诀　（清）承培元撰；（清）张之纯注
清末　刻本　线装
　　六行九字小字双行十八字白口四周双边单
鱼尾。

J0090807
篆法辨诀　（不分卷）（清）承培元；（清）张之纯注
清咸丰　刻本

J0090808
篆法辨诀　（不分卷）（清）承培元；（清）张之纯注
清末　刻本

J0090809
临池心解　（一卷）（清）朱和羹撰
朱运鸿　清咸丰二年［1852］刻本

J0090810
发蒙执笔写字管见图式　（清）何太和撰
清咸丰四年［1854］刻本　有图　线装
　　十二行二十六字白口四周双边单鱼尾。

J0090811
安吴论书　（一卷）（清）包世臣撰
光楣　清咸丰七年［1857］抄本

J0090812
安吴论书　（一卷）（清）包世臣撰
归安姚氏　清光绪九年［1883］刻本
（咫进斋丛书）

J0090813
安吴论书　（清）包世臣著；（清）朱履贞纂述
上海　商务印书馆　1936年　30+39页　18cm（15开）
（丛书集成初编　1625）
　　本书为中国清代书法研究专著，由《安吴论
书》（清）包世臣著；（清）朱履贞纂述、《书学捷
要》（清）朱履贞纂述合订。其中《安吴论书》一卷，
据咫进斋丛书本排印；《书学捷要》二卷，据知不
足斋丛书本排印。

J0090814
安吴论书　（清）包世臣著
北京　中华书局　1985年　新1版　30+39页
18cm（15开）统一书号：17018.151
（丛书集成初编）
　　本书由《安吴论书》（清）包世臣著、《书学
捷要》（清）朱履贞纂述合订。

J0090815
学书一得　（不分卷）（清）邵洛撰
拙堂　清咸丰十年［1860］刻本

J0090816
频罗庵论书　（一卷）（清）梁同书撰
清同治至光绪　刻本
（榆园丛刻）

J0090817
（增广）四体字法　（清）丁康西辑述
清同治七年［1868］
　　本书包括《篆书字法》（篆法偏旁点画辨）、

《楷书字法》(历代字法心传)等。

J0090818
书品 (一卷)(清)卢派撰
清同治七年[1868]刻本

J0090819
论书偶存 (不分卷)(清)李朝栋撰
清同治九年[1870]刻本

J0090820
白石道人续书谱 (宋)姜夔撰
广州 桂林倪鸿 清同治十年[1871]刻本 线装
(白石道人四种)

　　九行二十一字白口左右双边单鱼尾。作者姜夔(1154—1221),南宋文学家、音乐家。字尧章,号白石道人,饶州鄱阳(今江西省鄱阳县)人。代表作品有《白石道人诗集》《白石道人歌曲》《续书谱》《绛帖平》等。

J0090821
草书状 (一卷)(西晋)索靖撰
济南 皇华馆书局 清同治十年[1871]刻本
补刻 线装
(玉函山房辑佚书)

　　九行二十字小字双行同白口四周双边单鱼尾。收于《玉函山房辑佚书》经编小学类中。作者索靖(244—303),西晋著名书法家。敦煌郡龙勒县(今甘肃敦煌)人。字幼安。流传后世的书法作品有《出师颂》《月仪帖》《急就章》等。

J0090822
草书状 (一卷)(西晋)索靖撰
济南 皇华馆书局 清同治十年[1871]刻本
重印 线装
(玉函山房辑佚书)

　　九行二十字小字双行同白口四周双边单鱼尾。收于《玉函山房辑佚书》经编小学类中。

J0090823
草书状 (一卷)(西晋)索靖撰;(清)马国翰辑
济南 皇华馆书局 清同治十年[1871]刻本 补刻
(玉函山房辑佚书)

　　撰者索靖(244—303),西晋著名书法家。敦煌郡龙勒县(今甘肃敦煌)人。字幼安。流传后

世的书法作品有《出师颂》《月仪帖》《急就章》等。辑者马国翰(1794—1857),清代文献学家、藏书家。山东济南人。字词溪,号竹吾。进士。志于古书辑佚,所购之书达5.7万余卷。编著《玉函山房辑佚书》,全书分经、史、诸子3编,700多卷。传世作品还有《竹如意》《玉函山房文集》《玉函山房诗集》等。

J0090824
草书状 (一卷)(西晋)索靖撰;(清)马国翰辑
长沙 娜嬛馆 清光绪九年[1883]刻本
(玉函山房辑佚书)

J0090825
草书状 (一卷)(西晋)索靖撰;(清)马国翰辑
楚南湘远堂 清光绪十年[1884]刻本
(玉函山房辑佚书)

J0090826
草书状 (一卷)(西晋)索靖撰;(清)马国翰辑
章邱李氏 清光绪十年[1884]刻本 重印
(玉函山房辑佚书)

　　据马氏刻本重印。

J0090827
楷体蒙求 (八卷)(清)刘廷玉辑
常郡一枝山房 清同治十年[1871]刻本

J0090828
临池管见 (一卷)(清)周星莲撰
清同治十二年[1873]刻本

J0090829
初拓书谱 (一卷)(唐)孙过庭撰
上海 有正书局 清光绪至宣统 影印本 线装

　　作者孙过庭(646—691),唐代书法家、书法理论家。名虔礼,以字行。吴郡富阳(今浙江富阳)人。有墨迹《书谱》传世。

J0090830
笪江上先生书筏 (一卷)(清)笪重光撰;(清)金汉考订
清光绪 活字印本
(薛萝吟社所刊书三种)

　　作者笪重光(1623—1692),清书画家。江苏

句容人。字在辛,号江上外史、郁冈、扫叶道人。顺治进士。官御史。书画名重一时,画善山水,兼写兰竹,精鉴赏。主要美学思想著作有《画筌》和《书筏》。

J0090831
笪江上先生书筏　（清）笪重光撰;（清）金汉考订
丹徒金汉薛萝吟社　清光绪十九年[1893]刻本
线装
（薛萝吟社四种）
　　九行二十一字白口四周双边单鱼尾。

J0090832
大字结构八十四法　（清）李象寅书
清光绪　刻本　线装
　　三行五字白口四周双边单鱼尾。

J0090833
大字结构八十四法　（清）李象寅书
民国　刻本　线装

J0090834
侯氏书品　（一卷）（清）侯仁朔撰
山阴宋氏　清光绪元年至十三年[1875—1887]
刻本
（忏花盦丛书）
　　清光绪十三年汇印本。

J0090835
论书绝句　（一卷）胡元常撰
长沙胡氏　清光绪　刻本
（胡氏三种）

J0090836
论书十二绝句　（清）包世臣撰
南清河王氏　清光绪　木活字本　线装
（牖蒙丛编）
　　十二行二十四字黑口四周双边单鱼尾。作者包世臣(1775—1855),学者、作家、书法家。字慎伯,号倦翁,别署白门倦游阁外史、小倦游阁外史,安徽泾县人。著有《中衢一勺》《艺舟双楫》《管情三义》《齐民四术》,合称《安吴四种》,又著《小倦游阁文稿》。

J0090837
善成堂增订四体书法　（一卷）（清）郑虎文辑
善成堂　清光绪　刻本

J0090838
十七帖释文　（不分卷）（晋）王羲之书;（宋）米芾临
清光绪　刻本
（三帖释文）
　　王羲之(303—361),东晋著名书法家。字逸少,山东临沂人。代表作《兰亭序》《黄庭经》《乐毅论》《十七帖》《兰亭集序》《初月帖》等。米芾(1051—1107),北宋书法家、画家、书画理论家。祖籍太原,出生于湖北襄阳,长期居润州(今江苏镇江)。初名黻,后改芾,字元章,号襄阳居士、海岳山人等。书画自成一家,枯木竹石,山水画独具风格特点。在书法也颇有造诣,擅篆、隶、楷、行、草等书体,长于临摹古人书法。代表作品有《宝晋英光集》《宝章待访录》《书史》《画史》《砚史》。

J0090839
书法正传　（一卷）（清）蒋和撰
清光绪　刻本

J0090840
书法正传　（一卷）（清）蒋和撰
清光绪五年[1879]刻本
（蒙学八种）

J0090841
书品　（清）杨景曾撰
南清河王氏　清光绪　木活字本　线装
（牖蒙丛编）
　　十二行二十四字黑口四周双边单鱼尾。

J0090842
书品　（一卷）（清）杨景曾撰
清光绪五年[1879]刻本
（三品汇刊）

J0092743
四体书法　（一卷）（清）郑虎文辑
清光绪　刻本

J0090843

孙过庭书谱序　（唐）孙过庭书

清光绪　刻本

　　作者孙过庭(646—691)，唐代书法家、书法理论家。名虔礼，以字行。吴郡富阳(今浙江富阳)人。有墨迹《书谱》传世。

J0090844

孙过庭书谱序　（唐）孙过庭书

上海　上海书店　1992 年　38cm（6 开）

ISBN：7-80569-587-3 定价：CNY7.00

J0090845

重校分部书法正传

清光绪元年［1875］刻本　有图　线装

　　行款不一白口四周单边单鱼尾。

J0090846

重校分部书法正传　（一卷）（清）蒋和撰

清光绪元年［1875］刻本

J0090847

重校分部书法正传　（清）蒋和撰

北京琉璃厂　清光绪五年［1879］刻本　有插图　线装

J0090848

重校分部书法正传　（一卷）（清）蒋和撰

北京琉璃厂　清光绪五年［1879］刻本

J0090849

重校书法正传　（清）蒋和编

清光绪十八年［1892］刻本　线装

　　行款不一白口四周单边单鱼尾。

J0090850

摘录书法通文便解　（一卷）（清）许凤翥撰

清光绪二年［1876］刻本

J0090851

八法筌蹄　（一卷）（清）沈道宽撰

大兴沈敦兰润州权廨　清光绪三年［1877］刻本　线装

（话山草堂遗集）

　　九行二十一字小字双行同黑口四周双边双鱼尾。收于《话山草堂遗集》之《话山草堂杂著》中。

J0090852

楷法溯源　（十四卷，目录一卷）（清）潘存辑；杨守敬编

清光绪三年［1877］刻本　线装

　　分十五册。七行十二字白口四周单边。

J0090853

楷法溯源　（十四卷　目录一卷）（清）潘存辑；杨守敬编

清光绪四年［1878］刻本

J0090854

春风廿四　（不分卷）（清）龙山遮居士辑

歙西遵行堂　清光绪五年［1879］刻本

J0090855

翰林要诀

清光绪五年［1879］刻本　线装

　　九行二十字白口四周双边单鱼尾。

J0090856

增补分部书法正传

清光绪五年［1879］刻本　有图　线装

　　行款不一白口四周单边单鱼尾。

J0090857

增补分部书法正传　（一卷）（清）蒋和撰

清光绪八年［1882］刻本

J0090858

增补分部书法正传　（一卷）（清）蒋和撰

自强书局　清光绪十三年［1887］刻本

J0090859

增补分部书法正传　（四卷）（清）蒋和编

北京　北京琉璃厂　清光绪二十四年［1898］刻本　有图　线装

　　四周单边单鱼尾。

J0090860

增补分部书法正传　（清）蒋和撰

北京　北京琉璃厂　清光绪三十年［1904］刻本　有图　线装

　　四周单边单鱼尾。

J0090861
增补分部书法正传 （一卷）（清）蒋和撰
上海 扫叶山房 清宣统二年［1910］刻本

J0090862
增补分部书法正传 （清）蒋和撰
上海 扫叶山房 清宣统二年［1910］刻本 有图
线装
　　行款不一白口四周单边单鱼尾。

J0090863
草字便览摘要 （不分卷）（清）黄思永撰
清光绪八年［1882］刻本 线装
　　白口左右双边。

J0090864
君子馆论书绝句一百二十首 （一卷）边成
撰；袁照注
清光绪十年［1884］刻本

J0090865
四字书法 □□辑
清光绪十年［1884］刻本 线装
　　行款不一白口四周单边单鱼尾。

J0090866
龚端毅公手札 （清）袭彦绪辑
清光绪十一年［1885］刻本 线装
　　行款不一黑口四周双边单鱼尾。

J0090867
国朝人书评 （一卷）（清）陈墉辑
南清河王氏 清光绪十二至二十一年［1886—
1895］
（小方壶斋丛书）
　　收于《小方壶斋丛书》三十七种七十一卷三
集中。

J0090868
翰林要诀 （一卷）（清）龙启瑞,（清）祁世长撰
清光绪十二年［1886］石印本

J0090869
重刻草书要领 （不分卷）（清）李云麟辑
李氏 清光绪十四年［1888］刻拓本

J0090870
翰林要诀 （不分卷）（清）宝丰撰
清光绪十六年［1890］刻本

J0090871
书论 （一卷）（清）姚孟起撰
姚氏松下清斋 清光绪十七年［1891］刻本
　　本书由《字学臆参一卷》《书论一卷》（清）
姚孟起撰合订。七行十二字白口四周单边。

J0090872
字学臆参 （一卷）（清）姚孟起撰
姚氏松下清斋 清光绪十七年［1891］刻本 线装
　　本书由《字学臆参一卷》《书论一卷》（清）
姚孟起撰合订。七行十二字白口四周单边。

J0090873
字学臆参 （一卷）（清）姚孟起撰
上海 神州国光社 民国三年［1914］线装
（美术丛书续集）
　　收于《美术丛书续集》第八集中。

J0090874
广艺舟双楫 （六卷）康有为撰
南海康氏万木草堂 清光绪十九年［1893］刻本
　　本书为中国清代书法理论专著，共6卷。书
前有作者的"叙目"。作者康有为（1858—1927），
中国近代思想家、政治家、书法家。原名祖诒，
字广厦，号长素，又号更生。广东南海县人，清
光绪年间进士。代表作品《新学伪经考》《孔
子改制考》《人类公理》《广艺舟双楫》《康子
篇》等。

J0090875
广艺舟双楫 （六卷）康有为撰
清光绪二十八年［1902］刻本

J0090876
广艺舟双楫 （六卷）康有为撰
上海 广智书局 清宣统 铅印本

J0090877
广艺舟双楫 康有为著
上海 广智书局［1910—1949年］23cm（10开）
定价：三角

J0090878
广艺舟双楫　(清)康祖诒著
上海　广艺书局　1916年［144］页　22cm(25开)
定价: 大洋四角

J0090879
广艺舟双楫　(清)康有为撰
上海　商务印书馆　1937年　107页　18cm(15开)
(万有文库　第二集　396)

J0090880
广艺舟双楫　(简编版)(清)康有为著
［长沙］商务印书馆　1939年　107页　19cm(32开)
(万有文库　第2集　396)
　　本书为中国清代书法理论专著, 共6卷。书前有作者的"叙目"。

J0090881
广艺舟双楫　(清)康有为著
上海　广智书局［1944年］［144］页　19cm(32开)

J0090882
广艺舟双楫　康有为撰
台北　商务印书馆　1956年　影印本　59页
19cm(32开)　定价: TWD0.90
(国学基本丛书　第1集　40)

J0090883
广艺舟双楫　(清)康有为撰
台北　商务印书馆　1999年　台1版　107页
19cm(小32开)　ISBN: 957-05-1545-7
定价: TWD100.00

J0090884
欧阳书考　(十二卷　首一卷　末一卷)(清)袁继翰辑
清光绪二十年［1894］刻本

J0090885
法书　(二卷)(清)安歧撰
清光绪二十六年［1900］
(墨缘汇观)
　　作者安歧, 清代书画鉴藏家。朝鲜族, 天津人。字仪周, 号麓村, 晚号松泉老人, 室名思原堂、古香书屋等。收藏绘画、书法名品有: 展

子虔《游春图》、范宽《雪景寒林图》、董源《潇湘图》、王献之《东山松帖》、欧阳询《卜商帖》、米芾《参政帖》等。

J0090886
法书　(二卷)(清)安歧撰
端方　清宣统元年［1909］刻本
(墨缘汇观)

J0090887
法书　(二卷)(清)安歧编
武昌　浭阳端方　清宣统元年［1909］刻本　朱印线装
(墨缘汇观)
　　分二册。九行二十一字小字双行同白口左右双边单鱼尾。

J0090888
法书　(二卷)(清)安歧编
上海　广雅书局　民国九年［1920］石印本　线装
(墨缘汇观)
　　分二册。

J0090889
书镜　(清)康有为著
上海　长兴书局　清光绪二十八年［1902］
［152］页　20cm(32开)　定价: 大洋四角五分
　　本书共六卷。版前有"附日本人中材不折译刻序""附日本日田园序""附日本井土灵山诗"等。

J0090890
书镜　(清)康有为著
上海　广智书局　1916年　再版　22cm(16开)
定价: 大洋四角
　　本书为清代中国书法理论专著, 共六卷。

J0090891
论书集刻　(不分卷)(清)张祥河辑
清光绪三十三年［1907］刻本

J0090892
草字入门　(一卷)(清)许桐君撰
清光绪三十四年［1908］石印本

J0090893
草字入门　（一卷）（清）许桐君著
北京　中国书店　1987年　影印本 ［158］页
26cm（16 开）定价：CNY1.90

J0090894
山樵书外记　（一卷）（清）张开福撰
端方　清光绪三十四年［1908］刻本

J0090895
蒋拙存书姜白石书谱　（宋）姜夔撰；（清）蒋衡书
上海　国学保存会　清宣统元年［1909］影印本
线装
　　六行十三字。作者姜夔（1154—1221），南宋
文学家、音乐家。字尧章，号白石道人，饶州鄱
阳（今江西省鄱阳县）人。代表作品有《白石道人
诗集》《白石道人歌曲》《续书谱》《绛帖平》等。

J0090896
学书韵语　（一卷）徐埇书
清宣统元年［1909］石印本

J0090897
［续书谱］　（宋）姜夔撰
北平　国立北平图书馆　民国　抄本　毛装
（说郛）
　　收于《说郛》卷七十六中。

J0090898
餐霞书话　郁葆青著
上海 ［民国］［30］页 20cm（32 开）环筒页装

J0090899
广艺舟双楫评论　（一卷）黄绍箕撰
万洁斋　民国　稿本
（万洁斋丛刊）

J0090900
汉魏笔法研究社讲义　张宝棠著
汉魏笔法研究社 ［民国］52 页 22cm（32 开）

J0090901
汉魏笔法研究社讲义　张宝棠著
汉魏笔法研究社 ［1937 年］52 页 22cm（32 开）
　　本书分概论、分论、杂说等 3 编，讲述魏体

的练习方法、要领等。

J0090902
汉魏笔法研究社讲义　张宝棠著
汉魏笔法研究社 ［1937 年］50 页 18cm（15 开）

J0090903
旧拓薛刻书谱　（唐）孙过庭撰
民国初　影印本　线装
　　作者孙过庭（646—691），唐代书法家、书法
理论家。名虔礼，以字行。吴郡富阳（今浙江富阳）
人。有墨迹《书谱》传世。

J0090904
旧拓薛刻书谱　（唐）孙过庭撰
上海　商务印书馆　民国十四年［1925］影印本
三版　线装

J0090905
旧拓薛刻书谱　（唐）孙过庭撰
商务印书馆　民国二十八年［1939］影印　线装

J0090906
兰亭博议　（宋）桑世昌撰
北平　国立北平图书馆　民国　抄本　毛装
（说郛）
　　收于《说郛》卷六十二中。作者桑世昌，字
泽卿，江苏扬州人。辑有《兰亭考》《回文类聚》
《天台续集别编》等。

J0090907
兰亭博议　（宋）桑世昌撰
上海　商务印书馆　民国十六年［1927］线装
（说郛）
　　收于《说郛》卷六十二中。

J0090908
兰亭博议　（宋）桑世昌撰
上海　商务印书馆　民国十九年［1930］线装
（说郛）
　　收于《说郛》卷六十二中。

J0090909
鹏秋书札　凌惕安等撰
民国　手稿本　线装

J0090910

清宫藏唐孙过庭书谱序墨迹 （唐）孙过庭撰
并书
上海　有正书局　民国　影印暨铅印本　线装

J0090911

清宫藏唐孙过庭书谱序墨迹 （唐）孙过庭书
上海　有正书局　民国初　影印本　毛装

J0090912

清宫藏唐孙过庭书谱序墨迹 （唐）孙过庭书
上海　有正书局　民国　影印本　线装

J0090913
书法概要　顾燿君撰
民国　影印本　线装

J0090914
书概释义　冯亦吾注
[民国] 150 页 21cm（32 开）
　　作者冯亦吾（1903—2000），书法家、书法理
论家。号逸瓮，江苏沛县人。曾任北京书法家
协会理事兼评委、北京卿云书画联谊社社长等。
代表作品有《冯亦吾文集》《书法丛谈》《书法探
求》等。

J0090915
唐孙过庭书谱真迹　（唐）孙过庭书
上海　艺苑真赏社　民国　影印本　线装

J0090916
唐孙过庭书谱真迹　（唐）孙过庭书
上海　上海古籍书店　1965 年 [70] 页 35cm（9 开）
定价：CNY1.00

J0090917
唐孙过庭书谱真迹　（唐）孙过庭书
上海　上海古籍书店 [1966 年] 影印本 1 张
35cm（9 开）定价：CNY1.00

J0090918
唐孙过庭书谱墨迹　上海书画出版社编辑
上海　上海书画出版社　1978 年　47 页
38cm（6 开）统一书号：7172.92 定价：CNY1.75

J0090919

唐孙过庭书谱墨迹　（唐）孙过庭书
天津　天津市古籍书店　1990 年　影印本　48 页
38cm（6 开）定价：CNY4.80
（历代碑帖集萃）

J0090920
一得　佚名撰
民国　稿本　线装

J0090921
中级书法教本　（1、2 册）商务印书馆函授学
校国文科编
上海　商务印书馆函授学校国文科 [民国]
2 册（55+104 页）[19cm]（32 开）
　　本书分 15 节，介绍书法基础知识。

J0090922
卓君庸用笔九法　（一卷）卓定谋撰
自青榭　民国　石印本　朱印　有图　毛装
　　撰者卓定谋（1886—1967），字君庸，福建
人。擅长书法。著有《榆园小志》。

J0090923
玉烟堂帖本急就章草法考　（九卷）李滨撰
民国三年 [1914] 石印本

J0090924
国朝隶品　（一卷）（清）桂馥撰
上虞罗氏　民国四年 [1915]
（雪堂丛刻）
　　作者桂馥（1736—1805），学者、戏曲作家、文
字训诂学家。字冬卉，号未谷，山东曲阜人。乾
隆庚戌（1790）进士。著有《说文解字义证》《札朴》
《缪篆分韵》等。一说：生卒年为 1733—1802。

J0090925
书学绪闻　（一卷）（清）魏锡曾撰
上海　神州国光社　民国四年 [1915] 线装
（美术丛书后集）
　　收于《美术丛书后集》第二集中。

J0090926
学书笔法精解　（一卷）蒋和撰
上海　广益书局　民国四年 [1915] 有图　线装

（古今文艺丛书）

收于《古今文艺丛书》第六集中。

J0090927

玉燕楼书法 （一卷）（清）鲁一贞,（清）张廷相撰
上海 神州国光社 民国六年［1917］有图 线装
（美术丛书后集）

收于《美术丛书后集》第九集中。

J0090928

玉燕楼书法 （一卷）（清）鲁一贞,（清）张廷相撰
上海 神州国光社 民国九年［1920］
（美术丛书）

J0090929

书镜 （清）康有为著
上海 长兴书局 戊午年［1918］再版
23cm（16开）定价：大洋四角五分

本书原名《广艺舟双楫》,共六卷。版前
有"附日本人中材不折译刻序""附日本日田园
序""附日本井土灵山诗"等。

J0090930

宋拓太清楼书谱 （唐）孙过庭书
上海 有正书局 民国八年［1919］影印本 5版 线装

J0090931

宋拓太清楼书谱 （不分卷）□□辑
上海 有正书局 民国八年［1919］石印本

J0090932

宋拓薛绍彭书谱 （唐）孙过庭撰
上海 有正书局 民国八年［1919］石印本 线装

J0090933

习字入门 暭暭子编
上海 中华书局 民国八年［1919］石印本 线装

J0090934

论书法 （一卷）（清）王宗炎撰
上海 神州国光社 民国九年［1920］
（美术丛书）

J0090935

四友斋书论 （一卷）（明）何良俊撰

上海 神州国光社 民国九年［1920］
（美术丛书）

本书由《四友斋书论一卷》（明）何良俊撰、
《画论一卷》（明）何良俊撰合订。

J0090936

张文襄公论书语 （不分卷）（清）张之洞撰
惜阴堂 民国九年［1920］

J0090937

西山题跋 （三卷）（宋）真德秀撰
上海 博古斋 民国十一年［1922］影印本
（津逮秘书）

据明崇祯毛氏汲古阁刻本影印。

J0090938

书法指南 广宗杜之堂编
东升书局 民国十二年［1923］石印本 线装

分二册。

J0090939

孙虔礼书谱序真迹 （唐）孙过庭撰
北京 延光室 民国十二年［1923］影印本 毛装

J0090940

孙虔礼书谱序真迹 （唐）孙过庭撰并书
京华印书局 民国十三年［1924］影印本 线装

J0090941

唐孙虔礼书谱序 （唐）孙虔礼［书］；台北故
宫博物院编辑委员会编辑
台北 台北故宫博物院 1996年 重印本 32叶
39cm（14开）线装 ISBN：957-562-116-6
定价：TWD800.00
（故宫法书 第二辑）

作者孙虔礼（648—703）,字过庭,以字行。
唐代书法家、书法理论家。吴郡富阳（今浙江富
阳）人。有墨迹《书谱》传世。

J0090942

篆诀百韵歌 吴肇周辑
民国十二年［1923］石印本 线装

J0090943

书法偶集 （一卷）（清）陈玠撰

天津 民国十三年［1924］刻本
（屏庐丛刻）

J0090944
松邻书札　吴昌绶撰
民国十四年［1925］影印本 线装

J0090945
章草草诀歌　（附释文）卓定谋收藏/编辑
北京 京华印书局 民国十六年［1927］2 版
［影印本］37cm（8 开）定价：四元
　　卓定谋（1886—1967），字君庸，福建人。擅长书法。著有《榆园小志》。

J0090946
章草草诀歌　（明）佚名撰；卓定谋藏并编
北京 闽侯卓定谋 民国十六年［1927］影印本
2 版 线装

J0090947
章草草诀歌　（明）佚名撰；卓定谋藏并编
北京 闽侯卓定谋 民国十六年［1927］影印本
线装

J0090948
章草草诀歌　卓定谋藏并编
北平 京华印书局印制 民国二十年［1931］影印本 4 版 线装

J0090949
书法津梁　（四卷）（清）包世臣撰
上海 受古书店 民国十七年［1928］石印本

J0092851
书势　（一卷）（清）程瑶田撰
上海 神州国光社 民国十七年至民国二十五年
［1928—1936］
（美术丛书）
　　作者程瑶田（1725—1814），安徽歙县人。字易田，一字易畴，号让堂，葺荷。清乾隆三十五年（1770）中举，授太仓州学政。晚年写成《琴音记》。撰述统名《通艺录》。

J0090950
中国书学浅说　诸宗元著

上海 商务印书馆 1928 年 46 页 13cm（60 开）
（百科小丛书 第 14 辑 155）
　　本书分书体分析、笔法研究、字之结体及运用、学书之次第、中国历代制字之概述、中国历代书家与论书之概述等 11 节。著者诸宗元（1875—1932），藏书家、书画家。浙江绍兴人。字贞长、贞壮等，号大至，别署大至居士等，室名心太平室、病起楼等。南社社员。藏书万余卷，颇多名人书画。1929 年，所藏皆毁于火。著有《吾眼堂类稿》《秦环楼谈录》《箧书别录》《病起楼诗》等。生年一说：1874。

J0090951
中国书学浅说　诸宗元著
上海 商务印书馆 1929 年 44 页 18cm（15 开）
（万有文库 第一集 0729）

J0090952
中国书学浅说　诸宗元著
上海 商务印书馆 1933 年 国难后 1 版 44 页
19cm（32 开）定价：二元
（百科小丛书）

J0090953
中国书学浅说　诸宗元著
上海 商务印书馆 1934 年 再版 44 页 18cm（15 开）
（万有文库 第一集 0729）

J0090954
中国书学浅说　诸宗元著
上海 商务印书馆 1934 年 国难后 2 版 44 页
19cm（32 开）定价：大洋一角五分
（百科小丛书）

J0090955
中国书学浅说　诸宗元著
重庆 商务印书馆 1945 年 渝 1 版 35 页
18cm（15 开）定价：国币七角
（百科小丛书）

J0090956
中国书学浅说　诸宗元著
上海 商务印书馆 1947 年 4 版 44 页 20cm（32 开）
定价：国币 1.00
（新中学文库）

本书分书体分析、笔法研究、字之结体及运用、学书之次第、中国历代制字之概述、中国历代书家与论书之概述等11节。

J0090957
豪素丛谈 （二卷）谢功肃著
汉口　武汉印书馆营业部　1929年　40+54页　19cm（32开）定价：银元五角
　　本书上卷辨体，包括篆文、草书、楷与行书、碑版、集帖、概言各体等，附精选碑帖一览表；下卷论法，包括执笔运腕、点画结构、临摹工用、笔墨砚纸、法外良法等，附历代书家姓名略。

J0090958
书法秘诀 （清）蒋和撰
上海　民国十八年［1929］石印本　线装

J0090959
文字志 （唐）王愔撰
攸水龙氏　民国十八年［1929］线装
（小学蒐逸）

J0090960
弄翰余渖 刘咸炘撰
尚友书塾　民国十九年［1930］线装
　　作者刘咸炘（1896—1932），目录学家、历史学家、书法家和书学理论家。字鉴泉、别号宥斋，四川双流人。著有《汉书知意》《太史公书知意》《诗系》《弄翰余沈》等。

J0090961
书法精论 丁文隽著
北平　丁文隽［自刊］1930年　2册　18cm（32开）定价：大洋二元
　　本书分上、下编，包括书法溯源、辨体、别流、执笔，运笔、结构、取法、临摹、用具等。书末附金石碑帖插影索引。

J0090962
章草考 卓定谋辑
北平　京华印书局　民国十九年［1930］线装
　　卓定谋（1886—1967），字君庸，福建人。擅长书法。著有《榆园小志》。

J0090963
笔法探微 徐谦撰
上海　会文堂新记书局　民国二十年［1931］石印本　线装
　　本书讲述执笔法、用笔法、笔力等。书后附有《古书家论书精语》。

J0090964
笔法探微 徐谦著
上海　徐谦［自刊］1931年　56页　19cm（32开）定价：大洋四角

J0090965
故宫藏本孙过庭书谱 （唐）孙过庭撰并书
北京　延光室　民国二十年［1931］影印本　线装

J0090966
评书帖 （一卷）（清）梁巘撰
民国二十年［1931］排印本
　　作者梁巘（1710—1788）。清代书法家。字闻山，一作文山，号松斋。安徽亳州人。乾隆二十七年举人。著有《评书帖》《论书笔记》。

J0090967
书法举隅 金曾灿书
上海　文明书局　民国二十年［1931］影印本　十二版　线装

J0090968
书法执笔图说大观 王云阶，尹凡然著
北平　中国大学出版科　1931年　59页　有图像　25cm（16开）定价：大洋一元二角
　　本书分历代书法名家像（附小传）、实用各科执笔法之书法作品（附说明）、各科执笔法之图式与说明等三部分。本书与和记印书馆合作出版。

J0090969
用笔九法是用科学方法写汉字 卓定谋编
［北平］［国立北平研究院］1931年　6页　27cm（16开）
　　本书为中国书法专著，《国立北平研究院院务汇报》第2卷第1期单行本的抽印本。

J0090970
用笔九法——章草 卓定谋著

[北平][国立北平研究院]1931年 16页
有图 26cm(16开)定价:洋一角

　　本书为《国立北平研究院院务汇报》第2卷
第1期单行本的抽印本,收《用笔九法是用科学
方法写汉字》《章草与中国字体之改革》两文。

J0090971
中国文字与书法　陈彬龢著
上海 商务印书馆 1931年 236页 有图
18cm(15开)
(万有文库 第一集 0383)

　　本书共分四编:文字源流;书体沿革;书法
述评;书法研究。附录"历代名家小传"和"重要
碑目"。

J0090972
中国文字与书法　陈彬龢著
上海 商务印书馆 1935年 3版
236页 有图 19cm(32开)定价:大洋一元五角
(国学小丛书)

J0090973
中国文字与书法　陈彬龢著
上海 商务印书馆 1935年 再版
236页 有图 19cm(32开)定价:大洋八角
(国学小丛书)

J0090974
中国文字与书法　陈彬龢著
武汉 武汉市古籍书店 1982年 影印本 159页
19cm(32开)定价:CNY0.80

J0090975
汉字书法大纲　(上卷)王海龙编著
王海龙[自刊]1932年[138]页 22cm(32开)
环简页装

　　本书上卷分两章,讲述书法的气韵、用笔、腕
法、用墨法、临摹法、章法、结构等方面的知识。

J0090976
书法　张鸿来编撰
文化学社 1932年 有图 线装

J0090977
翁何宝真斋法书赞评校　(清)翁方纲,何绍

基著
北平 中华图书馆协会 1932年 45页
26cm(16开)

　　本书为中国清代书法专著,《图书馆季刊》
第6卷第3期单行本。作者翁方纲(1733—
1818),清代金石学家、文学家、书法家。字正
三,号覃溪,晚号苏斋,北京大兴人,乾隆十七
年进士。著有《粤东金石略》《苏米斋兰亭考》
《复初斋诗文集》《小石帆亭著录》等。作者何
绍基(1799—1873),清代诗人、书法家。字子
贞,号东洲、晚号猿叟(一作蝯叟)。湖南道州(今
道县)人。曾任翰林院编修、国史馆总纂。代表
作品有《惜道味斋经说》《说文段注驳正》《东
洲草堂诗钞》等。

J0090978
论书十则　(一卷)(清)邹方锷撰
1933年
(艺海一勺)

J0090979
书法指导　李肖白编
上海 有正书局 1933年 [39]+228页 19cm(32开)

　　本书用书信问答形式,解答有关书法的问
题,共100余题。

J0090980
书法阐微　冯汉著
香港 马骏公司 1934年 30页 有图 18cm(32开)

　　本书内分20节,介绍书法的执笔,肘腕用
法,指力之弊,内外工,临摹之法则、形式及选
碑等基本常识。

J0090981
书法秘诀　(清)佚名撰;杜锡五校
南京 无锡锡成印刷公司 1934年 刻本 线装

J0090982
书法指南　俞剑华编
上海 商务印书馆 1934年 手写石印本
11+284页 19cm(32开)定价:大洋五角

　　本书内分总论、用具、碑帖、运笔、点画、结
体、书体等7编。作者俞剑华(1895—1979),绘
画史论家、画家、美术教育家。原名俞琨,曾用
名俞德,字剑华,以字行。生于山东济南,毕业

于北京高等师范手工图画专修科。先后执教于
北京美术学校、山东美术学校、上海美术专科学
校、暨南大学等。出版有《中国绘画史》《中国画
论类编》《立体图案法》等。

J0090983
标准小楷 （各界适用）周守经写
上海 三民公司 1935年 再版 25cm（小 16 开）
　　本书为楷书字帖。

J0090984
书法指南 俞剑华编
上海 商务印书馆 1935年 再版 284 页 有图
19cm（32 开）定价：大洋五角
　　本书为中国书法基本知识专著，内分总论、
用具、碑帖、运笔、点画、结体、书体等 7 编。

J0090985
书法指南 俞剑华编
长沙 商务印书馆 1939年 手写石印本 284 页
有图 19cm（32 开）
　　本书为手写石印本，内分总论、用具、碑帖、
运笔、点画、结体、书体等 7 编。

J0090986
书法指南 俞剑华著
北京 中国书店 1988年 影印本 284 页
19cm（32 开）ISBN：7-80568-034-5
定价：CNY2.80

J0090987
书法指南 俞剑华著
天津 天津市古籍书店 1989年 影印本 284 页
19cm（32 开）定价：CNY3.50

J0090988
书林纪事 （四卷）马宗霍撰
上海 商务印书馆 民国二十四年［1935］127 叶
20cm（32 开）定价：国币一元

J0090989
书林藻鉴 （二十卷）马宗霍辑
上海 商务印书馆 民国二十四年［1935］
21cm（32 开）定价：大洋四元（全 4 册）
　　分四册。

J0090990
书学 祝嘉辑
南京正中书局 民国二十四年［1935］刻本 线装
　　辑者祝嘉（1899—1995），书法家、书法理论
家和书法教育家。字燕秋，海南文昌人。中国
书协江苏分会顾问。代表作品有《书学》《书学
史》等。

J0090991
习字门径 王定九编著
上海 中央书店 1935年 5 版 68 页 18cm（32 开）
定价：大洋六角
　　本书介绍了毛笔字练习方法，附各体字范。

J0090992
习字门径 王定九编
上海 中央书店 1946年 新 10 版 68 页
［19cm］（32 开）

J0090993
科学书法 陈公哲著
上海 商务印书馆 1936年 140 页 有图
23cm（10 开）定价：国币六角
　　本书分执笔姿势、字源四法、点画规范、笔
锋墨法、结构重心、练习阶段等 8 章。书末附"古
人论书文字"。书前有著者自序及"字书美借鉴
之标准""手部名称"等。

J0090994
科学书法 陈公哲著
上海 商务印书馆 1936年 再版 140 页 有图
22cm（20 开）定价：国币六角

J0092897
科学书法 陈公哲著
长沙 商务印书馆 1938年 3 版 140 页 有图
23cm（10 开）定价：国币六角

J0090995
实用书法讲话 张天畴著
上海 上海杂志公司 1936年 106 页 有图
22cm（32 开）定价：三角
　　本书包括中国文字源流考略、执笔的方法、
历代书家执笔方法的参考、怎样去运用腕肘、
怎样用笔去书写字体、论字体的结构、字体的

八病、论真书、论行书、论草书、学习字体的姿势等。

J0090996

实用书法讲话　张天畴著

桂林 上海杂志公司 1943年 3版 106页 有图 21cm(32开) 定价: 十二元

J0090997

实用书法讲话　张天畴著

重庆 上海杂志公司 1944年 渝4版 106页 有图 21cm(32开)

本书包括中国文字源流考略、执笔的方法、历代书家执笔方法的参考、怎样去运用腕肘、怎样用笔去书写字体、论字体的结构、字体的八病、论真书、论行书、论草书、学习字体的姿势等。

J0090998

书法金针　林讽庵著

上海 著者刊 1936年 90页 20cm(32开)

本书包括书法的价值、书法的基本问题、怎样临写、结构和笔法、纸笔墨的研究、附属工具、书法的审美观、书法举例、学书约法等9章。

J0090999

王羲之写字秘诀　教育图书社编

上海 教育图书社 1936年 再版 90页 19cm(32开)

本书包括字书、执笔、运笔、笔势七十二例、大字结构八十四法、永字八法、书法三昧、书法速成、临帖、临池等要诀,共14章。

J0091000

字学及书法　韩非木,高云塍编

上海 中华书局 1936年 再版 89页 19cm(32开)

(初中学生文库)

本书分字学与书法两编。字学编讲述字的起源、分类、构成及字形演变等;书法编讲述书法的派别、代表书法家及学书研究等。

J0091001

字学及书法　韩非木,高云塍编

上海 中华书局 1936年 89页 19cm(32开)

(初中学生文库)

J0091002

字学及书法　韩非木,高云塍编

上海 中华书局 1941年 昆明4版 89页 19cm(32开)

(初中学生文库)

J0091003

字学及书法　韩非木,高云塍编

上海 中华书局 1947年 89页 19cm(32开)

(中华文库 初中第1集)

J0091004

书法心理　虞愚编著

上海 商务印书馆 1937年 99页 19cm(32开)

定价: 三角五分

(百科小丛书)

本书分书法生理的基础、书体的分析、执笔的方法、用笔的方法、学习书法几个基本的问题等5章。书末附"碑帖举要"。

J0091005

书学迂谈　汪祖培著

杭州 正则印书馆(代印) 1937年 80页 20cm(32开)

本书为中国书法理论专著,分6卷,书前有作者自序、凡例。

J0091006

书法基本指导　盛幼宣编著

大川书店 1938年 76页 18cm(32开)

本书侧重字体结构与临摹碑帖的指导。

J0091007

杨草仙先生救济难民百寿纪念书会之意义

上海 [1938年] 13页 [19×26cm] (16开)

本书介绍杨草仙的书法狂草及其长寿秘诀。全书包括人格、笔力、变化、近评为民请命、红龙山仙區等部分。附"九十五高龄杨草仙翁之长生健康法"。

J0091008

行草书例　陈公哲著

长沙 商务印书馆 1939年 石印本 356页 23cm(10开) 定价: 国币二元

本书研究探讨写草书的法则。全书分上、

下集，共 20 章，收有 249 个范例、855 条引证和
1340 多个草字。

J0091009
行草书例　陈公哲著
长沙　商务印书馆　1940 年　再版
石印本　356 页　23cm（10 开）定价：新法币十八元

J0091010
行草书例　陈公哲编
北京　中国书店　1995 年　影印本　重印本
10+356 页　20cm（32 开）ISBN：7-80568-115-5
定价：CNY9.50
　　本书研究探讨写草书的法则。全书分上、
下集，共 20 章，收有 249 个范例、855 条引证和
1340 多个草字。

J0091011
通书　黄若舟著；李健校阅
上海［黄若舟］1939 年［57］页 21cm（32 开）
　　本书为草书结构示范。作者黄若舟（1906—
2000），原名济才，号若舟，江苏宜兴上黄镇人。
历任中国美术家协会会员、中国书法家协会会
员、中国教育学会书法教育研究会顾问、上海艺
术教育委员会顾问、大学书法教育协会会长。著
有《汉字快写法》《花鸟画技法》《黄若舟一笔书》
《黄若舟书画缘》等。

J0091012
书法精论　丁文隽著
［1940 年］［再版］84+208 页 18cm（32 开）
　　本书分上、下编，包括书法溯源、辨体、别
流、执笔，运笔、结构、取法、临摹、用具等。书
末附金石碑帖索引。

J0091013
书法通目录　任象极编
民国二十九年［1940］线装

J0091014
写字速成指导　许晚成编
上海　国光书店　1940 年　再版
132 页　19cm（32 开）定价：一元二角
（青年自学丛书）

J0091015
学书捷要　沈子善著
［1940—1949 年］14 页 22cm（20 开）

J0091016
郑海藏先生书法抉微　张谦著
天津　生流出版社　1942 年［42］+150 页　有像
26cm（16 开）定价：国币三元
　　本书为中国书法理论文集，包括海藏先生论
书精义、海藏先生课徒评语类辑、论海藏先生四
体书法等 3 篇文章。书前有郑海藏的小传。

J0091017
标准草书与建国　（三民主义青年团重庆夏令
营讲稿）于右任讲
［重庆］［1943 年］6 页 19cm（32 开）
　　本书包括草书演进、何谓标准草书、改良文
字为建国之先决条件等三部分。

J0091018
李江州遗墨题跋　（一卷）（清）佚名辑
1943 年　石印本　线装
（合众图书馆丛书）

J0091019
书学　（第一期）中国书学研究会编；商承祚等
主编
重庆　文信书局　1943 年　100 页 23cm（10 开）
定价：国币二十五元（湘纸），国币十六元（川纸）
　　本书共 4 期，收 100 余篇理论文章，作者有：
于右任、欧阳竟无、胡小石、龚秋秾、商承祚、张
宗祥、戴季陶、沈子善、朱锦江、靳志、马衡、宗
白华、刘国钧、王东培等。书末附：中国书学研
究会计划大纲、中国书学论文索引、小学写字教
材教法实验研究计划草案。

J0091020
书学　（第二期）中国书学研究会编；商承祚等
主编
重庆　文信书局　1944 年　142 页 23cm（10 开）
定价：国币七十元（粉报纸），国币五十元（熟料纸）

J0091021
书学　（第三期）中国书学研究会编；商承祚等
主编

重庆 文信书局 1944 年 22cm（16 开）
定价：国币二百元

J0091022
书学 （第四期）中国书学研究会编；商承祚等
主编
重庆 文信书局 1945 年 21cm（32 开）
定价：国币二百五十元

J0091023
草书概论 刘延涛著
重庆 说文社出版部 1944 年 64 页 18cm（15 开）
　　本书分：中国文字之演进——篆－隶－草、
章草、今草、狂草、历代草书作家之人数及地理
分配概论、论草书不普及之原因等 6 章。

J0091024
行草通书 黄若舟著
重庆 中华书局 1944 年 渝 4 版 19cm（32 开）
环筒页装
　　本书分字根、拼法、辨似 3 章，介绍行草书
法常识，并将 400 个字根按正体与形似笔画次序
列表排列说明。

J0091025
书学格言 祝嘉选辑
重庆 教育书店 1944 年 161 页 19cm（32 开）
定价：国币一百二十元
　　本书辑选汉魏至清末书法格言，分执笔、临
书、运笔、结构、文具、杂事等 6 卷。辑者祝嘉
（1899—1995），书法家、书法理论家和书法教育
家。字燕秋，海南文昌人。中国书协江苏分会顾
问。代表作品有《书学》《书学史》等。

J0091026
书学格言 祝嘉辑
台北 文海出版社有限公司 1971 年 161 页
21cm（32 开）精装 定价：TWD200.00

J0091027
书学格言 祝嘉选辑
成都 成都古籍书店 1983 年 101 页 19cm（32 开）
定价：CNY0.38

J0091028
书学格言 祝嘉选辑
成都 古籍书店 1983 年 101 页 19cm（32 开）
定价：CNY0.38

J0091029
书学格言 祝嘉选辑
成都 成都古籍书店 1987 年 复印本 101 页
19cm（32 开）定价：CNY0.60

J0091030
我教你写字 马衡著
重庆 文风书局 1944 年 26 页 19cm（32 开）
定价：国币二十二元
（新少年文库 第 3 集）
　　本书分：文字的起源与演进、字体的变迁、
工具的使用、习字的程序等 5 章。作者马衡
（1881—1955），金石学家、考古学家。

J0091031
书法经验录 古弦人著
建西印刷社 [1945 年] 68 页 19cm（32 开）
　　本书为作者回答问题的摘要。内分体变、执
用、选临、形神等 4 章。

J0091032
书学概论 陈康著
重庆 教育书店 1945 年 2 册（293 页）19cm（32 开）
定价：旧币六元五角
　　本书内容包括：总论、书法、书学、结论等
4 编。内容有：中国书法的概念、价值、应用、择
帖、养气、执笔、运行、结体、布白，艺术，书学
史，书人小传，帖学等。

J0091033
书学概论 陈康著
台北 新文丰出版公司 1979 年 293 页
19cm（32 开）定价：TWD60.00
（零玉碎金集刊 35）

J0091034
书学概论 陈康著
武汉 武汉市古籍书店 [1982 年] 影印本 186 页
19cm（32 开）定价：CNY0.85
　　本书包括书法和书学两篇，附图版 42 幅。

J0091035

书学概论　陈康著

上海　上海书店　1990 年　293 页　19cm（32 开）

ISBN：7–80569–306–4　定价：CNY3.70

J0091036

书学概论　陈康著

上海　上海书店　1990 年　影印本　293+534 页

19cm（32 开）精装　ISBN：7–80569–373–0

（民国丛书　第二编　美学、艺术类　68）

　　本书由《书学概论》《书学史》合订。

J0091037

书学　祝嘉编

上海　正中书局　1947 年　修订本　82 页

18cm（32 开）定价：国币二元三角

　　本书分执笔、运笔、学叙、自检、笔墨、纸砚、书学格言、杂事等十部分。书末有附录"全字结构举例"。编者祝嘉（1899—1995），书法家、书法理论家和书法教育家。字燕秋，海南文昌人。中国书协江苏分会顾问。代表作品有《书学》《书学史》等。

J0091038

于右任先生书学论文集　刘延涛编

上海　草书月刊社　1947 年　42 页　20cm（32 开）

　　本书收《标准草书自序》《临标准草书自序》《太和馆本急就章跋》《宋仲温草书杜子美书跋》《曹子建手稿跋》《标准草书与建国》《祝嘉书学史序》等 7 篇文章，并有墨迹 7 幅。

J0091039

张有为书法之研究　张有为撰述

北平　张有为［自刊］1947 年　72 页　有图

17cm（40 开）

　　本书分 6 章，内容有书法选帖、执笔、纸笔墨等。

J0091040

行草入门　吴养田，吴一舸著

［北平］The College of Chinese Studies 1948 年

154 页　26cm（16 开）

　　本书介绍行书、草书的写法，并有正行对照、正草对照表等。外文书名：Introductory Exercises in Reading Chinese Script.

J0091041

书学论集　中国书学研究会编；沈子善主编

上海　正中书局　1948 年　153 页　21cm（32 开）

定价：金圆七角五分

　　本书收《清代书学概论》（孙玄常），《广武将军碑题跋》（商承祚），《唐墓志之书体》（游寿），《碑学与帖学》（朱锦江），《孔庙碑集释》（高文），《颜鲁公书学之源流》（蒋显煜），《重订颜鲁公年谱》（陈天锡），《黄山谷碑帖目》（欧阳薰），《十七帖疏证》（沈子善），《字美标准》（陈公哲）等 24 篇论文。

J0091042

怎样写字　祝嘉著

上海　教育书店　1948 年　59 页［18cm］（36 开）

（中国书学研究会丛书）

　　本书为汉字书法研究专著，共 37 节。

J0091043

中国书法　陆维钊著

上海　华夏图书出版公司　1948 年　20 页

18cm（15 开）定价：国币一元二角

（现代文库　第 2 辑）

　　本书分：书法之美术性与其作用、心理表现与手指挥、执笔用墨辨纸临摹选碑、正楷、行草、隶书、古文字等 7 节。

J0091044

祝嘉书学论丛　祝嘉著

上海　教育书店　1948 年　102 页［19cm］（32 开）

（中国书学研究会丛书）

　　本书收《碑帖概论》《文字学绪论》《腕力论》《怎样复兴我们的书学》《书学序》《书学史序》《书学史编辑记》《答穷难》《上于院长书》《书学之高等教育问题》等 20 篇文章。书末附《杜诗醇序》《军国民诗话序》《病诗序》。著者祝嘉（1899—1995），书法家、书法理论家和书法教育家。字燕秋，海南文昌人。中国书协江苏分会顾问。代表作品有《书学》《书学史》等。

J0091045

写字手册　高英编

上海　万象图书馆　1949 年　185 页　19cm（32 开）

　　本书介绍书法基本常识，涉及唐太宗、姜白石、欧阳询等人的用笔法，并有历代书法家 50

余人的墨迹。

J0091046
写字手册　高英编集
九龙　学林书店［1959—1999年］影印本　186页
19cm（32开）定价：HKD8.00
　　　外文书名：Art of Chinese Writing.

J0091047
写字手册　高英编集
上海　上海古籍出版社　1984年　185页
21cm（32开）定价：CNY0.75

J0091048
写字手册　高英编
上海　上海书店出版社　1995年　重印本　185页
20cm（32开）ISBN：7-80569-230-0
定价：CNY7.50

J0091049
书法格言　卓君庸编著
香港　联合文商学院　1950年　20页　16cm（25开）
定价：HKD0.60

J0091050
书法举隅　金曾灿书
上海　文明书局　1950年　影印本　18版　线装

J0091051
王羲之书法　麦华之编
1951年　油印本　线装

J0091052
写字的常识　倪海曙撰
上海　华东人民出版社　1951年　42页
18cm（32开）定价：旧币1,700元
（通俗语文知识小丛书）
　　　中国书法基本知识。

J0091053
写字的常识　倪海曙著
北京　通俗读物出版社　1955年　42页
17cm（32开）定价：CNY0.11
（通俗语文小丛书）

J0091054
怎样学写字　关锋编撰
济南　山东人民出版社　1951年　30页
15cm（40开）定价：旧币900元
　　　中国书法基本知识。

J0091055
怎样学写字　关锋编撰
济南　山东人民出版社　1952年　3版　30页
15cm（40开）定价：旧币900元

J0091056
中国字快写法　黄若舟撰
上海　东方书店　1951年　影印本　36页
18cm（15开）定价：旧币3,000元

J0091057
常用字快写法字汇　黄若舟撰
上海　东方书店　1952年　影印本　36页
18cm（15开）定价：旧币3000元

J0091058
怎样写字　楚民编
汉口　武汉通俗出版社　1952年　3版　32页
18cm（15开）定价：旧币1,200元

J0091059
怎样写字　楚民编
汉口　中南人民出版社　1952年　32页
18cm（15开）定价：旧币1,000元

J0091060
爱国卫生歌小楷帖
北京　文达书局　1953年　25cm（12开）
定价：旧币500元
　　　中国汉字毛笔楷书书法。

J0091061
学写字　王宝康编
上海　上海建新出版社　1953年　影印本　1册
12×18cm（36开）定价：旧币1,300元

J0091062
怎样写毛笔字　沈子善著
上海　上海文化出版社　1955年　59页

17cm（40开）定价：一角八分

　　本书内容共 12 讲，介绍了学习毛笔字的目的、写毛笔字的工具、用笔和运腕的方法、基本笔画、字体结构、成篇字及楷书和行书的写法、临摹碑帖的方法及毛笔字的应用等。

J0091063

怎样写毛笔字　　沈子善著

上海　四联出版社　1955 年　60 页　17cm（40 开）
定价：二角五分

J0091064

怎样写毛笔字　　沈子善著

香港　商务印书馆　1959 年　59 页　有图
18cm（15 开）定价：HKD0.60

J0091065

怎样写毛笔字　　沈子善著

上海　上海文化出版社　1982 年　新 1 版　44 页
18cm（小 32 开）定价：CNY0.14

　　本书分十二讲。介绍了学写毛笔字的目的、写毛笔字的工具、用笔和运腕的方法、基本笔画、字体结构、成篇字及楷书和行书的写法、临摹碑帖的方法等。

J0091066

怎样写毛笔字　　沈子善编著

上海　上海文艺出版社　1982 年　重印本　44 页
19cm（32 开）统一书号：7077.0016
定价：CNY0.14

J0091067

中国的书法　　潘伯鹰著

上海　四联出版社　1955 年　105 页　18cm（15 开）
定价：三角五分

　　作者潘伯鹰（1904 — 1966），书法家、诗人、小说家。安徽怀宁人。原名式，字伯鹰，后以字行，号兔公有发翁，别署孤云。小说作品有《人海微澜》《隐刑》《寒安五记》等。论著有《书法杂论》《中国的书法》《中国书法简论》。作品出版有《潘伯鹰行草墨迹》等。

J0091068

写字基本练习　　黄若舟编著

上海　上海文化出版社　1956 年　62 页

17cm（32 开）统一书号：T7077.85
定价：CNY0.14

J0091069

书法家的故事　　麦华三编著

香港　中华书局　1958 年　40 页　有插图
18cm（32 开）定价：HKD0.40
（中华通俗文库）

　　作者麦华三（1907—1986），广州美术学院副教授。编写有《中国书法艺术》。

J0091070

书法学习必读　　邓散木著解

北京　中国古典文艺出版社　1958 年　影印本
130 页　20cm（32 开）统一书号：8029.100
定价：CNY0.70

　　作者邓散木（1898—1963），著名书法、篆刻家。原名菊初，字散木，别号粪翁等。出生于上海，中国书法研究社社员。代表作品《篆刻学》《中国书法演变史》。

J0091071

书法学习必读　　邓散木著解

香港　太平书局　1982 年　130 页　20cm（32 开）

J0091072

书法学习必读　　（宋姜夔《续书谱》图解）邓散木译注图解

北京　人民美术出版社　1989 年　166 页
19cm（32 开）ISBN：7–102–00103–7
定价：CNY2.90

　　作者根据自己的实践心得，对全书做了细致的注解，对各种书体，如：篆、隶、行、草的书写方法、技巧要点以及用笔、用墨、结构、临摹等都作了详尽的分析并举例说明，对原文中古代人名、帖名以及专业词汇都分别注释。

J0091073

速成写字教材　　黄冈专署文教局编

浠水　浠水人民出版社　1958 年　16 页
19cm（32 开）定价：CNY0.05

J0091074

怎样教学写字　　沈子善编著

南京　江苏人民出版社　1958 年　42 页

19cm（32 开）统一书号：T7100.501
定价：CNY0.11

J0091075
怎样学习书法　北京中国书法研究社编
北京 人民美术出版社 1959 年［139 页］有图
19cm（32 开）统一书号：T8027.2604
定价：CNY0.54
（书法小丛书 1）
　　本书内容分五部分：一、什么是书法；二、学习书法的各种基本技巧；三、楷书是学习书法的基础；四、临摹和创造的关系；五、永字八法。本书从基本的写字姿势，指、腕、肘的运用讲起，系统地介绍学习书法的方法、要领。书中附有《醴泉铭》《庙堂碑》《孟法师碑》《岳麓寺碑》《颜勤礼碑》《玄秘塔》等唐代六家法帖各 8 页。

J0091076
怎样学习书法　北京中国书法研究社编
北京 人民美术出版社 1962 年 2 版 88 页
19cm（32 开）统一书号：T8027.2604
定价：CNY0.54
（书法小丛书）

J0091077
怎样学习书法　北京中国书法研究社编
北京 人民美术出版社 1984 年 19cm（小 32 开）
定价：CNY0.54

J0091078
草书练习本　文字改革出版社编
北京 文字改革出版社 1960 年 影印本 44 页
19cm（32 开）统一书号：9060.545
定价：CNY0.09
　　中国草书毛笔字书法练习本。

J0091079
怎样写字　唐春发编写
福州 福建人民出版社 1960 年 14 页 有图
18cm（15 开）统一书号：T7104.206
定价：CNY0.05
（学文化补充读物）

J0091080
怎样学写毛笔字　程世本著
福州 福建人民教育出版社 1961 年 30 页 有图
19cm（32 开）统一书号：7159.264
定价：CNY0.09

J0091081
百家姓　卢定山书
兰州 甘肃人民出版社 1962 年 30 页
15cm（40 开）统一书号：T7097.71
定价：CNY0.10
　　中国毛笔字汉字楷书法帖。作者卢定山（1945—　），书法家。广东高州人，广西书法家协会理事、南宁市书法协会主席。著有《隶书入门字谱》《行书入门字谱》《楷书入门字谱》。

J0091082
各种书体源流浅说　北京中国书法研究社编
北京 人民美术出版社 1962 年 141 页
19cm（32 开）统一书号：8027.3898
定价：CNY0.90
（书法小丛书 2）
　　本书收图 73 幅，分 5 部分简要介绍了主要书体——篆、隶、楷、行、草的源流及演变。

J0091083
汉字书法教学　吴述郑编著
济南 山东人民出版社 1962 年 57 页
19cm（32 开）统一书号：7099.665
定价：CNY0.15
　　本书系汉字书法教学参考资料。

J0091084
论书剩语　（清）王澍撰；（清）武士选辑
北京 中国书店 1962 年 油印本 线装
　　作者王澍（1668—1722），清代书法家。江苏金坛人。字若霖，又字箬林，号虚舟、竹云、良常山人。自署二泉寓客，别号竹云。康熙壬辰进士，官至吏部员外郎。以书名世，善楷书、行书。晚年精于鉴定古碑刻。著有《淳化阁帖考正》《古今法帖考》《竹云题跋》《虚舟题跋》等。

J0091085
书法探源　蒋梦麟著
台北 世界书局 1962 年 21cm（32 开）

定价: 旧台币 0.62

J0091086
怎样写毛笔字 曹立庵编著
武汉 群益堂 1962 年 50 页 19cm（32 开）
统一书号: T7108.8 定价: CNY0.20

J0091087
怎样写毛笔字 曹立庵编
武汉 湖北人民出版社 1980 年 78 页
19cm（32 开）统一书号: 7106.1570
定价: CNY0.25

J0091088
怎样写毛笔字 曹立庵编
武汉 湖北教育出版社 1983 年 78 页
19cm（32 开）统一书号: 7006.89 定价: CNY0.25

J0091089
中国书法简论 潘伯鹰著
上海 上海人民美术出版社 1962 年 143+107 页
有图 21cm（32 开）统一书号: 8081.5200
定价: CNY1.60
　　本书分上下两卷，上卷主要为书法理论与研习方法；下卷主要论述书法的赏析和源流，并着重介绍了史上著名书法家及其作品，包括：晋代二王——王羲之、王献之，唐朝虞世南、欧阳询、褚遂良和薛稷的楷书，唐朝李邕、孙虔礼、张旭和怀素的行草书以及颜真卿、柳公权、杨凝式和李建中的作品，宋朝四大家——苏轼、黄庭坚、米芾、蔡襄，元朝的赵孟頫等，并附图录107幅。作者潘伯鹰（1904—1966），书法家、诗人、小说家。安徽怀宁人。原名式，字伯鹰，后以字行，号兔公有发翁，别署孤云。小说作品有《人海微澜》《隐刑》《寒安五记》等。论著有《书法杂论》《中国的书法》《中国书法简论》。作品出版有《潘伯鹰行草墨迹》等。

J0091090
中国书法简论 潘伯鹰著
上海 上海人民美术出版社 1981 年 2 版 增订
177 页 19cm（32 开）统一书号: 8081.12071
定价: CNY1.35

J0091091
中国书法简论 潘伯鹰著
上海 上海人民美术出版社 1981 年 2 版 增订
177 页 19cm（小 32 开）统一书号: 8081.5200
定价: CNY1.35

J0091092
百家姓 湖南人民出版社编辑
长沙 湖南人民出版社 1963 年 12 页
18cm（小 32 开）统一书号: T7109.655
定价: CNY0.04
　　中国现代楷书书法习字帖。

J0091093
草书写法 邓散木编写
北京 人民美术出版社 1963 年 40 页
19cm（32 开）统一书号: 8027.4100
定价: CNY0.24
（书法小丛书 3）
　　收入77幅图。作者采用简明的分类、比较等方法，介绍草书的最基本的写法。全书分8部分：一、专用偏旁；二、借用偏旁；三、二字近似；四、三字近似；五、四字以上近似；六、同字异写；七、异字同写；八、特殊结构。编写者邓散木（1898—1963），著名书法、篆刻家。原名菊初。字散木，别号粪翁等。出生于上海，中国书法研究社社员。代表作品《篆刻学》《中国书法演变史》。

J0091094
草书写法 邓散木编写
北京 人民美术出版社 1988 年 40 页
19cm（小 32 开）ISBN: 7-102-00247-5
定价: CNY0.70

J0091095
草书写法 邓散木编写
北京 人民美术出版社 1989 年 2 版 40 页
21cm（32 开）ISBN: 7-102-00247-5
定价: CNY1.05

J0091096
历代名家学书经验谈辑要释义 （上）沈尹默著
上海 上海教育出版社 1963 年 [影印本] 31 叶
有图 39cm（4 开）线装 统一书号: 8150.1

定价: CNY4.00

J0091097

欧阳结体三十六法诠释　邓散木校释
北京 人民美术出版社 1963年 31页 有图
21cm(32开) 定价: CNY0.36
　　本书收入9幅图, 作者以欧体楷书为字例,
按字体间架结构的不同, 从书法艺术的角度分
析论述结体的规律和要领。作者邓散木(1898—
1963), 著名书法、篆刻家。原名菊初。字散木,
别号粪翁等。出生于上海, 中国书法研究社社员。
代表作品《篆刻学》《中国书法演变史》。

J0091098

书法浅说　王铁铮编写
沈阳 辽宁人民出版社 1963年 48页 有图
19cm(32开) 统一书号: T8090.72
定价: CNY0.24
　　本书共7章, 分别为: 学习书法的意义, 学
习书法的程序步骤, 书写的姿势、手法、用具,
各种基本笔画的写法, 间架结构的安排, 其他一
些书法技巧, 怎样临摹名家手迹。附有: 运笔动
作图, 古代名家手迹共10余幅, 欧、柳、颜、赵
4位书法名家的法帖字例各64个。

J0091099

孙过庭书谱笺证　(唐)孙过庭著; 朱建新笺证
北京 中华书局 1963年 129+23页 20cm(32开)
统一书号: 8018.501 定价: CNY0.75
　　本书是书谱的研究著作, 作者采辑历代论书
著作, 为之笺证, 渊源辨误, 明其要旨。

J0091100

孙过庭书谱笺证　(唐)孙过庭撰; 朱建新笺证
上海 上海古籍出版社 1982年 新1版
129+24页 21cm(32开) 统一书号: 8186.2
定价: CNY0.60
　　本书是书谱的研究著作, 作者采辑历代论书
著作, 为之笺证, 渊源辨误, 明其要旨。本书曾
由中华书局上海编辑所1963年4月出第1版。

J0091101

怎样写汉字　郭立人编写
兰州 甘肃人民出版社 1963年 30页 有图表
19cm(32开) 统一书号: T7096.74

定价: CNY0.12

J0091102

怎样写汉字　郭立人编写
兰州 甘肃人民出版社 1964年 19cm(小32开)
定价: CNY0.12

J0091103

怎样写字　上海教育出版社编
上海 上海教育出版社 1964年 33页
19cm(32开) 统一书号: T7150.1605
定价: CNY0.09
(工农通俗文库)

J0091104

柳体大楷字帖　(摘录雷锋日记)
上海 朵云轩 1965年 [18]页 26cm(16开)
统一书号: Z-21 定价: CNY0.18

J0091105

书法基础知识　尉天池著
上海 上海教育出版社 1965年 90页 有图
19cm(32开) 统一书号: 7150.1689
定价: CNY0.30
　　作者尉天池(1936—　　), 书法教授。安徽砀
山, 毕业于南京师范学院中文系。历任南京师范
大学美术系主任、书法教授, 中国书法家协会理
事, 江苏省书法家协会副主席等。代表作品有《书
法基础知识》《于右任书法精品集》等。

J0091106

书法基础知识　尉天池著
上海 上海人民出版社 1976年 2版 修订本
114页 19cm(32开) 统一书号: 9171.91
定价: CNY0.26

J0091107

书法基础知识　尉天池编写
上海 上海人民出版社 1976年 [114]页
19cm(32开) 定价: CNY0.26

J0091108

书法基础知识　尉天池著
上海 上海教育出版社 1979年 新1版 114页
19cm(32开) 统一书号: 9150.32 定价: CNY0.36

汉字书法理论基础知识。

J0091109
怎样教毛笔字　　陆怀珍编写
沈阳　辽宁人民出版社 1966年 42页 19cm（32开）
统一书号：T7090.756 定价：CNY0.10
　　耕读小学教学参考书。

J0091110
书学　　祝嘉编
台北　正中书局 1969年 3版 82页 20cm（32开）
定价：CNY4.00

J0091111
《为人民服务》（摘录）大楷字帖
上海　上海东方红书画社 1970年 20cm（32开）
定价：CNY0.16
　　中国汉字大楷书法字帖。

J0091112
《为人民服务》小楷字帖
上海　上海书画社 1970年 19cm（32开）
统一书号：7172.30 定价：CNY0.06
　　中国汉字小楷书法字帖。

J0091113
怎样写新魏书　　《怎样写新魏书》编写组编
上海　上海书画社 1972年 57页 19cm（32开）
定价：CNY0.18

J0093017
怎样写新魏书　　《怎样写新魏书》编写组编
上海　上海书画社 1974年 2版（修订版）
19cm（小32开）定价：CNY0.18

J0091114
毛主席诗词三十七首　　郭沫若书
北京　人民美术出版社 1973年 60页
26cm（16开）定价：CNY0.80
　　中国现代书法作品选集。作者郭沫若
（1892—1978年），文学家、历史学家。原名开
贞，字鼎堂，号尚武，乳名文豹，笔名沫若、麦克
昂、郭鼎堂，四川乐山人，毕业于日本九州帝国
大学。历任中国科学院首任院长、中国科学技术
大学首任校长、苏联科学院外籍院士。代表作《郭

沫若全集》《甲骨文字研究》《中国史稿》等。

J0091115
写字常识　　姚俊卿书；吉林省四平师范专科学
校中文系编
长春　吉林人民出版社 1973年 49+16页
18cm（32开）统一书号：7091.715
定价：CNY0.16

J0091116
怎样练习写字　　陈继贤［著］
保定　河北人民出版社 1973年 47页
19cm（32开）统一书号：7086.582
定价：CNY0.10

J0091117
怎样写毛笔字　　尉天池著
南京　江苏人民出版社 1974年 61页
19cm（小32开）统一书号：7100.004
定价：CNY0.13
　　作者尉天池（1936—　　），书法教授。安徽砀
山，毕业于南京师范学院中文系。历任南京师范
大学美术系主任、书法教授，中国书法家协会理
事、江苏省书法家协会副主席等。代表作品有《书
法基础知识》《于右任书法精品集》等。

J0091118
怎样写毛笔字　　尉天池编写
南京　江苏人民出版社 1979年 2版 61页
19cm（32开）定价：CNY0.13

J0091119
怎样写楷书　　《怎样写楷书》编写组编
上海　上海书画社 1975年 74页 19cm（32开）
统一书号：7172.64 定价：CNY0.22

J0091120
上海中小学生毛笔字作品选　　上海书画社编辑
上海　上海书画社 1976年 32页 19cm（32开）
定价：CNY0.16

J0091121
草书入门　　左宜有，林耀川编著
台北　艺术图书公司 1977年 112页 20cm（32开）
（书法入门丛书 3）

J0091122
草书入门 左宜有,林耀川编著
北京 世界图书出版公司 1991 年 109 页
19cm(32 开)ISBN: 7-5062-0235-2
定价: CNY2.90
(书法入门丛书 3)
　　本书为世界图书出版公司和艺术图书公司
联合出版。

J0091123
兰亭论辨 文物出版社编辑
北京 文物出版社 1977 年 148 页 26cm(16 开)
统一书号: 7068.298 定价: CNY1.10

J0091124
书学通论 曹纬初编著
台北 正中书局 1977 年 台 2 版 270 页
21cm(32 开)定价: TWD4.20, TWD5.30(精装)

J0091125
中国书法源流浅说 中国书法社编
香港 太平书局 1977 年 影印本 141 页
19cm(32 开)定价: HKD7.00

J0091126
毛主席诗词三十七首 王鼎新书
北京 人民美术出版社 1978 年 91 页
26cm(16 开)统一书号: 8027.6927
定价: CNY0.90
　　本书系中国现代楷书法帖专著。

J0091127
书法论丛 沈尹默著
上海 上海教育出版社 1978 年 102 页
19cm(32 开)统一书号: 7150.1782
定价: CNY0.57
　　本书收入著名书法家沈尹默所写的一些书
法论文,包括《书法论》《历代名家学书经验谈
辑要释义(一)》《历代名家学书经验谈辑要释义
(二)》《二王法书管窥》等,书末附有历代著名碑
帖图录 62 幅。作者沈尹默(1883—1971),学者、
诗人、书法家、教育家。出生于陕西汉阴,祖籍
浙江吴兴。初名君默、字中、号秋明。曾任北京
大学文学教授、河北省教育厅厅长、中法文化交
流出版委员会主任、上海市文联副主席、上海市

文管会会员、上海中国书法篆刻研究会主任等
职。代表作有《沈尹默手稿墨迹》《二王法书管
窥》《历代名家学书经验谈辑要释义》。

J0091128
书法论丛 沈尹默著
上海 上海教育出版社 1979 年 2 版 102 页
19cm(32 开)统一书号: 7150.1782
定价: CNY0.66
　　中国书法理论文集。

J0091129
书法论丛 沈尹默著
上海 上海教育出版社 1984 年 3 版 102 页
有照片 19cm(32 开)统一书号: 7150.1782
定价: CNY0.88
　　全书共分六篇,其中《书法论》全面论述了
笔法、笔势、笔意。另一篇阐述唐韩方明《授笔
要说》。其他三篇: 一篇论后汉蔡邕《九势》,一
篇论南齐王僧虔《笔意赞》,一篇论唐颜真卿《述
张旭笔法十二意》。最后一篇为《二王法书管窥》。

J0091130
书画论稿 石峻著
香港 中华书局香港分局 1978 年 238 页 有图
20cm(32 开)定价: HKD9.00
(艺林新录)

J0091131
孙过庭书谱 (唐)孙过庭撰
济南 山东人民出版社 1978 年 影印本
统一书号: 8099.1719
定价: CNY2.00, CNY7.50(线装)
　　作者孙过庭(646—691),唐代书法家、书法
理论家。名虔礼,以字行。吴郡富阳(今浙江富阳)
人。有墨迹《书谱》传世。

J0091132
孙过庭书谱 (安氏木刻)(唐)孙过庭书
济南 山东人民出版社 1978 年 影印本 64 页
38cm(6 开)线装 统一书号: 8099.1718
定价: CNY7.50
　　本书系唐代著名的书法家孙过庭所作书谱
序言手稿安氏木刻板影印本。

J0091133

孙过庭书谱 （安氏木刻）（唐）孙过庭书
济南 山东人民出版社 1978 年 134 页
38cm（6 开）平装 定价：CNY2.00
　　本书系唐代著名的书法家孙过庭所作书谱
序言手稿安氏木刻板影印本。

J0091134

孙过庭书谱 （唐）孙过庭撰
山东 齐鲁书社 1979 年 影印本 线装

J0091135

孙过庭书谱 （安氏木刻）
济南 齐鲁书社 1979 年 136 页 38cm（6 开）线
装本

J0091136

孙过庭书谱 （唐）孙过庭书
成都 巴蜀书社 1989 年 115 页 26cm（16 开）
ISBN：7-80523-163-X 定价：CNY3.75
　　中国唐代草书法书。

J0091137

孙过庭书谱 （唐）孙过庭书
济南 齐鲁书社 1990 年 影印本 二版 线装
定价：CNY60.00
　　据康熙十五年（1716）天津安氏刻本影印，
杭州富阳古籍印刷厂。

J0091138

孙过庭书谱 （安岐刻本）（唐）孙过庭书；（清）
陈香泉释文
北京 北京出版社 1992 年 影印本 132 页
28cm（16 开）ISBN：7-200-01728-0
定价：CNY4.50
　　本书选用清初安岐刻本，并附清代陈香泉
释文。作者孙过庭（646—691），唐代书法家、书
法理论家。名虔礼，以字行。吴郡富阳（今浙江
富阳）人。有墨迹《书谱》传世。陈香泉（1648—
1709），清代书法家。本名陈奕禧，字六谦，又字
子文、文一，号香泉，晚号葑叟，浙江海宁盐官
人。著有《梦墨楼法帖》《予宁堂法帖》《金石遗
文录》《春霭堂集》《皋兰载笔》等。

J0091139

孙过庭书谱 （安岐刻本）（唐）孙过庭书；（清）
陈香泉释文
北京 北京出版社 1992 年 影印本 132 页
28cm（大 16 开）精装 ISBN：7-200-01730-2
定价：CNY9.00

J0091140

孙过庭书谱 （唐）孙过庭撰；高才林［临写］
西安 三秦出版社 1994 年 62 页 有照片
26cm（16 开）ISBN：7-80546-644-0
定价：CNY5.50
　　临写者高才林（1930—　　），陕西彬县人，离
休干部，彬县于右任书法学会会长。

J0091141

孙过庭书谱 （草书字范）况瑞峰，胡雪琤主编
天津 天津古籍出版社 1996 年 43 页 37×21cm

J0091142

孙过庭书谱 （唐）孙过庭书
北京 文物出版社 1997 年 85 页 29cm（15 开）
ISBN：7-5010-0963-5
（中国名家法书 4）
　　外文书名：Sun Guoting "Essay on Calligraphy".

J0091143

孙过庭书谱 孙过庭书；聂文豪，胡慧选编
南昌 江西美术出版社 1998 年 2 册
38cm（6 开）ISBN：7-80580-483-4
定价：CNY26.00
（中国古代名家名帖 放大系列 18）

J0091144

楷书基本笔法 任政编
上海 上海教育出版社 1979 年 40 页
19cm（32 开）统一书号：7150.2110
定价：CNY0.13
　　中国楷书书法基本知识。作者任政（1916—
1999），书法家，字兰斋，浙江黄岩人。历任上海
文史研究馆馆员、中国书法家协会会员、上海书
法家协会常务理事、上海外国语学院艺术顾问、
复旦大学国际文化交流学院艺术顾问。出版有
《楷书基础知识》《少年书法》《祖国的书法艺术》

《书法教学》《隶书写法指南》《兰斋唐诗宋词行书帖》。

J0091145

楷书结构规律　王明九编并书

天津　天津杨柳青画店　1979 年　28 页

26cm（16 开）统一书号：7174.008

定价：CNY0.28

　　中国楷书书法基本知识。者王明九（1913—2001），书法家。原名王旭堂，字明九，笔名象，后以字行世。祖籍浙江绍兴。历任中国民族博物馆艺术顾问、中国书法家协会会员、天津市书法家协会名誉理事。代表作品有《中华五千年翰墨精粹集锦》《王明九书古诗文百篇》《书法三昧浅说》《唐诗百首·书法百种》等。

J0091146

历代书法论文选　上海书画出版社，华东师范大学古籍整理研究室选编

上海　上海书画出版社　1979 年

2 册（888 页）20cm（32 开）

统一书号：7172.123　定价：CNY3.00

　　本书收辑自汉至清历代著名书法论文，涵盖 69 家，共 95 篇，每一作者名下附题解，介绍作者生平、论文要点、版本情况等，书后附人名索引。

J0091147

浅谈书法　梁鼎光著

广州　广东人民出版社　1979 年　92 页

26cm（16 开）统一书号：8111.2023

定价：CNY0.56

　　中国书法概论。作者梁鼎光（1938—　），书法家、动物解剖学家。广东恩平人。华南农业大学副教授，广东省书法家协会副主席。代表作品有《浅谈书法》《小楷书法》等。

J0091148

少年书法　任政著

上海　少年儿童出版社　1979 年　94 页

19cm（32 开）统一书号：R8024.2　定价：CNY0.20

　　中国汉字书法少年读物。

J0091149

书法常识　陈柞初著

长沙　湖南人民出版社　1979 年　80 页

19cm（32 开）统一书号：9109.50　定价：CNY0.18

　　中国书法理论。

J0091150

书法美学简论　刘纲纪著

武汉　湖北人民出版社　1979 年　99 页

19cm（32 开）统一书号：8106.2018

定价：CNY0.58

　　本书内容包括书法美的现实根据及其特征、书法美的分析、书法美的欣赏、书法艺术的发生发展等，是试图运用马克思主义美学来研究书法艺术的一个初步尝试，书末附 16 幅历代碑帖法书。作者刘纲纪（1933—2019），教授。贵州普定人，毕业于北京大学哲学系。历任武汉大学哲学系美学研究所所长、教授、博士生导师，中华美学学会副会长，湖北省美学学会会长，中国美协、书协、作协会员。代表作品有《艺术哲学》《美学与哲学》《周易美学》等。

J0091151

书法美学简论　刘纲纪著

武汉　湖北人民出版社　1982 年 2 版　105 页

19cm（32 开）统一书号：8106.2018

定价：CNY0.60

　　本书选编书法家的书法美学理论文章，1979 年 12 月出第 1 版。

J0091152

书法美学简论　刘纲纪著

长沙　湖南教育出版社　1985 年　105 页

19cm（32 开）统一书号：8306.6　定价：CNY0.87

　　本书内容包括书法美的现实根据及其特征、书法美的分析、书法美的欣赏、书法艺术的发生发展等。

J0091153

书法浅谈　施菊轩著

昆明　云南人民出版社　1979 年　73 页　有图

19cm（32 开）统一书号：7116.685

定价：CNY0.20

　　中国书法概论。

J0091154

执笔五字法　沈尹默著

济南　齐鲁书社　1979 年　影印本　22 页

26cm（16 开）统一书号：8206.4 定价：CNY0.40

　　本书作者通过实践体会，论定前人是非，撰成本书，其要领是：指司执笔，腕司运笔，照"擪、押、钩、格、抵"五字法握管，自然指实掌虚，掌竖则腕平，腕平则肘起，然后可以运行自如，达到笔笔中锋。立论明白切实，方法正确有效。作者沈尹默（1883—1971），学者、诗人、书法家、教育家。出生于陕西汉阴，祖籍浙江吴兴。初名君默、字中、号秋明。曾任北京大学文学教授、河北省教育厅厅长、中法文化交流出版委员会主任、上海市文联副主席、上海市文管会会员、上海中国书法篆刻研究会主任等职。代表作有《沈尹默手稿墨迹》《二王法书管窥》《历代名家学书经验谈辑要释义》。

J0091155

执笔五字法　　沈尹默著

济南　齐鲁书社 1981 年 2 版 增补本

25cm（小 16 开）定价：CNY0.55

J0091156

执笔五字法　　沈尹默书

济南　齐鲁书社 1983 年 3 版（增补本）影印本

25cm（小 16 开）统一书号：8206.4

定价：CNY0.55

　　本书是中国现代书法法帖。

J0091157

执笔五字法　　沈尹默著

济南　齐鲁书社 1984 年 3 版 27cm（大 16 开）

定价：CNY0.55

　　本书作者通过实践体会，论定前人是非，撰成本书，其要领是：指司执笔，腕司运笔，照"擪、押、钩、格、抵"五字法握管，自然指实掌虚，掌竖则腕平，腕平则肘起，然后可以运行自如，达到笔笔中锋。立论明白切实，方法正确有效。

J0091158

执笔五字法　　（再补小楷释文本）沈尹默书

济南　齐鲁书社 1986 年 4 版［42 页］

 26cm（16 开）定价：CNY0.95

J0091159

篆书入门　　古迪吉编著

台北　艺术图书公司 1979 年 112 页 20cm（32 开）（书法入门丛书 5）

J0091160

篆书入门　　古迪吉编著

北京　世界图书出版公司 1991 年 109 页

19cm（小 32 开）ISBN：7-5062-1000-2

定价：CNY2.90

（书法入门丛书 5）

　　本书为世界图书出版公司和艺术图书公司联合出版。

J0091161

比较草书　　史紫忱著

台北　文化大学出版部 1980 年 108 页

21cm（32 开）精装 定价：TWD120.00

　　中国草书书法研究。

J0091162

汉字·书写·装饰　　曾连生著

北京　地质出版社 1980 年 200 页 25cm（15 开）

统一书号：48.3221 定价：CNY2.20

　　本书系中国书法理论专著。

J0091163

楷书结构　　任政编

上海　上海教育出版社 1980 年 44 页

19cm（32 开）统一书号：7150.2288

定价：CNY0.15

J0091164

历代书法论文选

上海　上海书画出版社 1980 年 888 页

21cm（32 开）精装 统一书号：7172.123

定价：CNY4.20

J0091165

隶书入门　　左宜有，江文双编著

台北　艺术图书公司 1980 年 112 页 20cm（32 开）

（书法入门丛书 4）

J0091166

隶书入门　　左宜有，江文双编著

北京　世界图书出版公司 1991 年 109 页

19cm（小 32 开）ISBN：7-5062-1001-0

定价: CNY2.90

（书法入门丛书 4）

　　本书为世界图书出版公司和艺术图书公司联合出版。

J0091167

隶书入门　左宜有，江文双编著

台北 艺术图书公司 1993 年 重印本 109 页 19cm（32 开）ISBN: 7-5062-1005-3

定价: TWD2.90

（书法入门丛书 4）

　　本书为艺术图书公司和世界图书出版公司联合出版。

J0091168

龙门二十品的书法研究　赵明著

台北 新文丰出版股份有限公司 1980 年 77 页 有地图摹真 21cm（32 开）定价: TWD1.40（基价）

　　本书主要内容包括: 研究龙门造像记的起因、南北朝书法的时代背景、北魏书风与龙门石窟造像、龙门造像记的著录及品目、"龙门二十品" 的选辑与命名、"龙门二十品" 中异体字的分析、"龙门二十品" 佳拓评介、"龙门二十品" 与他碑的比较等。

J0091169

书法丛谈　冯亦吾主编

天津 天津人民出版社 1980 年 167 页 19cm（32 开）统一书号: 9072.16 定价: CNY0.45

　　作者冯亦吾（1903—2000），书法家、书法理论家。号逸瓮，江苏沛县人。曾任北京书法家协会理事兼评委、北京卿云书画联谊社社长等。代表作品有《冯亦吾文集》《书法丛谈》《书法探求》等。

J0091170

书法十讲　茹桂著

西安 陕西人民美术出版社 1980 年 104+43 页 19cm（32 开）统一书号: 8199.116

定价: CNY0.73

　　本书系统概述了我国传统书法艺术的审美特征、表现技巧和基本理论，并有作者的切身体会和学术见解。作者茹桂（1936—　），教授。陕西长安人。就读于西安美术学院和陕西师大中文系。历任西安美术学院教授、陕西省书法协会

副主席、中国书协学术委员、日本京都造型艺术大学客座教授。代表性作品有《文学创作常识》《艺术美学纲要》《茹桂书法教学手记》。

J0091171

书法十讲　茹桂著

西安 陕西人民美术出版社 1985 年 2 版 增订本 356 页 20cm（32 开）统一书号: 8199.116

定价: CNY4.00

J0091172

书法学习与鉴赏　雷州师专资料室编

雷州 雷州师专资料室 [1980—1989 年] 71 页 19cm（32 开）

J0091173

书法艺术答问　周汝昌著

香港 中华书局香港分局 1980 年 118 19cm（小 32 开）

J0091174

书法艺术答问　周汝昌著

北京 文化艺术出版社 1982 年 116 页 19cm（32 开）统一书号: 8228.024

定价: CNY0.38

　　本书介绍了我国书法艺术的理论和时间的各种知识，并以我国历代书法家的范本为例证，详尽地讲解了用笔、结构和风格等书法艺术特点，也对书法学习中一些流行的不正确说法作了评论。

J0091175

书法指导　梁启超著

台北 台湾中华书局 1980 年 3 版 19cm（32 开）

定价: TWD0.50

　　本书由《书法指导》《作文教学法》合订。作者梁启超（1873—1929），中国近代政治家、教育家、史学家、文学家。字卓如，号任公，别署饮冰室主人。著有《变法通议》《饮冰室合集》等。

J0091176

现代书法论文选　上海书画出版社编辑

上海 上海书画出版社 1980 年 407 页 有图及照片 21cm（32 开）统一书号: 7172.124

定价: CNY2.16

本书编入现代书法论文共27篇。其中22篇曾刊于各报刊杂志，5篇是未发表过的。文章包括书法理论探讨、技法、历史渊源、碑帖考证、书法艺术的欣赏以及书家的实践体会等。其中还有一部分是有关文字学方面的论述。所收文章的观点不尽一致，试以学术争论来推动书法艺术和书法理论的发展。书后附有100余幅图版。

J0091177

怎样写草书　辛一夫编著
天津　天津人民美术出版社 1980年 75页
25cm(小16开) 统一书号：8073.50138
定价：CNY0.70

J0091178

怎样写草书　辛一夫编著
天津　天津人民美术出版社 1987年 2版 75页
26cm(16开) 定价：CNY1.00

J0091179

怎样写草书　辛一夫著
天津　天津人民美术出版社 1989年 200页
26cm(16开) ISBN：7-5305-0013-9
定价：CNY13.50
(美术技法系列丛书)

J0091180

怎样学书法　费新我编
石家庄　河北人民出版社 1980年 127页
19cm(32开) 统一书号：8086.1211
定价：CNY0.60

　　作者费新我(1903—1992)，书法家、画家。学名斯恩，原字省吾，字立千、号立斋，后改名新我，湖州南浔双林镇人。毕业于上海白鹅绘画学校。代表作品有《怎样画毛笔画》《怎样学书法》《楷书初阶》《怎样画铅笔画》。

J0091181

怎样学书法　费新我著
长沙　湖南文艺出版社 1993年 40+91页
有书影 19cm(小32开) ISBN：7-5404-1101-5
定价：CNY4.10

J0091182

中国书法　(第1册 柳公权) 中国书法编辑组

编辑
北京　文物出版社 1980年 212页 38cm(6开)
精装本 定价：CNY33.00

　　本书的柳公权作品包括碑刻拓本、刻帖和墨迹。作者柳公权，唐代晚期著名的书法家。其书法，结体严谨深厚，运笔刚劲挺拔，历有"颜筋柳骨"的称誉。

J0091183

作文教学法　梁启超著
台北　中华书局 1980年 3版 19cm(32开)
定价：TWD0.50

　　本书由《作文教学法》《书法指导》合订。

J0091184

百家姓楷书字帖　戴素华书
贵阳　贵州人民出版社 1981年 19cm(32开)
统一书号：7115.583 定价：CNY0.36

J0091185

百家姓注音字帖　福建人民出版社编；王希尧书写
福州　福建人民出版社 1981年 36页
19cm(32开) 统一书号：7173.473
定价：CNY0.13

　　作者王希尧(1918—　)，书法家。字墨禅，福州人。历任中国书法家协会会员、福建省文史馆馆员、福州乌石山书画院副院长等。

J0091186

蔡襄的书法艺术　蒋文光著
北京　人民美术出版社 1981年 62页
26cm(16开) 统一书号：8027.7645
定价：CNY1.85
(中国古代美术作品介绍丛书)

　　本书收录宋代蔡襄书法墨迹19种，碑帖拓片37种，并介绍蔡襄生平及著述。作者蒋文光(1938—　)，著名书画、金银器、碑帖鉴定专家。上海嘉定人，毕业于上海复旦大学历史系。原国家博物馆资深研究员、文物鉴定委员会委员。著有有《中国书法史》《中国历代名画鉴赏》《中国碑帖艺术论》《中国古代金银器珍品图鉴》《中国历代古陶瓷珍品图鉴》《初唐四大书法家》等。

J0091187

广艺舟双楫注 （清）康有为著；崔尔平注
上海 上海书画出版社 1981 年 210 页
19cm（32 开）统一书号：7172.149
定价：CNY0.85
（书法理论丛书）
　　本书按《广艺舟双楫》的结构，共分 6 卷 27 章，叙目 1 篇。卷一、卷二讲书体源流；卷三、卷四评论碑品；卷五、卷六讲用笔技巧、学书经验与各种书体书写要求。本书着重注释字音、词义、名物制度、史地名称，以及书家、书法专著、术语等，除对原著中资料和某些有明显错误的观点加以辨证外，两可的则只作补充或增加附录。

J0091188

汉字书法初步 钟明善著
西安 陕西人民出版社 1981 年 62 页
19cm（32 开）统一书号：R7094.280
定价：CNY0.39
　　本书系中国书法基本知识。

J0091189

沈尹默论书丛稿 马国权编
香港 生活·读书·新知三联书店 1981 年 274 页
有照片图 21cm（32 开）ISBN：962-04-0087-9
定价：HKD20.00
　　本书收入沈尹默历年论书的有关专论、杂说、序跋、诗词等，除专论部分以外，此前大都未经发表。

J0091190

书法百问 邓散木提纲；邓国治补文
天津 天津人民出版社 1981 年 45 页
21cm（32 开）统一书号：9072.23 定价：CNY0.30
　　作者邓散木（1898—1963），著名书法、篆刻家。原名菊初。字散木，别号粪翁等。出生于上海，中国书法研究社社员。代表作品《篆刻学》《中国书法演变史》。

J0091191

书法常识 黎厚垣，吴本清编著
南昌 江西人民出版社 1981 年 136 页
19cm（32 开）统一书号：7110.294
定价：CNY0.42

J0091192

书法教学 戴尧天，赵一新编著
上海 上海书画出版社 1981 年 242 页 有照片
19cm（32 开）统一书号：7172.144
定价：CNY0.62

J0091193

书法举要 王学仲著
天津 天津人民美术出版社 1981 年 254 页
25cm（16 开）统一书号：8073.50159
定价：CNY3.00
　　本书为书法技法书，分 8 节介绍了文字的产生和演变过程、各类书体的特点和学习要领，书后附有甲骨文、钟鼎文、石鼓文、汉简和历代碑刻及著名书法家的法书作品 103 幅。作者王学仲（1925—2013），画家、教育家。别名王黾、滕固词人，山东滕州人。毕业于中央美术学院。历任中国书法家协会顾问，中国书法家协会副主席、学术委员会主任，天津大学艺术研究所所长、教授。代表作品有《四季繁荣图》《王学仲美术论》《垂杨饮马图》等。

J0091194

孙过庭书谱今注今译 （唐）孙过庭原著；姚平译注
台北 正中书局 1981 年 影印本 1 册（82+80 页）
20cm（32 开）定价：旧台币 3.00

J0091195

唐人书学论著三种 （三十六卷）（唐）孙过庭等撰
台北 世界书局 1981 年 影印本 471 页
16cm（25 开）精装
（中国学术名著 第五辑 艺术丛编 1）
　　本书由《唐人书学论著三种三十六卷》《宣和书谱廿二卷》合订。

J0091196

写字基础 牡丹江地区教育局《写字基础》编写组编
哈尔滨 黑龙江人民出版社 1981 年 110 页
19cm（32 开）统一书号：7093.562
定价：CNY0.27

J0091197

怎样学写楷体字　王文钧编
银川　宁夏人民出版社 1981 年　77 页
21cm（32 开）统一书号：7157.389
定价：CNY0.28
　　本书系统介绍学习汉字楷书的基本要领，包括执笔、运笔、字体结构、笔顺、临摹等章节。

J0091198

中华书法史　张光宾编著
台北　商务印书馆 1981 年　512 页　有图
21cm（32 开）定价：TWD4.60
（中华科学技艺史丛书）

J0091199

中华书法史　张光宾编著
台北　商务印书馆 1989 年　3 版　512 页
21cm（32 开）ISBN：957-05-0045-X
定价：TWD4.60
（中华科学技艺史丛书）

J0091200

百家姓　（真草隶篆习字帖）康默如书
北京　北京出版社 1982 年　29 页 19cm（32 开）
统一书号：8071.393 定价：CNY0.11
（农村读物）
　　本书是用真、草、隶、篆四体书写的百家姓。作者康默如（1957—　　），著名书法家，号少康，字龙友，生于广东广州，祖籍河北乐亭。国家博物馆研究馆员。代表作品有《苦笋》《风信》等。

J0091201

北魏郑羲下碑　大康临
北京　人民教育出版社 1982 年　84 页
26cm（16 开）统一书号：7012.0489
定价：CNY0.87
　　中学生习字帖之一。

J0091202

仿宋字结构与书法　徐锦华编著
上海　上海科学技术出版社 1982 年　124 页
19cm（32 开）统一书号：15119.2191
定价：CNY0.34
　　本书介绍工程制图常用字体，以仿宋字为主。

J0091203

汉简的书法艺术　黎泉著
北京　人民美术出版社 1982 年　53 页
26cm（16 开）统一书号：8027 定价：CNY1.70
　　汉简是研究汉人书法墨迹的重要资料。本书选编中华人民共和国成立后武威、居延、甘谷等地出土的汉简中各种书体，并将原简放大。

J0091204

黄自元楷书九十二法　（清）黄自元书
上海　上海古籍书店 1982 年　25 页 22cm（30 开）
定价：CNY0.20
　　作者黄自元（1837—1918），清末书法家、实业家。字敬舆，号澹叟，湖南安化县龙塘乡人，著有《间架结构九十二法》《黄自元临九成宫》。

J0091205

黄自元楷书九十二法　（清）黄自元著
香港　商务印书馆香港分馆 1986 年　26cm（16 开）
ISBN：962-07-4066-1 定价：HKD6.00
（书法学习丛帖）

J0091206

黄自元间架结构九十二法　（清）黄自元著
天津　天津古籍出版社 1996 年　重印本
26cm（16 开）ISBN：7-80504-535-6
定价：CNY1.80

J0091207

楷书笔画名称笔顺研究　顾大我著
台北　商务印书馆 1982 年　影印本　115 页
17cm（40 开）
（人人文库 2517—2518）

J0091208

论《兰亭》书体　刘汉屏著
郑州　中州书画社 1982 年　55 页 19cm（32 开）
统一书号：48.3222 定价：CNY0.58
　　本书从魏晋时期书体演变论《兰亭》的真伪，兼论王羲之书法艺术在历史上的地位；并以若干种最古老的《兰亭》本子对照比较，说明神龙本《兰亭》是最接近真迹的本子。书中选图版 50 余幅。

J0091209

毛笔字的教与学　汪屺怀著
合肥　安徽人民出版社　1982 年　128 页
19cm（32 开）统一书号：7102.881
定价：CNY0.36
（语文教学丛书）
　　本书为语文教学丛书中的中国书法教材。

J0091210

沈尹默论书丛稿　沈尹默著；马国权编
香港　三联书店香港分店　1982 年　274 页
21cm（32 开）定价：CNY2.00
　　本书收录作者历年论书的有关专论、杂说、序跋、诗词等。本书与岭南美术出版社合作出版。作者沈尹默（1883—1971），学者、诗人、书法家、教育家。出生于陕西汉阴，祖籍浙江吴兴。初名君默、字中、号秋明。曾任北京大学文学教授、河北省教育厅厅长、中法文化交流出版委员会主任、上海市文联副主席、上海市文管会会员、上海中国书法篆刻研究会主任等职。代表作有《沈尹默手稿墨迹》《二王法书管窥》《历代名家学书经验谈辑要释义》。

J0091211

书法大成　平衡编
上海　上海古籍书店　1982 年　影印本　21cm（32 开）
定价：CNY1.30
　　本书据原中央书店 1949 年版影印。于正楷、行书、草书之前，首列基本运笔法，并举例说明书法之构造，条分缕析，既详且备。

J0091212

书法大成　平衡编
北京　北京广播学院出版社　1992 年　影印本
13cm（60 开）ISBN：7-81004-324-2
定价：CNY4.00

J0091213

书法大成　平衡编
上海　上海书店出版社　1995 年　重印本
20cm（32 开）ISBN：7-80569-227-0
定价：CNY12.00

J0091214

书学论集　侯镜昶著
上海　华东师范大学出版社　1982 年　136 页
19cm（32 开）统一书号：7135.074
定价：CNY0.45
　　本书为书法理论文集。

J0091215

书学论集　祝嘉著
南京　金陵书画社　1982 年　393 页　21cm（32 开）
统一书号：10234.005　定价：CNY1.48
　　本书是一本书法理论专著，共收文章 17 篇。

J0091216

书学论集　祝嘉著
台北　华正书局　1985 年　465 页　21cm（32 开）
定价：TWD240.00

J0091217

同青少年谈写字　焦可强著
西安　陕西人民出版社　1982 年　62 页
19cm（小 32 开）定价：CNY0.19

J0091218

同青少年谈写字　焦可强著
西安　陕西人民出版社　1985 年　62 页
19cm（32 开）统一书号：R7094.310
定价：CNY0.19
　　中国现代书法理论。

J0091219

学书迩言　杨守敬著；陈上岷注
北京　文物出版社　1982 年　影印本　115 页
19cm（32 开）统一书号：8068.1104
定价：CNY0.80
　　本书是中国书法理论集，内容分为评碑、评贴、评书几部分，时代则包括自周秦至明清。书中对各种碑帖的特点、流传和现存情况。著者杨守敬（1839—1915），清代地理学家、书法家、金石学家。代表作品有《水经注疏》《日本访书志》《湖北金石志》等。

J0091220

中国书法　（第一期）中国书法编辑部［编］
［北京］宝文堂书店　1982 年　影印本　51 页
有图　25×23cm　统一书号：8070.105
定价：CNY1.40（胶版纸），CNY0.95（凸版纸）

J0091221
中国书法　启功主编
北京 宝文堂书店 1982 年 58 页 26cm（16 开）
定价：CNY1.40
　　作者启功（1912—2005），满族，中国现代著名书法家。字元伯，北京人。曾任北京师范大学教授、中央文史研究馆副馆长、中国书协名誉主席等职，世界华人书画家联合会创会主席、中国佛教协会、故宫博物院、国家博物馆顾问，西泠印社社长。

J0091222
蔡襄书法史料集　水赉佑著
上海 上海书画出版社 1983 年 214 页
19cm（32 开）统一书号：7172.181
定价：CNY0.83
（书家史料丛书）
　　本书按内容分为 8 部分：蔡襄传略、蔡襄论书评书、蔡襄题跋、诸家评蔡襄书、诸家题蔡襄书跋、蔡襄墨迹、碑刻、蔡襄题名题字等。

J0091223
草书礼部韵
北京 中国书店 1983 年 影印本 19cm（32 开）
定价：CNY1.80
　　本书是中国古代草书书法。

J0091224
草书通论　刘延涛著
台北 文化大学出版部 1983 年 修订版
156 页 21cm（32 开）定价：TWD160.00

J0091225
实用字体大全
台南 综合出版社 1983 年 263 页 21cm（32 开）
定价：TWD120.00

J0091226
书法常识　陈祚初著
长沙 湖南教育出版社 1983 年 80 页
19cm（32 开）统一书号：9284.25 定价：CNY0.20

J0091227
书法初步　李百忍著
合肥 安徽人民出版社 1983 年 57 页

19cm（32 开）统一书号：8102.1376
定价：CNY0.37
　　本书分十讲，介绍了书法基本技巧和书法起步的常识。书末附有各家书法 18 幅。

J0091228
书法家成功之路　王春南，徐元田著
太原 山西人民出版社 1983 年 166 页
19cm（32 开）统一书号：10088.828
定价：CNY0.68
　　本书是一本随笔集，收入 40 篇短文。

J0091229
书法经纬　李萍著
西宁 青海人民出版社 1983 年 196 页
21cm（32 开）统一书号：7097.1045
定价：CNY1.40
　　本书内容包括：书史篇、书体篇、书势篇、书法篇、法书篇、书家篇、书具篇，共七篇。

J0091230
书法精论　丁文隽著
北京 中国书店 1983 年 影印本 208 页
19cm（32 开）定价：CNY1.20
　　本书分上下两篇。上编为绪论，分溯源、辨礼、别流三篇；下编为本论，分总诀、执笔、运笔、结构、取法、临摹、用具七篇。据民国二十九年再版本影印。

J0091231
书法探求　冯亦吾著
北京 北京出版社 1983 年 202 页 19cm（32 开）
统一书号：8071.471 定价：CNY0.68
　　本书分为三章，内容包括：历代书法的沿革，为研究书学理论提供了线索；介绍了各种碑帖；论述学书方法，从执笔、运笔以至结构、章法等。作者冯亦吾（1903—2000），书法家、书法理论家。号逸瓮，江苏沛县人。曾任北京书法家协会理事兼评委、北京卿云书画联谊社社长等。代表作品有《冯亦吾文集》《书法丛谈》《书法探求》等。

J0091232
书法正傅　（十卷）（清）冯武撰
台北 商务印书馆 1983 年 影印本

（景印文渊阁四库全书 子部 一三二 第826册）

本书由《书法正傅十卷》《江村销夏录三卷》合订。作者冯武，明末清初藏书家、刻书家、书法家。江苏常熟人。字窦伯，号简缘。刻印过冯舒《默庵遗稿》、冯班《钝吟杂录》《评点才调集》等。

J0091233

宋元人书学论著九种　（廿九卷）（宋）米芾等撰
台北　世界书局　1983年　3版　影印本　366页
15cm（40开）精装　定价：旧台币2.60
（中国学术名著 第五辑）

J0091234

谈谈草书　谢德萍编著
石家庄　河北美术出版社　1983年　227页
25cm（16开）统一书号：8087.191
定价：CNY2.30

本书论述草书的渊源、要点和书写方法，分12章：第一章，草篆与草书；第二章，草书制作的规则和草书的三大原则；第三章，草书的代表符号与补笔；第四章，草书代表符号一览表；第五章，草书的用笔和用墨；第六章，草书的结构和体态；第七章，书法艺术的矛盾关系与草书的章法；第八章，同草书章法有关的几个问题；第九章，草书在书法艺术中的地位；第十章，草书艺术的鉴赏；第十一章，疑似字表；第十二章，历代草书名家简介。附历代草书名家张芝《秋凉平善帖》、杨凝式《神仙起居法》等草书墨迹34种。

J0091235

小学生成语字帖　朱文郁书
南京　江苏人民出版社　1983年　40页
19cm（小32开）定价：CNY0.15

J0091236

小学生毛笔练字帖　王业伟编写；顾仲安书写
武汉　湖北少年儿童出版社　1983年　70页
19cm（小32开）定价：CNY0.28

作者顾仲安（1956—　），书法家。中国硬笔书法家协会副主席、上海教师书画篆刻研究会名誉理事。拍摄有《硬笔书法电视讲座》和《硬笔书法》电视教育片。代表作品有《常用成语钢笔字帖接字成语》。

J0091237

小学生写字辅导　上海书画出版社编
上海　上海书画出版社　1983年　130页
19cm（小32开）定价：CNY0.36

本书分简述书法的基础知识和《小学生字帖》教学建议两部分。供小学教师进行写字教学参考的。它和该社出版的《小学生字帖》配套使用。

J0091238

新草诀　黄寿昌，单体乾著
天津　天津人民出版社　1983年　43页
25cm（16开）统一书号：8072.30　定价：CNY0.48

本书编者鉴于旧时《草诀歌》的某些缺点和错误，对草书的书写、应用极为不利，特编写《新草诀》予以匡正。

J0091239

正书　上海书画出版社编
上海　上海书画出版社　1983年　3册
25cm（小16开）统一书号：7172.192
定价：CNY3.00
（书法初学丛帖）

本书为中国楷书书法初学技法与字帖集。

J0091240

正书　上海书画出版社编
上海　上海书画出版社　1983年　3册
25cm（小16开）精装　统一书号：7172.191
定价：CNY25.90（全三册）
（书法自学丛书）

J0091241

中国书法　（1983年第1期·总第2期）中国书法家协会主办，《中国书法》编辑部编
北京　中国文艺联合出版公司　1983年　60页
[30cm]（12开）
定价：CNY1.40（甲种本），CNY0.95（乙种本）

本刊物是中国代书法专刊，本刊1982年7月第1期即总第1期。

J0091242

中国书法概述　（释）广元著
台北　商务印书馆　1983年　4版　171页
18cm（15开）定价：TWD0.80

（岫庐文库 044）

J0091243
草诀歌
太原 山西人民出版社 1984 年 影印本 22 页
24cm（26 开）统一书号：8088.48 定价：CNY0.58
　　本作品是中国草书书法歌诀。

J0091244
承晋斋积闻录　（清）梁巘著；洪丕谟点校
上海 上海书画出版社 1984 年 135 页
21cm（32 开）统一书号：8172.1053
定价：CNY0.56
（中国书学丛书）
　　本书内容包括古今法帖论、名人书法论、自书论跋、学书论等九部分。作者梁巘（1710—1788）。清代书法家。字闻山，一作文山，号松斋。安徽亳州人。乾隆二十七年举人。著有《评书帖》《论书笔记》。

J0091245
古代书法家轶事百则　洪丕谟, 沈培方译注
上海 上海书画出版社 1984 年 86 页
19cm（小 32 开）定价：CNY0.31
（书法知识丛书）
　　作者洪丕谟（1940—2005），医生、教师。生于上海，毕业于上海市卫生局中医大专班。华东政法学院教师。中国书法家协会第一届学术委员，上海市大学书法教育学会会长。著有《洪丕谟书法集》《中国书法史话》等。

J0091246
怀素自叙帖书法析解　冯景昶著
长沙 湖南美术出版社 1984 年 1 册（56+35 页）
19cm（32 开）统一书号：8233.605
定价：CNY0.60

J0091247
简化汉字结构五十法　廖蕴玉编写
成都 四川人民出版社 1984 年 24 页
25cm（小 16 开）统一书号：8118.1786
定价：CNY0.75
　　作者廖蕴玉（1925—　　），教师。字琢之，广东五华人。历任中山大学教师、中国书法家协会会员、中国书法家协会广东省分会理事、广东省

文史研究馆名誉馆员。

J0091248
楷书行书的技法　李天马编著
上海 华东师范大学出版社 1984 年 62 页
21cm（32 开）统一书号：7135.114
定价：CNY0.30
　　本书着重解剖字形点画结构，既有理论，又有字谱示范。关于楷书和行书的技巧，先分析楷书和行书的点画笔法，阐述各自的特点，并图示各种点画的运用，再从字形、结构分析不同类型。

J0091249
楷书行书的技法　李天马著
上海 华东师范大学出版社 1989 年 2 版 增补本
142 页 20cm（32 开）ISBN：7-5617-0296-5
定价：CNY2.05

J0091250
科学书法论　梁厚甫著
香港 天地图书公司 1984 年 214 页 有插图
20cm（32 开）定价：HKD20.00
　　本书从现代科学对书法加以论述，诸如提倡时代的书风、学书先学结体，运笔的提按公式等。

J0091251
科学书法论　梁厚甫著
北京 中国友谊出版公司 1984 年 160 页
19cm（32 开）统一书号：8309.6 定价：CNY0.90

J0091252
清人书学论著十八种　（三十一卷）（清）冯班等撰
台北 世界书局 1984 年 5 版 影印本 434 页
15cm（40 开）精装 定价：旧台币 2.80
（中国学术名著 第五辑）

J0091253
书法概论　李慎言著
北京 地质出版社 1984 年 125 页 21cm（32 开）
统一书号：7038. 新 123 定价：CNY0.55
（语言文学自修大学参考丛书）
　　本书内容五部分：什么是汉字书法；汉字书体的延边；汉字碑帖介绍；学习汉字书法的一般

知识；汉字的书写工具。

J0091254
书法美学谈　金学智著
上海　上海书画出版社　1984 年　217 页
19cm（32 开）统一书号：8172.1065
定价：CNY0.76
（书法知识丛书）
　　本书着重探讨了书法美学中两个基本问题，
即书法艺术的本质和书法艺术的形式美问题。
作者金学智，江苏常州人，苏州教育学院教授。

J0091255
书法入门　张造时著
乌鲁木齐　新疆人民出版社　1984 年　276 页
20cm（32 开）统一书号：8098.197
定价：CNY0.86
　　本书共分 10 个专题：1 到 4 个专题，主要介
绍了书法从图画化到线条化、笔画化的演变历史
和用途，以及怎样学好书法的基本经验和选用笔
墨纸砚方面的基本常识；5 到第 9 个专题，着重
阐述了执笔、运笔和楷书点画造型，间架结构，
以及章法布局五个方面的书写要领和运笔技法；
最后一个专题，专门谈了临摹碑帖和欣赏书法作
品方面的基本经验。

J0091256
书法史话　萧燕翼著
北京　中华书局　1984 年　60 页　有图　19cm（32 开）
统一书号：11018.1271　定价：CNY0.19
（中国历史小丛书）

J0091257
书林藻鉴　书林纪事　马宗霍编
北京　文物出版社　1984 年　新 1 版　345 页
25cm（16 开）统一书号：8068.1136
定价：CNY2.80
　　《书林藻鉴》和《书林纪事》是已故著名学者
马宗霍先生编纂的有关历代书法评论和书法家
掌故的资料书，1935 年初版。

J0091258
宋四家书法析论　蔡崇明著
台北　华正书局　1984 年　261 页　有图
20cm（32 开）定价：TWD200.00

J0091259
现代书法论文选　华正人编辑
台北　华正书局　1984 年　1 册　有图　21cm（32 开）
精装　定价：TWD380.00

J0091260
小楷书法　梁鼎光编著
广州　岭南美术出版社　1984 年　256 页
25cm（16 开）统一书号：8260.0965
定价：CNY3.00
　　本书由小楷述要、法帖介绍、习作举例
3 大部分组成。共收图 256 幅。作者梁鼎光
（1938—　），书法家、动物解剖学家。广东恩
平人。华南农业大学副教授，广东省书法家协
会副主席。代表作品有《浅谈书法》《小楷书
法》等。

J0091261
小楷书法　梁鼎光书
广州　岭南美术出版社　1991 年　重印本　256 页
26cm（16 开）ISBN：7–5362–0670–4
定价：CNY9.50

J0091262
怎样临帖　邓散木著
北京　人民美术出版社　1984 年　86 页　有肖像
19cm（32 开）统一书号：8027.8878
定价：CNY0.46
　　作者邓散木（1898—1963），著名书法、篆刻
家。原名菊初。字散木，别号粪翁等。出生于上海，
中国书法研究社社员。代表作品《篆刻学》《中
国书法演变史》。

J0091263
中国书法　（1984 年 10 月　总第 3 辑）《中国书
法》编辑部编
北京　中国文艺联合出版公司　1984 年　60 页
25cm（15 开）统一书号：8313.66　定价：CNY0.95

J0091264
中国书法理论体系　熊秉明著
香港　商务印书馆香港分馆　1984 年　174 页
20cm（32 开）
　　作者熊秉明（1922—2002），艺术家、哲学
家。生于江苏南京，祖籍云南。毕业于西南联合

大学和巴黎大学。巴黎第三大学东方语言文学院教授。代表作品有《张旭与草书》《中国书法理论体系》。

J0091265

中国书法理论体系　熊秉明著
成都　四川美术出版社 1990 年 182 页 有照片
19cm（32 开）ISBN：7-5410-0281-X
定价：CNY5.50

J0091266

中国书法理论体系　熊秉明著
台北　雄狮图书公司 1999 年 2 版 214 页 有图
26cm（16 开）ISBN：957-8980-90-6
定价：TWD360.00
（雄狮丛书）

J0091267

大学书法　祝敏申主编
上海　复旦大学出版社 1985 年 316 页
20cm（32 开）统一书号：8253.002
定价：CNY2.15
　　本书是高等学校书法教材，分为两编：上编是"理论之部"，下编是"技法之部"。主编祝敏申（1950—　　），教授。出生于上海，毕业于上海复旦大学，留校任教。编著有《大学书法》《〈说文解字〉与中国古文字学》。

J0091268

大学书法　祝敏申主编；复旦大学分校中文系《大学书法》编写组编
上海　复旦大学出版社 1993 年 320 页
20cm（32 开）ISBN：7-309-01181-3
定价：CNY9.00

J0091269

儿童学书法　徐伯清等著
杭州　浙江少年儿童出版社 1985 年 102 页
有照片 19cm（32 开）定价：CNY0.71
　　中国现代儿童书法教材。作者徐伯清（1926—2010），书法家。浙江温州人。历任上海文史研究馆馆员，中国书法家协会会员，上海书法家协会常务理事，中华艺术家协会会长，上海市文联委员，上海师范大学书法专业客座教授，浙江舟山书画院名誉院长。代表作品有《儿童学

书法》《宋人轶事汇编》等。

J0091270

傅山论书法　卫俊秀编
太原　山西人民出版社 1985 年 69 页
19cm（32 开）统一书号：8088.50 定价：CNY0.65
　　本书为中国古代书法理论专著。作者傅山（1607—1684），明清之际思想家、书法家、医学家。初名鼎臣，字青竹，改字青主，又有浊翁、观化等别名，生于山西太原。主要作品有《庄子翼批注》《逍遥游》《庄子理字》《庄子情字》《荀卿评庄子》等。

J0091271

国山碑考　（清）吴骞编
北京　中华书局 1985 年 新 1 版 影印本
53+12 页 18cm（15 开）统一书号：17018.151
（丛书集成初编）
　　本书由《国山碑考》（清）吴骞编、《嵩洛访碑日记》（清）黄易撰合订。作者吴骞（1733—1813），清代藏书家、文学家。浙江海宁人。字槎客、葵里，号愚谷，别号免床、漫叟等。学识渊博，能画工诗，喜藏书。筑拜经楼以庋藏。所辑《拜经楼丛书》校勘精审，著名于世。著有《拜经楼诗集》《拜经楼诗集续编》《愚谷文存》等。

J0091272

汉延熹西岳华山碑考　（清）阮元编
北京　中华书局 1985 年 新 1 版 63 页
18cm（15 开）统一书号：17018.151
（丛书集成初编）
　　本书系阮元编中国古代碑刻考证。作者阮元（1764—1849），清代著名学者。字伯元，号芸台、雷塘庵主，晚号怡性老人。江苏仪征人。在经史、数学、天算、舆地、编纂、金石、校勘等方面都有造诣，代表作品有《经籍纂诂》《畴人传》《小沧浪笔谈》《耄年自述卷》等。

J0091273

简牍书法　黎泉著
上海　上海书画出版社 1985 年 63 页
19cm（32 开）定价：CNY0.65
（书法知识丛书）
　　本书内容包括：简牍的出土和保存、汉代的简册及其学术价值、简牍与我国的书法源流、简

牍书体、简牍的书法艺术、如何学习和借鉴简牍书艺等。

J0091274
隶篇　（清）翟云升编撰
北京　中华书局　1985 年　368 页　26cm（16 开）
统一书号：9018.175　定价：CNY6.75
　　中国古代隶书书法。编撰者翟云升（1776—1858），清代书法家、古文字学家。字舜堂，号文泉，山东莱州市人。代表作品《说文形声后案》《说文辨异》等。

J0091275
隶书基础知识　　柳曾符，张森著
上海　上海书画出版社　1985 年　86 页　有图版
19cm（32 开）统一书号：8172.1245
定价：CNY0.96
（书法知识丛书）
　　作者张森（1942—　），书法家、一级美术师。江苏泰县人，祖籍温州鹿城。历任中国书法家协会理事、中国书法家协会创作评审委员会委员、上海市书法家协会顾问、上海市美学学会副主席、上海中国画院画师。出版有《张森隶书滕王阁序》《张森书法艺术》《张森隶书岳阳楼记》等。

J0091276
隶书基础知识　　柳曾符，张森著
上海　上海书画出版社　1995 年　重印本　86 页
有图版　19cm（32 开）统一书号：8172.1245
定价：CNY5.50　ISBN：7-80512-239-3
（书法知识丛书）

J0091277
毛笔字基础训练　　姚泰成书
昆明　云南教育出版社　1985 年　50 页
26cm（16 开）统一书号：7468.7　定价：CNY0.61
　　本书系中国现代楷书法帖专著。

J0091278
书道入门　（楷书篇）大芷文化书业公司编辑
台中　大芷文化书业公司　1985 年　128 页
20cm（32 开）定价：TWD85.00
（美术丛书 5）

J0091279
书道入门　（草书篇）大芷文化书业公司编辑
台中　大芷文化书业公司　1985 年　110 页
20cm（32 开）定价：TWD85.00
（美术丛书 7）

J0091280
书道入门　（行书篇）大芷文化书业公司编辑
台中　大芷文化书业公司　1985 年　132 页
20cm（32 开）定价：TWD85.00
（美术丛书 6）

J0091281
书法百问百答　　闵祥德著
广州　广东人民出版社　1985 年　180 页
19cm（32 开）
　　中国现代书法。作者闵祥德（1949—　），书法家，教授，国家一级美术师。安徽宿州市人。历任南京财经大学艺术教研室主任、安徽省书法家协会副主席、东南大学博士生导师、中国书画学会副主席等职。擅长书法，兼攻理论，作品多次参加国内外大型书展。作品有《书法浅谈》《书法百问百答》《图解书法指南》《行书书写门径》。部分著作被中国台湾、香港大学指定为教科书。

J0091282
书法百问百答　　闵祥德著
香港　明天出版社　1985 年　180 页　有图
19cm（32 开）ISBN：962-277-001-0
定价：HKD18.00
　　中国现代书法。本书与广东人民出版社合作出版。

J0091283
书法百问百答　　闵祥德著
广州　广东人民出版社　1986 年　180 页
19cm（32 开）统一书号：8111.2567
定价：CNY2.40
（新编书法丛书）
　　本书明天出版社合作出版。作者闵祥德，中国书法家协会会员、中国书协安徽分会理事。

J0091284
书法百问百答　　闵祥德著
广州　广东人民出版社　1991 年　重印本　180 页

19cm（32开）ISBN：7-218-00070-3
定价：CNY4.50
（新编书法丛书）
　　本书与明天出版社合作出版。

J0091285
书法教学指要　王梦赓编著
呼和浩特　内蒙古人民出版社　1985年
19cm（32开）统一书号：8089.187
定价：CNY1.10
　　本书着重叙述了真、草、隶、篆等书体的书写技法及历史上著名书家的书艺特点，既有书法艺术的历史知识，又有各种书体的书法技法。作者王梦赓（1938—　　），研究员。字宝坻，曾用字厉影，号京东乡人、醉墨斋主，天津人。历任沈阳故宫博物院研究室主任、研究员、沈阳市政协委员。

J0091286
书法入门　裘成源著
杭州　浙江教育出版社　1985年　104页
19cm（32开）统一书号：7346.233
定价：CNY0.43

J0091287
书法欣赏　朱廷惠，李国魂编
北京　北京市少年宫　1985年　83页　26cm（16开）

J0091288
书法欣赏　工人出版社编
北京　工人出版社　1985年　83页　26cm（16开）
定价：CNY1.80
　　本书收集了京、津、沪及部分省市一些书法家的手迹，向广大中小学生介绍我国当前书法艺术的发展情况。

J0091289
书法欣赏　（100名人名联）刘健主编
昆明　云南民族出版社　1994年　204页
19cm（小32开）ISBN：7-5367-0968-4
定价：CNY8.90

J0091290
书法欣赏　李其钦，马学琼编著
广州　新世纪出版社　1996年　169页

19cm（小32开）ISBN：7-5405-1099-4
定价：CNY6.60

J0091291
书法欣赏　过大江著
上海　上海人民美术出版社　1997年　205页
有插图　26cm（16开）ISBN：7-5322-1765-5
定价：CNY22.00

J0091292
书法要略　杨向阳著
长沙　湖南美术出版社　1985年　55页　有图
20cm（32开）定价：CNY0.98
　　本书论述了书法八要素的辩证精要，如何做到形神兼备。书后附有风格各异的多幅书法作品。作者杨向阳，号楚布，字书地人，湖南湘潭人。中国当代著名书画大家、学者、诗人、教授、收藏家、文物鉴赏家、中国书协创始人之一、毛泽东诗词碑林《碑序》撰写者、《立体思维学说》首创者、湖南科技大学艺术学院院长、中国毛体书法大赛总顾问等职。主要代表著作有《三体书》《书法要略》。作者杨向阳，书画家、学者、教授。号楚布，字书地人，湖南湘潭人。历任湖南科技大学艺术学院院长，中国当代书画家协会副主席、齐白石画院副院长、中国工业设计协会常务理事等职。主要代表著作有《三体书》《书法要略》《简繁对照字帖》《书法基础》。

J0091293
书学论集　（中国书学研究交流会论文选集）上海书画出版社编
上海　上海书画出版社　1985年　253页
20cm（32开）统一书号：8172.1074
定价：CNY1.60
　　本集选入中国书法家协会等单位于1981年10月在绍兴联合召开的首次"中国书学研究交流会"的论文17篇、其他应征论文2篇，从美学、书法史、书法创新和《兰亭序》四个专题加以研究。

J0091294
苏斋唐碑选　（清）翁方纲撰
北京　中华书局　1985年　新1版　10+94页
18cm（32开）统一书号：17018.151
（丛书集成初编）

本书由《苏斋唐碑选》《苏斋题跋》合订。中国古代碑帖。作者翁方纲(1733—1818),清代金石学家、文学家、书法家。字正三,号覃溪,晚号苏斋,北京大兴人,乾隆十七年进士。著有《粤东金石略》《苏米斋兰亭考》《复初斋诗文集》《小石帆亭著录》等。

J0091295

增广汉隶辨异歌　马国权增补并注

香港 万里书店 1985年 62页 20cm(32开)
ISBN:962-14-0239-5 定价:HKD13.00

J0091296

中国书法　张炳煌编著

台北 华视出版社 1985年 6版 346页
有图照片 19cm(32开)定价:TWD80.00

J0091297

中国书法　(五 颜真卿)颜真卿书;中国书法编辑组编

北京 文物出版社 1985年 289页 36cm(6开)
精装 统一书号:8068.885 定价:CNY49.00

　　全套书共5册。本书编入的作品有墨迹本4种、碑版拓本20种、刻帖本39种,共63种作品,所选碑刻拓本有《多宝塔碑》《移蔡帖》等。

J0091298

中国书法　(唐)颜真卿著

台北 喜年来出版社 1985年 214页 30cm(12开)
精装 定价:TWD600.00

J0091299

篆法辨诀　(元)应在著;韩天衡重订

上海 上海书店 1985年 66页 26cm(16开)
定价:CNY0.50

　　作者韩天衡(1940—),教授、书法家。号豆庐,上海中国画院副院长、上海交通大学兼职教授、西泠印社副社长。代表作品有《韩天衡印选》《韩天衡书画印选》《韩天衡画集》等。

J0091300

篆法辨诀　(元)应在著;韩天衡重订

上海 上海书店出版社 1999年 80页
26cm(16开)ISBN:7-80622-421-1
定价:CNY9.50

J0091301

草法金针　黄忠篯,黄湘驯编著

长沙 湖南美术出版社 1986年 132页
26cm(16开)统一书号:8233.931
定价:CNY1.95

　　全书共六章:第一章概论,论述今草的渊源、演变和发展;第二章谈学习草书成功的道路;第三章至第六章论述今草的基本知识和艺术技巧。

J0091302

草书的识别书写与欣赏　杜惠化著

合肥 1986年 225页 26cm(16开)
统一书号:8381.284 定价:CNY2.50

　　本书主要内容:识别草书、书写草书、欣赏草书。书后还附有古代草书大家及作者绝技口书作品若干幅。还附有常用草书字对照表。

J0091303

草书的识别书写与欣赏　杜惠化著

合肥 安徽美术出版社 1989年 225页
26cm(16开)统一书号:85398.284
定价:CNY4.50

J0091304

草书的识别书写与欣赏　杜惠化著

合肥 安徽美术出版社 1990年 225页
26cm(16开)ISBN:7-5398-0148-4
定价:CNY6.50

J0091305

大字入门　(第一册 笔锋走向本)中国书法家协会河南分会编

郑州 海燕出版社 1986年 26cm(16开)
定价:CNY0.32

　　中国现代书法入门。

J0091306

大字入门　(第二册 笔锋走向本)中国书法家协会河南分会编

郑州 海燕出版社 1986年 26cm(16开)
定价:CNY0.32

　　中国现代书法入门。

J0091307

大字入门　(第三册 廓填本)中国书法家协会

河南分会编

郑州 海燕出版社 1986 年 26cm（16 开）

定价：CNY0.32

J0091308

大字入门 （第四册 描红本）中国书法家协会
河南分会编

郑州 海燕出版社 1986 年 26cm（16 开）

定价：CNY0.32

J0091309

大字入门 （第五册 仿影本）中国书法家协会
河南分会编

郑州 海燕出版社 1986 年 26cm（16 开）

定价：CNY0.44

J0091310

大字入门 （第六册 仿影本）中国书法家协会
河南分会编

郑州 海燕出版社 1986 年 26cm（16 开）

定价：CNY0.44

J0091311

大字入门 （第七册 仿影本）中国书法家协会
河南分会编

郑州 海燕出版社 1986 年 26cm（16 开）

定价：CNY0.44

J0091312

大字入门 （第八册 仿影本）中国书法家协会
河南分会编

郑州 海燕出版社 1986 年 26cm（16 开）

定价：CNY0.44

J0091313

大字入门 （第九册 临摹本）中国书法家协会
河南分会编

郑州 海燕出版社 1986 年 26cm（16 开）

定价：CNY0.32

J0091314

大字入门 （第十册 临摹本）中国书法家协会
河南分会编

郑州 海燕出版社 1986 年 26cm（16 开）

定价：CNY0.32

J0091315

行书书写门径 闵祥德编著

广州 广东人民出版社 1986 年 125 页
19cm（32 开）统一书号：8111.2565

定价：CNY1.95

（新编书法丛书）

作者闵祥德（1949— ），书法家，教授，国
家一级美术师。安徽宿州市人。历任南京财经
大学艺术教研室主任、安徽省书法家协会副主
席、东南大学博士生导师、中国书画学会副主席
等职。擅长书法，兼攻理论，作品多次参加国内
外大型书展。作品有《书法浅谈》《书法百问百
答》《图解书法指南》《行书书写门径》。部分著
作被中国台湾、香港大学指定为教科书。

J0091316

行书书写门径 闵祥德编著

香港 明天出版社 1986 年 125 页 有图
19cm（32 开）ISBN：962-277-006-1

定价：HKD18.00

（新编书法丛书）

本书与广东人民出版社合作出版。作者闵
祥德，书法家，中国书法家协会会员、中国书协
安徽分会理事。

J0091317

行书书写门径 闵祥德编著

广州 广东人民出版社 1991 年 重印本 125 页
19cm（32 开）ISBN：7-218-00068-1

定价：CNY3.40

（新编书法丛书）

本书与香港明天出版社合作出版。

J0091318

行书要法 曾景充撰

广州 广东高等教育出版社 1986 年 68 页
20cm（32 开）统一书号：8343.3 定价：CNY0.75

作者曾景充（1932—2009），书法家。生于广
州。中国书法家协会会员，曾任广东书协理事，
广东书协艺术指导委员，广州市书协副会长，美
协广东分会会员，广东省中国文物鉴藏家协会理
事，广州市文史研究馆馆员，东方书画院客座教
授。著有《行书要法》《魏体千字文》《曾景充钢
笔书》《五体临池指要》等。

J0091319
楷书基础知识　袁旭临著
太原　希望出版社　1986年　120页　26cm（16开）
定价：CNY1.50
　　本书介绍楷书的基本知识：学习楷书的方法和步骤。如习字的要领、基本笔画的写法。介绍欧阳询、颜真卿和柳公权书体的特点和写法，怎样临帖及注意的问题等。附有部首写法百例。著者袁旭临（1937—　　），书法家。号雪岭、墨滏，生于河北沧州市。历任山西太原市文化局副局长、山西省书协常务理事、太原市画院副院长、太原市书法家协会主席。编著出版《楷书基础知识》《欧阳询、颜真卿、柳公权碑帖精选》《楷书汉字笔顺图解》《楷书练习系列册》等。

J0091320
楷书入门　庄珠娣编著
石家庄　河北少年儿童出版社　1986年　78页
19cm（32开）定价：CNY0.40
（少年儿童书法讲座）

J0091321
楷书书写门径　廖蕴玉编著
广州　广东人民出版社　1986年　175页
19cm（32开）统一书号：8111.2566
定价：CNY2.40
（新编书法丛书）
　　本书与明天出版社合作出版。

J0091322
楷书书写门径　廖蕴玉编著
香港　明天出版社　1987年　2版　175页
18cm（15开）定价：HKD20.00
（新编书法丛书）
　　本书与广东人民出版社合作出版。

J0091323
楷书书写门径　廖蕴玉编著
广州　广东人民出版社　1993年　重印本　175页
19cm（32开）ISBN：7-218-00069-X
定价：CNY5.60
（新编书法丛书）
　　本书与香港明天出版社合作出版。

J0091324
隶书书写门径　陈景舒编著
广州　广东人民出版社　1986年　162页
19cm（32开）统一书号：8111.2564
定价：CNY2.30
（新编书法丛书）
　　作者陈景舒（1931—2012），书法家。字靖庵，别署凝碧楼主，出生于广东佛山。曾任广东省人民政府文史研究馆馆员、中国书法家协会会员、广东省书法家协会名誉主席、广东省书法艺术基金会会长等。代表著作有《实用隶书字帖》《隶书书写门径》《四体楹联》等。

J0091325
隶书书写门径　陈景舒编著
香港　明天出版社　1986年　162页　有图
19cm（32开）ISBN：962-277-007-X
定价：HKD18.00
（新编书法丛书）
　　本书与广东人民出版社合作出版。作者陈景舒，广东中年书法家，中国书法家协会会员、中国书法家协会广东分会常务理事。

J0091326
隶书书写门径　陈景舒编著
广州　广东人民出版社　1993年　重印　162页
19cm（32开）ISBN：7-218-00067-3
定价：CNY4.90
（新编书法丛书）
　　本书与明天出版社合作出版。

J0091327
柳体大楷字帖
上海　上海书画出版社　1986年　6页
23cm（10开）袋装　定价：CNY0.60
（系列塑料活页字帖）

J0091328
毛笔小楷字写法　袁赣忠编著
西安　陕西人民出版社　1986年　8页
19cm（32开）统一书号：7094.540
定价：CNY0.45
（文化与生活丛书）

J0091329

毛笔字入门　华清波编著
上海　上海文化出版社　1986 年　34 页
26cm（16 开）统一书号：8077.3008
定价：CNY0.44

J0091330

少年书法　任政著
上海　上海少年儿童出版社　1986 年　2 版　31 页
20cm（32 开）定价：CNY0.39
（语文知识读物）

J0091331

少年书法 （1）
天津　新蕾出版社　1986 年　重印本　23 页
26cm（16 开）统一书号：R7213.293
定价：CNY0.41

J0091332

少年书法 （2）
天津　新蕾出版社　1986 年　24 页　26cm（16 开）
定价：CNY0.41

J0091333

少年书法 （3）
天津　新蕾出版社　1986 年　24 页　26cm（16 开）
统一书号：R7213.389 定价：CNY0.41

J0091334

少年书法 （4）
天津　新蕾出版社　1987 年　24 页　26cm（16 开）
定价：CNY0.41

J0091335

少年书法 （5）
天津　新蕾出版社　1988 年　24 页　26cm（16 开）
ISBN：7–5307–0250–5 定价：CNY0.65

J0091336

少年书法 （6）
天津　新蕾出版社　1988 年　24 页　26cm（16 开）
ISBN：7–5307–0016–2 定价：CNY0.65

J0091337

少年学书法　赵家熹编著
北京　中国少年儿童出版社　1986 年　126 页　有图
19cm（32 开）统一书号：8056.536
定价：CNY0.92

　　讲述硬笔字的写法与练习、工具的选用、执笔方法、书写姿势、基本笔画及应用。附碑帖 30 多幅。作者赵家熹（1948—　　），教师。山东掖县人，北京景山学校高级教师、北京师范大学艺术系副教授、北京书法协会常务理事。

J0091338

沈尹默论书诗墨迹　沈尹默编
上海　上海书店　1986 年　影印本　57 页
38cm（6 开）统一书号：T63.1 定价：CNY2.60

　　作者沈尹默（1883—1971），学者、诗人、书法家、教育家。出生于陕西汉阴，祖籍浙江吴兴。初名君默、字中、号秋明。曾任北京大学文学教授，河北省教育厅厅长、中法文化交流出版委员会主任、上海市文联副主席、上海市文管会会员、上海中国书法篆刻研究会主任等职。代表作有《沈尹默手稿墨迹》《二王法书管窥》《历代名家学书经验谈辑要释义》。

J0091339

书道技法 1.2.3　杜忠诰著
台北　雄狮图书公司　1986 年　176 页　有图
26cm（16 开）定价：TWD220.00

　　杜忠诰（1948 年—　），书法家。号研农，出生于台湾省彰化县。日本国产筑波大学艺术学硕士、台湾师范大学文学博士。代表作品《书道技法一二三》《杜忠诰书艺传集》《说文笔文论形研究》。

J0091340

书法　（唐）孙过庭著；王仁钧撰述
台北　金枫出版公司　1986 年　151 页　17cm（25 开）
（经典 9）

J0091341

书法概论　启功主编
北京　北京师范大学出版社　1986 年　310 页　有图
21cm（32 开）统一书号：8243.9 定价：CNY2.50

　　本书内容包括：汉字形体沿革、书写工具、笔顺、结字、执笔和运笔、练字方法等基本知识和基本技法。附有名家王羲之、欧阳询、苏轼、米芾、赵孟頫等代表性碑帖图片。作者启功

（1912—2005），满族，中国现代著名书法家。字元伯，北京人。曾任北京师范大学教授、中央文史研究馆馆长、中国书协名誉主席等职、世界华人书画家联合会创会主席、中国佛教协会、故宫博物院、国家博物馆顾问、西泠印社社长。

J0091342
书法概说　杨崇福编著
武汉　湖北教育出版社　1986 年　177 页　有书影
19cm（32 开）定价：CNY1.80

J0091343
书法基础　潘振元等编著
南京　江苏美术出版社　1986 年　105 页
20cm（32 开）
（众群文艺辅导丛书）

J0091344
书法基础知识挂图　周树坚等编制
广州　岭南美术出版社　1986 年　4 张
76cm（2 开）定价：CNY1.80
　　作者周树坚（1947—　），广东茂名人。岭南美术出版社编辑、中国书法家协会会员、广东省书法家协会副主席、广州市硬笔书法家协会副会长。

J0091345
书法技法述要　刘小晴著
上海　上海书画出版社　1986 年　207 页　有图
19cm（32 开）统一书号：8172.1360
定价：CNY1.50
（书法知识丛书）
　　作者刘小晴（1942—　），书法家。号一瓢，二泉，上海崇明人。毕业于鲁迅美术学院国画系，曾担任上海书法家协会副主席、《书法》杂志副主编、中国书法家协会会员、上海文史馆馆员。出版有《少年小楷习字帖》《中国书法技法述要》《怎样写行书》。

J0091346
书法浅谈　潘朝曦著
北京　知识出版社　1986 年　143 页　有照片
19cm（32 开）统一书号：7214.97　定价：CNY1.10

J0091347
书法入门　肖世荣著
南宁　广西人民出版社　1986 年　124 页　有图
19cm（32 开）统一书号：7113.626
定价：CNY0.71

J0091348
书法述要　陆维钊著
杭州　浙江古籍出版社　1986 年　63 页
19cm（32 开）统一书号：7347.2　定价：CNY0.45
　　作者陆维钊（1899—1980），书画家、教授。原名子平，字微昭，晚年自署劲翁。浙江平湖人。南京高等师范文史地部毕业。浙江美术学院教授、中国美术家协会浙江分会理事。代表作品有《中国书法》《全清词钞》等。

J0091349
书法通论　丁文隽编著
北京　人民美术出版社　1986 年　[277 页]
20cm（32 开）统一书号：8027.9277
定价：CNY2.95
　　本书分 9 章。作者在 30 年代末所著《书法精论》基础上加以修订改写。以通俗的语言论述书法的基本知识和起码的基本功。附有历代著名书法家简介，同时选印历代碑、帖作品 108 件。

J0091350
书法心理学　高尚仁著
台北　东大图书公司　1986 年　311 页　有图
20cm（32 开）定价：旧台币 4.22
（沧海丛刊　心理学）

J0091351
书法学习与欣赏　四川人民广播电台，成都市书法学会编
成都　四川省社会科学院出版社　1986 年　228 页
19cm（32 开）统一书号：8316.15　定价：CNY0.95

J0091352
书法艺术　王冬龄著
杭州　浙江美术学院出版社　1986 年　110 页　有图
26cm（16 开）统一书号：8440.006
定价：CNY2.70
（美术自学丛书）
　　作者王冬龄（1945—　），书法家。江苏台东

人，毕业于中国美术学院。中国书法家协会学术委员、中国书法进修学院副院长、浙江省书协副主席、美国明尼苏达大学客座教授。代表作品《书画艺术》。

J0091353
书法知识基础 （上册）韩家鳌主编；傅国华等编
北京 宇航出版社 1986年 89页 26cm（16开）
统一书号：9244.0066 定价：CNY0.96

J0091354
书法知识基础 （中册）韩家鳌主编；张霖等编
北京 宇航出版社 1987年 102页 26cm（16开）
统一书号：9244.0120 定价：CNY1.40

J0091355
书法知识基础 （中册）韩家鳌主编；张霖，傅国华编
北京 宇航出版社 1989年 重印本 102页
26cm（16开）ISBN：7-80034-095-3
定价：CNY2.10

J0091356
书法知识基础 （下册）韩家鳌主编；傅国华等编
北京 宇航出版社 1989年 138页 26cm（16开）
ISBN：7-80034-096-1 定价：CNY2.20

J0091357
书法知识基础 （上中下合订本）韩家鳌主编；傅国华等编
北京 宇航出版社 1990年 323页 26cm（16开）
ISBN：7-80034-252-2 定价：CNY7.60

J0091358
松阳书法艺术 松阳书
北京 科技文献出版社 1986年 ［32］页
10cm（64开）统一书号：8176.2 定价：CNY0.95

J0091359
修德书法艺术之路 贾志明著
北京 工人出版社 1986年 67页 20cm（32开）
定价：CNY0.64
中国现代书法理论。

J0091360
颜鲁公之书学 蒋星煜著
武汉 武汉古籍书店 1986年 86页
19cm（小32开）定价：CNY0.60

J0091361
赵体楷书间架结构习字帖 柳溥庆原编；柳伦编
北京 北京出版社 1986年 40页 26cm（16开）
定价：CNY0.52
作者柳溥庆（1900—1974），印刷技术专家。江苏武进人。又名圃青、步青、柳霖。毕业于上海美术专科学校、巴黎印刷学院。曾任中国人民银行总工程师兼印刷技术研究所所长。编写出版多种颜、柳、欧体书法字帖，著作有《近代平版印刷之理论与实施》《照相凹版术》《蛋白版的原理和方法》等。

J0091362
赵体楷书间架结构习字帖 柳溥庆，柳伦编
北京 北京出版社 1998年 重印本 40页
26cm（16开）ISBN：7-200-00079-5
定价：CNY3.50

J0091363
中国书道史之旅 （专题、特写、导游）（日）宇野雪村编撰；洪顺隆译
台北 故乡出版社 1986年 285页 有彩照地图
30cm（10开）精装 定价：TWD700.00

J0091364
中国书法 （美）蒋彝著
上海 上海书画出版社 1986年 198页 有照片
19cm（32开）统一书号：8172.1260
定价：CNY1.50
本书阐述中国书法历史、书家派别和书法技术的译著。共11章，其中包括"中国文字的起源和构成""书体""中国书法的抽象美""书法与中国其他艺术形式的关系"等篇章。作者蒋彝（Chiang Yee，1903—1977），画家、诗人、作家、书法家。字仲雅，又字重哑，笔名哑行者，江西九江人。美国哥伦比亚大学终身教授、美国科学院艺术学院院士。作品有《英国湖滨画记》《约古郡画记》《伦敦画记》《都柏林画记》等，著作有《重游中国》。

J0091365

草书笔法与符号　杨再春编著

北京　北京体育学院出版社 1987 年 48 页
19cm（32 开）统一书号：CN8451.14
定价：CNY1.15
（中国书法系列丛书）

　　本书对草书的规律笔法、异写笔法及如何辨认草书和书写草书等都作了详尽的阐述。作者杨再春（1943—　　），书法家。河北唐山人，毕业于北京体育大学。历任北京体育大学出版社社长兼总编、中国摄影著作权协会副总干事长、中国书画函授大学教授。代表作品有《行草章法》《墨迹章法通览》等。

J0091366

草书笔法与符号　杨再春编著

北京　北京体育学院出版社 1991 年
2 版（修订本）140 页　19cm（小 32 开）
ISBN：7-81003-483-9 定价：CNY2.30
（中国书法系列丛书）

　　作者杨再春（1943—　　），书法家。河北唐山人，毕业于北京体育大学。历任北京体育大学出版社社长兼总编、中国摄影著作权协会副总干事长、中国书画函授大学教授。代表作品有《行草章法》《墨迹章法通览》等。

J0091367

草书书写门径　梁锦英著

香港　明天出版社 1987 年 193 页 18cm（15 开）
ISBN：962-277-016-9 定价：HKD22.00
（新编书法丛书）

　　本书与广东人民出版社合作出版。

J0091368

草书书写门径　梁锦英编著

广州　广东人民出版社 1988 年 193 页
19cm（32 开）ISBN：7-218-00131-9
定价：CNY2.90
（新编书法丛书）

　　本书与明天出版社合作出版。作者梁锦英（1936—2005），硬笔书法家，教育家。广东德庆人。曾任广州市第三十三中学书法教师、广州钢笔书法函授学校校长、广州市武术协会太虚拳研究会副会长。作品有《钢笔书法》《钢笔行草书法千家诗》《草书书写门径》等。

J0091369

草书书写门径　梁锦英编著

广州　广东人民出版社 1993 年 重印本 193 页
19cm（32 开）ISBN：7-218-00131-9
定价：CNY5.80
（新编书法丛书）

　　本书与明天出版社合作出版。

J0091370

草书知识辨韵歌　于溥洸撰书

沈阳　辽宁美术出版社 1987 年 52 页 32×19cm
统一书号：8161.1161 定价：CNY1.80
ISBN：7-5314-0006-5

J0091371

当代名家书法赏析　纪怀昌编著

北京　北京体育学院出版社 1987 年 60 页
有肖像及照片 19cm（32 开）
统一书号：CN8451.20 定价：CNY1.15
（中国书法系列丛书）

　　作者纪怀昌（1944—　　），画家、记者。字理吾，天津人。历任紫光阁书画院副院长、中国地质矿产报北京中心记者站站长、记者，中国书法家协会会员、中国地质书法家协会副主席、北京职工艺术家协会常务副会长。代表作品《中国书画鉴赏与收藏》《中国书画鉴赏与收藏》《纪怀昌书法艺术》等。

J0091372

古典书法理论　洪丕谟编著

南京　江苏古籍出版社 1987 年 265 页
19cm（32 开）ISBN：7-80519-055-0
定价：CNY1.90
（书法学习丛书）

　　作者洪丕谟（1940—2005），医生、教师。生于上海，毕业于上海市卫生局中医大专班。华东政法学院教师。中国书法家协会第一届学术委员，上海市大学书法教育学会会长等。著有《洪丕谟书法集》《中国书法史话》等。

J0091373

广艺舟双楫　康有为著

台北　金枫出版公司 1987 年 366 页 17cm（40 开）
定价：TWD70.00
（经典 29）

中国清代书法理论。

J0091374
行书笔法与《兰亭序》帖　杨再春著
北京　北京体育学院出版社 1987 年 116 页
19cm（小 32 开）统一书号：8451.19
定价：CNY1.15
（中国书法系列丛书）
　　作者杨再春（1943—　　），书法家。河北唐山人，毕业于北京体育大学。历任北京体育大学出版社社长兼总编，中国摄影著作权协会副总干事长，中国书画函授大学教授。代表作品有《行草章法》《墨迹章法通览》等。

J0091375
行书笔法与《兰亭序》帖　杨再春著
北京　北京体育学院出版社 1989 年 124 页
19cm（32 开）ISBN：7-81003-213-5
定价：CNY1.80
（中国书法系列丛书 5）

J0091376
行书入门　刘建著
北京　中国文联出版社 1987 年 136 页
19cm（32 开）ISBN：7-5059-0110-9
定价：CNY1.75

J0091377
江苏省书学论文集　（第一集）中国书法家协
会江苏分会编
1987 年 314 页 18cm（15 开）

J0091378
楷书基础知识　任政，钱沛公编著
上海　上海书画出版社 1987 年 129 页 有图
19cm（32 开）统一书号：8172.1455
定价：CNY1.00
（书法知识丛书）
　　作者任政（1916—1999），书法家，字兰斋，浙江黄岩人。历任上海文史研究馆馆员、中国书法家协会会员、上海书法家协会常务理事、上海外国语学院艺术顾问、复旦大学国际文化交流学院艺术顾问。出版有《楷书基础知识》《少年书法》《祖国的书法艺术》《书法教学》《隶书写法指南》《兰斋唐诗宋词行书帖》。

J0091379
历代论书诗选注　沈培方，洪丕谟选注
上海　上海书画出版社 1987 年 94 页
19cm（32 开）定价：CNY9.60
（书法知识丛书）

J0091380
历代书论选注　楼鉴明，洪丕谟编注
上海　复旦大学出版社 1987 年 214 页 有图版
20cm（32 开）统一书号：8253.005
定价：CNY1.90

J0091381
隶书入门与提高　赵普著
北京　中国国际广播出版社 1987 年 95 页 有图
26cm（16 开）统一书号：8445.003
定价：CNY3.00 ISBN：7-80035-040-1

J0091382
柳体笔法与神策军碑　何伟编著
北京　北京体育学院出版社 1987 年 120 页
19cm（32 开）统一书号：CN8451.18
定价：CNY1.15
（中国书法系列丛书）
　　中国唐代楷书书法研究。作者何伟（1949—　　），硬笔书法家、教育家。笔名墨痕、若海，四川宜宾人。中国硬笔书法协会副会长。

J0091383
欧书概论　辛济仁编著
南京　江苏古籍出版社 1987 年 162 页
19cm（32 开）ISBN：7-80519-051-8
定价：CNY1.30
（书法学习丛书）
　　中国唐代楷书书法理论。

J0091384
青年书法讲义　李金彝等著
成都　四川人民出版社 1987 年 177 页
19cm（32 开）ISBN：7-220-00063-4
定价：CNY1.36

J0091385
沙孟海论书丛稿　沙孟海编著
上海　上海书画出版社 1987 年 231 页

19cm（32开）定价：CNY2.10，CNY3.50（精装）

作者沙孟海（1900—1992），书法家。原名文若，字孟海，号石荒、沙村。生于浙江鄞县，毕业于浙江省立第四师范学校。曾任浙江大学中文系教授、浙江美术学院教授、西泠印社社长、西泠书画院院长、浙江省博物馆名誉馆长、中国书法家协会副主席。代表作品《集王圣教序》。

J0091386
实用书法　陶揆均编著
南京 江苏古籍出版社 1987年 250页
19cm（32开）ISBN：7-80519-034-8
定价：CNY1.60
（书法学习丛书）

J0091387
实用书法　刘志伟主编；新疆军区司令部处编
乌鲁木齐 新疆人民出版社 1987年 335页
26cm（16开）ISBN：7-228-00160-5
定价：CNY4.80

J0091388
书法教程　张桂光编著
广州 广东教育出版社 1987年 170页 有图
19cm（32开）ISBN：7-5406-0056-X
定价：CNY1.40

作者张桂光（1948—　），教授、书法家。历任华南师范大学中文系教授、中国古文字研究会理事、广东省书法家协会主席。作品有《三笔字书写教学与训练》《张桂光书法集》。

J0091389
书法教程　李继曾编写
天津 天津教育出版社 1987年 193页
19cm（32开）ISBN：7-5309-0126-5
定价：CNY1.25

本书分三编：概论、书法技巧、学书规程。以指导书法练习为重点，从理论和实践相结合上讲解书法艺术的特点与技巧。附有硬笔书法。

J0091390
书法美学引论　叶秀山著
北京 宝文堂书店 1987年 227页 19cm（32开）
统一书号：8070.178 ISBN：7-80030-003-X
定价：CNY1.50

本书分3大部分。第一部分"原理篇"阐述书法美学是什么以及书法艺术之心理学观、社会学观和哲学观。第二部分"分析篇"着重论述书法艺术的内容与形式，书法与绘画、美术字、表演艺术的关系以及草书在书法艺术中的地位。第三部分"风格篇"则着重从历史角度考察中国书法艺术的源流、发展变化，评介古代书法家王羲之、王献之、虞世南、欧阳询、褚遂良、张旭、怀素、颜真卿、柳公权、李邕等人的艺术特征。

J0091391
书法美学引论　叶秀山著
北京 宝文堂书店 1987年 70页 26cm（16开）
统一书号：8070.281 ISBN：7-80030-008-0
定价：CNY1.00

J0091392
书法秘诀　（附书法辑要）
北京 北京燕山出版社 1987年 34页
21cm（32开）ISBN：7-5402-0024-3
定价：CNY0.75

J0091393
书法起步　西安市教发会教研室编
西安 陕西人民教育出版社 1987年 188页
19cm（32开）ISBN：7-5419-0004-4
定价：CNY1.00

本书为书法课补充教材。

J0091394
书法入门与创作　姜华编著
武汉 湖北教育出版社 1987年 147页
20cm（32开）ISBN：7-5351-0124-0
定价：CNY4.15

本书介绍学习书法的基本要领和文房四宝的选择、使用和保养。在进行典型笔画分析、异同比较和书法鉴赏与创作时，运用哲学、心理学和美学的原理和知识进行阐述。作者姜华（1950—　），笔名一汀，江苏涟水人。中国书法家协会会员，江苏省人大代表，江苏省政协委员，淮阴师范专科学校美术系副教授。

J0091395
书法入门与创作　姜华编著
武汉 湖北教育出版社 1987年 147页

26cm（16 开）ISBN：7–5351–0124–0
定价：CNY3.00

J0091396
书法欣赏与学习　祝敏申主编
香港 商务印书馆 1987 年 341 页 21cm（32 开）
ISBN：962–07–4079–3
　　本书与复旦大学出版社合作出版。主编祝敏申（1950—　），教授。出生于上海，毕业于上海复旦大学，留校任教。编著有《大学书法》《〈说文解字〉与中国古文字学》。

J0091397
书法艺术　上海老干部大学编
兰州 甘肃人民出版社 1987 年 232 页 有附图
20cm（32 开）ISBN：7–226–00099–7
定价：CNY3.35
　　本书分 4 编。第一编叙述汉字的演变过程与书法艺术的发展史，执笔与用笔，选帖与临习，笔墨纸砚的选用等；第二编叙述正书的形成和发展，正书的用笔与结体，正书的名家名作；第三编讲述篆、隶书的发展史，篆、隶书的用笔和结构特点，篆、隶书的名家名作；第四编论述行书和草书的发展史，结体与用笔，名家名作。配有多幅图，增强直观性。书末附有中国历代正、篆、隶、行、草各体名家的优秀作品。

J0091398
书法艺术　邱振中，吴鸿清主编
北京 中央广播电视大学出版社 1987 年 378 页
19cm（32 开）统一书号：7300.36 定价：CNY2.45
　　作者邱振中（1947—　），教授，博士生导师。生于江西南昌，硕士毕业于浙江美术学院。历任江西师范大学教授、中央美术学院中国画系教授、西泠印社社员。著作有《书法的形态与阐释》《神居何所》《书写与观照》。

J0091399
书法自修　陈梗桥编著
济南 山东美术出版社 1987 年 53 页
19cm（32 开）统一书号：8332.843
ISBN：7–5330–0013–7 定价：CNY1.65
（老年人书法自学丛书）

J0091400
书学　谢瑞阶等编写
郑州 河南美术出版社 1987 年 181 页
19cm（32 开）ISBN：7–5401–0011–7
定价：CNY1.94
　　本书内容论述了书法与养生，书法基础知识等，为河南省老干部大学教科书。

J0091401
王羲之兰亭序及其笔法　佘雪曼编辑
杭州 西泠印社 1987 年 58 页 26cm（16 开）
ISBN：7–80517–005–3 定价：CNY1.50
　　本书着重对横、竖、点、撇、捺等基本笔画进行图解分析，并对帖中字例，从点画映带、结构映带、使转交递、笔顺先后、同字异形等方面作了详细的分析讲解。本书还附有唐代书法家冯承素、虞世南、褚遂良等人的《兰亭序》摹本。

J0091402
魏碑的笔法与碑志　赵发潜编著
北京 北京体育学院出版社 1987 年 114 页
19cm（32 开）统一书号：8451.17 定价：CNY1.15
（中国书法系列丛书）
　　作者赵发潜（1937—　），高级教师。山西汾阳人，毕业于北京艺术学院，曾在北京宣武区少年宫执教绘画和书法，北京市宣武师范学校副教授、中国书法家协会会员、北京美术家协会会员。

J0091403
魏碑的笔法与碑志　赵发潜著
北京 北京体育学院出版社 1991 年 重印本
114 页 19cm（32 开）ISBN：7–81003–477–4
定价：CNY2.30
（中国书法系列丛书）

J0091404
现代书法构成　古干编著
北京 北京体育学院出版社 1987 年 85 页 有图
19cm（32 开）统一书号：8451.12 定价：CNY1.15
（中国书法系列丛书）
　　作者古干（1942—　），画家。中国美术家协会会员，中国现代书画学会会长，世界书法家协会荣誉顾问。

J0091405

现代中西书法　（观念与技巧）郑明，包纬国编著
香港　教育出版社　1987 年　108 页　26cm（16 开）
ISBN：962-12-0957-9　定价：HKD48.00
（新一代美术设计丛书 3）
　　外文书名：Contemporary Chinese & West-
ern Calligraphy.

J0091406

写字入门　（一　系列辅导材料）写字编辑部编
上海　三联书店上海分店　1987 年　48 页
26cm（16 开）定价：CNY0.65
（写字辅导丛书）

J0091407

写字入门　（二　系列辅导材料）写字编辑部编
上海　三联书店上海分店　1987 年　48 页
26cm（16 开）定价：CNY0.65
（写字辅导丛书）

J0091408

写字入门　（三　系列辅导材料）写字编辑部编
上海　三联书店上海分店　1987 年　48 页
26cm（16 开）定价：CNY0.65
（写字辅导丛书）

J0091409

写字入门　（四　系列辅导材料）写字编辑部编
上海　三联书店上海分店　1988 年　48 页
26cm（16 开）定价：CNY0.65
（写字辅导丛书）

J0091410

学书论札　袁维春著
北京　宇航出版社　1987 年　217 页　有图片
20cm（32 开）ISBN：7-80034-046-5
定价：CNY1.80
　　本书为中国书法理论研究。

J0091411

颜书概论　朱海良编著
南京　江苏古籍出版社　1987 年　135 页
19cm（32 开）ISBN：7-80519-000-3
定价：CNY0.90
（书法学习丛书）

楷书书法理论研究。

J0091412

怎样培养少儿学书法　林少明等编
广州　科学普及出版社广州分社　1987 年
76 页　有图　18cm（15 开）ISBN：7-110-00062-1
定价：CNY0.85

J0091413

怎样培养少儿学书法　林少明等编
北京　科学普及出版社广州分社　1987 年
29+41 页　17×19cm　ISBN：7-110-00062-1
定价：CNY0.85

J0091414

章草草诀歌
天津　天津市古籍书店　1987 年　影印本　52 页
26cm（16 开）定价：CNY1.20

J0091415

中国历代书法家故事　鄂乡编著
西安　陕西人民美术出版社　1987 年　154+47 页
有图　19cm（32 开）定价：CNY1.85

J0091416

中国书法工具手册　杨再春编著
北京　北京体育学院出版社　1987 年
2 册（1719 页）19cm（32 开）统一书号：8451.5
ISBN：7-81003-059-0　定价：CNY12.40

J0091417

中国书法国际学术研讨会　（纪念颜真卿逝
世一千二百年）［台湾］"行政院"文化建设委员
会编辑
台北［台湾］"行政院"文化建设委员会　1987 年
477 页　30cm（10 开）
　　外文书名：The International Seminar on
Chinese Calligraphy in Memory of Yen Chen
Ching's 1200th Posthumous Anniversary.

J0091418

中国书法理论史　（日）中田勇次郎著；卢永璘译
天津　天津古籍出版社　1987 年　182 页
20cm（32 开）ISBN：7-80504-027-3
定价：CNY1.45

J0091419

篆书与篆书笔法　张永明编著

北京 北京体育学院出版社 1987 年 108 页

19cm（32 开）统一书号：CN8451.15

定价：CNY1.15

（中国书法系列丛书）

　　作者张永明（1950—　　），书法家。河南新县人。历任中国书法家协会会员、北京书法教育学会副会长、中国楹联学会会员。著作有《篆书与篆书笔法》《篆书技法》《篆书章法》《秦篆书刻石四种解析字帖》《西周金文五种解析字帖》等。

J0091420

篆书与篆书笔法　张永明编著

北京 北京体育学院出版社 1991 年

2 版（修订本）105 页 19cm（小 32 开）

ISBN：7-81003-476-6 定价：CNY1.90

（中国书法系列丛书）

　　本书讲述了篆书的笔法与偏旁部首的规律，并对篆书的几种佳本进行了详细的分析。

J0091421

字的结构与章法　杨再春著

北京 北京体育学院出版社 1987 年 123 页

19cm（32 开）统一书号：8451.13 定价：CNY1.15

（中国书法系列丛书）

J0091422

字的结构与章法　杨再春著

北京 北京体育学院出版社 1991 年 重印本

123 页 19cm（32 开）ISBN：7-81003-475-8

定价：CNY2.10

（中国书法系列丛书）

　　作者杨再春（1943—　　），书法家。河北唐山人，毕业于北京体育大学。历任北京体育大学出版社社长兼总编、中国摄影著作权协会副总干事长、中国书画函授大学教授。代表作品有《行草章法》《墨迹章法通览》等。

J0091423

百种书法章法百题书论　夏时雨编著

北京 北京体育学院出版社 1988 年 42 页

26cm（16 开）ISBN：7-81003-072-8

定价：CNY1.60

　　作者夏时雨（1935—　　），书法家、书法理论

家、散文作家和诗人。就职于保定市文联，《大千世界》报副社长、副主编，冀中书画大学副校长、教授等职。

J0091424

板桥书体变化百例　田原书著

南京 江苏人民出版社 1988 年 103 页 有照片

26cm（16 开）ISBN：7-214-00176-4

定价：CNY2.70

　　本书列郑板桥书体变化百余条。极富情趣意蕴，充分体现了作者书法艺术的独特神韵。郑板桥（1693—1765），清代书画家、文学家。原名郑燮，字克柔，号理庵，又号板桥，人称板桥先生。生于江苏兴化，祖籍苏州。乾隆元年（1736年）进士。官山东范县、潍县县令。代表作品《修竹新篁图》《清光留照图》《丛兰荆棘图》《甘谷菊泉图》等，著有《郑板桥集》。

J0091425

草书概论　董文著

沈阳 辽宁人民出版社 1988 年 185 页 有照片

19cm（32 开）ISBN：7-205-00597-3

定价：CNY2.00

　　本书包括：书法常识；草书概说；草书技法；草书艺术杂论；古人论草粹言；历代草书名家简介；历代草书碑帖简介；附录《书法学习四要素》。作者董文（1946—　　），教授、书法家。别署大风堂主人，辽宁沈阳市人。历任中国书法家协会理事，沈阳师范学院书法艺术研究所所长、教授，辽宁省高等院校书协副主席，辽宁省书法家协会副主席。出版《董文艺术论》《董文艺术论》《董文书法作品集》。

J0091426

草书入门　李书香编

北京 北京工艺美术出版社 1988 年 89 页

26cm（16 开）ISBN：7-80526-005-2

定价：CNY2.40

　　本书介绍了草书的有关知识，阐述了草书的学习方法、汉字的基本草法、偏旁部首的草法及相似字的辨疑方法，附历代草书名家墨迹20余篇。

J0091427

草书入门　李书香著

北京　北京工艺美术出版社　1992 年　2 版　97 页
26cm（16 开）ISBN：7-80526-084-2
定价：CNY3.90

J0091428

草书要领　天津市古籍书店编
天津　天津市古籍书店　1988 年　影印本　276 页
26cm（16 开）定价：CNY8.00

　　本书传为唐玄宗敕命当时书法名家集晋
王羲之、王献之父子的草书，分类上石镌刻而
成。全帖共分仁、义、礼、智、信五集，又以类
聚、旁裁、奇字、怪字、疑似、变化、异同等分
为七类。

J0091429

初唐四大书法家　周侗主编
北京　北京燕山出版社　1988 年　136 页
26cm（16 开）ISBN：7-5402-0080-4
定价：CNY2.95
（中国历代书法家名人碑帖　唐代　一）

　　作者周侗（1936—　　），山西平陆人。中国书
法家协会会员，中山书画社社员，北京秦文学会
常务理事。

J0091430

初唐四大书法家　蒋文光，章觉鹰编著
郑州　河南美术出版社　1988 年　168 页
26cm（16 开）ISBN：7-5401-0009-5
定价：CNY6.10
（书法·书法论著丛书）

　　作者蒋文光（1938—　　），著名书画、金银
器、碑帖鉴定专家。上海嘉定人，毕业于上海复
旦大学历史系。原国家博物馆资深研究员、文物
鉴定委员会委员。著有《中国书法史》《中国历
代名画鉴赏》《中国碑帖艺术论》《中国古代金银
器珍品图鉴》《中国历代古陶瓷珍品图鉴》《初唐
四大书法家》等。

J0091431

行书概论　沈鸿根编著
南京　江苏古籍出版社　1988 年　218 页
19cm（32 开）ISBN：7-80519-079-8
定价：CNY1.85
（书法学习丛书）

　　沈鸿根（1943—　　），书法家。别号江鸟，出

生于上海。曾任《写字》杂志副总编、上海中华
书画协会副会长、中国书法家协会会员、上海市
书法家协会硬笔书法家联谊会首任会长。出版
作品《行书概论》《书法十五讲》《硬笔书法百日
通》等。

J0091432

行书探讨　吴觉迟编著
南京　江苏古籍出版社　1988 年　81 页
19cm（32 开）ISBN：7-80519-100-X
定价：CNY1.00
（书法学习丛书）

J0091433

何绍基书论选注　（清）何绍基著；何书置编注
长沙　湖南美术出版社　1988 年　246 页
20cm（32 开）ISBN：7-5356-0149-9
定价：CNY2.30

　　本书表达了作者重要的书学观点。作者何
绍基（1799—1873），清代诗人、书法家。字子贞，
号东洲、晚号猿叟（一作蝯叟）。湖南道州（今道
县）人。曾任翰林院编修、国史馆总纂。代表作
品有《惜道味斋经说》《说文段注驳正》《东洲草
堂诗钞》等。

J0091434

基础书法　吴佩琨等编写
昆明　云南人民出版社　1988 年　112 页
19cm（32 开）ISBN：7-222-00145-X
定价：CNY1.00

J0091435

九成宫习字抉微　陈云君编著
天津　天津杨柳青画社　1988 年　49 页
26cm（16 开）ISBN：7-80503-048-0
定价：CNY1.95

　　欧阳询书《九成宫醴泉铭》是初习楷书者常
用的字帖，本书从欧体基本笔画讲起，结合运笔
示意图例，选取具有代表性的帖字，逐个解析。
编者陈云君（1946—　　），教授。江西义宁人。历
任中华诗词学会理事、中国书法家协会会员、天
津茂林书画进修学院常务副院长。出版有《中国
书法技法概论》《陈云君诗书画选集》《陈云君七
言绝句选》等。

J0091436

狂云飞瀑话禅书 （禅对书法生命的延续与振兴）榳莫山编著

台北 顶渊文化事业公司 1988 年 194 页

有图 21cm（32 开）定价：TWD120.00

（精选文刊 30）

J0091437

老年书法指南 韩嘉羊编著

天津 百花文艺出版社 1988 年 209 页

19cm（小 32 开）ISBN：7-5306-0163-6

定价：CNY2.30

（九九文化丛书）

J0091438

醴泉铭与欧阳询 陕西麟游博物馆，陕西麟县游县文化馆编

西安 陕西人民美术出版社 1988 年 64 页

26cm（16 开）ISBN：7-5368-0080-0

定价：CNY3.85

本书是"九成宫醴泉铭"碑引起的话题。有欧阳询及其书法艺术，《醴泉铭》整体特征，《九成宫醴泉铭》碑拓片述略，《运笔篇》注释，的《整体三十六法》诠注等。

J0091439

历代书法论文选 华正人编辑

台北 华正书局 1988 年 2 册 21cm（32 开）

定价：TWD1100.00

J0091440

历代书法欣赏 陈振濂著

西安 陕西人民美术出版社 1988 年 204 页

26cm（16 开）ISBN：7-5368-0088-6

定价：CNY5.80

全书从甲骨文、金文开始，对各历史时期书法大师的作品《散氏盘》《石鼓歌》《张迁碑》《曹全碑》《石门颂》《宣示表》《三体石经》《平复帖》《兰亭序》《张猛龙碑》《张黑女墓志》等 101 幅，采用一图一文的形式作了分析。同时论述了绘画对书法的影响，文学家在书法中的地位，书法家中的官僚化、文人化现象等。编者陈振濂（1956—   ），书法家。号颐斋。生于上海，浙江鄞县人。曾任浙江大学人文学院副院长，中国文联副主席，中国书法家协会副主席，中国文艺

评论家协会副主席，浙江省文联副主席，西泠印社副社长。著作有《书法美学》《大学书法教材集成》。

J0091441

历代书法欣赏 陈振濂著

西安 陕西人民美术出版社 1988 年 204 页

26cm（16 开）ISBN：7-5368-1028-8

定价：CNY14.80

作者陈振濂（1956—   ），书法家。号颐斋。生于上海，浙江鄞县人。曾任浙江大学人文学院副院长、中国文联副主席、中国书法家协会副主席、中国文艺评论家协会副主席、浙江省文联副主席、西泠印社副社长。著作有《书法美学》《大学书法教材集成》。

J0091442

隶书概论 刘铁平编著

南京 江苏古籍出版社 1988 年 193 页

19cm（32 开）ISBN：7-80519-109-3

定价：CNY2.30

（书法学习丛书）

J0091443

毛笔字练习册 （1）钟维国等编写

广州 岭南美术出版社 1988 年 32 页

26cm（16 开）定价：CNY0.85

作者钟维国，湖南人，曾任北京市少年宫合唱队辅导员。

J0091444

毛笔字练习册 （2）钟维国等编写

广州 岭南美术出版社 1988 年 32 页

26cm（16 开）定价：CNY0.85

J0091445

毛笔字练习册 （3）钟维国等编写

广州 岭南美术出版社 1988 年 32 页

26cm（16 开）定价：CNY0.85

J0091446

毛笔字练习册 （4）钟维国等编写

广州 岭南美术出版社 1988 年 32 页

26cm（16 开）定价：CNY0.85

J0091447
墨舞之中见精神　（从中国书法艺术谈文人墨客情感的抒发和性情的陶冶）李继凯著
北京　国际文化出版公司　1988 年　20cm（32 开）
ISBN：7-80049-182-X　定价：CNY2.20
（蓦然回首——对中国传统文化的反思）

J0091448
青少年书法入门　吴承露著
北京　新时代出版社　1988 年　160 页　26cm（16 开）
ISBN：7-5042-0023-9　定价：CNY4.30

J0091449
少儿习字帖　方绍武编写
合肥　安徽少年儿童出版社　1988 年　32 页
19cm（小 32 开）定价：CNY0.28

J0091450
书法　窦振文编
天津　天津教育出版社　1988 年　158 页
19cm（小 32 开）定价：CNY1.22
（少年宫美术教材丛书）
　　本书给小朋友们介绍了书法的造型特点，笔法、意法的规律和实践。

J0091451
书法常识　启功，秦永龙著
杭州　浙江古籍出版社　1988 年　205 页
20cm（32 开）ISBN：7-80518-070-9
定价：CNY2.30
　　作者启功（1912—2005），满族，中国现代著名书法家。字元伯，北京人。曾任北京师范大学教授、中央文史研究馆副馆长、中国书协名誉主席等职，世界华人书画家联合会创会主席、中国佛教协会、故宫博物院、国家博物馆顾问、西泠印社社长。

J0091452
书法创作　周志高，戴小京编著
南京　江苏古籍出版社　1988 年　253 页
19cm（32 开）ISBN：7-80519-077-1
定价：CNY2.25
（书法学习丛书）

J0091453
书法概论参考资料　启功主编
北京　北京师范大学出版社　1988 年　332 页
有照片　26cm（16 开）ISBN：7-303-00314-2
定价：CNY3.95

J0091454
书法基础　陆有珠等编著
桂林　广西师范大学出版社　1988 年　112 页
26cm（16 开）统一书号：7502.110
ISBN：7-5633-0120-8　定价：CNY1.60

J0091455
书法基础　上海市第一商业局教育处，上海市教育局职业技术教育处主编
上海　上海科技教育出版社　1988 年　117 页
26cm（16 开）ISBN：7-5428-0020-5
定价：CNY2.50
（商业经营专业系列读本）

J0091456
书法基础教程　徐良夫编著
福州　福建教育出版社　1988 年　254 页　有图
20cm（32 开）ISBN：7-5334-0095-X
定价：CNY3.65

J0091457
书法基础与练习　邓长举著
成都　成都电讯工程学院出版社　1988 年　[43] 页
26cm（16 开）定价：CNY1.30

J0091458
书法基础知识　王景芬，书杉编
北京　解放军出版社　1988 年　324+61 页　有图
18cm（32 开）ISBN：7-5065-0510-X
定价：CNY3.95
（培养军地两用人才技术丛书）
　　本书介绍了书法的基本知识。分为书法简史，书法简论等，阐述书法艺术的本质，风格，书法理论，书法技法等。介绍选帖的方法和写字的基本姿势和执笔法，阐述笔法和结构的关系，结体三十六法和临帖、布局格式，介绍书法所用工具和材料的笔、墨、纸、砚的种类、性能及使用方法。

J0091459
书法教程　于植元主编
沈阳 辽宁大学出版社 1988 年 219 页
20cm（32 开）ISBN：7–5610–0546–6
定价：CNY3.20

J0091460
书法捷要　刘啸月著
台北 联经出版事业公司 1988 年 337 页 有照片
21cm（32 开）定价：TWD200.00

J0091461
书法理论与书法百家　董友知著
北京 团结出版社 1988 年 439 页 19cm（小 32 开）
ISBN：7–80061–113–2 定价：CNY4.90
　　本书概述了文字起源、演变、书法特征、执笔与运笔方法，点画结构的基本常识；从汉代至清代名家理论典籍 50 多种；并简介从秦至清末 187 位最著名的书法家的书艺成就、特色与事迹。

J0091462
书法美　向东方等编著
兰州 甘肃科学技术出版社 1988 年 82 页
19cm（32 开）ISBN：7–5424–0094–0
定价：CNY1.05
（美育知识丛书）

J0091463
书法名作欣赏　洪丕谟主编
南京 江苏古籍出版社 1988 年 282 页
19cm（32 开）ISBN：7–80519–078– X
定价：CNY2.45
（书法学习丛书）
　　作者洪丕谟（1940—2005），医生、教师。生于上海，毕业于上海市卫生局中医大专班。华东政法学院教师。中国书法家协会第一届学术委员、上海市大学书法教育学会会长。著有《洪丕谟书法集》《中国书法史话》等。

J0091464
书法问答　董致祥编
石家庄 河北美术出版社 1988 年 110 页 有图版
19cm（32 开）ISBN：7–5310–0079–2
定价：CNY2.50

J0091465
书法五要　张重梅著
北京 北京燕山出版社 1988 年 198 页
20cm（32 开）ISBN：7–5402–0032–4
定价：CNY2.80
　　本书简要回顾书法发展的历程，各种书体的兴盛与形成，碑帖评介，介绍历代著名的碑版法帖，详细介绍书法技法的学习及应用。讲述修养与书法的直接与间接的关系。作者张重梅（1927—2007），国画家。别名张崇美，河南内黄人。中国艺术研究院文化艺术出版社美编室负责人。著有《花鸟画技法》《人物画技法》《山水画技法》等。

J0091466
书法小辞典　谢德萍等编
北京 北京出版社 1988 年 223 页 19cm（32 开）
ISBN：7–200–00165–1 定价：CNY2.40
　　作者谢德萍（1939—2000），书法家。陕西三原人，毕业于西北大学历史系。历任中国对外艺术展览公司宣传部副经理、文化部副研究员、西北大学兼职教授、中华书学会会长等职。出版《谈谈草书》《中国现代书法选》《郭沫若、于立群墨迹选》。

J0091467
书法学习心理学　张天弓著
北京 中国文联出版公司 1988 年 181 页
19cm（32 开）ISBN：7–5059–0662–3
定价：CNY1.55

J0091468
书法艺术　王冬龄著
杭州 浙江美术学院出版社 1988 年 110 页
有照片 26cm（16 开）ISBN：7–81019–011–3
定价：CNY5.70
（美术基础技法教材丛书）

J0091469
书法艺术　邱振中，吴鸿清主编；中国书法杂志社编
北京 中央广播电视大学出版社 1988 年 2 版
242 页 26cm（16 开）ISBN：7–304–00324–3
定价：CNY5.00
　　本书有中国书法史概述，基础训练，书法美

学引论等内容。作者邱振中(1947—　　)，教授，博士生导师。生于江西南昌，硕士毕业于浙江美术学院。历任江西师范大学教授、中央美术学院中国画系教授、西泠印社社员。著作有《书法的形态与阐释》《神居何所》《书写与观照》。

J0091470

书法与现代思潮　(日)伊福部隆彦著；徐利明译

南京　江苏美术出版社　1988 年　185 页　有图版

19cm（32 开）ISBN：7-5344-0062-7

定价：CNY2.80

J0091471

书法章法　沈鸿根著

北京　清华大学出版社　1988 年　190 页

20cm（32 开）ISBN：7-302-00178-2

定价：CNY3.00

　　本书从美学角度研究、探讨、介绍书法章法。沈鸿根(1943—　　)，书法家。别号江鸟，出生于上海。曾任《写字》杂志副总编、上海中华书画协会副会长、中国书法家协会会员、上海市书法家协会硬笔书法家联谊会首任会长。出版作品《行书概论》《书法十五讲》《硬笔书法百日通》等。

J0091472

书法知识手册　杨崇福编著

北京　国际文化出版公司　1988 年　516 页

19cm（32 开）ISBN：7-80049-104-8

定价：CNY5.40

J0091473

书论辑要　张超选编

北京　教育科学出版社　1988 年　228 页

20cm（32 开）ISBN：7-5041-0072-2

定价：CNY3.10

　　本书内容分三部分：第一部分为古代书论；第二部分为现代书家论文选；第三部分为书论语录。

J0091474

书论选读　洪丕谟编著

郑州　河南美术出版社　1988 年　397 页

20cm（32 开）ISBN：7-5401-0015-X

定价：CNY3.60

（书法自学丛书）

　　作者洪丕谟(1940—2005)，医生、教师。生于上海，毕业于上海市卫生局中医大专班。华东政法学院教师。中国书法家协会第一届学术委员、上海市大学书法教育学会会长。著有《洪丕谟书法集》《中国书法史话》等。

J0091475

书谱解　陈云君著

天津　天津科学技术出版社　1988 年　127 页

19cm（32 开）ISBN：7-5308-0352-2

定价：CNY1.60

　　作者陈云君(1946—　　)，教授。江西义宁人。历任中华诗词学会理事、中国书法家协会会员、天津茂林书画进修学院常务副院长。出版有《中国书法技法概论》《陈云君诗书画选集》《陈云君七言绝句选》等。

J0091476

书学导论　欧阳中石主编

北京　高等教育出版社　1988 年　204 页

20cm（32 开）ISBN：7-04-000576-X

定价：CNY1.90

　　本书是中国现代书法概论。作者欧阳中石(1928—　　)，著名文化学者、书法家、书法教育家。山东肥城市人。毕业于北京大学哲学系。历任首都师范大学教授、博士生导师、中国书法文化研究所所长、中国书法家协会顾问、中国画研究院院务委员。书法作品有《欧阳中石书沈鹏诗词选》《中石夜读词钞》，主要著作有《中国逻辑史》《书法与中国文化》《中国书法史鉴》《章草便检》等。

J0091477

苏轼论书选注　(宋)苏轼著；李裕康注

南京　江苏美术出版社　1988 年　92 页

19cm（32 开）ISBN：7-5344-0056-2

定价：CNY1.40

　　本书收录宋代苏轼关于书法的评论计 79 条，每条后附注释。苏轼书论对后世书法创作有一定影响。作者苏轼，宋代大文豪，大诗人、书法家。苏轼书法擅长行、楷，与黄庭坚、米芾、蔡襄并称"宋四家"。作者苏轼(1037—1101)，北宋文学家、书画家。字子瞻，和仲，号铁冠道人、东坡居士，世称苏东坡。在诗、词、散文、书、画等方面取得很高成就，擅长文人画，尤擅墨竹、怪石、枯木等。作品有《东坡七集》《东坡易传》《东坡乐府》《潇湘竹石图卷》《古木怪石图卷》等。

J0091478
通用书法教程　王刘纯等著
郑州　河南人民出版社　1988年　356页
20cm（32开）ISBN：7-215-00155-5
定价：CNY3.30

J0091479
晚晴书法诗　冯亦吾著
北京　测绘出版社　1988年　18页　26cm（16开）
ISBN：7-5030-0213-1　定价：CNY1.50
　　作者冯亦吾（1903—2000），书法家、书法理论家。号逸瓮，江苏沛县人。曾任北京书法家协会理事兼评委、北京卿云书画联谊社社长等。代表作品有《冯亦吾文集》《书法丛谈》《书法探求》等。

J0091480
习楷间渡　中国书法家协会天津分会编
天津　天津科学技术出版社　1988年　111页
21cm（32开）定价：CNY1.65

J0091481
新编间架结构　温同春书
沈阳　辽宁美术出版社　1988年　32页
19×26cm（16开）ISBN：7-5314-0019-7
定价：CNY1.00
　　作者温同春（1922—　），书法家。字六如、一字孝钧，辽宁辽阳人。历任中国书法家协会会员、辽宁省书协理事兼评审委员、辽阳市书法家协会名誉主席、辽宁省楹联学会理事等。

J0091482
学书览概　黄原著
重庆　重庆出版社　1988年　52+75页　20cm（32开）
ISBN：7-5366-0549-8　定价：CNY2.70
　　本书是由书法的欣赏及历代书法述要两部分组成。作者黄原，即黄海儒，四川广汉人。历任四川美术学院副教授、中国美术家协会、中国书法家协会会员、四川省及重庆市书协理事。作品有《高山力耕图》等，出版有《黄原书画作

品集》。

J0091483
怎样写柳体　金鉴才编著
杭州　浙江美术学院出版社　1988年　26cm（16开）
定价：CNY1.00
（少儿书画丛书）

J0091484
怎样写欧体　金鉴才编著
杭州　浙江美术学院出版社　1988年　26cm（16开）
定价：CNY1.00
（少儿书画丛书）

J0091485
章草草诀歌
北京　中国书店　1988年　影印本　26cm（16开）
ISBN：7-80568-022-1　定价：CNY2.00
　　中国古代草书书法口诀。

J0091486
中等学校书法教程　张效民，李晏平主编
成都　西南财经大学出版社　1988年　160页
19cm（32开）ISBN：7-81017-078-3
定价：CNY1.62

J0091487
中国美学史资料类编　（书法美学卷）江苏省美学学会编；侯镜昶主编
南京　江苏美术出版社　1988年　256页
20cm（32开）ISBN：7-5344-0016-3
定价：CNY2.30
　　本书用对书法的美学理论阐发在先，知识性的论述在后的方式，介绍了品格、形象、神采、情性、气质等中国书法的传统特色和规律。

J0091488
中国书法
永和［台湾］辅新书局　1988年　318页
30cm（12开）精装　定价：TWD700.00

J0091489
中国书法基础概论　陈镜泉著
成都　四川教育出版社　1988年　330页
20cm（24开）ISBN：7-5408-0541-2

定价：CNY4.79

J0091490
中国书法美学纲要　陈云君著
天津　天津科学技术出版社　1988 年　220 页
19cm（32 开）ISBN：7-5308-0488-X
定价：CNY2.67
　　作者陈云君（1946—　），教授。江西义宁人。
历任中华诗词学会理事、中国书法家协会会员、
天津茂林书画进修学院常务副院长。出版有《中
国书法技法概论》《陈云君诗书画选集》《陈云君
七言绝句选》等。

J0091491
中国书法写字秘诀　高英编
香港　太平书局　1988 年　87 页　19cm（32 开）
ISBN：962-329-034-9　定价：HKD15.00

J0091492
中国书法源流
台北　华正书局　1988 年　21cm（32 开）
定价：TWD120.00

J0091493
中国书论辑要　季伏昆著
南京　江苏美术出版社　1988 年　586 页
20cm（32 开）ISBN：7-5344-0059-7
定价：CNY5.25
　　本书从历代书法著作中辑选了 1000 多条论
书语录，按一定体系分为 15 类，逐条加以注释
或评述。作者季伏昆（1940—　），号季公，生于
江苏镇江，祖籍苏州，毕业于南京师范学院中文
系。历任南京艺术学院教授、江苏省政府文史研
究馆馆员、中国书法家协会会员、中国林散之研
究会秘书长。出版《中国书论辑要》《林散之研
究》等。

J0091494
篆法入门　沈阳古籍书店
沈阳　沈阳古籍书店　1988 年　26cm（16 开）
定价：CNY2.35

J0091495
篆法入门　周钟麟校订
北京　中国书店　1988 年　影印本　26cm（16 开）

定价：CNY3.50

J0091496
篆法入门　周钟麟校订
北京　中国书店　1998 年　26cm（16 开）
ISBN：7-80568-032-9　定价：CNY9.00

J0091497
百家名联墨迹　顾平旦，曾保泉编
北京　文化艺术出版社　1989 年　156 页
20cm（32 开）ISBN：7-5039-0458-5
定价：CNY3.90

J0091498
草书要领　（晋）王羲之藏；（唐）欧阳询等临
北京　北京古籍出版社　1989 年　278 页
26cm（16 开）ISBN：7-5300-0029-2
定价：CNY10.30
　　作者欧阳询（557—641），唐朝著名书法家。
字信本，唐朝潭州临湘（今湖南长沙）人，楷书四
大家之一。与同代的虞世南、褚遂良、薛稷三位
并称初唐四大家。楷书有《九成宫醴泉铭》《皇
甫诞碑》《化度寺碑》《虞恭公温彦博碑》，行书
有《仲尼梦奠帖》《行书千字文》。书法著作有《八
诀》《传授诀》《用笔论》《三十六法》。

J0091499
成人书法教程　张九鹏编著
长沙　中南工业大学出版社　1989 年　188 页
20cm（32 开）ISBN：7-81020-193-X
定价：CNY2.50

J0091500
初学书法技巧入门　张全会著
北京　中国城市经济社会出版社　1989 年　175 页
26cm（16 开）ISBN：7-5074-0167-7
定价：CNY4.40

J0091501
褚遂良书学之研究　郑峰明著
台北　文史哲出版社　1989 年　300 页　21cm（32 开）
定价：TWD280.00
（文史哲学集成 213）

J0091502
儿童书法入门　陈党生著
沈阳 沈阳出版社 1989 年 122 页 26cm（16 开）
定价：CNY2.95
（电视教材）
　　本书采用多幅优美的插图作为楷书笔画及
运笔的形象比喻，将绘画、舞蹈、故事引入书法
教学，并将古代书法家的故事融于其中，形象地
讲解了书法的基础知识，楷书的基本笔画及其形
态变化、字的间架结构、初学书法的方法等。

J0091503
古代书法欣赏　陈梗桥编著
济南 山东美术出版社 1989 年 113 页
26cm（16 开）ISBN：7-5330-0202-4
定价：CNY5.50

J0091504
行书习字与解析　耿昌编著
南宁 广西民族出版社 1989 年 108 页
26cm（16 开）ISBN：7-5363-0659-8
定价：CNY3.20

J0091505
和大中学生谈书法　李星著
西安 陕西人民出版社 1989 年 81 页
19cm（32 开）ISBN：7-224-00613-0
定价：CNY1.10

J0091506
黄绮论书款跋　黄绮著
郑州 河南美术出版社 1989 年 76 页
20cm（32 开）ISBN：7-5401-0014-1
定价：CNY2.80
　　作者黄绮（1914—2005），学者、教育家、书
法家。号九一，生于安徽安庆，毕业于西南联
大。曾任教于安徽大学、天津津沽大学、河北大
学，中国书法家协会副主席、河北省书法家协会
主席、中国语言学会理事、中国音韵研究会理事
等。篆刻作品和理论专著有《黄绮八十寿辰书画
展览作品选》《黄绮书画精品集》《黄绮书法刻印
集》和《黄绮论书款跋》等。

J0091507
楷书行书技法要领　郭齐文编著

太原 山西人民出版社 1989 年 108 页
26cm（16 开）ISBN：7-203-01349-9
定价：CNY4.00

J0091508
楷书探研　童婴著
济南 山东美术出版社 1989 年 48 页
26cm（16 开）ISBN：7-5330-0190-7
定价：CNY1.95

J0091509
老年人学书法　李真编著
西安 陕西科学技术出版社 1989 年 56+22 页
有冠图 20cm（32 开）ISBN：7-5369-0297-2
定价：CNY3.10

J0091510
历代书法家述评辑要　刘遵三选编
济南 齐鲁书社 1989 年 76 页 19cm（32 开）
ISBN：7-5333-0082-3 定价：CNY3.10

J0091511
隶书入门　顾建平著
上海 上海教育出版社 1989 年 134 页
26cm（16 开）ISBN：7-5320-1093-7
定价：CNY3.00
　　本书主要介绍隶书的起源、发展概况、笔
画、部首、结构、章法等方面的内容。并收录了
70 余幅历代书家所书写的隶书书迹。

J0091512
隶书入门　顾建平编著
上海 上海教育出版社 1995 年 2 版（修订本）
204 页 26cm（16 开）ISBN：7-5320-4193-X
定价：CNY13.00

J0091513
隶书入门　程宗恒编著
成都 四川美术出版社 1989 年 97 页
26cm（16 开）ISBN：7-5410-0264-X
定价：CNY4.40

J0091514
隶书学习与欣赏　赵普著
北京 文津出版社 1989 年 119 页 26cm（16 开）

精装 ISBN: 7-80554-019-5
定价: CNY8.00, CNY6.00（平装）

本书附有 10 种汉代名碑选临及其他书法作品 60 余幅。介绍隶书的源流、间架、章法，以及毛笔的选择、落款、印章等基础知识。作者赵普，宋朝初年的著名宰相。

J0091515

隶书篆书习字与解析　耿昌编著
南宁 广西民族出版社 1989 年 107 页
26cm（16 开）ISBN: 7-5363-0657-1
定价: CNY3.20

J0091516

毛笔书法教程　杨崇福编著
上海 上海文艺出版社 1989 年 80 页
21cm（32 开）定价: CNY4.80

本书分为 12 章介绍中国的书法基础知识。第一章汉字；第二章书写工具；第三章临摹碑帖；第四章基本技法；第五章点画形态，第六章结构规律；第七章章法布局；第八章楷书；第九章行书；第十章草书；第十一章隶书；第十二章篆书。本书还附有历代碑帖图照 80 幅。

J0091517

毛笔书法教程　杨崇福编著
上海 上海文艺出版社 1995 年 重印本
168+80 页 20cm（32 开）ISBN: 7-5321-0495-8
定价: CNY7.20

本书介绍中国的书法基础知识有书写工具、临摹碑帖、基本技法、点画形态、结构规律、章法布局、楷行草隶篆书的写法还附有历代碑帖图照 80 幅。

J0091518

毛泽东书法艺术　李树庭著
武汉 湖北美术出版社 1989 年 190 页 有照片
26cm（16 开）ISBN: 7-5394-0141-9
定价: CNY6.80

本书分别为：毛泽东书法艺术、书体的演进、线条风貌、草书的用笔特点、题款、书体的欣赏、临写及辨伪等。每篇均展现了毛泽东的书法艺术形成、发展的轨迹。收有近 60 幅毛泽东的书法墨迹。作者李树庭（1946—　），湖北天门人。历任中国县市报研究会学部委员、湖北省县

市报研究会副会长、湖北省新闻摄影学会常务理事。著有《毛泽东书法研究》《书家毛泽东》《说不尽的毛泽东》等。

J0091519

彭飞书诀千韵　彭飞著
长沙 湖南科学技术出版社 1989 年 202 页
19cm（32 开）ISBN: 7-5357-0613-4
定价: CNY2.30

J0091520

如何临写欧体《九成宫》　孟繁禧著
北京 北京体育学院出版社 1989 年 144 页
19cm（32 开）ISBN: 7-81003-198-8
定价: CNY1.90
（中国书法系列丛书）

作者孟繁禧（1954—　），著名书法家。北京人，祖籍山东章丘。任中国书法家协会理事、北京书法家协会副主席、中国书法家协会会员。供职于国家京剧院。编著有《如何临习欧体九成宫碑》《行书入门》《虞恭公碑解析字帖》等。

J0091521

尚意书风郤视　陈振濂著
北京 人民美术出版社 ［1989 年］180 页
21cm（32 开）ISBN: 7-102-00349-8
定价: CNY5.90

著者陈振濂（1956—　），书法家。号颐斋。生于上海，浙江鄞县人。曾任浙江大学人文学院副院长、中国文联副主席、中国书法家协会副主席、中国文艺评论家协会副主席、浙江省文联副主席、西泠印社副社长。著作有《书法美学》《大学书法教材集成》。

J0091522

少儿学书法　张桂涛编
武汉 华中师范大学出版社 1989 年 62 页
21cm（32 开）定价: CNY0.90

J0091523

沈尹默论书诗墨迹　沈尹默［书］
台北 华正书局有限公司 1989 年 50 页
38cm（6 开）线装 定价: TWD250.00

J0091524
实用书法基础　倪振忠编著
郑州　河南美术出版社 1989 年 239 页
20cm（32 开）ISBN：7-5401-0049-4
定价：CNY3.45

J0091525
书　（书法艺术漫谈）寇丹编著
长沙　湖南教育出版社 1989 年 237 页
19cm（32 开）ISBN：7-5355-0969-X
定价：CNY2.40

J0091526
书法成才初探　梁建华著
桂林　漓江出版社 1989 年 153 页 19cm（32 开）
ISBN：7-5407-0478-0 定价：CNY2.45
　　全书分两篇，上篇：入门初探，探讨自学与
师从的关系、入帖的基本技巧以及如何选择成功
的突破点；下篇：成功初探，论述怎样更快成才、
出帖成功的 10 种方式以及人品与书品等问题。

J0091527
书法初阶　黄诗孝等编
成都　成都电讯工程学院出版社 1989 年 140 页
19cm（32 开）ISBN：7-81016-167-9
定价：CNY1.50

J0091528
书法辞典　范韧庵，李志贤编著
南京　江苏古籍出版社 1989 年 1047 页
19cm（32 开）精装 ISBN：7-80519-116-6
定价：CNY16.00
　　作者范韧庵（1916— 　），书画家。字乐山，
号怀日，生于江苏如皋。历任上海海墨画社社
员、海安书画院顾问、仲贞子艺术馆名誉馆长、
上海豫园书画楼特约画师、中国书法家协会会
员、上海文史馆馆员等职。编著有《五体书法辞
典》《中国行书大字典》《中国隶书大字典》《中
国篆书大字典》《中国楷书大字典》等。作者李
志贤（1950— 　），书法家。生于上海，广东番禺
人。历任中国书法家协会会员、上海书法家协会
理事、上海静安区书法协会副主席、朵云轩古玩
公司任业务副总经理。编写有《书法词典》《我
这五十年李志贤书法集》《李志贤书法河南安阳
展——我这五十年（三）》《李志贤书法台湾高雄

展——我这五十年（四）》。

J0091529
书法的实用与装饰　王永兴编著
北京　北京体育学院出版社 1989 年 130 页
19cm（32 开）ISBN：7-81003-193-7
定价：CNY2.05
（中国书法系列丛书）

J0091530
书法概论　刘文义，李泽民主编
郑州　中州古籍出版社 1989 年 248 页
19cm（32 开）ISBN：7-5348-0154-0
定价：CNY3.50

J0091531
书法基础知识　孙国辉编著
哈尔滨　黑龙江科学技术出版社 1989 年 106 页
13×18cm ISBN：7-5388-0744-6 定价：CNY1.50
　　作者孙国辉，中华硬笔书法家协会理事。

J0091532
书法基础知识　乔俊武编著
西安　陕西人民教育出版社 1989 年 200 页
19cm（32 开）ISBN：7-5419-0830-4
定价：CNY2.50

J0091533
书法技艺指导　（著名书法家张维书法观）张
维书；张谊，刘伯雄编
北京　轻工业出版社 1989 年 62 页 26cm（16 开）
ISBN：7-5019-0600-9 定价：CNY1.60

J0091534
书法教程　熊绍庚编著
上海　华东师范大学出版社 1989 年 192 页
20cm（32 开）ISBN：7-5617-0281-7
定价：CNY2.10

J0091535
书法教程　韩夫，戈弋主编
北京　书目文献出版社 1989 年 319 页
21cm（32 开）定价：CNY3.95

J0091536
书法教学通论　湖北省书学研究会编
武汉 长江文艺出版社 1989 年 242 页
26cm（16 开）ISBN：7-5354-0247-X
定价：CNY6.70
　　本书讲述汉字的产生、汉字与书法关系、汉字的形态演变，着重阐述了书法的各种技法。对书法艺术发展的历史，优良传统和继承问题作了详细阐述。

J0091537
书法练习册　（颜体之二）赵家熹主编
西安 陕西人民教育出版社 1989 年 38cm（6 开）
定价：CNY0.90
　　作者赵家熹（1948—　　），教师。山东掖县人，北京景山学校高级教师、北京师范大学艺术系副教授、北京书法协会常务理事。

J0091538
书法练习册　（颜体之三）赵家熹主编
西安 陕西人民教育出版社 1989 年 38cm（6 开）
定价：CNY0.90

J0091539
书法练习册　（颜体之四）赵家熹主编
西安 陕西人民教育出版社 1989 年 38cm（6 开）
定价：CNY0.90

J0091540
书法入门　王兴山编著
牡丹江 黑龙江朝鲜民族出版社 1989 年
130 页 19cm（32 开）ISBN：7-5389-0191-4
定价：CNY1.50

J0091541
书法艺术初步　王琪森编著
长沙 湖南美术出版社 1989 年 271 页
20cm（32 开）ISBN：7-5356-0235-5
定价：CNY2.80
　　作者王琪森（1954—　　），篆刻家。上海人。历任中国作家协会会员、中国书法家协会会员，西泠印社社员、上海美术家协会会员。代表作品《上海六记》《上海打将军》《上海·1912》《王琪森篆刻》《楷、行、草、隶、篆书法技艺》。

J0091542
书法艺术讲授纲要　张昕若著
北京 北京工业大学出版社 1989 年 114 页
26cm（16 开）ISBN：7-5639-0047-0
定价：CNY3.40

J0091543
书法之美　陈廷祐著
北京 北京美术摄影出版社 1989 年（19cm）
ISBN：7-80501-074-9 定价：CNY3.30
　　作者陈廷祐（1926—　　），编辑。记者。亦作陈廷佑，毕业于上海暨南大学外国语文学系。曾任《人民日报》《北京周报》编辑记者中国书法家协会会员、中华全国美学学会会员。著有《书法之美》《中国书法美学》《书法之美的本质与创新》等。

J0091544
书法指南　闵祥德著
合肥 安徽美术出版社 1989 年 174 页
19cm（32 开）ISBN：7-5398-0053-4
定价：CNY3.10
　　作者闵祥德（1949—　　），书法家，教授，国家一级美术师。安徽宿州市人。历任南京财经大学艺术教研室主任、安徽省书法家协会副主席、东南大学博士生导师、中国书画学会副主席等职。擅长书法，兼攻理论，作品多次参加国内外大型书展。作品有《书法浅谈》《书法百问百答》《图解书法指南》《行书书写门径》。部分著作被中国台湾、香港大学指定为教科书。

J0091545
书法篆刻基础　李观泰，萧天清编著
成都 四川美术出版社 1989 年 134 页
19cm（32 开）ISBN：7-5410-0030-2
定价：CNY1.50
　　作者李观泰（1943—　　），号竹室居士，成都市盲哑学校高级教师、四川省书法家协会会员。

J0091546
书法自学教程　卢建华主编
上海 学林出版社 1989 年 244 页 21cm（32 开）
定价：CNY3.40

J0091547
书家之路 （书法艺术）朱文照等著
南京 江苏美术出版社 1989 年 86 页
26cm（16 开）ISBN：7-5344-0102-X
定价：CNY2.80
（中级美术自学辅导丛书）

J0091548
书学丛言 李光德编著
重庆 重庆大学出版社 1989 年 205 页
20cm（32 开）ISBN：7-5624-0222-1
定价：CNY6.00

J0091549
水笔写字 李景久编写
延吉 东北朝鲜民族教育出版社 1989 年 8 页
26cm（16 开）定价：CNY0.81
（中学生用）

J0091550
水写毛笔字帖 （一）中国书法家协会河南分
会编；刘登龙书写
郑州 海燕出版社 1989 年 26cm（16 开）
定价：CNY1.20

J0091551
水写毛笔字帖 （二）中国书法家协会河南分
会编；刘登龙书写
郑州 海燕出版社 1989 年 26cm（16 开）
定价：CNY1.20

J0091552
水写毛笔字帖 （三）中国书法家协会河南分
会编；刘登龙书写
郑州 海燕出版社 1989 年 26cm（16 开）
定价：CNY1.20

J0091553
水写毛笔字帖 （四）中国书法家协会河南分
会编；刘登龙书写
郑州 海燕出版社 1989 年 26cm（16 开）
定价：CNY1.20

J0091554
水写毛笔字帖 （五）中国书法家协会河南分

会编；刘登龙书写
郑州 海燕出版社 1989 年 26cm（16 开）
定价：CNY1.20

J0091555
图解书法指南 闫祥德著
香港 明天出版社 1989 年 207 页 19cm（32 开）
ISBN：962-277-052-5 定价：HKD25.00
（新编书法丛书）
　　本书与广东人民出版社合作出版。作者闫
祥德（1949—　　），书法家，教授，国家一级美术
师。安徽宿州市人。历任南京财经大学艺术教
研室主任、安徽省书法家协会副主席、东南大学
博士生导师、中国书画学会副主席等职。擅长书
法，兼攻理论，作品多次参加国内外大型书展。
作品有《书法浅谈》《书法百问百答》《图解书法
指南》《行书书写门径》。部分著作被中国台湾、
香港大学指定为教科书。

J0091556
图解书法指南 闫祥德编著
广州 广东人民出版社 1993 年 重印本 207 页
19cm（32 开）ISBN：7-218-00370-2
定价：CNY5.80
（新编书法丛书）
　　本书用图解的方式对书法技巧进行了解说
并给出若干样例。本书与香港明天出版社合作
出版。作者闫祥德，中国书法协会会员，著名中
年书法家。

J0091557
五体临池指要 曾景充，魏锦光著
广州 广东高等教育出版社 1989 年 69 页
26cm（16 开）ISBN：7-5361-0274-7
定价：CNY3.20
　　作者曾景充（1932—2009），书法家。生于广
州。中国书法家协会会员，曾任广东书协理事，
广东书协艺术指导委员，广州市书协副会长，美
协广东分会会员，广东省中国文物鉴藏家协会理
事，广州市文史研究馆馆员，东方书画院客座教
授。著有《行书要法》《魏体千字文》《曾景充钢
笔书》《五体临池指要》等。

J0091558
习字秘诀 蒋和编著

天津 天津市古籍书店 1989 年 102 页
18cm（32 开）定价：CNY0.90

J0091559
习字秘诀 （清）蒋和原著；刘益之编释
南宁 广西美术出版社 1993 年 85 页
26cm（16 开）ISBN：7-80582-542-4
定价：CNY4.85
　　本书内容包括：笔法精解、点画全图、分
部配合法、全字结构举例等。编释者刘益之
（1934—　）,画家、教师。生于广西苍梧县，毕
业于湖北美术学院。广西艺术学院美术系副教
授、中国美协会员。代表作品《巫山云雨》《黄山
雪松》等。

J0091560
习字秘诀 （清）蒋和原著；刘益之编释
桂林 漓江出版社 1998 年 83 页 26cm（16 开）
ISBN：7-5407-2265-7 定价：CNY12.00

J0091561
现代签名艺术 刘大卫著
上海 华东师范大学出版社 1989 年 111 页
19cm（32 开）ISBN：7-5617-0478-X
定价：CNY1.60

J0091562
艺舟双楫疏证 祝嘉编
成都 巴蜀书社 1989 年 391 页 19cm（32 开）
ISBN：7-80523-209-1 定价：CNY4.00
　　本书《艺舟双楫疏证》《广艺舟双楫疏证》
合订，为中国书法理论研究。编者祝嘉（1899—
1995）,书法家、书理论家和书法教育家。字燕
秋，海南文昌人。中国书协江苏分会顾问。代表
作品有《书学》《书学史》等。

J0091563
应用书法 田琦主编；北京市职业技术教育教
材编审委员会编
哈尔滨 黑龙江科学技术出版社 1989 年 183 页
26cm（16 开）ISBN：7-5388-0788-8
定价：CNY4.00
（职业技术教育丛书）

J0091564
张裕钊书法艺术论文集
1989 年 144 页 19cm（32 开）

J0091565
中国古代书法美学 宋民著
北京 北京体育学院出版社 1989 年 164 页
19cm（32 开）ISBN：7-81003-194-5
定价：CNY2.95

J0091566
中国名碑珍帖习赏 欧阳中石等编
西安 未来出版社 1989 年 200 页 20cm（24 开）
ISBN：7-5417-0214-5 定价：CNY4.95
　　本书选收历代名碑珍帖中隶、楷、行、草各
名家之精华共 100 幅，并对每幅碑帖书者及写作
背景加以介绍，对其书法艺术特点及临字方法作
了提示。作者欧阳中石（1928—　）,著名文化学
者、书法家、书法教育家。山东肥城市人。毕业
于北京大学哲学系。历任首都师范大学教授、博
士生导师、中国书法文化研究所所长、中国书法
家协会顾问、中国画研究院院务委员。书法作品
有《欧阳中石书沈鹏诗词选》《中石夜读词钞》,
主要著作有《中国逻辑史》《书法与中国文化》
《中国书法史鉴》《章草便检》等。

J0091567
中国书法鉴赏大辞典 刘正成主编
北京 大地出版社 1989 年 2 册（1624 页）
26cm（16 开）精装 ISBN：7-80068-064-9
定价：CNY120.00
　　本书涉及甲骨文、金文、简牍帛书、碑刻墓
志、造像、题铭、砖瓦文、刻帖、墨迹、篆刻各大
类，上自商周，下迄现代。按条目性质，分为书
法作品类和书法家类。收条目 4245 条。书后附
3 种索引。编者刘正成（1946—　）,编审。笔名
听涛斋主、八方斋主、松竹梅花堂主人等，生于
四川成都。历任国际书法家协会主席、中国书法
家协会副秘书长、中国书协学术委员会副主任、
《中国书法》杂志社社长、主编，《中国书法全集》
主编。编著有《刘正成书法集》《当代书法精品
集－刘正成》《书法艺术概论》《晤对书艺－刘
正成书法对话录》等。

J0091568
中国书法教学　黄若舟编著
上海　上海人民美术出版社 1989 年 20cm（32 开）
ISBN：7-5322-0370-0 定价：CNY3.00
　　作者黄若舟（1906—2000），原名济才，号若舟，江苏宜兴上黄镇人。历任中国美术家协会会员、中国书法家协会会员、中国教育学会书法教育研究会顾问、上海艺术教育委员会顾问、大学书法教育协会会长。著有《汉字快写法》《花鸟画技法》《黄若舟一笔书》《黄若舟书画缘》等。

J0091569
中国书法美学　陈廷祐著
北京　中国和平出版社 1989 年 258 页
19cm（32 开）ISBN：7-80037-221-9
定价：CNY4.20
　　本书是对中国书法作宏观考察和思辨性的探讨。分为 4 论："国粹论"、"本体论"、"风格论"、"致美论"。附有历代名家翰墨数十幅。作者陈廷祐（1926—　），编辑，记者。亦作陈廷佑，毕业于上海暨南大学外国语文学系。曾任《人民日报》《北京周报》编辑记者中国书法家协会会员、中华全国美学学会会员。著有《书法之美》《中国书法美学》《书法之美的本质与创新》等。

J0091570
中国书法原理　曹长远，朱六善主编
济南　山东大学出版社 1989 年 279 页
20cm（32 开）ISBN：7-5607-0280-5
定价：CNY6.10

J0091571
中国中青年书法论文集　王猛仁主编
郑州　河南美术出版社 1989 年 442 页
20cm（32 开）ISBN：7-5401-0109-1
定价：CNY10.00

J0091572
中小学生书法入门　陈立君编；赵增云，范字书书
石家庄　河北美术出版社 1989 年 79 页
19cm（32 开）ISBN：7-5310-0293-0
定价：CNY0.95

J0091573
标准小楷一千字　佘雪曼书
台北　商务印书馆 1990 年 22 页
26cm（16 开）ISBN：957-05-0165-0

J0091574
草书的研究与笔法　杨泽，杨再春著
北京　北京体育学院出版社 1990 年 124 页
19cm（32 开）ISBN：7-81003-199-6
定价：CNY2.10
（中国书法系列丛书）

J0091575
草字部首写法　董天庆编
北京　文化艺术出版社 1990 年 248 页
20cm（32 开）ISBN：7-5039-0549-2
定价：CNY5.40
　　本书将历代著名书法家的草字部首汇集于一册。每字由两部分组成：凡部首均由重墨勾出实样，而与部首无关的笔画则勾双线，以突出部首。

J0091576
常用汉字繁简楷行对照字帖　徐子久书
杭州　浙江大学出版社 1990 年 137 页
26cm（16 开）ISBN：7-308-00535-6
定价：CNY5.95
　　作者徐子久（1948—　），书法家。字寿松，号白发人，浙江台州人，毕业于曲阜师范大学艺术系和浙江美术学院国画系。历任中国书协会员、中国书法研究院副院长、教授，中国书协会员等职。

J0091577
初学毛笔字　张幼坤编著
上海　学林出版社 1990 年 112 页 19cm（32 开）
ISBN：7-80510-408-5 定价：CNY1.10

J0091578
怆蝉书诀　黄呈岳著
南宁　广西教育出版社 1990 年 24 页
26cm（16 开）ISBN：7-5435-1038-3
定价：CNY1.70
　　本书为中国现代书法理论专著。

J0091579
当代草圣林散之研究文集 季伏昆等编
南京 江苏美术出版社［1990年］142页
有照片 20cm（32开）ISBN：7-5344-0178-X
定价：CNY3.50

　　作者季伏昆（1940—　），号季公，生于江苏镇江，祖籍苏州，毕业于南京师范学院中文系。历任南京艺术学院教授、江苏省政府文史研究馆馆员、中国书法家协会会员、中国林散之研究会秘书长。出版《中国书论辑要》《林散之研究》等。

J0091580
行书·草书技法及书法章法 杨再春编著
北京 北京体育学院出版社 1990年 206页
19cm（32开）ISBN：7-81003-417-0
定价：CNY4.25

　　本书系中国行书、草书书法广播电视教育教材。

J0091581
行书法图说 骆恒光著
杭州 浙江少年儿童出版社 1990年 204页
20cm（32开）ISBN：7-5342-0573-5
定价：CNY4.00

　　本书以图文并茂的形式对行书作了系统的论述。作者骆恒光（1943—　），书法家。号翼之，浙江诸暨人。毕业于浙江美术学院。历任浙江教育出版社美术编辑、中国硬笔书法家协会副主席、中国书法家协会会员、浙江分会理事，浙江省书法理论研究会副会长兼秘书长。著有《骆恒光论书》《行书法图说》《王羲之圣教序及其笔法》。

J0091582
行书孙过庭书谱 梁鼎光著
广州 广东高等教育出版社 1990年 100页
有照片 26cm（16开）ISBN：7-5361-0601-7
定价：CNY4.90

J0091583
基础书法学 王海，刘振中主编
郑州 河南人民出版社 1990年 533页
20cm（32开）ISBN：7-215-00716-2
定价：CNY6.95

　　作者王海（1949—　），字海岑，号旭峤，河

南省新乡市群众艺术馆馆员、中国书法家协会会员。

J0091584
晋唐书法考 （德国学者谈中国书法）（联邦德国）雷德侯著；张观教译
北京 人民美术出版社 1990年 86页 有照片
19cm（32开）ISBN：7-102-00725-6
定价：CNY2.75
（世纪美术文库）

J0091585
楷书技法 孟繁禧等编著
北京 北京体育学院出版社 1990年 171页
19cm（32开）ISBN：7-81003-416-2
定价：CNY3.70

　　作者孟繁禧（1954—　），著名书法家。北京人，祖籍山东章丘。任中国书法家协会理事、北京书法家协会副主席、中国书法家协会会员。供职于国家京剧院。编著有《如何临习欧体九成宫碑》《行书入门》《虞恭公碑解析字帖》等。

J0091586
楷书技法 （欧体笔法与结构）孟繁禧著
北京 北京出版社 1995年 重印本 90页
26cm（16开）ISBN：7-200-01970-4
定价：CNY6.50
（中国书法技法丛书）

J0091587
科学书法
天津 天津市古籍书店 1990年 影印本 140页
有图 20cm（32开）定价：CNY1.20

J0091588
李铎谈书法 李铎著
长沙 湖南少年儿童出版社 1990年 59页
有图片 20cm（32开）ISBN：7-5358-0549-3
定价：CNY1.35

　　本书介绍了书法的起源与演变，书写工具的选择、使用与保管，怎样学楷书，怎样写基本点画，结构与布局。书中除有示意图外，还有10余幅作者书法精品的插页。

J0091589

隶书·魏碑技法 周持,张书范编著
北京 北京体育学院出版社 1990年 114页
19cm(32开) ISBN:7-81003-415-4
定价:CNY2.55

J0091590

隶书技法 洪民生著
北京 北京体育学院出版社 1990年 72页
26cm(16开) ISBN:7-81003-354-9
定价:CNY4.10

　　作者洪民生(1932—),书法家、电视艺术家、编辑。浙江宁波人,历任中央电视台副台长兼总编辑,联合国教科文组织中国委员、中国书法家协会会员。代表作品有《全国电视书法大赛》。

J0091591

隶书写法与汉碑注释 滕西奇著
北京 中国广播电视出版社 1990年 152页
20cm(32开) ISBN:7-5043-0556-1
定价:CNY3.60

　　本书介绍了隶书的基本知识和书写技法。作者滕西奇,教授。出生于山东莱州人,毕业于曲阜师大中文系。济南大学教授、中国书法家协会会员、山东省书协培训中心兼职教授、山东炎黄书画艺术研究院院长。书法著述有《隶书写法与汉碑注释》《中国书法史简编》《怎样学习隶书》《张迁碑写法与注译》等。

J0091592

连氏书法作品选论 连昌裔著
北京 学苑出版社 1990年 有彩照 20cm(32开)
ISBN:7-5077-0114-X 定价:CNY3.50

　　作者连昌裔(1920—),满族、音乐家、书法家、满学家。满学研究会编委会主编、北京音乐家协会会员。书法著作有《连氏书法作品选论》《书法与老年健康》等。

J0091593

辽宁书法论文集 中国书法家协会辽宁分会,辽宁省书法理论研究会编
沈阳 辽宁大学出版社 1990年 223页
20cm(32开) ISBN:7-5610-0998-4
定价:CNY9.60

J0091594

刘熙载书概签注 王大亨,欧阳恒忠签注
桂林 广西师范大学出版社 1990年 334页
19cm(32开) ISBN:7-5633-0659-5
定价:CNY4.50

　　本书以签注形式对清代著名学者刘熙载所著《艺概》中卷五论及的篆书、隶书、正书、行书、章草等方面作了详备的注释和考证。本书与漓江出版社合作出版。

J0091595

柳体大楷字帖 (唐)柳公权书;左克成编
南昌 江西美术出版社 1990年 26cm(16开)
ISBN:7-80580-021-9 定价:CNY2.15

　　作者柳公权(778—865),唐代晚期著名书法家。字诚悬,陕西铜川市人。代表作品《金刚经碑》《玄秘塔碑》《神策军纪圣德碑》等。

J0091596

论书绝句 启功著
北京 三联书店 1990年 199页 20cm(32开)
ISBN:7-108-00095-4 定价:CNY4.00

　　中国书法理论。作者启功(1912—2005),满族,中国现代著名书法家。字元伯,北京人。曾任北京师范大学教授、中央文史研究馆副馆长、中国书协名誉主席等职,世界华人书画家联合会创会主席、中国佛教协会、故宫博物院、国家博物馆顾问、西泠印社社长。

J0091597

论书绝句 (附:论书随笔、论书札记)启功[著]
北京 三联书店 1997年 2版 297页 20cm(32开)
ISBN:7-108-00095-4 定价:CNY15.60

J0091598

论书绝句百首 王前著
沈阳 辽宁大学出版社 1990年 221页 有肖像
19cm(32开) ISBN:7-5610-1139-3
定价:CNY6.00

　　作者王前(1922—),书法家。笔名童心、书禅、龙川,辽宁海城人,毕业于东北师范大学中国语言文学系。历任辽宁大学中文系副教授、中国书法家协会辽宁分会会员。出版有《论书绝句百首》《晴空鹤咏》《生活禅咏》《王前墨韵》《笔歌墨舞》等。

J0091599
毛笔书法艺术自修指导 蒋昌诗著
成都 四川人民出版社 1990年 298页 有照片
20cm（32开）ISBN：7–220–01028–1
定价：CNY7.25
　　本书系中国书法自学参考资料。作者蒋昌诗（1938— ），教师。名金沙，四川三台人。毕业于四川师范学院中文系。历任四川省财政学校高级讲师、成都市书法家协会会员等。著有《现代实用文体写作》《现代实用写作》《现代实用书法训练指导》《行书精粹总览》等。

J0091600
欧书入门 张美中编著
南宁 广西教育出版社 1990年 28页 26×37cm
ISBN：7–5435–1042–1 定价：CNY2.50
　　汉字楷书毛笔字基本知识。

J0091601
欧阳询书法入门 冯宝佳编著
香港 明天出版社 1990年 156页 19cm（32开）
ISBN：962–277–087–8 定价：HKD38.00
（名家碑帖初学）
　　作者冯宝佳（1937— ），书法家。广东省书法家协会理事、广州硬笔书法家协会艺术导师。著有《冯宝佳硬笔书法字帖》《教你写毛笔字》等。

J0091602
三笔字简明教程 席志强编著
长沙 湖南师范大学出版社 1990年 188页
19cm（32开）ISBN：7–81031–061–5
定价：CNY2.50

J0091603
三笔字书法教程（毛笔·粉笔·硬笔）李晏平编
成都 电子科技大学出版社 1990年 168页
19cm（小32开）定价：CNY2.50

J0091604
少年儿童写好毛笔钢笔字 顾延培，陈贤德主编
上海 三联书店上海分店 1990年 92页
26cm（16开）ISBN：7–5426–0418–X
定价：CNY3.90

　　作者顾延培（1932— ），书法家、民俗学家。笔名庄言，上海崇明人。历任上海南市区文化馆馆长、南市区文化局副局长、亚太文化艺术协会副主席、中国硬笔书法协会顾问、上海市民俗文化学会顾问、上海中华书画协会荣誉理事长等。出版有《中华古塔鉴赏》《上海老城厢风情录》《中国古今对联大观》等。

J0091605
少年儿童学书法 张旭光编
北京 测绘出版社 1990年 235页 26cm（16开）
ISBN：7–5030–0241–7 定价：CNY4.95
　　作者张旭光（1955— ），书法家。字散云，河北雄安人。历任中国书法家协会第四届、第五届副秘书长，荣宝斋艺术总监、清华大学张旭光书法艺术工作室导师、北京大学书法研究所客座教授、中国书法协会会员。代表作品有《行书八讲》《张旭光批注十七帖》《张旭光系列艺术文丛》等。

J0091606
实用书法教程 谢光辉主编；潘玉华，英志光编著
桂林 广西师范大学出版社 1990年 120页
26cm（16开）ISBN：7–5633–0769–9
定价：CNY2.80

J0091607
实用书法手册 荆鸿编著
沈阳 辽宁科学技术出版社 1990年 360页
19cm（32开）ISBN：7–5381–0589–1
定价：CNY6.85

J0091608
书 杜云，陈运祐主编；彭洋著
南宁 广西民族出版社 1990年 166页
19cm（32开）ISBN：7–5363–1007–2
定价：CNY2.00
（当代青年文化娱乐丛书 第一辑 3）
　　中国书法理论。作者彭洋（1953— ），副研究员。毕业于广西大学中文系。历任《南方文坛》编辑部主任、广西文联文艺理论研究室主任、广西文艺理论家协会驻会副会长、南方文坛杂志社社长、广西中国文学学会副会长、中国书法家协会广西分会会员。著有随笔集《书》，诗集《二十

岁的谎言》，评论集《视野与选择》，散文集《圣堂山圣典》。

J0091609
书法　山东省教学研究室编
济南　山东教育出版社　1990年　225页
19cm（小32开）定价：CNY1.22

J0091610
书法博览　中国书法家协会河南分会《书法博览》编辑部编
郑州　河南美术出版社［1990年］278页
27cm（大16开）定价：CNY8.20

J0091611
书法初步　（辅导讲话）欧阳中石等编写
北京　高等教育出版社　1990年　80页
26cm（16开）ISBN：7-04-002604-X
定价：CNY1.55
　　作者欧阳中石（1928—　　），著名文化学者、书法家、书法教育家。山东肥城市人。毕业于北京大学哲学系。历任首都师范大学教授、博士生导师、中国书法文化研究所所长、中国书法家协会顾问、中国画研究院院务委员。书法作品有《欧阳中石书沈鹏诗词选》《中石夜读词钞》，主要著作有《中国逻辑史》《书法与中国文化》《中国书法史鉴》《章草便检》等。

J0091612
书法初步　（第一册　笔画练习）欧阳中石主编；吴秉忠等编
北京　高等教育出版社　1990年　48页
27cm（大16开）定价：CNY1.35

J0091613
书法初步　（第二册　结构练习）欧阳中石主编；吴秉忠等编
北京　高等教育出版社　1990年　18页
27cm（大16开）定价：CNY0.63

J0091614
书法初步　（第三册　补笔练习）欧阳中石主编；吴秉忠等编
北京　高等教育出版社　1990年　22页
27cm（大16开）定价：CNY0.72

J0091615
书法初步　（第四册　丰肌练习）欧阳中石主编；吴秉忠等编
北京　高等教育出版社　1990年　22页
27cm（大16开）定价：CNY0.72

J0091616
书法初步　（第五册　跳格练习）欧阳中石主编；吴秉忠等编
北京　高等教育出版社　1990年　32页
27cm（大16开）定价：CNY0.96

J0091617
书法初学规范　朱以撒，徐春兴著
福州　福建教育出版社　1990年　220页
20cm（32开）ISBN：7-5334-0688-5
定价：CNY3.00
　　本书以楷书作为学习书法的入门书体加以规范，并分8章加以阐述。

J0091618
书法导艺　邱英生著
哈尔滨　黑龙江教育出版社　1990年　146页
19cm（小32开）定价：CNY2.30
　　本书阐述了学书要津、写字姿势、执笔方法、运笔方法、汉字基本笔画的书写方法、结字十法、写成篇字的布局、中国书法源流略说、教学书法的门径9个方面的问题。有按历史顺序编排的各种书体碑贴图45幅。

J0091619
书法简论　刘如璞著
济南　山东文艺出版社　1990年　142页　有图
20cm（32开）ISBN：7-5329-0586-1
定价：CNY4.40
　　作者刘如璞（1927—2003），画家、书法家、书画鉴定家。字公琢，山东寿光人，毕业于北平京华美术学院国画系。历任中学美术教师、曲阜师范学院美术系教师，山东轻工业学院工业美术设计系教授。代表作品有《三清图》《雁鹊图》《牡丹藤萝》等。

J0091620
书法简明教程　王云朋著
北京　中国商业出版社　1990年　31页

26cm（16 开）ISBN：7-5044-0471-3
定价：CNY3.50

J0091621
书法简明教程　王云朋编
北京 中国商业出版社 1994 年［2 版］（修订本）
86 页 26cm（16 开）ISBN：7-5044-2735-7
定价：CNY3.85

J0091622
书法教程　倪文东编著
西安 西北大学出版社 1990 年 248 页
19cm（32 开）ISBN：7-5604-0171-6
定价：CNY3.80
　　本书论述了篆、隶、楷、行、草五种常用
书体的用笔、结构及章法等特点。作者倪文东
（1957—　　），教授。又名倪端、倪陵生，陕西黄
陵人，毕业于西北大学中文系。历任西北大学艺
术系教授、陕西省青年书法家协会副主席、太白
印社社长、中国书法家协会理事、北京师范大学
艺术与传媒学院书法系教授。代表作品《二十世
纪中国书画家印款辞典》。

J0091623
书法教学捷要　傅晏风著
成都 四川教育出版社 1990 年 124 页
20cm（32 开）ISBN：7-5408-1242-7
定价：CNY1.76

J0091624
书法结体研究　王颂余，傅以新著
天津 天津人民美术出版社 1990 年 132 页
26cm（16 开）ISBN：7-5305-0186-0
定价：CNY8.60
　　作者王颂余（1910—2005），书法家、山水画
家。出生于天津。天津美术学院任教。代表作
品《把余粮卖给国家》《凯歌黄金路》《滦水清兮
清且甘》等。作者傅以新（1943—　　），画家、教
授。生于山西寿阳，毕业于中央美术学院中国画
系。历任天津美术学院、中央民族大学教授，中
国美术家协会、书法家协会会员。代表作品有《故
城夕照》《夜河奔骥》《云浓山醉》《清光万里》。

J0091625
书法津梁　程可达著

南京 江苏教育出版社 1990 年 329 页
19cm（32 开）ISBN：7-5343-0853-4 定价：3.45
　　本书内容包括简述书法发展史与书法的应
用工具。

J0091626
书法论　齐冲天著
北京 北京大学出版社 1990 年 248 页
20cm（32 开）ISBN：7-301-01136-9
定价：CNY4.80
　　本书介绍了书法的艺术本质，书写要领。全
书从"书势"到"书法"来认识书法美学思想的
演变。

J0091627
书法美　（有意味的线条）张清河著
贵阳 贵州人民出版社 1990 年 121 页
19cm（32 开）ISBN：7-221-02075-2
定价：CNY1.50
（青少年美育丛书）
　　本书内容包括硬笔字与毛笔字的审美异同，
历代书法名家介绍，书法欣赏初步等。介绍了汉
字古往今来的形式美，构成汉字形式美的要素。

J0091628
书法美　天白著
银川 宁夏人民出版社 1990 年 448 页
20cm（32 开）ISBN：7-227-00543-7
定价：CNY6.90
　　本书论述了书法美学研究的意义、任务，书
法美的本质、内容、形态、形象审美属性等。并
对著名书法家的艺术特色，书法美的创造，书法
美的欣赏，书法美的继承与创新进行了分析。

J0091629
书法美探奥　（论书法欣赏）周俊杰著
北京 人民美术出版社 1990 年 108 页
19cm（小 32 开）定价：CNY2.95
（世纪美术文库）

J0091630
书法入门　钟明善著
西安 三秦出版社 1990 年 184 页 20cm（32 开）
ISBN：7-80546-304-2 定价：CNY2.90

J0091631

书法入门新导 （第一册 笔画与笔顺）韦昌敏著
北京 教育科学出版社 1990 年 27 页
26cm（16 开）ISBN：7-5041-0566-X
定价：CNY1.50

J0091632

书法入门新导 （第二册 独体字与用笔特征）
韦昌敏著
北京 教育科学出版社 1990 年 25 页
26cm（16 开）ISBN：7-5041-0567-8
定价：CNY1.50

J0091633

书法入门新导 （第三册 偏旁部首）韦昌敏著
北京 教育科学出版社 1990 年 27 页
26cm（16 开）ISBN：7-5041-0568-6
定价：CNY1.50

J0091634

书法入门新导 （第四册 间架结构）韦昌敏著
北京 教育科学出版社 1990 年 30 页
26cm（16 开）ISBN：7-5041-0569-4
定价：CNY1.50

J0091635

书法十四讲　王凤鸣主编
济南 黄河出版社 1990 年 161 页 20cm（32 开）
ISBN：7-80558-023-5 定价：CNY2.90

J0091636

书法学综论　陈振濂著
杭州 浙江美术学院出版社 1990 年 208 页
26cm（16 开）ISBN：7-81019-057-1
定价：CNY7.50

　　本书共 12 章 226 篇，内容涵盖（一）书法艺术概论 16 篇、（二）书法通史 8 篇、（三）书体分类与释义 13 篇、（四）书法作品与作家论 46 篇、（五）书法理论发展史略 25 篇、（六）书法美学漫谈 29 篇、（七）当代书坛概观 32 篇、（八）书法技法理论探讨 13 篇、（九）书法体式与材料 9 篇、（十）书法临摹举偶 11 篇、（十一）书法器具小识 8 篇、（十二）书法创作例解 11 篇。共计 23 万言。著者陈振濂（1956— ），书法家。号颐斋。生于上海，浙江鄞县人。曾任浙江大学人文学院副院长、中国文联副主席、中国书法家协会副主席、中国文艺评论家协会副主席、浙江省文联副主席、西泠印社副社长。著作有《书法美学》《大学书法教材集成》。

J0091637

书法艺术　邱英生著
哈尔滨 黑龙江教育出版社 1990 年 146 页
19cm（32 开）ISBN：7-5316-1058-2
定价：CNY2.30

J0091638

书法章法导引　喻建十著
天津 天津杨柳青画社 1990 年 26cm（16 开）
ISBN：7-80503-105-3 定价：CNY9.90

　　本书由浅入深，从中国传统哲学、美学角度，并以实例阐述书法章法的气势及其构成，实例说明，附图约 200 余幅。作者喻建十（1959— ），艺术家、教授。生于天津。历任中国书法家协会教育委员会委员、天津市书法家协会副主席；天津美术学院中国画系教授、硕士生导师，天津商业大学客座教授。著有《王颂余教学范图》《名家说名画——喻建十说黄慎》《书法艺术学》《中国山水画名家精品集——喻建十》等。

J0091639

书法篆刻　黄惇等编著
北京 高等教育出版社 1990 年 177 页
26cm（16 开）ISBN：7-04-003068-3
定价：CNY2.75

　　本书上篇为书法篇。内容包括中国书法艺术史略，书法基础技法和古代书论基本体系提要三部分，下篇为篆刻篇。内容包括篆刻艺术史略和篆刻基础技法两部分。作者黄惇（1947— ），书法家、篆刻家。号风斋，生于江苏太仓，祖籍扬州。历任南京艺术学院教授、艺术学、美术学博士生导师，南京艺术学院研究院副院长、艺术学研究所所长，《艺术学研究》学刊主编。作品有《水乡秋色》《太湖夜舟》《秋染山寨》等，著有《历代书法名作赏析》《中国古代印论史》等。

J0091640

书法自学初阶　戴尧天编著
北京 人民教育出版社 1990 年 273 页

26cm（16 开）ISBN：7-107-10017-3
定价：CNY5.55

J0091641
书概评注 金学智著
上海 上海书画出版社 1990 年 272 页
19cm（32 开）ISBN：7-80512-467-1
定价：CNY3.50
　　作者金学智，江苏常州人，苏州教育学院
教授。

J0091642
书谱释义 张辛汗释书
长沙 湖南文艺出版社 1990 年 92 页 33×19cm
ISBN：7-5404-0602-X 定价：CNY6.40
　　本书将唐代大书法家、书法理论家孙过庭的
"书谱"用白话文作了诠释，并以行草字体书写。
作者张辛汗（1944—2010），笔名殷勤，湖南沅江
人。历任沅江市文化馆馆长、文化局副局长、文
联主席、中国书法家协会湖南分会会员、中国音
乐家协会音乐文学会会员、中国当代硬笔书法习
字会理事、中国书法家协会会员。代表作品有
《书谱释义》《元曲百首》《百花诗画》《百咏丛
书》等。

J0091643
四体书道百句歌 石羊撰书
西安 陕西人民美术出版社 1990 年 87 页
有照片 26cm（16 开）ISBN：7-5368-0234-X
定价：CNY2.80
　　本书通过注释并配上四种书体对书道百句
歌进行了说明。作者石羊（1943—　），书法家。
本名杨智忠，陕西蒲城县人。历任西安碑林博物
馆副研究馆员、陕西省书法家协会会员、陕西书
画艺术研究院副院长等职。出版有《小学生日常
行为规范三字歌》《四体书道百句歌》《书道千字
文》等。

J0091644
四体书法丛书
北京 人民美术出版社［1990 年］26cm（16 开）

J0091645
孙过庭《书谱》书法入门 姚永全编著
香港 明天出版社 1990 年 193 页 19cm（32 开）

ISBN：962-277-097-5 定价：HKD42.00
（名家碑帖初学）
　　作者姚永全，书法家、诗人、曲艺家。广东
博罗人。历任广州市书法家协会副主席兼秘书
长、中国书法家协会会员、中华诗词学会会员
等。代表作品有《书法学习浅谈》《姚永全小楷
书法论册》《学草要领》《孙过庭的启示》。

J0091646
孙过庭书谱真迹大字本 （唐）孙过庭书；陈
复澄，杨永德编选
北京 团结出版社 1990 年 44 页 38cm（6 开）
ISBN：7-80061-427-1 定价：CNY9.00
　　本书为放大影印，每页旁附宋体释文。作者
孙过庭（646—691），唐代书法家、书法理论家。
名虔礼，以字行。吴郡富阳（今浙江富阳）人。有
墨迹《书谱》传世。

J0091647
天下第一行书 （漫说兰亭）于曙光著
北京 测绘出版社 1990 年 158 页 20cm（32 开）
ISBN：7-5030-0430-4 定价：CNY3.70
　　本书从多方面论述了王羲之《兰亭序》的艺
术价值和历史作用。

J0091648
王羲之兰亭序书法入门 卢有光编著
香港 明天出版社 1990 年 159 页 19cm（32 开）
ISBN：962-277-088-6 定价：HKD38.00
（名家碑帖初学）
　　作者卢有光（1938—　），书法家。生于广东
肇庆。历任中国书法家协会会员、广东省书法家
协会副主席、广州市文史研究馆副馆长。著有《卢
有光书法选集》《王羲之兰亭序书法入门》《卢有
光楹联展书法集》《卢有光书法新作选》《卢有光
书道展》。

J0091649
王羲之书法论注 （2）王羲之著
南京 江苏美术出版社 1990 年 63 页
19cm（32 开）ISBN：7-5344-0128-3
定价：CNY1.10
（古代书论丛书）

J0093555

现代书法三步　古干著；胡允桓英译

北京 中国书籍出版社 1990年 190页 有肖像

26cm（16开）精装 ISBN：7-5068-0043-8

定价：CNY24.00

外文书名：The Three Steps of Modern Cal-
ligraphy. 作者古干（1942—　），画家。中国美术
家协会会员，中国现代书画学会会长，世界书法
家协会荣誉顾问。

J0091650

学生隶书练习技法　王宝洺编著

北京 学苑出版社 1990年 96页 26cm（16开）

ISBN：7-5077-0302-9 定价：CNY3.60

作者王宝洺（1958—　），书画艺术家。北京
人，祖籍山东乐陵。别署半步斋主。中国对外经
贸大学与中国中医药大学书法客座教授、北京霍
英东书法学院院长、中国书画家协会理事、世界
华人艺术家协会副主席、北京刘炳森书法研究室
主任、中国书法家协会会员及北京书法家协会专
业创作员。代表作品《学生隶书练习技法》。

J0091651

学书概览　欧阳中石主编

北京 北京科学技术出版社 1990年 210页

26cm（16开）ISBN：7-5304-0693-0

定价：CNY8.30

本书包括：导引、书体、书论和欣赏4篇。
作者欧阳中石（1928—　），著名文化学者、书法
家、书法教育家。山东肥城市人。毕业于北京大
学哲学系。历任首都师范大学教授、博士生导师、
中国书法文化研究所所长、中国书法家协会顾
问、中国画研究院院务委员。书法作品有《欧阳
中石书沈鹏诗词选》《中石夜读词钞》，主要著作
有《中国逻辑史》《书法与中国文化》《中国书法
史鉴》《章草便检》等。

J0091652

游云惊龙　（书法艺术鉴赏）俞建华著

南宁 广西人民出版社 1990年 193页 有书影

19cm（32开）ISBN：7-219-01706-5

定价：CNY4.20

（青年艺术鉴赏丛书）

本书分6章。对历史上36位书法家的书法
艺术进行了评价。书中附印书法真迹28幅。作

者俞建华（1944—　），美术编辑。生于浙江海盐，
毕业于浙江美术学校中国画系山水专业。历任
浙江人民美术出版社美术编辑、中国书法家协会
浙江分会副主席、中国书法家协会会员。

J0091653

章草考　卓定谋编著

天津 天津市古籍书店 1990年 75页

26cm（16开）定价：CNY2.80

作者卓定谋（1886—1967），字君庸，福建
人。擅长书法。著有《榆园小志》。

J0091654

中国历代书法鉴赏大辞典　周倜主编

北京 北京燕山出版社 1990年 2册（2189+51页）

有彩照 26cm（16开）精装

ISBN：7-5402-0111-8 定价：CNY118.00

作者周倜（1936—　），山西平陆人。中国书
法家协会会员、中山书画社社员、北京秦文学会
常务理事。

J0091655

中国书法理论史　王镇远著

合肥 黄山书社 1990年 573页 有摹真

20cm（32开）精装 ISBN：7-80535-180-5

定价：CNY28.00

本书将中国近2000年的书法理论分为自觉
期、成熟期、个性期、继承和求变期4个时期，
通过对中国传统书法理论的剖析展示各个时代
的艺术思潮、审美趣味和批评方式。

J0091656

中国书法论著辞典　张潜超主编

上海 上海书画出版社 1990年 590+58页

26cm（16开）精装 ISBN：7-80512-419-1

定价：CNY26.00

本辞典分为书论、书评、字体、史传、器具、
杂著等8类，并在各辞条的书（篇）名后注出。

J0091657

中国书学论著提要　陈滞冬著

成都 成都出版社 1990年 484页 20cm（32开）

ISBN：7-80575-027-0 定价：CNY6.90

本书收录551条有关书法著作提要，详及各
书书名、异名、著者、内容、篇幅、版本等。涉及

中国历代书论、书史、书技、书录等著作。书末附:《1900—1949 年书学论文目录》《1965—1980 年日本出版中国书学论著目录》。作者陈滞冬(1951—),画家、书法家、艺术史学者。四川成都人。硕士毕业于四川师范大学中国古代文学研究所。出版《陈滞冬画集》《中国书画与文人意识》《中国书学论著提要》等著作。

J0091658

篆隶行草入门　张造时编著

乌鲁木齐　新疆人民出版社 1990 年 707 页

20cm(32 开) ISBN: 7-228-01196-1

定价: CNY6.95

　　本书将 4 种书体,按书体的"发展演变,点画造型,结构态势"以及各体碑帖范本的基本运笔法式和结构态势编写而成。

J0091659

北朝摩崖刻经研究　中国书法家协会山东分会,山东石刻艺术博物馆编

济南　齐鲁书社 1991 年 454 页 有附拓片

20cm(32 开) ISBN: 7-5333-0246-X

定价: CNY9.00

　　本书系统地展示了山东泰峄山区摩崖刻经的全部资料及作者的研究成果。以及刻经各种数据的描述和相关课题的研究。

J0091660

笔法举隅　《翰墨林影印历代丛帖》编辑组编

武汉　武汉古籍书店 1991 年 影印本 52 页

26cm(16 开) 定价: CNY1.65

(翰墨林影印历代丛帖)

J0091661

标准草书指南　李传周编著

北京　文化艺术出版社 1991 年 218 页

26cm(16 开) ISBN: 7-5039-0889-0

定价: CNY9.60

(学术文库)

　　本书依据于右任所创标准草书代表符号体系,对草书进一步加以分类整理,除选用 4500 个常用字外,还扩大了"疑似字"的数目,增设了"就让字"专页。附录草书应用范例"古代诗词 22 首"。作者李传周(1930—2008),书法家、教师。河南永城人,毕业于安徽师范学院艺术系美术专业。历任安徽阜阳师范学院美术系副教授、中国书法家协会会员、中国书协安徽分会常务理事。代表作品《李传周书法作品集》。

J0091662

标准大楷字帖　胡凡编著

北京　世界图书出版公司 1991 年 109 页

19cm(32 开) ISBN: 7-5062-1005-3

定价: CNY2.90

　　本书为世界图书出版公司和艺术图书公司联合出版。

J0091663

草诀新阶　孙钊著

杭州　杭州大学出版社 1991 年 48 页

26cm(16 开) ISBN: 7-81035-092-7

定价: CNY2.50

　　本书将草书名家字体结构以及行笔笔路等进行对照研究,找出其共同规律加以组合,指出相似文字的差异之处及偏旁组合结构的特点,以歌诀的形式表达出来。作者孙钊(1926—),研究员,书法家。原名孙绍祖,笔名金刀。河南洛宁人,毕业于洛阳高级师范。中国书法家协会会员、中国老年书画研究会浙江分会副会长、浙江书法研究会副会长。著有《草诀新阶》《论书技法诗百首》《老年书法》等。

J0091664

草书辨识　赵书群编著

上海　同济大学出版社 1991 年 104 页

26cm(16 开) ISBN: 7-5608-0906-5

定价: CNY3.20

J0091665

草字多种写法速成手册　卢建华编著

上海　上海文化出版社 1991 年 205 页

20cm(32 开) ISBN: 7-80511-418-8

定价: CNY3.05

J0091666

常用字形分布法　廖蕴玉书

南宁　广西美术出版社 1991 年 52 页

26cm(16 开) ISBN: 7-80582-240-9

定价: CNY3.20

J0091667

常用字形分布法　廖蕴玉编
广州 岭南美术出版社 1993 年 26cm（16 开）
ISBN：7-5362-0945-2 定价：CNY5.50
　　作者廖蕴玉（1925—　　），教师。字琢之，广
东五华人。历任中山大学教师、中国书法家协会
会员、中国书法家协会广东省分会理事、广东省
文史研究馆名誉馆员。

J0091668

大学书法教程　赵承楷著
太原 山西高校联合出版社 1991 年 309 页
26cm（16 开）ISBN：7-81032-012-2
定价：CNY7.95
　　作者赵承楷（1935—　　），教授。山西孝义
人，毕业于山西大学中文系。山西大学师范学院
教授、中国书法家协会会员、山西省书法家协会
副主席、山西省古典文学研究会会员。出版专著
《大学书法教程》《习字启蒙》《书法断论》《艺术
钩沉》《书法探求》等。

J0091669

邓石如的书法艺术　（清）邓石如书；穆孝天编著
北京 人民美术出版社 1991 年 45 页
26cm（16 开）ISBN：7-102-00853-8
定价：CNY5.90
（中国古代美术作品介绍）
　　本书收入清代书法大家邓石如书法墨迹 27
件，拓片 4 种，共 99 个图版。并介绍了邓石如
的生平及艺术特色。作者邓石如（1739—1805），
清代著名书法篆刻家。字顽伯，号完白山人，安
徽怀宁人。篆刻作品有《完白山人篆刻偶存》《笔
歌墨舞》《城一日长》，书法作品有《游五园诗》
《篆书文轴》《篆书中堂》。

J0091670

佛法与书法　田光烈著
石家庄 河北人民出版社 1991 年 380 页 20cm
（32 开）ISBN：7-202-00924-2 定价：CNY8.40
　　本书论述了僧侣在中国书法艺术上的贡献、
佛法对中国书法理论的影响等。进而得出，书法
实践是一种哲学的艺术，而书法理论则是一种艺
术的哲学。

J0091671

佛法与书法　（佛学对中国传统书法艺术之影
响及追求）田光烈著
台北 顶渊文化事业公司 1993 年 406 页
21cm（32 开）ISBN：957-9490-91-0
定价：TWD350.00
（菩提长青 15）

J0091672

行书基础与创新　路振平著
长沙 湖南文艺出版社 1991 年 188 页
20cm（32 开）ISBN：7-5404-0659-3
定价：CNY3.20
　　作者路振平（1946—　　），河南长葛人。历任
湖南省中医药研究院文献信息研究所副研究员、
湖南省书法家协会常务理事、湖南省青年书法家
协会副主席、湖南省省直书画家协会副主席、中
国书法家协会会员。书法著作有《行书基础与创
新》《王羲之行书结构习字帖》等。

J0091673

行书基础知识　刘小晴著
上海 上海书画出版社 1991 年 210 页
19cm（小 32 开）ISBN：7-80512-437-X
定价：CNY3.00
（书法知识丛书）
　　作者刘小晴（1942—　　），书法家。号一瓢，
二泉，上海崇明人。毕业于鲁迅美术学院国画系，
曾担任上海书法家协会副主席、《书法》杂志副
主编、中国书法家协会会员、上海文史馆馆员。
出版有《少年小楷习字帖》《中国书法技法述要》
《怎样写行书》。

J0091674

行书技法与赏析　段志华著
海口 海南摄影美术出版社 1991 年 219 页
有照片 26cm（16 开）ISBN：7-80571-143-7
定价：CNY12.00
　　本书阐述了行书的源流、特点、名家名作，
学行书的具体步骤、方法、技法，行书创作的艺
术表现内容和手段等。作者段志华（1942—　　），
书法家。字石羽，号野草、逊志斋主，湖北武汉
人，毕业于首都师范大学。北京教育学院崇文分
院艺术室任职，中国书协书法培训中心副教授、
中国书法家协会会员。出版著作有《常用汉字正

楷字帖》《行书技法与赏析》《行书字帖》等。

J0091675
行书入门 左宜有，江文双编著
北京 世界图书出版公司 1991年 重印本 109页
19cm（32开）ISBN：7-5062-0235-2
定价：CNY2.90
（书法入门丛书 2）
　　本书为世界图书出版公司和艺术图书公司
联合出版。

J0091676
简明书法教程 赵西德，崔维海著
济南 山东大学出版社 1991年 248页
19cm（32开）ISBN：7-5607-0509-X
定价：CNY3.30

J0091677
楷书入门 卓盛德编著
台北 艺术图书公司 1991年 重印本 109页
19cm（32开）ISBN：7-5062-0235-2
定价：CNY2.90
（书法入门丛书 1）
　　本书为艺术图书公司和世界图书出版公司
联合出版。

J0091678
楷书字范 苏安德，刘易甄著
南宁 广西美术出版社 1991年 118页
26cm（16开）ISBN：7-80582-179-8
定价：CNY5.60
　　本书内容包括：基本笔画、字的部首、结构
间架、作品示范、特殊笔序5大部分。

J0091679
楷书字范 苏安德，刘易甄著
桂林 漓江出版社 1994年 118页 26cm（16开）
ISBN：7-5407-1586-3 定价：CNY6.30

J0091680
李光远毛笔字速成法 （楷书分册）李光远著
郑州 河南美术出版社 1991年 106页
26cm（16开）ISBN：7-5401-0232-2
定价：CNY5.00
　　作者李光远（1941—　），山东济南人。南阳

教育学院任职。

J0091681
历代行书技法通讲 刘欣耕主编
上海 上海书画出版社 1991年 重印本 226页
20cm（32开）ISBN：7-80512-414-0
定价：CNY4.00
　　作者刘欣耕（1946—　），书法家、国家一级
美术师。字践痕，斋号尚修堂，湖北武汉市人。
《书法报》编辑部副主任、中国书法家协会会员、
湖北省书学研究会理事。出版有《历代草书技法
通讲》《20世纪名家楹联墨迹大观》等。

J0091682
隶法指南 王星北著
台北 学海出版社 1991年 98页 21cm（32开）
　　作者王星北（1905—1973），连环画脚本文学家。
浙江定海人。原名心葆。曾就读于定海公学。
曾任上海私营北斗出版社经理、泰兴书局文字编
辑、上海新美术出版社连环画文字编辑、上海人
民美术出版社连环画编辑科副科长等职。

J0091683
隶书写法指南 任政著
上海 上海书店 1991年 96页 29×19cm
ISBN：7-80569-318-8 定价：CNY2.90

J0091684
临帖指南 周俊杰，林奎成编著
郑州 河南美术出版社 1991年 192页
20cm（32开）ISBN：7-5401-0161-X
定价：CNY5.20
（书法自学丛书）

J0091685
临帖指南 张伟生编著
上海 上海书店 1991年 153页 26cm（16开）
ISBN：7-80569-311-0 定价：CNY4.50
　　作者张伟生（1954—　），编审，画家。历任
中国书法家协会新闻出版委员会委员、上海书法
家协会副主席，上海书画出版社编审、编辑室主
任，《书与画》杂志执行主编、上海吴昌硕艺术研
究会副会长、上海书画院画师。出版有《临帖指
南》《颜真卿多宝塔碑临习》《宋元书法》《上海
百年文化史·书法卷》《书法名家经典十讲》《楷

书道德经》等。

J0091686

柳公权小楷习字帖　（唐）柳公权书；陆剑秋，双秋选编

北京　北京出版社　1991年　61页　26cm（16开）

ISBN：7-200-01364-1　定价：CNY2.30

J0091687

六体书法入门　（楷·行·草·隶·篆·魏碑）夏时雨书

北京　中国妇女出版社　1991年　120页

19cm（小32开）ISBN：7-80016-527-2

定价：CNY3.00

　　本书介绍了楷、行、草、隶、魏碑运笔方法和篆书偏旁举例以及楷书结构85法等知识。作者夏时雨（1935—　　），书法家、书法理论家、散文作家和诗人。就职于保定市文联，《大千世界》报副社长、副主编，冀中书画大学副校长、教授等职。

J0091688

毛笔书法指南　吴俊明编著

广州　花城出版社　1991年　108页　19cm（小32开）

ISBN：7-5360-0887-2　定价：CNY3.30

　　作者吴俊明（1935—　　），字若舟，广东高要人。广东省文史研究馆馆员。

J0091689

弄翰余沈　（书学纵横谈）刘咸炘著；杨代欣评注

成都　巴蜀书社　1991年　190页　有照片

19cm（小32开）ISBN：7-80523-399-3

定价：CNY2.35

　　作者刘咸炘（1896—1932），目录学家、历史学家、书法家和书学理论家。字鉴泉，别号宥斋，四川双流人。著有《汉书知意》《太史公书知意》《诗系》《弄翰余沈》等。

J0091690

气功书法及养生　林少明编著

广州　广东科技出版社　1991年　157页

26cm（16开）ISBN：7-5359-0750-4

定价：CNY5.80

　　本书分三部分，介绍了书法气功揉为一体对益寿延年的机理，并介绍练习书法前的辅助性

功法等。作者林少明（1930—　　），中国书法家协会广东分会理事、广东省科学书画气功研究会理事。

J0091691

青年书法入门　薛夫彬等编著

北京　农业出版社　1991年　144页　有附图版

20cm（32开）ISBN：7-109-02026-6

定价：CNY6.55

　　本书作者以较新观点，从篆书、隶书、楷书、行书、草书不同字体的特点、结构、笔法、布局及不同书体之区别上加以阐述，深入浅出，方便自学。并配有图版、供欣赏、临摹。作者薛夫彬（1944—　　），回族，书法家。生于北京。历任北京教育学院美术系副教授、书法研究室主任，中国书法家协会理事等。著有《薛夫彬书法篆刻作品选》《楷书技法》《中国书法概述》《余墨杂痕》等。

J0091692

青少年书法自学指南　牛文宝编著

北京　团结出版社　1991年　310页　19cm（小32开）

ISBN：7-80061-573-1　定价：CNY4.95

　　本书阐述了书法从启蒙到创作的理论，具体内容有学习书法的正确方法、途径、步骤，以及如何克服学习过程中在认识方面的偏差和心理障碍等。

J0091693

少儿美术世界　（书法）刘志强主编；杨克家等著

天津　天津杨柳青画社　1991年　94页

26cm（16开）ISBN：7-80503-132-0

定价：CNY5.00

J0091694

师范书法讲稿　赵翼荣编著

昆明　云南大学出版社　1991年　205页

20cm（32开）ISBN：7-81025-159-7

定价：CNY3.50

　　本书共19讲，内容包括：书体简介、文房四宝、临帖·笔顺变化笔画、构形布势、隶书知识等。作者赵翼荣（1946—　　），教授、书法家。浙江东阳人。历任昆明学院教授、昆明书法家协会主席、云南省诗词协会学术委员、昆明书法家协会副主席兼秘书长等职。出版有《溯古汲今——

诗论书法自释》《师范书法讲稿》《书法百帧》《初中写字教程》等。

J0091695
实用书法 熊绍庚编著
长春 东北师范大学出版社 1991 年 184 页
有附图 20cm（32 开）ISBN：7-5602-0588-7
定价：CNY3.00
  本书从实用角度，阐明书法的基本知识和基本技法，讲述楷书、行书、隶书、新魏书及各种美术字等常用字体的写法。书中附有各种字体的字帖和范例。

J0091696
书法 （心灵的艺术）张以国著
北京 北京大学出版社 1991 年 146 页 有照片
19cm（小 32 开）ISBN：7-301-01547-3
定价：CNY4.50
（北京大学艺术教育与美学研究丛书 第 1 辑 4）
  本书对书法艺术的美学魅力进行了较为全面细致的考察。对历史上著名的书法家及其代表作品有艺术的赏析，并对中国当代书法艺术做了客观的评述。作者张以国（1960— ），书画鉴赏家。天津人，博士毕业于哥伦比亚大学艺术史与考古系。美国纽约大都会艺术博物馆副研究员、佛罗里达海湾海岸大学执行教授、北京保利国际拍卖有限公司书画部总监和香港保利拍卖高级顾问。中国书法家协会会员。书法作品《苏轼后赤壁赋》，著有《春荣十卉：美国珍藏中国书画》等。

J0091697
书法大成 沈尹默等书
北京 中国书店 1991 年 影印本 20cm（32 开）
ISBN：7-80568-315-8 定价：CNY7.00
  作者沈尹默（1883—1971），学者、诗人、书法家、教育家。出生于陕西汉阴，祖籍浙江吴兴。初名君默、字中、号秋明。曾任北京大学文学教授、河北省教育厅厅长、中法文化交流出版委员会主任、上海市文联副主席、上海市文管会会员、上海中国书法篆刻研究会主任等职。代表作有《沈尹默手稿墨迹》《二王法书管窥》《历代名家学书经验谈辑要释义》。

J0091698
书法瑰宝谭 王玉池著
合肥 黄山书社 1991 年 401 页 有书影
20cm（32 开）精装 ISBN：7-80535-249-6
定价：CNY15.00
  本书精选古今书法名家作品 200 幅，并对书家及其作品历史背景、艺术成就作简略介绍。作者王玉池（1931— ），研究员。出生于河北束鹿县，毕业于中央工艺美术学院。历任中国艺术研究院美术研究所研究员、中国书法家协会学术委员会委员、中国书画函授大学教授、中国美术家协会会员。专著有《钟繇》《王羲之》《书法瑰宝谭》等。

J0091699
书法基本技术 陈国康，喻贵森编著
南昌 百花洲文艺出版社 1991 年 124 页
19cm（32 开）ISBN：7-80579-069-8
定价：CNY2.60
（青少年书法丛书）

J0091700
书法基础 杨玉龙，董亚主编
合肥 安徽美术出版社 1991 年 186 页 有图
19cm（32 开）ISBN：7-5398-0221-9
定价：CNY3.50
  本书是中专写字课教材。

J0091701
书法辑要 ［文成郁］撰
北京 中国书店 1991 年 影印本 线装
ISBN：7-80568-344-1 定价：CNY10.00
  据民国间铅印本影印。

J0091702
书法教程 李甫，郭农声主编
武汉 华中师范大学出版社 1991 年 274 页
20cm（32 开）ISBN：7-5622-0728-3
定价：CNY4.30

J0091703
书法教程 刘怀喜主编
南京 江苏教育出版社 1991 年 178 页 有附图
19cm（32 开）ISBN：7-5343-1242-6
定价：CNY2.00

J0091704

书法教程　朱崇昌编著

北京　中国商业出版社　1991年　201页

19cm（32开）ISBN：7-5044-0801-8

定价：CNY2.50

　　本书论述了篆、隶、真、行、草五种书体的用笔、结构等。

J0091705

书法秘诀　（清）佚名撰

北京　中国书店　1991年　影印本　线装

ISBN：7-80568-344-1　定价：CNY10.00

　　据民国间铅印本影印。

J0091706

书法奇观　安旗著

合肥　黄山书社　1991年　1册（106+128页）有图版

26cm（16开）ISBN：7-80535-228-3

定价：CNY11.00

　　本书图版部分共有先秦至唐代书迹100余幅，其中四山摩崖清代拓片系首次刊布。分文字和图版两部分。此项研究受国家社会科学基金资助。表明唐代书法为书法的最高峰。

J0091707

书法趣谈　凌士欣著

北京　档案出版社　1991年　307页　19cm（小32开）

ISBN：7-80019-263-6　定价：CNY6.50

　　本书介绍了著名书法家轶事、书法趣闻、书法小常识、书法史中的传说、典故等。作者凌士欣（1936—　），高级建筑师。字二泉，上海人，毕业于西安建筑科技大学。历任中国书法家协会会员、北京中山书画社理事、中国楹联书法艺术委员会委员、中国榜书书法艺术委员会委员、《中国榜书艺术》副主编。代表作品有《金石神韵——中国印章艺术》。

J0091708

书法入门　肖世荣著

南宁　接力出版社　1991年　124页　有照片

19cm（小32开）ISBN：7-80581-205-5

定价：CNY1.40

J0091709

书法十五讲　沈鸿根编著

上海　上海三联书店　1991年　223页　20cm（32开）

定价：CNY4.50

　　本书主要内容包括：写字姿势与执笔方法，各体书法的写法，书法创作及碑帖介绍等。沈鸿根（1943—　），书法家。别号江鸟，出生于上海。曾任《写字》杂志副总编、上海中华书画协会副会长、中国书法家协会会员、上海市书法家协会硬笔书法家联谊会首任会长。出版作品《行书概论》《书法十五讲》《硬笔书法百日通》等。

J0091710

书法艺术大观　（名人书法诗词赏析电视讲座）

徐利明主编

北京　学苑出版社　1991年　159页　26cm（16开）

ISBN：7-5077-0229-4　定价：CNY5.90

　　本书对篆、隶、真、行、草5种基本体式的概况和技法作了论述。作者徐利明，南京艺术学院教授。出版有《徐利明书画篆刻》。

J0091711

书法艺术的创作与欣赏　刘小晴著

上海　上海人民出版社　1991年　258页

20cm（32开）ISBN：7-208-01006-4

定价：CNY5.90

　　本书共10章，图85幅。充分论述书法艺术的内涵，并介绍了书法创作的基本知识。作者刘小晴（1942—　），书法家。号一瓢，二泉，上海崇明人。毕业于鲁迅美术学院国画系，曾担任上海书法家协会副主席、《书法》杂志副主编、中国书法家协会会员、上海文史馆馆员。出版有《少年小楷习字帖》《中国书法技法述要》《怎样写行书》。

J0091712

书法指南　夏时雨著

北京　中国国际广播出版社　1991年　74页

有照片　26cm（16开）ISBN：7-80035-751-1

定价：CNY4.10

　　本书从基本知识入手，系统、全面地讲解书法学习与创作。共收有楷书、行书、隶书、魏碑、行草、行楷、章草、今草、狂草、甲骨文、大篆、小篆等十多种书体的不同风格的作品200余幅。

J0091713

书法作品章法　孙国辉编著

哈尔滨 黑龙江人民出版社 1991 年 122 页
26cm（16 开）ISBN：7-207-02021-X
定价：CNY4.80
　　作者孙国辉，中华硬笔书法家协会理事。

J0091714

书海轻舟 （第一部 入门篇.楷书）张翰著
合肥 安徽美术出版社 1991 年 221 页
26cm（16 开）ISBN：7-5398-0087-9
定价：CNY12.00
　　本书原为书法函授教材，经过加工整理分
为 3 册。第一册楷书；第二册行草；第三册篆隶。
皆以指导书写实践为宗旨，将"法"、"意"、"理"
融为一体。每节分述要、释例、练习、作业、选
帖 5 点。共收录 83 幅图。著者张翰（1938— ），
书法家。名汉超，字迟墨，籍贯安徽萧县，毕业
于安徽艺术学院美术系。历任安徽书法函授院
院长、中国书法教育研究会理事及学术委员会委
员。著作有《书海轻舟》《书法通解》《闲话书道》
《书写技法概要》等。

J0091715

习草通则 李时编著
南京 江苏古籍出版社 1991 年 57 页
26cm（16 开）ISBN：7-80519-211-1
定价：CNY3.40

J0091716

写字之妙 欧道文著
昆明 云南人民出版社 1991 年 112 页
26cm（16 开）ISBN：7-222-00945-0
定价：CNY4.30
　　本书介绍了如何写汉字、如何写好字的方法
和技巧。作者欧道文（1941— ），书法家。中国
当代硬笔习字会常务理事兼昆明分会筹委会主
任。出版《书画集锦》《当代中国硬笔书法欣赏》
《写字之妙》《书画写丹青》。

J0091717

姚永全小楷书论册 姚永全著
广州 岭南美术出版社 1991 年有照片
33cm（8 开）ISBN：7-5362-0706-X
定价：CNY4.40
　　作者姚永全，书法家、诗人、曲艺家。广东
博罗人。历任广州市书法家协会副主席兼秘书

长、中国书法家协会会员、中华诗词学会会员
等。代表作品有《书法学习浅谈》《姚永全小楷
书法论册》《学草要领》《孙过庭的启示》。

J0091718

怎样写好楷书笔画 杨永健编著
上海 上海书店 1991 年 28 页 有肖像
26cm（16 开）ISBN：7-80569-417-6
定价：CNY1.70
　　作者杨永健（1948— ），浙江海盐人，中国
书法家协会会员、上海书法家协会理事。

J0091719

怎样写隶书 孙其峰，孙墨龙著
天津 天津人民美术出版社 1991 年 126 页
26cm（16 开）ISBN：7-5305-0249-2
定价：CNY7.40
（美术技法系列丛书）
　　本书介绍了隶书的形成与发展、隶书的美
学价值、书迹、写法以及临帖、创作等内容。作
者孙其峰（1920— ），教授，艺术家。原名奇
峰，曾用名琪峰，山东招远人。历任天津美术学
院教授、中国书法家协会理事、中国美术家协会
理事，北京铁路局文协美术工作者、北京美协会
员。代表作品《花鸟画谱》《孙其峰画辑》《孙其
峰扇面选集》等。作者孙墨龙（1931— ），画家。
号枕砚斋主，生于山东招远。曾任山东省《青年
报》美术编辑，山东美术馆专业画家、创作部主
任，山东省画院一级美术师。代表作《中国画技
法精粹·雪梅》《孙墨龙花鸟人物画选》《怎样写
隶书》。

J0091720

怎样写隶书 辛一夫著
天津 天津社会科学院出版社 1991 年 95 页
26cm（16 开）ISBN：7-80563-108-5
定价：CNY3.20
（书艺丛谭）
　　本书从隶书的萌芽期讲起，对书体沿革、基
本点画、笔法要诀，以及韵律和意象美等有关的
研习和创作技法等方面进行了介绍。

J0091721

中国的书法 欧阳中石编写
北京 商务印书馆 1991 年 129 页 有照片

19cm（32 开）ISBN：7–100–01308–9

定价：CNY2.45

（中国文化史知识丛书）

作者欧阳中石（1928— ），著名文化学者、书法家、书法教育家。山东肥城市人。毕业于北京大学哲学系。历任首都师范大学教授、博士生导师、中国书法文化研究所所长、中国书法家协会顾问、中国画研究院院务委员。书法作品有《欧阳中石书沈鹏诗词选》《中石夜读词钞》，主要著作有《中国逻辑史》《书法与中国文化》《中国书法史鉴》《章草便检》等。

J0091722

中国的书法 欧阳中石著

台北 商务印书馆 1994 年 153 页 有插图

19cm（32 开）ISBN：957–05–0883–3

定价：TWD120.00

（中国文化史知识丛书 57）

J0091723

中国的书法 欧阳中石等著

北京 商务印书馆 1997 年 186 页 19cm（32 开）

ISBN：7–100–02231–2 定价：CNY13.00

（中国文化史知识丛书）

J0091724

中国历代书法家评述 王世国著

广州 广东教育出版社 1991 年 406 页

20cm（32 开）ISBN：7–5406–1320–3

定价：CNY5.00

本书精选了中国书法史上有代表性的第一流书法家，从其生平事迹、书体源流、书艺特色、书论思想及对后世的影响等方面做了深入的评论。作者王世国（1957— ），广东省书法评论家协会主席。

J0091725

中国书学 韩玉涛著

北京 人民出版社 1991 年 183 页 有书影

19cm（小 32 开）ISBN：7–01–000828–0

定价：CNY2.65

（美学袖珍丛书）

本书从美学角度，对中国书法理论和历史资料进行了梳理。全书共分四章，分别论述了中国书论大略、书法的本质、书法的内容和形式，以及书史大略。

J0091726

中国书学 韩玉涛著

台北 五南图书出版有限公司 1993 年 207 页

17cm（40 开）ISBN：957–11–0724–7

定价：旧台币 3.60

（袖珍美学丛书 11）

J0091727

中国书学 韩玉涛著

北京 东方出版社 1997 年 重印本 183 页

19cm（32 开）ISBN：7–5060–0867–X

定价：CNY9.50

（东方袖珍美学丛书 11）

J0091728

中国书学概要 朱廷献著

台北 商务印书馆 1991 年 2 版 224 页 有图

21cm（32 开）ISBN：957–05–0326–2

定价：TWD3.20

J0091729

中国书学技法评注 刘小晴著

上海 上海书画出版社 1991 年 597 页

20cm（32 开）ISBN：7–80512–439–6

定价：CNY9.90

本书从实用的角度出发，于 100 多家经典名著中，精选出古人论书语录 2000 余条。全书分执笔与运腕、笔法、笔势、永字八法、结构、章法、笔意等 17 章，全面地反映了中国古代书学理论中技法部分的概貌。

J0091730

中日书法艺术比较 陈振濂著

长春 吉林教育出版社 1991 年 286 页 有照片

20cm（32 开）精装 ISBN：7–5383–1197–1

定价：CNY6.40

（百川学海）

作者陈振濂（1956— ），书法家。号颐斋。生于上海，浙江鄞县人。曾任浙江大学人文学院副院长、中国文联副主席、中国书法家协会副主席、中国文艺评论家协会副主席、浙江省文联副主席、西泠印社副社长。著作有《书法美学》《大学书法教材集成》。

J0091731
篆法入门　篆法指南　王大错著
天津　天津古籍出版社　1991 年　274 页
26cm（16 开）

J0091732
篆书《峄山碑》书法入门　古树安编著
香港　明天出版社　1991 年　196 页　19cm（小 32 开）
ISBN：962-277-104-1　定价：HKD42.00
（名家碑帖初学丛书）

J0091733
字宝　（书法技法）（日）天石东村编；吴末译
北京　三联书店　1991 年　123 页　26cm（16 开）
ISBN：7-108-00430-5　定价：CNY6.00
　　本书是一部软体字帖。以唐代著名书法家
虞世南书写的孔子庙堂碑的文字为效法对象。
全书共分五个部分：碑拓、九宫格帖、基本笔画
示意和讲解、基本笔法、基本造型。

J0091734
榜书艺术　谢德萍，赵玉州编著
北京　中国书籍出版社　1992 年　151 页　有图
19cm（小 32 开）ISBN：7-5068-0073-X
定价：CNY5.50
（实用书法丛书）
　　本书主要叙述了榜书的产生和发展、执笔法
和姿势、使用的笔和巨笔及用墨、运笔、结构等。
作者谢德萍（1939—2000），书法家。陕西三原人，
毕业于西北大学历史系。历任中国对外艺术展
览公司宣传部副经理、文化部副研究员、西北大
学兼职副教授、中华书学会会长等职。出版《谈
谈草书》《中国现代书法选》《郭沫若、于立群墨
迹选》。

J0091735
笔迹心理探秘　铧芜，冰泳著
合肥　黄山书社　1992 年　242 页　20cm（32 开）
ISBN：7-80535-316-6　定价：CNY3.60
　　中国现代书法理论。

J0091736
初学书法浅谈　贾诚隽著
北京　中国国际广播出版社　1992 年　135 页
26cm（16 开）ISBN：7-5078-0334-1

定价：CNY6.90
　　作者贾诚隽（1943—2008），生于北京，祖籍
山东平度，毕业于北京师范大学中文系。历任北
京市西城师范学校书法讲师、中国书画函授大学
特约副教授。代表作品有《水写纸字贴上》《初
学书法浅谈》等。

J0091737
从小就学写大字　吴善茂编著
北京　人民军医出版社　1992 年　139 页
19cm（小 32 开）ISBN：7-80020-314-X
定价：CNY3.20
（教子有方系列丛书 9）
　　作者吴善茂（1947—2009），书法家。笔名吴
蒙，斋堂名执草斋，广西蒙山人。历任中国人民
解放军人民军医出版社美术编辑、副主编，中国
书法家协会会员。著有《教子有方》《书法启蒙》
《怎样写毛笔字》等。

J0091738
古书论精美译评　杨福生等译评
合肥　黄山书社　1992 年　284 页　20cm（32 开）
ISBN：7-80535-424-3　定价：CNY5.00
　　本书从书法艺术的本质论、创作论、欣赏
与批评论等 5 个方面，对古代书论作了梳理和
选择。

J0091739
行书入门　秦关文编著
上海　上海教育出版社　1992 年　186 页
26cm（16 开）ISBN：7-5320-2764-3
定价：CNY8.00
　　本书主要介绍中国历代书家王羲之、王献
之、王恂、欧阳询、虞世南、赵之谦、康有为等人
所书写的行书名作及其书家介绍。涉及行书的
源流、特征，学行书的方法。配图 50 余幅。

J0091740
行书入门与提高　黄全信编著
北京　光明日报出版社　1992 年　90 页　有照片
26cm（16 开）ISBN：7-80091-353-8
定价：CNY6.20
　　作者黄全信（1944—　），满族，北京人。历
任北京师大附中美术、书法高级教师，北京书法
家协会会员、北京书法教育研究会会员。出版有

《中国书法自学丛书》《黄全信钢笔书法教学系列》《中国历代皇帝墨宝》等。

J0091741
华夏之美 （书法）周凤五著
台北 幼狮文化事业公司 1992年 重印本 190页
27cm（16开）精装 ISBN：957-530-100-5
定价：TWD450.00

J0091742
家庭书法教学 莫永云等编著
昆明 云南教育出版社 1992年 151页 有照片
26cm（16开）ISBN：7-5415-0552-8
定价：CNY3.50
　　本书介绍了家庭书法教学的内容、计划、方法。作者莫永云，解放军曲靖军区中校军官，书法爱好者。

J0091743
简明书法教程 杨英侯等编著
开封 河南大学出版社 1992年 303页
20cm（32开）ISBN：7-81018-761-9
定价：CNY4.50

J0091744
江湖夜雨十年灯 （洪丕谟其人其书其文）蒋频编
上海 学林出版社 1992年 2版（增订本）435页
有照片 20cm（32开）ISBN：7-80510-280-5
定价：CNY9.80
　　作者蒋频（1963—　），生于浙江富阳，毕业于上海华东政法学院。历任国家文物学会理事、西泠印社社员、中国收藏家协会书画家专业委员会委员、浙江省中国文化研究会艺术研究中心副主任、浙江富春江书画院院长。编著出版有《江湖夜雨十年灯》《古今百家名联墨迹欣赏》以及《蒋频书法选集》等。

J0091745
近代书苑采英 陈祖范著
杭州 浙江美术学院出版社 1992年 276页
有照片 20cm（32开）ISBN：7-81019-198-5
定价：CNY10.80
（书法学文库 第一辑）
　　本书汇集了于右任、齐白石、张大千、李叔

同、杨守敬、吴昌硕等78位艺术家的简历、书风特征、书学警句、掌故轶事等。附有黑白插图82幅。作者陈祖范（1926—　），书法家。祖籍浙江鄞县，生于上海。原名绪章，号忞斋，别署继雅堂主人。历任中国书法家协会会员、香港东方文化中心委员、国际书画学会理事等职。出版专著《近代书苑采英》《书法自修导读》等。

J0091746
九成宫醴泉铭·回宫格楷书字帖 吴涤生，杨为国编著
杭州 浙江美术学院出版社 1992年 2版 96页
26cm（16开）ISBN：7-81019-135-7
定价：CNY3.80

J0091747
楷书技法 周济人著
海口 南海出版公司 1992年 288页
19cm（小32开）ISBN：7-80570-160-1
定价：CNY5.80
　　本书从打好楷书技法的基础入手，介绍了字体和书体之间的关系，介绍了摹临碑帖的方法，执笔、运笔的要领等。作者周济人（1932—　），书法家。郑州教育学院中文系副教授、中国书法家协会会员、河南省书法家学会常务理事。

J0091748
楷书间架结构法 孔墨丁编
西安 陕西旅游出版社 1992年 重印本 43页
26cm（16开）ISBN：7-5418-0288-3
定价：CNY3.00
　　本书包括唐欧阳询楷书间架结构36法及清黄自元楷书间架结构摘要92法。

J0091749
楷书结体规律 周培竹，许东雷著
济南 山东教育出版社 1992年 50页
26cm（16开）ISBN：7-5328-1486-6
定价：CNY2.30

J0091750
楷书临帖指导 赵一新著
上海 少年儿童出版社 1992年 129页
20cm（32开）ISBN：7-5324-1356-X
定价：CNY1.60

（青少年书法辅导系列）

作者赵一新（1944—　），浙江嘉兴人，首创"笔势中介"书法教学体系。

J0091751
楷书入门　任德山著
北京　人民中国出版社　1992年　58页
26cm（16开）ISBN：7-80065-265-3
定价：CNY4.80
本书介绍了书法的基本常识及楷书点画的写法、字体结构等。

J0091752
楷书入门　夏时雨书
北京　中国国际广播出版社　1992年　61页
26cm（16开）ISBN：7-5078-0493-3
定价：CNY3.40
本书分为楷书的运笔方法和楷书示范两部分。书中先将楷书的每一种笔画提出进行示范，标出运笔方法，再分别组到字中做为例证。

J0091753
楷书自学三十六讲　苍舒，林士启编
上海　上海教育出版社　1992年　223+64页　有图
19cm（小32开）ISBN：7-5320-2332-X
定价：CNY3.15
本书介绍了学书法应用的几点知识；临习前要解决的问题；如何临好点画和结体；书法的欣赏及其他。

J0091754
看了就能写好毛笔字的书　柳汝美编著
台北　益群书店　1992年　9版　139页
19cm（小32开）ISBN：957-552-209-5
定价：TWD100.00
（益智实用丛书2）

J0091755
老年书法　郭俊祥，陶艳华编
北京　中国友谊出版公司　1992年　215页
19cm（小32开）ISBN：7-5057-0542-3
定价：CNY3.90
（大型系列礼品丛书　老年人卷）

J0091756
历代书法作品赏析　欧阳龙著
上海　上海书画出版社　1992年　262+32页
有附书影　19cm（小32开）ISBN：7-80512-206-7
定价：CNY6.00
（书法知识丛书）
本书对陆机、王羲之、欧阳询、黄庭坚等的书法作品进行了评析。作者欧阳龙（1938—2000），中国书法家、美术家、当代花鸟画家。安徽萧县人，字云涛。毕业于安徽省皖南大学艺术系，曾拜李苦禅为师，专攻写意花鸟，尤擅画膺，笔墨苍劲。徐州国画院院长、中国美术家协会江苏分会会员。代表作品有《鹏程万里图》等。

J0091757
隶书概览　周永健著
成都　四川美术出版社　1992年　111+63页
20cm（32开）ISBN：7-5410-0658-0
定价：CNY8.50
（中国书法艺术丛书）

J0091758
隶书临帖指导　赵一新著
上海　少年儿童出版社　1992年　129页
20cm（32开）ISBN：7-5324-1355-1
定价：CNY1.60
（青少年书法辅导系列）

J0091759
隶书入门　夏时雨书写
北京　中国妇女出版社　1992年　46页
26cm（16开）ISBN：7-80016-759-3
定价：CNY2.50
作者夏时雨（1935—　），书法家、书法理论家、散文作家和诗人。就职于保定市文联，《大千世界》报副社长、副主编，冀中书画大学副校长、教授等职。

J0091760
隶书章法　张又栋书
北京　北京体育学院出版社　1992年　108页
26cm（16开）ISBN：7-81003-639-4
定价：CNY5.80
本书对大中堂、小中堂、条幅、对联扇面的隶书章法，包括款识、印章的字排等作了详尽的

分析，并配有近 200 幅书法作品图例。

J0091761

刘熙载书法论注　刘熙载著；孙原平选注

南京　江苏美术出版社　1992 年　316 页

19cm（小 32 开）ISBN：7-5344-0185-2

定价：CNY4.20

（中国古代书论丛书）

　　本书收录了刘氏评述书法艺术的札记 246
条，约 1.2 万言，基本是按通论－分评－技法
对古代书论、书家、书作和书品人品关系及书
法美加以论述。作者刘熙载（1813—1881），清
代文学批评家。字伯简，号融斋，自号寤崖子，
江苏兴化人，道光年间进士。撰有《艺概》《昨
非集》。

J0091762

柳公权楷书习字帖　（唐）柳公权书；路同等选辑

北京　中国工人出版社　1992 年　65 页

26cm（16 开）ISBN：7-5008-1130-6

定价：CNY2.65

（历代名家楷书字帖）

　　本帖选辑的作品为《玄秘塔》《神策军碑》。

J0091763

论古代名家书法　王景芬著

杭州　西泠印社　1992 年　250 页　有书影

26cm（16 开）ISBN：7-80517-094-0

定价：CNY25.00

　　本书对王羲之、欧阳询等 22 位书法名家的
历史背景、个性心态、书学思想、书法源流、历代
书评、风格形成和作品考证等方面进行了剖析。

J0091764

毛笔楷书技法字帖　万泉著

北京　中国物资出版社　1992 年　44 页

26cm（16 开）ISBN：7-5047-0075-4

定价：CNY2.80

J0091765

毛笔字帖十体及练写诀窍　陈英群著

北京　北京广播学院出版社　1992 年　105 页

26cm（16 开）ISBN：7-81004-392-7

定价：CNY2.95

J0091766

毛主席诗词三十七首　安葂堂书；高永田，崔
宝堂编

西安　陕西人民美术出版社　1992 年　66 页

30cm（10 开）线装　ISBN：7-5368-0393-1

定价：CNY6.00

　　编者安葂堂（1900—1976），陕西子洲人。名
而禄，字葂堂。曾任陕西子洲县人民委员会文书。
编者崔宝堂（1956—　），编辑、书法家。陕西宝
鸡人。高级经济师、《陕西金融》杂志副主编、陕
西省书法家协会会员。出版有《崔宝堂书法选》。

J0091767

名家书法要旨　张文德书

兰州　甘肃少年儿童出版社　1992 年　26cm（16 开）

ISBN：7-5422-0658-3　定价：CNY2.00

　　本书以行楷书写历代名家阐述书法要者的
语录。作者张文德（1911—2000），书法家、教授。
字仁山，生于陕西汉中市。中国书法家协会陕西
分会会员、汉中地区书法学会常务理事。

J0091768

欧体字书写要领字帖　（科学家名言书写范例）
陈兆良，苏耀先编

上海　上海科学普及出版社　1992 年　34 页

26cm（16 开）ISBN：7-5427-0519-9

定价：CNY2.00

　　本书编撰了欧体字的书写要领和结体的 36
种方法，同时选编了中外 40 多位著名科学家谈
读书、学习的方法，以及至理名言 60 余条。

J0091769

启功论书札记　启功书

北京　北京师范大学出版社　1992 年　26cm（16 开）

ISBN：7-303-01588-4　定价：CNY8.00

　　本书是一部将书法作品和书法理论融为一
体的集子，收入有关书法源流、执笔、章法、临
摹、碑帖等论述 24 篇。作者启功（1912—2005），
满族，中国现代著名书法家。字元伯，北京人。
曾任北京师范大学教授、中央文史研究馆副馆
长、中国书协名誉主席等职，世界华人书画家联
合会创会主席、中国佛教协会、故宫博物院、国
家博物馆顾问，西泠印社社长。

J0091770
青少年书法五十讲　陈骧龙编著
天津　天津人民美术出版社　1992 年　153 页
26cm（16 开）ISBN：7-5305-0281-6
定价：CNY9.90
（青少年自学丛书）
　　作者陈骧龙（1941—2012），书法家。生于北京，祖籍浙江温州。曾任天津人民美术出版社编辑、中国书法家协会会员、美术家协会天津分会会员。著有《华夏五千年艺术丛书　版画集》《青少年书法五十讲》等。

J0091771
上古书法图说　沃兴华著
杭州　浙江美术学院出版社　1992 年　158 页
有照片　20cm（32 开）ISBN：7-81019-172-1
定价：CNY8.00
（书法学文库　第一辑）
　　本书详细的介绍隶书以前的上古书法历史。进行了系统阐述，史论交叠，分类清晰，附有黑白插图169幅。作者沃兴华（1955—　　），书法家、教授。生于上海。历任华东师范大学历史系教授、博士生导师，中国书法家协会会员、上海市书法家协会理事。著有《敦煌书法》《中国书法》《上古书法图说》等。

J0091772
少儿书法　（上册）王正棠编
上海　上海教育出版社　1992 年　123 页
26cm（16 开）ISBN：7-5320-2944-1
定价：CNY5.50
　　本册内容包括：汉字的基本点画，基本点画的变化及字例，偏旁部首。

J0091773
少儿书法　（下册）王正棠编
上海　上海教育出版社　1992 年　123 页
26cm（16 开）ISBN：7-5320-2945-X
定价：CNY5.50
　　本册内容包括：汉字的间架结构、章法布局、临摹与欣赏。

J0091774
少儿书法　王正棠编
上海　上海教育出版社　1999 年　200 页

26cm（16 开）ISBN：7-5320-6419-0
定价：CNY18.00

J0091775
少儿书法百问　陈贤德编著
北京　开明出版社　1992 年　102 页　有书影
19cm（小 32 开）ISBN：7-80077-151-2
定价：CNY1.80

J0091776
少儿书法教程　雨慧著
长沙　湖南文艺出版社　1992 年　205 页
26cm（16 开）ISBN：7-5404-0976-2
定价：CNY4.80
　　本书内容包括：书体简介，书写技巧、步骤，字体写法，欣赏初步，少儿习作成败分析等。

J0091777
少儿书法启蒙　李志华编
西安　陕西人民出版社　1992 年　81 页
26cm（16 开）ISBN：7-224-02237-3
定价：CNY4.30
（校外教育辅导教材）

J0091778
沈尹默书王右军题笔阵图后　沈尹默书
上海　上海书店　1992 年　影印本　26cm（16 开）
ISBN：7-80569-491-5　定价：CNY1.50
（中国历代法书自习范本）
　　作者沈尹默（1883—1971），学者、诗人、书法家、教育家。出生于陕西汉阴，祖籍浙江吴兴。初名君默、字中、号秋明。曾任北京大学文学教授、河北省教育厅厅长、中法文化交流出版委员会主任、上海市文联副主席、上海市文管会会员、上海中国书法篆刻研究会主任等职。代表作有《沈尹默手稿墨迹》《二王法书管窥》《历代名家学书经验谈辑要释义》。

J0091779
实用书法　李风暴主编
沈阳　辽宁科学技术出版社　1992 年　183 页
26cm（16 开）ISBN：7-5381-1527-7
定价：CNY7.00
　　本书介绍了楷书、行书、专用书写的写法。

J0091780
实用书法知识　唐庚先主编
北京 教育科学出版社 1992年 95页
19cm(小32开) ISBN：7-5041-0957-6
定价：CNY1.80
　　本书介绍了书法简史、文房四宝、写字的姿势、执笔与运笔及书法欣赏、汉字的间架结构等书法知识。

J0091781
书法（心灵的艺术）张以国著
北京 北京大学出版社 1992年 重印本 146页
有照片 19cm(32开) ISBN：7-301-01547-3
定价：CNY4.50
（北京大学艺术教育与美学研究丛书 第1辑 4）
　　本书对书法艺术的美学魅力进行了较为全面细致的考察。对历史上著名的书法家及其代表作品有艺术的赏析，并对中国当代书法艺术做了客观的评述。作者张以国(1960—　)，书画鉴赏家。天津人，博士毕业于哥伦比亚大学艺术史与考古系。美国纽约大都会艺术博物馆副研究员、佛罗里达海湾海岸大学执行教授、北京保利国际拍卖有限公司书画部总监和香港保利拍卖高级顾问。中国书法家协会会员。书法作品《苏轼后赤壁赋》，著有《春荣十卉：美国珍藏中国书画》等。

J0091782
书法　欧阳中石主编
北京 高等教育出版社 1992年 221页
26cm(16开) ISBN：7-04-003954-0
定价：CNY4.45
　　本书内容包括中国书法概述，如何学习楷书、行书，篆、隶、草书的常识等。作者欧阳中石(1928—　)，著名文化学者、书法家、书法教育家。山东肥城市人。毕业于北京大学哲学系。历任首都师范大学教授、博士生导师、中国书法文化研究所所长、中国书法家协会顾问、中国画研究院院务委员。书法作品有《欧阳中石书沈鹏诗词选》《中石夜读词钞》，主要著作有《中国逻辑史》《书法与中国文化》《中国书法史鉴》《章草便检》等。

J0091783
书法（心灵的艺术）张以国著
台北 淑馨出版社 1992年 114页 有照片

21cm(32开) ISBN：957-531-238-4
定价：TWD140.00
（艺术教育与美学研究丛书 4）

J0091784
书法常识　陈柞初著
长沙 湖南教育出版社 1992年 2版 增订本
97页 19cm(小32开) ISBN：7-5355-1488-X
定价：CNY1.30
　　本书主要介绍汉字书体的发展，书写工具、执笔、用笔、基本笔画的书写，间架结构的安排与搭配、款式与章法。1979年5月第1版。共分10部分。

J0091785
书法概谈　高原著
西宁 青海人民出版社 1992年 219页 有图
19cm(小32开) ISBN：7-225-00511-1
定价：CNY3.50
　　本书讲述了书法理论、技法、书法史知识，并附有历代著名书法家的墨迹、碑帖等。

J0091786
书法基础　邓琦等编著
成都 电子科技大学出版社 1992年 31页
26cm(16开) ISBN：7-81016-360-4
定价：CNY1.80

J0091787
书法基础训练指导　陈勉编著
济南 济南出版社 1992年 66页 26cm(16开)
ISBN：7-80572-552-7 定价：CNY2.90

J0091788
书法技法意识　陈方既著
杭州 浙江美术学院出版社 1992年 180页
有照片 20cm(32开) ISBN：7-81019-196-9
定价：CNY8.70
（书法学文库 第一辑）
　　本书就书写技法运用的目的要求、技法产生的根据，及其成为历代公认的法则的原由作了系统的研讨。从毛笔的执、侠、转、用、点画的形、质、态、势，到书法的神、气、骨、血、肉等作了具体分析，并找出其基本原理。作者陈方既(1921—　)，学者、理论家、画家、书法家。别名陈泽浦，湖北沔阳(今仙桃市)人。历任中国美术家协会会员、中国书协学术委员会委员、湖北省书协副主席、湖北省书学研究会副会长，一级美术师。代表作品有《我们当家作主》。著作有《书法艺术论》《书法技法意识》《书法美学思想史》等。

J0091789
书法教育学 陈振濂著
杭州 西泠印社 1992 年 345 页 20cm(32 开)
ISBN: 7-80517-051-7 定价: CNY6.40

本书共七章及附录。论述了书法教学的原则、方法、内容体系、教学计划的准备与实施及日本书法教育研究。作者陈振濂(1956—)，书法家。号颐斋。生于上海，浙江鄞县人。曾任浙江大学人文学院副院长、中国文联副主席、中国书法家协会副主席、中国文艺评论家协会副主席，浙江省文联副主席、西泠印社副社长。著作有《书法美学》《大学书法教材集成》。

J0091790
书法漫谈 骆凤田著
南昌 江西美术出版社 1992 年 60 页
26cm(16 开) ISBN: 7-80580-083-9
定价: CNY10.00

本书收录了作者研习书法的体会，及其部分书法作品近百幅。作者骆凤田(1931—)，笔名晓春，别署晓雯斋，辽宁朝阳市人。曾任江西省审计局副局长、中国书法家协会会员、江西省书法家协会常务理事、江西省美术家协会会员。出版有《骆凤田书画集》。

J0091791
书法入门 陕西书学院编
西安 陕西旅游出版社 1992 年 11 册
26cm(16 开) ISBN: 7-5418-0500-9
定价: CNY36.00 (全套)

本书包括:《柳公权楷书》《颜真卿楷书》《欧阳询楷书》《赵孟頫行书》《张猛龙碑楷书》《间架结构法楷书》《王羲之行书》《于右任草书》《曹全碑隶书》《张迁碑隶书》《吴昌硕篆书》。

J0091792
书法生态论 卢辅圣著
杭州 浙江美术学院出版社 1992 年 154 页
有照片 20cm(32 开) ISBN: 7-81019-170-5

定价: CNY7.50
(书法学文库 第一辑)

本书对书法史作了梳理与思考。从艺术哲学、艺术思维框架和艺术形态等角度，强调书法作为中国文化形态的哲学观点。作者卢辅圣(1949—)，上海书画出版社总编。

J0091793
书法诗·典·论百例诠译 王美盛编
济南 山东教育出版社 1992 年 228 页
19cm(小 32 开) ISBN: 7-5328-1385-1
定价: CNY2.35

本书包括: 书法诗歌、书法典故和书法论文3 部分。

J0091794
书法十讲 徐诚意著
北京 中国和平出版社 1992 年 91 页 有图
26cm(16 开) ISBN: 7-80037-407-6
定价: CNY5.00

本书介绍了毛笔、钢笔、粉笔三种书体的技法。如书法源流、文房四宝、执笔方法、运笔方法、基本笔画、间架结构、摹临碑帖、行书写法、颜体《多宝塔》、柳体《玄秘塔》、欧体《九成宫》、赵体《妙严寺记》的笔画形态和字例。

J0091795
书法述要 蒋平畴著
福州 福建美术出版社 1992 年 200 页
20cm(32 开) ISBN: 7-5393-0168-6
定价: CNY3.95

本书介绍学习书法的门径、笔法、布白、工具使用以及碑帖临摹的基本方法。并分别阐述篆、隶、楷、行、草的艺术特征及书法创作的方法。作者蒋平畴(1944—)，画家。字平韶，斋号远风斋，出生于福建福州，祖籍福建长乐。历任福建省书法家协会副主席、中国书法家协会会员。出版专著《书法述要》《书画要义》《中国书画精义》等。

J0091796
书法题款艺术图解 王乃栋著
北京 中国书籍出版社 1992 年 156 页
19cm(小 32 开) ISBN: 7-5068-0075-6
定价: CNY5.50

（实用书法丛书）

作者王乃栋（1946—　），书法家。笔名王乃东，生于上海，祖籍福建南安。毕业于新疆大学文博专业。历任中国书法家协会会员、新疆书法家协会理事、上海工艺美术职业学院书画鉴定专业客座教授、西域印社社长、中国书法家协会会员、中国书协新疆分会理事。出版有《王乃栋书法集》《写意甲骨文》《写意甲骨文书法》等。

J0091797

书法五字诀　王云珩撰文并书

西安　陕西人民美术出版社 1992 年 148 页

26cm（16 开）ISBN：7-5368-0135-1

定价：CNY6.90

J0091798

书法线条美的发现　天白著

北京　北京体育学院出版社 1992 年 109 页

有书影 19cm（小 32 开）ISBN：7-81003-641-6

定价：CNY2.70

（中国书法系列丛书）

本书从古代优秀碑帖中线条多姿的变化中寻找书法美的规律。

J0091799

书法新论　黄复盛著

沈阳　辽宁美术出版社 1992 年 184 页

20cm（32 开）ISBN：7-5314-0959-3

定价：CNY9.50

本书着重探讨了当今书法艺术发展中有关临帖消极影响问题，拓宽书法创作领域问题及书法艺术中的绘画意趣问题等。是作者在全国、省、市书法理论研讨会和报刊上发表的论文集，共 13 篇。作者黄复盛（1938—　），画家。辽宁鞍山人，毕业于鲁迅美术学院国画系人物画专业。历任辽宁美术出版社副编审、中国书法家协会会员、辽宁美术家协会会员、辽宁中国画研究会理事、辽宁美术出版社副编审。代表作品有《清代画论四篇语译》《黄复盛书法辑》等。

J0091800

书法学　陈振濂主编

南京　江苏教育出版社 1992 年 2 册（1476 页）

20cm（32 开）ISBN：7-5343-1482-8

定价：CNY24.40

本书对书法学原理、书法史学、美学赏评原理、创作原理及书法教育学诸方面作了阐述。是我国第一部规模较大的书法学专著。

J0091801

书法学入门教程　李洪旺编著

南宁　广西教育出版社 1992 年 254 页

19cm（小 32 开）ISBN：7-5435-1483-4

定价：CNY3.30

作者李洪旺，广西象州人。广西水电学校任教，广西书法家协会理论委员、中国水电文学艺术协会会员等。

J0091802

书法艺术心理学　高尚仁著

香港　香港文化教育出版社有限公司 1992 年 429 页 有图 21cm（32 开）ISBN：962-7281-64-6

定价：HKD88.00

J0091803

书法艺术心理学　高尚仁著

台北　远流出版事业公司 1993 年 429 页

21cm（32 开）ISBN：957-32-1722-8

定价：TWD350.00

J0091804

书法与中国人的心灵　辛尘，文田著

沈阳　辽宁教育出版社 1992 年 204 页 有彩照

20cm（32 开）ISBN：7-5382-1773-8

定价：CNY4.00

（中国文化精神文库）

本书主要研究了书法的发展演进，书法与中国传统思想文化的内在关系，现代书法艺术的发展问题等。

J0091805

书法指导　冯衍斗，宋家起主编

济南　山东美术出版社 1992 年 218 页

20cm（32 开）ISBN：7-5330-0544-9

定价：CNY4.98

本书包括书法概说、基本技法、5 种书体的写法、提高书艺的方法、创作与欣赏 5 章。

J0091806

书法纵横谈　陈焦桐著

香港 松柏出版社 1992年 196页 19cm(小32开)
定价:HKD48.00

J0091807
书论 (三春堂学书笔记)李志敏著
北京 北京大学出版社 1992年 有照片
26cm(16开) ISBN:7-301-01889-4
定价:CNY11.80
　　本书包括道与艺、心与物、美与善、专与博、悟、兴、曲、藏、和、圆、情、气、神、境、诗书画印共15章,笔迹取法古代草书大家,引碑入草。作者李志敏(1925—1994),书法家、教授。生于湖北老河口,祖籍河南南阳。毕业于中国人民大学法律系。北京大学教授、北京大学燕园书画协会会长、中国书法家协会理事。著有《书论－三春堂学书笔记》《草论－三春堂狂草》等。

J0091808
四体书法概论　辛济仁等编著
南京 江苏古籍出版社 1992年 653页 有书影
19cm(小32开) 精装 ISBN:7-80519-365-7
定价:CNY13.00
　　本书乃欧书、颜书、隶书、篆书概论的合订本。全书书法文字、刻石、碑帖、插图400多幅,详细介绍各家的特点。外文书名:An Introduction to Calligraphy in Four Styles.

J0091809
四体书法启蒙 (楷、行、草、隶)夏时雨编著
北京 华龄出版社 1992年 77页 26cm(16开)
ISBN:7-80082-232-X 定价:CNY4.20
　　本书分为基本运笔方法和楷、行、草、隶运笔方法,楷书结构84法等6部分。作者夏时雨(1935—　　),书法家、书法理论家、散文作家和诗人。就职于保定市文联,《大千世界》报副社长、副主编,冀中书画大学副校长、教授等职。

J0091810
四体书法启蒙 (楷、行、草、隶)夏时雨编著
北京 华龄出版社 1993年 77页 26cm(16开)
ISBN:7-80082-232-X 定价:CNY4.20
　　本书分为基本运笔方法和楷、行、草、隶运笔方法,楷书结构84法等6部分。

J0091811
孙过庭《书谱》今译 (唐)孙过庭原著;吴方注译
沈阳 沈阳出版社 1992年 75页 32cm(10开)
ISBN:7-80556-807-3 定价:CNY5.80
　　本书为论述历代书法和论书法变迁之专著,本身亦具书法艺术价值,其文章更具理论价值,是我国关于书法理论之重要著作,它对书法欣赏、技巧等方面至今仍有重要现实意义。作者孙过庭(646—691),唐代书法家、书法理论家。名虔礼,以字行。吴郡富阳(今浙江富阳)人。有墨迹《书谱》传世。

J0091812
唐代书法考评　朱关田著
杭州 浙江人民美术出版社 1992年 311页 有图
15×25cm ISBN:7-5340-0320-2
定价:CNY18.00
　　本书收3类文章:一类是史料的辑录整理;第二类是对旧说的鉴别;第三类是书艺评论。本书内容包括:《李邕小传》《颜真卿书迹考辨》《唐代书人随考》等揭示人事真相实况的考证文章共37篇。作者朱关田(1944—　　),书法家、篆刻家、书法史家。字曼倬,斋号思微室,浙江绍兴人,毕业于浙江美术学院。历任中国书法家协会常务理事、学术委员会副主任、西泠印社副社长等职。著有《中国书法全集·颜真卿卷》《中国书法全集·李邕卷》等。

J0091813
王羲之兰亭序技法要诀　张敏编著
长沙 湖南文艺出版社 1992年 54页
38cm(6开) ISBN:7-5404-0885-5
定价:CNY3.50

J0091814
王羲之书法秘诀 (珍藏本)禾成编
西安 陕西旅游出版社 1992年 64页 有画像
26cm(16开) ISBN:7-5418-0428-2
定价:CNY2.98

J0091815
王羲之与王献之　潘岳著
上海 上海书画出版社 1992年 135页 有附书影
20cm(32开) ISBN:7-80512-575-9

定价: CNY4.00

本书分别介绍了王羲之和王献之的生平事迹及书法。作者潘岳, 江苏徐州人, 长期从事书画艺术。

J0091816

魏碑入门　　顾建平编著

上海　上海教育出版社 1992 年 154 页 26cm(16 开) ISBN: 7-5320-2713-9

定价: CNY6.60

本书介绍北朝书体的源流、笔画、结构, 以及代表作品。列举魏碑书体代表作《嵩高灵庙碑》《晖福寺碑》《吊比干文》《张猛龙碑》《马鸣寺碑》等计 27 幅, 另有南朝碑刻佳作 5 幅, 采取帖、书相结合的方式, 对这些作品逐一作简明扼要的介绍。

J0091817

五体对照楷书自学字帖　　卢建华编著

上海　华东师范大学出版社 1992 年 65 页 36cm(15 开) ISBN: 7-5617-0805-X

定价: CNY4.50

本书介绍了楷书基本技法、基本笔画及各体笔法特征等。

J0091818

现代派书法三步　　古干著

北京　中国人民大学出版社 1992 年 修订本 224 页 有照片 26cm(16 开)

ISBN: 7-300-01506-9 定价: CNY24.80

本书介绍了知技法、通万物和见本性现代书法三步, 力图从整体出发谈书法实践。作者古干 (1942—), 画家。中国美术家协会会员、中国现代书画学会会长、世界书法家协会荣誉顾问。

J0091819

现代实用书法训练指导　　蒋昌诗, 梁式朋编著

成都　电子科技大学出版社 1992 年 446 页 有图 20cm(32 开) ISBN: 7-81016-359-0

定价: CNY5.90, CNY7.25（塑精装）

本书对几个重要的理论问题进行了阐述并对毛笔、粉笔钢笔书法艺术的正书、行书两种书体进行指导训练, 通过理论阐述、范例评点、讲授方法 3 步进行。作者蒋昌诗(1938—), 教师。名金沙, 四川三台人。毕业于四川师范学院中文系。历任四川省财政学校高级讲师、成都市书法

家协会会员等。著有《现代实用文体写作》《现代实用写作》《现代实用书法训练指导》《行书精粹总览》等。

J0091820

小楷技法指南　　刘小晴编著

上海　上海书店 1992 年 112 页 26cm(16 开)

ISBN: 7-80569-490-7 定价: CNY3.50

本书介绍了小楷的用笔、执笔、运腕及发笔、收笔; 基本点画、章法布局、笔势和体势等小楷字书写方法。

J0091821

小楷寻真　　曹柏昆著

天津　天津杨柳青画社 1992 年 61 页 20cm(32 开) ISBN: 7-80503-147-9

定价: CNY3.10

本书介绍小楷的写法、小楷的欣赏, 书后附影印图 7 幅。

J0091822

写字基本功训练　　鲁志仁, 鲍海涛主编

长春　吉林大学出版社 1992 年 261 页 19cm(小 32 开) ISBN: 7-5601-1276-5

定价: CNY4.10

（语文基本功训练丛书 1 ）

J0091823

写字教程　　杨振忠主编

武汉　武汉出版社 1992 年 70 页 26cm(16 开)

ISBN: 7-5430-0748-7 定价: CNY6.40

J0091824

新编楷书结体一百法　　龙乐山编写

合肥　安徽美术出版社 1992 年 26cm(16 开)

ISBN: 7-5398-0232-4 定价: CNY2.20

J0091825

新编楷书结体一百法　　龙乐山编写

合肥　安徽美术出版社 1998 年 40 页 26cm(16 开) ISBN: 7-5398-0232-4

定价: CNY4.80

J0091826

新魏书写法　　王文[编著]

合肥 安徽美术出版社 1992年 2版 重印本
76页 19×26cm ISBN：7-5398-0073-9
定价：CNY3.60
　　本书对魏书的历史、书法和书法技巧进行了
阐述，并附有作者书法作品。

J0091827
学习书法　健身养性　冯向杰编著
北京 人民体育出版社 1992年 198页 有书影及
照片 19cm（小32开）ISBN：7-5009-0755-9
定价：CNY7.50
　　本书介绍了中国书法的源流、发展和书体演
变；书法入门与如何提高；怎样选择文房四宝；
怎样欣赏书法作品，还选入各朝代具有代表性的
碑帖（注释说明）。此外还介绍了一些书法健身养
性的经验。作者冯向杰（1941—　　），画家、国家
一级美术师。自号桑泉道人，山西临猗人。北京
新体育杂志社副编审、中国美术家协会会员、中
国体育美术促进会常务理事。代表作品有《相扑
为戏》《黄水谣》《盘古开天》等。

J0091828
一九九二年书法论文征选入选论文集　（文
徵明的书法艺术）李郁周主编
台北 蕙风堂笔墨公司出版部 1992年
26cm（16开）ISBN：957-9192-46-4
定价：TWD300.00

J0091829
一九九三年书法论文选集　（丛书写的题材、
技巧与情怀探究文徵明书艺的内涵）李郁周主编
台北 蕙风堂笔墨出版部 1993年 39页
25cm（小16开）定价：TWD300.00

J0091830
怎样写行书　王颂余，喻建十编著
天津 天津人民美术出版社 1992年 64页
26cm（16开）ISBN：7-5305-0251-4
定价：CNY7.10
　　本书介绍了行书的特点，行书的形成与发
展，行书的笔法，行书的结体，行书的基本章法，
并附图45幅。作者王颂余（1910—2005），书法
家、山水画家。出生于天津。天津美术学院任教。
代表作品《把余粮卖给国家》《凯歌黄金路》《滦
水清分清且甘》等。作者喻建十（1959—　　），艺

术家、教授。生于天津。历任中国书法家协会教
育委员会委员、天津市书法家协会副主席；天津
美术学院中国画系教授、硕士生导师，天津商业
大学客座教授。著有《王颂余教学范图》《名家
说名画——喻建十说黄慎》《书法艺术学》《中国
山水画名家精品集——喻建十》等。

J0091831
张宗祥书学论丛　张宗祥著；谷辉之选编
杭州 浙江美术学院出版社 1992年 239页
有肖像 20cm（大32开）精装
ISBN：7-81019-152-7 定价：CNY20.00
　　收《书学源流论》《临池一得》《学书示女珏
六则》等8篇，附录《画人逸话》等3篇。作者张
宗祥（1882—1965），学者、书法家。原名思曾，
字阆声，号冷僧，浙江海宁人。历任西泠印社社
长、浙江省图书馆馆长、省文史馆副馆长、中国
美术家协会浙江分会副主席等职。出版有《说郛》
《国榷》《罪惟录》《越绝书》等。

J0091832
指书艺术　谢世湖著
桂林 广西师范大学出版社 1992年 有附书影
16×27cm ISBN：7-5633-1399-0 定价：CNY5.20
　　介绍了指书的原委、流源、技法、艺术特色
和特殊效果等。

J0091833
指书字帖　袁敏著
北京 海洋出版社 1992年 重印本 60页
26cm（16开）ISBN：7-5027-0867-7
定价：CNY2.90
　　本书对指书的源流、工具、姿势、握指方法、
运指要领等作了介绍。

J0091834
中国当代书法赏析　徐本一等撰稿
杭州 浙江少年儿童出版社 1992年 94页
26cm（16开）ISBN：7-5342-0951-X
定价：CNY12.00
　　本书收国内当代94位书法家的书法作品，
每位一件。以篆、隶、楷、行、草分类排列。由
陈方既撰序，题为《欣赏书法就是欣赏人》，从一
个新的角度谈书法欣赏；内以书法作品的影印为
主，每件作品或从师承源流谈作品的特点，或以

作品的章法、结字谈其成功与不足，或兼而有之，加以赏析。作者作者徐本一(1946—　)，书法家。字性初，生于上海，祖籍浙江鄞县。历任湖北省书法家协会秘书长、副主席，书法报社副社长，现为中国书法家协会理事、中国书协学术委员会委员、湖北省书法家协会主席。出版《徐本一书法精品集》《徐本一行草书唐诗》《武汉诗赋·徐本一书法作品集》《中国扇面大系·徐本一卷》等。

J0091835

中国历代帝王书法欣赏　　洪丕谟著
上海　上海文艺出版社　1992 年　220 页　有肖像及书影　20cm（32 开）ISBN：7-5321-0792-2
定价：CNY3.90

本书汇集中国自汉章帝章草《千字文》到清逊帝历代帝王书法约 60 幅，每幅均加以艺术品评与分析。作者洪丕谟(1940—2005)，医生、教师。生于上海，毕业于上海市卫生局中医大专班。华东政法学院教师。中国书法家协会第一届学术委员、上海市大学书法教育学会会长等。著有《洪丕谟书法集》《中国书法史话》等。

J0091836

中国书法导论　　王强，刘树勇著
北京　社会科学文献出版社　1992 年　569 页
有彩照　20cm（32 开）ISBN：7-80050-207-4
定价：CNY10.80

本书借助中国古典艺术与西方现代艺术论对书法艺术作了深层次的分析，描述书法史并包括书法批评论、鉴赏论、工具论以及书法家修养等方面的论述。外文书名：Introduction to Chinese Calligraphy. 作者王强(1959—　)，中央财金学院汉语教研室讲师，中国书法家协会、全国青年书法理论家协会会员，中国写作学会青年理论家协会常务理事。作者刘树勇(1962—　)，教授。生于山东临朐县。中央财经大学文化与传媒学院教授、视觉文化评论家。著有《中国当代摄影新锐系列丛书》《世界摄影大师经典作品集》等。

J0091837

中国书法精神　　陈方既著
武汉　湖北美术出版社　1992 年　330 页
19cm（小 32 开）ISBN：7-5394-0331-4
定价：CNY5.20

本书介绍了中国书法精神的哲学基础、中国书法的意象造型精神、创作精神及其美学精神等。作者陈方既(1921—　)，学者、理论家、画家、书法家。别名陈泽浦，湖北沔阳（今仙桃市）人。历任中国美术家协会会员、中国书协学术委员会委员、湖北省书协副主席、湖北省书学研究会副会长，一级美术师。代表作品有《我们当家作主》。著作有《书法艺术论》《书法技法意识》《书法美学思想史》等。

J0091838

中国书法精义　　牛光甫，石如灿编著
开封　河南大学出版社　1992 年　221 页　有附图
19cm（小 32 开）ISBN：7-81018-709-0
定价：CNY3.50

本书内容包括：书法基本知识、书法史纲要、技法要领、书法欣赏、书法创作及历代碑帖附图。

J0091839

祝嘉书法书论　　祝嘉著
广州　广东高等教育出版社　1992 年　40 页
29cm（16 开）ISBN：7-5361-0722-6
定价：CNY12.00, CNY15.00（精装）

本书收入了作者的书法作品及其著述、活动年表等，共 100 幅图。著者祝嘉(1899—1995)，书法家、书法理论家和书法教育家。字燕秋，海南文昌人。中国书协江苏分会顾问。代表作品有《书学》《书学史》等。

J0091840

八大山人书艺之研究　　杨维鸿著
台北　文史哲出版社　1993 年　214 页　有图
21cm（32 开）ISBN：957-547-802-9
定价：TWD220.00
（艺术丛刊 11）

J0091841

笔歌墨舞　（书法美的欣赏）陈奕纯著
太原　希望出版社　1993 年　111 页　有书影
19cm（小 32 开）ISBN：7-5379-1167-3
定价：CNY4.00
（发现美得眼睛丛书）

本书讲叙了书法的绘画美、音乐美、建筑美和楷书、草书、篆刻的艺术特征和艺术风格。

J0091842

草楷对照孙过庭书谱 （唐）孙过庭书；丹亭编
南京 江苏古籍出版社 1993年 影印本
110页 26cm（16开）ISBN：7-80519-476-9
定价：CNY5.20

　　本书书文并茂地论述了书法艺术的源流、技法和创作经验。作者孙过庭（646—691），唐代书法家、书法理论家。名虔礼，以字行。吴郡富阳（今浙江富阳）人。有墨迹《书谱》传世。

J0091843

草书入门 李松书
北京 华龄出版社 1993年 44页 26cm（16开）
ISBN：7-80082-401-2 定价：CNY3.90
（书法入门）

　　作者李松（1932— ），中国美术家协会理事、理论委员会委员、中国画研究院院务委员。

J0091844

常用书法临赏指南 潘景年，初立主编
济南 齐鲁书社 1993年 180页 26cm（16开）
ISBN：7-5333-0275-3 定价：CNY10.50

　　本书以楷、行、草、隶、篆、硬笔6种常用书体为主干，图文并茂，从临摹和鉴赏的角度对中国书法艺术进行讲解。

J0091845

大字结构八十四法 辛勤编
西安 西安地图出版社 1993年 28页
26cm（16开）ISBN：7-80545-233-4
定价：CNY2.40

J0091846

董其昌书法论注 黄惇选注
南京 江苏美术出版社 1993年 390页
19cm（小32开）ISBN：7-5344-0278-6
定价：CNY7.60
（中国古代书论丛书）

　　本书分为自述；论书；评魏晋六朝书法；评唐、五代书法；评宋代书法；评元、明书法等8部分。作者黄惇（1947— ），书法家、篆刻家。号风斋，生于江苏太仓，祖籍扬州。历任南京艺术学院教授，艺术学、美术学博士生导师，南京艺术学院研究院副院长、艺术学研究所所长，《艺术学研究》学刊主编。作品有《水乡秋色》《太

湖夜舟》《秋染山寨》等，著有《历代书法名作赏析》《中国古代印论史》等。

J0091847

儿童书法指导 （第一册 基本笔画）赵有林，何丰诺编著
长春 吉林人民出版社 1993年 86页 有附彩照
18×26cm ISBN：7-206-01678-2 定价：CNY6.80

J0091848

儿童书面教学60讲 （书法部分）李墨农编著
北京 中国纺织出版社 1993年 59页
26cm（16开）ISBN：7-5064-0921-6
定价：CNY3.80

J0091849

各体汉字书写要法 田慕人编著
沈阳 辽宁美术出版社 1993年 219页 有书影
26cm（16开）ISBN：7-5314-1032-X
定价：CNY23.00

J0091850

古今百家书法名作欣赏 洪丕谟著
上海 学林出版社 1993年 239页 20cm（32开）
ISBN：7-80510-814-5 定价：CNY7.05

　　作者洪丕谟（1940—2005），医生、教师。生于上海，毕业于上海市卫生局中医大专班。华东政法学院教师。中国书法家协会第一届学术委员，上海市大学书法教育学会会长等。著有《洪丕谟书法集》《中国书法史话》等。

J0091851

古今百家书法名作欣赏 洪丕谟著
上海 学林出版社 1997年 重印本 239页
20cm（32开）ISBN：7-80616-419-7
定价：CNY12.50

J0091852

汉字书体字典 （特集汉字名迹）（日）竹堂等编写
南宁 广西民族出版社 1993年 940页
20cm（32开）ISBN：7-5363-2711-0
定价：CNY36.00

J0091853

汉字书写　刘赞爱编著
南昌 江西高校出版社 1993 年 126 页
26cm（16 开）ISBN：7-81033-300-3
定价：CNY4.50

J0091854

汉字与书法　朱先平，刘乐一编著
济南 山东大学出版社 1993 年 311 页
19cm（小 32 开）ISBN：7-5607-0876-5
定价：CNY4.80
　　介绍了汉字的产生、创造与演变的基本知识，讲述了书法的气势、布局和意境，阐释了书法美的创造、发展与欣赏。

J0091855

行书概论与技法　董友知著
北京 团结出版社 1993 年 201 页 26cm（16 开）
ISBN：7-80061-824-0 定价：CNY9.00
　　本书阐述了行书的历史源流、发展演变、风格流派、基本特征和创作技巧等。

J0091856

行书技法　周济人著
海口 南海出版公司 1993 年 241 页
19cm（小 32 开）ISBN：7-80570-987-4
定价：CNY5.60
　　本书包括：行书概述、行书结体结构、历代行书碑贴选辑图录等 13 个部分。作者周济人（1932—　），书法家。郑州教育学院中文系副教授、中国书法家协会会员、河南省书法家学会常务理事。

J0091857

行书技法　刘绍勇著
北京 农村读物出版社 1993 年 重印本 140 页
26cm（16 开）ISBN：7-5048-0417-7
定价：CNY5.20

J0091858

行书技法　刘绍勇著
北京 农村读物出版社 1994 年 重印本 140 页
26cm（16 开）ISBN：7-5048-0417-7
定价：CNY5.60

J0091859

行书入门　任德山著
北京 民族出版社 1993 年 69 页 26cm（16 开）
定价：CNY4.80
　　本书介绍了行书源流、行书特点、行书技法、行书示例。

J0091860

行书入门字谱　卢定山编著
南宁 广西美术出版社 1993 年 105 页
26cm（16 开）ISBN：7-80582-662-5
定价：CNY7.90
（书法入门字谱丛书）
　　本书包括：书法基础知识、行书特点、基本笔画写法、偏旁部首 120 例等 6 部分。作者卢定山（1945—　），书法家。广东高州人，广西书法家协会理事、南宁市书法协会主席。著有《隶书入门字谱》《行书入门字谱》《楷书入门字谱》。

J0091861

行书实用指导　赵书群编著
上海 同济大学出版社 1993 年 103 页
20cm（32 开）ISBN：7-5608-1118-3
定价：CNY4.30

J0091862

行书学习与欣赏　陈秀卿著
北京 北京出版社 1993 年 124 页 26cm（16 开）
ISBN：7-200-02032-X 定价：CNY9.40
　　本书叙述了行书的概念、行书源流与名作赏析，介绍了行书的基础训练、行书范本的应用、王羲之行书的入门方法等。作者陈秀卿（1947—　），女，书法家。福建闽侯人，毕业于福建工艺美术学校。历任福州大学工艺美术学院副教授、福建省书法家协会副主席、厦门市书法家协会主席。

J0091863

行书自学大字帖　（技法秘诀讲解）顾逸之书编
北京 原子能出版社 1993 年 108 页 26cm（16 开）
ISBN：7-5022-0918-2 定价：CNY4.80
　　作者顾逸之，中国老年书画研究会创作研究员。

J0091864
基础书法教程　宋学农，颜庆卫主编
大连　大连理工大学出版社　1993 年　349 页　有图
20cm（32 开）ISBN：7-5611-0675-0
定价：CNY7.80
　　本书介绍了中国书法的历史和执笔、运笔、碑贴临摹等基本书写方法，并讲授了楷、行、隶、钢笔、粉笔书写的方法。作者宋学农，山东省临沂师范专科学校任教。作者颜庆卫，辽宁师范大学任教。

J0091865
楷书入门　孟繁禧书
北京　华龄出版社　1993 年　44 页　26cm（16 开）
ISBN：7-80082-401-2　定价：CNY3.90
（书法入门）
　　作者孟繁禧（1954—　　），著名书法家。北京人，祖籍山东章丘。任中国书法家协会理事、北京书法家协会副主席、中国书法家协会会员。供职于国家京剧院。编著有《如何临习欧体九成宫碑》《行书入门》《虞恭公碑解析字帖》等。

J0091866
楷书入门　孟繁禧书
北京　华龄出版社　1994 年　重印本　44 页
26cm（16 开）ISBN：7-80082-401-2
定价：CNY4.50
（书法入门）

J0091867
楷书入门与提高　黄全信编著
北京　光明日报出版社　1993 年　98 页
26cm（16 开）ISBN：7-80091-381-3
定价：CNY6.50

J0091868
楷书入门字谱　卢定山编著
南宁　广西美术出版社　1993 年　102 页
26cm（16 开）ISBN：7-80582-661-7
定价：CNY7.80
（书法入门字谱丛书）

J0091869
楷书章法　贾诚隽著
北京　北京体育学院出版社　1993 年　98 页

26cm（16 开）ISBN：7-81003-751-X
定价：CNY6.80
　　本书包括：章法浅说、大中堂图录、横式大中堂图录、四扇屏图录等 10 部分。作者贾诚隽（1943—2008），生于北京，祖籍山东平度，毕业于北京师范大学中文系。历任北京市西城师范学校书法讲师、中国书画函授大学特约副教授。代表作品有《水写纸字贴上》《初学书法浅谈》等。

J0091870
楷书章法　贾诚隽著
北京　北京体育学院出版社　1994 年　重印本
98 页　26cm（16 开）ISBN：7-81003-751-X
定价：CNY7.80
　　本书内容包括：章法浅说、大中堂图录、横式大中堂图录、四扇屏图录等 10 部分。

J0091871
楷书章法　贾诚隽著
北京　北京体育学院出版社　1995 年　重印本
98 页　26cm（16 开）ISBN：7-81003-751-X
定价：CNY7.80
　　本书内容包括：章法浅说、大中堂图录、横式大中堂图录、四扇屏图录等 10 部分。

J0091872
楷书章法百例　刘健书
天津　天津人民美术出版社　1993 年　80 页
26cm（16 开）ISBN：7-5305-0325-1
定价：CNY8.50
（美术技法系列丛书）
　　作者刘健（1972—　　），女，北京人。在北京第十三中学就学期间，获中日少年书法比赛特等奖。

J0091873
快速书法入门　李春秋著
北京　航空工业出版社　1993 年　有照片
26cm（16 开）ISBN：7-80046-497-0
定价：CNY7.85
　　本书内容包括：快速书法、文房四宝、正确的写作姿势、执笔指运法、汉字基本笔画的新结论等 8 章。作者李春秋（1935—　　），画家。笔名南坡，字信，艺名南山居士，河北丰宁人。

J0091874

历代汉字字体与书法选粹　魏隐儒, 马世华编著

北京 印刷工业出版社 1993 年 186 页

20cm（32 开）ISBN: 7-80000-154-7

定价: CNY6.70

　　介绍了汉字的起源与发展、汉字的进一步发展与规范、雕版印刷使用的汉字字体、活字印刷使用的汉字书体, 收历代汉字字体及名家书法图影 232 幅。作者魏隐儒（1916—1993）, 版本学家。原名魏文庄, 曾用名魏文潜。生于河北辛集。历任中国书法家协会会员、北京美术家协会会员、中国书画研究社理事、中国美本书目编委会副主编、北京市图书馆学会理事、北京市文史馆馆员。著有《中国古籍印刷史》《古籍版本鉴定丛谈》等。作者马世华（1954—　　）, 教师。北京人, 毕业于北京师范大学中国书法艺术专业。北京师范大学汉语文化学院艺术系书法教师。著有《学书概览》（部分）,《中国少年儿童大百科全书》（书法卷）,《历代汉字字体与书法》（探源篇）等。

J0091875

历代书法技艺　刘景隆编著

北京 农村读物出版社 1993 年 359 页

19cm（小 32 开）ISBN: 7-5048-1448-2

定价: CNY10.80

J0091876

隶书入门　张又栋书

北京 华龄出版社 1993 年 42 页 26cm（16 开）

ISBN: 7-80082-401-2 定价: CNY3.90

（书法入门）

J0091877

隶书入门　张又栋书

北京 华龄出版社 1994 年 重印本 42 页

26cm（16 开）ISBN: 7-80082-401-2

定价: CNY4.50

（书法入门）

J0091878

隶书入门字谱　卢定山编著

南宁 广西美术出版社 1993 年 101 页

26cm（16 开）ISBN: 7-80582-663-3

定价: CNY7.80

（书法入门字谱丛书）

　　本书包括: 书法基础知识、隶书的特点、基本笔画写法、章法简介等 6 部分。

J0091879

练字一点通　程军, 高碚生编著

郑州 河南美术出版社 1993 年 183 页

19cm（小 32 开）ISBN: 7-5401-0303-5

定价: CNY4.20

J0091880

柳公权小楷习字帖　（唐）柳公权书; 路同等选辑

北京 中国工人出版社 1993 年 影印本 62 页

26cm（16 开）ISBN: 7-5008-1349-X

定价: CNY2.70

（历代名家小楷字帖）

　　作者柳公权（778—865）, 唐代晚期著名书法家。字诚悬, 陕西铜川市人。代表作品《金刚经碑》《玄秘塔碑》《神策军纪圣德碑》等。

J0091881

柳体技法　可风著

北京 中国工人出版社 1993 年 57 页

26cm（16 开）ISBN: 7-5008-1157-8

定价: CNY5.20

　　作者可风, 原名胡可风。

J0091882

柳体楷书教学字帖　谭国才编

武汉 湖北科学技术出版社 1993 年 46 页

26cm（16 开）ISBN: 7-5352-1059-7

定价: CNY2.58

J0091883

柳体学习指南　唐云来编著

天津 天津杨柳青画社 1993 年 59 页

26cm（16 开）ISBN: 7-80503-222-X

定价: CNY4.10

J0091884

毛笔钢笔楷书正误辨析千例　庄珠娣, 杨大寰编著

郑州 河北人民出版社 1993 年 272 页

26cm（16 开）ISBN: 7-202-01324-X

定价: CNY10.00

J0091885
青少年书法入门　黄全信编著
北京 中央民族学院出版社 1993 年 122 页
26cm（16 开）ISBN：7-81001-396-3
定价：CNY5.60

J0091886
全国第四届书学讨论会论文集　中国书法家
协会编
重庆 重庆出版社 1993 年 696 页 20cm（32 开）
ISBN：7-5366-2631-2 定价：CNY11.80
　　本书收入论文 50 篇，包括《书法理论发展
简论》、《汉碑书刻人名考辨》、《中国书法的文化
透视》等。

J0091887
三国碑述　袁维春撰
北京 北京工艺美术出版社 1993 年 126 页
有书影 20cm（32 开）ISBN：7-80526-104-0
定价：CNY10.00

J0091888
少儿书法学习范本　（隶书初级）张美中编著
南宁 广西美术出版社 1993 年 44 页
26cm（16 开）ISBN：7-80582-659-5
定价：CNY3.40

J0091889
少儿书法学习范本　（隶书提高）张美中编著
南宁 广西美术出版社 1993 年 44 页
26cm（16 开）ISBN：7-80582-666-8
定价：CNY3.40

J0091890
少儿书法学习范本　（楷书初级）张美中编著
南宁 广西美术出版社 1993 年 44 页
26cm（16 开）ISBN：7-80582-658-7
定价：CNY3.40

J0091891
少儿书法学习范本　（楷书提高）张美中编著
南宁 广西美术出版社 1993 年 44 页
26cm（16 开）ISBN：7-80582-667-6
定价：CNY3.40

J0091892
少儿书法学习范本　（行书初级）张美中著
南宁 广西美术出版社 1993 年 44 页
26cm（16 开）ISBN：7-80582-660-9
定价：CNY3.40

J0091893
少儿书法学习范本　（行书提高）张美中编著
南宁 广西美术出版社 1993 年 44 页
26cm（16 开）ISBN：7-80582-668-4
定价：CNY3.40

J0091894
少儿写古诗楷书习字指导　肖毅著
北京 华语教学出版社 1993 年 44 页
26cm（16 开）ISBN：7-80052-315-2
定价：CNY3.20

J0091895
实用毛笔书法教程　邓藉田编著
北京 中国工人出版社 1993 年 164 页
26cm（16 开）ISBN：7-5008-1004-0
定价：CNY5.20
　　本书将楷书中欧、颜、柳 3 个主要书体的基
本笔画及结构特征对照分析以便临写者有所比
较和鉴别。作者邓藉田（1937—　　），教师。北京
新源里第三中学高级书法教师、北京市教育学会
会员，北京神州书法研究会理事。

J0091896
实用书法教程　陈立德编著
青岛 青岛出版社 1993 年 245 页 有图
20cm（32 开）ISBN：7-5436-1091-4
定价：CNY7.00
　　内容有：书法简史、临习基础、书写笔法、
书法创作、硬笔书法等。

J0091897
书法　胡鲁沙主编；武汉市教学研究室编
北京 高等教育出版社 1993 年 117 页 有书影
26cm（16 开）ISBN：7-04-004238-X
定价：CNY2.65
　　作者胡鲁沙，武汉市教学研究室任职。

J0091898

书法·美·时代　陈方既著;武汉市书法家协会编
武汉 湖北美术出版社 1993 年 192 页
20cm(32 开) ISBN:7-5394-0377-2
定价:CNY6.50

作者陈方既(1921—),学者、理论家、画家、书法家。别名陈泽浦,湖北沔阳(今仙桃市)人。历任中国美术家协会会员、中国书协学术委员会委员、湖北省书协副主席、湖北省书学研究会副会长、一级美术师。代表作品有《我们当家作主》。著作有《书法艺术论》《书法技法意识》《书法美学思想史》等。

J0091899

书法创作　梁鼎光著
广州 岭南美术出版社 1993 年 111 页 有照片
26cm(16 开) ISBN:7-5362-0829-4
定价:CNY15.80

本书包括:创作概论、书法家的能力结构、创作构思等 7 部分。

J0091900

书法创作奥秘　贝威扬著;贝威扬手书
北京 北京科学技术出版社 1993 年 172 页
26cm(16 开) ISBN:7-5304-1521-2
定价:CNY18.00

作者贝威扬(1939—),笔名江南人,北京农业工程大学副教授、北京九三书画会副会长、北京书法家协会会员等。主要作品有《贝威扬无极书法》《书法创作奥秘》《书法(楷魏行书)》《行书正文布局要诀》等。

J0091901

书法创作论　朱以撒著
福州 福建人民出版社 1993 年 412 页 有附图
20cm(32 开) ISBN:7-211-01936-0
定价:CNY8.75

本书论述了书法艺术创作的过程、方法和鉴赏要旨。

J0091902

书法的形态与阐释　邱振中著
重庆 重庆出版社 1993 年 285 页 有附图
20cm(32 开) ISBN:7-5366-1944-8
定价:CNY6.65

作者邱振中(1947—),教授,博士生导师。生于江西南昌,硕士毕业于浙江美术学院。历任江西师范大学教授、中央美术学院中国画系教授、西泠印社社员。著作有《书法的形态与阐释》《神居何所》《书写与观照》。

J0091903

书法幅式指南　孙敦秀,张世光著
北京 长征出版社 1993 年 112 页 20cm(32 开)
ISBN:7-80015-233-2 定价:CNY4.00

J0091904

书法改错　祁毓麟著
沈阳 辽沈书社 1993 年 170 页 有彩照及图
26cm(16 开) ISBN:7-80507-178-0
定价:CNY9.80

本书包括:点画部分、结构部分、书法致病的诸多因素、参考范例分析等 5 章。作者祁毓麟(1935—),书法家。别署抒青、二观斋主,生于沈阳。历任沈阳市沈河区文化馆书法专业辅导干部、副研究馆员,辽宁省职工书协副主席、中国书法家协会会员等。出版有《书法改错》《书道今诠》《当代百家楹联集粹》《当代诗词撷英》。

J0091905

书法基础教程　苏万物主编
天津 天津人民出版社 1993 年 493 页
19cm(32 开) ISBN:7-201-00865-X
定价:CNY9.90

作者苏万物,南京师范大学中文系任教。

J0091906

书法技法简明图谱　刘小晴编著
上海 上海书画出版社 1993 年 144 页 有插图
26cm(16 开) ISBN:7-80512-693-3
定价:CNY14.00

J0091907

书法鉴赏　张范九,倪文东著
桂林 漓江出版社 1993 年 257 页 有照片
20cm(32 开) 精装 ISBN:7-5407-1488-3
定价:CNY11.75
(中国文物鉴赏丛书)

著者张范九(1923—),书法家、篆刻家、教授。名恩畴,又名张畴,江苏苏州人。历任中国书画函授大学西安分校副校长、教授，陕西省文史馆馆员、中国书协会员、陕西省书协、美协会员等。出版有《书法鉴赏》《张范九国画选集》等。著者倪文东(1957—　)，教授。又名倪端、倪陵生，陕西黄陵人，毕业于西北大学中文系。历任西北大学艺术系教授、陕西省青年书法家协会副主席、太白印社社长、中国书法家协会理事、北京师范大学艺术与传媒学院书法系教授。代表作品《二十世纪中国书画家印款辞典》。

J0091908
书法教程（规范汉字楷书　第1册）湖北省教育学会书法教育专业委员会编
武汉　武汉测绘科技大学出版社 1993年
78页 26cm（16开）ISBN：7-81030-309-0
定价：CNY3.50

J0091909
书法教学指导　张永炯编著
成都　四川教育出版社 1993年 112页
20cm（32开）ISBN：7-5408-1906-5
定价：CNY3.35
　　作者张永炯(1940—　)，益州书画院高级书画师、常务理事，成都市书法家协会会员等。

J0091910
书法理论与实践　翟本宽编著
开封　河南大学出版社 1993年 268页
19cm（小32开）ISBN：7-81018-953-0
定价：CNY3.80
　　作者翟本宽，长期从事书法艺术教学和书法理论研究工作。

J0091911
书法理论与书法百家　董友知著
北京　团结出版社 1993年 2版（修订本）
16+651页 20cm（32开）ISBN：7-80061-825-0
定价：CNY13.50
　　本书内容分为：书法理论概述、古典书论选择、书法百家简介3部分。

J0091912
书法练习册（第一册）李墨农编著
北京　中国纺织出版社 1993年 26cm（16开）
ISBN：7-5064-0977-1 定价：CNY1.50

J0091913
书法练习册（第二册）李墨农编著
北京　中国纺织出版社 1993年 26cm（16开）
ISBN：7-5064-0978-X 定价：CNY1.50

J0091914
书法练习册（第三册）李墨农编著
北京　中国纺织出版社 1993年 26cm（16开）
ISBN：7-5064-0979-8 定价：CNY1.50

J0091915
书法练习册（第四册）李墨农编著
北京　中国纺织出版社 1993年 26cm（16开）
ISBN：7-5064-0980-1 定价：CNY1.50

J0091916
书法练习册（第五册）李墨农编著
北京　中国纺织出版社 1993年 26cm（16开）
ISBN：7-5064-0981-X 定价：CNY2.00

J0091917
书法练习册（第六册）李墨农编著
北京　中国纺织出版社 1993年 26cm（16开）
ISBN：7-5064-0982-8 定价：CNY2.00

J0091918
书法练习册（第七册）李墨农编著
北京　中国纺织出版社 1993年 26cm（16开）
ISBN：7-5064-0983-6 定价：CNY2.00

J0091919
书法论文选　袁维春著
北京　北京工艺美术出版社 1993年 240页
有书影 19cm（小32开）ISBN：7-80526-106-7
定价：CNY12.00

J0091920
书法美学　陈振濂著
西安　陕西人民美术出版社 1993年 416页 有图
20cm（32开）ISBN：7-5368-0546-2
定价：CNY10.50
　　本书对书法美学研究的意义，书法艺术的时空观，文字在书法中的特殊地位，书法美的形式构成，书法美的欣赏等进行了阐述，并附历代书法名作百余幅。作者陈振濂(1956—　)，书法家。

号颐斋。生于上海，浙江鄞县人。曾任浙江大学人文学院副院长、中国文联副主席、中国书法家协会副主席、中国文艺评论家协会副主席、浙江省文联副主席、西泠印社副社长。著作有《书法美学》《大学书法教材集成》。

J0091921

书法名论集　冯亦吾注译
石家庄　河北美术出版社　1993年　266页
20cm（32开）ISBN：7-5310-0504-2
定价：CNY14.00

　　本书共选书法名家论文40篇，其中包括：书学评论、书体介绍、学家传记、碑帖辩证等。作者冯亦吾（1903—2000），书法家、书法理论家。号逸瓮，江苏沛县人。曾任北京书法家协会理事兼评委、北京卿云书画联谊社社长等。代表作品有《冯亦吾文集》《书法丛谈》《书法探求》等。

J0091922

书法入门典范　丁艺著
南宁　广西民族出版社　1993年　122页　有肖像
19cm（小32开）ISBN：7-5363-2344-1
定价：CNY4.50

　　作者丁艺，中国书法家协会广西分会会员、世界书画协会会员。

J0091923

书法散论　张诚著
昆明　云南人民出版社　1993年　261页　有书影
19cm（小32开）ISBN：7-222-01145-5
定价：CNY3.70

　　本书收入文稿25篇，论述了云南书风的传统，对颜真卿、钱南园、高二适等大书家进行了分析研究。作者张诚，字则明，云南昆明人，中国书法家协会会员、中国书协云南分会理事、钱南园研究会会长、昆明美术家协会会员、工艺美术师。作者张诚，工艺美术师。字则明，云南昆明人。中国书法家协会会员、中国书协云南分会理事、钱南园研究会会长、昆明美术家协会会员等。

J0091924

书法实用章法　姜华著
北京　海洋出版社　1993年　90页　28cm（大16开）
ISBN：7-5027-3163-6　定价：CNY15.80

本书分为布白与章法发展浅述、立轴、中堂、楹联、横幅、扇面、小品7章。作者姜华（1950—　　），笔名一汀，江苏涟水人。中国书法家协会会员、江苏省人大代表、江苏省政协委员、淮阴师范专科学校美术系副教授。

J0091925

书法欣赏导论　钟明善著
西安　陕西人民美术出版社　1993年　213页　有图
20cm（32开）ISBN：7-5368-0408-3
定价：CNY9.80

J0091926

书法训练教程　吴天祥编著
西安　西北大学出版社　1993年　180页
26cm（16开）ISBN：7-5604-0557-6
定价：CNY11.60

J0091927

书法艺术教程　庞世勤编著
广东　华南理工大学出版社　1993年　26cm（16开）
ISBN：7-5623-0591-9　定价：CNY8.00

J0091928

书法与老年健康　连昌裔著
北京　华文出版社　1993年　174页　19cm（小32开）
ISBN：7-5075-0364-X　定价：CNY6.50

　　本书包括：老年学书更有道、书法艺术概论、执笔方法概要、作者书法作品选介等。作者连昌裔（1920—　　），满族，音乐家、书法家、满学家。满学研究会编委会主编、北京音乐家协会会员。书法著作有《连氏书法作品选论》《书法与老年健康》等。

J0091929

书法与美工　徐银汉主编
长沙　湖南教育出版社　1993年　重印本　304页
有图　19cm（32开）ISBN：7-5355-1142-2
定价：CNY6.00

J0091930

书法与美工　徐银汉主编
长沙　湖南科学技术出版社　1995年　新1版
304页　19cm（小32开）ISBN：7-5357-1937-6
定价：CNY13.00

中国现代书法作品。

J0091931
书法指南　齐冲天著
北京　北京大学出版社　1993 年　256 页
19cm（32 开）ISBN：7-301-02270-0
定价：CNY6.20
（健康长寿丛书）
　　本书介绍了基本笔画的书写要领，并结合名
碑、名帖的鉴赏，描述了古今各种书体的特点、
演变与流派。

J0091932
书艺启蒙　徐铁民，董圣玲编著
海口　南海出版公司　1993 年　127 页　有彩照
20cm（32 开）定价：CNY3.90

J0091933
顺德苏若瑚先生书学探微　梁厚建撰
高雄　复文图书出版社　1993 年　195 页
21cm（32 开）ISBN：957-555-152-4
定价：TWD150.00

J0091934
孙过庭《书谱》草书习字帖　（唐）孙过庭书；
蒋文光编
北京　中国工人出版社　1993 年　84 页
26cm（16 开）ISBN：7-5008-1279-5
定价：CNY4.40
　　作者孙过庭（646—691），唐代书法家、书法
理论家。名虔礼，以字行。吴郡富阳（今浙江富阳）
人。有墨迹《书谱》传世。

J0091935
唐孙过庭《书谱》草书研究　李克民编著
哈尔滨　黑龙江人民出版社　1993 年　156 页
26cm（16 开）ISBN：7-207-02604-8
定价：CNY18.00
　　本书对孙过庭《书谱》的字法、笔法、章法
用文字和影印本真迹图例进行分析，并对《书谱》
全篇作了译文与注释，对书中 3700 余字按草书
符号进行了分类汇编。

J0091936
图解欧、颜、柳、赵大楷习字帖　方绍武等编著

合肥　黄山书社　1993 年　影印本　600 页
26cm（16 开）精装　ISBN：7-80535-138-4
定价：CNY29.50

J0091937
王羲之兰亭序笔法图解　钟克豪编
广州　世界图书出版公司广州分公司　1993 年
56 页　26cm（16 开）ISBN：7-5062-2390-2
定价：CNY5.20
（历代碑帖选粹）

J0091938
习字要诀　苏安德，刘易甄编著
桂林　漓江出版社　1993 年　52 页　26cm（16 开）
ISBN：7-5407-1474-3　定价：CNY3.65
　　本书讲授了学习楷书的基本知识（基本笔
画、间架结构）。作者苏安德，台湾省书画教育
协会理事长。作者刘易甄，女，台湾地区书画教
育协会总干事。

J0091939
小学生毛笔字入门　邱明强著
南京　南京出版社　1993 年　75 页　19cm（小 32 开）
ISBN：7-80560-883-0　定价：CNY2.60
（小学生书法丛书）
　　作者邱明强（1961—　　），书法家。字承启，
号朴石、诚功，室名墨篁斋。福建蒲田人，毕业于
福建师范大学福清分校，中共中央党校。历任中
国硬笔书法家协会常务理事、福建省硬笔书法家
协会名誉主席、福州市硬笔书法家协会艺术顾问。
代表作品《心声笔旅—邱明强书画诗文选》《书法
楷行隶篆速成指要》《邱明强钢笔书法字帖系列》。

J0091940
写字技能训练　李光远编著
开封　河南大学出版社　1993 年　116 页
20cm（32 开）ISBN：7-81018-434-2
定价：CNY1.90
　　本书包括钢笔字和毛笔技能训练两部分。

J0091941
新编书法教程　萧道行主编
重庆　西南师范大学出版社　1993 年
2 册（122+125 页）26cm（16 开）
ISBN：7-5621-0957-5　定价：CNY11.60

J0091942
学生书法读本　刘荧编著
南京 南京出版社 1993 年 196 页 20cm（32 开）
ISBN：7–80560–892–X 定价：CNY5.00

J0091943
学生书法入门精点　（颜体）黄全信编著
北京 中国社会出版社 1993 年 92 页
26cm（16 开）ISBN：7–80088–437–6
定价：CNY6.50

J0091944
学习孙过庭书谱技法　陈利华编著
北京 人民中国出版社 1993 年 131 页
26cm（16 开）ISBN：7–80065–118–5
定价：CNY6.80
（学习名家法帖技法丛书）

J0091945
学习孙过庭书谱技法　陈利华编著
北京 人民中国出版社 1994 年 修订本 121 页
26cm（16 开）ISBN：7–80065–118–5
定价：CNY9.40
（学习名家法帖技法丛书）

J0091946
学习王羲之兰亭序技法　陈利华编著
北京 人民中国出版社 1993 年 120 页
26cm（16 开）ISBN：7–80065–117–7
定价：CNY6.80
（学习名家法帖技法丛书）

J0091947
颜体临习指导　张清荣，王世佩编著
南昌 江西美术出版社 1993 年 84 页
26cm（16 开）ISBN：7–80580–118–5
定价：CNY3.95
　　本书介绍了颜真卿及颜体楷书的特点和临
习指导等。

J0091948
颜体临习指导　张清荣，王世佩编著
南昌 江西美术出版社 1996 年 重印本 84 页
26cm（16 开）ISBN：7–80580–307–2
定价：CNY6.50

J0091949
章草一百天　程方平编制
北京 中央民族学院出版社 1993 年 100 页
37cm ISBN：7–81001–340–8 定价：CNY7.80
（一百天毛笔速成名帖习字系列）
　　作者程方平，教授。浙江衢州人，历任国家
教委高等教育研究中心副研究员、教育与科普研
究所所长、中国比较教育学会、陶行知研究会常
务理事，中国书法协会会员等职。著有《新师说》
《教育情报学简论》《隋唐五代的儒学》《辽金元
教育史》《历代名帖速藏习字系列》等。

J0091950
真草隶篆速成技法　郭钟永，马彤文编著
北京 人民中国出版社 1993 年 106 页
26cm（16 开）ISBN：7–80065–291–2
定价：CNY7.20
　　本书内容包括：汉字书写的基本规律、书法
的几种常见书写款式、历代真草篆名碑名帖表
等。作者郭钟永，书画家、美术教育家。号风流
墨客。历任北京联合大学文法学院艺术教研室
教师、中国书画家联谊会理事，美术家协会、书
法家协会会员。主要著作有《郭钟永速写集》《真
草隶篆速成技法》《写意花鸟画诀》《郭钟永篆刻
选》《美术向导》等。作者马彤文，书画家。笔名
马墨楠，北京人。北京书法家协会会员、中国国
画家协会会员。出版有《马彤文书法水墨画集》
《真草隶篆速成技法》（合著）。

J0091951
正书精萃总览　蒋昌诗，何昕旭编著
成都 成都出版社 1993 年 649 页 有照片
20cm（32 开）软精 ISBN：7–80575–442–X
定价：CNY14.80
　　本书简介正书大家、图录法帖精品，并包括
正书临范和精品鉴赏，收有从正书之祖程邈、王
羲之到当代书家沈尹默的法帖、法书珍品 120 多
件。作者蒋昌诗（1938—　　），教师。名金沙，四
川三台人。毕业于四川师范学院中文系。历任
四川省财政学校高级讲师、成都市书法家协会
会员等。著有《现代实用文体写作》《现代实用
写作》《现代实用书法训练指导》《行书精粹总
览》等。

J0091952

中国的书法艺术与技巧　蓝铁，郑朝著
北京　中国青年出版社　1993年　441页
19cm（32开）ISBN：7-5006-1001-7
定价：CNY6.70

J0091953

中国佛门书画大师传　（生平、作品、评论）洪瑞著
深圳　海天出版社　1993年　184页　有照片
19cm（小32开）ISBN：7-80542-841-7
定价：CNY6.80

　　本书记述了23位佛门高僧在书画上的杰出贡献与勤学苦练精神，其中有：智永、高闲、华光等。

J0091954

中国历代书法论文选读　包备五编
济南　齐鲁书社　1993年　372页　20cm（32开）
ISBN：7-5333-0279-6　定价：CNY6.50

　　本书选注了历代有一定代表性的书法论文40篇，包括《论用笔》（李斯）、《四体书势》（卫恒）、《书论》（王羲之）等。作者包备五（1915—1998），曲阜大学研究员。中国书法家协会会员、山东省政协委员。擅长书法。主要著作有《文学概论》《中国书法简史》《中国历代书法论文集》。

J0091955

中国十大行书名迹临习指导　路振平编著
长沙　岳麓书社　1993年　影印本　94页　35×19cm
ISBN：7-80520-390-3　定价：CNY13.80

　　本书荟萃自晋代王羲之至今最有名的10大行书墨迹，包括王羲之《兰亭序》、颜真卿《祭侄稿》、苏轼《黄州寒食诗帖》等。

J0091956

中国书画函授大学书法教学释疑　欧阳中石主编
北京　中国大地出版社　1993年　190页
26cm（16开）ISBN：7-80097-035-3
定价：CNY6.60

　　本书共167个问答题，介绍了有关书法方面的基本知识与书写技法。作者欧阳中石（1928—　），著名文化学者、书法家、书法教育家。山东肥城市人。毕业于北京大学哲学系。历任首都师范大学教授、博士生导师、中国书法文化研究所所长、中国书法家协会顾问、中国画研究院院务委员。书法作品有《欧阳中石书沈鹏诗词选》《中石夜读词钞》，主要著作有《中国逻辑史》《书法与中国文化》《中国书法史鉴》《章草便检》等。

J0091957

篆书入门　顾建平，张伟生编著
上海　上海教育出版社　1993年　164页
26cm（16开）ISBN：7-5320-3000-8
定价：CNY10.80

J0091958

最新毛笔字速成法　孙为民著
福州　海峡文艺出版社　1993年　200页
19cm（小32开）ISBN：7-80534-603-8
定价：CNY6.00

　　本书将铅笔字、钢笔字的技能技巧运用到毛笔字之中，并介绍12种变术。作者孙为民（1949—　），曾名贞才，福建福州人，曾为小学高级教师。

J0091959

帮你学会写楷书　刘长庚，李占华著
郑州　河南人民出版社　1994年　95页
20cm（32开）ISBN：7-215-02331-1
定价：CNY2.40

J0091960

草书教程　王继安著
杭州　中国美术学院出版社　1994年　105页　有图
26cm（16开）ISBN：7-81019-303-1
定价：CNY10.80
（书法教学丛书）

J0091961

草书入门　顾建平，张天民编著
上海　上海教育出版社　1994年　222页
26cm（16开）ISBN：7-5320-3224-8
定价：CNY13.65

J0091962

大中学生书法练习技法　徐光华等主编
北京　中国商业出版社　1994年　135页

27cm（大 16 开）ISBN：7–5044–2693–8
定价：CNY7.80

J0091963
儿童学书法分步练　白雪易编著
南昌 江西美术出版社 1994 年 有插图
17×19cm ISBN：7–80580–184–3 定价：CNY5.50
　　作者白雪易，女，书法家。中国书法家协会
会员，上海市少年宫书法教师。

J0091964
繁难字体楷书法　庄辉著
南京 江苏古籍出版社 1994 年 51 页
26cm（16 开）ISBN：7–80519–603–6
定价：CNY4.80

J0091965
古今书法名作鉴赏大成　洪丕谟著
上海 上海文化出版社 1994 年 12+650 页 有照
片及拓片 26cm（16 开）ISBN：7–80511–584–2
定价：CNY41.40

J0091966
行书教程　任平，翼之著
杭州 中国美术学院出版社 1994 年 93 页 有图
26cm（16 开）ISBN：7–81019–302–3
定价：CNY9.80
（书法教学丛书）
　　作者任平（1952—　），书法家。江苏如皋人，
毕业于杭州大学中文系，获博士学位。历任文化
部中国艺术研究院教授、博士生导师，中国艺术
研究院美术研究所学术委员会委员、书法研究室
主任。中国书法家协会书法教育专业委员会委
员、中国语言学会会员等。代表作品优《中国书
法》《说隶》《笔歌墨舞》《中国书法全集》等。

J0091967
行书教程　任平，翼之著
杭州 中国美术学院出版社 1997 年
2 版（修订版）136 页 26cm（16 开）
ISBN：7–81019–564–6 定价：CNY15.50
（书法教学丛书）

J0091968
行书速成　韦昌敏编著

南宁 广西美术出版社 1994 年 55 页
26cm（16 开）ISBN：7–80582–754–0
定价：CNY4.50

J0091969
黄若舟快写法　黄若舟著
上海 上海人民美术出版社 1994 年 246 页
有照片 20cm（32 开）ISBN：7–5322–1318–8
定价：CNY8.50

J0091970
简牍基础入门　张有清编著
北京 国际文化出版公司 1994 年 74 页
26cm（16 开）ISBN：7–80105–217–X
定价：CNY6.20
（书法技法丛书）

J0091971
简明书法教程　江立中主编
广州 华南理工大学出版社 1994 年 129 页
26cm（16 开）ISBN：7–5623–0671–0
定价：CNY6.20

J0091972
楷书基础入门　卢中南编著
北京 国际文化出版公司 1994 年 74 页
26cm（16 开）ISBN：7–80105–217–X
定价：CNY6.20
（书法技法丛书）

J0091973
楷书教程　洪丕谟，赫崇政著
杭州 中国美术学院出版社 1994 年 148 页
26cm（16 开）ISBN：7–81019–301–5
定价：CNY10.50
（书法教学丛书）

J0091974
楷书教程　洪丕谟，赫崇政著
杭州 中国美术学院出版社 1997 年
2 版（修订版）140 页 26cm（16 开）
ISBN：7–81019–563–8 定价：CNY16.00
（书法教学丛书）

J0091975
楷书速成　韦昌敏编著
南宁 广西美术出版社 1994 年 56 页
26cm（16 开）ISBN：7–80582–753–2
定价：CNY4.50

J0091976
楷书学习指南　王景芬著
北京 金盾出版社 1994 年 94 页 26cm（16 开）
ISBN：7–80022–810–X 定价：CNY5.00

J0091977
楷书旨要　梁志斌著
北京 文化艺术出版社 1994 年 123 页
20cm（32 开）ISBN：7–5039–1061–5
定价：CNY4.95
　　作者梁志斌（1936— ），北京人，毕业于
北京师范学院中文系。历任首都师范大学美术
系副教授、中国书画函授大学教授、北京书法家
协会会员、中华诗词学会会员、中国楹联学会会
员。著有《楷书旨要》《楷书指要》《行书指要》
《草书指要》《隶书指要》。

J0091978
楷书指要　秦永龙主编
北京 中国工人出版社 1994 年 90 页
26cm（16 开）ISBN：7–5008–1583–2
定价：CNY5.60
　　本书包括：执笔与运腕、永字八法、古代楷
书碑帖选介等 7 部分。

J0091979
楷书自学津梁　黎置权著
广州 岭南美术出版社 1994 年 271 页
20cm（32 开）ISBN：7–5362–1125–2
定价：CNY12.00

J0091980
老年书法百题　潘朝曦，刘晓君著
上海 上海书画出版社 1994 年 158 页
19cm（小 32 开）ISBN：7–80512–500–7
定价：CNY8.00

J0091981
理解现代书法　（书法向现代艺术、向前卫艺术

的转型）王南溟著
南京 江苏教育出版社 1994 年 222 页 有彩照
20cm（32 开）ISBN：7–5343–2120–4
定价：CNY4.15

J0091982
隶书基础入门　刘文华编著
北京 国际文化出版公司 1994 年 74 页
26cm（16 开）ISBN：7–80105–217–X
定价：CNY6.20
（书法技法丛书）

J0091983
隶书教程　陈大中等著
杭州 中国美术学院出版社 1994 年 150 页
26cm（16 开）ISBN：7–81019–307–4
定价：CNY9.80
（书法教学丛书）
　　作者陈大中（1962— ），书法家，本名陈建
中，斋名三湖居，生于江苏无锡市。毕业于浙江
美术学院（今中国美术学院）。历任中国美术学院
副教授、西泠印社社员、中国书法家协会会员、
浙江省书法家协会理事。著有《隶书训练新技》
《篆书训练新技》《隶书教程》等。

J0091984
隶书教程　陈大中等著
杭州 中国美术学院出版社 1997 年
2 版（修订版）150 页 26cm（16 开）
ISBN：7–81019–565–4 定价：CNY16.50
（书法教学丛书）

J0091985
隶书教程　陈大中等著
杭州 中国美术学院出版社 1997 年 150 页
26cm（16 开）ISBN：7–81019–565–4
定价：CNY16.50
（书法教学丛书）

J0091986
林散之笔谈书法　林散之著；陆衡整理
苏州 古吴轩出版社 1994 年 92+14 页 有图版
20cm（32 开）ISBN：7–80574–138–7
定价：CNY5.80
　　作者林散之（1898—1989），山水画家、书法

家。名霖，又名以霖，字散之，号三痴、左耳等。生于江苏江浦县，祖籍安徽和县。历任南京书画院名誉院长、江苏省书法家协会名誉主席。代表作有《许瑶诗论怀素草书》《自作诗论书一首》《李白草书歌行》等。

J0091987

林散之笔谈书法　林散之著；陆衡整理
苏州　古吴轩出版社　1998年　重印本　92页
有图版　20cm（32开）ISBN：7-80574-282-0
定价：CNY5.80

J0091988

林散之研究　（第一辑）林散之研究会编
南京　东南大学出版社　1994年　276页　有照片
20cm（32开）ISBN：7-81023-954-6
定价：CNY9.50

　　本书收《江上语粹》《一代草圣林散之》《怀念林散之先生》等文章，还有报刊集萃和学术史料。

J0091989

柳体字基本笔法与结构　未知编
武汉　长江文艺出版社　1994年　53页
26cm（16开）ISBN：7-5354-1109-6
定价：CNY5.60

　　本书为一版一印，另存在一版一印价格为5.80的印本。

J0091990

论书名句　李峰山辑书
西安　陕西人民出版社　1994年　314页
26cm（16开）ISBN：7-224-03732-X
定价：CNY22.00

　　本书汇集我国古今论书名言1500余条，论书诗200多首。按照书法艺术的性质、笔墨技法、章法布局、学书素养等归类编列，并附有辑者墨迹。作者作者李峰山（1924—　），陕西蒲城人。历任中国书画家协会会员、东方书画家协会会员、陕西省书协会员、陕西老年书画学会名誉理事长。著有《论书名句》《李峰山墨迹》等。

J0091991

毛笔楷书教程　（上册　基本笔画）卢桐著
沈阳　辽宁大学出版社　1994年　77页

26cm（16开）ISBN：7-5610-2762-1
定价：CNY4.50

　　作者卢桐（1947—　），书法家、国家二级美术师。生于辽宁沈阳，祖籍河北饶阳。历任沈阳民族书画院院长、中国书法艺术研究院艺术委员会理事、东北大学客座教授。出版有《卢桐书法集》。

J0091992

毛笔楷书教程　（下册　间架结构）卢桐著
沈阳　辽宁大学出版社　1994年　99页
26cm（16开）ISBN：7-5610-2749-4
定价：CNY5.00

J0091993

明清书法论文选　崔尔平选编点校
上海　上海书店　1994年　2册（1105页）
20cm（32开）ISBN：7-80569-352-8
定价：CNY35.00

　　本书所辑计55家62篇，所选各篇内容以书学理论、品评鉴赏为主，入选各家均有提要、作者生平介绍、论书要旨和版本源流等。

J0091994

欧体字基本笔法与结构　未知编
武汉　长江文艺出版社　1994年　58页
26cm（16开）ISBN：7-5354-1109-6
定价：CNY4.95

J0091995

欧阳询楷书间架结构九十二法　石良主编
北京　中国书籍出版社　1994年　39页
26cm（16开）ISBN：7-5068-0398-4
定价：CNY3.50

J0091996

软硬笔楷书教程　袁晓义编写
成都　西南财经大学出版社　1994年　168页
13×18cm　ISBN：7-81017-827-X　定价：CNY7.80
（书法教程7）

J0091997

三笔字书写教学与训练　张桂光主编
广州　广东高等教育　1994年　340页　20cm（32开）
ISBN：7-5361-1490-7　定价：CNY6.70

作者张桂光(1948—　)，教授、书法家。历任华南师范大学中文系教授、中国古文字研究会理事、广东省书法家协会主席。作品有《三笔字书写教学与训练》《张桂光书法集》。

J0091998
少儿书法入门　徐伟编著
北京 首都师范大学出版社 1994年 125
19cm(小32开) ISBN：7-81039-118-6
定价：CNY4.80
(少儿文化技能丛书)

作者徐伟，中国书法家协会会员、中国书画函授大学副教授。

J0091999
少年书法讲座　林少明著
广州 新世纪出版社 1994年 75页 26cm(16开)
ISBN：7-5405-0779-9 定价：CNY5.80

J0092000
师范生字帖　(柳体)陆修伯，张树华主编
南京 江苏美术出版社 1994年 85页
26cm(16开) ISBN：7-5344-0402-9
定价：CNY8.60

J0092001
师范生字帖　(欧体)陆修伯，张树华主编
南京 江苏美术出版社 1994年 92页
26cm(16开) ISBN：7-5344-0401-0
定价：CNY8.60

J0092002
师范生字帖　(颜体)陆修伯，张树华主编
南京 江苏美术出版社 1994年 91页
26cm(16开) ISBN：7-5344-0402-9
定价：CNY8.60

J0092003
师范生字帖　(硬笔书法)陆修伯，张树华主编
南京 江苏美术出版社 1994年 87页
26cm(16开) ISBN：7-5344-0404-5
定价：CNY8.60

J0092004
师范生字帖　(颜体)陆修伯，张树华主编

南京 江苏美术出版社 1997年 重印本 91页
26cm(16开) ISBN：7-5344-0402-9
定价：CNY9.60

J0092005
诗书合璧书法　赵柏月著
北京 京华出版社 1994年 92页 有照片
26cm(16开) ISBN：7-80600-017-8
定价：CNY8.00

作者赵柏月(1945—　)，本名赵立元，字柏月，天津武清人。北京市神品阁书画社总经理、东方书画艺术研究会理事、中华诗词协会会员。

J0092006
实用书法教程　史龙身等主编
长春 吉林人民出版社 1994年 151页
26cm(16开) ISBN：7-206-02176-X
定价：CNY13.50

J0092007
书法　胡鲁沙主编；武汉市教学研究室编
北京 高等教育出版社 1994年 重印本 117页
有图版 26cm(16开) ISBN：7-04-004238-X
定价：CNY3.80

J0092008
书法　(试用本)全国职业高中商品营销专业教材编写组编
上海 上海科技教育出版社 1994年 63页
26cm(16开) ISBN：7-5428-0935-0
定价：CNY2.80

J0092009
书法创作入门　武道湘著
长沙 湖南美术出版社 1994年 178页
20cm(32开) ISBN：7-5356-0649-0
定价：CNY8.50

J0092010
书法基础与技能训练教程　陈玉秋，唐广月编写
南宁 广西美术出版社 1994年 75页
26cm(16开) ISBN：7-80582-701-X
定价：CNY3.60

作者陈玉秋，高校书法教师。作者唐广月，

高校书法教师。

J0092011

书法教程　欧阳中石，徐无闻主编；王世征等执笔

北京　高等教育出版社 1994 年　270 页

26cm（16 开）ISBN：7-04-004775-6

定价：CNY6.95

　　主编欧阳中石（1928—　），著名文化学者、书法家、书法教育家。山东肥城人。毕业于北京大学哲学系。历任首都师范大学教授、博士生导师、中国书法文化研究所所长、中国书法家协会顾问、中国画研究院院务委员。书法作品有《欧阳中石书沈鹏诗词选》《中石夜读词钞》，主要著作有《中国逻辑史》《书法与中国文化》《中国书法史鉴》《章草便检》等。主编徐无闻（1931—1993），书法家、教授。名永年，字嘉龄，四川成都人。毕业于四川大学中文系。曾任西南师范大学中文系教授，中国作家协会会员，中国书法家学会理事，四川省书法家协会副主席。代表作品《徐无闻书法集》《徐无闻印存》《徐无闻临中山王厝鼎》等。

J0092012

书法美的表现　（书法艺术形态学论纲）张稼人著

上海　上海书画出版社 1994 年　203 页

20cm（32 开）ISBN：7-80512-644-5

定价：CNY12.00

　　本书内容分：书法艺术特征、书法艺术笔画美的表现、书法艺术价值及其评价标准等 6 章。

J0092013

书法美学教程　陈振濂著

杭州　中国美术学院出版社 1994 年　226 页

有附图 26cm（16 开）ISBN：7-81019-306-6

定价：CNY15.00

（书法教学丛书）

　　作者陈振濂（1956—　），书法家。号颐斋。生于上海，浙江鄞县人。曾任浙江大学人文学院副院长、中国文联副主席、中国书法家协会副主席、中国文艺评论家协会副主席、浙江省文联副主席、西泠印社副社长。著作有《书法美学》《大学书法教材集成》。

J0092014

书法美学教程　陈振濂著

杭州　中国美术学院出版社 1997 年

2 版（修订版）218 页 26cm（16 开）

ISBN：7-81019-569-7 定价：CNY25.00

（书法教学丛书）

J0092015

书法评论文集　（对当今书坛热点问题的反思）

《书法》杂志编辑部编

上海　上海书画出版社 1994 年　326 页

20cm（32 开）ISBN：7-80512-848-0

定价：CNY18.00

J0092016

书法起步　赵维松编著

沈阳　辽宁科学技术 1994 年　60 页 19×26cm

ISBN：7-5381-2044-0 定价：CNY6.00

J0092017

书法入门　王纲编著

成都　电子科技大学社 1994 年　104 页

20cm（32 开）ISBN：7-81016-807-X

定价：CNY7.80

（王纲书法丛书）

　　作者王纲（1932—　），土家族，四川石柱县人。四川省社会科学院历史研究所副研究员。

J0092018

书法入门　吴域著

南昌　江西美术出版社 1994 年 2 版 82 页

26cm（16 开）ISBN：7-80580-188-6

定价：CNY11.00

J0092019

书法入门丛书　谭秉言等编写

北京　学苑出版社 1994 年　3 册 26cm（16 开）

ISBN：7-5077-0812-8 定价：CNY9.60

　　作者谭秉言（1948—　），书法家。现名谭秉炎。生于湖南长沙。历任中国书法家协会会员、长沙市书法家协会主席。善画山水，兼写花卉。

J0092020

书法史学教程　陈振濂著

杭州　中国美术学院出版社 1994 年　241 页

26cm（16 开）ISBN：7–81019–305–8
定价：CNY15.00
（书法教学丛书）

J0092021
书法史学教程　陈振濂著
杭州 中国美术学院出版社 1997 年
2 版（修订版）207 页 26cm（16 开）
ISBN：7–81019–568–9 定价：CNY25.00
（书法教学丛书）

J0092022
书法学步　韩嘉祥著
石家庄 河北教育出版社 1994 年 2 版 111 页
有图 19cm（小 32 开）ISBN：7–5434–1085–0
定价：CNY3.00
（小博士文库）

J0092023
书法学习与指导　姜广志著
南京 南京出版社 1994 年 144 页 19cm（小 32 开）
ISBN：7–80614–038–7 定价：CNY4.50

J0092024
书法学习指南　于景显著
沈阳 春风文艺出版社 1994 年 108 页
26cm（16 开）ISBN：7–5313–1329–4
定价：CNY6.00
　　本书分：用笔常识、唐楷学习指导、章法与
创作 6 部分。

J0092025
书法艺术基础知识　常勇编著
北京 中国商业出版社 1994 年 147 页
26cm（16 开）ISBN：7–5044–2886–8
定价：CNY7.90

J0092026
书法艺术基础知识　常勇编著
北京 中国商业出版社 1997 年 重印本 147 页
26cm（16 开）ISBN：7–5044–2886–8
定价：CNY9.80

J0092027
书法艺术漫话　刘正强著

台北 业强出版社 1994 年 233 页 有图
21cm（32 开）ISBN：957–683–268–3
定价：TWD120.00
（青少年图书馆 82）

J0092028
书法与司法笔录训练　党禺等撰
北京 中国政法大学出版社 1994 年 231 页
有插图 20cm（32 开）ISBN：7–5620–1111–7
定价：CNY7.50

J0092029
书法自修导读　陈祖范，吴圣麟编著
上海 上海教育出版社 1994 年 352 页
20cm（32 开）ISBN：7–5320–3285–X
定价：CNY10.50
　　本书包括：书学理论、书道技艺、书法应用、
书作析赏等 4 编。作者陈祖范（1926—　　　），书法
家。祖籍浙江鄞县，生于上海。原名绪章，号态
斋，别署继雅堂主人。历任中国书法家协会会
员、香港东方文化中心委员、国际书画学会理事
等职。出版专著《近代书苑采英》《书法自修导
读》等。

J0092030
书谱聚珍　肖纯，陆明编
天津 天津人民美术出版社 1994 年 影印本
171 页 26cm（16 开）ISBN：7–5305–0382–0
定价：CNY14.80

J0092031
书写技法　崔志远主编；田凤林等撰稿
石家庄 花山文艺出版社 1994 年 296 页
20cm（32 开）ISBN：7–80505–778–8
定价：CNY6.10
（教师职业技能训练丛书）

J0092032
书苑漫笔　郭连增，郭广姝著
太原 山西人民出版社 1994 年 104 页 有照片
26cm（16 开）ISBN：7–203–03208–6
定价：CNY7.80
（晋源风骚丛书 2）
　　全书分：文房四宝、书法基本技法、各种书
体的学习等 5 部分。

J0092033
王学仲书法论集　王学仲著；于明夫编
天津　百花文艺出版社　1994 年　233 页　有照片
20cm（32 开）ISBN：7-5306-1630-7
定价：CNY7.60
（黾园论丛）

　　本书收有论文 33 篇，分为：石刻考论、书法史论、古书家论、现代书论等 7 部分。作者王学仲（1925—2013），画家、教育家。别名王黾、滕固词人，山东滕州人。毕业于中央美术学院。历任中国书法家协会顾问、中国书法家协会副主席、学术委员会主任，天津大学艺术研究所所长、教授。代表作品有《四季繁荣图》《王学仲美术论》《垂杨饮马图》等。

J0092034
魏碑基础入门　卢中南编著
北京　国际文化出版公司　1994 年　74 页
26cm（16 开）ISBN：7-80105-217-X
定价：CNY6.20
（书法技法丛书）

J0092035
魏体字基本方法与结构　未知编
武汉　长江文艺出版社　1994 年　55 页
26cm（16 开）ISBN：7-5354-1109-6
定价：CNY4.95

J0092036
现代中外装潢美术字　雨羊等编绘
天津　天津杨柳青画社　1994 年　190 页　21×18cm
ISBN：7-80503-217-3　定价：CNY8.80

J0092037
写字教程　湖南省中师教育研究会编
长沙　湖南教育出版社　1994 年　2 版　203 页
26cm（16 开）ISBN：7-5355-1165-1
定价：CNY7.00

J0092038
新编实用书法　（上）李风暴主编
沈阳　辽宁人民出版社　1994 年　162 页
26cm（16 开）ISBN：7-205-03087-0
定价：CNY11.00

J0092039
新编实用书法　（下）李风暴主编
沈阳　辽宁人民出版社　1995 年　184 页
26cm（16 开）ISBN：7-205-03432-9
定价：CNY13.00

J0092040
学界名家书法谈　刘正成编
北京　荣宝斋　1994 年　141 页　有图　20cm（32 开）
ISBN：7-5003-0277-0　定价：CNY12.00

　　编者刘正成（1946—　），编审。笔名听涛斋主、八方斋主、松竹梅花堂主人等，生于四川成都。历任国际书法家协会主席、中国书法家协会副秘书长、中国书协学术委员会副主任，《中国书法》杂志社社长、主编，《中国书法全集》主编。编著有《刘正成书法集》《当代书法精品集－刘正成》《书法艺术概论》《晤对书艺－刘正成书法对话录》等。

J0092041
颜体字基本笔法与结构　未知编
武汉　长江文艺出版社　1994 年　58 页
26cm（16 开）ISBN：7-5354-1109-6
定价：CNY4.95

J0092042
怎样临好《九成宫》（毛笔钢笔两用）刘景向编著
上海　上海文化出版社　1994 年　107 页
26cm（16 开）ISBN：7-80511-586-9
定价：CNY6.80

J0092043
怎样临好《玄秘塔》（毛笔钢笔两用）刘景向编著
上海　上海文化出版社　1994 年　113 页
26cm（16 开）ISBN：7-80511-678-4
定价：CNY7.00

J0092044
怎样写好楷书结构　杨永健著
上海　上海书店　1994 年　48 页　有照片
26cm（16 开）ISBN：7-80569-919-4
定价：CNY6.00

　　作者杨永健（1948—　），浙江海盐人，中国书法家协会会员、上海书法家协会理事。

J0092045
怎样写好毛笔字　周礼贤编写
太原　希望出版社　1994年　74页　19cm（小32开）
定价：CNY1.80
（农村少年文库　教育篇）

J0092046
怎样学楷书　夏珍媛，禹天安编著
北京　兵器工业出版社　1994年　60页　有插图
19cm（小32开）ISBN：7-80038-705-4
定价：CNY3.60

J0092047
章法基础入门　薛夫彬编著
北京　国际文化出版公司　1994年　74页
26cm（16开）ISBN：7-80105-217-X
定价：CNY6.20
（书法技法丛书）
　　　作者薛夫彬（1944—　），回族，书法家。生
于北京。历任北京教育学院美术系副教授、书法
研究室主任，中国书法家协会理事等。著有《薛
夫彬书法篆刻作品选》《楷书技法》《中国书法概
述》《余墨杂痕》等。

J0092048
赵孟頫国际书学研讨会论文集　浙江省书法
家协会编
上海　上海书店　1994年　278页　20cm（32开）
ISBN：7-80569-664-0　定价：CNY16.00

J0092049
赵体学习指南　宁书纶编著
天津　天津杨柳青画社　1994年　113页　有图
26cm（16开）ISBN：7-80503-229-7
定价：CNY6.20

J0092050
赵体字基本笔法与结构　未知编
武汉　长江文艺出版社　1994年　56页
26cm（16开）ISBN：7-5354-1109-6
定价：CNY4.95

J0092051
中国历代书法谈要　师勉之著
北京　中国大百科全书出版社　1994年　360页
有肖像及图　26cm（16开）ISBN：7-5000-5367-3
定价：CNY60.00

J0092052
中国书法歌诀　黄韵撰并书
北京　北京体育学院出版社　1994年　60页
26cm（16开）ISBN：7-81003-748-X
定价：CNY4.80

J0092053
中国书法简明教程　启笛编著
北京　宇航出版社　1994年　291页　26cm（16开）
ISBN：7-80034-733-8　定价：CNY24.00
　　　作者袁守启（1948—　），研究员，博士生导
师。笔名启笛，山东莘县人。毕业于山东大学。
历任国家发展和改革委员会宏观经济研究院研
究员、中国东方文化研究会会长、中国宏观经济
研究会副会长、中国书法艺术研究院院长。中国
书法家协会会员、中国王羲之基金会理事、国际
书画学会会员。创造方正启笛字体。编著有《中
国书法简明教程》《启笛手书毛泽东诗词四十首》
《启笛钢笔书法字帖》等。

J0092054
中国书法美学　金学智著
南京　江苏文艺出版社　1994年　2册（1174页）
有图　20cm（32开）精装　ISBN：7-5399-0680-4
定价：CNY55.40
　　　全书包括："中国书法艺术的多质性"、"比
较：书法在艺术群族的关系网络中"、"中国书法
美学思想史概观"等4编，另及附编。作者金学
智，江苏常州人，苏州教育学院教授。

J0092055
中国书法速成教程　高景林编著
北京　中国国际广播出版社　1994年　160页
20cm（32开）ISBN：7-5078-1053-4
定价：CNY5.80
　　　作者高景林，中国书法家协会会员。

J0092056
中国书法与线条艺术　丁梦周著

合肥　安徽教育出版社　1994 年　292 页　有照片
20cm（32 开）ISBN：7-5336-1492-5
定价：CNY9.00

　　本书讨论线条与书法艺术起源、书法线条的
品格、线条与篆书等问题。

J0092057
中老年人书法速成　阿敏著
南京　江苏人民出版社　1994 年　235 页
26cm（16 开）ISBN：7-214-01353-3
定价：CNY20.00

　　本书包括：中老年人书法速成提要、临习参
考说明、题款常识、书例细目等 7 部分。

J0092058
篆书章法　张永明著
北京　北京体育大学出版社　1994 年　108 页
26cm（16 开）ISBN：7-81003-749-8
定价：CNY7.50
（章法丛书）

　　本书内容包括：篆书的章法、篆书作品说明
等。作者张永明（1950—　　），书法家。河南新县
人。历任中国书法家协会会员、北京书法教育学
会副会长、中国楹联学会会员。著作有《篆书与
篆书笔法》《篆书技法》《篆书章法》《秦篆书刻
石四种解析字帖》《西周金文五种解析字帖》等。

J0092059
篆书章法　张永明著
北京　北京体育大学出版社　1995 年　重印本
108 页　26cm（16 开）ISBN：7-81003-749-8
定价：CNY8.00
（章法丛书）

　　本书内容包括：篆书的章法、篆书作品说
明等。

J0092060
99 天毛笔字速成练习法　（隶书）刘炳森著
北京　北京体育大学出版社　1995 年　50 页
26cm（16 开）ISBN：7-81003-955-5
定价：CNY7.80

　　中国现代书法作品。

J0092061
99 天毛笔字速成练习法　（楷书　颜体）杨再

春选编
北京　北京体育大学出版社　1995 年　50 页
26cm（16 开）ISBN：7-81003-957-1
定价：CNY7.80

　　中国现代书法作品。

J0092062
99 天毛笔字速成练习法　（行书）杨再春著
北京　北京体育大学出版社　1995 年　50 页
26cm（16 开）ISBN：7-81003-956-3
定价：CNY7.80

　　中国现代书法作品。

J0092063
草书基础知识　俞尔科编著
上海　上海书画出版社　1995 年　172+56 页
19cm（小 32 开）ISBN：7-80512-809-X
定价：CNY15.00
（书法知识丛书）

　　本书内容包括：草体简释，草书发展简史，
近代草书发展概况，草书的用笔、结体和章法，
草书基本点画写法举例，学草杂论，草书的赏
析等。

J0092064
草书技法　（草书笔法与结构）李松著
北京　北京出版社　1995 年　重印本　90 页
26cm（16 开）ISBN：7-200-01972-0
定价：CNY6.50
（中国书法技法丛书）

　　作者李松（1932—　　），中国美术家协会理
事、理论委员会委员、中国画研究院院务委员。

J0092065
草书入门　小奇等编
北京　中国画报出版社　1995 年　37 页
26cm（16 开）ISBN：7-80024-186-6
定价：CNY5.90
（书法入门丛书）

J0092066
草书自学教程　黄全信编著
北京　华语教学出版社　1995 年　152 页
26cm（16 开）ISBN：7-80052-385-3
定价：CNY12.60

（中国书法自学丛书）

J0092067
初学书法百例疑难问答　张清荣编著
南昌　江西美术出版社 1995 年 129 页
26cm（16 开）ISBN：7-80580-286-6
定价：CNY13.00

J0092068
大学书法专业教学法　陈振濂著
沈阳　辽宁教育出版社 1995 年 611 页
20cm（32 开）ISBN：7-5382-4298-8
定价：CNY25.00
　　外文书名：Teaching Method for College
Calligraphy. 作者陈振濂（1956—　），书法家。号
颐斋。生于上海，浙江鄞县人。曾任浙江大学人
文学院副院长、中国文联副主席、中国书法家协
会副主席、中国文艺评论家协会副主席、浙江省
文联副主席、西泠印社副社长。著作有《书法美
学》《大学书法教材集成》。

J0092069
儿童学书法阶梯　白雪易编著
上海　上海教育出版社 1995 年 69 页
28cm（大 16 开）ISBN：7-5320-3753-3
定价：CNY8.10
　　作者白雪易，女，书法家。中国书法家协会
会员、上海市少年宫书法教师。

J0092070
傅山书法艺术研究　刘江，谢启源著
太原　山西人民出版社 1995 年 410 页　有图
37cm　精装　ISBN：7-203-03372-4
定价：CNY448.00

J0092071
汉隶《曹全碑》技法　张敏编著
长沙　湖南文艺出版社 1995 年 60 页
37cm（8 开）ISBN：7-5404-1357-3
定价：CNY8.40
（书法技巧实用丛书）
　　作者张敏，湖南省青年书法家协会副秘
书长。

J0092072
行草书基础技法通讲　《书与画》编辑部选编
上海　上海书画出版社 1995 年 246 页
19cm（32 开）ISBN：7-80512-689-5
定价：CNY11.50
（书与画丛书）

J0092073
行书　上海人民美术出版社编
上海　上海人民美术出版社 1995 年 145 页
26cm（16 开）ISBN：7-5322-1239-4
定价：CNY14.00
（中国历代书法精品丛书）

J0092074
行书技法　（行书笔法与结构）薛夫彬著
北京　北京出版社 1995 年　重印本 86 页
26cm（16 开）ISBN：7-200-01971-2
定价：CNY6.30
（中国书法技法丛书）

J0092075
行书自学教程　黄全信编著
北京　华语教学出版社 1995 年 152 页
26cm（16 开）ISBN：7-80052-384-5
定价：CNY12.60
（中国书法自学丛书）

J0092076
行书自学教程　（英文本）黄全信编著
北京　华语教学出版社 1998 年 152 页
26cm（16 开）ISBN：7-80052-456-6
定价：[CNY35.00]
（中国书法自学丛书）

J0092077
黄绮书法论文选　黄绮著
保定　河北大学出版社 1995 年 224 页
20cm（32 开）精装　ISBN：7-81028-242-5
定价：CNY18.00
　　作者黄绮（1914—2005），学者、教育家、书
法家。号九一，生于安徽安庆，毕业于西南联
大。曾任教于安徽大学、天津津沽大学、河北大
学，中国书法家协会副主席、河北省书法家协会
主席、中国语言学会理事、中国音韵研究会理事

等。篆刻作品和理论专著有《黄绮八十寿辰书画展览作品选》《黄绮书画精品集》《黄绮书法刻印集》和《黄绮论书款跋》等。

J0092078

简明书法教程 余德泉编著

长沙 湖南美术出版社 1995年 252页 有插图 20cm(32开) ISBN:7-5356-0751-9

定价:CNY9.50

作者余德泉,长沙工业高等专科学校教授。

J0092079

楷书百日通 沈鸿根编著

上海 上海文化出版社 1995年 124页 26cm(16开) ISBN:7-80511-807-8

定价:CNY10.70

(书法百日通系列)

作者沈鸿根(1943—),书法家。别号江鸟,出生于上海。曾任《写字》杂志副总编、上海中华书画协会副会长、中国书法家协会会员、上海市书法家协会硬笔书法家联谊会首任会长。出版作品《行书概论》《书法十五讲》《硬笔书法百日通》等。

J0092080

楷书基础技法通讲 《书与画》编辑部选编

上海 上海书画出版社 1995年 206页 19cm(小32开) ISBN:7-80512-687-9

定价:CNY10.00

(书与画丛书)

J0092081

楷书技法 (柳体笔法与结构)张书范著

北京 北京出版社 1995年 90页 有照片 26cm(16开) ISBN:7-200-02629-8

定价:CNY6.50

(中国书法技法丛书)

作者张书范(1943—),字语迟,祖籍河北深州,中国书法家协会会员、北京市书法家协会理事。编写有《楷行书章法一百例》《魏碑技法》《柳体技法》等。

J0092082

楷书技法 (颜体笔法与结构)赵家熹著

北京 北京出版社 1995年 90页 有照片

26cm(16开) ISBN:7-200-02630-1

定价:CNY6.50

(中国书法技法丛书)

作者赵家熹(1948—),山东掖县人,北京景山学校高级教师、北京师范大学艺术系副教授、北京书法协会常务理事。

J0092083

楷书技法 (赵体笔法与结构)徐伟著

北京 北京出版社 1995年 90页 有肖像 26cm(16开) ISBN:7-200-02628-X

定价:CNY6.50

(中国书法技法丛书)

作者徐伟,北京首都博物馆书法专业工作者,中国书法家协会会员、北京书法家协会会员。

J0092084

楷书技法百日通 李鑫华著

北京 中国和平出版社 1995年 106页 26cm(16开) ISBN:7-80101-382-4

定价:CNY12.00

作者李鑫华(1956—),字师忱,生于北京,祖籍山西平遥。中央教育科学研究所副研究员、中国书法家协会会员。著有《楷书技法百日通》《书法与欣赏》《楷书基础》《行书基础》《篆隶草书与篆刻基础》等。

J0092085

楷书快速入门 洪丕谟,高宝平著

上海 上海人民美术出版社 1995年 26cm(16开) ISBN:7-5322-1366-8 定价:CNY14.00

J0092086

楷书练习册 (第一册)王新庭,潘善助编撰

杭州 浙江人民美术出版社 1995年 16页 19×29cm 定价:CNY1.60

中国现代书法作品。

J0092087

楷书练习册 (第二册)王新庭,潘善助编撰

杭州 浙江人民美术出版社 1995年 24页 19×29cm 定价:CNY2.50

中国现代书法作品。

J0092088

楷书练习册 （第三册）王新庭，潘善助编撰

杭州 浙江人民美术出版社 1995 年 32 页

19×29cm 定价：CNY3.50

中国现代书法作品。

J0092089

楷书练习册 （第四册）王新庭，潘善助编撰

杭州 浙江人民美术出版社 1995 年 24 页

19×29cm 定价：CNY2.50

中国现代书法作品。

J0092090

楷书入门 子良等编

北京 中国画报出版社 1995 年 37 页

26cm（16 开）ISBN：7-80024-188-2

定价：CNY5.90

（书法入门丛书）

J0092091

楷书书写入门 赵岩崚编著

太原 山西人民出版社 1995 年 65 页

26cm（16 开）ISBN：7-203-03344-9

定价：CNY5.80

（书法系列丛书）

J0092092

楷书书写入门 赵岩崚编著

太原 山西人民出版社 1996 年 重印本 65 页

26cm（16 开）ISBN：7-203-03344-9

定价：CNY5.80

（书法系列丛书）

J0092093

楷书自学教程 黄全信编著

北京 华语教学出版社 1995 年 152 页

26cm（16 开）ISBN：7-80052-382-9

定价：CNY12.60

（中国书法自学丛书）

J0092094

楷书自学教程 黄全信编著

北京 华语教学出版社 1996 年 151 页

26cm（16 开）ISBN：7-80052-458-2

（中国书法自学丛书）

J0092095

康务学书艺生涯 包永庄，许兴卯［著］

兰州 甘肃人民出版社 1995 年 142 页 有图

19cm（小 32 开）ISBN：7-226-01352-5

定价：CNY10.00

作者包永庄（1962—　　），笔名武胜、顾海、王旭东等。甘肃省武山县志办任职，中外名人研究会会员、中国作协甘肃分会会员。作者许兴卯（1963—　　），《天水日报》记者，甘肃省新闻学会会员。

J0092096

老年书法 浙江省老龄委员会主编；孙钊编著

杭州 浙江人民美术出版社 1995 年 242 页

26cm（16 开）ISBN：7-5340-0515-9

定价：CNY16.00

J0092097

老年书法基础训练 王颂余，喻建十著

天津 天津人民美术出版社 1995 年 115 页

26cm（16 开）ISBN：7-5305-0444-4

定价：CNY10.00

（美术技法系列丛书）

作者王颂余（1910—2005），书法家、山水画家。出生于天津。天津美术学院任教。代表作品《把余粮卖给国家》《凯歌黄金路》《溓水清兮清且甘》等。作者喻建十（1959—　　），艺术家、教授。生于天津。历任中国书法家协会教育委员会委员、天津市书法家协会副主席；天津美术学院中国画系教授、硕士生导师，天津商业大学客座教授。著有《王颂余教学范图》《名家说名画——喻建十说黄慎》《书法艺术学》《中国山水画名家精品集——喻建十》等。

J0092098

李百忍书艺文录 孟堃编

合肥 黄山书社 1995 年 117 页 有彩照

20cm（32 开）ISBN：7-80535-995-4

定价：CNY12.00

J0092099

李邕麓山寺碑临写法 （唐）李邕书；吴柏森编著

上海 上海书店出版社 1995 年 26cm（16 开）

ISBN：7-80622-028-3 定价：CNY12.00

作者李邕（678—747），唐代书法家。即李

北海，也称李括州，字泰和，唐朝宗室。鄂州江夏(今湖北武汉市江夏区)人。主要作品有《李思训碑》《麓山寺碑》《云麾将军碑》等。

J0092100

隶书入门　小青等编

北京 中国画报出版社 1995 年 37 页

26cm(16 开) ISBN：7-80024-187-4

定价：CNY5.90

(书法入门丛书)

J0092101

隶书自学教程　黄全信编著

北京 华语教学出版社 1995 年 152 页

26cm(16 开) ISBN：7-80052-386-1

定价：CNY12.60

(中国书法自学丛书)

J0092102

柳公权楷书间架结构九十二法　石良主编

北京 中国书籍出版社 1995 年 重印本 39 页

26cm(16 开) ISBN：7-5068-0397-6

定价：CNY4.20

J0092103

柳公权楷书习字帖　周妍编

乌鲁木齐 新疆美术摄影出版社 1995 年 64 页

26cm(16 开) ISBN：7-80547-341-2

定价：CNY5.80

　　中国现代书法作品。

J0092104

毛笔钢笔草书教程　卢桐编写

银川 宁夏少年儿童出版社 1995 年 27 页

26cm(16 开) ISBN：7-80620-023-1

定价：CNY3.90

(卢桐系列书法教程 3)

　　作者卢桐(1947—　　)，书法家、国家二级美术师。生于辽宁沈阳，祖籍河北饶阳。历任沈阳民族书画院院长、中国书法艺术研究院艺术委员会理事、东北大学客座教授。出版有《卢桐书法集》。

J0092105

毛笔钢笔楷书教程　卢桐编写

银川 宁夏少年儿童出版社 1995 年 34 页

26cm(16 开) ISBN：7-80620-021-5

定价：CNY3.90

(卢桐系列书法教程 1)

J0092106

毛笔钢笔隶书教程　卢桐编写

银川 宁夏少年儿童出版社 1995 年 28 页

26cm(16 开) ISBN：7-80620-024-X

定价：CNY3.90

(卢桐系列书法教程 4)

J0092107

毛笔钢笔魏书教程　卢桐编写

银川 宁夏少年儿童出版社 1995 年 31 页

26cm(16 开) ISBN：7-80620-025-8

定价：CNY3.90

(卢桐系列书法教程 5)

J0092108

毛笔隶书一百天　程方平编著

北京 中央民族大学出版社 1995 年 100 页

26cm(16 开) ISBN：7-81001-908-2

定价：CNY6.80

　　作者程方平，教授。浙江衢州人，历任国家教委高等教育研究中心副研究员、教育与科普研究所所长、中国比较教育学会、陶行知研究会常务理事、中国书法协会会员等职。著有《新师说》《教育情报学简论》《隋唐五代的儒学》《辽金元教育史》《历代名帖速藏习字系列》等。

J0092109

米芾苕溪诗帖蜀素帖及其笔法　骆恒光著

杭州 西泠印社 1995 年 重印本 91 页

26cm(16 开) ISBN：7-80517-131-9

定价：CNY8.90

　　作者骆恒光(1943—　　)，书法家。号翼之，浙江诸暨人。毕业于浙江美术学院。历任浙江教育出版社美术编辑、中国硬笔书法家协会副主席、中国书法家协会会员、浙江分会理事、浙江省书法理论研究会副会长兼秘书长。著有《骆恒光论书》《行书法图说》《王羲之圣教序及其笔法》。

J0092110
名家指导少年书法　汤兆基编
上海　少年儿童出版社 1995年 130页 21×19cm
ISBN：7-5324-2877-X 定价：CNY15.00
　　作者汤兆基(1942—)，工艺美术师。浙江湖州人。任职于上海工艺美术研究所，中国书法家协会会员、中国美术家协会上海分会会员。出版有《篆刻自学指导》《篆刻问答100题》《篆刻欣赏常识》《汤兆基书画篆刻集》等。

J0092111
明清书法论文选　崔尔平选编点校
上海　上海书店出版社 1995年 重印本
10+1106页 20cm(32开) 精装
ISBN：7-80622-001-1 定价：CNY48.00

J0092112
启功论书绝句百首　启功著
北京　荣宝斋出版社 1995年 75页 26cm(16开)
ISBN：7-5003-0245-2 定价：CNY28.00
　　作者启功(1912—2005)，满族，中国现代著名书法家。字元伯，北京人。曾任北京师范大学教授、中央文史研究馆副馆长、中国书协名誉主席等职、世界华人书画家联合会创会主席、中国佛教协会、故宫博物院、国家博物馆顾问、西泠印社社长。

J0092113
山东古代书法论　刘瑞轩，管斌著
济南　山东大学出版社 1995年 249页 有附图版
20cm(32开) ISBN：7-5607-1376-9
定价：CNY13.80
　　作者刘瑞轩(1938—)，从事书法教学与研究。作者管斌，学者、作家、记者。中国作家协会山东分会、国际书画家协会会员。

J0092114
少儿书法入门　(颜体楷书)南峰著
北京　中国劳动出版社 1995年 82页 有插图
26cm(16开) ISBN：7-5045-1471-3
定价：CNY8.00
　　作者南峰，书法教育工作者。

J0092115
少年书法入门　(正楷)柳珍编

北京　农村读物出版社 1995年 33页
26cm(16开) ISBN：7-5048-2608-1
定价：CNY4.90

J0092116
实用对联书法欣赏　(精品珍藏卷)李华亭编写
郑州　河南美术出版社 1995年 77页
26cm(16开) ISBN：7-5401-0423-6
定价：CNY6.90
　　作者李华亭(1941—2006)，书法家。名诗璞，字荆如，号文宪子。山东滕州市人。历任中国楹联学会理事、中国书法家协会会员、济宁书协副主席、邹城市书协主席、曲阜师范大学书画院院士。代表作品有《兔阳草堂诗存》《兔阳尺牍》《兔阳联语》《古今音律辨析》等。

J0092117
实用书法　浙江省商业厅教材编审领导小组编写
杭州　杭州大学出版社 1995年 91页
26cm(16开) ISBN：7-81035-814-6
定价：CNY7.50

J0092118
实用书法要义　倪汉才等著
上海　上海书店出版社 1995年 140页
19cm(小32开) ISBN：7-80622-031-3
定价：CNY7.80
　　作者倪汉才，上海金融高等专科学校高级教师。

J0092119
书法标准教材　李光祥，王绥先主编
济南　山东大学出版社 1995年 重印本 240页
26cm(16开) ISBN：7-5607-1075-1
定价：CNY11.80

J0092120
书法基础　职业高中金融专业教材编写组编
上海　上海科技教育出版社 1995年 129页
26cm(16开) ISBN：7-5428-1130-4
定价：CNY7.60

J0092121
书法基础教程　孟会祥，钮明主编
北京　中国商业出版社 1995年 108页

26cm（16 开）ISBN：7–5044–2017–4
定价：CNY8.50

J0092122
书法基础知识　韩恩浚主编
太原　山西高校联合出版社　1995 年　276 页
19cm（32 开）ISBN：7–81032–861–1
定价：CNY11.30

J0092123
书法简明教程　项守信主编
北京　中国商业出版社　1995 年　197 页　有书影
19cm（小 32 开）ISBN：7–5044–2970–8
定价：CNY7.60

J0092124
书法教程　李文广编著
北京　北京航空航天大学出版社　1995 年　78 页
19cm（32 开）ISBN：7–81012–446–3
定价：CNY6.50

J0092125
书法教程　徐光华等主编
郑州　河南美术出版社　1995 年　128 页
26cm（16 开）ISBN：7–5401–0435–X
定价：CNY8.80

J0092126
书法教程　朱儒楚主编;《书法教程》编写组编
北京　中国商业出版社　1995 年　223 页
26cm（16 开）ISBN：7–5044–1479–4
定价：CNY14.80

J0092127
书法美　刘纲纪主编
武汉　湖北教育出版社　1995 年　173 页　有图
19cm（32 开）ISBN：7–5351–1469–5
定价：CNY11.00
（中学生美学文库）
　　作者刘纲纪（1933—　），武汉大学哲学系美
学研究所所长、教授、博士生导师，中华美学学
会副会长、湖北省美学学会会长，中国美协、书
协、作协会员。

J0092128
书法探秘　李华锦著
青岛　青岛出版社　1995 年　313 页　有照片
26cm（16 开）ISBN：7–5436–1341–7
定价：CNY26.00
　　作者李华锦（1941—　），书法家、教授。生
于江苏镇江市，毕业于北京电影学院美术系。曾
在长春电影制片厂工作，后任中央党校教授。

J0092129
书法新探　李华锦著
北京　中国计量出版社　1995 年　187 页　有照片
26cm（16 开）ISBN：7–5026–0770–6
定价：CNY15.00
　　作者李华锦（1941—　），中央党校任美学教
授，书法家。

J0092130
书法学论文集　（全国“书法学”暨书法发展战
略研讨会论文选）张平等著
南京　江苏教育出版社　1995 年　230 页
20cm（32 开）ISBN：7–5343–2303–7
定价：CNY4.00
　　本书收《书法学再议》《传统与创新刍议》
《论书法教育与人的发展》等 40 篇论文。著者张
平（1950—　），硬笔书法艺术家。字清泉，祖籍
江苏。历任中外书画名人研究院教授、黑龙江省
孙子兵法研究会理事。

J0092131
书法学论文集　（二）路棣，陈振濂主编
沈阳　辽宁教育出版社　1995 年　354 页
20cm（32 开）ISBN：7–5382–4034–9
定价：CNY8.00

J0092132
书法艺术美学　金开诚，王岳川著
北京　中国文联出版公司　1995 年　249 页
19cm（小 32 开）ISBN：7–5059–2096–0
定价：CNY9.50
（中华文库）

J0092133
书法与认知　高尚仁，管庆慧著
台北　东大图书公司　1995 年 258 页 21cm（32 开）

精装 ISBN：957-19-1808-3 定价：旧台币 5.00
（沧海丛刊）

J0092134
书画语言与审美效应　钟家骥［著］
福州 福建美术出版社 1995 年 173 页 有图
20cm（32 开）ISBN：7-5393-0307-7
定价：CNY12.00
　　作者钟家骥（1942—　），教师。生于北京，
毕业于中央美术学院中国画系。先后任职于河
南省群聚艺术馆、厦门大学美术系、中国书法家
协会会员。发表有论文《谈"笔力"》《气质与书
法》《视觉节选与绘画语言》。

J0092135
书写基本技能训练　潘善助，张索编著
杭州 杭州大学出版社 1995 年 142 页 有图
20cm（32 开）ISBN：7-81035-835-9
定价：CNY5.50

J0092136
书学导论　温友言著
西安 三秦出版社 1995 年 204 页 20cm（32 开）
ISBN：7-80546-294-1 定价：CNY10.00
　　作者温友言（1941—　），教授。陕西三原人。
西北大学教授、研究生导师、艺术系主任，中国
书法家协会会员、陕西省书法家协会理事。出版
有《中国美术史稿》《艺术散论》《书学导论》《中
国古代诗歌述评》《中国历史文选》等。

J0092137
说草解法　黄军胜著；兰州聚文社编
兰州 甘肃人民美术出版社 1995 年 168 页
26cm（16 开）ISBN：7-80588-093-X
定价：CNY23.00

J0092138
唐人书法与文化　王元军著
台北 东大图书公司 1995 年 224 页 有照片
21cm（32 开）精装 ISBN：957-19-1759-1
定价：旧台币 5.20
（沧海丛刊）

J0092139
王羲之兰亭序临写法　吴柏森编著

上海 上海书店出版社 1995 年 26cm（16 开）
ISBN：7-80622-029-1 定价：CNY6.80

J0092140
魏碑《始平公造像记》技法　张敏编著
长沙 湖南文艺出版社 1995 年 59 页
37cm ISBN：7-5404-1356-5 定价：CNY8.40
（书法技巧实用丛书）

J0092141
魏碑技法　（张猛龙碑之笔法与结构）赵发潜，
韩长明著
北京 北京出版社 1995 年 90 页 26cm（16 开）
ISBN：7-200-02627-1 定价：CNY6.50
（中国书法技法丛书）
　　作者赵发潜（1937—　），高级教师。山西
汾阳人，毕业于北京艺术学院，曾在北京宣武区
少年宫执教绘画和书法，北京市宣武师范学校
副教授、中国书法家协会会员、北京美术家协会
会员。

J0092142
魏碑技法　（张裕钊书法之笔法与结构）张书范著
北京 北京出版社 1995 年 重印本 125 页
26cm（16 开）ISBN：7-200-01969-0
定价：CNY8.80
（中国书法技法丛书）
　　作者张书范（1943—　），字语迟，祖籍河北
深州，中国书法家协会会员、北京市书法家协会
理事。编写有《楷行书章法一百例》《魏碑技法》
《柳体技法》等。

J0092143
魏碑入门　无为等编
北京 中国画报出版社 1995 年 37 页
26cm（16 开）ISBN：7-80024-144-0
定价：CNY5.90
（书法入门丛书）

J0092144
魏碑自学教程　黄全信编著
北京 华语教学出版社 1995 年 152 页
26cm（16 开）ISBN：7-80052-383-7
定价：CNY12.60
（中国书法自学丛书）

J0092145
魏碑自学教程　（英文本）黄全信编著
北京　华语教学出版社　1998 年　152 页
26cm（16 开）ISBN：7-80052-457-4
定价：［CNY35.00］
（中国书法自学丛书）

J0092146
西安国际书法理论研讨会文论汇编　陈孝英
主编；陕西省书法家协会编
［西安］［陕西省书法家协会］1995 年　166 页
25cm（小 16 开）
　　作者陈孝英（1942—　），教师。出生于上海。历任西安外语学院教师，陕西省艺术研究所所长、研究员，《喜剧世界》主编等。著有《幽默的奥秘》，译著《托翁轶影》《幽默理论在当代世界》等。

J0092147
现代实用书法　梁彦文主编
哈尔滨　黑龙江教育出版社　1995 年　97 页
26cm（16 开）ISBN：7-5316-2860-0
定价：CNY8.50

J0092148
写字训练教程　彭伯初主编；王家万等编写；
四川省中等师范学校选修课教材编委会编
成都　四川大学出版社　1995 年　重印本　186 页
26cm（16 开）ISBN：7-5614-1207-X
定价：CNY9.50
　　作者彭伯初，成都师范学校任教。作者王家万，雅安师范学校任教。

J0092149
学书法　徐利明著
苏州　古吴轩出版社　1995 年　76 页　26cm（16 开）
ISBN：7-80574-195-6　定价：CNY16.80
（中国书画自学丛书）
　　作者徐利明，南京艺术学院教授。出版有《徐利明书画篆刻》。

J0092150
颜体学习指南　安宏忠著
天津　天津杨柳青画社　1995 年　173 页
26cm（16 开）ISBN：7-80503-264-5

定价：CNY11.90

J0092151
颜真卿书法艺术入门　俞建华，陆籽叙著
杭州　浙江人民出版社　1995 年　190 页　22×14cm
ISBN：7-213-01180-4　定价：CNY9.80

J0092152
语文　（第六册　书法基础）洪文明主编
北京　中国财政经济出版社　1995 年
2 版（修订本）289 页　19cm（32 开）
ISBN：7-5005-2936-8　定价：CNY7.60

J0092153
怎样把字写好　李乐毅编著
济南　明天出版社　1995 年　122 页　有插图
20cm（32 开）ISBN：7-5332-2142-7
定价：CNY385.00（全套）
（全国小学生课外丛书）

J0092154
怎样临习圣教序　（放大古法帖）张仲愈编
北京　西苑出版社　1995 年　237 页　26cm（16 开）
ISBN：7-80108-066-1　定价：CNY19.80
（书法入门丛书）
　　作者张仲愈（1923—　），书法家。山东荣成市人。历任中国书法家协会会员、中国书画院研究员、世界华人艺术家协会特邀艺术顾问、人民画报书画院高级顾问、北京青少年教育协会顾问、东城区书画协会副主席等。代表作品《行草章法举要》《怎样临习圣教序》《行书千字文》等。

J0092155
怎样临习圣教序　张仲愈著
北京　西苑出版社　1996 年　237 页　19cm（小 32 开）
ISBN：7-80108-066-1　定价：CNY19.80

J0092156
张宗祥论书诗墨迹　张宗祥著
杭州　浙江人民美术出版社　1995 年　168 页
28cm（大 16 开）ISBN：7-5340-0518-3
定价：CNY22.00
　　作者张宗祥（1882—1965），学者、书法家。原名思曾，字阆声，号冷僧，浙江海宁人。历任西泠印社社长、浙江省图书馆馆长、省文史馆副

馆长、中国美术家协会浙江分会副主席等职。出版有《说郛》《国榷》《罪惟录》《越绝书》等。

J0092157
赵孟頫楷书间架结构九十二法　石良主编
北京　中国书籍出版社　1995 年　重印本　39 页
26cm（16 开）ISBN：7-5068-0399-2
定价：CNY4.20

J0092158
中国行草书精要　崔国强著
长沙　湖南文艺出版社　1995 年　212 页　有照片
26cm（16 开）ISBN：7-5404-1338-7
定价：CNY12.80
　　作者崔国强，湖南省委农村部干训部副主任、中国硬笔书法家协会理事。

J0092159
中国历代书法精品 100 幅赏析　周志高主编；
赵伟平等撰稿
济南　山东科学技术出版社　1995 年　205 页
29cm（16 开）ISBN：7-5331-1574-0
定价：CNY138.00，USD50.00
（工艺的·美术的·文物的·中华艺术精品 100 丛书 3）

J0092160
中国书法　沃兴华著
上海　上海古籍出版社　1995 年　139 页　有彩图
19cm（32 开）ISBN：7-5325-1880-9
定价：CNY7.60
（中华文明宝库）
　　作者沃兴华（1955—　），书法家、教授。生于上海。历任华东师范大学历史系教授、博士生导师，中国书法家协会会员、上海市书法家协会理事。著有《敦煌书法》《中国书法》《上古书法图说》等。

J0092161
中国书法基础教学　王梦赓编著
天津　南开大学出版社　1995 年　266 页　有照片
20cm（32 开）ISBN：7-310-00700-1
定价：CNY9.80
　　作者王梦赓（1938—　），研究员。字宝坻，曾用字厉影，号京东乡人、醉墨斋主，天津人。历任沈阳故宫博物院研究室主任、研究员、沈阳

市政协委员。

J0092162
中国书法文化大观　金开诚，王岳川主编
北京　北京大学出版社　1995 年　964 页
29cm（16 开）精装　ISBN：7-301-02404-5
定价：CNY88.00
（中国文化大观系列 3）
　　作者金开诚（1932—　），江苏无锡人，北京大学中文系教授、博士生导师、校务委员会副主任。作者王岳川（1955—　），教授。四川人，毕业于北京大学中文系。历任北京大学中文系教授、中国文艺理论学会理事、北京大学书法艺术研究所所长、中国书法家协会理事、中国书法家协会教育委员会副主任等职。出版有《书法文化精神》《文艺美学讲演录》《书法文化十五讲》等。

J0092163
中国书法欣赏　冯振凯编著
台北　艺术图书公司（发行）1995 年　199 页　有图
21cm（32 开）ISBN：957-672-032-X
定价：TWD280.00
（中华艺术导览 5）

J0092164
中国书艺六论　毛启俊著；陆衡校订
苏州　古吴轩出版社　1995 年　117 页　20cm（32 开）
ISBN：7-80574-197-2　定价：CNY7.00

J0092165
中国优秀传统文化三字经　（书法·绘画篇）
常法宽著
北京　学习出版社　1995 年　175 页　19cm（小 32 开）
ISBN：7-80116-008-8　定价：CNY7.10

J0092166
中专学生书法基础训练教程　吴佩琨主编
北京　高等教育出版社　1995 年　84 页
26cm（16 开）ISBN：7-04-005318-7
定价：CNY3.60

J0092167
篆隶书基础技法通讲　《书与画》编辑部选编
上海　上海书画出版社　1995 年　190 页
19cm（32 开）ISBN：7-80512-686-0

定价: CNY9.00
（书与画丛书）

J0092168
篆书自学教程　黄全信编著
北京　华语教学出版社　1995 年　152 页
26cm（16 开）ISBN：7-80052-388-8
定价：CNY12.60
（中国书法自学丛书）

J0092169
篆书自学教程　（英文本）黄全信编著
北京　华语教学出版社　1998 年　152 页
26cm（16 开）ISBN：7-80052-459-0
定价：［CNY35.00］
（中国书法自学丛书）

J0092170
字通　（颜真卿麻姑山仙坛记临习正法）赵海若
编著
昆明　云南美术出版社　1995 年　62 页
26cm（16 开）ISBN：7-80586-127-7
定价：CNY5.00
　　中国现代书法理论。

J0092171
字形结构入门字谱　廖蕴玉著
南宁　广西美术出版社　1995 年　26cm（16 开）
ISBN：7-80582-874-1　定价：CNY5.80
（书法入门字谱丛书）

J0092172
《礼器碑》隶书习字帖　杨康乐编
南京　江苏美术出版社　1996 年　44 页
26cm（16 开）ISBN：7-5344-0492-4
定价：CNY4.95
（书法家之路丛帖）

J0092173
八种基本笔画和字体结构　张贵毅编著
北京　中国画报出版社　1996 年　67 页
26cm（16 开）ISBN：7-80024-332-X
定价：CNY11.50

J0092174
标准楷行书训练教程　刘德文等主编；《标准
楷行书训练教程》编委会编
天津　天津人民出版社　1996 年　141 页
26cm（16 开）ISBN：7-201-02633-X
定价：CNY11.80

J0092175
草书启蒙　夏时雨书
北京　社会科学文献出版社　1996 年　78 页
26cm（16 开）ISBN：7-80050-748-3
定价：CNY36.00（全套）
（夏时雨书法启蒙丛书）
　　作者夏时雨（1935—　），书法家、书法理论
家、散文作家和诗人。就职于保定市文联，历任
《大千世界》报副社长、副主编，冀中书画大学副
校长、教授等职。

J0092176
常用汉字结构法字帖　王其才编著
北京　中国林业出版社　1996 年　117 页
20cm（32 开）ISBN：7-5038-1695-3
定价：CNY5.20

J0092177
大学书法教程　蒋兴国主编
长沙　中南工业大学出版社　1996 年　334 页
19cm（小 32 开）ISBN：7-81020-921-3
定价：CNY12.00

J0092178
当代书法艺术论　周俊杰著
郑州　河南人民出版社　1996 年　424 页
20cm（32 开）ISBN：7-215-03906-4
定价：CNY18.00

J0092179
董文艺术论　阿红主编
沈阳　辽宁大学出版社　1996 年　311 页　有彩照
20cm（32 开）精装　ISBN：7-5610-3145-9
定价：CNY48.00
　　外文书名：On Dongwen's Art.

J0092180
钢笔字与毛笔字对照练习法　（草书）净天主编

北京 学苑出版社 1996 年 121 页 26cm（16 开）
ISBN：7-5077-0603-6 定价：CNY11.40
（学习书法入门）

J0092181

钢笔字与毛笔字对照练习法 （行书）净天主编
北京 学苑出版社 1996 年 123 页 26cm（16 开）
ISBN：7-5077-0276-6 定价：CNY11.40
（学习书法入门）

J0092182

钢笔字与毛笔字对照练习法 （楷书）净天主编
北京 学苑出版社 1996 年 112 页 26cm（16 开）
ISBN：7-5077-0936-1 定价：CNY11.40
（学习书法入门）

J0092183

钢笔字与毛笔字对照练习法 （隶书）净天主编
北京 学苑出版社 1996 年 124 页 26cm（16 开）
ISBN：7-5077-0072-0 定价：CNY11.40
（学习书法入门）

J0092184

规范毛笔字帖 （中小学生容易混淆的常用字）
《规范毛笔字帖》编写组编
南京 江苏教育出版社 1996 年 126 页
26cm（16 开）ISBN：7-5343-2710-5
定价：CNY9.60

J0092185

汉字与书法 钱进等［编］
北京 中国少年儿童出版社 1996 年 127 页
19cm（32 开）ISBN：7-5007-2983-9
定价：CNY79.80（全套），CNY84.00（全套盒装）
（祖国知识文库丛书）

J0092186

汉字与书法文化 姚淦铭著
南宁 广西教育出版社 1996 年 309 页
20cm（32 开）ISBN：7-5435-2471-6
定价：CNY16.00
（汉字研究新视野丛书）

J0092187

翰墨深情 赵进争著

贵阳 贵州民族出版社 1996 年 124 页 有肖像及图
19cm（小 32 开）ISBN：7-5412-0256-8
定价：CNY10.00
（书法知识丛书）

J0092188

行书百日通 沈鸿根编著
上海 上海文化出版社 1996 年 135 页
26cm（16 开）ISBN：7-80511-846-9
定价：CNY12.70
（书法百日通系列）

J0092189

行书技法 卢桐著
沈阳 辽宁美术出版社 1996 年 100 页
26cm（16 开）ISBN：7-5314-1509-7
定价：CNY11.80
（卢桐书法系列讲座）
　　　作者卢桐（1947—　），书法家、国家二级美术师。生于辽宁沈阳，祖籍河北饶阳。历任沈阳民族书画院院长、中国书法艺术研究院艺术委员会理事、东北大学客座教授。出版有《卢桐书法集》。

J0092190

行书精练示范 谢千里编著
北京 中国林业出版社 1996 年 58 页
26cm（16 开）ISBN：7-5038-1659-7
定价：CNY9.60
（书法精练丛书 1）

J0092191

行书要法 黄俊勇编著
广州 新世纪出版社 1996 年 86 页 26cm（16 开）
ISBN：7-5405-1507-4 定价：CNY12.00

J0092192

好字是怎样练成的 裴成源著
宁波 宁波出版社 1996 年 230 页 19cm（小 32 开）
ISBN：7-80602-104-3 定价：CNY10.00

J0092193

间架结构 28 法 （硬笔楷行卷）田英章著
北京 改革出版社 1996 年 79 页 26cm（16 开）
ISBN：7-80072-797-1 定价：CNY10.00

（田英章书法系列丛书）

作者田英章（1950—　），书法家。字存青、存卿，出生于天津。先后毕业于首都师范大学、日本东京学艺大学。中国硬笔书法协会首任会长、中国书法家协会会员、欧阳询书法艺术研究会会长。代表作品有《田英章系列书法字帖》《田英章作品精选》等。

J0092194

教师三笔字训练及艺术修养　明德璋编著

石家庄　河北美术出版社 1996年 161页

26cm（16开）ISBN：7-5310-0834-3

定价：CNY16.80

J0092195

教小朋友学书法　朱敬华著

南宁　广西民族出版社 1996年 255页 有肖像

19cm（小32开）ISBN：7-5363-3164-9

定价：CNY6.50

（小天才培育丛书）

作者朱敬华（1927—　），教授。广西崇左人，毕业于广州市艺术专科学校。历任广西老年大学书法教授、南宁书画夜校校长、中国书法家协会会员、广西书协常务理事。出版有《楷书补充教材》《行书书法课本》《教小朋友学书法》。

J0092196

近现代百家书法赏析　何崝主编

成都　四川大学出版社 1996年 10+360页

有图 20cm（32开）ISBN：7-5614-1288-6

定价：CNY24.00

作者何崝（1947—　），教授。四川成都人，毕业于华东师范大学中文系。四川大学历史文化学院教授、硕士生导师，中国文字学会会员、中国书法家协会会员、四川省书学学会副会长。著有《中国古代社会研究》《甲骨文字研究》《商文化管窥》《实用六体书字典》等。

J0092197

楷行草隶魏篆六体书法入门指导　夏时雨著

北京　中国国际广播出版社 1996年 92页

26cm（16开）ISBN：7-5078-1375-4

定价：CNY8.20

作者夏时雨（1935—　），书法家、书法理论家、散文作家和诗人。就职于保定市文联，《大千世界》报副社长、副主编，冀中书画大学副校长、教授等职。

J0092198

楷行隶篆四体书法教程　王美盛著

济南　山东友谊出版社 1996年 256页 有插图

19cm（小32开）ISBN：7-80551-858-0

定价：CNY12.80

J0092199

楷书技法　卢桐著

沈阳　辽宁美术出版社 1996年

2册（102+102页）26cm（16开）

ISBN：7-5314-1510-0 定价：CNY23.60

（卢桐书法系列讲座）

本书第一册为基本笔画；第二册为间架结构。

J0092200

楷书教学字帖　（一·上 基础训练）周妍编

乌鲁木齐　新疆美术摄影出版社 1996年 46页

26cm（16开）ISBN：7-80547-420-6

定价：CNY4.80

J0092201

楷书教学字帖　（一·下 欧阳询）周妍编

乌鲁木齐　新疆美术摄影出版社 1996年 46页

26cm（16开）ISBN：7-80547-420-6

定价：CNY4.80

J0092202

楷书教学字帖　（二·上 颜真卿）周妍编

乌鲁木齐　新疆美术摄影出版社 1996年 46页

26cm（16开）ISBN：7-80547-420-6

定价：CNY4.80

J0092203

楷书教学字帖　（二·下 柳公权）周妍编

乌鲁木齐　新疆美术摄影出版社 1996年 46页

26cm（16开）ISBN：7-80547-420-6

定价：CNY4.80

J0092204

楷书启蒙　夏时雨书

北京　社会科学文献出版社 1996年 77页

26cm（16开）ISBN：7-80050-748-3
定价：CNY36.00（全套）
（夏时雨书法启蒙丛书）

J0092205
李斯篆书习字帖 （秦）李斯书
南京 江苏美术出版社 1996年 44页
26cm（16开）ISBN：7-5344-0499-1
定价：CNY4.95
（书法家之路丛帖）

J0092206
历代笔记书论汇编 华人德主编
南京 江苏教育出版社 1996年 603页
20cm（32开）ISBN：7-5343-2841-1
定价：CNY17.50
　　作者华人德（1947— ），研究馆员。笔名维摩，斋号维摩方丈室，江苏无锡人，毕业于北京大学图书馆学系。历任苏州大学图书馆员、江苏省文史研究馆馆员、中国书法家协会学术委员会委员等职。著有《中国书法全集·三国两晋南北朝墓志卷》《中国书法史·两汉卷》等。

J0092207
历代书法名家谈 （书法妙论与赏析）吴兴林，陈有琦编著
北京 中国广播电视出版社 1996年 531页
20cm（32开）ISBN：7-5043-2862-6
定价：CNY19.80

J0092208
隶书基础技法 孟德荣编著
天津 天津人民美术出版社 1996年 35页
26cm（16开）ISBN：7-5305-0569-6
定价：CNY4.20
（美术基础技法丛书）
　　作者孟德荣（1951— ），书法家。河北盐山人。毕业于解放军石家庄高级军事教育学院。曾任天津人民美术出版社党委书记兼副社长、天津市书法家协会理事、大运河书画院理事、天津印社艺术顾问、王羲之颜真卿艺术研究会理事。著有《隶书基础技法》《学写隶书格言》。

J0092209
隶书结构入门字谱 廖平编著

南宁 广西美术出版社 1996年 26cm（16开）
ISBN：7-80625-055-7 定价：CNY6.80
（书法入门字谱丛书）
　　作者廖平（1931—2007），侗族，书法家。字志之，号苗岭人、杉村士。广西融水苗族自治县人。历任中国书法家协会会员、广西书法家协会常务理事、广西柳州市书法家协会名誉主席。出版《廖平书法作品选集》《魏书范本》《隶书入门》等。

J0092210
隶书启蒙 夏时雨书
北京 社会科学文献出版社 1996年 78页
26cm（16开）ISBN：7-80050-748-3
定价：CNY36.00（全套）
（夏时雨书法启蒙丛书）
　　作者夏时雨（1935— ），书法家、书法理论家、散文作家和诗人。就职于保定市文联，《大千世界》报副社长、副主编，冀中书画大学副校长、教授等职。

J0092211
隶书起步 王永德著
北京 中国三峡出版社 1996年 77页
26cm（16开）ISBN：7-80099-203-9
定价：CNY9.80

J0092212
柳公权楷书入门 赵云轩编
西安 西安地图出版社 1996年 78页
26cm（16开）ISBN：7-80545-527-9
定价：CNY9.80
（书法基本笔画系列丛书）

J0092213
柳公权楷书习字帖 （唐）柳公权书
南京 江苏美术出版社 1996年 44页
26cm（16开）ISBN：7-5344-0501-7
定价：CNY4.95
（书法家之路丛帖）

J0092214
柳公权楷书习字帖 马鑫主编；王宇飞等编著
北京 中国书籍出版社 1996年 44页
26cm（16开）ISBN：7-5068-0524-3

定价: CNY4.20
（名家书法入门丛书）

J0092215
柳体大楷字帖 左克成编
南昌 江西美术出版社 1996 年 重印本
26cm（16 开）ISBN：7-80580-382-X
定价: CNY4.50
（初学书法入门丛书）

J0092216
柳体楷书临摹技法 蔡茂友，舒宁编著
北京 中国书籍出版社 1996 年 74 页
26cm（16 开）ISBN：7-5068-0502-2
定价: CNY6.80
（四大楷书临摹技法丛帖）

J0092217
欧体楷书临摹技法 蔡茂友，舒宁编著；苏泽
立范字
北京 中国书籍出版社 1996 年 74 页
26cm（16 开）ISBN：7-5068-0501-4
定价: CNY6.80
（四大楷书临摹技法丛帖）

J0092218
欧体学习指南 袁健民编著
天津 天津杨柳青画社 1996 年 87 页
26cm（16 开）ISBN：7-80503-271-8
定价: CNY13.50

J0092219
欧颜柳楷书技巧对比 欧阳恒忠著
南宁 广西美术出版社 1996 年 85 页
26cm（16 开）ISBN：7-80625-039-5
定价: CNY9.80

J0092220
欧阳询《醴泉铭》临帖指导 沈默君编著
苏州 古吴轩出版社 1996 年 44 页 26cm（16 开）
ISBN：7-80574-237-5 定价: CNY6.80
（临帖指导丛书）

J0092221
欧阳询楷书习字帖 陆亚鸿编

南京 江苏美术出版社 1996 年 44 页
26cm（16 开）ISBN：7-5344-0495-9
定价: CNY4.95
（书法家之路丛帖）

J0092222
欧阳询正楷描红本 （一）《欧阳询正楷描红
本》编写组编
长沙 湖南美术出版社 1996 年 32 页 19×26cm
ISBN：7-5356-0879-5 定价: CNY3.00

J0092223
欧阳询正楷描红本 （二）《欧阳询正楷描红
本》编写组编
长沙 湖南美术出版社 1996 年 32 页 19×26cm
ISBN：7-5356-0880-9 定价: CNY3.00

J0092224
欧阳询正楷描红本 （三）《欧阳询正楷描红
本》编写组编
长沙 湖南美术出版社 1996 年 32 页 19×26cm
ISBN：7-5356-0881-7 定价: CNY3.00

J0092225
朴书 赫大龄［编著］
长春 吉林教育出版社 1996 年 50 页 有照片
26cm（16 开）ISBN：7-5383-3068-2
定价: CNY9.50
（正误笔 临池卷）

J0092226
签名的艺术 李国运著
武汉 湖北人民出版社 1996 年 360 页
20cm（32 开）ISBN：7-216-02010-3
定价: CNY18.00
（现代人生艺术系列）
　　作者李国运（1963— ），湖北荆州工商银行
干部、中华硬笔书法家协会常务理事。

J0092227
峭书 赫大龄［编著］
长春 吉林教育出版社 1996 年 48 页 有照片
26cm（16 开）ISBN：7-5383-3067-4
定价: CNY9.50
（正误笔 临池卷）

J0092228
让氏规矩格书法入门训练 （1 笔法108式）
让楚河，李诗文主编
武汉 湖北人民出版社 1996年 50页
26cm（16开）ISBN：7-216-01835-4
定价：CNY5.50

J0092229
让氏规矩格书法入门训练 （2 柳体结构188
法）让楚河，吴宇强主编
武汉 湖北人民出版社 1996年 94页
26cm（16开）ISBN：7-216-01836-2
定价：CNY8.00

J0092230
让氏规矩格书法入门训练 （3 笔法部分 第
一分册）让楚河，李诗文主编
武汉 湖北人民出版社 1996年 72页 26×38cm
ISBN：7-216-01837-0 定价：CNY8.50

J0092231
让氏规矩格书法入门训练 （4 笔法部分 第
二分册）让楚河，李诗文主编
武汉 湖北人民出版社 1996年 72页 26×38cm
ISBN：7-216-01838-9 定价：CNY8.50

J0092232
让氏规矩格书法入门训练 （5 笔法部分 第
三分册）让楚河，李诗文主编
武汉 湖北人民出版社 1996年 72页 26×38cm
ISBN：7-216-01839-7 定价：CNY8.50

J0092233
让氏规矩格书法入门训练 （6 结构部分 第
一分册）让楚河，李诗文主编
武汉 湖北人民出版社 1996年 72页 26×38cm
ISBN：7-216-01840-0 定价：CNY8.50

J0092234
让氏规矩格书法入门训练 （7 结构部分 第
二分册）让楚河，李诗文主编
武汉 湖北人民出版社 1996年 72页 26×38cm
ISBN：7-216-01841-9 定价：CNY8.50

J0092235
让氏规矩格书法入门训练 （8 结构部分 第
三分册）让楚河，李诗文主编
武汉 湖北人民出版社 1996年 72页 26×38cm
ISBN：7-216-01842-7 定价：CNY8.50

J0092236
让氏规矩格书法入门训练 （9 结构部分 第
四分册）让楚河，李诗文主编
武汉 湖北人民出版社 1996年 72页 26×38cm
ISBN：7-216-01843-5 定价：CNY8.50

J0092237
让氏规矩格书法入门训练 （10 结构部分 第
五分册）让楚河，李诗文主编
武汉 湖北人民出版社 1996年 88页 26×38cm
ISBN：7-216-01844-3 定价：CNY10.50

J0092238
柔书　赫大龄［编著］
长春 吉林教育出版社 1996年 46页 有照片
26cm（16开）ISBN：7-5383-3070-4
定价：CNY9.50
（正误笔 临池卷）

J0092239
如何临习楷书 （柳公权楷书"玄秘塔"笔法举
要）孔墨丁编著
西安 陕西旅游出版社 1996年 42页
26cm（16开）ISBN：7-5418-1287-0
定价：CNY4.80
（书法普及教育系列丛书 书法入门 – 楷·行书技
法大全）

J0092240
如何临习楷书 （欧阳询楷书"九成宫"笔法举
要）孔墨丁编著
西安 陕西旅游出版社 1996年 43页
26cm（16开）ISBN：7-5418-1287-0
定价：CNY4.80
（书法普及教育系列丛书 书法入门 – 楷·行书技
法大全）

J0092241
如何临习楷书 （颜真卿楷书"多宝塔"笔法举

要）孔墨丁编著

西安　陕西旅游出版社 1996 年　42 页
26cm（16 开）ISBN：7-5418-1287-0
定价：CNY4.80
（书法普及教育系列丛书　书法入门 – 楷·行书技法大全）

J0092242
少年儿童学柳体　陈党生编著
沈阳　辽宁美术出版社 1996 年　118 页　有插图及
肖像 26cm（16 开）ISBN：7-5314-1419-8
定价：CNY14.00
（少年儿童学书法丛书）

J0092243
少年儿童学颜体　陈党生编著
沈阳　辽宁美术出版社 1998 年　177 页　有图及照
片 26cm（16 开）ISBN：7-5314-1892-4
定价：CNY23.00
（少年儿童学书法丛书）

J0092244
少年书法入门　刘松岩编著
北京　新华出版社 1996 年　96 页 26cm（16 开）
ISBN：7-5011-3282-8 定价：CNY10.40
（少年美术入门系列）

J0092245
生命的祭祀　（中国书画艺术散论）王渊清著
上海　中国纺织大学出版社 1996 年　338 页　有图
20cm（32 开）ISBN：7-81038-136-9
定价：CNY20.00

J0092246
实用楷行书法　冼剑民著
广州　广东高等教育出版社 1996 年　142 页
26cm（16 开）ISBN：7-5361-1957-7
定价：CNY18.00

J0092247
实用书法教程　万远量，张笃行主编
重庆　重庆大学出版社 1996 年　314 页
20cm（32 开）ISBN：7-5624-1302-9
定价：CNY11.80

J0092248
书法·篆刻　李观泰，肖天清编著
成都　四川美术出版社 1996 年　136 页
19cm（小 32 开）ISBN：7-5410-1112-6
定价：CNY9.50
（青少年美术技法丛书）
　　作者李观泰（1943—　　），号竹室居士，成都市盲哑学校高级教师、四川省书法家协会会员。作者肖天清（1938—　　），教师。四川成都人，成都市铁二院中学美术高级教师、中国美术教育研究会会员。

J0092249
书法创作与评审　（当代中国书法创作评审理论研讨会论文集）中国书法家协会编
重庆　重庆出版社 1996 年　215 页 20cm（32 开）
ISBN：7-5366-3385-8 定价：CNY15.00

J0092250
书法的奥秘　（当代书家谈艺录）赵连甲，史纪南主编
北京　中国国际广播出版社 1996 年　327 页
20cm（32 开）ISBN：7-5078-1279-0
定价：CNY15.00

J0092251
书法的最高境界　庄天明著
南京　江苏教育出版社 1996 年　236 页　有图例
20cm（32 开）ISBN：7-5343-2712-1
定价：CNY9.70
　　作者庄天明（1954—　　），书法家、画家。字墨一，号二物主人、三道人、方泉居士等。生于江苏无锡，毕业于南京师范学院美术系。历任南京博物院艺术研究所所长、中国书法家协会会员、江苏美协理论委员会委员等。

J0092252
书法范本经典　王冬龄编著
杭州　浙江人民美术出版社 1996 年　118 页
26cm（16 开）ISBN：7-5340-0669-4
定价：CNY16.00
　　作者王冬龄（1945—　　），书法家。江苏台东人，毕业于中国美术学院。中国书法家协会学术委员、中国书法进修学院副院长、浙江省书协副主席、美国明尼苏达大学客座教授。代表作品《书

画艺术》。

J0092253

书法鉴赏与收藏　石建邦编著

上海　上海书店出版社　1996年　141页　有附图

20cm（32开）ISBN：7-80622-110-7

定价：CNY38.00

（古玩宝斋丛书）

J0092254

书法教程　李放编著

郑州　河南美术出版社　1996年　131页

26cm（16开）ISBN：7-5401-0593-3

定价：CNY16.80

J0092255

书法教程　刘铁军编著

上海　立信会计出版社　1996年　217页

20cm（32开）ISBN：7-5429-0398-5

定价：CNY10.60

J0092256

书法教程　夏利光主编

成都　西南财经大学出版社　1996年　193页

有插图　26cm（16开）ISBN：7-81055-095-0

定价：CNY18.80

　　作者夏利光，辽宁金融职工大学任教。

J0092257

书法教程　浙江省供销社院校书法教研大组编

杭州　浙江人民出版社　1996年　170页

20cm（32开）ISBN：7-213-01333-5

定价：CNY8.50

J0092258

书法美学　陈振濂编著

西安　陕西人民美术出版社　1996年　重印本

416页　20cm（32开）ISBN：7-5368-0819-4

定价：CNY16.50

　　作者陈振濂（1956—　　），书法家。号颐斋。生于上海，浙江鄞县人。曾任浙江大学人文学院副院长、中国文联副主席、中国书法家协会副主席、中国文艺评论家协会副主席、浙江省文联副主席、西泠印社副社长。著作有《书法美学》《大学书法教材集成》。

J0092259

书法美学通论　陈振濂著

沈阳　辽宁教育出版社　1996年　470页

20cm（32开）ISBN：7-5382-4682-7

定价：CNY20.00

　　外文书名：Summary of Calligraphy Aesthetics. 作者陈振濂，中国美术学院书法教研室任教。

J0092260

书法三字经　朱子虚著

上海　上海人民美术出版社　1996年　99页　有图版

19cm（小32开）ISBN：7-5322-1406-0

定价：CNY6.80

J0092261

书法学步　李永杰，史长元主编

西安　西北大学出版社　1996年　106页

26cm（16开）ISBN：7-5604-1102-9

定价：CNY6.60

　　作者李永杰，陕西省中专语文教学委员会任职。作者史长元，陕西省中专语文教学委员会任职。

J0092262

书法艺术探幽　郭金铭，房方编著

北京　教育科学出版社　1996年　89页

19cm（小32开）ISBN：7-5041-1662-9

定价：CNY3.00

（中小学袖珍图书馆 35）

J0092263

书法艺术与鉴赏　邱振中著

台北　亚太图书出版社　1996年　重印本　285页

有图　23cm　ISBN：957-8510-56-X

定价：TWD350.00

（艺术生活 4）

　　外文书名：Calligraphy Arts and Appreciation. 作者邱振中（1947—　　），教授，博士生导师。生于江西南昌，硕士毕业于浙江美术学院。历任江西师范大学教授、中央美术学院中国画系教授、西泠印社社员。著作有《书法的形态与阐释》《神居何所》《书写与观照》。

J0092264

书法与美工　田正，贾铎主编

北京 中国财政经济出版社 1996 年 286 页
有照片 19cm（小 32 开）ISBN：7-5005-2971-6
定价：CNY15.00

J0092265
书法自学入门　乐泉，徐夏昌编著
南京 江苏美术出版社 1996 年 184 页
19cm（小 32 开）ISBN：7-5344-0581-5
定价：CNY7.25
（跨世纪农村书库 求知求乐篇）
　　作者乐泉（1950—2019），书法家。号拓园，
万千莲花斋，生于江苏南京。历任中国艺术研究
院中国书法院研究员、中国书协会员、中华诗词
学会会员。出版有《乐泉书法集》《当代书法家
精品集——乐泉卷》《中国名画家精品集——乐
泉卷》《当代画坛六人之约》等。

J0092266
书法作品点评　董文等著
沈阳 辽宁美术出版社 1996 年 84 页
26cm（16 开）ISBN：7-5314-1448-1
定价：CNY12.00
　　作者董文（1946—　），教授、书法家。别署
大风堂主人，辽宁沈阳市人。历任中国书法家协
会理事，沈阳师范学院书法艺术研究所所长、教
授，辽宁省高等院校书协副主席、辽宁省书法家
协会副主席。出版《董文艺术论》《董文艺术论》
《董文书法作品集》。

J0092267
书史与书迹　（傅申书法论文集 一）傅申著
台北 台湾历史博物馆 1996 年 16+268 页
21cm（32 开）ISBN：957-00-8458-8
（史物丛刊 13）

J0092268
四体书法大字典　李梅编
天津 天津古籍出版社 1996 年 5 册（2074 页）
26cm（16 开）
　　本书收录了万余字的楷、行、草、隶各书体
书法写法。

J0092269
孙过庭·书谱　（草书）（唐）孙过庭书；楼湘编著
北京 首都师范大学出版社 1996 年 123 页

26cm（16 开）ISBN：7-81039-624-2
定价：CNY16.00
（《中国历代书法名碑名帖精选·精讲·精练》丛书
三精书法丛书 第一辑）
　　作者孙过庭（646—691），唐代书法家、书法
理论家。名虔礼，以字行。吴郡富阳（今浙江富阳）
人。有墨迹《书谱》传世。

J0092270
唐诗水写字帖　李明亮书
西宁 青海人民出版社 1996 年 16 页 17×19cm
ISBN：7-225-01219-3 定价：CNY3.50

J0092271
王羲之的书法艺术　刘锡山著
济南 济南出版社 1996 年 134 页 20cm（32 开）
ISBN：7-80629-019-2 定价：CNY6.00
（圣人的艺术世界丛书）

J0092272
王羲之兰亭序临习指南　（东晋）王羲之书；
姜荣贵编著
沈阳 辽宁美术出版社 1996 年 170 页 有画像
26cm（16 开）ISBN：7-5314-1449-X
定价：CNY16.00
（名碑名帖临习指南系列）

J0092273
魏碑启蒙　夏时雨书
北京 社会科学文献出版社 1996 年 76 页
26cm（16 开）ISBN：7-80050-748-3
定价：CNY36.00（全套）
（夏时雨书法启蒙丛书）
　　作者夏时雨（1935—　），书法家、书法理论
家、散文作家和诗人。就职于保定市文联，《大
千世界》报副社长、副主编，冀中书画大学副校
长、教授等职。

J0092274
魏碑造像墓志习字帖
南京 江苏美术出版社 1996 年 44 页
26cm（16 开）ISBN：7-5344-0497-5
定价：CNY4.95
（书法家之路丛帖）

J0092275
吴廷富书兰亭修禊图赏析　吴廷富书；甘肃省文史研究馆［编］
兰州　甘肃人民美术出版社　1996 年　58 页
有彩照　29cm（16 开）ISBN：7-80588-159-6
定价：CNY35.00
　　吴廷富（1934—　　），回族，甘肃天水市人。历任甘肃省委统战部副部长、省政协常务委员等职。主要著作有《吴廷富书法集》《兰亭序及兰亭修禊图赏析》《往事琐忆》等。

J0092276
夏时雨书法启蒙丛书　夏时雨书
北京　社会科学文献出版社　1996 年　6 册
26cm（16 开）ISBN：7-80050-748-3
定价：CNY36.00
　　作者夏时雨（1935—　　），书法家、书法理论家、散文作家和诗人。就职于保定市文联，《大千世界》报副社长、副主编，冀中书画大学副校长、教授等职。

J0092277
写字段位评定标准　顾延培主编；上海中华书法协会制订
上海　上海科学普及出版社　1996 年　76 页
26cm（16 开）ISBN：7-5427-1205-5　定价：CNY7.00
　　作者顾延培（1932—　　），书法家、民俗学家。笔名庄言，上海崇明人。历任上海南市区文化馆馆长、南市区文化局副局长、亚太文化艺术协会副主席，中国硬笔书法协会顾问，上海市民俗文化学会顾问，上海中华书画协会荣誉理事长等。出版有《中华古塔鉴赏》《上海老城厢风情录》《中国古今对联大观》等。

J0092278
秀　赫大龄［书］
长春　吉林教育出版社　1996 年　45 页
26cm（16 开）ISBN：7-5383-3069-0
定价：CNY9.50
（正误笔　临池卷）
　　中国当代钢笔字书法。

J0092279
学书指要　徐炽编著
沈阳　辽宁美术出版社　1996 年　116 页

20cm（32 开）ISBN：7-5314-1382-5
定价：CNY9.80

J0092280
雅　赫大龄［编著］
长春　吉林教育出版社　1996 年　46 页　有照片
26cm（16 开）ISBN：7-5383-3066-6
定价：CNY9.50
（正误笔　临池卷）

J0092281
颜体大楷解析　黄丽华编著
北京　华艺出版社　1996 年　64 页　26cm（16 开）
ISBN：7-80039-250-3　定价：CNY9.80

J0092282
颜体楷书临摹技法　蔡茂友，舒宁编著；艾庆芸［书］
北京　中国书籍出版社　1996 年　74 页
26cm（16 开）ISBN：7-5068-0503-0
定价：CNY6.80
（四大楷书临摹技法丛帖）

J0092283
颜体楷书临摹技法　蔡茂友，舒宁编著
北京　中国书籍出版社　1997 年　2 版　74 页
26cm（16 开）ISBN：7-5068-0503-0
定价：CNY6.80
（四大楷书临摹技法丛帖）

J0092284
颜真卿正楷描红　（一）《颜真卿正楷描红》编写组编
长沙　湖南美术出版社　1996 年　32 页　19×26cm
ISBN：7-5356-0945-7　定价：CNY3.00

J0092285
颜真卿正楷描红　（二）《颜真卿正楷描红》编写组编
长沙　湖南美术出版社　1996 年　32 页　19×26cm
ISBN：7-5356-0946-5　定价：CNY3.00

J0092286
颜真卿正楷描红　（三）《颜真卿正楷描红》编写组编

长沙　湖南美术出版社　1996 年　32 页　19×26cm
ISBN：7-5356-0947-3　定价：CNY3.00

J0092287
游戏中破碎的方块　（后现代主义与当代书法）
张强著
北京　中国社会出版社　1996 年　272 页　有图
19cm（小 32 开）ISBN：7-80088-708-1
定价：CNY13.00
（后现代主义文化丛书 7）

J0092288
怎样临摹王羲之兰亭序　王春南编著
南京　江苏古籍出版社　1996 年　99 页　有画像
26cm（16 开）ISBN：7-80519-694-X
定价：CNY9.80
（名碑名帖实用临摹丛书）

J0092289
张裕钊书法艺术　杨祖武主编
北京　华夏出版社　1996 年　174 页　20cm（32 开）
ISBN：7-5080-1116-3　定价：CNY15.80

J0092290
章草草诀歌　王世镗书
天津　天津古籍出版社　1996 年　影印本　52 页
26cm（16 开）ISBN：7-80504-504-6
定价：CNY5.60
（历代碑帖集萃）
　　作者王世镗（1868—1933），书法家。字鲁生，
号积铁子、积铁老人。天津人，代表作品有《书
诀》《论草书今章之故》等。

J0092291
赵孟頫楷书临帖指导　沈石编著
苏州　古吴轩出版社　1996 年　44 页　26cm（16 开）
ISBN：7-80574-238-3　定价：CNY6.80
（临帖指导丛书）

J0092292
赵体楷书临摹技法　蔡茂友，舒宁编著
北京　中国书籍出版社　1996 年　74 页
26cm（16 开）ISBN：7-5068-0504-9
定价：CNY6.80
（四大楷书临摹技法丛帖）

J0092293
中国历代书法名句简明辞典　漆剑影，潘晓
晨编著
北京　中国旅游出版社　1996 年　581 页
20cm（32 开）精装　ISBN：7-5032-1186-5
定价：CNY35.00

J0092294
中国书法　（技法的分析与训练）邱振中著
杭州　中国美术学院出版社　1996 年　366 页
有照片及插图　26cm（16 开）
ISBN：7-81019-482-8　定价：CNY32.00
　　作者邱振中（1947—　），教授，博士生导
师。生于江西南昌，硕士毕业于浙江美术学院。
历任江西师范大学教授、中央美术学院中国画系
教授、西泠印社社员。著作有《书法的形态与阐
释》《神居何所》《书写与观照》。

J0092295
中国书法技法与鉴赏　吴葆伦主编；凌士欣编著
北京　东方出版社　1996 年　113 页　19cm（小 32 开）
ISBN：7-5060-0667-7　定价：CNY12.00
（教你鉴赏·美术系列）
　　作者吴葆伦（1926—　），编辑。笔名吴奇，
人民美术出版社副编审、中国图书评论学会理
事。作者凌士欣（1936—　），上海人，字二泉，
高级建筑师，中国书法家协会会员。

J0092296
中国书法精要　（浓缩集粹本）李兴洲编著
北京　学苑出版社　1996 年　160 页　有照片
26cm（16 开）ISBN：7-80060-878-6
定价：CNY32.00

J0092297
中国书法艺术欣赏　王玉池著
太原　山西教育出版社　1996 年　301 页　有图
19cm（小 32 开）ISBN：7-5440-0615-8
定价：CNY10.70
（美育丛书　美术系列）
　　作者王玉池（1931—　），研究员。出生于河
北束鹿县，毕业于中央工艺美术学院。历任中国
艺术研究院美术研究所研究员、中国书法家协会
学术委员会委员、中国书画函授大学教授、中国
美术家协会会员。专著有《钟繇》《王羲之》《书

*法瑰宝谭》等。

J0092298
中国现代书法十年　　杨朝岭, 陈筱凤编著
南宁　广西美术出版社 1996 年 261 页　有附图
19cm（小 32 开）ISBN：7-80625-037-9
定价：CNY13.50

J0092299
中专学生书法基础练习册　（柳体）吴佩琨主编
北京　高等教育出版社 1996 年 50 页
26cm（16 开）ISBN：7-04-005635-6
定价：CNY3.60

J0092300
中专学生书法基础练习册　（欧体）吴佩琨主编
北京　高等教育出版社 1996 年 50 页
26cm（16 开）ISBN：7-04-005636-4
定价：CNY3.60

J0092301
中专学生书法基础练习册　（颜体）吴佩琨主编
北京　高等教育出版社 1996 年 50 页
26cm（16 开）ISBN：7-04-005634-8
定价：CNY3.60

J0092302
中专学生书法基础练习册　（赵体）吴佩琨主编
北京　高等教育出版社 1996 年 50 页
26cm（16 开）ISBN：7-04-005637-2
定价：CNY3.60

J0092303
20 世纪世界书法作品鉴赏　　刘艺主编；中国
中外名人文化研究会艺委会［编］
北京　中国人事出版社 1997 年 14+563 页
26cm（16 开）精装　ISBN：7-80139-148-9
定价：CNY178.00

J0092304
'97 沙孟海书学研讨会文集　　浙江省博物馆编
杭州　杭州大学出版社 1997 年 255 页
28cm（大 16 开）ISBN：7-81035-287-3
定价：CNY45.00

J0092305
MSG 捷径练字法　（王羲之字迹）苏门著 / 创
合肥　安徽美术出版社 1997 年 152 页
26cm（16 开）ISBN：7-5398-0604-4
定价：CNY18.50

J0092306
百家书艺鉴赏　　刘佑局著
广州　花城出版社 1997 年 203 页 20cm（32 开）
ISBN：7-5360-2575-0 定价：CNY12.80

J0092307
笔墨生辉　（学习书法）崔陟, 郑红编著
济南　明天出版社 1997 年 125 页　有图
20cm（32 开）ISBN：7-5332-2643-7
定价：CNY96.00（全套）
（课外活动丛书）

J0092308
草诀百韵歌二种
广州　岭南美术出版社 1997 年 62 页
26cm（16 开）ISBN：7-5362-1724-2
定价：CNY7.00

J0092309
草书导引　　严太平编著
北京　中国人民公安大学出版社 1997 年 142 页
26cm（16 开）精装　ISBN：7-81059-059-6
定价：CNY18.00
　　本书共三篇, 内容包括：学草概述、草字符
号例释、草书口诀详释等。

J0092310
草书技法百日通　　李富执笔
北京　中国书籍出版社 1997 年 60 页
26cm（16 开）ISBN：7-5068-0531-6
定价：CNY6.00
（五大书体技法入门丛书）

J0092311
草书技法指南　　吴柏森编著
上海　上海书店出版社 1997 年 175 页
26cm（16 开）ISBN：7-80622-137-9
定价：CNY20.00

J0092312
草书教程 吴天祥编著
乌鲁木齐 新疆人民出版社 1997 年 128 页
26cm（16 开）ISBN：7-228-04170-4
定价：CNY14.80
（书法自学丛书）

J0092313
草书教程 王继安著
杭州 中国美术学院出版社 1997 年
2 版(修订版) 149 页 26cm（16 开）
ISBN：7-81019-566-2 定价：CNY17.00
（书法教学丛书）

J0092314
草书要领 （晋王羲之家藏原本）(唐)欧阳询等临
北京 北京古籍出版社 1997 年 影印本 278 页
26cm（16 开）精装 ISBN：7-5300-0026-8
定价：CNY25.00
  作者欧阳询(557—641)，唐朝著名书法家。
字信本，唐朝潭州临湘(今湖南长沙)人，楷书四
大家之一。与同代的虞世南、褚遂良、薛稷三位
并称初唐四大家。楷书有《九成宫醴泉铭》《皇
甫诞碑》《化度寺碑》《虞恭公温彦博碑》，行书
有《仲尼梦奠帖》《行书千字文》。书法著作有《八
诀》《传授诀》《用笔论》《三十六法》。

J0092315
初唐书论 萧元编著
长沙 湖南美术出版社 1997 年 208 页
19cm(小 32 开) ISBN：7-5356-0952-X
定价：CNY12.60
（中国书画论丛书）
  作者萧元(1957—)，湖南宁远人，毕业于
武汉大学哲学系。曾任湖南人民出版社政治理
论室副主任、《芙蓉》杂志主编、广州美术学院图
书馆馆长等职。著有《萧元文存》。

J0092316
大学书法行书临摹教程 潘善助执行主编
杭州 中国美术学院出版社 1997 年 392 页
20cm（32 开）ISBN：7-81019-631-6
定价：CNY25.00
（大学书法教材集成）

J0092317
大学书法隶书临摹教程 张铁民执行主编
杭州 中国美术学院出版社 1997 年 400 页
20cm（32 开）ISBN：7-81019-629-4
定价：CNY26.00
（大学书法教材集成）

J0092318
大学书法篆书临摹教程 张韬执行主编
杭州 中国美术学院出版社 1997 年 600 页
20cm（32 开）ISBN：7-81019-630-8
定价：CNY38.50
（大学书法教材集成）

J0092319
敦煌写卷书法研究 焦明晨著
台北 文史哲出版社 1997 年 315页 21cm（32 开）
ISBN：957-549-076-2 定价：TWD360.00
（文史哲学术丛刊 5）

J0092320
多用钢笔书法速成字帖 （行书分册）李放鸣书
成都 天地出版社 1997 年 19×26cm
ISBN：7-80624-095-0 定价：CNY8.00
  作者李放鸣(1957—)，硬笔书法家。毕业
于四川师范大学。历任中国现代汉字硬笔书法
协会副秘书长、中国当代硬笔书法家协会理事、
东方书画艺术家中心创作委员。主要作品有《教
师实用钢笔字》《历代名家名帖书法经典》《历代
名家碑帖经典集字临创》等。

J0092321
汉魏六朝书画论 潘运告编著
长沙 湖南美术出版社 1997 年 335 页
19cm(小 32 开) ISBN：7-5356-0951-1
定价：CNY17.90
（中国书画论丛书）

J0092322
汉字书法通解 （行·草）秦永龙编著
北京 文物出版社 1997 年 129 页 26cm（16 开）
ISBN：7-5010-0973-2 定价：CNY40.00

J0092323
翰墨因缘 （李瑞清 胡小石 张隆延 李振兴四

代书艺）李瑞清等书
福州 福建美术出版社 1997年 198页 有照片
34cm（10开）ISBN：7-5393-0545-2
定价：CNY58.00
　　　作者李瑞清（1867 — 1920），教育家、美术家、书法家。字仲麟，号梅庵，晚号清道人，戏号李百蟹。江西抚州人。曾出任两江优级师范学堂监督。著述有《左氏问难》《春秋大事表》《历代帝王年表》《和陶诗》等。

J0092324
行草解析　刘炳午等著；聚文社编
兰州 甘肃人民美术出版社 1997年 82页 有照片
26cm（16开）ISBN：7-80588-142-1
定价：CNY19.80

J0092325
行书笔法概述　戴加妙著
杭州 浙江人民美术出版社 1997年 87页
26cm（16开）ISBN：7-5340-0688-0
定价：CNY15.00

J0092326
行书教程　倪文东编著
乌鲁木齐 新疆人民出版社 1997年 158页
26cm（16开）ISBN：7-228-04169-0
定价：CNY15.80
（书法自学丛书）
　　　作者倪文东（1957— ），教授。又名倪端、倪陵生，陕西黄陵人，毕业于西北大学中文系。历任西北大学艺术系教授、陕西省青年书法家协会副主席、太白印社社长、中国书法家协会理事、北京师范大学艺术与传媒学院书法系教授。代表作品《二十世纪中国书画家印款辞典》。

J0092327
行书入门　春恒等编
北京 中国画报出版社 1997年 重印本 37页
26cm（16开）ISBN：7-80024-157-2
定价：CNY6.60
（书法入门丛书）

J0092328
浩然谈书法　浩然著
西安 陕西人民美术出版社 1997年 233页

20cm（32开）ISBN：7-5368-0977-8
定价：CNY15.80
　　　作者浩然（1943— ），回族，研究员。字一之，号中州颍畔书童，西安市文联副研究员，中国书法家协会会员。

J0092329
画说中华文化形象　（中华书法）刘梦溪，黄克剑主编；齐开义，李一编著
南宁 广西教育出版社 1997年 64页
29cm（16开）精装 ISBN：7-5435-2594-1
定价：CNY78.00

J0092330
黄庭坚《松风阁诗》及其笔法　[（宋）黄庭坚书]；蒋进编撰
杭州 西泠印社 1997年 重印本 27页
26cm（16开）ISBN：7-80517-125-4
定价：CNY4.50
　　　作者黄庭坚（1045—1105），北宋文学家、书法家。字鲁直，号山谷道人。江西省九江人。代表作品有《松风阁诗帖》《诸上座帖》，著有《山谷集》《山谷词》《论古人书》等。

J0092331
晋王羲之兰亭序临习技法　（东晋）王羲之书；董雁主编
海口 南海出版公司 1997年 69页 有画像
26cm（16开）ISBN：7-5442-0844-3
定价：CNY8.80
（历代碑帖法书技法选 行书卷）
　　　编者董雁（1968— ），北京人。字子人，号若鸿，室名抱素斋。毕业于首都师范大学书法专业。北京市书法家协会篆刻研究会会员，任职于清华大学美术学院。书画、篆刻作品辑入《当代名家唐诗宋词元曲书画集》《中国印学年鉴》等专集。

J0092332
楷书笔法概述　张爱国著
杭州 浙江人民美术出版社 1997年 75页
26cm（16开）ISBN：7-5340-0689-9
定价：CNY14.00
　　　作者张爱国，北京军区政治部文化工作站任职。

J0092333
楷书基础技法　傅以新编著
天津　天津人民美术出版社 1997 年 44 页
26cm（16 开）ISBN：7-5305-0610-2
定价：CNY4.30
（美术基础技法丛书）
　　作者傅以新（1943—　），画家、教授。生于
山西寿阳，毕业于中央美术学院中国画系。历任
天津美术学院、中央民族大学教授、中国美术家
协会、书法家协会会员。代表作品有《故城夕照》
《夜河奔骥》《云浓山醉》《清光万里》。

J0092334
楷书基础教程　李晓军，宗家顺编著
北京　教育科学出版社 1997 年 86 页
20cm（32 开）ISBN：7-5041-1750-1
定价：CNY5.00
（中国书画艺术电视教学片　书法篇）

J0092335
楷书技法　陈鸿发著
南京　河海大学出版社 1997 年 227 页
26cm（16 开）ISBN：7-5630-1186-2
定价：CNY22.50

J0092336
楷书技法百日通　张永珍，郭桐秋执笔
北京　中国书籍出版社 1997 年 60 页
26cm（16 开）ISBN：7-5068-0529-4
定价：CNY6.00
（五大书体技法入门丛书）

J0092337
楷书教程　南峰编著
乌鲁木齐　新疆人民出版社 1997 年 136 页
26cm（16 开）ISBN：7-228-04168-2
定价：CNY14.80
（书法自学丛书）
　　作者南峰，书法教育工作者。

J0092338
楷书结构举要　梁兴华，崔济民［著］
西安　未来出版社 1997 年 32 页 20cm（32 开）
ISBN：7-5417-1431-3 定价：CNY3.00

J0092339
历代碑帖法书技法选　历代碑帖法书技法选
编委会［编］
海口　南海出版公司 1997—1998 年 26cm（16 开）

J0092340
历史的超越　（明清书法美学探微）陈文著
北京　北京燕山出版社 1997 年 187 页
19cm（32 开）ISBN：7-5402-0801-5
定价：CNY12.80

J0092341
隶书《乙瑛碑》临帖指导　楼风编著
苏州　古吴轩出版社 1997 年 44 页 26cm（16 开）
ISBN：7-80574-305-3 定价：CNY6.80
（临帖指导丛书）

J0092342
隶书基础教程　刘文华编著
北京　教育科学出版社 1997 年 51 页
20cm（32 开）ISBN：7-5041-1750-1 定价：CNY5.00
（中国书画艺术电视教学片　书法篇）

J0092343
隶书技法百日通　周子芹，张迁才执笔
北京　中国书籍出版社 1997 年 63 页
26cm（16 开）ISBN：7-5068-0532-4
定价：CNY6.00
（五大书体技法入门丛书）

J0092344
隶书教程　倪文东编著
乌鲁木齐　新疆人民出版社 1997 年 142 页
26cm（16 开）ISBN：7-228-04167-4
定价：CNY15.80
（书法自学丛书）
　　作者倪文东（1957—　），教授。又名倪端、
倪陵生，陕西黄陵人，毕业于西北大学中文系。
历任西北大学艺术系教授、陕西省青年书法家
协会副主席、太白印社社长、中国书法家协会理
事、北京师范大学艺术与传媒学院书法系教授。
代表作品《二十世纪中国书画家印款辞典》。

J0092345
柳公权楷书帖　（书法入门）冯宝佳编

海口　南海出版公司　1997 年　45 页　26cm（16 开）
ISBN：7-5442-0993-8　定价：CNY5.00

　　作者冯宝佳（1937—　　），书法家。广东省书法家协会理事、广州硬笔书法家协会艺术导师。著有《冯宝佳硬笔书法字帖》《教你写毛笔字》等。

J0092346

六体习字入门　（行书·草书）吴永著
上海　百家出版社　1997 年　84 页　26cm（16 开）
ISBN：7-80576-622-3　定价：CNY10.00

J0092347

六体习字入门　（唐楷·新魏）吴永著
上海　百家出版社　1997 年　80 页　26cm（16 开）
ISBN：7-80576-621-5　定价：CNY10.00

J0092348

六体习字入门　（篆书·隶书）吴永著
上海　百家出版社　1997 年　80 页　26cm（16 开）
ISBN：7-80576-623-1　定价：CNY10.00

J0092349

毛笔、钢笔、粉笔书法教程　赵子江，张达煜主编
重庆　西南师范大学出版社　1997 年　300 页
有照片　26cm（16 开）ISBN：7-5621-1736-5
定价：CNY25.00

J0092350

米芾行书临帖指导　沈石编著
苏州　古吴轩出版社　1997 年　44 页　26cm（16 开）
ISBN：7-80574-303-7　定价：CNY6.80
（临帖指导丛书）

J0092351

墨池游踪　（书法理论与实践）傅晏风著
重庆　重庆大学出版社　1997 年　168 页　有图
20cm（32 开）ISBN：7-5624-1557-9
定价：CNY8.00

J0092352

墨海风流　（张保增书法现象撷英）李儒乞主编
南昌　江西美术出版社　1997 年　48+212+31 页
有照片　20cm（32 开）精装

ISBN：7-80580-433-8　定价：CNY42.00

J0092353

欧体《九成宫碑》临摹习字帖　永珍等编
北京　中国华侨出版社　1997 年　61 页
26cm（16 开）ISBN：7-80120-137-X
定价：CNY6.00

J0092354

欧体部首偏旁临帖　（欧阳询《九成宫醴泉铭》）
郑荣明选编
广州　岭南美术出版社　1997 年　59 页
26cm（16 开）ISBN：7-5362-1664-5
定价：CNY8.00
（中国历代名碑帖标准临本丛帖）

J0092355

欧颜柳三家楷书初探　田雨欣编著
北京　中国旅游出版社　1997 年　104 页
26cm（16 开）ISBN：7-5032-1415-5
定价：CNY15.00

J0092356

欧阳询楷书帖　冯宝佳编
海口　南海出版公司　1997 年　45 页　26cm（16 开）
ISBN：7-5442-0996-2　定价：CNY5.00
（书法入门）

　　作者冯宝佳（1937—　　），书法家。广东省书法家协会理事、广州硬笔书法家协会艺术导师。著有《冯宝佳硬笔书法字帖》《教你写毛笔字》等。

J0092357

青少年书法三十五讲　苍舒，施蔼编著
上海　上海书店出版社　1997 年　163 页
26cm（16 开）ISBN：7-80622-158-1
定价：CNY20.00

J0092358

沙孟海论书文集　沙孟海著
上海　上海书画出版社　1997 年　839 页
20cm（32 开）精装　ISBN：7-80635-068-3
定价：CNY88.00

　　作者沙孟海（1900—1992），书法家。原名文若，字孟海，号石荒、沙村。生于浙江鄞县，毕

业于浙江省立第四师范学校。曾任浙江大学中文系教授、浙江美术学院教授、西泠印社社长、西泠书画院院长、浙江省博物馆名誉馆长、中国书法家协会副主席。代表作品《集王圣教序》。

J0092359
沙孟海书学研究　刘光明著
北京 中国人民大学出版社 1997 年 216 页
有照片 20cm（32 开）ISBN：7–300–02198–0
定价：CNY18.00

J0092360
少儿书法教程　聂文豪著
南昌 江西美术出版社 1997 年 98 页
26cm（16 开）ISBN：7–80580–445–1
定价：CNY10.00
　　作者聂文豪（1944—　），生于江西省南昌市。历任中国民间文艺家协会会员，江西省书法家协会会员，中国民协书法艺术交流专业委员会副主任。

J0092361
少年书法入门　（行书）郭金铭，郭皓编
北京 农村读物出版社 1997 年 53 页
26cm（16 开）ISBN：7–5048–2751–7
定价：CNY6.50

J0092362
少年书法五十讲　王恩科编著
上海 上海人民出版社 1997 年 167 页 21×19cm
ISBN：7–208–02534–7 定价：CNY20.00

J0092363
少年书法艺术技术问答　金梅，周京明著
北京 中国工人出版社 1997 年 163 页
20cm（32 开）ISBN：7–5008–1895–5
定价：CNY10.00
（小风铃丛书）

J0092364
十体书法入门　梅正国编著
武汉 湖北人民出版社 1997 年 270 页
19cm（小 32 开）ISBN：7–216–02149–5
定价：CNY9.40
（周末文库）

J0092365
实用军事书法　梁策编著
北京 星球地图出版社 1997 年 144 页
26cm（16 开）ISBN：7–80104–018–X
定价：CNY18.00

J0092366
实用书法　李风暴主编
北京 高等教育出版社 1997 年 223 页
26cm（16 开）ISBN：7–04–006053–1
定价：CNY16.10

J0092367
实用书法速成字帖　（颜真卿楷书）（唐）颜真卿书；田登岳主编
西安 陕西人民美术出版社 1997 年 4 册
26cm（16 开）ISBN：7–5368–0988–3
定价：CNY29.80
（中国历代碑帖集句集联丛书）

J0092368
书道·书缘·书趣　（中国书法杂说）张运林著
南京 江苏人民出版社 1997 年 198 页
20cm（32 开）ISBN：7–214–01892–6
定价：CNY9.50

J0092369
书法　朱崇昌主编
北京 中国商业出版社 1997 年 297 页
20cm（32 开）ISBN：7–5044–3515–5
定价：CNY12.00

J0092370
书法教程　李甫，郭农声主编
武汉 华中师范大学出版社 1997 年 2 版
272 页 20cm（32 开）ISBN：7–5622–1672–X
定价：CNY10.00

J0092371
书法教程　晋福臣等主编
东营 石油大学出版社 1997 年 重印本 233 页
26cm（16 开）ISBN：7–5636–0862–1
定价：CNY12.80

J0092372

书法美的探索　宋民著

北京 中国旅游出版社 1997 年 123 页

26cm（16 开）ISBN：7-5032-1494-5

定价：CNY16.80

（书法文化丛书）

J0092373

书法美学新探　陈廷祐著

北京 商务印书馆 1997 年 232 页 19cm（小 32 开）

ISBN：7-100-01735-1 定价：CNY11.20

　　作者陈廷祐（1926—　），编辑，记者。亦作陈廷佑，毕业于上海暨南大学外国语文学系。曾任《人民日报》《北京周报》编辑记者中国书法家协会会员、中华全国美学学会会员。著有《书法之美》《中国书法美学》《书法之美的本质与创新》等。

J0092374

书法图式研究　梅墨生著

南京 江苏教育出版社 1997 年 142 页

29cm（16 开）ISBN：7-5343-2929-9

定价：CNY28.00

　　作者梅墨生（1960—2019），书画家、诗人、太极拳家。生于河北。又名觉公。曾任首都师范大学、北京大学艺术学院教授，书法研究所所长、博士生导师等。编著有《现代书法家批评》《书法图式研究》等。

J0092375

书法文字学　齐冲天著

北京 北京语言文化大学出版社 1997 年 477 页

20cm（32 开）ISBN：7-5619-0485-1

定价：CNY25.00

J0092376

书法新义　赵英山著

台北 商务印书馆 1997 年 290 页 有图

21cm（32 开）ISBN：957-05-1357-8

定价：TWD260.00

J0092377

书法艺术初论　王陆著

太原 山西人民出版社 1997 年 120 页

20cm（32 开）ISBN：7-203-03479-8

定价：CNY7.50

J0092378

书法与欣赏　金运昌主编；王常春等编著

北京 高等教育出版社 1997 年 240 页

26cm（16 开）ISBN：7-04-006050-7

定价：CNY19.50

（养成教育丛书）

J0092379

书法篆刻　沈浩著

南昌 21 世纪出版社 1997 年 99 页 28cm（16 开）

ISBN：7-5391-1237-9 定价：CNY22.00

（中国水墨画初级教材 二）

　　本书与江西美术出版社合作出版。

J0092380

书画同源　（中国古代书论画论选）程翔章，曹海东编著

武汉 武汉测绘科技大学出版社 1997 年 507 页

20cm（32 开）ISBN：7-81030-485-2

定价：CNY19.80

（书香文丛 1）

J0092381

书诀百韵歌释义　（晋）王羲之书；孔墨丁编

西安 陕西旅游出版社 1997 年 106 页

36cm（15 开）ISBN：7-5418-1379-6

定价：CNY13.80

　　王羲之（303—361），东晋著名书法家。字逸少，山东临沂人。代表作《兰亭序》《黄庭经》《乐毅论》《十七帖》《兰亭集序》《初月帖》等。

J0092382

书写训练　（必选本）中国教育学会书法教育研究会，中师书法教育专业委员会编

沈阳 辽宁教育出版社 1997 年 重印本 301 页

26cm（16 开）ISBN：7-5382-4615-0

定价：CNY20.00

J0092383

书苑徘徊　（刘艺书法图文选集）刘艺著

青岛 青岛出版社 1997 年 178 页 有彩照

26cm（16 开）ISBN：7-5436-1518-5

定价：CNY29.80

作者刘艺（1931—　），书法家。原名王平，别署王实子，原籍台中市。历任中国书法家协会副主席，中国书法家协会副主席、创作评审委员会主任、编审，中国书法家协会顾问等。代表作品《书苑徘徊》，著有《刘艺书法作品集》《刘艺草书秋兴八首》等。

J0092384
苏州市书学论文选　（第二辑）华人德主编
苏州　苏州大学出版社 1997年 302页
20cm（32开）ISBN：7-81037-325-0
定价：CNY14.00

J0092385
唐孙过庭书谱临习技法　（唐）孙过庭书；董雁主编
海口　南海出版公司 1997年 79页 有画像
26cm（16开）ISBN：7-5442-0846-X
定价：CNY8.80
（历代碑帖法书技法选 草书卷）

孙过庭（646—691），唐代书法家、书法理论家。名虔礼，以字行。吴郡富阳（今浙江富阳）人。有墨迹《书谱》传世。主编董雁（1968—　），北京人。字子人，号若鸿，室名抱素斋。毕业于首都师范大学书法专业。北京市书法家协会篆刻研究会会员，任职于清华大学美术学院。书画、篆刻作品辑入《当代名家唐诗宋词元曲书画集》《中国印学年鉴》等专集。

J0092386
王铎《拟山园帖》行书大字谱　方祥勇编著
南宁　广西美术出版社 1997年 44页
38cm（6开）ISBN：7-80625-354-8
定价：CNY13.00
（书法大字谱 第二辑）

J0092387
王铎行书临帖指导　沈默君编著
苏州　古吴轩出版社 1997年 44页 26cm（16开）
ISBN：7-80574-304-5 定价：CNY6.80
（临帖指导丛书）

J0092388
王羲之楷书帖　冯宝佳编
海口　南海出版公司 1997年 45页 26cm（16开）

ISBN：7-5442-0995-4 定价：CNY5.00
（书法入门）

编者冯宝佳（1937—　），书法家。广东省书法家协会理事、广州硬笔书法家协会艺术导师。著有《冯宝佳硬笔书法字帖》《教你写毛笔字》等。

J0092389
文徵明《滕王阁序》行书大字谱　方祥勇编著
南宁　广西美术出版社 1997年 44页
38cm（6开）ISBN：7-80625-355-6
定价：CNY13.00
（书法大字谱 第二辑）

J0092390
文徵明行书临习与创作　李里，杨京编著
北京　中国书店 1997年 65页 26cm（16开）
ISBN：7-80568-829-X 定价：CNY5.50

本书从用笔方法、结字规律和结体章法几个方面分析了文徵明行书的书写技法，并通过多种形式的范例，直观地向读者展示了对联、条幅、横幅、扇面等各种书法创作形式。

J0092391
文字与书法　岳俊发，王宪增编著
北京　警官教育出版社 1997年 327页
20cm（32开）ISBN：7-81027-782-0
定价：CNY14.00

J0092392
现代书法名家作品鉴赏　沈鸿根著
重庆　重庆出版社 1997年 299页 20cm（32开）
ISBN：7-5366-3514-1 定价：CNY25.00
（中国书法名作鉴赏系列）

J0092393
现代新魏书字帖　王文［书］
合肥　安徽美术出版社 1997年 64页
26cm（16开）ISBN：7-5398-0611-7
定价：CNY12.60

J0092394
小楷临帖指导　楼风编著
苏州　古吴轩出版社 1997年 44页 26cm（16开）
ISBN：7-80574-277-4 定价：CNY6.80

（临帖指导丛书）

J0092395
写字等级考试辅导字帖　（第一册　硬笔正楷）
钱沛云著
上海　上海科学技术文献出版社　1997 年　200 页
20cm（32 开）ISBN：7-5439-1195-7
定价：CNY8.50
　　　作者钱沛云（1946—　），著名硬笔书法家。
字鹤斋，浙江上虞人，毕业于上海师大中文系。
中国书法家协会会员，中国书画函授大学书法系
教授。主要作品有《楷书基础知识》《怎样写快
写好钢笔字》《钢笔书法技巧要领》《红楼梦诗词
钢钢笔行书书帖》等。

J0092396
写字等级考试辅导字帖　（第二册　硬笔行楷）
钱沛云著
上海　上海科学技术文献出版社　1997 年　200 页
20cm（32 开）ISBN：7-5439-1196-5
定价：CNY8.50

J0092397
写字等级考试辅导字帖　（第三册　毛笔正楷、
行楷）钱沛云著
上海　上海科学技术文献出版社　1997 年　200 页
20cm（32 开）ISBN：7-5439-1197-3
定价：CNY8.50

J0092398
新编实用书法　万远量等主编
重庆　西南师范大学出版社　1997 年　314 页
20cm（32 开）ISBN：7-5621-1757-8
定价：CNY12.80

J0092399
新米字格书写技巧　（青少年书法捷径）陈启
智著
天津　新蕾出版社　1997 年　118 页　20cm（32 开）
ISBN：7-5307-1702-2　定价：CNY6.50

J0092400
形象化、线条化　（柳公权书法学习技巧）吴根
龙著
南京　江苏人民出版社　1997 年　68 页

26cm（16 开）ISBN：7-214-02022-X
定价：CNY14.00

J0092401
学生字宝　（中国历代传统碑帖临习指导系列
丛书　柳体）江吟主编；张瘦松编写
北京　中国国际广播出版社　1997 年
28cm（大 16 开）ISBN：7-5078-1533-1
定价：CNY10.00

J0092402
学生字宝　（中国历代传统碑帖临习指导系列
丛书　欧体）江吟主编；徐咏平编写
北京　中国国际广播出版社　1997 年
28cm（大 16 开）ISBN：7-5078-1532-3
定价：CNY10.00

J0092403
学生字宝　（中国历代传统碑帖临习指导系列
丛书　颜体）江吟主编
北京　中国国际广播出版社　1997 年
28cm（大 16 开）ISBN：7-5078-1531-5
定价：CNY10.00

J0092404
颜体《勤礼碑》临摹习字帖　永珍等编
北京　中国华侨出版社　1997 年　60 页
26cm（16 开）ISBN：7-80120-114-0
定价：CNY6.00

J0092405
颜体部首偏旁临帖　（颜真卿《颜勤礼碑》）
（唐）颜真卿书；可寓选编
广州　岭南美术出版社　1997 年　59 页
26cm（16 开）ISBN：7-5362-1587-8
定价：CNY8.00
（中国历代名碑帖标准临本丛帖）

J0092406
颜真卿楷书临摹解析　李富编著
北京　中国华侨出版社　1997 年　76 页
26cm（16 开）ISBN：7-80120-135-3
定价：CNY7.50

J0092407

颜真卿楷书帖 （书法入门）冯宝佳编
海口 南海出版公司 1997 年 45 页 26cm（16 开）
ISBN：7-5442-0994-6 定价：CNY5.00

作者冯宝佳（1937—　），书法家。广东省
书法家协会理事、广州硬笔书法家协会艺术导
师。著有《冯宝佳硬笔书法字帖》《教你写毛笔
字》等。

J0092408

颜真卿书帖　冯宝佳编
海口 南海出版公司 1997 年 45 页 26cm（16 开）
ISBN：7-5442-0994-6 定价：CNY5.00
（书法入门）

J0092409

颜真卿自书告身 （唐）颜真卿书；张雷编
上海 上海书画出版社 1997 年 24 页
38cm（6 开）ISBN：7-80635-144-2
定价：CNY6.50
（中国历代名帖放大本）

颜真卿（709—785），唐代书法家。字清臣。
历任监察御史、殿中侍御史。代表作品有《韵海
镜源》《吴兴集》《庐陵集》等，均佚。宋人辑有
《颜鲁公集》。

J0092410

张怀瓘书论　潘运告编著
长沙 湖南美术出版社 1997 年 298 页
19cm（小 32 开）ISBN：7-5356-0953-8
定价：CNY16.10
（中国书画论丛书）

J0092411

张宗祥题画诗墨迹　张宗祥书
杭州 浙江人民美术出版社 1997 年 154 页 有图
28cm（大 16 开）ISBN：7-5340-0749-6
定价：CNY28.00

作者张宗祥（1882—1965），学者、书法家。
原名思曾，字阆声，号冷僧，浙江海宁人。历任
西泠印社社长、浙江省图书馆馆长、省文史馆副
馆长、中国美术家协会浙江分会副主席等职。出
版有《说郛》《国榷》《罪惟录》《越绝书》等。

J0092412

赵体《寿春堂记》临摹习字帖　永珍等主编
北京 中国华侨出版社 1997 年 61 页
26cm（16 开）ISBN：7-80120-172-8
定价：CNY6.00

J0092413

智永草书千字文 （隋释）智永书；张伟生编
上海 上海书画出版社 1997 年 89 页
38cm（6 开）ISBN：7-80635-139-6
定价：CNY17.00
（中国历代名帖放大本）

智永，隋代书法家、佛教大师。名法极，浙
江会稽人。代表作临摹《真草千字文》。

J0092414

智永草书千字文解析字帖　李松编著
北京 新时代出版社 1997 年 116页 26cm（16 开）
ISBN：7-5042-0348-3 定价：CNY12.00
（书法字海解析丛帖 第一集）

作者李松（1932—　），中国美术家协会理
事、理论委员会委员、中国画研究院院务委员。

J0092415

中国古典书学研究　王宜早著
南京 南京师范大学出版社 1997 年 306 页
20cm（32 开）ISBN：7-81047-087-6
定价：CNY16.00

J0092416

中国历代名家碑帖临摹教程·行书　上海人
民美术出版社编
上海 上海人民美术出版社 1997 年 26cm（16 开）

J0092417

中国历代名家碑帖临摹教程·楷书　上海人
民美术出版社编
上海 上海人民美术出版社 1997 年 26cm（16 开）

J0092418

中国历代名家碑帖临摹教程·隶书　上海人
民美术出版社编
上海 上海人民美术出版社 1997 年 26cm（16 开）

J0092419
中国历代名家碑帖临摹教程·魏书　上海人
民美术出版社编
上海　上海人民美术出版社　1997年　26cm（16开）

J0092420
中国书法　（普通班）金陵老年大学编
兰州　甘肃人民出版社　1997年　145页
26cm（16开）ISBN：7-226-01761-X
定价：CNY12.80

J0092421
中国书法　（提高班）金陵老年大学编
兰州　甘肃人民出版社　1997年　108页
26cm（16开）ISBN：7-226-01793-8
定价：CNY12.80

J0092422
中国书法　（研究班）金陵老年大学编
兰州　甘肃人民出版社　1997年　133页
26cm（16开）ISBN：7-226-01794-6
定价：CNY12.80

J0092423
中国书法概述　薛夫彬编著
北京　教育科学出版社　1997年　83页
20cm（32开）ISBN：7-5041-1750-1
定价：CNY5.00
（中国书画艺术电视教学片　书法篇）
　　作者薛夫彬（1944—　　），回族，书法家。生
于北京。历任北京教育学院美术系副教授、书法
研究室主任，中国书法家协会理事等。著有《薛
夫彬书法篆刻作品选》《楷书技法》《中国书法概
述》《余墨杂痕》等。

J0092424
中国书法批评史　姜寿田主编
杭州　中国美术学院出版社　1997年　494页
20cm（32开）ISBN：7-81019-628-6
定价：CNY29.50
（大学书法教材集成）

J0092425
中国书艺技法大典　蒋昌诗编著
成都　四川人民出版社　1997年　16+700页

有照片　20cm（32开）精装
ISBN：7-220-03868-2　定价：CNY48.80
　　作者蒋昌诗（1938—　　），教师。名金沙，四
川三台人。毕业于四川师范学院中文系。历任
四川省财政学校高级讲师、成都市书法家协会
会员等。著有《现代实用文体写作》《现代实用
写作》《现代实用书法训练指导》《行书精粹总
览》等。

J0092426
中晚唐五代书论　潘运告编著
长沙　湖南美术出版社　1997年　294页
19cm（小32开）ISBN：7-5356-0954-6
定价：CNY15.90
（中国书画论丛书）

J0092427
周越墨迹研究　（你不知道的故宫博物院）李
敖等著
台北　桂冠图书公司　1997年　210页　有照片
23cm　ISBN：957-551-981-7　定价：TWD280.00

J0092428
北京书法艺术年鉴　（1997年）谷溪主编；北
京书法艺术年鉴编辑委员会编
北京　知识出版社　1998年　160页　有照片
28cm（16开）ISBN：7-5015-1854-8
定价：CNY60.00

J0092429
笔墨氤氲　（书法的文化视野）胡传海著
上海　复旦大学出版社　1998年　326页
20cm（32开）ISBN：7-309-02081-2
定价：CNY16.00
（缪斯书系）

J0092430
草法金针　黄忠簾，黄湘驯著
深圳　海天出版社　1998年　160页　有彩照
26cm（16开）ISBN：7-80615-370-5
定价：CNY14.50

J0092431
褚遂良阴符经　张静芳编
上海　上海书画出版社　1998年　33页

38cm（6开）ISBN：7-80635-218-X

定价：CNY7.90

（中国历代名帖放大本）

　　编者张静芳（1942—　　），女，高级美术师。上海人。历任中国书法家协会会员、上海书法家协会常务理事、办公室主任等职。

J0092432

大学生字帖　王维汉，韩顺任编写

南昌　江西美术出版社　1998年　115页

26cm（16开）ISBN：7-80580-505-9

定价：CNY12.00

J0092433

大学师范书法教程　陈振濂主编

天津　天津古籍出版社　1998年　535页

20cm（32开）ISBN：7-80504-643-3

定价：CNY30.00

　　作者陈振濂（1956—　　），书法家。号颐斋。生于上海，浙江鄞县人。曾任浙江大学人文学院副院长、中国文联副主席、中国书法家协会副主席、中国文艺评论家协会副主席、浙江省文联副主席、西泠印社副社长。著作有《书法美学》《大学书法教材集成》。

J0092434

大学书法草书临摹教程　汪永江执行主编

天津　天津古籍出版社　1998年　431页

20cm（32开）ISBN：7-80504-657-3

定价：CNY28.00

（大学书法教材集成）

J0092435

大学书法创作教程　陈振濂著

杭州　中国美术学院出版社　1998年　694页

20cm（32开）ISBN：7-81019-700-2

定价：CNY36.00

J0092436

大学书法楷书临摹教程　陈大中执行主编

天津　天津古籍出版社　1998年　381页

20cm（32开）ISBN：7-80504-653-0

定价：CNY27.00

（大学书法教材集成）

　　作者陈大中（1962—　　），书法家。本名陈建

中，斋名三湖居，生于江苏无锡市。毕业于浙江美术学院（今中国美术学院）。历任中国美术学院副教授、西泠印社社员、中国书法家协会会员、浙江省书法家协会理事。著有《隶书训练新技》《篆书训练新技》《隶书教程》等。

J0092437

当代书法名家作品鉴赏　沈鸿根著

重庆　重庆出版社　1998年　302页　20cm（32开）

ISBN：7-5366-3856-6　定价：CNY25.00

（中国书法名作鉴赏系列）

J0092438

第三届全国"书法学"暨书法发展战略研讨会论文集　（三）

天津　天津古籍出版社　1998年　379页

20cm（32开）ISBN：7-80504-664-6

定价：CNY20.00

J0092439

读唐诗　学写字　（学生毛笔描红）阿华书写

南京　江苏少年儿童出版社　1998年　48页

26cm（16开）ISBN：7-5346-1845-2

定价：CNY4.50

J0092440

儿童书法　徐庆华，王耀斌编著

上海　上海书画出版社　1998年　45页

26cm（16开）ISBN：7-80635-211-2

定价：CNY8.00

（儿童美术入门丛书）

J0092441

方块字的超越　（书法艺术与中国人）方磊著

西安　陕西人民教育出版社　1998年　262页

20cm（32开）ISBN：7-5419-3679-0

定价：CNY14.00

J0092442

古代书法名家作品鉴赏　沈鸿根著

重庆　重庆出版社　1998年　11+306页

20cm（32开）ISBN：7-5366-3855-8

定价：CNY25.00

（中国书法名作鉴赏系列）

J0092443

古今书法要论　刘启林著

长春　吉林美术出版社　1998年　377页

20cm（32开）ISBN：7-5386-0619-X

定价：CNY25.50

作者刘启林（1944—　），教师。吉林九台人，毕业于东北师范大学中文系。历任广东汕头大学文学院副教授、中国书法家协会广东分会会员。著作有《梦溪笔谈艺文部校注》《中国古代书法理论评注》《中华名胜掌故大典》《古今书法要论》等。

J0092444

汉《乙瑛碑》隶书大字谱　欧阳文炎，蒋启元编著

南宁　广西美术出版社　1998年　47页

38cm（6开）ISBN：7-80625-499-4

定价：CNY13.00

（书法大字谱　第三辑）

J0092445

汉《张迁碑》隶书大字谱　莫可东编著

南宁　广西美术出版社　1998年　46页

38cm（6开）ISBN：7-80625-480-3

定价：CNY13.00

（书法大字谱　第三辑）

J0092446

汉隶书张迁碑解析字帖　甘中流编著

北京　新时代出版社　1998年　140页　26cm（16开）

ISBN：7-5042-0371-8　定价：CNY14.00

（书法字海解析丛帖　第二集）

J0092447

汉史晨碑及其笔法　蒋进编著

杭州　西泠印社　1998年　87页　26cm（16开）

ISBN：7-80517-263-3　定价：CNY11.50

J0092448

汉武威简书三种解析字帖　张有清编著

北京　新时代出版社　1998年　128页　26cm（16开）

ISBN：7-5042-0380-7　定价：CNY12.00

（书法字海解析丛帖　第二集）

J0092449

汉张迁碑及其笔法　白砥编著

杭州　西泠印社　1998年　120页　26cm（16开）

ISBN：7-80517-264-1　定价：CNY15.00

J0092450

翰墨忠烈颜真卿　（首届全国颜真卿学术研讨会论文集）丁凤云［等］主编

北京　中华书局　1998年　450页　有图

21cm（32开）ISBN：7-101-02159-X

定价：CNY28.90

本书包括《颜真卿精神遗产的珍贵人文价值》《全国颜真卿学术研讨会开幕词》《弘扬颜真卿爱国思想建设社会主义精神文明》《关于颜真卿政治思想研究的争论》等53篇文章。

J0092451

华山碑临习与创作　李里编写

北京　中国书店　1998年　74页　26cm（16开）

ISBN：7-80568-896-6　定价：CNY7.50

（历代碑帖自学丛书）

作者李里（1931—　），山西襄汾县人。历任中国美协、山西书法协会会员，董寿平书画艺术研究会常务理事、山西美术研究会副会长、山西老年书画家协会副主席和山西农民书画研究会常务副会长。

J0092452

黄体楷书间架结构习字帖　柳蒲庆，柳伦编

北京　北京出版社　1998年　32页　26cm（16开）

ISBN：7-200-03463-0　定价：CNY4.50

J0092453

教儿童学书法　吕嘉惠编著

沈阳　辽宁美术出版社　1998年　重印本　79页

18×25cm　ISBN：7-5314-1630-1

定价：CNY15.00

J0092454

教你写好毛笔字　（隶书）冯宝佳编著

广州　暨南大学出版社　1998年　155页

26cm（16开）ISBN：7-81029-715-5

定价：CNY13.80

本卷内容包括：工具的选择和使用、执笔方法和书写姿势、隶书笔画的写法、隶书偏旁部首

写法、隶书结体分析等。作者冯宝佳(1937—　)，书法家。广东省书法家协会理事、广州硬笔书法家协会艺术导师。著有《冯宝佳硬笔书法字帖》《教你写毛笔字》等。

J0092455
教你写好毛笔字　(魏碑)冯宝佳编著
广州　暨南大学出版社 1998年 155页
26cm(16开) ISBN：7-81029-714-7
定价：CNY13.80
　　本书内容包括：张猛龙碑的基本笔画写法、偏旁部首写法、结体分析等内容。

J0092456
教你学书法　赵家熹著
北京　中国少年儿童出版社 1998年 126页
有插图 19cm(小32开) ISBN：7-5007-4043-3
定价：CNY4.00
(特价版素质教育书库 成长向导篇)

J0092457
晋王羲之兰亭序　钟明善编
西安　三秦出版社 1998年 63页 28cm(16开)
ISBN：7-80628-106-1 定价：CNY10.50
(历代名碑帖学习与赏析 第一辑)

J0092458
九成宫临习与创作　李里编写
北京　中国书店 1998年 82页 26cm(16开)
ISBN：7-80568-898-2 定价：CNY8.00
(历代碑帖自学丛书)
　　作者李里(1931—　)，山西襄汾县人。历任中国美协、山西书法协会会员，董寿平书画艺术研究会常务理事、山西美术研究会副会长、山西老年书画家协会副主席和山西农民书画研究会常务副会长。

J0092459
楷书行书自修　任政等著
上海　上海书画出版社 1998年 243页 有图
19cm(小32开) ISBN：7-80635-244-9
定价：CNY7.80
(海螺·绿叶文库 艺苑自修)

J0092460
楷书基础　李鑫华，王常春编著
北京　教育科学出版社 1998年 7册 有照片
26cm(16开) ISBN：7-5041-1780-3
定价：CNY45.50
(书法艺术教育丛书)
　　作者李鑫华(1956—　)，字师忱，生于北京，祖籍山西平遥。中央教育科学研究所副研究员、中国书法家协会会员。著有《楷书技法百日通》《书法与欣赏》《楷书基础》《行书基础》《篆隶草书与篆刻基础》等。作者王常春，女，浙江宁波人，北京市财经学校专职书法教师。

J0092461
楷书入门　(颜体)武道湘编
长沙　湖南文艺出版社 1998年 78页
26cm(16开) ISBN：7-5404-1920-2
定价：CNY7.00

J0092462
楷书入门　(欧体)武道湘，钟伟编
长沙　湖南文艺出版社 1999年 62页
26cm(16开) ISBN：7-5404-2063-4
定价：CNY6.50

J0092463
楷书入门　(赵体)武道湘编
长沙　湖南文艺出版社 1999年 62页
26cm(16开) ISBN：7-5404-2152-5
定价：CNY6.50

J0092464
楷书入门(柳体)习字帖　李彦宏编著
西安　西安出版社 1998年 32页 19×26cm
ISBN：7-80594-476-8 定价：CNY2.60

J0092465
楷书入门(欧体)习字帖　李彦宏编著
西安　西安出版社 1998年 2版 32页 19×26cm
ISBN：7-80594-476-8 定价：CNY2.60

J0092466
楷书入门(颜体)习字帖　李彦宏编著
西安　西安出版社 1998年 32页 19×26cm
ISBN：7-80594-476-8 定价：CNY2.60

J0092467
楷书入门二十讲　李彦宏编著
西安　西安出版社 1998 年 91 页 26cm（16 开）
ISBN：7-80594-475-X 定价：CNY7.80

J0092468
老年实用书法指导　高惠敏，陶永祥编著
北京　语文出版社 1998 年 267 页 20cm（32 开）
ISBN：7-80126-240-9 定价：CNY9.80
（"夕阳红"系列丛书 2）

J0092469
历代书法名品赏评　倪文东著
西安　西北大学出版社 1998 年 204 页
20cm（32 开）ISBN：7-5604-1300-5
定价：CNY13.60
　　作者倪文东（1957—　），教授。又名倪端、
倪陵生，陕西黄陵人，毕业于西北大学中文系。
历任西北大学艺术系教授、陕西省青年书法家
协会副主席、太白印社社长、中国书法家协会理
事、北京师范大学艺术与传媒学院书法系教授。
代表作品《二十世纪中国书画家印款辞典》。

J0092470
隶书入门与创作　黄绍勋著
北京　中国对外经济贸易出版社 1998 年
110 页 26cm（16 开）ISBN：7-80004-635-4
定价：CNY18.00

J0092471
隶书章法举隅　王永德著
济南　山东友谊出版社 1998 年 100 页
26cm（16 开）ISBN：7-80642-145-9
定价：CNY17.00

J0092472
隶学概论　李中原著
广州　花城出版社 1998 年 325 页 20cm（32 开）
ISBN：7-5360-2871-7 定价：CNY23.80

J0092473
柳公权楷书笔法水写帖　郭永琰编写
北京　中国书店 1998 年 22 页 26cm（16 开）
ISBN：7-80568-888-5 定价：CNY7.50
　　作者郭永琰（1962—　），书法家、画家。湖

北随州人，毕业于北京师范大学和北京交通大
学。历任中国书法家协会会员、中央警卫部队文
化教员。代表作《郭永琰楷书唐诗》《双鹰图》《大
吉图》《荷香图》等。

J0092474
柳公权楷书笔顺分解字帖　李放鸣编著
成都　天地出版社 1998 年 91 页 19×26cm
ISBN：7-80624-211-2 定价：CNY5.00
（历代名家碑帖笔顺习字法）

J0092475
柳公权楷书标准习字帖　（间架结构百日百
法）梁长胜等编
北京　人民美术出版社 1998 年 56 页
26cm（16 开）ISBN：7-102-01860-6
定价：CNY6.20
（三宫米字格习字丛书）

J0092476
毛笔钢笔书法教程　张登勤著
徐州　中国矿业大学出版社 1998 年 245 页
26cm（16 开）ISBN：7-81040-869-0
定价：CNY23.00

J0092477
毛笔钢笔书法精解　（楷书笔法字帖）李放鸣
编著
成都　天地出版社 1998 年 125 页 26cm（16 开）
ISBN：7-80624-135-3 定价：CNY8.00

J0092478
毛笔钢笔书法精解　（行书笔法字帖）李放鸣
编著
成都　天地出版社 1998 年 125 页 26cm（16 开）
ISBN：7-80624-135-3 定价：CNY8.00

J0092479
毛笔钢笔书法精解字帖　（楷书字法·行书字
法）李放鸣编著
成都　天地出版社 1998 年 2 册 26cm（16 开）
ISBN：7-80624-168-X 定价：CNY16.00

J0092480
毛笔书法基础入门　郭存善，陈玥编著

北京 中国画报出版社 1998 年 重印本 52 页
26cm（16 开） ISBN：7-80024-417-2
定价：CNY9.50

J0092481
毛笔书法自学教程 吴身元主编
杭州 浙江科学技术出版社 1998 年 443 页
20cm（32 开） ISBN：7-5341-1061-0
定价：CNY18.10

　　作者吴身元（1948— ），书法家、书法教育
家。笔名梧桐、吾舍等，浙江嘉兴人。历任浙江
省硬笔书法家协会副主席。出版有《毛笔书法自
学教程》《钢笔书法自学教程》等。

J0092482
毛笔字 钱沛云著
太原 希望出版社 1998 年 117 页 26cm（16 开）
ISBN：7-5379-1900-3 定价：CNY13.00
（艺术入门丛书）

　　作者钱沛云（1946— ），著名硬笔书法家。
字鹤斋，浙江上虞人，毕业于上海师大中文系。
中国书法家协会会员、中国书画函授大学书法系
教授。主要作品有《楷书基础知识》《怎样写快
写好钢笔字》《钢笔书法技巧要领》《红楼梦诗词
钢钢笔行书书帖》等。

J0092483
米芾《蜀素帖》行书大字谱 黄为川编著
南宁 广西美术出版社 1998 年 47 页
38cm（6 开） ISBN：7-80625-474-9
定价：CNY13.00
（书法大字谱 第二辑）

J0092484
名家书信 顾音海著
上海 上海科学普及出版社 1998 年 75 页
有彩图 26cm（16 开） 精装
ISBN：7-5427-1339-6 定价：CNY70.00
（老古董百科大全丛书）

J0092485
名句佳联集字字帖 （华山庙碑）张伟生主编；
熊凤鸣，周童耀编
上海 上海书画出版社 1998 年 74 页
26cm（8 开） ISBN：7-80635-181-7

定价：CNY10.00

　　作者张伟生（1954— ），编审，画家。历任
中国书法家协会新闻出版委员会委员、上海书法
家协会副主席，上海书画出版社编审、编辑室主
任，《书与画》杂志执行主编、上海吴昌硕艺术研
究会副会长、上海书画院画师。出版有《临帖指
南》《颜真卿多宝塔碑临习》《宋元书法》《上海
百年文化史·书法卷》《书法名家经典十讲》《楷
书道德经》等。

J0092486
名句佳联集字字帖 （峄山碑）张伟生主编；
张立凡，王宜明编
上海 上海书画出版社 1998 年 49 页
26cm（16 开） ISBN：7-80635-180-9
定价：CNY10.00

J0092487
名句佳联集字字帖 （虞世南《夫子庙堂碑》）
张伟生主编；方尧明编
上海 上海书画出版社 1998 年 110 页
26cm（8 开） ISBN：7-80635-188-4
定价：CNY10.00

J0092488
名句佳联集字字帖 （郑文公碑）张伟生主编；
李琼，胡传海编
上海 上海书画出版社 1998 年 58 页
26cm（16 开） ISBN：7-80635-187-6
定价：CNY10.00

J0092489
欧阳询楷书笔法水写帖 郭永琰编写
北京 中国书店 1998 年 22 页 26cm（16 开）
ISBN：7-80568-887-7 定价：CNY7.50

　　作者郭永琰（1962— ），书法家、画家。湖
北随州人，毕业于北京师范大学和北京交通大
学。历任中国书法家协会会员，中央警卫部队文
化教员。代表作《郭永琰楷书唐诗》《双鹰图》《大
吉图》《荷香图》等。

J0092490
欧阳询楷书笔顺分解字帖 李放鸣编著
成都 天地出版社 1998 年 91 页 19×26cm
ISBN：7-80624-209-0 定价：CNY5.00

（历代名家碑帖笔顺习字法）

J0092491

欧阳询楷书标准习字帖 （间架结构百日百法）梁长胜等编

北京 人民美术出版社 1998年 56页

26cm（16开） ISBN：7-102-01861-4

定价：CNY6.20

（三宫米字格习字丛书）

J0092492

欧阳询楷书虞恭公碑解析字帖 孟繁禧编著

北京 新时代出版社 1998年 140页 26cm（16开）

ISBN：7-5042-0372-6 定价：CNY14.00

（书法字海解析丛帖 第二集）

　　作者孟繁禧（1954— ），著名书法家。北京人，祖籍山东章丘。任中国书法家协会理事、北京书法家协会副主席、中国书法家协会会员。供职于国家京剧院。编著有《如何临习欧体九成宫碑》《行书入门》《虞恭公碑解析字帖》等。

J0092493

签名艺术 郑明耀著

杭州 浙江文艺出版社 1998年 196页

20cm（32开） ISBN：7-5339-1044-3

定价：CNY7.50

J0092494

签名艺术举要 李国运著

广州 中山大学出版社 1998年 268页 有图

20cm（32开） ISBN：7-306-01330-0

定价：CNY15.80

J0092495

邱少华谈书法 邱少华著

台北 采禾文化事业公司 1998年 292页

21cm（32开） ISBN：957-98750-1-4

定价：TWD250.00

（艺术丛书 HA01）

J0092496

茹桂书法教学手记 茹桂主讲；沈伟疏注

西安 陕西人民美术出版社 1998年 131+40页

有照片 20cm（32开） ISBN：7-5368-1078-4

定价：CNY9.80

　　作者茹桂（1936— ），教授。陕西长安人。就读于西安美术学院和陕西师大中文系。历任西安美术学院教授、陕西省书法协会副主席、中国书协学术委员、日本京都造型艺术大学客座教授。代表性作品有《文学创作常识》《艺术美学纲要》《茹桂书法教学手记》。

J0092497

儒道思想与中国书法 孙丰义著

济南 黄河出版社 1998年 324页 20cm（32开）

ISBN：7-80558-982-8 定价：CNY26.00

J0092498

软笔书法字帖 李树臣著

延吉 延边人民出版社 1998年 80页

26cm（16开） ISBN：7-80599-894-9

定价：CNY14.80

J0092499

三笔书法速成辅导 （十字格）连春锦编著

太原 山西教育出版社 1998年 100页

26cm（16开） ISBN：7-5440-1582-3

定价：CNY8.50

J0092500

实用大字帖 （宋苏轼《丰乐亭记》选字本）江理平，邓英编

上海 上海画报出版社 1998年 44页

26cm（16开） ISBN：7-80530-375-4

定价：CNY7.00

（画报写字丛书）

J0092501

实用大字帖 （唐颜真卿《自书告身》选字本）江理平，邓英编

上海 上海画报出版社 1998年 44页

26cm（16开） ISBN：7-80530-372-X

定价：CNY7.00

（画报写字丛书）

J0092502

实用书法 赖永耕编

南昌 江西高校出版社 1998年 174页

19cm（小32开） ISBN：7-81033-815-3

定价：CNY8.80

J0092503
实用书法　李功熹主编
徐州　中国矿业大学出版社　1998 年　185 页
26cm（16 开）ISBN：7–81040–807–0
定价：CNY16.20

J0092504
实用书法　侯金海主编
北京　中国商业出版社　1998 年　161 页
26cm（16 开）ISBN：7–5044–3731–X
定价：CNY14.80

J0092505
实用书法教程　胡绍浚主编
武汉　武汉水利电力大学出版社　1998 年　186 页
26cm（32 开）ISBN：7–81063–014–8
定价：CNY13.50
　　本书包括：绪论（含书法史）、上篇·毛笔书
法（重点讲楷、行、隶书体）、中篇·钢笔书法、下
篇·美术字及附录。

J0092506
实用书法速成字帖　（柳公权楷书）田登岳主编
西安　陕西人民美术出版社　1998 年　重印本
3 册（88+84+84 页）26cm（16 开）
ISBN：7–5368–0986–7　定价：CNY25.80
（中国历代碑帖集句集联丛书）

J0092507
实用书法速成字帖　（王羲之行书）田登岳主编
西安　陕西人民美术出版社　1998 年　重印本　4 册
26cm（16 开）ISBN：7–5368–0992–1
定价：CNY29.80
（中国历代碑帖集句集联丛书）

J0092508
书法　陈航编著
重庆　西南师范大学出版社　1998 年　162 页
26cm（16 开）ISBN：7–5621–1751–9
定价：CNY20.00

J0092509
书法　河南省职业技术教育教学研究室编
郑州　河南科学技术出版社　1998 年　175 页
26cm（16 开）

本书介绍了毛笔楷书、毛笔行书、钢笔楷
书、钢笔行书、章法常识等，并附有历代名帖选。

J0092510
书法创作指南　赵逢明著
北京　北京体育大学出版社　1998 年　64 页
26cm（16 开）ISBN：7–81051–246–3
定价：CNY9.00

J0092511
书法的未来　（学院派书法作品集）陈振濂编著
杭州　浙江人民美术出版社　1998 年　111 页　有图
28cm（大 16 开）ISBN：7–5340–0855–7
定价：CNY36.00

J0092512
书法基础　张一农编著
重庆　西南师范大学出版社　1998 年　130 页
26cm（16 开）ISBN：7–5621–1969–4
定价：CNY18.00

J0092513
书法基础　卜希旸编著
北京　中国社会出版社　1998 年　120 页
26cm（16 开）ISBN：7–80146–050–2
定价：CNY15.00
（美术与设计基础丛书）

J0092514
书法基础教程　刘根货，陈国维主编
郑州　河南美术出版社　1998 年　216 页
20cm（32 开）ISBN：7–5401–0745–6
定价：CNY16.80

J0092515
书法基础教程　李建礼，焦天民主编
北京　华语教学出版社　1998 年　256 页
26cm（16 开）ISBN：7–80052–662–3
定价：CNY19.50

J0092516
书法基础训练　（一）黄泓等著
南宁　广西美术出版社　1998 年　153 页　有插图
26cm（16 开）ISBN：7–80625–527–3
定价：CNY14.00

J0092517
书法教程 （上册）胡传海编
上海 上海人民美术出版社 1998 年 58 页
26cm（16 开）ISBN：7-5322-1788-4
定价：CNY7.50

J0092518
书法教程 （下册）胡传海编
上海 上海人民美术出版社 1998 年 62 页
26cm（16 开）ISBN：7-5322-1853-8
定价：CNY7.50

J0092519
书法教程 熊习乾主编
重庆 重庆大学出版社 1998 年 162 页
26cm（16 开）ISBN：7-5624-1655-9
定价：CNY11.00

J0092520
书法教学 郭农声，李甫主编
台北 洪叶文化事业有限公司 1998 年 重印本
329 页 有图 21cm（32 开）ISBN：957-8677-72-3
定价：TWD280.00
（国学精粹丛书 27）

J0092521
书法教育 （第二辑）路棣主编；中国教育学会
书法教育专业委员会［编］
天津 天津古籍出版社 1998 年 101 页
26cm（16 开）ISBN：7-80504-603-4
定价：CNY10.00

J0092522
书法教育 （一九九七年第一辑）路棣主编；中
国教育学会书法教育专业委员会［编］
天津 天津人民美术出版社 1998 年 97 页
有彩照 26cm（16 开）ISBN：7-5305-0800-8
定价：CNY10.00

J0092523
书法诀窍 王逸著
沈阳 白山出版社 1998 年 132页 19cm（小32开）
ISBN：7-80566-619-9 定价：CNY5.30
（小博士文库 13）
　　作者王逸（1933— ），辽宁辽阳人，号无知

者。辽宁中国画研究会理事、副研究员。出版有
《中国当代美术家精品集－王逸专集》《王逸师
生国画作品选》《王逸中国画长卷－关东野韵》
《美术家王逸》等。

J0092524
书法开窍 （楷书）袁观望编著
北京 兵器工业出版社 1998 年 175 页
26cm（16 开）ISBN：7-80132-229-0
定价：CNY19.80

J0092525
书法漫游 李正峰著
西安 陕西人民出版社 1998 年 348 页 有照片
20cm（32 开）ISBN：7-224-04651-5
定价：CNY16.00

J0092526
书法起步 陈进，杜庆国编著
杭州 浙江少年儿童出版社 1998 年 40 页
26cm（16 开）ISBN：7-5342-1818-7
定价：CNY3.80

J0092527
书法入门 钟明善著
西安 三秦出版社 1998 年 重印本 184 页
20cm（32 开）ISBN：7-80628-196-7
定价：CNY8.50
　　本书结合大量图示从汉字的形体与书体入
手，对书法的书写工具、书写姿势、用笔方法、
结字规律、章法布局等进行指导，并配有优秀作
品欣赏。

J0092528
书法入门 宇慧主编
沈阳 沈阳出版社 1998 年 100 页 有插图
19cm（小 32 开）ISBN：7-5441-0987-9
定价：CNY98.00（全套 20 册）
（审美素质培养丛书 13）
　　作者宇慧，主编的作品有《音乐美与欣赏》
《怎样拉二胡》《怎样吹口哨》等。

J0092529
书法入门三字经 娄本鹤著
济南 山东友谊出版社 1998 年 45 页 有图

26cm(16 开) ISBN: 7-80642-165-3

定价: CNY12.00

　　作者娄本鹤(1941—　　　),书画家。号玉函,山东济南人。山东画院高级画师、中国美术家协会山东分会会员。出版有《画竹三字经》《本鹤书画》《兰竹画法三字经》《书法入门三字经》等。

J0092530

书法学习方法导引　　高军红编著

北京　航空工业出版社　1998 年　122 页

26cm(16 开) ISBN: 7-80134-337-9

定价: CNY12.00

J0092531

书法艺术教程　　冷宣强、郝锐主编

呼和浩特　内蒙古人民出版社　1998 年　202 页

26cm(16 开) ISBN: 7-204-04383-9

定价: CNY22.80

J0092532

书法与美工　　贾铎主编;湖南省供销中专中技教材编审委员会组织编写

长沙　湖南科学技术出版社　1998 年　384 页　有图

26cm(16 开) ISBN: 7-5357-2472-8

定价: CNY20.00

J0092533

书法与文化形态　　马钦忠著

上海　上海书画出版社　1998 年　333 页

20cm(32 开) ISBN: 7-80635-239-2

定价: CNY28.00

(中国书画研究丛书)

J0092534

书法与中国大智慧　　屠新时绘

广州　岭南美术出版社　1998 年　146 页　有图

21cm(32 开) ISBN: 7-5362-1808-7

定价: CNY88.00

J0092535

书法篆刻装裱知识　　路棣主编;中国教育学会书法教育专业委员会编

天津　天津古籍出版社　1998 年　126 页　有图

26cm(16 开) ISBN: 7-80504-629-8

定价: CNY10.00

　　本书主要介绍传统书法的发展,楷书、行书、隶书、草书、篆书的基本知识以及篆刻的基本知识和装裱的工具、材料等内容。

J0092536

书画答问百题　　栾国藩著

上海　上海书画出版社　1998 年　223 页　有图

19cm(小 32 开) ISBN: 7-80635-242-2

定价: CNY7.40

(海螺·绿叶文库　艺苑自修)

J0092537

书画著录　　(书法卷)辽宁省博物馆编

沈阳　辽宁美术出版社　1998 年　572 页

26cm(16 开) ISBN: 7-5314-1835-4

定价: CNY38.00

J0092538

书写训练　　路棣主编;中国教育学会书法专业委员会编

天津　天津古籍出版社　1998 年　208 页

26cm(16 开) ISBN: 7-80504-625-5

定价: CNY16.00

　　本教材主要内容包括:楷体字的毛笔、钢笔、粉笔的书写训练,行楷字书写训练以及论述了小学写字教学的目的、原则等。

J0092539

书艺　　(卷一)陈永正主编;广东省书法协会[编]

广州　岭南美术出版社　1998 年　142 页

29cm(16 开) ISBN: 7-5362-1835-4

定价: CNY38.00

　　作者陈永正(1941—　　　),教师。字止水,号沚斋,广东高州市人。毕业于中山大学中文系古文字专业研究生班。历任中山大学古文献研究所研究员、广东省书法家协会副主席、广东中华诗词学会副会长。著作有《李商隐诗选》《黄庭坚诗选》《韩愈诗选》《元好问诗选》《高启诗选》等。

J0092540

书艺　　(卷二)陈永正主编;广东省书法协会编

广州　岭南美术出版社　1999 年　138 页

29cm(16 开) ISBN: 7-5362-2043-X

定价: CNY38.00

外文书名：China Calligraphy.

J0092541
书艺符号的生命流　金丹元著
上海　上海文艺出版社 1998 年 284 页 有彩照
19cm（小 32 开）ISBN：7-5321-1573-9
定价：CNY11.00
（文化散步）

J0092542
双笔书法速成辅导　（十字格）连春锦编著
太原 山西教育出版社 1998 年 82 页
26cm（16 开）ISBN：7-5440-1583-1
定价：CNY7.50

J0092543
苏轼行书技法要诀　张敏编著
长沙 湖南文艺出版社 1998 年 67 页
38cm（6 开）ISBN：7-5404-1874-5
定价：CNY11.00

J0092544
苏轼与《前赤壁赋》（宋元的书法艺术）张伟
生著
上海　上海人民美术出版社 1998 年 70 页
19cm（小 32 开）ISBN：7-5322-2000-1
定价：CNY23.00（全套）
（中国历代书法博物馆）
　　作者张伟生（1954—　），编审，画家。历任
中国书法家协会新闻出版委员会委员、上海书法
家协会副主席，上海书画出版社编审、编辑室主
任，《书与画》杂志执行主编、上海吴昌硕艺术研
究会副会长、上海书画院画师。出版有《临帖指
南》《颜真卿多宝塔碑临习》《宋元书法》《上海
百年文化史·书法卷》《书法名家经典十讲》《楷
书道德经》等。

J0092545
苏体楷书间架结构习字帖　柳溥庆，柳伦编
北京 北京出版社 1998 年 40 页 26cm（16 开）
ISBN：7-200-03460-6 定价：CNY5.00

J0092546
苏体醉翁亭记丰乐亭记标准习字帖　柳溥
庆，柳伦编

北京 北京出版社 1998 年 36 页 26cm（16 开）
ISBN：7-200-03461-4 定价：CNY4.80

J0092547
速成写字秘诀　毛瑞村编著
北京 科学普及出版社 1998 年 62 页 19×26cm
ISBN：7-110-04367-3 定价：CNY14.80

J0092548
隋智永真书千字文临习技法　董雁主编；历
代碑帖法书技法选编委会［编］
海口 南海出版公司 1998 年 120 页 26cm（16 开）
ISBN：7-5442-0907-5 定价：CNY12.80
（历代碑帖法书技法选 楷书卷）
　　编者董雁（1968—　），北京人。字子人，号
若鸿，室名抱素斋。毕业于首都师范大学书法专
业。北京市书法家协会篆刻研究会会员，任职于
清华大学美术学院。书画、篆刻作品辑入《当代
名家唐诗宋词元曲书画集》《中国印学年鉴》等
专集。

J0092549
唐灵飞经及其笔法　大柳编著
杭州 西泠印社 1998 年 70 页 26cm（16 开）
ISBN：7-80517-322-2 定价：CNY10.50

J0092550
唐灵飞经及其笔法　大柳编著
杭州 西泠印社 1998 年 10 版 70 页 26cm（16 开）
ISBN：7-80517-322-2 定价：CNY10.50

J0092551
唐颜真卿祭侄季明文稿　李珧编
西安 三秦出版社 1998 年 42 页 28cm（大 16 开）
ISBN：7-80628-103-7 定价：CNY7.50
（历代名碑帖学习与赏析 第一辑）
　　颜真卿（709—785），唐代书法家。字清臣。
历任监察御史、殿中侍御史。代表作品有《韵海
镜源》《吴兴集》《庐陵集》等，均佚。宋人辑有
《颜鲁公集》。

J0092552
王铎行书习字帖　（新编）路振平，周旭编著
长沙 湖南文艺出版社 1998 年 44 页
26cm（16 开）ISBN：7-5404-1914-8

定价: CNY4.50

作者路振平(1946—　)，河南长葛人。历任湖南省中医药研究院文献信息研究所副研究员、湖南省书法家协会常务理事、湖南省青年书法家协会副主席、湖南省省直书画家协会副主席、中国书法家协会会员。书法著作有《行书基础与创新》《王羲之行书结构习字帖》等。作者周旭(1950—　)，教授。字渭寅，号越人，浙江开化人，毕业于苏州大学艺术学院。历任浙江工业大学艺术学院院长、教授、博士生导师，中国书法家协会会员。著有《中国民间美术概要》《浙江民间美术概要》《视觉传达设计》等。

J0092553

王福庵篆书临习技法　董雁主编；历代碑帖法书技法选编委会［编］
海口　南海出版公司　1998 年　86 页　26cm(16 开)
ISBN: 7-5442-0908-3　定价: CNY9.00
(历代碑帖法书技法选　篆书篆刻卷)

J0092554

王羲之草诀歌赏析　汪崇楹编写
台南　大孚书局　1998 年　216 页　26cm(16 开)
ISBN: 957-765-220-4　定价: TWD300.00

J0092555

王羲之等小楷五种解析字帖　任步武等编著
北京　新时代出版社　1998 年　128 页　26cm(16 开)
ISBN: 7-5042-0373-4　定价: CNY12.00
(书法字海解析丛帖　第二集)

作者任步武，中国书法家协会会员、宝鸡市书法家协会副主席。

J0092556

王羲之兰亭习字帖　路振平编著
长沙　湖南文艺出版社　1998 年　76 页
26cm(16 开) ISBN: 7-5404-1906-7
定价: CNY7.80

J0092557

王献之行书技法要诀　张敏编著
长沙　湖南文艺出版社　1998 年　67 页
38cm(6 开) ISBN: 7-5404-1897-4
定价: CNY11.00

J0092558

文徵明行书技法要诀　张敏编著
长沙　湖南文艺出版社　1998 年　67 页
38cm(6 开) ISBN: 7-5404-1988-1
定价: CNY11.00

J0092559

西周金文五种解析字帖　张永明编著
北京　新时代出版社　1998 年　139 页　26cm(16 开)
ISBN: 7-5042-0379-3　定价: CNY14.00
(书法字海解析丛帖　第二集)

作者张永明(1950—　)，书法家。河南新县人。历任中国书法家协会会员、北京书法教育学会副会长、中国楹联学会会员。著作有《篆书与篆书笔法》《篆书技法》《篆书章法》《秦篆书刻石四种解析字帖》《西周金文五种解析字帖》等。

J0092560

现代书法十周年文献汇编　文备, 张强编
南宁　广西美术出版社　1998 年　159+16 页　有图
19cm(小 32 开) ISBN: 7-80625-387-4
定价: CNY15.00

J0092561

小书法家　崔承顺编著
北京　农村读物出版社　1998 年　124 页
19cm(小 32 开) ISBN: 7-5048-2806-8
定价: CNY5.50
(少儿技艺丛书)

J0092562

小学生怎样学书法　李明德编著
兰州　甘肃人民美术出版社　1998 年　138 页
26cm(16 开) ISBN: 7-80588-261-4
定价: CNY13.00

J0092563

续书史会要补证　张金梁著
郑州　河南美术出版社　1998 年　17+249 页
20cm(32 开) ISBN: 7-5401-0720-0
定价: CNY16.00

J0092564

学书法　叶定莲编著
杭州　浙江人民美术出版社　1998 年　128 页

26cm（16开）ISBN：7-5340-0825-5
定价：CNY18.00
（少儿美术丛书）

J0092565
学书法 （楷书《等慈寺碑》）项未来编著
北京 科学普及出版社 1998年 156页
26cm（16开）ISBN：7-110-03322-8
定价：CNY18.00

J0092566
学书法 （行书《落花诗册》）项未来编著
北京 科学普及出版社 1998年 156页
26cm（16开）ISBN：978-7-110-03321-0
定价：CNY18.00

J0092567
颜体集字作品解析字帖 大同主编
北京 中国工人出版社 1998年 91页
26cm（16开）ISBN：7-5008-2081-X
定价：CNY17.00
（颜柳欧赵临创结合丛帖 1）

J0092568
颜真卿祭侄稿技法要诀 张敏编著
长沙 湖南文艺出版社 1998年 67页
38cm（6开）ISBN：7-5404-1819-2
定价：CNY11.00

J0092569
颜真卿家庙碑 白木编
上海 上海书画出版社 1998年 77页
38cm（6开）ISBN：7-80635-271-6
定价：CNY16.00
（中国历代名帖放大本）

J0092570
颜真卿楷书标准习字帖 （间架结构百日百
法）梁长胜等编著
北京 人民美术出版社 1998年 56页
26cm（16开）ISBN：7-102-01858-4
定价：CNY6.20
（三宫米字格习字丛书）

J0092571
颜真卿勤礼碑及其笔法 王小勇编著
杭州 西泠印社 1998年 179页 26cm（16开）
ISBN：7-80517-318-4 定价：CNY19.00

J0092572
颜真卿与《多宝塔碑》 （隋唐的书法艺术）胡
传海著
上海 上海人民美术出版社 1998年 69页
19cm（小32开）ISBN：7-5322-2000-1
定价：CNY23.00（全套）
（中国历代书法博物馆）

J0092573
扬州历代书法考评 朱世源著
上海 学林出版社 1998年 312页 20cm（32开）
ISBN：7-80616-357-3 定价：CNY18.00

J0092574
怎样进行楷书训练 刘浩然编著
西安 陕西人民美术出版社 1998年 102页
26cm（16开）ISBN：7-5368-1040-7
定价：CNY11.80
（书法入门丛书）

　　作者刘浩然（1943—　 ），回族，书法家。字
一之，河南周口人，毕业于北京师范学院中国书
法艺术专业。历任西安市文联艺术创作研究创
作员、中国书法家协会会员、西安市书法家协会
名誉主席。著有《颜真卿行书探寻》《浩然逆收
作品选》《真行学书百韵歌》《怎样进行楷书训
练》等。

J0092575
章草急就章 白木编
上海 上海书画出版社 1998年 77页
38cm（6开）ISBN：7-80635-215-5
定价：CNY16.00
（中国历代名帖放大本）

J0092576
赵孟頫《三门记》笔法图解 吕金柱编著
杭州 浙江人民美术出版社 1998年 54页
26cm（16开）ISBN：7-5340-0867-0
定价：CNY9.50
（名家碑帖笔法丛书）

J0092577

赵孟頫《烟江叠嶂帖》行书大字谱　黄为川编著

南宁　广西美术出版社　1998 年　45 页

38cm（6 开）ISBN：7-80625-473-0

定价：CNY13.00

（书法大字谱　第二辑）

J0092578

赵孟頫行书技法要诀　张敏编著

长沙　湖南文艺出版社　1998 年　67 页

38cm（6 开）ISBN：7-5404-1947-4

定价：CNY11.00

J0092579

赵孟頫楷书笔法水写帖　郭永琰编写

北京　中国书店　1998 年　22 页　26cm（16 开）

ISBN：7-80568-886-9 定价：CNY7.50

　　作者郭永琰（1962—　　），书法家、画家。湖北随州人，毕业于北京师范大学和北京交通大学。历任中国书法家协会会员、中央警卫部队文化教员。代表作《郭永琰楷书唐诗》《双鹰图》《大吉图》《荷香图》等。

J0092580

赵孟頫楷书笔顺分解字帖　李放鸣编著

成都　天地出版社　1998 年　91 页　19×26cm

ISBN：7-80624-212-0 定价：CNY5.00

（历代名家碑帖笔顺习字法）

J0092581

赵孟頫楷书标准习字帖　（间架结构百日百法）梁长胜等编著

北京　人民美术出版社　1998 年　56 页

26cm（16 开）ISBN：7-102-01859-2

定价：CNY6.20

（三宫米字格习字丛书）

J0092582

郑文公碑临写法　胡传海编著

上海　上海书店出版社　1998 年　199 页

26cm（16 开）ISBN：7-80622-396-7

定价：CNY23.00

J0092583

中国书法故事　周桂发，周桥文

上海　上海人民美术出版社　1998 年

2 册（68+76 页）有照片　19cm（小 32 开）

ISBN：7-5322-2004-4 定价：CNY8.00

J0092584

中国书法教程　丁雪峰，王慧智编著

北京　朝华出版社　1998 年　215 页　26cm（16 开）

ISBN：7-5054-0544-6 定价：CNY19.80

　　作者丁雪峰（1958—　　），书画家。生于内蒙古，毕业于内蒙古工业大学。曾在天津从事高校教学工作，兼任《中国书画报》编辑。历任天津经济技术开发区文联委员、东丽区书法家协会副主席等。代表作品有《丁雪峰美术文集》《丁雪峰中国画集》《中国山水画教程》。作者王慧智（1956—　　），画家、教授。生于河北保定，毕业于天津美术学院山水画研究生班，获硕士学位。历任天津美术学院中国画系副教授、《中国书画报》社副总编、天津画院院外画家。合著有《中国山水画教程》。

J0092585

中国书法理论经典　杨素芳，后东生［编］

石家庄　河北人民出版社　1998 年　632 页

20cm（32 开）精装　ISBN：7-202-02308-3

定价：CNY38.00

J0092586

中国书法名作大典　王冬龄主编

南宁　广西美术出版社　1998 年　79+1529 页

26cm（16 开）精装　ISBN：7-80625-501-X

定价：CNY280.00

　　作者王冬龄（1945—　　），书法家。江苏台东人，毕业于中国美术学院。中国书法家协会学术委员、中国书法进修学院副院长、浙江省书协副主席、美国明尼苏达大学客座教授。代表作品《书画艺术》。

J0092587

中国书法批评史略　陈代星著

成都　巴蜀书社　1998 年　312 页　20cm（32 开）

ISBN：7-80523-840-5 定价：CNY12.00

J0092588
中国书画研究丛书　上海书画出版社编辑
上海　上海书画出版社　1998 年　20cm（32 开）

J0092589
中国文字与书法艺术　周斌著
上海　百家出版社　1998 年　221 页　20cm（32 开）
ISBN：7-80576-828-5　定价：CNY19.80

J0092590
中国彝文书法选　（彝文）中国彝文书法选编
撰委员会编
昆明　云南美术出版社　1998 年　202 页　有图
26cm（16 开）精装　ISBN：7-80586-431-4
定价：CNY98.00
　　外文书名：Selected Calligraphy of the Yi
Words in China.

J0092591
中级书法教程　梁祖声著
郑州　河南美术出版社　1998 年　154+60 页
26cm（16 开）ISBN：7-5401-0762-6
定价：CNY25.00

J0092592
中英书法艺术比较　林汝昌，周旭著
长沙　湖南美术出版社　1998 年　15+95 页
有照片　26cm（16 开）ISBN：7-5356-1042-0
定价：CNY18.00

J0092593
中职书法基础教程　路棣主编；中国教育学会
书法教育专业委员会编
天津　天津古籍出版社　1998 年　229 页
26cm（16 开）ISBN：7-80504-630-1
定价：CNY14.00

J0092594
字通　成都市作常艺苑主编
成都　四川少年儿童出版社　1998 年　21×29cm
ISBN：7-5365-2020-4　定价：CNY13.50

J0092595
字通　（颜体《勤礼碑》修习法）赵海若编著
昆明　云南教育出版社　1998 年　64 页　25×26cm

ISBN：7-5415-1505-1　定价：CNY10.00

J0092596
"三字一话"通用教程　吴松贵编著
武汉　中国地质大学出版社　1999 年　11+331 页
有地图　20cm（32 开）ISBN：7-5625-1446-1
定价：CNY13.20

J0092597
《兰亭序》笔法及其特点　郦一平编著
杭州　西泠印社　1999 年　78 页　26cm（16 开）
（钢笔临历代名帖）
　　本书包括钢笔临《兰亭序》帖、《兰亭序》帖
的基本笔画、《兰亭序》帖的偏旁部首、《兰亭序》
帖的结体特点、章法、创作及其他。作者郦一平
（1959—　），祖籍浙江诸暨市，中国书法家协会
会员；中国教育学会书法专业委员会会员。编
著有《〈兰亭序〉笔法及其特点》《郦一平书法艺
术》等。

J0092598
《赵孟頫妙严寺记》临摹研究　阿敏著
哈尔滨　黑龙江美术出版社　1999 年　123 页
29cm（16 开）ISBN：7-5318-0615-0
定价：CNY20.00

J0092599
2000：中国历代书法欣赏　（美术挂历）田雨
供稿
北京　中国文联出版公司　1999 年　117cm（全开）
ISBN：7-5368-1204-3　定价：CNY60.00

J0092600
99 天毛笔书法速成练习　（柳体楷书）王宝心
主编
海口　南海出版公司　1999 年　26cm（16 开）
ISBN：7-5442-1350-1　定价：CNY9.00
　　作者王宝心（1955—　），硬笔书法家。生于
北京。北京书画艺术院院长。

J0092601
99 天毛笔书法速成练习　（颜体楷书）王宝心
主编
海口　南海出版公司　1999 年　26cm（16 开）
ISBN：7-5442-1349-8　定价：CNY9.00

J0092602
99 天毛笔书法速成练习 （王体行书）王宝心
主编
海口 南海出版公司 1999 年 26cm（16 开）
ISBN：7-5442-1351-X 定价：CNY9.00

J0092603
白丁集 （瓜豆庵论书丛稿）白鸿，丁正[著]
广州 岭南美术出版社 1999 年 332 页
20cm（32 开）ISBN：7-5362-1894-X
定价：CNY38.00

J0092604
北京书法艺术年鉴 （1998 年）谷溪主编；北
京书法艺术年鉴编辑委员会[编]
北京 知识出版社 1999 年 184 页 有彩照
29cm（16 开）精装 ISBN：7-5015-2379-7
定价：CNY98.00
　　本年鉴主要包括中国古代书法名迹欣赏、北
京的刻字艺术、会员文选、会员艺术成果等 11
部分的内容，反映了北京市书法家协会工作成果
和艺术活动等基本情况。

J0092605
笔伴戎马行 李铎著
北京 书目文献出版社 1999 年 262 页
20cm（32 开）ISBN：7-5013-1655-4
定价：CNY20.00
（名人谈艺丛书）

J0092606
笔歌墨舞 （书法艺术）台北历史博物馆编辑委
员会编辑；徐天福主编
台北[台湾]历史博物馆 1999 年 16+249 页
有图 21cm（32 开）ISBN：957-02-3732-5
（史物丛刊 21）

J0092607
草书技法入门 （草书笔法结构精解）李松编著
北京 中国世界语出版社 1999 年 74 页
26cm（16 开）ISBN：7-5052-0416-5
定价：CNY6.80
（中国书法艺术精解丛书）
　　作者李松（1932—　　），中国美术家协会理
事、理论委员会委员、中国画研究院院务委员。

J0092608
草书指要 梁志斌著
北京 华文出版社 1999 年 144 页 有照片
20cm（32 开）ISBN：7-5075-0782-3
定价：CNY9.40
（书法技法丛书）

J0092609
常州书学论集 常抒编
北京 中国文联出版社 1999 年 250 页 有照片
21cm（32 开）ISBN：7-5059-3450-3
定价：CNY195.00（全十册）
（中国当代书法理论家著作丛书）
　　本书分美学研究，书家研究，书史研究等部
分，收录了书法审美，书法艺术与"自然"精神，
试论苏轼与常州之缘，古钱币书法略论等篇章。

J0092610
褚遂良楷书风格研究 黄宗义著
台北 蕙风堂笔墨公司出版部 1999 年 344 页
26cm（16 开）ISBN：957-9532-75-3
定价：TWD600.00
　　本书内容分六章：绪论、隋代以前的楷书
风格略述、褚遂良楷书风格的形成、褚遂良楷书
风格技法析论、褚遂良楷书风格的衍嬗，最后是
结论。

J0092611
丛文俊书法研究文集 丛文俊著
北京 中国文联出版社 1999 年 12+564 页
有照片 21cm（32 开）ISBN：7-5059-3450-3
定价：CNY195.00（全十册）
（中国当代书法理论家著作丛书）
　　本书收录论古文字书体演进的字形基础，论
"善史书"及其文化涵义，书法意象批评释名，书
法研究方法论，书法新观念平议，我的书法研究
等篇章。作者丛文俊（1949—　　），史学家、书法
家。生于吉林市，历史学博士，吉林大学古籍研
究所副所长、副教授，中国书法家协会理事、篆
书委员会副主任等。代表作品有《商周金文》《春
秋战国金文》《先秦书法史》。

J0092612
大学书法新编 柳曾符著
上海 上海画报出版社 1999 年 112 页 有照片

26cm（16 开）ISBN：7-80530-533-1
定价：CNY18.00

J0092613
等慈寺碑楷书　张同印编著
北京 中国少年儿童出版社 1999 年 108 页
26cm（16 开）ISBN：7-5007-4056-5
定价：CNY14.00
（书法大世界）

J0092614
东方思维与中国书法　黄君著
北京 中国文联出版社 1999 年 283 页 有照片
21cm（32 开）ISBN：7-5059-3450-3
定价：CNY195.00（全十册）
（中国当代书法理论家著作丛书）
　　本书分三编收录了民族思维性格与传统书
法艺术，颜真卿的书法精神，民间书法的审美价
值，宋代书法理论的基本格局和主要特点，略论
书法批评的规范化等篇章。

J0092615
二王书法　王春南著
南京 江苏古籍出版社 1999 年 240 页
20cm（32 开）ISBN：7-80643-233-7
定价：CNY9.60

J0092616
葛鸿桢论书文集　葛鸿桢著
北京 中国文联出版社 1999 年 282 页 有照片
21cm（32 开）ISBN：7-5059-3450-3
定价：CNY195.00（全十册）
（中国当代书法理论家著作丛书）
　　本书收录了关于书法史研究的若干问题；
《天发神谶》碑的书法艺术；张芝创今草考；略论
"板桥体"的特征与渊源；祝家先生与书学等文
章。作者葛鸿桢（1946—　），书画家。又名泓正，
号省之，梦龙散人。江苏苏州人，毕业于北京师
范学院（现首都师大）。历任中国书法家协会培训
中心教授、中国国画家协会理事。著有《中国书
法全集·祝允明》《中国书法全集·文徵明》、译著
《海外书迹研究》等。

J0092617
古典书学浅探　郑晓华著

北京 社会科学文献出版社 1999 年 344 页
20cm（32 开）ISBN：7-80149-165-3
定价：CNY23.80
（东方历史学术文库）
　　本书主要内容包括：古典书学理论的基本特
色及其发展概况；唐以前古典书学发展的主要成
就；唐宋时代书学理论的进一步发展；唐宋书学
核心理论的嬗变等。作者郑晓华（1963—　），教
授。浙江缙云县人，博士毕业于首都师范大学书
法研究所。中国人民大学艺术学院党委书记兼
副院长、中国人民大学东方艺术研究所所长、博
士生导师。著有《古典书学浅探》《书谱》《艺术
概论》等。

J0092618
关注　（王祥之书法艺术研究）徐和明主编
北京 中国文联出版社 1999 年 201 页 有彩照
20cm（32 开）ISBN：7-5059-3496-1
定价：CNY25.00
（扬子江文丛）

J0092619
汉字书法通解　（篆·隶）崔陟，谷溪编著
北京 文物出版社 1999 年 74+［109］页
26cm（16 开）ISBN：7-5010-1142-7
定价：CNY28.00

J0092620
汉字艺术　（书法与篆刻）刘涛，唐吟方著
长春 吉林美术出版社 1999 年 150 页 有彩照
19cm（小 32 开）ISBN：7-5386-0722-6
定价：CNY14.50
（世界艺术教育文库 首批）

J0092621
翰墨风致　（书法艺术文粹）王有朋，孙小力编著
上海 东方出版中心 1999 年 250 页
19cm（小 32 开）ISBN：7-80627-385-9
定价：CNY10.00
（中国历代艺术文粹丛书）

J0092622
行草临帖十八谈　范奉臣，范开成著
天津 天津人民美术山版社 1999 年 68 页 有照片
26cm（16 开）ISBN：7-5305-0979-9

定价: CNY8.00

J0092623
行书　丁正著
北京　书目文献出版社　1999 年　170 页
26cm（16 开）ISBN: 7-5013-1594-9
定价: CNY28.00
（中国书法赏析丛书）

J0092624
行书和草书　李松编著
北京　中国少年儿童出版社　1999 年　104 页
26cm（16 开）ISBN: 7-5007-4057-3
定价: CNY13.60
（书法大世界）
　　作者李松（1932—　　），中国美术家协会理事、理论委员会委员、中国画研究院院务委员。

J0092625
行书基础　（第一册）李鑫华编著
北京　教育科学出版社　1999 年　146 页　有肖像
26cm（16 开）ISBN: 7-5041-1880-X
定价: CNY24.00
（书法艺术教育丛书）

J0092626
行书基础　（第二册）李鑫华编著
北京　教育科学出版社　1999 年　145 页　有肖像
26cm（16 开）ISBN: 7-5041-1881-8
定价: CNY24.00
（书法艺术教育丛书）

J0092627
行书基础理论　陈永革著
兰州　甘肃人民美术出版社　1999 年　198 页
20cm（32 开）ISBN: 7-80588-280-0
定价: CNY19.50
　　作者陈永革（1957—　　），书法家。笔名四友，别署四友书屋主人。生于甘肃兰州，祖籍河北枣强。兰州市博物馆馆长助理、中国书协甘肃分会会员、甘肃省青年书法家协会常务理事。出版有《陈永革书画集》《陈永革书法台历》《行书基础理论》《西风 20 人作品集》等。

J0092628
行书技法入门　（行书笔法结构精解）段志华编著
北京　中国世界语出版社　1999 年　74 页
26cm（16 开）ISBN: 7-5052-0416-5
定价: CNY6.80
（中国书法艺术精解丛书）
　　作者段志华（1942—　　），书法家。字石羽，号野草，逊志斋主，湖北武汉人，毕业于首都师范大学。北京教育学院崇文分院艺术室、中国书协书法培训中心副教授、中国书法家协会会员。出版著作有《常用汉字正楷字帖》《行书技法与赏析》《行书字帖》等。

J0092629
行书米芾《蜀素帖》临写法　胡传海编著
上海　上海书画出版社　1999 年　36 页
38cm（6 开）ISBN: 7-80635-518-9
定价: CNY10.00
（历代名帖临写入门）
　　本书主要精选了宋代著名书法家米芾的行书代表作品《蜀素帖》中 128 个字迹清晰、字体工整的字进行书法技巧讲解。

J0092630
行书指要　梁志斌著
北京　华文出版社　1999 年　168 页　有照片
20cm（32 开）ISBN: 7-5075-0779-3
定价: CNY9.80
（书法技法丛书）

J0092631
黄绮书法论稿　郗吉堂著
石家庄　河北教育出版社　1999 年　327 页
20cm（32 开）ISBN: 7-5434-3624-8
定价: CNY13.70

J0092632
甲骨文书法艺术　董玉京著
郑州　大象出版社　1999 年　233 页　20cm（32 开）
ISBN: 7-5347-2331-0　定价: CNY15.00

J0092633
简明唐楷教学　徐春兴著
福州　福建教育出版社　1999 年　146 页

26cm（16 开）ISBN：7-5334-2910-9
定价：CNY18.50

J0092634
教学习字帖 （汉《乙瑛碑》）许枚编著
杭州 西泠印社 1999 年 72 页 26cm（16 开）
ISBN：7-80517-367-2 定价：CNY9.80
（教学习字帖系列丛编）

J0092635
楷书 王元军著
北京 北京图书馆出版社 1999 年 134 页
26cm（16 开）ISBN：7-5013-1578-7
定价：CNY25.00
（中国书法赏析丛书）

J0092636
楷书繁难结构三百例 黎置权著
广州 暨南大学出版社 1999 年 150 页
29cm（16 开）ISBN：7-81029-786-4
定价：CNY20.00

J0092637
楷书概说 杨德生编著
南京 江苏古籍出版社 1999 年 253 页
20cm（32 开）ISBN：7-80643-234-5
定价：CNY10.00

J0092638
楷书技法入门 （楷书笔法结构精解）卢中南
编著
北京 中国世界语出版社 1999 年 74 页
26cm（16 开）ISBN：7-5052-0416-5
定价：CNY6.80
（中国书法艺术精解丛书）

J0092639
楷书教习字帖 宋幼君主编
海口 南海出版公司 1999 年 3 册 26cm（16 开）
ISBN：7-5442-1240-8 定价：CNY14.40

J0092640
楷书教学字帖 宋幼君主编
海口 南海出版公司 1999 年 2 册（46+46 页）
26cm（16 开）ISBN：7-5442-1239-4

定价：CNY9.60
　　本书分为基础和提高两个部分，字帖为清黄
自元《临九成宫碑》和《朱柏庐治家格言》。

J0092641
楷书名家部首一百法
杭州 浙江古籍出版社 1999 年 4 册
26cm（16 开）

J0092642
楷书欧阳询《九成宫醴泉铭》临写法 刘小
晴，胡传海编著
上海 上海书画出版社 1999 年 36 页
38cm（6 开）ISBN：7-80635-517-0
定价：CNY10.00
（历代名帖临写入门）
　　本书主要精选了唐代著名书法家欧阳询的
楷书代表作品《九成宫醴泉铭》中字迹清晰、字
体工整的 128 个字进行书法技巧讲解。

J0092643
楷书指要 梁志斌著
北京 华文出版社 1999 年 154 页 有照片
20cm（32 开）ISBN：7-5075-0780-7
定价：CNY9.80
（书法技法丛书）

J0092644
老年书法入门 陈绍斌，李华阳［编］
武汉 华中理工大学出版社 1999 年 130 页
26cm（16 开）ISBN：7-5609-1936-7
定价：CNY13.60
（中国老年长寿丛书 1）

J0092645
李邕行书间架结构九十二法 瀚海编著
北京 中国书籍出版社 1999 年 44 页
26cm（16 开）ISBN：7-5068-0315-1
定价：CNY4.50

J0092646
历代名帖风格赏评 沈语冰著
杭州 中国美术学院出版社 1999 年 180 页
26cm（16 开）ISBN：7-81019-692-8
定价：CNY25.00

（书法教学丛书）

J0092647
历代名帖临写入门
上海 上海书画出版社 1999 年 5 册
38cm（6 开）

　　本套丛书包括《隶书汉〈礼器碑〉临写法》《篆书赵之谦〈峄山刻石〉临写法》《楷书欧阳询〈九成宫醴泉铭〉临写法》《行书米芾〈蜀素帖〉临写法》《草书孙过庭〈书谱〉临写法》五种。从这些名帖中选出字例进行书法讲解。

J0092648
历代书法论文选续编　崔尔平选编 / 点校
上海 上海书画出版社 1999 年 重印本 930 页
20cm（32 开）精装 ISBN：7–80512–262–8
定价：CNY58.00

　　本书是编者广搜载籍，补辑自东汉至近、现代重要书论、书评四十三家四十五篇而成。

J0092649
隶书　陈震生著
北京 书目文献出版社 1999 年 152 页
26cm（16 开）ISBN：7–5013–1586–8
定价：CNY25.00
（中国书法赏析丛书）

J0092650
隶书　刘文华编著
北京 中国少年儿童出版社 1999 年 120 页
26cm（16 开）ISBN：7–5007–4058–1
定价：CNY15.20
（书法大世界）

J0092651
隶书百日通　谢青编著
上海 上海文化出版社 1999 年 130 页
26cm（16 开）ISBN：7–80511–960–0
定价：CNY12.00
（书法百日通系列）

J0092652
隶书汉《礼器碑》临写法　许云瑞编著
上海 上海书画出版社 1999 年 34 页
38cm（6 开）ISBN：7–80635–516–2

定价：CNY10.00
（历代名帖临写入门）

　　本书主要精选了东汉时期的书法家刘云端的《礼器碑》字帖中笔画清晰、结字工整的 120 个字为范例进行书法讲解。

J0092653
隶书技法入门　（隶书笔法结构精解）刘文华编著
北京 中国世界语出版社 1999 年 74 页
26cm（16 开）ISBN：7–5052–0416–5
定价：CNY6.80
（中国书法艺术精解丛书）

J0092654
隶书指要　梁志斌著
北京 华文出版社 1999 年 170 页 有照片
20cm（32 开）ISBN：7–5075–0781–5
定价：CNY10.00
（书法技法丛书）

J0092655
刘正成书法文集　（1）刘正成著
青岛 青岛出版社 1999 年 400 页 有照片及图
20cm（32 开）精装 ISBN：7–5436–1943–1
定价：CNY28.80

　　作者刘正成（1946—　），编审。笔名听涛斋主、八方斋主、松竹梅花堂主人等，生于四川成都。历任国际书法家协会主席、中国书法家协会副秘书长、中国书协学术委员会副主任，《中国书法》杂志社社长、主编，《中国书法全集》主编。编著有《刘正成书法集》《当代书法精品集 – 刘正成》《书法艺术概论》《晤对书艺 – 刘正成书法对话录》等。

J0092656
流月斋金石书法论集　王宏理著
北京 中国文联出版社 1999 年 287 页 有照片
21cm（32 开）ISBN：7–5059–3450–3
定价：CNY195.00（全十册）
（中国当代书法理论家著作丛书）

　　本书分三部分收录了主体意识与当代书法，试论书法艺术的走向，丁公陶文之初步研究，读《颜家庙碑》札记，新获米友仁书石刻考等篇章。作者王宏理（1954—　），教授。浙江义乌人，获浙江大学文学博士。历任浙江省博物馆书画部主任、学术研究部主任，浙江西湖美术馆副馆长、浙江工商大学人文学院教授、中国美术学院书法国画专业博士生导师。专著有《志墓金石源流》。

J0092657
柳公权楷书部首水写帖　郭永琰编写
北京　中国书店　1999年　22页　26cm（16开）
ISBN：7-80568-907-5　定价：CNY7.50
　　作者郭永琰（1962—　），书法家、画家。湖北随州人，毕业于北京师范大学和北京交通大学。历任中国书法家协会会员、中央警卫部队文化教员。代表作《郭永琰楷书唐诗》《双鹰图》《大吉图》《荷香图》等。

J0092658
柳公权楷书部首一百法　楼晓勉编
杭州　浙江古籍出版社　1999年　46页
26cm（16开）ISBN：7-80518-501-8
定价：CNY5.50
（楷书名家部首一百法）

J0092659
柳公权楷书技法　胡昌华编著
北京　中国戏剧出版社　1999年　66页　有照片
26cm（16开）ISBN：7-104-00951-5
定价：CNY7.80
（学生书法技法丛书）
　　作者胡昌华，湖南师范大学任教。

J0092660
柳公权楷书结构水写帖　郭永琰编写
北京　中国书店　1999年　22页　26cm（16开）
ISBN：7-80568-911-3　定价：CNY7.50

J0092661
柳公权楷书入门　路振平，周旭编著
长沙　湖南美术出版社　1999年　68页
29cm（16开）ISBN：7-5356-1285-7
定价：CNY8.00
（新编楷书入门）
　　作者路振平（1946—　），河南长葛人。历任湖南省中医药研究院文献信息研究所副研究员、湖南省书法家协会常务理事、湖南省青年书法家

协会副主席、湖南省省直书画家协会副主席、中国书法家协会会员。书法著作有《行书基础与创新》《王羲之行书结构习字帖》等。作者周旭（1950—　），教授。字渭寅，号越人，浙江开化人，毕业于苏州大学艺术学院。历任浙江工业大学艺术学院院长、教授、博士生导师，中国书法家协会会员。著有《中国民间美术概要》《浙江民间美术概要》《视觉传达设计》等。

J0092662
柳体集字作品解析字帖　大同主编
北京　中国工人出版社　1999年　97页
26cm（16开）ISBN：7-5008-2104-2
定价：CNY17.00
（颜柳欧赵临创结合丛帖 2）

J0092663
龙的传人　（千禧百龙墨宝鉴赏）沈颐富主编
南京　南京出版社　1999年　101页　有图
29cm（16开）ISBN：7-80614-545-1
定价：CNY100.00

J0092664
论语箴言书法赏评　王问靖编著
太原　山西教育出版社　1999年　111页
26cm（16开）ISBN：7-5440-1436-3
定价：CNY12.00

J0092665
毛笔楷书笔法教程　田英章著
北京　北京体育大学出版社　1999年　125页
26cm（16开）ISBN：7-81051-334-6
定价：CNY16.60

J0092666
毛笔楷书结构教程　田英章著
北京　北京体育大学出版社　1999年　165页
26cm（16开）ISBN：7-81051-333-8
定价：CNY21.60

J0092667
毛笔楷书入门与提高（柳公权）　北京市宣武区少年美术馆编
北京　人民美术出版社　1999年　111页　有图
26cm（16开）ISBN：7-102-01985-8

定价: CNY10.00

（书写指导与练习）

　　本书所选例字以柳公权楷书为主，书中具体介绍了学习书法的基础知识，并配有大量的范字、描红练习及临摹。

J0092668

毛笔楷书章法教程　田英章著

北京　北京体育大学出版社 1999 年 119 页

26cm（16 开）ISBN: 7-81051-335-4

定价: CNY16.00

J0092669

毛笔字入门　庄希祖著

南京　江苏人民出版社 1999 年 173 页 有图

20cm（32 开）ISBN: 7-214-02577-9

定价: CNY12.00

J0092670

毛笔字帖大全　（名家书法宝典）

杭州　西泠印社 1999 年 317 页 有插图

26cm（16 开）ISBN: 7-80517-410-5

定价: CNY30.00

J0092671

美与美的追求　（兼论书法艺术美）翟向荣编著

北京　中国林业出版社 1999 年 169 页

19cm（32 开）ISBN: 7-5038-2227-9

定价: CNY10.00

J0092672

米芾行书间架结构九十二法　瀚海编著

北京　中国书籍出版社 1999 年 42 页

26cm（16 开）ISBN: 7-5068-0316-X

定价: CNY4.50

J0092673

米芾行书精选　田旭中，邓代昆编著

成都　四川美术出版社 1999 年 44 页

39cm（9 开）ISBN: 7-5410-1659-4

定价: CNY12.00

（中国历代名家书法篆刻精品选萃 行书）

　　编者田旭中（1953—　　），书画家、作家。四川成都人。历任中国书法家协会四川分会会员。四川省书学学会理事。编者邓代昆（1949—　　），

书画篆刻家。成都人，任中国书画函授大学四川分校书法系主任、副教授。出版有《新中国国礼艺术大师·精品六人集》《神州国光·巴蜀卷》《共和国书法大系》等。

J0092674

米芾行书临摹解析　（附蜀素帖·苕溪诗帖）雷天等编

北京　中国华侨出版社 1999 年 101 页

26cm（16 开）ISBN: 7-80120-242-2

定价: CNY8.00

（行书技法入门）

　　作者米芾（1051—1107），北宋书法家、画家、书画理论家。祖籍太原，后迁居湖北襄阳，长期居润州（今江苏镇江）。初名黻，后改芾，字元章，号襄阳居士、海岳山人等。代表作品有《向太后挽辞》《蜀素帖》《苕溪诗帖》等。

J0092675

墨影禅心　（从书法看心灵品味）（新加坡）邱少华著

长春　吉林人民出版社 1999 年 283 页

20cm（32 开）ISBN: 7-206-03326-1

定价: CNY18.00

J0092676

欧阳询《九成宫醴泉铭》描摹练习册　一斋编著

杭州　西泠印社 1999 年 19×26cm

ISBN: 7-80517-300-1　定价: CNY3.90

J0092677

欧阳询楷书　吴身元主编；杨卫星等书

杭州　浙江科学技术出版社 1999 年 236 页

20cm（32 开）ISBN: 7-5341-1278-8

定价: CNY11.00

（跟我练硬笔书法丛书）

J0092678

欧阳询楷书　卢中南编著

北京　中国少年儿童出版社 1999 年 79 页

26cm（16 开）ISBN: 7-5007-3953-2

定价: CNY11.30

（书法大世界）

J0092679

欧阳询楷书部首水写贴　郭永琰编写

北京 中国书店 1999 年 22 页 26cm（16 开）

ISBN：7-80568-908-3 定价：CNY7.50

J0092680

欧阳询楷书部首一百法　王义骅编

杭州 浙江古籍出版社 1999 年 46 页

26cm（16 开）ISBN：7-80518-504-2

定价：CNY5.50

（楷书名家部首一百法）

J0092681

欧阳询楷书技法　胡昌华编著

北京 中国戏剧出版社 1999 年 66 页 有照片

26cm（16 开）ISBN：7-104-00951-5

定价：CNY7.80

（学生书法技法丛书）

J0092682

欧阳询楷书结构水写贴　郭永琰编写

北京 中国书店 1999 年 22 页 26cm（16 开）

ISBN：7-80568-912-1 定价：CNY7.50

J0092683

欧阳询楷书入门　路振平，周旭编著

长沙 湖南美术出版社 1999 年 68 页

29cm（16 开）ISBN：7-5356-1284-9

定价：CNY8.00

（新编楷书入门）

　　作者路振平（1946—　），河南长葛人。历任
湖南省中医药研究院文献信息研究所副研究员、
湖南省书法家协会常务理事、湖南省青年书法家
协会副主席、湖南省省直书画家协会副主席、中
国书法家协会会员。书法著作有《行书基础与
创新》《王羲之行书结构习字帖》等。作者周旭
（1950—　），教授。字渭寅，号越人，浙江开化
人，毕业于苏州大学艺术学院。历任浙江工业大
学艺术学院院长、教授、博士生导师，中国书法
家协会会员。著有《中国民间美术概要》《浙江
民间美术概要》《视觉传达设计》等。

J0092684

欧赵集字作品解析字帖　大同主编

北京 工人出版社 1999 年 87 页 26cm（16 开）

ISBN：7-5008-2109-3 定价：CNY17.00

（颜柳欧赵临创结合丛帖 3）

J0092685

签名技巧指南　刘大卫著

上海 上海书画出版社 1999 年 79 页

19cm（小 32 开）ISBN：7-80635-350-X

定价：CNY6.00

J0092686

秦汉篆书　黎东明著

北京 书目文献出版社 1999 年 130 页

26cm（16 开）ISBN：7-5013-1593-0

定价：CNY23.00

（中国书法赏析丛书）

J0092687

少儿毛笔书法三十六计　俞昌平编著

上海 上海辞书出版社 1999 年 164 页 17×19cm

ISBN：7-5326-0598-1 定价：CNY11.50

J0092688

少儿书法入门一百课　张耀良编著

桂林 漓江出版社 1999 年 100 页 26cm（16 开）

ISBN：7-5407-2472-2 定价：CNY10.00

J0092689

少年书法三百六十五天　张广茂著

沈阳 辽宁美术出版社 1999 年 288 页 有图

26cm（16 开）ISBN：7-5314-2168-2

定价：CNY25.00

J0092690

师范生书法　侯玉新主编

北京 高等教育出版社 1999 年 290 页

20cm（32 开）ISBN：7-04-007045-6

定价：CNY12.10

J0092691

实用楷书训练　王毅编著

沈阳 辽宁美术出版社 1999 年 92 页

26cm（16 开）ISBN：7-5314-2239-5

定价：CNY11.00

J0092692

实用三笔字速成新法 （毛笔 钢笔 粉笔）郭立剑著
哈尔滨 黑龙江人民出版社 1999 年 264 页
19cm（小 32 开）ISBN：7-207-04383-X
定价：CNY16.00

J0092693

实用书法速成字帖 （赵孟頫楷书）田登岳主编
西安 陕西人民美术出版社 1999 年 4 册
26cm（16 开）ISBN：7-5368-1142-X
定价：CNY29.80
（中国历代碑帖集句集联丛书）

J0092694

书道犹兵 （中国书法艺术新探）夏廷献著
北京 解放军出版社 1999 年 218 页
19cm（小 32 开）ISBN：7-5065-3576-9
定价：CNY10.50
（中国军事文化纵横）

J0092695

书法 李惠乔主编
北京 高等教育出版社 1999 年 26cm（16 开）
ISBN：7-04-007170-3 定价：CNY15.50

J0092696

书法·绘画 潘友根编写
海口 南海出版公司 1999 年 202 页
19cm（小 32 开）
（校园文化活动指导 7）
　　本书为校园文化活动指导丛书之一，主要内容包括：书法的基本知识和装裱以及临帖技巧；绘画欣赏、儿童画的制作以及绘画小组的组织与训练等。

J0092697

书法大世界 欧阳中石，张同印主编
北京 中国少年儿童出版社 1999 年 26cm（16 开）
　　作者欧阳中石（1928— ），著名文化学者、书法家、书法教育家。山东肥城市人。毕业于北京大学哲学系。历任首都师范大学教授、博士生导师、中国书法文化研究所所长、中国书法家协会顾问、中国画研究院院务委员。书法作品有《欧阳中石书沈鹏诗词选》《中石夜读词钞》，主要著

作有《中国逻辑史》《书法与中国文化》《中国书法史鉴》《章草便检》等。

J0092698

书法第 1 步 周波著
沈阳 辽宁美术出版社 1999 年 84 页
26cm（16 开）ISBN：7-5314-2186-0
定价：CNY12.00

J0092699

书法断论 赵承楷著
北京 中国青年出版社 1999 年 233 页
26cm（16 开）ISBN：7-5006-2832-3
定价：CNY20.50
（中国书法论丛）
　　作者赵承楷（1935— ），教授。山西孝义人，毕业于山西大学中文系。山西大学师范学院教授、中国书法家协会会员、山西省书法家协会副主席、山西省古典文学研究会会员。出版专著《大学书法教程》《习字启蒙》《书法断论》《艺术钩沉》《书法探求》等。

J0092700

书法基础教程 王惠中著
武汉 湖北教育出版社 1999 年 231 页
20cm（32 开）ISBN：7-5351-2561-1
定价：CNY15.00
（师范生素质丛书）

J0092701

书法基础练习册 （毛笔分册）汤家梁主编
北京 中国物资出版社 1999 年 修订版 67 页
有图 26×38cm
　　本书分楷书和行书两部分，楷书部分和行书部分分别选编柳公权楷书和王羲之行书，通过具体分析和练习，可以由浅入深地学习两种笔法的特点和结体的规律。

J0092702

书法鉴赏 郝文勉著
郑州 大象出版社 1999 年 12+373 页
20cm（32 开）ISBN：7-5347-2324-8
定价：CNY16.20
　　作者郝文勉（1956— ），教授。河南太康人，河南大学中文系副教授、中国书法家协会会员。

J0092703

书法教程　邱模庆，柴清华主编
西安　陕西人民出版社　1999 年　202 页　有图
26cm（16 开）ISBN：7-224-05008-3
定价：CNY14.50
　　本书以实用为前提，贯彻理论联系实际的
原则，系统阐述了书法课程的基本知识、基本理
论和基本技能，并注意吸取书法界的最新研究成
果，具有时代先进性。

J0092704

书法教程　（修订版）朱儒楚主编
北京　中国物资出版社　1999 年　240 页
26cm（16 开）ISBN：7-5047-1460-7
定价：CNY14.80

J0092705

书法教学理论与实际　林金城编著
台北　幼狮文化事业公司　1999 年　189 页
26cm（16 开）ISBN：957-574-069-6
定价：TWD220.00

J0092706

书法考级指导　蒋臻编
上海　文汇出版社　1999 年　238 页　19cm（小 32 开）
ISBN：7-80531-633-3　定价：CNY10.00

J0092707

书法美学　杨修品著
昆明　云南美术出版社　1999 年　153 页　有图
25cm（15 开）ISBN：7-80586-560-4
定价：CNY88.00
（云南师范大学比较文学海鸥丛书）

J0092708

书法美学论稿　毛万宝著
北京　中国文联出版社　1999 年　298 页　有照片
21cm（32 开）ISBN：7-5059-3450-3
定价：CNY195.00（全十册）
（中国当代书法理论家著作丛书）
　　本书分上编：探讨与立论，下编：批评与反
思两部分，收录了"试论书法艺术的共同美"、
"论艺术通感在书法艺术中的作用"、"论刘纲纪
书法美学思想的内在矛盾性"等篇章。作者毛万
宝（1961—　），安徽六安人。中国书法家协会会

员、安徽省书法家协会理事、六安地区书法家协
会副主席等。著有《书法美学论稿》等。

J0092709

书法谈丛　刘涛著
北京　中华书局　1999 年　285 页　有图
19cm（小 32 开）ISBN：7-101-01936-6
定价：CNY19.00
（文史知识文库）

J0092710

书法通　余德泉等著
长沙　湖南大学出版社　1999 年　316 页
20cm（32 开）ISBN：7-81053-207-3
定价：CNY15.00
（中华通艺丛书）

J0092711

书法问答一百题　汤兆基编著
上海　上海书画出版社　1999 年　145 页　有图
19cm（小 32 开）ISBN：7-80635-096-9
定价：CNY8.50
　　本书回答了"中国书法包括哪些书体"、
"什么是甲骨文"、"习字为什么要从楷书着手"，
以及书法的技巧等 105 个问题。作者汤兆基
（1942—　），工艺美术师。浙江湖州人。任职于
上海工艺美术研究所，中国书法家协会会员、中
国美术家协会上海分会会员。出版有《篆刻自学
指导》《篆刻问答100题》《篆刻欣赏常识》《汤
兆基书画篆刻集》等。

J0092712

书法研究　王壮为著
台北　商务印书馆　1999 年　134 页　有插图
18cm（28 开）ISBN：957-05-0618-0
定价：TWD100.00
（各科研究小丛书）

J0092713

书法艺术赏析　（1）朱关田主编
重庆　重庆出版社　1999 年　194 页　有图
20cm（32 开）ISBN：7-5366-4166-4
定价：CNY12.00
（新世纪百科知识金典）
　　作者朱关田（1944—　），书法家、篆刻家、

书法史家。字曼倬, 斋号思微室, 浙江绍兴人, 毕业于浙江美术学院。历任中国书法家协会常务理事、学术委员会副主任, 西泠印社副社长等职。著有《中国书法全集·颜真卿卷》《中国书法全集·李邕卷》等。

J0092714
书法艺术赏析 （2）朱关田主编
重庆 重庆出版社 1999 年 161 页 有图
20cm（ 32 开) ISBN: 7-5366-4165-6
定价: CNY11.00
(新世纪百科知识金典)

J0092715
书法艺术审美论 宋焕起著
北京 北京语言文化大学出版社 1999 年 318 页
20cm（ 32 开) ISBN: 7-5619-0728-1
定价: CNY19.00
　　本书涉及书法艺术及中国历史的各个方面, 诸如汉字的产生及演变, 文化艺术, 审美观念以及儒、道、生活用品对书法审美的影响等。

J0092716
书法与绘画 （中国艺术的最高形式）董秉琮著
上海 汉语大词典出版社 1999 年 143 页 有图
20cm（ 32 开) ISBN: 7-5432-0404-5
定价: CNY10.00

J0092717
书法之美的本原与创新 陈廷祐著
北京 人民美术出版社 1999 年 233 页
20cm（ 32 开) ISBN: 7-102-01835-5
定价: CNY15.50
　　作者陈廷祐(1926—　), 编辑, 记者。亦作陈廷佑, 毕业于上海暨南大学外国语文学系。《人民日报》《北京周报》编辑记者、中国书法家协会会员、中华全国美学学会会员。著有《书法之美》《中国书法美学》《书法之美的本质与创新》等。

J0092718
书法知识 韩虹编著
西安 陕西人民美术出版社 1999 年 2 版 151 页
有照片 26cm（ 16 开) ISBN: 7-5368-0338-9
定价: CNY18.00
　　本书主要就书法的基本技法、汉字的结构形

式及书写规律、汉字的形态与布势、书法作品的章法布局, 以及书法的一些用品进行了介绍。

J0092719
书法篆刻 王冬龄编著
杭州 中国美术学院出版社 1999 年 354 页
26cm（ 16 开)
(中国艺术教育大系 美术卷)
　　本书对书法史、书法理论、书法教学方法、书法的基本常识、五种书体的特点与学习门径以及传统型与现代型书法的创作方法, 进行了阐述。篆刻设专章, 内容包括篆刻简史、篆刻基本常识及临刻与创作的技法。

J0092720
书画知识 乔宜男等编著
西安 陕西人民美术出版社 1999 年 227 页 有图
26cm（ 16 开) ISBN: 7-5368-1151-9
定价: CNY28.50

J0092721
宋代书论 水采田译注
长沙 湖南美术出版社 1999 年 343 页
19cm（ 小 32 开) ISBN: 7-5356-1362-4
定价: CNY17.90
(中国书画论丛书)
　　本书对欧阳修的《六一论书》、苏轼的《东坡论书》、朱长文的《续书断》、黄庭坚的《山谷论书》等进行了译注。

J0092722
孙过庭·草书《书谱》 （唐)孙过庭书
北京 中国戏剧出版社 1999 年 59 页
29cm（ 16 开) ISBN: 7-104-01123-4
定价: CNY8.50
(中国历代书法名家名作评介丛书)
　　作者孙过庭(646—691), 唐代书法家、书法理论家。名虔礼, 以字行。吴郡富阳(今浙江富阳)人。有墨迹《书谱》传世。

J0092723
孙过庭书谱精选 田旭中, 邓代昆编著
成都 四川美术出版社 1999 年 44 页
38cm（ 6 开) ISBN: 7-5410-1658-6
定价: CNY12.00

（中国历代名家书法篆刻精品选萃 草书）

　　编者田旭中（1953—　　　），书画家、作家。四川成都人。历任中国书法家协会四川分会会员。四川省书学学会理事。编者邓代昆（1949—　　　），书画篆刻家。成都人，任中国书画函授大学四川分校书法系主任、副教授。出版有《新中国国礼艺术大师·精品六人集》《神州国光·巴蜀卷》《共和国书法大系》等。

J0092724

唐·怀素《小草千字文》及其笔法　　［（唐释）怀素书］；顾敏芳编著
杭州 西泠印社 1999 年 115 页 26cm（16 开）
ISBN：7-80517-356-7 定价：CNY15.50
　　本书收录了怀素《小草千字文》墨迹本和刻本，包括字形简括规律与结体特点以及字例，比较稳定的偏旁部首草法，相同偏旁的多种草法，笔势与笔法特点以及字例等内容。

J0092725

唐·孙过庭：书谱　　（唐）孙过庭书
北京 中国戏剧出版社 1999 年 59 页
29cm（16 开）ISBN：7-104-01123-4
定价：CNY8.50
（中国历代书法家名作评介丛书）
　　作者孙过庭（646—691），唐代书法家、书法理论家。名虔礼，以字行。吴郡富阳（今浙江富阳）人。有墨迹《书谱》传世。

J0092726

唐寅书艺研究　　谭锦家著
台北 汉光文化出版公司（发行）1999 年 408 页
有图 26cm（16 开）ISBN：957-629-318-9
定价：TWD800.00

J0092727

天下第一行书　　于曙光编著
北京 中国文联出版公司 1999 年 219 页
20cm（32 开）ISBN：7-5059-3225-X
定价：CNY18.80

J0092728

通礼修文　以书养德　　（大学生的书法修养）
云志功等编著
长沙 湖南师范大学出版社 1999 年 370 页 有图
20cm（32 开）ISBN：7-81031-712-1
定价：CNY13.00，CNY21.00（精装）
（大学人文素质教育丛书）

J0092729

王铎行书技法要诀　　张敏编著
长沙 湖南文艺出版社 1999 年 67 页
38cm（6 开）ISBN：7-5404-2003-0
定价：CNY11.00

J0092730

王羲之《兰亭序》临摹解析　　雷天主编
北京 中国华侨出版社 1999 年 79 页
26cm（16 开）ISBN：7-80120-244-9
定价：CNY8.00
（行书技法入门）

J0092731

王羲之行书技法　　胡昌华编著
北京 中国戏剧出版社 1999 年 ［66］页 有照片
26cm（16 开）ISBN：7-104-00951-5
定价：CNY7.80
（学生书法技法丛书）

J0092732

王羲之行书间架结构九十二法　　瀚海编著
北京 中国书籍出版社 1999 年 43 页
26cm（16 开）ISBN：7-5068-0313-5
定价：CNY4.50

J0092733

王献之行书间架结构九十二法　　瀚海编著
北京 中国书籍出版社 1999 年 43 页
26cm（16 开）ISBN：7-5068-0314-3
定价：CNY4.50

J0092734

魏碑　　王强著
北京 书目文献出版社 1999 年 139 页
26cm（16 开）ISBN：7-5013-1587-6
定价：CNY25.00
（中国书法赏析丛书）
　　作者王强（1959—　　　），中央财金学院汉语教研室讲师，中国书法家协会、全国青年书法理论家协会会员，中国写作学会青年理论家协会常务理事。

J0092735
习字启蒙　赵承楷著
北京 中国青年出版社 1999 年 143 页
26cm（16 开）ISBN：7-5006-1608-2
定价：CNY14.00
（中国书法论丛）

　　作者赵承楷（1935— ），教授。山西孝义
人，毕业于山西大学中文系。山西大学师范学院
教授、中国书法家协会会员、山西省书法家协会
副主席、山西省古典文学研究会会员。出版专著
《大学书法教程》《习字启蒙》《书法断论》《艺术
钩沉》《书法探求》等。

J0092736
现代书画家批评　梅墨生著
北京 北京图书馆出版社 1999 年 564 页
有照片 20cm（32 开）ISBN：7-5013-1631-7
定价：CNY39.50

　　本书评价了 57 位著名书法家。作者认为书
法最集中地体现着中国文化的特性。作者梅墨
生（1960—2019），书画家、诗人、太极拳家。生
于河北。又名觉公。曾任首都师范大学、北京大
学艺术学院、台湾艺术大学教授，书法研究所所
长、博士生导师等。编著有《现代书法家批评》
《书法图式研究》等。

J0092737
小篆技法入门　（小篆笔法结构精解）张永明
编著
北京 中国世界语出版社 1999 年 74 页
26cm（16 开）ISBN：7-5052-0416-5
定价：CNY6.80
（中国书法艺术精解丛书）

　　作者张永明（1950— ），书法家。河南新县
人。历任中国书法家协会会员、北京书法教育学
会副会长、中国楹联学会会员。著作有《篆书与
篆书笔法》《篆书技法》《篆书章法》《秦篆书刻
石四种解析字帖》《西周金文五种解析字帖》等。

J0092738
写字等级考试指导　（上册 一级）金平著
上海 上海交通大学出版社 1999 年 270 页
20cm（32 开）ISBN：7-313-02190-9

定价：CNY14.00

　　本册内容分四章，有写字教学基础知识、写
字基础训练、钢笔楷书字帖、毛笔楷书字帖等。

J0092739
写字等级考试指导　（下册 二~四级）金平著
上海 上海交通大学出版社 1999 年 278 页
20cm（32 开）ISBN：7-313-02190-9
定价：CNY14.00

　　本册适用于写字二、三、四级考试，共分四
章。包括基本笔画、偏旁、结构、笔顺等基础训
练例字，全部采用王羲之体行书，分简化、规范
两种形式。

J0092740
心灵的选择　（吴振锋论书文集）吴振锋著
西安 陕西人民教育出版社 1999 年 336 页
20cm（32 开）ISBN：7-5419-7709-8
定价：CNY21.80

J0092741
新编师范生字帖　（行书与草书）陆修伯主编
南京 江苏美术出版社 1999 年 74 页
26cm（16 开）ISBN：7-5344-0917-9
定价：CNY8.80

J0092742
新编师范生字帖　（柳体楷书）陆修伯主编；江
苏省教育委员会［编］
南京 江苏美术出版社 1999 年 60 页
26cm（16 开）

　　本册包括：柳公权及其楷书特征简介、笔画
练习、偏旁练习、间架结构练习、结构布势练习
等内容。

J0092743
新编师范生字帖　（欧体楷书）陆修伯主编
南京 江苏美术出版社 1999 年 60 页
26cm（16 开）

J0092744
新编师范生字帖　（书法常识）陆修伯主编
南京 江苏美术出版社 1999 年 76 页
26cm（16 开）ISBN：7-5344-0918-7
定价：CNY8.80

J0092745

新编师范生字帖 （颜体楷书）陆修伯主编；江
苏省教育委员会［编］
南京 江苏美术出版社 1999 年 60 页
26cm（16 开）
　　本册包括：颜真卿及其楷书特征简介、笔画
练习、偏旁练习、间架结构练习、结构布势练习
等内容。

J0092746

新编师范生字帖 （硬笔书法）陆修伯主编；江
苏省教育委员会［编］
南京 江苏美术出版社 1999 年 92 页
26cm（16 开）ISBN：7-5344-0916-0
定价：CNY9.80
　　本册包括：笔画练习、偏旁练习、间架结构
练习、汉字笔顺规则、字范、示例等内容。

J0092747

新编师范生字帖 （赵体楷书）陆修伯主编
南京 江苏美术出版社 1999 年 60 页
26cm（16 开）ISBN：7-5344-0915-2
定价：CNY7.80

J0092748

新编师范生字帖 （书法欣赏与创作）钱建华编
南京 江苏美术出版社 1999 年 74 页
26cm（16 开）ISBN：7-5344-0944-6
定价：CNY8.80

J0092749

徐三庚篆书册 （清）徐三庚书；雷志雄主编
武汉 湖北美术出版社 1999 年 36 页
31cm（10 开）ISBN：7-5394-0868-5
定价：CNY7.00
（中国历代书法名迹临习指导）
　　作者徐三庚（1826—1890），清代著名书法
家、篆刻家。字辛古，号袖海、大横，别号荐未
道人、似鱼室主等。浙江上虞人。代表作品有《金
罍山民印存》。

J0092750

学生规范毛笔楷书等级达标训练 上海文化
出版社编
上海 上海文化出版社 1999 年 65 页

26cm（16 开）ISBN：7-80646-082-9
定价：CNY9.00

J0092751

学生书法技法丛书 胡昌华编著
北京 中国戏剧出版社 1999 年 6 册
26cm（16 开）ISBN：7-104-00951-5
定价：CNY46.80

J0092752

寻找审美的眼睛 许宏泉著
北京 中国文联出版社 1999 年 296 页 有照片
21cm（32 开）ISBN：7-5059-3450-3
定价：CNY195.00（全十册）
（中国当代书法理论家著作丛书）
　　本书收录了"民国歙人书家概述"、"黄宾虹
书法和书论"、"关于吴昌硕、黄宾虹篆书的比较
研究"、"从魏晋六朝文化背景论书法品评产生的
必然"、"现代水墨画的现代问题"等篇章。作者
许宏泉（1963— ），职业画家、自由撰稿人。字
溪之，别署虚弘，宏庐，烟云中人。生于安徽和
县。著有《戴本孝》《黄宾虹》《寻找审美的眼睛》
《听雪集》《乡事十记》等，出版《当代画史·许宏
泉卷》《许宏泉花鸟画集》《新安纪游》等。

J0092753

颜真卿告身帖及其笔法 （唐）颜真卿书；牟
建闽编著
杭州 西泠印社 1999 年 101 页 26cm（16 开）
ISBN：7-80517-261-7 定价：CNY12.90

J0092754

颜真卿楷书 徐伟编著
北京 中国少年儿童出版社 1999 年 96 页
26cm（16 开）ISBN：7-5007-3954-0
定价：CNY12.90
（书法大世界）

J0092755

颜真卿楷书部首一百法 季琳编
杭州 浙江古籍出版社 1999 年 46 页
26cm（16 开）ISBN：7-80518-502-6
定价：CNY5.50
（楷书名家部首一百法）

J0092756
颜真卿楷书技法　胡昌华编著
北京　中国戏剧出版社　1999 年　66 页　有照片
26cm（16 开）ISBN：7-104-00951-5
定价：CNY7.80
（学生书法技法丛书）

J0092757
颜真卿勤礼碑精选　田旭中，邓代昆编著
成都　四川美术出版社　1999 年　43 页
39cm（8 开）ISBN：7-5410-1660-8
定价：CNY12.00
（中国历代名家书法篆刻精品选萃　楷书）
　　编者田旭中（1953—　），书画家、作家。四川成都人。历任中国书法家协会四川分会会员。四川省书学学会理事。编者邓代昆（1949—　），书画篆刻家。成都人，任中国书画函授大学四川分校书法系主任、副教授。出版有《新中国国礼艺术大师·精品六人集》《神州国光·巴蜀卷》《共和国书法大系》等。

J0092758
友声书友逸事录　虞卫毅编
北京　中国文联出版社　1999 年　257 页　有照片
21cm（32 开）ISBN：7-5059-3450-3
定价：CNY195.00（全十册）
（中国当代书法理论家著作丛书）
　　本书收录了"老道"姜澄清，平易近人的洪丕谟，质朴豪放的周俊杰，魏哲先生小记，刘铭伟其书其人，书坛"东北虎"等篇章。作者虞卫毅（1958—　），笔名卫毅、齐斋，生于安徽省寿县，现供职于安徽省寿县检察院，中国书法家协会会员。

J0092759
于右任书法艺术之研究　（研究报告　展览专辑汇编）李普同研究主持
台中　台湾省立美术馆　1999 年　170 叶　有图
30cm（10 开）线装　ISBN：957-02-3794-5
（民国艺林集英研究 7）

J0092760
怎样临习不空和尚碑　戴家妙编；中国书法家协会书法培训中心编
桂林　漓江出版社　1999 年　48 页　26cm（16 开）

ISBN：7-5407-2381-5　定价：CNY10.00
（金钥匙书法名帖自学丛书）

J0092761
怎样临习兰亭序　庄天明，邵劲编；中国书法家协会书法培训中心编
桂林　漓江出版社　1999 年　55 页　26cm（16 开）
ISBN：7-5407-2399-8　定价：CNY10.00
（金钥匙书法名帖自学丛书）

J0092762
怎样学楷书　陈铭编著
西安　陕西人民美术出版社　1999 年　71 页
26cm（16 开）ISBN：7-5368-1065-2
定价：CNY8.80
（书法入门丛书）

J0092763
张迁碑　雷志雄主编
武汉　湖北美术出版社　1999 年　32 页
31cm（10 开）ISBN：7-5394-0872-3
定价：CNY6.50
（中国历代书法名迹临习指导）

J0092764
章草　崔自默著
北京　书目文献出版社　1999 年　163 页
26cm（16 开）ISBN：7-5013-1582-5
定价：CNY25.00
（中国书法赏析丛书）
　　作者崔自默（1967—　），画家。河北深泽人。毕业于西北轻工业学院和南开大学，艺术史学博士。中国艺术研究院专职创作员。代表作《为道日损》《章草艺术》《艺文十说》《心鉴》《心裁》。

J0092765
赵孟頫楷书　叶培贵编著
北京　中国少年儿童出版社　1999 年　80 页
26cm（16 开）ISBN：7-5007-4055-7
定价：CNY11.30
（书法大世界）

J0092766
赵孟頫楷书部首水写帖　郭永琰编写
北京　中国书店　1999 年　22 页　26cm（16 开）

ISBN：7-80568-909-1 定价：CNY7.50

J0092767
赵孟頫楷书部首一百法　　许绍满编
杭州 浙江古籍出版社 1999 年 46 页
26cm（16 开）ISBN：7-80518-503-4
定价：CNY5.50
（楷书名家部首一百法）

J0092768
赵孟頫楷书技法　　胡昌华编著
北京 中国戏剧出版社 1999 年 66 页 有照片
26cm（16 开）ISBN：7-104-00951-5
定价：CNY7.80
（学生书法技法丛书）

J0092769
赵孟頫楷书结构水写帖　　郭永琰编写
北京 中国书店 1999 年 22 页 26cm（16 开）
ISBN：7-80568-913-X 定价：CNY7.50

J0092770
中国当代书法理论家著作丛书　　黄君主编
北京 中国文联出版社 1999 年 10 册
21cm（32 开）ISBN：7-5059-3450-3
定价：CNY195.00

J0092771
中国历代帝王书法真迹　　徐寒编
北京 团结出版社 1999 年 2 册（490 页）
37cm 精装 ISBN：7-80130-276-1
定价：CNY1580.00

J0092772
中国历代书法论著汇编　（1）于玉安编
天津 天津古籍出版社 1999 年［影印本］507 页
26cm（16 开）精装 ISBN：7-80504-621-2
定价：CNY3800.00（全套）
　　作者于玉安，主要编辑作品有《中国历代画
史汇编》《中国历代书法论著汇编》。

J0092773
中国历代书法论著汇编　（2）于玉安编
天津 天津古籍出版社 1999 年［影印本］503 页
26cm（16 开）精装 ISBN：7-80504-621-2

定价：CNY3800.00（全套）

J0092774
中国历代书法论著汇编　（3）于玉安编
天津 天津古籍出版社 1999 年［影印本］540 页
26cm（16 开）精装 ISBN：7-80504-621-2
定价：CNY3800.00（全套）

J0092775
中国历代书法论著汇编　（4）于玉安编
天津 天津古籍出版社 1999 年［影印本］547 页
26cm（16 开）精装 ISBN：7-80504-621-2
定价：CNY3800.00（全套）

J0092776
中国历代书法论著汇编　（5）于玉安编
天津 天津古籍出版社 1999 年［影印本］498 页
26cm（16 开）精装 ISBN：7-80504-621-2
定价：CNY3800.00（全套）

J0092777
中国历代书法论著汇编　（6）于玉安编
天津 天津古籍出版社 1999 年［影印本］510 页
26cm（16 开）精装 ISBN：7-80504-621-2
定价：CNY3800.00（全套）

J0092778
中国历代书法论著汇编　（7）于玉安编
天津 天津古籍出版社 1999 年［影印本］552 页
26cm（16 开）精装 ISBN：7-80504-621-2
定价：CNY3800.00（全套）

J0092779
中国历代书法论著汇编　（8）于玉安编
天津 天津古籍出版社 1999 年［影印本］499 页
26cm（16 开）精装 ISBN：7-80504-621-2
定价：CNY3800.00（全套）

J0092780
中国历代书法论著汇编　（9）于玉安编
天津 天津古籍出版社 1999 年［影印本］496 页
有图 26cm（16 开）精装 ISBN：7-80504-621-2
定价：CNY3800.00（全套）

J0092781

中国历代书法论著汇编 （10）于玉安编
天津　天津古籍出版社 1999 年［影印本］482 页
26cm（16 开）精装 ISBN：7-80504-621-2
定价：CNY3800.00（全套）

J0092782

中国书法 徐建融，李维琨著
上海　上海外语教育出版社 1999 年 367 页
有图版 20cm（32 开）
精装 ISBN：7-81046-448-5 定价：CNY30.00
（中华文明书库 第一辑）

J0092783

中国书法 刘江主编
杭州　西泠印社 1999 年 122 页 26cm（16 开）
ISBN：7-80517-373-7 定价：CNY25.00
（浙江省学生艺术特长水平测试标准辅导丛书）
　　作者刘江，浙江美术学院国画系教授。

J0092784

中国书法导引 宋学农，倪新民著
北京　中华工商联合出版社 1999 年 420 页
20cm（32 开）ISBN：7-80100-548-1
定价：CNY18.00

J0092785

中国书法领导干部读本 王永沁主编
北京　龙门书局 1999 年 2 册（16+1187 页）
有照片及图 29cm（16 开）精装
ISBN：7-80111-494-9 定价：CNY800.00
（跨世纪领导干部素质教育丛书 第二辑）

J0092786

中国书法艺术讲义 曾龚白编著
乌鲁木齐　新疆青少年出版社 1999 年 107 页
26cm（16 开）ISBN：7-5371-3097-3
定价：CNY9.00
（青少年学书法系列丛书）
　　本书包括：书法导论、写字姿势 执笔和工
具、楷书、行书、草书、隶书、篆书、章法、书法
创作、作品欣赏等内容。作者曾龚白，四川巴中
市人，中国蓝天书法艺术协会主席、中国硬笔书
法协会四川分会会员、海内外书画艺术联谊会会
员、理事。著有《中国书法艺术讲义》《楷书基础

教程》等。

J0092787

中国书法艺术精解丛书 董雁主编
北京　中国世界语出版社 1999 年 6 册
26cm（16 开）ISBN：7-5052-0416-5
定价：CNY40.80
　　编者董雁（1968— ），北京人。字子人，号
若鸿，室名抱素斋。毕业于首都师范大学书法专
业。北京市书法家协会篆刻研究会会员，任职于
清华大学美术学院。书画、篆刻作品辑入《当代
名家唐诗宋词元曲书画集》《中国印学年鉴》等
专集。

J0092788

中国书法艺术漫谈 寇丹著
澳门　中国现代书店（朝晖网络）有限公司
1999 年 142 页 21cm（32 开）
ISBN：972-97742-9-3 定价：MOP43.00

J0092789

中华百年史诗行草书法欣赏 任林泉，张世
荣主编
北京　新华出版社 1999 年 16+265 页 有照片
20cm（32 开）ISBN：7-5011-4589-X
定价：CNY35.00
　　本书精选了林则徐、洪秀全、康有为、谭嗣
同、孙中山、李大钊、毛泽东、周恩来、朱德、鲁
迅、郭沫若等数十位伟大人物的诗篇，并由张
颔、徐文达、赵望进等名家书写而成。

J0092790

中华文化十万个为什么 （第一辑 书法卷）
杨抱朴主编
沈阳　辽海出版社 1999 年 11+244 页 有彩图及
插图 20cm（32 开）ISBN：7-80638-992-X
定价：CNY12.50

J0092791

中华姓氏书法大辞典 陈历甫编著
成都　四川美术出版社 1999 年 110+1328 页
28cm（大 16 开）精装 定价：CNY180.00
　　本书从理论上探讨：中华姓氏的渊源及发展
变化、中华姓氏的特点、中华姓氏的发展前景、
中华姓氏的读音和姓氏字的书法艺术问题。意

在为研究这一深层次文化领域的诸多问题作抛砖引玉，让更多的人为继承和发展人类优秀文化成果做贡献。

J0092792

篆隶草书与篆刻基础 李鑫华编著

北京 教育科学出版社 1999 年 203 页 有肖像
26cm（16 开）ISBN：7-5041-1899-0

定价：CNY32.00

（书法艺术教育丛书）

作者李鑫华（1956— ），字师忱，生于北京，祖籍山西平遥。中央教育科学研究所副研究员、中国书法家协会会员。著有《楷书技法百日通》《书法与欣赏》《楷书基础》《行书基础》《篆隶草书与篆刻基础》等。

J0092793

篆书 张永明编著

北京 中国少年儿童出版社 1999 年 88 页
26cm（16 开）ISBN：7-5007-4059-X

定价：CNY12.00

（书法大世界）

J0092794

篆书基础教程 王友谊编著

北京 中国轻工业出版社 1999 年 48 页
21cm（32 开）ISBN：7-5019-2462-7

定价：CNY5.00

本书包含篆书概述和技法两部分，概述内容有甲骨文、金文、石鼓文、秦篆与秦诏版、汉篆、汉以后及清代篆书，技法部分包括甲骨文技法、金文技法、石鼓文技法、小篆技法和篆书的临摹。作者王友谊（1949— ），中国书法家协会会员。

J0092795

篆书赵之谦《峄山刻石》临写法 徐庆华编著

上海 上海书画出版社 1999 年 36 页
38cm（6 开）ISBN：7-80635-519-7

定价：CNY10.00

（历代名帖临写入门）

本书主要精选了清代著名金石书画家赵之谦的篆书精品《峄山刻石》中的 96 个字迹清晰、笔画工整的字进行书法技巧讲解。作者徐庆华（1963— ），教授。字来，号了一，别署一斋，生

于上海。历任上海书法家协会副主席、上海市青年书法家协会名誉主席、中国西藏书会名誉会长。上海交通大学媒体与设计学院副教授、硕士生导师中国书协会员，西泠印社社员，出版有《易经书法》等。

J0092796

走进书法 郝文勉著

北京 中国文联出版社 1999 年 276 页 有照片
21cm（32 开）ISBN：7-5059-3450-3

定价：CNY195.00（全十册）

（中国当代书法理论家著作丛书）

本书收录了青春太阳（自序），走进书法，其实地上没有路，书展泛滥，逆境奋笔，书法与兵法，建立书法学体系应理清三个头绪，书法灵感的激发等篇章。

汉字硬笔书法理论及作品

J0092797

一笔行书钢笔千字文 陈公哲书

上海 商务印书馆 1935 年 22 页
24cm（16 开）定价：国币二角

本书为钢笔行书字帖。

J0092798

钢笔字范 散木，白蕉写

上海 万象图书馆 1949 年 [114]页 26cm（16 开）

本书浅谈基本运笔方法，分真、行、草体字范。

J0092799

钢笔铅笔两用速成写字本 黄若舟编写

上海 华东人民出版社 1953 年 影印本
12×17cm 定价：旧币 1,700 元

（通俗语文小丛书）

J0092800

钢笔习字帖 来文选编

上海 尚古山房 1953 年 影印本 9×13cm

定价：旧币 1,300 元

J0092801

钢笔字的写法和练习　沈六峰编写

上海　广益书局　1953 年　影印本　74 页

17cm（40 开）定价：旧币 4,000 元

J0092802

钢笔字的写法和练习　沈六峰编

上海　上海文化出版社　1955 年　影印本

26cm（16 开）

J0092803

钢笔字的写法和练习　沈六峰编写

上海　上海文化出版社　1962 年　新 3 版　54 页

19cm（32 开）统一书号：7077.9　定价：CNY0.13

J0092804

怎样写钢笔字　沈六峰编

上海　上海文化出版社　1955 年

　　本书共 5 章。扼要地介绍写钢笔字的目的和要求、写钢笔字的工具、拿钢笔的方法、写钢笔字的姿势及 2500 个常用字的楷书体及手写体的范例。

J0092805

怎样写钢笔字　卜炎庆编著

杭州　浙江人民出版社　1956 年　30 页

19cm（32 开）统一书号：T7103.18

定价：CNY0.09

J0092806

怎样写钢笔字　卜炎庆编

杭州　浙江人民出版社　1958 年　33 页

15cm（40 开）统一书号：T7103.122

定价：CNY0.06

（学文化小丛书）

J0092807

汉字快写法　黄若舟著

上海　上海文化出版社　1958 年　59 页

19cm（32 开）统一书号：7077.146

定价：CNY0.18

J0092808

汉字快写法　黄若舟编

上海　上海文化出版社　1965 年　2 版　67 页

19cm（32 开）统一书号：7077.146

定价：CNY0.20

J0092809

汉字快写法　黄若舟书

上海　上海书画出版社　1983 年　71 页

19cm（32 开）统一书号：7172.186

定价：CNY0.22

　　本书是在《怎样快写钢笔字》基础上做了大量补充删改后编撰而成的，全帖分行楷、行草与草书、连写三大部分。

J0092810

汉字快写法　黄若舟编

上海　上海书画出版社　1987 年　增订本　109 页

19cm（32 开）定价：CNY0.65

J0092811

汉字快写法　黄若舟著

上海　上海书画出版社　1990 年　增补本　120 页

19cm（32 开）ISBN：7-80512-410-8

定价：CNY1.50

　　本书系黄若舟著中国钢笔字书法。作者黄若舟（1906—2000），原名济才，号若舟，江苏宜兴上黄镇人。历任中国美术家协会会员、中国书法家协会会员、中国教育学会书法教育研究会顾问、上海艺术教育委员会顾问、大学书法教育协会会长。著有《汉字快写法》《花鸟画技法》《黄若舟一笔书》《黄若舟书画缘》等。

J0092812

简化汉字钢笔字帖　文字改革出版社编

北京　文化改革出版社　1958 年　31 页

19cm（32 开）统一书号：9060.190

定价：CNY0.09

J0092813

怎样写钢笔字　周稚云编著

福州　福建人民出版社　1960 年　46 页

19cm（32 开）统一书号：T7104.202

定价：CNY0.12

J0092814

工农习字帖　单孝天写字

上海　上海教育出版社　1961 年　33 页

19cm（32 开）统一书号：T7150.1260
定价：CNY0.09
（工农通俗文库）

J0092815
钢笔美术字练习　周稚云编写
上海　上海文化出版社 1962 年 74 页 13×18cm
统一书号：8077.183 定价：CNY0.24

J0092816
钢笔字帖　（雷锋日记摘抄）
上海　上海教育出版社 1965 年 28 页 有图
19cm（32 开）统一书号：7150.1687
定价：CNY0.09

J0092817
钢笔字帖　（农民杂字四字经）上海教育出版社
编辑
上海　上海教育出版社 1965 年 16 页
19cm（小 32 开）统一书号：7150.1675
定价：CNY0.06

J0092818
农民杂字钢笔字帖　上海教育出版社编辑
上海　上海教育出版社 1965 年 16 页 有图表
19cm（32 开）统一书号：7150.1675
定价：CNY0.06

J0092819
钢笔行书字帖
上海　上海东方红书画社 1970 年 19cm（32 开）
定价：CNY0.07

J0092820
钢笔行书字帖　（第二集）
上海　上海书画社 1972 年 32 页 19cm（32 开）
定价：CNY0.10

J0092821
钢笔行书字帖　（第三集）
上海　上海书画社 1972 年 19cm（32 开）
定价：CNY0.10

J0092822
钢笔正楷字帖

上海　上海书画社 1972 年 31 页 19cm（32 开）
定价：CNY0.10

J0092823
钢笔行书字帖　（四）濮志英书
上海　上海书画社 1976 年 32 页 19cm（32 开）
统一书号：7172.72 定价：CNY0.10

J0092824
怎样快写钢笔字　黄若舟编写
上海　上海书画社 1976 年 71 页 19cm（32 开）
定价：CNY0.20

J0092825
怎样快写钢笔字　黄若舟编写
上海　上海书画出版社 1978 年 修订本 60 页
19cm（32 开）定价：CNY0.18

J0092826
钢笔正楷字帖　（三）晓峰书
上海　上海书画社 1977 年 32 页 19cm（32 开）
统一书号：7172.81 定价：CNY0.10

J0092827
钢笔正楷字帖　陆初学书；上海书画社编
上海　上海书画社 1977 年 31 页 18cm（15 开）
统一书号：7172.39 定价：CNY0.10

J0092828
钢笔行书字帖　郝迟书
哈尔滨　黑龙江人民出版社 1979 年 32 页
19cm（32 开）统一书号：8093.568
定价：CNY0.15

J0092829
钢笔正楷字帖　（二）花森兴书
上海　上海书画出版社 1979 年 24 页
19cm（32 开）统一书号：7172.102
定价：CNY0.10

J0092830
《三十六计》今译钢笔书法　刘欣耕书写；闵
小艺选编
海口　海南摄影美术出版社［1980 年］56 页
19cm（32 开）ISBN：7-80571-293-X

定价：CNY1.60

J0092831

常用三千五百字钢笔字帖　颜庆云书
大连　大连理工大学出版社［1980—1989 年］
51 页 19cm（32 开）ISBN：7–5611–0211–9
定价：CNY1.50

J0092832

钢笔字写法九讲　韩景阳，锡永光编
呼和浩特　内蒙古人民出版社 1980 年 58 页
19cm（32 开）定价：CNY0.16

J0092833

钢笔字写法九讲　韩景阳，锡永光编
呼和浩特　内蒙古人民出版社 1982 年 57 页
19cm（32 开）统一书号：7089.127
定价：CNY0.16

J0092834

谈谈学写钢笔字　庞中华编
天津　天津人民美术出版社 1980 年 80 页
19cm（32 开）统一书号：8073.50165
定价：CNY0.38
　　本书分字帖和技法两大类。收入楷、行、仿
宋、隶、篆各种字体；均由作者书写。内容包括
工具、执笔、临摹、正楷字基本笔画、如何向传
统毛笔书法学习。作者庞中华（1945—　），著名
书法家、教育家和诗人。四川重庆人，毕业于西
南科技大学地质勘探专业。中国当代硬笔书法
的奠基者，全国政协委员、中国硬笔书法协会会
长。代表作品有《庞中华钢笔字帖》《庞中华现
代硬笔字帖》等。著作《庞中华散文集》《庞中华
谈谈学写钢笔字》《硬笔书法简论》等。

J0092835

谈谈学写钢笔字　庞中华编写
天津　天津人民美术出版社 1986 年 新 1 版
92 页 19cm（32 开）统一书号：8073.50409
定价：CNY0.70
　　本书分字帖和技法两部分，收入楷、行、仿
宋、隶、篆各种字体，均为作者书写。

J0092836

小学钢笔正楷字帖

沈阳　辽宁美术出版社 1980 年 12 页
19cm（32 开）统一书号：8117.1868
定价：CNY0.09

J0092837

小学生钢笔字帖　陈慎之写
南京　江苏人民出版社 1980 年 32 页
19cm（32 开）统一书号：7100.061
定价：CNY0.11

J0092838

钢笔行书练习　郝善懿［书］
呼和浩特　内蒙古教育出版社 1981 年 28 页
19cm（小 32 开）定价：CNY0.18

J0092839

钢笔行书练习　郝善懿［书］
呼和浩特　内蒙古教育出版社 1981 年 24 页
19cm（小 32 开）定价：CNY0.10

J0092840

钢笔正楷字帖　（中学语文课文选）庞中华书写
天津　天津人民美术出版社 1981 年 32 页
19cm（小 32 开）定价：CNY0.12
　　作者庞中华（1945—　），著名书法家、教育
家和诗人。四川重庆人，毕业于西南科技大学地
质勘探专业。中国当代硬笔书法的奠基者，全国
政协委员、中国硬笔书法协会会长。代表作品有
《庞中华钢笔字帖》《庞中华现代硬笔字帖》等。
著作《庞中华散文集》《庞中华谈谈学写钢笔字》
《硬笔书法简论》等。

J0092841

钢笔字帖　项孔言等书
杭州　浙江人民美术出版社 1981 年 30 页
19cm（32 开）统一书号：7156.2　定价：CNY0.19

J0092842

小学钢笔习字帖　（三年级上学期用）金成钧
书写
沈阳　辽宁美术出版社 1981 年 32 页
19cm（小 32 开）定价：CNY0.12

J0092843

学生钢笔字帖　王辛铭编写

天津 天津人民出版社 1981 年 30 页
19cm（32 开）统一书号：8072.29 定价：CNY0.13
　　作者王辛铭（1938— ），硬笔书法家。原籍山东福山。历任天津市河北区教师进修学校副校长、天津市文史研究馆馆员、天津市书法家协会会员、天津市楹联学会会员、天津市硬笔书协常务理事等职。出版有《六千常用词钢笔楷书字帖》等。

J0092844
怎样写好钢笔字 （钢笔行书字帖）林经文作
兰州 甘肃人民出版社 1981 年 19cm（32 开）
统一书号：7096.86 定价：CNY0.11

J0092845
怎样写好钢笔字 （钢笔楷书字帖）刘大奇作
兰州 甘肃人民出版社 1981 年 19cm（32 开）
统一书号：7096.87 定价：CNY0.14

J0092846
钢笔正楷行书字帖　顾家麟，黄若舟书写
沈阳 辽宁美术出版社 1982 年 48 页
19cm（32 开）统一书号：8161.0077
定价：CNY0.20

J0092847
钢笔正楷字帖　林似春书
上海 上海书画出版社 1982 年 32 页
19cm（32 开）统一书号：7172.170
定价：CNY0.12

J0092848
钢笔正楷字帖　林似春书
上海 上海书画出版社 1990 年 增补本 124 页
19cm（32 开）ISBN：7–80512–409–4
定价：CNY1.50

J0092849
钢笔字练习法　周稚云著
上海 上海文化出版社 1982 年 118 页
19cm（32 开）统一书号：8077.3001
定价：CNY0.34
　　本书以字帖示范为主，有楷书、行书、草书等钢笔字练习；钢笔美术字又附魏碑、等线体、誊写美术字及标点符号、数目字、拼音字母等。

J0092850
钢笔字写法　邓散木编
上海 上海书画出版社 1982 年 76 页
19cm（32 开）统一书号：7172.163
定价：CNY0.23
　　本书详细论述了执笔运笔的方法、写字的基本原则等，并配有插图和楷书、行书的基本笔画写法示范。作者邓散木（1898—1963），著名书法、篆刻家。原名菊初。字散木，别号粪翁等。出生于上海，中国书法研究社社员。代表作品《篆刻学》《中国书法演变史》。

J0092851
钢笔字写法　邓散木著
上海 上海书画出版社 1990 年 增补本 121 页
19cm（32 开）ISBN：7–80512–406–6
定价：CNY1.50

J0092852
古诗文钢笔习字帖　郭思聪书写
长沙 湖南教育出版社 1982 年 48 页
19cm（32 开）统一书号：9284.14 定价：CNY0.18

J0092853
学生钢笔字帖　庞中华编写
重庆 重庆出版社 1982 年 62 页 19cm（小 32 开）
定价：CNY0.16
　　作者庞中华（1945— ），著名书法家、教育家和诗人。四川重庆人，毕业于西南科技大学地质勘探专业。中国当代硬笔书法的奠基者，全国政协委员、中国硬笔书法协会会长。代表作品有《庞中华钢笔字帖》《庞中华现代硬笔字帖》等。著作《庞中华散文集》《庞中华谈谈学写钢笔字》《硬笔书法简论》等。

J0092854
怎样写钢笔字　阿敏书
南京 江苏人民出版社 1982 年 影印本 102 页
19cm（32 开）统一书号：8100.3.471
定价：CNY0.29
　　本书讲解了练习钢笔字的意义，介绍了一些如何才能写得正确、整齐、好看的方法，并分析比较了若干实例。

J0092855
中小学生钢笔字帖　内蒙古人民出版社编
呼和浩特　内蒙古人民出版社　1982 年　122 页
20cm（32 开）统一书号：7089.305
定价：CNY0.43

J0092856
中小学生钢笔字帖及练习方法　庞中华著
郑州　河南人民出版社　1982 年　19cm（32 开）
统一书号：7105.273　定价：CNY0.20

J0092857
钢笔行书字帖　（唐宋诗一百五十首）周志高书
合肥　安徽人民出版社　1983 年　48 页
19cm（32 开）定价：CNY0.20

J0092858
钢笔行书字帖　（书法、勤奋、创新）庞中华书
郑州　河南人民出版社　1983 年　52 页
19cm（32 开）统一书号：7105.392
定价：CNY0.22

J0092859
钢笔行书字帖　（名人名言录）高惠敏书
上海　上海书画出版社　1983 年　32 页
19cm（32 开）统一书号：7172.190
定价：CNY0.13

J0092860
钢笔行书字帖　（唐宋诗 100 首）周志高书
合肥　安徽美术出版社　1986 年　48 页
19cm（小 32 开）定价：CNY0.30

J0092861
钢笔行书字帖　（唐宋诗 150 首）周志高书
合肥　安徽美术出版社　1986 年　48 页
19cm（32 开）定价：CNY0.30

J0092862
钢笔书法　梁锦英书
广州　岭南美术出版社　1983 年　113 页
19cm（32 开）统一书号：8260.0416
定价：CNY0.45
　　本书选录了唐人绝句 500 首。

J0092863
小学生钢笔练字帖　王业伟编写
武汉　湖北少年儿童出版社　1983 年　72 页
19cm（32 开）统一书号：R7305.2　定价：CNY0.28

J0092864
中学生钢笔练字帖　（正楷行书对照）王业伟
编写；顾仲安书写
武汉　湖北少年儿童出版社　1983 年
19cm（小 32 开）定价：CNY0.30
　　作者顾仲安（1956—　　），书法家。中国硬笔
书法家协会副主席，上海教师书画篆刻研究会名
誉理事。拍摄有《硬笔书法电视讲座》和《硬笔
书法》电视教育片。代表作品有《常用成语钢笔
字帖接字成语》。

J0092865
中学生钢笔练字帖　（正楷行书对照）王业伟
编写；顾仲安书写
武汉　湖北少年儿童出版社　1984 年　78 页
19cm（32 开）统一书号：R7305.5　定价：CNY0.30

J0092866
钢笔仿宋字书法　马子民编
北京　新时代出版社　1984 年　105 页　19cm（32 开）
统一书号：95241.1　定价：CNY0.58

J0092867
钢笔仿宋字书法　马子民编著
北京　新时代出版社　1997 年　105 页　13×19cm
ISBN：7–5042–0087–5　定价：CNY2.60

J0092868
古代名言新魏体钢笔字帖　张恒成书
兰州　甘肃人民出版社　1984 年　30 页
19cm（32 开）统一书号：7096.210
定价：CNY0.26
　　本书选录了孔子、孟子、荀子、司马迁、朱
熹等历代大思想家和文学家的名言佳句 250
多则。

J0092869
古代散文钢笔字帖　（行楷行草两体字）上海
书画出版社编
上海　上海书画出版社　1984 年　62 页

19cm（32开）统一书号：7172.196
定价：CNY0.25

J0092870
和小学生谈写字　庞中华编著
成都　四川少年儿童出版社　1984年　24页
20cm（32开）统一书号：R7247.84
定价：CNY0.15
　　本书系庞中华编著中国广播电视教育钢笔字书法教材。作者庞中华（1945—　），著名书法家、教育家和诗人。四川重庆人，毕业于西南科技大学地质勘探专业。中国当代硬笔书法的奠基者，全国政协委员、中国硬笔书法协会会长。代表作品有《庞中华钢笔字帖》《庞中华现代硬笔字帖》等。著作《庞中华散文集》《庞中华谈谈学写钢笔字》《硬笔书法简论》等。

J0092871
青少年钢笔字帖　庞中华编
成都　四川少年儿童出版社　1984年　61页
19cm（32开）统一书号：R7247.83
定价：CNY0.34

J0092872
青少年钢笔字帖　庞中华书
成都　四川少年儿童出版社　1986年　61页
19cm（32开）统一书号：R7247.230
定价：CNY0.45
　　本书系中央电视台电视教育节目用书。

J0092873
青少年钢笔字帖　庞中华书
成都　四川少年儿童出版社　1986年　61页
19cm（小32开）统一书号：R7247.231
定价：CNY0.36
　　本书系中央电视台电视教育节目用书。

J0092874
青少年钢笔字帖　庞中华编写
成都　四川少年儿童出版社　1995年　重印本
61页　19cm（32开）ISBN：7–5365–0217–6
定价：CNY2.20
　　作者庞中华（1945—　），著名书法家、教育家和诗人。四川重庆人，毕业于西南科技大学地质勘探专业。中国当代硬笔书法的奠基者，全国

政协委员、中国硬笔书法协会会长。代表作品有《庞中华钢笔字帖》《庞中华现代硬笔字帖》等。著作《庞中华散文集》《庞中华谈谈学写钢笔字》《硬笔书法简论》等。

J0092875
唐诗三百首钢笔字帖　李文采书
杭州　浙江教育出版社　1984年　161页
19cm（32开）统一书号：7346.96　定价：CNY1.20

J0092876
唐诗三百首钢笔字帖　李文采等书
杭州　浙江教育出版社　1992年　重印本　161页
19cm（32开）ISBN：7–5338–0073–7
定价：CNY2.15

J0092877
小学生铅笔练字帖　王业伟编写；顾仲安书写
武汉　湖北少年儿童出版社　1984年　68页
19cm（小32开）定价：CNY0.28

J0092878
怎样写钢笔字　沈六峰编写
上海　上海文化出版社　1984年　3版　54页
19cm（32开）统一书号：7077.9　定价：CNY0.18

J0092879
钢笔书写字帖　庞中华编
成都　四川科学技术出版社　1985年　30页
13cm（60开）定价：CNY0.10
（中学生一角钱丛书）

J0092880
钢笔五体字帖及写法　陈英群著
长春　吉林人民出版社　1985年　19cm（32开）
定价：CNY0.80

J0092881
钢笔系列字帖　（第一册　楷书）邵广凡书
上海　上海书画出版社　1985年　30页
19cm（32开）统一书号：7172.205
定价：CNY0.20

J0092882
钢笔系列字帖　（第二册　楷书）顾仲安书

上海 上海书画出版社 1985 年 30 页
19cm（32 开）统一书号：7172.206
定价：CNY0.20

作者顾仲安（1956— ），书法家。中国硬笔书法家协会副主席、上海教师书画篆刻研究会名誉理事。拍摄有《硬笔书法电视讲座》和《硬笔书法》电视教育片。代表作品有《常用成语钢笔字帖接字成语》。

J0092883
钢笔系列字帖 （第三册 行书）单晓天书
上海 上海书画出版社 1985 年 30 页
19cm（32 开）统一书号：7172.207
定价：CNY0.20

作者单晓天（1921—1987），书画篆刻家。原名孝天，字琴宰，浙江绍兴人。历任中国书法家协会会员、中国书协上海分会常务理事。出版有《鲁迅诗歌印谱》《晓天印稿》《单晓天临钟王小楷八种》等。

J0092884
钢笔系列字帖 （第四册 行楷）吕子明书
上海 上海书画出版社 1985 年 30 页
19cm（32 开）统一书号：7172.208
定价：CNY0.20

J0092885
钢笔系列字帖 （第五册 行书）张月朗书
上海 上海书画出版社 1985 年 30 页
19cm（32 开）统一书号：7172.209
定价：CNY0.20

J0092886
钢笔系列字帖 （第六册 行草）李荣国书
上海 上海书画出版社 1985 年 30 页
19cm（32 开）统一书号：7172.210
定价：CNY0.20

J0092887
钢笔系列字帖 （第七册 怎样写钢笔字）余驾楼书
上海 上海书画出版社 1985 年 30 页
19cm（32 开）统一书号：7172.211
定价：CNY0.20

J0092888
古诗钢笔楷行字帖 赵东华书写
沈阳 辽宁人民出版社 1985 年 64 页
19cm（32 开）统一书号：7090.373
定价：CNY0.48

作者赵东华，中国现代硬笔书法家。

J0092889
古文名篇钢笔字帖 任平，王冬龄书
杭州 浙江教育出版社 1985 年 104 页
19cm（32 开）统一书号：7346.330
定价：CNY0.66

本书选取了古文名篇33篇，参照《古文观止》，按朝代前后编次，分别以楷书、行书两种最常见书体，用简化字形式书写。作者任平（1952— ），书法家。江苏如皋人，毕业于杭州大学中文系，获博士学位。历任文化部中国艺术研究院教授、博士生导师，中国艺术研究院美术研究所学术委员会委员、书法研究室主任。中国书法家协会书法教育专业委员会委员、中国语言学会会员等。代表作品优《中国书法》《说隶》《笔歌墨舞》《中国书法全集》等。作者王冬龄（1945— ），书法家。江苏台东人，毕业于中国美术学院。中国书法家协会学术委员、中国书法进修学院副院长、浙江省书协副主席、美国明尼苏达大学客座教授。代表作品《书画艺术》。

J0092890
六体钢笔字帖 刘志伟编写
乌鲁木齐 新疆人民出版社 1985 年 406 页
19cm（32 开）统一书号：7098.46 定价：CNY2.00

J0092891
庞中华钢笔字帖 庞中华书
重庆 重庆出版社 1985 年 64 页 19cm（32 开）
统一书号：7114.282 定价：CNY0.40

作者庞中华（1945— ），著名书法家、教育家和诗人。四川重庆人，毕业于西南科技大学地质勘探专业。中国当代硬笔书法的奠基者，全国政协委员、中国硬笔书法协会会长。代表作品有《庞中华钢笔字帖》《庞中华现代硬笔字帖》等。著作《庞中华散文集》《庞中华谈谈学写钢笔字》《硬笔书法简论》等。

J0092892
庞中华钢笔字帖　庞中华书
重庆　重庆出版社 1988 年 2 版 64 页
19cm（32 开）ISBN：7-5366-0334-7
定价：CNY0.75

J0092893
首届青年钢笔书法大奖赛优秀作品集
曹肇基等选编
北京　新华出版社 1985 年 26cm（16 开）
定价：CNY1.30

J0092894
唐诗正·行·草三体钢笔字帖　许宝驯书
上海　学林出版社 1985 年 62 页 19cm（32 开）
统一书号：7259.019 定价：CNY0.34

J0092895
袖珍钢笔字帖　内蒙古人民出版社编
呼和浩特　内蒙古人民出版社 1985 年 66 页
18cm（32 开）统一书号：8089.199
定价：CNY0.35

J0092896
一心（钢笔）小楷　成一心书
广州　科学普及出版社广州分社 1985 年
1 册（64 页）26cm（16 开）定价：CNY0.75

J0092897
怎样写好钢笔字　沈鸿根编著
昆明　云南人民出版社 1985 年 94 页
19cm（32 开）统一书号：7116.1040
定价：CNY0.37
（语文知识丛书）

J0092898
怎样写好钢笔字　沈鸿根编著
昆明　云南教育出版社 1986 年 新 1 版 94 页
19cm（32 开）定价：CNY0.37
（语文知识丛书）

J0092899
怎样写新魏体钢笔字　张恒成书写
兰州　甘肃人民出版社 1985 年 35 页
19cm（32 开）统一书号：7096.254

定价：CNY0.25

J0092900
正楷钢笔字帖　李志行书
上海　上海人民美术出版社 1985 年 15 页
20cm（32 开）定价：CNY0.20

J0092901
中学生钢笔字帖　钱沛云书写
石家庄　河北少年儿童出版社 1985 年
19cm（32 开）定价：CNY0.33
　　作者钱沛云（1946—　），著名硬笔书法家。字鹤斋，浙江上虞人，毕业于上海师大中文系。中国书法家协会会员、中国书画函授大学书法系教授。主要作品有《楷书基础知识》《怎样写快写好钢笔字》《钢笔书法技巧要领》《红楼梦诗词钢钢笔行书书帖》等。

J0092902
曾景充钢笔书　曾景充书
广州　广东高等教育出版社 1986 年 105 页
19cm（32 开）统一书号：8343.6 定价：CNY0.85
　　作者曾景充（1932—2009），书法家。生于广州。中国书法家协会会员，曾任广东书协理事，广东书协艺术指导委员、广州市书协副会长、美协广东分会会员、广东省中国文物鉴藏家协会理事、广州市文史研究馆馆员，东方书画院客座教授。著有《行书要法》《魏体千字文》《曾景充钢笔书》《五体临池指要》等。

J0092903
钢笔行草书千家诗　梁锦英书；史陆注
香港　万里书店 1986 年 333 页 有照片
20cm（32 开）ISBN：962-14-0241-7
定价：HKD35.00
　　本书作者依据《千家诗》，为读者示范钢笔行草书法，让读者在欣赏钢笔书法的同时，也欣赏到古典诗词的意境。书中附简明扼要的评析和浅显易懂的注释。本书与广东人民出版社合作出版。

J0092904
钢笔行草书千家诗　（注释本）梁锦英书；史陆注释
广州　广东人民出版社 [1988 年] 333 页 有彩照

20cm（32 开）ISBN：962-14-0241-7

定价：CNY6.40

J0092905

钢笔行草书千家诗 （注释本）梁锦英书；史

陆注释

广州 广东人民出版社 1993 年 333 页 有彩图

20cm（32 开）ISBN：7-218-00197-1

定价：CNY9.90

J0092906

钢笔行草字汇 单体乾编

天津 天津人民出版社 1986 年 266 页

19cm（32 开）统一书号：8072.34 定价：CNY2.05

J0092907

钢笔行书唐诗绝句百首 杨再春书

北京 北京体育学院出版社 1986 年 61 页

26cm（16 开）统一书号：8451.2 定价：CNY1.15

ISBN：7-81003-015-9

J0092908

钢笔行书字帖 （格言五百句）孙文博书

北京 宇航出版社 1986 年 130 页 19cm（32 开）

统一书号：9244.0069 定价：CNY0.59

　　作者孙文博，书法家，书法高级教师，中华

硬笔书法协会常务理事。

J0092909

钢笔行书字帖 （谚语六百句）孙文博写

北京 中国民间文艺出版社 1986 年 19cm（32 开）

定价：CNY0.37

J0092910

钢笔行书字帖 （普希金抒情诗选）孙文博书

北京 北京燕山出版社 1987 年 90 页

19cm（32 开）ISBN：7-5402-0046-4

定价：CNY0.85

J0092911

钢笔行书字帖 （世界名言录）孙文博书

北京 北京燕山出版社 1987 年 92 页

19cm（32 开）ISBN：7-5402-0018-9

定价：CNY0.75

J0092912

钢笔行书字帖 （格言五百句）孙文博书

北京 宇航出版社 1989 年 130 页 19cm（32 开）

ISBN：7-80034-166-6 定价：CNY1.15

J0092913

钢笔行书字帖 （古今对联精选）孙文博，乔德

胜编写

北京 宇航出版社 1989 年 160 页 19cm（32 开）

ISBN：7-80034-220-4 定价：CNY2.10

J0092914

钢笔行书字帖 （古今对联集锦）孙文博，孙淑

华编

天津 天津人民出版社 1991 年 102 页

19cm（小 32 开）ISBN：7-201-00740-8

定价：CNY2.00

J0092915

钢笔行书字帖 （世界著名爱情诗选）孙文博，

孙淑华编写

北京 中国妇女出版社 1994 年 90 页

19cm（32 开）ISBN：7-80016-213-3

定价：CNY2.20

　　作者孙文博，书法家，书法高级教师，中华

硬笔书法协会常务理事。

J0092916

钢笔临帖 梁鼎光编

广州 岭南美术出版社 1986 年 117 页

19cm（32 开）统一书号：8260.1729

定价：CNY1.30

　　本书为含楷、行、草 3 体的字帖。

J0092917

钢笔书法 隋学芳书

北京 北京燕山出版社 1986 年 52 页

19cm（32 开）统一书号：8436.12 定价：CNY0.50

J0092918

钢笔书法格言三千条 杨再春书

北京 北京体育学院出版社 1986 年 315 页

13cm（60 开）统一书号：8451.4 定价：CNY2.50

J0092919

钢笔正楷描红本　钱沛云书写

南宁 广西民族出版社 1986年 19cm（32开）

定价：CNY0.20

　　作者钱沛云（1946—　），著名硬笔书法家。字鹤斋，浙江上虞人，毕业于上海师大中文系。中国书法家协会会员、中国书画函授大学书法系教授。主要作品有《楷书基础知识》《怎样写快写好钢笔字》《钢笔书法技巧要领》《红楼梦诗词钢钢笔行书书帖》等。

J0092920

钢笔字草写法　华清波编著

上海 上海文化出版社 1986年 72页

26cm（16开）定价：CNY0.76

　　本书把钢笔草写技巧归纳为4种基本技法。字例用毛笔双钩字。对单字或左右偏旁已简化的字，则根据简化字或偏旁另写新体草字。

J0092921

钢笔字技法举要　钱沛云著

桂林 漓江出版社 1986年 85页 19cm（32开）

统一书号：8256.235 定价：CNY0.51

J0092922

钢笔字技法举要　钱沛云著

桂林 漓江出版社 1988年 85页 19cm（32开）

ISBN：7-5407-0230-3 定价：CNY0.76

J0092923

钢笔字结构70法　张济国编写

成都 四川美术出版社 1986年 60页

19cm（32开）统一书号：8373.772

定价：CNY0.38

J0092924

钢笔字快写　沈鸿根编写

长春 东北师范大学出版社 1986年 53页 有图

26cm（16开）统一书号：8334.7 定价：CNY0.60

J0092925

钢笔字三体字帖　（正书 行书 草书）许宝驯，沈培方书

上海 少年儿童出版社 1986年 32页

19cm（32开）统一书号：R8024.160

定价：CNY0.18

J0092926

钢笔字书写门径　闵祥德编著

广州 广东人民出版社 1986年 178页

19cm（32开）定价：CNY2.40

（新编书法丛书）

　　本书与明天出版社合作出版。作者闵祥德（1949—　），书法家，教授，国家一级美术师。安徽宿州市人。历任南京财经大学艺术教研室主任、安徽省书法家协会副主席、东南大学博士生导师、中国书画学会副主席等职。擅长书法，兼攻理论，作品多次参加国内外大型书展。作品有《书法浅谈》《书法百问百答》《图解书法指南》《行书书写门径》。部分著作被中国台湾、香港大学指定为教科书。

J0092927

钢笔字书写门径　闵祥德编著

香港 明天出版社 1986年 178页 19cm（32开）

ISBN：962-277-003-7 定价：HKD18.00

（新编书法丛书）

　　本书与广东人民出版社合作出版。

J0092928

钢笔字书写门径　闵祥德编著

广州 广东人民出版社 1993年 178页

19cm（32开）ISBN：7-218-00071-1

定价：CNY5.60

（新编书法丛书）

　　本书与明天出版社合作出版。作者闵祥德（1949—　），书法家，教授，国家一级美术师。安徽宿州市人。历任南京财经大学艺术教研室主任、安徽省书法家协会副主席、东南大学博士生导师、中国书画学会副主席等职。擅长书法，兼攻理论，作品多次参加国内外大型书展。作品有《书法浅谈》《书法百问百答》《图解书法指南》《行书书写门径》。部分著作被台湾、香港大学指定为教科书。

J0092929

钢笔字帖及练习方法　庞中华书

郑州 河南教育出版社 1986年 19cm（32开）

定价：CNY0.40

　　作者庞中华（1945—　），著名书法家、教育

家和诗人。四川重庆人，毕业于西南科技大学地质勘探专业。中国当代硬笔书法的奠基者，全国政协委员、中国硬笔书法协会会长。代表作品有《庞中华钢笔字帖》《庞中华现代硬笔字帖》等。著作《庞中华散文集》《庞中华谈谈学写钢笔字》《硬笔书法简论》等。

J0092930

古今名联铅笔、圆珠笔、钢笔字帖　（正楷、行草、隶书三体字）段成桂著
长春　时代文艺出版社　1986 年　92 页
19cm（32 开）统一书号：10389.81
定价：CNY0.85

J0092931

古诗词钢笔字帖　杨伟国等书
杭州　浙江人民出版社　1986 年　108 页
19cm（32 开）统一书号：8103.575
定价：CNY0.85

J0092932

古文观止钢笔字帖　内蒙古人民出版社编
呼和浩特　内蒙古人民出版社　1986 年
68 页　26cm（16 开）统一书号：7089.471
定价：CNY0.95

J0092933

行书楷书对照规范钢笔字帖　于天存，丁焜浩书写
哈尔滨　黑龙江少年儿童出版社　1986 年　71 页
19cm（32 开）统一书号：7359.254
定价：CNY0.43

J0092934

江鸟钢笔书法　江鸟书
长春　东北师范大学出版社　1986 年　89 页
19cm（32 开）统一书号：8334.10　定价：CNY0.70
　　作者江鸟（1943—　　），书法家。本名沈洪根，上海人。上海翰艺书法美术学校艺术顾问、中国书法家协会会员、《硬笔书法天地》网站高级顾问。代表作品有《中国钢笔书法艺术》《王羲之十七帖临习指南》《书法形式百日通》等。

J0092935

江鸟钢笔字帖　沈鸿根编著
昆明　云南教育出版社　1986 年　77 页
19cm（32 开）统一书号：7468.101
定价：CNY0.34

J0092936

江友樵钢笔行书字帖　江友樵著
重庆　重庆出版社　1986 年　97 页　19cm（32 开）
统一书号：8114.440　定价：CNY0.70

J0092937

蒋慧卿钢笔行书　蒋慧卿书
北京　中国物资出版社　1986 年　44 页
19cm（32 开）统一书号：7254.181
定价：CNY0.45

J0092938

六体钢笔字帖　袁晓义书
郑州　河南教育出版社　1986 年　162 页
13cm（60 开）统一书号：7356.388
定价：CNY0.60

J0092939

卢前钢笔字帖　卢前作
成都　四川少年儿童出版社　1986 年　62 页
19cm（32 开）统一书号：7247.198
定价：CNY0.36
　　作者卢前，上海师范大学书法专业兼职教授、中国硬笔书法家协会副主席。

J0092940

名人名言钢笔行书字帖　王圣才编写
成都　四川辞书出版社　1986 年　109 页
20cm（32 开）定价：CNY0.85
　　作者王圣才，中国硬笔书法家协会理事、四川省硬笔书法家学会常务理事。

J0092941

名人名言钢笔行书字帖　王圣才编写
成都　四川辞书出版社　1992 年　重印本　109 页
20cm（32 开）ISBN：7-80543-011-X
定价：CNY1.40

J0092942

全国首届硬笔书法大展作品精选　河南教育出版社编

郑州 河南教育出版社 1986 年 131 页
18cm（32 开）统一书号：7356.364
定价：CNY5.00
　　本书收入的近 200 件作品是从参加首届硬笔书法大展的 700 多幅作品中选出来的，反映了中国当代硬笔书法的水平。

J0092943
谈钢笔字的书写　　陈贤德著
济南 山东教育出版社 1986 年 131 页 有图
19cm（32 开）统一书号：7275.551
定价：CNY0.95

J0092944
谈钢笔字的书写　　陈贤德著
济南 山东教育出版社 1987 年 131 页
19cm（32 开）ISBN：7-5328-0071-7
定价：CNY0.65

J0092945
唐诗钢笔四体字帖　　王涛书
西安 陕西人民出版社 1986 年 65 页
19cm（32 开）统一书号：7094.556
定价：CNY0.70
（文化与生活丛书）

J0092946
小学古诗钢笔字帖　　邱明强书
天津 新蕾出版社 1986 年 55 页 19cm（32 开）
定价：CNY0.38
（钢笔字丛书）
　　作者邱明强（1961—　），书法家。字承启，号朴石、诚功，室名墨篁斋。福建莆田人，毕业于福建师范大学福清分校，中共中央党校。历任中国硬笔书法家协会常务理事、福建省硬笔书法家协会名誉主席、福州市硬笔书法家协会艺术顾问。代表作品《心声笔旅—邱明强书画诗文选》《书法楷行隶篆速成指要》《邱明强钢笔书法字帖系列》。

J0092947
小学生钢笔字帖　（三、四年级）柳长忠书
天津 新蕾出版社 1986 年 29 页 19cm（32 开）
定价：CNY0.22
（钢笔字丛书）

J0092948
小学生钢笔字帖　（五、六年级）涂泽江书
天津 新蕾出版社 1986 年 28 页 19cm（32 开）
定价：CNY0.22
（钢笔字丛书）

J0092949
小学生钢笔字帖　（一、二年级）邹克胜书
天津 新蕾出版社 1986 年 44 页 19cm（32 开）
定价：CNY0.30
（钢笔字丛书）

J0092950
写好钢笔正楷字　　沈鸿根，郑颙人编著
长春 东北师范大学出版社 1986 年 46 页
26cm（16 开）统一书号：8334.8 定价：CNY0.58

J0092951
应用文钢笔系列字帖　（第一册 应用文及公文有关写法）胡茂伟书
上海 上海书画出版社 1986 年 45 页
19cm（32 开）定价：CNY0.28

J0092952
应用文钢笔系列字帖　（第二册 书信基础知识及函例）余驾楼书
上海 上海书画出版社 1986 年 62 页
19cm（32 开）定价：CNY0.35

J0092953
应用文钢笔系列字帖　（第四册 契约和常用条据的写法）曹宝麟书
上海 上海书画出版社 1986 年 46 页
19cm（32 开）定价：CNY0.28
　　作者曹宝麟（1946—　），书法家，书法理论家，学者，生于上海，祖籍江苏无锡，斋号晏庐，历任中国书法家协会学术委员会委员、暨南大学文化艺术中心教授等职。著有《抱瓮集》《中国书法全集·蔡襄卷》《曹宝麟书法精选》等。

J0092954
应用文钢笔系列字帖　（第五册 广告、日记等写作与运用）殷农书
上海 上海书画出版社 1986 年 46 页
19cm（32 开）定价：CNY0.28

J0092955

应用文钢笔系列字帖 （第六册　新闻、黑板报、调查报告等的写作）余耀康书
上海　上海书画出版社　1986 年　62 页
19cm（32 开）定价：CNY0.35

J0092956

应用文钢笔系列字帖 （第三册　专用书信的写法）周祥德书
上海　上海书画出版社　1987 年　47 页
19cm（32 开）定价：CNY0.28

J0092957

硬笔字书写技法　王刘纯编著
开封　河南大学出版社　1986 年　51 页　有图
19cm（32 开）统一书号：8435.001
定价：CNY0.45

J0092958

真行草隶篆五体钢笔字帖　况兆鸿选临
天津　天津人民出版社　1986 年　76 页
19cm（32 开）统一书号：8072.33　定价：CNY0.57
　　作者况兆鸿（1951—　　），斋号双微书屋。天津市书法家协会会员，天津市硬笔书法协会副主席　，中国硬笔书法协会楷书专业研究部副秘书长。

J0092959

中国钢笔书法艺术　沈鸿根编
南昌　江西教育出版社　1986 年　261 页
20cm（32 开）统一书号：7424.180
定价：CNY1.43

J0092960

中国钢笔书法艺术　沈鸿根编
南昌　江西教育出版社　1990 年　2 版　334 页
20cm（32 开）精装　ISBN：7-5392-0846-5
定价：CNY6.35
　　本书内容包括：钢笔书法的实用与艺术价值、钢笔楷书、行书、草书、隶书、篆书临习、签名二十法、硬笔书法的章法、楷书结体十二法则、行书结构十二法则等 15 章。

J0092961

中学古诗钢笔字帖 （初中部分）李洪川书

天津　新蕾出版社　1986 年　56 页　19cm（32 开）
定价：CNY0.38
（钢笔字丛书）
　　李洪川（1957—2008），硬笔书法家。湖北武汉人。历任中国硬笔书法协会理事、湖北省硬笔书法家协会副主席等职。出版有《中学生钢笔字帖》《常用汉字钢笔字帖》《信封书写艺术名信贺卡赠言签名示范钢笔字帖》等。

J0092962

《百家姓》四体钢笔字帖　陈登科等书
武汉　湖北美术出版社　1987 年　65 页
19cm（32 开）ISBN：7-5349-0026-9
定价：CNY0.60

J0092963

《千家诗》钢笔字帖　骆恒光书
南京　江苏教育出版社　1987 年　144 页
20cm（32 开）ISBN：7-5343-0226-6
定价：CNY1.50

J0092964

爱的思辨　晓慎，晓敏选编；刘中兴等书
杭州　浙江科学技术出版社　1987 年　142 页
20cm（32 开）ISBN：7-5341-0018-6
定价：CNY1.40
（中国钢笔书法系列丛书）
　　本书为全国钢笔书法大赛获奖作品选集。

J0092965

常用钢笔字帖　孙栋梁书
哈尔滨　黑龙江人民出版社　1987 年　56 页
19cm（32 开）统一书号：8093.1035
定价：CNY0.60　ISBN：7-207-00205-X
　　作者孙栋梁（1966—　　），北国硬笔书法函授学校校长、中国硬笔书法学会筹委会委员。

J0092966

常用近义词钢笔字帖　姜涛编；孙玉田写
天津　新蕾出版社　1987 年　124 页　19cm（32 开）
定价：CNY0.80
（钢笔字丛书）

J0092967

成语钢笔习字帖　张鸿诚编

北京　北京燕山出版社　1987 年　60 页
26cm（16 开）ISBN：7-5402-0023-5
定价：CNY0.86

J0092968
初中古诗词曲钢笔行书字帖　顾仲安书写
福州　福建人民出版社　1987 年　57 页
19cm（32 开）定价：CNY0.36

J0092969
钢笔　圆珠笔　铅笔字帖　陈英群编写
长春　吉林文史出版社　1987 年　123 页
19cm（32 开）统一书号：9437.12 定价：CNY0.75

J0092970
钢笔楷行书字帖　（中小学语文课本古诗今译）
孙文博书
北京　档案出版社　1987 年　129 页　19cm（32 开）
ISBN：7-80019-027-7 定价：CNY0.95

J0092971
钢笔楷行书字帖　（蒙学六种）孙文博［书］
天津　天津人民出版社　1988 年　89 页
18cm（15 开）ISBN：7-201-00224-4
定价：CNY1.55

J0092972
钢笔楷行书字帖　（蒙学八种）孙文博，孙岳书
天津　天津人民出版社　1992 年　128 页
19cm（32 开）ISBN：7-201-01099-9
定价：CNY1.95

　　本书汇集了《百家姓》《三字经》《千字文》
《名贤集》《朱子家训》《增广贤文》《弟子规》
《千家诗》，是中国古代进行启蒙教育较有代表性
的读物，并介绍了练习钢笔书法的具体方法和
技巧。

J0092973
钢笔楷书　（中小学生古诗词）王文康书
重庆　重庆出版社　1987 年　62 页　19cm（32 开）
ISBN：7-5366-0111-5 定价：CNY0.50

　　作者王文康（1949—　），重庆邮政技校讲
师、副校长，四川省硬笔书法学会理事。

J0092974
钢笔楷书行书字帖　邱明强书
福州　福建美术出版社　1987 年　26 页　26×13cm
统一书号：8421.406 定价：CNY0.55

　　作者邱明强（1961—　），书法家。字承启，
号朴石、诚功，室名墨篁斋。福建莆田人，毕业
于福建师范大学福清分校、中共中央党校。历任
中国硬笔书法家协会常务理事、福建省硬笔书法
家协会名誉主席、福州市硬笔书法家协会艺术顾
问。代表作品《心声笔旅—邱明强书画诗文选》
《书法楷行隶篆速成指要》《邱明强钢笔书法字帖
系列》。

J0092975
钢笔楷书字帖　（新编百家姓）臧开铗撰文；段
相林书写
郑州　河南教育出版社　1987 年　54 页
19cm（32 开）定价：CNY0.46

J0092976
钢笔楷书字帖　（新编百家姓）臧开铗撰文；段
相林书
郑州　河南教育出版社　1990 年　修订本　52 页
19cm（32 开）ISBN：7-5347-0829-X
定价：CNY1.05

J0092977
钢笔书法　黄若舟编著
上海　上海人民美术出版社　1987 年　75 页
19cm（32 开）ISBN：7-5322-0028-0
定价：CNY0.60

J0092978
钢笔书法必读　何满宗著
长沙　湖南美术出版社　1987 年　136 页
26cm（16 开）ISBN：7-5356-0090-5 定价：2.80

J0092979
钢笔书法精品选　浙江科学技术出版社编
杭州　浙江科学技术出版社　1987 年　493 页
20cm（32 开）ISBN：7-5341-0005-4
定价：CNY5.40
（中国钢笔书法系列丛书）

J0092980
钢笔书法入门　卢桐著
银川　宁夏人民出版社　1987 年　138 页　有照片
19cm（32 开）ISBN：7-227-00005-2
定价：CNY1.15
　　本书介绍了学习钢笔书法的基本知识、书写工具与使用方法、书写姿势、执笔要领、钢笔楷书的基本笔画、字体的间架结构、运笔方法和章法。

J0092981
钢笔书法入门　林似春编写
杭州　浙江科学技术出版社　1987 年　133 页
20cm（32 开）ISBN：7-5341-0012-7
定价：CNY1.40
（中国钢笔书法系列丛书）

J0092982
钢笔书法实践　张潜超著
长春　东北师范大学出版社　1987 年　129 页
19cm（32 开）ISBN：7-5602-0091-5
定价：CNY1.00

J0092983
钢笔书法五体字典　骆恒光等书；《钢笔书法五体字典》编写组编写
杭州　浙江教育出版社　1987 年　368 页
19cm（32 开）统一书号：17346.10
定价：CNY4.70　精装　ISBN：7-5338-0186-5

J0092984
钢笔四体书　（唐诗三十首）唐德明书
成都　四川美术出版社　1987 年　60 页
19cm（32 开）定价：CNY0.58

J0092985
钢笔习字帖　（楷书·行书·草书）沈鸿根书
上海　上海文化出版社　1987 年　50 页
26cm（16 开）统一书号：8077.3013
定价：CNY0.53
　　著者别名：江鸟

J0092986
钢笔字练习册　（二）章子峰编写
杭州　浙江大学出版社　1987 年　32 页
26cm（16 开）ISBN：7-308-00044-3

定价：CNY0.70

J0092987
钢笔字帖　徐文君书
哈尔滨　黑龙江人民出版社　1987 年　47 页
19cm（32 开）定价：CNY0.50

J0092988
钢笔字帖　（繁体字与简化字的掌握和使用）成一心书
上海　上海书画出版社　1987 年　77 页
19cm（32 开）统一书号：7172.225
定价：CNY0.46

J0092989
钢笔字帖　俞包象等书
杭州　西泠印社　1987 年　54 页　19cm（32 开）
ISBN：7-80517-018-5　定价：CNY0.50

J0092990
古诗文钢笔字帖　项春晖书
北京　北京燕山出版社　1987 年　100 页
19cm（32 开）ISBN：7-5402-0045-6
定价：CNY0.95

J0092991
科学家名句录钢笔字帖　冯宝佳书
广州　科学普及出版社广州分社　1987 年　135 页
19cm（32 开）ISBN：7-110-00114-8
定价：CNY1.30
　　作者冯宝佳（1937—　），书法家。广东省书法家协会理事、广州硬笔书法家协会艺术导师。著有《冯宝佳硬笔书法字帖》《教你写毛笔字》等。

J0092992
两用钢笔字帖　沈培方书
北京　农村读物出版社　1987 年　40 页
19cm（32 开）统一书号：7267.38　定价：CNY0.40

J0092993
六体钢笔书法字典　何伯昌等书写
香港　万里书店　1987 年　311 页　19cm（32 开）
ISBN：962-14-0293-X　定价：HKD36.00
　　收入常用汉字近 4000 个，分别采用楷、草、

隶、行、新魏、仿宋 6 种字体对照，并附楷书简
体字栏目。本书与广东人民出版社合作出版。

J0092994

六体钢笔书法字典　　何伯昌等书写

广州 广东人民出版社 1993 年 重印本 311 页
19cm（32 开）ISBN：7-218-00076-2
定价：CNY8.90

　　收入常用汉字近 4000 个，分别采用楷、草、
隶、行、新魏、仿宋 6 种字体对照，并附楷书简
体字栏目。本书与万里书店合作出版。

J0092995

六体钢笔书法字典　　何伯昌等书写

广州 广东人民出版社 1996 年 重印本 311 页
19cm（32 开）ISBN：7-218-00076-2
定价：CNY14.00

　　收入常用汉字近 4000 个，分别采用楷、草、
隶、行、新魏、仿宋 6 种字体对照，并附楷书简
体字栏目。本书与万里书店合作出版。

J0092996

六体钢笔字典　　何伯昌等书

广州 广东人民出版社 1987 年 311 页
19cm（32 开）统一书号：8111.2572
定价：CNY4.20 ISBN：7-218-00076-2

J0092997

名家散文钢笔字帖　　蒋慧卿书写

北京 北京燕山出版社 1987 年 47 页
19cm（32 开）定价：CNY0.45

J0092998

名家寓言钢笔字帖　　吴未淳［书］

北京 北京燕山出版社 1987 年 102 页
19cm（32 开）ISBN：7-5402-0017-0
定价：CNY1.08

J0092999

名诗精选　　柯钟，肖晟选辑；刘惠浦等书

杭州 浙江科学技术出版社 1987 年 110 页
20cm（32 开）ISBN：7-5341-0017-8
定价：CNY1.25
（中国钢笔书法系列丛书）

　　本书为全国钢笔大赛获奖书法作品选集。

J0093000

庞中华现代硬笔字帖　　庞中华写

重庆 重庆出版社 1987 年 64 页 19cm（32 开）
ISBN：7-5366-0444-0 定价：CNY0.56

　　作者庞中华（1945— ），著名书法家、教育
家和诗人。四川重庆人，毕业于西南科技大学地
质勘探专业。中国当代硬笔书法的奠基者，全国
政协委员、中国硬笔书法协会会长。代表作品有
《庞中华钢笔字帖》《庞中华现代硬笔字帖》等。
著作《庞中华散文集》《庞中华谈谈学写钢笔字》
《硬笔书法简论》等。

J0093001

青少年钢笔字帖　　钱沛云书

杭州 浙江少年儿童出版社 1987 年 70 页
19cm（32 开）ISBN：7-5342-0003-2
定价：CNY0.50

　　作者钱沛云（1946— ），著名硬笔书法家。
字鹤斋，浙江上虞人，毕业于上海师大中文系。
中国书法家协会会员、中国书画函授大学书法系
教授。主要作品有《楷书基础知识》《怎样写快
写好钢笔字》《钢笔书法技巧要领》《红楼梦诗词
钢钢笔行书书帖》等。

J0093002

情书名篇　　初云选辑；高挺等书

杭州 浙江科学技术出版社 1987 年 110 页
20cm（32 开）ISBN：7-5341-0016-X
定价：CNY1.25
（中国钢笔书法系列丛书）

　　本书为全国钢笔书法大赛获奖作品选集。

J0093003

全国历届钢笔书法大赛名手佳作　　陶松锐，
陈海婷主编；邓海南等书

杭州 浙江大学出版社 1987 年 112 页 有图
26cm（16 开）统一书号：8337.003
定价：CNY1.50 ISBN：7-308-00045-1

J0093004

全国首届"美报杯"钢笔书法大赛作品选

辽宁日报社《美报》编辑部编

沈阳 辽宁教育出版社 1987 年 94 页
19cm（32 开）ISBN：7-5382-0355-9
定价：CNY0.90

J0093005

山水名胜诗钢笔字帖　骆恒光书；祝翔选辑
杭州 西湖摄影艺术出版社 1987 年 164 页
20cm（32 开）统一书号：8364.154
定价：CNY1.70 ISBN：7-80536-001-4

J0093006

书谱·续书谱　吴身元选辑书写
杭州 浙江科学技术出版社 1987 年 62 页
20cm（32 开）ISBN：7-5341-0014-3
定价：CNY0.80
（中国钢笔书法系列丛书）
　　中国现代钢笔行书字帖。辑者吴身元
（1948—　），书法家、书法教育家。笔名梧桐、
吾舍等，浙江嘉兴人。历任浙江省硬笔书法家协
会副主席。出版有《毛笔书法自学教程》《钢笔
书法自学教程》等。

J0093007

四体常用钢笔字帖　沈鸿根书
上海 学林出版社 1987 年 163 页 19cm（32 开）
ISBN：7-80510-008-X 定价：CNY0.89
　　作者沈鸿根（1943—　），书法家。别号江鸟，
出生于上海。曾任《写字》杂志副总编，上海中
华书画协会副会长，中国书法家协会会员，上海
市书法家协会硬笔书法家联谊会首任会长。出
版作品《行书概论》《书法十五讲》《硬笔书法百
日通》等。

J0093008

速成圆珠笔行书技法　唐光志著
北京 中国青年出版社 1987 年 128 页
19cm（32 开）ISBN：7-5006-0012-7
定价：CNY1.30

J0093009

唐诗名句钢笔字帖　吴玉生写
天津 新蕾出版社 1987 年 124 页 19cm（32 开）
定价：CNY0.80
（钢笔字丛书）
　　作者吴玉生（1959—　），书法家。江苏人。
历任中国硬笔书法研究会副秘书长，华艺硬笔习
字会会长，中国书协函授培训中心副教授，解
放军总后勤部政治部干事。代表作品有钢笔《红
楼梦诗词》字帖，《楷书 7000 字字帖》《行楷 7000

字字帖》。

J0093010

唐诗一百首钢笔字帖　王正良编著
南宁 广西人民出版社 1987 年 75 页
19cm（32 开）定价：CNY1.00
　　作者王正良（1949—　），编辑。浙江嵊县人，
历任《浙江青年报》总编，兼《中国钢笔书法》杂
志主编，中国硬笔书法家协会副主席。

J0093011

唐诗一百首钢笔字帖　王正良编著
南宁 广西美术出版社 1991 年 75 页
19cm（32 开）ISBN：7-80582-114-3
定价：CNY1.80
　　作者王正良（1949—　），编辑。浙江嵊县人，
历任《浙江青年报》总编，兼《中国钢笔书法》杂
志主编，中国硬笔书法家协会副主席。

J0093012

唐宋词三体钢笔字帖　俞建华等书
杭州 浙江古籍出版社 1987 年 239 页
19cm（32 开）统一书号：7347.5 定价：CNY2.30
ISBN：7-80518-004-0
　　作者俞建华（1944—　），美术编辑。生于
浙江海盐，毕业于浙江美术学校中国画系山水专
业。历任浙江人民美术出版社美术编辑、中国
书法家协会浙江分会副主席、中国书法家协会
会员。

J0093013

唐宋名家诗词四体钢笔书法　段生才书
哈尔滨 黑龙江人民出版社 1987 年 44 页
18×26cm 统一书号：8093.1031 定价：CNY1.00
　　作者段生才（1942—　），书法家。河南洛宁
县人。中华诗词学会会员、内蒙古书法家协会会
员，兼任呼伦贝尔市书协顾问、市诗词协会副主
席、海拉尔晚晴诗社社长。出版有《段生才四体
钢笔书法》《新编现代学生汉语词典》。

J0093014

田原硬笔书法　田原书
乌鲁木齐 新疆人民出版社 1987 年 141 页
有照片 30cm（15 开）定价：CNY2.50

J0093015
外国著名抒情诗钢笔字帖　任平，仇寅书写
杭州　浙江文艺出版社　1987 年　142 页
19cm（32 开）统一书号：8317.12 定价：CNY1.35
ISBN：7-5339-0004-9
　　作者任平（1952— ），书法家。江苏如皋人，毕业于杭州大学中文系，获博士学位。历任文化部中国艺术研究院教授、博士生导师，中国艺术研究院美术研究所学术委员会委员、书法研究室主任。中国书法家协会书法教育专业委员会委员、中国语言学会会员等。代表作品优《中国书法》《说隶》《笔歌墨舞》《中国书法全集》等。作者仇寅（1962— ），硬笔书法家。生于江苏涟水。编写出版有《仇寅钢笔字》《仇寅书外国名诗》《雷锋日记选钢笔字帖》《古帖新临多体钢笔字帖》等。

J0093016
文笔精华　劳舟选编；张秀等书
杭州　浙江科学技术出版社　1987 年　110 页
20cm（32 开）ISBN：7-5341-0015-1
定价：CNY1.25
（中国钢笔书法系列丛书）

J0093017
吴未淳钢笔书法例话　吴未淳著
北京　北京燕山出版社　1987 年　92 页
19cm（32 开）定价：CNY0.75

J0093018
小学古诗钢笔正楷字帖　顾仲安书写
福州　福建人民出版社　1987 年　58 页
19cm（32 开）定价：CNY0.40

J0093019
小学生古诗钢笔字帖　李明选编；任平书
杭州　浙江文艺出版社　1987 年　49 页
19cm（32 开）ISBN：7-5339-0000-6
定价：CNY0.45

J0093020
学生古诗钢楷字帖　关晶人编写
沈阳　辽宁教育出版社　1987 年　126 页
19cm（32 开）ISBN：7-5382-0312-5
定价：CNY0.70

J0093021
学生古诗钢楷字帖　关晶人编写
沈阳　辽宁教育出版社　1991 年　重印本　126 页
19cm（32 开）ISBN：7-5382-0312-5
定价：CNY1.30

J0093022
硬笔草体辨异字帖　沈道荣书
北京　北京燕山出版社　1987 年　12 页
19cm（32 开）ISBN：7-5402-0048-0
定价：CNY0.75
　　作者沈道荣（1939— ），湖南临湘人。中国书法家协会会员。专著有《草字辨异手册》《硬笔草体辨异字帖》《历代名句硬笔字帖》《欧阳询楷书字汇》等。

J0093023
硬笔书法选　（世界名言）徐子久编
北京　北京燕山出版社　1987 年　102 页
20cm（32 开）ISBN：7-5402-0012-X
定价：CNY0.98
　　作者徐子久（1948— ），书法家。字寿松，号白发人，浙江台州人，毕业于曲阜师范大学艺术系和浙江美术学院国画系。历任中国书协会员，中国书法研究院副院长、教授，中国书协会员等职。

J0093024
优秀歌词钢笔字帖　苏纪迅，赵春生辑；李石文写
天津　新蕾出版社　1987 年　120 页　19cm（32 开）
ISBN：7-5307-0616-0 定价：CNY1.80
（钢笔字丛书）
　　作者李石文（1955— ），生于辽宁沈阳，祖籍山东黄县。历任中国民航杂志社社长兼总编，华艺硬笔习字会副会长，中国书协第一届硬笔专业委员会委员、副秘书长。

J0093025
原子笔书写门径　梁锦英著
香港　明天出版社　1987 年　180 页　18cm（15 开）
ISBN：962-277-015-0 定价：HKD22.00
（新编书法丛书）
　　本书与广东人民出版社合作出版。

J0093026

原子笔书写门径　梁锦英编著

广州　广东人民出版社 1988 年 180 页
19cm（32 开）ISBN：7-218-00130-0
定价：CNY2.80
（新编书法丛书）

　　本书为广东人民出版社和明天出版社联合出版。

J0093027

怎样写好钢笔字　陈毅明编写

北京　北京少年儿童出版社 1987 年 120 页
19cm（32 开）统一书号：7325.138
定价：CNY0.90 ISBN：7-5301-0024-6

J0093028

怎样写好钢笔字　吴文环编写

沈阳　辽宁教育出版社 1987 年 106 页
19cm（32 开）统一书号：9371.2 定价：CNY0.50

J0093029

怎样写好钢笔字　钱沛云编写

西安　陕西人民教育出版社 1987 年 53 页
19cm（32 开）定价：CNY0.38

　　作者钱沛云（1946—　），著名硬笔书法家。字鹤斋，浙江上虞人，毕业于上海师大中文系。中国书法家协会会员、中国书画函授大学书法系教授。主要作品有《楷书基础知识》《怎样写快写好钢笔字》《钢笔书法技巧要领》《红楼梦诗词钢钢笔行书书帖》等。

J0093030

怎样写好钢笔字　钱沛云著

西安　陕西人民教育出版社 1990 年 53 页
19cm（32 开）ISBN：7-5419-2210-2
定价：CNY1.15
（怎样丛书）

J0093031

中华青年钢笔书法协会书法家中国钢笔书法大赛获奖者爱国诗钢笔字帖　尹俊龙，骆恒光主编

银川　宁夏人民出版社 1987 年 178 页 有图
19cm（32 开）ISBN：7-227-00176-8
定价：CNY1.80

J0093032

3500 常用字钢笔正楷字帖　张鸿坤书

上海　百家出版社 1988 年 57 页 19cm（32 开）
ISBN：7-900000-25-9 定价：CNY0.90

J0093033

3500 常用字钢笔正楷字帖　张鸿坤书；《写字》杂志编辑部编

上海　百家出版社 1998 年　重印本 57 页
19cm（32 开）ISBN：7-80576-407-7
定价：CNY2.20

J0093034

碑帖临摹　沈鸿根编

上海　上海科学技术出版社 1988 年 151 页
19cm（32 开）ISBN：7-5323-1035-3
定价：CNY1.70
（实用文库、硬笔书法自学系列 5）

　　作者沈鸿根（1943—　），中国书法家协会会员，又名鸿，别号梦斋。

J0093035

扁魏体钢笔字写法　姚顺麟编写

成都　四川美术出版社 1988 年 48 页
18cm（15 开）ISBN：7-5410-0158-9
定价：CNY0.70

J0093036

常用汉字钢笔字帖　李洪川书

武汉　湖北人民出版社 1988 年 108 页
19cm（32 开）ISBN：7-216-00182-6
定价：CNY1.00

J0093037

常用应用文钢笔书法　杨再春书；宇文，汪燕鸣编撰

北京　北京体育学院出版社 1988 年 136 页
19cm（32 开）ISBN：7-81003-106-6
定价：CNY1.40
（书法普及系列小丛书）

J0093038

朝晖硬笔书法大赛获奖作品选　上海书画出版社编

上海　上海书画出版社 1988 年 63 页

26cm（16 开）ISBN：7-80512-228-8
定价：CNY1.43

J0093039
词文精华钢笔字帖 （名人笔下的景·正楷）邹
克胜书
南昌 江西少年儿童出版社 1988 年 19cm（32 开）
ISBN：7-5391-0078-8 定价：CNY0.80

J0093040
儿童铅笔字入门 陈毅明书
北京 中国国际广播出版社 1988 年 184 页
19cm（32 开）ISBN：7-80035-164-5
定价：CNY3.50

J0093041
儿童铅笔字帖 吴玉生等书
北京 中国物资出版社 1988 年 155 页
19cm（小 32 开）定价：CNY1.45

J0093042
钢笔行草章法字帖 （唐人绝句一百二十首）
王宝洺书
北京 中国城市经济社会出版社 1988 年
26cm（16 开）ISBN：7-5074-0091-3
定价：CNY2.20

J0093043
钢笔行书 （古今楹联集锦）书扬书
北京 北京燕山出版社 1988 年 58 页
19cm（32 开）ISBN：7-5402-0071-5
定价：CNY0.70

J0093044
钢笔行书基础教程 尹俊龙主编
杭州 浙江大学出版社 1988 年 124 页
19cm（32 开）ISBN：7-308-00175-X
定价：CNY1.50

J0093045
钢笔行书习字帖 荆鸿书
石家庄 河北人民出版社 1988 年 58 页
26cm（16 开）定价：CNY1.05

J0093046
钢笔行书字帖 颜昌耀书
南宁 广西民族出版社 1988 年 150 页
19cm（32 开）ISBN：7-5363-0400-5
定价：CNY1.50

J0093047
钢笔行书字帖 李波著
北京 人民军医出版社 1988 年 48 页
26cm（16 开）ISBN：7-80020-080-9
定价：CNY2.00

J0093048
钢笔行书字帖 黄若舟编著
上海 上海人民美术出版社 1988 年 78 页
19cm（32 开）ISBN：7-5322-0317-4
定价：CNY0.88

J0093049
钢笔行书字帖 赵忱书
西安 未来出版社 1988 年 85 页 19cm（32 开）
ISBN：7-5417-0062-2 定价：CNY1.10
　　作者赵忱，书法家。辽宁兴城人。广州金
融专科学校图书馆馆长，三川钢笔书院广州分院
院长。

J0093050
钢笔行书字帖 （人物肖像描写）赵忱书
广州 广东人民出版社 1993 年 203 页
20cm（32 开）ISBN：7-218-01137-3
定价：CNY4.80

J0093051
钢笔楷书行书字帖 曾庆福编写
石家庄 河北少年儿童出版社 1988 年 62 页
19cm（32 开）定价：CNY0.50
　　作者曾庆福（1958—　 ），土家族。书法家。
笔名祝石，湖北五峰人。历任中国书协湖北分
会会员、宜昌市书协副主席、宜昌市作家协会会
员。出版有《3500 字五体钢笔字典》《风雅楹联
集萃》《中国钢笔书法教程》。

J0093052
钢笔楷书基础教程 尹俊龙编
杭州 浙江大学出版社 1988 年 156 页

19cm（32 开）ISBN：7-308-00174-1
定价：CNY1.80

J0093053
钢笔楷书基础教程　尹俊龙编
杭州 浙江大学出版社 1993 年 146 页
19cm（32 开）ISBN：7-308-00174-1
定价：CNY2.75

J0093054
钢笔楷书习字帖　荆鸿书
石家庄 河北人民出版社 1988 年 64 页
26cm（16 开）定价：CNY1.15

J0093055
钢笔楷书字帖　（五言唐诗集锦）上官甫贵书
南昌 江西人民出版社 1988 年 45 页
19cm（32 开）ISBN：7-210-00160-3
定价：CNY0.55

J0093056
钢笔隶书千家诗　李肇福书
重庆 重庆出版社 1988 年 103 页 19cm（32 开）
ISBN：7-5366-0555-2 定价：CNY0.95

J0093057
钢笔隶书习字帖　荆鸿书
石家庄 河北人民出版社 1988 年 60 页
26cm（16 开）定价：CNY1.10

J0093058
钢笔临帖一径　刘志伟著
乌鲁木齐 新疆人民出版社 1988 年 190 页
19cm（32 开）ISBN：7-228-00533-3
定价：CNY2.90

J0093059
钢笔描红字帖　（一 楷书·行书 庞中华钢笔书
法电视讲座）段相林，柳长忠书
郑州 河南美术出版社 1988 年 62 页
19cm（32 开）ISBN：7-5401-0016-8
定价：CNY0.54

J0093060
钢笔描红字帖　（二 行书 风物诗选·历代名

词）王正良，任平书
郑州 河南美术出版社 1988 年 61 页
19cm（32 开）ISBN：7-5401-0017-6
定价：CNY0.54
　　作者王正良（1949—　　），编辑。浙江嵊县人，
历任《浙江青年报》总编，兼《中国钢笔书法》杂
志主编，中国硬笔书法家协会副主席。作者任平
（1952—　　），书法家。江苏如皋人，毕业于杭州
大学中文系，获博士学位。历任文化部中国艺术
研究院教授、博士生导师，中国艺术研究院美术
研究所学术委员会委员、书法研究室主任。中国
书法家协会书法教育专业委员会委员，中国语言
学会会员等。代表作品优《中国书法》《说隶》《笔
歌墨舞》《中国书法全集》等。

J0093061
钢笔描影字帖　孙厚琦编著
济南 山东教育出版社 1988 年 206 页 19×26cm
ISBN：7-5328-0408-9 定价：CNY2.80

J0093062
钢笔描影字帖　孙厚琦书
济南 山东教育出版社 1990 年 2 版 142 页
27cm（大 16 开）定价：CNY2.80

J0093063
钢笔描影字帖　孙厚琦编著
济南 山东教育出版社 1998 年 2 版 142 页
19×26cm ISBN：7-5328-0408-9 定价：CNY6.90

J0093064
钢笔书法　刘明洲书
南宁 广西民族出版社 1988 年 72 页
19cm（32 开）ISBN：7-5363-0192-8
定价：CNY0.60
　　作者刘明洲，当代硬笔书法习字会常务
理事。

J0093065
钢笔书法　（现代散文名篇精选）赵鹏，李洪海
书；周玉春，王日成编
北京 经济日报出版社 1988 年 239 页
19cm（32 开）ISBN：7-80036-016-4
定价：CNY2.30

J0093066

钢笔书法简论　庞中华著

天津 新蕾出版社 1988年 210页 有照片

19cm（32开）ISBN：7-5307-0270-X

定价：CNY1.90

　　作者庞中华（1945—　　），著名书法家、教育家和诗人。四川重庆人，毕业于西南科技大学地质勘探专业。中国当代硬笔书法的奠基者，全国政协委员、中国硬笔书法协会会长。代表作品有《庞中华钢笔字帖》《庞中华现代硬笔字帖》等。著作《庞中华散文集》《庞中华谈谈学写钢笔字》《硬笔书法简论》等。

J0093067

钢笔书法六体集联　陈声远书

呼和浩特 内蒙古人民出版社 1988年

19cm（小32开）定价：CNY0.58

J0093068

钢笔书法入门练习册　顾仲安书；钱为纲编

上海 百家出版社 1988年 52页 26cm（16开）

定价：CNY1.10

　　作者顾仲安（1956—　　），书法家。中国硬笔书法家协会副主席、上海教师书画篆刻研究会名誉理事。拍摄有《硬笔书法电视讲座》和《硬笔书法》电视教育片。代表作品有《常用成语钢笔字帖接字成语》。

J0093069

钢笔书谱　陈宝全书

北京 北京燕山出版社 1988年 94页 26×15cm

ISBN：7-5402-0050-2 定价：1.30

J0093070

钢笔字入门　（小学第一册）凌夫选文；顾仲安书写

郑州 海燕出版社 1988年 64页 19cm（小32开）

定价：CNY0.62

（钢笔字入门丛书）

J0093071

钢笔字入门　（小学第二册）凌夫选文；顾仲安书写

郑州 海燕出版社 1988年 64页 19cm（小32开）

定价：CNY0.62

（钢笔字入门丛书）

J0093072

钢笔字入门　（小学第三册）凌夫选文；顾仲安书写

郑州 海燕出版社 1988年 64页 19cm（小32开）

定价：CNY0.62

（钢笔字入门丛书）

J0093073

钢笔字帖荟萃　日程，天成编著

北京 北京科学技术出版社 1988年 156页

19cm（小32开）定价：CNY2.00

J0093074

钢笔字写法及多体字帖　陈英群著

长春 吉林大学出版社 1988年 126页

19cm（32开）ISBN：7-5601-0076-7

定价：CNY1.20

J0093075

顾仲安钢笔字帖　顾仲安书

成都 四川少年儿童出版社 1988年 68页

有照片 19cm（32开）ISBN：7-5365-0249-4

定价：CNY1.00

　　作者顾仲安（1956—　　），书法家。中国硬笔书法家协会副主席、上海教师书画篆刻研究会名誉理事。拍摄有《硬笔书法电视讲座》和《硬笔书法》电视教育片。代表作品有《常用成语钢笔字帖接字成语》。

J0093076

行书基础　刘大卫，余驾楼编著

上海 上海科学技术出版社 1988年 62页

13×19cm ISBN：7-5323-1033-7 定价：CNY0.80

（实用文库、硬笔书法自学系列 三）

　　作者刘大卫，书法家。上海人。历任上海文化生活技艺专修学校老师、中国汉字硬笔书法研究会副会长兼学术部主任、日本国书道研修中心客座教授。

J0093077

黑板字艺术　陈颂声，西中文编著

广州 岭南美术出版社 1988年 190页

19cm（32开）ISBN：7-5362-0235-0

定价：CNY2.70

J0093078
红楼梦诗词歌赋对联钢笔书法 （一）李洪
海，赵鹏书；周玉春，郭礼云编
北京 经济日报出版社 1988 年 124 页
18cm（15 开）ISBN：7-80036-074-1
定价：CNY1.70

J0093079
红楼梦诗词歌赋对联钢笔书法 （二）李洪
海，赵鹏书；周玉春，郭礼云编
北京 经济日报出版社 1989 年 122 页
19cm（32 开）ISBN：7-80036-132-2
定价：CNY1.70

J0093080
九体硬笔书法字典 荆鸿编写
石家庄 河北人民出版社 1988 年 385 页
20cm（32 开）ISBN：7-202-00114-4
定价：CNY4.30

J0093081
楷行草三体钢笔字帖 张平生书
南宁 广西民族出版社 1988 年 150 页
19cm（32 开）ISBN：7-5363-0333-5
定价：CNY1.42
　　作者张平生（1951—　 ），硬笔书法家。中国
硬笔习字会会员，广西硬笔书法家学会副主席。

J0093082
梁锦英钢笔书法 （唐宋绝句精华）梁锦英书
写；晓光选注
哈尔滨 黑龙江少年儿童出版社 1988 年 162 页
19cm（32 开）ISBN：7-5319-0213-3
定价：CNY1.50
　　本书是钢笔书法作品集。作者梁锦英
（1936—2005），硬笔书法家，教育家。广东德庆
人。曾任广州市第三十三中学书法教师、广州钢
笔书法函授学校校长、广州市武术协会太虚拳研
究会副会长。作品有《钢笔书法》《钢笔行草书
法千家诗》《草书书写门径》等。

J0093083
美育硬笔书法字帖 （诗词、铭言、文章集锦）

张永明书
北京 学术期刊出版社 1988 年 94 页
19cm（32 开）ISBN：7-80045-123-2
定价：CNY1.20
　　作者张永明（1950—　 ），书法家。河南新县
人。历任中国书法家协会会员、北京书法教育学
会副会长、中国楹联学会会员。著作有《篆书与
篆书笔法》《篆书技法》《篆书章法》《秦篆书刻
石四种解析字帖》《西周金文五种解析字帖》等。

J0093084
米芾帖 （上册）骆恒光临写
杭州 浙江大学出版社 1988 年 106 页
19cm（32 开）ISBN：7-308-00108-3
定价：CNY1.15
（钢笔缩临历代名帖大观）
　　中国现代钢笔字法帖。作者骆恒光（1943—　 ），
书法家。号翼之，浙江诸暨人。毕业于浙江美术
学院。历任浙江教育出版社美术编辑、中国硬笔
书法家协会副主席、中国书法家协会会员、浙江
分会理事，浙江省书法理论研究会副会长兼秘书
长。著有《骆恒光论书》《行书法图说》《王羲之
圣教序及其笔法》。

J0093085
米芾帖 （下册）骆恒光临写
杭州 浙江大学出版社 1988 年 102 页
19cm（小 32 开）ISBN：7-308-00109-1
定价：CNY1.10
（钢笔缩临历代名帖大观）
　　中国现代钢笔字法帖。

J0093086
米字格楷行钢笔字帖 贾启明书
乌鲁木齐 新疆人民出版社 1988 年 56 页
19cm（32 开）ISBN：7-228-00676-3
定价：CNY0.80
　　作者贾启明（1933—　 ），书法家。号西域楚
人，生于湖北宜昌市。历任乌鲁木齐陆军学校文
化教研室主任、副教授，中国书法家协会会员、
新疆书法家协会常务理事。代表作品有《夜歌》
《常用词辨析》《千字文：贾启明手书》等。

J0093087
米字格楷行钢笔字帖 贾启明著

乌鲁木齐 新疆人民出版社 1992 年 修订本
63 页 19cm（小 32 开）ISBN：7-228-02333-1
定价：CNY1.50

J0093088
名家散文诗钢笔字帖　任平书
北京 中国国际广播出版社 1988 年 116 页
20cm（32 开）ISBN：7-80035-101-7
定价：CNY1.80
　　作者任平（1952—　），书法家。江苏如皋人，毕业于杭州大学中文系，获博士学位。历任文化部中国艺术研究院教授、博士生导师，中国艺术研究院美术研究所学术委员会委员、书法研究室主任。中国书法家协会书法教育专业委员会委员、中国语言学会会员等。代表作品优《中国书法》《说隶》《笔歌墨舞》《中国书法全集》等。

J0093089
千家姓正行草钢笔字帖　沈培方书
上海 上海书画出版社 1988 年 110 页
19cm（32 开）ISBN：7-80512-318-7
定价：CNY1.50

J0093090
签名艺术　沈鸿根编
上海 上海科学技术出版社 1988 年 63 页
19cm（32 开）ISBN：7-5323-1366-2
定价：CNY1.00
（文化·科学·生活·社会实用文库·实用钢笔字帖）

J0093091
签名艺术　（实用钢笔字帖）沈鸿根著
上海 上海科学技术出版社 1989 年 63 页
19cm（32 开）定价：CNY1.00
（文化·科学·生活·社会实用文库）

J0093092
青年硬笔书法　《美报》编辑部编
石家庄 河北人民出版社 1988 年 96 页
19cm（32 开）ISBN：7-202-00200-0
定价：CNY1.05
（全国首届《美报杯》钢笔书法大奖赛获奖作品丛书）

J0093093
青少年正楷钢笔书法　赵守军编写

呼和浩特 内蒙古人民出版社 1988 年
19cm（32 开）ISBN：7-204-00351-9
定价：CNY0.64

J0093094
全国大学生钢笔书法优秀作品　周浩然编
成都 四川美术出版社 1988 年 29 页
26cm（16 开）ISBN：7-5410-0103-1
定价：CNY0.95

J0093095
全国第二届硬笔书法大展作品精选　中国青年出版社编
北京 中国青年出版社 1988 年 140 页 21×19cm
ISBN：7-5006-0173-5 定价：CNY3.80

J0093096
人生珍言钢笔四体书法参考　朱训德编写
兰州 甘肃人民出版社 1988 年 156 页
19cm（32 开）ISBN：7-226-00401-1
定价：CNY4.00
　　作者朱训德（1954—　），教授。笔名释然，湖南湘乡人，毕业于湖南师范大学艺术系学习，留校任教。历任中国画研究室主任及美术系主任、教授，中国美术家学会理事。代表作品有《春花集锦》《洞庭吟月》《朝天辣》《晚炊》等。

J0093097
少年硬笔书法　《美报》编辑部编
石家庄 河北人民出版社 1988 年 58 页
19cm（32 开）ISBN：7-202-00199-3
定价：CNY0.75
（全国首届《美报杯》钢笔书法大奖赛获奖作品丛书）

J0093098
沈鸿根钢笔行书字帖　沈鸿根书
长春 东北师范大学出版社 1988 年 170 页
20cm（32 开）定价：CNY1.50
　　沈鸿根（1943—　），书法家。别号江鸟，出生于上海。曾任《写字》杂志副总编、上海中华书画协会副会长、中国书法家协会会员、上海市书法家协会硬笔书法家联谊会首任会长。出版作品《行书概论》《书法十五讲》《硬笔书法百日通》等。

J0093099
沈鸿根钢笔行书字帖　沈鸿根书
成都 成都科技大学出版社 1990 年 170 页
19cm（32 开）ISBN：7-5616-0598-6
定价：CNY3.00

J0093100
诗词钢笔字帖　华继善著
福州 海峡文艺出版社 1988 年 120 页 有照片
26cm（16 开）ISBN：7-80534-085-4
定价：CNY2.20
　　作者华继善（1930—　），笔名华山。江苏省书法家协会会员、中国硬笔书法家协会会员、江苏诗词协会会员。出版有《钢笔书法字帖》《诗词钢笔字帖》《警句格言钢笔字帖》《古诗文钢笔字帖》等。

J0093101
实用范例钢笔字书写要诀　叶维欣编著
台北 益群书店 1988 年 206 页 21cm（32 开）
定价：TWD120.00
（书法学习丛书 4）

J0093102
实用范例钢笔字书写要诀　叶维欣编著
台北 益群书店 1992 年 4 版 206 页
21cm（32 开）定价：TWD120.00
（书法学习丛书 4）

J0093103
孙过庭书谱全译钢笔字帖　徐子久著
北京 北京理工大学出版社 1988 年 102 页
20cm（32 开）ISBN：7-81013-054-4
定价：CNY1.45
　　作者徐子久（1948—　），书法家。字寿松，号白发人，浙江台州人，毕业于曲阜师范大学艺术系和浙江美术学院国画系。历任中国书协会员，中国书法研究院副院长、教授，中国书协会员等职。

J0093104
誊印铁笔字　王光福编写
上海 上海书画出版社 1988 年 110 页
19cm（32 开）ISBN：7-80512-179-6
定价：CNY1.12

（大世界画库 实用美术编）

J0093105
王羲之帖　（上册）李文采临写
杭州 浙江大学出版社 1988 年 151 页
19cm（32 开）ISBN：7-308-00106-7
定价：CNY1.55
（钢笔缩临历代名帖大观）
　　中国钢笔书法作品。

J0093106
王羲之帖　（下册）李文采临写
杭州 浙江大学出版社 1988 年 121 页
19cm（32 开）ISBN：7-308-00107-5
定价：CNY1.25
（钢笔缩临历代名帖大观）
　　中国钢笔书法作品。

J0093107
五体千家诗钢笔字帖　姚荐杭等编
西安 三秦出版社 1988 年 86 页 19cm（小 32 开）
ISBN：7-80546-063-9 定价：CNY0.90

J0093108
五体千家诗钢笔字帖　姚荐杭等编
西安 三秦出版社 1989 年 86 页 19cm（32 开）
ISBN：7-80546-063-9 定价：CNY1.20

J0093109
小学生铅笔字帖　韩盼山编写
石家庄 河北少年儿童出版社 1988 年 133 页
19cm（小 32 开）定价：CNY1.40

J0093110
小学生铅楷字帖　史娴，王庆俊编写
沈阳 辽宁教育出版社 1988 年 90 页
19cm（小 32 开）定价：CNY0.56
　　作者史娴，沈阳大学财经学院高级讲师、中国现代硬笔书法研究会辽宁分会会员、辽宁省高等学校书法协会理事。

J0093111
新编钢笔字帖　顾家麟编写
长春 吉林教育出版社 1988 年 68 页
19cm（32 开）ISBN：7-5383-0330-8

定价: CNY0.51

J0093112
新部首大字典 （历代全汉字集规范化字帖字典）王竹溪编纂；杜子熊书；杜晓庄整理
北京 电子工业出版社 1988年 946页 有照片
26cm（16开）精装 ISBN：7-5053-0013-X
定价: CNY120.00
　　作者杜子熊（1913—1989），会计学家、书画家。

J0093113
学生钢笔字帖 王正良等书
石家庄 河北美术出版社 1988年 56页
19cm（32开）ISBN：7-5310-0064-4
定价: CNY0.90
　　作者王正良（1949—　），编辑。浙江嵊县人，历任《浙江青年报》总编，兼《中国钢笔书法》杂志主编，中国硬笔书法家协会副主席。

J0093114
学以致用 刘大卫，余驾楼编著
上海 上海科学技术出版社 1988年 60页
20cm（32开）ISBN：7-5323-1034-5
定价: CNY0.80
（实用文库、硬笔书法自学系列 四）
　　本书为硬笔书法自学资料。

J0093115
硬笔楷法 黄柱河编著
北京 电子工业出版社 1988年 172页
20cm（32开）ISBN：7-5053-0415-1
定价: CNY3.60

J0093116
硬笔书法获奖作品选 马明等书
南京 江苏美术出版社 1988年 100页
26cm（16开）ISBN：7-5344-0005-8
定价: CNY2.00
　　本书收录了江苏省首届"天文奖"硬笔书法大赛的部分获奖作品。作者马明（1929—2013），中学数学教育家、特级教师。江苏南京人。原南京师大附中副校长，江苏省硬笔书法协会艺术顾问、中国业余硬笔书法家。

J0093117
硬笔书法指导 黄斌编著
济南 山东教育出版社 1988年 108页
19cm（32开）ISBN：7-5328-0493-3
定价: CNY0.93

J0093118
硬笔书法作品选 许伯建等编
重庆 重庆大学出版社 1988年 182页
26cm（16开）ISBN：7-5624-0216-7
定价: CNY5.00

J0093119
硬笔书宋词字帖 徐子久编写
北京 中国文联出版公司 1988年 62页
26cm（16开）ISBN：7-5059-0752-2
定价: CNY2.30
　　本书收录欧阳修、柳永、王安石、苏轼、秦观、周邦彦、张元干、李清照、陆游、岳飞、范成大、辛弃疾、姜夔、刘克庄等名家词作124首。编写者徐子久（1948—　），书法家。字寿松，号白发人，浙江台州人，毕业于曲阜师范大学艺术系和浙江美术学院国画系。历任中国书协会员，中国书法研究院副院长、教授，中国书协会员等职。

J0093120
硬笔正楷书写技巧 钱本殷编著
福州 福建少年儿童出版社 1988年 113页
19cm（32开）ISBN：7-5395-0178-2
定价: CNY1.00

J0093121
圆珠笔优秀字帖 （1987年文明杯全国钢笔圆珠笔书写大赛圆珠笔获奖作品选）中华钢笔圆珠笔书法研究会等编
上海 上海三联书店 1988年 74页 26cm（16开）
ISBN：7-5426-0078-8 定价: CNY1.40

J0093122
怎样写硬笔字 张恒成著
兰州 甘肃少年儿童出版社 1988年 131页
19cm（32开）ISBN：7-5422-0117-4
定价: CNY1.35

J0093123

正楷入门　刘大卫, 余驾楼编著
上海 上海科学技术出版社 1988 年 61 页
19cm(小 32 开) 定价: CNY0.80
(实用文库、硬笔书法自学系列 2)

J0093124

治学格言钢笔字帖　杨为国书
北京 中国国际广播出版社 1988 年 128 页
20cm(32 开) ISBN: 7-80035-103-3
定价: CNY1.80

　　作者杨为国(1955—　), 书法家、教授。出生于浙江杭州。历任中国书画艺术委员会副主席、中国书法家协会会员、中国硬笔书法协会副主席、中国美院出版社编辑、浙江省书法家协会会员、北京大学回宫格书法艺术学校校长。碑帖作品有《自书告身》《勤礼》等。

J0093125

中国名言钢笔书法　杨再春书
北京 北京体育学院出版社 1988 年 89 页
19cm(32 开) ISBN: 7-81003-142-2
定价: CNY1.35

J0093126

中年硬笔书法　《美报》编辑部编
石家庄 河北人民出版社 1988 年 56 页
19cm(32 开) ISBN: 7-202-00201-9
定价: CNY0.75
(全国首届《美报杯》钢笔书法大奖赛获奖作品丛书)

J0093127

字写端正　余驾楼, 刘大卫编著
上海 上海科学技术出版社 1988 年 60 页
10×13cm ISBN: 7-5323-0987-8 定价: CNY0.80
(实用文库、硬笔书法自学系列 一)

J0093128

《红楼梦》诗词钢笔楷书字帖　李培隽书
北京 北京燕山出版社 1989 年 110 页
19cm(32 开) ISBN: 7-5402-0125-8
定价: CNY1.55

J0093129

3500 常用字钢笔行楷字帖　顾仲安书;《写字》编辑部编
上海 百家出版社 1989 年 56 页 19cm(32 开)
ISBN: 7-900000-95-X 定价: CNY1.00

　　作者顾仲安(1956—　), 书法家。中国硬笔书法家协会副主席、上海教师书画篆刻研究会名誉理事。拍摄有《硬笔书法电视讲座》和《硬笔书法》电视教育片。代表作品有《常用成语钢笔字帖接字成语》。

J0093130

3500 常用字钢笔行楷字帖　顾仲安书;《写字》编辑部编
上海 百家出版社 1997 年 56 页 19cm(32 开)
ISBN: 7-80576-408-5 定价: CNY2.20

J0093131

爱情诗钢笔行书字帖　杨载仁等编写
杭州 浙江人民出版社 1989 年 223 页
20cm(32 开) ISBN: 7-213-00389-5
定价: CNY3.40

J0093132

八体硬笔书法字典　张恒成书
兰州 甘肃少年儿童出版社 1989 年 496 页
19cm(32 开) ISBN: 7-5422-0275-8
定价: CNY9.20

　　本书用楷、行、草、新魏、隶、篆、黑体、仿宋 8 种字体书写, 共选取常用字 4850 个, 除篆字因篆刻爱好者的特殊需要而用繁体字外, 其余均采用国家公布的规范简化字。前面有音节索引, 书后有 8 种字体源流、特点、书写要领等简介。

J0093133

百首勤学古诗钢笔字帖　张平生书
南宁 广西教育出版社 1989 年 81 页
19cm(32 开) ISBN: 7-5435-0574-6
定价: CNY1.10

　　作者张平生(1951—　), 硬笔书法家。中国硬笔习字会会员、广西硬笔书法家学会副主席。

J0093134

常用汉字快写字帖　孙为民编写
福州 福建人民出版社 1989 年 126 页
19cm(32 开) 定价: CNY1.10

J0093135

当代硬笔书法欣赏　欧道文书；时代风采杂志社编

昆明 云南人民出版社 1989 年 71 页 26cm（16 开）ISBN：7-222-00450-5

定价：CNY2.70

作者欧道文（1941—　），书法家。中国当代硬笔习字会常务理事兼昆明分会筹委会主任。出版《书画集锦》《当代中国硬笔书法欣赏》《写字之妙》《书画写丹青》。

J0093136

邓散木白蕉钢笔字帖　邓散木，白蕉书

上海 上海书店 1989 年 95 页 26cm（16 开）

ISBN：7-80569-046-4 定价：CNY3.60

作者邓散木（1898—1963），著名书法、篆刻家。原名菊初。字散木，别号粪翁等。出生于上海，中国书法研究社社员。代表作品《篆刻学》《中国书法演变史》。

J0093137

读古诗练书法　李纯博书；李宪文，熊永年选编

北京 北京体育学院出版社 1989 年 125 页 19cm（32 开）ISBN：7-81003-166-X

定价：CNY1.50

J0093138

多体钢笔字帖 100　陈颢人讲评，言覃选编

合肥 安徽文艺出版社 1989 年 196 页 26cm（16 开）ISBN：7-5396-0158-2

定价：CNY4.45

（现代生活百题丛书）

J0093139

多用四体钢笔书法字典　赵东水等编

北京 北京科学技术出版社 1989 年 290 页 19cm（32 开）ISBN：7-5304-0499-7

定价：CNY5.00

J0093140

钢笔常用字字帖　马平发书

上海 上海教育出版社 1989 年 29 页 19cm（32 开）ISBN：7-5320-1561-0

定价：CNY0.40

J0093141

钢笔行书举要　卢桐著

北京 宇航出版社 1989 年 208 页 20cm（32 开）

ISBN：7-80034-202-6 定价：CNY4.00

作者卢桐（1947—　），书法家、国家二级美术师。生于辽宁沈阳，祖籍河北饶阳。历任沈阳民族书画院院长、中国书法艺术研究院艺术委员会理事、东北大学客座教授。出版有《卢桐书法集》。

J0093142

钢笔行书实用字帖　沈鸿根书

上海 上海书店 1989 年 120 页 19cm（32 开）

ISBN：7-80569-098-7 定价：CNY1.30

沈鸿根（1943—　），书法家。别号江鸟，出生于上海。曾任《写字》杂志副总编、上海中华书画协会副会长、中国书法家协会会员、上海市书法家协会硬笔书法家联谊会首任会长。出版作品《行书概论》《书法十五讲》《硬笔书法百日通》等。

J0093143

钢笔行书字帖　（世界著名诗人爱情诗选）王宝洺书

北京 北京燕山出版社 1989 年 174 页 19cm（32 开）ISBN：7-5402-0161-4

定价：CNY2.30

J0093144

钢笔行书字帖　金吕夏书

北京 中国建筑工业出版社 1989 年 60 页 19cm（32 开）ISBN：7-112-00719-4

定价：CNY0.80

J0093145

钢笔行书字帖八体　陈英群书

长春 吉林科学技术出版社 1989 年 100 页 19cm（32 开）定价：CNY1.00

J0093146

钢笔楷行书标准教材　北京硬笔书法学会编

北京 北京体育学院出版社 1989 年 96 页 26cm（16 开）ISBN：7-81003-298-4

定价：CNY3.80

J0093147

钢笔楷行书字帖 （声律启蒙撮要、清李渔笠翁对韵）曲舒书

西安　未来出版社 1989 年　131 页　23cm（10 开）

ISBN：7-5417-0200-5 定价：CNY3.90

J0093148

钢笔楷行要领　赵彦良书

乌鲁木齐　新疆人民出版社 1989 年 56 页

19cm（32 开）ISBN：7-228-01173-2

定价：CNY0.90

J0093149

钢笔楷书　张守镇著

开封　河南大学出版社 1989 年 158 页

19cm（32 开）定价：CNY2.10

　　作者张守镇（1958— ），回族，书法家、国家一级美术师。河南杞县人。历任中国国际书法家协会副主席、中国民间文艺家协会会员，河南省硬笔书法家协会常务理事、副秘书长，郑州大学兼职教授、河南工业大学硕士导师。代表作品《袖珍古诗五体书法字帖》《钢笔楷书》《钢笔字技法》等。

J0093150

钢笔楷书行书字帖 （初三语文古文释文对照）孙文博，房弘毅编写

北京　宇航出版社 1989 年 160 页 19cm（32 开）

ISBN：7-80034-221-2 定价：CNY2.10

　　作者房弘毅（1955— ），硬笔书法家。生于北京，就读于中国书画函授大学。曾任中国现代硬笔书法研究会编辑部副主任。代表作品有《楷书历代名篇》。

J0093151

钢笔楷书通用汉字 7000　吴玉生书

上海　上海文艺出版社 1989 年 50 页

26cm（16 开）ISBN：7-5321-0505-9

定价：CNY1.90

　　作者吴玉生（1959— ），书法家。江苏人。历任中国硬笔书法研究会副秘书长、华艺硬笔习字会副会长、中国书协函授培训中心副教授、解放军总后勤部政治部干事。代表作品有钢笔《红楼梦诗词》字帖，《楷书 7000 字字帖》《行楷 7000 字字帖》。

J0093152

钢笔楷书通用汉字 7000　吴玉生书

上海　上海文化出版社 1996 年　新 1 版 50 页

26cm（16 开）ISBN：7-80511-875-2

定价：CNY5.70

J0093153

钢笔楷书字典　梁英世编

北京　对外贸易教育出版社 1989 年 188 页

19cm（32 开）ISBN：7-81000-310-0

定价：CNY2.70

　　作者梁英世，北京市第 25 中学书法教师。

J0093154

钢笔楷魏字帖 （勤学古诗百首）刘明洲书

南宁　广西民族出版社 1989 年 150 页

26cm（16 开）ISBN：7-5363-0494-3

定价：CNY2.90

　　作者刘明洲，当代硬笔书法习字会常务理事。

J0093155

钢笔临帖十一种　冯涛书

北京　北京燕山出版社 1989 年 77 页

26cm（16 开）ISBN：7-5402-0124-X

定价：CNY2.50

J0093156

钢笔书法　朱崇昌编著

济南　山东文艺出版社 1989 年 202 页

19cm（32 开）ISBN：7-5329-0299-4

定价：CNY2.50

J0093157

钢笔书法技巧成语字帖　刘大卫编著

上海　上海科学技术文献出版社 1989 年 209 页

19cm（32 开）ISBN：7-80513-417-0

定价：CNY2.50

J0093158

钢笔书法技巧成语字帖　刘大卫编著

上海　上海科学技术文献出版社 1996 年

修订本 247 页 19cm（小 32 开）

ISBN：7-80513-417-0 定价：CNY8.80

J0093159

钢笔书法技巧要领　钱沛云编著

南宁 广西人民出版社 1989 年 60 页

19cm（32 开）ISBN：7-219-01369-8

定价：CNY1.50

　　作者钱沛云（1946—　），著名硬笔书法家。字鹤斋，浙江上虞人，毕业于上海师大中文系。中国书法家协会会员、中国书画函授大学书法系教授。主要作品有《楷书基础知识》《怎样写快写好钢笔字》《钢笔书法技巧要领》《红楼梦诗词钢钢笔行书书帖》等。

J0093160

钢笔书法技巧要领　钱沛云编著

南宁 广西美术出版社 1993 年 60 页

19cm（32 开）ISBN：7-80582-023-6

定价：CNY2.80

　　作者钱沛云，中国书画函授大学教授。

J0093161

钢笔书法入门百题解答　倪伟林编著

上海 上海书画出版社 1989 年 172 页

19cm（32 开）ISBN：7-80512-080-3

定价：CNY2.40

J0093162

钢笔书法与装饰艺术　赵忱书

广州 广东高等教育出版社 1989 年 124 页

19cm（32 开）ISBN：7-5361-0268-2

定价：CNY3.90

J0093163

钢笔书法与装饰艺术　赵忱编

成都 电子科技大学出版社 1990 年 109 页

19cm（32 开）ISBN：7-81016-275-6

定价：CNY3.70

　　编者赵忱，三川钢笔书院广州分院院长。

J0093164

钢笔书法字典　（真草隶篆）王宝洺编写

北京 科学普及出版社 1989 年 482 页

13cm（60 开）ISBN：7-110-00849-5

定价：CNY3.30

　　作者王宝洺（1958—　），书画艺术家。北京人，祖籍山东乐陵。别署半步斋主。中国对外经

贸大学与中国中医药大学书法客座教授、北京霍英东书法学院院长、中国书画家协会理事、世界华人艺术家协会副主席、北京刘炳森书法研究室主任、中国书法家协会会员及北京书法家协会专业创作员。代表作品《学生隶书练习技法》。

J0093165

钢笔书法字帖　（初中二年级语文课本 古文今译）孙文博书

北京 中国旅游出版社 1989 年 100 页

19cm（32 开）ISBN：7-5032-0239-4

定价：CNY1.95

J0093166

钢笔四体书法　王宝洺编

北京 台声出版社 1989 年 120 页 19cm（32 开）

ISBN：7-80062-051-4 定价：CNY1.95

J0093167

钢笔小楷字帖　吴晶人书

沈阳 辽宁人民出版社 1989 年 165 页

19cm（32 开）ISBN：7-205-01088-8

定价：CNY2.30

　　作者吴晶人（1927—　），原名吴殿坤，辽宁省硬笔书法研究会会员。

J0093168

钢笔正楷行书字帖　黄若舟书

北京 语文出版社 1989 年 105 页 19cm（32 开）

ISBN：7-80006-212-0 定价：CNY1.35

J0093169

钢笔字帖　刘大卫书

延吉 延边人民出版社 1989 年 165 页

19cm（32 开）ISBN：7-80508-319-3

定价：CNY2.90

J0093170

钢笔字正写法　华清波，孙立本编著

上海 上海文化出版社 1989 年 65 页

26cm（16 开）ISBN：7-80511-287-8

定价：CNY1.70

J0093171

高中古诗文钢笔书法　张永明编

北京 中国和平出版社 1989 年 158 页
19cm（32 开）ISBN：7-80037-190-5
定价：CNY1.80

　　编者张永明（1950—　），书法家。河南新县人。历任中国书法家协会会员、北京书法教育学会副会长、中国楹联学会会员。著作有《篆书与篆书笔法》《篆书技法》《篆书章法》《秦篆书刻石四种解析字帖》《西周金文五种解析字帖》等。

J0093172
革命烈士诗抄书信钢笔楷行书字帖　　仲河，学联书
北京 能源出版社 1989 年 150 页 19cm（32 开）
ISBN：7-80018-237-1 定价：CNY2.00

J0093173
古代散文名篇钢笔正楷字帖　　熊少军书
北京 科学技术出版社 1989 年 152 页
19cm（32 开）ISBN：7-5304-0609-4
定价：CNY2.10

　　作者熊少军（1963—　），硬笔书法家。安徽滁县人，国防大学组织部干事。

J0093174
古代咏花诗钢笔字帖　　（楷书行书对照）拾禾书
北京 知识出版社 1989 年 65 页 19cm（32 开）
ISBN：7-5015-0334-6 定价：CNY1.10

J0093175
古名篇硬笔行草　　赵剑书
南宁 广西民族出版社［1989 年］114 页
19cm（32 开）ISBN：7-5363-0518-4
定价：CNY2.10

J0093176
古诗钢笔楷书字帖　　董华生书
福州 福建教育出版社 1989 年 60 页
19cm（32 开）ISBN：7-5334-0393-2
定价：CNY0.90

J0093177
韩亨林硬笔书法　　（名言名句）韩亨林书
西安 陕西人民美术出版社 1989 年 80 页
19cm（32 开）ISBN：7-5368-0200-5
定价：CNY2.00

　　作者韩亨林（1952—　），书法家。笔名山人，号聚雅堂主。生于陕西靖边县，毕业于延安大学中文系。曾任中央纪委驻司法部纪检组组长、党组成员，中国书法家协会会员。代表作品有《韩亨林硬笔书法》《韩亨林书法选》等。

J0093178
汉语成语钢笔字帖　　胡锡胜，孙传慧书写
武汉 武汉工业大学出版社 1989 年 102 页
19cm（32 开）ISBN：7-5629-0183-X
定价：CNY1.70

J0093179
获奖钢笔书法选　　江洪等编
南宁 广西民族出版社 1989 年 80 页
26cm（16 开）ISBN：7-5363-0509-5
定价：CNY3.00

J0093180
简繁体对照钢笔正楷字帖　　《写字》编辑部编；陈嗣林书
上海 百家出版社 1989 年 90 页 19cm（32 开）
ISBN：7-900000-46-1 定价：CNY1.50

J0093181
江鸟钢笔行书横写字帖　　江鸟书
长春 东北师范大学出版社 1989 年 164 页
20cm（32 开）ISBN：7-5602-0329-9
定价：CNY2.20

　　作者江鸟（1943—　），书法家。本名沈洪根，上海人。上海翰艺书法美术学校艺术顾问、中国书法家协会会员、《硬笔书法天地》网站高级顾问。代表作品有《中国钢笔书法艺术》《王羲之十七帖临习指南》《书法形式百日通》等。

J0093182
江鸟钢笔行书横写字帖　　江鸟书
长春 东北师范大学出版社 1990 年 164 页
20cm（32 开）ISBN：7-5602-0329-9
定价：CNY2.50

J0093183
解放军首届硬笔书法大赛获奖作品选　　施善玉等编
北京 长征出版社 1989 年 152 页 20cm（32 开）

ISBN：7-80015-085-2 定价：CNY3.00

J0093184
精选对联钢笔字帖　曾庆福编
武汉　武汉大学出版社 1989 年 119 页
19cm（32 开）ISBN：7-307-00391-0
定价：CNY1.48
　　作者曾庆福（1958—　），土家族。书法家。笔名祝石，湖北五峰人。历任中国书协湖北分会会员、宜昌市书协副主席、宜昌市作家协会会员。出版有《3500 字五体钢笔字典》《风雅楹联集萃》《中国钢笔书法教程》。

J0093185
精选唐宋名诗钢笔书法　陈毅明书
北京　中国广播电视出版社 1989 年 106 页
19cm（32 开）ISBN：7-5043-0252-X
定价：CNY1.85

J0093186
绝句三百首钢笔行书字帖　刘大卫书
北京　地震出版社 1989 年 151 页 19cm（32 开）
ISBN：7-5028-0278-9 定价：CNY2.10

J0093187
孔子名言钢笔字帖　黎松峭书
南宁　广西教育出版社 1989 年 120 页
19cm（32 开）ISBN：7-5435-0595-9 定价：CNY1.75

J0093188
李氏三川钢笔字帖　（历代散文）李泽川书
武汉　长江文艺出版社 1989 年 62 页
19cm（32 开）ISBN：7-5354-0221-6 定价：CNY0.90

J0093189
李氏三川钢笔字帖　（宋词）李浩川书
武汉　长江文艺出版社 1989 年 62 页
19cm（32 开）ISBN：7-5354-0220-8
定价：CNY0.90

J0093190
李氏三川钢笔字帖　（唐诗）李洪川书
武汉　长江文艺出版社 1989 年 62 页
19cm（32 开）ISBN：7-5354-0219-4
定价：CNY0.90

J0093191
李氏三川钢笔字帖　（孔孟经世名言选粹）李洪川书；龚隽，唐明邦选编
武汉　长江文艺出版社 1994 年 158 页
19cm（小 32 开）ISBN：7-5354-1091-X
定价：CNY4.80

J0093192
李氏三川钢笔字帖　（老庄喻世名言选粹）李浩川书；吴根友，唐明邦选编
武汉　长江文艺出版社 1994 年 158 页
19cm（小 32 开）ISBN：7-5354-1092-8
定价：CNY4.80

J0093193
李氏三川钢笔字帖　（荀韩治世名言选粹）李泽川书；唐建华，唐明邦选编
武汉　长江文艺出版社 1994 年 158 页
19cm（小 32 开）ISBN：7-5354-1093-6
定价：CNY4.80

J0093194
历代诗词钢笔书法　李午申书
石家庄　河北美术出版社 1989 年 74 页
19cm（32 开）ISBN：7-5310-0218-3
定价：CNY1.60

J0093195
练字　（上册）浙江电视台编
杭州　浙江教育出版社 1989 年 62 页
26cm（16 开）ISBN：7-5338-0503-8
定价：CNY2.00

J0093196
练字　（下册）浙江电视台编
杭州　浙江教育出版社 1989 年 126 页
26cm（16 开）ISBN：7-5338-0504-6
定价：CNY2.00

J0093197
刘惠浦钢笔楷书　刘惠浦书
贵阳　贵州人民出版社 1989 年 94 页
19cm（32 开）ISBN：7-221-00871-X
定价：CNY1.75
　　作者刘惠浦（1946—　），书法家。贵州榕江

人，贵州省新华书店副经理。出版有《刘惠浦钢笔楷书》《国粹民魂》《惠浦小楷》等。

J0093198

名家诗词钢笔字帖　王涛书

重庆　重庆出版社　1989 年　78 页　有照片

19cm（32 开）ISBN：7-5366-1050-5

定价：CNY1.10

　　作者王涛（1962—　　），副营职上尉飞行员。

J0093199

名人名言钢笔书法字帖　徐魁善书

北京　中国城市经济社会出版社　1989 年

124 页　20cm（32 开）ISBN：7-5074-0102-2

定价：CNY1.80

J0093200

名手佳作鉴赏　陈海婷，章子峰著

上海　同济大学出版社　1989 年　97 页

19cm（小 32 开）ISBN：7-5608-0255-9

定价：CNY2.60

J0093201

名言集锦钢笔字帖　廖自力书

北京　北京燕山出版社　1989 年　92 页

19cm（32 开）ISBN：7-5402-0126-6

定价：CNY1.30

　　作者廖自力（1949—　　），笔名魏去病。祖籍江西龙南，毕业于中山大学哲学硕士。历任国家行政学院书画研究院院长兼任中国绘画艺术研究院顾问、河南大学艺术学院客座教授、浙江天目书画社社长。出版有《名人名言集锦》。

J0093202

南北青少年硬笔书法联艺会百人精品荟萃　刘金彪编

昆明　云南教育出版社　1989 年　113 页

19cm（32 开）ISBN：7-5415-0295-2

定价：CNY3.10

J0093203

您的情怀　（流行金曲钢笔字帖）徐子久书写

杭州　浙江大学出版社　1989 年　124 页

19cm（32 开）ISBN：7-308-00419-8

定价：CNY1.60

书写者徐子久（1948—　　），书法家。字寿松，号白发人，浙江台州人，毕业于曲阜师范大学艺术系和浙江美术学院国画系。历任中国书协会员，中国书法研究院副院长、教授，中国书协会员等职。

J0093204

签名艺术　南山，宋弘编著

北京　中国书籍出版社　1989 年　156 页

19cm（32 开）ISBN：7-5068-0041-1

定价：CNY2.80

（实用书法丛书）

J0093205

青少年钢笔楷行书习字帖　王寿甸编写

上海　复旦大学出版社　1989 年　92 页　13×18cm

ISBN：7-309-00295-4　定价：CNY1.40

J0093206

青少年钢笔楷行书习字帖　（下）王寿甸编写

上海　复旦大学出版社　1993 年　92 页　13×19cm

ISBN：7-309-00851-0　定价：CNY1.70

J0093207

全国硬笔临写传统碑帖展览作品精选

北京　中国卓越出版公司　1989 年　122 页

21×19cm　ISBN：7-80071-068-8　定价：CNY5.80

J0093208

散文名篇钢笔书法　卢桐书

北京　宇航出版社　1989 年　168 页　26cm（16 开）

ISBN：7-80034-098-8　定价：CNY3.00

J0093209

散文名篇钢笔字帖　叶家佺

福州　福建科学技术出版社　1989 年　102 页

19cm（32 开）ISBN：7-5335-0291-4

定价：CNY1.55

J0093210

沙舟钢笔书四体唐诗一百首　沙舟书

西安　陕西人民美术出版社　1989 年　200 页

有照片　19cm（32 开）ISBN：7-5368-0140-8

定价：CNY2.75

J0093211

诗词钢笔字帖——全国钢笔书法比赛一等奖获得者　华继善书

福州　海峡文艺出版社　1989年　2版　120页　27cm（20开）ISBN: 7-80534-085-4

定价: CNY2.85

　　作者华继善(1930—　　)，笔名华山。江苏省书法家协会会员、中国硬笔书法家协会会员、江苏诗词协会会员。出版有《钢笔书法字帖》《诗词钢笔字帖》《警句格言钢笔字帖》《古诗文钢笔字帖》等。

J0093212

诗词名句钢笔字帖　熊瑞锦编写

成都　四川辞书出版社　1989年　118页　19cm（32开）ISBN: 7-80543-110-8

定价: CNY1.95

J0093213

实用对联精选钢笔书楷行隶三体字　时继明书

西安　三秦出版社　1989年　82页　19cm（32开）

定价: CNY1.30

J0093214

实用钢笔字速成书写技法　杨兆军编著

长春　吉林科学技术出版社　1989年　149页　19cm（32开）定价: CNY3.00

J0093215

实用圆珠笔书写字帖　刘大卫书

上海　同济大学出版社　1989年　159页　19cm（32开）ISBN: 7-5608-0327-X

定价: CNY1.95

J0093216

书法基础练习册　上海市第一商业局教育处，上海市教育局职业技术教育处编

上海　上海科技教育出版社　1989年　60张　26cm（16开）定价: CNY3.20

（商业经营专业系列教材）

J0093217

宋词钢笔行楷字帖　徐子久书

上海　上海书画出版社　1989年　124页　19cm（32开）ISBN: 7-80512-227-X

定价: CNY1.64

J0093218

孙文博钢笔字帖　（古诗一百首）[孙文博书]

北京　职工教育出版社　1989年　59页　18cm（32开）ISBN: 7-80059-295-2

定价: CNY1.53

　　作者孙文博，书法家，书法高级教师，中华硬笔书法协会常务理事。

J0093219

孙子兵法钢笔字帖　王正良书

南宁　广西人民出版社　1989年　77页　19cm（32开）ISBN: 7-219-01004-4

定价: CNY2.70

　　作者王正良(1949—　　)，编辑。浙江嵊县人，历任《浙江青年报》总编兼《中国钢笔书法》杂志主编、中国硬笔书法家协会副主席。

J0093220

唐诗三百首多体钢笔字帖　秦快仁等书

太原　希望出版社　1989年　171页　20cm（32开）ISBN: 7-5379-0538-X　定价: CNY3.40

　　本书是用正、行、草、隶、篆和仿宋体书写而成的钢笔字法帖。

J0093221

现代汉语常用字钢笔字帖　（楷书、行书）钱沛云, 张杰编书

北京　知识出版社　1989年　66页　19cm（32开）ISBN: 7-5015-0353-2　定价: CNY0.90

　　作者钱沛云(1946—　　)，著名硬笔书法家。字鹤斋，浙江上虞人，毕业于上海师大中文系。中国书法家协会会员、中国书画函授大学书法系教授。主要作品有《楷书基础知识》《怎样写快写好钢笔字》《钢笔书法技巧要领》《红楼梦诗词钢钢笔行书书帖》等。

J0093222

小学古诗文钢笔书法　张永明书

北京　中国和平出版社　1989年　158页　19cm（32开）ISBN: 7-80037-188-3

定价: CNY1.80

　　书者张永明(1950—　　)，书法家。河南新县人。历任中国书法家协会会员、北京书法教育学

会副会长、中国楹联学会会员。著作有《篆书与篆书笔法》《篆书技法》《篆书章法》《秦篆书刻石四种解析字帖》《西周金文五种解析字帖》等。

J0093223

小学美育硬笔书法字帖 （诗词、铭言、文章集锦）张永明书写

北京 学术期刊出版社 1989 年 94 页

21cm（32 开）定价：CNY1.20

J0093224

小学生钢笔楷书字帖　孙厚琦写

济南 山东美术出版社 1989 年 57 页

21cm（32 开）定价：CNY1.10

J0093225

小学生钢笔字帖　卢前编写

上海 上海教育出版社 1989 年 64 页

19cm（32 开）ISBN：7-5320-1259-X

定价：CNY0.82

J0093226

新华字典钢笔楷书字帖　华祖明书写

天津 天津教育出版社 1989 年 334 页

13cm（60 开）ISBN：7-5309-0869-3

定价：CNY3.50

J0093227

学生钢笔字帖　（1）林似春等书

上海 上海人民美术出版社 1989 年 77 页

19cm（32 开）ISBN：7-5322-0523-1

定价：CNY0.95

J0093228

硬笔行法　（行书技法精解）黄柱河著

香港 商务印书馆（香港）1989 年 208 页

19cm（32 开）ISBN：962-07-4128-5

定价：HKD28.00

J0093229

硬笔新华书法字典　古干，洪山编

北京 中国书籍出版社 1989 年 617 页

13cm（60 开）精装 ISBN：7-5068-0038-1

定价：CNY6.00

　　作者古干（1942—　），画家。中国美术家协

会会员、中国现代书画学会会长、世界书法家协会荣誉顾问。

J0093230

硬笔字书写速成技法　段玉德编

呼和浩特 内蒙古教育出版社 1989 年 209 页

19cm（32 开）ISBN：7-5311-0961-1

定价：CNY1.60

J0093231

优秀钢笔楷书字帖　村里选编

上海 上海文化出版社 1989 年 148 页

26cm（16 开）ISBN：7-80511-217-7

定价：CNY4.65

　　本书收集钢笔圆珠笔书法作品 148 件。

J0093232

优秀散文诗硬笔书法字帖　李家原书

北京 北京科学技术出版社 1989 年 121 页

19cm（32 开）ISBN：7-5304-0621-3

定价：CNY2.00

　　本书由《优秀散文诗硬笔书法字帖》《李家原书》合订。作者李家原（1957—　），书法家。号静观，咨砚斋主人，河南固始县人。历任中央国家机关书协副秘书长、中国书法家协会会员、东方书画家协会会长、北京当代东方书画艺术交流中心主任。作品有小楷巨制长卷册页《孙子兵法》《茶经》《易经》等。

J0093233

友谊卡格言钢笔字帖　毛孝弢书；仇德鉴，朱伯达编

杭州 浙江人民出版社 1989 年 200 页

20cm（32 开）ISBN：7-213-00430-1

定价：CNY3.50

　　作者毛孝弢（1950—　），笔名萧涛、岭文、田心梅、舒林。浙江省书法家协会会员、中国硬笔书法家协会会员、浙江省书法研究会理事等。出版有《古今对联行书字帖》《咏花诗钢笔字帖》等。

J0093234

怎样写好钢笔字　仲河编写

北京 能源出版社 1989 年 94 页 19cm（32 开）

ISBN：7-80018-192-8 定价：CNY1.65

J0093235
怎样写好钢笔字　　陈贤德著
济南　山东教育出版社　1989 年　2 版　149 页
19cm（32 开）ISBN：7-5328-0071-7
定价：CNY1.80

J0093236
怎样写好钢笔字　　陈贤德著
济南　山东教育出版社　1995 年　3 版　149 页
19cm（小 32 开）ISBN：7-5328-0071-7
定价：CNY6.25
　　中国现代书法作品。

J0093237
正楷行书钢笔字帖　　方绍武等编写
合肥　安徽美术出版社　1989 年　112 页
19cm（32 开）ISBN：7-5398-0058-5
定价：CNY2.90

J0093238
中国钢笔书法大字典　　刘江主编
杭州　浙江美术学院出版社　1989 年　597 页
26cm（16 开）ISBN：7-81019-039-3
定价：CNY18.50，CNY21.5（精装）
　　本字典以楷、行、草、隶、篆五体为经，选当
今书法名家字体为纬，共计 52500 余字。收简化
字 3500 个，繁体字 1130 余个。以楷书排列首端，
续以行、草，再以隶、篆附从，以便鉴别。

J0093239
中国格言钢笔字帖　　春风辑；李培隽书
天津　新蕾出版社　1989 年　62 页 19cm（32 开）
ISBN：7-5307-0354-4 定价：CNY0.72

J0093240
中国历代草书钢笔习字帖　　韩文来编写
天津　天津人民美术出版社　1989 年　148 页
26cm（16 开）ISBN：7-5305-0187-9
定价：CNY9.00

J0093241
中外爱情诗钢笔字帖　　骆恒光等书
杭州　西泠印社　1989 年　203 页 19cm（32 开）
ISBN：7-80517-026-6 定价：CNY3.70
　　作者骆恒光（1943—　），书法家。号翼之，

浙江诸暨人。毕业于浙江美术学院。历任浙江
教育出版社美术编辑、中国硬笔书法家协会副
主席、中国书法家协会会员、浙江分会理事，浙
江省书法理论研究会副会长兼秘书长。著有《骆
恒光论书》《行书法图说》《王羲之圣教序及其
笔法》。

J0093242
中外名著精彩描写钢笔书法　　顾仲安等书
北京　中国国际广播出版社　1989 年　303 页
20cm（32 开）ISBN：7-80035-243-9
定价：CNY4.30
　　原书题目：中外名著精采描写钢笔书法。

J0093243
中外寓言名篇钢笔书法　　顾仲安写
北京　中国国际广播出版社　1989 年　159 页
20cm（32 开）ISBN：7-80035-102-5
定价：CNY2.40

J0093244
中小学生日常行为规范钢笔字帖　　蔡军书写
北京　中国国际广播出版社　1989 年　53 页
19cm（32 开）定价：CNY1.20
　　作者蔡军（1955—　），教授。毕业于中央工
艺美术学院工业设计系。历任中央工艺美术学
院副教授、清华大学美术学院工业设计系教授。
著有《芬兰当代设计》《设计创造价值——飞利
浦设计》《世界著名设计公司》等。

J0093245
中小学生硬笔书法字帖　　吴鸿清选编；曹宝
麟，范列书
北京　中央广播电视大学出版社　1989 年　61 页
19cm（32 开）定价：CNY1.00
　　作者曹宝麟（1946—　），书法家，书法理论
家，学者。生于上海，祖籍江苏无锡。斋号晏庐。
历任中国书法家协会学术委员会委员、暨南大学
文化艺术中心教授等职。著有《抱瓮集》《中国
书法全集·蔡襄卷》《曹宝麟书法精选》等。

J0093246
中学语文词语钢笔字帖　　刘开强书
南京　江苏人民出版社　1989 年　94 页
19cm（32 开）ISBN：7-214-00354-6

定价: CNY1.60

J0093247

中英文对照钢笔字帖　钱沛云, 戴恩华编著
上海　上海文艺出版社 1989 年 64 页
26cm (16 开) ISBN: 7-5321-0498-2
定价: CNY1.60

作者钱沛云(1946—), 著名硬笔书法家。字鹤斋, 浙江上虞人, 毕业于上海师大中文系。中国书法家协会会员、中国书画函授大学书法系教授。主要作品有《楷书基础知识》《怎样写快写好钢笔字》《钢笔书法技巧要领》《红楼梦诗词钢钢笔行书书帖》等。

J0093248

"红烛奖" 全国教育系统硬笔书法大赛作品选　张大顺选编
西安　陕西人民教育出版社 1990 年 66 页
26cm (16 开) ISBN: 7-5419-1402-9
定价: CNY3.50

J0093249

3500 常用字钢笔楷书字帖　沈鸿根著
长春　东北师范大学出版社 1990 年 93 页
20cm (32 开) ISBN: 7-5602-0444-9
定价: CNY1.80

J0093250

3500 常用字钢笔楷书字帖　沈鸿根书
长春　东北师范大学出版社 1992 年 93 页
20cm (32 开) ISBN: 7-5602-0445-7
定价: CNY1.80

中国楷书钢笔字法帖。沈鸿根(1943—), 书法家。别号江鸟, 出生于上海。曾任《写字》杂志副总编、上海中华书画协会副会长、中国书法家协会会员、上海市书法家协会硬笔书法家联谊会首任会长。出版作品《行书概论》《书法十五讲》《硬笔书法百日通》等。

J0093251

3500 常用字行书钢笔字帖　姚荐杭书
成都　成都科技大学出版社 1990 年 52 页
19cm (32 开) ISBN: 7-5616-0426-4
定价: CNY1.10

J0093252

3500 常用字四体钢笔字帖　王君书
石家庄　河北人民出版社 1990 年 147 页
19cm (32 开) ISBN: 7-202-00726-6
定价: CNY1.95

作者王君(1938—), 中国书法家协会河北分会和中国硬笔书法协会会员。

J0093253

99 天钢笔字速成练习法　王宝心, 史小波主编; 北京硬笔书法学会编
北京　北京体育学院出版社 1990 年 53 页
26cm (16 开) ISBN: 7-81003-428-6
定价: CNY2.60

J0093254

爱国名诗钢笔字帖　闻莺选; 任平书
杭州　浙江人民出版社 1990 年 106 页
19cm (32 开) ISBN: 7-213-00594-4
定价: CNY1.85

中国汉字钢笔字书法作品。作者任平(1952—), 书法家。江苏如皋人, 毕业于杭州大学中文系, 获博士学位。历任文化部中国艺术研究院教授、博士生导师, 中国艺术研究院美术研究所学术委员会委员、书法研究室主任, 中国书法家协会书法教育专业委员会委员、中国语言学会会员等。代表作品优《中国书法》《说隶》《笔歌墨舞》《中国书法全集》等。

J0093255

百家格言钢笔字帖　房弘毅书; 方石选
北京　农村读物出版社 1990 年 122 页
19cm (32 开) ISBN: 7-5048-1403-2
定价: CNY2.65

作者房弘毅(1955—), 硬笔书法家。生于北京, 就读于中国书画函授大学。曾任中国现代硬笔书法研究会编辑部副主任。代表作品有《楷书历代名篇》。

J0093256

常用汉字繁简对照五体钢笔字帖　（上册）
张平生编著
南宁　广西教育出版社 1990 年 216 页
19cm (32 开) ISBN: 7-5435-0778-1
定价: CNY3.80

本书是根据国家语言文字工作委员会和国家教育委员会公布的 3500 常用字编写的多体对照字帖。作者张平生(1951—)，硬笔书法家。中国硬笔习字会会员、广西硬笔书法家学会副主席。

J0093257
常用汉字繁简对照五体钢笔字帖 （下册）
张平生编著
南宁 广西教育出版社 1990 年 226 页
19cm(32 开) ISBN：7–5435–0779–X
定价：CNY4.10
　　本书是根据国家语言文字工作委员会和国家教育委员会公布的 3500 常用字编写的多体对照字帖。

J0093258
常用汉字繁简对照五体钢笔字帖　张平生编著
南宁 广西教育出版社 1991 年 442 页
19cm(32 开) ISBN：7–5435–1218–1
定价：CNY7.50

J0093259
常用汉字快写法　唐光志著
北京 中国青年出版社 1990 年 363 页
19cm(32 开) ISBN：7–5006–0705–9
定价：CNY6.40

J0093260
常用汉字六体钢笔字帖　顾仲安书
福州 福建人民出版社 1990 年 340 页
19cm(32 开) ISBN：7–211–01164–5
定价：CNY4.75

J0093261
常用字钢笔楷书字帖　丁永康书
北京 人民教育出版社 1990 年 128 页
19cm(32 开) ISBN：7–107–10717–8
定价：CNY2.30
　　本字帖由常用字 2500 个和次常用字 1000 个、钢笔字入门以及 33 首古诗词组成，以楷书书写。作者丁永康(1956—)，书法教师。江苏淮阴人，毕业于首都师范大学书法专业。历任中国人民保险公司工会干部、中国书法家协会会员、华艺硬笔习字会副会长。代表作品有《3500

常用字钢笔字帖》《常用字钢笔楷书行书对照字帖》《钢笔楷书行书技法指南》等。

J0093262
常用字快写法　黄若舟书
上海 上海教育出版社 1990 年 92 页
19cm(32 开) ISBN：7–5320–1842–3
定价：CNY0.82

J0093263
成语四字经钢笔四体字帖　翟鹏编文；张文善，曲舒书
延吉 东北朝鲜民族教育出版社 1990 年 206 页
19cm(32 开) ISBN：7–5437–0788–8
定价：CNY3.85

J0093264
仇寅书外国名诗 （钢笔行书字帖）仇寅书
福州 福建人民出版社 1990 年 80 页
26cm(16 开) ISBN：7–211–00920–9
定价：CNY2.00
　　作者仇寅(1962—)，硬笔书法家。生于江苏涟水。编写出版有《仇寅钢笔字》《仇寅书外国名诗》《雷锋日记选钢笔字帖》《古帖新临多体钢笔字帖》等。

J0093265
初中钢笔正楷字帖　阎锐敏书；艾平编
北京 团结出版社 1990 年 26cm(16 开)
ISBN：7–80061–359–3 定价：CNY1.50
　　本帖从初中语文课文中选取古文以正楷书写。书后附基本笔画及偏旁部首。文字全部采用简化字。作者阎锐敏(1957—)，毕业于首都师范大学书法专业。中国现代硬笔书法研究会副秘书长兼编辑部主任。

J0093266
初中课本古诗钢笔字帖　卢中南书
天津 新蕾出版社 1990 年 61 页 19cm(小 32 开)
定价：CNY0.96
　　作者卢中南(1950—)，书法家。生于湖北武汉，祖籍河南济源。中国人民革命军事博物馆副研究馆员、中国书法家协会会员。代表作品有《卢中南楷书成语字帖》《魏碑基础入门》。

J0093267
当代硬笔书法精萃　　慈爱民等编
沈阳　沈阳出版社 1990 年 119 页 19cm（32 开）
ISBN：7-80556-314-4 定价：CNY2.80

J0093268
多体实用钢笔字帖　　沈鸿根，王华编
上海　学林出版社 1990 年 192 页 20cm（32 开）
ISBN：7-80510-503-0 定价：CNY2.45

J0093269
粉笔书法　　韩承德等编著
成都　成都出版社 1990 年 28 页 有图版
19cm（32 开）ISBN：7-80575-116-1
定价：CNY3.20

J0093270
冯国语硬笔书法　　冯国语书
昆明　云南民族出版社 1990 年 158 页
19cm（32 开）ISBN：7-5367-0252-3
定价：CNY3.25
　　作者冯国语（1940—　　），画家。生于河南叶县，毕业于哈尔滨工业大学。云南省七、八、九届政协委员、云南省文史馆馆员、中国书法家协会会员、九州书画院院长、中国外交部书法协会顾问、中国书画函授大学教授。

J0093271
钢笔常用四体字典　　王宝洺等编
北京　学苑出版社 1990 年 235 页 13cm（60 开）
ISBN：7-80060-793-3 定价：CNY1.80

J0093272
钢笔常用字帖　　孙栋梁著
哈尔滨　黑龙江人民出版社 1990 年 56 页
19cm（32 开）ISBN：7-207-00205-X
定价：CNY1.00
　　作者孙栋梁（1966—　　），北国硬笔书法函授学校校长、中国硬笔书法学会筹委会委员。

J0093273
钢笔行草书题画诗绝句百首　　林辉泮书
广州　岭南美术出版社 1990 年 111 页 有照片
19cm（32 开）ISBN：7-5362-0494-9
定价：CNY2.80

作者林辉泮（1945—　　），字悦良，号菁山。中华全国钢笔圆珠笔书法研究会会员。

J0093274
钢笔行楷名人名言录　　陈毅明书
北京　中国广播电视出版社 1990 年 262 页
19cm（32 开）ISBN：7-5043-0509-X
定价：CNY3.80

J0093275
钢笔行书基本技法　　肖明夫编著
南宁　广西民族出版社 1990 年 96 页
19cm（32 开）ISBN：7-5363-0810-8
定价：CNY2.00

J0093276
钢笔行书速成技法　　王宝洺编写
北京　学苑出版社 1990 年 176 页 19cm（32 开）
ISBN：7-5077-0132-8 定价：CNY3.20

J0093277
钢笔行书速成习字帖　　张索编
上海　上海书店 1990 年 18×26cm
ISBN：7-80569-047-2 定价：CNY1.75
　　作者张索，大学专业书法教师。

J0093278
钢笔行书速成习字帖　　张索编
上海　上海书店 1992 年 18×26cm
ISBN：7-80569-047-6 定价：CNY1.90

J0093279
钢笔行书唐诗绝句 200 首　　杨再春书
北京　北京体育学院出版社 1990 年 60 页
有肖像 26cm（16 开）ISBN：7-81003-362-X
定价：CNY2.20

J0093280
钢笔行书唐诗绝句 200 首　　杨再春书
北京　北京体育大学出版社 1997 年 2 版 81 页
26cm（16 开）ISBN：7-81051-175-0
定价：CNY8.80

J0093281
钢笔行书字典　　梁英世著

北京　人民交通出版社 1990 年 200 页
19cm（32 开）ISBN：7-114-00915-1 定价：CNY3.50

J0093282
钢笔行书字帖　邢世明书
合肥　安徽美术出版社 1990 年 66 页
19cm（32 开）ISBN：7-5398-0071-2
定价：CNY1.20

J0093283
钢笔行书字帖　沈培方书
成都　巴蜀书社 1990 年 48 页 19cm（32 开）
ISBN：7-80523-315-2 定价：CNY1.26

J0093284
钢笔行书字帖　沈鸿根书；秋实选词笺注
哈尔滨　北方文艺出版社 1990 年 149 页
19cm（小 32 开）定价：CNY2.55

J0093285
钢笔行书字帖　（中外名人名言 500 句）王宝
洺书
北京　中国城市经济社会出版社 1990 年 124 页
19cm（小 32 开）定价：CNY2.00

J0093286
钢笔行书字帖　（外国爱情诗名篇）黄书权写；
王新珍编
北京　中国妇女出版社 1990 年 124 页
19cm（32 开）ISBN：7-80016-304-0
定价：CNY2.80

J0093287
钢笔楷书基本技法　张平生编著
南宁　广西民族出版社 1990 年 96 页
19cm（32 开）ISBN：7-5363-0811-6
定价：CNY2.00
　　作者张平生（1951—　　），硬笔书法家。中国
硬笔习字会会员，广西硬笔书法家学会副主席。

J0093288
钢笔楷书实用技法字帖　田英章著
北京　中国经济出版社 1990 年 44 页 有肖像
26cm（16 开）ISBN：7-5017-0785-5
定价：CNY2.70

（田英章系列书法字帖）
　　本字帖是作者用钢笔临写的唐代钟绍京写
的小楷《灵飞经》。作者田英章（1950—　　），书法
家。字存青、存卿，出生于天津。先后毕业于首
都师范大学、日本东京学艺大学。中国硬笔书法
协会首任会长、中国书法家协会会员、欧阳询书
法艺术研究会会长。代表作品有《田英章系列书
法字帖》《田英章作品精选》等。

J0093289
钢笔楷书字帖　（汉语成语反义词）张守镇书写
郑州　河南教育出版社 1990 年 48 页
19cm（32 开）ISBN：7-5347-0837-0
定价：CNY0.88
　　作者张守镇（1958—　　），回族，书法家、国
家一级美术师。河南杞县人。历任中国国际书
法家协会副主席、中国民间文艺家协会会员、河
南省硬笔书法家协会常务理事、副秘书长，郑州
大学兼职教授、河南工业大学硕士导师。代表作
品《袖珍古诗五体书法字帖》《钢笔楷书》《钢笔
字技法》等。

J0093290
钢笔楷书字帖　何文卿书
武汉　长江文艺出版社 1990 年 60 页
19cm（32 开）ISBN：7-5354-0367-0
定价：CNY1.00

J0093291
钢笔隶书小字帖　（毛泽东诗词·名人名言录）
刘业宁书
南宁　广西民族出版社 1990 年 152 页
19cm（32 开）ISBN：7-5363-0992-9
定价：CNY2.80

J0093292
钢笔隶书字帖　蔡文强，侯登峰书
郑州　河南教育出版社 1990 年 52 页
19cm（32 开）ISBN：7-5347-0715-3
定价：CNY0.70

J0093293
钢笔临古代墓志铭帖五种　陈焕阳书
北京　知识出版社 1990 年 63 页 19cm（32 开）
ISBN：7-5015-0471-7 定价：CNY1.20

J0093294

钢笔临写历代名帖 （上）李文采书
北京 中国文联出版公司 1990 年 92 页
26cm（16 开）ISBN：7-5059-1276-3
定价：CNY3.00

J0093295

钢笔临写历代名帖 （下）李文采书
北京 中国文联出版公司 1990 年 71 页
26cm（16 开）ISBN：7-5059-1277-1
定价：CNY2.50

J0093296

钢笔十体书法字帖　崔立信著
北京 北京教育出版社 1990 年 106 页
19cm（32 开）ISBN：7-5303-0172-1
定价：CNY2.20

　　本书是专为学生习练钢笔字而写的字帖。书中用十种字体(真、草、隶、篆、老魏、新魏及四种行书)书写唐代长诗三首。

J0093297

钢笔书法绘图千家诗　李振华书
北京 北京师范大学出版社 1990 年 189 页 有图
19cm（32 开）ISBN：7-303-01837-9
定价：CNY4.50

J0093298

钢笔书法基础　倪文东编著
西安 西北大学出版社 1990 年 220 页
19cm（32 开）ISBN：7-5604-0145-7
定价：CNY3.00

　　作者倪文东(1957—　)，教授。又名倪端、倪陵生，陕西黄陵人，毕业于西北大学中文系。历任西北大学艺术系教授、陕西省青年书法家协会副主席、太白印社社长、中国书法家协会理事、北京师范大学艺术与传媒学院书法系教授。代表作品《二十世纪中国书画家印款辞典》。

J0093299

钢笔书法唐宋词帖　董国强，李承孝著
北京 海潮出版社 1990 年 144 页 19cm（32 开）
ISBN：7-80054-158-4 定价：CNY2.90

　　本帖是以楷、行、隶、草、篆五种字体书写的流传甚广、脍炙人口的唐宋词。帖中选入的作

品共 140 余幅，其中部分作品曾在多次书法大赛中获奖。

J0093300

钢笔书法通论　韩金春著
青岛 青岛海洋大学出版社 1990 年 250 页
19cm（小 32 开）定价：CNY2.80

J0093301

钢笔书法习字帖　田英章著
北京 中国经济出版社 1990 年 38 页 有肖像
19cm（32 开）ISBN：7-5017-0786-3
定价：CNY2.70
（田英章系列书法字帖）

　　作者田英章(1950—　)，书法家。字存青、存卿，出生于天津。先后毕业于首都师范大学、日本东京学艺大学。中国硬笔书法协会首任会长、中国书法家协会会员、欧阳询书法艺术研究会会长。代表作品有《田英章系列书法字帖》《田英章作品精选》等。

J0093302

钢笔书法学生小字典　张绍山主编
太原 山西教育出版社 1990 年 437 页
13cm（60 开）ISBN：7-80578-217-2
定价：CNY4.00

J0093303

钢笔书法学生小字典　张绍山主编
太原 山西人民出版社 1990 年 437 页
13cm（60 开）精装 ISBN：7-203-01399-5
定价：CNY7.50

J0093304

钢笔书法中医辨证施治歌诀　赵文炳等编著；王润和书
天津 天津科学技术出版社 1990 年 110 页
19cm（小 32 开）定价：CNY2.35

J0093305

钢笔书法自学指南　中国现代硬笔书法研究会浙江分会编
北京 中国华侨出版社 1990 年 174 页
19cm（小 32 开）定价：CNY2.50

J0093306
钢笔书法字典　杨建华著
重庆　重庆出版社　1990 年　500 页　19cm（32 开）
ISBN：7-5366-1409-8　定价：CNY7.20
　　本字典根据《辞海》，参考《新华字典》，收集部首 250 个。每个部首选常用字 5 个，共计 1250字，分别用篆、隶、楷、行、草 5 种字体撰写。

J0093307
钢笔书法字帖　（唐宋诗词一百首）李枢魁编写
北京　长城出版社　1990 年　120 页　19cm（32 开）
ISBN：7-80017-128-0　定价：CNY2.70

J0093308
钢笔书法字帖　（健身格言与谚语）孙文博，孙淑华编写
北京　中国妇女出版社　1990 年　82 页
19cm（32 开）ISBN：7-80016-214-1
定价：CNY2.00
　　作者孙文博，书法家，书法高级教师，中华硬笔书法协会常务理事。

J0093309
钢笔书中国古代楷行名帖　冯涛书
北京　团结出版社　1990 年　76 页　26cm（16 开）
ISBN：7-80061-288-0　定价：CNY2.70

J0093310
钢笔习篆　陈声远书
呼和浩特　内蒙古人民出版社　1990 年　108 页
19cm（32 开）ISBN：7-204-01232-1
定价：CNY1.65

J0093311
钢笔新魏体书写技法　朱永佳著
北京　中国青年出版社　1990 年　104 页
19cm（32 开）ISBN：7-5006-0459-9
定价：CNY2.70

J0093312
钢笔圆珠笔名家书法　庞中华等书
北京　中国广播电视出版社　1990 年　182 页
19cm（32 开）ISBN：7-5043-0756-4
定价：CNY2.95
　　作者庞中华（1945—　　），著名书法家、教育

家和诗人。四川重庆人，毕业于西南科技大学地质勘探专业。中国当代硬笔书法的奠基者，全国政协委员、中国硬笔书法协会会长。代表作品有《庞中华钢笔字帖》《庞中华现代硬笔字帖》等。著作《庞中华散文集》《庞中华谈谈学写钢笔字》《硬笔书法简论》等。

J0093313
钢笔圆珠笔实用技法字帖　张鸿林书
北京　中国城市经济社会出版社　1990 年
126 页　19cm（32 开）ISBN：7-5074-0358-0
定价：CNY2.00

J0093314
钢笔圆珠笔正楷字帖　王存礼主编；中华书法研究会等编；卢前赏评
上海　上海文化出版社　1990 年　79 页
26cm（16 开）ISBN：7-80511-310-6
定价：CNY3.50

J0093315
钢笔正楷字帖　王志华书
济南　明天出版社　1990 年　62 页　19cm（小 32 开）
定价：CNY1.00

J0093316
钢笔字百日速成练习法及字帖　陈英群著
长春　吉林大学出版社　1990 年　171 页
19cm（32 开）ISBN：7-5601-0318-9
定价：CNY1.95

J0093317
钢笔字百日速成练习法及字帖　陈英群著
长春　吉林大学出版社　1991 年　171 页
19cm（小 32 开）ISBN：7-5601-0822-9
定价：CNY2.50

J0093318
钢笔字快写法　王宝洺编著
北京　农村读物出版社　1990 年　136 页
19cm（32 开）ISBN：7-5048-1237-4
定价：CNY1.95
　　本书详细介绍了快写时的用笔、运笔和字的正确结体。

J0093319

钢笔字名人名言录   李震编写

沈阳 辽宁教育出版社 1990 年 122 页

19cm（32 开）ISBN：7–5382–1053–9

定价：CNY2.39

J0093320

钢笔字书写技法   王宝洺编著

北京 中国医药科技出版社 1990 年 146 页

19cm（32 开）ISBN：7–5067–0251–7

定价：CNY2.30

J0093321

钢笔字帖   （最新流行金曲歌词精选）牟诚等书

长春 长春出版社 1990 年 152 页 19cm（32 开）

ISBN：7–80573–258–2 定价：CNY3.50

    作者牟诚（1950— ），编辑。曾任长春广播电台记者、编辑，影视广播图书周报副总编辑、长春商报副总编辑。硬笔书法协会会员。吉林省书法家协会会员。书法作品有《人生忠告钢笔行书字帖》《爱情友情赠诗集锦钢笔行书字帖》《流行金曲钢笔行书字帖》。出版有《牟诚书法作品集》等。

J0093322

钢笔字帖实用手册   （优秀钢笔字帖精萃）卢中南等书

北京 海潮出版社 1990 年 200 页 20cm（32 开）

ISBN：7–80054–137–1 定价：CNY4.30

J0093323

钢笔字循序练习册   （从楷书到草书）朱涛编写

上海 上海人民出版社 1990 年 152 页

26cm（16 开）ISBN：7–208–00734–9

定价：CNY3.65

J0093324

钢笔字自学讲义   （钢笔字帖）余驾楼书

上海 上海书画出版社 1990 年 109 页

19cm（32 开）ISBN：7–80512–442–6

定价：CNY1.40

J0093325

港台歌词钢笔字帖   陈展等书

福州 福建美术出版社 1990 年 188 页

13cm（60 开）ISBN：7–5393–0106–6

定价：CNY2.40

（袖珍钢笔字帖丛书）

J0093326

歌词钢笔行书字帖   李波著

北京 长征出版社 1990 年 56 页 27cm（大 16 开）

定价：CNY2.50

J0093327

歌词诗词赠言钢笔圆珠笔字帖   冯宝佳书

广州 广东高等教育出版社 1990 年 155 页

19cm（32 开 ）ISBN：7–5361–0472–3

定价：CNY3.00

    作者冯宝佳（1937— ），书法家。广东省书法家协会理事、广州硬笔书法家协会艺术导师。著有《冯宝佳硬笔书法字帖》《教你写毛笔字》等。

J0093328

歌词诗词赠言钢笔圆珠笔字帖   （二）冯宝佳书

广州 广东高等教育出版社 1994 年 154 页

19cm（小 32 开）ISBN：7–5361–1313–7

定价：CNY4.80

J0093329

歌词诗词赠言钢笔圆珠笔字帖   （三）冯宝佳书

广州 广东高等教育出版社 1994 年 154 页

19cm（小 32 开）ISBN：7–5361–1330–7

定价：CNY4.90

J0093330

歌词诗词赠言钢笔圆珠笔字帖   （四）冯宝佳书

广州 广东高等教育出版社 1994 年 155 页

19cm（小 32 开）ISBN：7–5361–1442–7

定价：CNY4.80

J0093331

歌词诗词赠言钢笔圆珠笔字帖   （五）冯宝佳书

广州 广东高等教育出版社 1995 年 155 页

19cm（小 32 开）ISBN：7–5361–1616–0

定价：CNY6.90

J0093332

歌词诗词赠言钢笔圆珠笔字帖   （六）冯宝佳书

广州 广东高等教育出版社 1996 年 155 页
19cm(小 32 开) ISBN: 7-5361-1968-2
定价: CNY6.90

J0093333
歌德诗选　王传善书
南宁 广西美术出版社 1990 年 60 页
19cm(32 开) ISBN: 7-80582-093-7
定价: CNY1.60
(外国名诗硬笔书法篆书)

　　现代钢笔字法帖。作者王传善(1947—　),
书法家。历任广西钦州地区教育学院美术科教
师、中国书法家协会会员、广西教育学会书法教
育研究会常务理事。出版有《歌德诗选·铅笔字
帖》《学生赠言·钢笔楷行两用字帖》《王传善书
画作品》等。

J0093334
歌坛"巨星"金曲钢笔字帖　田英章主编
北京 国际文化出版公司 1990 年 118 页
19cm(32 开) ISBN: 7-80049-577-9
定价: CNY2.75

J0093335
革命志士名言诗抄书信钢笔行书字帖　仲
河, 燕森书
北京 中国妇女出版社 1990 年 194 页
19cm(小 32 开) 定价: CNY2.70

J0093336
规范钢笔正楷字帖　顾仲安书
上海 上海文化出版社 1990 年 125 页
19cm(32 开) ISBN: 7-80511-381-5
定价: CNY2.45

J0093337
桂林山水诗钢笔字帖　卢桐书
沈阳 辽宁科学技术出版社 1990 年 252 页
19cm(32 开) ISBN: 7-5381-0864-5
定价: CNY4.90

J0093338
桂林山水诗文钢笔字帖　骆恒光书
南宁 广西民族出版社 1990 年 164 页
19cm(32 开) ISBN: 7-5363-1025-0

定价: CNY3.25

J0093339
海涅诗选　齐玉新书
南宁 广西美术出版社 1990 年 67 页
17cm(40 开) ISBN: 7-80582-095-3
定价: CNY1.80
(外国名诗硬笔书法篆书)
　　中国现代硬笔字法书。

J0093340
汉语成语同义词钢笔楷书字帖　张守镇书
郑州 河南教育出版社 1990 年 48 页
19cm(32 开) ISBN: 7-5347-0836-2
定价: CNY0.88

　　作者张守镇(1958—　), 回族, 书法家、国
家一级美术师。河南杞县人。历任中国国际书
法家协会副主席、中国民间文艺家协会会员、河
南省硬笔书法家协会常务理事、副秘书长, 郑州
大学兼职教授、河南工业大学硕士导师。代表作
品《袖珍古诗五体书法字帖》《钢笔楷书》《钢笔
字技法》等。

J0093341
汉字简繁体对照硬笔书法集　王登平, 熊少
军书
北京 长征出版社 1990 年 142 页 19cm(小 32 开)
定价: CNY2.40

J0093342
贺词集锦钢笔字帖　刘大卫书, 李庆选辑
上海 同济大学出版社 1990 年 169 页
20cm(32 开) ISBN: 7-5608-0691-0
定价: CNY2.70

J0093343
黄若舟连写法钢笔字帖　黄若舟书写
成都 四川美术出版社 1990 年 61 页
19cm(32 开) ISBN: 7-5410-0473-1
定价: CNY2.00

　　作者黄若舟(1906—2000), 原名济才, 号若
舟, 江苏宜兴上黄镇人。历任中国美术家协会会
员、中国书法家协会会员、中国教育学会书法教
育研究会顾问、上海艺术教育委员会顾问、大学
书法教育协会会长。著有《汉字快写法》《花鸟

画技法》《黄若舟一笔书》《黄若舟书画缘》等。

J0093344
火柴棒书法
武汉 湖北美术出版社 1990年 26cm（16开）

J0093345
晋阳杯硬笔书法大赛获奖作品选集　徐文达
主编
太原 书海出版社 1990年 124页 26cm（16开）
定价：CNY3.90
　　作者徐文达（1825—1890），清代书法家。字
仁山，安徽南陵人，清光绪年间任两淮盐运使、
福建按察使护、护理漕运总督。

J0093346
绝句百首钢笔书法　刘宝民书
北京 团结出版社 1990年 13cm（60开）
ISBN：7-80061-360-7 定价：CNY0.80

J0093347
楷书钢笔字帖　（千家诗）方绍武，黄书权书写
合肥 黄山书社 1990年 重印本 119页
18cm（15开）ISBN：7-80535-114-7
定价：CNY1.70

J0093348
楷书行书钢笔字帖　马中华书
郑州 河南美术出版社［1990—1999年］61页
19cm（32开）ISBN：7-5401-0319-1
定价：CNY1.60

J0093349
孔孟名言钢笔行楷字帖　天祥书写
北京 学苑出版社 1990年 128页 19cm（32开）
ISBN：7-5077-0256-1 定价：CNY2.40

J0093350
赖宁日记选钢笔正楷字帖　黄华生书
福州 福建少年儿童出版社 1990年 91页
19cm（32开）ISBN：7-5395-0421-8
定价：CNY1.50

J0093351
赖宁作文选钢笔字帖　刘山户辑；吴玉生写

天津 新蕾出版社 1990年 61页 19cm（32开）
ISBN：7-5307-0698-5 定价：CNY0.96

J0093352
雷锋故事三则钢笔字帖　林平文，房弘毅写
天津 新蕾出版社 1990年 62页 19cm（小32开）
定价：CNY0.96
　　作者房弘毅（1955—　　），硬笔书法家。生于
北京，就读于中国书画函授大学。曾任中国现代
硬笔书法研究会编辑部副主任。代表作品有《楷
书历代名篇》。

J0093353
雷锋日记　（钢笔字帖）吴新如等书；浙江美术
学院出版社选编
杭州 浙江美术学院出版社 1990年 90页
20cm（32开）ISBN：7-81019-066-0
定价：CNY1.80

J0093354
雷锋日记钢笔行书字帖　黎汝相书
南宁 广西教育出版社 1990年 157页
19cm（32开）ISBN：7-5435-0804-4
定价：CNY3.00

J0093355
雷锋日记钢笔书法　鹿耀世书写
北京 中国展望出版社 1990年 88页
19cm（32开）ISBN：7-5050-0780-7
定价：CNY1.80
　　作者鹿耀世，书法家、美术编审。字剑平，
中国社会科学出版社美术副编审。出版《字体艺
术》《耀世书法系列》，主编《现代广告创意》《美
术设计图库》《徐悲鸿诞辰一百一十周年书画作
品集》等。

J0093356
雷锋日记钢笔字帖　林祥庚书
福州 福建少年儿童出版社 1990年 92页
19cm（32开）ISBN：7-5395-0396-3
定价：CNY1.70

J0093357
雷锋日记钢笔字帖　梁英世书
北京 金盾出版社 1990年 158页 19cm（32开）

ISBN：7-80022-202-0 定价：CNY2.50

　　本书包括用正楷和行书两种字体书写的雷锋日记 41 篇。

J0093358

雷锋日记钢笔字帖　高见书

西安 三秦出版社 1990 年 69 页 19cm（32 开）

ISBN：7-80546-325-5 定价：CNY1.35

J0093359

雷锋日记诗文钢笔四体字帖　池继林书

沈阳 辽宁美术出版社 1990 年 102 页 有肖像

19cm（32 开）ISBN：7-5314-0729-9

定价：CNY1.65

　　本书用楷书、行书、魏体、隶书 4 种字体书写了雷锋日记。作者池继林（1965— ），书法家。河南商丘人，沈阳军区任职。

J0093360

雷锋日记诗文选钢笔字帖　冯国语书

昆明 云南民族出版社 1990 年 96 页

19cm（32 开）ISBN：7-5367-0260-4

定价：CNY1.45

　　作者冯国语（1940— ），画家。生于河南叶县，毕业于哈尔滨工业大学。云南省七、八、九届政协委员、云南省文史馆馆员、中国书法家协会会员、九州书画院院长、中国外交部书法协会顾问、中国书画函授大学教授。

J0093361

雷锋日记选多体钢笔字帖　霍德敏等书

太原 希望出版社 1990 年 38 页 19cm（小 32 开）

定价：CNY1.50

　　作者霍德敏，硬笔书法家。

J0093362

林语堂妙语钢笔字帖　王立志书；耘夫编

北京 中国国际广播出版社［1990—1999 年］

150 页 19cm（32 开）ISBN：7-5078-0697-9

定价：CNY3.00

J0093363

刘洪彪硬笔签名　（中国当代书法家名录）刘洪彪书

北京 海潮出版社 1990 年 152 页 20cm（24 开）

ISBN：7-80054-131-2 定价：CNY3.75

　　作者刘洪彪（1954— ），字后夷，号逆版斋主，中国书协培训中心副教授、中国书法家协会会员。

J0093364

流行歌曲硬笔书法　何满宗书

昆明 云南少年儿童出版社 1990 年 141 页

19cm（32 开）ISBN：7-5414-0544-2

定价：CNY2.50

J0093365

六体钢笔字帖续集　袁晓义书写

郑州 河南教育出版社 1990 年 442 页

13cm（60 开）ISBN：7-5347-0714-5

定价：CNY1.75

J0093366

鲁迅诗文钢笔字帖　梁英世编写

北京 工人出版社 1990 年 204 页 19cm（32 开）

ISBN：7-5008-0663-9 定价：CNY3.20

　　本字帖用楷书和行书书写。作者梁英世，北京第 25 中学书法教师。

J0093367

鲁迅诗文选钢笔字帖　晓月书；龚民选

北京 农村读物出版社 1990 年 122 页

19cm（32 开）ISBN：7-5048-1401-6

定价：CNY2.65

　　作者晓月，女书法家，军人。

J0093368

鲁迅诗文选钢笔字帖　晓月书；龚民选

北京 农村读物出版社 1996 年 2 版 122 页

19cm（小 32 开）ISBN：7-5048-1401-6

定价：CNY5.80

（楷书丛帖）

J0093369

罗兰妙语钢笔字帖　周立福书

武汉 武汉工业大学出版社 1990 年 180 页

19cm（32 开）ISBN：7-5629-0427-8

定价：CNY2.90

　　作者周立福（1962— ），书法家。湖北省书法家协会会员、湖北省咸宁市咸安区委组织部工作。出版有《古诗文钢笔字帖》《席慕蓉诗歌行书字帖》《汪国真抒情诗钢笔字帖》。

J0093370
马金星歌词钢笔字帖　　马金星著；张曙光书
北京 农村读物出版社 1990 年 154 页
19cm（32 开）ISBN：7-5048-1400-8
定价：CNY2.65

J0093371
马明钢笔书法选　　马明书
南京 河海大学出版社 1990 年 110 页
25×13cm（24 开）ISBN：7-5630-0057-7
定价：CNY10.00
　　本书系中国行草钢笔字法帖专著。作者马明（1929—2013），中学数学教育家、特级教师。江苏南京人。原南京师大附中副校长、江苏省硬笔书法协会艺术顾问、中国业余硬笔书法家。

J0093372
毛泽东诗词钢笔行草　　黎松峭书
南宁 广西民族出版社 1990 年 110 页
19cm（32 开）ISBN：7-5363-0734-9
定价：CNY2.55

J0093373
毛泽东诗词钢笔行书字帖　　孙宝麟书
北京 中国人口出版社 1990 年 91 页
19cm（32 开）ISBN：7-80079-012-6
定价：CNY1.95

J0093374
毛泽东诗词钢笔字帖　　卢中南书；林夕选
北京 农村读物出版社 1990 年 122 页
19cm（32 开）ISBN：7-5048-1402-4
定价：CNY2.65
　　本书系中国钢笔字行草法帖专著。

J0093375
毛泽东诗词钢笔字帖　　卢中南书；林夕选
北京 农村读物出版社 1996 年 2 版 122 页
19cm（小 32 开）ISBN：7-5048-1402-4
定价：CNY5.80
（楷书丛帖）

J0093376
描红钢笔练字帖　　三川钢笔书院编
武汉 长江文艺出版社 1990 年 5 册（178 页）
27cm（大 16 开）定价：CNY6.80

J0093377
名人名言钢笔书法　　魏开功著
武汉 华中师范大学出版社 1990 年 100 页
19cm（32 开）ISBN：7-5622-0507-8
定价：CNY1.80

J0093378
名人情书钢笔字帖　　吴玉生书
北京 学苑出版社 1990 年 156 页 19cm（32 开）
ISBN：7-80060-927-8 定价：CNY2.80

J0093379
名人箴言钢笔书法字帖　　（首届联赛获奖者书写）尹俊龙主编
成都 成都科技大学出版社 1990 年 139 页
19cm（32 开）ISBN：7-5616-0424-6
定价：CNY2.80

J0093380
名人箴言钢笔书法字帖　　（首届联赛获奖者书写）尹俊龙主编
成都 成都科技大学出版社 1993 年 2 版 139 页
19cm（小 32 开）ISBN：7-5616-0424-6
定价：CNY3.37

J0093381
名胜古迹楹联钢笔楷书书法　　高岚书
北京 光明日报出版社 1990 年 120 页
19cm（32 开）ISBN：7-80014-557-3
定价：CNY3.20

J0093382
排行榜金曲钢笔字帖　　钱沛云书
南宁 广西美术出版社 1990 年 120 页
19cm（32 开）ISBN：7-80582-108-9
定价：CNY3.60
　　本字帖精选 73 首卡拉 OK 金曲歌词，以行书书写。作者钱沛云（1946—　　　），著名硬笔书法家。字鹤斋，浙江上虞人，毕业于上海师大中文系。中国书法家协会会员、中国书画函授大学书法系教授。主要作品有《楷书基础知识》《怎样写快写好钢笔字》《钢笔书法技巧要领》《红楼梦诗词钢钢笔行书书帖》等。

J0093383
普希金诗选　钱沛云书
南宁 广西美术出版社 1990 年 72 页
17cm（40 开）ISBN：7-80582-096-1
定价：CNY1.80
（外国名诗硬笔书法纂书）
　　作者钱沛云（1946—　），著名硬笔书法家、书法教育家。

J0093384
启功论书钢笔字帖　曾翔书
杭州 浙江美术学院出版社 1990 年 30 页
38cm（6 开）ISBN：7-81019-068-9
定价：CNY3.40

J0093385
千家诗钢笔圆珠笔字帖　刘大卫书
北京 测绘出版社 1990 年 163 页 19cm（32 开）
ISBN：7-5030-0443-6 定价：CNY2.80

J0093386
钱沛云最新钢笔字帖　（三字经 增广贤文）钱沛云书
南宁 广西民族出版社 1990 年 94 页 有照片
19cm（32 开）ISBN：7-5363-0914-7
定价：CNY2.40
　　作者钱沛云（1946—　），著名硬笔书法家。字鹤斋，浙江上虞人，毕业于上海师大中文系。中国书法家协会会员、中国书画函授大学书法系教授。主要作品有《楷书基础知识》《怎样写快写好钢笔字》《钢笔书法技巧要领》《红楼梦诗词钢钢笔行书书帖》等。

J0093387
青少年唐宋词钢笔书法　刘天明编
合肥 安徽少年儿童出版社 1990 年 186 页
13cm（60 开）ISBN：7-5397-0447-0
定价：CNY1.60
　　本书是从唐宋词中精选 106 首名篇，请中青年钢笔书法家张兆玉等人以多种书体书写而成的。

J0093388
情诗情言钢笔字帖　柳长忠等书
福州 福建美术出版社 1990 年 189 页
13cm（60 开）ISBN：7-5393-0107-4
定价：CNY2.40
（袖珍钢笔字帖丛书）

J0093389
情与爱的通信　（钢笔字帖）钱沛云书
上海 上海书画出版社 1990 年 110 页
19cm（32 开）ISBN：7-80512-441-8
定价：CNY1.40

J0093390
全国第四届钢笔书法大赛特等奖字帖　（中外名著精妙比喻辞典）
北京 中国国际广播出版社 1990 年 252 页
19cm（32 开）ISBN：7-80035-596-9
定价：CNY3.50

J0093391
全国获奖钢笔书法精品选　柯焕德主编
南宁 广西民族出版社 1990 年 119 页
19cm（32 开）ISBN：7-5363-0951-1
定价：CNY2.60

J0093392
全国小学生作文大赛获奖作品钢笔字帖
吴新如, 张颖琪编
北京 中国广播电视出版社 1990 年 203 页
19cm（小 32 开）定价：CNY3.00

J0093393
全国学生钢笔书法大赛获奖精品集锦　海婷编
北京 中国国际广播出版社 1990 年 124 页
26cm（16 开）ISBN：7-80035-104-1
定价：CNY3.20

J0093394
全国中学生作文大赛获奖作品钢笔字帖　顾仲安主编
北京 中国广播电视出版社 1990 年 247 页
19cm（小 32 开）定价：CNY3.60

J0093395
全军第二届硬笔书法"天马凌空"杯大赛获奖作品集　施善玉等编
北京　长征出版社　1990 年　188 页　20cm（32 开）
ISBN：7-80015-121-2　定价：CNY3.50

J0093396
三川钢笔练习帖　李洪川等书；三川钢笔书院编
武汉　长江文艺出版社　1990 年　30 页
26cm（16 开）ISBN：7-5354-0378-6
定价：CNY1.20

J0093397
三十六计钢笔书法　王正良书
杭州　浙江古籍出版社　1990 年　118 页
19cm（32 开）ISBN：7-80518-143-8
定价：CNY2.45
　　作者王正良（1949—　），编辑。浙江嵊县人，历任《浙江青年报》总编兼《中国钢笔书法》杂志主编、中国硬笔书法家协会副主席。

J0093398
沙孟海论书钢笔字帖　祝遂之书
杭州　浙江美术学院出版社　1990 年　31 页
38cm（6 开）ISBN：7-81019-067-9
定价：CNY3.40
　　作者祝遂之（1952—　），书法家、教授。上海人，硕士毕业于中国美术学院中国画系书法专业。历任中国美术学院中国画系教师、浙江美术学院教授、中国书法家协会学术委员、西泠印社社员。著有《祝遂之书画集》《祝遂之印谱》《中国篆刻通议》《祝遂之写书谱》等。

J0093399
闪光的名珠　（钢笔字帖）殷农书
上海　上海书画出版社　1990 年　94 页
19cm（32 开）ISBN：7-80512-440-X
定价：CNY1.25
　　中国现代钢笔字法帖。

J0093400
诗词名句硬笔字帖　沈道荣编
北京　北京燕山出版社　1990 年　122 页
19cm（32 开）ISBN：7-5402-0211-4
定价：CNY2.10

　　作者沈道荣（1939—　），湖南临湘人。中国书法家协会会员。专著有《草字辨异手册》《硬笔草体辨异字帖》《历代名句硬笔字帖》《欧阳询楷书字汇》等。

J0093401
实用对联钢笔字帖　高岭等编；朱崇昌书
济南　山东文艺出版社　1990 年　70 页
19cm（32 开）ISBN：7-5329-0340-0
定价：CNY1.10

J0093402
实用对联精选　时继明书
西安　三秦出版社　1990 年　重印　82 页
19cm（32 开）ISBN：7-80546-222-4
定价：CNY1.30

J0093403
实用钢笔书法教程　邓藉田编著
北京　中国工人出版社　1990 年　211 页
19cm（32 开）ISBN：7-5008-0620-5
定价：CNY2.50
　　作者邓藉田（1937—　），教师。北京新源里第三中学高级书法教师、北京市教育学会会员、北京神州书法研究会理事。

J0093404
实用钢笔书法自学教材　北京硬笔书法学会编
北京　北京体育学院出版社　1990 年　110 页
26cm（16 开）ISBN：7-81003-480-4
定价：CNY4.70

J0093405
实用钢笔字速成　孙玉田，孟庆祥编
天津　天津教育出版社　1990 年　92 页
19cm（小 32 开）定价：CNY1.40

J0093406
实用钢笔字速成法　王宝洺著
北京　北京少年儿童出版社　1990 年　136 页
19cm（32 开）ISBN：7-5301-0294-X
定价：CNY2.70

J0093407
实用文书知识钢笔行书字帖　刘大卫书

北京 知识出版社 1990年 160页 19cm（32开）
ISBN：7-5015-0371-0 定价：CNY2.40

J0093408

世界名人格言精华四体钢笔字帖　刘大卫书
牡丹江市 黑龙江朝鲜民族出版社 1990年
148页 19cm（32开）ISBN：7-5389-0298-8
定价：CNY3.60

J0093409

书法名家人生格言钢笔字帖　吴未淳书写；
吴鸿慈选校
北京 中国劳动出版社 1990年 155页
19cm（32开）ISBN：7-5045-0548-X
定价：CNY2.20

J0093410

书法名家人生格言钢笔字帖　（爱情篇）袁强
书写
北京 中国劳动出版社 1990年 155页
19cm（32开）ISBN：7-5045-0547-1
定价：CNY2.25
　　作者袁强（1953—　　），北京市崇文区少年宫
书法教师、北京市书法家协会会员、中国硬笔书
法协会副秘书长、北京崇文区少年书法学校副校
长、中国人民大学函授学院任客座书法副教授。

J0093411

书圣故地古代金庭诗选　（系列钢笔字帖 行
书）张忠进选编；王正良书写
北京 中国妇女出版社 1990年 108页
26cm（16开）ISBN：7-80016-293-1
定价：CNY3.60

J0093412

书圣故地近代金庭诗选　（系列钢笔字帖 行
书）张忠进选编；王正良书写
北京 中国妇女出版社 1992年 94页
26cm（16开）ISBN：7-80016-504-3
定价：CNY3.80
　　本书选集了清至今的名家诗词136首。

J0093413

书苑奇葩　（硬笔书法获奖作品集萃）黄萱主编
海口 南海出版公司 1990年 180页 26cm（16开）

ISBN：7-80570-196-2 定价：CNY7.50
（硬笔书法大观园）
　　本书收有140多幅优秀作品，全部出自名家
之手，反映了当代中国硬笔书法的最高水平。作
品风格各异，有汉隶、唐隶、魏碑、欧、颜、柳、
赵及当代硬笔书法的各种风格、各种类型的字
体。内容全部录自中国古典名著《红楼梦》，装饰
典雅，格调清新古朴。

J0093414

四体钢笔字帖　周丰著
北京 光明日报出版社 1990年 125页
19cm（32开）ISBN：7-80014-747-9
定价：CNY2.00

J0093415

速成钢笔行书习字帖　李胜洪编写
武汉 湖北教育出版社 1990年 2版 修订本
32页 26cm（16开）ISBN：7-5351-0541-6
定价：CNY1.30
　　作者李胜洪（1954—　　），国家一级美术师。
字凌之，号樵翁、无名堂主，湖北荆州人。中国
艺术研究院中国书法院常务副院长、中国书法家
协会理事。编著有《中国书法》《书家必携》《中
国当代书法名家——李胜洪新作》等。

J0093416

孙文博钢笔字帖　（名人名言录）孙文博书
北京 中国青年出版社 1990年 88页
19cm（32开）ISBN：7-5006-0683-4
定价：CNY2.00
　　作者孙文博，书法家，书法高级教师，中华
硬笔书法协会常务理事。

J0093417

孙子兵法钢笔字帖　王正良编著
南宁 广西美术出版社 1990年 77页 有照片
19cm（32开）
　　作者王正良（1949—　　），编辑。浙江嵊县人，
历任《浙江青年报》总编兼《中国钢笔书法》杂志
主编、中国硬笔书法家协会副主席。

J0093418

泰戈尔诗选　盈禧，廉人书
南宁 广西美术出版社 1990年 85页

17cm（32 开）ISBN：7-80582-097-X
定价：CNY1.95
（外国名诗硬笔书法篆书）
中国现代硬笔字法书字帖。

J0093419
唐诗绝句八十首 （七体钢笔字帖）崔立信编
石家庄 河北人民出版社 1990 年 161 页
13cm（60 开）ISBN：7-202-00812-2
定价：CNY1.10

J0093420
唐诗绝句一百首 （钢笔隶书字帖）刘旭光书
石家庄 河北人民出版社 1990 年 36 页
19cm（32 开）ISBN：7-202-00813-0
定价：CNY0.70

J0093421
唐宋百家诗钢笔行书字帖 程欣荣书
南昌 江西美术出版社 1990 年 30 页
19cm（32 开）ISBN：7-80580-027-8
定价：CNY0.75
作者程欣荣（1951— ），笔名时蓝，中华硬笔书法家协会会员、江西省硬笔书法研究会会员。

J0093422
唐宋词百首钢笔书法 卢桐著
北京 中国华侨出版公司 1990 年 180 页
26cm（16 开）ISBN：7-80074-237-7
定价：CNY8.00
本书作者选取 180 首唐宋词，写成独立成篇的楷书、行楷、行草和隶书作品。各篇的大小和格式不尽相同，但每幅作品均有行款、署名和钤印。作者卢桐（1947— ），书法家、国家二级美术师。生于辽宁沈阳，祖籍河北饶阳。历任沈阳民族书画院院长、中国书法艺术研究院艺术委员会理事、东北大学客座教授。出版有《卢桐书法集》。

J0093423
唐宋诗歌名句钢笔字帖 赵明文辑；袁强写
天津 新蕾出版社 1990 年 62 页 19cm（32 开）
ISBN：7-5307-0697-7 定价：CNY0.96

J0093424
五体钢笔书对联集锦 王君书
石家庄 河北人民出版社 1990 年 216 页
13×19cm（32 开）ISBN：7-202-00576-X
定价：CNY2.45
作者王君（1938— ），中国书法家协会河北分会和中国硬笔书法协会会员。

J0093425
五体钢笔字宋诗百首 王君书
石家庄 河北人民出版社 1990 年 100 页
13×19cm（32 开）ISBN：7-202-00811-4
定价：CNY1.30

J0093426
五体钢笔字帖 （民间应酬交际通用对联大全）
刘大卫书
延吉 延边人民出版社 1990 年 149 页
19cm（32 开）ISBN：7-80508-492-0
定价：CNY3.70

J0093427
席慕蓉爱情诗钢笔字帖 席慕蓉著；卢桐书
长沙 湖南文艺出版社 1990 年 234 页
20cm（32 开）ISBN：7-5404-0546-5
定价：CNY3.50

J0093428
席慕蓉诗钢笔字帖 柳长忠等书
福州 福建美术出版社 1990 年 186 页
13cm（60 开）ISBN：7-5393-0108-2
定价：CNY2.40

J0093429
席慕蓉诗歌行书钢笔字帖 周立福书
武汉 长江文艺出版社 1990 年 120 页
19cm（32 开）ISBN：7-5354-0347-6
定价：CNY1.80
作者周立福（1962— ），书法家。湖北省书法家协会会员、湖北省咸宁市咸安区委组织部工作。出版有《古诗文钢笔字帖》《席慕蓉诗歌行书字帖》《汪国真抒情诗钢笔字帖》。

J0093430
席慕蓉诗文钢笔字帖 程芳主编

北京 华艺出版社 1990年 145页 19cm（32开）
ISBN：7-80039-336-4 定价：CNY2.60

　　本书以席慕蓉的诗歌散文为内容的硬笔书
法字帖。书写者分别用楷、隶两体书写，既可作
诗文集阅读，也可作硬笔书法的学习范本。

J0093431

席慕蓉诗文硬笔书法字帖　（雨中的山林）席
慕蓉著；房弘毅书
北京 学苑出版社 1990年 152页 19cm（32开）
ISBN：7-80060-886-7 定价：CNY2.35

　　书者房弘毅（1955— ），硬笔书法家。生于
北京，就读于中国书画函授大学。曾任中国现代
硬笔书法研究会编辑部副主任。代表作品有《楷
书历代名篇》。

J0093432

喜庆楹联钢笔字帖　吕常伦，宋修艺编；陈梗
桥书
济南 山东文艺出版社 1990年 70页
19×12cm（36开）ISBN：7-5329-0341-9
定价：CNY1.10

J0093433

现代散文名篇钢笔字帖　钱少敏等书
杭州 浙江教育出版社 1990年 171页
19cm（32开）ISBN：7-5338-0381-7
定价：CNY2.10

J0093434

现代抒情散文钢笔字帖　苏健书
杭州 浙江文艺出版社 1990年 220页
19cm（32开）ISBN：7-5339-0329-3
定价：CNY3.20

　　作者苏健（1962— ），中国书法家协会浙江
分会会员，字无邪，号南明山人。

J0093435

现代抒情诗名篇钢笔字帖　婴草选编；曹宝
麟等书
合肥 安徽美术出版社 1990年 160页
19cm（32开）ISBN：7-5398-0129-8
定价：CNY3.80

　　作者曹宝麟（1946— ），书法家，书法理论
家，学者。生于上海，祖籍江苏无锡。斋号晏庐。

历任中国书法家协会学术委员会委员，暨南大学
文化艺术中心教授等职。著有《抱瓮集》《中国
书法全集·蔡襄卷》《曹宝麟书法精选》等。

J0093436

小学课本古诗钢笔字帖　李培隽写
天津 新蕾出版社 1990年 56页 19cm（32开）
ISBN：7-5307-0695-0 定价：CNY0.96
（中小学生钢笔字帖）

J0093437

小学生钢笔正楷字帖　丁永康书写
北京 教育科学出版社 1990年 162页
19cm（小32开）定价：CNY2.20

　　作者丁永康（1956— ），书法教师。江苏淮
阴人，毕业于首都师范大学书法专业。历任中国
人民保险公司工会干部、中国书法家协会会员、
华艺硬笔习字会副会长。代表作品有《3500常
用字钢笔字帖》《常用字钢笔楷书行书对照字帖》
《钢笔楷书行书技法指南》等。

J0093438

小学生钢笔字帖　曹军书
北京 工人出版社 1990年 120页 有图
19cm（32开）ISBN：7-5008-0577-2
定价：CNY2.20

　　作者曹军，中国现代硬笔书法研究会理事、
辽宁现代硬笔书法研究会副秘书长。

J0093439

小学生铅笔字帖　吴玉生书
北京 北京师范学院出版社 1990年 62页
19cm（小32开）定价：CNY1.15

J0093440

小学语文2800生字楷行书钢笔字帖　池继
林书
沈阳 沈阳出版社 1990年 66页 19cm（32开）
ISBN：7-80556-432-9 定价：CNY1.25

　　作者池继林（1965— ），书法家。河南商丘
人，沈阳军区任职。

J0093441

小学语文课本生字钢笔字帖　（4—6年级）刘
潮书

北京 海洋出版社 1990年 100页 19cm（小32开）
定价：CNY1.65

J0093442
小学语文生字钢笔字帖 （一年级）李石文，
丰华写
天津 新蕾出版社 1990年 60页 19cm（32开）
ISBN：7-5307-0687-6 定价：CNY0.96
（中小学生钢笔字帖）

J0093443
小学语文生字钢笔字帖 （二年级）李石文，
丰华写
天津 新蕾出版社 1990年 60页 19cm（32开）
ISBN：7-5307-0689-6 定价：CNY0.96
（中小学生钢笔字帖）

J0093444
小学语文生字钢笔字帖 （三年级）李石文，
丰华写
天津 新蕾出版社 1990年 60页 19cm（32开）
ISBN：7-5307-0689-6 定价：CNY0.96
（中小学生钢笔字帖）

J0093445
小学语文生字钢笔字帖 （四年级）李石文，
丰华写
天津 新蕾出版社 1990年 60页 19cm（32开）
ISBN：7-5307-0689-6 定价：CNY0.96
（中小学生钢笔字帖）

J0093446
小学语文生字钢笔字帖 （五年级）李石文，
丰华写
天津 新蕾出版社 1990年 60页 19cm（32开）
ISBN：7-5307-0689-6 定价：CNY0.96
（中小学生钢笔字帖）

J0093447
小学语文生字钢笔字帖 （六年级）李石文，
丰华写
天津 新蕾出版社 1990年 60页 19cm（32开）
ISBN：7-5307-0689-6 定价：CNY0.96
（中小学生钢笔字帖）

J0093448
写好铅笔字的奥秘 张茹兰著
长春 吉林人民出版社 1990年 46页
19cm（32开）ISBN：7-206-00855-0
定价：CNY2.00

J0093449
心声的传递 （赠言诗钢笔书法）杨为国等书
杭州 浙江文艺出版社 1990年 189页
20cm（32开）ISBN：7-5339-0303-X
定价：CNY3.30

J0093450
新编钢笔字帖 李静等书写
武汉 长江文艺出版社 1990年 1册
19cm（32开）ISBN：7-5354-0387-5
定价：CNY3.80
　　作者李静，中国当代硬笔书法家协会会员。

J0093451
徐志摩爱情书信日记选 （钢笔书法）劳凡书写
成都 四川文艺出版社 1990年 112页
26cm（16开）ISBN：7-5411-0604-6
定价：CNY2.95

J0093452
徐志摩抒情诗钢笔字帖 程芳主编
北京 华艺出版社 1990年 156页 19cm（32开）
ISBN：7-80039-337-0 定价：CNY2.80
　　本书是徐志摩抒情诗歌选的行草钢笔书
法帖。

J0093453
学生成语生字字帖 徐世杰书写
北京 中国国际广播出版社 1990年 196页
19cm（32开）ISBN：7-80035-563-2
定价：CNY2.90

J0093454
学生钢笔字帖 翁卫军书写
北京 中国国际广播出版社 1990年 163页
19cm（32开）ISBN：7-80035-125-4
定价：CNY2.80

J0093455
学生钢笔字帖　崔国强编
长沙　湖南少年儿童出版社　1990年　78页
19cm（32开）ISBN：7-5358-0554-X
定价：CNY0.85
　　作者崔国强，湖南省委农村部干训部副主
任，中国硬笔书法家协会理事。

J0093456
学生实用钢笔字帖　任德山，晓赢书
北京　中国青年出版社　1990年　169页
19cm（32开）ISBN：7-5006-0871-3
定价：CNY3.60

J0093457
学生袖珍钢笔字帖及练字诀窍　（小楷）史小
波书；桃李编选
北京　原子能出版社　1990年　13cm（64开）
定价：CNY0.80

J0093458
雪莱诗选　任平书
南宁　广西美术出版社　1990年　73页
17cm（32开）ISBN：7-80582-092-9
定价：CNY1.80
（外国名诗硬笔书法篆书）
　　作者任平（1952—　），书法家。江苏如皋
人，毕业于杭州大学中文系，获博士学位。历任
文化部中国艺术研究院教授、博士生导师，中国
艺术研究院美术研究所学术委员会委员、书法研
究室主任、中国书法家协会书法教育专业委员会
委员、中国语言学会会员等。代表作品优《中国
书法》《说隶》《笔歌墨舞》《中国书法全集》等。

J0093459
英雄少年赖宁作品录钢笔字帖　张守镇书
北京　中国妇女出版社　1990年　143页
19cm（小32开）定价：CNY2.90
　　作者张守镇（1958—　），回族，书法家、国
家一级美术师。河南杞县人。历任中国国际书
法家协会副主席、中国民间文艺家协会会员、河
南省硬笔书法家协会常务理事、副秘书长、郑州
大学兼职教授、河南工业大学硕士导师。代表作
品《袖珍古诗五体书法字帖》《钢笔楷书》《钢笔
字技法》等。

J0093460
应用字钢笔行书备要　阿蒙编写
上海　学林出版社　1990年　70页　27cm（大16开）
定价：CNY2.20

J0093461
硬笔行书字帖　（钢笔、圆珠笔）王须兴，沈鸿
根主编
上海　三联书店上海分店　1990年　74页
26cm（16开）ISBN：7-5426-0431-7
定价：CNY3.60
　　沈鸿根（1943—　），书法家。别号江鸟，
出生于上海。曾任《写字》杂志副总编、上海中
华书画协会副会长、中国书法家协会会员、上
海市书法家协会硬笔书法家联谊会首任会长。
出版作品《行书概论》《书法十五讲》《硬笔书
法百日通》等。

J0093462
硬笔书法　刘志伟著
北京　解放军出版社　1990年　274页　19cm（32开）

ISBN：7-5065-1149-5　定价：CNY3.15
（文娱体育丛书）
　　本书阐述了硬笔楷书、行书、草书、隶书、
篆书五种书体的理论和练习技法。

J0093463
硬笔书法　黄若舟著
上海　上海人民美术出版社　1990年　122页
19cm（32开）ISBN：7-5322-0677-7
定价：CNY2.50

J0093464
硬笔书法春联　霍然，杜锡瑞书
石家庄　河北美术出版社　1990年　88页　有照片
23×13cm　ISBN：7-5310-0375-9　定价：CNY4.00
　　作者霍然（1948—　），毕业于河北财经学
院。曾任天津警备区政治部副主任、中国书法家
协会河北分会会员。出版有《柳营点墨》《硬笔
书法春联》《硬笔书法·孔雀东南飞》《霍然书法
集》和诗集《军旅行吟》，游记《欧罗巴，与你有
多远》。作者杜锡瑞（1947—　），书画家、国家
一级美术师。河北乐亭人。河北省作家协会、中
国书法家协会会员、河北省书法家协会副主席，

河北省民间工艺美术大师(巧雕印钮类)、河北逸书堂书画院高级顾问。代表作品有《书法与篆刻》《杜锡瑞作品集》等。

J0093465

硬笔书法荟萃　潘履孚主编；中国人民保险公司编

北京　工人出版社　1990 年　84 页　有照片

26cm(16 开) ISBN：7-5008-0681-7

定价：CNY3.90

J0093466

硬笔书法精选　南宁市文联编

南宁　广西美术出版社　1990 年　86 页

19cm(32 开) ISBN：7-80582-035-X

定价：CNY2.00

J0093467

硬笔书法奇葩　(中国首届年轻人硬笔书法大赛特等奖获得者杨小健作品选)杨小健书

太原　北岳文艺出版社　1990 年　97 页

26cm(16 开) ISBN：7-5378-0295-5

定价：CNY6.00

　　杨小健(1960—　)，书法家，字勤汉，久雅堂主

J0093468

硬笔书法入门　(歇后语钢笔字帖)袁仲熊作

武汉　武汉出版社　1990 年　159 页　19cm(32 开)

ISBN：7-5430-0323-6　定价：CNY2.25

J0093469

硬笔书法实用字帖　(一)李岩选编

济南　山东美术出版社　1990 年　32 页

26cm(16 开) ISBN：7-5330-0286-5

定价：CNY1.40

J0093470

硬笔书法实用字帖　(二)李岩选编

济南　山东美术出版社　1990 年　32 页

26cm(16 开) ISBN：7-5330-0287-3

定价：CNY1.40

J0093471

硬笔书法实用字帖　(三)李岩选编

济南　山东美术出版社　1990 年　32 页

26cm(16 开) ISBN：7-5330-0288-1

定价：CNY1.40

J0093472

硬笔书法实用字帖　(四)李岩选编

济南　山东美术出版社　1990 年　32 页

26cm(16 开) ISBN：7-5330-0289-X

定价：CNY1.40

J0093473

硬笔书法字帖　(席慕蓉海涅诗歌摘抄)吴玉生，卢中南书

北京　海潮出版社　1990 年　124 页　19cm(32 开)

ISBN：7-80054-126-6　定价：CNY2.20

J0093474

硬笔书法作品　张一福书

长沙　湖南美术出版社　1990 年　26×15cm

ISBN：7-5356-0401-3　定价：CNY1.20

J0093475

优秀歌词钢笔字帖　吴玉生书；伦秀伟选

北京　农村读物出版社　1990 年　123 页

19cm(32 开) ISBN：7-5048-1399-0

定价：CNY2.65

　　书写者吴玉生曾获中国硬笔书法大赛一等奖，有"铁笔兵"美称。本书是吴先生用行书书写的。

J0093476

优秀歌曲 100 首钢笔行书字帖　刘大卫书

成都　四川辞书出版社　1990 年　96 页

19cm(32 开) ISBN：7-80543-141-8

定价：CNY2.35

J0093477

优秀新歌词钢笔字帖　陈明辑；任红雨写

天津　新蕾出版社　1990 年　38 页　19cm(32 开)

ISBN：7-5307-0693-4　定价：CNY0.65

(中小学生钢笔字帖)

J0093478

雨果诗选　司惠国书

南宁　广西美术出版社　1990 年　65 页

17cm（40 开）ISBN：7-80582-094-5
定价：CNY1.80
（外国名诗硬笔书法篆书）

　　作者司惠国（1959—　），硬笔书法家。河北唐山人，中国当代硬笔书法习字会会长。

J0093479

圆珠笔临写字帖　崔学路临写
哈尔滨　黑龙江人民出版社 1990 年 88 页
19cm（32 开）ISBN：7-207-01636-0
定价：CNY2.70

　　作者崔学路（1945—　），书法家。号藏鲁斋主，山东平原人。曾创办并担任《青少年书法报》社社长兼总编辑，中国硬笔书法家协会常务理事、中国书法家协会会员。

J0093480

怎样写好钢笔字　李帆，金戈编著
北京　农村读物出版社 1990 年 37 页
19cm（32 开）ISBN：7-5048-0849-0
定价：CNY1.10

J0093481

怎样写好钢笔字　陶梅岑著
重庆　重庆出版社 1990 年 56 页 19cm（32 开）
ISBN：7-5366-1172-2 定价：CNY0.95

J0093482

赠言荟萃钢笔字帖　仇寅等书
福州　福建美术出版社 1990 年 190 页
13cm（60 开）ISBN：7-5393-0104-X
定价：CNY2.40

　　作者仇寅（1962—　），硬笔书法家。生于江苏涟水。编写出版有《仇寅钢笔字》《仇寅书外国名诗》《雷锋日记选钢笔字帖》《古帖新临多体钢笔字帖》等。

J0093483

赠言集锦楷行钢笔字帖　刘大卫书
上海　上海科学技术文献出版社 1990 年 153 页
19cm（小 32 开）定价：CNY1.90

J0093484

张建华硬笔书法　张建华书
北京　北京燕山出版社 1990 年 28 页

26cm（16 开）ISBN：7-5402-0229-7
定价：CNY1.30

J0093485

赵朴初诗词钢笔字帖　宗逸山书
杭州　浙江美术学院出版社 1990 年 30 页
38cm（6 开）ISBN：7-81019-069-9
定价：CNY3.40

J0093486

中国当代青少年硬笔书法选萃　刘金彪，李岩选编
石家庄　河北少年儿童出版社 1990 年 120 页
26cm（16 开）ISBN：7-5376-0508-4
定价：CNY4.30

　　本书中作品选自全国 25 个省市自治区的数千件应征稿。

J0093487

中国当代硬笔书法作品集　当代硬笔书法协会编著
北京　北京体育学院出版社 1990 年 332 页
26cm（16 开）ISBN：7-81003-358-1
定价：CNY17.50

J0093488

中国钢笔书法艺术　（第 4 辑）高而颐主编；《中国钢笔书法艺术》编辑部编
杭州　浙江美术学院出版社［1990—1999 年］
48 页 26cm（16 开）ISBN：7-81019-082-2
定价：CNY2.10

J0093489

中国钢笔书法艺术　（第 5 辑）高而颐主编；《中国钢笔书法艺术》编辑部编
杭州　浙江美术学院出版社［1990—1999 年］
48 页 26cm（16 开）ISBN：7-81019-113-6
定价：CNY2.10

J0093490

中国格言警句钢笔书法　杨再春书
北京　北京体育学院出版社 1990 年 378 页
13cm（60 开）ISBN：7-81003-355-7
定价：CNY3.60

J0093491

中国古代廉政名言集锦 （硬笔书法）韩亨林选编书写

西安 陕西人民美术出版社 1990 年 176 页

19cm（32 开）ISBN：7-5368-0245-5

定价：CNY3.70

　　作者韩亨林（1952— ），书法家。笔名山人，号聚雅堂主。生于陕西靖边县，毕业于延安大学中文系。曾任中央纪委驻司法部纪检组组长、党组成员，中国书法家协会会员。代表作品有《韩亨林硬笔书法》《韩亨林书法选》等。

J0093492

中国简化·繁体汉字钢笔字帖 林文编；弘才，浦深书

长春 吉林人民出版社 1990 年 178 页

19cm（32 开）ISBN：7-206-00837-2

定价：CNY3.50

J0093493

中国历史三字经 （钢笔字帖）田正常编；王仁凯书

长春 吉林大学出版社 1990 年 108 页

19cm（32 开）ISBN：7-5601-0544-0

定价：CNY1.90

J0093494

中国青年硬笔书法家优秀作品精萃 施善玉等主编

北京 长征出版社 1990 年 151 页 有照片

20cm（32 开）ISBN：7-80015-124-7

定价：CNY3.90

J0093495

中国现代抒情诗钢笔字帖 徐技新等书

上海 复旦大学出版社 1990 年 152 页

19cm（32 开）ISBN：7-309-00538-4

定价：CNY2.50

J0093496

中国现代硬笔书法大字典 王宝洺编著

北京 中国城市经济社会出版社 1990 年 772 页

19cm（32 开）精装 ISBN：7-5074-0470-6

定价：CNY18.40

　　本字典以国家教委、国家语委 1988 年 3 月颁布的常用汉字为准，共收简化字 3500 个，繁体字 1130 个。以楷、魏、行、草、隶等 5 种字体为主。

J0093497

中国现代硬笔书法大字典 王宝洺编写

北京 海洋出版社 1992 年 644 页 19cm（32 开）

ISBN：7-5027-1826-5 定价：CNY18.40

　　作者王宝洺（1958— ），书画艺术家。北京人，祖籍山东乐陵。别署半步斋主。中国对外经贸大学与中国中医药大学书法客座教授、北京霍英东书法学院院长、中国书画家协会理事、世界华人艺术家协会副主席、北京刘炳森书法研究室主任、中国书法家协会会员及北京书法家协会专业创作员。代表作品《学生隶书练习技法》。

J0093498

中国硬笔书法概论 何满宗著

长沙 湖南美术出版社 1990 年 326 页

20cm（32 开）ISBN：7-5356-0421-8

定价：CNY5.90

J0093499

中华硬笔书法精粹 中国现代硬笔书法研究会四川分会编

成都 电子科技大学出版社 1990 年 102 页

26cm（16 开）ISBN：7-81016-214-4

定价：CNY5.90

J0093500

中外爱情诗选钢笔字帖 李洪川等书

武汉 长江文艺出版社 1990 年 142 页

19cm（32 开）ISBN：7-5354-0372-7

定价：CNY2.10

J0093501

中外名人名言钢笔字帖 铁扣辑；丁永康书

天津 新蕾出版社 1990 年 60 页 19cm（32 开）

ISBN：7-5307-0699-3 定价：CNY0.96

（中小学生钢笔字帖）

　　作者丁永康（1956— ），书法教师。江苏淮阴人，毕业于首都师范大学书法专业。历任中国人民保险公司工会干部、中国书法家协会会员、华艺硬笔习字会副会长。代表作品有《3500 常用字钢笔字帖》《常用字钢笔楷书行书对照字帖》《钢笔楷书行书技法指南》等。

J0093502
中外名诗钢笔字帖　李石文书；许自强选编
北京 农村读物出版社 1990 年 122 页
19cm（32 开）ISBN：7-5048-1404-0
定价：CNY2.65

J0093503
中外名诗钢笔字帖　李石文书；许自强选
北京 农村读物出版社 1996 年 2 版 122 页
19cm（小 32 开）ISBN：7-5048-1404-0
定价：CNY5.80
（楷书丛帖）

J0093504
中外名言钢笔习字帖　杨再春书；熊永年，李
宪文选编
北京 北京体育大学出版社 1990 年 156 页
19cm（32 开）ISBN：7-81003-340-9
定价：CNY3.10

J0093505
中外抒情诗选钢笔字帖　李洪川等书
武汉 长江文艺出版社 1990 年 142 页
19cm（32 开）ISBN：7-5354-0371-9
定价：CNY2.10

J0093506
中小学生钢笔字帖
天津 新蕾出版社［1990—1999？年］
19cm（32 开）

J0093507
中学古诗词钢笔行书字帖　周大华书
成都 四川辞书出版社 1990 年 96 页
19cm（32 开）ISBN：7-80543-136-1
定价：CNY1.70

J0093508
中学生成语钢笔字帖　（楷书行书对照）况兆
鸿书
长春 吉林教育出版社 1990 年 80 页
19cm（32 开）ISBN：7-5383-1041-X
定价：CNY1.05
　　作者况兆鸿（1951—　　），斋号双微书屋。天
津市书法家协会会员、天津市硬笔书法协会副

主席、中国硬笔书法协会楷书专业研究部副秘
书长。

J0093509
中英钢笔字帖　钱沛云，孙群豪书
昆明 云南人民出版社 1990 年 80 页
19cm（32 开）ISBN：7-222-00439-4
定价：CNY1.50
　　外文书名：Chinese-English Pen Handwrit-
ing. 作者钱沛云（1946—　　），著名硬笔书法家。
字鹤斋，浙江上虞人，毕业于上海师大中文系。
中国书法家协会会员、中国书画函授大学书法系
教授。主要作品有《楷书基础知识》《怎样写快
写好钢笔字》《钢笔书法技巧要领》《红楼梦诗词
钢钢笔行书书帖》等。

J0093510
诸子百家名言钢笔楷书字帖　仲河燕林编写
北京 中国妇女出版社 1990 年 121 页
19cm（32 开）ISBN：7-80016-442-X
定价：CNY2.40

J0093511
《菜根谈》钢笔字帖　陈天乐等书
福州 海峡文艺出版社 1991 年 127 页
19cm（32 开）ISBN：7-80534-342-X
定价：CNY2.30

J0093512
《菜根谭》钢笔行书字帖　黎松峭书
南宁 广西美术出版社 1991 年 154 页
19cm（32 开）ISBN：7-80582-152-6
定价：CNY3.20

J0093513
《十老诗选》四体钢笔字帖　（行书）张亚海书
北京 农业出版社 1991 年 84 页 19cm（32 开）
ISBN：7-109-02279-X 定价：CNY2.45

J0093514
《十老诗选》四体钢笔字帖　（楷书）王振勋书
北京 农业出版社 1991 年 89 页 19cm（32 开）
ISBN：7-109-02278-1 定价：CNY2.45

J0093515

《十老诗选》四体钢笔字帖 （隶书）丁生俊书

北京 农业出版社 1991年 80页 19cm（32开）

ISBN：7-109-02280-3 定价：CNY2.45

J0093516

《十老诗选》四体钢笔字帖 （篆书）寿山书

北京 农业出版社 1991年 90页 19cm（32开）

ISBN：7-109-02281-1 定价：CNY2.45

J0093517

《孙子兵法》《三十六计》钢笔字帖 池继林书

沈阳 白山出版社 1991年 126页 19cm（小32开）

ISBN：7-80566-225-8 定价：CNY2.60

　　本字帖用行、楷两种字体书写。作者池继林（1965—　　），书法家。河南商丘人，沈阳军区任职。

J0093518

3500 常用字钢笔行书字帖 沈鸿根书

长春 东北师范大学出版社 1991年 62页 20cm（32开）ISBN：7-5602-0557-7

定价：CNY1.30

　　沈鸿根（1943—　　），书法家。别号江鸟，出生于上海。曾任《写字》杂志副总编、上海中华书画协会副会长、中国书法家协会会员、上海市书法家协会硬笔书法家联谊会首任会长。出版作品《行书概论》《书法十五讲》《硬笔书法百日通》等。

J0093519

3500 常用字钢笔五体字帖 范林庆等书；尹俊龙编

上海 上海书画出版社 1991年 重印本 318页 19cm（32开）ISBN：7-80512-494-9

定价：CNY4.50

J0093520

3500 常用字钢笔正楷行书字帖 谢光辉书

桂林 广西师范大学出版社 1991年 102页 19cm（小32开）ISBN：7-5633-1098-3

定价：CNY2.00

J0093521

5000 常用汉字钢笔三体字帖 顾仲安书

杭州 浙江文艺出版社 1991年 229页 19cm（小32开）ISBN：7-5339-0433-8

定价：CNY4.20

　　本书从常用的汉字中精选出5000字，用楷、行、草三种字体书写而成。作者顾仲安（1956—　　），书法家。中国硬笔书法家协会副主席、上海教师书画篆刻研究会名誉理事。拍摄有《硬笔书法电视讲座》和《硬笔书法》电视教育片。代表作品有《常用成语钢笔字帖接字成语》。

J0093522

5000 基本汉字标准钢笔行草字帖 刘大卫书；李庆编

北京 中国工人出版社 1991年 53页 19cm（小32开）ISBN：7-5008-0839-9

定价：CNY1.10

J0093523

5000 基本汉字标准钢笔行楷字帖 刘大卫书；李庆选编

北京 中国工人出版社 1991年 53页 19cm（小32开）ISBN：7-5008-0781-3

定价：CNY1.10

J0093524

5000 基本汉字标准钢笔正楷字帖 刘大卫书；李庆选编

北京 中国工人出版社 1991年 53页 19cm（32开）ISBN：7-5008-0698-1

定价：CNY1.10

J0093525

爱的语丝 曾雪书

北京 中国广播电视出版社 1991年 156页 19cm（小32开）ISBN：7-5043-1335-1

定价：CNY3.00

（台湾文学系列钢笔字帖）

　　作者曾雪（1969—　　），女，华艺硬笔习字会办公室副主任、常务理事。

J0093526

柏杨妙语 房弘毅书

北京 中国广播电视出版社 1991年 156页 19cm（小32开）ISBN：7-5043-1338-6

定价：CNY3.00

（台湾文学系列钢笔字帖）

　　作者房弘毅（1955—　　），硬笔书法家。生于北京，就读于中国书画函授大学。曾任中国现代硬笔书法研究会编辑部副主任。代表作品有《楷书历代名篇》。

J0093527

标准章法格式多体钢笔字帖　刘大卫著
北京 华艺出版社 1991 年 90 页 19cm（32 开）
ISBN：7-80039-353-4 定价：CNY2.00

J0093528

菜根谭钢笔行草隶书字帖　张辛汗书写
长沙 湖南文艺出版社 1991 年 95 页
26cm（16 开）ISBN：7-5404-0742-5
定价：CNY3.00

　　作者张辛汗（1944—2010），笔名殷勤，湖南沅江人。历任沅江市文化馆馆长、文化局副局长、文联主席，中国书法家协会湖南分会会员、中国音乐家协会音乐文学会会员、中国当代硬笔书法习字会理事、中国书法家协会会员。代表作品有《书谱释义》《元曲百首》《百花诗画》《百咏丛书》等。

J0093529

常用多音多义字钢笔字帖　李云国书
北京 中国国际广播出版社 1991 年 203 页
19cm（小 32 开）ISBN：7-5078-0154-3
定价：CNY3.25

J0093530

常用信函钢笔范帖　裘羽编文；章子峰编帖；骆恒光等书写
上海 同济大学出版社 1991 年 253 页
19cm（小 32 开）ISBN：7-5608-0816-6
定价：CNY3.00

J0093531

常用字钢笔楷书行书对照字帖　丁永康书写
北京 北京少年儿童出版社 1991 年 123 页
19cm（小 32 开）ISBN：7-5301-0316-4
定价：CNY2.30

　　全书选用最常用字 500 个，常用字 500 个，次常用字 500 个。均用楷书、行书对照书写。作者丁永康（1956—　　），书法教师。江苏淮阴人，

毕业于首都师范大学书法专业。历任中国人民保险公司工会干部、中国书法家协会会员、华艺硬笔习字会副会长。代表作品有《3500 常用字钢笔字帖》《常用字钢笔楷书行书对照字帖》《钢笔楷书行书技法指南》等。

J0093532

常用字钢笔正楷快写字帖　（简繁字对照）姚顺麟书
上海 上海文化出版社 1991 年 98 页
19cm（小 32 开）ISBN：7-80511-470-6
定价：CNY2.10

J0093533

常用字三体钢笔字帖　刘大卫书
北京 金盾出版社 1991 年 153 页 19cm（32 开）
ISBN：7-80022-270-5 定价：CNY1.80

J0093534

陈朱钢笔字　（"海峡杯"全国硬笔书法特等奖获得者）陈朱书
福州 福建美术出版社 1991 年 61 页
26cm（16 开）ISBN：7-5393-0143-0
定价：CNY2.80

J0093535

城乡实用钢笔字帖　崔国强著
长沙 湖南科学技术出版社 1991 年 99 页
19cm（小 32 开）ISBN：7-5357-0886-2
定价：CNY2.00

　　作者崔国强，湖南省委农村部干训部副主任，中国硬笔书法家协会理事。

J0093536

丹青妙语　王正良主编；崔学路书写
北京 中国青年出版社 1991 年 154 页
20cm（32 开）ISBN：7-5006-1054-8
定价：CNY3.90
（锦绣中华硬笔书法丛书）

　　主编王正良（1949—　　），编辑。浙江嵊县人，历任《浙江青年报》总编兼《中国钢笔书法》杂志主编、中国硬笔书法家协会副主席。书写者崔学路（1945—　　），书法家。号藏鲁斋主，山东平原人。曾创办并担任《青少年书法报》社社长兼总编辑，中国硬笔书法家协会常务理事、中国书法

家协会会员。

J0093537

读书粹语钢笔行书帖　钱沛云书

兰州 甘肃人民美术出版社 1991 年 160 页

19cm（小 32 开）ISBN：7-80588-020-4

定价：CNY3.50

　　作者钱沛云（1946—　　），著名硬笔书法家。字鹤斋，浙江上虞人，毕业于上海师大中文系。中国书法家协会会员、中国书画函授大学书法系教授。主要作品有《楷书基础知识》《怎样写快写好钢笔字》《钢笔书法技巧要领》《红楼梦诗词钢钢笔行书书帖》等。

J0093538

多功能中国古典气功名言精论粹要钢笔书法　余功保主编

北京 光明日报出版社 1991 年 88 页

26cm（16 开）ISBN：7-80091-071-7

定价：CNY4.90

J0093539

多用钢笔楷书字帖　李醒华书

长春 吉林大学出版社 1991 年 117 页

19cm（小 32 开）ISBN：7-5601-0928-4

定价：CNY2.00

J0093540

二万常用钢笔行书字帖　顾仲安书

北京 中国国际广播出版社 1991 年 350 页

20cm（32 开）ISBN：7-5078-0153-5

定价：CNY5.50

　　作者顾仲安（1956—　　），书法家。中国硬笔书法家协会副主席、上海教师书画篆刻研究会名誉理事。拍摄有《硬笔书法电视讲座》和《硬笔书法》电视教育片。代表作品有《常用成语钢笔字帖接字成语》。

J0093541

范文钢笔行书字帖　王介南等编写

杭州 浙江科学技术出版社 1991 年 158 页

20cm（32 开）ISBN：7-5341-0336-3

定价：CNY1.90

J0093542

范文钢笔楷书字帖　王介南等编写

杭州 浙江科学技术出版社 1991 年 158 页

20cm（32 开）ISBN：7-5341-0333-9

定价：CNY1.90

J0093543

范长寿钢笔隶书集　范长寿书

银川 宁夏人民出版社 1991 年 119 页 有彩照

26cm（16 开）ISBN：7-227-00709-X

定价：CNY4.50

　　本书是用普通的蘸水钢笔书写的，共有古诗词、对联及格言百余首。作者范长寿（1943—　　），硬笔书法家。中国现代硬笔书法研究会会员、宁夏现代硬笔书法研究会理事。

J0093544

芳华之歌　（自选自书爱情诗集）姜炼熔著

北京 知识出版社 1991 年 121 页 19cm（32 开）

ISBN：7-5015-0508-X 定价：CNY2.20

　　本书是一部风格独特的硬笔书法字帖。

J0093545

钢笔仿宋字帖　吉化公司团委编；郭信民著

长春 时代文艺出版社 1991 年 93 页

19cm（32 开）ISBN：7-5387-0324-1

定价：CNY1.90

J0093546

钢笔行书精品集　吾舍主编

杭州 浙江科学技术出版社 1991 年 510 页

20cm（32 开）ISBN：7-5341-0339-8

定价：CNY7.50

（钢笔书法自学丛书）

　　本书以宋代名家诗文为内容，介绍了当代中国钢笔行书的各种最具代表性的流派和风格，使读者得到双重审美享受。

J0093547

钢笔行书快速连写法　刘大卫著

上海 华东师范大学出版社 1991 年 120 页

19cm（小 32 开）ISBN：7-5617-0700-2

定价：CNY1.70

J0093548

钢笔行书中外赠言　徐明达书

北京 农村读物出版社 1991 年 148 页

19cm（小 32 开）ISBN：7-5048-1683-3

定价：CNY2.50

J0093549

钢笔行书字帖　邵家勇书

沈阳 辽宁人民出版社 1991 年 126 页

19cm（小 32 开）ISBN：7-205-01933-8

定价：CNY2.80

J0093550

钢笔行书字帖　（歌德格言）吴域书

重庆 重庆出版社 1991 年 32 页 19cm（32 开）

ISBN：7-5366-1536-1 定价：CNY0.60

J0093551

钢笔楷书古诗词精华　王文康书写

成都 成都科技大学出版社 1991 年 88 页

19cm（小 32 开）ISBN：7-5616-0742-3

定价：CNY1.95

　　作者王文康（1949—　　），重庆邮政技校讲师、副校长，四川省硬笔书法学会理事。

J0093552

钢笔楷书精品集　吾舍主编

杭州 浙江科学技术出版社 1991 年 510 页

20cm（32 开）ISBN：7-5341-0314-2

定价：CNY7.50

（钢笔书法自学丛书）

J0093553

钢笔楷书字帖　席殊编写

南昌 江西高校出版社 1991 年 32 页

19cm（小 32 开）ISBN：7-81033-112-4

定价：CNY0.70

　　作者席殊（1963—　　），生于江西，毕业于江西抚州师专数学系。历任江西省社联《争鸣》杂志社美编、江西省硬笔书法研究会副会长兼秘书长。

J0093554

钢笔楷书字帖　丁谦书

北京 科学普及出版社 1991 年 94 页

19cm（小 32 开）ISBN：7-110-02018-5

定价：CNY1.95

　　作者丁谦（1958—　　），书法家。字浩文，斋号万籁草堂，河南周口人。历任中国书法家协会理事、中国硬笔书法协会副主席、解放军总后勤部某部政委，大校军衔。

J0093555

钢笔楷书字帖　（科学家名言录）李世清编写

上海 上海科学普及出版社 1991 年 58 页

19cm（小 32 开）ISBN：7-5427-0433-8

定价：CNY1.20

　　作者李世清，上海市青少年艺校任教，上海书法家协会会员、上海中华书画协会副理事长。

J0093556

钢笔楷书字帖　阎锐敏，吴玉生书

北京 中国物资出版社 1991 年 161 页

19cm（小 32 开）ISBN：7-5047-0258-7

定价：CNY3.00

　　作者阎锐敏（1957—　　），毕业于首都师范大学书法专业。中国现代硬笔书法研究会副秘书长兼编辑部主任。

J0093557

钢笔隶篆草书精品集　吾舍主编

杭州 浙江科学技术出版社 1991 年 510 页

20cm（32 开）ISBN：7-5341-0340-1

定价：CNY7.50

（钢笔书法自学丛书）

J0093558

钢笔临帖八种　郭廷选书

沈阳 沈阳出版社 1991 年 114 页 19cm（32 开）

ISBN：7-80556-487-6 定价：CNY2.50

　　作者郭廷选（1939—　　），书法家。号也禅道人，生于辽宁辽阳，毕业于辽宁大学历史系。历任中国书法家协会会员、中国文联书画艺术交流中心会员、辽阳市书法家协会名誉主席、辽阳市书法协会主席。出版有《钢笔临帖八种》。

J0093559

钢笔临帖发凡　李鸿仪著

乌鲁木齐 新疆美术摄影出版社 1991 年 134 页

19cm（小 32 开）定价：CNY2.50

J0093560

钢笔书法　梁鼎光书

广州 广东高等教育出版社 1991 年 108 页

有照片 19cm（32 开）ISBN：7-5361-0613-0

定价：CNY2.60

J0093561

钢笔书法　程芳编

广州 岭南美术出版社 1991 年 154 页

19cm（小 32 开）ISBN：7-5362-0657-7

定价：CNY2.85

　　本书由丁文波、郑述信、郑光中、张潜华等四位中青年书法家书写。

J0093562

钢笔书法　（名人情书选）盛圆编

武汉 中国地质大学出版社 1991 年 134 页

19cm（小 32 开）ISBN：7-5625-0594-2

定价：CNY2.90

J0093563

钢笔书法便捷钢笔字帖　启良书

长沙 湖南出版社 1991 年 158 页 20cm（32 开）

ISBN：7-5438-0182-5 定价：CNY3.65

J0093564

钢笔书法范本　史成俊书

沈阳 辽宁美术出版社 1991 年 122 页

20cm（32 开）ISBN：7-5314-0894-5

定价：CNY2.40

　　作者史成俊（1956—　），教授。辽宁丹东市人，毕业于辽宁师范大学汉语言文学专业。历任丹东市书法协会副主席、中国书法家协会会员、辽宁省书法家协会会员、丹东市书法家协会副主席等。出版有《钢笔五体字帖》《实用钢笔字帖》《革命烈士诗抄》等。

J0093565

钢笔书法教程　李洪川等著；三川钢笔书院编

武汉 长江文艺出版社 1991 年 213 页 有照片

19cm（小 32 开）ISBN：7-5354-0461-8

定价：CNY3.20

J0093566

钢笔书法速成教材　刘建甫编著

乌鲁木齐 新疆科技卫生出版社 1991 年 162 页

26cm（16 开）ISBN：7-5372-0276-1

定价：CNY5.98

　　本书介绍了钢笔书法的基本练习方法及钢笔正楷、行书、草书、隶书的写法、要领等。作者刘建甫，经济工作者、书法爱好者。

J0093567

钢笔书法速成教程　郭宏雄编著

银川 宁夏人民出版社 1991 年 141 页

26cm（16 开）ISBN：7-227-00661-1

定价：CNY4.50

　　作者郭宏雄，教师。历任中国硬笔书法家协会会员、宁夏教育学院、银川师专美育教研室主任。

J0093568

钢笔书法速成教程　郭宏雄书

银川 宁夏人民出版社 1996 年 158 页

26cm（16 开）ISBN：7-27-01531-9

定价：CNY10.80

J0093569

钢笔书法欣赏与练习——名人名言掇英

徐世英，高玮书写

天津 天津教育出版社 1991 年 94 页

19cm（小 32 开）ISBN：7-5309-1187-2

定价：CNY1.40

J0093570

钢笔书法自学教程　吴身元主编

杭州 浙江科学技术出版社 1991 年 504 页

20cm（32 开）ISBN：7-5341-0311-8

定价：CNY7.50

（钢笔书法自学丛书）

　　作者吴身元（1948—　），书法家、书法教育家。笔名梧桐、吾舍等，浙江嘉兴人。浙江省硬笔书法家协会副主席。出版有《毛笔书法自学教程》《钢笔书法自学教程》等。

J0093571

钢笔书法字帖　（格言 500 句）文甫，孙岳编写

北京 中国妇女出版社 1991 年 214 页

19cm（小 32 开）ISBN：7-80016-368-7

定价：CNY4.60

J0093572

钢笔书法字帖　陈一波书
北京 中国商业出版社 1991年 60页
19cm（小32开）ISBN：7-5044-0950-2
定价：CNY1.65

J0093573

钢笔习字速成贴　刘慎平书
福州 海峡文艺出版社 1991年 73页
21cm（32开）ISBN：7-80534-420-5
定价：CNY2.50

J0093574

钢笔圆珠笔金曲字帖　冯宝佳撰写
广州 广东旅游出版社 1991年 205页
19cm（32开）ISBN：7-80521-220-1
定价：CNY3.70

J0093575

钢笔正楷行书字帖　顾仲安书
北京 华文出版社 1991年 333页 17cm（40开）
ISBN：7-5075-0169-8 定价：CNY6.70
　　本字帖内容包括：《三字经》《百家姓》《千字文》等。作者顾仲安（1956— ），书法家。中国硬笔书法家协会副主席、上海教师书画篆刻研究会名誉理事。拍摄有《硬笔书法电视讲座》和《硬笔书法》电视教育片。代表作品有《常用成语钢笔字帖接字成语》。

J0093576

钢笔正楷行书字帖　顾仲安著
北京 华文出版社 1996年 重印本 333页
19cm（32开）ISBN：7-5075-0521-9
定价：CNY12.00

J0093577

钢笔字多体对照字帖　岳洪潮书
长春 吉林大学出版社 1991年 118页
19cm（小32开）ISBN：7-5601-0957-8
定价：CNY2.00

J0093578

钢笔字技法　张守镇，梁锦英编
郑州 海燕出版社 1991年 210页 19cm（32开）
ISBN：7-5350-0551-9 定价：CNY3.60

J0093579

钢笔字面面观　（阿敏硬笔理论与实践）高惠敏著
北京 北京理工大学出版社 1991年 168页
20cm（32开）ISBN：7-81013-399-3
定价：CNY3.90

J0093580

钢笔字帖　（徐志摩诗选）荆鹰书
北京 中国广播电视出版社 1991年 156页
19cm（小32开）ISBN：7-5043-1334-3
定价：CNY3.00
（文学系列钢笔字帖）
　　作者荆鹰（1956— ），硬笔书法家。曾任中国现代硬笔书法研究会常务理事、全国第一届硬笔书法展览评委。出版有《徐志摩新诗钢笔字帖》《普希金诗选钢笔字帖》等。

J0093581

钢笔字帖·行书　（女人、丈夫和事业 女性格言）吴波书
南宁 广西美术出版社 1991年 64页
19cm（小32开）ISBN：7-80582-239-5
定价：CNY2.00
　　本书包括爱情篇、婚姻篇、家庭篇、事业篇、处世篇和修养篇。

J0093582

港台朦胧诗钢笔字帖　陈津迪书写
北京 中国国际广播出版社 1991年 112页
20cm（32开）ISBN：7-80035-564-0
定价：CNY2.20

J0093583

歌迷世界歌词精选钢笔字帖　牟诚书
延吉 延边大学出版社 1991年 162页
19cm（小32开）ISBN：7-5634-0330-2
定价：CNY2.95
　　作者牟诚（1950— ），编辑。曾任长春广播电台记者、编辑，影视广播图书周报副总编辑、长春商报副总编辑、硬笔书法协会会员、吉林省书法家协会会员。书法作品有《人生忠告钢笔行书字帖》《爱情友情赠诗集锦钢笔行书字帖》《流行金曲钢笔行书字帖》。出版有《牟诚书法作品集》等。

J0093584

革命烈士诗抄 （硬笔书法）史成俊书
哈尔滨 哈尔滨出版社 1991年 138页
26cm（16开）ISBN：7-80557-424-3
定价：CNY3.90

作者史成俊（1956— ），教授。辽宁丹东市人，毕业于辽宁师范大学汉语言文学专业。历任丹东市书法协会副主席、中国书法家协会会员、辽宁省书法家协会会员、丹东市书法家协会副主席等。出版有《钢笔五体字帖》《实用钢笔字帖》《革命烈士诗抄》等。

J0093585

革命领袖诗抄硬笔书法集 张兆芳书
太原 山西人民出版社 1991年 185页 有照片
26cm（16开）ISBN：7-203-02003-7
定价：CNY7.50

作者张兆芳，笔名文泽，号晋尧人、尧都人、善哲子，山西绛县人。历任中国书法家协会山西分会会员、中国老年书画研究会会员。

J0093586

格言诗歌散文钢笔书法 俞建华等书
成都 电子科技大学出版社 1991年 153页
20cm（32开）ISBN：7-81016-329-9
定价：CNY3.98

J0093587

古代格言硬笔书法训练 韩文学书
哈尔滨 北方文艺出版社 1991年 123页
19cm（小32开）ISBN：7-5317-0505-2
定价：CNY2.95

本书以流传千古的古代格言为内容。作者韩文学（1956— ），中国青少年书法协会会员。

J0093588

古代启蒙读物钢笔字帖 蒋奇平编写
上海 上海书店 1991年 61页 19cm（小32开）
ISBN：7-80569-383-8 定价：CNY1.20

J0093589

古今京剧精彩唱段钢笔书法字帖 施坚书
北京 北京体育学院出版社 1991年 75页
有插图 20cm（32开）ISBN：7-81003-499-5
定价：CNY3.60

作者施坚（1960— ），硬笔书法家。就职于中信信托有限责任公司，中国金融书法家协会理事、中信集团职工书法协会副主席和中信信托公司书法协会会长、北京硬笔书法协会副会长。

J0093590

古今名人名联钢笔行书字帖 仲河，燕林编写
北京 中国经济出版社 1991年 192页
19cm（小32开）ISBN：7-5017-1323-5
定价：CNY4.30

本书辑录自西晋以来125位名家的430余副名联。

J0093591

古今赠言精萃 （第三集 钢笔书法欣赏）庞中华编
郑州 中州古籍出版社 1991年 140页
16cm 定价：CNY2.30

作者庞中华（1945— ），著名书法家、教育家和诗人。四川重庆人，毕业于西南科技大学地质勘探专业。中国当代硬笔书法的奠基者，全国政协委员、中国硬笔书法协会会长。代表作品有《庞中华钢笔字帖》《庞中华现代硬笔字帖》等。著作《庞中华散文集》《庞中华谈谈学写钢笔字》《硬笔书法简论》等。

J0093592

古今中外名诗钢笔行书字帖 仲河选编并书
北京 中国国际广播出版社 1991年 100页
19cm（小32开）ISBN：7-5078-0121-7
定价：CNY3.00

J0093593

古诗词钢笔字帖 乔筱波书
天津 南开大学出版社 1991年 72页
19cm（小32开）ISBN：7-310-00412-4
定价：CNY1.60

作者乔筱波（1967— ），教师。字不惊，号山阳道人，别署游晋斋主。祖籍河南武陟。河南省硬笔书法学会常务理事、中华钢笔书法函授中心专职教师。出版有《宋词钢笔字帖》《劝世良言钢笔字帖》《速成行书钢笔字帖》《少男少女钢笔字帖》。

J0093594

古诗词硬笔书法鉴赏字帖　朱振锋书
郑州　河南美术出版社　1991年　59页
19cm（小32开）ISBN：7-5401-0226-8
定价：CNY1.80
　　作者朱振锋（1971—　），书法家，曾任《南疆诗刊》编辑。

J0093595

古诗钢笔书法　姚春书
长春　吉林大学出版社　1991年　258页
19cm（小32开）ISBN：7-5601-0893-8
定价：CNY3.95
　　作者姚春（1941—　），吉林梨树人，四平市政协宣教委员会主任。

J0093596

古文名篇钢笔字帖　任平等书
杭州　浙江教育出版社　1991年　重印本　104页
19cm（32开）ISBN：7-5338-0059-1
定价：CNY1.35
　　作者任平（1952—　），书法家。江苏如皋人，毕业于杭州大学中文系，获博士学位。历任文化部中国艺术研究院教授、博士生导师，中国艺术研究院美术研究所学术委员会委员、书法研究室主任。中国书法家协会书法教育专业委员会委员、中国语言学会会员等。代表作品优《中国书法》《说隶》《笔歌墨舞》《中国书法全集》等。

J0093597

规范字硬笔书法指导字帖　李培隽编写
北京　团结出版社　1991年　257页　19cm（小32开）
ISBN：7-80061-498-0　定价：CNY4.95

J0093598

国粹民魂　王正良主编；刘惠浦书写
北京　中国青年出版社　1991年　139页
20cm（32开）ISBN：7-5006-1049-1
定价：CNY3.90
（锦绣中华硬笔书法丛书）
　　主编王正良（1949—　），编辑。浙江嵊县人，历任《浙江青年报》总编兼《中国钢笔书法》杂志主编、中国硬笔书法家协会副主席。书写者刘惠浦（1946—　），书法家。贵州榕江人，贵州省新华书店副经理。出版有《刘惠浦钢笔楷书》《国

粹民魂》《惠浦小楷》等。

J0093599

汉语成语钢笔字帖　李国运书
武汉　湖北教育出版社　1991年　64页
19cm（32开）ISBN：7-5351-0652-8
定价：CNY0.95
　　李国运（1963—　），中华硬笔书法家协会常务理事

J0093600

行书隶书钢笔字帖　（罗兰小语）刘业宁书
桂林　广西师范大学出版社　1991年　152页
19cm（小32开）ISBN：7-5633-1096-7
定价：CNY2.80
（书法系列指导丛书）

J0093601

红楼梦诗词钢笔行书帖　钱沛云书
上海　同济大学出版社　1991年　270页
20cm（32开）ISBN：7-5608-0788-7
定价：CNY3.85
　　本字帖用行书录了《红楼梦》的全部诗词，每首诗词均附有白话文译诗。作者钱沛云（1946—　），著名硬笔书法家。字鹤斋，浙江上虞人，毕业于上海师大中文系。中国书法家协会会员、中国书画函授大学书法系教授。主要作品有《楷书基础知识》《怎样写快写好钢笔字》《钢笔书法技巧要领》《红楼梦诗词钢钢笔行书书帖》等。

J0093602

红楼梦诗词钢笔行书帖　钱沛云书
上海　同济大学出版社　1998年　2版　282页
有图　20cm（32开）ISBN：7-5608-0788-7
定价：CNY15.00

J0093603

红楼梦诗词钢笔行书帖　钱沛云书
上海　同济大学出版社　1998年　282页
20cm（32开）ISBN：7-5608-0788-7
定价：CNY15.00
　　作者钱沛云（1946—　），字鹤斋，中国硬笔书法家、书法教育家。

J0093604
黄土情思　（汪满洲硬笔书法选）汪满洲编写
银川　宁夏人民出版社　1991年　216页
19cm（小32开）ISBN：7-227-00710-3
定价：CNY3.00
　　本书以楷、行、草3种书体分别书写了"工
人阶级篇""党的建设篇""勤奋与美德""职业
道德篇"等内容。作者汪满洲，笔名九水，陕西
定边人。中华硬笔书法学会理事、定边县总工会
副主席。

J0093605
警句格言钢笔字帖　华继善书
福州　海峡文艺出版社　1991年　120页　18×21cm
ISBN：7-80534-419-1　定价：CNY3.50
　　作者华继善（1930—　　），笔名华山。江苏省
书法家协会会员、中国硬笔书法家协会会员、江
苏诗词协会会员。出版有《钢笔书法字帖》《诗
词钢笔字帖》《警句格言钢笔字帖》《古诗文钢笔
字帖》等。

J0093606
警世格言钢笔字帖　罗扬书；郭彤编
杭州　浙江美术学院出版社　1991年　217页
20cm（32开）ISBN：7-81019-088-1
定价：CNY5.20
　　作者罗扬，任职于文化部，中国翰墨文化
促进会副会长、中国现代硬笔书法研究会常务
理事。

J0093607
开天辟地　王刚书写；《中国钢笔书法》编辑部编
北京　中国青年出版社　1991年　155页
20cm（32开）ISBN：7-5006-1050-5
定价：CNY3.90
（锦绣中华硬笔书法丛书）
　　本书为硬笔书法字帖。作者王刚（1958—　　），
笔名秋适，江苏南京人。江苏省硬笔书法协会副
主席兼秘书长、南京市硬笔书法协会主席。作品
有《中国钢笔书法十家》《中国硬笔书法二十一
家》《中国当代硬笔书法大师集——王刚卷》等。

J0093608
楷行草钢笔字帖　（三字经　百家姓　千字文）
刘大卫书
西安　未来出版社　1991年　144页　19cm（小32开）
ISBN：7-5417-0473-3　定价：CNY2.50

J0093609
楷行两体唐诗绝句字帖　陈毅明书写
北京　中国国际广播出版社　1991年　104页
19cm（小32开）ISBN：7-5078-0145-4
定价：CNY2.50

J0093610
科技之花　梁锦英书写；《中国钢笔书法》编辑
部编
北京　中国青年出版社　1991年　156页
20cm（32开）ISBN：7-5006-1055-6
定价：CNY3.90
（锦绣中华硬笔书法丛书）
　　本书为硬笔书法字帖。作者梁锦英（1936—
2005），硬笔书法家，教育家。广东德庆人。曾任
广州市第三十三中学书法教师、广州钢笔书法函
授学校校长、广州市武术协会太虚拳研究会副会
长。作品有《钢笔书法》《钢笔行草书法千家诗》
《草书书写门径》等。

J0093611
科学名言钢笔字帖　梁锦英编著
广州　广东科技出版社　1991年　123页
19cm（小32开）ISBN：7-5359-0831-4
定价：CNY2.60

J0093612
赖宁作文钢笔字帖　梁英世书
北京　北京师范大学出版社　1991年　143页　9cm
ISBN：7-303-01194-3　定价：CNY2.25

J0093613
历代花鸟诗钢笔字帖　骆恒光书
杭州　浙江大学出版社　1991年　218页
20cm（32开）ISBN：7-308-00682-4
定价：CNY3.50
　　作者骆恒光（1943—　　），书法家。号翼之，
浙江诸暨人。毕业于浙江美术学院。历任浙江教
育出版社美术编辑、中国硬笔书法家协会副主席、
中国书法家协会会员、浙江分会理事，浙江省书
法理论研究会副会长兼秘书长。著有《骆恒光论
书》《行书法图说》《王羲之圣教序及其笔法》。

J0093614

历代绝句百首五体钢笔字帖　王君书

济南　山东教育出版社　1991 年　100 页　19×26cm

ISBN：7-5328-1128-X 定价：CNY3.45

　　作者王君（1938—　），中国书法家协会河北分会和中国硬笔书法协会会员。

J0093615

历代楷书碑帖钢笔临写入门　之莹编著

上海　上海文化出版社　1991 年　193 页

19cm（32 开）ISBN：7-80511-373-4

定价：CNY3.95

J0093616

历代四季风景诗 300 首　（钢笔行书字帖）任怀珠书；裴玉荣选

北京　中国国际广播出版社　1991 年　165 页

有照片　26cm（16 开）ISBN：7-5078-0166-7

定价：CNY6.20

　　作者任怀珠（1959—　），书法家。山西平遥县人。大学本科学历。历任中国书法家协会会员、中国硬笔书法协会常务理事、北京书法家协会理事、北京广播影视书画摄影协会副主席兼秘书长、中国现代硬笔书法研究会常务理事。代表作《硬笔书法要法》《历代四季风景诗三百首钢笔行书字帖》《孙子兵法行草书字帖》。

J0093617

历代西域诗词钢笔字帖　刘志伟书

乌鲁木齐　新疆美术摄影出版社　1991 年　88 页

19cm（小 32 开）ISBN：7-80547-061-8

定价：CNY1.95

J0093618

笠翁对韵精粹　武汉出版社选编；张秀书

武汉　武汉出版社　1991 年　48 页　19cm（32 开）

ISBN：7-5430-0462-3　定价：CNY1.20

（蒙学钢笔字帖丛书·楷书）

J0093619

刘惠浦钢笔行书　刘惠浦书

贵阳　贵州人民出版社［1991 年］95 页　有彩照

19cm（小 32 开）ISBN：7-221-02615-7

定价：CNY2.00

　　作者刘惠浦（1946—　），书法家。贵州榕江人，贵州省新华书店副经理。出版有《刘惠浦钢笔楷书》《国粹民魂》《惠浦小楷》等。

J0093620

留得丰功万古存　（革命诗抄　钢笔字帖·行楷）唐德明书

南宁　广西美术出版社　1991 年　60 页

19cm（小 32 开）ISBN：7-80582-238-7

定价：CNY2.00

J0093621

六体百家姓钢笔字帖　王君书

兰州　甘肃少年儿童出版社　1991 年

19cm（小 32 开）ISBN：7-5422-0501-3

定价：CNY1.25

J0093622

洛夫诗选　袁强书

北京　中国广播电视出版社　1991 年　156 页

19cm（小 32 开）ISBN：7-5043-1337-8

定价：CNY3.00

（台湾文学系列钢笔字帖）

　　作者袁强（1953—　），北京市崇文区少年宫书法教师、北京市书法家协会会员、中国硬笔书法协会副秘书长、北京崇文区少年书法学校副校长、中国人民大学函授学院任客座书法副教授。

J0093623

马年中国硬笔书法大展精品选　（中国硬笔书友名录）何满宗主编

长沙　湖南美术出版社　1991 年　374 页　有照片

26cm（16 开）ISBN：7-5356-0440-4

定价：CNY13.00

J0093624

毛泽东陈毅诗词选钢笔字帖　池继林书

沈阳　春风文艺出版社　1991 年　128 页　有照片

19cm（小 32 开）ISBN：7-5313-0625-5

定价：CNY3.00

　　作者池继林（1965—　），书法家。河南商丘人，沈阳军区任职。

J0093625

毛泽东诗词三体钢笔字帖　张平生书

南宁　广西民族出版社　1991 年　97 页

26cm(16开) ISBN：7-5363-1220-2

定价：CNY4.00

    作者张平生(1951—)，硬笔书法家。中国硬笔习字会会员，广西硬笔书法家学会副主席。

J0093626

毛泽东诗词四体钢笔字帖 （楷书 行书 隶书 草书）范林庆等书

杭州 浙江人民出版社 1991年 157页

19cm(小32开) ISBN：7-213-00691-6

定价：CNY3.15

J0093627

毛泽东诗词五十首硬笔书法字帖 李正伦等书

太原 希望出版社 1991年 182页 19cm(小32开)

ISBN：7-5379-0908-3 定价：CNY4.98

J0093628

毛主席诗词钢笔字帖 盛大林书

长沙 国防科技大学出版社 1991年 142页

19cm(小32开) ISBN：7-81024-155-9

定价：CNY2.50

J0093629

毛主席五篇名著钢笔书法字帖 卢中南，吴玉生书

北京 北京体育学院出版社 1991年 60页

19cm(小32开) ISBN：7-81003-498-7

定价：CNY2.20

J0093630

美言美语 温雨萍书写

北京 中国工人出版社 1991年 196页

19cm(小32开) ISBN：7-5008-0982-4

定价：CNY3.30

J0093631

美育钢笔书法字帖 张永明书

北京 科学普及出版社 1991年 修订本 158页

19cm(小32开) ISBN：7-110-01621-8

定价：CNY2.80

    本字帖选录古典诗词、名人名言和古今文章中能感化心灵、陶冶情操的内容。

J0093632

民俗百科 骆恒光书写；《中国钢笔书法》编辑部编

北京 中国青年出版社 1991年 156页

20cm(32开) ISBN：7-5006-1057-2

定价：CNY3.90

（锦绣中华硬笔书法丛书）

    本书为硬笔书法字帖。

J0093633

名人演说词钢笔字帖 顾仲安书；马成冬编

北京 中国国际广播出版社 1991年 326页

19cm(小32开) ISBN：7-5078-0239-6

定价：CNY5.25

J0093634

名言警句钢笔书法集 马明编著

呼和浩特 内蒙古人民出版社 1991年 100页

19cm(小32开) ISBN：7-204-01392-1

定价：CNY2.00

    编者马明(1940—)，别名墨洋、平民，中国书法家协会内蒙古分会会员。

J0093635

名言名诗钢笔字帖 熊兴农书

长沙 湖南文艺出版社 1991年 95页

20cm(32开) ISBN：7-5404-0695-X

定价：CNY2.30

    书写者熊兴农(1956—)，湖南湘西芷江人。广州铁路局办公室任职，中国硬笔书法家协会会员。中华青年钢笔书法协会会员。

J0093636

女中英杰 邱明强书写；《中国钢笔书法》编辑部编

北京 中国青年出版社 1991年 153页

20cm(32开) ISBN：7-5006-1052-1

定价：CNY3.90

（锦绣中华硬笔书法丛书）

    作者邱明强(1961—)，书法家。字承启，号朴石、诚功，室名墨篁斋。福建蒲田人，毕业于福建师范大学福清分校，中共中央党校。历任中国硬笔书法家协会常务理事、福建省硬笔书法家协会名誉主席、福州市硬笔书法家协会艺术顾问。代表作品《心声笔旅——邱明强书画

诗文选》《书法楷行隶篆速成指要》《邱明强钢笔书法字帖系列》。

J0093637
普希金诗选钢笔字帖　荆鹰书
北京　中国华侨出版公司　1991年　124页
19cm（小32开）ISBN：7-80074-499-X
定价：CNY1.85
　　作者荆鹰（1956—　），硬笔书法家。曾任中国现代硬笔书法研究会常务理事、全国第一届硬笔书法展览评委。出版有《徐志摩新诗钢笔字帖》《普希金诗选钢笔字帖》等

J0093638
千家诗钢笔正楷行书帖　吴建贤执笔
上海　三联书店上海分店　1991年　166页
18×17cm　ISBN：7-5426-0170-9　定价：CNY4.60

J0093639
千家诗精粹　李泽川书
武汉　武汉出版社　1991年　52页　19cm（小32开）
ISBN：7-5430-0460-7　定价：CNY1.30
（蒙学钢笔字帖丛书·楷书）

J0093640
青春格言二百一十四首　（田雨新硬笔书法字帖）田雨新著
北京　中国华侨出版公司　1991年　62页
19cm（小32开）ISBN：7-80074-452-3
定价：CNY1.70
　　这部字帖书写了古今中外著名的政治家、思想家、文学艺术家的214首有关青年人的事业、爱情、学习等的格言。

J0093641
青春寄语　（中学生格言硬笔书法）鹿耀世书写
北京　中国友谊出版公司　1991年　128页
19cm（小32开）ISBN：7-5057-0413-3
定价：CNY2.20

J0093642
青年硬笔书法百家楷书佳作选　善玉等主编
北京　改革出版社　1991年　124页　19cm（小32开）
ISBN：7-80072-298-8　定价：CNY3.15

J0093643
青年硬笔书法百家隶书佳作选　善玉等主编
北京　改革出版社　1991年　124页　19cm（小32开）
ISBN：7-80072-296-1　定价：CNY3.15

J0093644
青少年治学锦言　（钢笔行书帖）钱沛云书
上海　三联书店上海分店　1991年　19cm（32开）
ISBN：7-5426-0487-2　定价：CNY3.20
　　作者钱沛云（1946—　），著名硬笔书法家。字鹤斋，浙江上虞人，毕业于上海师大中文系。中国书法家协会会员、中国书画函授大学书法系教授。主要作品有《楷书基础知识》《怎样写快写好钢笔字》《钢笔书法技巧要领》《红楼梦诗词钢钢笔行书书帖》等。

J0093645
青少年座右铭硬笔字帖　王正良书
福州　福建少年儿童出版社　1991年　96页
19cm（小32开）ISBN：7-5395-0570-2
定价：CNY1.90
　　作者王正良（1949—　），编辑。浙江嵊县人，历任《浙江青年报》总编兼《中国钢笔书法》杂志主编、中国硬笔书法家协会副主席。

J0093646
情书精萃行书　隶书钢笔字帖　梁地，符显然书；侯烨，夏枫改编
南宁　广西美术出版社　1991年　92页
19cm（小32开）ISBN：7-80582-208-5
定价：CNY2.20

J0093647
情思妙语三体钢笔字帖　丁永康，熊少军书；施善玉选
北京　中国劳动出版社　1991年　172页
19cm（小32开）ISBN：7-5045-0785-7
定价：CNY2.95
　　作者丁永康（1956—　），书法教师。江苏淮阴人，毕业于首都师范大学书法专业。历任中国人民保险公司工会干部、中国书法家协会会员、华艺硬笔习字会副会长。代表作品有《3500常用字钢笔字帖》《常用字钢笔楷书行书对照字帖》《钢笔楷书行书技法指南》等。作者熊少军（1963—　），硬笔书法家。安徽滁县人，国防大

学组织部干事。

J0093648

琼瑶诗选　丁永康书

北京 中国广播电视出版社 1991 年 156 页

18cm（小 32 开）ISBN：7-5043-1336-X

定价：CNY3.00

（台湾文学系列钢笔字帖）

　　书写者丁永康，中国书法家协会会员、中国现代硬笔书法研究会副秘书长。

J0093649

全国中学生优秀作文精选钢笔字帖　（行书部分）刘德欣书

北京 中国文史出版社 1991 年 126 页

19cm（32 开）ISBN：7-5034-0470-1

定价：CNY3.30

J0093650

全国中学生优秀作文精选钢笔字帖　（楷书部分）鄢岷书

北京 中国文史出版社 1991 年 124 页

19cm（32 开）ISBN：7-5034-0469-8

定价：CNY3.30

J0093651

人生絮语钢笔书法　刘佳尚编写

长春 东北师范大学出版社 1991 年 191 页

20cm（32 开）ISBN：7-5602-0589-5

定价：CNY3.50

　　本书共辑选有关人生的警言妙语近 600 句，以楷、魏碑、行、隶、仿宋等七体书写成帖。书写者刘佳尚（1949—　　），中国硬笔书法家协会会员，现在四川省南部县经济体制改革委员会工作。

J0093652

人生哲理钢笔字帖　毛孝弢书；仇德鉴编

杭州 浙江人民出版社 1991 年 152 页

20cm（32 开）ISBN：7-213-00643-6

定价：CNY3.00

　　作者毛孝弢（1950—　　），笔名萧涛、岭文、田心梅、舒林。浙江省书法家协会会员、中国硬笔书法家协会会员、浙江省书法研究会理事等。出版有《古今对联行书字帖》《咏花诗钢笔字帖》等。

J0093653

日用词语钢笔字帖　（正楷·横式）刘景向书；《写字》编辑部编

北京 农业出版社 1991 年 57 页 19cm（32 开）

ISBN：7-109-01907-1 定价：CNY1.20

J0093654

三、百、千硬笔楷书字帖　（《三字经》《重订三字经》《百家姓》《千字文》）张守镇书

太原 北岳文艺出版社 1991 年 67 页

19cm（小 32 开）ISBN：7-5378-0492-3

定价：CNY2.80

　　作者张守镇（1958—　　），回族，书法家、国家一级美术师。河南杞县人。历任中国国际书法家协会副主席、中国民间文艺家协会会员，河南省硬笔书法家协会常务理事、副秘书长，郑州大学兼职教授、河南工业大学硕士导师。代表作品《袖珍古诗五体书法字帖》《钢笔楷书》《钢笔字技法》等。

J0093655

三毛佳句钢笔字帖　陆如信书

南宁 广西美术出版社 1991 年 98 页

19cm（32 开）ISBN：7-80582-126-7

定价：CNY2.50

J0093656

三毛佳作硬笔书法欣赏　罗扬等书

北京 科学普及出版社 1991 年 146 页

19cm（小 32 开）ISBN：7-110-02197-1

定价：CNY3.20

　　作者罗扬，任职于文化部，中国翰墨文化促进会副会长、中国现代硬笔书法研究会常务理事。

J0093657

三毛名篇钢笔字帖　黎松峭书

南宁 广西民族出版社 1991 年 128 页

19cm（小 32 开）ISBN：7-5363-1227-X

定价：CNY3.00

J0093658

三千五百常用字五体硬笔书法字典　曾庆福编

石家庄 河北少年儿童出版社 1991 年 367 页

19cm（小 32 开）ISBN：7-5376-0743-5

定价: CNY4.10

作者曾庆福(1958—)，土家族。书法家。笔名祝石，湖北五峰人。历任中国书协湖北分会会员、宜昌市书协副主席、宜昌市作家协会会员。出版有《3500字五体钢笔字典》《风雅楹联集萃》《中国钢笔书法教程》。

J0093659
三字经、百家姓、千字文、声律启蒙钢笔字帖　骆恒光，姚建杭写帖
西安 三秦出版社 1991年 107页 19cm(32开)
ISBN: 7-80546-314-X 定价: CNY1.95

J0093660
山东首届硬笔书法大赛获奖作品选
济南 山东美术出版社 1991年 94页
21cm(32开) ISBN: 7-5330-0343-8
定价: CNY4.50

J0093661
实用钢笔字写技　史成俊著
北京 中国华侨出版公司 1991年 124页
19cm(小32开) ISBN: 7-80074-503-1
定价: CNY2.45

J0093662
实用工体钢笔字帖　聂中东著
武汉 中国地质大学出版社 1991年 90页
19cm(32开) ISBN: 7-5625-0503-9
定价: CNY1.70
(中国秘书学丛书 2)

作者聂中东(1962—)，书法家。出生于河南新县。任中国秘书科学联盟主席、河南省现代秘书科学研究院院长、河南省秘苑书画院院长、中国书画家协会理事、河南省高校集团秘书学研究所所长等职。代表作品《中国秘书史》《钢笔书法字帖》《秘书学教程》《文书写作》等。

J0093663
实用硬笔书法字帖　熊和生编写
西安 未来出版社 1991年 62页 19cm(小32开)
ISBN: 7-5417-0445-8 定价: CNY1.25

J0093664
实用硬笔字速成训练　(一)席殊，徐国晖编著

南昌 江西高校出版社 1991年 80页
26cm(16开) ISBN: 7-81033-109-4
定价: CNY2.40

J0093665
实用硬笔字速成训练　(一)席殊，徐国晖编写
南昌 江西高校出版社 1996年 7版 80页
26cm(16开) ISBN: 7-81033-110-8
定价: CNY3.00

J0093666
实用硬笔字速成训练　(二)席殊，徐国晖编写
南昌 江西高校出版社 1996年 7版 81-195页
26cm(16开) ISBN: 7-81033-110-8
定价: CNY4.10

J0093667
实用硬笔字帖　席殊编写
南昌 江西高校出版社 1991年 80页
19cm(小32开) ISBN: 7-81033-111-6
定价: CNY1.20

作者席殊(1963—)，生于江西，毕业于江西抚州师专数学系。历任江西省社联《争鸣》杂志社美编、江西省硬笔书法研究会副会长兼秘书长。

J0093668
实用祝词钢笔书法　虚静编；杨再春书
北京 北京体育学院出版社 1991年 375页
13cm(64开) ISBN: 7-81003-487-1
定价: CNY3.15

本书以贺新年、贺生日、祝寿、祝愿、祝新婚、话离别、赠恩师、赠同学、赠朋友、赠恋人等日常生活中经常遇到的情况为主题，选择简洁、优美、意味深邃的佳句，以不同的字体书写。

J0093669
书论精粹　谢非墨书写；《中国钢笔书法》编辑部编
北京 中国青年出版社 1991年 152页
20cm(32开) ISBN: 7-5006-1053-X
定价: CNY3.90
(锦绣中华硬笔书法丛书)

本书为硬笔书法字帖。作者谢非墨(1947—)，硬笔书法家。笔名谢潜，谢居云，南彦。浙江金

华兰溪人。历任浙江兰溪市硬笔书法协会副会长、中国书法家协会会员、中国硬笔书法家协会理事。

J0093670

书谱、续书谱 （正楷钢笔书法字帖）李培淇书
济南 山东大学出版社 1991 年 85 页
19cm（32 开）ISBN：7-5607-0451-8
定价：CNY1.40
（钢笔书法成功之路）

J0093671

书信不求人 （现代实用文·硬笔书例）贾天昶等编；俞建华等书
杭州 浙江人民美术出版社 1991 年 117 页
26cm（16 开）ISBN：7-5340-0275-3
定价：CNY6.00

J0093672

宋词百首钢笔字帖 曾雪书
北京 中国华侨出版公司 1991 年 124 页
19cm（小 32 开）ISBN：7-80074-500-7
定价：CNY1.90
　作者曾雪（1969— ），女，华艺硬笔习字会办公室副主任、常务理事。

J0093673

孙栋梁现代钢笔字帖 孙栋梁书
哈尔滨 黑龙江人民出版社 1991 年 68 页
19cm（小 32 开）ISBN：7-207-01934-3
定价：CNY1.25
　作者孙栋梁（1966— ），北国硬笔书法函授学校校长、中国硬笔书法学会筹委会委员。

J0093674

孙子兵法钢笔字帖 徐家铮书
杭州 浙江古籍出版社 1991 年 166 页
19cm（小 32 开）ISBN：7-80518-165-9
定价：CNY3.60
　作者徐家铮（1936— ），书法家、高级建筑师。上海青浦县人。历任中国书法家协会会员、中国现代硬笔书法研究会浙江分会顾问。出版《孙子兵法》《诸葛亮兵法》《挥毫粹语》《建筑装饰图案》等。

J0093675

唐人绝句精华钢笔正楷习字帖 （第一辑）山风书
北京 蓝天出版社 1991 年 124 页 19cm（32 开）
ISBN：7-80081-148-4 定价：CNY2.90

J0093676

唐人绝句精华钢笔正楷习字帖 （第二辑）山风书
北京 蓝天出版社 1991 年 124 页 19cm（32 开）
ISBN：7-80081-149-2 定价：CNY2.90

J0093677

唐诗钢笔字帖 牛彤等书写；崔长春选编
北京 北京出版社 1991 年 100 页 19cm（小 32 开）
ISBN：7-200-01321-8 定价：CNY2.35
　作者牛彤（1968— ），中国书法家协会会员、中国现代硬笔书法研究会会员。作者崔长春（1964— ），北京书法家协会会员。

J0093678

唐宋词一百首钢笔行书字帖 刘大卫书
北京 中国广播电视出版社 1991 年 69 页
19cm（32 开）ISBN：7-5043-0767-X
定价：CNY1.60

J0093679

唐宋诗词名篇钢笔书法 黎力等书；沈文云选编
北京 学苑出版社 1991 年 159 页 20cm（32 开）
ISBN：7-5077-0257-X 定价：CNY4.50

J0093680

汪国真诗歌散文钢笔书法 张文海书写
长春 时代文艺出版社 1991 年 173 页
19cm（小 32 开）ISBN：7-5387-0343-8
定价：CNY3.00
　本书为钢笔楷书、隶书、行书三体字帖。作者张文海，中华钢笔书法函授中心任教，多次担任全国书法大赛评委。

J0093681

汪国真诗歌散文钢笔书法 （增订本）张文海书写
长春 时代文艺出版社 1994 年 189 页

19cm(小 32 开) ISBN: 7-5387-0796-4
定价: CNY7.40

J0093682

汪国真诗精选钢笔字帖　尤炳秋书写
杭州 浙江美术学院出版社 1991 年 122 页
20cm(32 开) ISBN: 7-81019-131-4
定价: CNY2.95

作者尤炳秋(1955—　)，中国书法家协会浙江分会理事、中国音乐家协会浙江分会理事。

J0093683

汪国真抒情诗钢笔字帖　刘晰书
长沙 湖南文艺出版社 1991 年 216 页
20cm(32 开) ISBN: 7-5404-0774-3
定价: CNY3.50

J0093684

汪国真抒情诗钢笔字帖　周立福书
武汉 长江文艺出版社 1991 年 126 页
19cm(小 32 开) ISBN: 7-5354-0478-2
定价: CNY2.20

作者周立福(1962—　)，书法家。湖北省书法家协会会员、湖北省咸宁市咸安区委组织部工作。出版有《古诗文钢笔字帖》《席慕蓉诗歌行书字帖》《汪国真抒情诗钢笔字帖》。

J0093685

汪国真抒情诗精选钢笔字帖　(年轻的玫瑰)
汪国真著; 么喜龙书
沈阳 沈阳出版社 1991 年 147页 19cm(小 32开)
ISBN: 7-80556-553-8 定价: CNY3.50

作者么喜龙(1950—　)，国家一级美术师。生于沈阳。历任沈阳市文史研究馆副馆长、沈阳书画院名誉院长、辽宁画院特聘画师、沈阳大学书法艺术教授、美国天普美术学院荣誉院长兼名誉教授。主要著作有《两体注释千家诗》《草书唐诗三百首》《么喜龙书法作品集》等。

J0093686

汪国真抒情诗硬笔书法字帖　汪国真诗, 钱沛云书
北京 新华出版社 1991 年 109页 19cm(小 32开)
ISBN: 7-5011-1058-1 定价: CNY2.20

作者钱沛云(1946—　)，著名硬笔书法家。

字鹤斋，浙江上虞人，毕业于上海师大中文系。中国书法家协会会员、中国书画函授大学书法系教授。主要作品有《楷书基础知识》《怎样写快写好钢笔字》《钢笔书法技巧要领》《红楼梦诗词钢钢笔行书书帖》等。

J0093687

汪国真哲思短语钢笔字帖　任平等书
杭州 浙江文艺出版社 1991 年 172 页
20cm(32 开) ISBN: 7-5339-0345-5
定价: CNY3.50

作者任平(1952—　)，书法家。江苏如皋人，毕业于杭州大学中文系，获博士学位。历任文化部中国艺术研究院教授、博士生导师，中国艺术研究院美术研究所学术委员会委员、书法研究室主任、中国书法家协会书法教育专业委员会委员、中国语言学会会员等。代表作品优《中国书法》《说隶》《笔歌墨舞》《中国书法全集》等。

J0093688

王伟硬笔书法作品集　王伟编著
上海 同济大学出版社 1991 年 62 页 有照片
19cm(小 32 开) ISBN: 7-5608-0907-3
定价: CNY1.50

作者王伟(1961—　)，硬笔书法家。任职于上海飞机制造厂，中华硬笔书法家协会理事。

J0093689

吴文环钢笔字　吴文环书
沈阳 辽宁大学出版社 1991 年 48 页
26cm(16 开) ISBN: 7-5610-1188-1
定价: CNY2.50

J0093690

五体硬笔千家诗字帖　王君书; 蒲河校注
海口 南海出版公司 1991 年 168+45 页
19×26cm ISBN: 7-80570-054-0 定价: CNY6.35

本书选《千家诗》中 206 首诗，以篆、隶、楷、草、行五种字体书写，后附名诗注释。作者王君(1938—　)，中国书法家协会河北分会和中国硬笔书法协会会员。

J0093691

五体硬笔千家诗字帖　王君书写
海口 南海出版公司 1995 年 2 版 160+42 页

19×26cm ISBN: 7-80570-054-0
定价: CNY11.20

J0093692
五言绝句钢笔字帖　张守镇书; 刘凯靖编
北京 中国妇女出版社 1991年 150页
19cm(小32开) ISBN: 7-80016-548-5
定价: CNY2.50

J0093693
席慕蓉书信集　柯春海书
北京 中国广播电视出版社 1991年 156页
19cm(小32开) ISBN: 7-5043-1333-5
定价: CNY3.00
(台湾文学系列钢笔字帖)

　　作者柯春海(1957—　),编辑。北京人。毕业于首都师范大学美术系中国画专业。中国书法家协会会员、中央电视台新闻中心主任编辑。出版有《硬笔书法隶书字帖》《鞠萍姐姐讲故事系列钢笔书法字帖》《席慕蓉散文钢笔书法字帖》《硬笔书法模具》等。

J0093694
席慕蓉抒情诗钢笔字帖　克顺书
南宁 广西民族出版社 1991年 128页
19cm(32开) ISBN: 7-5363-1063-3
定价: CNY2.40

J0093695
小学毕业生优秀作文钢笔标准字帖 (行书部分)孟庆彬书
牡丹江市 黑龙江朝鲜民族出版社 1991年
124页 19cm(32开) ISBN: 7-5389-0304-6
定价: CNY3.00

J0093696
小学毕业生优秀作文钢笔标准字帖 (楷书部分)高岚书
牡丹江市 黑龙江朝鲜民族出版社 1991年
126页 19cm(小32开) ISBN: 7-5389-0303-8
定价: CNY3.00

J0093697
小学生天天写楷书字帖　筱元编; 马光兆, 李洪海书

北京 经济日报出版社 1991年 194页
19cm(32开) ISBN: 7-80036-328-7
定价: CNY3.20

J0093698
小学生字规范字钢笔楷书字帖　陈百齐编;
袁强书
南宁 接力出版社 1991年 130页 19cm(小32开)
ISBN: 7-80581-277-2 定价: CNY1.95

J0093699
小学优秀课文片段硬笔字帖　柳长忠书
福州 福建省少年儿童出版社 1991年 96页
19cm(小32开) ISBN: 7-5395-0565-6
定价: CNY1.90

　　作者柳长忠(1962—　),书法家。湖北黄陂人。历任中国硬笔书法协会主席团委员兼常务副秘书长、湖北省硬笔书法家联谊会副主席兼秘书长、中国硬笔书法网站站长、中国书法家协会会员、湖北省书法家协会理事、湖北省孝感市书法家协会常务副主席。

J0093700
小学优秀作文铅笔楷书字帖　徐正平编
北京 海洋出版社 1991年 127页 19cm(小32开)
ISBN: 7-5027-1676-9 定价: CNY2.30

　　作者徐正平(1923—2015),连环画家。笔名又飞,江苏阜宁人。上海连环画研究会理事。代表作品有《复镖仇》《安史之乱》《桃园结义》《虎牢关》《风雪夜归人》等。

J0093701
校园妙语钢笔字帖　雨岛选编; 骆恒光等书
杭州 浙江文艺出版社 1991年 189页
20cm(32开) ISBN: 7-5339-0449-4
定价: CNY3.50

J0093702
歇后语钢笔字帖　胡锡胜书
武汉 武汉测绘科技大学出版社 1991年 132页
19cm(32开) ISBN: 7-81030-074-1
定价: CNY2.55

J0093703
写好100个最常用难写字 (钢笔正楷、行书)

《写字》杂志编辑部编

北京 开明出版社 1991年 201页 19cm（小32开）

ISBN：7-80077-060-5 定价：CNY2.80

　　本书收入了最常用的100个难写字，在笔画形态、间架结构上进行了分析、比较、综合。

J0093704

写好常用钢笔正楷字 （字帖·技法）《写字》编辑部编；刘景向书写

上海 百家出版社 1991年 重印本 74页

19cm（32开）ISBN：7-80576-017-9

定价：CNY1.20

J0093705

写字段位优秀硬笔字帖 顾延培，张平主编；中华书法研究会等编

上海 学林出版社 1991年 99页 26cm（16开）

ISBN：7-80510-567-7 定价：CNY10.00

　　本书字帖是一本综合性的多体字帖，共收有正楷、行楷、行草、草书、隶书、篆书等类书体，并以此先后为序编排。作品共99幅。作者顾延培（1932—　），书法家、民俗学家。笔名庄言，上海崇明人。历任上海南市区文化馆馆长、南市区文化局副局长、亚太文化艺术协会副主席、中国硬笔书法协会顾问、上海市民俗文化学会顾问、上海中华书画协会荣誉理事长等。出版有《中华古塔鉴赏》《上海老城厢风情录》《中国古今对联大观》等。作者张平（1950—　），硬笔书法艺术家。字清泉，祖籍江苏。历任中外书画名人研究院教授，黑龙江省孙子兵法研究会理事。

J0093706

袖珍钢笔书法五体字典 杭途，翔南编

南昌 江西美术出版社 1991年 重印本 365页

15cm（40开）ISBN：7-80580-006-5

定价：CNY3.75

　　本书从周炳元（楷书），倪伟林（行书）、朱锡荣（草书）、俞建华（隶书）、历培坚（篆书）5位钢笔书法家书法作品中选收4380个常用单字，由笔画为序，由简到繁进行编排。

J0093707

徐志摩新诗钢笔字帖 荆鹰书

北京 中国劳动出版社 1991年 189页

19cm（小32开）ISBN：7-5045-0786-5

定价：CNY3.25

　　作者荆鹰（1956—　），硬笔书法家。曾任中国现代硬笔书法研究会常务理事、全国第一届硬笔书法展览评委。出版有《徐志摩新诗钢笔字帖》《普希金诗选钢笔字帖》等。

J0093708

学生词汇钢笔字帖 陈敏书

北京 中国国际广播出版社 1991年 100页

19cm（小32开）ISBN：7-5078-0089-X

定价：CNY2.20

　　作者陈敏（1957—　），教师。浙江人民警察学校语文教研室主任、浙江省硬笔书法家协会副主席兼秘书长、中国书法家协会理事兼《中国硬笔书法家协会通讯》主席等。

J0093709

学生钢笔行书练习指南 王宝洺，张广泰编著

北京 中国妇女出版社 1991年 96页

26cm（16开）ISBN：7-80016-502-7

定价：CNY3.00

J0093710

学生应用文钢笔字帖 黎龙荣著

深圳 海天出版社 1991年 189页 19cm（小32开）

ISBN：7-80542-242-7 定价：CNY3.30

　　作者黎龙荣，广东化州县人。中山市华侨中学高级语文教师、中华钢笔圆珠笔书法研究会会员、中国书画函授大学中山学院书法教师等。

J0093711

学生硬笔字帖 崔学路书写

哈尔滨 黑龙江人民出版社 1991年 89页

19cm（小32开）ISBN：7-207-01786-3

定价：CNY2.45

　　作者崔学路（1945—　），书法家。号藏鲁斋主，山东平原人。曾创办并担任《青少年书法报》社社长兼总编辑，中国硬笔书法家协会常务理事、中国书法家协会会员。

J0093712

学生赠言钢笔楷行两用字帖 王传善书；刘显材选文

南宁 广西民族出版社 1991年 140页

19cm（小32开）ISBN：7-5363-1488-4

定价：CNY3.10

作者王传善（1947—　　），书法家。历任广西钦州地区教育学院美术科教师、中国书法家协会会员、广西教育学会书法教育研究会常务理事。出版有《歌德诗选·铅笔字帖》《学生赠言·钢笔楷行两用字帖》《王传善书画作品》等。

J0093713

雪石竹书法作品精选　　汪献强书
兰州　甘肃人民美术出版社　1991 年　36 页
26cm（16 开）ISBN：7-80588-021-2
定价：CNY4.60

作者汪献强（1955—　　），书法家。笔名雪石，甘肃人。中国当代硬笔书法习字会副会长、甘肃省监察厅干部。

J0093714

医药武术　　王正良主编；顾仲安书
北京　中国青年出版社　1991 年　156 页
20cm（32 开）ISBN：7-5006-1056-4
定价：CNY3.90
（锦绣中华硬笔书法丛书）

主编王正良（1949—　　），编辑。浙江嵊县人，历任《浙江青年报》总编兼《中国钢笔书法》杂志主编、中国硬笔书法家协会副主席。书者顾仲安（1956—　　），书法家。中国硬笔书法家协会副主席、上海教师书画篆刻研究会名誉理事。拍摄有《硬笔书法电视讲座》和《硬笔书法》电视教育片。代表作品有《常用成语钢笔字帖接字成语》。

J0093715

硬笔　（汪国真抒情诗 100 首）成迪编，陈国康等书
南昌　百花洲文艺出版社　1991 年　123 页　有照片
19cm（小 32 开）ISBN：7-80579-130-9
定价：CNY2.60

J0093716

硬笔隶书写法　　高宝玉著
北京　北京燕山出版社　1991 年　121 页
19cm（小 32 开）ISBN：7-5402-0240-8
定价：CNY2.10

J0093717

硬笔书法　（琼瑶纯情诗选萃）熊少军等书

北京　知识出版社　1991 年　120 页　19cm（32 开）
ISBN：7-5015-0507-1　定价：CNY2.50

J0093718

硬笔书法　（汪国真抒情诗选萃）丁永康等书
北京　知识出版社　1991 年　146 页　19cm（小 32 开）
ISBN：7-5015-0579-9　定价：CNY3.50

作者丁永康（1956—　　），书法教师。江苏淮阴人，毕业于首都师范大学书法专业。历任中国人民保险公司工会干部、中国书法家协会会员、华艺硬笔习字会副会长。代表作品有《3500 常用字钢笔字帖》《常用字钢笔楷书行书对照字帖》《钢笔楷书行书技法指南》等。

J0093719

硬笔书法　（汪国真哲理散文选萃）钱沛云书
北京　知识出版社　1991 年　147 页　19cm（小 32 开）
ISBN：7-5015-0583-3　定价：CNY3.50

作者钱沛云（1946—　　），著名硬笔书法家。字鹤斋，浙江上虞人，毕业于上海师大中文系。中国书法家协会会员、中国书画函授大学书法系教授。主要作品有《楷书基础知识》《怎样写快写好钢笔字》《钢笔书法技巧要领》《红楼梦诗词钢钢笔行书书帖》等。

J0093720

硬笔书法宝典　　王帆主编；来澎钧等编
长春　长春出版社　1991 年　368 页　19cm（小 32 开）
ISBN：7-80573-366-X　定价：CNY5.80

J0093721

硬笔书法常识　　庹纯双，蒋往编著
成都　四川民族出版社　1991 年　49 页　有图
19cm（小 32 开）ISBN：7-5409-0582-4
定价：CNY1.80
（中国农村文库）

J0093722

硬笔书法集　　周鉴明等书
合肥　安徽美术出版社　1991 年　重印本 84 页
有照片　26cm（16 开）ISBN：7-5398-0098-4
定价：CNY4.50

J0093723

硬笔书法临习与欣赏　　孙庆红编写

北京 气象出版社 1991年 134页 19cm(小32开)
ISBN：7-5029-0534-0 定价：CNY2.80

本书分为五个部分，第一、二部分为基本点画及结构比例，共列举常用字1500个，主要分解楷书的点画运笔及结构；第三部分为行草书，按部首归类，选用例字近千个；第四部分是作者最近创作的硬笔作品；第五部分为硬笔书法创作浅谈。

J0093724
硬笔书法入门百问　袁强著
南宁 接力出版社 1991年 145页 19cm(32开)
ISBN：7-80581-301-9 定价：CNY1.90

作者袁强(1953—)，北京市崇文区少年宫书法教师、北京市书法家协会会员、中国硬笔书法协会副秘书长、北京崇文区少年书法学校副校长、中国人民大学函授学院任客座书法副教授。

J0093725
硬笔书法入门百问　袁强编著
南宁 接力出版社 1995年 145页 19cm(小32开)
ISBN：7-80581-891-6 定价：CNY160.00(全套)
(小学生图书精品库 25)

J0093726
硬笔书法唐诗三百首　王家明书
昆明 云南教育出版社 1991年 293页
19cm(小32开) ISBN：7-5415-0496-3
定价：CNY4.00

作者王家明(1961—)，当代硬笔书法习字会常务理事。

J0093727
硬笔书法欣赏　沈鸿根编著
长春 东北师范大学出版社 1991年 200页
有照片 26cm(16开) ISBN：7-5602-0530-5
定价：CNY6.00

沈鸿根(1943—)，书法家。别号江鸟，出生于上海。曾任《写字》杂志副总编、上海中华书画协会副会长、中国书法家协会会员、上海市书法家协会硬笔书法家联谊会首任会长。出版作品《行书概论》《书法十五讲》《硬笔书法百日通》等。

J0093728
硬笔书法字典　(日)石川芳云编；铁军译
大连 大连出版社 1991年 252页 19cm(32开)
ISBN：7-80555-436-6 定价：CNY5.50

本书为汉字书法字典，分楷书、行书、草书三种字体，每种字体都严格遵守标准的书法风格。

J0093729
硬笔书法字典　(楷、行、隶、草)辛一夫著
天津 天津社会科学院出版社 1991年 212页
19cm(32开) ISBN：7-80563-094-1
定价：CNY4.00

J0093730
硬笔书法字帖　(汪国真抒情诗精选)司马武当书
郑州 河南美术出版社 1991年 162页
19cm(小32开) ISBN：7-5401-0212-8
定价：CNY3.60

J0093731
硬笔书法字帖　卢前编写
上海 上海交通大学出版社 1991年 111页
26cm(16开) ISBN：7-313-00962-3
定价：CNY5.85

J0093732
优秀歌曲钢笔字帖　颜正庄编；何满宗书
长沙 湖南美术出版社 1991年 166页
20cm(32开) ISBN：7-5356-0450-1
定价：CNY3.50

J0093733
幼学琼林精粹　李洪川书
武汉 武汉出版社 1991年 60页 19cm(小32开)
ISBN：7-5430-0459-3 定价：CNY1.40
(蒙学钢笔字帖丛书·楷书)

J0093734
怎样写粉笔字　赵树繁,武国珺书
兰州 甘肃少年儿童出版社 1991年 95页
19cm(小32开) ISBN：7-5422-0455-6
定价：CNY1.60

本书介绍了如何写好粉笔字和怎样设计板

面的板书技法。作者赵树繁(1955—)，西北师大美术系教师、南北青少年硬笔书法联艺会理事。

J0093735
怎样写好粉笔字 毛峰, 伍昭富主编
重庆 重庆大学出版社 1991 年 262 页
19cm(小 32 开) ISBN: 7-5624-0440-2
定价: CNY3.80

J0093736
怎样写好写快钢笔字 高继承编写
西安 未来出版社 1991 年 重印本 62 页
19cm(32 开) ISBN: 7-5417-0201-3
定价: CNY1.25
　　本书主要是讲授硬笔习字的方法、写法技巧、常见毛病、病因分析及例字等。作者高继承(1954—)，书法家。生于陕西西安，毕业于西安交通大学。历任陕西省硬笔书法研究会会长、中国硬笔书法协会名誉副主席、陕西省书法家协会副主席。出版《怎样写好写快钢笔字》《妙语赠言钢笔字帖》《中学生古诗词钢笔字帖》。

J0093737
增广贤文精粹 武汉出版社选编; 李浩川书
武汉 武汉出版社 1991 年 30 页 19cm(32 开)
ISBN: 7-5430-0461-5 定价: CNY1.00
(蒙学钢笔字帖丛书·楷书)

J0093738
赠诗集锦硬笔字帖 顾仲安书
福州 福建少年儿童出版社 1991 年 192 页
13cm(64 开) ISBN: 7-5395-0567-2
定价: CNY1.75
　　作者顾仲安(1956—)，书法家。中国硬笔书法家协会副主席、上海教师书画篆刻研究会名誉理事。拍摄有《硬笔书法电视讲座》和《硬笔书法》电视教育片。代表作品有《常用成语钢笔字帖接字成语》。

J0093739
赠言荟萃钢笔正楷字帖 (1)黄岳逢书
南宁 广西民族出版社 1991 年 128 页
19cm(32 开) ISBN: 7-5363-1240-7
定价: CNY2.50

作者黄岳逢(1949—)，壮族，历任钦州市群众艺术馆副馆长、中国硬笔书法家协会会员、中国硬协广西分会理事。编写有《赠言荟萃》。

J0093740
赠言荟萃钢笔正楷字帖 (2)李翔峰书
南宁 广西民族出版社 1991 年 126 页
19cm(32 开) ISBN: 7-5363-1241-5
定价: CNY2.50
　　作者李翔峰(1956—)，书法家。广西宜州人，毕业于广西大学。中国硬笔书法家协会会员、广西书法家协会理事、广西教育学会书法教育专业委员会副理事长兼秘书长。著有《书法教程》《赠言荟萃钢笔正楷字帖》等。

J0093741
赠言集锦硬笔字帖 钱本殷书
福州 福建少年儿童出版社 1991 年 188 页
13cm(64 开) ISBN: 7-5395-0566-4
定价: CNY1.65
　　作者钱本殷，福建逸仙艺苑书法研究会会员、金石微雕专家。

J0093742
赠言精选钢笔书法 池继林书
沈阳 沈阳出版社 1991 年 136 页 19cm(32 开)
ISBN: 7-80556-471-X 定价: CNY2.60
　　作者池继林(1965—)，书法家。河南商丘人，沈阳军区任职。

J0093743
张英涛硬笔书法选 张英涛书
北京 蓝天出版社 1991 年 72 页 有彩照
26cm(16 开) ISBN: 7-80081-199-9
定价: CNY5.00

J0093744
铮铮铁骨 王正良主编; 樊中岳书
北京 中国青年出版社 1991 年 154 页
20cm(32 开) ISBN: 7-5006-1051-3
定价: CNY3.90
(锦绣中华硬笔书法丛书)
　　主编王正良(1949—)，编辑。浙江嵊县人，历任《浙江青年报》总编兼《中国钢笔书法》杂志主编、中国硬笔书法家协会副主席。书者樊中岳

（1943—　），研究员、编辑。湖北武汉人。历任湖北省文史研究馆馆员、西泠印社社员、中国书法家协会会员《书法报》编辑兼记者、中国硬笔书法家协会常务理事、中国书法协会会员。出版有《篆书》《金文》《汉印》《鸟虫篆》等。

J0093745

智力谜语钢笔书法　李纯博书；许东侠画；李宪文，熊永年选编

北京　中国商业出版社　1991年　208页

19cm（32开）ISBN：7-5044-0934-0

定价：CNY3.85

　　本书精选了谜语200个，并与书法、绘画艺术融为一体。

J0093746

中国·香港硬笔书法家作品大展精选　张晓兆主编

南京　南京出版社　1991年　185页　26cm（16开）

ISBN：7-80560-589-0　定价：CNY15.00

　　1991年5月淮阴市硬笔书法协会和香港硬笔书法协会等单位举办了"中国·香港硬笔书法家作品大展"，本书选收这次大展的384件作品。

J0093747

中国当代硬笔书法名家作品大观　王一丁，王一波主编

成都　西南财经大学出版社　1991年　192页

26cm（16开）ISBN：7-81017-368-5

定价：CNY9.80